杨国安　张骏杰　著

湖北行政区划史

图书在版编目（CIP）数据

湖北行政区划史 / 杨国安, 张骏杰著.
武汉：长江出版社, 2023.12. -- ISBN 978-7-5492-9283-7

Ⅰ.①湖… Ⅱ.①杨…②张… Ⅲ.①行政区划–历史–湖北 Ⅳ.① D676.3

中国国家版本馆 CIP 数据核字 (2024) 第 021165 号

湖北行政区划史
HUBEIXINGZHENGQUHUASHI
杨国安　张骏杰　著

出版策划：	赵冕　张琼
责任编辑：	刘依龙　张琼
装帧设计：	刘斯佳
出版发行：	长江出版社
地　　址：	武汉市江岸区解放大道 1863 号
邮　　编：	430010
网　　址：	https://www.cjpress.cn
电　　话：	027-82926557（总编室）
	027-82926806（市场营销部）
经　　销：	各地新华书店
印　　刷：	湖北金港彩印有限公司
规　　格：	787mm×1092mm
开　　本：	16
印　　张：	39
彩　　页：	8
拉　　页：	1
字　　数：	874 千字
版　　次：	2023 年 12 月第 1 版
印　　次：	2025 年 2 月第 1 次
书　　号：	ISBN 978-7-5492-9283-7
定　　价：	328.00 元

（版权所有　翻版必究　印装有误　负责调换）

名家推荐

"湖北，这片雄踞中国中部、钟灵毓秀的神奇土地，在中华文明的历史演进中，始终扮演着重要角色。本书以时间为经，史实为纬，将湖北地区纷繁复杂的行政区划沿革条分缕析、穷源竟委，不仅为相关学者提供了研究荆楚历史的时空框架，也为广大读者奉上了解读湖北地情的文化密钥。"

著名文化学者、湖北省社科院原副院长、湖北省行政区划与地名文化研究会学术顾问
——刘玉堂

"行政区划史研究是历史研究的重要分支。本书通过剖析两千多年行政区划的动态变化，能够清晰洞见湖北在不同历史时期的战略地位和发展走向。无论是对探究地方行政管理体系演变，还是对了解区域文化形成的历史源流，本书都具有重要的参考价值。"

武汉大学历史学院教授
——罗运环

"本书内容全面，分量厚实，从行政区划本身到其管理模式，都有详尽的介绍，可谓地方行政区划研究中一部里程碑式的著作。两位历史学者揆诸史籍，以丰富的史料和严谨的考证来展现湖北行政区划的前世今生，并深刻分析变革背后的政治、经济、文化等社会因素，从而为当代的行政区划史、区域史的研究提供了宝贵的参考。"

华中师范大学历史文化学院教授
——张全明

序 言 PREFACE

　　传统中国常用"上知天文下知地理"形容知识渊博之人，苍穹远在天际，的确玄妙难知，难以探寻。行政区划就在大家脚下，人们却未必清楚其来龙去脉。早在数千年前，荆楚大地就迸发出文明火光。湖北地区是旧石器时代"郧县人"的家园，是新石器时代屈家岭文化的发源地，是石器时代晚期、青铜时代早期石家河文化的范围，也是青铜时代盘龙城遗址的所在。

　　湖北地区更是夏朝禹划九州时荆州的范围，是商代方国，周代诸侯国重要聚居地。楚国，是周天子册封的诸侯国之一，原本局促于湖北一隅。但经过楚人的不断奋斗，楚国疆域最终囊括了今湖北省绝大部分地区。灿烂辉煌的楚文明铸就了一个文化大省的灵魂。

　　在湖北早期历史中，"荆州"与"楚国"拥有无可替代的文化作用，荆楚与湖北大地的文化缘分从此开始。1949年前湖北行政区划发展大体历经四个阶段：

　　第一阶段是先秦时期：从大禹划九州到楚国郡县制的产生，湖北政区处于初始阶段。这一阶段，人为划定带有政治性的区域已经产生。东周时期，在楚国统治下，相继出现了县与郡，湖北政区制度迎来了划时代的变化。但楚国郡县并没有全面普及，湖北政区仍然处于初始阶段。

　　第二阶段是秦汉魏晋南北朝时期：湖北政区从郡县二级制演变到州郡县三级制。秦王朝统一中国后，全面推行郡县制。汉代，虽然王国、侯国与郡县并存，但随着王朝中央集权的巩固，王侯基本丧失地方行政权力，封国可直接等同于郡县。汉武帝创立的"州"，经过长期演变，正式成为郡县之上的政区，并为魏晋南北朝所沿用。

　　第三阶段是隋唐五代宋时期：湖北政区从州（郡）县二级制演变到道（路）州（府、军）县（监）三级制。鉴于南北朝政区数量膨胀的事实，隋唐大力精简政区，推行州县或郡县二级制。但在实际过程中，二级政区不能很好符合行政需求。经过长时间发展，唐代"道"又得以出现，并逐步成为州（郡）县之上新的政区。鉴于唐代藩镇割据的教训，宋代取消"道"，发展"路"制。通过路，辖州、府、军；再通过州级政区，管辖县、监基层政区。

第四阶段是元明清民国时期：湖北政区从多级制缓慢简化到三级制，甚至二级制。元朝创立行省制，行省之下又有宣慰司、路、府、州、县。且行省之下，各政区层级还能根据实际情况产生不同的组合，形成极为复杂的局面。湖北政区由此形成多级多元制。明代，在湖广省级政府之下，还有带有政区性质的"道"，以及府州县。由于湖广抚按、郧阳抚治、偏沅巡抚以及道、州的特殊性质，明代政区仍旧是多级多元。清王朝简化政区制度，多级多元的情况有所改变。民国以来，又继续精简，形成了省—县（市）二级制和省—道、行政督察区—县三级制。

现代湖北省的许多因素，基本都在第四阶段产生。元代，今天的武汉地区成为湖北最重要的政治中心。明朝，今湖北北部疆域初步固定。清初，今湖北省省域最终定型。民国，今武汉市正式诞生。

从先秦的楚国，到汉代的荆州，再到宋代的荆湖，元明的湖广，最终到清代的湖北，行政区划伴随荆楚文明，已经走过了数千年历史。它是湖北区域政治、经济、文化发展的重要标识，更是历史经验的凝聚。

纵观湖北地区的历史，我们可以发现湖北省的出现，是楚国以来，各种政治变动长期叠加造成的，并非某一位帝王将相精心谋划而成。湖北先民的繁衍发展，导致行政治理需求发生改变，才是湖北省诞生的主要原因。湖北民众，是湖北省的根本创造者。

历史告诉我们，行政区划总是处于变化之中。历代统治者总是根据实际情况，遵循"山川形便"与"犬牙相错"的原则，灵活变更政区，达到不同的疆域治理效果。事实证明，国家统治与地方治理较为成功的王朝，其行政区划的架构体系也较为科学合理。政区混乱停滞之时，往往也是历史黑暗之刻。

总体而言，导致湖北政区变化的因素是多元的。国家政治是主导因素之一，绝大多数政区变更，仍然是统治者参考各方面意见，自上而下划定的。没有国家的认可，再合理的政区变更诉求也难以实现。只要国家有需求，再不合理的政区变更也会成为现实。国家政策、治安需求、军事活动往往直接促使政区的变更。

自然环境是政区划定的重要参考，尽管有的专制主义中央集权政府为维护统治，故意割裂自然地理，导致"犬牙交错"的状况。但经过千年演变，湖北省最终还是形成了秦岭大巴山、巫山、武陵山、洞庭湖、幕阜山、大别山、桐柏山，大山大湖包围，长江、汉水横亘其中的地理格局。顺应自然地理的"山川形便"原则不能忽视。

经济因素是政区变更的重要影响，除了魏晋南北朝等个别案例，一般而言，行政区划变更频率与当地经济发展速度成正比，政区单位密度与当地经济发展水平成正比。社会经济的发展往往是新政区产生的动机，而社会经济的衰落往往导致当地政区的削减。汉口地区，走过汉口镇、夏口厅、夏口县、汉口市、武汉市的历程，与近代汉口社会经济的迅猛发展相一致。

文化认同也是政区变更不可忽视的因素。从汉武帝将传说中的荆州变为现实，到唐代荆州建府，宋代襄阳建府，元代鄂州路改武昌路，无不带有强烈的文化因素。明代原本计划将陕西白河县划给湖广，以增强政府对鄂西北山区的管控力度，结果因"县民以南北水土不同"而作罢。

行政区划包含了极为丰富的历史信息，其变更往往是多种因素叠加使然。政区经验，值得我们不断思考与总结。

对于政府，行政区划改革仍旧具有生命力，充分总结历史经验是指导改革的先决条件。中国行政区划制度，历经千百年淬炼发展，形成了厚重的历史积淀，值得当今学习与反思。

对于个人，家乡的政区地名，始终是魂牵梦绕的心灵归宿。通过了解行政区划与地名文化，加深乡土之情的事例不胜枚举。从传说中大禹九州分野下的荆州，到汉武帝设置、魏蜀吴互相争夺的荆州，再到明清时期的荆州府，现代的荆州市，荆州概念的变迁几乎是湖北历史演变的缩影，也是无数文人墨客吟唱的对象。从汉朝的江夏郡，到隋唐后的江夏县，再到现代的江夏区，江夏地名成为江夏黄氏永不磨灭的寻根灯塔。无论是在南洋欧美，还是在港澳台，我们常见黄姓的老屋祠堂镌刻江夏二字。了解政区地名，其实也是加深乡土情怀，强固文化凝聚力的有效途径。

古今学人深知行政区划的重要性，从《汉书·地理志》开始，历代学者无不关注行政区划的沿革情况，积累了较为丰厚的研究成果。嘉靖《湖广图经志书》、万历《湖广总志》、康熙《湖广通志》、雍正《湖广通志》、嘉庆《湖北通志》、宣统《湖北通志》、1949年后编纂的《湖北省志》，以及数量繁多的府、州、县地方志，均对湖北行政区划历史研究做出贡献，成为重要文献史料。

除了地方志，湖北省还有专门论及长时段历史沿革的专著，比较有代表性的有光绪《湖北舆地记》、潘新藻《湖北省建制沿革》（湖北人民出版社1987年版）、罗运环等《荆楚建制沿革》（武汉出版社2013年版）等。这些著作专门论及湖北行政区划，为湖北区域史研究做出了卓越贡献。

面对丰富的研究成果，我们编写这部《湖北行政区划史》，主要基于三方面考虑：

第一，湖北行政区划历经数千年，涉及的不同历史朝代的时代特征与地理考证，非精通中国上下五千年的历史学者不能把握。以往研究作品（特别是1949年前的成果），囿于人力所限，难以保证上下五千年之谨慎考证，错误有所难免。本书作者亦非历史通才，也难以精通每一历史时期。2017年，由复旦大学周振鹤领衔编纂的千万字《中国行政区划通史》修订版问世，该书延请多位断代史专家，历时二十年编成。此书部分修订了以往历史政区的许多谬误，其科学性也为学术界广泛认可。本书在此基础上，结合其他湖北地方历史文献，并充分吸收学界最新的权威学术成果，系统、全面地阐释湖北历代政区发展的历史脉络，从而较为清晰地揭示湖北行政区划的演变过程。

第二，以往研究成果，仅对关键历史时期的湖北政区有局部、片段性的介绍。目前看来，尚缺乏较为完整的历时性论述。本书不再满足于关键时间点的描摹，试图从有政区开始的先秦时期，系统、全面地梳理湖北政区的发展脉络，力图做到每一政区皆有始终。在吸收最新学术成果的基础上，进行连续的、长时段的政区沿革梳理和考察，是创作本书的一大初衷。

第三，行政区划不是孤立的存在的，它包含着极其丰富的历史信息，是政治演变、经济发展、文化变迁的重要体现。以往研究成果，仅强调政区的变化，某一县何时诞生，某一州何时消亡，却没有过多阐述背后的原因，以及相关经验总结。本书试图将湖北历史发展与行政区划变迁相结合，使行政区划史更加丰满，更加富有历史的厚重感，并兼涉相关政区经验的总结，以作资政之用。相信本书这种行政区划史写作的尝试，不仅增添可读性，也会带给读者更多的历史智慧。

值得说明的是，本书上迄先秦，下到中华人民共和国全面管辖湖北省，主要论述中国古代以及国民政府时期的行政区划变更，兼及这一历史时期中国共产党领导的湖北红色政区建设，对中华人民共和国成立之后的行政区划变迁暂付阙如。这主要是因为1949年后，政区调整较为频繁和复杂，尤其随着社会经济的发展，湖北政区的调整还在不断发展变化中，而本书目前的篇幅已经达到八十余万字。如将这一部分增加进来，恐非本书所能承载，只能寄希望于将来的续写。

还需指出的是，自秦汉以来，县之下一直存在各种各样的乡里基层组织或行政管理单元。对于1949年前，县之下的管理区域是否属于行政区划，目前学术界还有争议。本书限于篇幅，暂时从略。本书主要论述县及县以上的行政区划的历史沿革和变迁过程。

另外，为了增强历史直观性，本书行文中插入了多幅历史地图。这些地图均为1949年前绘制，大多为示意图，相关地理信息难免有与现代研究成果有不符之处。如图文有差异，以文字为准，插图仅供参考。

最后，希望本书为浩瀚渊博的湖北行政区划史研究添砖加瓦，为中国特色的行政区划改革提供一些参考。

湖北行政区划与地名文化研究会

2023年3月2日

CONTENTS 目 录

第一章　开端创制：先秦湖北政区 ··· 1

第一节　夏商周时期湖北地区政治格局 ···································· 1
第二节　楚国与湖北县制的滥觞 ·· 15
第三节　楚国与湖北郡县制的初步形成 ···································· 25
第四节　秦国占领湖北后郡县制的全面推广 ····························· 36
本章小结 ··· 46

第二章　奠定基石：秦汉湖北政区 ··· 47

第一节　秦朝至汉朝成立前湖北郡县与分封的交替 ·················· 47
第二节　西汉前期湖北郡县与分封的融合 ································ 58
第三节　西汉中后期湖北政区变迁 ·· 70
第四节　东汉王朝对西汉政区的继承 ······································· 84
第五节　东汉末年湖北政区的紊乱 ·· 93
本章小结 ··· 100

第三章　曲折发展：魏晋南北朝时期湖北政区 ······················· 101

第一节　魏吴对峙与湖北郡县的增置 ······································· 101
第二节　西晋短暂统一时的湖北政区 ······································· 118
第三节　东晋与十六国对峙时期湖北政区 ································ 134
第四节　刘宋时期湖北政区 ·· 148
第五节　萧齐时期湖北政区 ·· 163

第六节　萧梁时期湖北政区 …… 172

第七节　南陈时期的湖北政区 …… 183

第八节　北朝、后梁控制的湖北政区 …… 187

本章小结 …… 203

第四章　持续推进：隋唐五代湖北政区 …… 204

第一节　隋朝大一统影响下的湖北政区 …… 204

第二节　初唐、盛唐时期的湖北政区（上） …… 220

第三节　初唐、盛唐时期的湖北政区（下） …… 235

第四节　中晚唐渐成藩镇的湖北政区 …… 243

第五节　唐代湖北地区州县等级 …… 269

第六节　五代十国时期湖北政区 …… 276

本章小结 …… 293

第五章　渐趋缜密：宋代湖北政区 …… 294

第一节　北宋初期湖北政区制度的确立 …… 294

第二节　北宋中期湖北所属路制的完善 …… 304

第三节　王安石变法到北宋末年的湖北政区 …… 310

第四节　南宋初期湖北政区格局的确立 …… 321

第五节　南宋中后期湖北政区 …… 335

第六节　两宋时期湖北政区分类 …… 352

本章小结 …… 358

第六章　行省创立：元代湖北政区 …… 359

第一节　元朝前期行省制度的确立 …… 359

第二节　元朝前期湖北路府州县的变化 …… 373

第三节　元朝中后期湖北政区的变化 …… 382

本章小结 …… 394

第七章 继古开新：明代湖北政区 … 395

第一节 明初对元朝湖北政区的继承与改造 … 395

第二节 明中期湖北政区的变化（上） … 425

第三节 明中期湖北政区的变化（下） … 436

第四节 晚明湖广政治演变与两湖分省萌芽 … 452

第五节 明代湖北府州县分等 … 462

本章小结 … 472

第八章 省域成型：清代湖北省的形成与发展 … 473

第一节 清初湖广地区的政区改造 … 473

第二节 清前中期两湖分省以及湖北相关制度变迁 … 486

第三节 清前中期湖北道府州县的改变 … 496

第四节 晚清湖北政区 … 507

第五节 清代湖北政区分类 … 518

本章小结 … 524

第九章 沧桑巨变：民国湖北政区 … 525

第一节 1911—1912年湖北行政制度变迁 … 525

第二节 北洋政府时期湖北政区 … 528

第三节 武汉国民政府时期湖北政区 … 537

第四节 土地革命战争时期湖北政区 … 541

第五节 全面抗日战争时期湖北政区 … 548

第六节 抗战胜利至中华人民共和国成立前湖北政区 … 553

本章小结 … 556

附录：湖北省现行行政区划历史沿革简表 … 557

主要参考文献 … 606

图表目录

表 1-1	春秋湖北楚县表	22
表 2-1	秦朝湖北政区格局表	48
表 2-2	项羽分封诸侯表	54
表 2-3	汉高帝五年(前 202 年)湖北郡国表	58
表 2-4	吕后时期湖北政区表	63
表 2-5	汉文帝后元七年(前 157 年)湖北政区表	65
表 2-6	汉景帝后元三年(前 141 年)湖北政区表	69
表 2-7	汉武帝后元二年(前 87 年)湖北政区表	77
表 2-8	王莽代汉前夕湖北政区表	82
表 2-9	汉光武帝中元二年(57 年)湖北政区表	89
表 2-10	汉顺帝建康元年(144 年)湖北政区表	91
表 3-1	甘露四年(259 年)曹魏湖北政区表	109
表 3-2	永安三年(260 年)东吴湖北政区表	111
表 3-3	晋武帝太熙元年(290 年)湖北政区表	127
表 3-4	西晋末年湖北政区表	131
表 4-1	隋文帝仁寿四年(604 年)湖北政区表	211
表 4-2	隋炀帝大业九年(613 年)湖北政区表	217
表 4-3	唐高祖武德八年(625 年)湖北政区表	227
表 4-4	唐太宗贞观十七年(643 年)湖北政区表	234
表 4-5	唐高宗麟德元年(664 年)湖北政区表	237
表 4-6	唐玄宗天宝八年(749 年)湖北政区表	242
表 4-7	唐肃宗上元二年(761 年)湖北政区表	248
表 4-8	唐代宗大历十四年(779 年)湖北政区表	253
表 4-9	唐德宗贞元二十一年(805 年)湖北政区表	258

表 4-10	唐宪宗元和十二年(817年)湖北政区表	261
表 4-11	唐懿宗咸通十四年(873年)湖北政区表	265
表 4-12	《新唐书》所见湖北地区州县等级	272
表 4-13	后梁末帝龙德三年(923年)湖北政区表	279
表 4-14	后唐末帝清泰三年(936年)湖北政区表	283
表 4-15	后晋高祖天福七年(942年)湖北政区表	286
表 4-16	后汉隐帝乾祐三年(950年)湖北政区表	287
表 4-17	后周恭帝显德七年(960年)湖北政区表	291
表 5-1	宋太祖开宝九年(976年)湖北政区表	298
表 5-2	宋太宗至道三年(997年)湖北政区表	303
表 5-3	宋真宗乾兴元年(1022年)湖北政区表	306
表 5-4	宋仁宗嘉祐五年(1060年)湖北政区表	308
表 5-5	宋神宗熙宁九年(1076年)湖北政区表	313
表 5-6	宋哲宗绍圣三年(1096年)湖北政区表	315
表 5-7	北宋末年湖北政区表	318
表 5-8	宋高宗绍兴三十二年(1162年)湖北政区表	334
表 5-9	宋光宗绍熙五年(1194年)湖北政区表	339
表 5-10	宋宁宗嘉定十五年(1222年)湖北政区表	344
表 6-1	元世祖后期湖北监察机构表	364
表 6-2	元世祖至元三十年(1293年)湖北政区表	378
表 6-3	元宁宗至顺三年(1332年)湖北政区表	385
表 7-1	明太祖洪武三十一年(1398年)湖北卫所表	402
表 7-2	明太祖洪武三十一年(1398年)湖北政区表	407
表 7-3	明宣宗宣德九年(1434年)施州卫土司表	422
表 7-4	明孝宗弘治三年(1490年)湖北政区表	436
表 7-5	明穆宗隆庆六年(1572年)湖北政区表	451

表 8-2　清世祖顺治十八年(1661 年)湖北政区表 …………………………………… 486

表 8-3　清世宗雍正十三年(1735 年)湖北政区表 …………………………………… 501

表 8-4　清高宗乾隆五十六年(1791 年)湖北政区表 ………………………………… 505

表 8-5　清德宗光绪二十五年(1899 年)湖北政区表 ………………………………… 513

表 8-6　清宣统三年(1911 年)湖北政区表 …………………………………………… 517

表 9-1　1916 年湖北政区表 …………………………………………………………… 532

表 9-2　1925 年湖北政区表 …………………………………………………………… 535

表 9-3　1927 年湖北政区表 …………………………………………………………… 540

表 9-4　1937 年湖北政区表 …………………………………………………………… 547

表 9-5　1948 年湖北政区表 …………………………………………………………… 554

图 1-1　宣统《湖北通志》所绘《禹贡》"九州"涉及湖北地区地图 ……………………… 4

图 1-2　明代《今古舆地图》所绘周朝《春秋列国图》局部 ………………………………… 14

图 1-3　宣统《湖北通志》所绘春秋时期湖北地图 …………………………………………… 24

图 1-4　明代《今古舆地图》所绘《七国壤地图》局部 …………………………………… 29

图 1-5　宣统《湖北通志》所绘战国时期湖北地图 …………………………………………… 45

图 2-1　宣统《湖北通志》所绘秦朝湖北地图 ………………………………………………… 52

图 2-2　明代《今古舆地图》所绘《楚汉之际诸侯王图》局部 …………………………… 57

图 2-3　明代《今古舆地图》所绘《汉异姓八王图》局部 ………………………………… 61

图 2-4　明代《今古舆地图》所绘《汉吴楚七国图》局部 ………………………………… 69

图 2-5　宣统《湖北通志》所绘西汉湖北地图 ………………………………………………… 83

图 2-6　明代《今古舆地图》所绘《东汉十三州部刺史图》局部 ………………………… 92

图 2-7　宣统《湖北通志》所绘东汉湖北地图 ………………………………………………… 99

图 3-1　宣统《湖北通志》所绘三国时期湖北地图 ………………………………………… 117

图 3-2　明代《今古舆地图》所绘《西晋十九州部刺史图》局部 ………………………… 123

图 3-3　宣统《湖北通志》所绘西晋湖北地图 ………………………………………………… 133

图 3-4　明代《今古舆地图》所绘《东晋中兴江左图》局部 …………………… 140
图 3-5　宣统《湖北通志》所绘东晋湖北地图 ……………………………………… 146
图 3-6　明代《今古舆地图》所绘《刘宋南国图》局部 …………………………… 156
图 3-7　宣统《湖北通志》所绘刘宋湖北地图 ……………………………………… 162
图 3-8　明代《今古舆地图》所绘《萧齐南国图》局部 …………………………… 165
图 3-9　宣统《湖北通志》所绘萧齐湖北地图 ……………………………………… 171
图 3-10　明代《今古舆地图》所绘《萧梁南国图》局部 ………………………… 176
图 3-11　宣统《湖北通志》所绘萧梁湖北地图 …………………………………… 182
图 3-12　明代《今古舆地图》所绘《南陈南国图》局部 ………………………… 184
图 3-13　明代《今古舆地图》所绘《元魏北国图》局部 ………………………… 190
图 3-14　明代《今古舆地图》所绘《高齐北国图》局部 ………………………… 194
图 3-15　明代《今古舆地图》所绘《后周北国图》局部 ………………………… 199
图 3-16　宣统《湖北通志》所绘萧梁、西魏、后梁、北齐湖北地图 …………… 201
图 3-17　宣统《湖北通志》所绘南陈、北齐、北周、后梁湖北地图 …………… 202
图 4-1　宣统《湖北通志》所绘隋朝湖北地图 ……………………………………… 219
图 4-2　明代《今古舆地图》所绘《唐十道图》局部 ……………………………… 230
图 4-3　明代《今古舆地图》所绘《唐十五采访使图》局部 ……………………… 240
图 4-4　宣统《湖北通志》所绘唐朝湖北地图 ……………………………………… 274
图 4-5　宣统《湖北通志》所绘后梁湖北地图 ……………………………………… 277
图 4-6　宣统《湖北通志》所绘后唐湖北地图 ……………………………………… 282
图 4-7　宣统《湖北通志》所绘后晋湖北地图 ……………………………………… 285
图 4-8　宣统《湖北通志》所绘后汉湖北地图 ……………………………………… 289
图 4-9　宣统《湖北通志》所绘后周湖北地图 ……………………………………… 292
图 5-1　明代《今古舆地图》所绘《宋元丰九域图》局部 ………………………… 314
图 5-2　宣统《湖北通志》所绘北宋湖北地图 ……………………………………… 320
图 5-3　明代《今古舆地图》所绘《南宋中兴图》局部 …………………………… 329

图 5-4 宣统《湖北通志》所绘南宋湖北地图 ·················· 351

图 6-1 明代《今古舆地图》所绘《元行省行台廉访宣慰司图》局部 ·················· 372

图 6-2 明代《今古舆地图》所绘《元十二省图》局部 ·················· 381

图 6-3 宣统《湖北通志》所绘元朝湖北地图 ·················· 393

图 7-1 明代《今古舆地图》所绘《大明肇造图》局部 ·················· 399

图 7-2 明代《地图综要》所绘湖广地图 ·················· 424

图 7-3 明代《今古舆地图》所绘《大明万世一统图》局部 ·················· 452

图 7-4 宣统《湖北通志》所绘明朝湖北地图 ·················· 471

图 8-1 康熙《内府舆图》所绘清初湖北八府组图 ·················· 482

图 8-2 康熙《内府舆图》所绘《湖广全图》 ·················· 495

图 8-3 清代彩绘湖广舆图 ·················· 523

图 9-1 1917 年湖北地图 ·················· 536

图 9-2 1936—1937 年湖北地图 ·················· 546

图 9-3 1946 年湖北地图 ·················· 552

第一章　开端创制：先秦湖北政区

在浩瀚的历史长河中,生活于今湖北地区的人类创造了璀璨夺目的文明,在中华文明发展史上地位举足轻重。早在旧石器时期,湖北地区已经有原始人类大量活动,留下丰富的考古遗存。商代盘龙城的文明曙光还未完全退去,周朝楚人的绚烂华章正徐徐展开。东周之前,湖北地区的文明发展程度并不逊色,但涵盖荆楚大地系统完整的行政区划却并没有成熟,仍然处于萌芽状态。东周时期,楚国统治促使了湖北地区郡县的形成。战国末年,秦国逐渐吞并楚国领土,将郡县制全面推广到整个湖北地区。

第一节　夏商周时期湖北地区政治格局

炎黄的血脉、夏朝的传说、商朝的城邑、周朝的封国无不给荆楚大地烙上深刻的历史文化印记。史实表明,上古夏商到西周时期,中华大地已经出现了较为成熟的政治制度,形成了具有浓厚政治色彩的地理规划。① 但严格来说,此时的政治格局还不能说是行政区划。东周时期,历史性的变化终于到来。

一、禹划九州的传说

大禹治水的传说在中国历史上耳熟能详,治水的历程亦是政治权力逐渐集于大禹一身的政治过程。在洪水平息之后,大禹率兵打败了三苗部落,在今安徽涂山会集各部落首领,确立了天下共主的地位,开启了夏王朝的历史篇章。囿于考古资料的相对缺乏,除了征战,我们很难确知夏王朝对湖北采取了何种统治措施,但大禹分九州的传说却对湖北政区产生了重要影响。

传说大禹经过治水与征战,特别是在征服湖北地区三苗的过程中,掌握了大量地理知

---

① 罗运环等学者认为,湖北行政建制,最早可上溯至屈家岭文化和石家河文化时代,约公元前3000—前2000年。当时的古城方国是时代最早的湖北地方建制。参见罗运环等:《荆楚建制沿革》,武汉出版社2013年版。

识,于是对所知领土进行了规划①。据《尚书·禹贡》记载,大禹将所知道的领土划分为冀、兖、青、徐、扬、荆、豫、梁、雍九州。其中对荆州是这样描述的:

> 荆及衡阳惟荆州。江、汉朝宗于海,九江孔殷,沱、潜既道,云土梦作乂。厥土惟涂泥,厥田惟下中,厥赋上下。厥贡羽、毛、齿、革、惟金三品,杶、干、栝、柏,砺、砥、砮、丹,惟菌簵楛,三邦厎贡厥名。包匦菁茅,厥篚玄纁玑组,九江纳锡大龟。浮于江、沱、潜、汉,逾于洛,至于南河。②

这段话明确说从荆山到衡山南部是荆州,并进一步介绍了荆州的水文土壤状况,以及特产贡品种类。从文中提到的地名荆山(一般认为位于今湖北南漳县)、衡山(位于今湖南省境内)、长江、汉江、云土梦(一般认为是云梦泽)等信息来看,今天湖北省大部分地区应该属于大禹划分的荆州。

清代地理学家胡渭认为,湖北省大部属于荆州,但罗田、浠水、蕲州、武穴、黄梅属于大禹划定的扬州,襄阳、老河口、宜城、枣阳、谷城、丹江口、保康、十堰市郧阳区等地属于大禹划定的豫州,而房县、竹山、竹溪等地属于大禹划定的梁州。③

传说大禹不仅划分九州,并且规定了不同地理范围所应承担的任务与贡赋:

> 五百里甸服。百里赋纳总,二百里纳铚,三百里纳秸服,四百里粟,五百里米。五百里侯服。百里采,二百里男邦,三百里诸侯。五百里绥服。三百里揆文教,二百里奋武卫。五百里要服。三百里夷,二百里蔡。五百里荒服。三百里蛮,二百里流。④

夏王朝以都城为中心,按照距离远近分为甸、侯、绥、要、荒五服。

相距五百里为甸服,在这一范围生活的居民根据距离远近要向夏朝缴纳各种粮食。

距离甸服五百里的是侯服,居住在侯服之中的居民要为天子承担各种劳役。

距离侯服五百里的是绥服,夏王朝教化居住在绥服之中的居民,并要求其为保卫天子做贡献。

距离绥服五百里的是要服,要服居民对夏王朝的政治经济贡献降低。

距离要服五百里的是荒服,夏王朝维持与其的隶属关系即可。

这种地理划分实质是夏王朝以都城为中心,根据距离远近,规定不同地理范围内的治理

---

① 关于大禹划九州的传说,有多种版本,其中两种说法最为流行:其一是九州是大禹所创;其二是上古帝王创设十二州,大禹重新划为九州。
② 李民、王健:《尚书译注》,上海古籍出版社2004年版,第66页。
③ 参见(清)胡渭:《禹贡锥指》。除了胡渭,研究九州地理范围的学者还有许多,得出的结论与胡渭也有差异。
④ 李民、王健:《尚书译注》,上海古籍出版社2004年版,第83页。

方式以及居民的政治义务。由于学界对夏朝度量衡研究没有形成共识,我们无法确知湖北省位于哪一"服"。但如果将夏朝的"里"直接等同于今天的计量单位,湖北地区距离二里头遗址大约在250公里到550公里之间,那么湖北主要位于侯服。

九州与五服传说其实蕴含了中国行政区划的若干因素:为了巩固统治,政治权力需要将全国疆土进行划分,而划分区域要考虑顺应自然地理状况。政治区域的划分方便中央政府对不同区域采取不同的统治措施。

必须指出的是,经近现代学者详细研究,虽然目前尚不明确《尚书·禹贡》真正的写作年代,但其非夏朝文献则是肯定的。也就是说九州与五服只是对大禹事迹的一种传说。实际上,夏朝是否能够全面管控今湖北省地区,还存在较大疑问。各部落星罗棋布,可能才是夏朝湖北的政治格局。

学界通过对上海博物馆收藏的楚国竹简《容成氏》的研究后认为,除了大禹划九州之外,先秦时期还流传着不同的九州版本。① 看来真正的"九州",还需要广大文史工作者继续探寻。

除了出土竹简,在许多先秦传世典籍中,九州的名称也多有变化,但荆州却始终存在,且与湖北有紧密联系。如《周礼》认为九州分别是:扬州、荆州、豫州、青州、兖州、雍州、幽州、冀州、并州。并且"正南曰荆州,其山镇曰衡山,其泽薮曰云瞢,其川江、汉,其浸颍、湛,其利丹、银、齿、革,其民一男二女,其畜宜鸟兽,其谷宜稻。"② 从云梦、长江、汉水等信息可以看出,这里的荆州也是包括今天湖北在内的。

战国《吕氏春秋》又记载了另一番九州景象:"何谓九州？河、汉之间为豫州,周也。两河之间为冀州,晋也。河、济之间为兖州,卫也。东方为青州,齐也。泗上为徐州,鲁也。东南为杨(扬)州,越也。南方为荆州,楚也。西方为雍州,秦也。北方为幽州,燕也。"③ 在这里,荆州直接等于楚国。而楚国的疆域自然包括今天绝大部分湖北省域范围。

成书于战国两汉之间的《尔雅》所列九州与《周礼》《吕氏春秋》略有不同:"两河间曰冀州,河南曰豫州,河西曰雍州,汉南曰荆州,江南曰扬州,济河间曰兖州,济东曰徐州,燕曰幽州,齐曰营州。"④ 由此可见,汉水之南的荆州包括今天湖北省的一部分地区。

---

① 如陈伟在《竹书〈容成氏〉所见的九州》(《中国史研究》2003年第3期)一文中认为:"通过与传世古书的比较可见,竹书反映的九州在禹治水之前即已存在;其九州不仅名称有异,地域安排也不同,属于自成一格的九州系统。"再如晏昌贵在《〈上海博物馆藏战国楚竹书(二)〉中〈容成氏〉九州柬释》(《武汉大学学报(哲学社会科学版)》)2004年第4期)一文中指出:"简文九州是一个独立的系统。其南、北、西三方边地的四州与传世文献较为相合,而处于黄淮平原及山东半岛的五州则与传世文献差别较大。"
② 杨天宇:《周礼译注》,上海古籍出版社2004年版,第481页。
③《吕氏春秋·有始览第一》,中华书局2011年版,第366页。
④ 胡奇光、方环海:《尔雅译注》,上海古籍出版社2004年版,第250—251页。

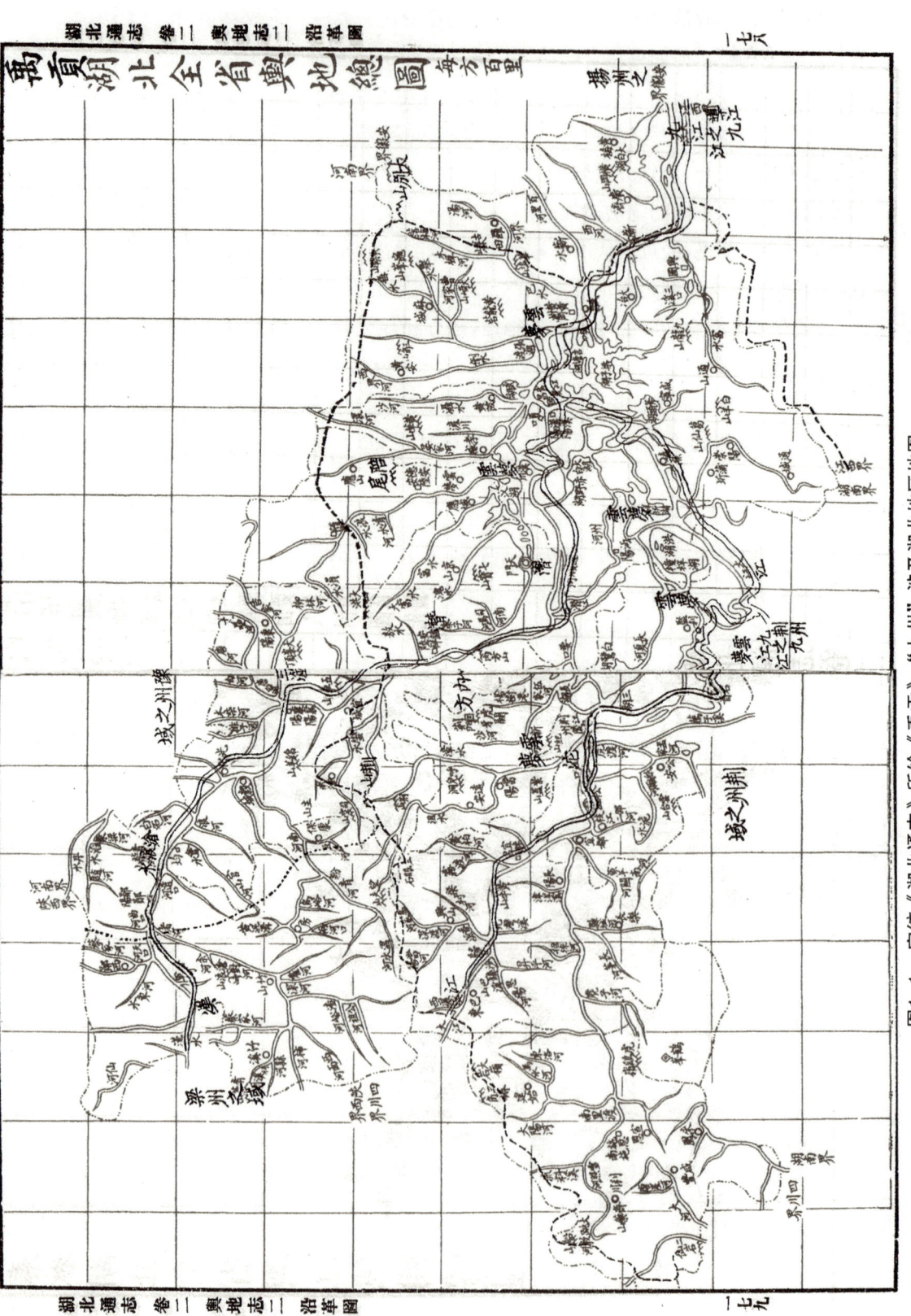

图1-1 宣统《湖北通志》所绘《禹贡》"九州"涉及湖北地区地图

湖北与荆州的不解之缘还在继续。抛开近现代学者的考证研究，多数古人认为《尚书·禹贡》中大禹划九州的传说是真实的。不仅司马迁《史记》、班固《汉书》完全承袭了《禹贡》的记载，就连南北朝时期开始流传的《千字文》也有"九州禹迹，百郡秦并"的语句。唐代著名地理学专著《元和郡县图志》序言中也说道："夏禹之分别九州。"① 直到明清时期，湖北地方志的编纂者仍然相信：大禹划定的"荆州"是湖北第一个政区，湖北是"《禹贡》荆州之域"②，是"神禹之迹遍焉"③的古老疆土。就连民国学者也认为九州是夏朝的地理区域。④ 以今天学术观点来看大禹划九州只是一个传说，但它却是一个在特定历史时间段被人相信的传说，被部分人群看作湖北政区史的开端。

　　汉代正式设置荆州刺史部。此后历经沧桑变迁，一直到明清时期的荆州府、近现代的荆州市。"荆州"一词从其诞生起，含义纷繁不一，地理范围千变万化，但它一直与湖北地区相关，陪伴其直到当代，成为荆楚最悠久的政区名词之一。

二、商代湖北地区的方国与城邑

　　与相对模糊的夏朝相比，商代的湖北政治格局则略为清晰。根据传世与出土文献，商代明确有中央与地方的政治划分。如《尚书·酒诰》记载，殷商时期"越在外服，侯甸男卫邦伯；越在内服，百僚、庶尹、惟亚、惟服、宗工越百姓里居"。⑤ 即内服为商王朝任命的各种官员管辖之地，外服则是商王朝分封的各种贵族统治之区。

　　已出土的甲骨卜辞中也有这样的记载："己巳，王卜，贞。今岁商受年？王占曰：吉。东土受年？南土受年？西土受年？北土受年？吉。"⑥商王先是向神灵询问"商"地是否丰足，在得到肯定的结果后，又询问东南西北之地是否丰足。此处"商"与东南西北土相对，可以看做"商"是商王朝管辖的王畿，而东南西北土则是地方管辖区域。

　　有学者认为："商王对于内服与外服即王畿与四土的支配方式显然是不同的，对于远距离的侯伯方国的支配，主要是间接性支配，而在王畿范围内，则采用直接支配与间接支配相结合。"⑦

　　大部分湖北地区是商王朝间接管理的疆土。自从1904年孙诒让提出"方国"一词以来，学术界多用"方国"来泛指商王朝王畿之外的所有国家。⑧ 今湖北地区也存在方国。经现代

---

① （唐）李吉甫：《元和郡县图志》原序，清武英殿聚珍版丛书本，第1页。
② 康熙《湖广通志》卷2，康熙二十三年刻本，第1页。
③ 万历《湖广总志》卷2，万历十九年刻本，第1页。
④ 梁启超：《禹贡九州考》，《大中华》1916年第2卷第1期，第1—4页。
⑤ 陈戍国：《尚书校注》，岳麓书社2004年版，第133页。
⑥ 郭沫若：《殷契粹编》，科学出版社1965年版，第579页。
⑦ 王震中：《商代都邑聚落结构与商王的统治方式》，《中国社会科学》2007年第4期，第203页。
⑧ 学术界对"方国"一词的解释非常丰富，且存在一定的学术分歧。本书的主要叙述对象是政区，因此对"方国"一词的详细考证从略，采取广义上的方国概念，将商王畿之外的地方政权统称为"方国"。

学者研究,涉及湖北地区的主要商代方国如下所示:

虎方:在商代甲骨卜辞中,虎方曾经多次以被商王朝征服或商王朝属国的面貌出现,其大概地理位置学界众说纷纭。一说位于长江以南,南岭以北,鄱阳湖、赣江流域以西,洞庭湖、湘江流域以东。① 一说位于汉水以北,今湖北省安陆市、京山市以南地区。② 还有淮河上游、江西鄱赣地区等说法。有学者认为虎方是今天湖北土家族的祖先。③ 还有学者认为虎方是古代江南虎神崇拜的来源。④

中方:学者通过大量甲骨卜辞的研究,认为这一方国与商代盘龙城关系密切,一度十分强大,曾是商王朝在南方的劲敌。⑤

庸国:庸国是跟随周武王讨伐商纣王的著名方国,有学者认为其位于今湖北省竹山县、竹溪县地区。⑥ 有学者认为庸人在族群上属于长江上游濮族,但另有学者认为:"庸人的族属,未必像一些学者推断的那样属于濮人或百濮的一支。参证相关考古资料,尤其是近年湖北南水北调工程的考古发现,庸人当是江汉土著——荆蛮的一支,本为古史传说中南方部落集团三苗的遗裔。"⑦

卢国:根据甲骨卜辞与传世文献记载,卢国在商王朝强盛时期曾经臣服于商。在商王朝末期,卢国又帮助周武王讨伐商纣王。商朝卢国的疆土大概位于今湖北省竹山县、陕西安康市之间。⑧

归国:在商代甲骨卜辞中,多次见到归国的相关记录,郭沫若认为归国或归子国就是夔国,势力范围在今湖北省秭归县附近。⑨

还有学者指出,商代湖北还存在两个方国,一个是今湖北东部举水流域的与(举)国,另一个是位于今湖北枣阳市、随县、京山市到河南西南部的曾国。⑩

商代湖北省武汉市境内还存在一个曾经向商王朝纳贡的"长子国"⑪。而见于周代文献的谷国(国境大约在今汉水南河两岸)、权国(国境大约在今当阳市东南)、厉(赖)国(国境大约在今随州市殷店镇一带)等政权或许早在商朝就存在了。

---

① 彭明瀚:《商代虎方文化初探》,《中国史研究》1995年第3期,第102页。
② 孙亚冰、林欢:《商代地理与方国》,中国社会科学出版社2010年版,第436页。
③ 何光岳:《虎方、白虎夷的族源和迁徙——论土家族主要的一支先民》,《中南民族大学学报》1986年第1期。
④ 郭静云:《江南对虎神的崇拜来源——兼探虎方之地望》,《湖南大学学报(社会科学版)》2014年第2期。
⑤ 孙亚冰、林欢:《商代地理与方国》,中国社会科学出版社2010年版,第438—441页。
⑥ 孙亚冰、林欢:《商代地理与方国》,中国社会科学出版社2010年版,第444页。
⑦ 蔡靖泉:《庸人·庸国·庸史》,《江汉论坛》2010年第10期,第94页。
⑧ 孙亚冰、林欢:《商代地理与方国》,中国社会科学出版社2010年版,第446页。
⑨ 郭沫若:《殷契粹编》,科学出版社1965年版,第645页。
⑩ 江鸿(李学勤):《盘龙城与商朝的南土》,《文物》1976年第2期。
⑪ 黄锡全:《黄陂鲁台山遗址为"长子"国都蠡测》,《江汉论坛》1992年第4期。

除了以上方国之外,学界对商代彭、蜀、微、髳、濮五国的地理位置存在争议,有观点认为彭位于今湖北省房县彭水一带,蜀位于郧西县蜀水一带,微位于竹山县微阳一带,髳位于丹江口市靠近河南南部一带,濮位于远安县一带。彭、蜀、微、髳、濮五国是否确实位于湖北省境内还需要学界进一步探讨。①

战国《吕氏春秋》曾经记载:汉水南面的方国听说商汤仁德高尚,纷纷归附于商王朝,造成"四十国归之"②的局面。战国《吕氏春秋》的记载不一定是商代实际情况,但它提示我们商王朝时期,今湖北地区还有许多方国,不仅仅限于上文罗列的十余个。囿于历史资料与考古发掘的局限性,目前学界对商代方国的认识是极其有限的。但学界从有限的认识注意到,商王朝中央与方国除了武力征伐与反抗之外,在政治、经济、文化方面也有着密切的联系,商王有时可以直接命令方国君主,甚至到方国内巡游。方国君主要向商王提供各种经济产品与人力资源,并且在祭祀方面与商王也有某种共通性。方国并不是行政区划,但中央与地方的政治联系,随着时间的流逝,正在逐步加强。

商代,无论是王朝直接控制的区域还是区域性的方国,都已出现了或大或小的聚落和城邑,位于今武汉市黄陂区西南部的盘龙城是商王朝时期长江流域重要城邑。自1954年盘龙城遗址被发现以来,不断的考古发掘使其一直助益于先秦史研究,成为考古学、历史学的热门话题。2021年,盘龙城遗址入选中国"百年百大考古发现"。有学者认为:"盘龙城遗址早商文化序列相对完整,文化面貌典型,城址、宫殿建筑布局完整,出土遗物尤其是青铜器精美丰富等充分说明盘龙城遗址在整个早商文化研究中的重要价值。"③

盘龙城遗址的发现充分表明,商代时期的湖北地区并非蛮荒之地,其文明发展程度并不一定就落后于中原地区。早在1976年,就有学者指出:盘龙城东北部的宫殿台基,东西长达39.8米,而商王朝统治中心——河南安阳殷墟小屯村北发现的宫殿基址,最大的也不过长46.7米。盘龙城遗址的出土表明,商王朝活动范围限于黄河中下游的观点是不准确的。从遥远的北方直到大江南北,商文化有着鲜明的统一性与连续性。④

学界曾经对商代盘龙城历史有过概括性说明:"便利的地理位置和丰富的自然、矿产资源,使盘龙城商城得以在商王朝建立后迅速兴建。盘龙城商城可能就是商王朝把中国南方与中原早商核心地区连接起来的一个交通枢纽,是商王朝赐封诸侯的王国之都及军事据点。中商时期,由于商王室王位更迭引发了政治动乱,导致盘龙城商城这一地区中心聚落的废弃。"⑤

有学者认为,盘龙城可能是商代某一方国的都城。对此观点,学界提出了另一种看法:

---

① 刘玉堂、张正明:《湖北通史·先秦卷》,华中师范大学出版社2018年版,第221页。
② 《吕氏春秋·孟冬纪》,中华书局2011年版,第303页。
③ 徐少华:《论盘龙城商文化的特征及其影响》,《江汉考古》2014年第3期。
④ 江鸿:《盘龙城与商朝的南土》,《文物》1976年第2期。
⑤ 陈朝云:《盘龙城与早商政权在长江流域的势力扩张》,《史学月刊》2003年第11期。

"盘龙城是中原王朝直接控制长江中游地区的中心城市,其人群主要来自中原地区。盘龙城的废弃,意味着中原王朝控制南方从方式到策略的改变。"①

无论是商王朝间接影响的方国,还是直接管控的城市,严格意义上来说都还不是行政区划,但其具备了某些政区因素。如商王朝与方国之间正在缓慢形成中央与地方的关系。方国大多是由部落、族群等因素自然形成,但得到商王朝的承认也十分重要,这为王朝政府主动规划政治区域埋下了伏笔。而盘龙城遗址表明商王朝似乎有抛开世袭方国,对远离王畿的重要土地进行直接管理的企图。随着时间的流逝,这些因素会进一步萌芽发展,最终演变为行政区划。

三、周代湖北地区的封国

周原来是臣服于商王朝的方国,周武王趁商纣王统治不稳之机,率领众多部众,在其他方国帮助下,瓦解了商王朝统治,建立了周王朝。周王朝建立后,周天子为了稳固新建立的政权,以天下共主的身份,赐封大量周代之前的贵族后裔、跟随武王伐纣的方国君主、周王朝亲属功臣,让其在华夏大地上星罗棋布,建立诸侯国,维持与周天子的君臣关系。

在这种情况下,无论是已经存在的古老方国,还是后来建立的周代封国,基本上都要经过周天子赐封承认。也就是说诸侯国分布的政治地理格局有周天子亲自规划设计的因素在内,再加上西周时期,诸侯国与周天子在政治、经济、文化上的君臣关系较为紧密,自上而下规划管理疆土的政区萌芽在西周时期又前进了一步。

在整个周代,湖北省境内也存在众多封国。这些封国的形成主要有两类:一类是原本就居住在湖北的部落或方国,由于其血统或曾经帮助、顺从周王,而得到承认和赐封。如具有殷商血统的权国和曾经帮助武王伐纣的庸国、卢国等。另一类是周天子为了控制湖北重要经济资源,为了防止异己力量的壮大,而将自己的亲信分封于某重要地区。这方面的典型代表是"汉阳诸姬"。"汉阳诸姬"即周人以同姓以及姻亲,在汉水北部、大巴山与大别山等地,建立或保留的一系列诸侯国。这些诸侯国是周天子的亲信,用以守护铜矿等战略资源,防备淮夷和楚人。

由于楚国对湖北历史有着非常重要的影响,与湖北政区有着极其重要的关系,需要专门论述。因此这里将除楚国以及其封君之外,涉及湖北的诸侯国予以简要介绍,以便了解周代湖北政治格局②:

巴国:相传早在夏商时期,巴国就已经建立。商朝末年,巴国帮助武王伐纣有功,而受到周天子的赐封。战国时期,巴国被秦国所灭。巴国的疆域以今重庆市、四川省为中心,但其

---

①张昌平:《关于盘龙城的性质》,《江汉考古》2020年第6期,第53页。

②由于先秦文献的局限,周代封国的建立时间与地理位置,许多都有争议。因此本书不可能按照封国出现时间先后和地理方位排序,只能采用封国名称首字母排列。再加上古今学界对周代封国的认识歧义之处甚多,本书将某些实在难以考证的封国或仅存在于传说中的封国从略。

势力范围也包括今湖北省西部的某些地区。如有学者认为商周以来,巴国据有汉中东部,并向大巴山东部发展。春秋之后,巴国举国南迁鄂西、渝东之间。最终渐次进入渝东地区和四川盆地东部,兼有与鄂、湘、黔相邻地区。① 据文献记载,巴国与楚国的冲突与交流也十分频繁。今天湖北省西部地区仍保留许多巴文化元素。

长(长子)国:此国在传世文献中罕有记载,但在出土文物中确有记录。据黄锡全研究,长子国早在商代就已经存在,是长江、汉水汇合处的重要方国,并多次向商王进贡龟。商朝灭亡后,长子国又臣服于周。长子国的统治中心位于今武汉市黄陂区鲁台山一带,盘龙城或许就是长子国早期使用过的都城。②

邓国:相传商王武丁曾经册封自己的叔父,让其在河南建立邓国。西周时期,邓国迁移到湖北省境内。此传说不知确否,但出土文物表明周代时湖北的确有一个邓国存在。有观点认为,邓国国境大致包括南阳盆地南部,今湖北省襄阳市襄州区境内的汉水以北地区和河南省新野市、邓州市以南地区。③ 还有学者认为邓国领土大致在南阳盆地中南部地区。西周晚期至春秋早期,邓国都城在今湖北省襄阳市邓城城址东南侧的周家岗遗址。④ 邓国后被楚国所灭。

鄂国:在先秦时期的湖北境内至少存在两个鄂国。其一是周天子所封的诸侯国,另一个是楚国封君的辖区。这里只说被周天子所封的鄂国。由于鄂国传世与考古文献相对丰富,其国名也与当今湖北简称相一致,许多学者对鄂国进行了详细研究。有学者认为鄂国是一个以鳄鱼为图腾的部落,早在商代就已经建国,地点在今山西省一带。西周初年,鄂国被晋所灭,国人迁到河南,后又继续南迁到今湖北省鄂州市鄂城区,仍叫鄂国。最终为楚国所灭。⑤ 也有学者认为,鄂国原是商代古国,周代南下立国于南阳盆地一带,与周王朝关系融洽。随着周天子威望降低,鄂国也渐渐不服从其管辖。周夷王最终灭亡鄂国。⑥ 还有学者认为:鄂国的疆域比较大,包括今湖北省鄂城,北部或与曾国接壤,因此随州发现了鄂国器物。⑦ 最新的研究成果表明:"西周早期为南控南淮夷、荆蛮,周封鄂于今随州市。周夷王时,将鄂迁徙到今河南省南阳市宛城区新店乡西鄂故城一带,周代南土防线亦随之收缩。约在春秋早期楚将南阳盆地纳入政治版图之时鄂国已消亡。"⑧

贰国:传说贰国与周天子同姓,被周天子分封于今湖北省境内,捍卫周王室的疆土,后为

---

① 段渝:《巴国的历史和文化》,《文史知识》2008年第12期。
② 黄锡全:《黄陂鲁台山遗址为"长子"国都蠡测》,《江汉考古》1992年第4期。
③ 石泉:《古邓国、邓县考》,《江汉论坛》1980年第3期。
④ 王先福:《考古学视域下的邓国地望新探》,《江汉考古》2021年第2期。
⑤ 何光岳:《扬子鳄的分布与鄂国的迁徙》,《江汉考古》1986年第3期。
⑥ 徐少华:《鄂国铜器及其历史地理综考》,《考古与文物》1994年第2期。
⑦ 李学勤:《论周初的鄂国》,《中华文史论丛》2008年第4期。
⑧ 王红星、卢川、朱江松:《鄂、西鄂、东鄂辨证——兼论湖北称鄂之由来》,《历史地理》2021年第3期。

楚国所灭。一般认为贰国疆域在今湖北省广水市。①

樊国：周代至少有两个樊国，一个是姬姓樊国，一个是嬴姓樊国。关于后者，明代人认为在今湖北省襄阳市樊城②，但有学者根据出土文物，断定樊国的地理位置并不在今湖北省境内，而在今河南省信阳市附近。樊城是楚国灭亡樊国之后，将樊国居民迁居于湖北形成的。③

谷国：传说谷国是早在商朝就存在的方国，周代湖北谷国与商代谷国的关系不得其详。明代湖北人认为，谷城县西部就是周代谷国所在地。④ 谷国后被楚国所灭。

黄国：黄国本是位于今河南省潢川县的诸侯国，后被楚国所灭。黄国的统治中心虽在今河南省，但其疆域包括了今湖北省北部的部分地区。⑤ 另有学者认为，除了河南的黄国外，周代湖北也有黄国存在。此黄国位于今宜城市东南、随县西南的汉水以东，大富水以西。⑥ 当然湖北黄国是否真实存在，学界仍有一定争议。

绞国：传说绞国是皋陶后裔建立的诸侯国。文献记载楚武王曾攻打绞国，围困其都城。绞国迫不得已在城下与楚军签订了屈辱的和约，此为城下之盟的由来。虽然签订城下之盟，绞国还是被楚国所灭。关于绞国的地理位置，有今谷城县、郧县多种说法。⑦

厉（赖）国：传说厉（赖）国是炎帝后裔建立的国家。有学者曾经研究厉（赖）国，认为周朝有三个厉（赖）国。其中一个位于今湖北省随枣走廊内，随州市（东）北百余里殷店镇一带。湖北厉（赖）国在西周初年就已经活跃于江汉一带，其建国的时间当早于周代。由于周人以及曾国的压力，厉（赖）国收缩到了厉乡、厉山、厉水一带的山前丘陵地区。大约在楚武王时期，厉（赖）国被纳入楚国势力范围。⑧

卢国：早在商朝时期，卢国就已经存在。卢国曾经帮助周武王灭商，而在周代继续存在。由于卢国国民多是戎人，卢国又称卢戎。卢国的地理范围在今湖北南漳县境内⑨，亦有学者认为在今襄阳泥嘴镇附近⑩。卢国在东周时期被楚国所灭。

罗国：传说罗国和楚国同祖，曾经被周王朝军队驱赶，从北方迁移到今湖北省境内立国。后又被楚国所灭，国人迁居湖南。学界认为罗国在今南漳县、宜城市之间或是宜城市西部罗川城附近。⑪ 亦有学者认为罗国在今襄阳市丁家集对岸一带。⑫

---

① 刘玉堂、张正明：《湖北通史·先秦卷》，华中师范大学出版社2018年版，第229页。
② 万历《湖广总志》卷7，万历十九年刻本，第10页。
③ 徐少华：《樊国铜器及其历史地理新探》，《考古》1995年第4期。
④ 天顺《重刊襄阳郡志》卷2，天顺三年刻本，第38页。
⑤ 王晓勇：《有关古黄国的两个问题》，《河南大学学报（哲学社会科学版）》1989年第4期。
⑥ 何浩：《西黄续考》，《江汉考古》1983年第1期。
⑦ 参见李海勇：《古绞国地望蠡测》，《江汉考古》1997年第4期。
⑧ 徐少华：《古厉国历史地理及其相关问题》，《江汉论坛》1987年第3期。
⑨ 刘玉堂、张正明：《湖北通史·先秦卷》，华中师范大学出版社2018年版，第219页。
⑩ 石泉：《楚国历史文化辞典》，武汉大学出版社1996年版，第105页。
⑪ 刘玉堂、张正明：《湖北通史·先秦卷》，华中师范大学出版社2018年版，第219—220页。
⑫ 石泉：《楚国历史文化辞典》，武汉大学出版社1996年版，第237页。

麇国(麋国、微国):关于麇国与麋国,学界有两种说法,一种认为这是两个国家。如董乐义认为两国都是伯益之后,随着商代势力南下而在湖北境内建国,一直持续到周朝。两国地理位置不同,麇国位于包括今枝江市在内的当阳市南部一带,其都位于今当阳市两河镇麋(糜)城村附近。而麋国则位于今鄂西北山地。① 另一种说法认为麋、麇是同一个国家,位于今陕西省白河县、湖北省郧西县、郧阳区、房县之间。② 更有说法认为麇、麋、微、眉、郿、湄,古音相通为一字,麋国与麇国其实与参加武王伐纣的微国都是一群人,麋国大致位于今十堰郧阳地区。③ 学界还有一种说法认为微国与眉国是一个国家,其位于鄂西北竹山县。麋国、麇国与微国的历史仍需学界进一步探讨。

邶国:邶国(那国)有时也写作冉国,传说是周文王最小儿子季载的封地。关于邶国的地理位置,学界众说纷纭,一种说法认为位于今湖北省荆门市、钟祥市一带。邶国(那国)或许是楚国第一个灭掉的封国。④

权国:权国相传是商王武丁后裔建立的方国,入周后,得到周天子册封继续存在,后被楚国所灭。学者认为:"权国建立在江汉平原西部,汉水以西和漳水以东,现为湖北省荆门市沙洋一带,以权水之权为国名。"⑤

郦国:传说郦国是黄帝之子昌益的后代所建。最晚到春秋初年,郦国分为上下两郦。上郦应在今湖北省宜城市一带,下郦南迁后居于今湖北省钟祥市古丽阳驿附近的郦邑。郦国后被楚国所灭。⑥

蜀国:考古发掘已经证明,先秦时期的蜀国曾经拥有极其灿烂辉煌的文明。其统治中心虽然在今四川省,但其疆域涉及今湖北省西部。有学者认为:"商周春秋时期,古蜀王国的疆域北达汉中,南至南中,东至鄂西清江。战国时期,蜀国向北保有汉中,向南深入西南夷,向东据有嘉陵江以东地区。"⑦其中鄂西清江包括今湖北省利川市、恩施市、宣恩县、建始县、巴东县、长阳县、宜都市等地。

唐国:先秦时期有多个唐国存在,关于湖北唐国的起源众说纷纭,一说是唐尧后裔建立的国家,一说是周王将亲属分封的结果。传说唐国曾经联合吴国、蔡国攻打楚国,并攻陷楚国都城,楚王逃到曾(随)国避难。后来楚军联合秦军灭亡了唐国。唐国的地理位置,有学者认为在今随州市随县唐县镇。⑧

谢国:传说谢国本是上古方国,西周初年迁移到今河南南阳,周宣王灭掉谢国,将功臣申

---

① 董乐义:《吴楚"麇"之战战地考——兼探麇国及其疆望》,《中国历史地理论丛》1992年第1期。
② 何浩:《麋国地望与灭年》,《求索》1988年第2期。
③ 何光岳:《楚灭国考》,上海人民出版社1990年版,第22—36页。
④ 何浩:《楚灭国研究》,武汉出版社1989年版,第36—44页。
⑤ 牛军:《权国考》,《三峡论坛》2019年第5期。
⑥ 黄锦前:《从近刊郦器申论郦国地望及楚灭郦的年代》,《中国历史地理论丛》2017年第3期。
⑦ 段渝:《先秦蜀国的都城和疆域》,《中国史研究》2012年第1期。
⑧ 刘玉堂、张正明:《湖北通史·先秦卷》,华中师范大学出版社2018年版,第224页。

伯分封于此,建立新国家。明代学者认为,谢国的政治中心虽在今河南省,但今湖北省枣阳市部分地区也是谢国的一部分。①

弦国:传说弦国国君是炎帝的后裔,西周时期在今河南省南部建国,后被楚国所灭。一般认为,弦国主要疆域在今河南省,部分学者认为,今湖北省黄冈市巴河流域才是弦国所在地。②

阴国:根据传说,今老河口市有一个从夏朝就存在的阴国,历经商周,最后被楚国所灭。③

鄾国:鄾国本是西周时期在河南建立的诸侯国,但春秋时期被郑国所灭。传,其国人又迁移到今湖北省境内立国,最终被楚国所灭。但学界对这种说法提出了质疑,认为被楚国所灭的湖北鄾国与中原鄾国并无直接关系,本身就是湖北地区的古国。④ 传说清代宜城县城南就是古鄾国的政治中心。⑤

庸国:庸国的历史较为古老,学界对其研究也相对丰富。有学者认为,早在夏商时期,庸国就已经存在。庸国帮助周武王灭商,被封于河南,直到西周中叶,庸国才扩展到今湖北省竹山县的群山中。到春秋中叶,楚国联合秦、巴二国,合力灭亡庸国。⑥ 另有学者认为:庸国早在商代就立国于今湖北省竹山县一带。其衰落由于参与"管蔡之乱"而遭到周公打击和斥弃。最终被楚国所灭。⑦ 还有学者则考证出"庸国都在今湖北竹山县西南上庸镇一带,庸国疆域大致包括今湖北竹山、竹溪及房县西部,陕西安康、旬阳、白河、平利、岚皋、汉阴、紫阳、石泉、镇坪,重庆巫山、巫溪、奉节、云阳、万州、开县、梁平等地。"⑧庸国历史文化悠久,有学者认为古庸国与上古女娲文化有联系。⑨

鄀国:传说鄀国是商王武丁的后裔所建,楚国曾经联合巴国一起攻打鄀国。尽管有邓国的援助,楚国还是灭了鄀国。一种说法认为鄀国在今枣阳市一带。⑩ 也有说法认为湖北鄀国并不是封国,而是邓国的边邑。⑪

郧国:郧国有可能是巴人东迁郧水建立的国家。据传世文献记载,周代郧国曾经与楚国通婚,一些著名楚国大臣有郧国血统。与此同时,两国也时有冲突。后郧国被楚国所灭。郧

---

① 万历《湖广总志》卷7,万历十九年刻本,第10页。
② 梁敢雄:《弦子国不在光山而在黄州巴河流域考》,《黄冈职业技术学院学报》2015年第2期。
③ 光绪《光化县志》卷1,光绪十三年刻本,第1页。
④ 高介华、刘玉堂:《楚国的城市与建筑》,湖北教育出版社1995年版,第157页。
⑤ 同治《宜城县志》卷1,同治五年刻本,第3页。
⑥ 何光岳:《庸国的兴亡及其与楚的关系》,《求索》1983年第3期。
⑦ 蔡靖泉:《庸人·庸国·庸史》,《江汉论坛》2010年第10期。
⑧ 朱圣钟:《庸国历史地理问题三论》,《地域文化研究》2018年第1期。
⑨ 刘玉堂、吴成国:《楚帛书女娲形象钩沉——兼谈女娲与庸国》,《武汉大学学报(人文科学版)》2010年第6期。
⑩ 万历《湖广总志》卷7,万历十九年刻本,第14页。
⑪ 石泉:《古邓国、邓县考》,《江汉论坛》1980年第3期。

国的地理位置,一说在今安陆市附近,①一说在今钟祥市北部附近。②

曾(随)国:自从大量考古发掘,特别是2013年随州文峰塔墓地出土曾侯舆编钟后,曾、随一国两名的学术观点成为学界主流。据文献传说,南宫适为周王朝的建立和巩固立下汗马功劳,其后裔被周天子封到今湖北省境内,建立曾国③。据学者研究,西周早期曾国的疆域并不大,以今随州市庙台子遗址为中心,东部可达安陆市一带。西周晚期,曾国的疆域有扩展,在今枣阳市、京山市、随州市都有曾国遗址发现,这足以说明曾国曾经占有汉东、汉北、南阳盆地等广袤区域,实为区域大国。到了春秋中晚期到战国中期,曾国势力又退回到今随州市一带。④ 曾国曾经创造了辉煌的文明,曾侯乙墓葬文物成为今湖北省博物馆的馆藏珍品。随着楚国的强盛,曾国逐渐臣服于楚,并于战国中期彻底成为楚国一部分。

轸国:传说轸国国君是皋陶的后裔,周朝时期立国于湖北境内,后被楚国所灭。一般认为,轸国在今湖北应城市境内。⑤

州国:传说州国国君是黄帝长子少昊的后裔,入周后被分封于今湖北省境内。湖北州国的地理位置学界有今监利市东、钟祥市境内汉水西侧等说法。⑥

当然,以上诸侯国也仅仅是周代湖北地区政权的缩影。对于已知的封国,我们尚有许多方面的历史信息存在疑惑和争论,甚至许多方面的认识还是一片空白。何况还有多少封国伴随时间流逝,永远消失在历史长河中。周代封国的历史信息,相信会随着考古学的发展而越益丰富。根据目前研究来看,随着周朝历史的推进,绝大多数湖北境内封国都融进了楚国疆域之中。

在楚国强大之前,周代湖北封国众多,有些封国的疆域还比较大,甚至出现了除都城之外的政治中心。但这些封国与周天子的政治关系并不是严格意义上的行政区划。就"行政"方面而言,即使在周朝最强盛之时,周天子也没有直接管理封国内部事务,还是依靠世袭贵族进行间接统治。就"区划"方面而论,各封国的地理位置虽然有周天子划定的若干因素,但在实际政治活动中,各封国疆域的变迁,甚至封国的迁移都是极为平常之事。封国疆域处在不断变动之中,且变动的原因未必都与周天子有直接关系。

---

① 刘玉堂、张正明:《湖北通史·先秦卷》,华中师范大学出版社2018年版,第229页。
② 徐少华:《周代南土历史地理与文化》,武汉大学出版社2013年版,第280页。
③ 有考古资料佐证,商代湖北就可能存在曾国,周代的曾国也许是在更换统治家族的前提下,承袭先代国名。
④ 参见方勤:《曾国历史与文化研究》,上海古籍出版社2018年版。
⑤ 刘玉堂、张正明:《湖北通史·先秦卷》,华中师范大学出版社2018年版,第229页。
⑥ 何浩:《楚灭国研究》,武汉出版社1989年版,第210—213页。

图 1-2　明代《今古舆地图》所绘周朝《春秋列国图》局部

众多的封国为周代湖北大地增添了文明的光辉,对湖北地区的行政区划也产生了重要影响。正如下一节要介绍的,许多封国疆土直接成为楚县的来源。

其实从周王朝将都城从今西安迁到洛阳后,周天子对各封国的控制力量就急剧衰落,甚至荡然无存。而某些区域性封国的实力越来越强大,强国周围的弱国纷纷灭亡。如湖北地区的楚国,从当年祭祀牺畜都要偷窃的弱小国家到"不服周"的区域性强国,最终演变成为吞并湖北境内绝大部分封国的政治霸主。而原本是周天子分封于湖北的亲密封国——曾国,从周朝的臣属变为楚国的附庸。周天子设计的政治秩序,随着时间的流逝而全面崩溃,甚至连自己都被封国——秦国所灭。但是崩溃的是周天子设计的天下秩序,湖北的行政区划却在周朝秩序的废墟中破土成长了。

第二节　楚国与湖北县制的滥觞

楚国本是周天子所封爵位极低的诸侯国,但其经过数百年的发展,不鸣则已一鸣惊人,不飞则已一飞冲天,不仅成为直接影响中国历史的区域霸主,并且以其独特的文化成就了湖北省的历史底蕴。就行政区划方面而言,楚国对湖北产生的深远影响是任何封国所不能比拟的。随着楚国疆域的扩张以及对区域统治力度的加强,一种迥异于分封贵族管控都城之外疆土的统治形式——县,在荆楚大地上出现了。楚县不仅是湖北县制的滥觞,更是中国行政区划史上的里程碑。

一、县制创设前的楚国政治

按照《史记》的记载:"楚之先祖出自帝颛顼高阳。"①高阳是黄帝之孙、昌意之子。高阳的子孙中有一支后来繁衍成季连部落,居住在中原地区。有学者认为季连部落至少发生三次南迁活动:第一次是夏代,第二次是夏商之际,第三次是商朝末年。②

第三次南迁的首领叫鬻熊,《史记》记载:"鬻熊子事文王,蚤卒。其子曰熊丽。熊丽生熊狂,熊狂生熊绎。熊绎当周成王之时,举文、武勤劳之后嗣,而封熊绎于楚蛮,封以子男之田,姓芈氏,居丹阳。"③也就是说鬻熊曾经服侍周文王。但直到周成王之时,周朝才想起鬻熊的功劳,封赐其重孙熊绎。虽然周天子只是给予了"公侯伯子男"中最低级的爵位,但毕竟熊绎及其部落得到了天下共主的承认。熊绎受封,一般被认为是楚国立国之始。丹阳,也就成为楚国第一个首都。④

楚国刚刚立国之时,国力微弱,但历史机遇终究到来。在周昭王统治时期,周朝军队曾经南下,其南下的目的不一定是讨伐弱小的楚国,也可能是教训不服从周天子的部落和方国,取得湖北的自然资源。但在南下过程中,周昭王在渡河时死亡。有学者认为:"南征荆楚⑤的惨败对周朝是一个沉重打击,从此,周人视汉水为畏途,再也不去问津,只能东攻淮夷了。"⑥结果周朝讨伐淮夷,耗费了几代人的时光,糜费了大量国力。这成为楚国发展的时代良机。

《史记》记载:"当周夷王之时,王室微,诸侯或不朝,相伐。熊渠甚得江汉间民和,乃兴兵伐庸、杨粤,至于鄂。熊渠曰:'我蛮夷也,不与中国之号谥。'乃立其长子康为句亶王,中子红

---

① (汉)司马迁:《史记》卷40,《世家第十》,中华书局2013年版,第2027页。
② 参见刘玉堂、张正明:《湖北通史·先秦卷》,华中师范大学出版社2018年版,第170—173页。
③ (汉)司马迁:《史记》卷40,《世家第十》,中华书局2013年版,第2030页。
④ 关于丹阳的地理位置,学界至今没有统一的共识,有陕西东南部、河南淅川、湖北枝江、湖北秭归、湖北南漳等说法。本书认为丹阳应该在湖北西部地区。
⑤ 这里的"荆楚"指的是荆楚地区,而不是楚国本身。
⑥ 张正明:《楚史》,湖北教育出版社1995年版,第41—42页。

为鄂王,少子执疵为越章王,皆在江上楚蛮之地。及周厉王之时,暴虐,熊渠畏其伐楚,亦去其王。"①

原来周夷王在位时期,周王朝实力衰退,各封国都不朝拜周天子,自相攻伐。楚国君主熊渠利用周昭王南征后的良好局面,持续发展壮大。实力壮大后,楚国开始向外扩张。于是,熊渠"兴兵伐庸、杨粤,至于鄂"。"庸"就是上节说的鄂西北庸国,而"杨粤",据学者考证是江汉平原中部的族群。"鄂"是长江中游靠近铜矿的重要地区。楚国"兴兵伐庸、杨粤,至于鄂"的实质是从鄂西打到江汉平原,以便夺取铜矿这一战略资源。②

在实力稍微强大之后,楚国国君熊渠开始公然蔑视周天子的权威,将领土分封给自己三个儿子,并且三个儿子都称王,取得和周天子一样的称号。后来,熊渠听说周厉王暴虐,害怕周王讨伐,又取消了王号。

这一史实除了表明此时楚国实力增强,但仍惧怕周天子之外,还透露了丰富的历史信息:按照司马迁的原文,熊渠三子称王并不是仅仅获得了尊号,而是确实到"江上楚蛮之地"执政。据学者考证,句亶、鄂、越章分别指的是今荆州市、鄂州市、安陆市三地。这三地恰好覆盖了湖北省最为重要的江汉平原地区,楚君三子亲自镇守可以保证鄂东的铜矿源源不断输入楚国政治中心。③ 虽然楚君熊渠惧怕周天子,取消王号,但并不一定将三子镇守江汉平原的政治格局也废止了。熊渠封王这一历史事件透露出:楚国在取得新的重要领土后,为了保证统治的稳固,采取了分封亲子驻守的办法。单纯以都城为中心,辐射周边地区的统治模式或许已经不适合新兴的楚国了。

但是用王子镇守要地的办法有一个致命缺陷,王子是有资格继承王位的人,王位更替很有可能对各地权力的稳定产生影响。历史记载,楚君熊渠长子早死,导致中子与少子争夺王位,结果造成楚国政治的混乱。④ 政局混乱不仅导致句亶、鄂、越章三地王子镇守格局的瓦解,还造成更恶劣的后果:失败王子抛开楚国,另行建立夔国。学者认为夔国在"秭归老城以东,香溪汇入长江处的原香溪镇一带"。⑤ 由于夔国是楚国争夺王位失败者建立,因此对楚国充满了仇恨,甚至不祭祀楚国的祖先祝融与鬻熊。王子贵族纷争给国家带来的恶果可见一斑。

楚国王子间的争斗还在继续。后来的楚君熊严有四个儿子:长子伯霜、中子仲雪、次子叔堪、少子季徇。熊严死后,长子伯霜即位。伯霜死后,三弟争立。结果仲雪死亡,叔堪逃亡到濮地,季徇取得最后胜利。楚国政治上的纷争,让楚国疆域发展停滞不前。

季徇死后,子熊咢即位。熊咢在位九年去世,死后子若敖熊仪即位。这一时期,楚国才

---

① (汉)司马迁:《史记》卷40,《世家第十》,中华书局2013年版,第2031页。
② 参见刘玉堂、张正明:《湖北通史·先秦卷》,华中师范大学出版社2018年版,第234—235页。
③ 参见刘玉堂、张正明:《湖北通史·先秦卷》,华中师范大学出版社2018年版,第236页。
④ 关于这次混乱的考释参见徐少华:《夔国历史地理与文化遗存析论》,《中国史研究》2012年第2期。
⑤ 徐少华:《夔国历史地理与文化遗存析论》,《中国史研究》2012年第2期,第5页。

恢复了扩张势头。现代学界认为熊咢与熊仪在位时期,楚国灭亡了郧国。① 郧国是周天子册封的诸侯国,楚国公然灭掉此国,而周天子并没有兴师问罪,足以说明周代封国统治秩序已经不复存在。

若敖熊仪在位二十七年后去世,蚡冒熊眴、霄敖熊坎相继在位。② 据传世文献记载,蚡冒熊眴在位时期也有军事活动。《国语》记载:"及平王之末,而秦、晋、齐、楚代兴,秦景、襄于是乎取周土,晋文侯于是乎定天子,齐庄、僖于是乎小伯,楚蚡冒于是乎始启濮。"③ 这里说的"平王"是指东周的周平王。意思是东周时期,秦、晋、齐、楚诸侯国纷纷兴起,而楚国兴起的标志就是攻打濮地。《左传》亦记载蚡冒熊眴曾经征服"陉隰"这个地方。④ "濮"与"陉隰"的地理位置现在已经很难考证确实,但蚡冒熊眴开疆拓土是可以肯定的。值得注意的是,与若敖熊仪同时代的周平王,将周朝首都从镐京(今陕西省西安市)迁到雒邑(今河南省洛阳市)。周王室地位一落千丈,东周时代开始。

纵观楚国开国到楚武王之前,实力虽然不断壮大,却没有出现行政区划方面的变化。但是这一时期,楚国"量"的积累已经达到相当规模,为行政区划"质"的飞跃奠定了重要基础。

二、湖北地区县制的创设

公元前740年,楚武王熊通(彻)夺得楚君之位。楚武王凭借祖先的基业,奋发图强,将楚国的霸业上升到新高度。在其即位的第三十五年,楚国攻打曾(随)国。《史记》记载了这样一个故事:

> 楚伐随。随曰:"我无罪。"楚曰:"我蛮夷也。今诸侯皆为叛相侵,或相杀。我有敝甲,欲以观中国之政,请王室尊吾号。"随人为之周,请尊楚,王室不听,还报楚。三十七年,楚熊通怒曰:"吾先鬻熊,文王之师也,蚤终。成王举我先公,乃以子男田令居楚,蛮夷皆率服,而王不加位,我自尊耳。"乃自立为武王,与随人盟而去。⑤

楚王攻打曾(随)国,公开侵犯周天子的亲密属国。曾(随)国人表示两国并无仇怨,不必互相攻杀。楚武王却非常直白地表示了楚国的政治野心:我是蛮夷,不讲周天子的礼数。现在各诸侯国都在互相拼杀,楚国也想参与中原的政治,请周天子尊崇楚国国君的爵位。结果,周天子驳斥了楚武王的请求。武王极为恼怒,抛开周礼,自己尊崇自己为"王",取得和周

---

① 可参考何浩:《楚灭国研究》,武汉出版社1989年版,第36—44页。刘玉堂、张正明:《湖北通史·先秦卷》,华中师范大学出版社2018年版,第239—241页。

② 司马迁《史记》明确记载若敖之后,楚国国君按顺序分别是霄敖、蚡冒、楚武王。但根据出土《清华简·楚居》考证:若敖之后,楚国国君按顺序分别是蚡冒、霄敖、楚武王。且《左传》亦有"训以若敖、蚡冒","无亦监乎若敖、蚡冒至于武、文"的说法。

③ 《国语》,上海古籍出版社2008年版,第246页。

④ 参见《左传·文公》,岳麓书社1988年版,第112页。

⑤ (汉)司马迁:《史记》卷40,《世家第十》,中华书局2013年版,第2034页。

天子一样的称呼。从楚武王后,楚国国君均称王。而作为周天子亲密属国,曾(随)国不仅不反对,反而屈服于强大的楚国。

这一历史事件绝不仅仅涉及爵位称号,它深刻揭示出楚国实力已强大到在湖北境内难有敌手。楚国也想参与中原的政治事务,将国家实力拓展到黄河流域。

在楚武王四处征战攻伐之中,出现了这样一件事。据《左传》记载:"楚武王克权,使斗缗尹之。以叛,围而杀之。迁权于那处,使阎敖尹之。"①也就是说,楚武王攻灭了湖北境内的权国(荆门市东南),命令斗缗来治理这个地方。结果斗缗背叛,被武王杀死。楚国又将"权"迁到那处(权地东南),让阎敖治理。绝大多数学者认为"权"是目前文献所见楚国历史上,甚至是中国历史上第一个县。湖北行政区划终于迎来了"质"的飞跃。

有学者指出,"县"字早已有之,但作为行政区划的县却经历了三个阶段的发展,分别是县鄙之县,县邑之县,郡县之县。县鄙之县的含义是周天子或封国国都之外的地区,是不可数的区域。县邑之县的含义与邑相似,是单个行政单位。郡县之县则是郡的辖区,是完全意义上的行政区划。周振鹤认为县制建立的三部曲是这样的:"由县鄙得县之名,由县邑得县之形,由县的长官不世袭而得郡县之实。"②

楚武王时期设置的权县就是"县邑之县"。通过杀侄夺得王位的楚武王,也许吸收了王子镇守重地的弊端,改派大臣来治理新占领的地区。虽然大臣也反叛了,但武王委派大臣治理某一区域的决心并没有改变。有君主划定的治理范围,有君主委派的主管官员,县这一行政区划已现雏形。但关于权县,学界认识不一,有观点认为《左传》"迁权于那处"的意思是将权国人迁移,亦有观点认为是权县整体搬迁。这样一来,关于"权"与"那处"关系的理解就有三种可能:1. 楚王迁移人口到那处,实际上是废除了旧权县,新建立了那县;2. 楚王迁移人口到那处,建立了新县,但旧县仍存;3. 楚王将权县整体迁移到那处。这尚需学界进一步研究。后来楚武王儿子文王执政时期,巴人进攻并占领楚国那处。县尹阎敖逃跑,并被楚王杀死。楚王的这一举措,又引发阎敖族人叛乱。接下来又发生巴楚战争。刚刚建立的县处在风雨飘摇之中,是否能够继续存在都成问题。

楚武王统治时期,楚国的势力已经突破今湖北省,向河南地区进发,又灭亡了廖(蓼)国,在其领土上设置湖阳县。③ 当然楚武王并不是每征服一个封国,就要设县,如武王同样灭掉了湖北境内的罗国与卢国,就没有在原地设立新县。楚武王一生征战,最终死在了讨伐曾(随)国的征途中。据学者考证,楚武王统治末年,楚国的疆域"东达汉水中游西岸,北面紧接邓国南境,西抵彭水一线,南有包括鄀、权故地在内的整个古沮漳流域及其以南地区。由西

---

① 《左传·庄公》,岳麓书社1988年版,第36页。
② 周振鹤:《县制起源三阶段说》,《中国历史地理论丛》1997年第3期,第37页。
③ 相关考证参见周振鹤、李晓杰:《中国行政区划通史·总论·先秦卷》,复旦大学出版社2017年版,第258页。

自东,由北到南,显然都远远超过百里之数"①。

三、湖北地区县的增设

周朝以周平王东迁为界分为西周、东周两个时期。而东周又分为春秋、战国两大阶段。春秋开始于周平王东迁的公元前 770 年,止于公元前 476 年到公元前 403 年之间的晋国政治变动。战国从春秋末晋国政治变动到秦始皇灭六国。春秋相当于楚君熊仪到楚惠王、楚简王统治时期。由于楚君熊仪到楚武王的历史,上文已经介绍。这一部分着重介绍楚文王到春秋末年,楚国基本政治状况与湖北地区县的增设。

楚武王去世后,其子楚文王即位。文王刚刚即位,就将楚国都城迁到了"郢"这个地方。"郢"的具体位置学界众说纷纭,一说在今荆州市荆州区纪南城,一说在今宜城市楚皇城,一说在今当阳市南部季家湖古城。② 无论哪个地方是郢都所在,文王时期楚国疆域扩大,统治中心发生了改变都是事实。

文王更改都城,很有可能是方便他进一步向中原进发。文王带领楚国军队先后灭掉了湖北、河南地区的邓国、申国、息国、吕国,并置县管理。申、息、吕的地理位置在今河南省境内,而邓县地理位置,学界存在争议。一说在今河南邓州市境内③,一说在今湖北省襄阳市境内汉水以北和河南省邓县以南地区④。有学者对今襄阳市出土的楚国邓县县公文物进行分析后,认为邓县在今襄阳市西北地区。⑤

《史记》记载,楚文王在位时期:"楚彊(强),陵江汉间小国,小国皆畏之。"⑥与此同时,湖北境内的厉国、贰国、州国也消失在了楚国版图之中。楚国已经是湖北地区最强大的诸侯国。

楚文王去世后,其子庄敖熊艰即位。庄敖在位五年后,不知何故,想杀掉亲弟熊恽。熊恽得知后,逃出楚国,借助曾(随)国军队反杀庄敖,自立为王,是为楚成王。

《史记》记载:"成王恽元年,初即位,布德施惠,结旧好于诸侯。使人献天子,天子赐胙,曰:'镇尔南方夷越之乱,无侵中国。'于是楚地千里。"⑦

成王并不是正常即位,为了拉拢人心,广施恩惠,甚至向周天子进贡。此时的周天子对羽翼渐丰的楚国再也不敢小觑,只能寄希望楚国镇压更南方的夷人、越人,不要再向中原进军了。这里的"楚地千里",是指楚成王听从周王的命令,率兵打到了江南地区,因而拓地千里。

---

① 何浩:《楚灭国研究》,武汉出版社 1989 年版,第 159 页。
② 参见刘玉堂、张正明:《湖北通史·先秦卷》,华中师范大学出版社 2018 年版,第 276—277 页。
③ 黄有汉:《古代邓国、邓县地望考》,《史学月刊》1991 年第 6 期。
④ 石泉:《古邓国、邓县考》,《江汉论坛》1980 年第 3 期。
⑤ 徐少华:《周代南土历史地理与文化》,武汉大学出版社 1994 年版,第 12—14 页。
⑥ (汉)司马迁:《史记》卷 40,《世家第十》,中华书局 2013 年版,第 2035 页。
⑦ (汉)司马迁:《史记》卷 40,《世家第十》,中华书局 2013 年版,第 2036 页。

周天子让楚国"镇尔南方夷越之乱"的指令,楚成王也许做到了。但"无侵中国"的希望,成王一定没有遵从。成王兵分两路,一路挥师北上,一路东下淮河。于是湖北、河南、安徽的谷、绞、黄、弦、英、皖、道、柏、房等诸侯国相继灭亡,楚国疆土又大为扩张。与此同时,成王还灭掉当年脱离楚国,在湖北西部另行建立的夔国。楚成王虽然灭国众多,但并没有大量设县。现代学者研究,成王时期,楚国只设置了一个县——商县(今丹江口均县镇附近),且不久很有可能废除了。①

　　楚成王在位四十六年,被其子楚穆王杀害。楚穆王在位时期,延续楚国的扩张政策,北上东进,灭掉江国、六国、蓼国,并在河南淮滨县一带设置了期思县。据学者考证,大约在楚穆王以及其子楚庄王统治时期,楚国灭掉了湖北境内的鄀国,设置鄀县(今宜城市东南)。② 楚穆王在位十二年去世,其子庄王即位。

　　楚庄王是一个颇有个性、富有政治手腕的君主。据文献记载,庄王即位后,装作昏庸无道的样子,日夜寻欢作乐,其实在暗中观察周围大臣的反应。经过几年后,突然贤明,杀掉奸臣百人,提拔忠臣百人,整个楚国为之欢呼。楚国本已强大的战车,被庄王这个富有能力和野心的驾驭者开得更远。

　　庄王即位之初,就相继灭掉了湖北境内的卢(庐)国和庸国。楚国分别设置庐县(今襄阳市西南)和庸县(今竹山县西南)。特别要提到的是,公子燮和斗克曾经挟持庄王。结果两人途经庐地的时候,被庐大夫戢梁诱杀,庄王获救。这里的庐大夫很有可能就是庐县的行政长官。

　　在统治稳固之后,楚军北上东进,继续灭掉一些诸侯国,并在今河南、安徽省设置新的县。楚庄王在位的第八年,楚国军队已经达到周天子首都洛阳郊外。楚王向周朝询问象征九州万方的九鼎重量。囿于当时的客观环境,楚国并没有灭亡周朝,但问鼎中原的行为向世人昭示,楚国已经是当时最强大的诸侯国之一。

　　楚庄王晚年一直在和中原诸侯国陈国、郑国、宋国、晋国征战,长年的劳累让庄王过早去世,之后其子共王即位。楚共王在位时期,继续先王扩张政策,在今河南、安徽地区多有战争,并灭掉湖北境内的郧国,设置郧县(今钟祥市北部地区)。③ 共王在位三十一年去世,其子康王即位。楚康王在位时期,楚国向安徽发展,灭掉舒鸠国和养国。

　　康王在位十五年后去世,其子郏敖熊员立。结果在位没有几年,就被康王之弟熊围篡杀,"围"是为楚灵王。灵王在位时期继续扩张,取得许多成果,并在今河南、安徽设县。但是

---

① 相关考证参见周振鹤、李晓杰:《中国行政区划通史·总论·先秦卷》,复旦大学出版社2017年版,第261—262页。
② 相关考证参见周振鹤、李晓杰:《中国行政区划通史·总论·先秦卷》,复旦大学出版社2017年版,第263—264页。
③ 相关考证参见周振鹤、李晓杰:《中国行政区划通史·总论·先秦卷》,复旦大学出版社2017年版,第267页。

灵王奢侈暴虐,大兴土木,造章华台,穷奢极欲。他偏爱细腰之士,正所谓"楚王好细腰,宫中多饿死"。灵王的所作所为,让其大失人心。最后,宫廷政变爆发,灵王逃到野外自缢而亡。

灵王之弟平王趁政变机会,夺得楚国国君之位。值得一提的是,平王在即位前是楚国陈、蔡的地方长官。楚灵王在位时期,灭掉陈、蔡二国,设置陈、蔡二县(两县都在今河南省境内)①,让亲弟当地方官。在某种意义上,楚平王是以"县官"身份即位称王的,这在中国行政区划史上可谓罕见。楚平王即位后,为了拉拢人心,让陈、蔡二县又恢复了名义上的诸侯国地位。楚平王在位时,楚国在东、南、北三方都有进取。他虽然撤销了陈、蔡二县,但又在许多新征服领土上设置新县,甚至在今南京市六合区西北设置了楚县。就湖北地区而言,楚平王统治时期,楚国为了稳固对"阴戎"这一族群的统治,在今老河口市北部设置了阴县。② 楚平王对楚国疆域和行政区划建设有过贡献,但他听信谗言,将伍氏家族灭门,为楚国埋下祸根。

楚平王在位十三年而去世,其子昭王即位。当时被平王灭门的伍氏家族有一漏网之鱼——伍子胥,他逃到吴国,帮助吴国国王富国强兵,誓要报仇雪恨。从楚昭王即位的第二年开始,吴国就不停地骚扰攻击楚国。楚昭王十年,吴国联合其他诸侯国军队大举讨伐楚国,直入楚国都城,《史记》记载:"楚大败,吴兵遂入郢,辱平王之墓,以伍子胥故也。"③后来,在秦国的帮助下,楚国军队进行反扑,赶走了吴军。楚昭王才重新回到郢都。现代学者认为:"这场吴楚大战,历时10月,湖北创巨痛深,中部和北部的损失尤为惨重。"④两年后,吴国又来伐楚,楚国十分惊恐,迁都鄀县。可能是鄀县的设置,有利于当地楚国政治、军事统治的加强,楚国在惊恐之余才迁都于县之中。

楚昭王时期,楚国虽遭到吴国打击,但实力仍存,又相继灭掉了唐国、顿国、胡国。也许是为了巩固楚国后方湖北地区的统治,昭王时期设置了蓝县(今钟祥市西北)。⑤《国语》曾经记载了一个十分有趣的故事:吴国攻打楚国都城之际,楚王逃到河边,此时见到蓝尹亹用船载着家人。楚王要蓝尹亹也捎带他一程,结果蓝尹亹反而责备楚王是失国逃跑之君,抛弃楚王而走。后来楚王重新回到都城,蓝尹亹来求见。楚王此时记起旧恨大怒,要将蓝尹亹逮捕起来。结果蓝尹亹跟楚王说:"以前奸臣只会助长过去的仇恨,以致楚国在战争中失败,所以楚王才落到了逃跑的境地。您难道还要重复惨痛的教训,铭记过去的仇恨吗?我在河边不搭载您,是为了儆戒您,让您有所悔改。现在我敢来拜见,是为了观察您的德行。您如果还

---

① 相关考证参见周振鹤、李晓杰:《中国行政区划通史·总论·先秦卷》,复旦大学出版社2017年版,第265、269—270页。
② 相关考证参见周振鹤、李晓杰:《中国行政区划通史·总论·先秦卷》,复旦大学出版社2017年版,第272页。
③ (汉)司马迁:《史记》卷40,《世家第十》,中华书局2013年版,第2056页。
④ 刘玉堂、张正明:《湖北通史·先秦卷》,华中师范大学出版社2018年版,第374页。
⑤ 周振鹤、李晓杰:《中国行政区划通史·总论·先秦卷》,复旦大学出版社2017年版,第273页。

是不思悔改,不以此为鉴,不爱楚国江山社稷,我又何惜一死呢?"①这里的蓝尹亹大概就是蓝县的长官。史书并没有记载蓝尹亹的下场,但"县官"以这种方式劝诫君王,可谓是中国政治上的一段佳话。

昭王统治二十七年后,其子楚惠王即位。惠王对内休养生息,对外继续扩张,让楚国的势力达到淮泗一带,并进入山东境内。在这一过程中,许多诸侯国纷纷消失,楚国的县也越来越多。但目前学界暂没有发现楚惠王在湖北境内建县的记载。

楚惠王统治时期,发生了一件关于县的历史事件。巢邑大夫白公胜是楚王亲属,也是巢县(今安徽境内)的长官。他招揽下士,且喜欢军事。由于其祖先与楚王的旧恨和自己与令尹(相当于后世的丞相)子西的新仇,白公胜发动政变,杀令尹子西,劫持楚惠王,自立为王。后来叶公沈诸梁征发楚国军队前来镇压,白公胜自杀,楚惠王才复位。巢县虽然不在今湖北省境内,但这一历史事件似乎表明楚国县的长官可能由权势地位很高的贵族担任,且拥有一定程度的军事力量。而传统贵族是与县长官并驾齐驱的重要政治力量。

惠王在位五十七年,而传位于简王。简王刚刚即位,楚国就消灭了山东的莒国。在位第八年,"魏文侯、韩武子、赵桓子始列为诸侯"②。韩、赵、魏三国的崛起,也是春秋时代终结的标志。

四、春秋楚国县制特点

总结春秋时期,楚国在湖北地区建县情况如下表所示:

表 1-1　　　　　　　　　　春秋湖北楚县表

大约设置时间	县名	今地理位置
前 740 年—前 690 年	权、那处	荆门市附近
前 689 年—前 677 年	邓	襄阳市附近
前 671 年—前 626 年	商	丹江口市附近
前 625 年—前 591 年	郡	宜城市附近
前 613 年—前 591 年	庐	襄阳市附近
前 613 年—前 591 年	上庸	竹山县附近
前 590 年—前 560 年	鄀	钟祥市附近
前 528 年—前 516 年	阴	老河口市附近
前 516 年—前 489 年	蓝	钟祥市附近

囿于先秦史料不足,我们无法得知以上楚县设置的精确年份,也无法得知这些楚县究竟存在了多久。但上表作为第一批荆楚政区名单仍然给予我们许多启示:第一,荆楚政区并非

---

① 此故事来源于《国语·楚语·蓝尹亹避昭王而不载》。
②(汉)司马迁:《史记》卷 40,《世家第十》,中华书局 2013 年版,第 2061 页。

随着政权的确立而自动形成，它需要长时间的探索与发展，并根据实际需要随时变更。以上楚县大多没有延续至今，可能就是因为它们不适合后来王朝的需要而改变了。第二，湖北西部政区的历史明显优于湖北东部地区，这预示着在楚国统治的很长一段时期内，湖北西部的经济、人口数量、政治地位高于东部。第三，楚国设置的县往往来源于被灭掉的封国，其县名也直接来源于原封国的称号。这提示着我们，行政区划与地名不以单纯的政权兴废而更改，具有一定的延续性。这种延续性越到后续王朝越明显，并让当地居民产生强烈文化认同感。

当然关于周代楚县问题，学界尚有许多分歧与争论，随着未来学术的进步，本表肯定还需进一步完善。根据目前学界研究成果，楚国疆域极其广大，今湖北地区更是其核心地带。但是县并没有布满楚国所有领土，湖北东部就罕有楚县的设置。县明显不是楚国治理疆土的唯一工具。除了政区，楚国很多地区还是依靠世袭贵族来统领。

有学者指出："西周晚期至春秋时期，周室衰微，各诸侯强国通过兼并和扩张，所辖领地大增，他们纷纷效法周室，在各自境内分封授采，采邑制逐渐成为各国普遍施行的一种政治制度。楚国在这一时期也有很多王族、世族受封食采，如蒍氏、屈氏、斗氏等，他们的长期存在对楚国的中央和地方政治体制的发展产生了深远影响。"①

随着时间的流逝，这些采邑主不但没有消失，而是发展成更加强大的封君，"封君在封地内的地位和权力类似于小诸侯国的国君，只是其上仍受控于楚国中央，中央有分封和收回封地的权力"②。楚国的行政管理应该是由楚王直接管辖、县官管理、世袭贵族统治共同组成。

除了县并非是唯一行政方式外，春秋楚县还有其他规律与特点，那就是县的设置往往与军事需要相联系。如楚国在今湖北省东部地区罕有设县，但今湖北省以东的安徽省地区却有大量楚县，而且楚国在河南设的县明显比湖北多。有许多楚县往往就是一定时间内的军事重镇。由于湖北地区靠近楚国政治的核心地带，随着楚国疆域的持续扩大，湖北境内楚县的设置反而很少，这反映出春秋楚县的又一特点：县的出现是为了方便楚王直接控制某些军事政治要地，而不是普及性的行政工具。

学者曾经总结春秋楚县有五个特点：第一，多由灭国而置县。第二，楚县起初大多设在边境地区，具有明显边防重镇的作用。第三，位置重要的楚县设有常备兵力。第四，部分县公由王公世族担任。第五，楚县非封邑，而是楚王的直属领地。与此同时春秋楚县有两大历史作用：其一，充当御敌堡垒与进攻基地，有利于开疆拓土。其二，加强君主集权，削弱传统分封制。③

---

① 郑威：《楚国封君研究》，湖北教育出版社2017年版，第24页。
② 郑威：《楚国封君研究》，湖北教育出版社2017年版，第235页。
③ 徐少华：《周代南土历史地理与文化》，武汉大学出版社1994年版，第284—298页。

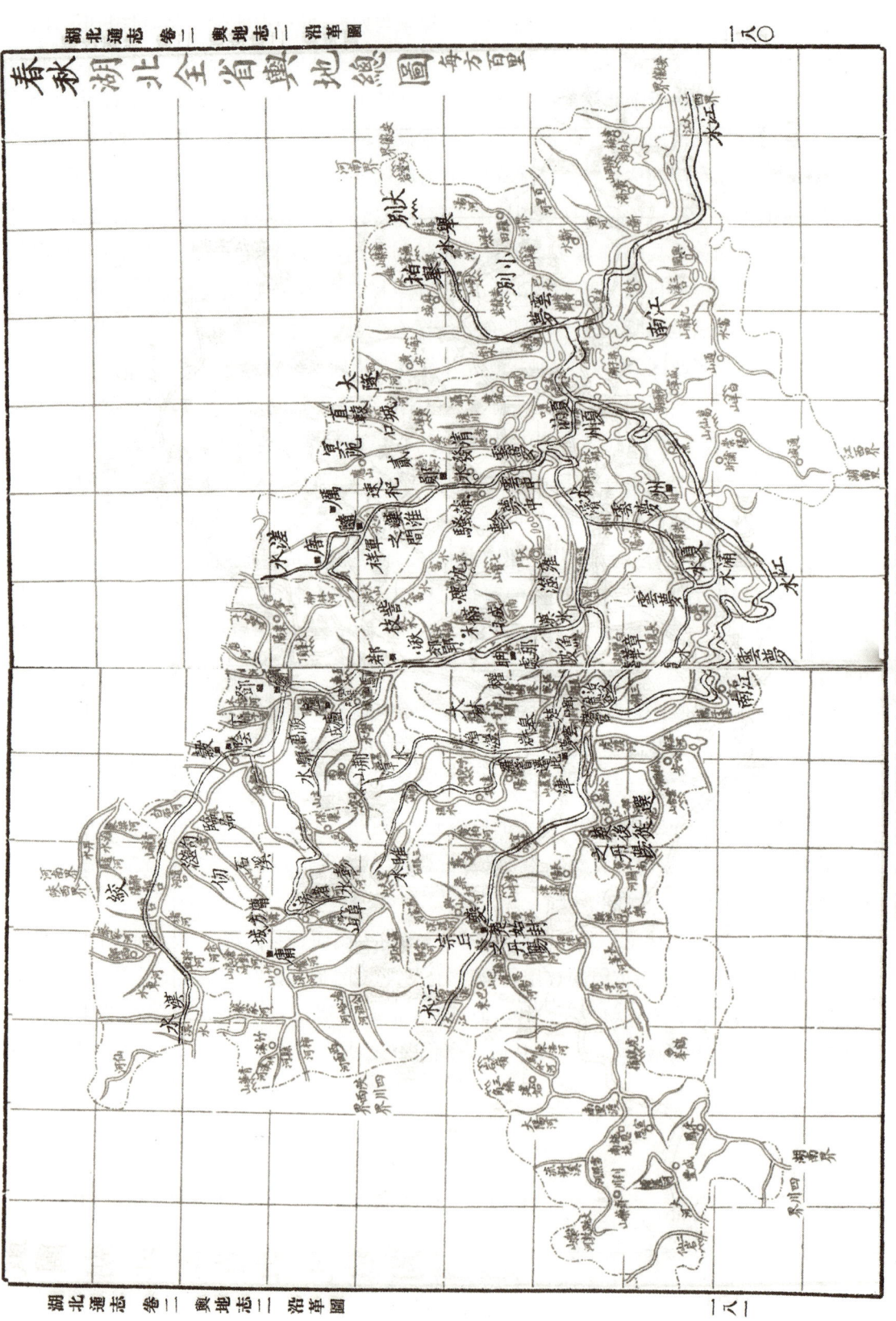

图1-3 宣统《湖北通志》所绘春秋时期湖北地图

还有学者曾对春秋楚县有过论述："春秋楚县在不同地区、不同时间、不同层次,往往表现出不同特点,情形十分复杂。但就基本方面而论,春秋楚县作为新兴的组织形式,虽然留有它所脱胎的那个时代的较多印记,但应该说已经具有地方行政区的基本性质。"① 无论如何,春秋楚县正式拉开了湖北行政区划史的大幕。

第三节　楚国与湖北郡县制的初步形成

当历史的车轮滚滚向前进入战国时期,楚国在相当长的时间内依旧保持强劲势头,屹立在中华大地上。春秋时期形成的县,在战国时期继续发展,并出现了性质的改变。与此同时,楚国也开始设郡。郡与县同时成为楚国行政系统的有机组成部分。就当时而论,楚国郡县制还有许多不完善的地方,但对湖北政区的开拓功绩却是毋庸置疑的。虽然楚国最终被秦国吞并,但楚人设置的政区为秦郡县制在全国范围的确立奠定了基础。

一、战国楚国政治简述

行政区划与政治状况紧密相关,没有对某一阶段政治局面的清晰了解,也就无法体会行政区划所包含的独特信息与时代特点,政区描述也就成了一个个沿革表,缺乏本该有的活力。为了深入了解战国时期湖北政区状况,有必要对同一时期楚国政治史有简单的介绍。

战国时期,楚国依旧保持向外扩张的势头。如楚简王在位时期,楚国灭掉了远在今山东省境内的莒国,设置莒县,后又进攻魏国,打到今陕西省境内。简王在位二十四年而逝世,其子楚声王即位。声王在位六年就被"盗"所杀,虽然历史学界至今没有考证出杀害楚王的"盗"是何种身份,但堂堂一国之君就这样不明不白地死去,不由得透露出此时的楚国存在严重的社会隐患。

声王之后,楚悼王即位。此时楚国正集中全力与韩、赵、魏争夺中原霸权,双方本来互有胜负,但是楚悼王十一年(前391年),韩、赵、魏三国联合报复楚国,楚国大败,甚至贿赂秦国以解困境。此次大败,充分暴露出楚国军队战斗力也存在问题。在各诸侯国环伺的战国初期,楚国内外交困。后楚悼王任用吴起实行变法,重整国势。

吴起变法主要内容有三个方面:削减贵族特权,改善平民状况;整饬官吏,健全法制;整训军队,加强武备。② 值得注意的是,楚国是周代诸侯国中最早建立县的国家,但吴起变法并没有涉及行政区划问题,这和后来的秦国商鞅变法形成了鲜明对照。也许,在当时的历史条件下,政区问题并不是国家的当务之急,抑或者楚国统治者还没有充分意识到政区规划与国家强盛的关系。在吴起的帮助下,楚悼王统治下的楚国又强盛起来。楚悼王向南攻打百越,

---

① 陈伟:《楚"东国"地理研究》,武汉大学出版社1992年版,第193页。
② 刘玉堂、张正明:《湖北通史·先秦卷》,华中师范大学出版社2018年版,第393—394页。

势力达到广西。向北收复失地,重新让中原诸侯国惧怕楚国。公元前381年,楚悼王去世。

悼王去世后,那些在变法中损失权力的贵族封君马上报复吴起。吴起躲进楚悼王灵堂,贵族们并没有因为逝去楚王的尊严而停止杀害。最终吴起死在乱箭之下。由于当时"吴起走之王尸而伏之。击起之徒因射刺吴起,并中悼王"[1]。新即位的楚肃王以此为由,捕杀贵族七十余家。吴起变法打击贵族,后来的楚肃王也打击贵族,经过悼王、肃王两代国君,楚国贵族势力受到重大打击。有学者曾经对比了吴起变法前后楚国封君贵族领地构成的变化,指出"战国后期,封邑规模受到压缩,常被割裂为两个或数个地区,以设立新的封邑或县邑,这一措施削弱了地方实力,促进了楚国中央权力的加强,为秦汉以后实施以郡县制为主体的地方行政制度奠定了基础。"[2]由此看来,吴起变法虽然没有涉及行政区划,但是为行政区划的变革埋下了伏笔。

肃王在位十一年而去世,宣王即位。宣王在位时期,楚国仍旧处于攻势。宣王之后,威王即位。战国纵横家苏秦曾经赞叹威王治下楚国的强大:"楚,天下之强国也;大王,天下之贤王也。楚地西有黔中、巫都,东有夏州、海阳,南有洞庭、苍梧,北有汾陉之塞、郇阳;地方五千里,带甲百万,车千乘,骑万匹,粟支十年,此霸王之资也。"[3]

但是在强盛的国势下,政治头脑十分清醒的楚威王却深感忧虑,他曾经说道:"寡人之国,西与秦接境,秦有举巴蜀、并汉中之心。秦,虎狼之国,不可亲也。而韩、魏迫于秦患,不可与深谋。与深谋,恐反人以入于秦,故谋未发而国已危矣。寡人自料,以楚当秦,未见胜焉;内与群臣谋,不足恃也。寡人卧不安席,食不甘味,心摇摇然如悬旌,而无所终薄。"[4]按照楚威王的意思,楚国西部与强大的秦国接壤,而秦国野心太大,时刻觊觎楚国的疆土。楚国虽然强大,但与秦发生战争,却未必能够胜利。而同样受到秦国威胁的韩国、魏国,却并不能指望与之联合。楚国内部也没有贤臣可以商量,因而楚威王天天焦虑,以至于"卧不安席,食不甘味"。楚威王知道楚国盛世的隐忧,却没有对楚国政治进行根本性变革,他的话语很快成为现实。楚威王去世后,怀王即位。

楚怀王十一年(前318年),为了共同对付日益强大的秦国。魏、赵、韩、燕四国与楚国联合,推楚怀王为首领,共同对秦采取军事行动。刚开始,楚军与秦军在陕西交锋,秦军失败。但是魏、赵、韩三国在函谷关却败于秦军。此时魏国提出讲和。秦军则于次年追击赵、韩。五国联合彻底失败,此时楚威王"韩、魏迫于秦患,不可与深谋"的话语应验了。

经过这次失败,楚怀王开始任用屈原,开展政治变革。新的变革在守旧贵族的阻扰下,进展缓慢。后来楚国开始谋求与强大的齐国合作,共同对付秦国。在齐国帮助下,楚国对秦

---

[1] (汉)司马迁:《史记》卷40,《世家第十》,中华书局2013年版,第2625页。
[2] 郑威:《吴起变法前后楚国封君领地构成的变化》,《历史研究》2012年第1期。
[3] (清)程夒初:《战国策集注》,上海古籍出版社2013年版,第134页。
[4] (清)程夒初:《战国策集注》,上海古籍出版社2013年版,第135页。楚威王的言论,与后来的历史进程具有很高的吻合度,有学者怀疑是后人假托所作的。

战争一度十分顺利。秦国害怕齐楚联合,派出张仪到楚国,许诺只要齐、楚绝交,秦国就割让六百里土地给楚国。结果楚怀王听信秦国的许诺,与齐国断交。断交后,张仪却说当时许诺的只有六里土地。楚怀王大怒,发兵攻秦:"(楚怀王)十七年春(前312年),与秦战丹阳,秦大败我军,斩甲士八万,虏我大将军屈匄、裨将军逢侯丑等七十余人,遂取汉中之郡。楚怀王大怒,乃悉国兵复袭秦,战于蓝田,大败楚军。韩、魏闻楚之困,乃南袭楚,至于邓。楚闻,乃引兵归。"①

楚怀王贸然出兵丹阳,结果大败。秦国侵占楚国汉中之地。经过丹阳之战,秦国的势力已经到湖北境内。此时此刻,楚怀王按捺不住心中怒火,发倾国之兵与秦战于蓝田。而深受秦国侵略的韩、魏此时不但不帮助楚国,反而乘机袭击楚国,让楚腹背受敌,一直打到楚国邓县一带。这一事实再次应验了楚威王"韩、魏迫于秦患,不可与深谋"的话语。丹阳、蓝田之战是楚国由盛转衰的重要转折点。

丹阳、蓝田之战,秦国又玩弄手段,愿意以半个汉中郡换取楚国黔中郡,其意在于经过巴蜀包抄楚国后方。② 结果楚怀王不愿交换土地,只要张仪泄愤。张仪自愿到楚国,玩弄计谋,不仅保全生命,甚至劝说楚王与秦结盟。屈原曾经劝怀王杀张仪,等到怀王反应过来,张仪早就逃跑。

楚怀王二十年(前309年),在齐王的劝说下,楚怀王又同意与秦国绝交,与齐结盟。怀王二十一年(前308年),秦军从巴蜀攻打楚黔中一带,但没有取得完全胜利。怀王二十二年(前307年),秦昭襄王即位。怀王二十四年(前305年),秦昭襄王厚赂楚国,楚怀王又与秦国结盟。怀王领导下的楚国在短短几年内,反复更换结盟对象,自然有其政治意图。但不念丹阳、蓝田之战的失败,与秦联合,从长远来看于楚国的生存很不利。并且楚国频繁更换盟友,也让秦、楚之外的诸侯国再也难以真正相信楚国了。屈原强烈反对秦楚结盟,反而被楚王疏远。

怀王二十五年(前304年),楚、秦王在黄棘举行会盟,秦国把侵占的上庸归还给楚国。上庸早在春秋时期就是楚县。一个县的归还,并没有让楚国疆土得到安宁。怀王二十六年(前303年),齐、魏、韩合力攻打楚国。怀王二十七年(前302年),秦国与韩、魏两国会盟,谋求关系和解。怀王二十八年(前301年),齐、韩、魏、秦四国伐楚,楚国频繁更换盟友,错误与秦结盟,导致最终没有盟友,四面受敌。楚军大败,今湖北北部地区直接受到军事威胁。

怀王二十九年(前300年)至怀王三十年(前299年),秦国继续攻打楚国,并威胁怀王到武关与秦和谈。此时屈原等大臣认为秦国没有信誉,怀王去赴约,必然生变。但怀王的幼子子兰不知出于何种目的,劝说父亲赴约。楚怀王终于踏上不归路。怀王一到武关,马上被秦军挟持到咸阳。秦国长期扣留怀王,逼迫其割让土地。怀王坚决不从,最后客死他乡。纵观

---

① (汉)司马迁:《史记》卷40,《世家第十》,中华书局2013年版,第2066页。
② 相关论述参见刘玉堂、张正明:《湖北通史·先秦卷》,华中师范大学出版社2018年版,第429页。

怀王的一生，充满悲剧色彩，他绝不是毫无骨气、屈膝投降之辈，但在战国纷繁复杂的局势中，既没有父亲威王的政治头脑，也没有祖先悼王厉行改革变法的决心，让楚国一次又一次滑入衰亡的深渊。

怀王被秦国扣押，国不可一日无君，怀王太子历经波折从齐国回来，继承王位，是为顷襄王。顷襄王元年（前298年），"秦要怀王不可得地，楚立王以应秦，秦昭王怒，发兵出武关攻楚，大败楚军，斩首五万，取析十五城而去"①。顷襄王三年（前296年），楚怀王客死秦国，秦将其灵柩送还楚国。

十余年后，秦国积蓄了足够的力量，开始吞并今湖北省地区。顷襄王十九年（前280年），秦国伐楚，楚军失败，割让上庸、汉北诸地给秦国。顷襄王二十年（前279年），秦将白起攻打楚国，夺取湖北西部大部领土，直逼楚国郢都。第二年，白起正式攻取郢都，并大肆破坏挖掘楚国先君、贵族陵墓，洗劫楚国宫殿。屈原听说郢都被秦人攻陷，自杀殉国。楚国统治集团在郢都陷落前逃到今河南省境内，从此湖北不再是楚国政治中心。顷襄王二十二年（前277年），秦军继续攻占楚国巫郡和黔中郡。丢失今湖北省西部领土的顷襄王还是有所振作，集结楚国东部十多万人马，进行反攻，向西收复长江沿岸十五邑，与秦国在湖北对峙。此时的秦国还难以彻底灭亡楚国。顷襄王二十七年（前272年），秦楚议和，条件之一是楚太子熊完到秦国作人质。

顷襄王三十六年（前263年），楚顷襄王去世，熊完在黄歇的帮助下逃回楚国即位，是为考烈王。为了报答黄歇，楚王将淮北十二县赐封黄歇，号春申君。考烈王元年（前262年），楚国又割让州陵（今洪湖市附近）予秦。秦楚在今湖北省地区，应该还是处在对峙之中。值得一提的是，即使被秦国占领半壁江山，楚国仍有力量进攻。楚考烈王九年（前254年），周公姬旦后裔的封国，孔子的家乡——鲁国被楚所灭。鲁国灭亡后，楚国封鲁君于莒。值得注意的是，早在战国初年，莒就被楚国变成县，此时又封鲁国国君于此，这个莒县是否存在就很可疑了。结合春申君受封淮北十二县的史实来看，直到楚国晚期封君与县依然是政治生活中的重要组成部分，且两者可以转换。楚国灭掉诸侯国而设县，之后亦可将某个贵族重新安排到县中，当世袭封君。

楚考烈王八年（前255年），当时名义上的天下共主，最后一任周天子——周赧王，做了最后一次努力，号召齐、楚、燕、韩、赵、魏攻打秦国，结果却以失败收场。楚考烈王十七年（前246年），嬴政即位为秦王。楚考烈王二十二年（前241年），考烈王联合其他诸侯国一起伐秦，但失败。可能是害怕秦国报复，楚国统治集团迁都安徽淮南寿春。楚考烈王二十五年（前238年），考烈王去世，楚幽王即位。

---

① （汉）司马迁：《史记》卷40，《世家第十》，中华书局2013年版，第2070页。

图1-4 明代《今古舆地图》所绘《七国壤地图》局部

　　幽王三年(前235年),秦国联合魏国共同伐楚。此时的楚国虽然实力大减,却抵御住了两国联军。幽王十年(前228年),幽王去世,楚哀王即位。哀王即位两月,被负刍所杀。新即位的负刍是楚国末代国君。负刍二年(前226年),秦国又来攻打楚国,大破楚军,楚国亡失十余城。秦王嬴政想一鼓作气,灭掉楚国,派李信率二十万人攻楚。李信一路破竹,并攻破湖北地区楚国重镇——鄢郢。但李信在回军途中遭到楚军尾随袭击,秦军大败,楚军有向西继续收复失地的趋势。秦王嬴政为挽回局面,启用老将王翦,发倾国之兵六十万伐楚,负刍四年(前224年),秦军大破楚军,楚名将项燕自杀。负刍五年(前223年),秦将王翦、蒙武率军攻破楚都(今安徽省寿县寿春镇),俘虏楚王负刍。秦始皇二十五年(前222年),秦军继续平定除首都之外的楚国其他疆土。秦始皇二十六年(前221年),秦国统一中国。

二、战国湖北楚县蠡测

我们回顾战国时期楚国政治基本状况之后,明显可以看出这样一种趋势:战国时期,楚国城邑的数量很有可能比春秋时期多。比如上文介绍,顷襄王元年(前298年)秦攻楚,在今天河南省境内大败楚军,仅此一次战役,就夺取十五个城邑。而在秦国攻占楚国首都,占领湖北西部后,楚顷襄王发动了一次反攻,收复了长江沿岸十五邑。而考烈王即位后,将淮北十二县赐予黄歇。

顷襄王时期的"十五邑",到底属于县,还是贵族封君管辖的城邑,暂不清楚。而考烈王时期,淮北有十二个县则没有问题。查春秋三百多年的时间,楚国在整个湖北省也许只有十个县左右。而战国两百年左右的时间内,一次战争就让楚国失去或收复十多个城邑。而楚王一次也可以用十多个县赐给一个贵族。再加上秦始皇统一中国后,湖北地区拥有几十个县。这几十个县不可能都是秦国凭空设置的,有些可能是在沿袭楚国城邑的基础上,根据自身统治需要而设立的。战国时期湖北地区的城邑应该比春秋时期多,但是在世袭封君大量存在的前提下,现存战国史料没有为我们一一分析哪些城邑是县,哪些是世袭贵族领地。我们只有根据史料进行推测。

先说春秋楚县在战国时期的留存情况,前文已经介绍春秋湖北楚县分别是:权(今荆门市附近)、邓(今襄阳市附近)、商(今丹江口市附近)、鄀(今宜城市附近)、庐(今襄阳市附近)、上庸(今竹山县附近)、郧(今钟祥市附近)、阴(今老河口市附近)、蓝(今钟祥市附近)。在先秦、秦汉的传世文献中,邓、鄀、庐(伊庐)、上庸、阴多次出现在有关战国战争的描述中,这些县或许得以延续。而战国时期,楚国有权君,其封地与春秋权县大致相当。① 也许权地被世袭封君占有,权县没有延续至战国。

郧县,在某一段时间内变成封君的领地。前文已经介绍,早在楚庄王时期,楚国就灭了郧国,并设县。但《史记》曾经记载这样一个故事,楚昭王躲避战乱,曾经逃到郧:"王走郧。郧公之弟怀曰:'平王杀吾父,今我杀其子,不亦可乎?'郧公止之,然恐其弑昭王,乃与王出奔随。"②楚庄王与楚昭王年代相差百年左右,跟随楚昭王一起逃到随国的郧公极有可能只是楚国的封君,而不是独立的郧国国君。此时郧县或许不复存在了。至于商、蓝二县,有学者认为商县在春秋时期恐怕就不存在,③蓝县存废情况不明。

除了以上诸县,战国时期湖北地区应该有大量新县出现。由于现存史料对战国楚县描述过于模糊,再加上楚国县公身份也极为复杂,县公与封君的界限未必泾渭分明:"楚县公多出身于王族与世家大族,拥有超越任职地的影响力,常常在楚都城和王庭参与中央大政决策,领导对外军事行动。另外,县公与其任职地之间存在较强的私人连接,呈现出相当程度

---

① 郑威:《楚国封君研究》,湖北教育出版社2017年版,第68页。
② (汉)司马迁:《史记》卷40,《世家第十》,中华书局2013年版,第2056页。
③ 周振鹤、李晓杰:《中国行政区划通史·总论·先秦卷》,复旦大学出版社2017年版,第261—262页。

的'在地化'特征。"①因此辨识战国楚县有一定困难,本书只能在学界研究成果的基础上予以蠡测。现将有可能是战国楚县的地名罗列如下:

江陵:楚国江陵位于今荆州市,而楚国长时期以郢都作为都城,许多学者倾向认为郢都也在荆州。关于江陵与郢都的关系,学界尚无定论,有说法认为江陵就是郢都,也有说法认为楚国江陵只是都城附近一个城邑。学者通过对上海博物馆所藏一枚楚国印章进行研究后认为,该印章是战国晚期楚国"江陵行邑大夫玺"。②那么楚国在战国时期设置江陵县应该没有问题。而关于同一枚印章,另有学者虽然同样认为属于战国楚国文物,但释读的印文却是"江陵行宫夫人玺"。③印文到底如何,尚需进一步研究。但楚国有江陵这个地方应该没有疑问,是否有江陵县则继续存疑。传说当地濒临长江,四周无高山因而得名。

竟陵:在《史记》《战国策》等文献中多次提到楚国有竟陵这个地方。秦统一天下后,在今湖北省潜江市西北设置竟陵县。④有观点认为战国时期,楚国有竟陵县,并且竟陵县是春秋郧县改名而来。⑤

纪陵:有学者根据出土楚简,推测楚怀王时期,楚国有纪陵县。与此同时,在威王、怀王之时,楚国存在纪陵君,其封地在今荆州市纪南城纪山一带。⑥

鄢:西周时期,今湖北宜城市附近有鄢国。楚国灭鄢后,有没有在其基础上设县不得而知。但自从楚惠王短暂迁都于此后,鄢作为楚国的别都而存在,文献中常将"鄢"与都城"郢"并称。鄢在战国楚国的政治格局中扮演了重要角色,包山楚简证明鄢地在一定时期内并不是由封君统治,而是由"邑大夫"等官员管理。⑦鄢在郢都陷落后,处于秦楚对峙的重要战略位置,直到楚国灭亡前夕才被秦国占领。作为如此重要的城邑,一定历史时期内,特别是战国中后期,楚王也许不会让其成为某个封君的封地,鄢是县的可能性非常大。

随:前文节已经介绍了曾(随)国与楚国的关系,但曾(随)国到底何时灭亡,现存先秦、秦汉史料却没有给出明确的答案。北魏郦道元《水经注》有这样一段记载:"(随)县,故随国矣。《春秋左传》所谓汉东之国,随为大者也。楚灭之,以为县。"⑧有学者据此认为曾(随)国于战国初年被楚国所灭。楚国在其基础上建立随县。⑨但另有学者认为,根据传世先秦、秦汉文献以及考古发掘出土的文物,曾(随)国并没有灭亡。后来秦国军事压力越来越大时,曾(随)国国君跟随楚王一起东移出今湖北省地区。⑩因此有一种可能性是:战国时期,曾(随)国已

---

① 郑伊凡:《春秋战国时期楚县公的多重身份属性》,《历史地理研究》2021年第4期。
② 黄盛璋:《战国"江陵"玺与江陵之兴起因沿考》,《江汉考古》1986年第1期。
③ 李学勤:《楚国夫人玺与战国时的江陵》,《江汉考古》1982年第7期。
④ 后晓荣:《秦代政区地理》,社会科学文献出版社2009年版,第404页。
⑤ 周振鹤、李晓杰:《中国行政区划通史·总论·先秦卷》,复旦大学出版社2017年版,第353页。
⑥ 郑威:《楚国封君研究》,湖北教育出版社2017年版,第63—66页。
⑦ 陈伟:《包山楚简初探》,武汉大学出版社1996年版,第97页。
⑧ (北魏)郦道元著、陈桥驿校证:《水经注校证》,中华书局2007年版,第735页。
⑨ 周振鹤、李晓杰:《中国行政区划通史·总论·先秦卷》,复旦大学出版社2017年版,第355页。
⑩ 方勤:《曾国历史与文化研究》,上海古籍出版社2018年版,第160—163页。

经沦为楚国国君的附庸,曾(随)国作为独立的诸侯国已经灭亡,但作为楚国境内的封君却继续存在。后来秦国占领楚国湖北领土后,才设立随县。当然这仅仅是推论,楚国到底有没有设置随县,尚待考古研究进一步证明。

酂:楚惠王到怀王时期,楚国有酂君,其封地在今老河口市北部。楚怀王时期,楚国在同一地区或许还设有酂县。①

鄀:楚惠王时期,楚国有鄀君,其封地在今老河口市西北部或河南唐河县。楚怀王时期,鄀也许不复存在,楚国因其地设县。②

鄂:楚怀王时期有鄂君存在,那么鄂地应该是封君的领地。但在现代考古发掘中,曾经出土一枚鄂(噩)邑大夫的铜印,有学者经过研究后认为在今鄂州市、大冶市一带也曾经出过鄂县。③

另外,战国时期楚国尚有夷陵、州陵、西陵、安陆、云梦、枝江、秭归、邔、邾等地名,这些地区后来绝大多数演变为秦县。这些地区在战国时期有成为楚县的可能。

以上罗列之楚县只是初步的推测。战国湖北地区楚县的具体状况仍需进一步研究。从前文楚国政治状况的介绍可以看出,战国时期以楚怀王为分界线,怀王之前,湖北大部分地区是楚国的腹地。楚怀王执政,特别是郢都失陷之后,湖北地区则长期处于秦楚对峙边界的地理位置。在这种情况下,湖北仍有大量的贵族封君是值得怀疑的,众多湖北封君也许随着楚国政治中心而东移。公元前278年秦国占领郢都至前223年楚国灭亡,楚国极有可能是通过郡县来治理湖北地区的。

学者对战国楚县有过总结:"春秋楚县多因小国故地或其旧都所置,大部分位于边境地区,诸侯国时期原有的各种运作体系保存较为完整,县域面积较大,军事性强,除了直属于楚国中央之外,与周围的楚地的联系较少。战国时期,县的面积缩小,不再仅分布于边境地带,而是广布于楚国各地,也不再是军事性极强的区域,转而成为一种习见的、常态化设置的基层政区单位,与封君的封邑为同一级政区,且杂错分布,常有封邑、县同名共地的现象存在。"④

以上论述是就整个楚国而言,具体到湖北地区也应该符合实际情况。这里想着重解释一下县"与封君的封邑为同一级政区"这句话的含义。其实在战国湖北地区,同一区域存在既有封君,又有县的情况,如鄂县与鄂君、酂县与酂君等。据学者研究,整个楚国与封邑同名的楚县达二十多个,其中不少是同时期存在的。⑤ 这种政治措施,也许是楚王故意而为,它可以同时削弱县公与封君的权力,从而加强中央集权。楚国时期,县公所管辖的县与封君管控

---

① 郑威:《楚国封君研究》,湖北教育出版社2017年版,第71页。
② 郑威:《楚国封君研究》,湖北教育出版社2017年版,第74页。
③ 郑威:《楚国封君研究》,湖北教育出版社2017年版,第87—94页。
④ 郑威:《从县邑之县到郡县之县:春秋战国之际楚国县制的演变》,《楚学论丛》第2辑,第123页。
⑤ 郑威:《楚国封君研究》,湖北教育出版社2017年版,第246页。

的邑,其实都是楚王划定的政治区域,都有设定的官员进行管理,都必须听从楚王的命令。所不同的是,县公名义上不世袭,封君世袭。因此一定程度而言,封君的封地也是楚国的政区。

封君对封地内拥有的强大政治权力,县公或县尹也有。前文已经介绍,春秋时期,某些楚县还有自己的武装力量。封君有背叛的潜在威胁,县的治理者同样也有政治隐患。春秋楚武王时期,权县的县尹就反叛了。楚王加强中央集权,也许会让封君与县官互相牵制,同时削弱。与此同时,县与封地的关系也很复杂,互相纠葛。① 其实县与封地之间很好转换,将县赐予世袭贵族,县也就成了封地。将封地贵族世袭权力取消,封地就变成了县。县与封地可以同时在某一区域存在,且可以互相转换,这或许是众多战国楚地地名难以确定是县还是封地的原因之一。

战国时期,楚国以吴起变法削弱封君贵族的实力。与此同时,缩减单个楚县的实力,取消县官控制的军队。这样一来,君主专制确实增强,但也埋下了地方实力极度削弱的弊端。学者认为:"(加强中央集权后)世族则乐享经济特权,不再尽心关注国家行政、军事事务。这种转变直接导致战国中期之后楚国的地方实力受到很大的削弱,位于边地之县的军事性质大大削弱,不再见有县师等地方军队。一旦遭遇外敌入侵,若中央军队调遣不及时,则非常容易给敌方以可乘之机,势如破竹地深入楚国疆域内部。战国中后期楚国西部失地连连、都城多次东迁,都与之有着直接的关联。"②

综上所述,本书认为,战国时期湖北地区楚县的数量应该比春秋时期多,单县辖区应该比春秋少。县依然不是唯一的行政工具,世袭贵族对地方行政仍有重要影响。由于楚王加强中央集权的需要,县的政治军事实力或许降低了,但也给楚国带来不利影响。

三、战国湖北楚郡探究

中国"郡"的起源问题一直是困扰史学界的难题,楚国郡起源于何时,文献也没有给予直接的回答。学界只能通过推测,来回答郡的起源问题。关于郡的起源有两种推测,一是"先郡后县":郡起源于边境荒凉地区,刚开始并没有随之设县。随着时间的流逝,郡经济越来越繁荣,人口越来越多,为了方便管理,就在郡内分设若干县。郡县制就形成了。另一种是"先县后郡":原本在边境地区设置了若干县,后来由于军事统一指挥的需要或是其他原因,就在诸县之上设置郡,便于统一协调和管理。结合前文介绍,湖北地区"先县后郡"的可能性较大,但也不排除有少数地区是"先郡后县"。

学者通过大量研究后发现,早在春秋时期楚国就有"郡"的萌芽。如楚成王到楚共王之间,当时的申、息二县多次在军事上采取联合行动,初步显示了楚国县与县之间的紧密联系。

---

① 郑威:《楚国封君研究》,湖北教育出版社2017年版,第229—235页。
② 郑威:《从县邑之县到郡县之县:春秋战国之际楚国县制的演变》,《楚学论丛》第2辑,第123页。

到了春秋晚期，有许多例子表明，楚国某一县官可以管理相邻几个县的事务，这实际上已经具备郡的雏形。

学者进一步指出："楚县发生之处，都垂直地隶属于中央王朝。随着疆域的扩展，县的数量不断增加，后来增设的县与国都的距离也越来越远。当这种发展到一定程度，中央对各县的直接联系和管理便会发生困难。在另一方面，一些边境县份，往往负有重要的军事使命，但各自力量相对不足。在这些情形下，相关各县以某种方式结合起来，在县与中央之间形成某种中间组织就成为必要。"①

楚国的"郡"是缓慢形成的，若干县以不同方式组合在一起就是郡的雏形。为了方便政治统治或是共同完成某一政治目标，在一定地理范围内的县有组合在一起的必要。由于县有地理范围，众多县组成的郡也就有清晰的地理范围。在楚国政治环境下，县本身就归楚王管理。没有楚王的允许，诸县协同恐怕也难以做到。而诸县组合需要一个领导者，众多县中的某一县会成为领导者的常驻地。此时无论有没有"郡"的称呼，郡这种由君主划定认可，具有职官和地理范围，凌驾于县之上、国君之下的行政区划就形成了。春秋时期，楚国已经具备郡的雏形，但现存资料显示，战国时期楚国才大量设郡。现将战国时期，涉及湖北地区的楚郡分述如下：

宛郡：谁是楚国第一郡，实难考证。但战国楚悼王时期，楚国应该有郡了。汉代刘向《说苑》曾经有这样一句话："吴起为苑守，行县适息。"②学界经过考证认为这里的"苑"实是"宛"。"宛"与"息"均是楚国在河南设立的县，吴起是宛的长官，"行县"到了息县。"行县"的含义，学界普遍解释为郡守视察所辖地区之县。这里的"宛"不仅是县名也是郡名，吴起是宛郡的长官，因此才有资格到息县视察。文献的解读也得到了考古的证明。有学者对包山楚简研究后发现：战国时期楚国的确存在宛郡，"宛"既是郡名，又是县名。宛郡长官实际上是由郡治所在县的县公来兼任。且楚国阴县很有可能属于宛郡。③ 前文已经介绍，吴起是楚悼王时期来到楚国任职，宛郡的设置时间应该在楚悼王及其以前。后来秦国吞并楚国，在宛郡的基础上设置南阳郡，秦代南阳郡同样以宛县为治所，但包括湖北地区的邓县（今襄阳市附近）、阴县（今老河口市附近）、鄀县（今老河口市附近）、随县（今随州市附近）④。那么战国时期，楚国宛郡包括今湖北北部地区的可能性是较大的。

汉中郡：《史记》曾经记载楚宣王十五年（前361年）"魏筑长城，自郑滨洛，以北有上郡。楚自汉中，南有巴、黔中"。从这句话可以看出，魏国当时已经有"上郡"，而楚国或许在楚宣王十五年（前361年）之前也设置了汉中郡、巴郡、黔中郡。楚国汉中郡包括今陕西省东南部

---

① 陈伟：《楚"东国"地理研究》，武汉大学出版社1992年版，第196—197页。
② （汉）刘向：《说苑》，上海古籍出版社1990年版，第126页。
③ 陈伟：《包山楚简中的宛郡》，《武汉大学学报（哲学社会科学版）》1998年第6期。
④ 后晓荣：《秦代政区地理》，社会科学文献出版社2009年版，第266—278页。

以及湖北西北部。① 今十堰市地区属于汉中郡一部分。春秋时期,楚国设置的上庸县归汉中郡所辖。汉中地区位于秦楚边界地区,楚汉中郡的设置是出于抵御秦国入侵的目的。有学者认为:"汉中郡的建立与楚迁都鄀城之后巩固汉水中上游的战略基地相联系,汉中郡的治所在丹水与汉水交汇处的丹阳;汉中郡是楚文化的发祥地,是楚国的战略要地,是秦、楚争夺天下统一权的地理枢纽。"②楚国汉中郡的治所是否在"丹阳"尚需进一步探讨,但汉中郡具有楚国边疆军事重镇的性质应该没有问题。

值得一提的是,上文说到楚宣王十五年(前361年),楚国还有巴郡与黔中郡。学界认为巴郡并不包括今湖北省地区。③ 而秦朝有黔中郡,辖区包括今恩施市部分地区。但是楚国黔中郡可能并不包括今天湖北地区。④

巫郡:前文已经介绍,楚怀王曾经被秦国扣留要挟割地。《史记》原文是"秦因留楚王,要以割巫、黔中之郡"⑤。那么楚怀王在位期间,或是楚怀王之前,巫郡就应该设立了。楚国巫郡因巫山而得名,其地理范围包括今湖北省清江中上游和四川(当为重庆,编者注)东部地区。⑥ 有种说法认为,巫郡的设置是为方便楚国对巴国故地的统治。⑦

除了宛郡、汉中郡、巫郡,楚国鄀都被攻陷后,湖北地区还有郡的设置。前文已经介绍,顷襄王时期,秦国攻占处于今湖北省的鄀都,楚国东逃,并组织反击,收复楚国西部部分失地。对此《史记》的原文是"二十三年,襄王乃收东地兵,得十余万,复西取秦所拔我江旁十五邑以为郡,距秦"⑧。楚顷襄王二十三年(前276年),楚国汇集东部地区的军事力量收复了长江沿岸十五座城邑,并马上将它们组建成新郡,以抗拒秦国。虽然文献没有记载新郡的名称以及"江旁十五邑"的具体地理位置,但根据楚国鄀都位于今湖北省以及长江干流流经湖北省的事实,新郡应该涉及湖北地区。

这里需要特别注意的是,在危急存亡之秋,楚国将"江旁十五邑"组成郡,可以有助于抵抗秦国。其实楚人设郡以加强边界军事实力的例子,并不少见。《战国策》曾经记载这样一个故事:城浑南游楚国,来到新城,跟新城长官谈论今河南地区楚国边疆防务问题,建议"楚王何不以新城为主郡也?边邑甚利之"⑨。在新城长官的资助下,城浑劝说楚王,果然以"新城为主郡"。可见在当时人看来,设郡与加强边防直接相关。怀王时期,楚国大臣范蛹也说

---

① 杨宽:《战国史》,上海人民出版社2019年版,第731页。
② 梁中效:《楚国汉中郡杂考》,《陕西理工学院学报(社会科学版)》2007年第1期,第26页。
③ 杨光华:《楚国设置巴郡考》,《中国历史地理论丛》2007年第4期。
④ 伍新福:《楚黔中郡与"巴黔中"》,《江汉论坛》1986年第2期;赵炳清:《楚、秦黔中郡略论——兼论屈原之卒年》,《中国历史地理论丛》2006年第3期。
⑤ (汉)司马迁:《史记》卷40,《世家第十》,中华书局2013年版,第2070页。
⑥ 杨宽:《战国史》,上海人民出版社2019年版,第731页。
⑦ 杨光华:《楚国设置巴郡考》,《中国历史地理论丛》2007年第4期,第109页。
⑧ (汉)司马迁:《史记》卷40,《世家第十》,中华书局2013年版,第2078页。
⑨ (清)程薆初:《战国策集注》,上海古籍出版社2013年版,第148页。

过:"越国乱,故楚南塞厉门而郡江东。"①就是说越国发生动乱,楚国为了加强防御,在楚越边界设置江东郡。楚考烈王时期,楚国也发生过这样一件事:

> 考烈王元年,以黄歇为相,封为春申君,赐淮北地十二县。后十五岁,黄歇言之楚王曰:"淮北地边齐,其事急,请以为郡便。"因并献淮北十二县,请封于江东。考烈王许之。春申君因城故吴墟,以自为都邑。②

黄歇因对楚国有功,被楚王赐予淮北十二县,授为封君。十五年后,随着楚国军事失败,淮北地区成为齐、楚边境,此时黄歇主动提出更换封地,一方面是顾虑自己封地的安全,另一方面也有"事急,请以为郡便"的现实考量。

再结合湖北西部设郡情况,楚国因为军事原因,在东、西、南、北边境地区均设立了郡。之所以如此,是因为设郡之后,一定范围内的县可以在郡长官带领下联合起来,形成合力,共同御敌。避免了远在都城的楚王一一指挥每一县,鞭长莫及的窘境。与此同时,郡长官所在的县很容易受到其他县在物资、人员方面的支援,形成强固堡垒。以某一战略要地为中心,联合周围县,确实可以起到加强军事指挥力度、完善地区间协调合作、形成区域重镇的战略目的。

从上文对楚郡的文字介绍中可以看出,顷襄王时期组建的新郡与今湖北省、陕西省、河南省、重庆市交界地区的宛郡、汉中郡、巫郡一样均带有加强边境防务的因素。楚怀王之前的强盛之时,楚国都城附近以及湖北东部地区并不处在边界,目前来看这些地区也没有楚郡设置的痕迹。顷襄王设郡的例子可能暗含着这样一种信息:一旦有领土成为边界,特别是军情紧急的边界,楚国就有设立新郡的必要,楚郡的军事边防功能是极为强烈的。由于这一特点,湖北地区并非都被郡所覆盖,很多县或城邑也并没有郡统辖。

第四节　秦国占领湖北后郡县制的全面推广

对于湖北地区的郡县制度,楚国是创造者,而秦国则是推广者。在春秋战国时期,各诸侯国都想富国强兵,都想加强中央集权。郡县制是加强统治的重要手段,与楚国吴起变法不涉及行政区划改革相比,推广县制则是秦国商鞅变法的重要内容。商鞅变法后,秦国日益强盛,逐渐吞并楚国。面对楚国湖北领土,秦国进行了影响深远的行政区划改造:消除作为行政单位的世袭封君,调整归并楚国原有郡县,将郡县制全面推广。在秦始皇统一中国前,秦国对湖北地区的郡县改造与建设已经基本完成。先秦湖北政区的创始工作最终由秦王嬴政结束。

---

① (汉)司马迁:《史记》卷71,《列传第十一》,中华书局2013年版,第2801页。
② (汉)司马迁:《史记》卷40,《世家第十》,中华书局2013年版,第2078页。

一、秦国郡县制的特点

前文分析了楚国郡县制的特点,秦国郡县制与楚国有相似之处,也有根本的不同。秦国与楚国一样都是周天子的封国,秦国从今甘肃地区起家,逐渐发展到今陕西地区。秦国设县,一般认为在秦武公(前 697—前 678 年)时期,晚于楚国。据学界研究,战国之前,秦国可能拥有六个县①,其数量也远不及楚国。春秋时期,楚国在湖北至少设置九个县,在整个疆域内至少有三十县。② 这固然由于楚国疆域比秦国广袤,同时也是两国中央集权和行政能力存在差异的写照。春秋时期,秦楚两国在县制上也有一个明显共同之处:县并没有普及。

进入战国时代,在各诸侯战争频繁的时代环境下,与楚悼王依托吴起进行改革一样,秦孝公依托商鞅进行变法。商鞅变法的内容非常庞杂,但有涉及行政区划的部分,那就是普遍推行县制,全面建立县职官制度。《史记·秦本纪》记载:秦孝公时期"并诸小乡聚,集为大县,县一令,四十一县"③。"乡"与"聚"一般认为是自发形成的居民点,没有固定疆界,一般也没有专门的职官进行管理,不被认为是行政区划。商鞅的本意是将有居民聚落的地方合并成县,设一县令来加强管理。这种模式与楚国灭国建县或以军事边防要地建县区别较大。按照商鞅的意思,人口聚集的地方就应该建县,这种以人口为建县根本的思想影响深远。在这种情况下,秦国短时间内就新设四十一县。

除了推广县制,商鞅还对县官有过规划,县设立县令一人,全面掌管县内事务。除此之外,还设县丞与县尉分管民政与军政。在县令、县丞、县尉之下,还设立秩史,负责辅佐县官。商鞅或者其他法家学者对县十分看重,他们强调:

> 国之大臣、诸大夫,博闻、辨慧、游居之事皆无得为,无得居游于百县……百县之治一形,则迁者不饰,代者不敢更其制,过而废者不能匿其举。过举不匿,则官无邪人;迁者不饰,代者不更,则官属少而民不劳。官无邪则民不教,民不教则业不败。官属少,征不烦,民不劳则农多日。农多日,征不烦,业不败,则草必垦矣。④

按照商鞅等法家学者的观点,县是君王行政的根本之一,"百县之治一形"是法家推崇的施政理想。将国家的疆土全部设置县,而所有的县都遵循一种行政模式。朝廷的各种官员不允许在县居住,在县游说,影响县的行政。天下各县的政令必须统一,县官不敢任意妄为,国家的政令也不会因为官员的更替而变乱无常。由于天下政令统一于县,县内的官员也不必设置太多。这样,农民的负担会大大减少,更有时间去种地开荒,生产粮食。这里已经将

---

① 周振鹤、李晓杰:《中国行政区划通史·总论·先秦卷》,复旦大学出版社 2017 年版,第 305—306 页。
② 参见周振鹤、李晓杰:《中国行政区划通史·总论·先秦卷》,复旦大学出版社 2017 年版,第 254—274 页。
③ (汉)司马迁:《史记》卷 5,《本纪第五》,中华书局 2013 年版,第 255 页。
④ 章诗同注:《商君书》,上海人民出版社 1974 年版,第 8—9 页。

县的设置与国内人口管理、提高农业经济水平紧密联系起来,比单纯的军事目的前进了一步。

商鞅变法让秦国迅速强大起来,秦国在吞并其他诸侯国领土的同时,一方面继续设县,一方面继承原有诸侯国的县。与此同时,秦国尊崇的法家思想也随着秦国县官流布四方。1975 年今湖北云梦县发现了一位名叫"喜"的秦底层官员墓葬。喜是秦国人,随着秦国大军来到楚地,先后在安陆、鄢两个县担任县令的辅助官员。就是这样一位被传世文献所遗忘的人物,其死后竟然拥有一千多枚法律竹简陪葬。喜在湖北任基层官员时,这些陪葬的法律条文应该是其工作的基本参考,其施政举措浸透了商鞅变法以来秦国遵循的法家思想。秦国很好地把县制与法家思想结合在一起。

再加上,商鞅变法沉重打击了封君贵族的势力。在新开拓的疆域内,秦国往往没有设置封君实行世袭统治,而是维持、调整原有诸侯国政区,或是直接创建新政区进行管理。随着秦国吞并的领土越来越多,而商鞅变法成果与法家思想一直伴随着秦国的扩张,战国末年秦终于达到了"百县之治一形"局面。"百县"需要开疆拓土,这一点秦国与楚国都做到了。而"一行"则需要在法家思想指引下,进行根本性的制度变革,这一点秦国做到了,而楚国做得并不够。因此秦国县制的起步较楚国晚,但由于商鞅变法的缘故,秦国县制更加完善,推广力度更大。

与楚一样,秦在都城附近没有设郡,在边境战略要地设郡的现象比较普遍。有观点认为,大概由于秦国不断扩张,不断创造新的边境,也就不断设郡。秦设郡一般有两种模式,其一是沿袭并改造原有诸侯国所设郡,如秦惠文王十年(前 328 年),秦国夺得魏国上郡地区后,在扩大上郡辖区的情况下直接继承该郡。其二是由于某些政治原因直接创设郡。如秦惠文王更元九年(前 316 年),秦国灭掉巴、蜀二国,分别设置巴、蜀二郡。这两种方式在秦国改造楚国领土时都有运用。由于秦国极少设置封君于新占领领土,每新占领一地就设置郡县统辖一地,因此楚国被秦国彻底吞并时,楚地全被改造为郡县。秦灭楚是一步步推进,秦的郡县制度也是分步骤推广至湖北地区。

二、秦国对楚汉中郡、南阳郡的继承

前文已经介绍,楚宣王九年(前 361 年)之前,楚国在楚、秦边界陕西省东南部以及湖北西北部设置了汉中郡,以集中力量抵御秦国。但经过商鞅变法后的秦国力量过于强大,楚怀王领导下的楚国失败了。秦孝公去世后,其子惠文王正式开始了吞楚进程。《史记》记载:秦惠文王更元十三年(前 312 年),"庶长章击楚于丹阳,虏其将屈丐,斩首八万;又攻楚汉中,取地六百里,置汉中郡"[①]。据学者考证,秦国汉中郡是在楚汉中郡的基础上,外加部分巴蜀之地而设立的。其疆域应该是:"陕西省秦岭以南,湖北省十堰市郧阳区、保康县以西,大巴山

[①] (汉)司马迁:《史记》卷 5,《本纪第五》,中华书局 2013 年版,第 260 页。

以北地区。"①汉中郡的治所在南郑（今陕西省汉中市），但也包括湖北某些地区。

上庸县：上庸（今竹山县附近）早在春秋时期就是楚县，在秦楚战争中，上庸多次被提到。秦惠文王更元十三年（前312年）左右，秦国占领上庸。秦昭襄王三年（前304年），秦楚结盟，秦国为了表示友好，将上庸归还楚国。秦昭襄王二十七年（前280年），秦国又来攻打楚国，楚军大败，把上庸割让秦国。从此，在秦国汉中郡的版图中，上庸成为正式一员。

房陵县：此县位于今天房县，设置年代不详，不知是否属于楚县，但秦政权经常将各种"罪人"流放于此。秦王政九年（前238年），长信侯嫪毐发动叛乱，秦王嬴政捕杀嫪毐，并进一步惩处嫪毐一党："卫尉竭、内史肆、佐弋竭、中大夫令齐等二十人皆枭首。车裂以徇，灭其宗。及其舍人，轻者为鬼薪。及夺爵迁蜀四千余家，家房陵。"②《华阳国志》亦记载："秦始皇徙吕不韦舍人万家于房陵，以其隘地也。"③秦王政十九年（前228年），秦灭赵，俘虏赵王迁。《淮南子》记载："赵王迁流于房陵，思故乡，作为《山水》之讴，闻者莫不殒涕。"④其实秦之后的许多王朝，都喜欢将"罪人"流放房陵。选择房陵县为政治失败者的流放地，有可能是其地距离陕西政治中心相对较近，但又处于经济落后的"隘地"。有助于在中央政府监督的前提下，让犯人得到惩罚。如果《史记》《华阳国志》所言不虚，秦政府将如此众多的户口迁到房陵，也预示着：房陵是秦国新设县，没有多少常住居民，因此迁移罪人，以充实新县户口。

有学者认为秦代汉中郡在湖北地区还应包括郧阳（今十堰市郧阳区西部）、长利（今十堰市郧西县西南部）、武陵（今十堰市竹山县西北部）三县。⑤另有学者认为秦代汉中郡没有郧阳县，长利、武陵二县也不能完全确定是其属县。⑥

前文已经介绍，在楚悼王时期或之前，楚国有宛郡，河南宛城（今南阳市）为其治所。秦昭襄王十五年（前292年）秦军"攻楚，取宛"。⑦楚国宛郡的政治中心被秦国占领，宛郡岌岌可危。二十年后，秦昭襄王三十五年（前272年）左右，秦国占领了楚国整个宛郡地区，并将其更名改造为南阳郡。秦南阳郡的治所还是宛城，地理范围包括"今湖北省襄阳、随县以北，河南省栾川、鲁山以南，信阳以西，湖北省均县（今丹江口市）、河南省西峡以东地区"⑧。秦南阳郡有许多辖县位于湖北地区。

邓县：该县为春秋时楚县，秦昭襄王二十八年（前278年），"大良造白起攻楚，取鄢、邓，赦罪人迁之"⑨。在南阳郡还没有设置前，秦国就已经占领邓县，并赦免秦国罪犯来充实人

---

① 周振鹤、李晓杰：《中国行政区划通史·总论·先秦卷》，复旦大学出版社2017年版，第451页。
② （汉）司马迁：《史记》卷6，《本纪第六》，中华书局2013年版，第290页。
③ 任乃强：《华阳国志校补图注》，上海古籍出版社1987年版，第87页。
④ （汉）刘安：《淮南子》，上海古籍出版社2016年版，第522页。
⑤ 后晓荣：《秦代政区地理》，社会科学文献出版社2009年版，第384、386页。
⑥ 周振鹤、李晓杰、张莉：《中国行政区划通史·总论·秦汉卷》，复旦大学出版社2017年版，第68—69页。
⑦ （汉）司马迁：《史记》卷5，《本纪第五》，中华书局2013年版，第265页。
⑧ 后晓荣：《秦代政区地理》，社会科学文献出版社2009年版，第266页。
⑨ （汉）司马迁：《史记》卷5，《本纪第五》，中华书局2013年版，第265—266页。

口。秦邓县的地理位置与楚无二,还是在今襄阳市附近。

蔡阳:蔡阳传说为唐国故地,唐国被楚国所灭。秦昭襄王三十三年(前274年),"客卿胡阳攻魏卷、蔡、阳、长社,取之"①。在南阳郡还没有设置前,秦国就已经占领蔡阳地区。南阳郡成立后,蔡阳是其辖县。蔡阳县的地理位置为今湖北省枣阳市西南部。②

酂县:酂极有可能是战国时期的楚县,在秦昭襄王时期,被秦国占领。秦南阳郡组建后,酂为其辖县。秦酂县的地理位置几乎与楚无二,位于今老河口市北部,丹江口市东南地区。

乐成:乐成建县时间不明,但在考古发掘中有带有"乐成"和"乐成丞"字样的文物出土。再结合其地理位置,秦南阳郡有乐成县应不成问题。有学者认为乐成县主要位于今河南省邓州市,湖北省老河口市部分地区也应属于乐成。③

阴县:阴县始建于春秋时期的楚国,并一直延续至战国,最终被秦占领并入南阳郡。秦阴县的地理位置与楚无二,位于今湖北老河口市附近。有研究表明,根据考古发掘,秦代除了有阴县,还有可能存在新阴县(地理位置不明)。④ 也有学者认为,秦南阳郡没有阴县和新阴县。⑤

随县:前文已经介绍,随为古曾(随)国所在地。战国时期,随地是楚县还是封君封地,不得其详。但秦国占领随地后,随县的存在应无疑义。秦随县应该属于南阳郡,地理范围是随州安居古城。⑥ 但也有学者认为,随县是否属于秦南阳郡还不能完全肯定。⑦

有学者根据南北朝时期范晔《后汉书》和郦道元《水经注》的相关记载,认为秦南阳郡在湖北地区还包括山都(今谷城县东北)、筑阳(今谷城县东部)二县。⑧ 但由于此二县没有出土文献、文物佐证,仅有的文字记载也是相距几百年的南北朝时期,有学者因此暂不承认秦南阳郡有此二县。

三、秦国对楚巫郡、黔中郡的整合

楚宣王九年(前361年)之前,楚国设置了黔中郡,楚黔中郡或许并不包括今湖北省地区,而主要涉及今湖南省地区。而在楚怀王时期或怀王之前,楚国设置了巫郡,巫郡包括今湖北省清江中上游地区。秦昭襄王二十七年(前280年):"使司马错发陇西,因蜀攻楚黔中,

---

① (汉)司马迁:《史记》卷5,《本纪第五》,中华书局2013年版,第266页。
② 后晓荣:《秦代政区地理》,社会科学文献出版社2009年版,第269页。
③ 后晓荣:《秦代政区地理》,社会科学文献出版社2009年版,第270页。
④ 后晓荣:《秦代政区地理》,社会科学文献出版社2009年版,第271页。
⑤ 周振鹤、李晓杰、张莉:《中国行政区划通史·秦汉卷》,复旦大学出版社2017年版,第83—84页。
⑥ 后晓荣:《秦代政区地理》,社会科学文献出版社2009年版,第274页。
⑦ 周振鹤、李晓杰、张莉:《中国行政区划通史·秦汉卷》,复旦大学出版社2017年版,第84页。
⑧ 后晓荣:《秦代政区地理》,社会科学文献出版社2009年版,第277页。

拔之。"①秦国占领了楚黔中郡。昭襄王三十年(前277年):"蜀守若伐楚,取巫郡及江南为黔中郡。"②也就是说,秦国攻占了楚国巫郡及"江南地"后,将其并入原楚黔中郡,组成新黔中郡。于是秦黔中郡就包括了今湖北省清江中上游地区。而楚"江南地"如果理解为长江以南地区的话,今湖北省南部某些地区也属于新黔中郡。

据宋《太平御览》引用已经失传的《湘州记》记载:"始皇二十五年并天下,分黔中以南之沙乡为长沙郡,以统湘川。"③《湘州记》是东晋南朝时期的作品,距离秦朝已有数百年之遥,此说不知是否确真。但根据传世文献记载,秦朝有长沙郡,且其地理位置与楚国黔中郡、江南地关系密切。以往学界认为,长沙郡是秦黔中郡划出的一部分。

但随着20世纪80年代以来,大量出土文献的解读,学界还发现秦曾设置洞庭郡与苍梧郡。此两郡与黔中郡、长沙郡地理位置几乎完全重合,且传世文献多未记载。对此,学界展开了大讨论。

有学者认为此四郡的关系是:秦昭襄王三十年(前277年),秦在楚黔中郡、巫郡、江南地的基础上设立新黔中郡,后秦始皇二十五年(前222年),将黔中郡一分为二。西北部名洞庭郡,东南部改为苍梧郡。其中苍梧郡,后世称呼为长沙郡。④

有学者认为:秦代并不存在黔中郡与长沙郡,洞庭、苍梧二郡才是确实存在的秦郡。⑤"长沙与黔中二郡实际上并不存在,应以洞庭、苍梧两郡取代之。"⑥

还有学者认为:秦国于秦昭襄王三十年(前277年)设置黔中郡后,楚国又夺回了江南地,并设置洞庭郡,与黔中郡并立。秦始皇二十五年(前222年),秦吞并洞庭郡,但继续维持其与黔中郡的并立局面。而苍梧郡也是楚国设置的,秦灭楚后,继续沿袭苍梧郡。⑦

更有学者认为:秦国有黔中郡与长沙郡的设置,后来两郡更名为洞庭郡与苍梧郡,再后来洞庭与苍梧合二为一,新郡名长沙。⑧

除此之外,专门论述洞庭、苍梧二郡的学术成果尚有许多,关于黔中、长沙、洞庭、苍梧的认识至今仍然没有统一。这四郡所辖地区,涉及今湖北地区的县尚无定论。有学者认为秭归⑨属于楚国巫郡之地,秦占领巫郡后,秭归并入秦郡。⑩但也有学者否认秭归为秦县。⑪ 而

---

① (汉)司马迁:《史记》卷5,《本纪第五》,中华书局2013年版,第265页。
② (汉)司马迁:《史记》卷5,《本纪第五》,中华书局2013年版,第266页。
③ (宋)李昉等:《太平御览》卷171,中华书局1960年版,第834页。
④ 陈伟:《秦苍梧、洞庭二郡刍论》,《历史研究》2003年第5期。
⑤ 赵炳清:《秦代无长沙、黔中二郡略论——兼与陈伟、王焕林先生商榷》,《中国历史地理论丛》2005年第4期。
⑥ 周振鹤:《秦代洞庭、苍梧两郡悬想》,《复旦学报(社会科学版)》2005年第5期。
⑦ 徐少华、李海勇:《从出土文献析楚秦洞庭、黔中、苍梧诸郡县的建置与地望》,《考古》2005年第11期。
⑧ 辛德勇:《秦汉政区与边界地理研究》,中华书局2009年版,第43页。
⑨ 秭归又名归乡,传说因屈原之姊归来而得名。
⑩ 后晓荣:《秦代政区地理》,社会科学文献出版社2009年版,第424页。
⑪ 周振鹤、李晓杰、张莉:《中国行政区划通史·秦汉卷》,复旦大学出版社2017年版,第94—95页。

下隽(今湖北省通城县西部),有学者认为是秦长沙郡属县,①有学者认为下隽是否为秦县还有争议,即使是秦县,也属于南郡。②还有屠陵(今公安县北),一说属于洞庭郡,③一说属于南郡④。

四、秦国与楚地南郡、衡山郡的创置

前文在介绍楚郡的时候,已经谈到楚国都城郢都附近以及湖北东部地区,基本没有置郡。楚军攻占这些地方后,先后创置了南郡与衡山郡。秦昭襄王二十九年(前278年),"大良造白起攻楚,取郢为南郡,楚王走"⑤。前278年,秦军攻破楚国在湖北西部的都城郢都,并以郢都为中心设立南郡。有学者认为秦南郡的范围是"湖北省武汉市以西、襄樊市以南、监利县以北及其四川省巫山县以东的区域。"⑥由于现代政区的变更,现在这句话应该修订为:湖北省武汉市以西、襄阳市以南、监利县以北及其重庆市巫山县以东的区域。还有学者认为南郡的地理范围是:"湖北省武汉以西,襄樊以南、监利以北,以及秭归县以东地区。"⑦二者的分歧在于秭归是否属于南郡。南郡的治所在楚国都城郢都——江陵(今荆州市附近)。除了存在争议的秭归、下隽、屠陵外,南郡所辖县如下:

江陵:楚国在此建都达四百余年,几乎占了楚国八百年历史的一半,见证了楚国的兴衰荣辱。郢都也是战国时期中国最繁荣的城市之一。郢都的陷落,是楚国衰落的重要标志之一。屈原曾为郢都失陷痛心不已,做《哀郢》,最后两句为:鸟飞反故乡兮,狐死必首丘。信非吾罪而弃逐兮,何日夜而忘之!在楚人看来,郢都是永远的故乡。秦国占领郢都后,将其视为战略重镇,变为南郡的治所。

竟陵:竟陵是战国时期楚国地名,据《史记》记载,秦昭襄王二十九年(前278年),"白起击楚,拔郢,更东至竟陵,以为南郡"⑧。竟陵属于南郡应该没有疑问,秦竟陵县位于今潜江市西北。⑨

夷陵:夷陵是战国时期楚国地名,据《史记》记载,秦昭襄王二十九年(前278年),"(白起)攻楚,拔郢,烧夷陵,遂东至竟陵。楚王亡去郢,东走徙陈。秦以郢为南郡"⑩。夷陵也是楚国重要城邑,和郢都同时被秦国占领,并被秦人火烧。夷陵也是秦南郡属县,位于今宜昌

---

① 后晓荣:《秦代政区地理》,社会科学文献出版社2009年版,第422页。
② 周振鹤、李晓杰、张莉:《中国行政区划通史·秦汉卷》,复旦大学出版社2017年版,第92页。
③ 后晓荣:《秦代政区地理》,社会科学文献出版社2009年版,第427页。
④ 周振鹤、李晓杰、张莉:《中国行政区划通史·秦汉卷》,复旦大学出版社2017年版,第92页。
⑤ (汉)司马迁:《史记》卷5,《本纪第五》,中华书局2013年版,第266页。
⑥ 周振鹤、李晓杰:《中国行政区划通史·总论·先秦卷》,复旦大学出版社2017年版,第454页。
⑦ 后晓荣:《秦代政区地理》,社会科学文献出版社2009年版,第396页。
⑧ (汉)司马迁:《史记》卷5,《本纪第五》,中华书局2013年版,第886页。
⑨ 后晓荣:《秦代政区地理》,社会科学文献出版社2009年版,第404页。
⑩ (汉)司马迁:《史记》卷73,《列传第十三》,中华书局2013年版,第2817页。

市附近。①

西陵：西陵是战国时期楚国地名，据《史记》记载，楚顷襄王二十年（前279年），"秦将白起拔我西陵"。②秦西陵县位于今武汉市新洲区西部。亦有学者认为，西陵县属于衡山郡。③

州陵：州陵是战国时期楚国地名，据《史记》记载，楚考烈王元年（前262年），"纳州于秦以平。是时楚益弱"④。南郡的创建年代为秦昭襄王二十九年（前278年），州陵是后来被秦并入的。州陵的位于今洪湖市附近。⑤根据出土简牍的研究：州陵在前222年前后曾作为郡存在过。⑥但有学者则认为，州陵一直是县，没有成为郡。州陵属于秦南郡。⑦

安陆：如前文所述安陆是战国时期的楚地，秦昭襄王二十九年（前278年）秦攻下安陆。著名云梦睡虎地秦简所有者"喜"就担任过安陆县地方官。秦安陆县在今云梦县附近。安陆地名来源有多种说法：第一，北方陆浑移民迁居于此，此地"安定陆人""安置陆人"。第二，为秦人所取。第三，地靠云梦泽，"安于陆地"之意。

鄢：楚惠王曾经短暂迁都于鄢，鄢也是楚国重要城邑。秦昭襄王二十八年（前279年），郢都陷落前一年"大良造白起攻楚，取鄢、邓，赦罪人迁之。"⑧秦国占领鄢后，还赦免罪人，充实当地户口。传说秦人攻取鄢时，遭到了楚人顽强抵抗，白起命人修了一条西起今湖北省南漳县谢家台，东至宜城市郑集镇的长渠围困楚人。结果"水溃城东北角，百姓随水流，死于城东者数十万，城东皆臭。"⑨可能由于鄢之战造成了大量伤亡，秦国才让囚犯充实当地人口。而白起围城挖的长渠，经历代维护疏通存留至今，造福湖北农业生产达千年之久。秦鄢县位于今长渠东端宜城市附近。

鄀：前文已经介绍，早在春秋时期，楚国就建有鄀县。楚昭王曾经迫于吴国的威胁短暂迁都于此。秦灭楚后，沿袭楚县。《水经注》记载道：鄀县"古鄀子之国也。秦、楚之间，自商密迁此，为楚附庸，楚灭之以为邑。县南临沔津，津南有石山，上有古烽火台，县北有大城，楚昭王为吴所迫，自纪郢徙都之。即所谓鄢、鄀、卢、罗之地也。秦以为县。"⑩秦鄀县与楚鄀县地理位置无二，位于今宜城市附近。

销：该县创置年代不明，但出土文献可以证明秦有销县。销县位于今天门市东北笑城遗

---

①后晓荣：《秦代政区地理》，社会科学文献出版社2009年版，第403页。
②（汉）司马迁：《史记》卷40，《世家第十》，中华书局2013年版，第2077页。
③后晓荣：《秦代政区地理》，社会科学文献出版社2009年版，第412页。
④（汉）司马迁：《史记》卷40，《世家第十》，中华书局2013年版，第2078页。
⑤后晓荣：《秦代政区地理》，社会科学文献出版社2009年版，第403—404页。
⑥陈松长：《岳麓书院藏秦简中的郡名考略》，《湖南大学学报（社会科学版）》2009年第2期。
⑦陈伟：《"江胡"与"州陵"——岳麓书院藏秦简中的两个地名初考》，《中国历史地理论丛》2010年第1期。
⑧（汉）司马迁：《史记》卷5，《本纪第五》，中华书局2013年版，第265—266页。
⑨（北魏）郦道元著、陈桥驿校证：《水经注校证》，中华书局2007年版，第667页。
⑩（北魏）郦道元著、陈桥驿校证：《水经注校证》，中华书局2007年版，第668页。

址。① 也有说法认为秦汉销县位于"今荆门市区以北,子陵岗镇以南一带,或即今荆门子陵铺遗址"②。

沙羡:该县创置年代不明,但出土文献可以证明秦有沙羡县。沙羡县位于今武汉市江夏区金口附近。③ 也有观点认为古沙羡县政治中心在今武汉市武昌区附近。

夷道:该县创置年代不明,但出土文献可以证明秦有夷道县。夷道县位于今宜都市附近。④

枝江:战国楚国统治时期,枝江就可能存在了。秦灭楚后,成为县。位于今枝江市东北部。⑤ 亦有学者认为,枝江是否属于秦县还不能完全肯定。⑥ 枝江地名的由来,一说源于江水流经到此如树木分枝形状。

当阳:该县创置年代不明,但出土文献可以证明秦有当阳县。当阳县位于今当阳市东部。⑦ 一种说法认为,当阳因荆山之阳(山南水北为阳)而得名。

临沮:该县创置年代不明,但出土文献或许表明秦有临沮县。临沮县位于今远安县附近。⑧

除了以上各县之外,有学者认为郢县(今荆州市附近)、左右云梦县、伊庐县(今襄阳市西南)、邔县(今襄阳市欧庙镇)也属于秦南郡范围。⑨

目前来看,楚国到楚怀王时期,没有在湖北东部设郡的记载。楚怀王之后,设郡与否不得而知。但秦国攻占楚国安徽都城前后,应该在楚国东南领土上设置了九江郡。由于楚国疆域过于广大,即使除去今湖北省西部等地,尚有长江以南大片土地。因此相较于其他各郡,九江郡显得格外庞大。后来,秦政权析分九江郡,将今湖北省东部地区与安徽省部分地区另外划出,组成衡山郡。当然这里的"衡山"并不是现代湖南的衡山,而是指安徽天柱山。

以往学界认为衡山郡是秦朝建立后设置的,但2007年,湖南大学岳麓书院从香港古董市场收购秦代简牍两千余枚。通过对简牍内容的研究,有学者认为秦王嬴政二十五年(前222年)前,衡山郡就有可能设立了。⑩ 关于衡山郡的设置年代,尚需进一步探讨。不管衡山郡是哪一年设立的,秦灭楚后,将楚国领土全部设置郡县,应没有疑问。《史记》明确记载:秦王嬴政二十四年(前223年)"秦将王翦、蒙武遂破楚国,虏楚王负刍,灭楚,为郡云"⑪。

---

① 后晓荣:《秦代政区地理》,社会科学文献出版社2009年版,第401—402页。
② 王琢玺:《秦汉销县小考》,《中国历史地理论丛》2014年第3期。
③ 后晓荣:《秦代政区地理》,社会科学文献出版社2009年版,第399—400页。
④ 后晓荣:《秦代政区地理》,社会科学文献出版社2009年版,第402页。
⑤ 后晓荣:《秦代政区地理》,社会科学文献出版社2009年版,第398页。
⑥ 周振鹤、李晓杰、张莉:《中国行政区划通史·秦汉卷》,复旦大学出版社2017年版,第92页。
⑦ 后晓荣:《秦代政区地理》,社会科学文献出版社2009年版,第399页。
⑧ 后晓荣:《秦代政区地理》,社会科学文献出版社2009年版,第403页。
⑨ 后晓荣:《秦代政区地理》,社会科学文献出版社2009年版,第400—405页。
⑩ 陈松长:《岳麓书院藏秦简中的郡名考略》,《湖南大学学报(社会科学版)》2009年第2期。
⑪ (汉)司马迁:《史记》卷40,《世家第十》,中华书局2013年版,第2079页。

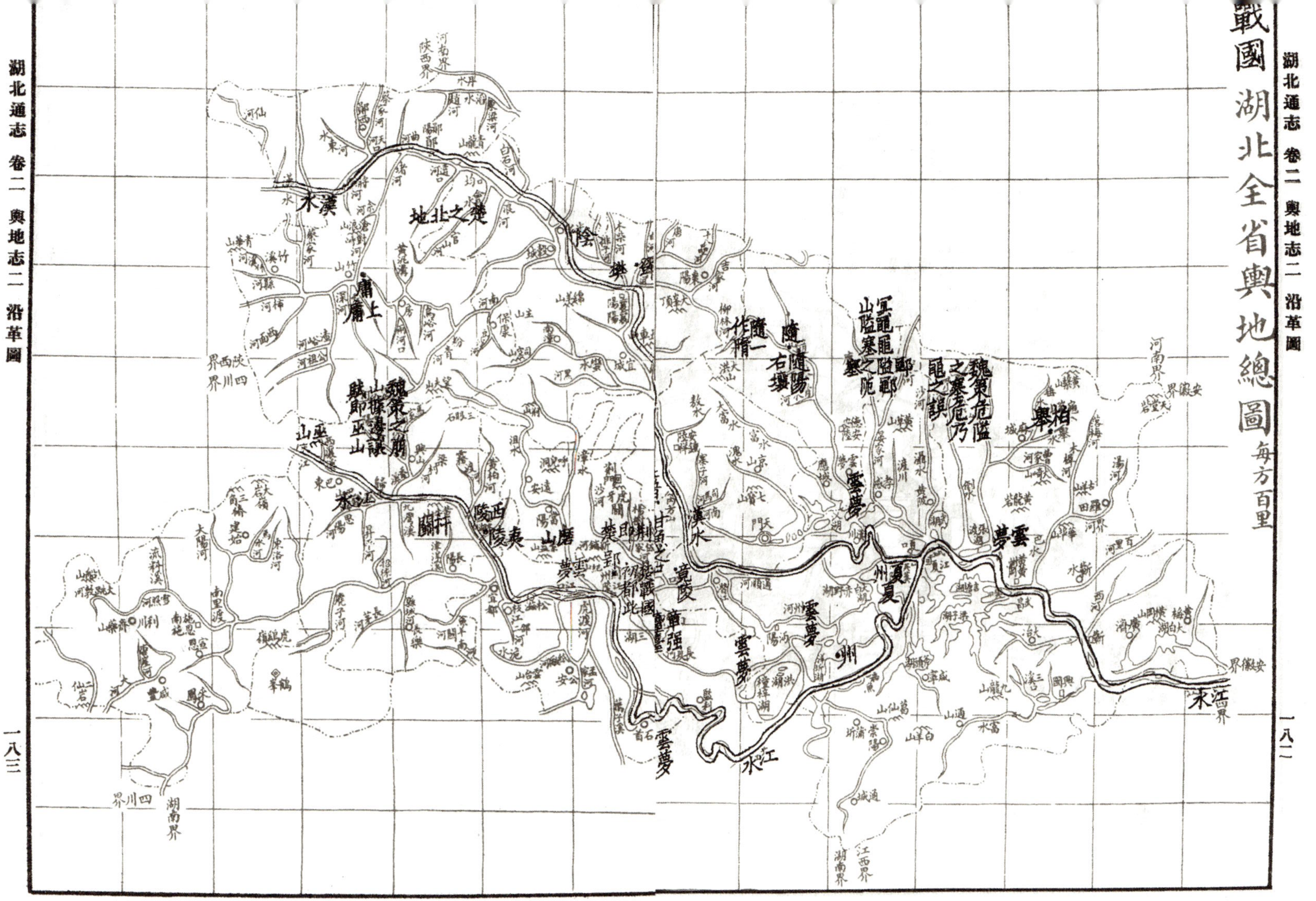

图1-5 宣统《湖北通志》所绘战国时期湖北地图

衡山郡的地理位置，有学者认为是"南抵大江，北至淮河，东界在西阳、潜、居巢一线，西邻南郡"。① 其治所位于今湖北省黄冈市的邾县。其所辖湖北地区，除了与南郡有争议的西陵县外，有学者认为鄂县（今鄂州市附近）也是秦衡山郡的一部分。②

秦国灭楚国的过程，也是将楚国湖北领土全部设置郡县的过程。就今天湖北全省而言，秦始皇统一中国前，湖北地区形成了以南郡为中心，旁及四境的政区格局。南郡以北与河南等地组成南阳郡，南郡西北与陕西等地组成汉中郡，南郡以东与安徽等地组成衡山郡，南郡西南、南部与黔中、长沙、洞庭、苍梧四郡的重庆、湖南地区相连。今天湖北文化中的秦、豫、皖、巴、湘元素早在先秦时期的政区格局中埋下了伏笔。南郡是后来秦朝统治下湖北地区的核心，而南郡的政治中心正是见证楚国兴衰荣辱的郢都江陵。楚国虽然被秦所灭，但秦人的血统里依旧有楚人基因，攻陷郢都的秦昭襄王正是楚国人——宣太后的儿子。湖北郡县虽然由秦人最终确定，但楚国政治格局依然是湖北政区的基石。战争是残酷的杀戮，战争过后的政区却饱含秦楚两国的政治智慧。在秦湖北领土范围内，有两大政治中心，一个是南郡治所江陵，另一个是衡山郡治所邾县。这两大政治中心，一东一西，好像预示了今后湖北政区建设以东西为重心、南北为侧翼的发展模式。

本章小结

从传说中的大禹划九州到秦国湖北政区的确定，经历了数千年时光。在这数千年中，湖北地区逐渐被开发，政治控制力度逐渐增强。从自然形成的部落方国，到带有周天子因素的封国，再到楚王设立的县、郡、封君，最后到秦"百县之治一形"。湖北境内区域的划分越来越显现统治者的个人意志与政治智慧。从难受约束的世袭首领，到礼法影响下的封国贵族，再到君主选派的地方官员，湖北各地区的统治者越来越依附于中央集权，彼此之间的联系越来越紧密。楚国是先秦时期控制整个湖北地区极为重要的政治力量。经过百年努力，今天湖北省绝大多数地区都成为历史上楚国的疆土。在同一政治区域内，现代湖北省各地区的政治、经济、文化、民族经历了深度整合，文明程度有了长足的发展。在这一背景下，政区出现了本质的飞跃。尽管楚国郡县制有很多不完善的地方，但其首创功绩永远值得铭记。虽然楚最终被秦吞并，但直到最后关头，楚还控制着湖北部分地区。楚国辉煌，永远铭记在湖北人的脑海中。楚地，也成为许多湖北人心中永不磨灭的"政区"。

---

① 周振鹤、李晓杰、张莉：《中国行政区划通史·秦汉卷》，复旦大学出版社2017年版，第41页。
② 后晓荣：《秦代政区地理》，社会科学文献出版社2009年版，第412—413页。

第二章　奠定基石：秦汉湖北政区

秦皇汉武，是中国专制主义中央集权帝王的代名词，更是行政区划发展史上里程碑式的人物。秦始皇巩固了湖北郡县制度，汉武帝初步设计了州郡县三级政区的雏形，让"荆州"开始成为实际政区。随着秦汉帝王在政治上的沉浮兴衰，湖北政区也发生着各种复杂变化。总体而言，由秦楚两国缔造的湖北政区进入秦汉时代，依然面临着变革与挑战。一方面，原有行政区划存在不合理现象，还需优化调整。郡、县二级制也并不符合封建王朝专制主义中央集权的统治需求，需要发生本质性的改变。另一方面，先秦分封制的历史影响依然强大，王国与侯国一直贯穿于汉王朝的始终。行政区划的优化以及分封制的演变是贯穿秦汉湖北政区的主要脉络。秦汉统治者用各种政治措施，巩固了行政区划制度，奠定了湖北政区的基石。

第一节　秦朝至汉朝成立前湖北郡县与分封的交替

在先秦时期的绝大多数时间内，分封制是普遍的政治制度。最高统治者将自己直接控制区域之外的土地，名义上或实际上分封给诸侯，由诸侯世袭统治。诸侯又将部分土地分封给下一级贵族世袭管理。东周时期，许多诸侯国虽然部分排除分封制，出现了郡县制，但相关政区制度还很不完善，更没有全面推广。直到秦朝，郡县制才推行全国。但分封制度毕竟持续了千年，在当时人心中烙下了深刻印记。秦朝二世而亡后，楚霸王项羽重将分封制推及全国。湖北政区就在郡县与分封的交替中等到汉朝统治的来临。

一、秦朝湖北政区制度

上一章已经介绍，秦国占领楚国的过程，亦是郡县制在湖北地区普及推广的过程。在秦始皇统一中国前夕，湖北地区极有可能已经形成了以南郡为中心，旁涉南阳郡、汉中郡、衡山郡等地的政区格局：

表 2-1　　　　　　　　　　秦朝湖北政区格局表①

郡名	辖县
汉中郡	上庸县(竹山县附近)、房陵县(房县附近)、长利县(十堰市郧西县西南部)、武陵县(十堰市竹山县西北部)
南阳郡	邓县(襄阳市附近)、蔡阳县(枣阳西南部)、鄀县(老河口市北部,丹江口市东南)、乐成县(老河口市附近)、阴县(老河口市附近)、随县(随州市附近)、山都县(谷城县东北)、筑阳县(谷城县东部)
南郡	江陵县(荆州市附近)、竟陵县(潜江市西北)、夷陵县(宜昌市附近)、西陵县(武汉市新洲区西部)、州陵县(洪湖市附近)、安陆县(云梦县附近)、鄢县(宜城市附近)、鄀县(宜城县附近)、销县(天门市或荆门市附近)、沙羡县(武汉市江夏区附近)、夷道县(宜都市附近)、枝江县(枝江市附近)、当阳县(当阳市东部)、临沮县(远安县附近)、郢县(荆州市附近)、伊庐县(襄阳市西南)、邔县(襄阳市欧庙镇附近)
黔中郡、长沙郡、洞庭郡、苍梧郡	秭归县、下隽县(通城县西部)、孱陵县(公安县北)
衡山郡	邾县(黄冈市附近)、鄂县(鄂州市附近)②

当然以上政区格局,只是根据目前研究状况粗浅的勾勒。秦朝湖北地区郡县情况,仍然需要学界在考古发掘与历史考证上下功夫,从而进一步完善。这里需特别指出的是,南郡之下有"夷道"。秦汉时期,少数民族聚居地区设置的政区以"道"命名。"道"相当于县,夷道的治理方式很有可能与其他县不一样。

秦朝建立后,秦丞相王绾、御史大夫冯劫、廷尉李斯曾向秦始皇上表,其中说道:"昔者五帝地方千里,其外侯服夷服,诸侯或朝或否,天子不能制。今陛下兴义兵,诛残贼,平定天下,海内为郡县,法令由一统,自上古以来未尝有,五帝所不及。"③此言辞固然有歌功颂德的一面,但是"海内为郡县,法令由一统",的确是秦朝及其之后王朝的政治特征。时代已经改变,政区建设迎合历史变迁,不可逆转。

但是历史发展是充满曲折的,面对郡县遍天下的局面,秦丞相王绾向秦始皇建议:"诸侯初破,燕、齐、荆地远,不为置王,毋以填之。请立诸子,唯上幸许。"④这一建议其实有合理成分,当时燕国、齐国、楚国刚刚平定,形势极为不稳,而这些国家的部分地区,如楚国的东南

---

①由于史料局限性,我们无法确知历史时期政区的精确地理坐标。本书所有行政区划表格,括号内为历史政区对应的现代大概地理方位。与现代政区名称一致,且地理方位大致相同者,则不加括号说明。另外,本表中黔中郡、长沙郡、洞庭郡、苍梧郡之关系,学界尚无定论。

②有现代学者认为今大冶市金牛镇"鄂王城"遗址为战国后期至东汉末,西晋至陈朝的鄂县政治中心。东汉末年鄂县政治中心曾迁移至今鄂州市城区。按金牛镇地区历史上长期属于今鄂州市所在政区,直到20世纪50年代才划归大冶。现代金牛镇也紧靠鄂州市。因此尽管地理位置有所变迁,本书仍认为,从秦朝至南北朝,古鄂县在今鄂州市附近。

③(汉)司马迁:《史记》卷6,《本纪第六》,中华书局2013年版,第300页。

④(汉)司马迁:《史记》卷6,《本纪第六》,中华书局2013年版,第303页。

部,距离秦国统治中心陕西又过于遥远,公文往返费时较长。王丞相因此建议,在某些偏远地区采取分封制度,中央政府并不直接管理这些地区,而让秦皇子世代镇守,就近直接统治,以利于原燕国、齐国、楚国地区秦朝统治的巩固。王绾的建议并不是要彻底取消政区,而是主张郡县、分封并行。

秦始皇召集群臣商议此事,大多数人同意分封置诸侯,唯独廷尉李斯一人持有异议:"周文武所封子弟同姓甚众,然后属疏远,相攻击如仇雠,诸侯更相诛伐,周天子弗能禁止。今海内赖陛下神灵一统,皆为郡县,诸子功臣以公赋税重赏赐之,甚足易制。天下无异意,则安宁之术也。置诸侯不便。"李斯援引周天子行分封,而诸侯互相攻伐的古例,陈述废封建、行郡县的利害得失。秦始皇赞许李斯的建议:"天下共苦战斗不休,以有侯王。赖宗庙,天下初定,又复立国,是树兵也,而求其宁息,岂不难哉!廷尉议是。"①在秦始皇看来,分封制导致诸侯分裂,战乱不休,不应该再恢复。于是在楚国故地的湖北地区,秦朝没有封王。

许多后世儒家学者对秦始皇不分封子弟的行为给予了不公正评价,说秦始皇刻薄寡恩,将整个国家视作私人财产,不分封国土给功臣亲属,以至于秦朝中央政府一遇到起义造反便孤立无援,坐等灭亡。明末清初思想家顾炎武曾经对此种言论有所批评:"盖自汉以下之人,莫不谓秦以孤立而亡。不知秦之亡,不封建亡,封建亦亡。而封建之废,固自周衰之日而不自于秦也。封建之废,非一日之故也,虽圣人起,亦将变而为郡县。"②在顾炎武看来,秦朝的灭亡与分封无关,即使当初秦始皇推行分封制,秦朝还是会灭亡。而分封制的衰落早在周朝就开始,与秦无关。即使儒家所尊崇的圣人如果面对当时的客观环境,也会选择郡县制。

秦始皇行郡县迎合了历史发展要求,明末清初思想家王夫之对此给予高度评价:

> 郡县之制,垂二千年而弗能改矣,合古今上下皆安之,势之所趋,岂非理而能然哉?……至于战国,(诸侯国)仅存者无几,岂能役九州而听命于此数诸侯王哉?于是分国而为郡县,择人以尹之。郡县之法,已在秦先。秦之所灭者六国耳,非尽灭三代之所封也。则分之为郡,分之为县,俾才可长民者皆居民上以尽其才,而治民之纪,亦何为而非天下之公乎?……呜呼!秦以私天下之心而罢侯置守,而天假其私以行其大公,存乎神者之不测,有如是夫!③

郡县制废除了世袭贵族对地方的统治,让有才能的贤士有机会参与地方治理,是历史的进步。正是由于郡县政区制度的合理性与优越性,才使其存在两千多年而不被替代。无论秦始皇个人品德如何,他推行郡县制度,客观上体现了天下之人治理天下的"大公"。

《史记》曾经记载,秦始皇"分天下以为三十六郡,郡置守、尉、监"④。很长一段时间内,学

---

① (汉)司马迁:《史记》卷6,《本纪第六》,中华书局2013年版,第303页。
② (清)顾炎武:《亭林文集》卷1,清康熙刊本,第7页。
③ (清)王夫之:《读通鉴论》卷1,中华书局2013年版,第1—2页。
④ (汉)司马迁:《史记》卷6,《本纪第六》,中华书局2013年版,第303页。

者认为秦郡的数量的确是三十六个。但现在考古发掘已经证明,秦郡的数量超过三十六个。秦朝以"六"为尊,"数以六为纪,符、法冠皆六寸,而舆六尺,六尺为步,乘六马"①。实际情况可能是这样:秦朝郡的变迁十分复杂,且经常发生改变,以至于汉代人都弄不清楚所有郡的来龙去脉。因此结合已经掌握的情况,再考虑秦以六为尊的事实,以六六三十六作为秦郡的概数。实际上,秦朝郡的设置,并非一旦确定而不再变化。南郡以南,黔中、长沙、洞庭、苍梧四郡至今也不能完全弄清其关系,也是秦郡不断变迁的写照。有观点认为,秦始皇二十六年(前221年),秦确有36郡。到秦始皇二十八年(前219年),秦有42郡。秦始皇三十三年(前214年),秦则有48郡。②郡的数量会发生变化,县恐怕也是如此。也就是说,秦朝寿命虽短,但政区建设却相对活跃。根据目前研究来看,整个秦朝时期,以南郡为中心,旁涉南阳郡、汉中郡、衡山郡等地的湖北政区格局没有发生本质的改变。

与政区普及相伴随的,是秦朝中央对地方政务的控制力度在不断加强。《史记》明确记载秦郡有守、尉、监三种官员。实际上郡的职官远多于此。秦代,郡守为一郡之长,郡丞辅佐郡守处理政务,除此之外,还有掌管军事的郡尉与负责监察的监御史。这些职官之下,还有掌管文书、监狱、仓库等事务的佐杂官员。虽然郡守是郡的主管官员,但一般无权任命郡尉与郡监,且其职权受到尉、监的制约。《史记》所记载的秦郡守、尉、监三种官员,的确有行政、军事、监察"三权分立"的影子。值得注意的是,郡守与郡尉有分驻不同县的情况。

郡下是县,县令或县长是县的长官。秦汉时期,拥有万户以上的县,长官称"令",万户以下称"长"。县丞辅佐县令(长)处理政务。县尉负责县的军事治安事务。至于秦县有没有设置监御史,目前还存在争论。县令(长)、县尉之下同样有大量负责专项事务的官员,如掌管文书档案的令史、负责监狱的狱掾等等。县令(长)虽是郡守的下属,但郡守无权任命县令(长)。秦王朝既维持自上而下的层级统治,又故意建立一些分权制约机制。

关于秦代的县,有学者认为:"秦代的县廷以令、丞或守为长官:令得掌兵,丞无兵权,守是不具充足任职资格的县长官。守丞负责县廷机构的日常运行与文书事务。县廷分设令、吏、户、金布、司空、仓等六曹,作为县廷的政务机构,各以令史主持;分设少内、司空、田官、仓、库、畜官等具有管理与经营双重职能的诸官,作为县廷直属机构,以'守'(啬夫)为长官。尉受郡尉与县啬夫'双重领导',有独立衙署,置尉(守)与'佐',以'尉史'实际负责尉官的日常行政事务。狱史受郡卒史与县廷长吏的'双重领导',具体负责县中司法案件的审理,并具有监察职能。"③

县之下还有乡、亭、里的划分。学界普遍认为乡、亭、里只是一种基层管理组织,其更改变化可能也无需秦中央政府认可。在"百县之治一形"的秦代,湖北地区绝大多数郡县情况应如上所述。

1975年出土的云梦睡虎地秦简为我们揭示了一位湖北低级官员的人生。秦昭襄王四

---

① (汉)司马迁:《史记》卷6,《本纪第六》,中华书局2013年版,第302页。
② 周振鹤、李晓杰、张莉:《中国行政区划通史·秦汉卷》,复旦大学出版社2017年版,第45—47页。
③ 鲁西奇:《秦代的县廷》,《史学月刊》2021年第9期。

十五年(前262年),一位名叫"喜"的男子出生。此时楚国湖北西部大片领土已为秦有。秦王嬴政即位第一年(前246年),喜十七岁,正式为秦国服徭役。秦王政三年(前244年),喜参加秦国军队。秦王政四年(前243年)11月,喜开始任南郡安陆县某乡的基层小吏。秦王政六年(前241年)4月,喜成为安陆县负责文书档案的令史。秦王政七年(前240年)正月,喜调到南郡鄢县当令史。秦王政十二年(前235年)4月,喜从令史岗位调到了鄢县监狱。秦王政十三年(前234年),喜又从军。秦王政二十一年(前226年),不到四十岁的喜升任南郡郡属,成为郡一级的基层官吏。① 喜很有可能死于任所。喜死后,与他生前用过的法律公文等文籍一起葬于秦安陆县,也就是今天云梦县附近。

从喜的一生结合商鞅变法军功受爵的措施可以看出,秦朝湖北地区郡县基层官吏有立功秦军士兵充当者,并且战事如果很紧急,基层官吏需要再次从军。喜只是郡县基层官吏,但他却拥有巨量的法律文书,并随之陪葬。秦法向基层的渗透可见一斑。从喜坟墓中出土的秦朝法律条文来看,秦法未必如大家想象的那样严苛。如随喜陪葬的秦《徭律》明确规定,政府征发徭役,迟到者根据迟到日期之不同处以不同程度的罚金或劳役,如果天下雨无法兴工,可以适当免除徭役。这和秦二世时期陈胜、吴广说的"公等遇雨,皆已失期,失期当斩"②的惩罚力度相差甚远。但秦法很细碎,从喜陪葬的秦朝部分法律文书来看,秦法对当时很多生产生活都有极为细致的规定。如秦《田律》明确规定:老百姓不到夏季,不得烧草作肥料。老百姓在某些地区打死的狗要完整上缴官府,某些地区打死狗则可以食肉,将狗皮上缴官府。用于特定农业生产的木头和草垫不能移作他用等等。这些法律都有一定的合理性,但如此细碎,恐怕也对百姓生活有一定影响。

秦王政二十年(前227年)四月初二,湖北地区南郡太守腾曾经向辖区百姓发布这样的告示,部分内容用现代汉语翻译如下:

> (天下一统后)私自的爱好与旧有的习俗观念仍未改变,县令、丞以下的官员明知而不加检举论处,这是公然违背君上的严明法律,姑息包庇行为不端的人。像这样,身为人臣就是不忠。如果未能觉察,就是不称职、不了解职责所在;如果有所觉察却不敢论罪,就是不正直。这些都是大罪,而县令、丞却无所察觉,很是不利。如今将派人巡行视察,检举告发不遵从命令的人,按照律文定罪,县令、丞也要论罪。同时还要对县一级官府进行考核,对于严重违反法令但令、丞却无所察觉的县,将令、丞上报给郡进行处治。③

---

① 以上内容参见黄盛璋:《云梦秦简编年记初步研究》,《考古学报》1977年第1期;陈侃理:《睡虎地秦简编年记中"喜"的官历》,《国学学刊》2015年第4期。
② (汉)司马迁:《史记》卷48,《世家第十八》,中华书局2013年版,第2354页。
③ 以上译文来自中国政法大学中国法制史基础史料研读会:《睡虎地秦简法律文书集释(一):语书(上)》,《中国古代法律文献研究》2013年辑,第192—193页。

湖北通志　卷二　輿地志二　沿革圖

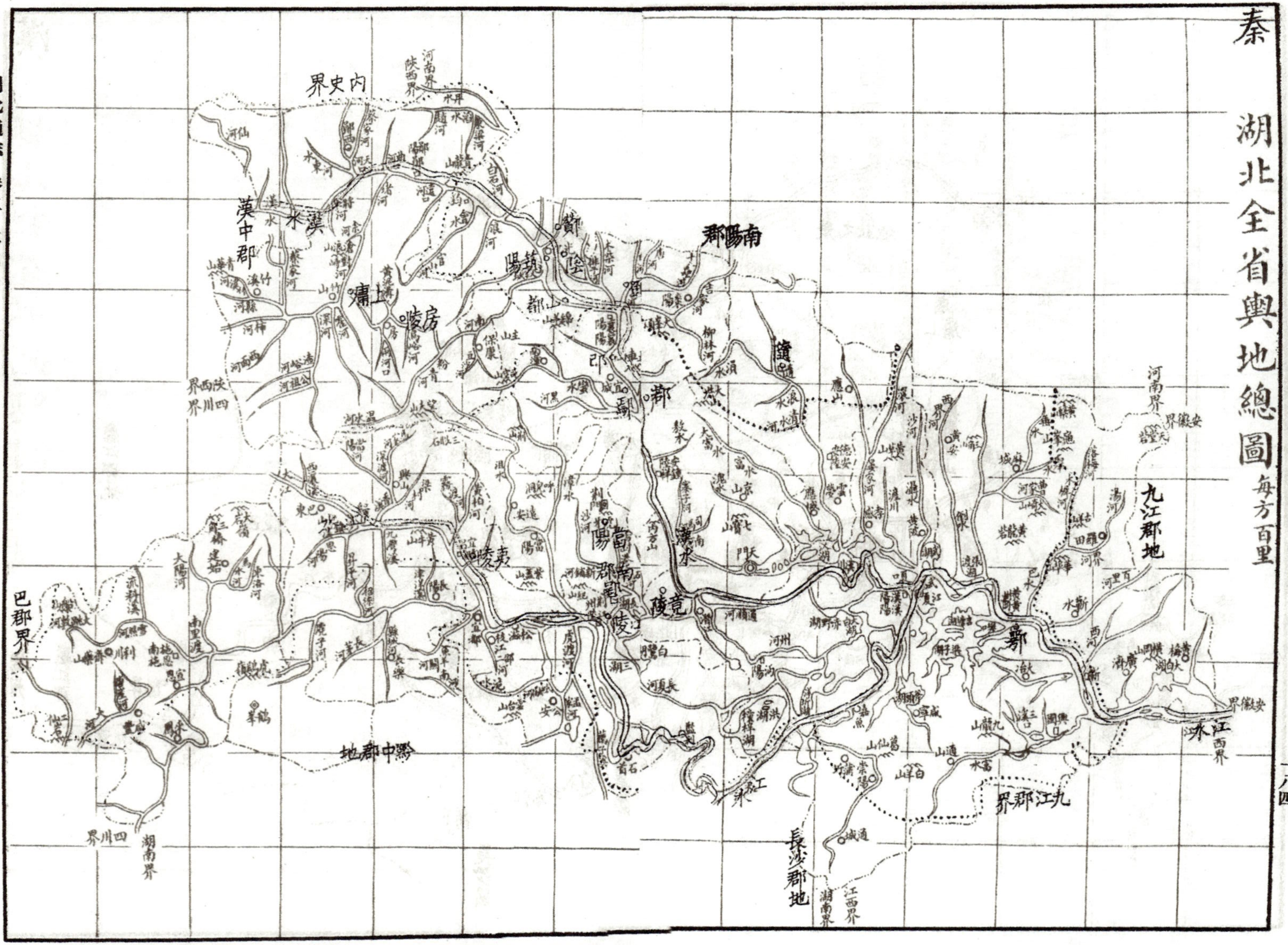

湖北通志　卷二　輿地志二　沿革圖

一八四

一八五

图2-1　宣统《湖北通志》所绘秦郡湖北地图

从这一张极为罕见的秦郡告示中,我们处处可以见到"法"的身影。基层官员喜之所以看重法律文书,因为这正是他工作考核的重要标准。也就是说上到郡太守,下到基层官吏,都在推行监督秦朝繁琐的法律条文。对于受楚国近乎八百年统治的湖北民众来说,突然面对与原有生活习惯迥然相异,且要强制遵循的法令,其感觉可想而知。南郡太守腾也承认:"民众都有各自的风俗习惯,他们所认为于己有利的事以及喜好、厌恶各有不同。"面对秦朝法令,官吏和百姓都有不遵守的现象。

秦朝采用法令约束,求同而灭异,这无疑给秦朝政区统治带来了消极影响。另外,秦连自己的贵族宗亲都没有分土建国,对六国世家大族则更为苛刻,不是消灭,就是强制迁徙。这些六国残余贵族全部隐藏于郡、县之中,怀着各种目的,伺机而动,给秦朝政权统治埋下了一定隐患。

秦始皇二十八年(前219年),嬴政巡行天下,来到南郡、衡山郡。根据出土文书记载,当时喜正在安陆。喜可能目睹了秦始皇浩荡的车马、威严的面容。此外楚国名将项燕的族人项羽也目睹了皇帝出游盛况,说了一句著名的话语:"彼可取而代也。"①秦朝统治下湖北政区格局就要被此人改变。

二、西楚霸王项羽影响下的湖北分封制

秦始皇统一六国后,宫殿、陵墓、长城、直道等大型工程不断。秦始皇去世后,二世皇帝即位,秦朝法令越来越严苛,徭役征发越来越严酷。《史记》记载:秦二世"复作阿房宫。外抚四夷,如始皇计。尽征其材士五万人为屯卫咸阳,令教射,狗马禽兽当食者多,度不足,下调郡县转输菽粟刍藁,皆令自赍粮食,咸阳三百里内不得食其谷。用法益刻深。"②在这种情况下,反秦浪潮终于到来。

"楚虽三户,亡秦必楚"本是项羽谋臣范增引述的一句话,不想一语成谶,推翻秦王朝的力量的确与楚有密切关系。秦二世元年(前209年)七月,陈胜、吴广在大泽乡发出"王侯将相宁有种乎"的号召,揭开反秦战争的序幕。他们打出"张楚"旗号,攻城略地,建立张楚政权,"诸郡县苦秦吏者,皆刑其长吏,杀之以应陈涉(胜)"③,反秦力量不断壮大。楚国故地的刘邦、项羽等人也因时而动。

除此之外,多种政治势力纷纷起兵叛秦。原齐国王族田儋等人杀死秦朝地方官,称齐王;原秦上谷郡卒史韩广占领燕国旧地后,称燕王;韩国贵族后裔韩成称韩王;陈胜部将武臣占领邯郸后称赵王;原魏国宁陵君魏咎在众人拥戴下称魏王。

对楚王之位,各方势力经历了残酷的争夺。陈胜、吴广起义后,部将葛婴攻到原楚国疆域,立楚王后裔襄疆为楚王。后来,葛婴听说陈胜已经称王,便杀掉襄疆。秦二世二年(前

---

① (汉)司马迁:《史记》卷7,《本纪第七》,中华书局2013年版,第376页。
② (汉)司马迁:《史记》卷6,《本纪第六》,中华书局2013年版,第337页。
③ (汉)司马迁:《史记》卷48,《世家第十八》,中华书局2013年版,第2356页。

208年),陈胜被秦将章邯打败,又遭车夫刺杀而死。陈胜死后,部将秦嘉拥立景驹为楚王。项梁、项羽叔侄二人派英布击杀秦嘉,逼死景驹,找到楚怀王的后裔熊心,将其立为楚王,作为名义上的反秦领袖。

反秦势力之所以打着楚国的旗号,一而再,再而三拥立楚国后裔,大概是想赢得楚国故人之心,受到百姓拥护。从这一点亦能看出秦朝政治制度并没有获得楚国故地居民的内心认同。

秦二世三年(前207年),赵高谋杀秦二世,立子婴为秦王。赵高认为:"秦故王国,始皇君天下,故称帝。今六国复自立,秦地益小,乃以空名为帝,不可。宜为王如故,便。"①至此,秦皇帝改称秦王。刘邦率领的起义军所向披靡,于公元前207年攻入咸阳,子婴投降,秦朝彻底灭亡。但是项羽的军事力量大于刘邦,又挟楚王熊心以令诸侯,将分封制再现中国。

表 2-2　　　　　　　　　　项羽分封诸侯表②

名称	都城	被封原因
西楚霸王项羽	彭城	实力强大,灭秦有功,拥立义帝
汉王刘邦	南郑	攻入秦都咸阳,灭亡秦朝
雍王章邯	废丘	秦朝将领,投降有功
塞王司马欣	栎阳	本是栎阳狱掾,尝有恩德于项羽叔父项梁
翟王董翳	高奴	劝章邯投降
西魏王豹	平阳	本是魏王魏咎之弟,后继承魏王,跟随项羽
河南王申阳	洛阳	攻下河南地区,在黄河迎接项羽
韩王成	阳翟	秦末就被拥立为王,项羽继续承认
殷王司马卬	朝歌	平定河内地区,灭秦有功
代王歇	代县	秦末就被拥立为赵王,项羽改封
赵王张耳	襄国	素有贤名,拥护项羽
九江王黥布	六县	为项羽名将,作战勇猛
衡山王吴芮	邾县	率领百越帮助灭秦,依附项羽
临江王共敖	江陵	率领军队平定南郡地区
辽东王韩广	无终	秦末就被拥立为燕王,项羽改封
燕王臧荼	蓟县	跟随项羽作战有功
胶东王田市	即墨	秦末就被拥立为齐王,项羽改封
齐王田都	临淄	跟随项羽作战有功
济北王田安	博阳	投降项羽,作战有功

① (汉)司马迁:《史记》卷6,《本纪第六》,中华书局2013年版,第343页。
② 资料来源为(汉)司马迁:《史记》,中华书局2013年版,第398—399页。

秦二世三年(前207年)后，中国再现周代分封局面。分封完毕后，熊心被项羽杀害，西楚霸王成为名副其实的天下共主。项羽之所以称"西楚"，是当时的地名概念使然。《史记·货殖列传》曾说："夫自淮北沛、陈、汝南、南郡，此西楚也。""彭城以东，东海、吴、广陵，此东楚也。""衡山、九江、江南、豫章、长沙，是南楚也。"①项羽楚国的都城正位于西楚地理范围。项羽建立的楚国远比战国时期的楚国要小，且没有以湖北江陵作为自己的首都。他曾说过："富贵不归故乡，如衣绣夜行，谁知之者！"②也许在项羽看来，最大的心愿并不是恢复楚国的盛世，更不是继承秦始皇的霸业，仅仅想在故乡当天下的霸王。

项羽将分封制推广全国，并不意味着郡县制的瓦解，因为这些王国仍然在用郡县来治理领土，这和西周封国有本质区别。项羽采取分封制度，除了个人因素之外，也有客观原因。一是分封制流传千年，秦朝推广郡县制才短短十几年，秦末又依托郡县推行严刑酷法，频繁征发徭役。失势贵族想要恢复分封制度，受苦百姓也可能不认同郡县制度。二是楚霸王项羽实力虽大，但并不足以灭掉所有诸侯，因此采用分封的办法维持政治稳定。

秦二世三年(前207年)后，今天湖北省地区又被诸侯国全部占据。首先是项羽自己建立的楚国，史记明确记载楚国领土辖原来秦朝九个郡，但并未言明是哪九郡。现代学者经过研究后认为项羽所辖九郡分别是：南阳郡、陈郡、泗水郡、薛郡、东海郡、会稽郡、鄣郡、东郡、砀郡。③上一章已经介绍了秦南阳郡的地理位置，今襄阳市、随县以北，丹江口市以东的湖北省地区位于楚霸王项羽的版图内。

刘邦是秦末与项羽争衡的重要力量。本来刘邦首先攻破咸阳，应该得到重赏，但项羽忌惮刘邦，只将巴蜀和秦朝汉中郡部分地区分封给汉国。汉国的地理位置是："东、北两面循秦巴郡、汉中之界，东南无巴郡之涪陵，南以江水南岸为境，西南至邛崃山，西循《汉志》蜀郡西界，西北即至《汉志》广汉西北界，而有武都东部沮县地。"④因此刘邦的汉国应该包括今湖北省十堰市郧阳区、保康县以西，包括竹山县、房县在内的某些地区。

共敖本为南郡人，后因反秦有功，成为楚王熊心的柱国。项羽分封时，将南郡以及南郡以南的大片地区封赐给他，组建临江国。临江国包括今武汉市以西、襄阳市以南、重庆市巫山县或湖北秭归县以东的湖北地区。临江国的首都直接沿袭楚国都城，其范围包括了今湖北省大部分地区。

传说吴芮是吴王夫差的后裔，是秦朝番县县令。后吴芮反秦有功，项羽将秦衡山郡领土分封给他，国号承袭秦郡，为衡山国。都城也承袭秦衡山郡的治所——邾县。衡山国应该包括今黄冈市、鄂州市以东的湖北地区。

因此按照项羽的分封办法，今湖北省地区形成了如下政治格局：

---

① (汉)司马迁：《史记》卷129，《列传第六十九》，中华书局2013年版，第3939—3937页。
② (汉)司马迁：《史记》卷7，《本纪第七》，中华书局2013年版，第398页。
③ 周振鹤：《西汉政区地理》，人民出版社1987年版，第256页。
④ 周振鹤、李晓杰、张莉：《中国行政区划通史·秦汉卷》，复旦大学出版社2017年版，第50页。

楚国：大致控制今襄阳市、随县以北，丹江口市以东的湖北省地区。

汉国：大致控制今十堰市郧阳区、保康县以西，包括竹山县、房县在内的湖北省地区。

临江国：大致控制今武汉市以西、襄阳市以南、重庆市巫山县或湖北秭归县以东的湖北省地区。

衡山国：大致控制今黄冈市、鄂州市以东的湖北省地区。

以上封国的形成，并不能说是郡县制的彻底解体，因为众多封国内，极有可能还是依托郡县来治理的。项羽大概会设想自己的封国体系会永远维持下去，其实秦李斯早就说过"周文武所封子弟同姓甚众，然后属疏远，相攻击如仇雠，诸侯更相诛伐"①。项羽分封还没有等到"然后属疏远"，诸侯之间的战争就爆发了。项羽在齐地分封了三个王，唯独没有分封具有一定实力的田荣。结果田荣作乱，占领三齐之地。而刘邦乘机东出，进军到秦国故地，占领章邯、司马欣、董翳三王的土地。项羽的分封局面顷刻瓦解。

《汉书》曾经引用一句话评论项羽的分封行为："项王为天下宰，不平。今尽王故王于丑地，而王群臣诸将善地。"②项羽分封不公平是诸侯反叛的原因之一，但更主要的原因是：随着秦朝的统一，各地政治、经济、文化交流日益频繁，类似周代的全面分封制只会阻碍社会的进步，阻隔文明的交流，跟不上时代发展的趋势。各诸侯面对日益繁荣的中国社会，也不会永远满足于当一隅之主，只要实力具备，很快便会互相争衡，统一天下。而项羽错误的政治布局也是导致诸侯反叛的重要原因。项羽把楚国的都城定于自己偏处东部的家乡，而不是富饶肥沃的战略要地，使其失去对主要诸侯国的战略威慑力，是其一大失误。再加上项羽刚愎自用，不听人言，导致其最终失败。

汉高帝二年（前205年），刘邦正式东出，与楚霸王项羽争夺天下。经过四年战争，汉高帝五年（前202年）项羽兵败垓下，刘邦取得天下共主的地位。在楚汉相争的过程中，项羽所封的临江、衡山二国亦不得保全。汉高帝三年（前204年），临江王共敖去世，其子共尉即位。共尉不能审时度势，不依附刘邦，也没有能力协助项羽。刘邦在解决项羽后，灭了临江国，将共尉处死。衡山王吴芮则灵活得多，眼看楚霸王项羽敌不过刘邦，马上臣服刘邦。因此入汉后，衡山国虽不复存在，但刘邦又将吴芮改封为长沙王。项羽在湖北的分封制至此瓦解。

---

① （汉）司马迁：《史记》卷6，《本纪第六》，中华书局2013年版，第303页。
② （汉）班固：《汉书》卷31，《列传第一》，中华书局1962年版，第1811页。

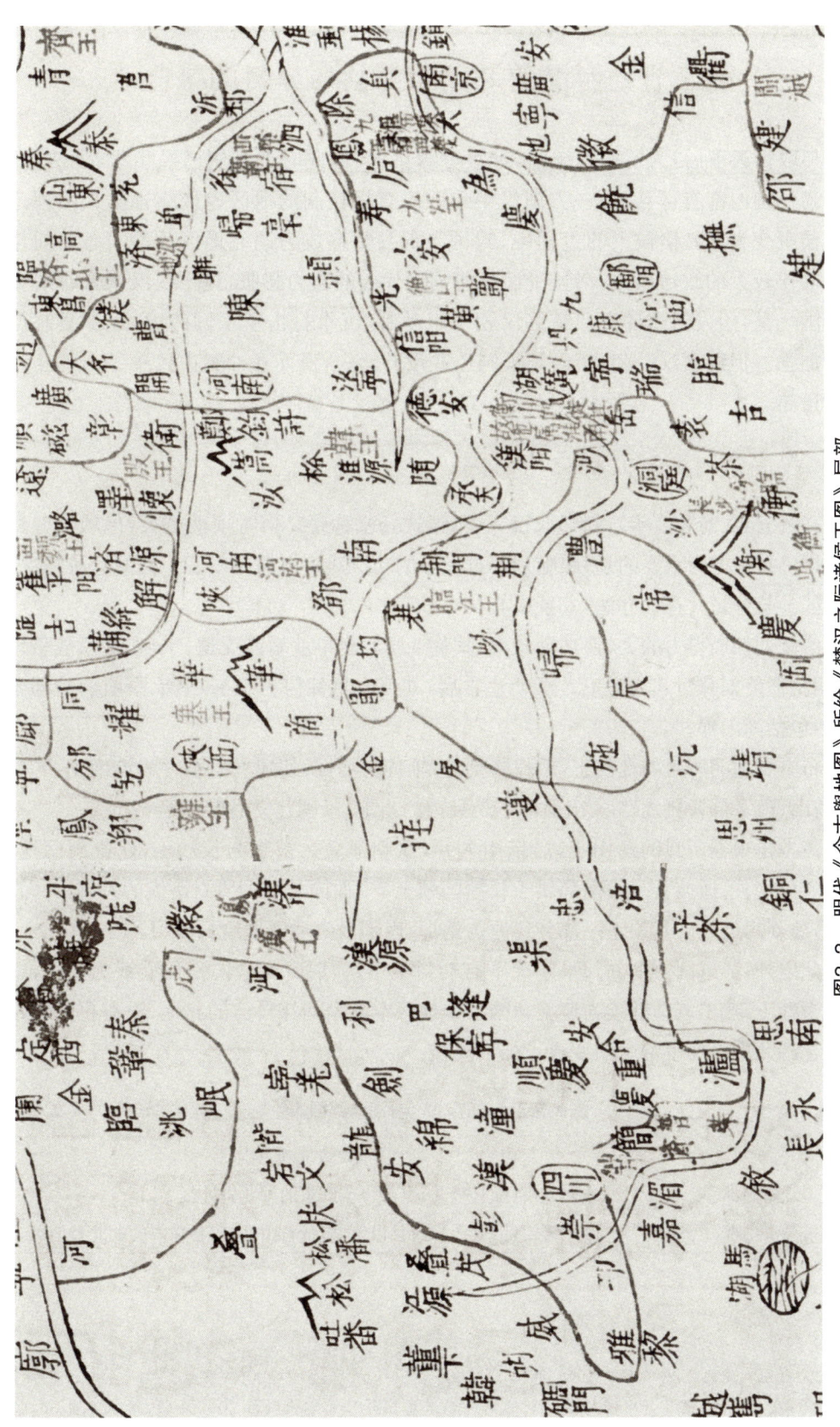

图2-2 明代《今古舆地图》所绘《楚汉之际诸侯王图》局部

第二节　西汉前期湖北郡县与分封的融合

刘邦取得天下后,为了稳固统治,继续分封诸侯,但此时郡县制已经生根,无法移除。一方面诸侯国内部有郡县,另一方面汉中央政府直接控制的地区也依靠郡县来治理。在异姓诸侯王变为刘姓诸侯王的过程中,封国与郡县并存成为湖北地区政治实态。刘邦给予同姓诸侯较大的政治权力,诸侯王经过两到三代人的实力膨胀,终于在汉景帝时期爆发吴楚七国之乱,引发激烈冲突。最终汉朝平定动乱,沉重打击了王国势力,让郡县制得到进一步加强。但终西汉一朝,王国与侯国也并没有消失,反而在冲突中找到了与郡县和谐共存的道路。

一、汉高帝时期湖北郡县与封国

汉高帝五年(前202年),刘邦取得天下,正式登基称帝。当时项羽虽灭,但项羽分封的众多诸侯仍在。更为重要的是,跟随刘邦打天下的功臣武将也需要安置。面对这种情况,刘邦采取郡县与分封并存的办法,安抚人心。

韩信是刘邦最得力的大将,功勋最大,其称王野心也早就暴露无遗。早在楚汉战争进行中,韩信就迫使刘邦封其为齐王。汉朝建立后,刘邦改封韩信为楚王,继承原项羽的部分封地,但不包括南阳郡。

英布本是项羽所封的九江王,后投降刘邦,辅佐有功,汉朝建立后被封为淮南王,"九江、庐江、衡山、豫章郡皆属焉"①。衡山郡本是吴芮的封地,汉朝建立后转让给英布。

吴芮本是项羽所封的衡山王,后依附刘邦,汉朝建立后被封为长沙王,建都湖南地区。今湖北省公安县、通城县一线南部属于长沙国领土。② 而同是项羽所封诸侯的共尉因一直抵抗到底,被刘邦处死。其领土一部分还原为南郡,南郡以南地区划给长沙国。

除此之外,彭越因协助刘邦平定天下有功封梁王,项羽所封诸侯张耳继续为赵王,韩王信继续为韩王,燕王臧荼继续为燕王。因汉中地区本就是刘邦自己的封地,没有再分封给诸侯。于是湖北地区的政治版图变成了如下模样:

表2-3　　　　　　　　　　汉高帝五年(前202年)湖北郡国表

郡名或封国名	大致地理范围
南阳郡	今襄阳市、随县以北,丹江口市以东的湖北省地区
汉中郡	今十堰市郧阳区、保康县以西,包括竹山县、房县在内的湖北省地区

---

① (汉)班固:《汉书》,中华书局1962年版,第1886页。
② 周振鹤、李晓杰、张莉:《中国行政区划通史·秦汉卷》,复旦大学出版社2017年版,第124页。

续表

郡名或封国名	大致地理范围
南郡	今武汉市以西,襄阳市以南,公安县、通城县一线以北,重庆市巫山县或湖北省秭归县以东的湖北地区
淮南国	今黄冈市、鄂州市以东的湖北省地区
长沙国	今湖北省南部某些地区

这种局面没有维持多久,汉高帝六年(前201年)后,汉高帝刘邦为了巩固皇权,开始逐步解决异姓王国问题。一方面,刘邦打击消灭异姓王,最典型的莫如楚王韩信。另一方面,刘邦大封刘姓诸王,制约异姓王。在这一历史背景下,淮南国发生变化。

淮南王英布本是与韩信、彭越齐名的功臣,与汉朝相安无事。汉高帝十一年(前196年),韩信被杀。同年夏,彭越也被杀。汉朝将彭越剁成肉酱,分赐诸侯。《汉书》记载:"汉诛梁王彭越,盛其醢以遍赐诸侯。至淮南,淮南王方猎,见醢,因大恐,阴令人部聚兵,候伺帝郡警急。"①英布见彭越之肉,非常惊恐,因此不得不聚集兵马,以备不测。此时,英布怀疑爱妾与中大夫贲赫有奸情,想要逮捕他。结果贲赫跑到长安,向刘邦告发英布谋反。丞相萧何对刘邦说:"布不宜有此,恐仇怨妄诬之。请系赫,使人微验淮南王。"②结果已处惊弓之鸟的英布看见贲赫已经到长安告发自己,汉朝又派使者到来,就真的发动叛乱。刘邦御驾亲征,平定英布,将亲子刘长封于淮南,仍然统领九江、庐江、衡山、豫章四郡。而长沙王虽然是异姓王,但一直恭顺汉朝,没有被废除。

随着政权的巩固,刘邦并未将诸侯王全部消灭,故意维持了封国与郡县并存局面,只是将大部分异姓王用刘姓王代替而已。古代有观点认为:秦朝没有分封,秦朝受到农民军攻击时,也就没有一个诸侯率兵前来帮助。而周朝实行分封,西周受到少数民族攻击时,诸侯国纷纷前来帮助,因而才有东周的延续。因此还是需要分封制,让诸侯王掌握一定权力,关键时刻拱卫中央政府。

至于诸侯国互相攻伐,的确也是事实。对此,刘邦采用大封同姓王的办法,企图利用宗法亲情来防止彼此争斗。刘邦晚年杀白马订立盟约,"非刘氏而王,天下共击之"。从汉高帝开始,几乎所有汉代皇子都封王爵。

除了皇子,刘邦对一般功臣也并没有赶尽杀绝。在维护专制皇权的前提下,刘邦在汉代采用分封侯国的方式,照顾功臣。如黄极忠本是秦代南郡地区盗贼首领,后来投降项羽所封的临江王。当刘邦势力压过项羽后,黄极忠审时度势,转而帮助刘邦攻打临江王。后又追随刘邦征战,建有功劳。特别是汉高帝十二年(前195年),刘邦讨伐英布,黄极忠再建功勋。

---

① (汉)班固:《汉书》卷34,《列传第四》,中华书局1962年版,第1887页。
② (汉)班固:《汉书》卷34,《列传第四》,中华书局1962年版,第1887页。

当年十月,汉朝封黄极忠为侯①,封地在南郡邔地。这极有可能是汉代湖北地区侯国的肇始。

理论上侯国比王国辖地要小得多,往往等同于县。汉代初年,王国处于郡县之上,具有自主权。但侯国的政治地位却给后世留下诸多疑惑。有学者认为侯国等同于县,受所在郡的管辖。还有学者认为汉初侯国都直属中央,汉景帝平定"七国之乱"后才归所在郡管辖。更有学者认为侯爵一开始就没有真正的治民权,侯国政务由国相负责,在直属关系上侯国应该归所在郡或王国管理,而非直属中央。②

最新研究成果表明:"西汉初年的列侯制度继承自秦,列侯属军功食邑贵族,仅有'食邑'而无'侯国'。"③也就是说,西汉初年,汉朝廷将某位功臣封为侯爵,封地仅是其经济来源。侯爵不用亲临其地,更不能治理境内事务。

刘邦打击异姓王,但却分封异姓侯,无非是在维护中央集权与照顾异姓功臣之间找到一个平衡。

与秦朝南阳郡相比,汉高帝时期南阳郡所辖湖北地区变化不大,唯有武当县是后出。④《太平寰宇记》记载武当县是汉代设置,因境内武当山而得名。⑤有学者认为武当县早在秦始皇时期就设置了⑥。战国时期南阳郡地区有均陵,均陵就是后来武当县的前身。⑦孰是孰非,尚待进一步考证。但秦汉时期,政府开始关注武当山地区的治理应该是事实。

汉高帝时期汉中郡涉及湖北地区的县与秦朝几乎没有区别。

与秦朝相比,汉高帝时期南郡辖县变化也不大,仍然包括了湖北大部分地区。

与秦朝相比,汉高帝淮南国地区增加了寻阳县和下雉县。秦代没有寻阳县,传说淮南王英布曾经在今黄梅西南筑城,此即是寻阳县的前身。⑧下雉县的来源不明,但极有可能是汉代创制的。值得注意的是,学者认为汉初南郡也存在一个叫"西陵"的县,但这一西陵县与淮南国西陵县不是一县,南郡的西陵县在河南光山县西部。

汉高帝时期,长沙国涉及湖北地区的县大致只有佷山县(今长阳县西部)。⑨佷山县应创建于汉朝初年,设置原因不详。

汉高帝十二年(前195年),刘邦去世。汉高帝刘邦创建了大汉基业,在保证专制主义中央集权的前提下,充分照顾人情,留给湖北地区郡、县、王、侯并存局面。

---

① 参见(汉)班固:《汉书》卷16,《表第四》,中华书局1962年版,第608页。
② 参见陈苏镇:《汉初侯国隶属关系考》,《文史》2005年第1辑。
③ 参见马孟龙:《汉初侯国制度创立新论》,《历史研究》2023年第2期。
④ 参见周振鹤、李晓杰、张莉:《中国行政区划通史·秦汉卷》,复旦大学出版社2017年版,第422—429页。
⑤ 参见(宋)乐史:《太平寰宇记》卷143。
⑥ 张华鹏:《武当县考》,《武当学刊》1993年第3期。
⑦ 潘新藻:《湖北省建制沿革》,湖北人民出版社1987年版,第180页。
⑧ 潘新藻:《湖北省建制沿革》,湖北人民出版社1987年版,第204页。
⑨ 汉高帝时湖北政区情况参见周振鹤、李晓杰、张莉:《中国行政区划通史·秦汉卷》,复旦大学出版社2017年版,第379—455页。

图 2-3　明代《今古舆地图》所绘《汉异姓八王图》局部

二、吕后恩惠与湖北侯国的增加

吕后是刘邦的结发妻子,也是一位政治强人。刘邦去世后,其与吕后的儿子刘盈即位,是为汉惠帝。惠帝执政时期,吕后直接干预朝政,甚至破坏刘邦非刘氏不得封王的命令,封大量吕氏族人为王。公元前 188 年,汉惠帝去世。吕后将惠帝皇子推上皇位,史称前少帝,自己独揽大权。后来,前少帝得知生母被吕后所害,扬言复仇,反被吕后所杀。前 184 年,吕后又将惠帝另一位皇子刘弘推上皇位,是为后少帝,自己继续执政。在吕后揽权的时间内,不仅继续保留长沙国、淮南国,还在湖北地区分封了一些侯国,以收买人心。

萧何是汉高帝刘邦手下著名功臣,早在刘邦在世时,就被封为酂侯。关于萧何封地,学界有两种说法,一说南阳郡酂县,一个是沛郡酂县。经过相关专家考证,在沛郡酂县的可能性较大。① 刘邦晚年曾经想要更换太子,萧何极力劝阻。在这一点上,吕后对萧何应该是感激的。汉惠帝二年(前 193 年),萧何去世,其子萧禄即位。萧禄死后,无子继承爵位。公元前 186 年,吕后居然让萧何夫人、萧禄母亲继承酂侯。② 这在封建伦理制度下极为少见。吕后时期,酂侯国迁移到湖北境内的南阳郡酂县。③ 与此同时,吕后将萧何少子萧延封到湖北筑阳,为筑阳侯。④

王恬开,又名王恬启,本是汉初官吏,在刘邦执政晚年开始亨通,任汉朝最高司法官——廷尉,后又任梁王国国相。公元前 184 年,王恬开被封为山都侯。有学者认为:"王恬启之所以能于高祖末年至文帝初年历任显职且以王国相封侯,并非仅凭其战功和治绩,而是与他对高祖、吕后、文帝的忠诚及高祖、吕后、文帝对他的亲信有极大关系。"⑤

这样一来,南阳郡湖北地区在吕后执政时期,多出了三个侯国:酂侯国、筑阳侯国与山都侯国。这三个侯国的产生都与吕后恩惠有直接关系。

在吕后儿子汉惠帝执政时期,湖北政区还发生了一个插曲。汉惠帝三年(前 192 年),汉朝将南郡鄢县(今宜城市南部)更名为宜城县。史书没有明确记载鄢县更名的原因。但根据汉朝为尊者讳的惯例,鄢县更名与惠帝皇后有关。吕后为高帝刘邦生下惠帝与鲁元公主。鲁元公主与张敖结婚,生女名张嫣。汉惠帝三年(前 192 年),吕后居然将年仅十一岁的张嫣"亲上加亲"嫁给惠帝。由于张嫣成了皇后,湖北鄢县更名以表示对新皇后的尊重。如果此说可以成立,鄢县之更名可以说是吕后赐婚所致。

值得补充的是,汉惠帝二年(前 193 年),汉朝将长沙国国相、西汉功臣黎朱苍封为轪侯。关于轪侯国的地理位置,学界出现了分歧,一说在今湖北省浠水县附近,⑥一说在今河南省境内。⑦ 结合众多学者研究成果,以及西汉侯国存在迁移现象,本书认为轪侯国先在今湖北浠水县,在汉武帝执政前迁到了今河南省境内。

吕后执政时期,湖北政区情况可能如下表:

---

① 参见《朱绍侯文集(续集)》,河南大学出版社 2015 年版,第 84—90 页;崔元元、王战闹:《萧何封地"酂"考》,《许昌学院学报》2013 年第 3 期。
② 参见(汉)班固:《汉书》卷 16,《表第四》,中华书局 1962 年版,第 541—542 页。
③ 周振鹤、李晓杰、张莉:《中国行政区划通史·秦汉卷》,复旦大学出版社 2017 年版,第 422 页。
④ 参见(汉)班固:《汉书》卷 16,《表第四》,中华书局 1962 年版,第 542 页。
⑤ 李炳泉:《"廷尉王恬开"其人小考》,《南都学刊》2017 年第 5 期。
⑥ 如潘新藻:《湖北省建制沿革》,湖北人民出版社 1987 年版,第 208 页;邓玮光:《简牍所见西汉前期南郡属县(侯国)考》,《中国历史地理论丛》2011 年第 4 期。
⑦ 如马孟龙:《西汉侯国地理》,上海古籍出版社 2013 年版,第 399 页;周振鹤、李晓杰、张莉:《中国行政区划通史·秦汉卷》,复旦大学出版社 2017 年版,第 432 页。

表 2-4　　　　　　　　　吕后时期湖北政区表

郡、王国	县、道、侯国
南阳郡	蔡阳县(枣阳市西南部)、随县(随州市附近)、邓县(襄阳市襄州区西北)、阴县(老河口市北)、武当县(丹江口市西北)、鄀侯国(老河口市西北)、筑阳侯国(谷城县东北)、山都侯国(襄阳市樊城区西北)
汉中郡	房陵县(房县附近)、武陵县(竹溪县东)、上庸县(竹山县西南)、长利县(郧西县西南)
南郡	江陵县(荆州市荆州区附近)、临沮县(南漳县东南)、夷陵县(宜昌市东南)、宜城县(宜城市南部)、夷道县(宜都市附近)、秭归县、州陵县(洪湖市东北)、安陆县(云梦县附近)、沙羡县(武汉市江夏区附近)、竟陵县(潜江市西北)、下隽县(通城县西部)、孱陵县(公安县西)、销县(荆门市或天门市附近)、鄀县(宜城市东南)、邔侯国(宜城市北)、轪侯国(浠水县附近)
淮南国	寻阳县(黄梅县西南)、邾县(黄冈市北部)、西陵县(武汉市新洲区西部)、下雉县(阳新县东部)、鄂县(鄂州市附近)
长沙国	佷山县(长阳县西部)

三、汉文帝与淮南国、长沙国的存废

公元前 180 年,吕后病逝。刘氏皇族"分部悉捕诸吕男女,无少长皆斩之"①。一度显赫的吕氏家族,在残酷的权力报复中失去对政治的影响力。刘姓皇族还认为吕后拥立的后少帝刘弘以及后宫其他皇子都不是惠帝血脉,将其全部杀死,拥立刘邦另一个儿子刘恒即位,是为汉文帝。

汉文帝刚刚即位,就酝酿地方行政区划改革。汉高帝以来,侯爵往往并不能亲自治理封国内部事务,甚至根本不到封地居住。汉文帝即位第二年更改侯国制度:"列侯在封地拥有朝廷官制、宫禁宿卫、军队、宗庙与社稷,彻底摆脱军功贵族身分,正式跻身'诸侯'之列。"从此侯爵要真正来到封地居住,远离王朝政治中心。汉文帝此举还是为了加强中央集权:

> 汉文帝名义上提升列侯身分地位,实质是借"诸侯治民"原则,让列侯前往侯国就封,从而瓦解盘踞长安的功臣集团。随着侯国制度的推行,功臣前往封地居住,受到朝廷严密监控,丧失干预朝政的实力,逐渐淡出中枢政治舞台。②

汉文帝执政时期,湖北境内侯国多有变更。吕后曾封萧何妻子为酇侯,萧何少子萧延为筑阳侯。汉文帝前元元年(前 179 年),文帝废除萧何妻子爵位,将筑阳侯萧延改封为酇侯,

---

① (汉)班固:《汉书》卷 3,《本纪第三》,中华书局 1962 年版,第 103 页。
② 马孟龙:《汉初侯国制度创立新论》,《历史研究》2023 年第 2 期。

筑阳成为县。汉文帝前元二年(前178年),萧延去世,萧遗继承爵位,但不久也去世,且无后,鄾侯国变为鄾县。至于邔侯国与山都侯国,文帝予以保留。

纪通原本是汉高帝刘邦的功臣,被封为襄平侯。后纪通又在平定吕氏家族中建立功勋,汉文帝前元元年(前179年)文帝将南郡中庐之地(今襄阳市襄州区西南)封赐给他。① 纪通的封地并不在湖北境内,因此新封地只能算是襄平侯别邑。上一章已经介绍,先秦时期楚国有庐县(今襄阳市附近),秦朝可能有伊庐县(今襄阳市西南),襄平侯中庐与二者有直接关联。

汉文帝自己原本就是诸侯王,亲眼看见在刘姓诸侯王共同努力下,吕氏家族的统治被推翻,因而文帝对同姓诸侯王的存在是认可的。但是淮南王刘长的心态随着文帝即位产生了变化。刘长与文帝一样都是刘邦的儿子,刘长自以为同文帝关系亲密,多有不法之事。文帝念兄弟之情,一直容忍。汉文帝前元三年(前177年),刘长入朝拜见文帝,非常骄横,甚至手杀朝中重臣审食其。刘长回国后,更加不法:"不用汉法,出入警跸,称制,自作法令,数上书不逊顺。"② 刘长已经肆意到了自己颁布法令、藐视君上的程度。

汉文帝前元五年(前175年),刘长公开谋反,"令男子但等七十人与棘蒲侯柴武太子奇谋,以辇车四十乘反谷口(汉代长安北部),令人使闽越、匈奴。"③ 结果此"奇谋"还没有发动,就被汉朝发现,召刘长到长安。汉文帝不忍杀害,将其流放到四川。

此时袁盎劝谏汉文帝:"上素骄淮南王,不为置严相傅,以故至此。且淮南王为人刚,今暴摧折之,臣恐其逢雾露病死,陛下有杀弟之名,奈何!"文帝却说:"吾特苦之耳,令复之。"④ 汉朝君臣都没有将刘长看做叛臣,更像对待一个顽劣的儿童。汉文帝明确表示,只是惩罚一下刘长,然后再放回来。不料,刘长在押解途中绝食而死。为了延续刘长血脉,汉文帝封其子刘安为阜陵侯,刘勃为安阳侯,刘赐为阳周侯,刘良为东城侯。

汉文帝前元七年(前173年),汉王朝彻底废除淮南国,将淮南国领土分为九江、衡山、庐江、豫章四郡。汉文帝前元十二年(前168年),有人作了一首关于文帝与刘长的歌谣:"一尺布,尚可缝;一斗粟,尚可舂。兄弟二人,不相容!"这首歌谣传到文帝耳中后,文帝感叹:"天下岂以为我贪淮南地邪?"⑤ 为了消弭"贪淮南地"的舆论,文帝将皇族城阳王刘喜改封为淮南王,还是辖九江、衡山、庐江、豫章四郡。

汉文帝前元十六年(前164年),文帝又将刘喜改回城阳王,封刘长的儿子刘安为淮南王,辖九江郡地区;刘勃为衡山王,辖衡山郡;刘赐为庐江王,辖庐江、豫章二郡地区。此时,刘良已经去世,所以无封。就这样国改郡,郡改国,反复变更又回到诸侯国的原样。

---

① 周振鹤、李晓杰、张莉:《中国行政区划通史·秦汉卷》,复旦大学出版社2017年版,第432—433页。
② (汉)班固:《汉书》卷44,《列传第十四》,中华书局1962年版,第2136页。
③ (汉)班固:《汉书》卷44,《列传第十四》,中华书局1962年版,第2140页。
④ (汉)班固:《汉书》卷44,《列传第十四》,中华书局1962年版,第2143页。
⑤ (汉)班固:《汉书》卷44,《列传第十四》,中华书局1962年版,第2144页。

汉文帝时期,王国的势力已经越来越强大,且已经开始出现叛乱的端倪,刘长的例子就是明证。朝中大臣贾谊曾经向文帝建言:"欲天下之治安,莫若众建诸侯而少其力。力少则易使以义,国小则亡邪心。令海内之势如身之使臂,臂之使指,莫不制从,诸侯之君不敢有异心,辐凑并进而归命天子。"①贾谊的意思其实很简单,为了天下长治久安,汉朝皇位永固,保留诸侯王,但大量分封诸侯王子孙,让王国越来越小,小到其实力不足与中央抗衡。文帝甚为赞同,将汉高帝时期的淮南国一分为三。

除淮南国外,文帝时期长沙国也迎来了变化。长沙国本是刘邦所封的异姓国,但其国王一直忠顺守法,汉朝也没有理由将其废除。汉文帝后元七年(前157年),长沙王去世,且无嫡子继承王位。汉朝廷因此将长沙国改为长沙、武陵、桂阳三郡。

同年汉文帝也去世。此时湖北政区格局可能如下表所示:

表2-5　　　　　　　汉文帝后元七年(前157年)湖北政区表

郡、王国	县、道、侯国
南阳郡	蔡阳县(枣阳市西南部)、随县(随州市附近)、邓县(襄阳市襄州区西北)、阴县(老河口市北)、武当县(丹江口市西北)、酂县(老河口市西北)、筑阳县(谷城县东北)、山都侯国(襄阳市樊城区西北)
汉中郡	房陵县(房县附近)、武陵县(十堰市竹溪县东)、上庸县(竹山县西南)、长利县(郧西县西南)
南郡	江陵县(荆州市荆州区附近)、临沮县(南漳县东南)、夷陵县(宜昌市东南)、宜城县(宜城市南部)、夷道县(宜都市附近)、秭归县、州陵县(洪湖市东北)、安陆县(云梦县附近)、沙羡县(武汉市江夏区附近)、竟陵县(潜江市西北)、下隽县(通城县西部)、孱陵县(公安县西)、销县(荆门市或天门附近)、鄀县(宜城市东南)、邔侯国(宜城市北)、襄平侯中庐邑(襄阳市襄州区西南)
衡山国	寻阳县(黄梅县西南)、邾县(黄冈市北部)、西陵县(武汉市新洲区西部)、下雉县(阳新县东部)、鄂县(鄂州市附近)
武陵郡	佷山县(长阳县西部)

四、汉景帝时期湖北政区演变与王国制度的变化

汉文帝去世后,其子景帝即位。景帝并不反对分封制,南郡作为湖北地区最主要的行政区划,就被他两次分封。汉景帝前元二年(前155年),景帝将南郡地区封给儿子刘阏,成立临江国。汉景帝前元四年(前153年),刘阏去世,无后。临江国又改回南郡。值得注意的是,汉朝廷在今天荆州市北部为死去的刘阏设置了显陵县,作为其陵园奉邑。②所谓陵园奉

---

① (汉)班固:《汉书》卷48,《列传第十八》,中华书局1962年版,第2237页。
② 参见马孟龙:《荆州松柏汉墓简牍所见"显陵"考》,《复旦学报(社会科学版)》2015年第3期。

邑，也称陵邑，专门用于侍奉、服务、管理帝王陵墓。①

汉景帝前元四年（前153年），栗姬之子刘荣被景帝册封为皇太子。但是栗姬为人处事过于失败，让刘荣失去了继承帝位的机会。公元前150年汉景帝废除刘荣太子之位，降为临江王，同时把南郡分封给他。

汉景帝中元二年（前148年），有人告发刘荣在湖北江陵侵占宗庙土地修建宫殿，汉朝征刘荣入京对质。刘荣来到长安后，被有名的酷吏郅都审判，导致其自杀身亡。刘荣的遭遇让当时百姓非常同情，《汉书》记载：

> 荣行，祖于江陵北门，既上车，轴折车废。江陵父老流涕窃言曰："吾王不反矣！"荣至，诣中尉府对簿。中尉郅都簿责讯王，王恐，自杀。葬蓝田，燕数万衔土置冢上。百姓怜之。②

当时刘荣到湖北当王只有两年左右，就收获了民心。湖北江陵父老见到刘荣出远门的凶兆，都流泪。从这一史实也可以隐约看出，当时百姓未必对分封制，对诸侯王都是反对的。郡县或是分封，终究是帝王意志的反映。刘荣死后，临江国再次改为南郡。从郡到国，又从国到郡，帝王家的血泪成了行政区划变更的动力。

与刘阏短命、刘荣悲剧相对照的，是景帝另一皇子刘发的幸运。汉景帝前元二年（前155年），景帝将长沙郡分封给刘发。本来长沙郡并不包括湖北地区，或许出于父子亲情，景帝很有可能将湖北竟陵县（今潜江市西北）、下隽县（今通城县西部）、华容县（今潜江市西南）、鄀县（今江陵县东北）也划给了新成立的长沙国。③竟陵与下隽本是南郡辖县，鄀县早在先秦时期就已经存在，汉初存废情况不明，汉景帝时期应有鄀县。华容县与先秦楚国章华台有关。明代典籍记载："华容县，古云梦地，春秋楚子筑台其间，名曰章华。时置容城，许迁之。县之得名，疑合章华、容城言之也。"④章华台是楚灵王耗费楚国巨大国力修建的庞大宫殿，后毁于战火。后世在其基础上建有城邑。华容县建县时间不明，但很有可能是在楚章华台基础上发展而来。据现代考古发掘，楚章华台位于今潜江市龙湾镇，而龙湾镇正位于今潜江市西南，与汉代华容县地理位置相符。

湖北地区的行政区划与汉景帝儿子的人生遭遇紧密相关，大汉的国运也与诸侯王的野心紧密相连。汉高帝以来所封的诸侯王，到汉景帝时期，势力越来越大，且多有违法乱纪行为。面对这种局面，晁错主张削去诸侯领地，减弱王国实力，并扬言："今削之亦反，不削亦反。削之，其反亟，祸小；不削之，其反迟，祸大。"⑤在晁错的建议下，许多诸侯王的部分领土

---

① 参见杨武站：《论西汉陵邑的功能》，《考古与文物》2017年第3期。
② （汉）班固：《汉书》卷53，《列传第二十三》，中华书局1962年版，第2412页。
③ 周振鹤、李晓杰、张莉：《中国行政区划通史·秦汉卷》，复旦大学出版社2017年版，第439页。
④ 隆庆《岳州府志》卷1，明隆庆刻本，第4页。
⑤ （汉）班固：《汉书》卷35，《列传第五》，中华书局1962年版，第1906页。

被汉朝没收,改为郡。汉景帝前元三年(前154年),汉景帝准备削吴王土地时,吴王联合对景帝不满的楚王、赵王、济南王、淄川王、胶西王、胶东王公开造反,史称"七国之乱"。汉朝仅用三个月的时间就平定了叛乱。

必须注意的是参加"七国之乱"的只是少数诸侯王,许多诸侯王,如涉及湖北地区的所有诸侯王并没有参与叛乱。且梁王等诸侯王在平定叛乱中还立有大功。《汉书》记载:"其春,吴、楚、齐、赵七国反,先击梁棘壁,杀数万人。梁王城守睢阳,而使韩安国、张羽等为将军以距吴、楚。吴、楚以梁为限,不敢过而西,与太尉亚夫等相距三月。吴、楚破,而梁所杀虏略与汉中分。"①也就是说正是梁国的坚守,牵制了叛军,才使得汉将周亚夫专心对敌。叛乱平息后,梁国消灭的叛军兵力与汉朝消灭的一样多。汉高帝刘邦当初分封诸侯,拱卫王室的目的,在梁国身上得到充分实现。

有学者认为,不能因为三个月的"七国之乱"就全盘否定西汉的分封制度。西汉王国制度对当时的政治、经济起到过积极作用。② 平心而论,在西汉国家统治机器与交通尚不完善的情况下,分封王国,给予诸侯王统治权力,确实可以起到一定的积极作用。首先,诸侯王治理一定土地,减少了西汉中央政府的行政压力。西汉初年,统治者推崇"无为而治"一定程度上也有政府缺乏精力、财力无法"有为"的因素。其次,由于诸侯王有权享受封国内经济财富,这导致王国政府努力发展地方经济,客观上能够恢复秦末战乱带来的创伤,促进全国经济发展。最后,忠于汉王朝的诸侯王的确可以起到地方军事镇守的功能。汉景帝在平定叛乱后,也并没有取消所有王国,反而继续增封。这说明,在汉统治者看来,王国依然是维护统治的重要工具。

经过"七国之乱",汉景帝也汲取了一些经验教训,对西汉王国制度有所改革。首先,景帝继续推行削藩政策,将各王国的土地,特别是重要边地,予以削除。继续封王的同时,让各王国实际控制地区越来越小。然后,景帝开始剥夺诸侯王的政治权力。景帝先是贬损诸侯王国相的政治地位,废除诸侯国御史大夫、廷尉、少府等众多官职,减少诸侯国官员编制。更为重要的是,景帝剥夺诸侯王行政用人大权,诸侯国政务由内史和郡县官员治理,而内史、郡守、县令等中高级官员均由朝廷任命。最后,采用釜底抽薪之法,剥夺诸侯王财权。"七国之乱"前,诸侯王可以将封国内众多税收和利源收归己有,而"七国之乱"后,景帝将诸侯国内许多税种的征收权收归中央,仅余土地税等供诸侯王使用。由于封国越来越小,诸侯王能够掌握的财源也就更少。③

在这一背景下,分封制度与郡县制似乎找到了一种平衡。诸侯依然存在,皇帝的恩情没

---

① (汉)班固:《汉书》卷47,《列传第十七》,中华书局1962年版,第2208页。

② 参见陈前进:《对西汉前期地方王国的重新认识》,《西南师范大学学报(人文社会科学版)》1990年第1期。

③ 汉景帝削夺诸侯王权力的相关研究成果参见唐赞功:《吴楚七国之乱与西汉诸侯王国》,《北京师范大学学报》1989年第1期。

有改变。但诸侯国政治、经济、军事力量大为削弱。诸侯王监视地方行政官员,治理民众的影响仍在。无论是汉朝中央直接控制的疆土,还是诸侯的封国,郡县制度依然是行政区划的根本。以郡县为主,以分封为辅成了景帝以后,汉朝行政区划的一般格局。

景帝时期,涉及湖北的王国还有改变。上节已经介绍,文帝将刘长的儿子刘安封为淮南王,辖九江郡地区;刘勃封为衡山王,辖衡山郡地区;刘赐封为庐江王,辖庐江、豫章二郡地区。在"七国之乱"中,这三人有不同作为:

> 孝景三年,吴、楚七国反,吴使者至淮南,王欲发兵应之。其相曰:"王必欲应吴,臣愿为将。"王乃属之。相已将兵,因城守,不听王而为汉。汉亦使曲城侯将兵救淮南,淮南以故得完。吴使者至庐江,庐江王不应,而往来使越;至衡山,衡山王坚守无二心。孝景四年,吴、楚已破,衡山王朝,上以为贞信,乃劳苦之曰:"南方卑湿。"徙王王于济北以褒之。及薨,遂赐谥为贞王。庐江王以边越,数使使相交,徙为衡山王,王江北。①

面对吴王的号召,淮南王刘安想一同造反。国相用计骗取刘安的兵权,这才免于事后汉朝的惩罚。庐江王刘赐虽然没有明确答应吴王,但与南方的越人有勾结。衡山王刘勃则忠于汉朝,毫无二心。汉景帝前元四年(前153年),汉景帝为了奖赏衡山王刘勃,将其从南方卑湿之地改封到北方。而与越人有勾结的庐江王刘赐改封衡山王,断绝其与越人的地理联系。庐江王国撤销,变为庐江、豫章二郡。

汉景帝后元二年(前142年),长沙王刘发入朝。东汉应劭记载道:"景帝后二年,诸王来朝,有诏更前称寿歌舞。定王但张袖小举手。左右笑其拙,上怪问之,对曰:'臣国小地狭,不足回旋。'帝以武陵、零陵、桂阳属焉。"②刘发用暗喻的手法,向父亲索要土地,汉景帝慷慨赐予。也有学者否定景帝增封之事,理由是:汉景帝时期零陵郡还没有设置,何来增封之说。况且汉代诸侯王虽有增封之举,但往往是增加几个县,没有一次增加多个郡的例子。刘发本身无宠,仅凭一时智慧,就增加这么多土地,很难说通。③ 本书赞同无增封之说。

传说刘发极度孝顺,曾将长安泥土运回封国,修建望母台,寄托对母亲的思念。刘发子孙繁衍壮大,长沙国也与西汉王朝相始终。东汉开国皇帝刘秀就是刘发的后裔。

亲身经历"七国之乱"的汉景帝还是不断封赐王国,因为他从汉高帝以来的王国历史吸收了教训,获得了经验,不必过于忧虑王国的存在。汉高帝时期,为了安定统一局面,维持新建立的西汉王朝,在郡县制的基础上,分封大量异姓王,安抚地方实力派与开国功臣。在统治稳固后,汉朝皇帝开始以同姓王代替异姓王,以求刘姓天下的绵延万代。在同姓王实力强大后,汉朝又剥夺诸侯王部分政权、财权,让诸侯国再也威胁不了中央集权。从汉高帝到汉

---

① (汉)班固:《汉书》,中华书局1962年版,第2144—2145页。
② (宋)李昉:《太平御览》卷171,中华书局1966年版,第834页。
③ 周振鹤:《西汉政区地理》,人民出版社1987年版,第122页。

景帝,王国几经变化,逐渐与郡县和睦相处,随时可以根据帝王的恩威发生改变。在汉朝的疆域中,王国、侯国与郡、县已经融为一体,成为行政区划有机组成部分。

图 2-4　明代《今古舆地图》所绘《汉吴楚七国图》局部

汉景帝后元三年(前 141 年),汉景帝临终前,湖北政区格局可能如下表:

表 2-6　　　　　　　　汉景帝后元三年(前 141 年)湖北政区表

郡、王国	县、道、侯国
南阳郡	蔡阳县(枣阳市西南部)、随县(随州市附近)、邓县(襄阳市襄州区西北)、阴县(老河口市北)、武当县(丹江口市西北)、酂县(老河口市西北)、筑阳县(谷城县东北)、山都侯国(襄阳市樊城区西北)
汉中郡	房陵县(房县附近)、武陵县(竹溪县东)、上庸县(竹山县西南)、长利县(郧西县西南)
南郡	江陵县(荆州市荆州区附近)、临沮县(南漳县东南)、夷陵县(宜昌市东南)、宜城县(宜城市南部)、夷道县(宜都市附近)、秭归县、州陵县(洪湖市东北)、安陆县(云梦县附近)、沙羡县(武汉市江夏区附近)、孱陵县(公安县西)、郢县(宜城市东南)、显陵县(荆州市北部)、邔侯国(宜城市北)、襄平侯中庐邑(襄阳市襄州区西南)

续表

郡、王国	县、道、侯国
衡山国	寻阳县（黄梅县西南）、邾县（黄冈市北部）、西陵县（武汉市新洲区西部）、下雉县（阳新县东部）、鄂县（鄂州市附近）
长沙国	竟陵县（潜江市西北）、下隽县（通城县西部）、华容县（潜江市西南）、郢县（江陵县东北）
武陵郡	佷山县（长阳县西部）

需要补充说明的是，虽然具体原因不详，据推测，南郡之销县大概在文帝、景帝时期被裁并。

第三节 西汉中后期湖北政区变迁

汉景帝去世后，刘彻即位，是为汉武帝。汉武帝是中国历史上雄才大略的君主，对中华文明的发展影响深远。在他长达五十多年的统治中，汉王朝多有创举。其中涉及湖北政区的有三个方面：沉重打击诸侯王势力；创设江夏郡；设立刺史部。这三大举措不仅对汉武帝时期的湖北有影响，也直接影响了武帝之后湖北政区发展的历史进程。经过汉武帝时期的改革，王国对湖北政区的影响渐趋于无，湖北地区行政权力达到一种平衡状态，政区结构越来越完善。

一、汉武帝对湖北王侯的打击

本来汉景帝已经限制了诸侯王权力，诸侯与汉王朝郡县已经形成了共存局面。但武帝即位后，又陆续颁布一系列法令，进一步打击诸侯王势力。汉武帝采纳主父偃的建议，对诸侯王实施推恩令。推恩令规定，诸侯王去世后，除王世子继承王位之外，其余诸子也可以在汉朝廷认可下分得原有王国的一部分，[1]成为诸侯。这样一来，随着诸侯子孙众多，汉中央政府打着"亲情"的招牌将王国越分越小，造成"汉有厚恩，而诸侯地稍自分析弱小"[2]的局面。按照汉朝制度，诸侯王无子或儿子夭折，其养子不许继承王位，诸侯国自然被废除。诸侯王为了免于灭国，只求多生育。一旦多生育，推恩令又规定将来王子长大要析分国土。汉武帝故意使诸侯王陷入两难境地。

除了以上举措，汉武帝颁"附益之法"，禁止官员为诸侯王谋利益；创"左官之律"，严控臣民在王国任职。武帝统治时期，还采取王国官员与诸侯王连坐制度，当时规定："诸侯王有罪，傅、相不举奏，谓之阿党。"[3]傅、相指的是诸侯王重要官员，如果诸侯王有罪，这些官员不

---

[1] 在实际"推恩"的过程中，汉朝又时常将原王国之外的土地予以赐封，造成比较复杂的分封局面。
[2] （汉）班固：《汉书》卷53，《列传第二十三》，中华书局1962年版，第2425页。
[3] （汉）班固：《汉书》卷38，《列传第八》，中华书局1962年版，第2002页。

提前举报,那就是同党,一起受罚。在这种情况下,王国官员成为诸侯王的监视者,为了避免牵连,时时刻刻要向朝廷汇报诸侯王的过失。诸侯王禁止随意走出自己的封地,否则也要面临剥夺王爵的下场。

与父亲汉景帝不同,汉武帝对王侯明显存在恶感。有时还突然之间,以小过罢免大量诸侯。如元鼎五年(前112年),武帝以诸侯所献贡金不合要求为名,一下罢黜了一百多位诸侯。汉武帝打压诸侯或许有这样的原因:随着汉朝国力的提升,经济实力的增强,诸侯国对行政管理的积极作用不仅越来越低,并且有成为国家累赘的趋势。郡县制度才是加强专制主义中央集权的得力工具。但是囿于传统习惯与父子恩情,汉武帝没有彻底消灭诸侯,反而将皇子全部分封为王,增加新的诸侯。有学者认为汉武帝并没有彻底解决王国问题。① 但不管怎么说,汉武帝执政时期内湖北地区的王国、侯国遭到了打击。

前文已经介绍,汉高帝时期,封功臣黄极忠于南郡邔地。邔侯世代相传,到了汉武帝时期,黄遂继承爵位。元鼎元年(前116年),黄遂因赌博,一时冲动,抢夺公主马匹。汉武帝得知大怒,将其头发剃除,罚做劳役,并取消邔侯国,设立邔县。②

汉惠帝曾经封长沙王吴芮的儿子吴浅为便侯,侯国的地理位置原本在湖南,后迁移到今湖北荆门市北部。③ 到了汉武帝时期,吴千秋袭爵为便侯。元鼎五年(前112年),吴千秋上贡的贡金不合格,被夺爵灭国。④ 便侯国改为编县。

襄平侯纪通本是汉高帝所封侯爵,前文已经介绍其在南郡中庐还有封地。汉武帝时期,纪通的子孙夷吾袭爵。元封元年(前110年),纪夷吾去世,由于正妻没有子嗣,侍妾有子不得袭爵,襄平侯国灭亡,其在湖北的封地改为中庐县。⑤

吕后执政时期,王恬开被封为山都侯。山都侯国历经文帝、景帝两朝平安无事,到了元封元年(前110年),王恬开子孙山都侯王当因为擅自闯入汉武帝甘泉宫、上林苑而被夺爵,山都侯国变为山都县。⑥

汉惠帝时期,长沙国相黎朱苍被封为轪侯。轪侯国初封之时,很可能在湖北浠水县附近。至少在汉武帝统治时期,该侯国迁移到了河南境内。元封元年(前110年)东海太守路过之时,黎朱苍的子孙轪侯扶,擅自发兵护卫,按律当斩。武帝以削除侯国的代价赦免了他。⑦

萧何的子孙曾经被封于湖北鄀地为侯,但文帝时期因为无后国除为县。元狩三年(前120年),汉武帝明确宣布"以鄀户二千四百封何曾孙庆为鄀侯,布告天下,令明知朕报萧相

---

① 参见杜勇:《汉武帝何曾解决王国问题》,《历史教学问题》1989年第4期。
② (汉)班固:《汉书》卷16,《表第四》,中华书局1962年版,第608—609页。
③ 高成林:《松柏汉简中的"便侯国"与西汉的侯国迁徙》,《湖南考古辑刊》2015年。
④ (汉)班固:《汉书》卷16,《表第四》,中华书局1962年版,第619页。
⑤ (汉)班固:《汉书》卷16,《表第四》,中华书局1962年版,第593页。
⑥ (汉)班固:《汉书》卷16,《表第四》,中华书局1962年版,第622—623页。
⑦ (汉)班固:《汉书》卷16,《表第四》,中华书局1962年版,第618页。

国德也。"①汉朝廷将萧何曾孙萧庆封到酂地，再次成立酂侯国。萧庆死后，萧寿成袭爵。元封四年（前107年），因为进献给皇帝宗庙的牲畜瘦小，被汉武帝夺爵。酂侯国又变为酂县。②

汉武帝时期，汉军攻打南越国。南越南海太守嘉投降，元封元年（前110年），汉武帝封他为涉都侯。涉都侯国的位于湖北谷城县东部。③ 太初二年（前103年），汉武帝因他死后无合适继承人，废除涉都侯国。涉都侯国被废后，很有可能没有在侯国基础上设县。

汉武帝抓住侯爵各种失误，利用各种机会，不仅将高帝、惠帝以来的湖北侯国全部变为县，甚至连自己所封所迁的侯国也不留情面，大部消除。当时湖北地区或许只有一个侯国幸存。元鼎六年（前111年），汉朝军队攻破南越国，南越苍梧王赵光投降。汉武帝将其从世代居住的广西，迁到今天湖北省随州市东北部，封随桃侯。不过赵光还没来得及赶到湖北就去世了，赵昌乐袭爵。④ 随桃侯国终汉武帝一朝没有被废除。关于随桃侯国，有学者认为在武帝分封之前，还有一刘姓桃侯国的存在。刘姓桃侯因为贡金不合格，被汉武帝废除，改封赵氏。⑤

除了侯国，汉武帝对湖北地区王国也不留情面。前文已经介绍，汉景帝时期，庐江王刘赐改封衡山王，其国土包括湖北东部部分地区。刘赐之兄是淮南王刘安。刘安怀有谋反之心，但其还没有出兵，就被汉武帝得知，派人收捕。最终，刘安自尽，王后、太子等参与谋划造反之人均被诛杀。元狩元年（前122年），淮南国灭亡，其领土变为九江郡。

衡山王刘赐与刘安谋反事件牵涉在一起。由于衡山国与淮南国接壤，两兄弟经常联系。《汉书》记载："衡山王闻淮南王作为畔逆具，亦心结宾客以应之，恐为所并。""衡山王非敢效淮南王求即天子位，畏淮南起并其国，以为淮南已西，发兵定江淮间而有之。"⑥刘赐听说淮南王要造反，只能暗中联络响应，惧怕淮南王吞并自己。

其实单纯响应淮南王，汉武帝或许会网开一面。当淮南王谋反事发，群臣要求惩治刘赐时，汉武帝却说："诸侯各以其国为本，不当相坐。"⑦其意思是刘赐这样做，也是为了保全自己的封国，不应当连坐。实质上是原谅了刘赐。但刘赐家庭的不和将衡山国推向了覆灭的深渊。

衡山王姬妾子女繁多，彼此为了争宠，互相斗争。家庭矛盾，最后甚至发展到了父子互相告发谋反，刘赐自杀身亡的地步。汉武帝于元狩元年（前122年），废除刘赐儿子的继承权，改衡山国为衡山郡。

衡山王外不能忠于国家，劝说刘安；内不能和睦家庭，团结亲人，造成身死国灭，有其缘

---

① （汉）班固：《汉书》卷40，《列传第十》，中华书局1962年版，第2013页。
② （汉）班固：《汉书》卷16，《表第四》，中华书局1962年版，第543页。
③ 马孟龙：《西汉侯国地理》，上海古籍出版社2013年版，第467页。
④ （汉）班固：《汉书》卷17，《表第五》，中华书局1962年版，第656页。
⑤ 参见马孟龙：《西汉侯国地理》，上海古籍出版社2013年版，第290页。
⑥ （汉）班固：《汉书》卷44，《列传第十四》，中华书局1962年版，第2153、2155页。
⑦ （汉）班固：《汉书》卷44，《列传第十四》，中华书局1962年版，第2152页。

由。但汉武帝的打压也是衡山国灭亡的重要原因。刘赐虽然自杀身亡,其子仍存。汉武帝但凡网开一面,衡山国似乎都能存续。

衡山国灭亡后,湖北地区还有一王国——长沙国。或许由于长沙王刘发是汉武帝兄弟,长沙国继续存留。

因此终汉武帝之世,湖北地区很有可能只保留了一个侯国、一个王国,大部分地区都变成郡县。

二、江夏郡的设置

自衡山王国灭亡后,西汉王朝对中国行政区划进行了一番调整,江夏郡是其主要成果之一。① 要了解江夏郡的由来和意义,必须从秦时说起。从战国末年到秦始皇统治时期,今湖北东部、河南南部、安徽、江苏、江西地区出现了衡山郡、九江郡、庐江郡。包括今武汉市在内的湖北东部某些地区属于衡山郡。项羽分封之时,封吴芮为衡山王,辖衡山郡地区。封英布为九江王,辖九江、庐江二郡。刘邦统一天下后,移封吴芮于长沙,封英布为淮南王,王衡山、九江、庐江、豫章(汉高帝分庐江郡而设)四郡之地。后来,刘邦平定英布,将皇子刘长封为淮南王,依旧辖四郡之地。文帝时期,刘长谋反自杀,汉朝廷将刘喜封为淮南王。后又改封刘喜于别地,将刘长的儿子刘安封为淮南王,辖九江郡地区;封刘勃为衡山王,辖衡山郡;封刘赐为庐江王,辖庐江、豫章二郡地区。七国之乱后,景帝为了奖赏衡山王刘勃,将其改封到北方。庐江王刘赐改封衡山王,庐江王国撤销,变为庐江、豫章二郡。汉武帝时期,淮南与衡山二国均被废除,王国之地变为九江郡、衡山郡。

在简要回顾这段历史后,我们会发现衡山、九江、庐江、豫章四郡地区,从秦末项羽分封到汉景帝、武帝废国为郡,很长一段时间内都是王国领地,四郡居民长期受王国统治。汉武帝统治时期,对这四郡进行了全面改造。汉王朝破除原有行政区划,将四郡之地与周围地区杂糅,组合成新郡,大概有让王国之民与汉朝郡县之民互相融合,消除原有王国历史印记的因素。

除此之外,衡山、九江、庐江、豫章四郡也有不合理之处。以与湖北有关的衡山郡为例,汉武帝前,衡山郡西部是今湖北黄梅、黄冈、武汉、阳新、鄂州等地,北部是河南固始附近,东部是今安徽桐城、舒城、枞阳、霍山等地。② 南部靠近湖北、安徽、江西交界之地。衡山郡几乎是以大山脉为中心形成的政区。以大别山为界,衡山郡明显一分为二,形成以今武汉、黄冈为主的西部城邑群和以安徽西部地区为主的东部城邑群。且衡山郡的政治中心——邾城,位于与南郡交接的最西部。衡山郡的地理状况很有可能并不利于当时的行政管理。中

---

①值得特别注意的是,《汉书》明确记载,江夏郡设置于汉高帝时期。但是对这一观点,王国维、周振鹤等学者持反对态度。特别是2004年后,荆州纪南镇松柏村出土了反映汉武帝初期湖北郡县信息的简牍。通过对简牍的分析,基本上推翻了汉高帝时期设置江夏郡的说法。

②周振鹤、李晓杰、张莉:《中国行政区划通史·秦汉卷》,复旦大学出版社2017年版,第378—379页。

国古代行政区划有"山川形便"与"犬牙交错"两大原则。所谓"山川形便"就是在古代落后交通状况下,尽量以大河、大山为政区分界,便于行政管理。所谓"犬牙交错"是指,为了防止地方统治者坐大,故意将大河、大山一部分划入政区中,故意制造政区内行政交流不便,以达到巩固中央集权的目的。衡山郡由楚国故地设置而来,秦人这样设计,有防范楚人的目的。后来,衡山郡长期处于王国统治之下,项羽没有更改,而汉朝皇帝更多恐怕是故意保持这种局面,让诸侯王统治不便。除了衡山,九江、庐江、豫章三郡或多或少也有类似问题。

既然汉武帝消除了四郡之地的王国,重新恢复汉朝的直接统治,那么"犬牙交错"的政区格局就要改变,以利于行政便利。元狩元年（前122年）,也就是衡山国灭亡之后,汉王朝正式更改四郡之地。首先将庐江郡东部划归丹阳郡,将西部划归豫章郡。从秦沿袭至汉的庐江郡不复存在。

同年,汉王朝分衡山郡西部数县与南郡东部数县为江夏郡。衡山郡剩余数县改为庐江郡（与前一庐江郡名同地异）。与此同时,分出九江郡若干县,设六安国。又将九江郡南部数县划给新成立的庐江郡。经过分割之后,九江郡面积大为缩小。至此,秦末以来衡山、九江、庐江、豫章四郡（国）地理彻底改变。以上政区变更十分复杂,对后世的影响极为深远,在此我们只分析湖北情况。

新设的江夏郡今由两大部分组成,一个是原衡山郡东部县,据学者考证分别是：邾县（今黄冈市北部）、西陵县（今武汉市新洲区西部）、下雉县（今阳新县东部）、鄂县（今鄂州市附近）、蕲春县（今蕲春县西南）。① 前四县在汉武帝之前就已经存在,蕲春县的设置年代暂时不明确,可能是汉高帝所创。但汉武帝时期的江夏郡应包括蕲春。值得一提的是寻阳（今黄梅县西南）并没有划入江夏郡,而是归新成立的庐江郡所辖。在庐江郡的范围内,据说还有一金兰县（今罗田县北部）。② 关于金兰县的具体情况,目前学界所知甚少。

南郡东部数县是江夏郡辖区又一大来源。据学者考证,武帝初年,南郡湖北地区辖县应有：江陵县（今荆州市荆州区附近）、临沮县（今南漳县东南）、夷陵县（今宜昌市东南）、宜城县（今宜城市南部）、夷道县（今宜都市附近）、秭归县、州陵县（今洪湖市东北）、安陆县（今云梦县附近）、沙羡县（今武汉市江夏区附近）、孱陵县（今公安县西）、邔县（今宜城市北）、中庐县（今襄阳市襄州区西南）、显陵县（今荆州市北部）、编县（今荆门市北部）、鄀县（今宜城市东南）、当阳县（今荆门市南部）、枝江县（今枝江市东北）、襄阳县（今襄阳市襄州区）、云杜县（今京山市附近）。③ 鄀县、当阳、枝江三县,至少在先秦、秦朝时期就是县或具有县雏形,但这三县在汉高帝至江夏郡组建前的情况很不明确,也许处于时废时设状态。而襄阳、云杜二县或许是汉武帝时期才设置的。一般认为襄阳出现于汉高帝统治时期,因位于襄水之阳（山南水北为阳）而得名。但是2004年底,湖北荆州市荆州区纪南镇松柏村汉墓出土的木牍文献表

---

① 周振鹤、李晓杰、张莉：《中国行政区划通史·秦汉卷》,复旦大学出版社2017年版,第378—379页。
② 周振鹤、李晓杰、张莉：《中国行政区划通史·秦汉卷》,复旦大学出版社2017年版,第379页。
③ 周振鹤、李晓杰、张莉：《中国行政区划通史·秦汉卷》,复旦大学出版社2017年版,第429—434页。

明,襄阳县的设置年代可能不是汉初。江夏郡组建时,南郡之州陵(今洪湖市东北)、安陆(今云梦县附近)、沙羡(今武汉市江夏区)、云杜(今京山市附近)四县划归江夏郡。

这样一来,新设江夏郡湖北地区县邑就有:邾县(今黄冈市北部)、西陵县(今武汉市新洲区西部)、下雉县(今阳新县东部)、鄂县(今鄂州市附近)、蕲春县(今蕲春县西南)、州陵县(今洪湖市东北)、安陆县(今云梦县附近)、沙羡县(今武汉市江夏区附近)、云杜县(今京山市附近)。再加上河南南部少数地区,就是整个江夏郡的全貌。西汉江夏郡的治所不再是邾县,而是安陆或西陵。

正如江夏郡得名一样,江夏郡的设置与水有紧密联系。东汉应劭曾经说:"沔水自江别至南郡华容为夏水,过郡入江,故曰江夏。"①从地图上看,汉水、长江横贯江夏郡,新郡避免了以大山为地理中心的窘境,采用山水搭配,治所适中的形态展现在世人面前。从此湖北地区的政区格局变成了以南郡、江夏郡东西二元并立,旁及川、陕、豫、皖、湘的局面。湖北政区东西二元并列肇始于秦南郡与衡山郡,但衡山郡以及后来的衡山国包括太多安徽地区,且政区地理状况并不合理。就湖北地区而言,并列并不均衡。江夏郡出现后,湖北出现了以江陵为中心的西部地区和以安陆、西陵为中心的东部地区。东西两地携头并进,共同推动湖北历史的演进。

三、汉代刺史的设置

要了解汉武帝设置刺史的意义,必须从西汉郡县官制说起。就湖北地区而言,汉承秦制,但也有变更。汉代郡的长官叫郡守,又名太守,是一郡之长,由中央任命。俸禄一般为"两千石",因此"两千石"常成为郡太守的代称。太守之下有佐官和属吏,分别由中央和太守任命。掌管军事的都尉与辅佐郡守的郡丞是汉郡重要佐官。值得特别注意的是,西汉郡守与都尉不一定驻同一县。如南郡,郡太守常驻江陵,而都尉驻夷陵。

而汉郡的属吏则十分繁杂,有掌管监察的督邮,掌管文书的主簿,协助财政的少府史、仓曹掾史、金曹掾史、市掾,负责警卫治安的门下都盗贼、门下贼曹、府门亭长、尉曹掾史、兵曹掾史、贼曹掾史,涉及民政与农业生产的户曹掾史、时曹掾史、田曹掾史、比曹掾史、水曹掾史,参与司法审判的辞曹掾史、决曹掾史,推广教育的学管掾史,防疫治病的医曹掾史等等。

与郡类似,县长或县令是一县之首。县长(令)之下的职官也有佐官和属吏之分。掌管军事的县尉与辅佐郡守的县丞是汉县重要佐官。而廷掾是汉县负责监察的属吏,除此之外汉县的属吏与郡大同小异,只不过所管范围有差别。在郡县之下,汉代同样有乡、亭、里等行政单位。② 西汉时期,郡县之内很有可能存在一些不归郡太守、县长(令)管理的官员。如南

---

① (汉)班固:《汉书》卷28上,《志第八上》,中华书局1962年版,第1568页。需要说明的是,华容在汉武帝时期属于长沙国,在应劭时代属于南郡。

② 关于汉代郡县的相关情况,还可参阅日本学者纸屋正和:《汉代郡县制的展开》,复旦大学出版社2016年版。

郡编县与江夏郡西陵县有云梦官,怀疑是替中央政府管理云梦泽各项收益的官员。

将汉代初期郡县官职与秦代相比,明显可以发现中央的监察制度在弱化。秦代明确有监御史官职,负责监察郡县。但汉高帝废除监御史,采用丞相偶尔派出官员监督的办法代替。为了加强中央的监察权力,到了汉惠帝时期,才开始设置监御史监察天下郡国。汉文帝时期,监御史并不能履行好职责,汉朝廷又派丞相史巡行天下,并监督监御史。但这种方式有很多缺陷。严耕望将其归纳为三点:第一,监察郡县并不是御史与丞相史的唯一职责,在实际履行职责时,御史、丞相史很容易为其他事务所打扰,因循敷衍对地方的监察。第二,御史、丞相史,政出多门,权力不集中且容易互相混淆。第三,监察往往没有固定地域。①

到了汉武帝统治时期,为了巩固中央集权,必须进一步加强中央监察制度。元封五年(前106年),汉"初置刺史部十三州。"②何谓"刺史",颜师古《汉书》注解释为:

> 初分十三州,假刺史印绶,有常治所。常以秋分行部,御史为驾四封乘传。到所部,郡国各遣一吏迎之界上,所察六条。③

> 刺史班宣,周行郡国,省察治状,黜陟能否,断治冤狱,以六条问事,非条所问,即不省。一条,强宗豪右田宅逾制,以强凌弱,以众暴寡。二条,二千石不奉诏书遵承典制,倍公问私,旁诏守利,侵渔百姓,聚敛为奸。三条,二千石不恤疑狱,风厉杀人,怒则任刑,喜则淫赏,烦扰刻暴,剥截黎元,为百姓所疾,山崩石裂,祅祥讹言。四条,二千石选署不平,苟阿所爱,蔽贤宠顽。五条,二千石子弟恃怙荣势,请讬所监。六条,二千(石)违公下比,阿附豪强,通行货赂,割损正令也。④

也就是说,刺史是朝廷派出的专门监察官员,而州就是每个刺史巡查的地理范围。从"六条问事"来看,刺史并不直接管理军民政务,所辖地区的"强宗豪右"和"二千石"是其监察的重要对象。"二千石"就是郡太守的别称,在"六条问事"中,郡太守的监察独占其五,刺史对郡太守的监管可见一斑。关于郡太守的"五条问事",涵盖了忠君、恤民、行政、司法、刑赏、选举、子弟管理、受贿阿附等诸多内容,几乎涉及了郡太守一切政务。刺史俸禄只有"六百石",但不归郡县官吏,直属中央政府,成为郡太守强力监管者。

《汉书》记载,汉武帝将上古地名和新设置地名结合起来,作为刺史辖区的名称:"至武帝攘却胡、越,开地斥境,南置交阯,北置朔方之州,兼徐、梁、幽、并夏、周之制,改雍曰凉,改梁曰益,凡十三部,置刺史。"⑤上古时期,夏朝《禹贡》曾经记载九州,分别是冀州、兖州、青州、徐州、扬州、荆州、豫州、梁州、雍州。周代《周礼》也记载九州,分别是:扬州、荆州、豫州、青州、

---

① 参见严耕望:《中国地方行政制度史·秦汉地方行政制度》,上海古籍出版社2007年版。
② (汉)班固:《汉书》卷6,《本纪第六》,中华书局1962年版,第197页。
③ (汉)班固:《汉书》卷6,《本纪第六》,中华书局1962年版,第197页。
④ (汉)班固:《汉书》卷19上,《表第七上》,中华书局1962年版,第742页。
⑤ (汉)班固:《汉书》卷28上,《志第八上》,中华书局1962年版,第1543页。

兖州、雍州、幽州、冀州、并州。汉武帝"并夏、周之制",并将雍州改为凉州,梁州改为益州,成十一个地名:冀州、兖州、青州、徐州、扬州、荆州、豫州、益州、凉州、幽州、并州。再加上交趾与朔方,成十三之数。① 由于长江、黄河流域的刺史辖区都带有"州"字,后世干脆将"州"作为这种新政治区域的统称。

湖北地区郡国属州情况是:南阳郡、南郡、江夏郡、长沙国、武陵郡属荆州;汉中郡属益州;庐江郡属扬州。② 这些州与上古传说有紧密联系,不仅名称有相同之处,所涵盖的地理范围也有相当大的比附性。从此先秦传说地名与实际行政区划相结合,让九州概念深埋中华文化之中。值得特别注意的是,汉武帝设置的州尽管有固定区域和官员,但还不是行政区划,只是一种监察区域。刺史也不是行政官员,没有权力直接管理地方事务,与郡守并不是上下级关系。州演变成政区还需要一定的历史过程。从汉武帝设置的"州"开始,中国历史上许多非行政区的监察区、军事区发展到后来也往往成为实际的行政区划。有学者称之为"非行政区—行政区转化规律"。③

后元二年(前87年),汉武帝去世。此年湖北地区行政区划如下所示:

表 2-7　　　　　　　汉武帝后元二年(前87年)湖北政区表

郡、王国	县、道、侯国
荆州南阳郡	蔡阳县(枣阳市西南部)、随县(随州市附近)、邓县(襄阳市襄州区西北)、阴县(老河口市北)、武当县(丹江口市西北)、鄧县(老河口市西北)、筑阳县(谷城县东北)、山都县(襄阳市樊城区西北)
益州汉中郡	房陵县(房县附近)、武陵县(竹溪县东)、上庸县(竹山县西南)、长利县(郧西县西南)
荆州南郡	江陵县(荆州市荆州区附近)、临沮县(南漳县东南)、夷陵县(宜昌市东南)、宜城县(宜城市南部)、夷道县(宜都市附近)、秭归县、孱陵县(公安县西)、邔县(宜城市北)、中庐县(襄阳市襄州区西南)、显陵县(荆州市北部)、编县(荆门市北部)、都县(宜城市东南)、当阳县(荆门市南部)、枝江县(枝江市东北)、襄阳县(襄阳市襄州区附近)
荆州江夏郡	邾县(黄冈市北部)、西陵县(武汉市新洲区西部)、下雉县(阳新县东部)、鄂县(鄂州市附近)、蕲春县(蕲春县南)、州陵县(洪湖市东north)、安陆县(云梦县附近)、沙羡县(武汉市江夏区附近)、云杜县(京山市附近)
荆州长沙国	竟陵县(潜江市西北)、下隽县(通城县西部)、华容县(潜江市西南)、郢县(江陵县东北)
荆州武陵郡	佷山县(长阳县西部)
扬州庐江郡	寻阳县(黄梅县西南)、金兰县(罗田县北部)

---

① 关于汉代州的演变还可参看辛德勇:《秦汉政区与边界地理研究》,中华书局2009年版。
② 周振鹤、李晓杰、张莉:《中国行政区划通史·秦汉卷》,复旦大学出版社2017年版,第113页。
③ 参见张全明:《中国历史地理学导论》,华中师范大学出版社2006年版,第228—229页。

四、武帝后西汉湖北政区的变化

汉武帝后,西汉王朝在湖北政区建设上,遵循的是武帝遗法。对汉武帝留下的郡县格局几乎全盘继承,不再有根本性的改动,只是根据实际情况略微调整。对王国、侯国虽然继续加封,但几乎剥夺了所有政治权力。汉武帝后,诸侯国的国相实际上逐步成为封国实际上的行政官员,作用几乎等同于郡太守。

学者指出:"诸侯国相在西汉'郡国并行制'中具有特殊作用,其权力、职责的变化反映了西汉中央政权和地方诸侯国的博弈、分合趋势。诸侯国相职能演变经历了四个阶段:汉高帝时期侧重于辅助诸侯王国的巩固;惠帝至景帝中五年期间侧重对诸侯王国兵权的控制;景帝中五年至昭帝间,侧重于中央'汉法'在诸侯王国的推行;宣帝及以后,与汉郡太守职能渐趋一致。"①

而侯爵也是"衣食租税,别无特权",侯国"分属所在郡管辖"②。在这种情况下,汉的王国几乎相当于郡,侯国几乎相当于县,甚至有时比县还要小,等同于乡,甚至亭,再也不能形成武装割据之势。

汉武帝设置的"州",也得到进一步发展。据严耕望研究,汉武帝后,刺史的职权有四大变化:第一,除了郡太守和地方豪强,刺史的监察对象进一步扩大,对县级官员同样有监管权力。第二,除了本职监察工作,逐渐干预郡县行政事务。第三,对地方人才有推举之权。第四,刺史开始有固定的治所。③ 在这种情况下,刺史有向地方行政官员转化的趋势,刺史所辖的州也慢慢成为一种新政区。

绥和元年(前8年),大司空何武、丞相翟方进共同上奏:

> 今部刺史居牧伯之位,秉一州之统,选第大吏,所荐位高至九卿,所恶立退,任重职大。《春秋》之义,用贵治贱,不以卑临尊。刺史位下大夫,而临二千石,轻重不相准,失位次之序。臣请罢刺史,更置州牧,以应古制。④

这时,刺史已经成为"秉一州之统"的重要官吏。然而这样的大官俸禄却只有六百石,却要统领二千石的郡太守,"轻重不相准,失位次之序"。因而需要将刺史更改为州牧,升其俸禄为二千石。大司空何武、丞相翟方进的建议得到皇帝认可,刺史正式改为州牧。

建平二年(前5年),汉朝大臣朱博奏言:

> 汉家至德溥大,宇内万里,立置郡县。部刺史奉使典州,督察郡国,吏民安宁。

---

① 陈昆、李禹阶:《西汉诸侯国相的"郡守化"趋势及其历史意义》,《中国史研究》2021年第1期。
② 周振鹤:《西汉政区地理》,人民出版社1987年版,第232页。
③ 严耕望:《中国地方行政制度史·秦汉地方行政制度》第九章第二节,上海古籍出版社2007年版。
④ (汉)班固:《汉书》卷83,《列传第五十三》,中华书局1962年版,第3406页。

故事居部九岁举为守相,其有异材功效著者辄登擢,秩卑而赏厚,咸劝功乐进。前丞相方进奏罢刺史,更置州牧,秩真二千石,位次九卿。九卿缺,以高弟补,其中材则苟自守而已,恐功效陵夷,奸轨不禁。臣请罢州牧,置刺史如故。①

汉朝皇帝认可朱博的建议,州牧又恢复到刺史地位。但朱博的建议其实是从官员迁转的角度着眼,丝毫没有否定刺史或州牧统领一州的权力。原来六百石的刺史锻炼九年后,可以升为二千石的郡太守或王国国相,如果才能优异还可到中央任职。但刺史变州牧以后,州牧与郡太守都是二千石的大官,州牧如果升迁,只有到中央任职。这样的局面对官员培养和促进实心任事没有好处,因而还是六百石的刺史为好。但无论是刺史,还是州牧,到了西汉武帝之后,"秉一州之统"的局面已经形成。

在继承延续汉武帝政区政策下,西汉湖北政区又有改变。后元二年(前87年),汉武帝幼子汉昭帝即位,大将军霍光辅政。在昭帝执政期间,湖北又多一侯国。范明友本是甘肃人,后在北部边境作战立下大功,并成为大将军霍光女婿。元凤四年(前77年),在霍光影响下,汉朝封范明友为平陵侯。平陵侯国与南阳郡武当县地理位置有很大重合度,很有可能是武当县转化而来。

元平元年(前74年),汉昭帝去世,无子。霍光先是拥立武帝之孙刘贺为帝,后又将其废除,迎立武帝曾孙刘询为帝,是为宣帝。宣帝对霍光十分惧怕,史称:"宣帝始立,谒见高庙,大将军光从骖乘,上内严惮之,若有芒刺在背。"②霍光在世时,"诸事皆先关白光,然后奏御天子。"③

前文已经介绍,汉武帝将南越苍梧王赵光封为随桃侯国。本始元年(前73年),随桃侯赵昌乐去世,汉朝以其嗣子有罪,废除其继承资格,随桃侯国灭亡。此时汉朝的实际执政者是大将军霍光。霍光也许继承了武帝传统,侯爵稍微有过失,就抓住时机予以削除。

地节二年(前68年)霍光病逝,宣帝亲政,开始打击霍光亲属,范明友失去兵权。地节四年(前66年),宣帝发现霍氏家族计划谋反,将其灭族。范明友自杀,平陵侯国灭亡。其实,范明友有没有来过湖北,尚有疑问,更别提对侯国进行治理了。封侯之后,范明友的主要活动范围还是边境与京城。对范明友而言,湖北平陵侯国可能只是其财富来源而已。

宣帝在湖北废两侯国,又立二侯国。地节四年(前66年),宣帝怀念西汉开国功臣萧何,"诏丞相、御史求问萧相国后在者,得玄孙建世等十二人,复下诏以酂户二千封建世为酂侯。"④酂侯国又得以恢复。元康元年(前65年),汉朝封长沙王王子刘梁为高成(城)侯,其封

---

① (汉)班固:《汉书》卷83,《列传第五十三》,中华书局1962年版,第3406页。
② (汉)班固:《汉书》卷68,《列传第三十八》,中华书局1962年版,第2958页。
③ (汉)班固:《汉书》卷68,《列传第三十八》,中华书局1962年版,第2948页。
④ (汉)班固:《汉书》卷39,《列传第九》,中华书局1962年版,第2013页。

地在今天松滋南部。① 此种册封当为汉武帝"推恩令"的继续,只是这位王子的封地不在长沙国国内,而在临近长沙国地区。

在宣帝执政时期,刘建德继承长沙王位。他为非作歹:"猎纵火燔民九十六家,杀二人,又以县官事怨内史,教人诬告以弃市罪。"②这在汉武帝统治时期,几乎面临灭国的危险,但宣帝对他予以宽容。他又因为和王国内史发生矛盾,教人诬告其死罪。内史是王国仅次于国相的重要官职,刘建德此举不仅违法,还透露出他有重新执掌封国政治权利的企图。面对他的种种劣迹,宣帝仅以削除八县予以薄惩。据学者推测,此八县分别是:索、临沅、华容、竟陵、郧、艾、耒阳、便县。其中华容、竟陵、郧三县涉及湖北地区,华容与郧县划归南郡,竟陵划归江夏郡。这八县的削除,带来一连串政区微调。宣帝时期,江夏郡州陵县很有可能也划归南郡,南郡孱陵县则划归武陵郡。③

黄龙元年(前49年)刘建德去世,刘旦即位。初元元年(前48年),刘旦也去世,无嫡子继承王位,长沙国灭亡。同年汉宣帝去世。汉宣帝十分重视郡太守的作用,曾经说过:"与朕共治天下者,其唯良二千石乎?"④宣帝明白,王侯的权力需要限制,政区才是大汉王朝的根基。关于汉宣帝和其继承人汉元帝,史书有过这样一段记载:

(汉元帝)柔仁好儒。见宣帝所用多文法吏,以刑名绳下,大臣杨恽、盖宽饶等坐刺讥辞语为罪而诛,尝侍燕从容言:"陛下持刑太深,宜用儒生。"宣帝作色曰:"汉家自有制度,本以霸王道杂之,奈何纯任德教,用周政乎!且俗儒不达时宜,好是古非今,使人眩于名实,不知所守,何足委任!"乃叹曰:"乱我家者,太子也!"⑤

统治者只施行仁义并不能治理好国家,汉武帝"罢黜百家,独尊儒术",但也用严刑酷法惩治豪强贵族。汉宣帝所说"汉家自有制度,本以霸王道杂之"的确是不刊之论。但其继承人汉元帝却"柔仁好儒",因而受到父亲批评。宣帝"乱我家者,太子也"的预言,不幸言中。西汉自元帝后逐步走向衰落。东汉人对元帝评论道"元帝即位,多行宽政,卒以堕损,威权始夺,遂为汉室基祸之主。"⑥

初元元年(前48年),汉元帝即位。初元三年(前46年),元帝将长沙王刘旦之弟刘宗扶上长沙王位。长沙国又复国,并延续到汉朝灭亡。本来按照汉家制度,诸侯王没有嫡子,就

---

① 关于高成(城)侯的分封时间,有昭帝与宣帝两种说法,当学界一般以宣帝分封为准。参见马孟龙:《西汉侯国地理》,上海古籍出版社2013年版,第488页;周振鹤、李晓杰、张莉:《中国行政区划通史·秦汉卷》,复旦大学出版社2017年版,第433页。
② (汉)班固:《汉书》卷53,《列传第二十三》,中华书局1962年版,第2427页。
③ 周振鹤、李晓杰、张莉:《中国行政区划通史·秦汉卷》,复旦大学出版社2017年版,第441、433—435页。
④ (唐)房玄龄等:《晋书》卷111,《载记第十一》,中华书局1974年版,第2855页。
⑤ (汉)班固:《汉书》卷9,《本纪第九》,中华书局1962年版,第277页。
⑥ (南朝宋)范晔:《后汉书》卷52,《列传第四十二》,中华书局1965年版,第1727页。

应该削除。但元帝本着"仁义"之心,为长沙国立后,让其复国。

除了王国,元帝对湖北侯国也网开一面。永始元年(前16年),鄏侯萧获唆使家人杀人,被剥夺侯爵,但赦免死罪,罚做苦工。按照原先的惯例,鄏侯国应该削除。此时汉成帝还是想保留这个侯国,因而将萧氏宗族另一支后裔萧喜封为鄏侯,延续其存在。从此鄏侯国一直持续到西汉灭亡。

对于侯爵迁移侯国的请求,元帝也慷慨答应。汉武帝时期施行"推恩令",将长沙王刘发之子刘买封为舂陵侯。舂陵侯国原本在湖南,到了元帝执政时期,舂陵侯以湖南地方有瘴气,请求北迁。于是,汉朝廷将舂陵侯迁到南阳郡蔡阳县白水乡,从此湖北又多一侯国。湖北地区多几个侯国,其实对郡县制的推行、行政区划的发展没有根本性的危害,但元帝对贵族仁慈的态度恐怕不是国家之福。后来舂陵侯在湖北世代繁衍,东汉开国皇帝刘秀就是其后裔之一。刘秀即位后,湖北舂陵成为帝乡,一方面带动了当地政区建设,另一方面加大当地百姓的压力。

元帝时期还有一项政策与湖北政区有关。永光四年(前40年),汉朝变更陵园奉邑制度,显陵县亦随之废除。①

竟宁元年(前33年),元帝去世,其子成帝即位。成帝继承其父好儒宽大之风,但又比其父更加沉湎酒色,荒于政事,朝政归于元帝皇后王政君。其在位时期,对湖北政区没有明确的更改。绥和二年(前7年),荒淫无度的成帝暴死。由于成帝皇子全部夭折,汉朝帝位由元帝孙子,定陶王儿子刘欣继承,是为汉哀帝。元寿二年(前1年),哀帝去世,还是无子继承皇位。汉朝又将汉元帝孙子,中山王儿子刘衎推上皇位,是为汉平帝。从成帝到平帝,王政君的侄儿王莽逐渐取得政治实权。王莽的政治野心极大,想要代汉称帝。为了拉拢人心,王莽对顺应他的贵族予以大量封赐。

元始元年(1年),王莽借平帝之权威封楚王刘衍子刘平为安陆侯。此时为了拉拢人心,将宗室子弟封侯不足为奇,但刘平的封地却有奇特之处。按照前文所述,安陆县是江夏郡的治所,将一郡之首县作为侯国封地,恐怕不切实际。这里有两种解释,一种是当时江夏郡的治所转移到了西陵县(今武汉市新洲区西部),安陆已经不是首县。另外一种是王莽只是将安陆部分地区予以封赐,或干脆就是虚封。元始二年(2年),王莽封广阳王子刘益为当阳侯,其封地可能在南郡当阳县。

除了刘氏宗亲,王莽对其他异姓贵族也有恩惠。汉宣帝时期,曾经废除湖北随桃侯国。但元始五年(5年),王莽又将赵光玄孙赵放封于随桃,随桃侯国得以复国。受到王莽恩惠的王侯们对其感恩戴德,"诸侯、王公、列侯、宗室见者皆叩头言,宜亟加赏于安汉公。"②安汉公是王莽的封号,本取"定国安汉"之意,殊不知灭亡西汉的正是安汉公。刘姓宗室与异姓贵族

---

① 参见马孟龙:《荆州松柏汉墓简牍所见"显陵"考》,《复旦学报(社会科学版)》2015年第3期。
② (汉)班固:《汉书》卷99上,《列传第六十九上》,中华书局1962年版,第4070页。

的大量封赐也是暂时的恩惠,真正消灭他们的,不是加强中央集权的汉朝皇帝,而是安汉公带来的王朝更迭。

居摄元年(6年),汉平帝去世,王莽拥立宣帝玄孙刘婴为皇太子,自己当假皇帝。初始元年(8年),王莽正式代汉称帝,建立新王朝。新王朝建立前后,王莽很可能将湖北大多数王侯国降级或废除。

王莽代汉前夕,西汉王朝湖北政区格局应如下所示:

表 2-8　　　　　　　　　王莽代汉前夕湖北政区表

郡、王国	县、道、侯国
荆州南阳郡	蔡阳县(枣阳市西南部)、随县(随州市附近)、邓县(襄阳市襄州区西北)、阴县(老河口市北)、武当县(丹江口市西北)、筑阳县(谷城县东北)、山都县(襄阳市樊城区西北)、鄀侯国(老河口市西北)、春陵侯国(枣阳市南部)、随桃侯国(随州市东北部)
益州汉中郡	房陵县(房县附近)、武陵县(竹溪县东)、上庸县(竹山县西南)、长利县(郧西县西南)
荆州南郡	江陵县(荆州市荆州区附近)、临沮县(南漳县东南)、夷陵县(宜昌市东南)、宜城县(宜城市南部)、夷道县(宜都市附近)、秭归县、邔县(宜城市北)、中庐县(襄阳市襄州区西南)、编县(荆门市北部)、鄀县(宜城市东南)、枝江县(枝江市东北)、襄阳县(襄阳市襄州区附近)、华容县(潜江市西南)、郢县(江陵县东北)、州陵县(洪湖市东北)、高成(城)侯(松滋市南部)、当阳侯国(荆门市南部)
荆州江夏郡	邾县(黄冈市北部)、西陵县(武汉市新洲区西部)、下雉县(阳新县东部)、鄂县(鄂州市附近)、蕲春县(蕲春县西南)、沙羡县(武汉市江夏区附近)、云杜县(京山市附近)、竟陵县(潜江市西北)、安陆侯国(云梦县附近)
荆州长沙国	下隽县(通城县西部)
荆州武陵郡	佷山县(长阳县西部)、孱陵县(公安县西)
扬州庐江郡	寻阳县(黄梅县西南)、金兰县(罗田县北部)

值得进一步说明的是,终西汉一朝,汉代南郡有巫县,学界认为巫县的行政中心在今重庆巫山县北部。① 但也有专家认为湖北恩施、巴东、建始西南部也属于巫县范围。②

江夏郡有西阳县,清代湖北地方志认为西阳县在黄冈境内,现代学者认为西阳县行政中心在河南光山县西部。③ 本书偏向于在河南光山附近的说法,但并不排除汉代西阳县也包括今天湖北省某些地区的可能。

---

① 周振鹤、李晓杰、张莉:《中国行政区划通史·秦汉卷》,复旦大学出版社2017年版,第430页。
② 潘新藻:《湖北省建制沿革》,湖北人民出版社1987年版,第192页。
③ 周振鹤、李晓杰、张莉:《中国行政区划通史·秦汉卷》,复旦大学出版社2017年版,第435页。

第二章 奠定基石：秦汉湖北政区

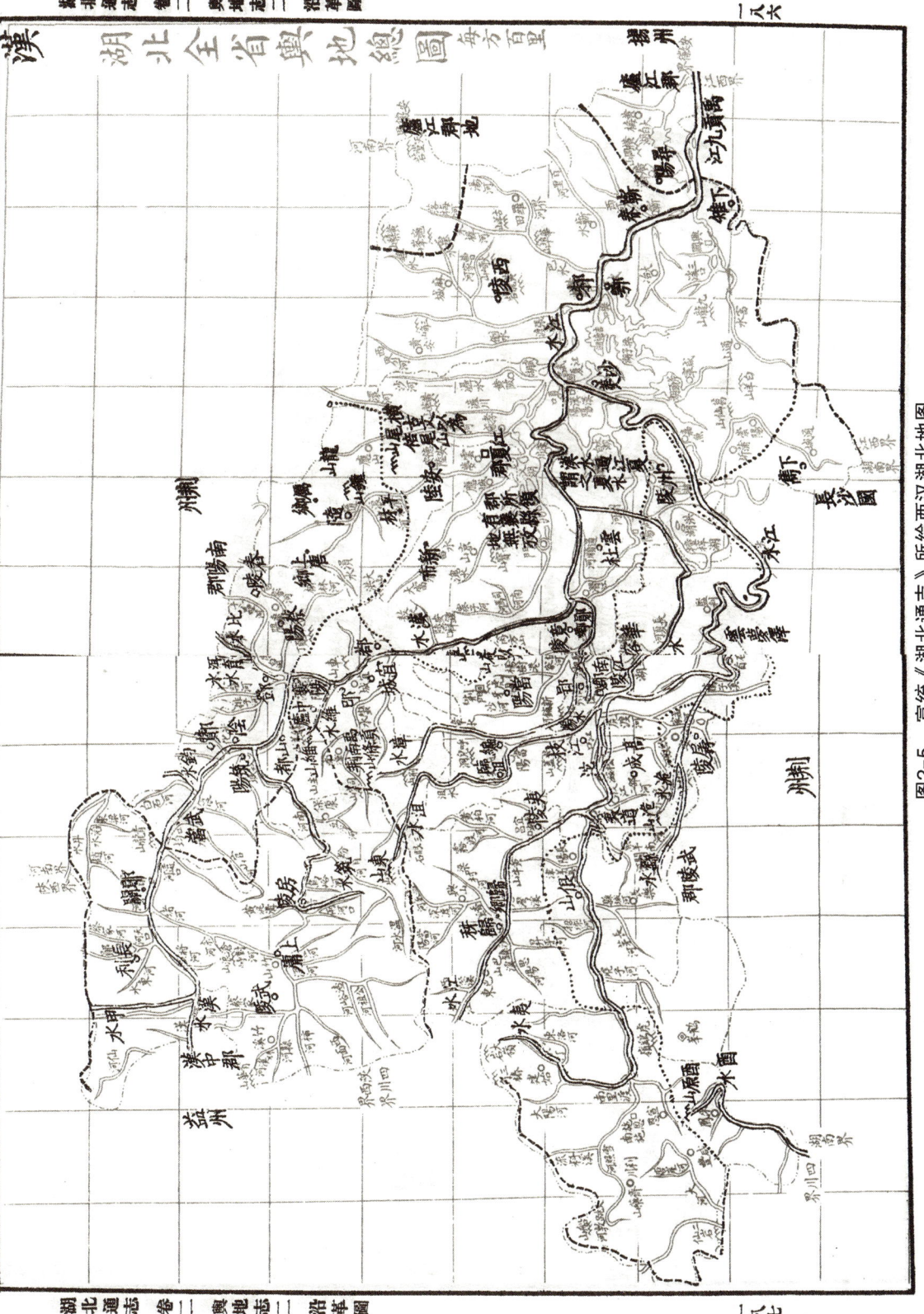

图2-5 宣统《湖北通志》所绘西汉湖北地图

西汉江夏郡还有襄县,有学者认为襄县在今天京山、荆门一带,①但也有学者认为襄县的地理位置目前还不能确定。②

江夏郡还有鄳县,其行政中心虽然在河南罗山县西部,但湖北北部某些地区也应该包括在内。③

汉宣帝时期曾经设立钟武侯国,地理范围以河南信阳东南为中心④,但湖北北部某些地区或许也包括在内。⑤

西汉有阴城侯国,南阳郡有阴县,传统史学家认为阴城侯国在湖北境内,现代有学者认为阴城侯国在河北省境内。⑥

西汉有襄乡侯国,东汉时期南阳郡有襄乡县,因此有学者认为西汉襄乡侯国在湖北。另有学者考证,襄乡侯国虽然具体地理位置尚不明确,但并不是南阳郡襄乡县。⑦

第四节　东汉王朝对西汉政区的继承

王莽新朝取代西汉王朝后,针对当时的社会问题,采取了包括行政区划改革在内的诸多变革措施,但效果适得其反,社会矛盾更加严重,引发天下大乱。在乱局中,各方豪杰将湖北地区瓜分。经过武力争夺,湖北地区出生的刘秀取得了最终胜利,建立了东汉王朝。东汉王朝建立后,基本上延续西汉武帝之后形成的政区模式,采取郡国并行制度,王侯对封国内部的行政权力进一步衰落。随着历史的演进,刺史部越来越等同于行政区划。湖北南阳郡是东汉皇帝的帝乡,帝乡的存在引发了政区的微调。由于各种原因,终东汉一朝,湖北境内没有建立持续时间较长的王国,但侯国的数量却很多。

一、王莽政区改革与湖北割据状况

王莽建立新朝后,针对西汉末年的社会问题,进行了土地、货币、官制、税收等方面的一系列改革。就行政区划而言,王莽改革频繁,目前尚有许多后人不能确考之处。如西汉十三刺史部(冀州、兖州、青州、徐州、扬州、荆州、豫州、益州、凉州、幽州、并州、交阯、朔方),王莽就多有变更。有学者认为,王莽早在称帝前就将十三州改为十二州:冀州、兖州、青州、徐州、扬州、荆州、豫州、益州、雍州、幽州、并州、交州。王莽称帝后,对十二州又有改变。始建国四年(12年),王莽将冀州、兖州、荆州、豫州四州合为一州,在该州内部又分为东、西、南、北、中

---

① 潘新藻:《湖北省建制沿革》,湖北人民出版社1987年版,第199页。
② 周振鹤、李晓杰、张莉:《中国行政区划通史·秦汉卷》,复旦大学出版社2017年版,第435页。
③ 潘新藻:《湖北省建制沿革》,湖北人民出版社1987年版,第201—202页。
④ 周振鹤、李晓杰、张莉:《中国行政区划通史·秦汉卷》,复旦大学出版社2017年版,第435页。
⑤ 潘新藻:《湖北省建制沿革》,湖北人民出版社1987年版,第202—203页。
⑥ 马孟龙:《西汉侯国地理》,上海古籍出版社2013年版,第429页。
⑦ 马孟龙:《西汉侯国地理》,上海古籍出版社2013年版,第518页。

五部,并将幽州改名平州,加上青州、徐州、扬州、益州、雍州、并州、交州,凑成《禹贡》九州之数。但不久又恢复到西汉末年十二州格局,同时继续更改名称。① 在王莽更改州制的过程中,州的职官与所属郡县也发生了复杂变化,但囿于史料有限,现代学者很难概其全貌。

对郡县职官,王莽也多有变更。王莽称帝伊始,改郡太守为大尹,都尉为太尉,县令(长)为宰。天凤元年(14年),又规定:如果是侯爵当郡太守,名卒正;伯爵当郡太守,名连帅;没有爵位之人当郡太守,名大尹。如果是子爵当郡都尉,名属令;男爵当郡都尉,名属长;没有爵位当郡都尉,名尉。地皇元年(20年)又发生改变,王莽赐州牧号为大将军,郡的卒正、连率、大尹为偏将军,属令、长为裨将军,县宰为校尉。

王莽对全天下的郡县名称也予以大规模修改。如南阳郡被改为前队郡或丰穰郡。有学者推测认为,西汉南阳郡北部属于前队郡,南部属于丰穰郡。② 如果此推测属实,原西汉南阳郡湖北地区应该属于王莽丰穰郡。对南阳郡属县,王莽也多有更改。蔡阳(今枣阳市西南部)成为王莽母亲功显君的食邑,筑阳(今谷城县东北)改名宜禾,鄀侯国(今老河口市西北)被废除,改成南庚县。③

西汉汉中郡改称新城郡,南郡改称南顺郡。南郡江陵改称江陆,夷陵改称居利,襄阳改称相阳,夷道改称江南。而南郡鄀县被降格为鄀亭,亭是县之下的基层治安单位,有每隔十里设置一亭的记载。亭一般不被当作行政区划。而编县可能也被降为南顺亭。州陵改称江夏,或降为江夏亭,或许并入汉江夏郡范围。王莽废除高成(城)侯国,将其改为言程县。④ 王莽也许没有更改江夏郡的名称,但将西陵改称江阳,竟陵改称守平,下雉改称闰光。⑤

王莽新朝建立后,改长沙国为长沙郡,后又改称填蛮郡。将原长沙国下隽改称闰隽。⑥ 武陵郡改称建平郡,原武陵郡孱陵改称孱陆。⑦

王莽在短短十余年时间内,将西汉制度作了大幅度调整。就行政区划而言,绝大多数是更改政区名称与职官名称,但也包含了王莽个人智慧。最典型者莫如,将州牧号为大将军,郡的卒正、连率、大尹为偏将军,属令、长为裨将军,县宰为校尉。这种改称蕴藏着将行政官员与领兵官员"文武合一"的政治试探。如果王莽对南阳郡南北分开的变更是事实,那么这也符合后来历史的发展趋势。至于王莽更改的政区名称,蕴藏着他个人的政治理想。因此不能武断地认为王莽对西汉政区的变更都是毫无意义的。

政区改革的评价尚可商榷,但王莽的经济改革则是失败的。王莽厉行变革,但没有找准

---

① 相关研究成果参见辛德勇:《秦汉政区与边界地理研究》,中华书局2009年版,第148—161页。
② 相关研究成果参见周振鹤、李晓杰、张莉:《中国行政区划通史·秦汉卷》,复旦大学出版社2017年版,第573、593页。
③ 参见(汉)班固:《汉书》,中华书局1962年版,第1563—1564页。
④ 周振鹤、李晓杰、张莉:《中国行政区划通史·秦汉卷》,复旦大学出版社2017年版,第593页。
⑤ 参见(汉)班固:《汉书》卷28上,《志第八上》,中华书局1962年版,第1568页。
⑥ 周振鹤、李晓杰、张莉:《中国行政区划通史·秦汉卷》,复旦大学出版社2017年版,第594页。
⑦ 参见(汉)班固:《汉书》卷28上,《志第八上》,中华书局1962年版,第1594页。

社会的主要矛盾,反而引起天下大乱。在众多推翻王莽政权的武装中,湖北地区的民众扮演了重要角色。由当时江夏郡云杜县绿林山发动的反莽军队十分强大,攻城略地,很快占领湖北大多数地区。当绿林军打到南阳郡蔡阳县时,西汉皇族后裔刘縯、刘秀亦率领武装与之联合。地皇四年(23年),绿林军拥立南阳郡蔡阳县西汉皇族后裔刘玄为帝,年号更始。同年,昆阳之战爆发,在刘秀指挥下,绿林军以少胜多,击溃王莽主力,直逼长安。当大军临近之时,长安居民乘此响应,击杀王莽。更始帝刘玄成为名义上的天下共主。

更始政权占领长安后,和项羽一样,大肆分封诸王:"封宗室太常将军刘祉为定陶王、刘赐为宛王、刘庆为燕王、刘歙为元氏王、大将军刘嘉为汉中王、刘信为汝阴王;后遂立王匡为比阳王、王凤为宜城王、朱鲔为胶东王、卫尉大将军张卬为淮阳王、廷尉大将军王常为邓王、执金吾大将军廖湛为穰王、申屠建为平氏王、尚书胡殷为随王、柱天大将军李通为西平王、五威中郎将李轶为舞阴王、水衡大将军成丹为襄邑王、大司空陈牧为阴平王、骠骑大将军宋佻为颍阴王、尹尊为郾王。"①

当初项羽分封十八诸侯,更始帝则封二十王。看来中国又有分封制再现的趋势。从上面的王号来看,许多和湖北有关,如"汉中王"的封域极有可能就是汉中郡部分地区。"宜城王""邓王""随王"也分别对应着湖北地区的宜城县、邓县、随县。而西平王李通的封地也与湖北有关,更始帝刘玄曾经让他就国镇守南方荆州之地。囿于史料有限,我们无法一一还原更始诸王的封国地理,但可以明了的是更始封王比项羽还要不公平。

刘邦灭秦有功,尽管项羽对其有所忌惮,但还是封为汉中王。而刘縯、刘秀兄弟作战有大功,但更始政权却杀害刘縯,打压刘秀。更始政权刚刚建立之时,并没有封刘秀为王,后来看到刘秀在河北发展壮大,才封其为王,让其入京受赏。可是刘秀早已看穿了更始政权"表面封王,实夺兵权"的计谋,拒不从命,与之决裂。再加上更始政权成立之时,尚有许多地方武装并没有臣服,内部又争权夺利,昏庸腐败。其政权大厦将倾,所创立的分封制度自然不能长久。

建武元年(25年),刘秀在河北称帝,史称光武帝,建立东汉政权。同年北方赤眉军拥立刘盆子为帝,公孙述在西蜀称帝,西汉宗室刘永也自称天子。天下重新进入豪强争衡之世,更始政权在豪强攻击之下土崩瓦解。

公孙述以四川、重庆为基地占据汉中郡,威胁南郡地区。而南郡邔县人秦丰以家乡为中心,将势力范围扩展至南郡与南阳郡地区。田戎以南郡夷陵为中心,也形成割据之势。②除此之外,大小武装势力称霸一方,时叛时服,时分时合,难以尽述。

光武帝崛起于北方,其军队从北方一路南下,建武五年(29年),秦丰在光武帝军事压力下投降,田戎则改投公孙述。光武帝势力范围扩展至今天湖北大部分地区。但公孙述的实

---

① (南朝宋)范晔:《后汉书》卷11,《列传第一》,中华书局1965年版,第470—471页。
② 参见周振鹤、李晓杰、张莉:《中国行政区划通史·秦汉卷》,复旦大学出版社2017年版,第1044—1050页。

力十分强大,建武九年(33年)一度占据南郡西部地区巫、夷陵、夷道三县。直到建武十二年(36年),东汉军队才攻入成都,彻底平定公孙述,基本结束割据局面。

二、光武中兴与湖北东汉政区的开端

光武帝刘秀是长沙王刘发的后裔,刘发有一子刘买被封为舂陵侯。舂陵侯国原本在湖南,大约到西汉元帝时期,侯国迁移到南阳郡蔡阳(今枣阳市西南部)附近。王莽时期,舂陵侯国彻底灭亡。但是舂陵刘氏在湖北地区时代世代繁衍,成为当地望族。光武帝建立的政权也叫"汉",表示继承汉朝。由于光武帝都城在洛阳,为了与西汉政区相区别,史家将光武帝建立的汉称为东汉。光武帝于建武元年(25年)建立政权,直到建武十二年(36年)基本统一天下,将西汉王朝的政区做了恢复,结束了王莽带来的天下混乱局面,努力发展经济,在一定程度上改善民生状况,国家又恢复到安定局面,史称"光武中兴"。

关于"州",光武帝很有可能在政权建立初期,利用州牧统领一方,并给予一定军事实权,以利于军事活动的展开。随着天下平定,光武帝将州牧改为刺史,以利于中央集权。① 建武十八年(42年),光武帝重新确立豫州、冀州、兖州、徐州、青州、扬州、荆州、益州、凉州、幽州、并州,司隶校尉辖区、交阯刺史部十三个政治区域。② 湖北地区郡国所属州,一如西汉时期。尤为值得注意的是,建武六年(30年),光武帝在非边疆地区取消了郡尉这一官职。郡尉虽然在东汉间或有之,但或许已经不是常设官员。随着湖北地区郡尉的废除,郡太守的权力则相对提高。

建武五年(29年)前后,光武帝平定自己家乡南阳郡地区,对其进行政区调整。其中舂陵侯国与随桃侯国早在王莽时期就予以废除,光武帝即位后没有复封。光武帝自己是蔡阳县舂陵乡人,建武五年(29年)升舂陵乡为舂陵县。建武六年(30年)改舂陵县为章陵县,并且规定章陵县"世世复徭役"。③ 而建武元年(25年),光武帝曾经打算将得力干将邓禹封为酂侯,马武封为山都侯,但建武二年(26年)、建武十三年(37年)又将他们改封别地。同时酂侯国变为酂县,山都侯国变为山都县。建武十三年(37年),光武帝封宗室刘平为蔡阳侯,但"平后坐与诸王交通,国除"。④ 由此看来,东汉开国初期,皇帝对诸侯王的政治权力是严格管控的。吴汉是东汉著名的云台二十八将之一。建武二十年(44年),封吴汉之孙吴盱为筑阳侯。邓晨是东汉功臣,也是光武帝姐夫。建武二十五年(49年),邓晨去世,光武帝将其子邓棠封为武当侯。其他县一如西汉之旧。

建武五年(29年)前后,光武帝控制南郡地区。早在王莽时期,高成(城)侯国、当阳侯国

---

① 相关论述见严耕望:《中国地方行政制度史·秦汉地方行政制度》第九章第二节,上海古籍出版社2007年版。
② 辛德勇:《秦汉政区与边界地理研究》,中华书局2009年版,第178页。
③ (南朝宋)范晔:《后汉书》卷1下,《本纪第一下》,中华书局1965年版,第47页。
④ (南朝宋)范晔:《后汉书》卷14,《列传第四》,中华书局1965年版,第562页。

就被废除,东汉时期两侯国分别为高成县、当阳县。光武帝统治时期,大概率裁撤了高成县与郢县。传说,光武帝封习郁为襄阳侯。① 但关于襄阳侯国的详细情况,学界目前知之甚少,很有可能消失在光武帝之后。建武十年(34 年),光武帝封宗室刘柱为邔侯。邔县被裁并,其他县一如西汉之旧。

建武五年(29 年)前后,江夏郡地区归属东汉政权。王莽统治时期,安陆侯国被废。东汉时期,有安陆县。建武十三年(37 年),封宗室刘隆为竟陵侯。但仅仅只有几年时间,刘隆有罪国除。建武三十年(54 年),封开国功臣云台二十八将之一陈俊之子陈浮为蕲春侯。其他县一如西汉之旧。

建武五年(29 年)前后,武陵郡地区归属东汉。西汉末年,武陵郡湖北地区有佷山县(长阳西部)、孱陵县(公安县西)。东汉一仍其旧。但佷山又常写为很山。

原西汉长沙国在改朝换代中彻底消失,建武五年(29 年)前后,原长沙国地区归属东汉,改为长沙郡,其下隽县一仍其旧。

建武六年(30 年)前后,庐江郡地区归属东汉。西汉末年,庐江郡湖北地区有寻阳、金兰二县,东汉初期金兰县也许被裁撤,保留寻阳县。

建武十二年(36 年)前后,汉中郡地区归属东汉。西汉末年,汉中郡湖北地区有房陵、武陵、上庸、长利四县。东汉初期,极有可能裁撤武陵、长利二县,而保留房陵、上庸二县。②

从以上东汉光武时期湖北政区状况可以得出如下规律:在遵循西汉政区的格局之下,对湖北政区有一定调整。首先,将自己家乡建县,并给予家乡百姓徭役减免。然后,对因战乱而荒凉的县予以裁撤。最后,光武帝虽然在湖北,特别是南阳郡地区,封赐了许多侯国,但并没有在湖北建立王国。几乎与西汉相伴随的长沙国彻底消失,不再被续封。按道理说,长沙国正是光武帝的"祖籍地",当时长沙国的后裔仍存,光武帝却置长沙国不理,让其自然消失。除非亲生皇子,光武帝也一般不予赐封新王国。

东汉王朝虽然免除章陵县居民的徭役,但也给整个南阳郡带来不良影响。《后汉书》曾经记载这样一个故事:

> 是时,天下垦田多不以实,又户口年纪互有增减。十五年,诏下州郡检核其事,而刺史太守多不平均,或优饶豪右,侵刻羸弱,百姓嗟怨,遮道号呼。时诸郡各遣使奏事,帝见陈留吏牍上有书,视之,云:"颍川、弘农可问,河南、南阳不可问。"帝诘吏由趣,吏不肯服,抵言于长寿街上得之。帝怒。时显宗为东海公,年十二,在幄后言曰:"吏受郡敕,当欲以垦田相方耳。"帝曰:"即如此,何故言河南、南阳不可问?"对曰:"河南帝城,多近臣,南阳帝乡,多近亲,田宅逾制,不可为准。"帝令虎贲将诘问

---

① 周振鹤、李晓杰、张莉:《中国行政区划通史·秦汉卷》,复旦大学出版社 2017 年版,第 957 页。
② 周振鹤、李晓杰、张莉:《中国行政区划通史·秦汉卷》,复旦大学出版社 2017 年版,第 908 页。

吏,吏乃实首服,如显宗对。①

这里回答光武帝话语的"显宗"即是后来的明帝刘庄。东汉政府需要调查人口与财产数据作为赋税征收与官员考核的标准,结果国都洛阳所在的河南与帝乡所在的南阳是"不可问"之区。南阳郡是皇帝老家,多有近亲贵族,财产远超标准,成为地方官员管不了的"特殊地区"。光武帝的亲属都分布在南阳,而东汉开国功臣也多有南阳人。所谓"云台二十八将",南阳郡人占十一人。作为众多达官贵族聚居之地的南阳郡,连人口与财产都不敢查清楚,其民众负担可以想见。"优饶豪右,侵刻羸弱,百姓嗟怨,遮道号呼"的历史写照,南阳郡恐不能幸免。

中元二年(57年),光武帝去世时,湖北政区格局如下所示:

表 2-9　　　　　　汉光武帝中元二年(57年)湖北政区表

郡	县、道、侯国
荆州南阳郡	章陵县(枣阳市南部)、蔡阳县(枣阳市西南部)、随县(随州市附近)、邓县(襄阳市西北)、阴县(老河口市西北)、山都县(襄阳市西北)、鄀县(老河口市西北)、筑阳侯国(谷城县东北)、武当侯国(丹江口市西北)
荆州南郡	江陵县(荆州市荆州区附近)、临沮县(远安县西北)、夷陵县(宜昌市东南)、宜城县(宜城市东南)、夷道县(宜都市附近)、秭归县、中庐县(襄阳市西南)、编县(荆门市西北)、枝江县(枝江市东北)、华容县(潜江市西南)、州陵县(洪湖市东北)、当阳县(当阳市附近)、襄阳侯国(襄阳市襄州区)、邔侯国(宜城市北)
荆州江夏郡	邾县(黄冈市北部)、西陵县(武汉市新洲区西部)、下雉县(阳新县东部)、鄂县(鄂州市附近)、沙羡县(武汉市西南)、云杜县(京山市附近)、竟陵县(潜江市西北)、安陆县(云梦县附近)、蕲春侯国(蕲春县西南)
荆州武陵郡	佷山县(长阳县西部)、孱陵县(公安县西)
荆州长沙郡	下隽县(通城县西部)
扬州庐江郡	寻阳县(武穴市东北)
益州汉中郡	房陵县(房县附近)、上庸县(竹山县西南)

三、汉明帝至顺帝时期湖北政区演变

中元二年(57年),光武帝子刘庄即位,是为汉明帝。永平元年(58年),东汉王朝恢复南郡鄀县。其实南郡有宜城县,其地理位置在今宜城市东南。鄀县地理位置大致相同。永平三年(60年),明帝巡幸南阳郡。

前文已经介绍,东汉封宗室刘平为蔡阳侯,但刘平因为与诸王联系而被废。到了永平五

---

① (南朝宋)范晔:《后汉书》卷 22,《列传第十二》,中华书局 1965 年版,第 781 页。

年(62年),明帝恢复其爵位,将其改封到江夏竟陵。① 永平十年(67年),明帝再次来到南阳。永平十八年(75年),明帝去世,年仅四十余岁,其子汉章帝即位。

建初二年(77年),汉朝将汉明帝之子梁王刘畅的舅舅阴棠封为西陵侯。建初四年(79年),湖北地区差点迎来东汉第一批王国。先是汉明帝有子名刘恭,开始被封为钜鹿王。建初四年(79年)②改封为江陵王,王南郡之地。"元和二年(85年),三公上言江陵在京师正南,不可以封,乃徙为六安王,以庐江郡为国。肃宗崩,遗诏徙封彭城王,食楚郡,其年就国。"③这简短的一句话,内涵十分丰富。刘恭的封地从河北钜鹿郡改到了南郡,结果朝廷重臣说南郡是首都洛阳的正南,不宜封王。结果又改到庐江郡,在章帝临终之时,又改到安徽、江苏一带的楚郡。其实还有一个细节需要注意,那就是刘恭虽然被封为诸侯王,但其实一直没有真正到封地,直到汉章帝去世后,刘恭才到封国。关于刘恭一直没有就国的原因,《后汉书》的回答是:"肃宗性笃爱,不忍与诸王乖离,遂皆留京师。"④就这样南郡与庐江郡被"虚封"给刘恭,最终还是成为汉郡。值得注意的是,有学者考证,武陵郡很山县很有可能于建初四年(79年)划归江陵国。江陵国废除后,很山县归属南郡。⑤

同年,章帝将皇子刘全封为平春王,辖江夏郡之地。但天不假年,刘全受封当年就去世,无子国除。江夏郡也被"虚封",最终还是保持汉郡不变。

建初七年(82年),汉章帝出巡西汉首都长安,韦彪随从,并向汉章帝建言:"今西巡旧都,宜追录高祖、中宗功臣,褒显先勋,纪其子孙。"⑥于是汉朝封萧何后裔萧熊为酂侯。由此看出,东汉之县完全成为皇帝奖赏的重要工具。根据帝王权术,随时可将某县封赐他人。估计酂侯国也没有延续多久。根据《后汉书·郡国志》反映的永和五年(140年)前后东汉政区情况,⑦此时酂已不是侯国。

元和元年(84年),章帝巡幸湖北地区。章和二年(88年),汉章帝去世,年仅33岁,其子和帝即位。永元十五年(103年),和帝巡幸湖北地区。元兴元年(105年),和帝崩,其出生一百天的儿子刘隆即位,是为殇帝。延平元年(106年),殇帝夭折。邓太后与车骑将军邓骘共同迎立汉章帝孙子刘祜为帝,是为安帝。安帝统治时期,江夏郡或许设置了一新县——南新市县。关于南新市县的设置年代,目前没有确切可考的记录,但根据考古发现,在永初六年(112年)前,南新市县就存在了,其位于今京山市东北。⑧ 之所以叫南新市,是因为早在西汉

---

① (南朝宋)范晔:《后汉书》卷14,《列传第四》,中华书局1965年版,第562页。
② 关于刘恭封江陵王的年份考证,参见周振鹤、李晓杰、张莉:《中国行政区划通史·秦汉卷》,复旦大学出版社2017年版,第956页。
③ (南朝宋)范晔:《后汉书》卷50,《列传第四十》,中华书局1965年版,第1670页。
④ (南朝宋)范晔:《后汉书》卷50,《列传第四十》,中华书局1965年版,第1667页。
⑤ 周振鹤、李晓杰、张莉:《中国行政区划通史·秦汉卷》,复旦大学出版社2017年版,第958页。
⑥ (南朝宋)范晔:《后汉书》卷26,《列传第十六》,中华书局1965年版,第917页。
⑦ 参见(南朝宋)范晔:《后汉书》,《志第二十二》,中华书局1965年版,第3476页。
⑧ 参见周振鹤、李晓杰、张莉:《中国行政区划通史·秦汉卷》,复旦大学出版社2017年版,第963页。

时期,今天河北省有新市侯国,后为新市县。为了与北方新市县区分,故名南新市县。

建光元年(121年),长期执政的邓太后病故,安帝亲政。安帝于延光四年(125年)去世,年仅32岁。安帝皇后阎氏为独揽朝政,在兄弟阎显的支持下,迎立幼主刘懿。不料刘懿随即驾崩,宦官孙程等人发动宫廷政变,诛杀阎显一党,迎立安帝皇子刘保为帝,是为汉顺帝。汉顺帝即位后,对以孙程为首的宦官非常感激,一下子封了十九个侯。其中孙程先封浮阳侯,后改宜城侯。王康为华容侯,孟叔为中庐侯,史泛为临沮侯,杨佗为山都侯,陈予为下隽侯,李刚为枝江侯,魏猛为夷陵侯。① 这些侯国的封地许多在南郡,这样一来导致当时南郡几乎一半县都成为侯国。

永建元年(126年),孙程等宦官激怒汉顺帝,顺帝命令十九侯全部到封地就国。永建三年(128年),顺帝又追念他们的功劳,将十九侯征还京师。阳嘉元年(132年),孙程去世。孙程是宦官,本无子嗣,结果由于皇帝恩宠,孙程之弟继承宜城侯爵位,养子封浮阳侯。阳嘉四年(135年),汉顺帝下令:"宦官养子悉听得为后,袭封爵,定著乎令。"② 于是宦官封侯者,都有了继承人。宦官有后继者,开国功臣却绝后。前文已经介绍,光武帝封开国功臣邓晨后裔为武当侯,到了永建元年(126年)武当侯邓福绝嗣,国除为县。

在东汉时期的南阳郡,还出现了一个新县——襄乡县。襄乡县是蔡阳县分割而来。蔡阳是东汉开国皇帝的祖居地,原本就分割出章陵县,后又分出襄乡县。至于襄乡县创建的时间,目前没有准确的答案,很有可能在永和五年(140年)前就设立了,其地理范围是今枣阳市东北。③

建康元年(144年),汉顺帝驾崩,年仅30岁。此时湖北政区格局如下:

表2-10　　　　　　　　　汉顺帝建康元年(144年)湖北政区表

郡	县、道、侯国
荆州南阳郡	章陵县(枣阳市南部)、襄乡县(枣阳市东北)、随县(随州市附近)、邓县(襄阳市西北)、阴县(老河口市西北)、武当县(丹江口市西北)、鄀县(老河口市西北)、筑阳侯国(谷城县东北)、山都侯国(襄阳市西北)、蔡阳侯国(枣阳西南部)
荆州南郡	江陵县(荆州市荆州区附近)、襄阳县(襄阳市襄州区)、夷陵县(宜昌市东南)、夷道县(宜都市附近)、秭归县、编县(荆门市西北)、州陵县(洪湖市东南)、当阳县(当阳市附近)、很山县(长阳县西部)、邔侯国(宜城市北)、宜城侯国(宜城市东南)、华容侯国(潜江市西南)、中庐侯国(襄阳市西南)、临沮侯国(远安县西北)、枝江侯国(枝江市东北)、郦侯国(宜城市东南)

---

① 参见(南朝宋)范晔:《后汉书》卷78,《列传第六十八》,中华书局1965年版,第2516页。
② (南朝宋)范晔:《后汉书》卷78,《列传第六十八》,中华书局1965年版,第2518页。
③ 参见周振鹤、李晓杰、张莉:《中国行政区划通史·秦汉卷》,复旦大学出版社2017年版,第953页。

续表

郡	县、道、侯国
荆州江夏郡	邾县(黄冈市北部)、西陵县(武汉市新洲区西部)、下雉县(阳新县东部)、鄂县(鄂州市附近)、沙羡县(武汉市西南)、云杜县(京山市附近)、安陆县(云梦县附近)、蕲春侯国(蕲春县西南)、竟陵侯国(潜江市西北)、南新市侯国(京山市东北)
荆州武陵郡	孱陵县(公安县西)
荆州长沙郡	下隽县(通城县西部)
扬州庐江郡	寻阳县(武穴市东北)
益州汉中郡	房陵县(房县附近)、上庸县(竹山县西南)

图 2-6　明代《今古舆地图》所绘《东汉十三州部刺史图》局部

值得说明的是，光武帝曾经册封刘平为蔡阳侯，但明帝将其改封别地，以目前所见史料来看东汉王朝在汉顺帝之前没有蔡阳侯。但反映永和五年（140 年）前后郡国情况的《后汉书·郡国志》明确记载蔡阳是侯国①。这有两种可能，一是汉顺帝之前又封蔡阳侯，但暂不为人所知。另一种是，灵帝时封张根为蔡阳乡侯，编纂《后汉书》时将其记入。

《后汉书·郡国志》有郡侯国，而无夷陵侯国。② 按前文所述，顺帝封宦官魏猛为夷陵侯，而目前所知东汉没有郡侯受封的记录。夷陵侯存在迁移到郡县的可能。当然也不排除，夷陵侯在永和五年（140 年）前后国除，郡侯是一位暂不为人所知的历史人物。

《后汉书·郡国志》有南新市侯国，无西陵侯国。③ 按前文所述，汉明帝之子梁王刘畅的舅舅阴棠封为西陵侯。结合目前史料，暂没有发现南新市侯的其他记载，西陵侯迁移到南新市存在可能性。当然也不排除西陵侯国国除，南新市侯是一位暂不为人所知的历史人物。

《后汉书·郡国志》无下隽侯国。④ 按汉顺帝时期，宦官陈予为下隽侯。其侯国或国除，或迁移别处。

第五节　东汉末年湖北政区的紊乱

东汉自章、和二帝之后，多由外戚、宦官执政。皇帝不是年幼成为傀儡，就是缺乏执政能力，导致国势衰退。特别是汉顺帝之后，这种局面越来越明显，冲帝、质帝年幼被外戚操控，桓帝、灵帝荒淫无能，最终引发黄巾起义。为了镇压起义，东汉改州刺史为州牧，赋予兵权。再加上灵帝末年的政治事变，群雄割据的局面正式来临。在权臣的操纵下，东汉中央几乎失去对地方的控制。各种势力根据自身利益，更划湖北政区，造成紊乱局面。

一、朝政紊乱与政区职官的变化

汉顺帝去世后，年仅 1 岁的刘炳即位，是为汉冲帝。国家大事由梁太后与梁冀把持。梁冀借太后与皇帝的权力，成为当时汉朝权势熏天的人物。连其宠爱的监奴秦宫，"刺史、二千石皆谒辞之"。⑤ 州刺史与郡太守对梁冀的宠奴都不敢得罪，其对梁冀可以想见。梁冀甚至对州刺史与郡太守可以随意加害。如荆州刺史吴树曾经将梁冀为非作歹的门客绳之以法，梁冀"设酒，因鸩之，树出，死车上"⑥。梁冀与梁不疑不和，南郡太守马融、江夏太守田明来拜访梁不疑。梁冀知道后，"讽州郡以它事陷之，皆髡笞徙朔方。融自刺不殊，明遂死于路"⑦。

---

① （南朝宋）范晔：《后汉书》，《志第二十二》，中华书局 1965 年版，第 3476 页。
② （南朝宋）范晔：《后汉书》，《志第二十二》，中华书局 1965 年版，第 3480 页。
③ （南朝宋）范晔：《后汉书》，《志第二十二》，中华书局 1965 年版，第 3482 页。
④ （南朝宋）范晔：《后汉书》，《志第二十二》，中华书局 1965 年版，第 3485 页。
⑤ （南朝宋）范晔：《后汉书》卷 34，《列传第二十四》，中华书局 1965 年版，第 1181 页。
⑥ （南朝宋）范晔：《后汉书》卷 34，《列传第二十四》，中华书局 1965 年版，第 1183 页。
⑦ （南朝宋）范晔：《后汉书》卷 34，《列传第二十四》，中华书局 1965 年版，第 1185 页。

永熹元年(145年),汉冲帝去世,年仅三岁。梁冀为了继续把持朝政,拥立年仅八岁的汉章帝玄孙刘缵为帝,是为质帝。质帝就因为看着梁冀说了一句"此跋扈将军也",就被其毒死。本初元年(146年),梁冀又拥立汉章帝曾孙刘志为帝,是为桓帝。和平元年(150年),梁太后病逝前还政于桓帝。桓帝汲取了质帝的教训,对梁冀加封尊崇。直到延熹二年(159年),桓帝借助宦官的帮助对梁冀突然袭击,"冀及妻(孙)寿即日皆自杀……诸梁及孙氏中外宗亲送诏狱,无长少皆弃市"①。

梁冀死后,桓帝封五位有功宦官为侯。不过五侯并没有马上到封国,而是继续留在京城,东汉又开始了宦官专政时期。得势宦官权势滔天,作威作福。延熹七年(164年),桓帝巡幸湖北地区。延熹九年(166年),南阳太守成瑨惩治境内宦官党羽,被桓帝处死。建宁元年(168年),桓帝去世,年仅36岁。

建宁元年(168年),汉章帝玄孙刘宏即位,是为灵帝。灵帝在位时期,宦官当政,卖官鬻爵,荒淫成性,国事日非。东汉末年地方官贪污腐化,尸位素餐。《后汉书》曾经记载:"长吏、二千石听百姓谪罚者输赎,号为义钱,讬为贫人储,而守令因以聚敛……长吏受取百万以上者,匈匈不绝,谪罚吏人至数千万,而三公、刺史少所举奏。"②当时王符曾经说道:"今者,刺史守相,率多怠慢,违背法律,废忽诏令,专情务利,不恤公事。细民冤结,无所告诉,下土边远,能诣阙者,万无数人,其得省治,不能百一。"③

在这种情况下,生活于社会底层的民众不得不铤而走险,以宗教为号召,展开武装反抗。中平元年(184年),黄巾起义爆发,东汉王朝受到致命打击。中平五年(188年),东汉官制发生改变:

> 时灵帝政化衰缺,四方兵寇,焉以为刺史威轻,既不能禁,且用非其人,辄增暴乱,乃建议改置牧伯,镇安方夏,清选重臣,以居其任。焉乃阴求为交阯,以避时难。议未即行,会益州刺史郤俭在政烦扰,谣言远闻,而并州刺史张懿、凉州刺史耿鄙并为寇贼所害,故焉议得用。出焉为监军使者,领益州牧,太仆黄琬为豫州牧,宗正刘虞为幽州牧,皆以本秩居职。州任之重,自此而始。④

从刺史到州牧,不仅是名称的改变,更体现了中央政府对其的重视。上述材料说"州任之重,自此而始",严耕望认为刺史的职权随着东汉历史的演进,早就越来越重要。其表现有七:第一,刺史常驻地方,不必亲自入京奏事。第二,有事可直接上奏皇帝,"三公"等朝廷重臣不得干预。第三,监察对象涉及辖区内几乎所有大小官员。第四,掌握辖区内推举人才的权力。第五,可以暂时代行郡太守、县令的职权。第六,对辖区内民政与刑事有直接管理权

---

① (南朝宋)范晔:《后汉书》卷34,《列传第二十四》,中华书局1965年版,第1186页。
② (南朝宋)范晔:《后汉书》卷58,《列传第四十八》,中华书局1965年版,第1872页。
③ (汉)王符:《潜夫论》,上海古籍出版社1978年版,第244页。
④ (南朝宋)范晔:《后汉书》卷75,《列传第六十五》,中华书局1965年版,第2431页。

力。第七,在辖区内有军事指挥权。有此七者,刺史早就成为东汉行政官员,灵帝时期改刺史为州牧不过是对既成事实法律上之追认而已。①

虽然"州任之重,自此而始"未必发生在灵帝时期,但黄巾起义带来的冲击,促使包括州牧、郡太守在内的地方行政官员不得不掌握、指挥军事武装,以协助东汉王朝镇压起义,这就是史书中说的:"灵帝末,黄巾起,州郡各举义兵。"②黄巾起义被基本扑灭后,各州牧、郡太守未必肯放弃到手的军事权力。再加上中央政局混乱不堪,武装割据之势得以再现。

二、东汉末年湖北地区割据之势

黄巾起义尚未平息,东汉中央又出变乱。中平六年(189年),汉灵帝驾崩,长子刘辩即位。宦官势力与外戚何进发生权力争夺,何进召并州牧董卓进京协助。不料董卓还未进京,何进就被宦官杀死。何进属下又追杀宦官。正在你争我夺之际,董卓入京,凭借兵威,把持朝政。同年,董卓废刘辩,另立灵帝子刘协为帝,是为汉献帝。然而地方实权派,不服董卓统治,纷纷武装割据。

东汉末年,湖北地区也处于各方势力争夺中。孙坚的家乡本不在湖北地区,但其一生与湖北紧密相关。孙坚早年作战有功,被封为长沙太守。后来:

> 灵帝崩,卓擅朝政,横恣京城。诸州郡并兴义兵,欲以讨卓。坚亦举兵。荆州刺史王叡素遇坚无礼,坚过杀之。比至南阳,众数万人。南阳太守张咨闻军至,晏然自若。坚以牛酒礼咨,咨明日亦答诣坚。酒酣,长沙主簿入白坚:"前移南阳,而道路不治,军资不具,请收主簿推问意故。"咨大惧欲去,兵陈四周不得出。有顷,主簿复入白坚:"南阳太守稽停义兵,使贼不时讨,请收出案军法从事。"便牵咨于军门斩之。郡中震栗,无求不获。③

孙坚一路进兵欲讨伐董卓,在进军途中,杀掉荆州刺史与南阳太守。此时袁术"畏卓之祸,出奔南阳。会长沙太守孙坚杀南阳太守张咨,引兵从术。刘表上术为南阳太守"④。从此湖北南阳郡在袁术控制之下。

初平元年(190年)"长沙太守孙坚杀荆州刺史王叡,诏书以表为荆州刺史"⑤。刘表从北方到荆州赴任,困难重重。当时荆州成割据之势,叛乱频仍。但刘表运用自己的政治才能,居然稳定住了荆州局势,占有南郡、江夏郡以及武陵郡、长沙郡部分地区。初平三年(192

---

① 相关论述见严耕望:《中国地方行政制度史·秦汉地方行政制度》第九章第二节,上海古籍出版社2007年版。
② (晋)陈寿:《三国志》卷32,《蜀书二》,中华书局1959年版,第872页。
③ (晋)陈寿:《三国志》卷46,《吴书一》,中华书局1959年版,第1096页。
④ (南朝宋)范晔:《后汉书》卷75,《列传第六十五》,中华书局1965年版,第2438页。
⑤ (南朝宋)范晔:《后汉书》卷74下,《列传第六十四下》,中华书局1965年版,第2419页。

年)左右,孙坚攻打刘表,反中箭而亡。孙坚死后,其子孙策统领其部众,割据江东。

早在中平五年(188年),上书将刺史改为州牧的刘焉成为益州牧。初平二年(191年),刘焉让张鲁、张修攻击汉中太守苏固。苏固战败身死后,张鲁又杀张修,独霸汉中。兴平元年(194年)刘焉去世,其子刘璋继领益州牧,张鲁不服调遣,正式割据汉中。

袁术在南阳郡不得人心,史书记载:"初,术在南阳,户口尚数十百万,而不修法度,以钞(抄)掠为资,奢恣无厌,百姓患之。"①南阳守不住,袁术向安徽、江苏扩张,给当地百姓带来深重灾难。建安二年(197年),袁术在寿春称皇帝。他不恤民众,又在群雄环伺之下,公然称帝,成为天下众矢之的。建安四年(199年),在各方势力打击下,袁术呕血而亡。

袁术离开南阳郡后,建安元年(196年),董卓部将张绣进入南阳郡地区,刘表对其安抚招降,让其驻守宛城,捍卫荆州安全。建安四年(199年),孙策向西进攻荆州江夏郡地区,与刘表大战,获得庐江郡等地区。建安五年(200年),正当孙策乘北方官渡之战,准备进一步扩大战果之时,被刺杀身亡。其弟孙权统领其众。建安六年(201年),刘备兵败前往荆州,依附刘表。建安十二年(207年),刘备三顾茅庐,请得诸葛亮出山相助。孙权继承父兄之业后,分别于建安八年(203年)、建安十二年(207年)、建安十三年(208年)朝江夏郡进攻,攻城略地。

正当地方实力派互相争斗之时,中央政权早生变故。早在初平三年(192年),王允、吕布等人合谋刺杀董卓。董卓部将李傕、郭汜又击杀王允,打败吕布。后李傕、郭汜又互相攻击,东汉中央政府实际上已经不复存在。建安元年(196年),曹操迎接汉献帝,取得"挟天子以令诸侯"的政治地位。在曹操平定北方时,今湖北省大部被荆州牧刘表占据,西北角被张鲁控制,东部部分地区则处于孙权控制之下。

建安十三年(208年)是东汉末湖北历史具有转折意义的一年。此年刘表去世,其子刘琮继任荆州牧。同年,曹操南下,企图吞并荆州。曹操一路破竹,占领湖北许多战略要地。荆州牧刘琮投降,但刘备不愿意投降曹操,率领人马与西扩江夏的孙权联合。曹操与孙权、刘备终于爆发赤壁之战,曹操失败。

赤壁之战后,曹操仍掌控湖北西部部分地区。而刘备推刘表儿子刘琦为荆州牧,占领荆州武陵、长沙、桂阳、零陵四郡。刘琦病故后,刘备为荆州牧,也占据湖北部分地区。孙权对湖北地区的控制也很牢固。就这样湖北地区被曹、刘、孙三家瓜分。

为了进一步谋求发展,刘备于建安十六年(211年)入蜀发展,关羽负责镇守刘备占领下的湖北地区。建安十九年(214年),刘备占据益州之地,领益州牧。建安二十年(215年),曹操进攻汉中,张鲁投降。刘备虽为益州牧,但尚未控制全部汉中郡地区。此年,孙权想要夺回部分荆州之地:

> 孙权以先主已得益州,使使报欲得荆州。先主言:"须得凉州,当以荆州相与。"权忿之,乃遣吕蒙袭夺长沙、零陵、桂阳三郡。先主引兵五万下公安,令关羽入益

---

① (南朝宋)范晔:《后汉书》卷75,《列传第六十五》,中华书局1965年版,第2439页。

阳。是岁，曹公定汉中，张鲁遁走巴西。先主闻之，与权连和，分荆州，江夏、长沙、桂阳东属，南郡、零陵、武陵西属，引军还江州。①

由于曹操进军汉中，暂时平息了孙刘二家对荆州的争夺。将荆州分为东西两部，江夏、长沙、桂阳三郡属孙权，南郡、零陵、武陵三郡属刘备。

建安二十四年(219年)，刘备攻取汉中郡，自封汉中王。留守湖北的关羽也乘机北上，试图夺取曹操控制的襄阳和樊城。孙权眼看刘备势力越来越大，乘关羽北上之际，攻占刘备控制的湖北地区。延康元年(220年)关羽败走麦城，战败被杀。

延康元年(220年)，曹操去世，其子曹丕正式取代汉朝，建立魏政权。东汉彻底灭亡。

三、割据势力影响下湖北政区变化

从中平六年(189年)汉灵帝驾崩到延康元年(220年)曹丕代汉，只有三十年的时间，但湖北政局变动十分频繁，各种势力范围纷纷更改行政区划，彻底改变了汉朝湖北政区格局。以汉献帝名义发布的诏书曾经这样写道："汉道陵迟，世失其序，降及朕躬，大乱兹昏，群凶肆逆，宇内颠覆。"②汉代湖北政区也是如此，"汉道陵迟，世失其序"。一方面，东汉皇帝已经基本丧失对政区的更改权力。另一方面，频繁更改的政区从根本上改变了汉代政区的性质。

在汉末大动荡的局面中，东汉原有王侯朝不保夕，几乎全部消失在历史长河中。如荆州南阳郡筑阳侯国、山都侯国、蔡阳侯国全部改为县。

约在初平元年(190年)前后，分南阳郡部分地区设置章陵郡，其湖北辖县有：章陵县(今枣阳市南部)、蔡阳县(今枣阳市西南部)、随县(今随州市附近)。后来曹操取得荆州部分地区后，章陵郡又并入南阳郡。

约在建安十三年(208年)前后，又分南阳郡部分地区设置南乡郡，其湖北辖县有：鄏县(今老河口市西北)、武当县(今丹江口市西北)、阴县(今老河口市西北)、筑阳县(今谷城县东北)。③

初平元年(190年)前后正是孙坚杀死南阳太守，袁术进入南阳郡之时。而建安十三年(208年)，则是曹操南下，发生赤壁之战的年份。章陵郡与南乡郡极有可能是在湖北政治变动中，被不同的统治者创建的。正当天下大乱之时，建安五年(200年)汉献帝封皇子刘冯为南阳王。不过同年，刘冯就去世了。即使刘冯存活下来，估计也很难真正到南阳封地就国。

另外，荆州南郡邔侯国、宜城侯国、华容侯国、中庐侯国、临沮侯国、枝江侯国、郢侯国在汉末动乱中亦不复存在。

建安十三年(208年)，曹操控制下的东汉王朝为了更好地管理襄阳地区，从南郡分析襄阳

---

① (晋)陈寿：《三国志》卷32，《蜀书二》，中华书局1959年版，第883页。
② (晋)陈寿：《三国志》卷2，《魏书二》，中华书局1959年版，第62页。
③ 详细考证参见周振鹤、李晓杰、张莉：《中国行政区划通史·秦汉卷》，复旦大学出版社2017年版，第953—955页。

郡，其湖北辖县有：襄阳县(今襄阳市襄州区)、中庐县(今襄阳市西南)、邔县(今宜城市北)、宜城县(今宜城市东南)、鄀县(今宜城市东南)、山都县(今襄阳市西北)。山都原本是南阳郡属县，襄阳郡组建时划入。就在刘备自封汉中王、关羽试图北上夺取襄阳的建安二十四年(219年)，襄阳郡又增加临沮(今远安县西北)、旍阳(今枝江市北部)二县。旍阳疑是孙权政治势力于建安十三年(208年)左右创建的。

建安十三年(208年)，曹操控制下的东汉王朝又在南郡设置临江郡。建安十五年(210年)，刘备政治势力又改名宜都郡，有传说认为"宜都"有"宜于建都"之意。其湖北辖县有：夷道(今宜都市附近)、夷陵(今宜昌市东南)、很山(今长阳县西部)、秭归。建安二十四年(219年)，孙权为了与刘备抗衡，又分宜都郡巫县、秭归县组成固陵郡。①

值得进一步说明的是武陵郡孱陵县(今公安县西)很有可能在赤壁之战前后划归南郡管辖。传说刘备政治势力控制南郡之时，屯兵于此，将此地改名公安。后孙权政治势力重新夺回南郡，将公安复改孱陵。

荆州江夏郡蕲春侯国、竟陵侯国、南新市侯国，在东汉末年全部改为县。从孙策到孙权，一直注意对江夏郡的控制。建安十三年(208年)后，江夏北部被曹操控制，江夏南部被孙权控制。孙权政治势力在江夏郡又设石阳(今汉川市西北)、阳新(今阳新县东北)二县。阳新县名称传说与境内辛潭有关，新设县政治中心位于辛潭之北，按照古人"山南水北为阳"的命名规则，命名为"阳辛"。因"辛"与"新"通用，又称"阳新"。

建安十三年(208年)前后，孙权政治势力新设蕲春郡，其湖北辖县有：蕲春县(今蕲春县西南)、邾县(今黄冈市北部)。建安十九年(214年)，孙权政治势力又设西陵郡，其湖北辖县有：阳新县(今阳新县东北)、下雉县(今阳新县东部)。而江夏郡北部数县被曹操控制，其中西陵县(今武汉市新洲区西部)极有可能在建安二十三年(218年)并入豫州弋阳郡。②

荆州长沙郡下隽(今通城县西部)在东汉末年辗转变迁。建安十五年(210年)，为提防刘备，孙权政治势力分长沙郡设置汉昌郡，下隽为其属县。建安二十四年(219年)，刘备威胁稍微减弱后，又废除汉昌郡。下隽又回到长沙郡范围内。受东汉末年政局影响，下隽县政治中心迁移今崇阳县肖岭乡附近。

汉顺帝末年，益州汉中郡辖有房陵县(今房县附近)、上庸县(今竹山县西南)。张鲁占据汉中时，将其改名汉宁郡。建安二十年(215年)，曹操收服张鲁，恢复汉中郡原名。与此同时，曹操控制下的东汉王朝分汉中郡设置上庸郡，上庸(竹山县西南)是其属县。汉末，原汉中郡地区又设置房陵郡，房陵(房县附近)是其属县。③

---

① 周振鹤、李晓杰、张莉：《中国行政区划通史·秦汉卷》，复旦大学出版社2017年版，第959—961页。
② 周振鹤、李晓杰、张莉：《中国行政区划通史·秦汉卷》，复旦大学出版社2017年版，第961—965页。
③ 周振鹤、李晓杰、张莉：《中国行政区划通史·秦汉卷》，复旦大学出版社2017年版，第910—911页。

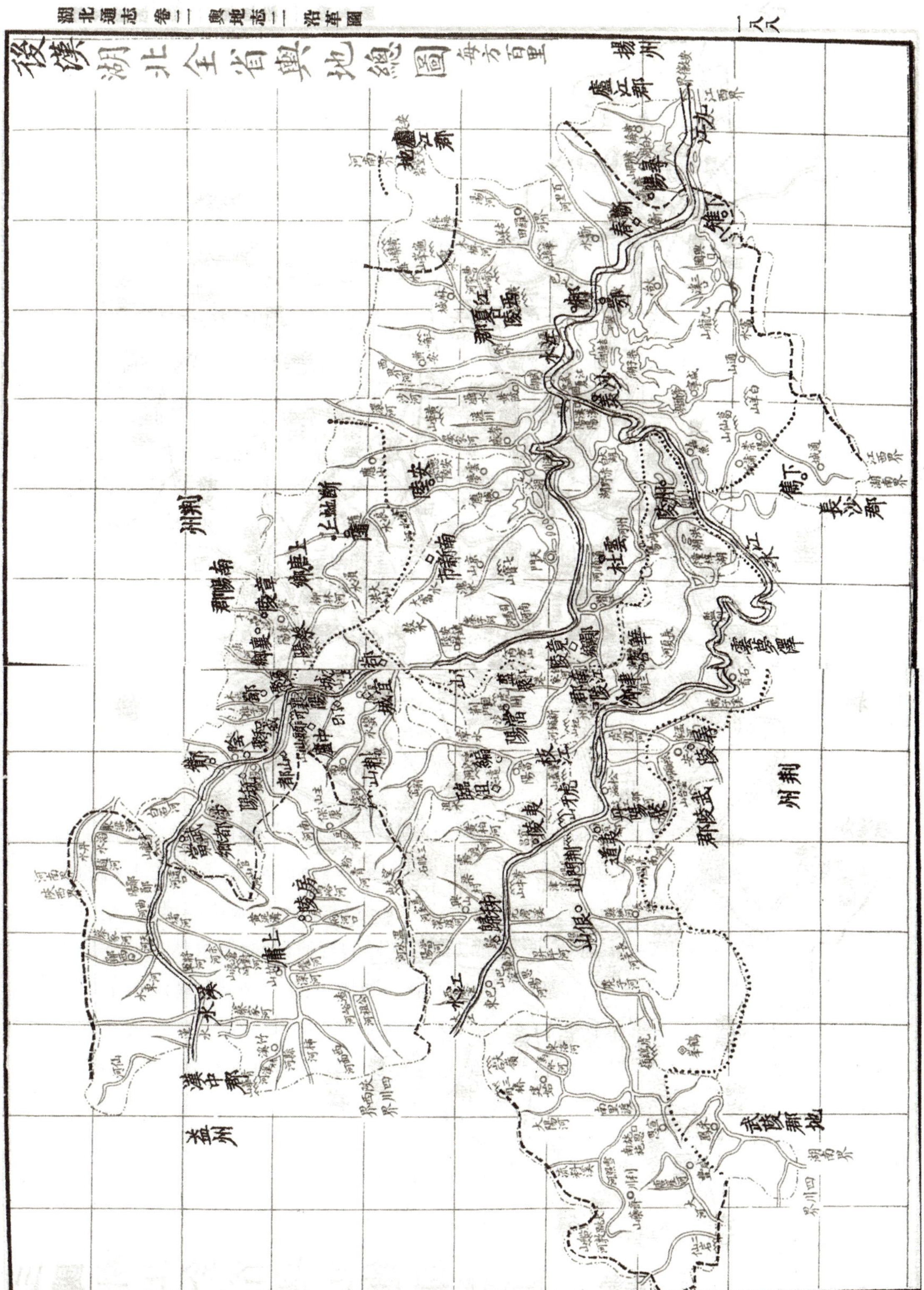

图2-7 宣统《湖北通志》所绘东汉湖北地图

以上变化仅仅是东汉末年湖北政区变更的一部分，实际上的变动也许更频繁，更混乱。但仅从以上论述可以清楚看出，东汉末年政区秩序已经大乱。汉朝皇帝彻底丧失对政区的变更权和行政官员的任免权。行政官职成了一个个政治强人或者政治强人的得力干将。如刘表、刘备、孙权都当过荆州牧。关羽当过襄阳太守，周瑜当过南郡与江夏郡太守，行政官职成了各种政治强人纵横捭阖的头衔，其军事功能越来越重要。

上一章在介绍郡的起源时，也揭示了其军事背景，即先秦时期，郡往往在诸侯国边地设置。郡将若干县组合起来，可以起到统一军事指挥，完善县际合作，形成区域重镇的战略目的。郡的军事因素在两汉长达四百年的历史中，或许有所消退。结果在汉末战乱情况下，这种军事因素再次凸显。各种政治势力在湖北地区设置的郡越来越多，甚至有些郡只有两三个县，这或许是统治者利用县与县的组合完成一定的军事攻防目的使然。如南阳郡的治所本在河南南阳市附近的宛县，由于曹操与孙权、刘备在湖北长期对峙，处于河南的宛县似有鞭长莫及之感，因此有必要加强南阳郡与孙、刘接壤地区的军事管控能力。于是章陵郡、南乡郡地区纷纷脱离宛县政治中心，在今湖北北部、河南南部设立新郡。而原南郡的襄阳县当南北对峙之时，其军事地理位置得以彰显。于是脱离以江陵为中心的南郡，另组襄阳郡。凡此种种，不一而足。这些新组建的郡随着军事格局的变化而消失，如东吴汉昌郡的兴废可能不足十年。但随着战事的频仍与激烈，湖北政区会更加多变与复杂。

东汉末年，行政官员政治强人倾向与政区组合军事化似乎表明一个相对安定的时代已经结束，一个动荡的乱世就要到来。

本章小结

从"秦王扫六合，虎视何雄哉！"到东汉末年"汉道陵迟，世失其序"，中国历史又走过了四百年的春秋。在这四百年中，有皇帝与王侯的较量，有郡县与分封的冲突，有雄才大略的规划蓝图，亦有地方豪强的应时之举。在秦汉王朝的统治下，湖北行政区划历经风雨，经历了许多改变。在王侯与郡县的转换中，我们似乎可以得出这样的规律：分封制虽然在一定历史时期，一定特殊状况下有过积极意义，但越来越不适合中国历史的发展。在秦汉历史实践中，无论是平时还是战时，以郡县为代表的政区成为统治者的得力工具。而州的出现及其政区化，也让政区层级越来越丰富，政区制度越来越完善。秦汉四百年间的绝大多数时间内，除了王国与郡、侯国与县的反复更替和战乱时期的纷更外，湖北郡县变更其实并不频繁。湖北地区似乎已经找到了适合自己的政区模式。虽然东汉末年以及之后历史时期的战乱改变了湖北土地上的秦砖汉瓦，但秦汉湖北政区的基石已经铺就，政区制度也已彻底巩固。秦汉时期的政区名称，"江陵""襄阳""江夏"等也永远融入湖北文化脉络之中。

第三章 曲折发展:魏晋南北朝时期湖北政区

相较于秦汉,魏晋南北朝是一个动荡不安的时代,三国争霸的硝烟刚刚散去,西晋如昙花一现般统一,又经受了八王之乱的阵痛。西晋被北方少数民族政权推翻后,中华大地又进入了新的南北对峙状态。在战乱频仍中,湖北政区的变动越来越大,州与郡越来越小,诸王的权力再次膨胀,都督与政区行政官员相互纠缠,形成复杂的政治局面。在地方政区割据的情况下,湖北武昌与江陵一度成为都城。在北方势力的压迫下,衣冠士族纷纷南下,出现了中国政区史上大规模的郡县侨置现象。为了镇抚境内的少数民族,南朝时期湖北出现了数量极其繁多的左郡左县。在动乱与对峙中,湖北政区曲折发展,迎来了新的嬗变。

第一节 魏吴对峙与湖北郡县的增置

为今人耳熟能详的三国故事,有许多发生在湖北地区。甚至有这样一种说法,一百二十回的《三国演义》,有七十多回发生在湖北。《三国演义》虽然是小说,但也是取材于史实。《三国演义》将笔墨偏重于湖北,在某种程度上意味着湖北地区确实承载着太多的三国记忆。汉末到三国时期的三大著名战役:官渡之战、赤壁之战、夷陵之战,有两场战役发生在湖北境内。结束三国纷争的晋灭东吴之战,也涉及湖北地区。魏蜀吴三国对峙,湖北地区正处于三国交界之地。以上事实预示着,湖北政区变更迎来了多事之秋。

一、曹魏、孙吴对东汉末年政区的延续

对王朝的更迭而言,黄初元年(220年)是十分重要的年份,它昭示了新时代的开始。这一年,曹操之子曹丕正式逼迫汉献帝退位,建立魏政权,至此东汉王朝彻底灭亡。紧接着,自称汉室宗亲的刘备,打着匡复汉室的旗号,于黄初二年(221年)在成都称帝,国号汉,史称蜀汉。黄初三年(222年),孙权称吴王。三国鼎立之势正式形成。

然而,对湖北政区而言,黄初元年(220年)也许并不是转折的开始。东汉末年战乱纷争早已促使湖北政区发生着变动。湖北部分地区本归刘备占有,乘刘备、关羽攻打曹军之机,孙权杀害关羽,夺取了刘备的湖北领土。黄初二年(221年),刘备率军伐吴,史称夷陵之战。两军在湖北西部地区展开激烈交锋。黄初三年(222年),刘备大败,彻底退出湖北地区。此后,湖北政区变更与刘备的蜀汉政权关系不大,与吴魏对峙形势紧密相连。

夷陵之战后，就州而言，魏国有司隶、豫州、冀州、兖州、徐州、扬州、青州、荆州、雍州、凉州、并州、幽州之地，吴国有扬州、荆州、交州之地。其中荆扬二州，魏吴双置。魏国的荆州治所在今河南宛县，吴国荆州治所在今湖北江陵。魏扬州治所在今安徽寿春，吴国扬州治所则在今江苏南京一带。就湖北地区的郡而言，魏国荆州有南阳郡、南乡郡、襄阳郡、江夏郡、上庸郡、房陵郡等，豫州有弋阳郡。吴国荆州有南郡、宜都郡、江夏郡、长沙郡等。扬州有蕲春郡。其中江夏郡，魏吴双置。魏江夏郡治所在石阳（今汉川市西北），吴江夏郡治所在鄂县（今鄂州市附近），分领不同的湖北地区。①

黄初三年（222年），曹丕"以荆、扬、江表八郡为荆州，孙权领牧故也；荆州江北诸郡为郢州……孙权复叛。复郢州为荆州"②。州名的更改，包含了政治玄机。事实上，魏吴势力早就分荆州而有之，但未改名以相互区别。其含义不言自明，即对占有情况并不满意，魏吴都想吞并整个荆州。刘备讨伐孙权时，为得到曹魏援助，孙权低头服从，并将曹魏占据的部分荆州改为郢州，在名称上表示区别，以示认可曹魏对一半荆州的占有。夷陵之战胜利后，孙权对曹魏不再顺从，恢复辖区内荆州之名。

就魏国的郡辖县而言，南阳郡是东汉王朝帝乡之所在，东汉末年其辖县多有更改。曹丕代汉后，南阳郡治所在河南宛城，其所辖湖北地区有：安昌县（今枣阳市南部）、随县（今随州市附近）、平林县（今随县北部）、邓县（今襄阳市西北）、蔡阳县（今枣阳市西南）、山都县（今襄阳市西北）、襄乡县（今枣阳市东北）、中庐县（今襄阳市西南）、阴县（今老河口市西北）、筑阳县（今谷城县东北）。对比可以看出，东汉帝乡章陵县地名已经消失。黄初二年（221年），曹魏将章陵改名安昌。此时东汉末年的章陵郡已经被废除。同时，南阳郡新增一平林县，此县在本书前文中从未出现。有学者考证平林在西汉末年短暂存在，曹丕时又重新恢复平林县的建制。

江夏郡是西汉创建的政区，在东汉末年被魏吴一分为二。魏江夏郡治所先在石阳（汉川市西北）。其辖湖北地区的县或许也只有石阳。而原江夏郡西陵（今武汉市新洲区西部）被曹魏划入豫州弋阳郡。

南乡郡是东汉末年从南阳郡分析而成。曹丕代汉后，其治所在鄀县（今老河口市西北）。所辖湖北地区的县有：鄀县（今老河口市西北）、武当县（今丹江口市西北）、阴县（今老河口市西北）、筑阳县（今谷城县东北）。其中阴县（今老河口市西北）、筑阳县（今谷城县东北）原属南阳郡，但在曹丕统治初年归于南乡郡。

襄阳郡于东汉末年从南郡分析而成。曹丕代汉后，其治所在襄阳县（今襄阳市襄州区）。所辖湖北地区的县有：襄阳县（今襄阳市襄州区）、临沮县（今远安县西北）、宜城县（今宜城市

---

① 胡阿祥、孔祥军、徐成：《中国行政区划通史·三国两晋南朝卷》，复旦大学出版社2017年版，第561—567页。

② （晋）陈寿：《三国志》卷2，《魏书二》，中华书局1959年版，第80页。

东南)、舣阳县(今枝江市北部)、邔县(今宜城市北)、中庐县(今襄阳市西南)、鄀县(今宜城市东南)。① 中庐县(今襄阳市西南)原属南阳郡,但在曹丕统治初年归于襄阳郡。

东汉末年,分汉中郡部分地区设上庸、房陵、西城诸郡。黄初元年(220年),曹魏"合房陵、上庸、西城三郡为新城郡"②。新城郡的治所位于湖北房陵县(今房县附近),所辖湖北地区的县有:房陵县(今房县附近)、上庸县(今竹山县西南)、武陵县(今十堰市竹溪县东)、绥阳县(今神农架林区东南)、昌魏县(今房县西南)、沶乡县(今南漳县西南)。③ 武陵县早在东汉初年被裁撤。东汉至三国时期,武陵县得以恢复。而绥阳、昌魏、沶乡三县应是三国时期才有的新县。绥阳是魏国设立与吴国秭归县对峙地的政区,而昌魏、沶乡两县则是魏国分房陵县而创制。④

东汉末年,曾将汉中郡部分地区设置为西城郡,黄初元年(220年),西城郡并入新城郡。221年曹魏又将西城郡单独划出,改名为魏兴郡,其治所在陕西境内。其辖县有平阳,平阳县的准确创始年代并不清楚,但是其为魏国所创应该没有疑问,地理位置约在今郧西县西部。⑤

再说吴国郡县。南郡本是秦政权创造的政区。东汉末年,南郡地区是激烈争斗的战场。夷陵之战后,东吴获得南郡之地。此时南郡湖北地区县有:公安县(今公安县西北)、孱陵县(今公安县西)、江陵县(今荆州市荆州区附近)、编县(今荆门市西北)、当阳县(今荆门市西南)、华容县(今潜江市西南)、枝江县(今枝江市东北)。这里比较复杂的是公安县的设置问题。关于公安县,一般认为公安即孱陵。但有学者认为公安实际上是分孱陵与作唐两县之地新建的。汉代武陵郡有作唐县,其治所约在今湖南境内。东吴时期,公安与孱陵同时并存。南郡的治所先在江陵,后移公安。而原汉代州陵(今洪湖市东北)则被吴国废除。东汉后期,州陵依然存在,如孙权"拜(周)瑜偏将军,领南郡太守。以下隽、汉昌、刘阳、州陵为奉邑,屯据江陵"⑥。周瑜任南郡太守的时间约在208—210年之间,此时州陵尚在。但在建安十五年(210年)后的现存三国史料中已不见其身影。东吴时期的南郡很有可能还设有监利县(今监利市东北)。⑦ 传说监利之得名源于东吴在此"监收鱼盐之利"。

宜都郡本是东汉末年由曹操所创,后刘备更名。东吴占据宜都郡后,在湖北地区的辖县有:夷道县(今宜都市附近)、夷陵县(今宜昌市附近)、很山县(今长阳县西部)、秭归县。黄初

---

① 胡阿祥、孔祥军、徐成:《中国行政区划通史·三国两晋南朝卷》,复旦大学出版社2017年版,第373—384页。
② (晋)陈寿:《三国志》卷40,《蜀书十》,中华书局1959年版,第992页。
③ 参见胡阿祥、孔祥军、徐成:《中国行政区划通史·三国两晋南朝卷》,复旦大学出版社2017年版,第390—393页。牟发松:《湖北通史·魏晋南北朝卷》,华中师范大学出版社2018年版,第17页。
④ 潘新藻:《湖北省建制沿革》,湖北人民出版社1987年版,第233—234页。
⑤ 牟发松:《湖北通史·魏晋南北朝卷》,华中师范大学出版社2018年版,第17页。
⑥ (晋)陈寿:《三国志》卷54,《吴书九》,中华书局1959年版,第1264页。
⑦ 参见胡阿祥、孔祥军、徐成:《中国行政区划通史·三国两晋南朝卷》,复旦大学出版社2017年版,第520—522页。

三年(222年),东吴将夷陵改为西陵。在中国传统文化中,"夷"一般是对东方少数民族的蔑称。王莽时期,就曾改夷陵为居利。东吴本身就是脱离中原王朝管辖的地方政权,或许对"夷"有所忌讳,改名便也可以理解。夷陵改名,夷道好像并没有随之改变,其原因尚需要进一步思考与研究。① 东吴夷道同时也是宜都郡的治所。

江夏郡本是西汉所创,东吴占据江夏郡后,湖北属县有:武昌县(今鄂州市附近)、沙羡县(今武汉市西南)、阳新县(今阳新县东北)、下雉县(今阳新县东)、竟陵县(今潜江市西北)、云杜县(今京山市附近)、安陆县(今云梦县附近)、南新市县(今京山市东北)。武昌县原名鄂县,因孙权迁都而改名,名称含有"以武而昌"的含义。值得注意的是,这里的武昌县并非是今武汉市武昌区的前身。

长沙郡本是汉代旧郡,东吴占据长沙郡后,湖北属县有:下隽县(今崇阳县附近)和蒲圻县。蒲圻县是东吴于黄初四年(223年)分沙羡县新创,其位于今湖北赤壁东北。② 沙羡县境内原有一个盛产蒲草的蒲圻湖,孙权在湖边立县,因而得名。③

蕲春郡是东汉末年由孙权政治势力新设,其湖北辖县有:蕲春县(今蕲春县西南)、邾县(今黄冈市北部)、寻阳县(今武穴市东北)、安丰县。安丰县应是东吴新设④,其位于今黄冈市区与蕲春之间。⑤ 蕲春郡的治所在蕲春县。

以上政区格局均是对东汉末年的延续,随着历史的演进,魏、吴两国又继续更改湖北政区。

二、魏国攻防战略与湖北北部政区的演变

自赤壁之战后,曹军逐渐退到湖北北部地区,与东吴对峙。在湖北政区格局中,湖北西北角的襄阳、南阳、汉中地区最为重要。湖北西北不仅是吴蜀交界之地,也是魏军顺江而下,直逼东吴的重要突破口。在抵御诸葛亮北伐,入川灭蜀的历史进程中,湖北西北地区也起到了重要作用。对此魏国对这一地区的政区建设格外重视。

在夷陵之战发生前后,曹丕就开始注意湖北北部的防务,准备趁孙刘两败俱伤之时,有所举动。击败刘备后,孙权对曹魏态度发生了转变。曹丕于黄初三年(222年)年底御驾亲征:"帝自许昌南征,诸军兵并进,权临江拒守。十一月辛丑,行幸宛。"⑥宛就是南阳郡的治

---

① "道"这个政区名称原本就是专用于少数民族聚居地区的。三国时期,夷道极有可能仍旧存在大量少数民族人群,因而仍旧称"夷"。这当然纯属作者的猜测。
② 牟发松:《湖北通史·魏晋南北朝卷》,华中师范大学出版社2018年版,第18页。
③ 参见胡阿祥、孔祥军、徐成:《中国行政区划通史·三国两晋南朝卷》,复旦大学出版社2017年版,第531页。
④ 参见胡阿祥、孔祥军、徐成:《中国行政区划通史·三国两晋南朝卷》,复旦大学出版社2017年版,第490页。
⑤ 牟发松:《湖北通史·魏晋南北朝卷》,华中师范大学出版社2018年版,第18页。
⑥ (晋)陈寿:《三国志》卷2,《魏书二》,中华书局1959年版,第82页。

所。当时魏军一路南下,孙权只有临江拒守。由于吴将朱然固守湖北江陵,战事陷入胶着状态。

东吴虽然保住了江陵,但也惧怕曹魏军队,于是遣使纳贡,双方暂时罢兵。然而曹丕仍不甘心,于黄初四年(223年)正月"筑南巡台于宛"。① 该年三月,曹丕才北还洛阳。就在黄初三年(222年),曹魏又以安昌县为政治中心,设置义阳郡,其所辖湖北地区有:安昌县(今枣阳市南部)、平林县(今随县北部)。② 义阳郡的设置应该与曹魏防吴有关。魏义阳郡的设置实际上是将南阳郡南部与吴江夏郡接壤部分地区独立为郡,与吴国控制的南新市、安陆两县对峙。如果当地有战事,安昌县(今枣阳市南部)可随时就近调度,不必远求河南宛县。

与此同时,曹丕开始在魏吴交界之处安排藩王驻守。黄初三年(222年),曹丕封曹操子曹据为章陵王;义阳郡设置后,又封为义阳王。黄初二年(221年),曹丕封曹操子曹衮为赞公,黄初四年(223年)又封其为赞王。无论是赞公还是赞王,其封地都在酂县(今老河口市西北)。黄初三年(222年),曹丕封曹操之子曹彪为弋阳王。后来这三王又被改封他处。三国时期,诸侯王未必有实权,但诸侯王国国相的行政权力则是具备的。黄初三年(222年)前后,曹丕在魏吴湖北边界从西到东接连设置三王定有其考量。

关于曹魏在湖北的封国,还有很多需要介绍的。曹冲是曹操的幼子,建安十三年(208年)因病离世。曹冲死后,曹操将曹据之子曹琮过继给他。建安二十二年(217年),曹琮被封为邓侯,封地为湖北邓县,后来,曹琮封地多有更换。正始八年(247年)曹琮又被封为平阳公,封地为魏兴郡平阳县(今郧西县西部)。

曹丕在位时期,还封了一位技术专家为侯,此人即韩暨。《三国志》记载:

> 韩暨字公至,南阳堵阳人也……避袁术命召,徙居山都之山。荆州牧刘表礼辟,遂遁逃,南居孱陵界,所在见敬爱,而表深恨之。暨惧,应命,除宜城长。太祖平荆州,辟为丞相士曹属。后选乐陵太守,徙监冶谒者。旧时冶作马排,每一熟石,用马百匹;更作人排,又费功力;暨乃因长流为水排,计其利益,三倍于前。在职七年,器用充实。制书褒叹,就加司金都尉,班亚九卿。文帝践阼,封宜城亭侯。③

曹操任命韩暨为丞相士曹属,后选乐陵太守,徙监冶谒者。当时冶铁多用马排和人排,他提倡水排(水力鼓风机),利用水力转动鼓风机械,较马排的功效提高了三倍。在职七年,器用充实。文帝即位,封宜城亭侯。"亭"是县以下的基层行政单位,亭侯位在县侯、乡侯之下。韩暨封侯后,并没有到宜城县(今宜城市东南),而是继续在朝为官。就此来看,曹魏时期的侯国制度可能已经发生了变化,侯爵不仅没有对封地的行政权力,似乎也不必来到封

---

① (晋)陈寿:《三国志》卷2,《魏书二》,中华书局1959年版,第82页。
② 参见胡阿祥、孔祥军、徐成:《中国行政区划通史·三国两晋南朝卷》,复旦大学出版社2017年版,第380—381页。
③ (晋)陈寿:《三国志》卷24,《魏书二十四》,中华书局1959年版,第677页。

地,封地渐渐成为一种象征性名称。

黄初七年(226年),曹丕逝世,终年四十岁,其长子曹睿即位。太和二年(228年),一场权谋再次改变了湖北的政区情况。孟达原是刘备部将,后投降曹魏,备受重用,被封为散骑常侍、建武将军、平阳亭侯、新城郡太守。申仪同样是刘备部将,后投降曹魏,也备受重用,封真乡侯、魏兴郡太守。曹丕死后,在诸葛亮的劝诱下,孟达准备归附蜀汉政权,策应其北伐。经申仪告发,孟达失败,被司马懿诛杀。鉴于此次事变,魏国调整行政区划:"分新城之上庸、武陵、巫县为上庸郡,钖县为钖郡。"①

原新城郡包括房陵、绥阳、昌魏、泺乡、上庸、武陵、巫、钖等县。如果孟达归蜀成功,魏国襄阳、南乡、南阳三郡将直接受蜀汉威胁,危害较大。而孟达事件也看出了战乱时期郡辖区缩小的益处。在诸多势力盘根错节之下,政区行政官员很容易背叛。倘若其所辖范围还如秦汉时一般庞大,那么一旦行政官员反叛,对该政权的打击是较大的。辖区越小,官员背叛的成本就越小。在同一地理空间内,秦汉时的一个郡,三国时期一般会分划成多个。同时,郡与郡之间互相监督钳制也更加凸显。魏兴郡与新城郡相距不远,窥探对方情况十分方便。孟达谋叛,申仪即刻上报,这才帮助司马懿及时平叛。魏国继续将新城郡缩小,拆出上庸、武陵、巫县组成上庸郡。

就在魏上庸郡组建的同一年,诸葛亮开始出兵北伐。诸葛亮进军路线与湖北基本无关,历次北伐也没有过多涉及湖北地区。太和四年(230年)秋,曹魏对蜀汉进行反击:"魏使司马懿由西城,张郃由子午,曹真由斜谷,欲攻汉中。丞相亮待之于城固、赤阪,大雨道绝,真等皆还。"②魏军兵分三路攻蜀,其中两路大军由魏兴郡进兵,同年,魏国废除上庸郡。

从青龙二年(234年)开始,魏、吴两国展开冲突。该年五月"权遣陆逊、诸葛瑾等屯江夏、沔口,孙韶、张承等向广陵、淮阳,权率大众围合肥新城。是时蜀相诸葛亮出武功,权谓魏明帝不能远出,而帝遣兵助司马宣王拒亮,自率水军东征。未至寿春,权退还,孙韶亦罢"③。孙权想趁着魏国司马懿大军与诸葛亮周旋之际,有所进取。不料,魏明帝御驾亲征,孙权没有得手。有学者考证,魏国约于青龙四年(236年)前后,夺得吴国江夏郡安陆、南新市二县。

青龙四年(236年),孙权欲夺回江夏失地,并夺取魏国襄阳郡,史书载:"权北征,使(陆)逊与诸葛瑾攻襄阳……潜遣将军周峻、张梁等击江夏新市、安陆、石阳……江夏功曹赵濯、弋阳备将裴生及夷王梅颐等,并帅支党来附逊。逊倾财帛,周赡经恤……魏江夏太守逯式兼领兵马,颇作边害。"④然而,北征无果,失地没有收复,魏吴以江夏郡为界的现状也没有改变。

234年,诸葛亮于五丈原(今陕西省境内)病逝,蜀军回撤,曹魏军事压力得以舒缓,然东吴方向的压力仍然紧张。景初元年(237年),魏国继续调整行政区划:五月"分魏兴之魏阳、

---

① (晋)陈寿:《三国志》卷3,《魏书三》,中华书局1959年版,第94页。
② (晋)陈寿:《三国志》卷33,《蜀书三》,中华书局1959年版,第896页。
③ (晋)陈寿:《三国志》卷47,《吴书二》,中华书局1959年版,第1140页。
④ (晋)陈寿:《三国志》卷58,《吴书十三》,中华书局1959年版,第1351—1352页。

锡郡之安富、上庸为上庸郡。省锡郡,以锡县属魏兴郡"①。十二月"分襄阳临沮、宜城、旍阳、邔四县,置襄阳南部都尉……分襄阳郡之都叶县属义阳郡"②。

重建后的上庸郡辖县有所变化。原上庸郡辖上庸、武陵、巫县,此次重建后,上庸郡辖上庸、魏阳、安富。上庸位于今竹山县西南,安富约位于今十堰市郧阳区附近,魏阳位置暂时不明。十二月的调整较为复杂。原襄阳郡包括襄阳、临沮、宜城、旍阳、邔县、中庐、都县等辖县。现将临沮、宜城、旍阳、邔县四县重组归襄阳南部都尉管理。关于襄阳南部都尉,《宋书》曾有这样一段记载:

> 郡守,秦官。秦灭诸侯,随以其地为郡,置守、丞、尉各一人。守治民,丞佐之。郡当边戍者,丞为长史。晋江左皆谓之丞。尉典兵,备盗贼。汉景帝中二年,更名守曰太守,尉为都尉。光武省都尉,后又往往置东部、西部都尉。有蛮夷者,又有属国都尉。汉末及三国,多以诸部都尉为郡。③

都尉原本是西汉郡太守的属官,到了东汉省并都尉,只在特殊地区设置都尉。景初元年(237年)前,三国时期襄阳郡没有都尉。景初元年(237年)后,设襄阳南部都尉专门管理襄阳郡南部数县,相当于又分一郡。

据现代学者研究,三国时期"当分部设立都尉时,诸尉辖区不一定包括郡内所有各县,某些县可能只属太守,而不属都尉;又都尉也可以领县,成为行政区最高长官"④。

尽管襄阳太守与襄阳南部都尉的具体关系不得而知,但襄阳郡南部数县得到了统一军事管理则是事实。襄阳郡南部数县直接与东吴接壤,其防备东吴之目的非常明显。与此同时,将襄阳郡都县、叶县划归义阳郡也有加强与东吴接壤地区实力的意图。

曹睿统治时期,封大臣和洽为"西陵乡侯,邑二百户"⑤。西陵县位于湖北武汉市新洲区附近,但和洽受封后,其实并未来到湖北,而是继续在朝为官。这种封其名,享其禄,但不临其地的现象非常普遍。

景初三年(239年),魏明帝曹睿去世,其养子曹芳即位,由曹爽与司马懿辅理朝政。同年,曹魏废除义阳郡。⑥ 前文所述,义阳郡的设置与防吴有关。其设置时,吴国占有南新市、安陆两县,义阳郡刚好与此对峙。青龙四年(236年)新市、安陆已经属魏,且孙权反扑失败。义阳郡与南新市、安陆两县的军事对峙意义相对减少,这或许就是义阳郡消失的原因。义阳郡辖县安昌、平林复归南阳郡,都县复归襄阳郡。

---

① (晋)陈寿:《三国志》卷3,《魏书三》,中华书局1959年版,第109页。
② (晋)陈寿:《三国志》卷3,《魏书三》,中华书局1959年版,第110页。
③ (南朝梁)沈约:《宋书》卷40,《志第三十》,中华书局2018年版,第1363页。
④ 胡阿祥、孔祥军、徐成:《中国行政区划通史·三国两晋南朝卷》,复旦大学出版社2017年版,第69页。
⑤ (晋)陈寿:《三国志》卷23,《魏书二十三》,中华书局1959年版,第657页。
⑥ 相关考证参见胡阿祥、孔祥军、徐成:《中国行政区划通史·三国两晋南朝卷》,复旦大学出版社2017年版,第380页。

也许由于蜀汉与东吴攻势的衰退,此后曹魏湖北政区多年没有明显变化。嘉平元年(249年),高平陵政变爆发,司马懿夺得曹爽兵权,取得独尊地位。嘉平元年(249年)后,上庸郡被废除。① 虽然上庸郡被废原因不明,但当时曹魏已经由司马氏掌权,疑上庸郡被废与司马氏政治谋略有关。

嘉平三年(251年),司马懿去世,其子司马师、司马昭独揽魏国大权。嘉平六年(254年),司马氏兄弟察觉魏帝曹芳不满自己的专制,将其废除,改立曹髦为帝。正元二年(255年),司马师去世,司马昭独揽朝政。甘露四年(259年),魏国重新设置上庸郡。

自诸葛亮病逝后,姜维继承遗志,多次北伐,据学者研究,姜维几次较大的北伐时间为:238年、244年、248年、249年、250年、254年、255年、256年、257年、258年、261年、262年。② 姜维北伐并不从湖北方向进军,但汉中地区是其重要基地。上庸、武陵等地与姜维所占据的汉中地区同属秦汉时期汉中郡,面对姜维254年、255年、256年、257年连续四年的进攻,曹魏或许以复设上庸郡的方式加强了其在今湖北省竹山县一带的军事力量。

甘露四年(259年)复设的上庸郡湖北地区内辖县大概包括:上庸、建始、巫、安富、广昌等。上庸县早就存在,而建始县,应该是曹魏创制的新县,③其地理位置在今竹山县西北。④ 魏国巫县也许并不在今重庆市境内,而在今湖北省竹溪县附近。安富县或许在今十堰市郧阳区附近,广昌县或许也在今湖北省境内。

甘露四年(259年)后,曹魏湖北政区似乎再无改变,曹魏政权的生命也慢慢走向了尽头。甘露五年(260年),司马昭杀害魏帝曹髦,改立曹奂为帝。景元四年(263年),魏灭蜀汉。泰始元年(265年),司马昭去世,其子司马炎继承魏国大权。同年,司马炎代魏建立晋王朝。

纵观曹魏湖北政区演变,几乎每一次变更都与政治军事紧密相关。显而易见的是,越是靠近吴蜀边界,更改越是频繁,这也说明了政区存废与战争攻防确有关联。经过曹魏的政区演变,相较于秦汉,此时湖北地区的郡越来越小。

甘露四年(259年)曹魏湖北政区可能如下所示:

---

① 参见胡阿祥、孔祥军、徐成:《中国行政区划通史·三国两晋南朝卷》,复旦大学出版社2017年版,第387页。
② 参见叶哲明:《重评蜀汉姜维北伐》,《兰州大学学报》1987年第1期。
③ 参见胡阿祥、孔祥军、徐成:《中国行政区划通史·三国两晋南朝卷》,复旦大学出版社2017年版,第389页。
④ 牟发松:《湖北通史·魏晋南北朝卷》,华中师范大学出版社2018年版,第17页。

表 3-1　　　　　　　　甘露四年(259年)曹魏湖北政区表

州郡名称	辖县
荆州南阳郡	安昌县(枣阳市南部)、随县(随州市附近)、平林县(随县北部)、邓县(襄阳市西北)、蔡阳县(枣阳市西南)、山都县(襄阳市西北)、襄乡县(枣阳市东北)
荆州江夏郡	石阳县(汉川市西北)、安陆县(云梦县附近)、南新市县(京山市东北)
荆州南乡郡	酂县(老河口市西北)、武当县(丹江口市西北)、阴县(老河口市西北)、筑阳县(谷城县东北)
荆州襄阳郡	襄阳县(襄阳市襄州区)、中庐县(襄阳市西南)、邔县(宜城市东南)
荆州襄阳南部都尉	临沮县(远安县西北)、宜城县(宜城市东南)、旍阳县(枝江市北部)、邔县(宜城市北)
荆州新城郡	房陵县(房县附近)、绥阳县(神农架林区东南)、昌魏县(房县西南)、沶乡县(南漳县西南)、武陵县(竹溪县东)
荆州上庸郡	上庸县(竹山县西南)、建始县(竹山县西北)、巫县、安富县、广昌县(三县或在湖北省境内)
荆州魏兴郡	平阳县(郧西县西部)
豫州弋阳郡	西陵县(武汉市新洲区西部)

三、两次迁都之间的东吴湖北政区

除去上文介绍,东吴在湖北地区最显著的政区建设当是建都武昌。"(建安)二十五年春正月,曹公薨,太子丕代为丞相魏王,改年为延康……冬,魏嗣王称尊号,改元为黄初。二年四月,刘备称帝于蜀。权自公安都鄂,改名武昌,以武昌、下雉、寻阳、阳新、柴桑、沙羡六县为武昌郡。"①

黄初二年(221年),孙权从公安来到鄂县,将其改名武昌县,作为东吴政权的首都,并以武昌县为治所,割周围五县新设武昌郡。同年八月,孙权大建武昌城,并告诫诸位将领:

夫存不忘亡,安必虑危,古之善教。昔隽不疑汉之名臣,于安平之世而刀剑不离于身,盖君子之于武备,不可以已。况今处身疆畔,豺狼交接,而可轻忽不思变难哉?顷闻诸将出入,各尚谦约,不从人兵,甚非备虑爱身之谓。夫保己遗名,以安君亲,孰与危辱?宜深警戒,务崇其大,副孤意焉。②

武昌县地邻长江,西边水军抵挡刘备,北部凭借长江天堑防守曹魏,顺水东下可到达东吴政治中心。由此可以看出孙权建都武昌的战略考虑。将鄂县改名武昌,也有"武功昌盛"

---

① (晋)陈寿:《三国志》卷47,《吴书二》,中华书局1959年版,第1121页。
② (晋)陈寿:《三国志》卷47,《吴书二》,中华书局1959年版,第1121页。

的重要寓意。自此,孙权坐镇武昌,居中策应,却刘备于夷陵,挡曹魏于北方,平叛乱于东部,为东吴赢得了较为安定的政治环境。黄龙元年(229年),孙权称帝,与蜀汉结盟,迁都建业(今南京市)。湖北武昌县见证了孙权创业的艰辛。

孙权虽然迁都,武昌郡也不复存在,但东吴对武昌县,乃至湖北地区仍十分重视。史书记载:"权迁都建业,因故府不改馆,征上大将军陆逊辅太子登,掌武昌留事。"①"权迁都建业,征上大将军陆逊辅登镇武昌,领宫府留事。"②陆逊乃夷陵之战最大的功臣,孙权命其辅佐太子孙登驻守武昌,参见孙权对武昌的重视。皇帝在建业,太子守武昌,也成为东吴政权一大特色。嘉禾元年(232年),孙权丧弟悲痛,孙登回到父亲身边,留陆逊坚守武昌。赤乌七年(244年),陆逊任东吴丞相,"其州牧都护领武昌事如故"③。

嘉禾五年(236年)前后,吴国江夏郡安陆、南新市二县被魏国占领。

神凤元年(252年)孙权病逝,享年七十一岁。孙权在位时,也曾在湖北分封王侯。孙奋为孙权子:"太元二年,立为齐王,居武昌。权薨,太傅诸葛恪不欲诸王处江滨兵马之地,徙奋于豫章。"④太元二年,即神凤元年(252年),孙奋被封为齐王,居武昌。事实上,齐地在山东一带,早为魏国占有,这也反映了东吴分封时封号与领地不一的现象。继孙登之后,孙奋来到武昌,然太傅诸葛恪不愿意诸王在军事要地就藩,故改封孙奋至江西豫章。

吕蒙击败关羽有大功,孙权"以蒙为南郡太守,封孱陵侯,赐钱一亿,黄金五百斤"⑤。吕蒙不久去世,其爵位由吕霸、吕琮、吕睦先后继承。

陆逊在夷陵之战中建有大功,被封为江陵侯。陆逊死后,次子陆抗、陆抗子陆晏相继继承爵位。

朱然也是东吴得力干将,史书记载:"虎威将军吕蒙病笃,权问曰:卿如不起,谁可代者?蒙对曰:朱然胆守有馀,愚以为可任。蒙卒,权假然节,镇江陵。"⑥朱然坚守江陵,抵御曹魏建立功劳,被封为当阳侯。朱然去世后,朱绩继承爵位。

孙皎治军有方,被孙权评价为:"诸将少能及者。"⑦孙皎被封为沙羡侯,其后孙承、孙壹继承爵位。

除了王侯,东吴许多将领也有封地。如周瑜,(孙权)"拜瑜偏将军,领南郡太守。以下隽、汉昌、刘阳、州陵为奉邑,屯据江陵"⑧。周瑜病重后,(孙权)"拜(鲁)肃奋武校尉,代瑜领

---

① (晋)陈寿:《三国志》卷47,《吴书二》,中华书局1959年版,第1135页。
② (晋)陈寿:《三国志》卷59,《吴书十四》,中华书局1959年版,第1364页。
③ (晋)陈寿:《三国志》卷58,《吴书十三》,中华书局1959年版,第1353页。
④ (晋)陈寿:《三国志》卷59,《吴书十四》,中华书局1959年版,第1373页。
⑤ (晋)陈寿:《三国志》卷54,《吴书九》,中华书局1959年版,第1279页。
⑥ (晋)陈寿:《三国志》卷56,《吴书十一》,中华书局1959年版,第1306页。
⑦ (晋)陈寿:《三国志》卷56,《吴书十一》,中华书局1959年版,第1208页。
⑧ (晋)陈寿:《三国志》卷54,《吴书九》,中华书局1959年版,第1264页。

兵。瑜士众四千余人,奉邑四县,皆属焉"①。再如孙皎,(孙权)"赐沙羡、云杜、南新市、竟陵为奉邑,自置长吏"②。奉邑也是一种封地,但奉邑不能世袭。三国时吴国赐给世家大族屯田户做私属,对有战功的将领还赐给奉邑,多至数县,可以自置长吏。

孙权去世后,太子孙登早亡,幼子孙亮即位为帝,年仅10岁,在位六年。永安元年(258年),权臣孙綝废孙亮,改立孙休为帝(孙权的六子)。孙休即位后不久,即联合朝中旧臣,除掉孙綝,终于亲政。

永安三年(260年),东吴开始更改湖北政区。东吴在原宜都郡内新设兴山、信陵、沙渠三县。兴山位于今兴山县北部,信陵位于今秭归县东南,沙渠位于今恩施市附近。③ 然后分宜都郡西部地区为建平郡。其辖县有:巫、秭归、兴山、信陵、沙渠、建始。④ 值得注意的是,建平郡有建始县,此县与曹魏建始(今竹山县西北)同名。关于东吴建始县,我们所知甚少,甚至不知其具体地理位置。东吴在蜀汉、曹魏边界设县设郡,似乎有加强湖北西部地区统治的目的。建平郡的治所在巫县(今重庆市巫山县),处于东吴与蜀汉边界。而兴山县位于东吴与蜀国边界。传说,兴山县得名于县治兴起于群山之中。

关于建平郡的战略地位,陆逊之子陆抗曾言道:"西陵、建平,国之蕃表,既处下流,受敌二境。若敌泛舟顺流,舳舻千里,星奔电迈,俄然行至,非可恃援他部以救倒县也。此乃社稷安危之机,非徒封疆侵陵小害也。臣父逊昔在西垂陈言,以为西陵国之西门,虽云易守,亦复易失。若不守,非但失一郡,则荆州非吴有也。如其有虞,当倾国争之。"⑤长江自西向东流入东吴境内,建平郡巫县乃第一道门户,宜都郡西陵县乃第二道门户。若敌人顺江而下占领两地,湖北势将不保,东吴国势危矣。在建平郡设立前,巫与西陵二县同归宜都郡辖有。宜都郡治所在夷道,地处宜都郡最东端,与西陵尚近,但对最西部的巫县大有鞭长莫及之感。东吴将宜都郡一分为二,成东西两部,将"国之蕃表"的建平郡与宜都郡分开治理,以保军事重地能够集中指挥。

永安三年(260年)后,东吴湖北政区如下所示:

表3-2　　　　　　　　永安三年(260年)东吴湖北政区表

州郡名称	辖县
荆州南郡	公安县(公安县西北)、屠陵县(公安县西)、江陵县(荆州市荆州区附近)、编县(荆门市西北)、当阳县(当阳市附近)、华容县(潜江市西南)、枝江县(枝江市东北)、监利县(监利市东北)

---

① (晋)陈寿:《三国志》卷54,《吴书九》,中华书局1959年版,第1271页。
② (晋)陈寿:《三国志》卷51,《吴书六》,中华书局1959年版,第1206—1207页。
③ 牟发松:《湖北通史·魏晋南北朝卷》,华中师范大学出版社2018年版,第18页。
④ 参见胡阿祥、孔祥军、徐成:《中国行政区划通史·三国两晋南朝卷》,复旦大学出版社2017年版,第524页。
⑤ (晋)陈寿:《三国志》卷58,《吴书十三》,中华书局1959年版,第1359页。

续表

州郡名称	辖县
荆州宜都郡	夷道县(宜都市附近)、西陵县(宜昌市东南)、很山县(长阳县西部)
荆州建平郡	秭归县、兴山县(兴山县北部)、信陵县(秭归县东南)、沙渠县(恩施市附近)
荆州江夏郡	武昌县(鄂州市附近)、沙羡县(武汉市西南)、阳新县(阳新县东北)、下雉县(阳新县东)、竟陵县(潜江市西北)、云杜县(京山市附近)
荆州长沙郡	下隽县(崇阳县附近)、蒲圻县(赤壁市东北)
扬州蕲春郡	蕲春县(蕲春县西南)、邾县(黄冈市北部)、寻阳县(武穴市东北)、安丰县(黄冈市东南)

永安七年(264年),孙休去世,时年三十岁。此时,蜀汉已亡,曹魏不稳(几年后被司马氏晋政权所取代),南部越南又生叛乱,吴国处于极其危险之中。同年,孙休亡兄孙和之子孙皓嗣位,改年号元兴。

元兴二年(265年),孙皓"从西陵督步阐表,徙都武昌"①。在湖北西陵都督步阐的建议下,吴国的都城再次迁回湖北武昌县。与此同时,孙皓开始大幅调整东吴政区。

关于孙皓建都武昌的原因,目前有多种说法。如风水说。据《汉晋春秋》记载:"望气者云荆州有王气破扬州而建业宫不利,故皓徙武昌,遣使者发民掘荆州界大臣名家冢与山冈相连者以厌之。"②有风水先生告诉孙皓,荆州有"王气"对其不利,于是孙皓迁都武昌,并挖荆州大臣名人坟墓以破坏风水。在风水流行的古代,帝王的确可以因为"风水"而改变某些行政举措。但本书认为风水说并非唯一原因。

又有学者认为,252年孙权去世,孙吴皇权一度旁落。孙皓继位后,清除权臣,一度整肃朝政,颇得赞誉。作为孙吴末代君主,孙皓努力强化皇权,迁徙都城正是其重要举措。③ 事实上,迁都武昌与东吴战略布局调整紧密相关。西晋名将杜预说得非常明白:"自秋已来,讨贼之形颇露。若今中止,孙皓怖而生计,或徙都武昌,更完修江南诸城,远其居人,城不可攻,野无所掠,积大船于夏口,则明年之计或无所及。"④在杜预看来,东吴迁都武昌,整修城池,坚壁清野,发挥长江水军优势,晋朝将难以取胜。

然而,孙皓迁都之举却也遭到吴国大臣反对,大臣陆凯就表示:

又武昌土地,实危险而墝确,非王都安国养民之处,船泊则沈漂,陵居则峻危,且童谣言:"宁饮建业水,不食武昌鱼;宁还建业死,不止武昌居。"臣闻翼星为变,荧

---

① (晋)陈寿:《三国志》卷48,《吴书三》,中华书局1959年版,第1164页。
② (清)汤球:《汉晋春秋辑本》,商务印书馆1936年版,第35页。
③ 王永平:《孙皓时期皇权的强化及其与儒学朝臣冲突的加剧——孙吴后期政治史研究之二》,《河南科技大学学报(社会科学版)》2005年第4期。
④ (唐)房玄龄:《晋书》卷34,《列传第四》,中华书局1974年版,第1029页。

惑作妖,童谣之言,生于天心,乃以安居而比死,足明天意,知民所苦也。①

陆凯的反对意见实质上只有一个意思:武昌贫穷,地理条件不好,不适合建都。"宁饮建业水,不食武昌鱼;宁还建业死,不止武昌居"的意思是南京处于武昌下游,如果迁都武昌,南京人民要逆流而上供应武昌,这就导致民怨沸腾。陆凯所说,特别从经济角度来说,的确有其道理,但仔细想来却有疑问。

当时已经是危急存亡之秋,都城之经济富庶程度已经不是决定性要素,战略地位才是首要考虑目标。而武昌地理条件正好可以抵御不习水土的北方士兵。"船泊则沈漂,陵居则峻危",如果从另一个角度思考会不一样。惯于水上航行的南方人都"船泊则沈漂",那么北方人会更加艰难,定都武昌正可以发挥东吴水军之长。上文介绍的西晋名将杜预就害怕东吴"积大船于夏口"。夏口就是长江、汉水汇合的今武汉市地区,正与武昌县相邻。而"陵居则峻危"的另一层含义也正是居高临下的地理优势。

"宁饮建业水,不食武昌鱼;宁还建业死,不止武昌居"所包含的南京居民逆流而上供应自然是事实。但后来西晋统一后,武昌也好,南京也罢,都要供应北方首都,为何没有这些歌谣呢? 其实几十年前孙权迁都武昌,当时也有歌谣:"黄金车,班兰耳,闾昌门,出天子。"这里说的"昌门"传说是吴王夫差时期设置的吴国西郭门。② 孙权明明在武昌登基,却是开吴地之门。传统时期的歌谣,往往是舆论的表达方式。吴国旧都附近居住有大量世家大族,这些既得利益者很有可能不愿意放弃在江浙的产业迁都湖北,故而一旦东吴统治者迁都,他们就鼓动舆论,施加压力。这尽管是一种猜测,但结合名将杜预的言论和陆凯的建议,迁都武昌的确是一种理性战略行为。

我们无法得知孙皓因何原因最终放弃了定都武昌的打算。宝鼎元年(266 年)十二月,孙皓还都建业,命卫将军滕牧留镇武昌。宝鼎二年(267 年),孙皓在建业修建豪华宫殿,花费亿万钱财。

宝鼎三年(268 年),孙皓御驾亲征,兵分多路,从安徽、湖北襄阳、湖北江夏一带攻晋。与此同时,派军南下平定越南叛乱,清除晋朝对吴国南方的威胁,但都没有获得实质性战果。建衡元年(269 年),再次南征北伐。建衡三年(271 年),孙皓再次亲征,从安徽方向发动对晋朝进攻。该年,东吴在越南战场取得胜利,后设立政区加强统治:"破交阯,禽杀晋所置守将,九真、日南皆还属。大赦,分交阯为新昌郡。诸将破扶严,置武平郡。"③

凤凰元年(272 年),孙皓征召曾建议迁都武昌的西陵都督步阐到建业,步阐害怕孙皓加害,携西陵地投降晋朝。很快,孙皓派兵收回西陵,且抵挡住了晋朝的进攻。从此,东吴与晋朝处于对峙状态。天纪三年(279 年),晋朝大举攻吴:"晋命镇东大将军司马伷向涂中,安东

---

① (晋)陈寿:《三国志》卷 61,《吴书十六》,中华书局 1959 年版,第 1401 页。
② (晋)陈寿:《三国志》卷 47,《吴书二》,中华书局 1959 年版,第 1136 页。
③ (晋)陈寿:《三国志》卷 48,《吴书三》,中华书局 1959 年版,第 1168 页。

将军王浑、扬州刺史周浚向牛渚,建威将军王戎向武昌,平南将军胡奋向夏口,镇南将军杜预向江陵,龙骧将军王濬、广武将军唐彬浮江东下,太尉贾充为大都督,量宜处要,尽军势之中。"①晋军从湖北、安徽攻伐东吴,以湖北江陵、武昌、夏口为重点进攻方向。晋军有备而来,东吴湖北属地很快落入晋军之手。天纪四年(280年),晋军攻至东吴首都,孙皓投降,东吴灭亡。

四、湖北都督的普及与王侯的衰落

三国时期,湖北地区战乱频繁,为了方便军事指挥,曹魏政权还设立了各种都督。史料记载:

> 持节都督,无定员。前汉遣使,始有持节。光武建武初,征伐四方,始权时置督军御史,事竟罢。建安中,魏武帝为相,始遣大将军督军。二十一年,征孙权还,夏侯惇督二十六军是也。魏文帝黄初二年,始置都督诸州军事,或领刺史。②

有学者认为:曹魏都督制是在建安年间的战争环境中逐渐形成的。曹操权置都督诸军事,以统领、指挥原来互不相属的多支军队。东汉以来有御史监军制度,曹或称都督,但只行监督之职。都督制度定型于曹丕代汉即魏帝位之时,史传中有明确记载。曹操为妥善处理中央与地方关系而权置都督,但对都督的定型则持慎重态度;鉴于即位时的严重形势,曹丕以都督控御诸州军事,稳定政局,正式确立都督制度。③

都督制的雏形在汉代就已出现。东汉末年以来,都督逐渐成为专管地方军事的官员。曹丕统治时期,都督定型,且有兼州刺史的现象。就湖北地区来看,从黄初元年(220年)到曹丕时期,曹仁都督荆、扬、益州诸军事。后,夏侯尚都督南方诸军事,兼荆州刺史。当时四川与长江南部皆为蜀汉、东吴领土。曹仁与夏侯尚也只能管理湖北部分地区的军事。太和元年(227年)至太和四年(230年),司马懿都督荆豫,后夏侯儒接替其位。正始二年(241年),夏侯儒卸任,王昶又为荆豫二州都督。甘露四年(259年),王昶去世,豫州专门设置都督。荆州分河南新野与湖北襄阳设两个都督,分别冠以荆州都督与江南都督名号。④

都督专门管理军事,本不是行政官员,但都督的设置地分割了以州刺史为首的行政官员的权力。如曹仁为荆、扬、益都督时,曾经"使将军高迁等徙汉南附化民于汉北。"⑤迁移居民本是行政官员之事,曹仁命令手下将军予以迁移,影响了原本的州、郡、县行政系统的权力与

---

① (晋)陈寿:《三国志》卷48,《吴书三》,中华书局1959年版,第1173页。
② (南朝梁)沈约:《宋书》卷39,《志第二十九》,中华书局2018年版,第1329页。
③ 陈琳国:《曹魏都督制的渊源和定型——兼论中央和地方的关系》,《北京师范大学学报(社会科学版)》1996年第5期。
④ 参见胡阿祥、孔祥军、徐成:《中国行政区划通史·三国两晋南朝卷》,复旦大学出版社2017年版,第186—187、190页。
⑤ (晋)陈寿:《三国志》卷9,《魏书九》,中华书局1959年版,第276页。

运行。

东吴政权也设置了都督。吴国在湖北都督的设置较为复杂,既有州一级的都督,也有以县为名的都督。州一级的都督如荆州都督;以县为名的都督也并非只管一县。朱然曾为江陵都督,步协为西陵督,诸葛融为公安督。但江陵都督朱然对西陵与公安都有管辖之权。孙权任步骘为西陵都督。步骘去世后,"子协嗣,统骘所领,加抚军将军。协卒,子玑嗣侯。协弟阐,继业为西陵督"①。

武昌曾被东吴两次立为首都,设武昌郡的同时也设置了武昌都督。在武昌都督之下,还有左右武昌都督。武昌右部都督管理武昌至蒲圻一段,左部都督管理武昌至江西柴桑一段。②

东吴都督与政区的关系非常复杂。江陵、公安属于南郡,西陵属于宜都郡,东吴打破了郡的界限,设置都督辖区,且这种设置极不稳定。武昌郡随东吴还都建业而被废除,其下武昌都督却长期存在。武昌都督辖区与武昌县所在的江夏郡也存在着错综复杂的关系。东吴曾经任命陆抗"都督信陵、西陵、夷道、乐乡,公安诸军事,治乐乡"③。其中,信陵、西陵、夷道、公安分属于三郡,乐乡甚至都不是县。由此看来,东吴都督相对打乱了自东汉末年形成的州郡县地方政治制度。

三国时期,州的长官或称刺史,或称州牧,已经成为郡之上的行政官员:"自汉季以来,刺史总统诸郡,赋政于外,非若曩时司察之而已。"④郡的长官仍称太守,特殊郡长官则称尹。依户数的多少,县的长官仍称长或令。

值得注意的是,魏吴都有分封王侯,但王侯与封国关系越来越淡。曹魏喜欢频繁更换王侯封地。与湖北有关的曹据的封地就被多次更换,"建安十六年封范阳侯。二十二年,徙封宛侯。黄初二年,进爵为公。三年,为章陵王,其年徙封义阳……据改封定陶县。太和六年,改封诸王,皆以郡为国,据复封彭城"⑤。

再如曹衮,"建安二十一年封平乡侯……二十二年,徙封东乡侯,其年又改封赞侯。(黄初)三年,为北海王……四年,改封赞王。七年,徙封濮阳……(太和)六年,改封中山"⑥。

还如曹彪:"建安二十一年,封寿春侯。黄初二年,进爵,徙封汝阳公。三年,封弋阳王。其年徙封吴王。五年,改封寿春县。七年,徙封白马……(太和)六年,改封楚。"⑦

除频繁更换封地外,曹魏诸侯王的各项权力也受到限制。在司马氏夺权的过程中,诸侯

---

① (晋)陈寿:《三国志》卷52,《吴书七》,中华书局1959年版,第1240页。
② 参见胡阿祥、孔祥军、徐成:《中国行政区划通史·三国两晋南朝卷》,复旦大学出版社2017年版,第194—196页。
③ (晋)陈寿:《三国志》卷58,《吴书十三》,中华书局1959年版,第1355页。
④ (晋)陈寿:《三国志》卷15,《魏书十五》,中华书局1959年版,第487页。
⑤ (晋)陈寿:《三国志》卷20,《魏书二十》,中华书局1959年版,第581页。
⑥ (晋)陈寿:《三国志》卷20,《魏书二十》,中华书局1959年版,第583页。
⑦ (晋)陈寿:《三国志》卷20,《魏书二十》,中华书局1959年版,第586—587页。

王就无力反对。史称：

> 魏氏王公，既徒有国土之名，而无社稷之实，又禁防壅隔，同于囹圄；位号靡定，大小岁易；骨肉之恩乖，常棣之义废。

> 魏兴，承大乱之后，民人损减，不可则以古始。于是封建侯王，皆使寄地，空名而无其实。王国使有老兵百余人，以卫其国。虽有王侯之号，而乃侪为匹夫。县隔千里之外，无朝聘之仪，邻国无会同之制。诸侯游猎不得过三十里，又为设防辅监国之官以伺察之。王侯皆思为布衣而不能得。既违宗国藩屏之义，又亏亲戚骨肉之恩。①

曹魏在湖北分封的侯爵，有许多本就是朝中官员将领，与封国关系淡薄，对封国内部事务没有直接管理权。朝廷任命的非世袭官员才是封地真正的管理者。吴国的情况也是如此，如分封于武昌的齐王孙奋。当时太傅诸葛恪不愿他就藩战略要地，希望他迁移别处，寄予书信一封，其中说道：

> 自光武以来，诸王有制，惟得自娱于宫内，不得临民，干与政事，其与交通，皆有重禁，遂以全安，各保福祚。此则前世得失之验也……大行皇帝览古戒今，防芽遏萌，虑于千载。是以寝疾之日，分遣诸王，各早就国，诏策殷勤，科禁严峻，其所戒敕，无所不至，诚欲上安宗庙，下全诸王，使百世相承，无凶国害家之悔也……闻顷至武昌以来，多违诏敕，不拘制度，擅发诸将兵治护宫室。又左右常从有罪过者，当以表闻，公付有司，而擅私杀，事不明白。大司马吕岱亲受先帝诏敕，辅导大王，既不承用其言，令怀忧怖。华锜先帝近臣，忠良正直，其所陈道，当纳用之，而闻怒锜，有收缚之语。又中书杨融，亲受诏敕，所当恭肃，云正自不听禁，当如我何？闻此之日，大小惊怪，莫不寒心。②

孙奋得到诸葛恪的书信后，非常惧怕，同意迁居。上文介绍的东吴侯爵大多也是有具体官职的文臣武将。他们在忙于政务、军务的同时，与封国内部缺少直接关联。孙奋居住武昌而封齐王的事例，也表明当时封地名称与实际封土脱节的事实。整体而言，魏吴王侯的地方行政权正逐渐弱化和虚化。

---

① (晋)陈寿：《三国志》卷20，《魏书二十》，中华书局1959年版，第591—592页。
② (晋)陈寿：《三国志》卷59，《吴书十四》，中华书局1959年版，第1373—1374页。

第三章 曲折发展：魏晋南北朝时期湖北政区

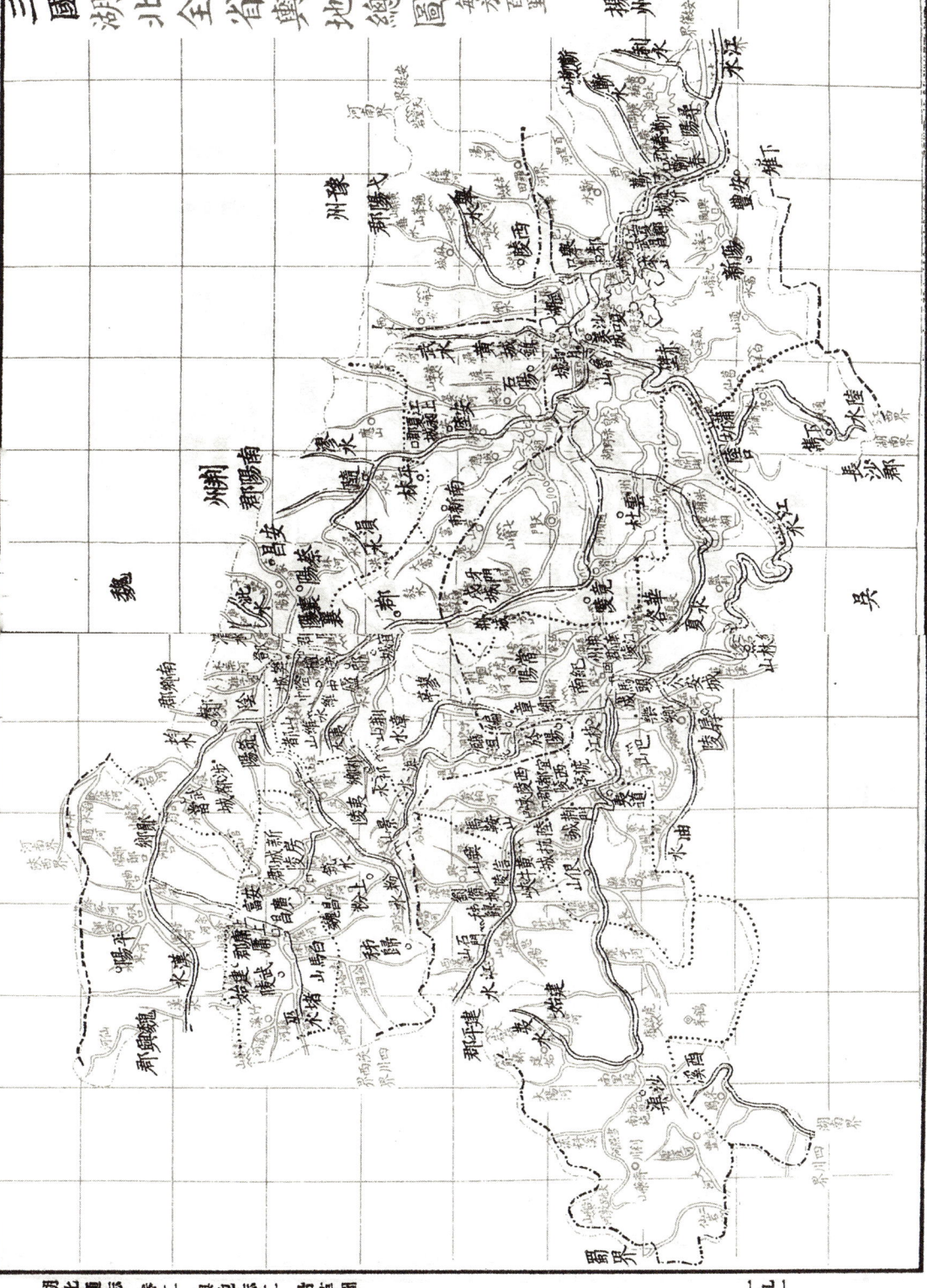

图3-1 宣统《湖北通志》所绘三国时期湖北地图

第二节　西晋短暂统一时的湖北政区

司马氏家族夺得曹魏政权建立晋朝，晋朝灭吴，结束了东汉末年战乱纷争的局面。尽管晋武帝司马炎采取多种措施恢复并发展社会经济，统一调整湖北政区。但与其他大一统王朝相比，西晋统治者非但未将战乱时期的湖北政区归并整合，反而进一步加剧了它的分割局面。西晋短暂的统一，让湖北政区越来越细碎，控制政区的官员越来越复杂，湖北政区格局朝着迥异于秦汉的道路发展。

一、晋武帝对魏吴湖北政区的析分

曹魏后期，司马氏家族逐渐取得政治大权。景元四年（263年），司马昭灭蜀汉。咸熙元年（264年），司马昭称晋王。泰始元年（265年），司马昭子司马炎逼迫曹魏末代皇帝曹奂禅让，登基称帝，是为晋武帝。太康元年（280年），晋军灭吴，恢复统一局面。三国时期，荆州一分为二，分别被魏吴占领。晋武帝统一后，两荆州合并，治所江陵县。

曹魏末年，荆州设有南阳郡。该郡在湖北辖县包括：安昌县（今枣阳市南部）、随县（今随州市附近）、平林县（今随县北部）、邓县（今襄阳市西北）、蔡阳县（今枣阳市西南部）、山都县（今襄阳市西北）、襄乡县（今枣阳市东北）。曹魏时期有义阳郡，后被废除。晋武帝于泰始元年（265年）封司马望为义阳王，恢复义阳郡，将南阳郡安昌、平林二县迁入。太康三年（282年）左右，随县又移入义阳郡。① 在义阳郡中，还设置了厥西县。厥西县设置时间及原因不明，位置约在今随州市西北。② 义阳郡治所安昌县。太康九年（288年），西晋分义阳郡为随、平林二县，设置随郡。③

曹魏末年，荆州设有南乡郡。南乡郡治所在鄀县，该郡在湖北的辖县有：鄀县（今老河口市西北）、武当县（今丹江口市西北）、阴县（今老河口市西北）、筑阳县（今谷城县东北）。晋武帝继承曹魏领土后，于太康五年（284年）设置汎阳县。④ 汎阳县位于今谷城市北部，设置原因不明。⑤ 太康十年（289年），西晋改南乡郡为顺阳国。南乡郡与顺阳郡的名称在晋代曾反

---

①参见胡阿祥、孔祥军、徐成：《中国行政区划通史·三国两晋南朝卷》，复旦大学出版社2017年版，第710—714页。该书还认为276年，晋武帝封司马歆为新野郡公，将南阳郡山都、蔡阳、邓县划入新野郡。279—290年新野郡被废。但《晋书·武帝本纪》明确记载，太康十年（289年）"徙扶风王畅为顺阳王，畅弟歆为新野公。"此时的"新野公"，《晋书》司马歆传明确记载是新野县公。此时，西晋有新野县，而无新野郡。晋惠帝即位后，司马歆被封为新野郡王，此时应该才有新野郡。

②牟发松：《湖北通史·魏晋南北朝卷》，华中师范大学出版社2018年版，第18页。

③参见胡阿祥、孔祥军、徐成：《中国行政区划通史·三国两晋南朝卷》，复旦大学出版社2017年版，第724页。

④参见胡阿祥、孔祥军、徐成：《中国行政区划通史·三国两晋南朝卷》，复旦大学出版社2017年版，第715页。

⑤牟发松：《湖北通史·魏晋南北朝卷》，华中师范大学出版社2018年版，第18页。

复调换。

曹魏时期,荆州设有新城郡。该郡湖北辖县有:房陵县(今房县附近)、绥阳县(今神农架林区东南)、昌魏县(今房县西南)、沶乡县(今南漳县西南)、武陵县(今竹溪县东)。武陵县在曹魏末年被废除。需要注意的是,绥阳县曾被改名为秭归;湖北另有一秭归县,分属吴国。太康二年(281年),西晋灭吴,新城郡秭归县恢复为绥阳县,新城郡治所在房陵县。①

曹魏末年,荆州设有魏兴郡。该郡湖北辖县有:平阳县(今郧西县西部)。西晋建立后,改平阳县为兴晋县,为魏兴郡治所。史书中,常将兴晋县写作晋兴县。太康四年(283年),西晋恢复西汉长利县。长利县范围仍在今郧西县西南。② 太康五年(284年),西晋分魏兴郡长利县,设置郧乡县。郧乡县位于今十堰市郧阳区附近。

曹魏末年,荆州设有上庸郡。该郡湖北辖县有:上庸县(今竹山县西南)、建始县(今竹山县西北)、巫县、安富县、广昌县。西晋改建始为微阳。太康四年(283年),恢复武陵县,归入上庸郡。将巫县改为北巫县,与重庆境内的巫县相区别。在西晋年间,广昌曾名庸昌。③

曹魏时期,荆州设有襄阳郡与襄阳南部都尉,湖北辖县有:襄阳县(今襄阳市襄州区)、中庐(卢)县(今襄阳市西南)、鄀县(今宜城市东南)、临沮县(今远安县西北)、宜城县(今宜城市东南)、旍(旌)阳县(今枝江市北部)、邔县(今宜城市北)。晋武帝时期,襄阳南部都尉很有可能被废除。太康元年(280年),山都县并入襄阳郡,旍(旌)阳县与鄀县划归南部都尉。④ 襄阳郡治所在襄阳县。晋武帝平吴后,在临沮北部、中庐(卢)南部设立上黄县,其位置在今宜城市西南。⑤

三国时期,魏吴各有荆州江夏郡,曹魏湖北辖县有:石阳县(今汉川市西北)、安陆县(今云梦县附近)、南新市县(今京山市东北)。东吴湖北辖县有:武昌县(今鄂州市附近)、沙羡县(今武汉市西南)、阳新县(今阳新县东北)、下雉县(今阳新县东)、竟陵县(今潜江市西北)、云杜县(今京山市附近)。晋武帝平吴后,合并安陆、石阳、南新市、云杜、竟陵五县重组为江夏郡,治所安陆,改石阳为曲陵。⑥ 针对武昌、沙羡、阳新、下雉四县,西晋废下雉,改沙羡为沙阳(改名后的沙阳,位置大致不变,仍在武汉市西南,嘉鱼县东北);在武昌附近新设沙羡,约在今武汉市武昌区附近。又设立鄂县,位于今鄂州市鄂城区西南。后将武昌、沙阳、阳新、沙

---

① 参见胡阿祥、孔祥军、徐成:《中国行政区划通史·三国两晋南朝卷》,复旦大学出版社2017年版,第715页。

② 牟发松:《湖北通史·魏晋南北朝卷》,华中师范大学出版社2018年版,第18页。

③ 参见胡阿祥、孔祥军、徐成:《中国行政区划通史·三国两晋南朝卷》,复旦大学出版社2017年版,第716页。

④ 参见胡阿祥、孔祥军、徐成:《中国行政区划通史·三国两晋南朝卷》,复旦大学出版社2017年版,第709—710页。

⑤ 牟发松:《湖北通史·魏晋南北朝卷》,华中师范大学出版社2018年版,第20页。

⑥ 参见胡阿祥、孔祥军、徐成:《中国行政区划通史·三国两晋南朝卷》,复旦大学出版社2017年版,第706页。

羡、鄂县五县组成武昌郡,治所武昌。武昌郡在东吴迁都湖北时设立,伴随还都建业被废除。西晋平定东吴后,又设武昌郡,并长期维持。与此同时,以武昌为中心,在附近又设新县,进行政区建设。太康元年(280年),西晋并安丰县(属蕲春郡,西晋改名高陵县)、寻阳县以及邾县进入武昌郡。太康二年(281年),又从武昌郡划寻阳县入庐江郡。283年前后,移邾县入弋阳郡。①

东吴时期设有荆州南郡。该郡湖北辖县有:公安县(今公安县西北)、孱陵县(今公安县西)、江陵县(今荆州市荆州区附近)、编县(今荆门市西北)、当阳县(今荆门市西南)、华容县(今潜江市西南)、枝江县(今枝江市东北)、监利县(今监利市东北)。太康元年(280年),西晋改南郡为新郡(不久后恢复),废公安,划孱陵入南平郡,划襄阳郡旌阳县与都县归南郡,复汉代的州陵县。太康四年(283年)前后,西晋恢复监利县。晋武帝在位时,还为南郡新设石首县,位于今石首市附近。南郡的治所仍在江陵县。②

南平郡乃晋武帝平定东吴后新创,全部辖县有:作唐县、孱陵县、江安县、安南县。作唐县为东汉时所设,地处湖北、湖南交界;孱陵县即东吴属县。江安县位于今公安县西北部;安南县位于今湖南省境内。

东吴末年,荆州设有宜都郡。该郡湖北辖县有:夷道县(今宜都市附近)、西陵县(今宜昌市东南)、佷山县(今长阳县西部)。西晋灭吴后,复西陵为夷陵,其余县没有变化。③曹魏时期,豫州辖弋阳郡西陵县。西晋统一后,恢复西陵旧名。

东吴末年,荆州设有建平郡。该郡湖北辖县有:秭归县、兴山县(今兴山县北部)、信陵县(今秭归县东南)、沙渠县(今恩施市附近)、建始县。东吴时建始县的位置不甚明确。西晋灭吴后,建平郡所辖湖北地区县的数量没有变化,建始县的位置可以确定为今建始附近。④

东吴末年,东吴设有长沙郡。该郡湖北辖县有:下隽县(今崇阳县附近)、蒲圻县(今赤壁市东北)。东晋灭吴后,其湖北辖县没有变化。

三国时期,曹魏豫州设有弋阳郡。该郡湖北辖县有:西陵县(今武汉市新洲区西部)。西晋时,西陵保持不变。太康元年(280年),蕲春县划入弋阳郡;太康四年(283年)前,邾县也划归弋阳郡。⑤

三国时期,东吴在扬州设有蕲春郡。该郡湖北辖县有:蕲春县(今蕲春县西南)、邾县(今

---

① 参见胡阿祥、孔祥军、徐成:《中国行政区划通史·三国两晋南朝卷》,复旦大学出版社2017年版,第723—724页。
② 参见胡阿祥、孔祥军、徐成:《中国行政区划通史·三国两晋南朝卷》,复旦大学出版社2017年版,第707—708页。
③ 参见胡阿祥、孔祥军、徐成:《中国行政区划通史·三国两晋南朝卷》,复旦大学出版社2017年版,第718页。
④ 牟发松:《湖北通史·魏晋南北朝卷》,华中师范大学出版社2018年版,第20页。
⑤ 参见胡阿祥、孔祥军、徐成:《中国行政区划通史·三国两晋南朝卷》,复旦大学出版社2017年版,第619—620页。

黄冈市北部)、寻阳县(今武穴市东北)、安丰县(今黄冈市东南)。西晋灭吴后,废除蕲春郡,划蕲春县、邾县入豫州弋阳郡;改安丰县为高陵县,后划其与寻阳县入荆州武昌郡,又划寻阳县入扬州庐江郡。

关于晋代州郡县的职官,史书明确记载,州有刺史、别驾、治中从事、诸曹从事、主簿、门亭长、录事、记室书佐、诸曹佐、守从事、武猛从事等官员。其中荆州又设置监佃督一人。

郡有太守,诸王国设置内史,相当于郡太守。郡又设主簿、主记室、门下贼曹、议生、门下史、记室史、录事史、书佐、循行、干、小史、五官掾、功曹史、功曹书佐、循行小史、五官掾等官员。

郡国如不满5000户,设职吏50人,散吏13人;5000户以上,设职吏63人,散吏21人;10000户以上,设职吏69人,散吏39人。郡国还设文学掾一人。

县大者设县令,小者设县长。县还有主簿、录事史、主记室史、门下书佐、干、游徼、议生、循行功曹史、小史、廷掾、功曹史、小史书佐干、户曹掾史干、法曹门干、金仓贼曹掾史、兵曹史、吏曹史、狱小史、狱门亭长、都亭长、贼捕掾等官员。县不满300户,设职吏18人,散吏4人;300户以上,设职吏28人,散吏6人;500户以上,设职吏40人,散吏8人;1000户以上,设职吏53人,散吏12人;1500户以上,设职吏68人,散吏18人;3000户以上,设职吏88人,散吏26人。①

从晋代州郡县职官情况可以看出,在以州刺史、郡太守(王国内史)、县令(长)为代表的政区职官下,有门类齐全的佐官属吏,涵盖了文书、治安、仓库、监狱、水利、教育、农业生产、人事管理等诸多方面,且职官数与政区所辖人户紧密相关。县以下还有以"乡"为代表的基层户口管理单位。晋代政区职官也会根据具体情况,另外设置。如荆州设有监佃督,专门管理屯田事宜。② 襄阳还设有南蛮校尉,专门负责管理荆楚一带少数民族事务。

除了州郡县三级行政制度,西晋也沿袭了曹魏的都督制。西晋建立后,广泛推行都督制。宗室诸王及一些功臣被授予都督诸军、监诸军、督诸军等名号,出镇地方,掌一州或数州军事大权,由于都督掌地方军事,州刺史虽拥有将军名号,也只专掌民政,使地方行政更加复杂。

晋代都督的等级十分明显:

> 晋世则都督诸军为上,监诸军次之,督诸军为下。使持节为上,持节次之,假节为下。使持节得杀二千石以下;持节杀无官位人,若军事得与使持节同;假节唯军事得杀犯军令者。③

晋代都督分为都督,监军,督军三个等级,而根据中央赋予的权力大小又分为使持节、持

---

① 参见(唐)房玄龄等:《晋书》卷24,《志第十四》,中华书局1974年版,第745—747页。
② 参见周士龙:《两晋军屯述略》,《历史教学》1989年第3期。
③ (南朝梁)沈约:《宋书》卷39,《志第二十九》,中华书局2018年版,第1329页。

节、假节三种。使持节都督能对郡太守以下的官员有生杀大权,持节都督可以杀无官位之人,假节都督则只能处罚违反军令的人。晋代都督制的推进,对地方行政与政区的影响日益凸显。

纵观晋武帝时期的湖北政区状况明显可以看出,除了蕲春郡的废除和个别县的调整,西晋几乎全盘接受了三国战乱时期的政区格局,最典型者莫如江夏郡。江夏郡是汉武帝以来的行政区划。三国时期,由于战争割据,魏吴各有江夏郡。西晋统一后,非但没有恢复汉代江夏郡的格局,反而以江夏郡、武昌郡的局面维持其分立局面。其他东汉末年形成的郡级政区,西晋也大多保留。西晋政权甚至将魏吴政权短暂设立的郡级政区予以恢复,如义阳郡。除此之外,西晋还设置了新野郡、南平郡、随郡等新政区,进一步析分湖北政区,造成了大一统时期比分裂时期还要细碎的格局。

关于国家统一,政区进一步细化的史实,本书提供一些不成熟的思考。

其一,三国时期魏吴政权设置的政区的确有合理成分,在西晋初年百废待兴的情况下,维持原有政区惯性,避免动乱。如随着今天武汉市地区的发展,武昌郡的设置就有合理性。西晋不但将东吴武昌郡予以继承,还以武昌县为中心加强政区建设,这其实是顺应历史潮流的。况且在中国刚刚统一的情况下,突然合并大量郡级行政单位,势必裁并大量政区官员,未必对政局有利。

其二,随着经济的发展以及专制主义中央集权的需要,政区析分或许也存在一定道理。其实我们仔细分析晋武帝的政区变革,湖北地区所属的州变化不大,变化较大者是郡县。县的增设可能预示着某地人口的繁衍,经济水平的提升。而和平时期,郡的兴废与治所所在县的盛衰紧密相关。由于郡太守的办公地点必须在境内某县,这一县的关注程度一般比郡内其他县为高,且全郡的经济力量也较容易集中于郡太守的治所。废除某郡,直接促使该郡治所关注度陡然降低。汉代,湖北地区长期拥有两个治所:江陵与安陆。南郡与江夏郡的各种力量朝这两地倾斜。而西晋时期,湖北拥有多个治所:安昌(今枣阳市南部)、酂县(今老河口市西北)、房陵(今房县附近)、襄阳(今襄阳市襄州区)、江陵(今荆州市荆州区附近)、武昌(今鄂州市附近)等等。多郡并列就意味着多个政治中心、经济中心并列,或许有利于区域平衡协调发展。另外,析分郡级政区也包含析分政治权力,加强中央集权的因素。

其三,正如下文所要介绍的,晋武帝对诸侯王有独特的感情。为了安排照顾众多司马氏家族成员,晋武帝调整政区,以作为诸侯王的封国。这一点在原南阳郡地区表现得很明显。晋武帝从南阳郡中,先后析分出义阳郡、新野郡、随郡,也先后分封出南阳王、义阳王、新野公、随郡王。政区析分越多,可安排的各种封君也就越多。

从以上湖北政区的介绍中,我们也可以看出晋武帝司马炎决非简单抄袭三国政区,而是在一定政治设想下,基本沿袭了三国诸郡并列的政区局面,并作了适度调整。

图 3-2 明代《今古舆地图》所绘《西晋十九州部刺史图》局部

二、晋武帝对地方权力的调整

西晋的分封制度对其政区格局影响至深。西晋分封与政区变动紧密相关,但也为西晋政权灭亡埋下了隐患。晋武帝汲取曹魏宗室失位、藩王无权的教训,错误地认为只要大量分封,赋予诸侯王权力就能避免重蹈覆辙。因此,西晋建国之初,晋武帝就大封同姓王与异姓贵族。①

除封爵外,晋武帝还授予王侯一部分兵权:"大国中军二千人,上下军各千五百人,次国上军二千人,下军千人。其未之国者,大国置守土百人,次国八十人,小国六十人,郡侯县公

---

① 参见(唐)房玄龄等:《晋书》卷3,《帝纪第三》,中华书局1974年版,第52页。

亦如小国制度。"①

西晋建国时期所封王公只是刚刚开始,随着时间的流逝,晋武帝还在不断加封、改封。其实按照西汉以来以至三国时期的王侯政策,再多的封君贵族也撼动不了王朝统治。但西晋却很不一样,据学者研究:曹魏末年,司马氏为取代曹魏准备条件,已经分派子弟占据了曹魏境内几个最重要的都督职位,泰始元年继续留任。当时虽然分封诸王,却都没有就国,王国置军也是空文。借以巩固司马氏政权的军事力量,除了洛阳的中军以外,就是依靠宗王及亲信掌握的都督所领军队。②

也就是说西晋统治者不仅大量分封,并且赋予某些诸侯王都督的军事实权。咸宁三年(277年),晋武帝令部分诸王前往封国。虽然"诸公皆恋京师,涕泣而去"③,但仍然任用王公为都督如故。有学者研究,泰始元年(265年)到泰始十年(274年),诸王出任都督经常有四到五人,占了都督的半数。而太康十年(289年)到元康元年(290年),诸王出任都督达到六人之多,超过全国都督的半数。④ 有些诸王都督的封地与都督辖区相差很远,晋武帝居然更改封地,让其就近为官。这样一来,有些王爵将封地与军权合二为一,其政治实力决非东汉三国诸王相比。现将晋武帝时期封国与湖北地区有关的王侯分述如下:

南阳王:司马柬,晋武帝之子。咸宁三年(277年)被封为南阳王、左将军、领右军将军、散骑常侍。司马柬未到南阳就封,一直在朝中为官。太康十年(289年),司马柬被改封为秦王。晋武帝去世后,又将另外几位宗室封为南阳王。

义阳王:司马望,司马懿之侄。因为司马氏创立基业立下功劳,曾被任命为征西将军、持节、都督雍凉二州诸军事。泰始元年(265年),被封为义阳王,出任太尉。这大概就是西晋义阳郡恢复的原因。

随王:司马整,义阳王司马望之子,先父而卒。晋武帝以"以义阳国一县追封为随县王。子迈嗣。太康九年,以义阳之平林益迈为随郡王。"⑤太康九年即288年。此即为随郡产生的原因。

顺阳王:司马畅,司马懿之孙。本为扶风王,太康十年(289年),"徙扶风王畅为顺阳王,畅弟歆为新野公"⑥。顺阳王封地在南乡郡。司马畅对待司马歆非常友好,在其父扶风武王司马骏死后,司马畅继承爵位,后请求朝廷分割他封国的部分土地给司马歆。晋武帝去世后,司马歆封地进一步扩大,促使了新野郡的产生。

楚王:司马玮,晋武帝之子。"初封始平王,历屯骑校尉。太康末,徙封于楚,出之国,都

---

① (唐)房玄龄等:《晋书》卷24,《志第十四》,中华书局1974年版,第745页。
② 唐长孺:《魏晋南北朝史论拾遗》卷24,《志第十四》,中华书局2011年版,第134页。
③ (唐)房玄龄等:《晋书》卷24,《志第十四》,中华书局1974年版,第745页。
④ 参见唐长孺:《魏晋南北朝史论拾遗》,中华书局2011年版,第139页。
⑤ (唐)房玄龄等:《晋书》卷37,《列传第七》,中华书局1974年版,第1088页。
⑥ (唐)房玄龄等:《晋书》卷3,《帝纪第三》,中华书局1974年版,第79页。

督荆州诸军事、平南将军,转镇南将军。武帝崩,入为卫将军,领北军中侯,加侍中、行太子少傅。"①晋武帝末年,司马玮被封为楚王,兼荆州都督,掌握军队实权,晋武帝去世后,到朝中为官。

长沙王:司马乂,是晋武帝之子,太康十年(289年)封为长沙王,其封地可能位于长沙郡。

当阳侯:杜预,西晋灭吴功臣,为镇南大将军、都督荆州诸军事。东吴灭亡后被封为当阳侯,驻扎湖北。杜预在湖北"勤于讲武,修立泮宫,江汉怀德,化被万里。攻破山夷,错置屯营,分据要害之地,以固维持之势。又修邵信臣遗迹,激用滍淯诸水以浸原田万余顷,分疆刊石,使有定分,公私同利。众庶赖之,号曰'杜父'。旧水道唯沔汉达江陵千数百里,北无通路。又巴丘湖,沅湘之会,表里山川,实为险固,荆蛮之所恃也。预乃开杨口,起夏水达巴陵千余里,内泻长江之险,外通零桂之漕"②。杜预死后,其子杜锡继承爵位,并任朝中要职。

襄阳侯:王濬,西晋灭吴功臣。东吴灭亡后,被封为襄阳县侯,但仍在朝为官。去世后,其子王矩继承爵位。

上庸侯:唐彬,平吴功臣。吴国灭亡后,被封为上庸县侯,在朝为官。去世后,长子继承爵位,官至广陵太守。

武当侯:滕修,吴国降将。投降西晋后"为安南将军,广州牧、持节、都督如故,封武当侯,加鼓吹,委以南方事"③。滕修最后死于广州任上,葬于京城,其子孙也多有在湖北以南为官者。滕修的例子透露出受封者与封国已经基本失去了政治联系。

其实西晋诸侯王本身也没有如同春秋战国诸侯那样大的权力。侯爵经常在外为官,与封地关系十分淡薄,甚至封地只有象征意义。抛开其他官职,王侯享受封地一定数量的经济利益,而不干涉封国行政事务应该是历史发展的主流。所不同者在于西晋将诸侯王与都督合二为一,在于重用诸侯王入朝为官参与政事。晋武帝后,西晋诸侯在政坛上呼风唤雨,更多的是凭借其都督、将军等官职,而非其王侯爵位。

在诸侯王政治、军事实力膨胀的背景下,晋武帝却有削弱政区职官权力的意图。经过东汉的时间洗礼,州已经变成郡县之上的政区,州刺史或州牧直接成为地方行政官员。然而西晋灭吴后,晋武帝曾下诏书一道:

> 上古及中代,或置州牧,或置刺史,置监御史,皆总纲纪而不赋政。治民之事,任之诸侯郡守。昔汉末四海分崩,因以吴、蜀自擅。自是刺史内亲民事,外领兵马,此一时之宜尔。今赖宗庙之灵,士大夫之力,江表平定,天下合之为一。当韬戢干戈,与天下休息。诸州无事者罢其兵,刺史分职,皆如汉氏故事。出颁诏条,入奏事

---

① (唐)房玄龄等:《晋书》卷59,《列传第二十九》,中华书局1974年版,第1596页。
② (唐)房玄龄等:《晋书》卷34,《列传第四》,中华书局1974年版,第1031页。
③ (唐)房玄龄等:《晋书》卷57,《列传第二十七》,中华书局1974年版,第1553页。

京城。二千石专治民之重,监司清峻于上,此经久之体也,其便省州牧。①

在晋武帝看来,"刺史内亲民事,外领兵马"只是一时的权宜之计,刺史应当恢复西汉监察官员的地位,州也不必成为一级政区。真正管理居民的,还是诸侯与郡太守。晋武帝关于州官改革,并没有真正完全贯彻下去。但这一诏书可以反映出乱世出生的晋武帝对东汉末年州牧割据的忌惮。除了削弱州长官治理民众的权力,晋武帝对州郡长官的军权也有削减的意图。史书记载:

> 吴平之后,帝诏天下罢军役,示海内大安,州郡悉去兵,大郡置武吏百人,小郡五十人。帝尝讲武于宣武场,(山)涛时有疾,诏乘步辇从。因与卢钦论用兵之本,以为不宜去州郡武备,其论甚精。于时咸以涛不学孙、吴,而暗与之合。帝称之曰:"天下名言也。"而不能用。及永宁之后,屡有变难,寇贼焱起,郡国皆以无备不能制,天下遂以大乱,如涛言焉。②

国家统一后,晋武帝试图裁减州郡长官控制的地方武装,大郡仅保留一百名武吏。山涛表示反对,晋武帝却没有听从。结果晋武帝去世后,晋朝多有兵戈之争,地方却没有武装应对,造成天下大乱。古今许多学者据此认为晋武帝的确在统一后裁撤过州郡兵。

有学者认为,晋武帝统一中国后,的确对旧制有所改革,州郡县如果没有军事活动就裁减其控制的地方武装。诏书虽然说刺史变为监察官员,不治民,实际上并未做到。西晋还实行军民分治,都督治军,刺史、太守治民。这种格局到晋武帝去世后才有所改变。③也有学者认为:"山涛论兵的具体时间应该是咸宁三年(277 年)。罢州郡兵包括两方面的内容,首先是大量地罢除州郡兵,其次是罢去刺史的领兵权。这一政策的执行相当彻底,晋惠帝元康中期凉州、雍州、荆州、梁州、益州等州恢复了刺史领兵,惠帝末才完全恢复刺史领兵。"④但有一些学者认为史书关于晋武帝裁撤州郡兵的说法是以讹传讹,不足凭信。⑤晋武帝与州郡兵的关系,还需学界进一步探讨。但无论如何,晋武帝没有进一步加重政区职官的军事权力,而是寄希望于诸王与都督护卫晋朝的军事安全。

太熙元年(290 年),晋武帝去世,给统一后的中国留下了这样的湖北政区格局(由于王侯的地方行政权力越来越虚化,不再罗列王侯国情况):

---

① (清)严可均辑:《全上古三代秦汉三国六朝文·全晋文》卷 6,清光绪二十年黄冈王氏刻本,第 3 页。
② (唐)房玄龄等:《晋书》卷 43,《列传第十三》,中华书局 1974 年版,第 1227 页。
③ 唐长孺:《魏晋南北朝史论拾遗》,中华书局 2011 年版,第 150 页。
④ 韦琦辉:《再议晋武帝罢州郡兵问题》,《理论界》2008 年第 6 期。
⑤ 如黄惠贤:《魏晋兵制札记四则》,《中国古代史论丛》1982 年第 3 辑,陈玉屏:《"晋武帝罢州郡兵说"是如何形成的》,《许昌学院学报》1990 年第 2 期。

表 3-3　　　　　　　　晋武帝太熙元年(290年)湖北政区表

州郡名称	辖县
荆州南阳郡、义阳郡	邓县(襄阳市西北)、蔡阳县(枣阳市西南部)、襄乡县(枣阳市东北)、安昌县(枣阳市南部)、厥西县(随州市西北)
荆州随郡	随县(随州市附近)、平林县(随县北部)
荆州南乡郡	鄀县(老河口市西北)、武当县(丹江口市西北)、阴县(老河口市西北)、筑阳县(谷城县东北)、汎阳县(谷城县北部)
荆州新城郡	房陵县(房县附近)、绥阳县(神农架林区东南)、昌魏县(房县西南)、沶乡县(南漳县西南)
荆州魏兴郡	兴晋县(郧西县西部)、长利县(郧西县西南)、郧乡县(郧阳区附近)
荆州上庸郡	上庸县(竹山县西南)、微阳县(竹山县西北)、武陵县(竹山县西部)、北巫县、安富县、广昌县(有可能在湖北境内)
荆州襄阳郡	襄阳县(襄阳市襄州区)、中卢县(襄阳市西南)、山都县(襄阳市西北)、临沮县(远安县西北)、宜城县(宜城市东南)、邔县(宜城市北)、上黄县(宜城市西南)
荆州江夏郡	曲陵县(汉川市西北)、安陆县(云梦县附近)、南新市县(京山市东北)、云杜县(京山市附近)、竟陵县(潜江市西北)
荆州武昌郡	武昌县(鄂州市附近)、沙阳县(武汉市西南)、阳新县(阳新县东北)、沙羡县(武汉市武昌区附近)、鄂县(鄂州市鄂城区西南部)、高陵县(黄冈市东南)
荆州南郡	江陵县(荆州市荆州区附近)、编县(荆门市西北)、当阳县(当阳市附近)、华容县(潜江市西南)、枝江县(枝江市东北)、监利县(监利市东北)、旌阳县(枝江市北部)、郚县(宜城市东南)、州陵县(洪湖市东部)、石首县(石首市附近)
荆州南平郡	孱陵县(公安县西)、江安县(公安县西北)
荆州宜都郡	夷道县(宜都市附近)、夷陵县(宜昌市西南)、很山县(长阳县西部)
荆州建平郡	秭归县、兴山县(兴山县北部)、信陵县(秭归县东南)、沙渠县(恩施市附近)、建始县
荆州长沙郡	下隽县(崇阳县附近)、蒲圻县(赤壁市东北)
豫州弋阳郡	西陵县(武汉市新洲区西部)、蕲春县(蕲春县西南)、邾县(黄冈市北部)
扬州庐江郡	寻阳县(武穴市东北)

三、西晋后期湖北政区变化

太熙元年(290年)四月,晋武帝去世,皇太子司马衷即位,是为晋惠帝,改年号为永熙。晋惠帝痴呆不能任事,由太傅杨骏辅政。史书载"惠帝之愚,古今无匹,国因以亡"①。"何不

---

① (清)王夫之:《读通鉴论》卷12,中华书局2013年版,第301页。

食肉糜"典故的主人公正是晋惠帝。惠帝当政后,非常信任皇后贾南风。后来,贾后谋害杨骏家族,掌握实际大权。

专权后,贾后以大司马、汝南王司马亮为太宰,与太保卫瓘一起辅政。六月,贾南风命楚王司马玮杀太司马亮和卫瓘,后又杀司马玮。据史书记载:"玮性开济好施,能得众心,及此莫不陨泪,百姓为之立祠。贾后先恶瓘、亮,又忌玮,故以计相次诛之。太安元年(302年),追赠骠骑将军,封其子范为襄阳王,拜散骑常侍。"①

是年七月,"分扬州、荆州十郡为江州。"②为何在贾后夺得权力后,晋朝又要新设立江州呢？史书记载:"有司奏,荆、扬二州疆土广远,统理尤难,于是割扬州之豫章、鄱阳、庐陵、临川、南康、建安、晋安,荆州之武昌、桂阳、安成,合十郡,因江水之名而置江州。"③新设立的江州治所在江西南昌。

元康六年(296年),西晋版图又发生变化,"以新城、魏兴、上庸三郡属梁州"④。梁州是从益州分出的新州,涉及今四川、重庆、陕西部分地区。新城、魏兴、上庸三郡原属荆州。此举进一步分割了荆州西北地区,使荆州范围再次缩小。

元康九年(299年),西晋在湖北境内又设两郡。晋初,荆州江夏郡下辖曲陵(今汉川市西北)、安陆(今云梦县附近)、南新市(今京山市东北)、云杜(今京山市附近)、竟陵(今潜江市西北)五县,后将云杜、竟陵、南新市三县划出组建竟陵郡。竟陵郡的治所在云杜县。同年,又划长沙郡之下隽、巴陵二县组成建昌郡。下隽县在今湖北省崇阳县附近,是建昌郡的治所;巴陵县,位于今湖南省岳阳附近。⑤

元康九年(299年)年底,贾南风"废皇太子遹为庶人,及其三子幽于金墉城,杀太子母谢氏"⑥。永康元年(300年),贾南风杀害废太子,其残忍举动成了野心家赵王司马伦讨伐她的有力借口。

赵王司马伦是司马懿第九子。永康元年(300年),司马伦使用离间计,使得太子司马遹被皇后贾南风害死,又鼓动司马遹旧部及齐王司马冏起兵,废黜并杀死贾南风。后又逼迫晋惠帝退位,擅自称帝,年号建始。称帝后,司马伦任用孙秀掌政,大肆封官,收取人心。齐王司马冏、河间王司马颙、成都王司马颖等起兵讨伐。史书记载,"三月,平东将军、齐王冏起兵以讨伦,传檄州郡,屯于阳翟。征北大将军、成都王颖,征西大将军、河间王颙,常山王乂,豫

---

① (唐)房玄龄等:《晋书》卷59,《列传第二十九》,中华书局1974年版,第1597页。
② (唐)房玄龄等:《晋书》卷4,《帝纪第四》,中华书局1974年版,第91页。
③ (唐)房玄龄等:《晋书》卷15,《志第五》,中华书局1974年版,第462—463页。
④ (唐)房玄龄等:《晋书》,中华书局1974年版,第458页。新城、魏兴、上庸三郡属梁州的具体年份见《华阳国志》卷1。
⑤ 参见胡阿祥、孔祥军、徐成:《中国行政区划通史·三国两晋南朝卷》,复旦大学出版社2017年版,第724—725页。
⑥ (唐)房玄龄等:《晋书》卷4,《帝纪第四》,中华书局1974年版,第95页。

州刺史李毅,兖州刺史王彦,南中郎将、新野公歆,皆举兵应之,众数十万。"①司马伦战败,晋惠帝复位。齐王司马冏被封为大司马、都督中外诸军事,执掌朝政。

因随齐王司马冏发兵讨伐有功,司马歆进封新野郡王,官拜使持节、都督荆州诸军事、镇南大将军、开府仪同三司。新野郡包括原南阳郡湖北地区的蔡阳、邓县与襄阳郡的山都县。据史书记载,司马歆任荆州都督时期"为政严苛,蛮夷并怨"。② 司马歆不善为政是事实,但这一事例也说明都督深入参与了地方管理,成为地方行政的重要组成部分。

司马伦死后,齐王司马冏揽政权倾朝野,骄奢淫逸,不朝惠帝,亦不视朝政,大失人心。太安元年(302年)年底,"河间王颙表齐王冏窥伺神器,有无君之心,与成都王颖、新野王歆、范阳王虓同会洛阳,请废冏还第。长沙王乂奉乘舆南止车门,攻冏,杀之,幽其诸子于金墉城,废冏弟北海王寔。大赦,改元。以长沙王乂为太尉、都督中外诸军事。"③

太安二年(303年),河间王司马颙、成都王司马颖再次起兵。司马乂战败被杀,河间王司马颙、司马颖夺得大权。永兴元年(304年),诸王混战,惠帝被挟,辗转流离。就在诸王战乱的时刻,西晋湖北政区又发生改变:"永兴元年,分庐江之寻阳、武昌之柴桑二县置寻阳郡,属江州。"④将寻阳与柴桑两县组成一个新郡,与303—304年荆州人民起义有关。

太安二年(303年),张昌在安陆发动起义。起义很快波及荆、江、徐、扬、豫五州之地。战乱中,荆州都督司马歆被杀。此次起义于永兴元年(304年)八月被西晋王朝扑灭。受张昌起义影响,江夏郡设新县——滠阳县。

关于滠阳县的设立,《晋书》有明确记载:

> 朱伺字仲文,安陆人。少为吴牙门将陶丹给使。吴平,内徙江夏。伺有武勇,而讷口,不知书,为郡将督,见乡里士大夫,揖称名而已。及为将,遂以谦恭称。张昌之逆,太守弓钦走滠口,伺与同辈郴宝、布兴合众讨之,不克,乃与钦奔武昌。后更率部党攻灭之。转骑部曲督,加绥夷都尉。伺部曲等以诸县附昌,惟本部唱义讨逆,逆顺有嫌,求别立县,因此遂割安陆东界为滠阳县而贯焉。⑤

朱伺,江夏郡安陆县人,晋朝将领,勇武有胆识,初为吴国牙门将陶丹给使。太康元年(280年),吴国灭亡,朱伺内迁江夏郡居住。张昌作乱时,江夏太守弓钦逃到滠口,朱伺与同僚郴宝、布兴聚集部众讨伐张昌,未能获胜,便随同弓钦奔向武昌。后来朱伺率领部党消灭张昌,转任骑部曲督,加任绥夷都尉。朱伺部曲等认为各县依附过张昌,只有本部举义讨叛,邪正之间有嫌疑,请求另立新县,因此便分割安陆东部地区为滠阳县,作为朱伺部曲的世代

---

① (唐)房玄龄等:《晋书》卷4,《帝纪第四》,中华书局1974年版,第97页。
② (唐)房玄龄等:《晋书》卷38,《列传第八》,中华书局1974年版,第1126页。
③ (唐)房玄龄等:《晋书》卷4,《帝纪第四》,中华书局1974年版,第99—100页。
④ (唐)房玄龄等:《晋书》卷15,《志第五》,中华书局1974年版,第463页。
⑤ (唐)房玄龄等:《晋书》卷81,《列传第五十一》,中华书局1974年版,第2120页。

居住之地。滠阳位于今武汉市黄陂区西南。① 滠阳县的出现表明古代政区之变更很有可能出于一种极其偶然的因素,后人不详加考证,实在难以弄清政区演变过程。

永兴二年(305年),诸王继续混战,中央政府近于瘫痪。永兴三年(306年),东海王司马越在混战中获胜,手下鲜卑族士兵大肆劫掠长安城,杀两万余人。永嘉元年(307年)年初,晋惠帝暴崩。晋惠帝一生,先有贾南风贪权引乱,后有汝南王司马亮、楚王司马玮、赵王司马伦、齐王司马冏、长沙王司马乂、成都王司马颖、河间王司马颙、东海王司马越等诸王相继攻伐,西晋政局大乱,社会经济惨遭破坏。

其实西晋诸王为乱,不在于王爵本身,而在于西晋统治者给予藩王政治权力。在发动或参与政变前,诸王除了王爵本身外都有官职和一定的军权。如汝南王司马亮为豫州都督;楚王司马玮为荆州都督;赵王司马伦曾为征西将军、开府仪同三司,镇关中;齐王司马冏曾为平东将军、假节,镇许昌;长沙王司马乂曾为骠骑将军;成都王司马颖曾为平北将军,镇邺;河间王司马颙曾为平西将军,镇关中;东海王司马越曾为大都督。这些王爵为争夺权力,不惜兵戎相见,视晋惠帝如傀儡。惠帝的昏庸与诸王的争夺,导致北方游牧民族乘虚而入,灭亡西晋。史书评价道"西晋之政乱朝危,虽由时主,然而煽其风,速其祸者,咎在八王。"②

永嘉元年(307年),晋惠帝之弟晋怀帝即位,司马越主持朝政。西晋王朝并未汲取八王之乱的教训,仍然用藩王出任都督,掌握军权。

是年八月,西晋朝廷组建湘州。湘州之组建,史书记载:"分荆州、江州八郡为湘州。"③"怀帝又分长沙、衡阳、湘东、零陵、邵陵、桂阳及广州之始安、始兴、临贺九郡置湘州。"④

对以上史料,据现代学者研究,永嘉元年(307年),西晋以荆州长沙、衡阳、湘东、零陵、邵陵、建昌和江州桂阳七郡组成湘州,治所在临湘县。"八郡"是多算了东晋时期设立郡产生的错误。永嘉元年(307年)后,广州之临贺、始安、始兴郡又并入湘州。"怀帝又分长沙、衡阳、湘东、零陵、邵陵、桂阳及广州之始安、始兴、临贺九郡置湘州"一句少记"建昌"一郡,应该是十郡置湘州。⑤ 湘州组建后,导致区域政治中心进一步南移。

西晋不断更改州辖郡数量,新设州县,使州辖郡的数量逐渐趋于平衡。经过惠帝时期的调整,304年,司州辖12郡,兖州辖8郡,豫州辖10郡,冀州辖14郡,幽州辖7郡,平州辖5郡,并州辖6郡,雍州辖7郡,凉州辖9郡,秦州辖7郡,梁州辖5郡,益州辖5郡,宁州辖8郡,青州辖8郡,徐州辖11郡,荆州辖20郡,扬州辖13郡,江州辖11郡,交州辖7郡,广州辖

---

① 牟发松:《湖北通史·魏晋南北朝卷》,华中师范大学出版社2018年版,第20页。
② (唐)房玄龄等:《晋书》卷58,《列传第二十八》,中华书局1974年版,第1590页。
③ (唐)房玄龄等:《晋书》卷5,《帝纪第五》,中华书局1974年版,第117页。
④ (唐)房玄龄等:《晋书》卷15,《志第五》,中华书局1974年版,第458页。
⑤ 参见胡阿祥、孔祥军、徐成:《中国行政区划通史·三国两晋南朝卷》,复旦大学出版社2017年版,第744—748页。

9郡。① 湘州组建后,荆州辖14郡,虽仍处全国诸州辖县之冠,但各州辖郡数量整体趋于均衡。从晋惠帝到晋怀帝,荆州越来越小的主要原因不明,或许是统治者平衡都督、刺史实力的一种手段。

值得特别注意的是,《晋书》明确记载蕲春、西陵、邾县属于弋阳郡。但有记载表明,西晋末年,三县改属西阳郡。西阳郡来源于西晋司马羕封国。"羕字延年。太康末,封西阳县公……元康初,进封郡王。永兴初,拜侍中。以长沙王乂党,废为庶人。惠帝还洛,复羕封,为抚军将军,又以汝南期思、西陵益其国。永嘉初,拜镇军将军,加散骑常侍,领后军将军,复以邾、蕲春益之,并前三万五千户。"②

元康是晋惠帝于291—299年使用的年号,此时司马羕为西阳郡王。惠帝末年,又将期思、西陵二县并入西阳国(期思、西陵当时应该属于弋阳郡,而非汝南郡)。永嘉是晋怀帝的年号。怀帝时期,又将邾、蕲春二县并入西阳郡。另有一种说法认为蕲春在西晋末年属于豫州新蔡郡:"二汉江夏郡有蕲春县,吴立为郡;晋武帝太康元年,省蕲春郡,而县属弋阳,后属新蔡。"③

湘州组建与西阳郡增扩后,在不考虑诸侯封地的情况下,湖北政区格局如下所示:

表 3-4　　　　　　　　　　西晋末年湖北政区表

州郡名称	辖县
梁州新城郡	房陵县(房县附近)、绥阳县(神农架林区东南)、昌魏县(房县西南)、沶乡县(南漳县西南)
梁州魏兴郡	兴晋县(郧西县西部)、长利县(郧西县西南)、郧乡县(十堰市郧阳区附近)
梁州上庸郡	上庸县(竹山县西南)、微阳县(竹山县西北)、武陵县(竹山县西部)、北巫县、广昌县、安富县(有可能在湖北境内)
荆州南阳郡	襄乡县(枣阳市东北)
荆州义阳郡	安昌县(枣阳市南部)、厥西县(随州市西北)
荆州随郡	随县(随州市附近)、平林县(随县北部)
荆州顺阳郡	酂县(老河口市西北)、武当县(丹江口市西北)、阴县(老河口市西北)、筑阳县(谷城县东北)、汎阳县(谷城县北部)
荆州襄阳郡	襄阳县(襄阳市襄州区)、中卢县(襄阳市西南)、临沮县(远安县西北)、宜城县(宜城市东南)、邔县(宜城市北)、上黄县(宜城市西南)
荆州新野郡	邓县(襄阳市西北)、蔡阳县(枣阳市西南部)、山都县(襄阳市西北)

---

① 参见胡阿祥、孔祥军、徐成:《中国行政区划通史·三国两晋南朝卷》,复旦大学出版社2017年版,第775—785页。
② (唐)房玄龄等:《晋书》卷59,《列传第二十九》,中华书局1974年版,第1594页。
③ (南朝梁)沈约:《宋书》卷37,《志第二十七》,中华书局2018年版,第1226页。

续表

州郡名称	辖县
荆州江夏郡	曲陵县(汉川市西北)、安陆县(云梦县附近)、濽阳县(武汉市黄陂区西南)
荆州竟陵郡	南新市县(京山市东北)、云杜县(京山市附近)、竟陵县(潜江市西北)
荆州南郡	江陵县(荆州市荆州区附近)、编县(荆门市西北)、当阳县(当阳市附近)、华容县(潜江市西南)、枝江县(枝江市东北)、监利县(监利县东北)、旌阳县(枝江市北部)、鄀县(宜城市东南)、州陵县(洪湖市东部)、石首县(石首市附近)
荆州南平郡	孱陵县(公安县西)、江安县(公安县西北)
荆州宜都郡	夷道县(宜都市附近)、夷陵县(宜昌市附近)、佷山县(长阳县西部)
荆州建平郡	秭归县、兴山县(兴山县北部)、信陵县(秭归县东南)、沙渠县(恩施市附近)、建始县
江州武昌郡	武昌县(鄂州市附近)、沙阳县(武汉市西南)、阳新县(阳新县东北)、沙羡县(武汉市武昌区附近)、鄂县(鄂州市鄂城区西南部)、高陵县(黄冈市东南)
江州寻阳郡	寻阳县(武穴市东北)
湘州长沙郡	蒲圻县(赤壁市东北)
湘州建昌郡	下隽县(崇阳县附近)
豫州西阳郡、新蔡郡	西陵县(武汉市新洲区西部)、邾县(黄冈市北部)、蕲春县(蕲春县西南)

自惠帝以来,西晋王朝内部纷争不断,地方豪强民众起义反抗,天下大乱,北方游牧民族虎视眈眈,西晋政权风雨飘摇。晋怀帝即位(307年)后,统治集团继续内斗,脱离于西晋控制的内外武装发展壮大,甚至建立独立政权。永嘉二年(308年),匈奴人刘渊在北方称帝,建立汉政权(后改国号为赵,史称前赵)。

晋怀帝即位后,司马越独揽朝政。永嘉五年(311年)三月,晋怀帝"诏下东海王越罪状,告方镇讨之。以征东大将军苟晞为大将军。"①不料,当月司马越病死,前赵大将石勒乘虚而入,袭击司马越遗留军队。司马越军队溃败,西晋军事力量也受到重创。同年六月,前赵攻入洛阳,"百官士庶死者三万余人"②,晋怀帝被俘。

永嘉七年(313年),大臣在长安拥立晋武帝之孙、吴王司马晏之子司马邺为帝,是为晋愍帝。此时湖北地区早已大乱。永嘉七年(313年),荆州刺史治所迁移沌口(武汉市汉阳区东南)。建兴四年(316年),前赵军队攻破长安,晋愍帝投降被俘,西晋灭亡。

---

① (唐)房玄龄等:《晋书》卷5,《帝纪第五》,中华书局1974年版,第122页。
② (唐)房玄龄等:《晋书》卷5,《帝纪第五》,中华书局1974年版,第123页。

第三章 曲折发展：魏晋南北朝时期湖北政区

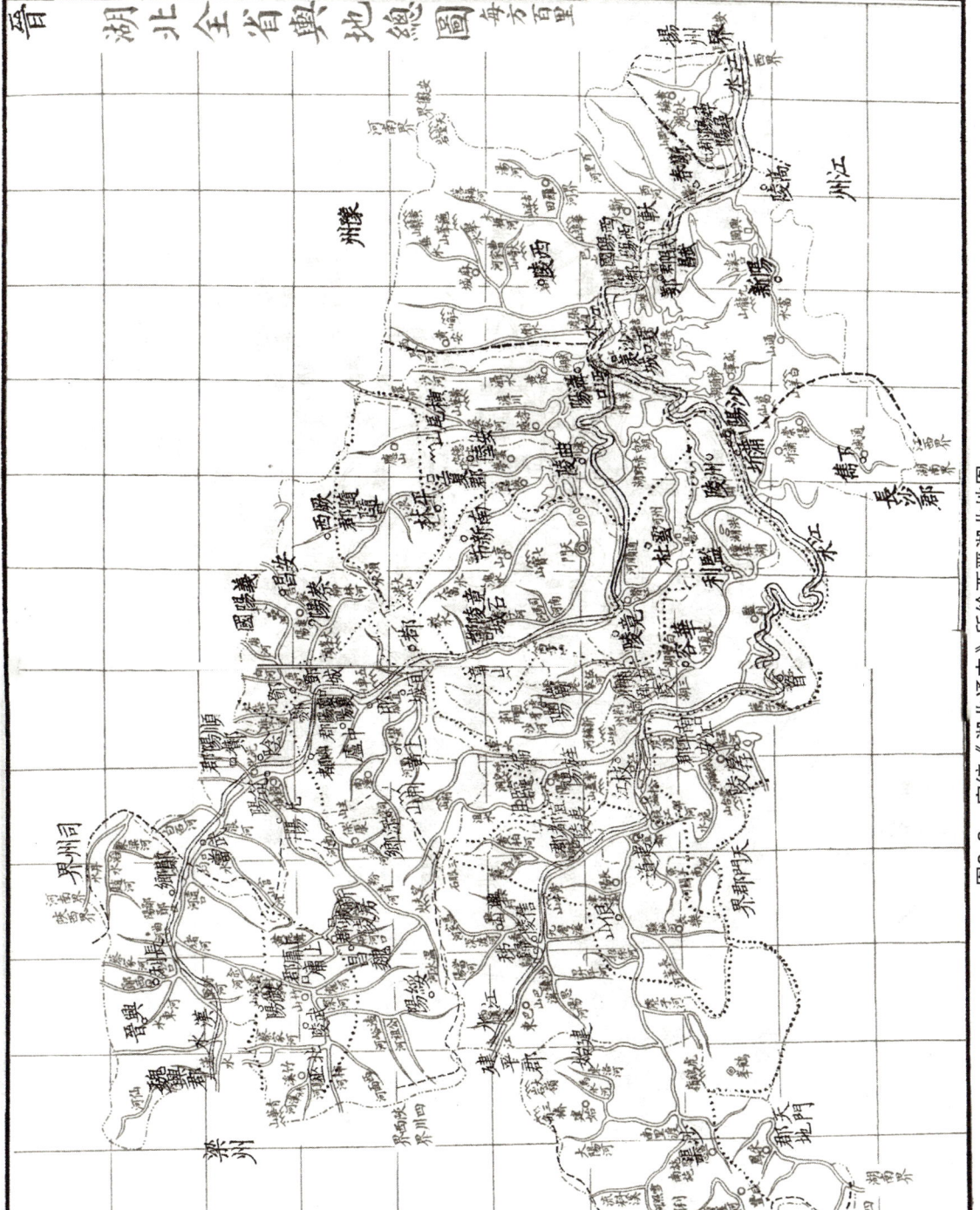

图3-3 宣统《湖北通志》所绘西晋湖北地图

在西晋最后的岁月里,湖北政区又遇波折。早在永康二年(301年),李特在四川武装反抗西晋统治。太安二年(303年),李特被杀,其子李雄继续其父反晋事业,攻占成都等多地。永安元年(304年),李雄在成都建国称王,西晋在四川成都地区的统治不复存在。四川原属成都王,成都王司马颖虽不居川蜀,但王侯均须有封地,遂在湖北设立成都郡,为成都王司马颖之封国。据《晋书》记载:"时蜀乱,(怀帝)又割南郡之华容、州陵、监利三县别立丰都,合四县置成都郡,为成都王颖国,居华容县。愍帝建兴中,并还南郡,亦并丰都于监利。"①西晋政权割南郡之华容、州陵、监利三县,以及新设的丰都县,设立成都郡,为成都王封国领地。

《晋书》明确记载,成都郡设置于怀帝时期。事实上,成都王司马颖及其两子早在惠帝末年已被杀害。史书记载:"永嘉中,立东莱王蕤子遵为颖嗣,封华容县王。"②永嘉即晋怀帝年间,立司马遵为司马颖后嗣,封华容县王,与成都郡"为成都王颖国,居华容县"记载符合。据此推测成都郡的设立可能与西晋为司马颖立嗣有关。史书说成都郡"愍帝建兴中,并还南郡,亦并丰都于监利"。建兴即晋愍帝时期,湖北成都郡、丰都县被废,还华容、州陵、监利县于南郡。成都郡与丰都县本是四川辖地,因被李雄占领,西晋在湖北地区另设同名州县。然旋设旋废,是西晋分封藩王改变政区的结束,亦是东晋大规模侨置郡县的开始。

第三节 东晋与十六国对峙时期湖北政区

胡人内迁,五胡乱华,西晋灭亡。公元317年,琅琊王司马睿在流亡大臣与江南氏族的拥护下,在建康称帝,建立东晋。大约同时段,北方及西南地区民族政权迭出,先后建立十几个地方政权,他们之间相互攻伐、兼并。其中,尤以十六个国家最为强大,历史上称为十六国时期。在东晋与十六国对峙时,湖北多次处于边界地区,其领土归属尤为复杂。与此同时,受战乱影响,北方居民大量迁移湖北。北方许多州郡县侨置湖北,形成了湖北极度复杂的政区局面。东晋时期,荆州是捍卫东晋王朝的重要屏障,有着相对独特的政治地位。然而诸权臣镇守荆州,也多次在此割据,与东晋中央政权抗衡对峙。

一、东晋时的湖北政局

建武元年(317年),西晋藩王司马睿在今南京称帝,是为晋元帝。历史上将其建立的政权称为东晋。在东晋政权的建立中,琅琊王氏家族的王导、王敦发挥重要作用。王导为晋元帝重要谋主,王敦为重要将领,王导与王敦一文一武、一内一外,与司马氏共同建立了东晋政权,形成了"王与马,共天下"的局面。

建兴三年(315年),王敦为"镇东大将军、开府仪同三司,加都督江扬荆湘交广六州诸军

---

① (唐)房玄龄等:《晋书》卷15,《志第五》,中华书局1974年版,第458页。
② (唐)房玄龄等:《晋书》卷59,《列传第二十九》,中华书局1974年版,第1619页。

事、江州刺史,封汉安侯。敦始自选置,兼统州郡焉"①。此时的王敦不仅为六州都督、江州刺史,且有任命州郡地方官之权。东晋建立后,王敦又为荆州刺史。永昌元年(322年),王敦以清君侧为名,在武昌起兵,攻入首都建康(今南京),诛除异己。王敦不但不朝见晋元帝,反而纵兵四处劫掠。建康城因此大乱。晋元帝无奈,遣使向王敦求和。他命公卿百官拜见王敦,同时大赦天下,宣告王敦等无罪,以王敦为丞相、都督中外诸军事、录尚书事、江州牧,封武昌郡公,食邑万户。至此,朝政大权尽归王敦,晋元帝被架空。

永昌二年(323年),晋元帝忧虑而死,年仅47岁。长子司马绍即位,是为明帝。明帝即位后,王敦加紧篡位。太宁二年(324年),王敦再次起兵攻建康,不久病逝于军中,时年五十九岁。其叛乱不久便被晋明帝平定,东晋王朝暂时稳定。

平息王敦之乱后,晋明帝继续推进人事调整。太宁三年(325年)"以征南大将军陶侃为征西大将军、都督荆湘雍梁四州诸军事、荆州刺史……以广州刺史王舒为都督湘州诸军事、湘州刺史,湘州刺史刘颙为平越中郎将、都督广州诸军事、广州刺史"②。同年,晋明帝去世,长子司马衍即位,是为晋成帝。

东晋政局刚刚稳定,北方游牧民族的威胁却越来越大。早在永兴元年(304年),匈奴人刘渊就在山西左国城称王,并于永嘉二年(308年)称帝,永嘉三年(309年)迁都平阳。永嘉七年(313年),刘聪夺取洛阳;建兴四年(316年)又破长安,占领原西晋大片领土,直逼湖北。318年,刘曜称帝,此年建国号为赵,史称前赵。太宁三年(326年),前赵占领荆州顺阳郡。③咸和四年(329年),前赵被后赵灭亡。

后赵(319—351年)是羯族首领石勒建立的政权。石勒曾是前赵干将。西晋末年,石勒兵锋直指湖北地区,永嘉五年(311年)北归。大兴元年(319年),石勒称王,脱离前赵政权。太宁三年(325年)"石勒尽陷司、兖、豫三州之地"④。后赵直抵东晋荆扬二州。

此时,东晋王朝又生内乱。晋成帝任用外戚庾亮辅政,引起众大臣不满。咸和二年(327年),豫州刺史祖约、历阳太守苏峻等造反,直攻首都建康。后赵乘虚而入,于咸和三年(328年)占领南阳郡,咸和四年(329年)灭前赵夺顺阳郡,咸和五年(330年)取新野郡,咸和七年(332年)下襄阳。⑤ 在湖北地方势力的反攻下,东晋收复襄阳、新野。《晋书》中写道"太尉陶侃遣子平西参军斌与南中郎将桓宣攻石勒将郭敬,破之,克樊城。竟陵太守李阳拔新野、襄阳,因而戍之。"⑥

祖约、苏峻之乱,东晋也是依靠湖北地区陶侃、温峤等官员才平定下来。王敦之乱平定

---

① (唐)房玄龄等:《晋书》卷98,《列传第六十八》,中华书局1974年版,第2554页。
② (唐)房玄龄等:《晋书》卷6,《帝纪第六》,中华书局1974年版,第163—164页。
③ 牟发松、毋有江、魏俊杰:《中国行政区划通史·十六国北朝卷》,复旦大学出版社2017年版,第51页。
④ (唐)房玄龄等:《晋书》卷6,《帝纪第六》,中华书局1974年版,第163页。
⑤ 牟发松、毋有江、魏俊杰:《中国行政区划通史·十六国北朝卷》,复旦大学出版社2017年版,第73—74页。
⑥ (唐)房玄龄等:《晋书》卷7,《帝纪第七》,中华书局1974年版,第177页。

后,陶侃为都督荆雍益梁州诸军事,领护南蛮校尉、征西大将军、荆州刺史,驻江陵。温峤为江州刺史,驻武昌。在陶侃、温峤的指挥下,军队顺江而下,于咸和四年(329年)彻底平定苏峻之乱。同年,东晋朝廷将湘州并入荆州。

湘州并入荆州,应该与陶侃有密切联系。为了顺利平定祖约、苏峻之乱,荆州刺史陶侃"以江陵偏远,移镇巴陵"①。几乎与此同时,朝廷封陶侃为长沙郡公。江陵位于湖北西部,是荆州治所,距离建康遥远。为了方便指挥平叛军队,陶侃到今天湖南岳阳附近办公。此时巴陵位于湖南湘州,不归荆州管辖,东晋朝廷极有可能将湘州并入荆州,方便陶侃指挥用兵。

咸和五年(330年),川蜀成汉李氏政权占领东晋建平郡,但不久便被收复。②咸和八年(333年)石勒去世,石虎篡位。咸和九年(334年),荆州刺史陶侃去世,外戚庾亮都督江荆豫益梁雍六州诸军事,兼江、荆、豫三州刺史,镇武昌。咸康元年(335年),后赵攻襄阳郡,失败而还。庾亮欲乘石勒去世之机北伐中原。同年,建昌郡被废除,其下辖县归入长沙郡。③

咸康四年(338年),乘后赵与北方鲜卑族段氏、慕容氏鏖战之机,东晋收复了顺阳郡、南阳郡等湖北西北地区。④咸康五年(339年),东晋与后赵在湖北大战:"石季龙(石虎)将夔安、李农陷沔南,张貉陷邾城,因寇江夏、义阳,征虏将军毛宝、西阳太守樊俊、义阳太守郑进并死。夔安等进围石城,竟陵太守李阳距战,破之,斩首五千余级。安乃退,遂略汉东,拥七千余家迁于幽冀。"⑤咸康六年(340年),庾亮去世,其弟庾翼任都督江荆司雍梁益六州诸军事、安西将军、荆州刺史,镇守武昌。

咸康八年(342年)晋成帝去世,年仅二十二岁,其弟司马岳即位,是为晋康帝。建元二年(344年),晋康帝又崩,年仅二十三岁。年仅两岁的康帝子司马聃即位,是为晋穆帝。永和元年(345年),庾翼去世,桓温为安西将军、都督荆司雍益梁宁六州诸军事,领护南蛮校尉、荆州刺史。桓温拥有政治野心与军事手腕,任荆州刺史后,出兵西讨,于永和三年(347年)灭川蜀成汉政权。成汉占据的上庸郡极有可能被东晋所收复。⑥

永和五年(349年)后赵石虎去世,北方大乱。东晋都督徐兖二州诸军事、徐州刺史、征北大将军褚裒北伐后赵,但失败。永和六年(350年),中军将军、都督扬豫徐兖青五州诸军事殷浩北伐,于永和九年(353年)失败。

永和十年(354年),荆州刺史桓温北伐中原。他从江陵出发,经过河南,到陕西境内,收

---

① (唐)房玄龄等:《晋书》卷66,《列传第三十六》,中华书局1974年版,第1775页。
② 牟发松、毋有江、魏俊杰:《中国行政区划通史·十六国北朝卷》,复旦大学出版社2017年版,第146页。
③ 胡阿祥、孔祥军、徐成:《中国行政区划通史·三国两晋南朝卷》,复旦大学出版社2017年版,第846页。
④ 牟发松、毋有江、魏俊杰:《中国行政区划通史·十六国北朝卷》,复旦大学出版社2017年版,第75页。
⑤ (唐)房玄龄等:《晋书》卷7,《帝纪第七》,中华书局1974年版,第182页。
⑥ 牟发松、毋有江、魏俊杰:《中国行政区划通史·十六国北朝卷》,复旦大学出版社2017年版,第1245页。

复众多领土。北方百姓见到桓温军队,不禁感叹:"不图今日复见官军!"①因粮草不继,桓温军返归江陵。永和十二年(356年),桓温从江陵出发再次北伐,收复西晋首府河南洛阳。桓温回师时,迁北方三千多户至江汉之间。可惜的是,因不善防守,以致"温还军之后,司、豫、青、兖复陷于贼"②。

此时前燕政权日益壮大,威胁到东晋长江流域一带。前燕(337—370年)是鲜卑人首领慕容皝所建立的政权,其国号为"燕"。其全盛时的统治地区包括冀州、兖州、青州、并州、豫州、徐州、幽州等部分。永和八年(352年)慕容儁称帝,平定北方局势后,开始侵扰东晋。升平四年(360年),慕容儁去世,慕容暐即位。

升平五年(361年),晋穆帝去世,年仅十九岁。晋成帝子司马丕即位,是为晋哀帝。隆和元年(362年),前燕攻到洛阳附近,并一路南下。东晋朝廷于隆和二年(363年)封桓温为大司马、都督中外诸军事,希望其拦住前燕大军。兴宁三年(365年),桓温将湖北军政大权一分为二给桓氏族人。桓豁监荆州、扬州之义城、雍州之京兆诸军事,南蛮校尉,荆州刺史;桓冲监江州、荆州之江夏、随郡,豫州之汝南、西阳、新蔡、颍川六郡诸军事,南中郎将,江州刺史,领南蛮校尉。同年,晋哀帝亡,其弟司马奕即位。

太和元年(366年),前燕占领南阳郡。太和二年(367年),前燕进攻竟陵郡,但失败。南阳郡被晋军夺回。③ 太和四年(369年),桓温北伐前燕,直到河南北部枋头,军粮耗尽,晋军南退。太和五年(370年),前燕被前秦灭亡。趁前秦尚未大举南下攻晋,桓温欲代晋称帝。咸安二年(372年),桓温废黜司马奕,拥立司马睿幼子司马昱为帝,是为晋简文帝。简文帝即位未满一年因病去世,其子司马曜即位,是为孝武帝。宁康元年(373年),桓温病逝,湖北军政大权仍被桓氏族人掌握。

前秦(351—394年)是氐族人建立的政权,也是十六国中最强大的国家之一。351年苻健占据关中,一年后登基称帝,定都长安(今陕西省西安市)。前秦共有7主,享国44年。苻坚即位后,一方面着力统一黄河流域,一方面试图夺取东晋部分地区。太元元年(376年),前秦攻占顺阳郡部分地区。太元三年(378年),攻占南阳郡。太元四年(379年)又得顺阳、魏兴、上庸、新城、新野等湖北地区。④

太元六年(381年),"苻坚遣其襄阳太守阎震寇竟陵,(晋)襄阳太守桓石虔讨擒之"。太元七年(382年),"苻坚将都贵焚烧沔北田谷,略襄阳百姓而去"。太元八年(383年),苻坚举倾国之兵南下,企图灭亡东晋。淝水之战,东晋以少胜多,挡住了前秦南下的步伐。太元九年(384年),东晋收复湖北失地:"车骑将军桓冲部将郭宝伐新城、魏兴、上庸三郡,降之……

---

① (唐)房玄龄等:《晋书》卷98,《列传第六十八》,中华书局1974年版,第2571页。
② (唐)房玄龄等:《晋书》卷98,《列传第六十八》,中华书局1974年版,第2572页。
③ 年发松、毋有江、魏俊杰:《中国行政区划通史·十六国北朝卷》,复旦大学出版社2017年版,第199页。
④ 年发松、毋有江、魏俊杰:《中国行政区划通史·十六国北朝卷》,复旦大学出版社2017年版,第230页。

使竟陵太守赵统伐襄阳,克之。"①淝水之战是中国历史上著名的以少胜多的战例。拥有绝对优势的前秦败给了东晋,国家也因此衰败,北方各民族纷纷脱离了前秦的统治,分裂为以后秦和后燕为主的几个政权。而东晋则趁此北伐,把边界线推进到了黄河南部。孝武帝司马曜借此机会收回权力,成为了东晋少数掌握实权的皇帝。

太元二十一年(396年),孝武帝暴崩,年仅三十五岁,其长子司马德宗即位,是为晋安帝,司马道子、司马元显辅政。晋安帝统治时期并不太平,地方将领反对司马道子的战争此起彼伏,孙恩起义也声势浩大,蛰居湖北的桓玄更伺机而动。桓玄是桓温之子,继承父亲南郡公爵位。由于桓氏家族的威望,湖北官员民众对桓玄深为畏惧:"玄在荆楚积年,优游无事,荆州刺史殷仲堪甚敬惮之。""玄在荆州豪纵,士庶惮之,甚于州牧。仲堪亲党劝杀之,仲堪不听。"②桓玄一方面在地方实力派中间结交周旋,一方面向司马道子、司马元显求官。

司马道子、司马元显为平衡牵制各方势力,给桓玄加官进爵:"隆安中,诏加玄都督荆州四郡,以兄伟为辅国将军、南蛮校尉……诏以玄都督荆司雍秦梁益宁七州、后将军、荆州刺史、假节,以桓修为江州刺史。玄上疏固争江州,于是进督八州及扬豫八郡,复领江州刺史。"③桓玄在荆州时期,在湖北设置武宁郡:"移沮漳蛮二千户于江南,立武宁郡。"④沮漳蛮就是在沮水、漳水流域居住的少数民族。桓玄将这些少数民族迁移到湖北境内,充实自己实力。新立武宁郡辖两县,均为新设。一是乐乡县,位于今荆门市北部。一是长林县,位于今荆门市附近。⑤

桓玄掌握实权后,于元兴元年(402年)攻入建康,杀死司马道子、司马元显父子,独揽东晋大权。元兴二年(403年),桓玄自号相国、楚王,随后,废晋安帝,称帝,改国号楚。元兴二年(404年),刘裕举兵讨伐桓玄,桓玄大败,挟持晋安帝辗转于江陵(今湖北省江陵县)。公元404年,桓玄兵败被杀,晋安帝得以复位,但大权已经落入刘裕手中。

就在东晋动乱之时,日益强大的后秦又占领了湖北地区。后秦是淝水之战后建立的羌族姚氏政权。元兴二年(404年)"晋顺阳太守彭泉以郡降(姚)兴,兴遣杨佛嵩率骑五千,与其荆州刺史赵曜迎之,遂寇陷南乡,擒建威将军刘嵩,略地至于梁国而归"⑥。据学者研究,湖北南乡郡、顺阳郡、新野郡、南阳郡于此时归入后秦版图。⑦晋顺阳太守彭泉在桓玄之乱时,投降后秦,引起湖北北部领土丢失。

义熙元年(405年),东晋加封刘裕为都督中外诸军事。此时关于湖北领土发生戏剧性一幕:刘裕消灭桓玄后,桓氏党羽纷纷投降后秦。刘裕与后秦和好,并索要丢失领土。后秦主姚兴居然将包括湖北北部在内的十二个郡归还东晋。领土是一个政权安身立命的根本,

---

① (唐)房玄龄等:《晋书》卷9,《帝纪第九》,中华书局1974年版,第231—233页。
② (唐)房玄龄等:《晋书》卷99,《列传第六十九》,中华书局1974年版,第2587—2588页。
③ (唐)房玄龄等:《晋书》卷99,《列传第六十九》,中华书局1974年版,第2588—2589页。
④ (唐)房玄龄等:《晋书》卷99,《列传第六十九》,中华书局1974年版,第2590页。
⑤ 牟发松:《湖北通史·魏晋南北朝卷》,华中师范大学出版社2018年版,第22页。
⑥ (唐)房玄龄等:《晋书》卷117,《载记第十七》,中华书局1974年版,第2983页。
⑦ 牟发松、毋有江、魏俊杰:《中国行政区划通史·十六国北朝卷》,复旦大学出版社2017年版,第334页。

后秦如此行动,可能包含这样的考虑:刘裕军势正盛,其大本营与湖北北部非常近。而后秦北方敌人众多,对湖北北部地区控制能力有限。后秦即使不还,刘裕也要兴师夺回。后秦不如顺水推舟将自己难以控制的地区还给东晋,求得南方边境的安定,专心经营北方。

义熙四年(408年),刘裕任扬州刺史。义熙五年(409年),刘裕北伐。义熙六年(410年),刘裕北伐军灭亡南燕政权。同年,广州刺史卢循反,刘裕回师镇压。义熙七年(411年),卢循之乱平定。义熙八年(412年),刘毅出任荆州刺史,与刘裕交恶。"刘裕帅师讨毅。裕参军王镇恶陷江陵城,毅自杀。"①刘裕消灭刘毅后,"分荆州十郡置湘州"②。此时又立湘州,明显有削弱荆州,防止继刘毅之后地方实力派威胁刘裕的意图。义熙九年(413年),刘裕西平巴蜀,北进汉中。义熙十一年(415年)"荆州刺史司马休之、雍州刺史鲁宗之并举兵贰于刘裕,裕帅师讨之……刘裕及休之战于江津,休之败,奔襄阳"③。后两人投降北方后秦政权。荆州刺史司马休之失败后,东晋再也没有强大的地方实力派与刘裕抗衡。

义熙十二年(416年),刘裕任中外大都督,出师北伐,占领洛阳。义熙十三年(417年),刘裕继续北伐,攻占长安,灭后秦政权。同年刘裕"省湘州,长沙、衡阳、湘东、零陵、邵陵、营阳还入荆州"④。义熙十四年(418年),刘裕称宋公。义熙十四年十二月(419年),刘裕害死晋安帝,立安帝之弟司马德文为帝,是为晋恭帝。元熙二年(420年),刘裕逼迫晋恭帝禅位,东晋灭亡。

纵观东晋一朝历史,明显可以发现这样的情况:东晋虽然丢失半壁河山,仅剩的长江流域也多次受到军事威胁,湖北北部地区更是被多次占领,但绝大多数湖北地区仍然长期处于东晋统治之下。

在东晋时期,荆州的历史地位也非常明显。晋元帝在扬州建立政权时,王敦经营荆州,东晋王朝得以巩固。后来,王敦从荆州出发,又打到扬州,晋元帝忧愤而亡。后来内有祖约、苏峻之乱,外有强敌入侵,东晋依靠荆州刺史陶侃之力才得以力挽狂澜。荆州也是桓温、桓玄父子称霸东晋、威胁东晋首都建康的重要基地。后来刘裕消灭荆州地方实力派后,才夺得了东晋政权。《晋书》有一段话可以对后人了解当时荆州地位有所帮助:

> 维扬作宇,凭带洪流,楚江恒战,方城对敌,不得不推诚将相,以总戎麾。楼船万计,兵倍王室,处其利而无心者,周公其人也。威权外假,嫌隙内兴,彼有顺流之师,此无强藩之援。商逢九乱,尧止八音,明皇负图,属在兹日。运龙韬于掌握,起天旆于江靡,燎其余烬,有若秋原。去缞绖而践戎场,斩鲸鲵而拜园阙。镇削威权,州分江汉,覆车不践,贻厥孙谋。其后七十余年,终罹敬道之害。⑤

---

① (唐)房玄龄等:《晋书》卷10,《帝纪第十》,中华书局1974年版,第263页。
② (唐)房玄龄等:《晋书》卷10,《帝纪第十》,中华书局1974年版,第263页。
③ (唐)房玄龄等:《晋书》卷10,《帝纪第十》,中华书局1974年版,第264—265页。
④ (唐)房玄龄等:《晋书》卷15,《志第五》,中华书局1974年版,第458页。
⑤ (唐)房玄龄等:《晋书》卷6,《帝纪第六》,中华书局1974年版,第165—166页。

荆州地处长江中游,顺流而下,可直趋首都建康。且荆州与北方强敌为邻,为了保障东晋平安,势必要加强荆州军事力量,给予荆州地方官强大权力,这大概也就是东晋湖北地区大部完好的原因之一。"楼船万计,兵倍王室"的荆州不仅可以防备北方游牧民族,还可在关键时刻,派兵顺流而下,捍卫中央。但如果荆州地方官具有强大政治野心,"敬道(桓玄)之害"就会不断出现。削荆州之力,则军事不振;强荆州之兵,则强臣难防,这也是晋代荆州与湘州分分合合的重要原因。

图 3-4 明代《今古舆地图》所绘《东晋中兴江左图》局部

另外,纵观东晋一朝兴衰,我们明显可以发现,政区官员与都督形成了一种特殊关系。如果政区官员治理民政,都督管理军事,某地职官兼任某地都督可以看作是某地军民二政合于一身。但东晋时期常以刺史、郡守与都督集于一身,不过其辖区却并不相同。如王含曾为都督沔南军事、领南蛮校尉、荆州刺史,荆州的辖区与沔南并不一致。再如桓玄曾任都督荆司雍秦梁益宁七州、荆州刺史,陶侃曾任都督荆江雍梁交广益宁八州诸军事、荆江二州刺史,都督的辖区超过荆州若干倍。还如毛宝曾任江夏相、督随义阳二郡。"江夏相"是江夏郡封国的国相,等同于郡太守。毛宝是江夏郡的地方官,却兼任随郡、义阳郡的都督,两种官职辖区完全不同。这种将政区职官与都督合二为一,辖区却不一样的做法有其实际价值:根据不同的政治军事局面,随时调配行政与军事权力。但这种做法可能预示这样一个事实:政区职官与政区系统并非东晋地方政治的唯一因素,郡县的组合分化也不是调整地方政治格局的唯一手段。将地方行政官员与不同都督相结合,让东晋地方政治复杂化,也让地方权力格局的改变越来越频繁。

二、东晋时期湖北郡县的变化

东晋时期,湖北地区除了原有郡县继续演变之外,还迎来了极其繁多的侨置郡县。侨置政区早已有之,但大规模出现在湖北却是东晋时期。自北方游牧民族南下后,占领并威胁了许多原西晋州郡县,大量流民侨居在包括湖北境内的东晋控制地区。由于汉代以来世家大族注重郡望的特性,居民形成了强烈的地域认同感,再加上汉族王朝的正统观念等因素,许多湖北之外的政区名称也像"侨民"一样"侨"在了湖北土地。当今湖北有地名其实就是这样"侨"来的。史书记载:"晋自中原丧乱,元帝寓居江左,百姓之自拔南奔者,并谓之侨人。皆取旧壤之名,侨立郡县,往往散居,无有土著。"①值得注意的是,这里的"皆取旧壤之名,侨立郡县"并不是说侨置郡县一定沿袭原有政区的名称,也有可能在原来地名的基础上有所改动。侨置政区对招抚北方流民,促进长江流域开发起到了积极作用。本来湖北地区已经郡县满布,这些侨居政区不仅要安置在原有政区内,并且与原有政区形成了极其复杂的关系。

州与郡侨置湖北境内,并不是说其辖区所有行政单位都复制到了湖北。某州、某郡侨置,并不带其辖郡、辖县。如北方雍州侨置湖北,并不等于雍州所有郡县都来到湖北。而州郡县侨置湖北后,也并不是要占据同等面积大小的土地,甚至在很多情况下侨州郡县没有实土,只是占据湖北某县某一处地方做一个栖息地,并没有带来实质上的政区析分。如襄阳一地就接纳了数量众多的侨州郡县,但襄阳郡辖县并没有本质的改变。侨州郡县和侨民一样也有变化无常、迁徙不定的特点。由于南北对峙,或其他复杂原因,出现同一政区南北并立,甚至在同一政权范围内并立也是极为常见之事。东晋以及之后的统治者也经常整合侨州郡县,有的被废除,有的反客为主,成为真的实土郡县。

西晋时期,梁州设有新城郡,辖湖北房陵县(今房县附近)、绥阳县(今神农架林区东南)、昌魏县(今房县西南)、沶乡县(今南漳县西南)。东晋时期,新城郡的治所在房陵,下辖的湖北地区县几乎没有变化。

西晋时期,梁州设有魏兴郡,辖湖北兴晋县(今郧西县西部)、长利县(今郧西县西南)、郧乡县(今十堰市郧阳区附近)。东晋时期,魏兴郡的治所不在湖北,长利县已被废除。② 有观

---

① (唐)魏徵等:《隋书》卷24,《志第十九》,中华书局2019年版,第747页。
② 参见胡阿祥、孔祥军、徐成:《中国行政区划通史·三国两晋南朝卷》,复旦大学出版社2017年版,第860—861页。

点认为,东晋时期,原梁州北上洛郡曾侨置今郧西西北部。①

西晋时期,梁州设有上庸郡,辖湖北上庸县(今竹山县西南)、微阳县(今竹山县西北)、武陵县(今竹山县西部)、北巫县、广昌县、安富县。东晋时,魏兴郡的治所在上庸县,侨置有新安县(今竹山县附近)与北吉阳县(今竹山县、竹溪县附近)。② 有观点认为,东晋时期,原梁州新兴郡曾侨置于今竹溪县西部。③

经过繁复的更化,西晋时期,荆州南阳郡只辖有襄乡(今枣阳市东北)一县。东晋南阳郡多次受到北方政权攻击与占领,其治所在今河南省南阳市,还是辖有襄乡县。

西晋时期,荆州设有顺阳郡,辖湖北鄾县(今老河口市西北)、武当县(今丹江口市西北)、阴县(今老河口市西北)、筑阳县(今谷城县东北)、汎阳县(今谷城县北部)。东晋时,顺阳郡多次受到北方政权攻击与占领,其治所在今河南,所辖湖北区县与西晋保持一致。④ 在北方政权的威胁下,顺阳郡也有侨置四川什邡县的历史。⑤

西晋时期,荆州设有义阳郡,辖湖北安昌县(今枣阳市南部)、厥西县(今随州市西北)。东晋时,义阳郡多次受到北方政权攻击与占领,其治所在今河南。此时,安昌县似乎已经被废除。⑥ 在北方政权的威胁下,义阳郡多次迁徙,有在南郡与襄阳侨置的历史。⑦

西晋时期,荆州设有随郡,辖湖北随县(今随州市附近)、平林县(今随县北部)。东晋时,隋郡多次受到北方政权攻击与占领,其治所在随县,所辖湖北区域与西晋时基本一致。

西晋时期,荆州设有襄阳郡,辖湖北襄阳县(今襄阳市襄州区)、中卢县(今襄阳市西南)、临沮县(今远安县西北)、宜城县(今宜城市东南)、邔县(今宜城市北)、上黄县(今宜城市西南)。东晋时期,襄阳郡治所在襄阳,属县发生改变:南郡之鄀县(今宜城市东南)划归襄阳郡,临沮县(今远安县西北)则划归南郡。⑧

东晋时期,大量北方郡县侨置襄阳。西晋首都所在的司州也曾侨置于此。西晋司州,治所在洛阳。304年,司州辖12个郡,近一百个县。西晋末年,司州被少数民族政权占据。东晋建立后,司州一路南下,先后侨置在今江苏省、安徽省、河南省境内,最后至湖北省襄阳市。

① 年发松:《湖北通史·魏晋南北朝卷》,华中师范大学出版社2018年版,第25页。
② 参见胡阿祥、孔祥军、徐成:《中国行政区划通史·三国两晋南朝卷》,复旦大学出版社2017年版,第861页。
③ 年发松:《湖北通史·魏晋南北朝卷》,华中师范大学出版社2018年版,第25页。
④ 参见胡阿祥、孔祥军、徐成:《中国行政区划通史·三国两晋南朝卷》,复旦大学出版社2017年版,第841—842页。
⑤ 参见胡阿祥、孔祥军、徐成:《中国行政区划通史·三国两晋南朝卷》,复旦大学出版社2017年版,第1614页。
⑥ 参见胡阿祥、孔祥军、徐成:《中国行政区划通史·三国两晋南朝卷》,复旦大学出版社2017年版,第842—843页。
⑦ 参见胡阿祥、孔祥军、徐成:《中国行政区划通史·三国两晋南朝卷》,复旦大学出版社2017年版,第1615—1616页。
⑧ 参见胡阿祥、孔祥军、徐成:《中国行政区划通史·三国两晋南朝卷》,复旦大学出版社2017年版,第841—843页。

西晋时，司州辖河南郡，下辖洛阳、河南、巩、河阴、新安、成皋、缑氏、阳城、新城、陆浑、梁、阳翟共十二个县。东晋时，河南郡及其河南、河阴、缑氏、阳城、新城五县侨置到襄阳。西晋时司州的上洛郡，在东晋时，携其上洛、北商、酆阳、阳亭、北拒阳五县也侨置在襄阳附近。西晋时司州的广平郡，及其所辖的广平、易阳、曲周、邯郸四县在东晋时也侨置到了襄阳。①

西晋时期的雍州，治所在长安（西晋末年的首都）。304 年，雍州辖 7 个郡，共 39 个县。"然自元帝渡江，所置州亦皆遥领。初以魏该为雍州刺史，镇酇城，寻省，侨立始平郡，寄居武当城。有秦国流人至江南，改堂邑为秦郡，侨立尉氏县属焉。康帝时，庾翼为荆州刺史，迁镇襄阳。其后秦雍流人多南出樊沔，孝武始于襄阳侨立雍州，仍立京兆、始平、扶风、河南、广平、义成、北河南七郡，并属襄阳。"②东晋初年，雍州侨至湖北顺阳郡酇县，后被废除，降为始平郡，侨置在武当县。东晋孝武帝时期，在襄阳侨立雍州，原雍州所辖的京兆、始平、扶风、河南、广平、义成、北河南七郡部分地区也侨置襄阳。

西晋时的秦州，治所在今甘肃省天水市。东晋时期，秦州也曾短暂侨置于襄阳。③ 西晋时的梁州，治所在今陕西省汉中市。东晋时期，梁州也多次侨置到襄阳。④ 东晋时，还曾在上黄县（今宜城市西南）一带设置侨长宁郡（辖绥安、僮阳、绥宁、长宁）。⑤

曾经镇守襄阳的桓宣"以其淮南部曲立义成郡"。⑥ 为安抚桓宣淮南部下而设立的义成郡，并无实土，均为侨置。其辖侨置县包括：义成县（原扬州淮南郡辖）、下蔡县（原扬州淮南郡辖）、平阿县（原扬州淮南郡辖）、万年县（原雍州京兆郡辖）。⑦

小小一个襄阳居然容纳了这么多地名，不说郡县，单州级政区就有司州、雍州、秦州、梁州。虽然侨置郡县没有实土，但还是有行政官员。如此之多的行政官员齐聚襄阳，也给当地带来不少压力。其实东晋找到了解决办法——一官多职。《晋书·桓宣传》记载："后庾亮为荆州，将谋北伐，以宣为都督沔北前锋征讨军事、平北将军、司州刺史、假节，镇襄阳……庾翼代亮，欲倾国北讨，更以宣为都督司梁雍三州荆州之南阳襄阳新野南乡四郡军事、梁州刺史、持节，将军如故。以前后功，封竟陵县男。宣久在襄阳，绥抚侨旧，甚有称绩。"⑧桓宣其实一直在襄阳，但他虚实兼任，既当荆州都督，又当司州刺史、梁州刺史，以及司梁雍三州都督。再如毛穆之曾经"督扬州之义成荆州五郡雍州之京兆军事、襄阳义成河南三郡太守"⑨。毛穆

---

① 参见胡阿祥、孔祥军、徐成：《中国行政区划通史·三国两晋南朝卷》，复旦大学出版社 2017 年版，第 1507—1514 页。
② （唐）房玄龄等：《晋书》卷 14，《志第四》，中华书局 1974 年版，第 432 页。
③ 参见胡阿祥、孔祥军、徐成：《中国行政区划通史·三国两晋南朝卷》，复旦大学出版社 2017 年版，第 1574 页。
④ 参见胡阿祥、孔祥军、徐成：《中国行政区划通史·三国两晋南朝卷》，复旦大学出版社 2017 年版，第 1582 页。
⑤ 参见胡阿祥、孔祥军、徐成：《中国行政区划通史·三国两晋南朝卷》，复旦大学出版社 2017 年版，第 1618 页。
⑥ （唐）房玄龄等：《晋书》卷 81，《列传第五十一》，中华书局 1974 年版，第 2117 页。
⑦ 参见胡阿祥、孔祥军、徐成：《中国行政区划通史·三国两晋南朝卷》，复旦大学出版社 2017 年版，第 1626 页。
⑧ （唐）房玄龄等：《晋书》卷 81，《列传第五十一》，中华书局 1974 年版，第 2117 页。
⑨ （唐）房玄龄等：《晋书》卷 81，《列传第五十一》，中华书局 1974 年版，第 2125 页。

之也一直在襄阳,他虚实兼任,将实土的荆州都督、襄阳郡守与侨置的义成、京兆、河南三郡的文武官员结合起来同时担当。

至于湖北襄阳地区有如此之多的侨置州郡县,可能是其政治军事地理所致:"计襄阳,荆楚之旧,西接益梁,与关陇咫尺,北去洛河,不盈千里,土沃田良,方城险峻,水路流通,转运无滞,进可以扫荡秦赵,退可以保据上流。"①襄阳的战略价值不言而喻,是东晋赖以生存,进取中原的重要基地。无论是东晋中央还是地方实力派无不重视襄阳。侨置政区于襄阳可有三大好处:其一,距离北方较近,但又相对安全,不直接暴露在军事对抗前线。其二,东晋视襄阳为重要战略基地,安置流民于襄阳,其实就是为战略重地提供兵源。其三,东晋在襄阳统治力量强大,便于流民的监管。

西晋时期,荆州设有新野郡,辖湖北邓县(今襄阳市西北)、蔡阳县(今枣阳市西南部)、山都县(今襄阳市西北)。东晋时,新野郡多次受到北方政权攻击与占领,治所在今河南,所辖湖北区域与西晋相一致。

西晋时期,荆州设有江夏郡,下辖湖北曲陵县(今汉川市西北)、安陆县(今云梦县附近)、㵐阳县(今武汉市黄陂区西南)。东晋时,江夏郡治所在安陆,新设沌阳、惠怀二县。② 关于沌阳县,也有西晋创立的说法。③ 沌阳县位于今武汉市汉阳区东部,惠怀县则位于今仙桃市附近。④ 东晋时期,豫州汝南郡侨置江夏郡境内。

西晋豫州辖汝南郡,东晋汝南郡侨置在今湖北省武汉市江夏区东部。⑤ 东晋时,为安置流民,曾在今武汉市附近设置侨绥安郡。⑥

西晋时期,荆州设有竟陵郡,下设湖北南新市县(今京山市东北)、云杜县(今京山市附近)、竟陵县(今潜江市西北)。东晋时,竟陵郡治所在云杜,新设霄城、新阳二县。⑦ 霄城县的地理位置在今应城市西南,新阳县在今京山市附近。⑧

西晋时期,荆州设有南郡,下设江陵县(今荆州市荆州区附近)、编县(今荆门市西北)、当阳县(今荆门市西南)、华容县(今潜江市西南)、枝江县(今枝江市东北)、监利县(今监利市东北)、旌阳县(今枝江市北部)、䣄县(今宜城市东南)、州陵县(今洪湖市东部)、石首(今石首市附近)。东晋南郡治所在江陵,辖县有调整:南郡之䣄县划归襄阳郡,襄阳郡之临沮划归南

---

① (唐)房玄龄等:《晋书》卷73,《列传第四十三》,中华书局1974年版,第1934页。
② 参见胡阿祥、孔祥军、徐成:《中国行政区划通史·三国两晋南朝卷》,复旦大学出版社2017年版,第840—843页。
③ 潘新藻:《湖北省建制沿革》,湖北人民出版社1987年版,第261页。
④ 牟发松:《湖北通史·魏晋南北朝卷》,华中师范大学出版社2018年版,第22页。
⑤ 参见胡阿祥、孔祥军、徐成:《中国行政区划通史·三国两晋南朝卷》,复旦大学出版社2017年版,第1533页。
⑥ 参见胡阿祥、孔祥军、徐成:《中国行政区划通史·三国两晋南朝卷》,复旦大学出版社2017年版,第1618页。
⑦ 参见胡阿祥、孔祥军、徐成:《中国行政区划通史·三国两晋南朝卷》,复旦大学出版社2017年版,第840页。
⑧ 牟发松:《湖北通史·魏晋南北朝卷》,华中师范大学出版社2018年版,第22页。

郡,石首大概率已被废除。①

东晋时期,西晋时的并州新兴郡及所辖四县(九原县、定襄县、云中县、广牧县),雍州京兆郡新丰县、梁州宕渠县侨置在今湖北荆州市江陵县东部。②

东晋"桓温平蜀,治江陵。以临沮西界,水陆纡险,行径裁通,南通巴、巫,东南出州治,道带蛮、蜒,田土肥美,立为汶阳郡,以处流民"③。汶阳郡是安置流民的侨郡,辖有汶阳、僮阳、沮、高安四个侨县。汶阳郡在南郡境内。④

西晋荆州南平郡,辖屖陵县(今公安县西)、江安县(今公安县西北)。东晋南平郡治所在江安,所辖湖北区域与西晋时相一致。⑤

西晋荆州宜都郡,辖湖北夷道县(今宜都市附近)、夷陵县(今宜昌市附近)、很山县(今长阳县西部)。东晋宜都郡治所在夷道,新设宜昌县。宜昌县应位于今宜昌市附近。

西晋荆州建平郡,辖湖北秭归县、兴山县(今兴山县北部)、信陵县(今秭归县东南)、沙渠县(今恩施市附近)、建始县。东晋建平郡治所在重庆境内,湖北地区属归乡县。⑥ 归乡县位于今秭归县南部。⑦ 归乡很有可能是秭归县的一个乡,东晋时期将其升级为县。传说归乡是爱国诗人、政治家屈原的故乡。

前文已提及,东晋桓玄新设武宁郡,辖乐乡(今荆门市北部)、长林(今荆门市附近)二县。东晋时,在长林一带侨长宁郡(辖绥安、僮阳、绥宁、长宁)。⑧

东晋时期,北方司州弘农郡、河东郡以及安邑、闻喜、永安、临汾、弘农、谯、松滋、广戚八县侨置于今湖北松滋市西北部。⑨ 安邑、闻喜二县原属司州河东郡,永安、临汾原属司州平阳郡,弘农原属司州弘农郡,谯县原属豫州谯郡,松滋原属豫州安丰郡,广戚原属徐州彭城郡。

西晋湘州长沙郡,辖湖北蒲圻县(今赤壁市东北)。东晋时期,随着荆、湘二州的分合,长沙郡也时而属荆州,时而属湘州。长沙郡治所在今湖南省长沙市。咸康元年(335年)建昌郡被废,东晋长沙郡增加湖北下隽县(今崇阳县附近)。⑩

---

① 参见胡阿祥、孔祥军、徐成:《中国行政区划通史·三国两晋南朝卷》,复旦大学出版社2017年版,第837—839页。
② 参见胡阿祥、孔祥军、徐成:《中国行政区划通史·三国两晋南朝卷》,复旦大学出版社2017年版,第1563页。
③ (梁)萧子显:《南齐书》卷15,《志第七》,中华书局2017年版,第307页。
④ 牟发松:《湖北通史·魏晋南北朝卷》,华中师范大学出版社2018年版,第24页。
⑤ 参见胡阿祥、孔祥军、徐成:《中国行政区划通史·三国两晋南朝卷》,复旦大学出版社2017年版,第839页。
⑥ 参见胡阿祥、孔祥军、徐成:《中国行政区划通史·三国两晋南朝卷》,复旦大学出版社2017年版,第843—844页。
⑦ 牟发松:《湖北通史·魏晋南北朝卷》,华中师范大学出版社2018年版,第23页。
⑧ 参见胡阿祥、孔祥军、徐成:《中国行政区划通史·三国两晋南朝卷》,复旦大学出版社2017年版,第1618页。
⑨ 参见胡阿祥、孔祥军、徐成:《中国行政区划通史·三国两晋南朝卷》,复旦大学出版社2017年版,第1509页、1513页。
⑩ 参见胡阿祥、孔祥军、徐成:《中国行政区划通史·三国两晋南朝卷》,复旦大学出版社2017年版,第847页。

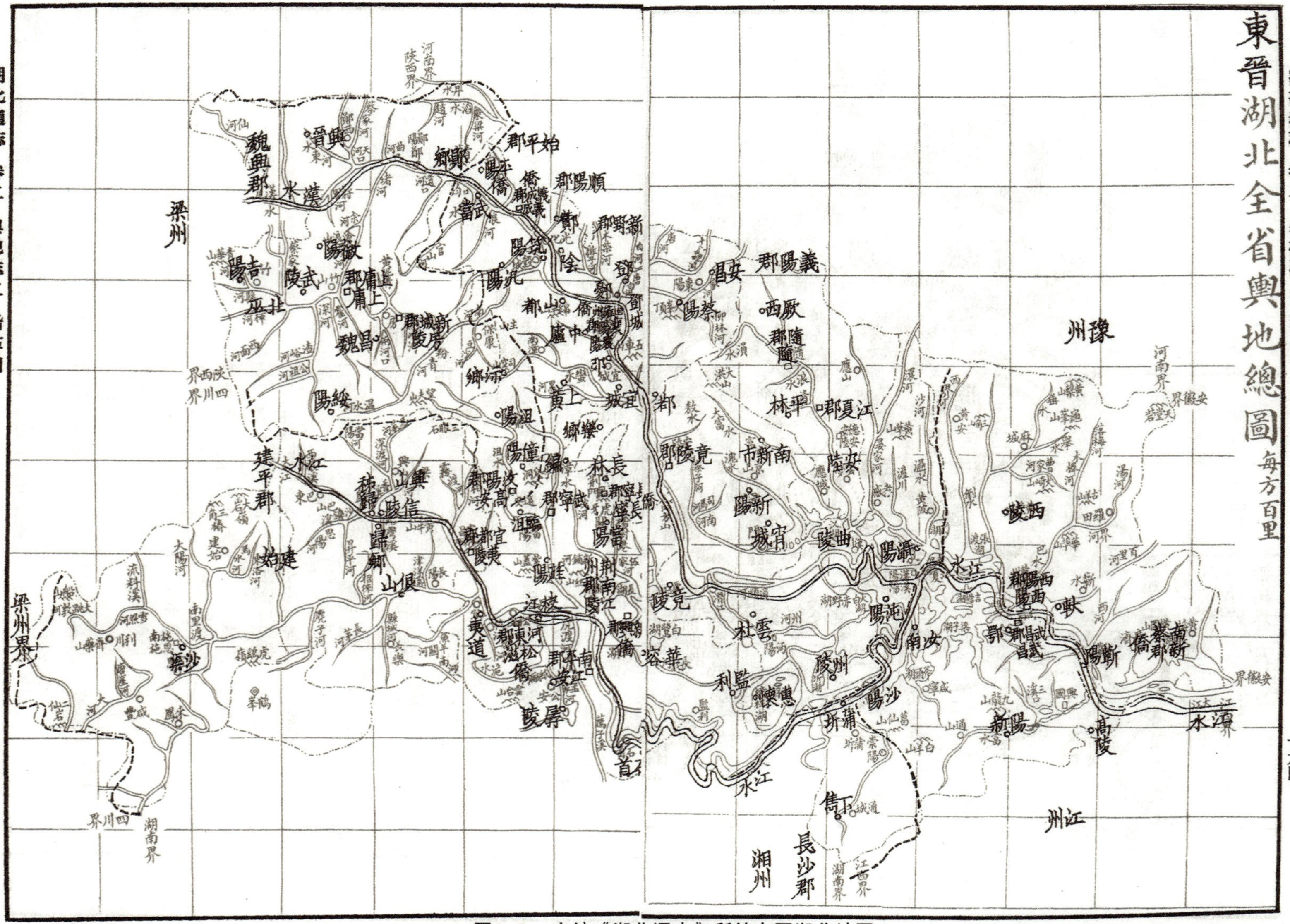

图3-5 宣统《湖北通志》所绘东晋湖北地图

西晋江州武昌郡,辖湖北武昌县(今鄂州市附近)、沙阳县(今武汉市西南)、阳新县(今阳新县东北)、沙羡县(今武汉市武昌区附近)、鄂县(今鄂州市鄂城区西南部)、高陵县(今黄冈市东南)。东晋时,武昌郡治所在武昌,沙羡、高陵二县可能已经被废除。①

西晋豫州,治所在今河南淮阳。东晋时,豫州迁移不定,曾于咸康六年(340年)左右侨置武昌,后又移往他处。②

西晋江州寻阳郡,辖湖北寻阳县(今武穴市东北)。东晋时,寻阳郡治所在今江西九江附近。义熙八年(412年),东晋废除寻阳县。③

西晋豫州安丰郡,治所在今安徽境内,辖松滋县。东晋时"江左流民寓寻阳,侨立安丰、松滋二郡,遥隶扬州,安帝省为松滋县"④。安丰与松滋侨置到寻阳郡内,寻阳郡包括今湖北东部部分地区。

西晋豫州西阳郡、新蔡郡,辖湖北西陵县(今武汉市新洲区西部)、邾县(今黄冈市北部)、蕲春县(今蕲春县西南)。东晋时,两郡所辖今河南地区遭到北方政权的威胁与攻击。新蔡郡及其慎县、宋县、苞信县侨置到湖北黄梅县西部地区。蕲春县归属侨新蔡郡管辖。⑤ 为避东晋简文帝母亲郑阿春之名讳,蕲春改名蕲阳。西阳郡及下辖的轪县、西阳县、弋阳县侨置到今湖北省黄冈市东部;西陵县、邾县仍属西阳郡。

西晋豫州,治所在今河南淮阳。东晋时豫州迁移不定,曾于338年左右侨置在邾县。⑥

东晋虽政权不稳、战乱不断、王室衰微,但对湖北郡县的分封未曾停止。如东晋权臣王敦曾为武昌郡公、桓温为南郡公。政治人物毛璩被封为归乡公,刘毅被封为南平郡开国公,刘道规为华容县公,毛宝为州陵县开国侯,毛祐之为夷道县侯,邓岳为宜城县伯,陆晔为江陵县伯,李回为弋阳县子,桓宣为竟陵县男,袁耽为秭归县男等。分封的王侯大臣虽在政治上叱咤风云,但仅凭爵位,对封地应该没有直接管理权。

---

① 参见胡阿祥、孔祥军、徐成:《中国行政区划通史·三国两晋南朝卷》,复旦大学出版社2017年版,第857页。
② 参见胡阿祥、孔祥军、徐成:《中国行政区划通史·三国两晋南朝卷》,复旦大学出版社2017年版,第1530页。
③ 参见胡阿祥、孔祥军、徐成:《中国行政区划通史·三国两晋南朝卷》,复旦大学出版社2017年版,第854页。
④ (南朝梁)沈约:《宋书》卷36,《志第二十六》,中华书局2018年版,第1183页。
⑤ 参见胡阿祥、孔祥军、徐成:《中国行政区划通史·三国两晋南朝卷》,复旦大学出版社2017年版,第849—850页。
⑥ 参见胡阿祥、孔祥军、徐成:《中国行政区划通史·三国两晋南朝卷》,复旦大学出版社2017年版,第1530页。

第四节　刘宋时期湖北政区

公元420年,刘裕废东晋恭帝司马德文,自立为帝,国号宋,史称刘宋,都建康,南朝开始。执政期间,刘裕力矫晋时弊政,加强集权,铲除分裂割据势力,努力发展经济,并在此基础上两次北伐,消灭南燕、后秦。宋文帝统治时期,刘宋国力强盛,一度出现"元嘉之治"的局面。刘宋王朝占有今黄河以南、长江流域和珠江流域等地,是南朝中较强大的一朝。尽管刘宋统治后期政局混乱,但对湖北地区的控制一以贯之,牢牢控制。刘宋统治者不断析分荆州,以调整地方权力结构;反复设立湘州,又立郢州,将侨置的雍州、司州实土化。刘宋对湖北侨置政区进行整顿,或实土化处理,或予以废除,或继续保留,形成了虚中有实、实中有虚的复杂局面。与此同时,专门管理湖北少数民族的政区也大量出现。

一、刘宋政局与湖北地区州的变迁

为限制门阀、拱卫政权,刘宋建立初期就注重培养宗室藩王的势力。永初元年(420年),刘裕封异母弟刘道怜为长沙王、太尉、都督徐兖青三州扬州之晋陵诸军事、徐兖二州刺史。异母弟刘道规为刘裕平定湖北,立有大功。义熙八年(412年),刘道规因病去世,无后。刘宋建立后,追封为临川王,以长沙王刘道怜次子刘义庆为嗣,承袭爵位。刘义庆后任荆州刺史、江州刺史。

刘裕诸子也均被封王,且握实权。次子刘义真,庐陵王兼车骑将军、都督南豫、豫、雍、司、秦、并六州诸军事、南豫州刺史。三子刘义隆,宜都王兼荆州刺史。四子刘义康为彭城王,兼都督南徐州、兖州及扬州晋陵郡军事、南徐州刺史。五子刘义恭,刘裕在世时没有受封,文帝时被封为江夏王,并出任都督、刺史,官至丞相。六子刘义宣,刘裕在世时没有受封,文帝时封竟陵王,并出任都督、刺史。七子刘义季,刘裕在世时没有受封,文帝时封衡阳王,并出任都督、刺史。

除稳定政权、改善民生、促进经济发展外,刘裕还注重各方面整顿郡县:有专门针对侨置郡县的,如"诸旧郡县以北为名者,悉除;寓立于南者,听以南为号"①。有减轻郡县负担的,如"郡县遣冬使诣州及都督府,亦停之"②等。

以荆州为鉴,永初二年(421年),刘裕开始削弱荆州的行政力量:"限荆州府置将不得过二千人,吏不得过一万人;州置将不得过五百人,吏不得过五千人。兵士不在此限。"③永初三年(422年),"分荆州十郡还立湘州"④。需要注意的是,在建立刘宋朝前,刘裕已掌东晋实权,曾于

---

① (南朝梁)沈约:《宋书》卷3,《本纪第三》,中华书局2018年版,第59页。
② (南朝梁)沈约:《宋书》卷3,《本纪第三》,中华书局2018年版,第60页。
③ (南朝梁)沈约:《宋书》卷3,《本纪第三》,中华书局2018年版,第61页。
④ (南朝梁)沈约:《宋书》卷3,《本纪第三》,中华书局2018年版,第63页。

义熙八年(412年)设湘州,义熙十三年(417年)废湘州。事实上,废立湘州,实为刘裕调整荆州势力。永初三年(422年),刘裕因病逝世,留下著名的"诸子轮流镇荆州"之遗命,"高祖(刘裕)以荆州上流形胜,地广兵强,遗诏诸子次第居之"①。足以看出,刘裕对荆州的重视。

刘裕去世后,太子刘义符即位。刘义符少年即位,不恤国政,举止荒唐,被群臣废黜,不久被杀。424年,宜都王刘义隆即位,是为宋文帝。刘义隆早年追随父亲建有战功,富有政治经验。刘宋建立后,任都督荆、湘、益、宁、雍、梁、秦、北秦八州,豫州之河南、广平,扬州之义成、松滋四郡诸军事,还兼任荆州刺史。被迎立为帝后,刘义隆很快掌握了政局,继续以重要官职委任宗室藩王。

宋文帝统治时期,刘宋国富民安,实力持续增长,出现了强盛一时的"元嘉之治"。元嘉七年(430年),刘宋决意北伐,收复失地。元嘉八年(431年)年底,宋文帝"罢湘州,还并荆州"②。

元嘉十六年(439年),宋文帝又设置湘州。此次湘州的设置应该与刘宋宗室藩王权力分配有关。刘义庆乃刘宋宗室成员,是宋文帝的平辈,颇有才华,曾任荆州刺史:"为使持节、都督荆雍益宁梁南北秦七州诸军事、平西将军、荆州刺史。荆州居上流之重,地广兵强,资实兵甲,居朝廷之半,故高祖使诸子居之。义庆以宗室令美,故特有此授。"③元嘉十六年(439年),宋文帝之弟刘义季代替刘义庆出镇荆州:"代临川王义庆都督荆、湘、雍、益、梁、宁、南北秦八州诸军事、安西将军、荆州刺史,持节如故,给鼓吹一部。先是,义庆在任,值巴蜀乱扰,师旅应接,府库空虚,义季躬行节俭,畜财省用,数年间,还复充实。"④刘义庆、刘义季相继出任荆州刺史和相关地区的都督,对巩固刘宋在湖北地区的统治做出了贡献。

元嘉十六年(439年),在任命平辈胞弟刘义季为荆州刺史的同时,宋文帝又任命第二子刘浚、第三子刘骏为湘州刺史;元嘉十七年(440年),任命第四子刘铄为湘州刺史。据此推测,元嘉十六年(439年)重置湘州,可能与宋文帝培养皇子政治能力有一定关系。荆州乃战略要地,派毫无经验的藩王治理十分不妥。从荆州划出湘州封给诸子,一方面有利于皇子历练,另一方面有助于监督牵制平辈诸王。

元嘉二十六年(449年),湖北地区所辖州再次变化:"胡亡氐乱,雍、秦流民多南出樊、沔,晋孝武始于襄阳侨立雍州,并立侨郡县。宋文帝元嘉二十六年,割荆州之襄阳、南阳、新野、顺阳、随五郡为雍州,而侨郡县犹寄寓在诸郡界。"⑤西晋灭亡后,受北方战乱影响,流民大量涌入湖北,在襄阳地区设置侨雍州。雍州本是虚置,宋文帝划原荆州为其辖区,使雍州有

---

① (南朝梁)沈约:《宋书》卷68,《列传第二十八》,中华书局2018年版,第1966页。
② (南朝梁)沈约:《宋书》卷5,《本纪第五》,中华书局2018年版,第86页。
③ (南朝梁)沈约:《宋书》卷51,《列传第十一》,中华书局2018年版,第1608—1609页。
④ (南朝梁)沈约:《宋书》卷61,《列传第二十一》,中华书局2018年版,第1806页。
⑤ (南朝梁)沈约:《宋书》卷37,《志第二十七》,中华书局2018年版,第1234页。关于雍州属郡,据现代学者考证,449年襄阳、南阳、新野、顺阳四郡属雍州,随郡是后来才属于雍州的。

了实际的辖区,正式成为湖北政区的组成部分。宋文帝任命第六子刘诞为第一任雍州刺史。元嘉二十六年(449年),封刘诞为都督雍、梁、南北秦四州、荆州之竟陵、随二郡诸军事、后将军、雍州刺史、随郡王。

元嘉二十六年(449年)侨雍州实土化,并非宋文帝心血来潮之举,而是为元嘉二十七年(450年)北伐做战略准备。湖北北部乃刘宋与北方连接的战略要地,将湖北北部五郡合而为一,有加强当地统治的重要意图,而"侨雍州"无非是一个名目。皇子刘诞也是文帝寄予厚望的北伐将领。《宋书》曾有描述:"上欲大举北讨,以襄阳外接关、河,欲广其资力,乃罢江州军府,文武悉配雍州,湘州入台税租杂物,悉给襄阳。及大举北伐,命诸蕃并出师,莫不奔败,唯诞中兵参军柳元景先克弘农、关、陕三城,多获首级,关、洛震动。"①当时,刘宋将人力物力齐聚襄阳,并组建雍州,均是配合北伐的重要战略布局。元嘉二十七年(450年),宋文帝发动北伐,三路并进,攻打北魏。刘诞统领的雍州军负责西线战事,进攻关中一带,连破弘农(今河南省灵宝市北)、潼关(今陕西省渭南市)、陕城(今河南省三门峡市西)三城,屡有克捷。然北伐军在东线、中线相继失利,北伐最终失败。

元嘉二十九年(452年),刘宋北方劲敌北魏太武帝拓跋焘被杀。宋文帝认为有机可乘,开始第三次出师北伐,再次将湘州并入荆州。湖北是东晋以来南方政权北伐的重要战略要地。荆湘分离,意味着湖南等地的人力、物力归长沙湘州刺史调动。而湘州并入荆州,则意味着湖北荆州刺史调动财赋人力的范围扩展到了今湖南等地。宋文帝废湘州,可能与加强荆州实力,为北伐做战略物资准备有一定关系。

元嘉二十九年(452年)的北伐终以失败告终。宋文帝多次北伐均失败,宋代辛弃疾曾言道,"元嘉草草,封狼居胥,赢得仓皇北顾"(元嘉乃宋文帝年号)。《宋书》也有相关描述,"授将遣帅,乖分阃之命,才谢光武,而遥制兵略,至于攻日战时,莫不仰听成旨"②。

宋文帝有子十九人,除太子刘劭外,都封王爵,都参与政事,大多与湖北地区相关:

第二子刘浚封始兴王,担任过湘州刺史。

第三子刘骏封武陵王,担任过雍州刺史,都督雍梁南北秦四州以及襄阳、竟陵、南阳、顺阳、新野六郡军事,宁蛮校尉。

第四子刘铄封南平王,封地当在荆州南平郡,担任过南豫州刺史,都督南豫州、豫州、司州、雍州、秦州、并州六州军事。

第五子刘绍封庐陵王,担任过江州刺史,都督江州、豫州之晋熙、西阳、新蔡三郡诸军事。

第六子刘诞早年封为广陵王,后封为竟陵王、随郡王,封地在湖北竟陵郡、随郡,担任过雍州刺史,都督雍州、梁州、秦州、北秦州四州及竟陵郡、随郡二郡诸军事。

第七子刘宏封建平王,封地在湖北建平郡,担任过江州刺史,尚书令。

---

① (南朝梁)沈约:《宋书》卷79,《列传第三十九》,中华书局2018年版,第2221—2222页。
② (南朝梁)沈约:《宋书》卷5,《本纪第五》,中华书局2018年版,第109页。

第八子刘祎封东海王,担任过都督交州、广州、荆州之始兴临安二郡诸军事,广州刺史。

第九子刘昶封义阳王,封地在湖北义阳郡,担任过徐州刺史。

第十子刘浑先封汝阴王,后封武昌王,封地在湖北武昌郡,担任过监雍、梁、南北秦四州、荆州之竟陵随二郡诸军事、宁蛮校尉、雍州刺史。

第十一子刘彧先封淮阳王,后封湘东王,担任过南豫州刺史。

第十二子刘休仁封建安王,担任过湘州刺史、江州刺史。

第十三子刘休佑先封山阳王,后封晋平王,担任过都督荆、湘、雍、益、梁、宁、南秦、北秦八州诸军事,荆州刺史。

第十四子刘休茂封海陵王,担任过宁蛮校尉、雍州刺史。

第十五子、十六子、十七子皆早夭。

第十八子刘休范,先封顺阳王,封地在湖北顺阳郡,后封桂阳王,担任过都督江、郢、司、广、交五州以及西阳、新蔡、晋熙、始兴四郡诸军事,江州刺史。

第十九子刘休若,封巴陵王,封地巴陵郡包括湖北地区,担任过都督荆、湘、雍、益、梁、宁、南北秦八州诸军事、征西将军、荆州刺史。

宋文帝诸子除封地在湖北外,绝大多数均担任过湖北地区的行政长官。元嘉三十年(453年),刘劭恐太子之位被废,闯宫弑父,自立为帝。同年,宋文帝第三子刘骏起兵攻入健康,杀死刘劭,自立为帝,是为宋孝武帝。

宋孝武帝的发迹与湖北有很大关系。在经过湘州刺史等职务的锻炼后,元嘉二十二年(445年),宋文帝重用刘骏,提拔他为雍州刺史,镇襄阳。史书记载:"自晋氏江左以来,襄阳未有皇子重镇,时太祖欲经略关、河,故有此授。"①刘骏在雍州刺史任上锻炼才干,广结人脉,发展地方农田水利。元嘉二十八年(451年),刘宋湖北东部地区发生动乱。宋文帝派刘骏都督江州、荆州之江夏、豫州之西阳晋熙新蔡四郡诸军事,兼江州刺史,"时缘江蛮为寇,太祖遣太子步兵校尉沈庆之等伐之,使上(刘骏)总统众军。"②太子刘劭杀害宋文帝时,刘骏正"总统众军",在首都建康上游的今黄冈市附近从事军事征讨活动。地理条件、掌握兵权,外加个人政治能力,终让刘骏夺得帝位。

宋孝武帝即位后,荆州刺史刘义宣身居重镇,手握强兵,凭借平乱之功,渐生异心。刘义宣是宋文帝之弟,孝武帝刘骏之叔,早在元嘉七年(430年)就担任地方大员,镇守一方。元嘉二十一年(444年),刘义宣出任荆州刺史,都督荆、雍、益、梁、宁、南北秦七州诸军事。刘义宣镇守荆州十年,史称"义宣在镇十年,兵强财富,既首创大义,威名著天下,凡所求欲,无不必从。朝廷所下制度,意所不同者,一不遵承"③。为了解除威胁,孝武帝任命刘义宣为扬州刺史,加封为丞相。刘义宣拒不从命,联络豫州刺史鲁爽、江州刺史臧质、兖州刺史徐遗宝

---

① (南朝梁)沈约:《宋书》卷6,《本纪第六》,中华书局2018年版,第119页。
② (南朝梁)沈约:《宋书》卷6,《本纪第六》,中华书局2018年版,第120页。
③ (南朝梁)沈约:《宋书》卷68,《列传第二十八》,中华书局2018年版,第1968页。

一起造反，顺流而下，自指建康。

孝武帝费尽心力，终于平定叛乱。为进一步强化中央集权，一方面，孝武帝重用典签对藩王严加管束，并开始限制藩王出任刺史、都督。另一方面对荆州辖区进行大刀阔斧的改革。

孝武帝再设湘州，让其长期独立于荆州。元嘉二十九年（452 年），湘州巴陵郡划归荆州，从此湘州境内再无湖北区域。

孝建元年（454 年），新设郢州，"分荆州之江夏、竟陵、随、武陵、天门（此天门不是今湖北天门市，位于今湖南省）、湘州之巴陵，江州之武昌，豫州之西阳，又以南郡之州陵、监利二县度属巴陵，立郢州"①。在荆州与江州之间，孝武帝新设郢州，分割荆州大片领土。关于新设郢州的治所，刘宋朝廷有争论：

> 时欲分荆州置郢州，议其所居。江夏王义恭以为宜在巴陵，（何）尚之议曰："夏口在荆、江之中，正对沔口，通接雍、梁，实为津要，由来旧镇，根基不易。今分取江夏、武陵、天门、竟陵、随五郡为一州，镇在夏口，既有见城，浦大容舫。竟陵出道取荆州，虽水路，与去江夏不异，诸郡至夏口皆从流，并为利便。湘州所领十一郡，其巴陵边带长江，去夏口密迩，既分湘中，乃更成大，亦可割巴陵属新州，于事为允。"上从其议，荆、扬二州，户口半天下，江左以来，扬州根本，委荆以阃外，至是并分，欲以削臣下之权，而荆、扬并因此虚耗。②

经过何尚之提议，郢州治所终于设在交通便利的夏口城，即今武汉市武昌区。这段史料对于理解郢州的组建也十分珍贵，一言以蔽之，郢州的设置"欲以削臣下之权"，维护中央集权。在分荆置郢的同时，孝武帝还分割了扬州。细分荆、扬二州辖区，缩小地方实力，进一步加强了中央集权，同时，也改变了长江流域战略区位格局。对此，刘宋重臣何尚之后来建议重新恢复荆、扬二州大州地位，遭到孝武帝拒绝。《宋书》作者对荆、扬二州的衰落表示了深刻惋惜：

> 江左以来，树根本于扬越，任推毂于荆楚。扬土自庐、蠡以北，临海而极大江；荆部则包括湘、沅，跨巫山而掩邓塞。民户境域，过半于天下。晋世幼主在位，政归辅臣，荆、扬司牧，事同二陕。宋室受命，权不能移，二州之重，咸归密戚。是以义宣藉西楚强富，因十载之基，嫌隙既树，遂规同鼎。而建郢分扬，矫枉过直，藩城既剖，盗实人单，阃外之寄，于斯而尽。若长君南面，威刑自出，至亲在外，事不患强。若运经盛衰，时艰主弱，虽近臣怀祸，止有外悍，吕宗不竞，实由齐、楚，兴丧之源，于斯尤著。尚之言并合，可谓识治也矣。③

---

① （南朝梁）沈约：《宋书》卷37，《志第二十七》，中华书局2018年版，第1222页。
② （南朝梁）沈约：《宋书》卷66，《列传第二十六》，中华书局2018年版，第1902页。
③ （南朝梁）沈约：《宋书》卷66，《列传第二十六》，中华书局2018年版，第1903页。

除了复立湘州,新立郢州,孝武帝时期还在侨州郡县上采取了举措。早在孝武帝之前,雍州就已经实土化。孝武帝时期,进一步整合雍州郡县(具体内容见本节第二部分),为襄阳等地脱离荆州,做了铺垫。

孝武帝在世时,对兄弟多有加害,如刘铄因有异志被赐死,刘诞谋反被诛,刘祎作乱被杀。武昌王刘浑的遭遇更具有戏剧性:"(刘浑)与左右人作文檄,自号楚王,号年为永光元年,备置百官,以为戏笑。长史王翼之得其手迹,封呈世祖(孝武帝)……逼令自杀,即葬襄阳,时年十七"①,孝武帝对待兄弟可见一斑。

对待亲生子嗣,孝武帝则封王拜官。如与湖北有关的第三子刘子勋被封为晋安王,担任过江州刺史、雍州刺史。第四子刘子绥先后被封为安陆王、江夏王,担任过郢州刺史。第七子刘子顼被封临海王,担任过荆州刺史。第八子刘子鸾被封襄阳王。第九子刘子仁被封为永嘉王,担任过雍州刺史。第十八子刘子产被封南平王,封地在湖北南平郡。

大明八年(464年)孝武帝驾崩,长子刘子业继位。刘子业性格残暴,虐待藩王。如江夏王刘义恭被其肢解,挖出眼珠,用蜜浸泡,做成"鬼目粽"。而叔辈也被其肆意羞辱:

> (刘)休仁及太宗(刘彧)、山阳王休祐,形体并肥壮,帝乃以竹笼盛而称之,以太宗尤肥,号为"猪王",号休仁为"杀王",休祐为"贼王"。以三王年长,尤所畏惮,故常录以自近,不离左右。东海王祎凡劣,号为"驴王",桂阳王休范、巴陵王休若年少,故并得从容。尝以木槽盛饭,内诸杂食,搅令和合,掘地为坑阱,实之以泥水,裸太宗内坑中,和槽食置前,令太宗以口就槽中食,用之为欢笑。②

残暴的君主没有忘记对湖北政区的调控。泰始元年(465年),"割郢州随郡属雍州"③。泰始元年(465年),有传言说"湘中出天子",刘子业遂决定南巡荆州、湘州,肃清流言。临行前,欲杀害诸位王叔,遭叔父湘东王刘彧联络亲信阮佃夫等众人杀死。后,刘彧接受弟刘休仁的拥立,登基为帝,改元泰始,是为明帝。

此时,湖北地区又生事端。泰始二年(466年)正月初七,江州长史邓琬联合雍州刺史袁顗,拥江州刺史刘子勋为帝,年号义嘉。此举得到孝武诸王和各地州郡长官的支持,遂东伐建康,史称"义嘉之难"。同年秋,义嘉政权十万大军被宋明帝刘彧数万人击败,刘子勋被刘彧大将沈攸之诛杀。为绝后患,明帝刘彧肆意屠杀皇亲宗室、功臣名将,削弱统治阶层力量,王朝自此衰败。趁刘宋内战之际,北魏政权南下进攻,夺得刘宋"淮北四州及豫州淮西地"④。

泰始五年(469年),刘宋调整湖北政区:"割雍州随郡属郢州……割豫州义阳郡属郢州,

---

① (南朝梁)沈约:《宋书》卷79,《列传第三十九》,中华书局2018年版,第2239页。
② (南朝梁)沈约:《宋书》卷72,《列传第三十二》,中华书局2018年版,第2046页。
③ (南朝梁)沈约:《宋书》卷7,《本纪第七》,中华书局2018年版,第158页。
④ (南朝梁)沈约:《宋书》卷8,《本纪第八》,中华书局2018年版,第176页。

郢州西阳郡属豫州。"①年底："分荆、益州五郡置三巴校尉。"②据学者研究,当时新设三巴校尉,辖区包括益荆二州的巴西郡、梓潼郡、巴郡、巴东郡、建平郡,主要任务是镇抚峡中蛮,并顺势分化荆州。三巴校尉设置不久就废除了,直到刘宋末年才恢复。③ 所谓"峡中蛮",应该是生存于今重庆东部、湖北西部的少数民族。

在刘宋时期,湖北西部"蛮族"问题十分严重,史书记载：

> 荆、雍州蛮,盘瓠之后也。分建种落,布在诸郡县。荆州置南蛮,雍州置宁蛮校尉以领之。世祖初,罢南蛮并大府,而宁蛮如故。蛮民顺附者,一户输谷数斛,其余无杂调,而宋民赋役严苦,贫者不复堪命,多逃亡入蛮。蛮无徭役,强者又不供官税,结党连群,动有数百千人,州郡力弱,则起为盗贼,种类稍多,户口不可知也。所在多深险,居武陵者有雄溪、樠溪、辰溪、酉溪、舞溪,谓之五溪蛮。而宜都、天门、巴东、建平、江北诸郡蛮,所居皆深山重阻,人迹罕至焉。前世以来,屡为民患……世祖大明中,建平蛮向光侯寇暴峡川,巴东太守王济、荆州刺史朱修之遣军讨之,光侯走清江。清江去巴东千余里。时巴东、建平、宜都、天门四郡蛮为寇,诸郡民户流散,百不存一,太宗、顺帝世尤甚,虽遣攻伐,终不能禁,荆州为之虚敝。④

"蛮族"问题之根源并非民族冲突,而是刘宋统治不恤民生、不善治理。"蛮族"问题在宋明帝、顺帝时日益严重,因此设三巴校尉专门治理十分必要。三巴校尉的设置为后来巴州的组建奠定了基础。

除三巴校尉外,刘宋在湖北境内亦设有诸多专门管理"蛮族"的政区(详情见本节第二部分)。早在先秦时期,湖北境内就有大量少数民族生存。迟至刘宋,才设立管理少数民族的政区,原因或许有三。一是刘宋时期湖北社会经济得到持续开发,土地不断垦殖,人口不断增长,刘宋编户齐民与少数民族的关系越来越密切,冲突也越来越频繁,少数民族问题日益凸显。二是刘宋统治者横征暴敛,引起少数民族反抗,许多编户齐民为了逃避赋税也逃到少数民族族群中,刘宋政府因而有必要专门设置政区,加强管理。三是刘宋与北魏长期对峙,人口是重要的战略资源。设置专门的少数民族政区,有利于加强人口管理。

宋明帝还将侨司州变成了实土。北方的司州在东晋时曾侨置于多地,"文帝元嘉末,侨立于汝南,寻亦省废。明帝复于南豫州之义阳郡立司州,渐成实土焉"⑤。宋文帝废侨司州,明帝划南豫州义阳郡为侨司州的实际管辖,为后续湖北部分地区划入司州埋下伏笔。

宋明帝后期,奢侈昏庸,忍虐好杀,不断剪除宗室。刘休仁为明帝之弟,封建安王,出任

---

① (南朝梁)沈约：《宋书》卷8,《本纪第八》,中华书局2018年版,第180页。
② (南朝梁)沈约：《宋书》卷8,《本纪第八》,中华书局2018年版,第182页。
③ 参见周凯：《三巴校尉考论》,《河南科技大学学报(社会科学版)》2017年第2期。
④ (南朝梁)沈约：《宋书》卷97,《列传第五十七》,中华书局2018年版,第2628—2630页。
⑤ (南朝梁)沈约：《宋书》卷36,《志第二十六》,中华书局2018年版,第1200页。

过湖北地方官。暴君刘子业在位时,得刘休仁多次周旋帮扶,明帝兄弟才存活下来。宋明帝即位后,刘休仁参与平定荆、郢、雍、湘等地叛乱,为稳固其统治立下汗马功劳。泰始七年(471年),因忌惮遭明帝毒杀。胞弟刘休祐、刘休若均建立功勋,惨遭杀害。桂阳王刘休范才能庸劣,幸免于难,任都督江、郢、司、广、交五州以及西阳、新蔡、晋熙、始兴四郡军事,江州刺史。

宋明帝残忍对待兄弟,却优待皇子。晋熙王刘燮,年仅四岁就任监郢州、豫州之西阳、司州之义阳二郡诸军事,郢州刺史。邵陵王刘友五岁时,就任南中郎将、江州刺史。武陵王刘赞未满十岁时,已任都督荆、湘、雍、益、梁、宁、南北秦八州诸军事、荆州刺史。刘跻被封为江夏王,封地在湖北江夏郡。刘翙被封为南阳王,后改随阳王,封地在湖北随郡。爵位本身早已无实际行政权,幼年封王没有大碍,但宋明帝予以幼年皇子以实权都督、州刺史,实属荒唐。与此同时,当时成年藩王任刺史、都督者多被明帝所害。这一系列举措为刘宋灭亡埋下了祸根。

泰豫元年(472年),宋明帝去世,年仅三十四岁,长子刘昱即位。元徽二年(474年),江州刺史刘休范想要夺得皇位,向首都建康进军,甚至直逼城下。这次叛乱,终被将军萧道成所平定。萧道成平定叛乱后,加官进爵,掌握禁卫军大权。

元徽四年(476年)九月,刘宋将郢州之随郡、安陆郡①划归司州,其原因不详。五月,尚书右丞虞玩之上表谈到财赋匮乏,其中说到"天府虚散,垂三十年。江、荆诸州,税调本少,自顷以来,军募多乏。其谷帛所入,折供文武。豫、兖、司、徐,开口待哺,西北戎将,裸身求衣"②。这里说到荆州、江州"税调本少,军募多乏",而司州"开口待哺",经济都很糟糕。虞玩之并没有提到郢州,那极有可能意味着郢州经济情况比周围地区好些。那么将郢州二郡划归司州,可能有缓解当地"开口待哺"的意图。

元徽四年(476年),建平王刘景素③京口起兵被杀。刘宋成年且掌实权的藩王全部殆尽。之后,刘宋更加衰落。宋帝刘昱年幼即位,是为后废帝。刘昱暴戾荒诞,多昏暴变态之举,曾经试图射杀萧道成取乐。

元徽五年(477年),权臣萧道成弑杀后废帝,拥立宋明帝之子刘准为帝,是为宋顺帝。同年,荆州刺史沈攸之起兵对抗萧道成。他联络雍州刺史、豫州刺史、梁州刺史、司州刺史等地方大员一同起兵,但没有得到积极响应。此时分割大荆州的后果得以显现,雍、梁、司许多地区均是原荆州一部分,如果荆州没有被分割,荆州刺史一人就能统领刘宋末年若干州兵

---

①安陆郡之组建废除参见本节第二部分。
②(南朝梁)沈约:《宋书》卷9,《本纪第九》,中华书局2018年版,第203页。
③刘景素是宋文帝之孙,建平王刘宏之子。大明二年(458年),承袭建平王之位,封地在荆州建平郡。泰始二年(466年),任湘州刺史;泰始六年(470年),任荆州刺史,都督荆、湘、雍、益、梁、宁、南北秦八州诸军事;后任南徐州刺史,都督南徐、南兖、兖、徐、青、冀六州诸军事。《宋书》写道:"太祖诸子尽殂,众孙唯景素为长,建安王休祐诸子并废徙,无在朝者。景素好文章书籍,招集才义之士,倾身礼接,以收名誉。由是朝野翕然,莫不属意焉。"

马,根本不需要到处联络。后来,沈攸之势单力薄,于开明二年(478年)兵败回湖北江陵自缢而亡。开明三年(479年),顺帝被迫禅位于萧道成,刘宋彻底灭亡。刘宋时期,湖北地区形成了梁州、荆州、雍州、郢州、江州、司州等多州并列局面。北顾荆襄,南控闽越,西临巴蜀,东达江皖的"大荆州"一去不复返。

图3-6 明代《今古舆地图》所绘《刘宋南国图》局部

二、刘宋时期的湖北州郡县

刘宋时期(420—479年),除荆州缩小外,湖北各郡县也发生了较大变化,现按梁、荆、雍、郢、江、司、湘七州顺序分述如下:

刘宋梁州的治所在今陕西汉中,属湖北地区的辖郡有新城郡、魏兴郡、上庸郡,东晋时设置的汶阳郡于421—433年划属梁州。

东晋新城郡辖湖北房陵县(今房县附近)、绥阳县(今神农架林区东南)、昌魏县(今房西南)、沶乡县(今南漳县西南)。刘宋时期,新城郡的治所在房陵县,沶乡县改名为祁乡县,新设阎阳、乐平二县。阎阳约在今十堰市郧阳区附近,乐平县位置不明,有在湖北境内的可能。

东晋魏兴郡辖湖北兴晋县(今郧西县西部)、郧乡县(今十堰市郧阳区附近)。刘宋时,魏兴郡治所在今陕西境内;最晚在464年,(上庸郡)广昌县已划归至魏兴郡。①

东晋上庸郡辖湖北上庸县(今竹山县西南)、微阳县(今竹山县西北)、武陵县(今竹山县西部)、北巫县、安富县、广昌县,且侨置新安县(今竹山县附近)与北吉阳县(今竹山县、竹溪县附近)。刘宋时,上庸郡治所在上庸县;辖湖北地区,除广昌县外,其他无明显改变。

刘宋梁州境内有大量无法区分侨州与实州的郡县。新兴郡以及吉阳、东关二县在今竹溪县西南。北上洛郡以及北上洛、丰阳、流民、阳亭、拒阳、商县、西丰阳七县在今郧西县西北。②

刘宋时,荆州政区变化最大,治所仍在江陵县。雍、郢、司、湘四州割荆州大片土地,限荆州于湖北西部。

东晋荆州南郡辖湖北江陵县(今荆州市荆州区附近)、编县(今荆门市西北)、当阳县(今荆门市西南)、华容县(今潜江市西南)、枝江县(今枝江市东北)、监利县(今监利市东北)、旌阳县(今枝江市北部)、州陵县(今洪湖市东部)、临沮县(今远安县西北)。刘宋时,南郡治所在江陵。元嘉十八年(441年),并旌阳入枝江;孝建元年(454年),划州陵与监利归巴陵郡;只剩江陵、编县、当阳、华容、枝江、临沮六县属南郡。

东晋荆州南平郡辖湖北孱陵县(今公安县西)、江安县(今公安县西北)。刘宋南平郡治所在江安,辖湖北地区没有明显变化。

东晋荆州宜都郡辖湖北夷道县(今宜都市附近)、夷陵县(今宜昌市附近)、很山县(今长阳土家族自治县西部)、宜昌县(今宜昌市附近)。刘宋宜都郡治所在夷道,辖湖北地区没有明显变化。

东晋荆州建平郡辖湖北秭归县、兴山县(今兴山县北部)、信陵县(今秭归县东南)、沙渠县(今恩施市附近)、建始县、归乡县(今秭归县南部)。刘宋建平郡治所在今重庆巫山。永初三年(422年)后,兴山、信陵、建始三县疑似被废。

东晋桓玄在荆州新设武宁郡,辖乐乡(今荆门市北部)、长林(今荆门市附近)二县。刘宋武宁郡的治所在乐乡,辖湖北地区没有明显变化。

东晋桓温为安置流民在荆州境内设置汶阳郡,辖汶阳、僮阳、沮阳、高安四县。刘宋时,汶阳郡实土化,先属梁州,434年改属荆州;至晚在464年,汶阳县被撤销。汶阳郡治所在僮

---

① 胡阿祥、孔祥军、徐成:《中国行政区划通史·三国两晋南朝卷》,复旦大学出版社2017年版,第992—994页。

② 牟发松:《湖北通史·魏晋南北朝卷》,华中师范大学出版社2018年版,第29页。

阳(今保康县东南)。① 沮阳约在今保康县南部,高安即今宜昌市远安县。

刘宋时,荆州范围内仍有大量无法区分侨置或实土的郡县。在荆州市东北一带有新兴郡以及定襄、广牧、新丰三县。在今松滋市西北一带有南河东郡以及闻喜、永安、松滋、谯县。在今荆门市西北,有永宁郡以及长宁、上黄二县。②

雍州原为侨置,在文帝、孝武帝两朝得以实土化。与此同时,雍州境内仍有大量侨置政区,造成虚虚实实的复杂局面。刘宋时,雍州治所在襄阳。

东晋时期荆州襄阳郡辖湖北襄阳县(今襄阳市襄州区)、中卢县(今襄阳市西南)、宜城县(今宜城市东南)、邔县(今宜城市北)、上黄县(今宜城市西南)、鄀县(今宜城市东南)。刘宋建立后,襄阳仍属荆州,治所在襄阳县,辖湖北地区不变。元嘉二十六年(449年),襄阳郡从荆州划归雍州。大明元年(457年),上黄县划归侨华山郡。至少在大明八年(464年)前,鄀县划归侨冯翊郡,宜城则被废除。大明八年(464年)后,雍州襄阳郡只剩下襄阳、中卢、邔三县。

东晋荆州南阳郡在湖北只辖有襄乡县(今枣阳市东北)一县。刘宋初年,南阳郡仍属荆州,辖襄乡县,治所在今河南省南阳市。元嘉二十六年(449年),南阳郡划归雍州。大明元年(457年),襄乡县划归侨河南郡。至此,南阳郡内再无湖北境内之县。

东晋荆州顺阳郡辖湖北酂县(今老河口市西北)、武当县(今丹江口市西北)、阴县(今老河口市西北)、筑阳县(今谷城县东北)、汎阳县(今谷城县北部)。刘宋初年,顺阳郡仍属荆州,治所在今河南省境内,辖湖北属县没有变化。元嘉二十六年(449年),顺阳郡改属雍州。大明元年(457年),筑阳、汎阳划归侨扶风郡。至少在大明八年(464年)前,酂、阴二县划归侨广平郡,武当县划归侨始平郡。③ 至此,顺阳郡不辖湖北地区。

东晋荆州新野郡辖湖北邓县(今襄阳市西北)、蔡阳县(今枣阳市西南部)、山都县(今襄阳市西北)。刘宋初年,新野郡仍属荆州,治所在今河南省境内,辖湖北地区县没有变化。元嘉二十六年(449年),新野郡改属雍州。大明元年(457年),刘宋废蔡阳县,邓县划归侨京兆郡。

刘宋随郡在泰始元年(465年)至泰始五年(469年)属雍州管辖。

刘宋京兆郡侨置于今襄阳市襄州区西北,辖有一实土县邓县,两侨县即杜县、新丰县(均侨置于今襄阳市附近)。

刘宋始平郡侨置于今丹江口市西北,领有一实土县武当县,三个侨县即始平、武功、平阳(均侨置于今丹江口市附近)。

---

① 胡阿祥、孔祥军、徐成:《中国行政区划通史·三国两晋南朝卷》,复旦大学出版社2017年版,第959—968页。

② 牟发松:《湖北通史·魏晋南北朝卷》,华中师范大学出版社2018年版,第27页。

③ 参见胡阿祥、孔祥军、徐成:《中国行政区划通史·三国两晋南朝卷》,复旦大学出版社2017年版,第981—983页。

刘宋扶风郡侨置于今谷城县东北,领有两实土县即筑阳、汎阳,一个侨县郿县(侨置于今谷城县附近)。

刘宋冯翊郡侨置于今宜城市县东南,领有一实土县鄀县,两个侨县即莲勺县、高陆县(均侨置于今钟祥市附近)。

刘宋华山郡侨置于今宜城市县北部,领有一实土县上黄县,两个侨县即华山、蓝田(均侨置于今宜城市附近)。

刘宋河南郡侨置于今河南省南阳市东南,辖有湖北襄乡县。

刘宋广平郡侨置于今河南省邓州市东南,辖有湖北酂、阴二县。①

刘宋荆州范围内仍有大量无法区分侨置或实土的郡县。在今丹江口市北部有义成郡以及义成、万年二县。在今襄阳及河南南阳一带有南上洛郡及上洛县、商县。在今宜城东部有南天水郡及华阴县、西县、略阳县、河阳县。在今襄阳市附近还有昌国郡、建昌郡以及永兴县、安宁县。②

郢州是刘宋孝武帝创设的新州,治所在夏口。值得特别注意的是,夏口只是江夏郡内一个政治城镇,并不是正式的县。夏口位于今武汉市武昌区。

东晋荆州江夏郡在湖北范围内辖曲陵县(今汉川市西北)、安陆县(今云梦县附近)、滠阳县(今武汉市黄陂区西南)、沌阳县(今武汉市汉阳区东部)、惠怀县(今仙桃市附近)。孝建元年(454年),江夏郡从荆州划归至郢州,治所在夏口,辖县多有变化。孝建元年(454年),刘宋另组安陆郡,辖安陆、曲陵、应城、安蛮四县。同时,划沙阳县(今武汉市西南)、蒲圻县(今赤壁市东北)归江夏郡;增孝昌县,继续侨置汝南郡于江夏郡。应城县应是由原安陆县分割而来,位于今应城市附近。传说这里地势重要,应置城守护,遂得名。孝昌县也从原安陆县分割而来。传说其得名于刘宋孝武帝年号"孝建";亦有传说境内孝子昌盛故名孝昌。安蛮县因为镇抚境内少数民族而设立;刘宋时为安蛮郡,大明八年(464年)降为县;泰始二年(466年)后又为郡,刘宋末年被废除。泰始六年(470年),刘宋并曲陵县入安陆县。安陆郡只剩安陆、应城二县。

东晋荆州竟陵郡辖湖北南新市县(今京山市东北)、云杜县(今京山市附近)、竟陵县(今潜江市西北)、霄城县(今应城市西南)、新阳县(今京山市附近)。孝建元年(454年),竟陵郡由荆州划归郢州,治所在云杜,南新市更名为新市。泰始六年(470年),新立苌寿县(即今钟祥市)。苌寿县后改名长寿县,成为当今钟祥市长寿文化的重要素材。

西晋巴陵郡本没有湖北辖区,后被废除。元嘉十六年(439年),宋文帝设立湘州,再设巴陵郡,划湖北下隽、蒲圻、沙阳三县入内。元嘉二十九年(452年),巴陵郡划归荆州;孝建元年(454年),又划归郢州,治所在湖南境内巴陵县。孝建元年(454年),刘宋划南郡监利、

---

① 参见胡阿祥、孔祥军、徐成:《中国行政区划通史·三国两晋南朝卷》,复旦大学出版社2017年版,第983—986页。

② 牟发松:《湖北通史·魏晋南北朝卷》,华中师范大学出版社2018年版,第28—29页。

州陵归巴陵郡,划沙阳、蒲圻归江夏郡。孝建二年(455年),在巴陵郡设绥安县。泰始四年(468年),废绥安县。

东晋江州武昌郡湖北辖区有:武昌县(今鄂州市附近)、沙阳县(今武汉市西南)、阳新县(今阳新县东北)、鄂县(今鄂州市鄂城区西南部)。刘宋武昌郡治所在武昌县,沙阳县被划出。孝建元年(454年),武昌郡从江州划归郢州。

随郡于454—464年、469—475年间两度划归郢州。义阳郡在469—475年间属郢州。

东晋原豫州新蔡郡及其慎县、宋县、苞信县侨置到湖北黄梅县西部地区,并领湖北实土蕲阳县(今蕲春县西南)。豫州西阳郡及其轪县、西阳县、弋阳县侨置到了今湖北黄冈市东部。而原属西阳郡的西陵县(今武汉市新洲区西部)、邾县(今黄冈市北部)继续保留在西阳郡中。邾县极有可能在东晋末年被废除。刘宋初年,西阳郡属豫州,继续侨置于今黄冈市黄州区东部。孝建元年(454年),侨西阳郡属郢州。泰始五年(469年),再次归属豫州,后又还属郢州。刘宋西阳郡属县十分复杂,有西阳、弋阳、义安、孝宁四个侨县,并有西陵、蕲阳两个实土县,还有许多左县。① 西阳、弋阳、孝宁(原轪县)早在东晋时期就已经侨置,而侨义安县是刘宋于泰始二年(466年)为安置流民新设。四个侨县估计还是侨于今黄冈市附近。而西陵、蕲阳两实土县的叙述,已见前文。"左县"是专门为少数民族设置的县。据《宋书》记载:西阳郡内左县历史年表应该是:

元嘉二十五年(448年),"以豫部蛮民立建昌、南川、长风、赤亭、鲁亭、阳城、彭波、迁溪、东丘、东安、西安、南安、房田、希水、高坡、直水、蕲水、清石十八县,属西阳"。

大明八年(464年),"赤亭、彭波并阳城,其余不详何时省"。同年降建宁左郡(辖阳城)为县,属西阳郡。"省西阳之赤亭、阳城、彭城三县并建宁之阳城县,而以县属西阳。"

泰始元年(465年),"复以西阳蕲水、直水、希水三屯为县"②。

西阳郡最多时容纳有十八个左县,最少时也有几个。以泰始元年(465年)"以屯为县"来看,左县的兴废与少数民族聚居点的变化有一定关系。左县是刘宋政权加强少数民族管控的产物,有兴废无常的特点。《宋书》成书于萧齐时期,距离大明八年(464年)不足三十年,结果作者已经对西阳郡左县的状况不能知其全貌了。这些左县的地理位置大多不详,唯建宁、阳城二县可能在今麻城市西南部。③

刘宋江州的治所在寻阳和豫章之间变化。寻阳、豫章二地均位于今江西境内。刘宋时,武昌郡属于江州,孝建元年(454年)划入郢州。

东晋时,原豫州新蔡郡及其慎县、宋县、苞信县侨置在今湖北黄梅县西部地区,并领湖北

---

① 参见胡阿祥、孔祥军、徐成:《中国行政区划通史·三国两晋南朝卷》,复旦大学出版社2017年版,第970—974页。
② (南朝梁)沈约:《宋书》卷37,《志第二十七》,中华书局2018年版,第1226—1227页。
③ 参见胡阿祥、孔祥军、徐成:《中国行政区划通史·三国两晋南朝卷》,复旦大学出版社2017年版,第974页。

实土蕲阳县(今蕲春县西南)。刘宋时,新蔡郡与慎县、宋县、苞信县仍侨置在今黄梅西部,属江州。蕲阳县划归至西阳郡。大明八年(464年),刘宋在侨新蔡郡内设置阳唐左县。①

司州原是侨州,刘宋将其实土化。元徽四年(476年),湖北随郡、安陆郡划入司州。司州最终辖地为义阳、随、安陆三郡。

东晋义阳郡辖湖北厥西(今随州市西北)。刘宋时,厥西划归随郡。

东晋荆州随郡辖湖北随县(今随州市附近)、平林县(今随县北部)。刘宋时,随郡一度改名为随阳郡,治所在随县,归属州一再变化。刘宋建立时随郡属荆州;孝建元年(454年)改属郢州;泰始元年(465年)改属雍州;泰始五年(469年)又回到郢州;元徽四年(476年)最终划入司州。在随县与平林县的基础上,并入厥西县,为新置的永阳县。② 永阳县的位置应在今广水市北部。

安陆郡为刘宋新设,元徽四年(476年)划入司州,辖安陆(今云梦县附近)、应城(今应城市附近)二县。

在刘宋朝时,湘州与荆州时分时合。元嘉三十年(453年)至孝建元年(454年),湘州最终与荆州分离。湘州的治所在今湖南省长沙市。

东晋湘州长沙郡在湖北地区辖有蒲圻县(今赤壁市东北)、下隽县(今崇阳县附近)。刘宋初期,长沙郡仍辖此二县。元嘉十六年(439年),此二县划归巴陵郡,长沙郡不再辖湖北地区。

巴陵郡,为刘宋新创,治所在巴陵县(今湖南省岳阳市),辖蒲圻、下隽以及沙阳县。元嘉十六年(439年)至元嘉二十九年(452年),巴陵郡属于湘州,后改属他州。元嘉二十九年(452年)后,湘州再不辖湖北地区县。

刘宋侨置、实土、左郡县混杂,各级封地林立。如,江夏郡、南平郡、建平郡、竟陵郡、武昌郡、西阳郡等郡为刘宋藩王封地;江陵、华容、归乡、安陆等县为公爵封地;江安、屠陵、秭归、长宁等县为侯爵封地;临沮为伯爵封地;广昌、沌阳、惠怀、羡阳、新市等县为子爵封地;当阳、编县、佷山、广牧、上黄等县为男爵封地。从地名可以看出,有的侨置县也成为封地。刘宋时,封爵仍是封地的名义拥有者及形象代表,并无行政、财政、军事权力。封国的行政长官还是由郡太守、县令类内史、国相来担任。

---

① 参见胡阿祥、孔祥军、徐成:《中国行政区划通史·三国两晋南朝卷》,复旦大学出版社2017年版,第990页。

② 参见胡阿祥、孔祥军、徐成:《中国行政区划通史·三国两晋南朝卷》,复旦大学出版社2017年版,第1026页。

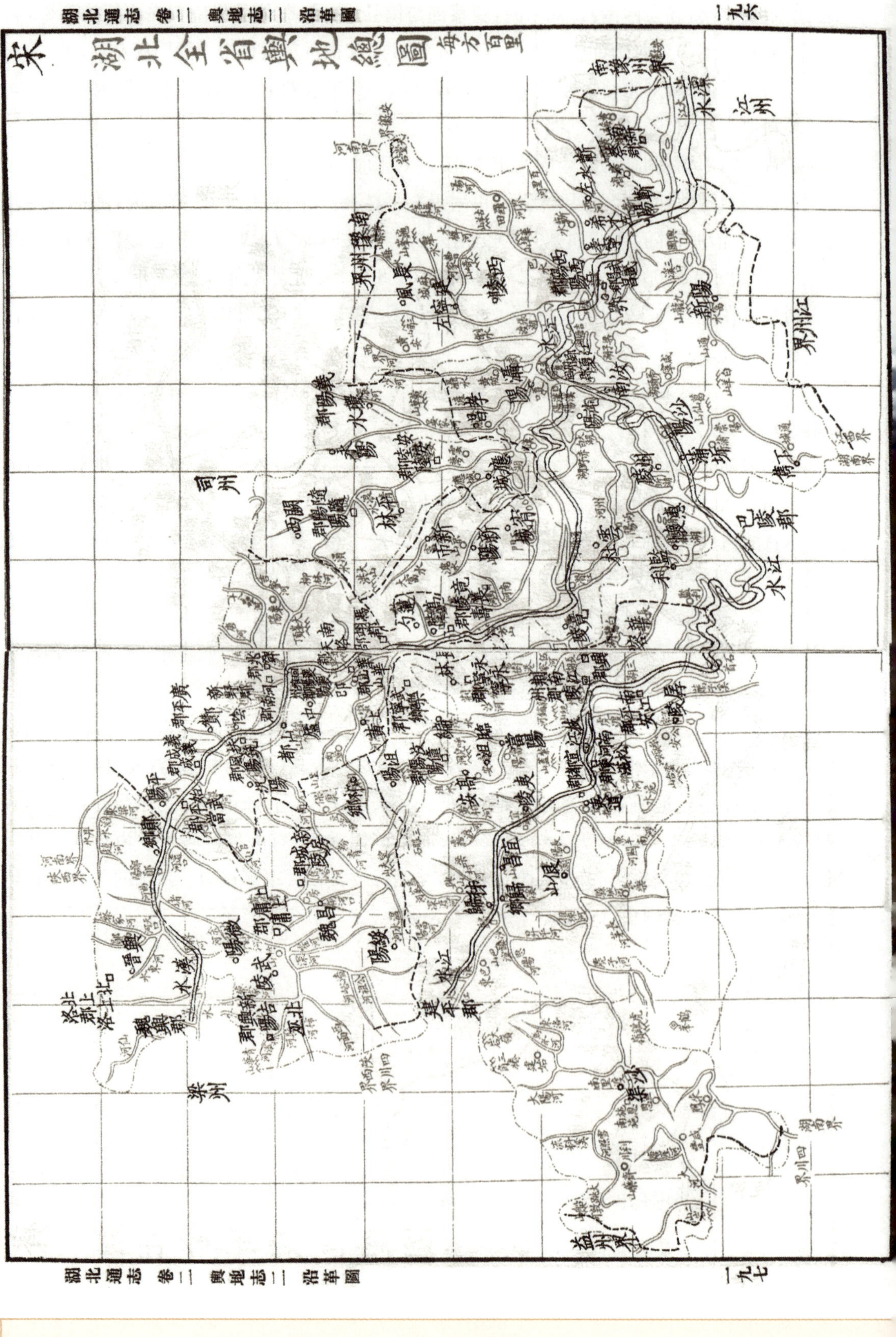
湖北通志 卷二 輿地志二 沿革圖
一九六
宋湖北全省輿地總圖 每方百里
湖北通志 卷二 輿地志二 沿革圖
一九七

第五节　萧齐时期湖北政区

萧道成夺得刘宋皇位,建立齐朝。齐朝只存在二十多年,但依然对湖北政区产生影响。萧齐政权除继续调整湖北地区州郡县外,还加强了对少数民族政区的建设。萧齐末年,政治混乱,北方政权一度逼近湖北北部地区,对南朝湖北政区格局造成威胁。

一、萧齐政局与湖北地区州的变迁

建元元年(479年),萧道成代宋建齐,是为齐高帝。齐高帝即位时已五十多岁,既富政治经验,又知民间疾苦,对缓解刘宋末年南方政治、经济颓势之状发挥了积极作用。

为安抚"蛮族",萧齐在建国伊始就进行了政区调整。《南齐书》记载:"蛮,种类繁多,言语不一,咸依山谷,布荆、湘、雍、郢、司等五州界。"①除在湖北北部大量设置左郡左县以外,萧齐还将宁蛮府政区化。晋代时,襄阳已设有宁蛮校尉;刘宋时,建有宁蛮府。宁蛮府辖郡县应是从萧齐开始的。萧齐在宁蛮府内曾新设二十多郡、数百个县(详细情况见本节第二部分)。这些郡县长官或许由少数民族首领担任。宁蛮府仍属雍州,宁蛮校尉是其长官。

建元二年(480年),萧道成设巴州以治理湖北、重庆交界的少数民族。"巴州,三峡险隘,山蛮寇贼,宋泰始三年(467年),议立三巴校尉以镇之。后省。升明二年(478年),复置。建元二年(480年),分荆州巴东、建平,益州巴郡为州,立刺史,而领巴东太守,又割涪陵郡属。"②巴州包括原荆州的巴东郡、建平郡、原益州的巴郡。同时,齐高帝"以三巴校尉明慧昭为巴州刺史……以宁蛮校尉萧赤斧为雍州刺史,南蛮长史崔惠景为梁、南秦二州刺史"③。让富有治"蛮"经验的官员出任州刺史,亦可看出齐高帝对少数民族治理的重视。

萧道成重用宗亲。萧道成次兄萧道生之子,均被封爵拜官:萧鸾为西昌侯,曾任郢州刺史;萧缅为安陆侯,曾任郢州刺史、雍州刺史。萧道成十余个儿子均封王,如萧锋为江夏王,萧锐为南平王,萧铿为宜都王等。除封王外,也多让诸子出任地方要职,如萧嶷为豫章王,任荆、湘二州刺史;萧映为临川王,曾任荆州刺史。

宗室贵族出任地方大员也有建树者。如,安陆侯萧缅曾任都督雍、梁、南北秦四州,荆州之竟陵,司州之随郡诸军事、宁蛮校尉、雍州刺史。他"留心辞讼,亲自隐恤,劫抄度口,皆赦遣许以自新,再犯乃加诛,为百姓所畏爱……丧还,百姓缘沔水悲泣设祭,于岘山为立祠"④。

---

① (南朝梁)萧子显:《南齐书》卷58,《列传第三十九》,中华书局2017年版,第1115页。
② (南朝梁)萧子显:《南齐书》卷15,《志第七》,中华书局2017年版,第309页。
③ (南朝梁)萧子显:《南齐书》卷2,《本纪第二》,中华书局2017年版,第38页。
④ (南朝梁)萧子显:《南齐书》卷45,《列传第二十六》,中华书局2017年版,第881页。

萧缅任雍州刺史,镇襄阳,深受百姓爱戴。死后,百姓在岘山为其立祠(今襄阳市南部)以表怀思。

建元四年(482年),齐高帝萧道成因病而逝,长子萧赜即位,是为齐武帝。永明元年(483年),齐武帝废巴州,原因不明。

永明四年(486年),萧齐划郢州麻城、蕲春一带部分郡县归豫州。要理解当时湖北土地划归豫州,还要从豫州由来说起。豫州本是北方大州,东晋以来受北方政权压迫,自豫州本土被北方政权占领后,作为行政机构的豫州四处迁徙,到处侨置,还曾经来到武昌、邾城侨置,最终到安徽寿春安定下来。东晋以至刘宋时期,豫州是与北方政权对峙的边界区域。如此重要的区域,战争频繁,"实非空乏所能独抚"。因而东晋末年以来,有为其扩充领土之举。刘宋统治时期,湖北东部部分领土原本属于豫州,孝建元年(454年)划归郢州,泰始五年(469年)又归属豫州,后又还属郢州。永明四年(486年),湖北东部部分土地又从郢州划归豫州。如此反复在郢、豫二州之间调整的原因不得其详,似乎体现了南方统治者的犹豫,将湖北东部某些地区划归郢州,充实郢州,实际牵制了荆州,但豫州边疆重地又感单薄。反之亦然。湖北东部就在统治者的政治谋划中,时而属郢,时而属豫。永明四年(486年)的改变仅是两方摇摆中的一次。

齐武帝在位时,湖北发生过一次悲剧。永明三年(485年),齐武帝萧赜之子萧子响(巴东王)任都督豫州、郢州西阳、司州汝南军事,豫州刺史。永明七年(489年),任都督荆、湘、雍、梁、宁、南北秦七州军事,荆州刺史。萧子响喜好习武,到荆州后"令内人私作锦袍绛袄,欲饷蛮交易器仗",①遭幕僚诬告谋反。萧子响诛杀幕僚,又遭齐武帝所派之人杀害。

除萧子响外,齐武帝诸子均被封王拜官。如,萧子良为竟陵王。萧子卿为庐陵王,曾任郢州刺史、荆州刺史。萧子敬为安陆王,曾任荆州刺史。萧子懋为晋安王,曾任雍州刺史。萧子隆为随郡王,曾任荆州刺史。萧子真为建安王,曾任郢州刺史。萧子明先为武昌王,失武昌国玺,改封为西阳王。萧子伦为巴陵王,萧子夏为南郡王等。

永明十年(492年),太子萧长懋去世。永明十一年(493年),齐武帝去世,临终前托萧鸾辅佐太孙萧昭业。建武元年(494年),萧鸾杀萧昭业,立萧昭文为帝。七十多天后,萧鸾废萧昭文,自立为帝,是为齐明帝。齐明帝萧鸾乃始安王萧道生之子、齐高帝萧道成之侄。即位后,明帝猜忌宗室,大杀高帝、武帝子孙,封庶长子萧宝义为巴陵王、三子萧宝玄为江夏王、八子萧宝融为随郡王等。明帝屠杀宗室,对宗室长者能者以重击,为萧齐覆灭埋下祸根。

---

① (南朝梁)萧子显:《南齐书》卷40,《列传第二十一》,中华书局2017年版,第783页。

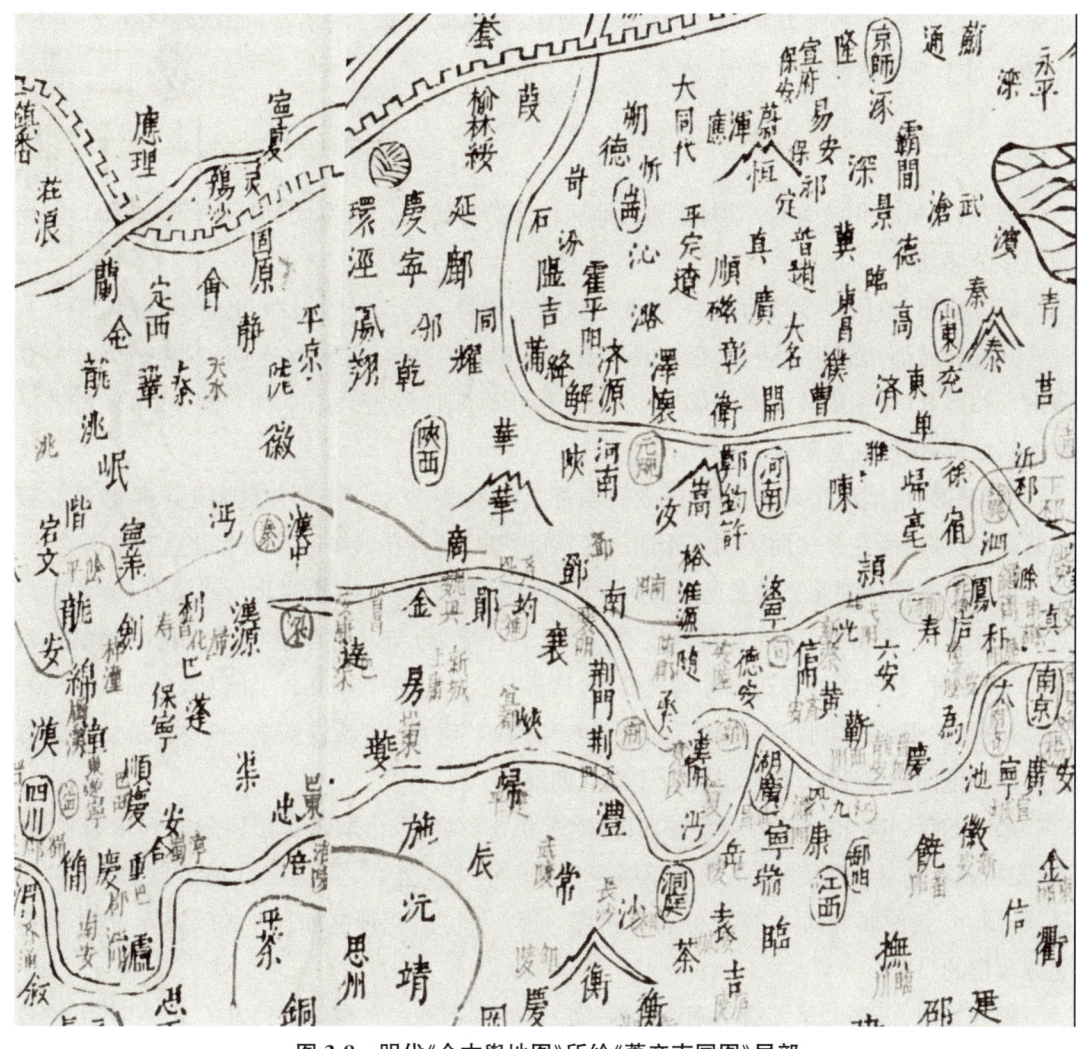

图 3-8　明代《今古舆地图》所绘《萧齐南国图》局部

明帝在位时,北魏政权直接攻入湖北地区。北魏是鲜卑族拓跋氏在北方各民族混战中建立的政权。元嘉十六年(439 年)左右,北魏统一北方,日益威逼南朝政权。泰始七年(471年),北魏孝文帝即位。建武元年(494 年),孝文帝迁都洛阳。建武四年(497 年)至建武五年(498 年),孝文帝南伐,占领萧齐雍州北部,"(孝文帝)行幸樊城,观兵襄沔,耀武而还"①。此次北魏南伐,直逼襄阳,占领今湖北北部部分地区,并将其纳入北魏荆州地区②管辖。雍州所辖湖北郡县极有可能是南朝湖北地区第一批被北方政权占领的行政区划。永泰元年(498年),齐明帝去世,二子萧宝卷即位。北魏孝文帝以"礼不伐丧"为名撤军北归。

萧宝卷年幼即位,奢侈荒唐,淫刑好杀,人人自危。雍州刺史萧衍兴兵东进,打到建康。

---

① (北齐)魏收:《魏书》卷 7 下,《帝纪第七下》,中华书局 2017 年版,第 217 页。
② 南北对峙时期,州的名称多有重复,北魏荆州并不等同于南朝长江流域的荆州。

永元三年(501年),萧宝卷被杀,年18岁。同年,萧衍拥立萧宝融为帝。中兴二年(502年),14岁的萧宝融被迫禅位于萧衍,萧齐灭亡。

二、萧齐时期的湖北州郡县

萧齐时,虽有北魏南侵,但湖北绝数地区仍受萧齐统治。现按梁、荆、雍、郢、江、司、豫州的顺序分述如下:

萧齐梁州,治所在今陕西汉中,湖北地区的辖郡有:新城郡、魏兴郡、上庸郡、齐兴郡。

刘宋新城郡辖湖北房陵县(今房县附近)、绥阳县(今神农架林区东南)、昌魏县(今房县西南)、祁乡县(今南漳县西南)、阌阳县(今十堰市郧阳区附近)、乐平县。萧齐时,新城郡又称南新城郡,治所在房陵县,辖县不变。

刘宋魏兴郡辖湖北兴晋县(今郧西县西部)、郧乡县(今十堰市郧阳区附近)、广昌县。萧齐时,魏兴郡治所在今陕西境内。永明七年(489年),萧齐在郧乡的基础上设立齐兴郡。

刘宋上庸郡辖湖北上庸县(今竹山县西南)、微阳县(今竹山县西北)、武陵县(今竹山县西部)、北巫县、安富县,且侨置有新安县(今竹山县附近)与北吉阳县(今竹山县、竹溪县附近)。萧齐时,上庸郡承袭刘宋时的规模(包括侨县),治所在上庸县。上庸县,永明八年(490年)后改名武阳,安富划归齐兴郡。在永明八年(490年)前,又新设新丰、齐安二县。新设二县的地理范围不甚明确,很有可能位于湖北西北部。

永明七年(489年),萧齐新设齐兴郡,治所在郧乡县(今十堰市郧阳区附近),辖郧乡、齐兴、安昌、钖、安富、略阳六县。在永元元年(499年)前,齐兴、安昌二县被废除,略阳是侨县。① 郧乡、锡原属魏兴郡,安富原属上庸郡。萧齐新立齐兴郡有加强今鄂陕边界力量,防御北方政权的目的。

萧齐梁州,仍有大量无法明确区分侨置或实土的郡县。在今郧西西北有北上洛郡,以及北上洛、商县、丰阳、流民、柜阳、阳亭、齐化、西丰阳、东郪阳、齐宁、京兆、新宁、新附县。②

萧齐荆州仍治江陵县。

刘宋末年荆州南郡辖湖北江陵县(今荆州市荆州区附近)、编县(今荆门市西北)、当阳县(今荆门市西南)、华容县(今潜江市西南)、枝江县(今枝江市东北)、临沮县(今远安县西北)。萧齐南郡治所在江陵县,辖县与刘宋末年一致。

刘宋荆州南平郡辖湖北孱陵县(今公安县西)、江安县(今公安县西北)。萧齐南平郡治所在江安县,湖北辖区无明显变化。

刘宋时,荆州宜都郡辖湖北夷道县(今宜都市附近)、夷陵县(今宜昌市附近)、很山县(今长阳县西部)、宜昌县(今宜昌市附近)。萧齐宜都郡治所在夷道县,湖北辖区无明显变化。

---

① 参见胡阿祥、孔祥军、徐成:《中国行政区划通史·三国两晋南朝卷》,复旦大学出版社2017年版,第1119—1120页。

② 牟发松:《湖北通史·魏晋南北朝卷》,华中师范大学出版社2018年版,第34页。

刘宋末年荆州建平郡辖湖北秭归县、沙渠县（今恩施市附近）、归乡县（今秭归县南部）。萧齐时，建平郡曾短暂划归巴郡。其治所在今重庆巫山，湖北辖区无明显变化。

刘宋时，荆州武宁郡辖乐乡县（今荆门市北部）、长林县（今荆门市附近）。萧齐武宁郡的治所在乐乡县，湖北辖区无明显变化。

刘宋末年荆州汶阳郡辖有僮阳县（今保康县东南）、沮阳县（今保康县南部）、高安县（今宜昌市远安西北）。萧齐武宁郡的治所在高安县，湖北辖区无明显变化。①

萧齐荆州仍有大量无法明确区分是侨置或实土的郡县。在荆州市东部有新兴郡以及定襄县、广牧县、新丰县。在今松滋市西北一带有河东郡以及闻喜县、永安县、松滋县、谯县。在今荆门市西北，有永宁郡以及长宁、上黄二县。②

萧齐时，雍州所辖湖北部分地区被北魏占领。

刘宋末年雍州襄阳郡辖湖北襄阳县（今襄阳市襄州区）、中卢县（今襄阳市西南）、邔县（今宜城市北）。萧齐时，襄阳郡治所仍在襄阳县；至少在永明八年（490年）前，新设建昌县。③ 建昌县应位于今襄阳市境内。

刘宋末年雍州新野郡在湖北辖山都（今襄阳市西北）一县。萧齐时，新野郡治所在今河南境内。建武四年（497年）北魏南伐，占领新野郡。山都县极有可能被北魏占领。

刘宋京兆郡侨置在今襄阳市襄州区西北，领有一实土县邓县，两个侨县——杜县、新丰（均侨置于今襄阳）。萧齐时，京兆郡侨置地未变，新增侨魏县。建武四年（497年），北魏南伐，侨京兆郡地区被其占领。

刘宋始平郡侨置在今丹江口市西北，领有武当县一个实土县，始平、武功、平阳（均侨置于今丹江口市附近）三个侨县。萧齐仍因刘宋之旧。

刘宋扶风郡侨置在今谷城县东北，领有筑阳、汎阳两个实土县，郿县一个侨县（侨置于今谷城附近）。萧齐仍因刘宋之旧。

刘宋冯翊郡侨置在今宜城市县东南，领有一实土县——郃县，两个侨县——莲勺县、高陆县（均侨置于今钟祥市附近）。萧齐仍因刘宋之旧。

刘宋华山郡侨置在今宜城市县北部，领有一实土县——上黄，两个侨县——华山县、蓝田县（均侨置于今宜城市附近）。萧齐仍因刘宋之旧。

刘宋河南郡侨置在今河南省南阳市东南，在湖北辖区有襄乡县。萧齐仍因刘宋之旧。建武四年（497年），北魏南伐，侨河南郡及襄乡县被占领。④

---

① 参见胡阿祥、孔祥军、徐成：《中国行政区划通史·三国两晋南朝卷》，复旦大学出版社2017年版，第1086—1087页。
② 牟发松：《湖北通史·魏晋南北朝卷》，华中师范大学出版社2018年版，第30页。
③ 参见胡阿祥、孔祥军、徐成：《中国行政区划通史·三国两晋南朝卷》，复旦大学出版社2017年版，第1103页。
④ 参见胡阿祥、孔祥军、徐成：《中国行政区划通史·三国两晋南朝卷》，复旦大学出版社2017年版，第1104—1105页。

刘宋广平郡侨置在今河南省邓州市（或今湖北省丹江口市）东南，辖有湖北地区的鄳、阴二县。①

至少在永明八年（490年）前，萧齐在雍州北部设置齐安郡、齐康郡与招义郡，此三郡是否包括今湖北地区尚存疑。建武四年（497年），北魏南下，此三郡也被占领。

萧齐设置宁蛮府，宁蛮府内曾设置有二十多个郡、数百个县，具体如下：西新安郡（辖新安、汎阳、安化、南安四县）、义宁郡（辖筑、义宁、汎阳、武当、南阳五县）、南襄郡（辖新安、武昌、建武、武平四县）、北建武郡（辖东苌秋、霸、北郡、高罗、西苌秋、平丘六县）、蔡阳郡（辖乐安、东蔡阳、西蔡阳、新化、杨子、新安六县）、永安郡（辖东安乐、新安、西安乐、劳泉四县）、安定郡（辖思归、归化、皋亭、新安、士汉、士顷六县）、怀化郡（辖怀化、编、遂城、精阳、新化、遂宁、新阳七县）、武宁郡（辖新安、武宁、怀宁、新城、永宁五县）、新阳郡（辖东平林、头章、新安、朗城、新市、新阳、武安、西林八县）、义安郡（辖郊乡、东里、永明、山都、义宁、西里、义安、南锡、义清九县）、高安郡（辖高安、新集二县）、左义阳郡、南襄城郡、广昌郡、东襄城郡、北襄城郡、怀安郡、北弘农郡、西弘农郡、析阳郡、北义阳郡、汉广郡、中襄城郡。②

如此之多的郡县，积聚于河南南部与湖北北部之间的狭小空间中。其实这些郡县全为管控少数民族的专门政区，不能等同于一般郡县，上述郡县中有与宁蛮府之外郡县同名者，也不能混为一谈。

如此之多的郡县估计是顺应少数民族聚居点来划定，大多具体地理位置是模糊的。唯有南襄郡或在今湖北省南漳县附近，蔡阳郡或在今湖北省枣阳市琚湾镇蔡阳铺附近，安定郡或在今湖北省南漳县西部，义安郡或在今湖北省襄阳市襄州区西部，广昌郡或在今湖北省枣阳市附近。其他郡县或在今河南省南部地区，或是根本无从考证。③ 在北魏南伐的过程中，左义阳郡、南襄城郡、广昌郡、东襄城郡、北襄城郡、怀安郡、北弘农郡、西弘农郡、析阳郡、北义阳郡、汉广郡、中襄城郡陷落。

萧齐荆州范围内，仍有大量无法明确区分侨置或实土的郡县。如在今丹江口市北部的义成郡、义成县、万年县；在今宜城市东部的南天水郡、华阴县、西县、略阳县。④

萧齐郢州治所在夏口。

刘宋末年郢州江夏郡辖湖北滠阳（今武汉市黄陂区西南）、沌阳（今武汉市汉阳区东部）、惠怀（今仙桃市附近）、沙阳（今武汉市西南）、蒲圻（今赤壁市东北）五县。萧齐时无变化，汝南郡仍侨置在江夏郡内。

---

①参见胡阿祥、孔祥军、徐成：《中国行政区划通史·三国两晋南朝卷》，复旦大学出版社2017年版，第984—986页。

②（南朝梁）萧子显：《南齐书》卷15，《志第七》，中华书局2017年版，第319—321页。

③参见胡阿祥、孔祥军、徐成：《中国行政区划通史·三国两晋南朝卷》，复旦大学出版社2017年版，第1106—1110页。

④牟发松：《湖北通史·魏晋南北朝卷》，华中师范大学出版社2018年版，第33页。

刘宋末年郢州竟陵郡辖湖北新市县（今京山市东北）、云杜县（今京山市附近）、竟陵县（今潜江市西北）、霄城县（今应城市西南）、新阳县（今京山市附近）、苌寿县（今钟祥市附近）。萧齐竟陵郡治所在苌寿县，辖县没有变化。

刘宋末年郢州巴陵郡辖湖北下隽县（今崇阳县附近）、监利县（今监利市东北）、州陵县（今洪湖市东部）。萧齐巴陵郡治所在今湖南省境内，所辖湖北地区没有变化。

刘宋末年武昌郡辖湖北武昌县（今鄂州市附近）、阳新县（今阳新县东北）、鄂县（今鄂州市鄂城区西南部）。萧齐时，武昌郡治所仍在武昌县，新增侨置县义宁县。永明三年（485年）后，新置真阳县。真阳县可能在今河南省境内。

刘宋末年郢州侨西阳郡有西阳、弋阳、义安、孝宁四个侨县，并有西陵、蕲阳两个实土县，还有许多左县。萧齐时，侨西阳郡仍侨置在今黄冈市东南，仍辖西陵、蕲阳两个实土县，侨置有西阳、期思、孝宁三县，左县有义安县、希水县、东安县、蕲水县。

永明三年（485年），萧齐在郢州境内新设齐兴郡，与梁州齐兴郡同名。齐兴郡治所在上蔡县（今钟祥市北部），辖有上蔡、绥怀、齐康、茸波、绥平、齐宁六县。① 齐兴郡所辖的绥怀、齐康、茸波、绥平、齐宁位置不明，有可能在今湖北省境内。

萧齐郢州境内还有东牂柯郡，辖南新市、宜县、南平阳、西新市、西平阳、东新市六县，位于今湖北应城市西北部。② 东牂柯郡的性质不明，或许是侨置郡县。

此外，萧齐在郢州境内有大量左郡县，具体如下：今湖北东部长江以北地区有方城左郡（辖城阳、归义二县）、义安左郡（辖绥安县）、北遂安左郡（辖东城、绥化、富城、南城、新安五县）。今湖北钟祥、京山一带有北新阳郡（辖西新阳、安吉、长宁三县）、南新阳左郡（辖南新阳、新兴、北新阳、角陵、新安五县）。在今安陆、应城、京山一带有新平左郡（辖平阳、新市、安城）。在今京山东南有建安左郡（辖霄城）。还有宜人左郡，地理位置暂不明确。③

萧齐江州的治所在今江西省九江市。

刘宋末年，新蔡郡及其慎县、宋县、苞信县侨置到今黄梅县西南地区，并领有阳唐左县。萧齐时没有变化。

萧齐司州治所在今河南省境内。

刘宋司州辖有义阳郡。萧齐时，司州包括北义阳郡、南义阳郡。北义阳郡治所在今河南省境内，南义阳郡治所在孝昌县（今孝感市北部）。南义阳郡辖孝昌、义昌、南安三个实土县，侨置有平春、平舆、平阳三个侨县。南义阳郡大部应在今湖北省境内。

刘宋末年随郡辖湖北随县（今随州市附近）、平林县（今随县北部）、厥西县（今随州市西

---

① 参见胡阿祥、孔祥军、徐成：《中国行政区划通史·三国两晋南朝卷》，复旦大学出版社2017年版，第1091—1092页。
② 牟发松：《湖北通史·魏晋南北朝卷》，华中师范大学出版社2018年版，第31页。
③ 参见胡阿祥、孔祥军、徐成：《中国行政区划通史·三国两晋南朝卷》，复旦大学出版社2017年版，第1092—1093页。

北)、永阳县(今广水市北部)。萧齐时,随郡治所仍在随县。至少在永明八年(490年)前,划平林县至东新安郡,新设安化县。① 安化县应在今随州市与广水市之间。

刘宋末年安陆郡湖北辖安陆(今云梦县附近)、应城(今应城市附近)二县。非常奇怪的是,萧齐时期安陆郡"寄州治"(安陆郡行政机构寄托在司州行政中心)。② 司州的州治在河南省境内,安陆郡明明是实土政区,为何放弃原地,侨寄在河南? 实属一大疑案。萧齐时,安陆郡所辖的安陆、应城、新市、新阳、宣化五县,可能随安陆郡"寄州治"。

至晚在永明八年(490年)前,萧齐新设齐安郡,治所在南安县(今武汉市新洲区附近)。齐安郡辖南安、齐安、始安、义城、义昌、义安六县。③

在司州境内,萧齐同样设置了大量左郡左县。

至晚在建元四年(482年)前,萧齐设置安蛮左郡,治所在木兰县(今武汉市黄陂区姚家集街道),辖木兰、新化、怀、中聂阳、南聂阳、安蛮、虔化七县。木兰县的具体情况不得而知,但萧齐时期今黄陂有木兰县,或许表明花木兰文化与湖北黄陂确有一定联系。

至晚在永明三年(485年)前,萧齐设置永宁左郡,治所在曲陵(今汉川市麻河镇),辖曲陵县、中曲陵县、孝怀县、安德县。

至晚在永明八年(490年)前,萧齐设置东义阳左郡,大致位于今河南省信阳市南部,湖北广水、大悟一带,辖永宁、革音、威清、永平四县。

至晚在永明八年(490年)前,萧齐设置东新安左郡,大致位于今湖北省安陆市、孝感市、武汉市黄陂区北部一带,辖第五、南平林、始平、始安、平林、义昌、固城、新化、西平九县。

至晚在永明八年(490年)前,萧齐设置新城左郡,大致位于今湖北省应城市、汉川市一带,辖孝怀、中曲、南曲陵、怀昌四县。

至晚在永明八年(490年)前,萧齐设置围山左郡,大致在今湖北省应城市、汉川市一带,辖及剌、章平、北曲、洛阳、围山、曲陵六县。

至晚在永明八年(490年)前,萧齐设置北随安左郡,位于今湖北省随县唐县镇,辖济山、油潘二县。

至晚在永明八年(490年)前,萧齐在今湖北省广水市东北设东随安左郡,辖西随、高城、牢山三县。④

---

① 参见胡阿祥、孔祥军、徐成:《中国行政区划通史·三国两晋南朝卷》,复旦大学出版社2017年版,第1096—1097页。

②(南朝梁)萧子显:《南齐书》卷15,《志第七》,中华书局2017年版,第313页。

③ 参见胡阿祥、孔祥军、徐成:《中国行政区划通史·三国两晋南朝卷》,复旦大学出版社2017年版,第1098页。

④ 参见胡阿祥、孔祥军、徐成:《中国行政区划通史·三国两晋南朝卷》,复旦大学出版社2017年版,第1098—1102页。

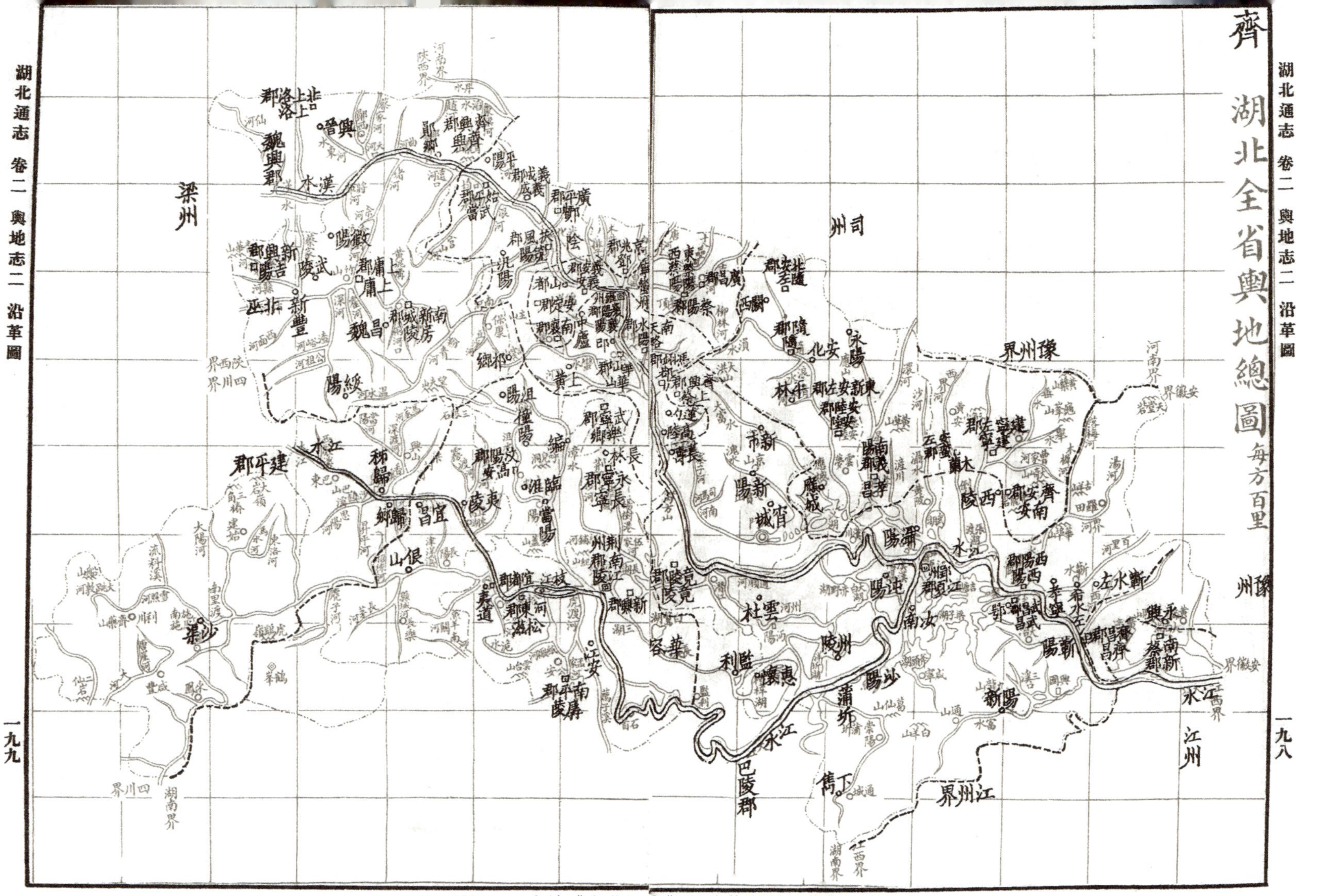

图3-9 宣统《湖北通志》所绘萧齐湖北地图

萧齐豫州辖湖北东部部分地区。

建元元年(479年),萧齐在司州境内设置建宁左郡,治所在建宁县(今麻城市西南),辖建宁、阳城二县。后,划建宁郡归郢州;永明四年(486年),又划归豫州。

至晚在建元四年(482年)前,萧齐在郢州境内设齐昌郡,治所在齐昌县(今蕲春县西南),辖齐昌、阳塘、保城、齐兴四县。①

萧齐时,湖北境内实土郡县、侨置郡县、左郡左县互相混杂,形成了复杂的政区格局。此外,萧齐仍对宗室、功臣进行虚封,如封萧缅为安陆王,封萧锋、萧宝玄为江夏王,封萧锐、萧宝攸为南平王,萧子铿为宜都王,萧子良为竟陵王,萧子隆为随郡王,萧子明为武昌王,萧子夏为南郡王,封张敬儿为襄阳公、周盘龙为沌阳侯、裴叔业为武昌伯,戴僧静为当阳子、王敬为沙阳男等。

第六节 萧梁时期湖北政区

在梁武帝的统治下,萧梁与北方政权持续了三十多年的战争,终于收复湖北北部地区。在萧梁统治之下,湖北属州数量急剧增长,给政区制度带来深刻影响。梁武帝晚年日益昏庸,终导致侯景之乱。侯景之乱,让包括湖北在内的南朝深受打击。北方政权乘虚南下,开启了湖北地区大规模分置的格局。

一、萧梁政局与湖北地区州的增长

天监元年(502年),梁武帝登基,建立梁朝。萧梁初年,划荆州之巴东、建平二郡归益州。② 天监三年(504年)北魏南伐,魏军攻陷司州,八月,"魏陷司州,诏以南义阳置司州"③。原司州沦陷,在南义阳郡的基础上,新设一司州。同年,梁州长官投降于魏军,又以魏兴郡为中心,再立梁州,称为东梁州、南梁州。史书记载:"梁州长史夏侯道迁以州降魏,(王)珍国步道出魏兴,将袭之,不果,遂留镇焉。"④此后,湖北地区划属东梁州。

魏军南下,梁武帝北伐应对。天监四年(505年)十月,"北伐,以中军将军、扬州刺史临川王宏都督北讨诸军事,尚书右仆射柳惔为副。是岁,以兴师费用,王公以下各上国租及田谷,以助军资"⑤。然,北伐失败,从此萧梁与北魏进入持续混战的状态,部分湖北北部地区被

---

① 参见胡阿祥、孔祥军、徐成:《中国行政区划通史·三国两晋南朝卷》,复旦大学出版社2017年版,第1050—1051页。
② 参见胡阿祥、孔祥军、徐成:《中国行政区划通史·三国两晋南朝卷》,复旦大学出版社2017年版,第1322页。
③ (唐)姚思廉:《梁书》卷2,《本纪第二》,中华书局2020年版,第47页。
④ (唐)姚思廉:《梁书》卷17,《列传第十一》,中华书局2020年版,第313页。
⑤ (唐)姚思廉:《梁书》卷2,《本纪第二》,中华书局2020年版,第49页。

魏国占领。536年,"魏请通和,诏许之"①,南北战争暂时结束。在长达三十年的战争中,萧梁有败有胜,势力一度扩展到洛阳。湖北军民抵挡住了北魏的持续进攻,捍卫了长江流域重要领土,为南方政权的巩固繁荣奠定了基础。在天监四年(505年)至大同二年(536年)间,萧梁在湖北境内设置了许多新州:

天监十三年(514年),"司州叛蛮田鲁生、弟鲁贤、超秀,据蒙笼来降。高祖以鲁生为北司州刺史,鲁贤北豫州刺史,超秀定州刺史,为北境捍蔽"②。为了安抚少数民族首领,笼络其服务于边防,萧齐设置定州,治所在蒙笼城(今麻城市东北)。③ 定州专为"蛮族"而设,辖郡也为左郡。宋齐时期,湖北少数民族政区只有郡县。萧梁时期,州居然也成为镇抚少数民族的工具。

天监十八年(519年)前,萧梁在湖北西北部设置岐州,辖新城、上庸二郡。④

普通四年(523年)六月,萧梁大规模设立新州,原因不详:"分益州置信州,分交州置爱州,分广州置成州、南定州、合州、建州,分霍州置义州。"⑤新设的信州包括湖北西部部分地区,新设的义州可能位于今罗田县附近。

普通七年(526年),"夏侯亶、胡龙牙、元树、曹世宗等众军克寿阳城……以寿阳置豫州,合肥改为南豫州。以中护军夏侯亶为豫、南豫二州刺史"⑥。萧梁夺得寿阳城,新设豫州、南豫州。南豫州曾辖湖北地区。

普通六年(525年)至普通八年(527年),为镇抚"蛮族",设置新州,位于今湖北京山市一带。⑦

大通二年(528年)"魏郢州刺史元愿达以义阳内附,置北司州"⑧,南北司州并立。中大同二年(547年)前,南司州并入北司州。

大同二年(536年),萧梁在今湖北应城附近设置应州,原因不明。

以上诸州极有可能只是萧梁涉及湖北地区的一部分,更多的州已经消失在历史烟尘中。

梁武帝初期,积极作为,富国强兵,萧梁与北方政权保持均衡对峙。萧梁重用宗室王公为湖北地方官员。有的宗室王公造福湖北百姓,深得民心。

如,安成王萧秀,曾任都督荆、湘、雍、益、宁、南北梁、南北秦九州诸军事、平西将军、荆州

---

① (唐)姚思廉:《梁书》卷3,《本纪第三》,中华书局2020年版,第91页。
② (唐)姚思廉:《梁书》卷22,《列传第十六》,中华书局2020年版,第382页。
③ 参见胡阿祥、孔祥军、徐成:《中国行政区划通史·三国两晋南朝卷》,复旦大学出版社2017年版,第1232页。
④ 参见胡阿祥、孔祥军、徐成:《中国行政区划通史·三国两晋南朝卷》,复旦大学出版社2017年版,第1308—1309页。
⑤ (唐)姚思廉:《梁书》卷3,《本纪第三》,中华书局2020年版,第77页。
⑥ (唐)姚思廉:《梁书》卷3,《本纪第三》,中华书局2020年版,第81页。
⑦ 参见胡阿祥、孔祥军、徐成:《中国行政区划通史·三国两晋南朝卷》,复旦大学出版社2017年版,第1226—1227页。
⑧ (唐)姚思廉:《梁书》卷3,《本纪第三》,中华书局2020年版,第82页。

刺史,在任时期"立学校,招隐逸……及沮水暴长,颇败民田,秀以谷二万斛赡之。使长史萧琛简府州贫老单丁吏,一日散遣五百余人,百姓甚悦"①。

鄱阳王萧范,曾任都督雍、梁、东益、南北秦五州诸军事、镇北将军、雍州刺史:"范作牧莅民,甚得时誉;抚循将士,尽获欢心。"②

始兴王萧嶦,曾任都督荆、湘、益、宁、南北秦六州诸军事、平西将军、荆州刺史:"军旅之后,公私空乏,嶦厉精为治,广辟屯田,减省力役,存问兵死之家,供其穷困,民甚安之……民辞讼者,皆立前待符教,决于俄顷。曹无留事,下无滞狱,民益悦焉。"③

梁武帝后期,纵容贵族,迷信宗教,昏聩不明,诱发侯景之乱,给萧梁政权以沉重打击。

侯景本是东魏(534年北魏一分为二,是为东魏、西魏)将领,于中大同二年(547年)投降萧梁,"魏司徒侯景求以豫、广、颍、洛、阳、西扬、东荆、北荆、襄、东豫、南兖、西兖、齐等十三州内属……以景为大将军,封河南王,大行台"④。"豫、广、颍、洛、阳、西扬、东荆、北荆、襄、东豫、南兖、西兖、齐等十三州"均为北魏名称,与萧梁地名多有重复,所指并非都为一地。

梁武帝接纳侯景,获得了大量北方土地。后来,东魏派兵收复失地,萧梁战败,萧渊明被俘,侯景带来的北方土地丢失大半。

梁武帝封侯景为"豫州牧"。侯景不感恩,并心生异志:"景既据寿春,遂怀反叛,属城居民,悉召募为军士,辄停责市估及田租,百姓子女悉以配将卒。"⑤其后,梁武帝与东魏讲和,愿以侯景交换被俘的萧渊明。侯景越发疑惧,反心更甚,梁武帝并未察觉,"鄱阳王范镇合肥,及司州刺史羊鸦仁俱累启称景有异志,领军朱异曰:'侯景数百叛虏,何能为役?'并抑不奏闻,而逾加赏赐"⑥。

太清二年(548年)八月,侯景起兵寿阳(今安徽寿县)。太清三年(549年)三月,攻陷都城建康,侯景纵兵抢掠,危害江南。两月后,梁武帝饿死,萧梁大乱。侯景得势后,先立萧正德为帝。再杀萧正德,立武帝太子萧纲为帝。又废萧纲,立武帝曾孙萧栋。天正元年(551年),侯景称帝,国号汉。大宝三年(552年),在梁将陈霸先、王僧辩等打击下,侯景覆灭。

大宝二年(552年),梁武帝第七子、荆州刺史萧绎在湖北江陵称帝,即梁元帝。同时,梁武帝第八子萧纪在成都称帝。宗亲萧詧等对梁元帝不服。为击败对手,萧氏宗族多有向北方政权求援者。

在侯景之乱、萧梁内斗时,东魏(北齐)、西魏(北周)政权兴兵南下,夺取了包括湖北

---

① (唐)姚思廉:《梁书》卷22,《列传十六》,中华书局2020年版,第381—382页。
② (唐)姚思廉:《梁书》卷22,《列传十六》,中华书局2020年版,第391页。
③ (唐)姚思廉:《梁书》卷22,《列传十六》,中华书局2020年版,第392—393页。
④ (唐)姚思廉:《梁书》卷3,《本纪第三》,中华书局2020年版,第102页。
⑤ (唐)姚思廉:《梁书》卷56,《列传第五十》,中华书局2020年版,第937页。
⑥ (唐)姚思廉:《梁书》卷56,《列传第五十》,中华书局2020年版,第937页。

在内的大片领土。承圣三年(554年),西魏南下进攻江陵,萧詧率兵与之会合。承圣四年(555年)正月,江陵陷落,梁元帝被杀。西魏进入江陵后,"选百姓男女数万口,分为奴婢,驱入长安;小弱者皆杀之"①。在西魏的支持下,萧詧以江陵为首都,建西梁政权。江陵失陷时,梁元帝纵火焚烧宫殿,烧了14万卷书籍,史称"江陵焚书",是一场文化的浩劫。

王僧辩、陈霸先拥重兵而不能救梁元帝于危难。梁元帝死后,两人又为新帝人选冲突不断。两人先立梁元帝之子萧方智为帝;后王僧辩又主张立萧渊明为帝。陈霸先不满,袭杀王僧辩,立萧方智为帝。太平二年(557年),萧方智禅位于陈霸先,萧梁灭亡。

早在东晋时期,荆、扬二州就成为了关乎南方政权极其重要的战略要地。萧梁末年,都城建康与湖北江陵均受到重创,这既是萧梁的悲剧,更是整个南朝的悲剧。

侯景之乱,萧梁衰亡,新州仍不断出现。中大同二年(547年),设置兴州(今湖北十堰市郧阳区附近);太清三年(549年)后,在巴陵郡基础上,设置巴州;承圣三年(554年),设沙州(今湖北省嘉鱼县附近);同年,在今通城西北设置隽州。在萧梁灭亡之时,还设置了西江州,"分寻阳、太原、齐昌、高唐、新蔡五郡,置西江州,即于寻阳仍充州镇"②。其中,齐昌郡属于今湖北地区。

事实上,萧梁在湖北所置之州远不止这些。史料限制,更多的州我们仍无法考证其创始年代,如,今武汉市西部的鲁州,宜昌市西北的宜州,钟祥市附近的北新州,随州市附近的土州、北郢州,京山市附近的富州,钟祥市、京山市之间的洄州、泉州、豪州,红安县附近的沙州、麻城市附近的北江州,蕲春县附近的齐州,大悟县附近的湘州,郧西县附近的南洛州,神农架林区附近的绥州等等。对绝大多数州设置的原因也无法考究,但可以确认的是有些州是因管理少数民族而置,有些州是因南北交战领土得失而置。

萧梁时代州有急剧增长。大明八年(464年),刘宋有19个州。③ 建武四年(497年),萧齐有21个州。④ 到中大同元年(546年),萧梁已有100个州以上。⑤ 若将萧梁曾经设置的州计入其中,则数量将超过150个。在萧齐末年,湖北地区有梁、荆、雍、郢、江、司、豫七州;萧梁时,至少出现了三十余州。州的数量急剧膨胀,州的名称多有重复。

萧梁时期,领土日益缩小,州的数量却急剧增长,再加上给少数民族专门设置州来看,萧梁"州"的性质已经发生了改变,已不是辖土广袤,仅凭一州就能制衡一方的政区了。萧梁时

---

① (唐)姚思廉:《梁书》卷5,《本纪第五》,中华书局2020年版,第152页。
② (唐)姚思廉:《梁书》卷6,《本纪第六》,中华书局2020年版,第166页。
③ 参见胡阿祥、孔祥军、徐成:《中国行政区划通史·三国两晋南朝卷》,复旦大学出版社2017年版,第1027—1035页。
④ 参见胡阿祥、孔祥军、徐成:《中国行政区划通史·三国两晋南朝卷》,复旦大学出版社2017年版,第1140—1153页。
⑤ 参见胡阿祥、孔祥军、徐成:《中国行政区划通史·三国两晋南朝卷》,复旦大学出版社2017年版,第1340—1355页。

期,有的州,如郢州,辖十多个郡。有的州,如定州,可能只辖一郡。甚至有的州,我们根本考证不出它有何辖郡。州的情况越来越复杂,越来越混乱。

关于萧梁州的增多,史书是这样描述的:"梁武帝除暴宁乱,奄有旧吴,天监十年,有州二十三,郡三百五十,县千二十二。其后务恢境宇,频事经略,开拓闽、越,克复淮浦,平俚洞,破牂柯,又以旧州遐阔,多有析置。大同年中,州一百七,郡县亦称于此。"①天监十年即511年,此时萧梁只有二十三州,比前朝数量并不悬殊。后来,梁武帝北伐魏国,南平闽越,解决境内少数民族问题,再加上旧州境内郡与郡之间相距遥远,因而多有析置,到了大同(535—546年)中叶,州的数量急剧上升。开疆拓土、管理少数民族,"旧州遐阔"是萧梁不断设州的原因,但恐怕并不是全部原因。萧梁"州"急剧增长的原因,仍需学界进一步探讨。

图3-10　明代《今古舆地图》所绘《萧梁南国图》局部

① (唐)魏徵等:《隋书》卷29,《志第二十四》,中华书局2019年版,第899页。

州越分越小,并不意味着土地与人口日益增多,反而徒增混乱。史书记载:

(539年)散骑常侍朱异奏:"顷来置州稍广,而小大不伦,请分为五品,其位秩高卑,参僚多少,皆以是为差。"诏从之。于是上品二十州,次品十州,次品八州,次品二十三州,下品二十一州。时上方事征伐,恢拓境宇,北逾淮、汝,东距彭城,西开牂柯,南平俚洞,建置州郡,纷纭甚众,故异请分之。其下品皆异国之人来归附者,徒有州名而无土地,或因荒徼之民所居村落置州及郡县,刺史守令皆用彼人为之,尚书不能悉领,山川险远,职贡罕通。五品之外,又有二十余州不知处所。凡一百七州。又以边境镇戍,虽领民不多,欲重其将帅,皆建为郡,或一人领二三郡太守,州郡虽多而户口日耗矣。①

萧梁置州太多,为方便管理,将州分为了五等。下品之州,徒具虚名,成为羁縻笼络人心的工具。在边疆地区,为了"重其将帅",滥增郡置,造成一人担任多郡太守的荒唐局面。萧梁急剧设州,有其考量,但也造成政区混乱的局面,不利于政权长期稳固。

二、萧梁时期的湖北政区

由于记载萧梁历史的主要史书——《梁书》,没有详细记载政区情况,因而萧梁一代的州郡县十分模糊,只能推测出大致轮廓。

萧齐梁州,治所在今陕西汉中,湖北地区的辖郡有新城郡、魏兴郡、上庸郡、齐兴郡。萧梁时,关于梁州的归属,梁、魏均有争夺。萧梁曾先后设置北梁州、东梁州。天监元年(502年)至天监二年(503年),新城郡、魏兴郡、上庸郡、齐兴郡属于北梁州,后属东梁州。至少在天监十八年(519年)前,新城郡、上庸郡划归岐州。中大同二年(547年),齐兴郡划归兴州,魏兴郡仍属东梁州。

萧齐魏兴郡辖湖北兴晋县(今郧西县西部)、广昌县。萧梁时,魏兴郡的治所西城(今陕西省安康市附近),一度成为梁州治所。

萧齐时,新城郡治所房陵县,辖湖北房陵县(今房县附近)、绥阳县(今神农架林区东南)、昌魏县(今房县西南)、祁乡县(今南漳县西南)、阚阳县(今十堰市郧阳区附近)、乐平县。房陵同是岐州治所。萧梁时,以绥阳(今神农架林区东南)为中心设置绥州。

萧齐上庸郡,治所在上庸县,辖湖北上庸县(今竹山县西南)、微阳县(今竹山县西北)、武陵县(今竹山县西部)、北巫县、新丰县、齐安县,且侨置新安县(今竹山县附近)与北吉阳县(今竹山县、竹溪县附近)。萧梁时,上庸郡治所仍在上庸县。

萧齐时齐兴郡治所在郧乡县,辖郧乡县(今十堰市郧阳区附近)、钖县、安富县、略阳县。萧梁时,郧乡县是齐兴郡治所,同为兴州治所。

---

① (宋)司马光:《资治通鉴》卷158,《梁纪十四》,中华书局1956年版,第4903—4904页。

萧齐梁州辖有北上洛郡,在今郧西县西北。萧梁时,在今郧西县上津镇位置,设置南洛州,辖上津郡、上津县。

552年,以上湖北地区均被北方政权占领。①

萧梁荆州治所在江陵县。

萧齐末年,荆州南郡辖湖北江陵县(今荆州市荆州区附近)、编县(今荆门市西北)、当阳县(今荆门市西南)、华容县(今潜江市西南)、枝江县(今枝江市东北)、临沮县(今远安县西北)。萧梁时,南郡治所仍在江陵县。梁元帝时,江陵县一度成为萧梁政治中心。

萧齐荆州南平郡辖湖北孱陵县(今公安县西)、江安县(今公安县西北)。萧梁时,南平郡治所在孱陵县。

萧齐时期荆州武宁郡辖乐乡(今荆门市北部)、长林(今荆门市附近)二县。萧梁武宁郡的治所在乐乡县。

萧齐荆州汶阳郡辖有僮阳县(今保康县东南)、沮阳县(今保康县南部)、高安县(今宜昌市远安西北)。萧梁时,武宁郡的治所在高安县。

萧齐荆州宜都郡辖湖北夷道县(今宜都市附近)、夷陵县(今宜昌市附近)、很山县(今长阳西部)、宜昌县(今宜昌市附近)。萧梁时,宜都郡治所在夷道县,先属荆州,后属宜州。宜州治所在夷陵县。

承圣二年(554年),以上湖北地区均被北方政权占领。②

萧齐荆州建平郡辖湖北秭归县、沙渠县(今恩施市附近)、归乡县(今秭归县南部)。萧梁初期,建平郡划归益州(今治所成都)。普通四年(523年),建平郡归属信州。信州乃梁武帝新设,辖区除建平郡外,还有巴东郡、信陵郡。信州治所在巴东郡的鱼复县(今重庆市白帝城附近)。建平、巴东二郡早在萧梁之前就已存在,信陵郡是在原建平郡归乡县的基础上新设。承圣元年(553年),信州被北方政权占领。③

萧梁郢州治所在夏口县。

萧齐郢州江夏郡辖湖北滠阳(今武汉市黄陂区西南)、沌阳(今武汉市汉阳区东部)、惠怀(今仙桃市附近)、沙阳(今武汉市西南)、蒲圻(今赤壁市东北)五县,侨置有汝南郡。萧梁时期,江夏郡治所在侨汝南郡(今武汉市武昌区附近),承圣三年(555年)江夏郡曾短暂地被北齐占领。

萧梁以江夏郡沙阳县为中心,设置沙州。

---

① 参见胡阿祥、孔祥军、徐成:《中国行政区划通史·三国两晋南朝卷》,复旦大学出版社2017年版,第1298—1309页。

② 参见胡阿祥、孔祥军、徐成:《中国行政区划通史·三国两晋南朝卷》,复旦大学出版社2017年版,第1222—1224页。

③ 参见胡阿祥、孔祥军、徐成:《中国行政区划通史·三国两晋南朝卷》,复旦大学出版社2017年版,第1326—1328页。

萧梁在今仙桃市沔城回族镇附近设沔阳郡,辖沔阳县。在今仙桃市西部设营阳郡。两郡约于大宝元年(550年)前后被北方政权占领。

萧齐郢州巴陵郡辖湖北下隽县(今崇阳县附近)、监利县(今监利市东北)、州陵县(今洪湖市东部)。萧梁设巴陵郡内之州陵为州城郡(550年陷落),在下隽县设上隽郡。549年后,在巴陵郡上,又设巴州。承圣二年(554年),在上隽郡上设置隽州。

萧齐郢州武昌郡辖湖北武昌县(今鄂州市附近)、阳新县(今阳新县东北)、鄂县(今鄂州市鄂城区西南部)、侨义宁县。萧梁时,武昌郡治所在武昌县。萧梁在今武汉市西部,还设有鲁州。

萧齐郢州竟陵郡辖湖北新市县(今京山市东北)、云杜县(今京山市附近)、竟陵县(今潜江市西北)、霄城县(今应城市西南)、新阳县(今京山市附近)、苌寿县(今钟祥市附近)。萧梁竟陵郡治所在霄城设。

萧齐郢州齐兴郡辖有上蔡、绥怀、齐康、茸波、绥平、齐宁六县。萧梁齐兴郡治所在上蔡县(今钟祥市北部)。

萧梁组竟陵、齐兴二郡,建北新州,治所在苌寿县。

萧梁时期,从北新州析分出土州,治所在龙巢县(今随州市东北),辖东永宁郡、西永宁郡、真阳郡。各郡治所分别在龙巢县、阜陵县(今随州市东部)、石武县(今随州市东部)。

萧梁以竟陵郡新阳为中心设新州,辖梁宁郡、富水郡。梁宁郡治所在新阳县,富水郡治所在富水县(今京山市东北)。

萧齐郢州侨西阳郡辖有西陵、蕲阳两个实土县,西阳、期思、孝宁三个侨县,义安、希水、东安、蕲水四个左县。萧梁时期,郢州仍有西阳郡,治所在西阳县(今黄石市东南)。

萧齐郢州在今京山东南辖有建安左郡(辖霄城)。萧梁时,仍有建安郡。大宝元年(550年),建安郡被北方政权占领。

萧齐时期,在郢州境内有大量的左郡左县。萧梁时期,在今京山市东部有富州,钟祥、京山之间有洄州、泉州、豪州。①

萧齐末年,雍州北部被北方政权占领,后被梁武帝收复。萧梁雍州治所仍在襄阳县。梁末,雍州全境几乎都被北方政权占领。

萧齐末年,雍州襄阳郡辖湖北襄阳县(今襄阳市襄州区)、中卢县(今襄阳市西南)、邔县(今宜城市北)、建昌县(今襄阳市附近)。萧梁时,襄阳郡治所仍在襄阳县。梁末雍州刺史萧詧投降,太清三年(549年)后,襄阳郡落入北方政权之手。

萧齐广平郡侨置在今河南省邓州市(或今湖北省丹江口市)东南,辖有湖北地区的鄀、阴

---

① 参见胡阿祥、孔祥军、徐成:《中国行政区划通史·三国两晋南朝卷》,复旦大学出版社2017年版,第1220—1229页。

二县。① 萧梁时,广平郡仍存在,治所在广平县(今丹江口市东南);以酂县(今老河口市西北)为中心,设酂城郡。中大通五年(533年),酂城郡陷落。太清三年(549年),广平郡陷落。

萧齐冯翊郡侨置在今宜城市县东南,领有一实土县——郚县,两个侨县——莲勺县、高陆县(今钟祥市附近)。萧梁时,冯翊郡仍在。中大通五年(533年)陷落。

萧齐时期,在今宜城东部有南天水郡以及华阴、西县、略阳三县。萧梁以略阳县为中心设德广郡。太清三年(549年)陷落。

萧齐新野郡辖湖北山都(今襄阳市西北)一县。萧梁时,新野郡仍在。中大通五年(533年)陷落。

萧齐始平郡侨置在今丹江口市西北,领有一实土县——武当县,三个侨县——始平县、武功县、平阳县(今丹江口市附近)。萧梁时,始平郡仍在。太清三年(549年)陷落。

萧齐华山郡侨置在今宜城市北部,领有一实土县——上黄县,两个侨县——华山县、蓝田县(今宜城市附近)。萧梁时,华山郡仍在;太清三年(549年),陷落。

萧齐扶风郡侨置在今谷城县东北,领有筑阳、汎阳两实土县,郿县一个侨县(今谷城县附近)。萧梁已没有扶风郡,在今谷城县西部设置有兴国郡。太清三年(549年)陷落。

萧齐在丹江口市北部辖有义成郡以及义成、万年二县。萧梁也有义成郡,后陷于北方政权。

萧梁设有秦南郡,在今湖北宜城市东南。太清三年(549年)陷落。

萧梁设有沔东郡,在今湖北枣阳市西南。太清三年(549年)陷落。

萧齐雍州境内有宁蛮府,还有大量左郡左县。萧梁时,境内仍有宁蛮府,辖郡至少有四:南襄、安定二郡(今南漳县附近),蔡阳郡(今枣阳市琚湾镇附近),弘化郡(位置不明)。梁末,宁蛮府被北方政权占领。

萧齐河南郡侨置在今河南省南阳市东南,辖有湖北地区的襄乡县。建武四年(497年)北魏南伐,侨河南郡及襄乡县被占领。天监五年(506年),梁武帝收复侨河南郡地区,并以此为中心设置宛州。宛州与河南郡旋得旋失,后被北魏占领。②

萧梁司州治所在今河南省境内。北方政权南侵,萧梁在今天湖北安陆附近设置南司州。后,南司州并入司州。

萧齐随郡辖湖北随县(今随州市附近)、厥西县(今随州市西北)、永阳县(今广水市北部)、安化县(今随州市与广水市之间)。萧梁时仍有随郡,治所在随县。天监三年(504年),随郡陷落。大通二年(528年),萧梁收复随郡。大宝元年(550年)前后,随郡再次陷落。

萧齐安陆郡辖安陆县(今云梦县附近)、应城县(今应城市附近)、新市县、新阳县、宣化

---

① 参见胡阿祥、孔祥军、徐成:《中国行政区划通史·三国两晋南朝卷》,复旦大学出版社2017年版,第984—986页。

② 参见胡阿祥、孔祥军、徐成:《中国行政区划通史·三国两晋南朝卷》,复旦大学出版社2017年版,第1235—1238页。

县,侨置在河南省境内。天监三年(504年),河南侨置之地陷落。萧梁重新恢复安陆郡(今安陆市附近),并以此为中心设南司州。至少在太清元年(547年)前,南司州并入司州;安陆郡归司州管辖。大宝元年(550年),安陆郡被北方政权占领。

萧齐司州永宁左郡,治所在曲陵县(今汉川市麻河镇),辖曲陵、中曲陵、孝怀、安德四县。萧梁时,以曲陵为中心设置曲阳郡。大宝元年(550年)陷落。

萧齐司州齐安郡,治所在南安县(今武汉市新洲区附近)。齐安郡辖南安、齐安、始安、义城、义昌、义安六县。萧梁时,齐安郡仍在,治所在齐安县(今麻城市西南)。天监三年(504年),齐安郡被北魏占领;大通二年(528年),萧梁收复;大宝元年(550年),再次陷落于北方政权。

萧齐设置北随安左郡,辖济山、油潘二县,在今湖北省随县唐县镇。萧梁设置北随郡(今随县唐县镇)。大宝元年(550年)陷落。

萧齐司州辖有北义阳郡、南义阳郡。北义阳郡的治所在今河南省境内,南义阳郡的治所在孝昌县(今孝感市北部)。萧梁时,南北义阳郡之地均被北方政权占领。

萧梁设有崇义郡(今随州市西南);大宝元年(550年)陷落。

萧梁设有平靖郡(今应城市东北);大同二年(536年)前后,以平靖郡为中心设应州,不久被废。平靖郡归司州管辖。大宝元年(550年)陷落。

萧齐曾划随郡平林县归东新安郡。东新安左郡,在今湖北安陆、孝感、武汉市黄陂北部一带,辖第五、南平林、始平、始安、平林、义昌、固城、新化、西平九县。萧梁时,以平林县(今随州市东北)为中心设上明郡;在今随州西北设北郧州,辖上明郡。大宝元年(550年)陷落。

天监十三年(514年),萧梁以蒙笼城(今麻城市东北)为中心设定州,将原属豫州的建宁郡(治所在今麻城市西南)划归定州。大宝元年(550年)陷落。

萧梁设沙州(今红安县东北),可能管辖过建宁郡、齐安郡。天监二年(503年)陷落。

萧梁设北江州(今麻城市西部),辖永安郡(今浠水县附近)、阴平郡(今麻城市东北)、齐昌郡(今蕲春县西南)、梁安郡(今武汉市黄陂区北部)。大宝元年(550年)陷落。

萧齐齐昌郡,治所在齐昌县(今蕲春县西南),辖齐昌、阳塘、保城、齐兴四县。萧梁以齐昌郡为中心设齐州。大宝二年(551年)后,齐州疑被废除,齐昌郡归西江州、南豫州。

萧齐安蛮左郡,治所在木兰县(今武汉市黄陂区姚家集街道),辖有木兰、新化、怀、中聂阳、南聂阳、安蛮、虔化七县。萧梁侨置湘州到新化县(今大悟县东北),辖安蛮郡、梁宁郡。梁宁郡的治所在聂阳县(今孝感市东部)。①

第三章 曲折发展:魏晋南北朝时期湖北政区

---

① 参见胡阿祥、孔祥军、徐成:《中国行政区划通史·三国两晋南朝卷》,复旦大学出版社2017年版,第1230—1235。

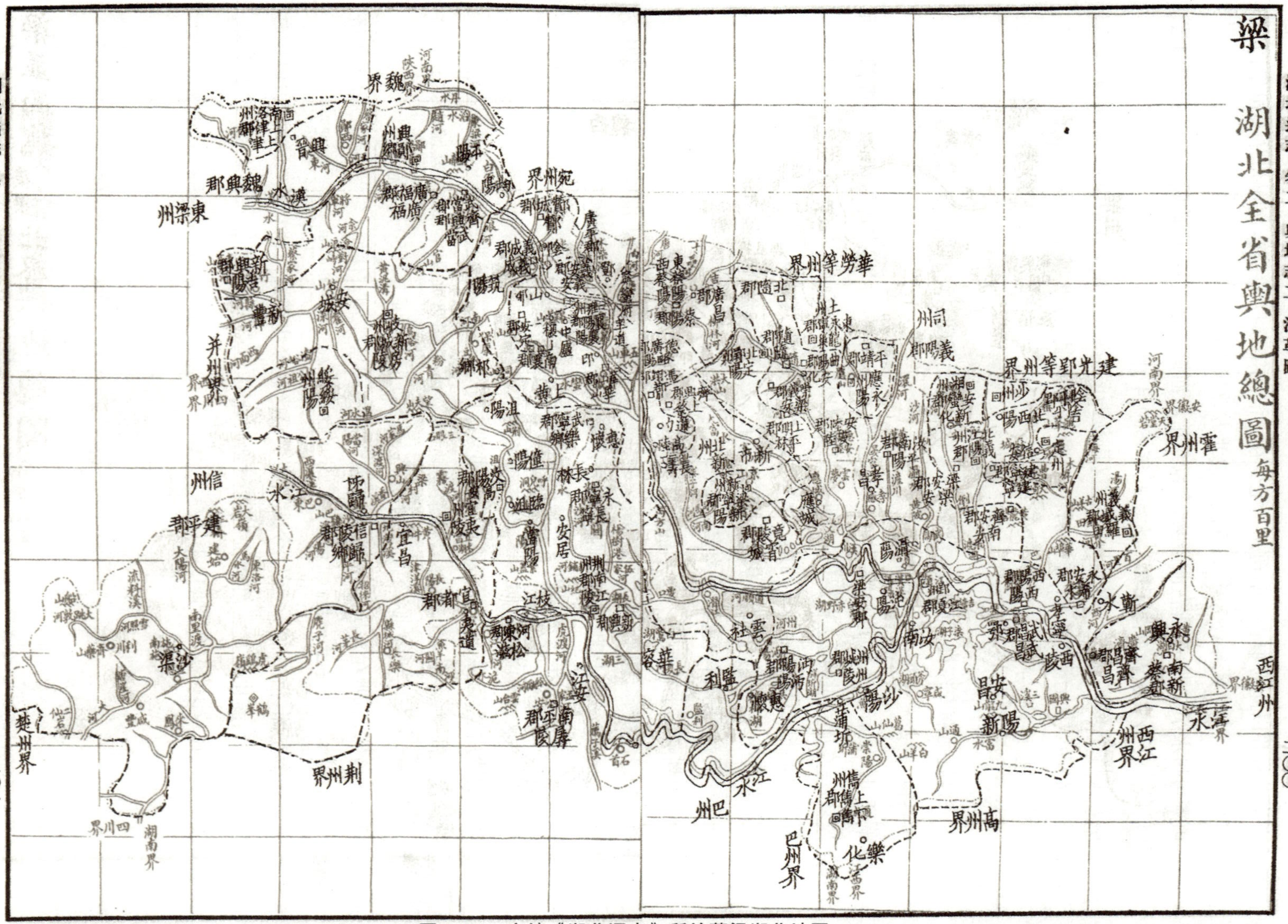

图3-11 宣统《湖北通志》所载光绪湖北全省舆地图

萧梁时，豫州情况较为复杂。多个豫州先后出现，与湖北有关的是南豫州。南豫州曾辖建宁（今麻城市附近）、齐昌（今蕲春县附近）二郡。天监十三年（514年），建宁郡移属定州。后来，齐昌郡移属北江州、齐州、西江州；萧梁末年，复归南豫州。①

萧梁义州，可能位于今罗田县附近，辖义城、边城等郡。梁武帝时，义州境内疑设有罗田县。②

由于萧梁政区原始资料极度缺乏，因此以上所述仅是根据最新研究成果搭建的初步框架，错漏讹误之处在所难免。萧梁统治时期，虚封之制仍在，如南平、南郡、安陆、西阳、武宁、江夏、宜都等郡成为王爵的封地。当阳、云杜、州陵、霄城、临沮、江安、夷陵、沌阳、枝江、新市、夷道等县成为公侯的封地。

第七节　南陈时期的湖北政区

南陈是魏晋南北朝时期南朝最后一个政权，其刚刚建立之时，面临极度危险之境，外有北方政权虎视眈眈，内有割据势力错综复杂。南陈统治者虽励精图治，但仍然改变不了陈之疆土为南朝最小的事实。南陈已经不能控制整个湖北地区，出现长江以北就是敌国，今武汉地区处于边境的窘境。虽然疆土日小，南陈统治者仍然继承萧梁"小州""小郡"政策，不断在湖北地区析分新的州郡。南陈统治者面对时局也有过抗争，取得过一定成就，但终究抵不过自身的衰落和隋朝统一的历史大潮。

一、南陈政局与所辖湖北领土的变化

永定元年（557年），陈霸先建立陈朝。陈霸先继承的是破败的局面：长江中下游被战乱摧残，大片领土被北方政权占领。就湖北地区而言，历史悠久的江陵城遭受损失，梁、襄、司、豫四州湖北领土几乎失尽。北周萧詧在江陵建立后梁，占荆州及周边土地。萧梁湘、郢二州刺史王琳拥萧庄即位，占郢州、巴州等地。南陈对湖北地区的控制所剩无几。

面对北周、北齐、萧詧、王琳等诸多势力，陈霸先只能靠不断征战捍卫政权。永定三年（559年），陈霸先病逝，侄陈蒨即位，是为陈文帝。文帝孜孜不倦，励精图治，恢复国力，平定叛乱，遏制了北齐、北周南侵的势力。天嘉元年（560年），南陈击败王琳，遏制北齐，"太尉侯瑱败王琳于梁山，败齐兵于博望，生擒齐将刘伯球，尽收其资储船舰，俘馘以万计，王琳及其主萧庄奔于齐"③，收复湖北郢州及附近地区，今武汉市地区成为南陈与北朝边界之地。在对

---

① 参见胡阿祥、孔祥军、徐成：《中国行政区划通史·三国两晋南朝卷》，复旦大学出版社2017年版，第1189—1190页。
② 罗田县，一说因先秦罗国而得名，一说因平定叛乱的二人姓名文小罗、田光兴而得名，一说因田氏蛮居于罗州而得名。
③（唐）姚思廉：《陈书》卷3，《本纪第三》，中华书局2021年版，第55页。

北周的抵抗中,陈文帝也取得了胜利。文帝的努力,让南陈渡过绝境,但仍未收复湖北全境。

天嘉七年(566年),陈文帝去世,其子陈伯宗即位。陈伯宗执政时期,叔父安成王陈顼执掌朝政。光大二年(568年),陈顼废陈伯宗自立为帝,是为陈宣帝。宣帝在位时期,奋发有为,多次北伐,意欲图强。

太建五年(573年),陈宣帝北伐,主攻北齐,"分命众军北伐,以镇前将军、开府仪同三司吴明彻都督征讨诸军事……北讨大都督吴明彻统众十万,发自白下"①。此次北伐,收复大片领土。太建六年(574年),陈宣帝诏曰:"命将兴师,大拯沦溺。灰琯未周,凯捷相继,拓地数千,连城将百。"②"拓地数千,连城将百"之中就有湖北地区。(详细介绍参见本节第二部分)。

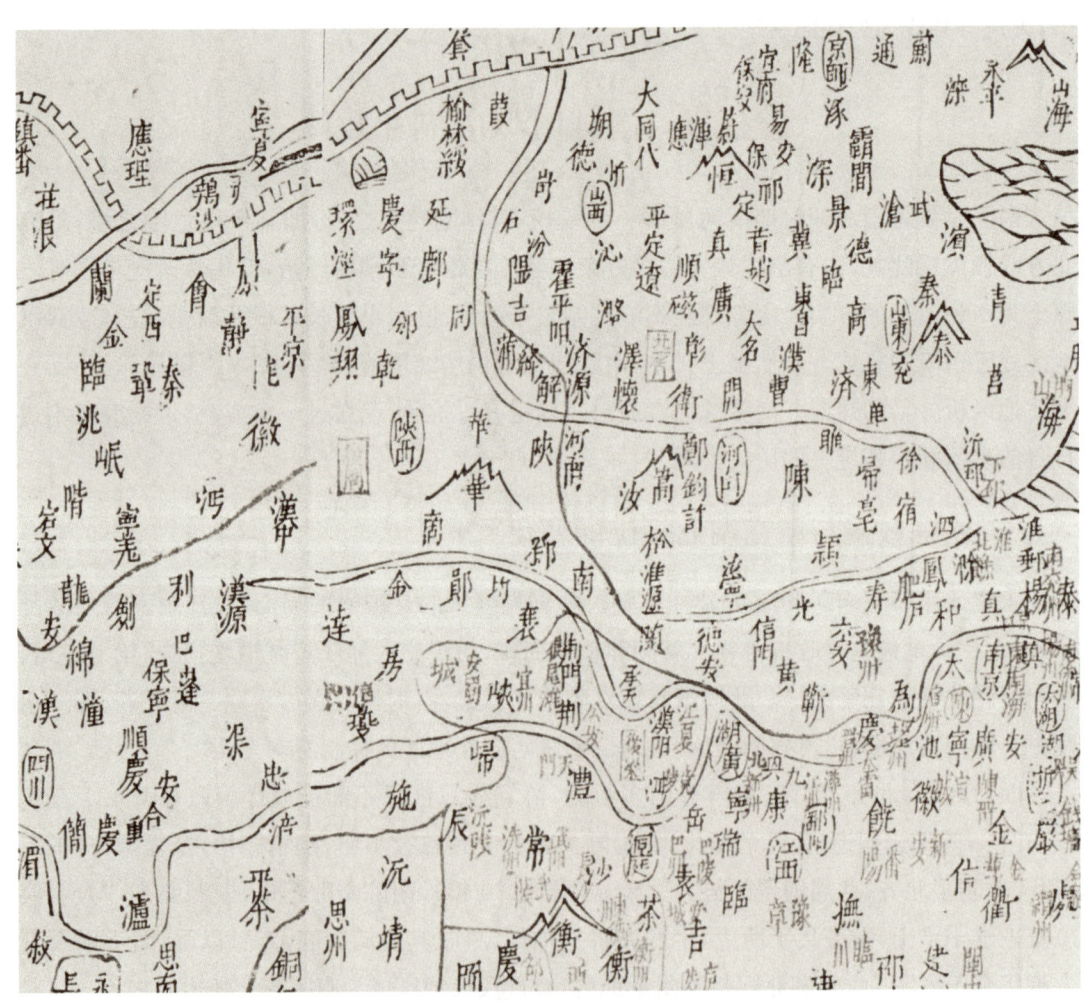

图 3-12 明代《今古舆地图》所绘《南陈南国图》局部

太建九年(577年),北周灭北齐。陈宣帝乘机北伐北周,但失败。太建十年(578年),

---

① (唐)姚思廉:《陈书》卷5,《本纪第五》,中华书局2021年版,第93—94页。
② (唐)姚思廉:《陈书》卷5,《本纪第五》,中华书局2021年版,第96页。

"北讨众军败绩于吕梁,司空吴明彻及将卒以下,并为周军所获"①。北伐失败,北周南下,太建十一年(579年),"淮南之地尽没于周矣"②。湖北北部部分土地再次被北方政权夺走。

太建十二年(580年),北周内乱,"周使持节、上柱国、郧州总管荥阳郡公司马消难以郧、随、温、应、土、顺、沔、儇、岳等九州,鲁山、甑山、沌阳、应城、平靖、武阳、上明、涢水等八镇内附。诏以消难为使持节、侍中、大都督、总督安随等九州八镇诸军事、车骑将军、司空,封随郡公,给鼓吹、女乐各一部"③。司马消难归附,南陈获得湖北北部大片地区。

太建十三年(581年),杨坚取代北周,建立隋朝。太建十四年(582年),陈宣帝去世,其子陈叔宝即位,是为陈后主。陈后主昏庸无能,南陈不断衰败。

祯明元年(587年),隋文帝杨坚废除盘踞在江陵的后梁。祯明二年(588年),隋军南下,南陈未积极备战。祯明三年(589年),隋军渡过长江,兵临建康城下,"(陈)后主闻兵至,从宫人十余出后堂景阳殿,将自投于井,袁宪侍侧,苦谏不从,后阁舍人夏侯公韵又以身蔽井,后主与争久之,方得入焉。及夜,为隋军所执"④。祯明三年(589年),隋朝统一天下,结束了近三百年的南北分裂局面。

二、南陈时期的湖北政区

南陈已不能掌控湖北全境,受政局影响,所控之地多有反复。南陈同样频繁更改政区,使得湖北政区格局纷繁复杂。因南陈一朝的主要史料《陈书》没有地理志或州郡志,我们也只能依据已有研究成果,勾画南陈时期湖北政区的基本情况。

天嘉元年(560年),南陈平定王琳,收复原郢州部分地区。郢州的治所在夏口县,辖江夏郡、上隽郡、武昌郡、齐安郡、西阳郡。江夏郡的治所在汝南县(今武汉市武昌区附近),辖汝南县、永兴县。上隽郡的治所在下隽县(今崇阳县附近),辖下隽、沙阳、蒲圻、乐化四县。武昌郡的治所在武昌县(今鄂州市附近),辖武昌、鄂、阳新、西陵四县。江夏郡、上隽郡、武昌郡三郡于祯明二年(588年)被隋军占领。太建六年(574年)前后,南陈获今麻城、蕲春附近土地。郢州增加齐安、西阳二郡。齐安郡的治所在齐安县(今麻城市西南),辖齐安、南安二县。西阳郡的治所在保城县(今蕲春县西南),辖保城县、西阳县。太建十一年(579年),齐安、西阳二郡陷落。⑤

南陈已失去荆州大半。天嘉元年(560年),南陈划原荆州南平郡归入武州。除治所屠陵县(今公安县西南)之外,南平郡还辖有作唐、公安、安南、永安四县。

天嘉二年(561年),南陈在侨松滋县(松滋市西北)设立南荆州。南朝以来,河东郡松滋

---

① (唐)姚思廉:《陈书》卷5,《本纪第五》,中华书局2021年版,第101页。
② (唐)姚思廉:《陈书》卷5,《本纪第五》,中华书局2021年版,第105页。
③ (唐)姚思廉:《陈书》卷5,《本纪第五》,中华书局2021年版,第107页。
④ (唐)姚思廉:《陈书》卷6,《本纪第六》,中华书局2021年版,第130页。
⑤ 参见胡阿祥、孔祥军、徐成:《中国行政区划通史·三国两晋南朝卷》,复旦大学出版社2017年版,第1423—1424页。

县就侨置在今松滋市一带,"松滋"地名即因外地侨置而来。南陈时,松滋县成为南荆州的治所。南陈将武州南平郡划归南荆州。南荆州内还有宜都郡,辖夷陵、夷道、宜昌、佷山(即很山)、归化、受陵六县。光大二年(568年),南平郡又划归荆州。后来,南荆州入隋。南陈境内有一祐州,疑是南荆州。

光大二年(568年),南陈以公安为中心建立荆州,辖湖北南平郡。祯明二年(588年),荆州被隋军占领。

光大元年(567年)前,南陈设置信州,在安蜀城附近(今宜昌市西北)。①

光大元年(567年),南陈夺得湖北汉川市附近土地,设沔州。沔州辖汉川郡,汉川郡辖甑山县(今汉川市东南)。沔州之地旋得旋失。太建十二年(580年),司马消难投降南陈,南陈再获此地。②

萧梁末年,南豫州设有齐昌郡,后陷于北方政权。太建五年(573年),南陈收复齐昌郡,并划归江州。南陈齐昌郡至少辖齐昌(今蕲春县北部)、蕲水二县。太建十一年(579年),齐昌郡再次陷落。③

萧梁末年,今湖北武汉附近地区陷落后,北齐依托三国时期黄祖所建之黄城(今武汉市黄陂区东部)设立南司州,并设置郡县。太建五年(573年),南陈收复今武汉市黄陂区附近,将北齐之南司州改为司州,治所仍在黄城。司州辖安昌郡、汉阳郡、义阳郡。安昌郡治所在黄城(今武汉市黄陂区东部),辖黄城、黄陂二县。黄陂县的创建,说法不一,有北周说,也有北齐说,一般以北齐为多。南陈其实是继承了北朝政区。汉阳郡治所在沪县(今孝感市东部),辖沪、湍二县。汉阳郡与当今武汉市汉阳区或许没有直接的关联。义阳郡治所在义阳(今武汉市黄陂区北部),辖义阳、信安、北西阳三县。太建十一年(579年),司州被北周占领。④

萧梁末年,今湖北麻城市地区设有定州。太建五年(573年),南陈得今湖北麻城一带,设置定州。定州辖弋阳郡、建宁郡、定城郡。弋阳郡的治所在信安县(今麻城市东北)。信安县原属于司州义阳郡,后划归定州。建宁郡、定城郡约在今麻城附近。⑤

太建五年(573年),南陈夺得今浠水县附近地区,在此设蕲州,辖永安郡,永安郡下辖希

---

① 参见胡阿祥、孔祥军、徐成:《中国行政区划通史·三国两晋南朝卷》,复旦大学出版社2017年版,第1430—1437页。
② 参见胡阿祥、孔祥军、徐成:《中国行政区划通史·三国两晋南朝卷》,复旦大学出版社2017年版,第1420—1421页。
③ 参见胡阿祥、孔祥军、徐成:《中国行政区划通史·三国两晋南朝卷》,复旦大学出版社2017年版,第1391页。
④ 参见胡阿祥、孔祥军、徐成:《中国行政区划通史·三国两晋南朝卷》,复旦大学出版社2017年版,第1409—1410页。
⑤ 参见胡阿祥、孔祥军、徐成:《中国行政区划通史·三国两晋南朝卷》,复旦大学出版社2017年版,第1419—1420页。

水县。太建十一年(579年),蕲州再次陷落。

太建十二年(580年),司马消难以郧、随、温、应、土、顺、沔、儇、岳等九州,鲁山、甄山、沌阳、应城、平靖、武阳、上明、涢水等八镇内附。据今人考证,司马消难九州之地均在湖北境内:郧州(今随州市西北)、随州(今随州市附近)、温州(今京山市附近)、应州(今广水市西北)、土州(今随州市东北)、顺州(今随州市北部)、儇州(今孝感市北部)、岳州(今孝感市北部)。① 而甄山位于今汉川市东南。沌阳位于今武汉市汉阳区东部。应城、平靖位于今应城市附近。武阳应该是上庸县的别名,位于今竹山县西南。上明位于今随州市东北。涢水应该也在今随州市附近。以上领土之获得,固然使南陈湖北政区大为扩展,但仅仅几年后南陈即灭亡,所有湖北领土为隋所有。

尽管南陈诸君主奋发有为,多次与北方政权顽强斗争,但其所控制的湖北地区已非常狭小。在此情况下,南陈仍将湖北土地虚封给王公贵族。如,封陈伯义为江夏王、陈叔明为宜都王、陈叔虞为武昌王、黄法氍为义阳郡公等。

第八节 北朝、后梁控制的湖北政区

东晋十六国以来,中国逐步形成南北朝对峙局面。南朝分别经历宋、齐、梁、陈四朝。北朝先为北魏统一,后北魏分裂为东魏、西魏,东西两魏又分别为北周、北齐所取代。最后北周攻灭北齐,隋又取代北周,完成统一。东晋、刘宋时期,几乎所有湖北地区归南朝管辖。从萧齐开始,湖北北部领土开始丧失于北魏。萧梁侯景之乱后,湖北领土开始大量被北方政权侵占。北周还在湖北境内扶持傀儡政权——后梁。南朝执政者多有北伐之举,其兵锋甚至可以到达洛阳、长安。面对丢失的湖北领土,南朝统治者也有收复之举,但仍然改变不了"北吞南"的趋势。

一、北魏政治与所辖湖北地区

北魏是登国元年(386年)鲜卑族拓跋氏建立的政权,原活动于今内蒙古地区,与湖北地区相距遥远。北魏扩张吞并,统一北方,并将战火不断南烧。泰常七年(422年)后,北魏乘刘宋开国皇帝刘裕去世之机,侵占刘宋黄河流域领土。神䴥三年(430年),刘宋文帝北伐,魏军反击,夺刘宋领土。太延五年(439年),北魏太武帝灭北凉,统一北方,结束十六国分裂的局面。南朝政权成为北魏南征目标。太平真君十一年(450年),宋文帝北伐,魏军反击,刘宋大败,"永昌王仁自历阳至于江西,高凉王那自山阳至于广陵,诸军皆同日临江,所过城邑,莫不望尘奔溃,其降者不可胜数"②。北魏势力到达长江流域。

---

① 年发松:《湖北通史·魏晋南北朝卷》,华中师范大学出版社2018年版,第38页。
② (北齐)魏收:《魏书》卷4下,《帝纪第四下》,中华书局2017年版,第123页。

正平二年(452年),太武帝被近侍宗爱所杀,子拓跋余即位。同年,宗爱杀拓跋余,太武帝之孙拓跋濬即位,是为文成帝。文成帝即位后,诛杀宗爱,为稳定内部局势,暂与刘宋保持和平状态。和平六年(465年),文成帝去世,皇子拓跋弘即位,即献文帝。天安元年(466年),北魏与刘宋发生战争,魏军夺走刘宋淮河流域部分土地。延兴元年(471年),献文帝不满冯太后专政,禅位于太子拓跋宏,即孝文帝。

孝文帝拓跋宏幼年继位,由冯太后执政。冯太后是杰出的政治家,推进北魏改革,影响深远,为北魏王朝的政局稳定做出了贡献。太和十四年(490年),冯太后去世,孝文帝亲政。孝文帝大力进行汉化改革(如皇族一律改姓元等)。太和十八年(494年),孝文帝迁都洛阳,大举南伐,但此次南伐没有明显战果。

太和二十一年(497年)至太和二十二年(498年),孝文帝再次南伐,占领萧齐雍州北部土地,获得了许多湖北地区土地。如,今襄阳附近的新野郡、京兆郡、河南郡等,还有包括雍州宁蛮府在内的诸多左郡。为了管理这些湖北土地,北魏对荆州进行了调整。

在南北对峙时期,南朝推行州郡县三级制,北朝也是如此。此时,南北朝州郡县的名称多有雷同。如,南朝有荆州,北朝也有荆州。太延五年(439年)至太和十八年(494年),北魏荆州的治所在上洛县(今陕西省境内)。太和十八年(494年)至太和二十二年(498年),北魏荆州治所移至鲁阳县(今河南省鲁山县)。太和二十二年(498年),废荆州,改为鲁阳郡,划入北魏司州。同年,在穰城(今河南省邓州市)设置荆州。①

太和二十二年(498年),北魏荆州的变化,主要集中在新获得的南朝土地上。虽暂不能确知北魏荆州湖北辖区情况,但北魏荆州应包括湖北北部地区。太和二十三年(499年),萧齐反攻北魏,"萧宝卷遣太尉陈显达寇荆州……显达攻陷马圈成"②。从此,北魏与南朝持续争战,在此过程中,北魏荆州在湖北的辖区情况不明。

太和二十三年(499年),孝文帝驾崩,其子元恪即位,即宣武帝。景明元年(500年),萧齐豫州刺史投降北魏,北魏改萧齐豫州为扬州。景明三年(502年),梁武帝萧衍建梁代齐。正始元年(504年),"八月丙子,元英破萧衍将马仙琕于义阳……乙酉,元英攻义阳,拔之,擒送萧衍冠军将军蔡灵恩等十余将。辛卯,英又大破衍将,仍清三关。丁酉,封元英为中山王"③。南朝义阳郡属于司州。北魏占领义阳郡后,改司州为郢州。北魏司州曾辖齐安、义阳、宋安等郡。萧齐司州包括有南北义阳郡,南义阳郡在今湖北孝感附近,北义阳郡在今河南信阳附近。司州还辖有齐安郡(今武汉市新洲区附近)与宋安左郡(今河南省信阳市南部)。宣武帝时,北魏短暂占领湖北东北部分地区。

随后,北魏又夺萧梁汉中等地,直接威胁萧梁的梁州。大量"蛮族"归附,延昌元年(512

---

① 牟发松、毋有江、魏俊杰:《中国行政区划通史·十六国北朝卷》,复旦大学出版社2017年版,第1293页。

② (北齐)魏收:《魏书》卷7下,《帝纪第七下》,中华书局2017年版,第219页。

③ (北齐)魏收:《魏书》,中华书局2017年版,第237页。

年),北魏在安昌城设置南荆州。魏晋时,今湖北枣阳市南部有安昌县。南朝时,安昌可能已被废除,但城邑还在。北魏南荆州的治所或在今湖北枣阳市附近。延昌四年(515年),宣武帝去世,次子元诩即位,是为孝明帝。

孝明帝在位时期,胡太后执政,政治昏乱,大失人心,引发北方六镇起义,国势大衰。武泰元年(528年),因不满胡太后专权,孝明帝密诏岳父尔朱荣进京讨伐。胡太后获悉消息后,反杀孝明帝。是年,胡太后立孝文帝曾孙元钊为帝。尔朱荣攻入洛阳,杀死胡太后和元钊,屠杀贵族百官两千多人。在北魏大乱之时,南朝梁武帝厉行北伐,收复失地。正光六年(525年)至武泰元年(528年),萧梁夺回被北魏占领的湖北区域。①

武泰元年(528年),尔朱荣拥立献文帝孙元子攸为帝,是为孝庄帝。永安三年(530年),孝庄帝诱杀权臣尔朱荣,尔朱荣堂侄尔朱兆杀孝庄帝。尔朱氏先后拥立元晔、元恭为帝。建明二年(531年),高欢起兵讨伐尔朱氏。普泰二年(532年),高欢攻入洛阳,立元修为帝,独揽北魏大权。永熙二年(533年),北魏反击萧梁,"魏荆州刺史贺拔胜寇雍州,拔下迮戍,扇动诸蛮;雍州刺史庐陵王续遣军击之,屡为所败,汉南震骇。胜又遣军攻冯翊、安定、沔阳、鄀城,皆拔之。续遣电威将军柳仲礼屯谷城以拒之,胜攻之,不克,乃还;于是沔北荡为丘墟矣"②。

下迮戍位于今湖北襄阳东北、汉江北部。北魏荆州刺史贺拔胜进攻萧梁湖北北部地区,连攻冯翊、安定、沔阳、鄀城四地。萧梁电威将军柳仲礼坚守谷城,北魏停止南下。经过战乱打击,汉江北部成为一片废墟。萧梁雍州辖有冯翊郡,侨置在今宜城市县东南,领有一实土县(郡县,在今宜城市东南)和两个侨县(莲勺、高陆,均侨置在今钟祥市附近)。萧梁雍州还辖有鄀城郡(今老河口市附近)。南朝雍州宁蛮府内有安定郡(今南漳县西部),郢州境内有沔阳郡(今仙桃市附近)。永熙二年(533年),北魏占领的沔阳不是今仙桃地区,可能是湖北北部汉江之北的南阳郡、新野郡地区。新野郡辖湖北山都县(襄阳市西北)。

永熙二年(533年),北魏又得湖北部分地区。永熙三年(534年),魏帝元修不满权臣高欢的专横,投奔长安宇文泰。高欢另立元善见为帝,北魏分裂为东魏、西魏。

纵观北魏历史,鲜卑人从蒙古草原扩展到荆楚大地,统治了部分湖北北部地区。囿于朝内政治动乱及南朝力争收复失地,北魏对湖北地区的管控并非持久坚韧,其在湖北政区的详细情况也不甚明确。

---

① 牟发松、毋有江、魏俊杰:《中国行政区划通史·十六国北朝卷》,复旦大学出版社2017年版,第483—488页。
② (宋)司马光:《资治通鉴》,中华书局1956年版,第4835—4836页。

图 3-13 明代《今古舆地图》所绘《元魏北国图》局部

二、东魏、北齐政治与湖北政区

公元534年,高欢立十一岁的元善见为魏帝,即魏孝静帝,东魏开始。东魏政权实质上由高欢所把持,魏孝静帝如同傀儡。东魏与宇文家族控制的西魏征战不休,给了南朝休养生息与进取北伐的机会。武定五年(547年),高欢去世,其子高澄任东魏丞相,统揽政务。同年,东魏侯景归附梁武帝,带走大量土地。高澄派兵收复失土,并进入萧梁领土。武定六年(548年),侯景之乱爆发,重创萧梁政权。武定七年(549年),高澄遇刺身亡,其弟高洋掌权。

天保元年(550年),高洋逼迫元善见禅位,建立北齐,东魏灭亡。北齐建立正值萧梁侯景之乱,获得大量萧梁领土。

武定七年(549年),"梁齐州刺史茅灵斌、德州刺史刘领队、南豫州刺史皇甫慎等并以州内属"①。

---

① (唐)李百药:《北齐书》卷4,《帝纪第四》,中华书局1972年版,第44页。

武定八年(550年),"梁楚州刺史宋安顾以州内属……梁定州刺史田聪能、洪州刺史张显等以州内属"①。

天保二年(551年),"梁交州刺史李景盛、梁州刺史马嵩仁、义州刺史夏侯珍洽、新州刺史李汉等并率州内附……合州刺史斛斯显攻克梁历阳镇"②。

天保三年(552年),"以司州牧清河王岳为使持节、南道大都督,司徒潘相乐为使持节、东南道大都督,及行台辛术率众南伐"③。

天保六年(555年),"清河王岳以众军渡江,克夏首……上党王涣克谯郡……上党王涣克东关,斩梁将裴之横,俘斩数千……萧轨克梁晋熙城,以为江州……梁秦州刺史徐嗣辉、南豫州刺史任约等袭据石头城,并以州内附"④。

天保七年(556年),"大都督萧轨等率众济江……萧轨等与梁师战于钟山之西,遇霖雨,失利,轨及都督李希光、王敬宝、东方老、军司裴英起并没,士卒散还者十二三"⑤。

从天保元年(550年)到天保七年(556年),北齐乘萧梁内乱之机,从北向南,进攻到长江边夏首(今武汉市武昌区附近),获得大量土地。北齐领土达到最广时期。

高洋大力整顿政区。天保七年(556年),高洋下诏,调整行政区划⑥:省并3州,153郡,589县,以及28个军事据点。北齐领土扩张却省并政区,这与南陈萧梁领土缩小、频繁设州,导致"州"数急剧式增长,形成了鲜明对比。高洋诏书中写道,"豪家大族,鸠率乡部,托迹勤王,规自署置。或外家公主,女谒内成,昧利纳财,启立州郡","牧守令长,虚增其数","丁口灭于畴日,守令倍于昔辰","百室之邑,便立州名,三户之民,空张郡目"。囿于私利,新政区林立,州郡县数量剧增,官员冗滥,效率低下,民众负担沉重。高洋开省并州郡县之风,顺应了历史潮流。

关于天保七年(556年)裁并政区,学界有人认为:"行政区划增减与豪右和朝廷关系的消长变化之间有密切的联系。魏末朝廷国力枯竭,不得不征募各地豪右出征纳财,而酬以官职,促成州郡增多。这些豪右非高欢嫡系,高氏掌权后采取一系列措施予以打击,天保七年(556年)并省州郡县则是其中一环。"⑦可见天保七年(556年)北齐政区的省并,还有打击潜在政敌的复杂因素。

此外,北齐将州郡县分为上上、上中、上下、中上、中中、中下、下上、下中、下下九等。各等级政区,长官官品、待遇、属官配置等均不相同。

如"上上州刺史,岁秩八百匹,与司州牧同。上中、上下各以五十匹为差。中上降上下一

---

① (唐)李百药:《北齐书》卷4,《帝纪第四》,中华书局1972年版,第44页。
② (唐)李百药:《北齐书》卷4,《帝纪第四》,中华书局1972年版,第55页。
③ (唐)李百药:《北齐书》卷4,《帝纪第四》,中华书局1972年版,第56页。
④ (唐)李百药:《北齐书》卷4,《帝纪第四》,中华书局1972年版,第59—61页。
⑤ (唐)李百药:《北齐书》卷4,《帝纪第四》,中华书局1972年版,第61—62页。
⑥ (唐)李百药:《北齐书》卷4,《帝纪第四》,中华书局1972年版,第62—63页。
⑦ 侯旭东:《地方豪右与魏齐政治——从魏末启立州郡到北齐天保七年并省州郡县》,《中国史研究》2004年第4期。

百匹,中中及中下,亦以五十匹为差。下上降中下一百匹,下中、下下,亦各以五十匹为差。上郡太守,岁秩五百匹,降清都尹五十匹。上中、上下各以五十匹为差。中上降上下四十匹,中中及中下,各以三十匹为差。下上降中下四十匹,下中、下下各以二十匹为差。上上县,岁秩一百五十匹,与邺、临漳、成安三县同。上中、上下各以十匹为差。中上降上下三十匹,中中及中下,各以五匹为差。下上降中下二十匹,下中、下下各以十匹为差。"①

再如:"上上州,府、州属官佐史,合三百九十三人。上中州减上上州十人。上下州减上中州十人。中上州减上下州五十一人。中中州减中上州十人。中下州减中中州十人。下上州减中下州五十人。下中州减下上州十人。下下州减下中州十人。上上郡太守……合属官佐史二百一十二人。上中郡减上上郡五人。上下郡减上中郡五人。中上郡减上下郡四十五人。中中郡减中上郡五人。中下郡减中中郡五人。下上郡减中下郡四十人。下中郡减下上郡二人。下下郡减下中郡二人。上上县令……合属官佐史五十四人。上中县减上上县五人。上下县减上中县五人。中上县减上下县六人。中中县减中上县五人。中下县减中中县一人。下上县减中下县一人。下中县减下上县一人。下下县减下中县一人。"②

这种政区分等法,节约了行政成本,并可因州郡县具体情况,随时调整行政力量。裁并政区、政区分等均被其后的隋王朝所延续。天保八年(557年),萧梁灭亡,陈朝建立。北齐支持萧梁将领王琳在湖北割据,与陈朝对立。

高洋统治后期,志高意满,荒淫暴虐。天保十年(559年),高洋去世,其子高殷即位。皇建元年(560年),高演(高欢子)政变,夺取皇位。同年,南陈平定王琳,收复湖北鄀州及附近地区。皇建二年(561年),高演去世,其弟高湛即位。河清四年(565年),高湛传位于太子高纬。高纬统治无方,在位期间,国势大衰。武平四年(573年),陈宣帝北伐,夺北齐大量领土。武平七年(576年),北周东征,大败北齐,攻破都城邺城。承光元年(577年),高纬传位于太子高恒,并准备向南陈投降,不幸被周军俘虏,北齐灭亡。

东魏、北齐先后承袭北魏在湖北地区领土;乘侯景之乱,又得大量湖北土地;在南陈北伐中最终失去。由于《北齐书》无地理志,北齐湖北州郡县情况缺少相关记载,依据碎片史料及研究成果,推测其湖北政区如下:

萧梁设有义州、义城郡,在今罗田县附近。武定七年(549年),东魏占领义州。

南朝司州辖齐安郡(今武汉市新洲区附近)、南义阳郡(今孝感市附近)、北义阳郡(今河南省信阳市附近)。东魏、北齐占据司州后,改为鄀州,辖齐安郡、义阳郡、宋安郡、淮安郡。宋安郡由义阳郡平阳县改设,淮安郡也是由义阳郡分置。东魏、北齐时期,还有南鄀州(治所在今河南省潢川县南),曾辖齐安、新蔡、东光城三郡。

萧梁以蒙笼城(今麻城市东北)为中心设置定州,辖建宁郡(治所在今麻城市西南)。武

---

① (唐)魏徵等:《隋书》卷27,《志第二十二》,中华书局2019年版,第850—851页。
② (唐)魏徵等:《隋书》卷27,《志第二十二》,中华书局2019年版,第848—849页。

定八年(550年),定州陷落。北齐改萧梁定州为南定州,辖弋阳、建宁、阴平、定城四郡。

萧梁设置沙州,在今红安县东北。沙州辖建宁、齐安二郡。沙州后被北朝占领,仍辖建宁、齐安二郡。北齐时,沙州或被废除。

萧梁设置北江州,在今麻城市西部。北江州辖永安郡(今浠水县附近)、阴平郡(今麻城市东北)、齐昌郡(今蕲春县西南)、梁安郡(今武汉市黄陂区北部)。武定八年(550年),北江州被占领。经过调整,北江州辖义阳、梁安、齐兴、丰安(永安改名)四郡。北齐又以齐昌、永安二郡设置罗州或雍州。

南朝时,新蔡郡曾侨置到今湖北省黄梅县西南地区。北齐占领今黄梅县附近后,也有新蔡郡,隶属于江州(治所在今安徽潜山市)。

萧齐安蛮左郡,治所在木兰县(今武汉市黄陂区姚家集街道),辖木兰、新化、怀、中聂阳、南聂阳、安蛮、虎化七县。萧梁侨置湘州到新化县(今大悟县东北),辖安蛮郡与梁宁郡。梁宁郡的治所在聂阳县(今孝感市东部)。后湘州为魏所有,辖安蛮、梁宁、永安三郡。北齐时,可能废除了湘州及安蛮、梁宁二郡,永安郡划归北江州。

萧司州齐安郡,治所在南安县(今武汉市新洲区附近)。齐安郡辖南安、齐安、始安、义城、义昌、义安六县。萧梁时,仍有齐安郡,其治所在齐安县(今麻城市西南)。正始元年(504年),齐安郡被北魏占领;武泰元年(528年),被萧梁收复;武定八年(550年),再次被北方政权占领。北齐在南朝齐安郡的基础上设置衡州。

萧梁末年湖北武汉附近地区陷落后,北齐依托黄城(今武汉市黄陂区东部,三国时期黄祖建立)设立南司州,并设置郡县。南司州辖安昌郡、汉阳郡、义阳郡。安昌的郡治所在黄城县(今武汉市黄陂区东部),辖黄城、黄陂二县。关于黄陂县创立的具体时间,一般说是北齐天保三年(552年),未知确否。传说黄陂的得名与黄祖之黄城及境内水利地形有关。汉阳郡的治所在沔县(今孝感市东部),辖沔、湍二县。义阳郡的治所在义阳县(今武汉市黄陂区北部),辖义阳、信安、北西阳三县。北齐在汉阳郡的基础上设置有沔州。北齐在南朝西阳县(今黄冈市东部)的基础上曾设巴州。

萧梁设置北随郡,在今随县唐县镇。武定八年(550年),北随郡陷落。北齐设置过南豫州,在今唐县镇一带。①

东魏、北齐历史不足五十年,且疆土多有反复,其在湖北大多数地区的统治时间不长。

---

① 参见牟发松、册有江、魏俊杰:《中国行政区划通史·十六国北朝卷》,复旦大学出版社2017年版,第714—754页。

图 3-14 明代《今古舆地图》所绘《高齐北国图》局部

三、西魏、北周政治与湖北政区

永熙三年(534年),北魏皇帝元修投奔宇文泰,在长安建立西魏政权。大统元年(535年),宇文泰杀死元修,立元宝炬为帝,独揽朝政。西魏初期,西魏与东魏长期混战。侯景之乱时期,西魏乘机夺得大量湖北土地:

大统十五年(549年)冬十一月,西魏军队攻克随郡。①

大统十六年(550年),安陆守将投降西魏。②

大统十七年(551年),魏帝元宝炬驾崩,元钦即位。

---

① (唐)令狐德棻等:《周书》卷2,《帝纪第二》,中华书局1971年版,第32页。
② (唐)令狐德棻等:《周书》卷2,《帝纪第二》,中华书局1971年版,第32页。

西魏废帝元年(552年),西魏占领上津、魏兴,以其地设置东梁州。①

西魏恭帝元年(554年),魏帝元钦不满傀儡身份,欲罢免宇文泰,策划夺权,被宇文泰杀害。宇文泰拥立元廓为帝,即西魏恭帝。同年,西魏大举南下,攻破江陵,擒杀梁元帝。拥立萧詧组建傀儡政权。②

相较于东魏和北齐,西魏对湖北的攻势严重得多。湖北西北领土被其占领,政治中心江陵也被攻破,萧梁皇帝被俘。但西魏对江陵附近土地并未直接统治,而是扶立傀儡的后梁政权间接管控。

西魏实际统治者宇文泰注重政区改革,如西魏恭帝元年(554年),曾"凡改州四十六,置州一,改郡一百六,改县二百三十"③。

以上调整,实质是将分裂时期的政区进行整合。南北朝时期,不同地区同一地名的现象十分普遍。即使同属一个政权,政区名称也雷同,只好将"东南西北"冠于名前,以示区分,同是雍州,西魏有东雍州、北雍州、南雍州。同是荆州,西魏有东荆州、南荆州等等。与此同时,由于南北分裂,互相侨置政区,造成政区名与文化传统地名严重不符,如荆州原本表示南方长江流域,结果北朝荆州却在河南。广州本是两广地区的名称,北朝广州却在长江北部。西魏大量更改地名,也有将政区名称与文化名称相符合的因素。西魏恭帝元年(554年)更改政区不仅仅只限于更名,一定还进行了大规模调整,惜史料之不足,无法窥其全貌。

西魏恭帝三年(556年),宇文泰去世,宇文觉掌权,宇文护辅政。557年,宇文氏迫魏帝禅让,宇文觉即位,正式建立北周政权,西魏灭亡。同年,宇文护杀宇文觉(仅十多岁),另立宇文毓(宇文泰之子)为帝。武成元年(559年),"初改都督诸州军事为总管"④。武成二年(560年),宇文护毒杀宇文毓,立宇文泰第四子宇文邕为帝,是为周武帝。

天和七年(572年),周武帝杀宇文护,亲揽政事。随后,北周大举进攻北齐,挫败南陈北伐。建德六年(577年),周武帝灭北齐。建德七年(578年),周武帝去世,太子宇文赟即位。宇文赟沉湎酒色,朝政混乱。大成元年(579年),宇文赟传位于宇文阐,自称天元皇帝。大象二年(580年),宇文赟病逝(年二十二岁)。宇文阐年幼不能亲政,由杨坚辅政。北周将领司马消难携大量湖北土地投降南陈。大定元年(581年),杨坚逼迫宇文阐禅位,建立隋朝,北周灭亡。

西魏、北周占领湖北地区后,在原南朝的基础上,进行了大规模调整,此处我们以"州"为纲,概述如下:

在今郧西县西北一带,西魏曾有南洛州,后改南洛州为上州。上州的治所在上津县(今

---

① (唐)令狐德棻等:《周书》卷2,《帝纪第二》,中华书局1971年版,第33页。
② (唐)令狐德棻等:《周书》卷2,《帝纪第二》,中华书局1971年版,第35—36页。
③ (唐)令狐德棻等:《周书》卷2,《帝纪第二》,中华书局1971年版,第34页。
④ (唐)令狐德棻等:《周书》卷2,《帝纪第二》,中华书局1971年版,第56页。

郧西县西北)。北周末年,上州辖上津郡与甲郡。上津郡辖上津、丰利二县,甲郡辖黄土一县。丰利、黄土二县位于今陕西境内。

在今丹江口市一带,萧梁曾设置兴州。西魏改兴州为丰州。丰州的治所在武当县(今丹江口市均县镇附近)。北周末年,丰州辖武当、齐兴、安富三郡。武当郡辖武当、均阳二县,齐兴郡辖郧乡县,安富郡辖安富县。均阳县位于今丹江口市北部,郧乡县与安富县位于今十堰市郧阳区附近。北周在今丹江口市一带曾设置均州。

在今竹山县附近,西魏设置罗州。罗州领有上庸郡,上庸郡辖上庸、竹山、孔阳三县。上庸、竹山县均位于今竹山县附近,孔阳县位于今竹溪县东南。传说竹山县始建于西魏废帝元年(552年),因境内"黄竹山"或"筑山"而得名。也有传说认为竹山得名与"共工触山"的神话有关。

在今房县附近,北周设置迁州。迁州领光迁郡。北周末年,光迁郡辖光迁、永清二县。光迁县即原房陵县,位于今房县附近。永清县原名大洪县,位于今保康县西北。

在今神农架林区附近,西魏、北周曾有绥州。绥州辖绥阳县(今神农架林区东南)。

在今恩施市附近,北周设置施州。施州辖清江郡,清江郡辖沙渠、乌飞二县。沙渠县位于今恩施市附近,乌飞县位于今恩施市北部。

在今建始县东部,北周设置业州。业州辖军屯郡,军屯郡辖建始县。建始县位于今建始县东部。

在今长阳县附近,后周曾设有亭州。亭州辖资田郡,资田郡辖盐水县。

在今宜昌市附近,西魏曾设有拓州。北周改拓州为硖州,辖宜都、汶阳二郡。北周末年,宜都郡辖夷陵县,汶阳郡辖远安县。夷陵县位于今宜昌市附近,远安县位于今远安县西北。传说远安县设于北周武成元年(559年),有远方安宁之意。

在今宜昌市附近,北周曾设有江州。江州辖宜都郡,宜都郡辖宜昌县,均沿袭南朝而来。

在今襄阳市附近,西魏改南朝雍州为襄州。北周末年,襄州辖襄阳、河南、长湖、武泉、南襄阳、德广六郡。襄阳辖襄阳、阴、义城、筑阳四县。河南郡辖安养一县。长湖郡辖常平、旱停二县。武泉郡辖义清、率道、汉南三县。南襄阳郡辖思安一县。德广郡辖上洪一县。襄阳县、阴改、筑阳改在魏晋南北朝之前就已存在,分别位于今襄阳市附近、老河口市西北、谷城县北部。义城县位于今谷城县附近。安养县、常平县、旱停县位于今襄阳市附近。义清县位于今南漳县附近。率道县、汉南县、上洪县位于今宜城市附近。思安县原名重阳县,位于今南漳县附近。北周在今南漳县附近还曾设有沮州。

在今枣阳市附近,北魏曾设有南荆州,西魏改名为昌州。北周末年,昌州辖广昌郡与安昌郡。广昌郡辖广昌县,安昌郡辖春陵、安昌、丰良三县。此四县均位于今枣阳市附近。春陵县地跨湖北、河南两省。北周在今枣阳市一带还曾设有宪州。

在今枣阳市西南,北魏曾设有南雍州,西魏改名为蔡州。北周末年,蔡州辖蔡阳郡与千金郡。蔡阳郡辖蔡阳、双泉二县,千金郡辖溠源县。蔡阳、溠源位于今枣阳市西南,双泉位于今枣阳市东南。

在今随州市厉山镇附近,西魏、北周曾设有冀州,后改为顺州。顺州辖南阳、淮南二郡。南阳郡辖厉城、顺义二县,淮南郡辖安化县。厉城县位于今随州市厉山镇附近。顺义县位于今随州市北部。安化县位于今随州市东部。

在今随州市唐县镇附近,西魏曾设有肆州,后改为唐州。北周末年,唐州辖下溠郡、溳川郡、溳水郡、遂安郡。下溠郡辖下溠县,溳川郡辖清嘉县,溳水郡辖安贵、横山二县,遂安郡辖梁安县。下溠县位于今唐县镇附近,其他四县应在随州市西北。北周在随州西北还曾设有款州、溳州、归州。

在今随州市附近,西魏、北周曾设有并州,后改为随州。北周末年,随州辖随、溳西、崇业三郡。随郡辖随、光化二县,溳西郡辖溳西一县,崇业郡辖县不详。随县,位于今随州附近,早就创设。光化县应该是北朝在原南朝新化县的基础上设置的,位于今随州市东南。溳西县沿袭了原南朝厥西县,位于今随州市西北。崇业郡应位于今随州市附近。

在今随州市东北,西魏、北周曾设有土州。土州辖齐、永川郡。北周末年,齐郡辖左阳、石武、漳川三县。永川郡辖县不明。此三县均位于今随州市东北。

在今钟祥市一带,北周曾设有北新州和鄀州。北周末年,鄀州辖石城、汉东、溳川三郡。石城郡辖长寿县,汉东郡辖蓝水、溳水、上蔡三县。溳川郡辖汾川、溳陂二县。长寿县由南朝苌寿县沿袭而来,位于今钟祥市附近。蓝水县即南朝莲勺县,溳水即南朝高陆县,均位于今钟祥市西北。上蔡县沿袭南朝上蔡县,位于今钟祥市北部。汾川县、溳陂县均位于今钟祥东北。

在今京山市附近,西魏、北周曾设置新州,后改为温州。北周末年,温州辖梁宁、富水、宜民三郡。梁宁郡辖角陵、盘陂二县,富水辖富水县,宜民郡辖县情况不详。角陵县即今京山市附近,盘陂县位于今京山市西部,富水县位于今京山市东北。宜民郡也位于今京山市附近。

在今安陆市一带,西魏、北周曾设置郧州,后改为安州。北周末年,郧州辖安陆、城阳、曲陵三郡。安陆辖安陆、吉阳二县。城阳辖应城、浮城、云梦三县。曲陵郡辖曲陵县。安陆县、应城县、曲陵县均由南朝政区沿袭而来,分别位于今安陆市附近、应城市附近、汉川市西北。吉阳县与南朝北吉阳应不是一县,应位于今安陆市附近。浮城县位于今应城市西北。云梦地名,先秦时早已有之。这里的云梦县是北朝所置,位于今云梦县附近。

在今汉川市东南,西魏、北周曾设置江州,后改为沔州。北周末年,沔州辖汶川、鲁山二郡。汶川辖甑山县,鲁山辖县情况不详。甑山县位于今汉川市东南。

在今仙桃市附近,北周设置复州。复州辖沔阳、竟陵二郡。沔阳郡辖建兴县,竟陵郡辖竟陵、京山二县。建兴县位于今仙桃市附近,竟陵县位于今潜江市西北,京山县即今京山市附近。京山县,有说法认为其得名于境内的京源山。

在今广水市西北,西魏、北周曾设置应州。应州辖上明郡与平靖郡。上明郡辖平林、洛平二县。平靖郡辖平靖、永阳二县。平林县、洛平县应位于今随州市附近。平靖县、永阳县位于今广水市附近。

在今孝感市北部,西魏、北周曾设置澴州。澴州辖董城郡,董城郡辖京池县。京池县由南朝侨平阳县延续而来,位于今孝感市附近。

在今孝感市北部,西魏、北周曾设置楚州,后改岳州。北周岳州辖岳山郡与㵲岳郡。岳山郡辖孝昌县,㵲岳郡辖县情况不详。

在今蕲春县附近,北周曾设置蕲州。北周末年,蕲州辖永安郡与齐昌郡。永安郡辖浠水县,齐昌郡辖齐昌、蕲水二县。北周蕲州境内郡县均沿袭自南朝,浠水县即今浠水县附近,齐昌县在今蕲春县西南,蕲水县位于今浠水县东部。

在今武汉市新洲区,北周曾设置弋州。北周末年,弋州辖西阳、弋阳、边城三郡。西阳郡辖西阳县,其余两郡辖县不明。西阳县位于今黄冈市东部,弋阳郡与边城郡主要位于今河南省境内。

在今武汉市新洲区,北周曾设置衡州。衡州辖齐安郡,齐安郡辖南安县(今武汉市新洲区)。

在今武汉市黄陂区附近,北周曾设置黄州。黄州辖安昌、汉阳、义阳三郡。安昌郡辖黄陂县,汉阳、义阳郡辖县不明。黄陂县位于今武汉市黄陂区北部。

在今麻城市东部,北周改南朝南定州为亭州。北周亭州辖弋阳、建宁、阴平、定城四郡。弋阳郡辖信安县,建宁郡辖建宁县,阴平、定城二郡辖县不明。信安县位于今麻城市东北,建宁县位于今麻城市西南,阴平郡位于今麻城市东北,定城郡则地跨今湖北麻城与河南南部。

在今麻城市西部,北周曾设置北江州。北江州辖义阳、梁安、永安三郡。义阳郡辖县不明,梁安郡辖梁安(兴)县,永安郡辖新城县。梁安县位于今武汉市黄陂区北部。

在今罗田县附近,北周曾设置义州。义州辖义城郡,义城郡辖罗田县。

在今重庆奉节白帝城,北周曾设置信州。信州辖永安、巴东、建平、秭归四郡。前三郡主要位于今重庆市境内,秭归郡位于今湖北境内。北周秭归郡辖长宁、乐乡二县。长宁县即今秭归县附近,乐乡县即今巴东县附近。

在今河南省信阳市南部,北周曾经设置申州。申州辖义阳、宋安、齐安、淮安四郡。其中齐安郡应在今麻城市、武汉市新洲区一带。①

纵观西魏、北周湖北政区,州的数量和南朝梁、陈一般膨胀。此时,许多州所辖郡县不多,某些州仅辖一两郡,一郡只有一两县。西魏、北周州数繁多,一方面是继承了前朝多州分置的局面,另一方面也有北周均衡地方力量的因素。北周仍以湖北政区分封贵族,但鉴于实际政区越来越小,出现了一些新变化。如封宇文术为郢王,以郢州作为封地,而以往多以郡县为封地。再如,封宇文盛为越王,封地在湖北,但北周湖北并无"越"这一政区。北周以"以丰州武当、安富二郡邑万户为越"②。北周以实际存在的湖北二郡组合成虚设的"越"予以贵族。

---

①牟发松、毋有江、魏俊杰:《中国行政区划通史·十六国北朝卷》,复旦大学出版社2017年版,第810—1028页。

②(唐)令狐德棻等:《周书》卷13,《列传第五》,中华书局1971年版,第204—205页。

图 3-15　明代《今古舆地图》所绘《后周北国图》局部

四、后梁政治与湖北政区

萧詧本是梁武帝之孙，先后被封为江县公、岳阳郡王。大同十二年（546年），任"都督雍梁东益南北秦五州、郢州之竟陵、司州之随郡诸军事，西中郎将，宁蛮校尉，雍州刺史"①。侯景之乱后，萧梁大乱，贵族争权。太清三年（549年），萧詧向西魏称臣。承圣三年（554年），宇文泰大举南下，攻破江陵，俘杀梁元帝，立萧詧为帝，"太祖（宇文泰）立詧为梁主，居江陵东城，资以江陵一州之地。其襄阳所统，尽归于我（西魏）。詧乃称皇帝于其国，年号大定……太祖乃置江陵防主，统兵居于西城，名曰助防。外示助詧备御，内实兼防詧也"②。

萧詧向西魏称臣，又助宇文泰攻破江陵，被扶植称帝，居江陵东城，拥荆州之地。本归萧

---

① （唐）令狐德棻等：《周书》卷48，《列传第四十》，中华书局1971年版，第855页。
② （唐）令狐德棻等：《周书》卷48，《列传第四十》，中华书局1971年版，第859页。

詧的雍州，归西魏统治。西魏对萧詧仍有戒备，驻兵江陵西城，名曰帮助防御，实有监视防备之心。北周也长期设置江陵总管干涉后梁国政。后梁在湖北立国，初立时仅辖一州之地。

大定三年（557年），宇文氏取代西魏，建立北周，后梁成为北周附属国。大定四年（558年），萧詧开疆拓土，"遣其大将军王操率兵略取王琳之长沙、武陵、南平等郡"①。大定八年（562年），萧詧去世，在北周的认可下，其子萧岿即位。

萧岿颇有政治抱负，意向南陈夺回故土。天保六年（567年），萧岿请北周支援，讨伐南陈。但战争失败，南陈夺其长沙、巴陵二郡。天保七年（568年），南陈一度打到江陵城下。幸得将领固守，后梁未亡。天保九年（570年），南陈再度进攻，在北周的帮助下，后梁得以保全。天保十年（571年）至天保十一年间（572年），后梁再向北周请求，"梁主既失江南诸郡，民少国贫。朝廷兴亡继绝，理宜资赡，岂使齐桓、楚庄独擅救卫复陈之美。望借数州，以裨梁国"②。北周答应其要求，将湖北基、平、郜三州借予后梁。

天保二十年（581年），杨坚取代北周，建立隋朝，隋文帝废北周设置的江陵总管。后梁随即成为隋朝的附属国。梁明帝萧岿之女嫁予皇子杨广（后为隋炀帝），即后来隋朝著名的萧皇后。天保二十四年（585年），萧岿去世，在隋文帝同意下，其子萧琮即位。

萧琮即位后，隋文帝对后梁的态度发生转变：

> 及嗣位，隋文帝征琮叔父岑入朝，因留不遣。复置江陵总管以监之。琮之二年（587年），隋文帝又征琮入朝。琮率其臣下二百余人朝于长安。隋文帝仍遣武乡公崔弘度将兵戍江陵。军至鄀州，琮叔父岩及弟瓛等惧弘度掩袭之，遂虏居民奔于陈。隋文帝于是废梁国，曲赦江陵死罪，给民复十年。梁二主各给守墓十户。寻拜琮为柱国，封莒国公。③

后梁寄人篱下，存在三十余年，先后附属于西魏、北周、隋朝。后梁不具有完全独立的行政权力，但比虚封的贵族又有所不同。后梁都城在江陵，曾辖湖北地区四个州：

荆州，是湖北最古老的州名，治所仍在江陵。南郡、江陵历史悠久。后梁时期南郡辖江陵县。侨置在江陵东北的新兴郡，辖定襄、广牧、安兴三县。监利郡，位于今监利市附近，辖监利、云泽二县。南平郡，在今公安县附近，辖孱陵、作唐、公安、南安、永安五县。宜都郡，在今枝江市附近，辖夷陵、夷道、宜都、很山、归化、受陵六县。荆州还有侨置在今松滋市附近的河东郡。

西魏曾设置基州，在今荆门市附近，治所在丰乡县（今荆门市东南）。北周划基州归后梁。基州辖章山、上黄二郡，章山郡辖丰乡县，上黄郡辖禄麻县。

北周曾设置平州，在今当阳市附近，治所在当阳县。北周划平州归后梁。平州辖漳川、安远二郡。漳川郡辖当阳、临沮、安居三县。安远郡辖县不明。

---

① （唐）令狐德棻等：《周书》卷48，《列传第四十》，中华书局1971年版，第859页。
② （唐）令狐德棻等：《周书》卷48，《列传第四十》，中华书局1971年版，第864页。
③ （唐）令狐德棻等：《周书》卷48，《列传第四十》，中华书局1971年版，第866页。

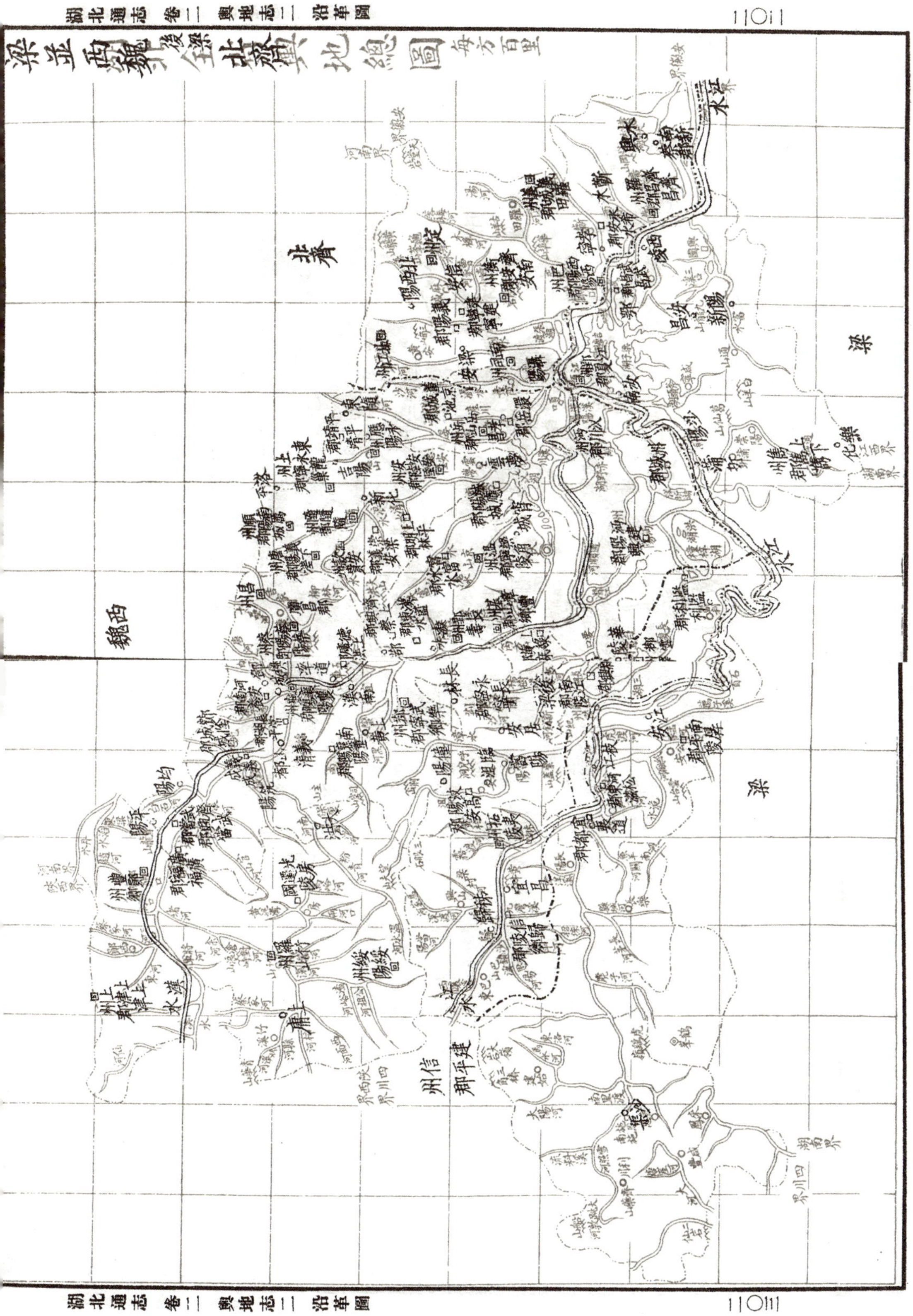

第三章 曲折发展：魏晋南北朝时期湖北政区

图3-16 宣统《湖北通志》所绘萧梁、西魏、后梁、北齐湖北地图

西魏曾设置郢州,在今钟祥市附近,治所在乐乡县(今钟祥市西北)。北周划郢州归后梁。郢州辖武宁、永宁二郡。武宁郡辖乐乡、武山、长林三县,永宁郡辖长宁县。①

本章小结

"南朝四百八十寺,多少楼台烟雨中",在魏晋南北朝三百多年的时间里,湖北存在的州郡县,不计其数。多数政区,如历史里的尘埃消失散去,了无痕迹。自萧梁起,在本就纷繁复杂的基础上,湖北州的数量急剧增长,促成了湖北迥异于秦汉"大州"的政区格局。在南北对峙、侨置政区、少数民族管控、中央与地方政治权力斗争的交织下,湖北州郡县的增设也有其现实的合理性。但过多的州郡县造成政区数量失衡,行政能力紊乱。南北朝对峙时期,南方政权最终败给北方,被其吞并。其中缘由,学界多有论述。但荆州不断被分割与南朝的衰落是同步且对应的。覆盖湖北绝大多数地区的荆州,不断被统治者析分,最终成为局促于江陵一隅的小州。荆州再难拥有北御强敌、西控巴蜀、东连武昌、南临潇湘的政治军事能力。湖北小州林立,巩固了中央集权,但区域政治军事联动能力也被削弱。侯景之乱后,江陵遭到重创,荆州被北朝管控。这不仅宣告了南朝对湖北地区控制能力的丧失,也敲响了南朝政权的丧钟。政区数量的均衡,政区管控面积的大小,至今仍值得深思。

---

① 参见胡阿祥、孔祥军、徐成:《中国行政区划通史·三国两晋南朝卷》,复旦大学出版社 2017 年版,第 1489—1492 页。

第四章　持续推进：隋唐五代湖北政区

隋、唐两朝对魏晋南北朝政区进行大刀阔斧的整顿裁并,最终彻底结束了分裂时期湖北政区大混乱局面。湖北州郡县三级制,也逐渐转化为州县或郡县二级制。但过于简省的政区层级并不适合当时的统治需求,隋与唐初统治者在州(郡)县之上又设置军事都督区与监察区。随着复杂的政治演变,特别是安史之乱的影响,州(郡)县之上形成了"道"级政区,并演化为藩镇并列局面。湖北藩镇并不是李唐王朝灭亡的主要原因,但唐末藩镇战乱却摧残了荆楚大地,造成五代十国时期湖北地区的分裂局面。在隋唐的政区整合过程中,今武汉、荆州、襄阳三大区域中心的地位得到进一步强化。

第一节　隋朝大一统影响下的湖北政区

隋文帝杨坚乘北周皇帝昏庸年幼之际,夺得大权,顺利建立隋王朝。隋王朝废除后梁,平定南陈,最终统一天下。湖北地区政权分立局面基本消失,迎来新的发展。面对纷繁复杂的政区格局,隋朝进行了大幅度归并调整,并先后将州、郡、县三级制,改为州、县二级制和郡、县二级制。另外隋代总管制度与监察制度也直接影响了唐代政区。

一、隋文帝与湖北州县二级制的确立

开皇元年(581年),北周权臣杨坚逼迫年仅九岁的宇文阐禅位,建立隋王朝。隋王朝继承了北周在湖北北部的领土,但后梁与南陈还占据着湖北东部、南部大片地区。在天下尚未统一的情况下,隋王朝急不可耐地调整政区制度。当时河南道行台兵部尚书杨尚希面对魏晋南北朝留下的纷乱政区局面,上奏道:

> 自秦并天下,罢侯置守,汉、魏及晋,邦邑屡改。窃见当今郡县,倍多于古,或地无百里,数县并置,或户不满千,二郡分领。具僚以众,资费日多;吏卒人倍,租调岁减。清干良才,百分无一,动须数万,如何可觅?所谓民少官多,十羊九牧。琴有更张之义,瑟无胶柱之理。今存要去闲,并小为大,国家则不亏粟帛,选举则易得贤

才,敢陈管见,伏听裁处。①

杨尚希的建议提出后,隋文帝于开皇三年(583年)年底正式废除郡这一级行政区划。从杨尚希奏疏原文可以看出,他并没有提议废除郡,只是提议调整裁并。从此以及下文将要介绍的内容可以看出,隋文帝心中对政区也有自己的主张。上章已经介绍,魏晋南北朝后期,州越来越冗乱,早已不是辖若干郡的汉代"大州",许多州甚至只辖一郡,甚至出现了只辖县的州。州已经基本失去汉代"州"的行政功能,与郡的功能越来越重合。此时废除郡这一级行政区划,顺应历史潮流,优化了政区结构。

开皇七年(587年),隋文帝废除后梁政权。开皇九年(589年),隋文帝派兵灭亡南陈,湖北地区重归一统。此时湖北政区如下所示:

迁州:迁州是北周所建,隋朝继承,辖光迁、永清、上庸三县。光迁县即今天房县,由北周改房陵县而来。永清县原名大洪县,位于今保康县西北,也是北朝设置。上庸县是先秦传承的古县,位于今竹山县西南。

罗州:罗州是西魏占领湖北领土后设置的,隋朝继承,原本辖上庸、竹山、孔阳三县。开皇二年(582年)后,上庸县划归迁州,废除孔阳县。开皇九年(589年)后,罗州仅辖竹山一县。② 竹山是西魏改南朝安城县设置的,位于今竹山县附近。

信州:信州是萧梁所置,隋朝继承,辖人复、云安、巫山、大昌、秭归、乐乡、安乡七县。③ 人复、云安、巫山、大昌、安乡五县位于今重庆市境内。秭归,为秦汉旧县,北朝曾改名长宁,位于今秭归县附近。乐乡为北周改归乡县设置,位于今巴东县附近。

上州:萧梁有南洛州,西魏改为上州,隋朝继承,辖上津县。上津为萧梁所创,位于今郧西县西北。

均州:萧梁曾设兴州,北周改为丰州,隋朝继承并改为均州。均州辖武当、均阳、广福、郧乡四县。④ 武当为秦汉旧县,位于今丹江口市附近。均阳为萧梁所置,位于今丹江口市北部。广福原名安富,是三国时期曹魏所置,在今十堰市郧阳区东南。郧乡为晋朝创置,位于今十堰市郧阳区附近。

蕲州:北齐曾设雍州,南陈改为江州,北周改为蕲州,隋朝继承。蕲州辖齐昌、蕲水、浠水、新蔡、罗田五县。⑤ 齐昌旧名蕲春,是三国东吴所置,后改名蕲阳、蕲水、齐昌,位于今蕲春县附近。蕲水由刘宋政权所创,位于今浠水县东部。浠水原名希水,由南朝政权设置,位于今浠水县附近。新蔡县原名永兴县,也为南朝创建,位于今黄梅县附近。罗田应为萧梁所置,位于今罗田县附近。

---

① (唐)魏徵等:《隋书》卷46,《列传第十一》,中华书局2019年版,第747页。
② 参见施和金:《中国行政区划通史·隋代卷》,复旦大学出版社2017年版,第175—177页。
③ 参见施和金:《中国行政区划通史·隋代卷》,复旦大学出版社2017年版,第219—221页。
④ 参见施和金:《中国行政区划通史·隋代卷》,复旦大学出版社2017年版,第284—289页。
⑤ 参见施和金:《中国行政区划通史·隋代卷》,复旦大学出版社2017年版,第418—419页。

荆州：荆州早在汉代就已设置，魏晋南北朝时期，不断缩小，最终成为后梁领土。隋朝统一后，在后梁荆州的基础上又增添若干县，成为湖北地区辖县最多的州之一。荆州辖江陵、枝江、广牧、安兴、定襄、紫陵、云泽、公安、松滋、当阳、安居、长宁、长林诸县。江陵先秦时期就存在，位于今荆州市附近。枝江为秦汉古县，位于今枝江市附近。广牧、安兴（原名新丰）、定襄为南朝侨县，均位于今荆州市附近。紫陵原名华陵，西魏置，后周改名，位于今荆州市附近。云泽为后梁所置，位于今荆州市附近。公安为三国时期设置，位于今公安县附近。松滋为南朝侨县，位于今松滋市附近。当阳为秦汉旧县，位于今当阳市附近。安居为南北朝时期设置，位于今当阳市东部。长宁为东晋设置，位于今荆门市西北。长林也为东晋设置，位于今荆门市附近。

松州：开皇九年（589年），隋朝设置松州，辖宜昌、宜都二县。宜昌为晋朝设置，位于今宜都市附近。宜都为南北朝时期出现，也位于今宜都市附近。

睦州：开皇八年（588年），隋朝设置睦州，辖长杨一县。长杨县即原佷山县，位于今长阳县附近。

硖州：萧梁曾置宜州，西魏改名拓州，后周又改名硖州，隋朝继承，辖夷道、夷陵、远安三县。夷道为秦汉老乡，位于今宜都市附近。夷陵也为秦汉老乡，位于今宜昌市附近。远安即晋朝设置的高安县，北周改为远安，隋代又称安远，位于今宜昌远安县附近。

郢州：郢州为南朝所置，后又改为北新州和温州，北周时期有郢州，隋朝继承。郢州辖长寿、蓝水、漺水、上蔡、汾川、漺陂、清腾七县。长寿又名苌寿，刘宋创置，位于今钟祥市附近。蓝水县为南朝侨莲勺县改置而来，位于今钟祥市西北。漺水原为南朝高陆县，也位于今钟祥市西北。上蔡为萧齐创置，位于今钟祥市北部。汾川、漺陂应为北周时期出现，位于今钟祥市西北。清腾县原为梁安县，南朝创置，位于今随州市西南。

鄀州：鄀州原为后梁领土，隋朝继承鄀州，辖乐乡、武山二县。乐乡为东晋创置，位于今钟祥市西北。武山，曾名旌阳、惠怀，位于今荆门市北部。

基州：基州原为后梁领土，隋朝继承基州，辖丰乡、禄麻二县。此两县均为西魏所置，都位于今荆门市东南。

复州：北周曾置复州，隋朝继承，辖建兴、竟陵、京山、甑山、监利五县。建兴为西魏设置，位于今仙桃市西南。竟陵，旧名霄城，位于今天门市附近。京山为南朝设置，位于今京山市附近。甑山南北朝时期出现，位于今汉川市东南。监利三国时期出现，位于今监利市附近。

亭州：北周曾设亭州，隋朝继承，辖盐水一县。盐水县为后周所置，位于今长阳土家族自治县附近。

江州：北周曾设江州，隋朝继承，辖巴山一县。巴山县曾名宜昌县，位于今长阳土家族自治县附近。

施州：北周曾设置施州，隋朝继承，辖清江、开夷二县。清江原名沙渠，三国时期出现，位于今恩施市附近。开夷原名乌飞，北周设置，位于今恩施市北部。

业州：北周曾设置业州，隋朝继承，辖建始县。建始原为晋代所建，位于今建始县附近。

襄州：原南朝雍州，西魏改为襄州，隋朝继承，辖襄阳、阴城、义城、安养、上洪、率道、汉南、义清、思安、常平、旱停、鄀县。① 襄阳为汉代旧县，位于今襄阳市附近。阴城县可追溯到先秦时期，位于今老河口市西北。义城县位于今谷城县附近。安养县为西魏设置，位于今襄阳市附近。上洪原是刘宋侨略阳县，位于今宜城市东部。率道为萧梁创立，位于宜城市北部。汉南原为刘宋侨华山县，西魏改为汉南县，位于今宜城市附近。义清，西魏时出现，位于今南漳县东北。思安原名重阳，西魏、北周时期创置，位于今南漳县附近。常平原名义安，西魏设置，位于今襄阳市西部。旱停，西魏设置，位于今襄阳市附近。鄀县为先秦古县，位于今宜城市东南。

昌州：北魏时期有南荆州，西魏改为昌州，隋朝继承，辖广昌、清潭、春陵、丰良四县。广昌是萧齐所设，位于今枣阳市附近。清潭或许是西魏所置，亦有可能是隋朝所置，位于今枣阳市南部。春陵为秦汉旧县，东汉改为章陵，曹魏改为安昌，北朝也有安昌，隋朝继承为春陵县，位于今枣阳市南部。丰良为北朝所创，位于今枣阳市南部。

蔡州：北魏曾设置南雍州，西魏改名蔡州，隋朝继承，辖蔡阳、双泉、瀴源三县。蔡阳为秦汉旧县，魏晋南北朝时期兴废无常，隋朝有蔡阳县，位于今枣阳市西南。双泉为西魏设置，位于今枣阳市东南附近。瀴源也为西魏所创，位于今枣阳市西南部。

隋州：西魏曾经设置并州，后改随州。隋朝建立后，改"随"为"隋"。隋州辖隋县、光化、㵐西、平林、洛平五县。隋县即随县，为先秦古县，位于今随州市附近。光化原名安化，西魏改名新化，后又改光化，隋朝继承，位于今随州市东南。㵐西很有可能源于南朝厥西县，位于今随州市西北。平林出现于东汉末年到三国时期，位于今随州市东北。洛平为西魏所置，位于今随州市东北。

土州：萧梁曾设土州，西魏、北周也有土州，隋朝继承，辖左阳、石武、漳川三县。左阳，即南朝龙巢县，北周改为左阳，位于今随州市东北。石武应为萧梁所创，位于今随州市东部。漳川原名阜陵，为萧梁所创，北周改名，位于今随州市东部。

唐州：北周曾设唐州，隋朝继承，辖下溠、清嘉、安贵、横山四县。下溠为北朝所创，清嘉为北周所创，安贵原名定阳，横山为西魏、北周所创，均位于今随州市西北。

顺州：西魏设顺州，隋朝继承，辖厉城、顺义、安化三县。此三县为南北对峙时期出现，均位于今随州市北部。

安州：西魏、北周曾设郧州，后改安州，隋朝继承，辖安陆、吉阳、应城、云梦、孝昌、京池六县。安陆为秦汉旧县，位于今安陆市附近。但值得注意的是，秦汉安陆与隋朝安陆虽然都在今安陆市附近，但东晋南朝时期曾经移动过安陆县，从今安陆北部云梦附近移往今安陆附近。吉阳，原名永阳，南朝所创，北朝改名，位于今广水市附近。应城为南朝所创，位于今应城市附近。云梦县的历史可以追溯到先秦时期，西魏也曾设置云梦县，位于今云梦县附近。

---

① 参见施和金：《中国行政区划通史·隋代卷》，复旦大学出版社2017年版，第512—530页。

孝昌为南朝所置,位于今孝感市北部。京池原名平阳,南朝所创,北朝改名,位于今安陆市东北。

温州:萧梁曾经设置新州,西魏改为温州,隋朝继承,辖角陵、盘陂、富水三县。角陵旧名新阳,位于今京山市附近。盘陂为西魏所创,位于今京山市西部。富水旧名南新市,位于今京山市东北。

应州:萧梁曾设应州,隋朝继承,辖永阳、平靖二县。永阳为萧梁所置,位于今广水市附近。平靖为西魏所置,位于今广水市西北。

黄州:隋朝在南北朝衡州、巴州、黄州、北江州、南定州的基础上设置黄州,辖南安、黄陂、梁安、信安、鹿城四县。南安为萧齐设置,位于今武汉市新洲区附近。黄陂很有可能是北周所置,位于今武汉市黄陂区附近。梁安又名梁兴,位于今武汉市黄陂区北部。信安为萧梁所创,位于今麻城市附近。鹿城又名廉城,为隋朝创立,位于今武汉市黄陂区附近。

申州:萧梁时期有北司州,北魏改为郢州,北周改为申州,隋朝继承,辖平阳、礼山、齐安、高安、慕化五县。平阳、齐安、高安、慕化位于今河南境内,礼山旧名东随,为北朝所置,位于今广水市东北。

鄂州:随文帝灭南陈后,将土、富、洞、泉、豪等州新设鄂州,辖江夏、永兴、武昌、富川、蒲圻、乐化六县。江夏原名汝南,为南朝侨县,589年改名江夏,位于今武汉市武昌区附近。永兴为南陈所置,位于阳新县东部。武昌为三国时期创设,位于今鄂州市附近。富川,原名阳新,汉末三国时期出现,位于今阳新县西南。蒲圻,三国时期出现,位于今赤壁市附近。乐化出现于南朝梁陈之际,位于今通城县东南。①

从以上开皇九年(589年)隋朝湖北政区来看,虽然还是拥有三十余州,但郡已经被废除,侨置政区与左郡左县都得到了整顿,湖北政区的数量明显下降。开皇九年(589年)后,隋文帝继续调整湖北政区,让其更加优化合理。

开皇十一年(591年),隋朝废荆州安兴、长林二县。废除松州与宜都县,宜昌并入荆州。废除鄂州永兴县。

开皇十二年(592年),废鄂州乐化县。

开皇十六年(596年),改下溠县为唐城县。

开皇十七年(597年),废睦州,辖县并入荆州。在复州境内新设汉津县(今武汉市蔡甸区附近)。

开皇十八年(598年),大量更改州县名:罗州改为房州,江州改为津州,乐乡县改为巴东

---

① 参见施和金:《中国行政区划通史·隋代卷》,复旦大学出版社2017年版,第512—548页。

县①,齐昌县改为蕲春县②,新蔡县改为黄梅县③,永阳县改为应山县④,安居县改为昭丘县,长宁县改为长林县,左阳县改为真阳县,石武县改为宜人县,上蔡县改为汉东县,南安县改为黄冈县⑤,梁安县改为木兰县,信安县改为麻城县⑥,富川县改为永兴县,安化县改为宁化县,洛平县改为上明县,义城县改为谷城县⑦,思安县改为南漳县⑧。废除鹿城县,新设城塘县(鄂州西北)。值得注意的是,新永兴县的政治中心转到了今阳新县附近。

仁寿元年(601年),广昌县改为枣阳县⑨。仁寿元年(601年)至仁寿四年(604年)间,广牧县改为安兴县,广福县改为安福县。

隋朝采取三方面措施优化湖北政区。

其一,裁并若干湖北州县,继续减少政区数量。隋文帝裁撤的州县,明显可以看出其特点。就州而言,废除某些辖县极少的州,如辖两县的松州,辖一县的睦州。就县而言,隋文帝也进行了适当精简。

其二,合理增设新县。隋文帝决非只知道减少政区,还善于适当增加新政区,如汉津县的增设,与江夏县的确立,让今天武汉武昌区、汉阳区初显雏形。当然,对于隋代绝大多数湖北属县的兴废具体原因,我们还是不得而知。

其三,大量更改县名。南北朝时期政区名称相对混乱,重名现象颇多,隋文帝努力消除政区重名现象。隋文帝大量更改政区名称还有一种意图,即消除南北朝记忆。隋文帝将带有"宋、齐、梁、陈、魏、周"字样的政区全部改名,如齐昌县为蕲春县,梁安县为木兰县。隋文帝还将带有魏晋南北朝侨置色彩、左郡县名称的政区也予以改变,如汝南县改为江夏县,上蔡县改为汉东县,洛平县改为上明县,左阳县改为真阳县等。"汝南""上蔡""洛平"明显带有北方文化因素,由于侨置,落在了湖北境内。"左阳"未必是左郡左县,但"左"在当时环境下或许容易与左郡左县相关联。隋文帝更改政区名称实际是从文化着眼,确立新朝气象。隋代大量政区更名,还有避讳因素,将与统治者名字相同的政区更名。如开皇二十年(600年),隋文帝册封杨广为太子,含有"广"字的州县名就要改变,如广昌县改为枣阳县。

隋朝精简州县,消除魏晋南北朝政治文化影响,但此时的政区与秦汉政区已经截然不同。除了州县二级制的确定,隋朝还进行了若干行政制度的改革。隋文帝刚刚建国时,完全沿用北齐九等政区法:

---

①巴东县,一说因处于巴山之东而得名。
②蕲春县,一说因境内多产蕲菜而得名。
③黄梅县,一说因境内黄梅山、黄梅水而得名。
④应山县,一说因境内应浓山而得名。
⑤黄冈县,一说因境内黄冈山而得名。
⑥麻城县,一说因先秦楚国的麻邑而得名,一说因魏晋南北朝时期麻秋筑城而得名,一说因境内盛产麻而得名。
⑦谷城县,一说因先秦时期的谷国而得名,一说因纪念神农氏种植五谷而得名。
⑧南漳县,一种说法认为因南漳水而得名。
⑨枣阳县,一种说法认为因境内枣阳村而得名。

上上州，置刺史、长史、司马、录事参军事，功曹、户、兵等曹参军事，法、士曹等行参军，行参军，典签，州都光初主簿，郡正、主簿，西曹书佐，祭酒从事，部郡从事，仓督，市令、丞等员。并佐史，合三百二十三人。上中州，减上州吏属十二人。上下州，减上中州十六人。中上州，减上下州二十九人。中中州，减中上州二十人。中下州，减中中州二十人。下上州，减中下州三十二人。下中州，减下上州十五人。下下州，减下中州十二人。

郡，置太守，丞，尉，正，光初功曹，光初主簿，县正，功曹，主簿，西曹，金、户、兵、法、士等曹，市令等员。并佐史，合一百四十六人。上中郡，减上上郡吏属五人。上下郡，减上中郡四人。中上郡，减上下郡十九人。中中郡，减中上郡六人。中下郡，减中中郡五人。下上郡，减中下郡十九人。下中郡，减下上郡五人。下下郡，减下中郡六人。

县，置令，丞，尉，正，光初功曹，光初主簿，功曹，主簿，西曹，金、户、兵、法、士等曹佐，及市令等员。合九十九人。上中县，减上上县吏属四人。上下县，减上中县五人。中上县，减上下县十人。中中县，减中上县五人。中下县，减中中县五人。下上县，减中下县十二人。下中县，减下上县六人。下下县，减下中县五人。"①

隋文帝还规定，政区官员的俸禄直接由辖区户口多少决定："刺史、太守、县令，则计户而给禄，各以户数为九等之差。大州六百二十石，其下每以四十石为差，至于下下，则三百石。大郡三百四十石，其下每以三十石为差，至于下下，则百石。大县百四十石，其下每以十石为差，至于下下，则六十石。其禄唯及刺史二佐及郡守、县令。"②隋文帝如此设置，一方面节约行政成本，一方面促使行政官员关注辖区人口数量。

开皇三年（583 年）："罢郡，以州统县，改别驾、赞务，以为长史、司马。旧周、齐州郡县职，自州都、郡县正已下，皆州郡将县令至而调用，理时事。至是不知时事，直谓之乡官。别置品官，皆吏部除授，每岁考殿最。刺史、县令，三年一迁，佐官四年一迁。佐官以曹为名者，并改为司。"

开皇十四年（594 年）隋文帝："改九等州县为上、中、中下、下，凡四等。"开皇十五年（595 年）"罢州县乡官"。③

除了废除郡，以上改革概括起来有两个内容，一是在北齐的基础上简化州县等级，二是调整州刺史、县令之下的行政官员。

隋文帝统治末年，湖北政区格局如下表所示：

---

① （唐）魏徵等：《隋书》卷28，《志第二十三》，中华书局2019年版，第873—874页。
② （唐）魏徵等：《隋书》卷28，《志第二十三》，中华书局2019年版，第882页。
③ （唐）魏徵等：《隋书》卷28，《志第二十三》，中华书局2019年版，第883页。

表 4-1　　　　　　　隋文帝仁寿四年(604年)湖北政区表

州	县
迁州	光迁县(房县附近)、永清县(保康县西北)、上庸县(竹山县西南)
房州	竹山县
信州	秭归县、巴东县
上州	上津县(郧西县西北)
均州	武当县(丹江口市附近)、均阳县(丹江口市北部)、安福县(十堰市郧阳区东南)、郧乡县(十堰市郧阳区附近)
蕲州	蕲春县、蕲水县(浠水县东部)、浠水县、黄梅县、罗田县
荆州	江陵县(荆州市附近)、枝江县(枝江市附近)、安兴县(荆州市附近)、定襄县(荆州市附近)、紫陵县(荆州市附近)、云泽县(荆州市附近)、公安县、松滋县(松滋市附近)、当阳县(当阳市附近)、昭丘县(当阳市东部)、长林县(荆门市西北)、宜昌县(宜都市附近)、长杨县(长阳县附近)
硖州	夷道县(宜都市附近)、夷陵县(宜昌市附近)、远安县
郢州	长寿县(钟祥市附近)、蓝水县(钟祥市西北)、瀇水县(钟祥市西北)、汉东县(钟祥市北部)、汾川县(钟祥市西北)、瀇陂县(钟祥市西北)、清腾县(随州市西南)
鄀州	乐乡县(钟祥市西北)、武山县(荆门市北部)
基州	丰乡县(荆门市东南)、禄麻县(荆门市东南)
复州	建兴县(仙桃市西南)、竟陵县(天门市附近)、京山县(京山市附近)、甄山县(汉川市东南)、监利县(监利市附近)、汉津县(武汉市蔡甸区附近)
亭州	盐水县(长阳土家族自治县附近)
津州	巴山县(长阳土家族自治县附近)
施州	清江县(恩施市附近)、开夷县(恩施市北部)
业州	建始县
襄州	襄阳县(襄阳市附近)、阴城县(老河口市西北)、谷城县、安养县(襄阳市附近)、上洪县(宜城市东部)、率道县(宜城市北部)、汉南县(宜城市附近)、义清县(南漳县东北)、南漳县、常平县(襄阳市西部)、旱停县(襄阳市附近)、郡县(宜城市东南)
昌州	枣阳县(枣阳市附近)、清潭县(枣阳市南部)、春陵县(枣阳市南部)、丰良县(枣阳市南部)
蔡州	蔡阳县(枣阳市西南)、双泉县(枣阳市东南)、瀴源县(枣阳市西南)
隋州	隋县(随州市附近)、光化县(随州市东南)、瀸西县(随州市西北)、平林县(随州市东北)、上明县(随州市东北)
土州	真阳县(随州市东北)、宜人县(随州市东部)、漳川县(随州市东部)
唐州	唐城县(随州市西北)、清嘉县(随州市西北)、安贵县(随州市西北)、横山县(随州市西北)

州	县
顺州	厉城县(随州市北部)、顺义县(随州市北部)、宁化县(随州市北部)
安州	安陆县(安陆市附近)、吉阳县(广水市附近)、应城县(应城市附近)、云梦县、孝昌县(孝感市北部)、京池县(安陆市东北)
温州	角陵县(京山市附近)、盘陂县(京山市西部)、富水县(京山市东北)
应州	应山县(广水市附近)、平靖县(广水市西北)
黄州	黄冈县(武汉市新洲区附近)、黄陂县(武汉市黄陂区附近)、木兰县(武汉市黄陂区北部)、麻城县(麻城市附近)
申州	礼山县(广水市东北)
鄂州	江夏县(武汉市武昌区附近)、武昌县(鄂州市附近)、永兴县(阳新县附近)、蒲圻县(赤壁市附近)、城塘县(鄂州市西北)

二、湖北地区总管的兴废

如前章介绍,三国时期出现了都督一职,专门掌管某一范围州郡的军事。南北朝时期,经常以某州刺史兼任若干州郡都督,将行政权力与军事指挥权结合起来。武成元年(559年),北周改都督为总管。隋朝继承发展这种制度,在湖北境内设若干总管。

如开皇六年(586年)至开皇九年(589年),周法尚任黄州总管:"岁余,转黄州总管,上降密诏,使经略江南,伺候动静。及伐陈之役,以行军总管隶秦孝王,率舟师三万出于樊口。陈城州刺史熊门超出师拒战,击破之,擒超于阵。转鄂州刺史,寻迁永州总管,安集岭南,赐缣五百段,良马五匹,仍给黄州兵三千五百人为帐内。"①从这段材料来看,黄州总管之设,是为了南平陈国。南陈灭亡后,周法尚离职,黄州总管再也不见踪影,很有可能被废除。囿于史料所限,暂不知黄州总管辖州情况。

还有安州总管。早在北周时期,就有安州总管,隋朝继承。元景山任隋朝首任安州总管。之后,元褒、韦洸、韦世康、李衍、宇文述等人也任此职。开皇十四年(594年),安州总管废除。囿于史料所限,暂不知黄州总管辖州情况。隋文帝还曾设蕲州总管,但在开皇六年(586年)统一后,似乎也被废除。

早在北周时期,就有信州总管,隋朝继承这一官职的设置。王长述为首任隋朝信州总管:"高祖(隋文帝)为丞相,授(王长述)信州总管,部内夷、獠犹有未宾,长述讨平之,进位上大将军。王谦作乱益州,遣使致书于长述。因执其使,上其书,又陈取谦之策。上大悦,前后赐黄金五百两,授行军总管,率众讨谦。"②开皇五年(585年),隋朝重臣杨素出任信州总管,

---

① (唐)魏徵等:《隋书》卷65,《列传第三十》,中华书局2019年版,第1711页。
② (唐)魏徵等:《隋书》卷54,《列传第十九》,中华书局2019年版,第1534页。

为平陈做准备。开皇九年(589年),韦世康继任。开皇十二年(592年),皇甫绩继任:"拜信州总管,十二州诸军事。"①由此可以得知,信州总管极有可能监管十二州军事,湖北之信州、施州、业州极有可能也在其中。信州总管何时被废,目前不得而知。仅据《隋书》记载,皇甫绩之后,再未见到信州总管的踪影。

北周时期,曾在湖北江陵扶植后梁政权,为了监控后梁,在江陵设总管。隋朝继承江陵总管的设置。开皇七年(587年),隋文帝废除后梁,将江陵总管变为荆州总管,"梁主萧琮来朝,上以(崔)弘度为江陵总管,镇荆州"②。开皇九年(589年),重臣杨素继任。开皇十年(590年),以平陈之功,王世积"以功进位柱国、荆州总管"③。开皇十五年(595年),韦世康任荆州总管:"时天下唯置四大总管,并、扬、益三州,并亲王临统,唯荆州委于世康,时论以为美。世康为政简静,百姓爱悦,合境无讼。十七年,卒于州,时年六十七。"④从韦世康"为政简静,百姓爱悦,合境无讼"的记载来看,隋代总管除了军事指挥,明显具有行政管理职能。从天下"四大总管"来看,荆州总管具有极其重要的政治地位。

开皇十七年(597年),达奚长儒继任:"转荆州总管三十六州诸军事,高祖谓之曰:'江陵要害,国之南门,今以委公,朕无虑也。'岁余,卒官。"⑤从这句话可以看出,荆州总管曾经管辖三十六州之地,汉代"大荆州"的政治格局似乎又要出现。

隋文帝末年,乞伏慧出任荆州总管:"转荆州总管,又领潭、桂二州总管三十一州诸军事。其俗轻剽,慧躬行朴素以矫之,风化大洽。曾见人以篾捕鱼者,出绢买而放之,其仁心如此。百姓美之,号其处曰西河公篾。"⑥从乞伏慧的例子来看,隋代总管辖区也会出现变化。总管也不仅仅是军官,其存在对当地民风民俗也有影响。隋代总管具有行政权力应该没有疑问。仁寿二年(602年),杨文纪继任。杨文纪很有可能是最后一任荆州总管。隋代荆州总管曾辖三十多州,恐大多数湖北州属于荆州总管管辖。

北周时期,就设有襄州总管。开皇元年(581年),吐万绪:"拜襄州总管,进封谷城郡公,邑二千五百户。"⑦开皇二年(582年)左右,田式继任,给湖北百姓带来灾难:

及受禅,拜襄州总管,专以立威为务。每视事于外,必盛气以待其下,官属股栗,无敢仰视。有犯禁者,虽至亲昵,无所容贷。其女婿京兆杜宁,自长安省之,式诫宁无出入。宁久之不得还,窃上北楼,以畅羁思。式知之,笞宁五十。其所爱奴,尝诣式白事,有虫上其衣衿,挥袖拂去之。式以为慢己,立棒杀之。或僚吏奸赃,部

---

① (唐)魏徵等:《隋书》卷38,《列传第三》,中华书局2019年版,第1293页。
② (唐)魏徵等:《隋书》卷74,《列传第三十九》,中华书局2019年版,第1905页。
③ (唐)魏徵等:《隋书》卷40,《列传第五》,中华书局2019年版,第1327页。
④ (唐)魏徵等:《隋书》卷47,《列传第十二》,中华书局2019年版,第1429页。
⑤ (唐)魏徵等:《隋书》卷53,《列传第十八》,中华书局2019年版,第1521页。
⑥ (唐)魏徵等:《隋书》卷55,《列传第二十》,中华书局2019年版,第1553页。
⑦ (唐)魏徵等:《隋书》卷65,《列传第三十》,中华书局2019年版,第1722页。

内劫盗者,无问轻重,悉禁地牢中,寝处粪秽,令其苦毒,自非身死,终不得出。每赦书到州,式未暇读,先召狱卒,杀重囚,然后宣示百姓。其刻暴如此。由是为上所谴,除名为百姓。①

田式为官残忍苛暴,其对待女婿都不宽仁,每逢朝廷赦免诏书到,他先杀重犯,然后宣布赦免消息。从其生平事迹,还可看出隋代总管还掌握司法大权。开皇三年(583 年)后,李礼成"出拜襄州总管,称有惠政"②。开皇五年(585 年),李询继任。开皇六年(586 年),崔弘度继任。开皇七年(587 年),韦世康继任。开皇九年(589 年),达奚长儒继任。开皇十一年(591 年)左右,裴政继任。史载:

> (裴政)出为襄州总管。妻子不之官,所受秩奉,散给僚吏。民有犯罪者,阴悉知之,或竟岁不发,至再三犯,乃因都会时,于众中召出,亲案其罪,五人处死,流徙者甚众,合境惶憟,令行禁止,小民苏息,称为神明。尔后不修图圉,殆无争讼。卒官,年八十九。③

裴政在襄州总管任上的作为,与田式迥然不同,但都表明隋代总管有司法审判权。开皇十二年(592 年)后,周摇继任。仁寿二年(602 年),崔弘升继任。薛道衡很有可能是隋朝最后一任襄州总管,他"在任清简,吏民怀其惠"④。隋代襄州总管辖州情况不明,或以襄州为中心,兼及河南南部部分地区。

总之,隋代总管应该凌驾于州刺史之上,对若干州行使一定程度的军事、行政权力。所以隋文帝废郡后,湖北行政一定程度上可以看作三级:总管—州刺史—县令。

与南北朝时期一样,隋文帝也让皇子担任总管,出任地方军政要员。隋文帝有五子,长子杨勇封为太子,后废为庶人。次子杨广,即后来的隋炀帝。隋炀帝即位前,曾任并州总管、扬州总管。三子杨俊,开皇三年(583 年)"迁秦州总管。陇右诸州尽隶焉"。开皇六年(586 年)后"授扬州总管四十四州诸军事,镇广陵。岁余,转并州总管二十四州诸军事"⑤。四子杨秀,开皇元年(581 年)"拜柱国、益州刺史、总管二十四州诸军事"⑥。五子杨谅,开皇十七年(597 年)"出为并州总管,上幸温汤而送之。自山以东,至于沧海,南拒黄河,五十二州尽隶焉"⑦。隋文帝让皇子出任总管与南朝让皇子出任都督如出一辙。南朝皇子骨肉相残之事,同样也在隋朝发生。

---

① (唐)魏徵等:《隋书》卷 74,《列传第三十九》,中华书局 2019 年版,第 1900 页。
② (唐)魏徵等:《隋书》卷 50,《列传第十五》,中华书局 2019 年版,第 1484 页。
③ (唐)魏徵等:《隋书》卷 66,《列传第三十一》,中华书局 2019 年版,第 1738 页。
④ (唐)魏徵等:《隋书》卷 57,《列传第二十二》,中华书局 2019 年版,第 1584 页。
⑤ (唐)魏徵等:《隋书》卷 45,《列传第十》,中华书局 2019 年版,第 1398 页。
⑥ (唐)魏徵等:《隋书》卷 45,《列传第十》,中华书局 2019 年版,第 1400 页。
⑦ (唐)魏徵等:《隋书》卷 45,《列传第十》,中华书局 2019 年版,第 1403 页。

隋文帝先封长子杨勇为太子,但不得宠,又为杨广等所谗害,终于被废,改立杨广为太子。仁寿四年(604年),隋文帝去世,史家多认为其为杨广所害。杨广即位后,又害死杨勇。并州总管杨谅起兵反对杨广。两兄弟展开大战,杨谅失败,被囚禁而死。大业元年(605年),也许是鉴于总管权力过大,威胁皇权,隋炀帝杨广"废诸州总管府"①。隋朝总管制度至此消亡。

三、隋炀帝与湖北郡县二级制的确立

604年,杨广即位,是为隋炀帝。在政区制度上,隋炀帝继承隋文帝裁并州县与政区更名两大政策。在大业元年(605年)至大业三年(607年)间,湖北政区又发生改变。

房州、上州、均州、津州、郜州、基州、蔡州、土州、唐州、顺州、温州、应州、施州、业州被废除。其中上州辖县并入今河南地区商州,均州辖县并入今河南地区淅州,其余废州辖县均归入原湖北境内州。

荆州昭丘(隋炀帝改名荆台)、云泽、定襄三县,郧州溵水、溵陂二县,蔡州双泉、溾源二县,土州宜人、漳川二县,唐州清嘉、横山二县,顺州顺义、宁化二县,郜州武山县,复州京山县,襄州旱停县,昌州丰良县,温州盘陂县,安州吉阳县,应州平靖县,随州灄西县被废除。

与此同时大量改名,改迁州为房州,亭州为庸州,复州为沔州,禄麻县为章山县,建兴县为沔阳县,汉津县改汉阳县,真阳县为土山县,厉城县为顺义县,应城县为应阳县,京池县改吉阳县,角陵县改为京山县。隋炀帝改名的具体原因,暂时不明确,或是因为避讳,或是因为避免与其他地区重名,亦或是某种暂不为人所知的因素。总之,经过隋炀帝改名,汉阳、京山两个政区名称得以出现并延续至今。汉阳名称或是当时位于汉水之北(古人称山南水北为阳)所致,京山地名或源于境内京源山。

经过省并,湖北地区只剩下房、信、商、淅、蕲、荆、硖、郧、沔、庸、襄、昌、隋、安、黄、申、鄂十七州。此州数与开皇九年(589年)隋朝统一湖北时的三十余州相比,少了十余州。到大业三年(607年)前,隋朝几乎已经完成了对魏晋南北朝湖北政区的整合裁并工作。

大业三年(607年),隋炀帝"改州为郡。改度量权衡,并依古式。改上柱国已下官为大夫"②。本来经过魏晋南北朝的滥增,州与郡在功能上已经基本等同,隋文帝废郡,节省了行政开支。经过文帝、炀帝时期的发展,湖北政区也越来越精简。大业三年(607年),隋炀帝"改州为郡"的原因颇费考量。从"改州为郡"同时期,"改度量权衡,并依古式"和改某些官名为大夫(先秦官名)来看,隋炀帝"改州为郡"可能是文化复古的表现。郡是先秦政区名,州是汉武帝之后普及的实际政区名,"改州为郡"与"并依古式"是一致的。

但是如果仅从文化复古的角度看隋炀帝"改州为郡"并不全面。本书认为隋炀帝"改州为郡"还有更深刻的政治因素。上文已经提到,隋炀帝即位伊始,废除总管,这就意味着州是

---

① (唐)魏徵等:《隋书》卷3,《帝纪第三》,中华书局2019年版,第70页。
② (唐)魏徵等:《隋书》卷3,《帝纪第三》,中华书局2019年版,第75页。

最高地方行政机构，而中央政府必须直接与全国数百州对接。

对此局面，隋炀帝曾经施行司隶台巡察制度。在中央设置司隶台，负责全国巡察事宜。司隶台下设别驾二人，一人监察长安，一人监察洛阳。更为重要的是司隶台还设"刺史十四人，巡察畿外。诸郡从事四十人，副刺史巡察"。刺史巡察的内容有六条：

> 一察品官以上理政能不。二察官人贪残害政。三察豪强奸猾，侵害下人，及田宅逾制，官司不能禁止者。四察水旱虫灾，不以实言，枉征赋役，及无灾妄蠲免者。五察部内贼盗，不能穷逐，隐而不申者。六察德行孝悌，茂才异行，隐不贡者。①

每年二月，这些刺史从首都出发来到地方巡察。十月，刺史回京，向皇帝奏报巡察结果。这一制度与汉武帝"州刺史"制度很相似。汉武帝设立的州刺史原本是监察官员，每年从京城到地方巡察政事，"州"就是其巡察地理范围。只不过随着时间的流逝，刺史常驻地方，直接插手地方行政，逐渐成为行政官员，"州"也成为郡县之上的行政区划。隋炀帝极有可能想恢复西汉"州"的原始监察功能，因此将隋文帝的"州"改为"郡"，将巡察首都之外的十四名刺史辖区改为新的"州"。但是隋炀帝的司隶台巡察制度没有执行多久，就改变了："后又罢司隶台，而留司隶从事之名，不为常员。临时选京官清明者，权摄以行。"②新的"州"虽然没有组建起来，但旧的"州"全部改成了"郡"。

大业三年（607年），房州改为房陵郡、信州改为巴东郡、商州改为上洛郡、淅州改为淅阳郡、蕲州改为蕲春郡、荆州改为南郡、硖州改为夷陵郡、郢州改为竟陵郡、沔州改为沔阳郡、庸州改为清江郡、襄州改为襄阳郡、昌州改为春陵郡、隋州改为汉东郡、安州改为安陆郡、黄州改永安郡、申州改义阳郡、鄂州改江夏郡。这些郡名有的是沿袭魏晋南北朝之旧，有的是隋朝新创。

隋炀帝"改州为郡"的同时，还调整了郡县职官：

> 罢州置郡，郡置太守。上郡从三品，中郡正四品，下郡从四品。京兆、河南则俱为尹，并正三品。罢长史、司马，置赞务一人以贰之。次置东西曹掾，主簿，司功、仓、户、兵、法、士曹等书佐，各因郡之大小而为增减。改行参军为行书佐。旧有兵处，则刺史带诸军事以统之，至是别置都尉、副都尉。都尉正四品，领兵，与郡不相知。副都尉正五品。又置京辅都尉，从三品，立府于潼关，主兵领遏。并置副都尉，从四品。又置诸防主、副官，掌同诸镇。大兴、长安、河南、洛阳四县令，并增为正五品。诸县皆以所管闲剧及冲要以为等级。丞、主簿如故。其后诸郡各加置通守一人，位次太守，京兆、河南，则谓之内史。又改郡赞务为丞，位在通守下，县尉为县正，寻改正为户曹、法曹，分司以承郡之六司。③

---

① （唐）魏徵等：《隋书》卷28，《志第二十三》，中华书局2019年版，第888页。
② （唐）魏徵等：《隋书》卷28，《志第二十三》，中华书局2019年版，第888页。
③ （唐）魏徵等：《隋书》卷28，《志第二十三》，中华书局2019年版，第893—894页。

以上隋炀帝的改革概括起来有四点：第一，郡分上中下三等，郡太守之下的属官因郡之大小而为增减。县也根据境内事务的繁简，以及地理位置而分等级。第二，某些特殊地区的政区职官稍有不同。第三，调整郡太守与县令的下属职官。第四点尤为重要，郡实行军民分置："旧有兵处，则刺史带诸军事以统之，至是别置都尉，副都尉。都尉正四品，领兵，与郡不相知。"原来州刺史既有行政权力，又有军事指挥权。经过隋炀帝改革，郡太守不再领兵，另设都尉、副都尉分其兵权。由此观之，隋炀帝"改州为郡"决非仅仅是名称之更换，而是蕴含了丰富的统治谋略。

大业三年(607年)后，隋朝对湖北政区的大规模调整基本上停止。大业九年(613年)，隋朝又废除城塘县。① 至此基本上结束隋朝对湖北政区的整合，②此时湖北政区格局如下所示：

表 4-2　　　　　　　　隋炀帝大业九年(613年)湖北政区表

郡	县
房陵郡	光迁县(房县附近)、永清县(保康县西北)、上庸县(竹山县西南)、竹山县
巴东郡	秭归县、巴东县
上洛郡	上津县(郧西县西北)
淅阳郡	武当县(丹江口市附近)、均阳县(丹江口市北部)、安福县(十堰市郧阳区东南)、郧乡县(十堰市郧阳区附近)
蕲春郡	蕲春县、蕲水县(浠水县东部)、浠水县、黄梅县、罗田县
南郡	江陵县(荆州市附近)、枝江县(枝江市附近)、安兴县(荆州市附近)、紫陵县(荆州市附近)、公安县、松滋县(松滋市附近)、当阳县(当阳市附近)、长林县(荆门市西北)、宜昌县(宜都市附近)、长杨县(长阳县附近)
夷陵郡	夷道县(宜都市附近)、夷陵县(宜昌市附近)、远安县
竟陵郡	长寿县(钟祥市附近)、蓝水县(钟祥市西北)、汉东县(钟祥市北部)、汾川县(钟祥市西北)、清腾县(随州市西南)、乐乡县(钟祥市西北)、丰乡县(荆门市东南)、章山县(荆门市东南)
沔阳郡	沔阳县(仙桃市西南)、竟陵县(天门市附近)、甑山县(汉川市东南)、监利县(监利市附近)、汉阳县(武汉市蔡甸区附近)
清江郡	盐水县(长阳县附近)、巴山县(长阳县附近)、清江县(恩施市附近)、开夷县(恩施市北部)、建始县
襄阳郡	襄阳县(襄阳市附近)、阴城县(老河口市西北)、谷城县、安养县(襄阳市附近)、上洪县(宜城市东部)、率道县(宜城市北部)、汉南县(宜城市附近)、义清县(南漳县东北)、南漳县、常平县(襄阳市西部)、鄀县(宜城市东南)

---

① 参见施和金：《中国行政区划通史·隋代卷》，复旦大学出版社 2017 年版，第 548 页。
② 隋恭帝义宁年间，还改了大量湖北政区。但隋恭帝已经没有实权，实质上是唐高祖李渊的傀儡，更改政区的时间也多为 618 年，即唐朝建立的同一年，因此本书将这部分政区变更情况放到唐代部分。

续表

郡	县
春陵郡	枣阳县（枣阳市附近）、清潭县（枣阳市南部）、春陵县（枣阳市南部）、蔡阳县（枣阳市西南）
汉东郡	隋县（随州市附近）、光化县（随州市东南）、平林县（随州市东北）、上明县（随州市东北）、土山县（随州市东北）、唐城县（随州市西北）、安贵县（随州市西北）、顺义县（随州市北部）
安陆郡	安陆县（安陆市附近）、应阳县（应城市附近）、云梦县、孝昌县（孝感市北部）、吉阳县（安陆市东北）、京山县（京山市附近）、富水县（京山市东北）、应山县（广水市附近）
永安郡	黄冈县（武汉市新洲区附近）、黄陂县（武汉市黄陂区附近）、木兰县（武汉市黄陂区北部）、麻城县（麻城市附近）
义阳郡	礼山县（广水市东北）
江夏郡	江夏县（武汉市武昌区附近）、武昌县（鄂州市附近）、永兴县（阳新县附近）、蒲圻县（赤壁市附近）

其实无论是隋文帝的州县制，还是隋炀帝的郡县制，都包含了三级政区的因素。文帝在州县之上设置的总管，炀帝在郡县之上设置的刺史巡察制，都有将二级政区转化为三级政区的趋势。尽管总管被隋炀帝所废，刺史巡察制也没有长期坚持，隋朝依旧是二级政区，但其总管与监察制度，均被后来的唐王朝改造继承，融入到唐朝政区系统之中。隋朝大刀阔斧整合魏晋南北朝遗留的湖北政区，有点"矫枉过正"，大幅度精简政区的同时，可能没有充分考虑到地方权力结构的优化。在中央与地方政区之间，缺少一种长期保持的区域整合机构，这就造成处理地方政务时，隋朝中央必须直面数以百计的州或郡。而州郡之间互不统属，区域地方权力也难以集中，处于分散状态。史载，隋炀帝"改州为郡"后，"骤有制置，制置未久，随复改易"①，自己也陷于制度徘徊之中。

除了更改政区制度，隋炀帝奢侈残暴，好大喜功，巡游无度，滥用民力。大业七年（611年）开始，各地起义风起云涌，隋王朝处于崩溃边缘。大业十四年（618年），隋炀帝倒行逆施，不得人心，被身边大臣侍从所杀。中国再次处于群雄争霸时期。《隋书》曾对隋炀帝晚年众叛亲离的状况评价道："亿兆靡感恩之士，九牧无勤王之师。"②"九牧无勤王之师"似乎也说明隋朝地方权力的薄弱分散。

隋朝继承魏晋南北朝的传统，继续将湖北政区虚封王公贵族。最典型者莫如废太子杨勇，隋炀帝将其害死后，追封其为房陵王，但又不允许杨勇诸子继承王位，空有一个称号流传世间。杨勇的长子杨俨在父亲被废之前封为长宁王，父亲废除太子之位后，失去王爵，后被隋炀帝毒死。

---

① （唐）魏徵等：《隋书》卷28，《志第二十三》，中华书局2019年版，第894页。
② （唐）魏徵等：《隋书》卷4，《帝纪第四》，中华书局2019年版，第106页。

第四章 持续推进：隋唐五代湖北政区

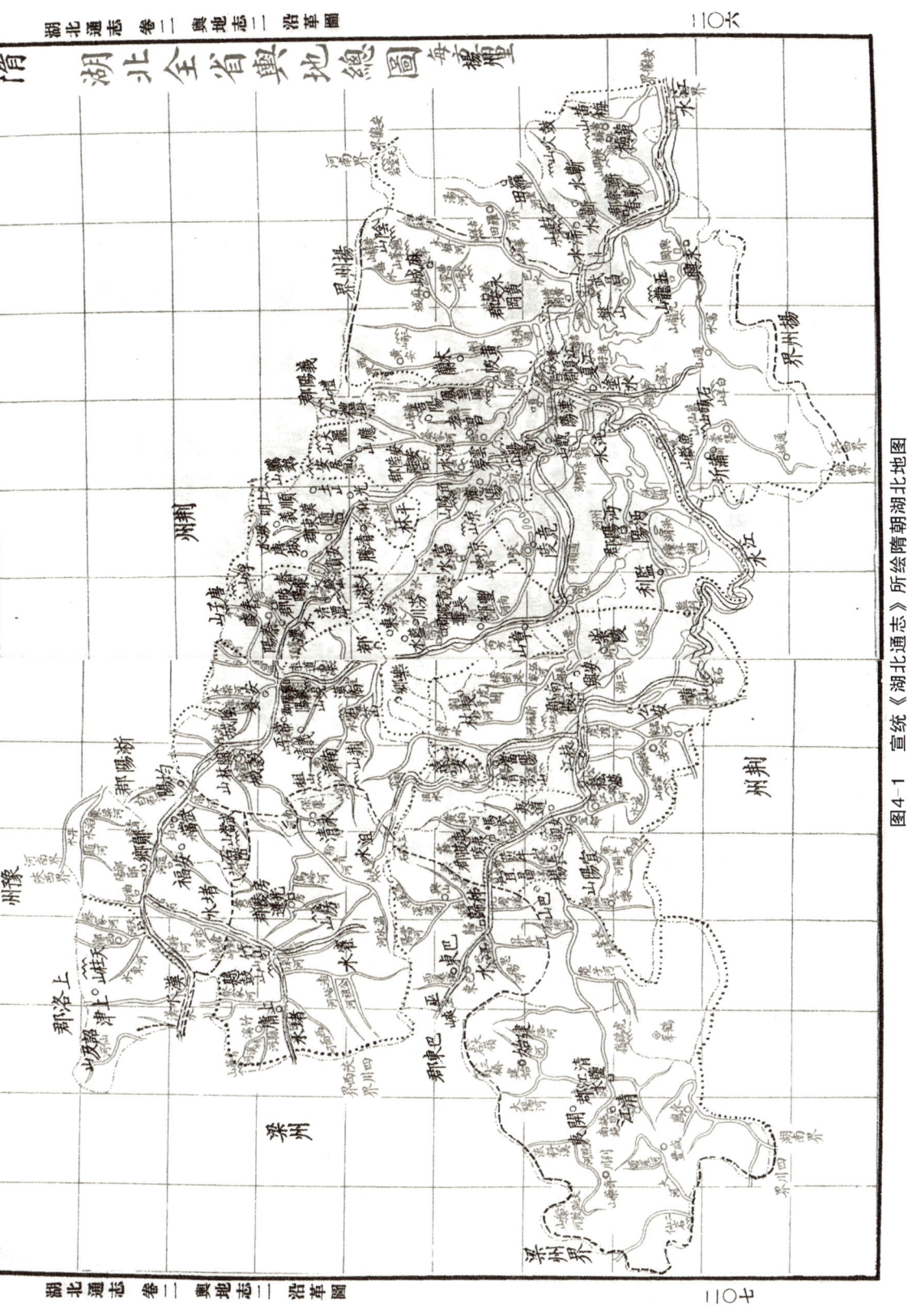

图 4-1　宣统《湖北通志》所绘隋朝湖北地图

除此之外,隋朝封功臣王谊为郧国公,后来王谊犯罪,赐死于家,改封重臣杨素为郧国公。但杨素说:"逆人王谊,前封于郧,臣不愿与之同。"①又改封其为越国公。功臣韦世康为上庸郡公,韦洸为襄阳郡公,达奚长儒封蕲春郡公,李彻封为齐安郡公,史威封武当县公,吐万绪封谷城郡公,宇文恺封甑山县公,柳俭封率道县伯等等。这些名号多有隋朝统一前的政区名称,如上庸郡、谷城郡等等。随着隋王朝改革政区制度,上庸郡、谷城郡早就废除,但这些封爵名号也未见改变。带有湖北政区名称的封爵名号或许早就只是一个名称,与实际行政系统已经脱离关系。

第二节 初唐、盛唐时期的湖北政区(上)

唐朝取代隋朝后,在唐高祖、唐太宗父子的共同努力下,国势日盛。在政区制度方面,改郡为州,合理调整政区数量,实现了政区平衡发展。分封制在唐初也进行了回光返照似的最后一搏。与此同时,行台、总管府、都督府等凌驾于州(郡)之上带有浓厚军事性质的行政机构纷纷设立,而监察性质的"道"也出现在湖北舞台上。诸种复杂因素相互叠加,让湖北政区格局在隋朝基础上发生了根本性改变。

一、唐高祖时期湖北州县的变更

唐高祖李渊本是隋朝太原留守,于大业十三年(617年)攻取长安,迎立隋炀帝之孙杨侑为隋恭帝,自领丞相之职。武德元年(618年),李渊逼迫杨侑退位,自己称帝,建立唐王朝。唐王朝建立之时,天下群雄并起,国家远未统一。唐高祖李渊根本控制不了湖北地区。

隋末唐初,盘踞湖北地区的武装势力,至少有三股。这些军事力量不断征战,让湖北地区处于震荡痛苦之中。如朱粲本来是今安徽地区的隋朝小官,也在隋朝末年起兵作乱:

> 聚结为群盗,号"可达寒贼",自称迦楼罗王,众至十余万。引军渡淮,屠竟陵、沔阳,后转掠山南,郡县不能守,所至杀戮,噍类无遗。义宁中,招慰使马元规击破之。俄而收辑余众,兵又大盛,借称楚帝于冠军,建元为昌达,攻陷邓州,有众二十万。粲所克州县,皆发其藏粟以充食,迁徙无常,去辄焚余资,毁城郭,又不务稼穑,以劫掠为业。于是百姓大馁,死者如积,人多相食。军中罄竭,无所房掠,乃取婴儿蒸而啖之,因令军士曰:"食之美者,宁过于人肉乎!但令他国有人,我何所虑。"即勒所部,有略得妇人小儿皆烹之,分给军士,乃税诸城堡,取小弱男女以益兵粮。②

朱粲"屠竟陵、沔阳,后转掠山南,郡县不能守,所至杀戮,噍类无遗",给湖北地区带来重

---

① (唐)魏徵等:《隋书》卷48,《列传第十三》,中华书局2019年版,第1448页。
② (后晋)刘昫等:《旧唐书》卷56,《列传第六》,中华书局1975年版,第2275页。

大人口损失。竟陵郡与沔阳郡惨遭屠城,"山南"大约是指长江以北、河南西南,以及重庆东部等地,包含隋代南郡、襄阳郡、汉东郡、房陵郡、夷陵郡、巴东郡等地,这些湖北地区的人口恐怕也难逃厄运。

武德二年(619年),朱粲投降唐朝,唐高祖李渊封其为楚王,并派段确前往慰劳。由于段确嘲笑讽刺朱粲吃人肉,被朱粲所杀。朱粲改投盘踞在洛阳的王世充。武德四年(621年),唐高祖之子秦王李世民率军抓获朱粲,将其斩首。

除了朱粲,王世充也曾占据湖北地区。王世充原为隋朝官员,受隋炀帝信任。大业十三年(617年),王世充占据洛阳。隋炀帝死后,他拥立隋炀帝之孙杨侗为帝。在其努力下,其管控范围不断扩大。武德二年(619年),王世充逼迫杨侗让位,登基称帝,建立郑政权。武德四年(621年),王世充兵败降唐。王世充占据过湖北襄阳郡、汉东郡、安陆郡、永安郡等地。①

隋末唐初,在湖北建立政权,形成割据之势的还有萧铣。萧铣是梁武帝曾孙,大业十三年(617年),起兵反隋。武德元年(618年),称帝,建都湖北江陵,企图恢复祖业,再建萧梁政权。萧铣控制的梁政区:"东(西)至三峡,南尽交阯,北拒汉川,皆附之,胜兵四十余万。"②按这种说法,湖北大部分领土恐为萧铣所有。但是萧铣性格有缺陷:"性外宽内忌,疾胜己者,于是大臣旧将皆疑间,多叛去,铣不能禁,由此愈弱。"③武德四年(621年),唐军进攻梁国,萧铣战败被俘,遣送长安斩首。

因此,武德四年(621年)后,唐王朝才真正控制湖北地区。唐高祖李渊极度重视政区建设,其即位伊始,就注重政区谋划:

> 高祖受命之初,改郡为州,太守并称刺史。其缘边镇守及襟带之地,置总管府,以统军戎。至武德七年,改总管府为都督府。自隋季丧乱,群盗初附,权置州郡,倍于开皇、大业之间。④
>
> 唐兴,高祖改郡为州,太守为刺史,又置都督府以治之。然天下初定,权置州郡颇多。⑤

唐高祖政区改革包括三方面内容,其一,可能是消除隋炀帝的影响,亦或是配合唐王朝的其他行政改革,改郡为州。其二,在重要军事要地,再次设置总管府,后又改都督府。其三,为了安抚投降人员,多增官员,多设行政区划。这三大措施,在湖北地区都有体现。

隋炀帝时期,房陵郡辖光迁(今房县附近)、永清(今保康县西北)、上庸(今竹山县西南)、

---

① 参见郭声波:《中国行政区划通史·唐代卷》,复旦大学出版社2017年版,第338页。
② (后晋)刘昫等:《旧唐书》卷56,《列传第六》,中华书局1975年版,第2265页。
③ (宋)欧阳修、宋祁:《新唐书》卷87,《列传第十二》,中华书局1975年版,第3723页。
④ (后晋)刘昫等:《旧唐书》卷38,《志第十八》,中华书局1975年版,第1384页。
⑤ (宋)欧阳修、宋祁:《新唐书》卷37,《志第二十七》,中华书局1975年版,第959页。

竹山。"武德元年,改为迁州,领光迁、永清,又置受阳、淅川、房陵,凡领五县。其年,又于竹山县置房州,领竹山、上庸,又置武陵,凡领三县。五年,废迁州之淅川。七年,又废房陵、受阳二县。"①也就是说唐高祖将隋朝房陵郡一分为二,武德七年(624年)后,迁州辖光迁、永清。房州辖竹山、上庸、武陵。相较于隋代,武德七年(624年)后多增武陵县。武陵县位于今竹山县西北。

隋炀帝时期,巴东郡辖秭归、巴东。唐高祖时期,武德元年(618年)改巴东郡为信州。武德二年(619年)又改信州为夔州,并"割夔州之秭归、巴东二县,分置归州。三年,分秭归置兴山县,治白帝城"②。武德三年(620年),新设兴山县,位于今兴山县附近或偏南方向。

隋炀帝时期,上洛郡辖湖北上津(今郧西县西北)。唐高祖时期:"武德元年,改为商州。其年,于上津县置上州。"③"义宁二年以上津、丰利、黄土置上津郡,并置长利县。武德元年曰上州。"④义宁二年与武德元年都是618年,唐高祖李渊将湖北原上津县与新设长利县,以及陕西丰利、黄土二县组成上州。长利县位于今郧西县西南。

隋炀帝时期,淅阳郡辖湖北武当(今丹江口市附近)、均阳(今丹江口市北部)、安福(今十堰郧阳区东南)、郧乡(今十堰郧阳区附近)。唐高祖时期:"武德元年,置南丰州,领郧乡、安福、堵阳三县";"义宁二年,割淅阳之武当、均阳二县置武当郡。又置平陵县。武德元年,改为均州。七年省平陵县。八年,省均阳入武当。其年,以南丰州之郧乡、堵阳、安福三县来属。"⑤经过繁复的变更,武德八年(625年)后,均州辖武当、郧乡、安福、堵阳四县。堵阳位于今十堰市郧阳区西南部。

隋炀帝时期,蕲春郡辖蕲春(今蕲春县附近)、蕲水(今浠水县东部)、浠水、黄梅、罗田。唐高祖时期:"武德四年,平朱粲,改为蕲州,领蕲春、蕲水、罗田、黄梅、浠水五县。其年省蕲水入蕲春,又分蕲春立永宁,省罗田入浠水。又改浠水为兰溪,又于黄梅县置南晋州。八年,州废,以黄梅来属。"⑥武德八年(625年)后,蕲州辖蕲春、黄梅、兰溪、永宁四县。永宁县位于今武穴市附近。

隋炀帝时,南郡辖江陵(今荆州市附近)、枝江、安兴(今荆州市附近)、紫陵(今荆州市附近)、公安、松滋、当阳、长林(今荆门市西北)、宜昌(今宜都市附近)、长杨(今长阳县附近)。唐高祖时期:"武德初,萧铣所据。四年,平铣,改为荆州,领江陵、枝江、长林、安兴、石首、松滋、公安七县。"⑦与隋朝相比,唐高祖荆州少紫陵、当阳、宜昌、长杨四县,多了石首县。紫陵在唐初被废除,当阳、宜昌、长杨三县划属别州。石首县因县北有石首山而得名,魏晋南北朝

---

① (后晋)刘昫等:《旧唐书》卷39,《志第十九》,中华书局1975年版,第1547页。
② (后晋)刘昫等:《旧唐书》卷39,《志第十九》,中华书局1975年版,第1554页。
③ (后晋)刘昫等:《旧唐书》卷39,《志第十九》,中华书局1975年版,第1538页。
④ (宋)欧阳修、宋祁:《新唐书》卷37,《志第二十七》,中华书局1975年版,第966页。
⑤ (后晋)刘昫等:《旧唐书》卷39,《志第十九》,中华书局1975年版,第1545—1546页。
⑥ (后晋)刘昫等:《旧唐书》卷40,《志第二十》,中华书局1975年版,第1578—1579页。
⑦ (后晋)刘昫等:《旧唐书》卷39,《志第十九》,中华书局1975年版,第1551页。

时期经历设置、废除的过程,唐高祖将其恢复。

当阳县:"武德四年,于县置平州,领当阳、临沮二县。六年,改属玉州。又省临沮入当阳,属荆州。"①当阳在武德四年(621年)属平州,武德六年(623年)属玉州,最终又划归荆州。

宜昌县:"武德二年,置江州,领宜昌一县,寻改为宜都。六年,改江州为东松州。八年,废睦州,以长阳、巴山来属。"②宜昌在唐代改名宜都,先属江州,后改为东松州。武德八年(625年)后,东松州辖宜都、长阳、巴山三县。

长杨县:"武德四年,置睦州,领长阳、巴山二县。八年,废睦州,以二县属东松。"③长阳即隋代长杨,传说因唐代忌讳隋朝皇帝姓氏而修改。长阳在唐代先属睦州,后属东松州。

隋炀帝时,清江郡辖盐水(今长阳县附近)、巴山(今长阳县附近)、清江(今恩施市附近)、开夷(今恩施市北部)、建始。其中巴山县先后划归江州、睦州、东松州。盐水县于武德四年(621年)废除。而清江、开夷二县:"义宁二年,置施州,领清江、开夷二县。"④建始县:"义宁二年,于县置业州,领建始一县。"⑤

隋炀帝时,夷陵郡辖夷道(今宜都市附近)、夷陵(今宜昌市附近)、远安。唐高祖时,"武德二年平萧铣,置硖州,领夷陵、夷道、远安三县"⑥。

隋炀帝时,竟陵郡辖长寿(今钟祥市附近)、蓝水(今钟祥市西北)、汉东(今钟祥市北部)、汾川(今钟祥市西北)、清腾(今随州市西南)、乐乡(今钟祥市西北)、丰乡(今荆门市东南)、章山(今荆门市东南)。唐高祖时:"武德四年,置郢州于长寿县,置京山、蓝水二县属焉。"⑦此段记载或许有错误,京山县,隋炀帝时属于安陆郡。唐高祖武德四年,京山属于温州,唐太宗时期才改属郢州。汉东、汾川、清腾、丰乡四县被废除。武德四年(621年),乐乡与原隋代襄阳郡率道、上洪二县组成鄀州。而章山县:"武德四年,于(长林)县东北百二十里置基州及章山县。七年,废基州,以章山属郢州。"⑧章山县先属基州,后属郢州。

隋炀帝时,沔阳郡辖沔阳(今仙桃市西南)、竟陵(今天门市附近)、甑山(今汉川市东南)、监利、汉阳(今武汉市蔡甸区附近)。唐高祖时,武德五年(622年)将沔阳、竟陵、监利三县组成复州,同时"平朱粲,分沔阳郡置沔州,治汉阳县"⑨。武德四年(621年),在汉阳县的基础上新设汉川县⑩,属沔州,其位于汉川西南部。甑山县被废除。值得注意的是,唐高祖时期,

---

① (后晋)刘昫等:《旧唐书》卷39,《志第十九》,中华书局1975年版,第1553页。
② (后晋)刘昫等:《旧唐书》卷39,《志第十九》,中华书局1975年版,第1554页。
③ (后晋)刘昫等:《旧唐书》卷39,《志第十九》,中华书局1975年版,第1554页。
④ (后晋)刘昫等:《旧唐书》卷40,《志第二十》,中华书局1975年版,第1622页。
⑤ (后晋)刘昫等:《旧唐书》卷40,《志第二十》,中华书局1975年版,第1623页。
⑥ (后晋)刘昫等:《旧唐书》卷39,《志第十九》,中华书局1975年版,第1553页。
⑦ (后晋)刘昫等:《旧唐书》卷39,《志第十九》,中华书局1975年版,第1548页。
⑧ (后晋)刘昫等:《旧唐书》卷39,《志第十九》,中华书局1975年版,第1553页。
⑨ (后晋)刘昫等:《旧唐书》卷40,《志第二十》,中华书局1975年版,第1610—1611页。
⑩ (宋)欧阳修、宋祁:《新唐书》卷37,《志第二十七》,中华书局1975年版,第966页。

汉阳县的政治中心从今武汉市蔡甸区附近迁移到汉阳区附近。

隋炀帝时期,襄阳郡辖襄阳、阴城(今老河口市西北)、谷城、安养(今襄阳市附近)、上洪(今宜城市东部)、率道(今宜城市北部)、汉南(今宜城市附近)、义清(今南漳县东北)、南漳、常平(今襄阳市西部)、郡县(今宜城市东南)。唐高祖时期,"武德四年,平王世充,改为襄州,因隋旧名。领襄阳、安养、汉南、义清、南漳、常平六县"①。前文已经介绍上洪、率道二县划入郡州。阴城与谷城二县划归鄀州。武德五年(622年),鄀州废除,二县划归襄州。郡县被唐朝废除。

唐高祖时期,"武德二年,分南漳置荆山县。又于县治西一百五里置重州,领荆山、重阳、平阳、渠阳、土门、归义县。七年,省渠阳入荆山,省平阳入重阳,又省土门、归义二县并房州之永清"②。武德七年(624年)后,重州辖荆山、重阳二县。荆山县位于今南漳县西部。重阳也位于今南漳县附近。

隋炀帝时期,舂陵郡辖湖北枣阳、清潭(今枣阳市南部)、舂陵(今枣阳市南部)、蔡阳(今枣阳市西南)。唐初,废除蔡阳县。唐高祖时期,"武德三年,改为昌州,领枣阳、舂陵、清潭、湖阳、上马五县,其年,分湖阳、上马置湖州。五年,废昌州及清潭县"③。湖阳、上马二县在今河南省境内。原舂陵郡属县在唐代划归昌州,但是武德五年(622年),又废除昌州及清潭县。枣阳、舂陵又划归唐州。④

隋炀帝时期,汉东郡辖湖北隋县(今随州市附近)、光化(今随州市东南)、平林(今随州市东北)、上明(今随州市东北)、土山(今随州市东北)、唐城(今随州市西北)、安贵(今随州市西北)、顺义(今随州市北部)。唐高祖时期,"武德三年,改为隋州,领隋县、光化、安贵、平林、顺义五县。五年,省安贵县。八年,省平林、顺义二县"⑤。武德八年(625年)后,隋州只剩下隋与光化二县。原汉东郡上明、土山、唐城三县也被废除。

隋炀帝时期,安陆郡辖安陆、应阳(今应城市附近)、云梦、孝昌(今孝感市北部)、吉阳(今安陆市东北)、京山、富水(今京山市东北)、应山(今广水市附近)。唐高祖时期,"武德四年,平王世充,改为安州,领安陆、云梦、应阳、孝昌、吉阳、应山、京山、富水八县。其年,于应山县置应州,领应山一县。于孝昌县置澴州,领孝昌一县。以富水、京山二县属温州。改应阳为应城县……七年州废,澴、应二州县属安州"⑥。因此武德七年(624年)后,安州辖安陆、云梦、应城、孝昌、吉阳、应山六县,温州辖富水、京山二县。

隋炀帝时期,永安郡辖湖北黄冈(今武汉市新洲区附近)、黄陂、木兰(今武汉市黄陂区北

---

① (后晋)刘昫等:《旧唐书》卷39,《志第十九》,中华书局1975年版,第1549页。
② (后晋)刘昫等:《旧唐书》卷39,《志第十九》,中华书局1975年版,第1550—1551页。
③ (后晋)刘昫等:《旧唐书》卷39,《志第十九》,中华书局1975年版,第1548页。
④ (宋)欧阳修、宋祁:《新唐书》卷40,《志第三十》,中华书局1975年版,第1031页。
⑤ (后晋)刘昫等:《旧唐书》卷39,《志第十九》,中华书局1975年版,第1547页。
⑥ (后晋)刘昫等:《旧唐书》卷40,《志第二十》,中华书局1975年版,第1581页。

部)、麻城。唐高祖时期,"武德三年,改为黄州……黄州领黄冈、木兰、麻城、黄陂四县。其年,省木兰县,分黄冈置堡城县,分麻城置阳城县。仍于麻城县置亭州,于黄陂县置南司州。七年,废南司州及亭州,县并属黄州。仍省堡城入黄冈……隋置麻城县。武德三年,于县置亭州,领麻城、阳城二县。八年,州废,仍省阳城入麻城,县属黄州"①。武德五年(622年)后,黄州辖黄冈、麻城、黄陂三县。

隋炀帝时期,江夏郡辖湖北江夏(今武汉市武昌区附近)、武昌(今鄂州市附近)、永兴(今阳新县附近)、蒲圻(今赤壁市附近)。唐高祖时期,"武德四年,平萧铣,改为鄂州"②。鄂州辖县与隋炀帝时期相同。

隋炀帝时期,义阳郡辖湖北礼山(今广水市东北)。唐高祖时期废除礼山县。

纵观唐高祖时期的湖北州县,好像又回到了南北朝"州"剧增的历史阶段,新州不断出现。揆诸史实,唐初与南北朝时期还是有所差别。仔细检索唐高祖时期湖北州县变化,尽管新州新县不断出现,但大多数寿命只有几年,旋设旋废,带有明显的权宜色彩,估计与安抚隋末投降人员,多设官职有一定联系。更为重要的是,唐高祖时期,州的数量在增长,但县经过繁复调整后,其实与隋炀帝时期并没有太大出入,甚至进一步精简。

二、唐高祖时期湖北地区行台、总管府、都督府的设立

为了在隋末群雄割据之中更好管理军务和部分行政事务,唐王朝在州县之上设立行台尚书省、总管府与都督府。据《新唐书》记载:

> 武德初,边要之地置总管以统军,加号使持节,盖汉刺史之任。有行台,有大行台。其员有尚书省令一人,正二品,掌管内兵民,总判省事。有仆射一人,从二品,掌贰令事。自左右丞以下,诸司郎中略如京省。又有食货监一人,丞二人,掌膳羞、财物、宾客、帐具、音乐、医药;有农圃监一人,丞四人,掌仓廪、园圃、薪炭、刍藁、运漕;有武器监一人,丞二人,掌兵械、厩牧;有百工监一人,丞四人,掌舟车、营作。监皆正八品下,丞正九品下。七年,改总管曰都督,总十州者为大都督。③

其实无论是行台尚书令,还是总管、都督都有广泛的军民管理权力。先说行台,唐高祖先后设置七大行台,其中与湖北紧密相关的是设置在襄州的山南道行台:"武德四年,平王世充,改为襄州,因隋旧名。领襄阳、安养、汉南、义清、南漳、常平六县。州置山南道行台,统交、广、安、黄、寿等二百五十七州。五年,省鄀州,以阴城、谷城二县来属。七年,罢行台为都督府。"④从武德四年(621年)到武德七年(624年),山南道行台只存在了几年时间,但却统治

---

① (后晋)刘昫等:《旧唐书》卷40,《志第二十》,中华书局1975年版,第1580—1581页。
② (后晋)刘昫等:《旧唐书》卷40,《志第二十》,中华书局1975年版,第1610页。
③ (宋)欧阳修、宋祁:《新唐书》卷49下,《志第三十九下》,中华书局1975年版,第1315—1316页。
④ (后晋)刘昫等:《旧唐书》卷39,《志第十九》,中华书局1975年版,第1549—1550页。

了包括大半个湖北省在内的257州的土地。如此庞大的统治区域,只是唐王朝统一中国战争中的权宜之计,武德七年(624年)唐军统一江南地区后,山南道行台也告终止。

其实数量最多的还是总管府与都督府,具体而言,湖北所属州分属下列总管府、都督府:

金州总管府:武德三年(620年),唐王朝有金州总管府,辖湖北上州、均州、迁州、房州、重州。武德四年(621年),均州、重州划归山南道行台。武德七年(624年),废除金州总管府,上州、迁州、房州直属中央管辖。①

荆州大都督府:据《旧唐书》记载,"(武德)五年,荆州置大总管,管荆、辰、朗、澧、东松、沈、基、复、巴、睦、崇、硖、平等十三州,统潭、桂、交、循、夔、高、康、钦、尹九州。六年,改平州为玉州,改巴州为岳州。七年,废基州入郢州。其年,改大总管为大都督,督荆、辰、澧、朗、东松、岳、硖、玉八州,仍统潭、桂、交、夔、高、钦、尹等七州。其沈、复、睦、崇四州,循、康二州都督并不统。八年,废玉州,以当阳县来属。"②

武德五年(622年),荆州大总管府组建,分别管若干州,统若干州,这里的"管"意为荆州大总管直属,"统"则意为通过下属的总管府进行统治。武德七年(624年),荆州大总管府改名荆州大都督府,直接管理湖北荆、东松、硖、玉四州,并通过下属若干都督府,间接监管湖北地区州县。

夔州都督府:武德元年(618年),唐朝有信州总管府,辖湖北信州、施州、业州。武德二年(619年),信州改为夔州,信州总管府改为夔州总管府,又辖湖北归州。武德七年(624年),夔州总管府改名夔州都督府,隶属于荆州大都督府。③

安州大都督府:武德四年(621年),唐朝有安州总管府,辖安州、沔州、隋州、应州、濂州、温州。武德五年(622年),沔州划归荆州总管府。武德七年(624年),安州总管府改为安州大都督府,将荆州大都督府之沔州、复州划归安州大都督府,废除应州、濂州。④

显州都督府:武德三年(620年),唐朝有显州总管府。武德四年(621年),隶属于山南道行台。武德五年(622年),湖北地区昌州归属显州总管府,改称唐州。武德七年(624年),显州总管府改称显州都督府,隶属于安州大都督府,并将唐州划归襄州都督府。

襄州都督府:武德七年(624年),唐朝废除山南道行台,以襄州为中心设置襄州都督府,襄州都督府辖湖北襄州、郢州、邓州、重州、均州、唐州。襄州都督府隶属于安州大都督府。⑤

黄州都督府:武德四年(621年),唐朝有黄州总管府,辖黄州、蕲州、南司州、亭州、南晋州、严州。武德六年(623年),严州划归舒州总管府。武德七年(624年),黄州总管府改为黄州都

---

① 参见郭声波:《中国行政区划通史·唐代卷》,复旦大学出版社2017年版,第71页。
② (后晋)刘昫等:《旧唐书》卷39,《志第十九》,中华书局1975年版,第1551—1552页。
③ 参见郭声波:《中国行政区划通史·唐代卷》,复旦大学出版社2017年版,第835页。
④ 参见郭声波:《中国行政区划通史·唐代卷》,复旦大学出版社2017年版,第461页。
⑤ 参见郭声波:《中国行政区划通史·唐代卷》,复旦大学出版社2017年版,第837页。

督府,废除南司州、亭州。武德八年(625年),废南晋州。黄州都督府隶属于安州大都督府。①

江州都督府:武德四年(621年),唐朝有江州总管府,辖湖北鄂州。武德七年(624年),江州总管府改江州都督府,隶属于安州大都督府。②

这些总管府、都督府本是唐王朝为军事管理而设,不是完全的行政区划。但是军事都督与州县行政系统产生了千丝万缕的联系,具有了一定程度的管民权力。有的学者认为:"唐前期的都督府是对驻在州有完全军事、民事管理权,对所督其他各州有完全军事及部分民事管理权的军政合一机构,不是标准的一级行政机构,但正因为对所督州有部分行政管理职能,也就形成了相应的上下级统属关系,唐宋人也认可这种关系。"③

也有学者认为:"唐代,都督一般兼任治所州的刺史,出现了都督、刺史两个长官合一的现象。在这种情况下,都督府与治所州政府之间的关系存在两种形式:一种形式是都督府与治所州政府之间是合署办公的关系,两套僚属机构合并;另一种形式则是都督府与治所州存在着都督府官员与州级官员两套僚佐系统,这两套系统虽拥有一个长官,但并不是合署办公,而是相对独立,互不统属。都督府与其属州是上下级的统属关系,具体表现在上下级行政关系、对属州的监察职能以及军事管理职能等三个方面。"④

无论如何,都督府成为湖北地区极其重要的政治机构,对行政区划产生了重要影响。某些都督直接兼任都督府所在州的刺史,与魏晋南北朝一样,形成了军政合一局面。

武德八年(625年)后,唐朝基本停止了湖北政区更化。武德九年(626年),玄武门之变爆发,唐高祖将皇位让给次子李世民。唐高祖末年的湖北政治格局如下表所示:

表4-3　　　　　　　　唐高祖武德八年(625年)湖北政区表

唐王朝中央直属	上州	上津县(郧西县西北)、长利县(郧西县西南)
	迁州	光迁县(房县附近)、永清县(保康县西北)
	房州	竹山县、上庸县(竹山县西南)、武陵县(竹山县西北)
荆州大都督直属	荆州	江陵县(荆州市附近)、枝江县(枝江市附近)、长林县(荆门市西北)、安兴县(荆州市附近)、公安县、松滋县(松滋市附近)、石首县(石首市附近)、当阳县(当阳市附近)
	东松州	宜都县(宜都市附近)、长阳县(长阳土家族自治县附近)、巴山县(长阳土家族自治县附近)
	硖州	夷道县(宜都市附近)、夷陵县(宜昌市附近)、远安县

---

① 参见郭声波:《中国行政区划通史·唐代卷》,复旦大学出版社2017年版,第459—460页。
② 参见郭声波:《中国行政区划通史·唐代卷》,复旦大学出版社2017年版,第582—583页。
③ 郭声波:《唐代前期都督府为州一级行政机构吗?——对〈唐代前期都督府探讨〉的商榷》,《中国历史地理论丛》2006年第4期,第84页。
④ 夏炎:《试论唐代都督府与州的关系》,《史学集刊》2008年第2期,第27页。

续表

荆州大都督夔州都督	归州	秭归县、巴东县、兴山县
	施州	清江县(恩施市附近)、开夷县(恩施市北部)
	业州	建始县
安州大都督直属	安州	安陆县(安陆市附近)、云梦县、应城县(应城市附近)、孝昌县(孝感市北部)、吉阳县(安陆市东北)、应山县(广水市附近)
	沔州	汉阳县(武汉市汉阳区附近)、汉川县(汉川市西南)
	复州	沔阳县(仙桃市西南)、竟陵县(天门市附近)、监利县(监利市附近)
	隋州	隋县(随州市附近)、光化县(随州市东南)
	温州	京山县(京山市附近)、富水县(京山市东北)
安州大都督襄州都督	襄州	襄阳县(襄阳市附近)、阴城县(老河口市西北)、谷城县、安养县(襄阳市附近)、汉南县(宜城市附近)、义清县(南漳县东北)、南漳县、常平县(襄阳市西部)
	郢州	乐乡县(钟祥市西北)、上洪县(宜城市东部)、率道县(宜城市北部)
	鄀州	长寿县(钟祥市附近)、蓝水县(钟祥市西北)、章山县(荆门市东南)
	重州	荆山县(南漳县西)、重阳县(南漳县附近)
	均州	武当县(丹江口市附近)、郧乡县(十堰市郧阳区附近)、安福县(十堰市郧阳区东南)、堵阳县(十堰市郧阳区西南)
	唐州	枣阳县(枣阳市附近)、春陵县(枣阳市南部)
安州大都督黄州都督	黄州	黄冈县(武汉市新洲区附近)、黄陂县(武汉市黄陂区附近)、麻城县(麻城市附近)
	蕲州	蕲春县、黄梅县、兰溪县(浠水县附近)、永宁县(武穴市附近)
安州大都督江州都督	鄂州	江夏县(武汉市武昌区附近)、武昌县(鄂州市附近)、永兴县(阳新县附近)、蒲圻县(赤壁市附近)

三、唐太宗时期"道"的划分与湖北都督、州县的调整

唐太宗李世民是李唐王朝的重要创建者,为唐朝平定天下建立功劳,但由于非嫡长子不能继承皇位。武德九年(626年),李世民发动政变,夺得皇位。"贞观元年,悉令并省。始于山河形便,分为十道:一曰关内道,二曰河南道,三曰河东道,四曰河北道,五曰山南道,六曰陇右道,七曰淮南道,八曰江南道,九曰剑南道,十曰岭南道。"①贞观元年(627年),刚刚即位

---

① (后晋)刘昫等:《旧唐书》卷38,《志第十八》,中华书局1975年版,第1384页。

的唐太宗将天下土地划分为十道,"道"的划分考虑了自然地理情况,但更多的还是加强唐王朝统治。《新唐书》记载:"贞观初,遣大使十三人巡省天下诸州,水旱则遣使,有巡察、安抚、存抚之名。"①这些"道"就是巡察使、安抚使、存抚使的巡察区。

按照唐太宗的划分,湖北上州、迁州、房州、荆州、东松州、硖州、归州、业州、襄州、鄀州、鄂州、重州、均州、唐州属于山南道。安州、沔州、复州、温州、隋州、黄州、蕲州属于淮南道。鄂州、施州属于江南道。

关于"山南道"的"山",有学者认为是终南山。淮南道则处于江淮之间。江南道则遵循长江与南岭的地理走向。②还有学者认为:"山南在两晋、北魏之世,主要指今南阳、商洛地区;西魏、北周时代,渐扩展到荆襄、梁汉及巴峡,包括今陕豫二省南部、湖北与重庆大部及川东地区。唐代的山南道,实为承绪西魏北周以来山南的地域观念和政治格局而来,并非仅据山川形便所划定。"③

无论是地理走向的山川形便,还是历史传统的区域传承,唐太宗划分的"十道"充满了唐代帝王加强区域统治的人为因素。唐太宗划分"道",然后派遣官员巡行的做法,当然并非首创。据学者研究,唐代的道,与汉代州相似,可以直接追溯于北魏、隋朝相关政治制度。④

值得特别注意的是,唐太宗时期的"道"并不是一种完全的行政区划,只是一种为方便巡察而划定的地理范围。此时的"道"并没有固定的官员,更没有类似州县一般的地方常驻衙署。

创立十道的同时,唐朝还大力裁并都督府与州县。详情如下:

贞观元年(627年),废除黄州都督府,黄州、蕲州改属安州大都督府。废江州都督府,鄂州改属洪州都督府。

贞观二年(628年),唐朝降荆州大都督府为都督府,不再统领夔州都督府。安州大都督府降为都督府,不再监管襄州都督府与江州都督府。

贞观四年(630年),将夔州都督府若干州新设黔州都督府,湖北施州、业州划归新府。

贞观六年(632年),废除襄州都督府与安州都督府。

贞观七年(633年),恢复安州都督府。

至贞观七年(633年),湖北地区大都督府全部废除,剩下安州、洪州、荆州、夔州、黔州五都督府。大都督府的废除与都督府的调整,极有可能是唐王朝统治趋向稳定使然。而"道"的出现也部分弥补了州县之上政治监管权力的缺失,唐王朝出现了许多州并不属于任何都督府的局面。

---

①(宋)欧阳修、宋祁:《新唐书》卷49下,《志第三十九下》,中华书局1975年版,第1310页。
②史念海:《论唐代贞观十道和开元十五道》,《唐代历史地理研究》,中国社会科学出版社1998年版,第27—62页。
③鲁西奇:《"山南道"之成立》,《中国历史地理论丛》2009年第2期,第105页。
④郭锋:《唐代道制改革与三级制地方行政体制的形成》,《历史研究》2002年第6期,第98页。

图 4-2 明代《今古舆地图》所绘《唐十道图》局部

除了都督府,唐朝大力削减湖北地区州县的数量。

唐高祖时期,上州辖上津、长利二县。唐太宗"贞观初,省长利县。十年,废上州"①。从贞观元年(627年)年到贞观十年(636年),唐朝废除长利县与上州,上津县划归商州。

唐高祖时期,迁州辖光迁与永清二县。房州辖竹山、上庸、武陵三县。唐太宗"贞观十年,废迁州,自竹山移房州治于废州城。其年,省武陵县。改光迁为房陵县"②。这样一来房州辖房陵、永清、竹山、上庸四县。

唐高祖时期,荆州辖江陵、枝江、长林、安兴、公安、松滋、石首、当阳八县。贞观元年(627年),原郢州章山县划归荆州。贞观八年(634年),废除章山县。贞观十七年(643年),安兴废入江陵县。③ 从此荆州辖江陵、枝江、长林、公安、松滋、石首、当阳七县。

---

① (后晋)刘昫等:《旧唐书》卷39,《志第十九》,中华书局1975年版,第1539页。
② (后晋)刘昫等:《旧唐书》卷39,《志第十九》,中华书局1975年版,第1547页。
③ 参见郭声波:《中国行政区划通史·唐代卷》,复旦大学出版社2017年版,第841—842页。

唐高祖时期,东松州辖宜都、长阳、巴山三县。硖州辖夷道、夷陵、远安三县。唐太宗"贞观八年,废东松州,以宜都、长阳、巴山三县来属。其年,省夷道入宜都。九年,自下牢镇移治陆抗故垒。"①贞观八年(634年),唐朝将东松州并入硖州,并废除夷道县。硖州的治所在夷陵县,贞观九年(635年)硖州的治所与夷陵县政治中心从下牢镇(今宜昌市西北)迁移到三国时期陆抗的军事据点(今宜昌市)。

唐高祖时期,归州辖秭归、巴东、兴山三县。唐太宗时期,归州继续保留,辖县不变。

唐高祖时期,施州辖清江、开夷二县。业州辖建始县。唐太宗"贞观八年,废业州,以建始县来属"②。贞观八年(634年)后,施州辖清江、开夷、建始三县。

唐高祖时期,安州辖安陆、云梦、应城、孝昌、吉阳、应山六县。唐太宗时期,安州继续保留,辖县不变。

唐高祖时期,沔州辖汉阳、汉川两县。唐太宗时期,沔州继续保留,辖县不变。

唐高祖时期,复州辖沔阳、竟陵、监利三县。唐太宗时期,复州继续保留,辖县不变。但政治中心发生改变:"贞观七年,移治沔阳。"③贞观七年(633年)后,复州治所从竟陵县迁到了沔阳县。

唐高祖时期,隋州辖隋县、光化县。唐州辖枣阳县、舂陵县。唐太宗"贞观元年,省舂陵入枣阳。其年,以废湖州之上马、湖阳来属。九年,废显州。自此移唐州于废显州,仍属焉。十年,改属隋州"④。贞观元年(627年),废除舂陵县。贞观十年(636年),枣阳县划入隋州。

唐高祖时期,郢州辖长寿、蓝水、章山三县。温州辖京山、富水二县。贞观元年(627年),唐王朝废除郢州与蓝水县,长寿县划归郢州,章山县划归荆州。贞观八年(634年),长寿县划归温州。贞观十七年(643年),将温州改名郢州,辖京山、富水、长寿三县。

唐高祖时期,襄州辖襄阳、阴城、谷城、安养、汉南、义清、南漳、常平八县。重州辖荆山、重阳。郡州辖乐乡、上洪、率道三县。唐太宗时期,"贞观元年,废重州,以荆山属襄州,移重阳入州城,改属迁州。八年,省重阳入荆山"。"贞观元年,省上洪县。八年,废郡州,以长寿属温州,以乐乡、率道属襄州。"⑤贞观八年(634年)后,重州、郡州、重阳县、上洪县被废除,荆山、乐乡、率道三县划归襄州。几乎与此同时,"省常平入襄阳,省阴城入谷城,省南津(漳)入义清,省汉南入率道"⑥。最终襄州辖襄阳、谷城、安养、义清、荆山、乐乡、率道七县。贞观八年(634年),率道县的政治中心从今宜城北部迁移到宜城附近。

唐高祖时期,均州辖武当、郧乡、安福、堵阳四县。唐太宗时期"贞观元年,废均州,又省

---

① (后晋)刘昫等:《旧唐书》卷39,《志第十九》,中华书局1975年版,第1554页。
② (后晋)刘昫等:《旧唐书》卷40,《志第二十》,中华书局1975年版,第1662页。
③ (后晋)刘昫等:《旧唐书》卷39,《志第十九》,中华书局1975年版,第1549页。
④ (后晋)刘昫等:《旧唐书》卷39,《志第十九》,中华书局1975年版,第1548页。
⑤ (后晋)刘昫等:《旧唐书》卷39,《志第十九》,中华书局1975年版,第1551页。
⑥ (后晋)刘昫等:《旧唐书》卷39,《志第十九》,中华书局1975年版,第1550页。

堵阳、安福二县。以武当、郧乡二县属浙州。八年,废浙州,又以武当、郧乡二县置均州。又废上州,割丰利县来属"①。贞观八年(634年)后,均州辖武当、郧乡、丰利三县。丰利县在今陕西境内。

唐高祖时期,黄州辖黄冈、黄陂、麻城三县。唐太宗时期,仍旧保留黄州,辖县不变。

唐高祖时期,蕲州辖蕲春、黄梅、兰溪、永宁四县。唐太宗时期,仍旧保留蕲州,辖县不变。

唐高祖时期,鄂州辖江夏、武昌、永兴、蒲圻。唐太宗时期,仍旧保留鄂州,辖县不变。但要特别注意的是,江夏县作为鄂州刺史的驻地,其政治中心发生了多次变更。唐高祖时,江夏县治所在今武汉汉阳区晴川街道附近,后迁到今武汉市武昌区中华路街道附近。唐太宗时期,又改到今武汉市武昌区紫阳街道附近。②

经过唐太宗的更改,湖北地区州县数量大为压缩。高祖末年,湖北有二十余州,七十余县。仅仅过了十年左右,到了唐太宗执政中期,湖北仅有十余州,六十余县。唐太宗精简湖北州县,调整都督府,增设"道"的过程正处于李唐王朝国势日强,"贞观之治"来临之时。唐太宗的行政区划调整,总体而言应该具有进步意义。

四、唐太宗时期分封制的再现

从西汉之后,宗室功臣常有将行政地名冠于爵位之前的例子,但其行政权力越来越小,近趋于无。魏晋南北朝时期,某些宗室功臣往往拥有较大权力,但依然没有出现完全意义上的分邦建国局面。隋代王公贵族仍旧是虚封,对其封地几乎没有行政权力。唐高祖、唐太宗也沿用前代做法,虚封宗室功臣,同时又赋予他们实权官职。如唐太宗封宗室李道宗为江夏郡王,同时"授鄂州刺史"③。唐高祖时期,早就改州为郡,将江夏郡改为鄂州,李道宗仅凭江夏郡王头衔无法具有行政权力。李唐王朝又将他任命为鄂州刺史,这样一来封号与实权合二为一。但是即使出现这种局面,也不属于分封制,因为爵位可以世袭,官位却不能。一旦官位改变,仅凭爵位,无法拥有相应的行政权力。

唐高祖、太宗时期,宗室功臣出任湖北官员并非绝对的弊政,有些还惠及于民,造福百姓。如宗室李孝恭曾任荆州大总管,他在任期间"开置屯田,创立铜冶,百姓利焉"④。又如凌烟阁二十四功臣张公谨曾任襄州都督,"以惠政闻"⑤。

相较于其他封王拜爵、重用宗室功臣的皇帝,唐太宗是一位偏向于真正分封制的皇帝,要将地方行政权力在宗室功臣中世代相传。早在公元628年年底,唐王朝就开始讨论分封制:

> 贞观二年,太宗以宇内清晏,思以致理。谓公卿曰:"朕欲使子孙长久,社稷永

---

① (后晋)刘昫等:《旧唐书》卷39,《志第十九》,中华书局1975年版,第1546页。
② 参见郭声波:《中国行政区划通史·唐代卷》,复旦大学出版社2017年版,第579页。
③ (宋)欧阳修、宋祁:《新唐书》卷78,《列传第三》,中华书局1975年版,第3515页。
④ (后晋)刘昫等:《旧唐书》卷60,《列传第十》,中华书局1975年版,第2348页。
⑤ (宋)欧阳修、宋祁:《新唐书》卷80,《列传第五》,中华书局1975年版,第3756页。

安,其理如何?"尚书右仆射宋国公瑀对曰:"臣观前代,国祚所以长久者,莫不封建诸侯。以为磐石之固。秦并六国,罢侯置守,二世而亡。汉有天下,众建藩屏,年逾四百。魏晋废之,不能永久。封建之法,实可遵行。"上然之,始议分封裂土之制。①

此举遭到礼部侍郎李百药与魏徵的强烈反对,他们上长篇奏疏,驳斥分封的害处。然而唐太宗并没有打消分封宗室功臣的想法。贞观五年(631年),唐太宗又要群臣讨论分封之事。魏徵、李百药、颜师古等人极力反对。但是唐太宗明确表示:"皇家宗室及勋贤之臣,宜令作镇藩部,贻厥子孙,非有大故,毋或黜免,所司明为条例,定等级以闻。"②

经过几年的准备,贞观十一年(637年)年六月六日、十五日,唐太宗相继下诏③,让湖北地区出现了将爵位与官位合二为一,且世代相传的六位"诸侯":荆州都督荆王李元景、安州都督吴王李恪、襄州刺史蒋王李恽、蕲州刺史英国公李勣、鄂州刺史江夏郡王李道宗。

当时有些宗室功臣贪念京城繁华,不愿意到封地当"诸侯",且有怨言,唐太宗说道:"割地以封功臣,古今之通义也。意欲公之枝叶,翼朕子孙,长为藩翰,传之永久,情在此耳。而公等薄山河之誓,发言怨望,朕亦安可强公以土宇邪?"④唐太宗的封建政策,遭到朝中大臣激烈反对,最终迫于群臣压力,收回成命:"太宗并嘉纳其言。于是竟罢子弟及功臣世袭刺史。"⑤

后来,李元景任鄜州刺史。李勣或许根本没有来过湖北,长期在北方任职。李恪、李恽虽长期在湖北任职,但没有做到父死子继。李道宗也调出湖北。分封制并没有维持下来,但李唐王朝的宗室功臣出现了另一个极端:"今封建子弟,有其名号,而无其国邑,空树官僚,而无莅事。聚居京华,食租衣税,国用所以不足也。"⑥也就是说,之后的李唐宗室功臣往往有爵位称号,但本来已经虚置的封地也彻底消失。诸王贵族也不再来到地方居住,而是全部聚集京城,享受政府俸禄,加重了王朝经济负担。

唐太宗对宗室的恩情并没有因为分封制的结束而停止,贞观十六年(642年)前后又让年幼皇子出任地方刺史。此举遭到褚遂良的坚决反对,唐太宗再次调整政策。史称唐太宗从善如流,并非虚言。

贞观十七年(643年)后,唐太宗时期湖北政治地理格局如下:

---

① (宋)王溥:《唐会要》卷46,清武英殿聚珍版丛书本,第12页。
② (宋)司马光等:《资治通鉴》卷193,《唐纪九》,中华书局1956年版,第6089。
③ (宋)王溥:《唐会要》卷46,清武英殿聚珍版丛书本,第17—18页;(宋)王溥:《唐会要》卷47,清武英殿聚珍版丛书本,第1—2页。
④ (宋)王溥:《唐会要》卷47,清武英殿聚珍版丛书本,第2页。
⑤ (唐)吴兢:《贞观政要》,上海古籍出版社1978年版,第111页。
⑥ (宋)王溥:《唐会要》卷47,清武英殿聚珍版丛书本,第3页。

表 4-4　　　　　　　　唐太宗贞观十七年(643 年)湖北政区表

山南道	荆州都督府	荆州	江陵县(荆州市附近)、枝江县(枝江市附近)、长林县(荆门市西北)、公安县、松滋县(松滋市附近)、石首县(石首市附近)、当阳县(当阳市附近)
		硖州	夷陵县(宜昌市附近)、远安县、宜都县(宜都市附近)、长阳县(长阳土家族自治县附近)、巴山县(长阳土家族自治县附近)
		郢州	京山县(京山市附近)、富水县(京山市东北)、长寿县(钟祥市附近)
	夔州都督府	归州	秭归县、巴东县、兴山县(兴山县南部)
		襄州	襄阳县(襄阳市附近)、谷城县、安养县(襄阳市附近)、义清县(南漳县东北)、荆山县(南漳县西部)、乐乡县(钟祥市西北)、率道县(宜城市附近)
		房州	房陵县(房县附近)、永清县(保康县西北)、竹山县、上庸县(竹山县西南)
		均州	武当县(丹江口市附近)、郧乡县(十堰市郧阳区附近)
		商州	上津县(郧西县西北)
淮南道	安州都督府	安州	安陆县(安陆市附近)、云梦县、应城县(应城市附近)、孝昌县(孝感市北部)、吉阳县(安陆市东北)、应山县(广水市附近)
		沔州	汉阳县(武汉市汉阳区附近)、汉川县(汉川市西南)
		复州	沔阳县(仙桃市西南)、竟陵县(天门市附近)、监利县(监利市附近)
		隋州	隋县(随州市附近)、光化县(随州市东南)、枣阳县(枣阳市附近)
		蕲州	蕲春县、黄梅县、兰溪县(浠水县附近)、永宁县(武穴市附近)
		黄州	黄冈县(武汉市新洲区附近)、黄陂县(武汉市黄陂区附近)、麻城县(麻城市附近)
江南道	洪州都督府	鄂州	江夏县(武汉市武昌区附近)、武昌县(鄂州市附近)、永兴县(阳新县附近)、蒲圻县(赤壁市附近)
	黔州都督府	施州	清江县(恩施市附近)、开夷县(恩施市北部)、建始县

值得特别说明的是,唐太宗时期,"道"并没有固定的职官,更不是一种行政区划,其与都督府更没有固定的隶属关系。而都督府与州县也未必有完全的行政隶属关系。因此上表除展示州县外,更多表达的其实是一种地理范围。

贞观二十三年(649 年),唐太宗去世,太子李治即位,是为唐高宗。

第三节　初唐、盛唐时期的湖北政区(下)

李唐王朝湖北政区经过高祖、太宗两位皇帝的调整后已经初步定型。唐高宗与武则天在位的五十多年中,对湖北政区少有更改。但看似波澜不惊的局面,却预示着剧变的来临。高祖、太宗遗留的都督府与"道"在唐睿宗、唐玄宗父子执政时期迎来变化。唐玄宗晚年耽于享乐,再加上政策失误,导致安史之乱,让湖北政区开始朝迥异于唐前期的方向发展。

一、唐高宗到唐隆政变期间的湖北政区

唐高宗即位后,继续维持贞观之治的局面,对高祖、太宗以来的湖北政区基本维持原状,只做了细节调整。显庆四年(659年),鄂州不再隶属洪州都督府,但属于江南道。[①] 显庆五年(660年),郢州从荆州都督府划归安州都督府。[②] 麟德元年(664年),废除施州开夷县。[③] 除此之外,再未见唐高祖时期有关于湖北政区的变化。

唐高宗的政治生涯,乃至李唐王朝的国运都深受武则天的影响。武则天原为唐太宗的妃嫔,其父曾为湖北荆州都督。太宗去世后,武则天出家为尼。永徽二年(651年),唐高宗又接武则天入宫。永徽六年(655年),高宗立武则天为皇后。成为皇后没有几个月,武则天就设法陷害太子李忠。显庆元年(656年),唐高宗废李忠太子之位,让其出任湖北房州刺史。

显庆五年(660年)后,唐高宗身体不适,武则天正式参与朝政。永淳二年(683年),唐高宗去世,其子唐中宗李显即位,政治权力实际掌握在武则天手中。结果中宗在位不到一年,就被武则天废除,并先后被软禁于湖北均州、房州。湖北西部相继成为废太子李忠与唐中宗的安置之地,大概由于其距离长安相对较近,方便监视,且又非经济发达之地,达到了某种程度的惩罚目的。

废除中宗后,武则天又立高宗子李旦为帝,是为唐睿宗。睿宗完全是武则天的傀儡。李唐宗室眼看大权旁落,发动了多次武装反抗,都被镇压。无论参与反抗与否,武则天都开始大力削弱李唐宗室的实力。纪王李慎曾任襄州刺史,有一定政绩:"贞观中,迁襄州刺史,以治当最,天子玺书劳勉,人为立石颂德。"[④]他并没有参与反对武则天的行动,但也被害死。唐高宗子李上金曾为沔州刺史、随州刺史,载初元年(689年):"武承嗣使酷吏周兴诬告上金、素节谋反,召至都,系于御史台。舒州刺史、许王素节见杀于都城南驿,因害其支党,上金恐

[①] 参见郭声波:《中国行政区划通史·唐代卷》,复旦大学出版社2017年版,第578页。
[②] 参见郭声波:《中国行政区划通史·唐代卷》,复旦大学出版社2017年版,第466页。
[③] 参见郭声波:《中国行政区划通史·唐代卷》,复旦大学出版社2017年版,第798页。
[④] (宋)欧阳修、宋祁:《新唐书》卷80,《列传第五》,中华书局1975年版,第3577页。

惧,自缢死。子义珍、义玫、义璋、义环、义瑾、义璲七人并配流显州而死。"① 而吴国公李孝逸曾为武则天立下汗马功劳,但又被嫉害。垂拱二年(686年),降其为湖北施州刺史,后又流放海南岛,最终客死异乡。经过武则天的打击,李唐宗室出任湖北地方官的现象基本消除。

唐高宗与武则天实际执政时期,继续沿用官员分道巡察的方式加强统治。如仪凤二年(677年)年底:"诏黄门侍郎同中书门下三品来尝为河南道大使,中书侍郎同中书门下三品薛元超为河北道大使,尚书左丞崔知悌、国子司业郑祖玄为江南道大使,分道巡抚,申理冤屈,赈贷乏绝。"② 垂拱元年(685年),秘书省正字陈子昂建议重视巡察大臣的任命,让德高望重者分道巡察。

高宗与武则天时期派遣诸官巡察诸道的办法,已经出现了弊端。如垂拱二年(686年):

> 诸道巡察使科目,凡四十四件。至于别作格敕令访察者,又有三十余条。而巡察使率是三月之后出都,十一月终奏事。时限迫促,簿书委积,昼夜奔逐。以赴限期。而每道所察文武官,多至二千余人,少尚一千已下,皆须品量才行,褒贬得失。欲令曲尽行能,皆所不暇。此非敢惰于职而慢于官也,实才有限而力不及耳。③

当时巡察使三月离开京城,十一月就回京复命。在几个月的时间内,朝廷官员面对纷繁复杂的巡察任务,实在有力不从心之感。这预示着现行制度有大加改革的必要。然而武则天统治时期,没有进行深入改革。

经过长时间的准备,天授元年(690年),李唐王朝实际上的统治者武则天正式登基称帝,改国号为周。同年"敕改州为郡;或谓太后曰:'陛下始革命而废州,不祥。'太后遽追止之"④。原本,武则天想要改州为郡,但"州"与武则天国号"周"发音相同,"废州"即是"废周",不吉利。

神龙元年(705年),80多岁的武则天卧病在床,朝中大臣发动政变,迎立唐中宗复位,恢复李唐王朝。神龙二年(706年),"于左右台及内外五品以上官识理通明、立性坚白、无所诎挠、志在澄清者二十人,分为十道巡察使,二周年一替,以廉案州部,俾其董政郡吏观抚兆人,议狱缓刑,扶危拯滞"⑤。李唐王朝试图采用派出二十人,两年一轮的办法,解决十道巡察的弊端。

唐隆元年(710年),唐中宗去世,其子李重茂登基为帝,改年号为唐隆,韦太后独揽大权。唐睿宗子李隆基联合太平公主等人发动政变,推翻韦太后,废黜李重茂,是为唐隆政变。政变后,唐睿宗复位。

麟德元年(664年)后到唐隆政变,唐朝湖北政治地理格局如下所示:

---

① (后晋)刘昫等:《旧唐书》卷86,《列传第三十六》,中华书局1975年版,第2826页。
② (宋)王钦若等:《册府元龟》,凤凰出版社2006年版,第1797页。
③ (宋)王溥:《唐会要》卷77,清武英殿聚珍版丛书本,第19页。
④ (宋)司马光等:《资治通鉴》卷204,《唐纪二十》,中华书局1956年版,第6468页。
⑤ (宋)王钦若等:《册府元龟》,凤凰出版社2006年版,第1799页。

表 4-5　　　　　唐高宗麟德元年(664 年)湖北政区表

山南道	荆州都督府	荆州	江陵县(荆州市附近)、枝江县(枝江市附近)、长林县(荆门市西北)、公安县、松滋县(松滋市附近)、石首县(石首市附近)、当阳县(当阳市附近)
		硖州	夷陵县(宜昌市附近)、远安县、宜都县(宜都市附近)、长阳县(长阳土家族自治县附近)、巴山县(长阳土家族自治县附近)
	夔州都督府	归州	秭归县、巴东县、兴山县(兴山县南部)
		襄州	襄阳县(襄阳市附近)、谷城县、安养县(襄阳市附近)、义清县(南漳县东北)、荆山县(南漳县西)、乐乡县(钟祥市西北)、率道县(宜城市附近)
		房州	房陵县(房县附近)、永清县(保康县西北)、竹山县、上庸县(竹山县西南)
		均州	武当县(丹江口市附近)、郧乡县(十堰市郧阳区附近)
		商州	上津县(郧西县西北)
淮南道	安州都督府	安州	安陆县(安陆市附近)、云梦县、应城县(应城市附近)、孝昌县(孝感市北部)、吉阳县(安陆市东北)、应山县(广水市附近)
		沔州	汉阳县(武汉市汉阳区附近)、汉川县(汉川市西南)
		复州	沔阳县(仙桃市西南)、竟陵县(天门市附近)、监利县(监利市附近)
		隋州	隋县(随州市附近)、光化县(随州市东南)、枣县(枣阳市附近)
		郢州	京山县(京山市附近)、富水县(京山市东北)、长寿县(钟祥市附近)
		蕲州	蕲春县、黄梅县、兰溪县(浠水县附近)、永宁县(武穴市附近)
		黄州	黄冈县(武汉市新洲区附近)、黄陂县(武汉市黄陂区附近)、麻城县(麻城市附近)
江南道		鄂州	江夏县(武汉市武昌区附近)、武昌县(鄂州市附近)、永兴县(阳新县附近)、蒲圻县(赤壁市附近)
	黔州都督府	施州	清江县(恩施市附近)、建始县

二、唐隆政变后唐玄宗对"道"的改革

唐隆政变后,唐睿宗子李隆基逐渐获得实际权力。景云二年(711 年),唐玄宗正式获得"监国"称号。六月,李唐王朝实施改革:"敕天下分置都督府二十四,令都督纠察所管州刺史以下官人善恶。"①景云二年(711 年)前,唐朝有常驻地方偏向军事管理的都督府,但

---

① (宋)王溥:《唐会要》卷 68,清武英殿聚珍版丛书本,第 6 页。

并不涵盖所有州县。除京城外,几乎涵盖所有州县的"道"却没有地方常驻官员。景云二年(711年),李唐王朝很有可能想彻底改变州县之上的地方政治格局,在全国设置24个都督府,将军事、监察,甚至行政权力集中起来。按照景云二年(711年)的划分,湖北州分属情况如下:

荆州都督府辖荆州、硖州、郢州、鄂州。

夔州都督府辖归州、施州。

襄州都督府辖襄州、商州、均州、房州。

安州都督府辖安州、沔州、复州、隋州、黄州、蕲州。

同时规定:"其扬、益、并、荆为大都督府,长史正三品。其雍、洛州长史,亦加至从三品。汴、兖、魏、冀、蒲、绵、秦、洪、润、越为中都督府,正三品。齐、鄜、泾、襄、安、潭、遂、通、梁、夔为下都督府,从三品。改录事参军为司举从事,令纠察管内官人,每府置两员,并同京官,资望比侍御史。若纠不以实,奸不能禁者,令左右御史台弹奏。畿内州并不隶入都督府。"①这里的都督府长史是都督的下属官员,但在勋贵宗亲挂名都督,不到任的情况下,由都督府长史实际处理政务。按照唐王朝规划,湖北有一个大都督府,下设三个下都督府,用于集中权力。

景云二年(711年),李唐王朝二十四都督府的改革,遭到众多大臣的反对。朝廷终于以都督府"权重难制,罢之"②。湖北政治地理格局又回到了原来局面,都督府与"道"并存,并设置十道按察使定期巡察州县。

同年,"出使者以山南控带江山,疆界阔远。于是分为山南东西两道。又自黄河已西,分为河西道"③。于是原来的贞观十道变为了十二道:关内道、河南道、河东道、河北道、河西道、山南东道、山南西道、陇右道、淮南道、江南道、剑南道、岭南道。此时"道"数量或许还不稳定,学界多有分歧。但析分唐太宗划定的"道"成为历史趋势。

景云三年(712年),唐睿宗退位,称太上皇,李隆基即位,是为唐玄宗。开元元年(713年),唐玄宗击垮太平公主政治集团,独揽大权。当时面对"道",唐玄宗远没有对待政敌那样果断,而是持反反复复的态度:"开元二年,日十道按察采访处置使,至四年罢,八年复置十道按察使,秋、冬巡视州县,十年又罢。十七年复置十道、京都、两畿按察使。"④这种反复摇摆,可能体现了唐王朝对"道"如何改革的犹豫。

唐玄宗时期,与前代派京官外出不同,开始任用都督府长史、州刺史等地方官员充当"道"按察使,如开元八年(720年):"扬州长史王怡充淮南道按察使……荆州长史卢逸充山南道按察使……襄州刺史裴观为梁州都督山南道按察使、润州刺史赵升卿充江南东道按察

---

① (宋)王溥:《唐会要》卷68,清武英殿聚珍版丛书本,第7—8页。
② (宋)欧阳修、宋祁:《新唐书》卷49下,《志第三十九下》,中华书局1975年版,第1310—1311页。
③ (宋)王溥:《唐会要》卷70,清武英殿聚珍版丛书本,第3页。
④ (宋)欧阳修、宋祁:《新唐书》卷49下,《志第三十九下》,中华书局1975年版,第1311页。

使,宣州刺史霍廷玉充淮(江)南西道按察使。"①这样一来,由于都督长史与州刺史是常驻地方官员,按察使被地方官员兼职,"道"的性质有了本质变化。

开元二十一年(733年)后,唐王朝"道"制迎来重要改变:"分山南、江南为东、西道,增置黔中道及京畿、都畿,置十五采访使,检察如汉刺史之职。"②此时"道"增长为十五个:"京畿采访使(理京师城内)、都畿(理东都城内)、关内(以京官遥领)、河南(理汴州)、河东(理蒲州)、河北(理魏州)、陇右(理鄯州)、山南东道(理襄州)、山南西道(理梁州)、剑南(理益州)、淮南(理扬州)、江南东道(理苏州)、江南西道(理洪州)、黔中(理黔州)、岭南(理广州)。"③这里的"理"是指某道采访使的衙署在某州。此时"道"不仅越来越小,且有了较固定的衙署。

就湖北地区而言,唐玄宗依然任用地方都督、刺史等官兼任采访使。如开元二十二年(734年):"扬州长史韦虚心为淮南采访使……荆州长史韩朝宗为山南道采访使……梁州刺史宋询为山南西道采访使,宣州刺史班景倩为江南道采访使。"④

其实唐玄宗对诸道采访使的态度也是较为矛盾的,一方面给予强大的政治权力:"开元末,置诸采访使,许其专停刺史务,废置由己。"唐玄宗天宝年间,采访使又兼黜陟使。但另一方面又限制其权力:"(750年下令)本置采访使,令举大纲,若大小必由一人,岂能兼理数郡。自今已后,采访使但察访善恶,举其大纲,自余郡务所有奏请,并委郡守,不须干及。"⑤这或许反映了唐玄宗想要加强中央集权,防止地方权力过大的政治意图。

唐玄宗时期,尽管没有专门设置"道"官,但以地方官兼任"道"采访使,使"道"有了固定的衙署,成为州县之上新的权力机构,与太宗、高宗、武则天统治时期的"道"有了本质区别。但是以某都督、某都督长史、某州刺史兼任采访使的做法,极有可能让权力集中于一人之手,为中央集权埋下隐患。

具体而言,唐太宗时期设山南道。至少在景云二年(711年),设山南东道。开元四年(716年)后,常以荆州都督府长史兼任山南东道按察使或采访使。开元二十五年(737年)后,山南东道迁移治所于襄州。天宝十四年(755年),治所又移到荆州。山南东道辖湖北荆州、襄州、均州、房州、归州、硖州、复州、隋州。复州本属淮南道,天宝元年(742年)划归山南东道。⑥隋州,唐玄宗开元年间属于山南东道,天宝元年(742年)改属淮南道,天宝十四年(755年)又回到山南东道。⑦

---

① (宋)王钦若等:《册府元龟》,凤凰出版社2006年版,第1801页。
② (宋)欧阳修、宋祁:《新唐书》卷37,《志第二十七》,中华书局1975年版,第960页。
③ (后晋)刘昫等:《旧唐书》卷38,《志第十八》,中华书局1975年版,第1385页。
④ (宋)王钦若等:《册府元龟》,凤凰出版社2006年版,第1803页。
⑤ (宋)王溥:《唐会要》卷78,清武英殿聚珍版丛书本,第3页。
⑥ 参见郭声波:《中国行政区划通史·唐代卷》,复旦大学出版社2017年版,第848页。
⑦ 参见郭声波:《中国行政区划通史·唐代卷》,复旦大学出版社2017年版,第468页。

图 4-3　明代《今古舆地图》所绘《唐十五采访使图》局部

唐太宗时期设淮南道，唐玄宗时期常以扬州都督府长史兼任淮南道按察使或采访使。淮南道辖湖北黄州、蕲州、安州、沔州、鄂州。

唐太宗时期设置江南道，唐玄宗时期析分江南西道，常以宣州刺史或洪州刺史兼任江南西道按察使或采访使。江南西道辖湖北鄂州。

唐玄宗时期，割江南西道部分地区设置黔中道，常以黔中都督兼黔中道采访使。黔中道辖湖北施州。

商州的情况比较特殊，唐玄宗时期先属于山南东道，天宝元年（742年）左右直属京畿范围。①

---

① 参见郭声波：《中国行政区划通史·唐代卷》，复旦大学出版社2017年版，第60页。

三、唐玄宗时期湖北州县、都督府的调整

除了道制的改革,唐朝还大量更改了湖北州县。开元十八年(730 年),唐王朝"省荆山,移治于南漳故城,乃改为南漳"①。唐太宗时期,废除南漳县。唐玄宗时期则将荆山县治所移到旧南漳县故城,改荆山为南漳。尽管其原因不详,但拉开了唐玄宗时期更改湖北政区的序幕。开元二十五年(737 年)左右,唐朝在隋州境内设置唐城县,其地理位置在今随县唐县镇。②

天宝元年(742 年)"天下诸州改为郡,刺史改为太守"③。我们实在难以确知在不变更相关制度的情况下,唐玄宗改州为郡意义何在。或许是迎合统治者某些复古心理或宗教信仰。无论如何,湖北诸州名称全改。荆州改为江陵郡、硖州改为夷陵郡、郢州改为富水郡、鄂州改为江夏郡、归州改为巴东郡、施州改为清化(江)郡、襄州改为襄阳郡、商州改为上洛郡、均州改为武当郡、房州改为房陵郡、安州改为安陆郡、沔州改为汉阳郡、复州改为竟陵郡、隋州改为汉东郡、黄州改为齐安郡、蕲州改为蕲春郡。

同年,唐王朝将蕲春郡永宁县改为广济县,兰溪县改为蕲水县,襄阳郡安养县改为临汉县。这是避免全国政区同名的修改之举,永宁县与当时都畿地区永宁县同名,因而改名,新县名取"皇恩广济"之意。兰溪县与当时江南东道东阳郡兰溪县同名,因而修改。④ 安养县与河北道邺郡安阳县发音类似,因而改名。由于其临近汉水故名"临汉"。⑤

天宝二年(743 年)左右,唐王朝在江夏郡境内新设唐年县。史载:"唐天宝元年,江西采访使奏以蒲圻梓洞溪口中两千余户,去县六百余里,若不别置县,则难以统摄。三年,敕于桃花洞溪口置唐年县。"⑥这里的"江西采访使"指的就是江南西道的长官。原蒲圻县梓洞溪口中有两千余户人家,距离蒲圻县城过于遥远,因而在附近新设一县加强统治。新设唐年县的位于今崇阳县附近。有学者考证,包括唐年县在内的湘鄂交界龙窖山区或许就是陶渊明《桃花源记》故事的原型。⑦

至少到天宝七年(748 年),唐王朝将襄阳郡率道县更名为宜城县。天宝八年(749 年),废除夷陵郡巴山县。此两县之变更,原因不详。

唐玄宗励精图治,创造了"开元盛世",但执政后期开始追求享乐,好大喜功。由于内地长期太平无事,唐玄宗进一步缩减都督府数量。原湖北地区存在荆、夔、安、黔四个都督

---

① (后晋)刘昫等:《旧唐书》卷 39,《志第十九》,中华书局 1975 年版,第 1551 页。
② 参见郭声波:《中国行政区划通史·唐代卷》,复旦大学出版社 2017 年版,第 469 页。
③ (后晋)刘昫等:《旧唐书》卷 9,《本纪第九》,中华书局 1975 年版,第 215 页。
④ 参见郭声波:《中国行政区划通史·唐代卷》,复旦大学出版社 2017 年版,第 452—453 页。
⑤ 参见郭声波:《中国行政区划通史·唐代卷》,复旦大学出版社 2017 年版,第 816 页。
⑥ (宋)乐史:《太平寰宇记》卷 112,中华书局 2007 年版,第 2286 页。
⑦ 李庆福:《〈桃花源记并诗〉里的"桃花源"新考》,《世界文学评论(高教版)》2017 年第 2 期。

府,早就不能涵盖所有郡县。开元二十一年(733年),唐王朝裁撤夔州都督府。① 湖北地区只剩下三个都督府。天宝元年(742年),唐玄宗改州为郡后,都督府名称也发生更改,荆州都督府改为江陵郡都督府,安州都督府改为安陆郡都督府,黔州都督府改为黔中郡都督府。同年,竟陵郡(复州)划归江陵郡都督府。② 汉东郡(隋州)划归淮南道安陆郡都督府。③

天宝八年(749年)后,安史之乱前,唐玄宗时期湖北政治地理格局如下所示:

表 4-6　　　　　　　　唐玄宗天宝八年(749年)湖北政区表

	京畿	上洛郡	上津县(郧西县西北)
山南东道	江陵郡都督府	江陵郡	江陵县(荆州市附近)、枝江县(枝江市附近)、长林县(荆门市西北)、公安县、松滋县(松滋市附近)、石首县(石首市附近)、当阳县(当阳市附近)
		夷陵郡	夷陵县(宜昌市附近)、远安县、宜都县(宜都市附近)、长阳县(长阳土家族自治县附近)
		竟陵郡	沔阳县(仙桃市西南)、竟陵县(天门市附近)、监利县(监利市附近)
		巴东郡	秭归县、巴东县、兴山县(兴山县南部)
		襄阳郡	襄阳县(襄阳市附近)、谷城县、临汉县(襄阳市附近)、义清县(南漳县东北)、南漳县、乐乡县(钟祥市西北)、宜城县(宜城市附近)
		房陵郡	房陵县(房县附近)、永清县(保康县西北)、竹山县、上庸县(竹山县西南)
		武当郡	武当县(丹江口市附近)、郧乡县(十堰市郧阳区附近)
淮南道	安陆郡都督府	安陆郡	安陆县(安陆市附近)、云梦县、应城县(应城市附近)、孝昌县(孝感市北部)、吉阳县(安陆市东北)、应山县(广水市附近)
		汉阳郡	汉阳县(武汉市汉阳区附近)、汉川县(汉川市西南)
		汉东郡	隋县(随州市附近)、光化县(随州市东南)、枣阳县(枣阳市附近)、唐城县(随州市西北)
		富水郡	京山县(京山市附近)、富水县(京山市东北)、长寿县(钟祥市附近)
		蕲春郡	蕲春县、黄梅县、蕲水县(浠水县附近)、广济县(武穴市附近)
		齐安郡	黄冈县(武汉市新洲区附近)、黄陂县(武汉市黄陂区附近)、麻城县(麻城市附近)
江南西道		江夏郡	江夏县(武汉市武昌区附近)、武昌县(鄂州市附近)、永兴县(阳新县附近)、蒲圻县(赤壁市附近)、唐年县(崇阳县西南)
黔中道	黔中郡都督府	清江郡	清江县(恩施市附近)、建始县

① 参见郭声波:《中国行政区划通史·唐代卷》,复旦大学出版社2017年版,第808页。
② 参见郭声波:《中国行政区划通史·唐代卷》,复旦大学出版社2017年版,第848页。
③ 参见郭声波:《中国行政区划通史·唐代卷》,复旦大学出版社2017年版,第468页。

正当内地都督府数量不断减少之时,唐玄宗为加强边疆地区的军事力量,开始大量设置节度使等官:"于边境置节度、经略使,式遏四夷。"①节度使、经略使拥有较大的军事权力,湖北地区处于内地,并没有节度使的设置。唐玄宗十分宠爱安禄山,为其蒙蔽,不断为其加官进爵。天宝元年(742年),安禄山任平卢节度使。后又兼任范阳节度使、河东节度使、河北道采访使。天宝十四年(755年)年底,安禄山正式起兵反唐。

面对安禄山的突然进攻,唐王朝毫无准备,一败涂地。同年,唐王朝将汉东郡直属山南东道。② 与此同时,设置襄州防御使。③ 防御使全称防御守捉使,负责数州(郡)之军事,地位低于节度使。防御使早在唐玄宗之前就有设置,但在湖北地区设置是安史之乱爆发后。当时襄州作为军事要地,并没有都督府管理,为了防御叛军,唐朝在内地广为设置防御使,加强区域军事管理:"安禄山叛命,诸州当贼冲者,始置防御使。"④

天宝十四年(755年)十二月,东都洛阳被安禄山占领。天宝十五年(756年)元月,安禄山在洛阳称帝。五月,安禄山军队直扑河南南阳,濒临湖北北部。与此同时,叛军兵锋直指长安。六月,唐玄宗携杨贵妃等大批随从逃出长安,前往蜀地。七月,在逃跑途中,唐玄宗下令:

> 永王璘江陵府都督,统山南东路、黔中、江南西路等节度大使;盛王琦广陵郡大都督,统江南东路、淮南、河南等路节度大使;丰王珙武威郡都督,领河西、陇石、安西、北庭等路节度大使。⑤

天宝十五年(756年),节度使这一职务正式进入湖北地区,昭示着一个新时代就要来临。

第四节　中晚唐渐成藩镇的湖北政区

在安史之乱过程中,李唐王朝开始在湖北地区广泛设立节度使等新职官。囿于复杂的政治局势,湖北地区的地方官员集各种大权于一身,形成了迥异于安史之乱前的藩镇局面。在唐玄宗之后,湖北地区的藩镇并非都成为封建割据势力,反而与中央政府维持了一种复杂紧密的政治联系,直到唐王朝灭亡。

一、唐肃宗与湖北藩镇的肇始

在唐玄宗逃亡四川的路途中,曾经封太子李亨为天下兵马大元帅。至德元年(756年),

---

① (后晋)刘昫等:《旧唐书》卷9,《本纪第九》,中华书局1975年版,第215页。
② 参见郭声波:《中国行政区划通史·唐代卷》,复旦大学出版社2017年版,第468页。
③ (后晋)刘昫等:《旧唐书》卷39,《志第十九》,中华书局1975年版,第1550页。
④ (宋)王溥:《唐会要》卷78,清武英殿聚珍版丛书本,第25页。
⑤ (后晋)刘昫等:《旧唐书》卷9,《本纪第九》,中华书局1975年版,第234页。

李亨在灵武(今宁夏)称帝,是为唐肃宗。唐肃宗尊其父为太上皇。刚刚即位的肃宗面临的是山河破碎、遍地狼烟的动荡局面。

安禄山称帝后,占领上洛郡,兵锋直逼湖北襄阳。李唐王朝为了平定安史之乱,在内地广泛设置节度使,赋予原都督、采访使(观察使)、郡太守(州刺史)以兵权。当时朝廷封南阳太守鲁炅为山南节度使(又名襄阳节度使),赋予其很大的权力,镇襄阳。鲁炅为唐朝湖北地区的防御做出了卓越贡献:

> 禄山之乱,选任将帅。(天宝)十五载正月,拜炅上洛太守,未行,迁南阳太守、本郡守捉,仍充防御使。寻兼御史大夫,充南阳节度使,以岭南、黔中、山南东道子弟五万人屯叶县北,滍水之南,筑栅,四面掘壕以自固……炅在围中一年,救兵不至,昼夜苦战,人相食。至德二年五月十五日,率众持满传矢突围而出南阳,投襄阳。田承嗣来追,苦战二日,杀贼甚众。贼又知其决死,遂不敢逼,朝廷因除御史大夫、襄阳节度使。时贼志欲南侵江、汉,赖炅奋命扼其冲要,南夏所以保全。①

安史之乱时,湖北大部分地区之所以没有惨遭叛军屠戮,鲁炅在其中起到了关键性作用。襄阳防御战胜利后,至德二年(757年),李唐王朝封鲁炅为特进、太仆卿、南阳郡守、兼御史大夫、权知襄阳节度事、上柱国、金乡县公。至德三年(758年),又任命鲁炅兼任郑州刺史,充郑、陈、颍、亳等州节度使。上元二年(761年),任命他为淮西襄阳节度使、邓州刺史。从鲁炅的例子可以看出,为了集中力量赢得战争的胜利,唐王朝将某一范围内的军事、民政权力合二为一。

前文也曾说道,唐玄宗在逃跑途中,曾经任命永王李璘任江陵府都督,统山南东路、黔中、江南西路等节度大使。盛王李琦为广陵郡大都督,统江南东路、淮南、河南等路节度大使。其实李琦并没有就任,而李璘来到湖北江陵正式就任都督:

> 天宝十四载十一月,安禄山反范阳。十五载六月,玄宗幸蜀,至汉中郡,下诏以璘为山南东路及岭南黔中江南西路四道节度采访等使、江陵郡大都督,余如故。璘七月至襄阳,九月至江陵,召募士将数万人,恣情补署,江淮租赋,山积于江陵,破用钜亿。以薛镠、李台卿、蔡坰为谋主,因有异志。②

拥有权力的李璘,私心膨胀,广招天下士,为其所用,诗仙李太白也是征招之列。唐肃宗为了防范亲弟,任命高适为淮南节度使,来瑱为淮南西道节度使共同对付李璘。至德元年(756年),李璘兵败。至德二年(757年),李唐王朝在江陵设荆南节度使。

为了集中力量对付安史叛军,李唐王朝广泛设置节度使。为了平衡地方政治权力,防备

---

① (后晋)刘昫等:《旧唐书》卷114,《列传第六十四》,中华书局1975年版,第3361—3363页。
② (后晋)刘昫等:《旧唐书》卷107,《列传第五十七》,中华书局1975年版,第3264页。

某节度使权力太大,李唐王朝又多设节度使互相牵制。节度使从一开始就展现了其正反两方面的历史作用。一方面,可以集中局部地区的军民控制力量,维系唐王朝。另一方面,极其容易变成地方割据势力,挑战中央政权权威。

具体到湖北地区,唐肃宗刚刚即位没有几年,就设置山南东道节度使、淮南节度使、淮南西道节度使、黔中节度使、荆南节度使等等。绝大多数湖北郡(州)县都成为节度使的辖区。

除了节度使在湖北的普及,唐肃宗统治时期,还有三个改革与湖北政区紧密相关。一是观察使的设置,一是改郡为州,一是唐朝南都的设置。道的长官原本叫采访使。唐肃宗于至德三年(758年)发布诏令:"近缘狂寇乱常,每道分置节度,其管内缘征发及文牒兼使命来往,州县非不艰辛,仍加采访,转益烦扰。其采访使置来日久,并诸道黜陟使便宜且停,待后当有处分。"①同年改采访使为观察处置使。

关于道的长官从采访使改为观察使,有学者评论道:"停采访、置观察的举措具有双重意义。既意味着朝廷的地方管理方式有所变化,也意味着地方政府官员的新旧人事变动。实行这一措施的主要动机在于:战争时期,过去那种采访处置使和正常的管理方式已经不适应形势的变化和发展需要……观察使的权力与过去采访使的权力其实并无二致,虽然名义是'观察',实际仍有权直接处理管内州县政务。而且由于兼带都团练使、营田使等军事职衔,战时战后的观察使权力较之过去的采访使还有所扩大。"②

在唐玄宗、唐肃宗两朝,道也越来越像州县之上的一级行政区划。除了道长官的更改,在至德二年(757年)年底到至德三年(758年)年初,唐王朝将唐玄宗所改的郡名,全部变更为州名。于是江陵郡改荆州、夷陵郡改硖州、富水郡改郢州、江夏郡改鄂州、巴东郡改归州、清化(江)郡改施州、襄阳郡改为襄州、上洛郡改为商州、武当郡改为均州、房陵郡改房州、安陆郡改安州、汉阳郡改沔州、竟陵郡改复州、汉东郡改为隋州、齐安郡改为黄州、蕲春郡改蕲州。

其实唐肃宗之即位,并不是父亲唐玄宗主动传位,而是自己先登基,父亲再承认。由于种种原因,父子之间一直有隔阂,唐玄宗晚年也较为凄凉。至德二年(757年)年底,长安被唐军收复,唐玄宗从四川回到了国都长安,但由于唐肃宗的存在,已经不能全面掌握政局。同一时间,唐肃宗改父亲设置的郡为州,可能含有与旧时代划清界限,让人们忘记唐玄宗时代地名的意思。

安史之乱前,长安与洛阳是唐王朝两大政治中心。而太原则为李唐王朝发源之地,政治地位也非同小可。唐玄宗时期,将长安称为西京,洛阳称为东京,太原称为北京。唐玄宗时期,曾驻跸四川成都。而凤翔在安史之乱中的政治、军事地位急剧上升,唐肃宗也曾驻跸于此。至德二年(757年),唐王朝"改蜀郡为南京,凤翔府为西京,西京改为中京,蜀郡改为成

---

① (宋)王溥:《唐会要》卷78,清武英殿聚珍版丛书本,第3页。
② 郭锋:《唐代道制改革与三级制地方行政体制的形成》,《历史研究》2002年第6期,第103—104页。

都府"①。这样一来,唐王朝有五京:东京洛阳、南京成都、西京凤翔、北京太原、中京长安。

上元元年(760年):"以荆州为南都,州曰江陵府,官吏制置同京兆。其蜀郡先为南京,宜复为蜀郡。"②唐王朝废除蜀郡成都的南京地位,让湖北荆州成为代替蜀郡的政治地位,并改荆州为江陵府。"旧南京"是唐肃宗父唐玄宗曾经驻跸的地方,唐肃宗降级其政治地位,其贬损玄宗的政治意味不难猜测。

有学者认为:"肃宗改立江陵为南都,可谓一箭双雕,一方面可以通过提升江陵的地位,派驻朝廷要员与兵马加以镇守,以防备永王余绪;另一方面,更重要的作用在于借此直接取消成都的南京地位,也就意味着对玄宗政治地位的全面压制。因为玄宗虽然回到长安,但对剑南的影响依然存在,与剑南昔日旧臣仍有联系。"③

既然升荆州为江陵府,"官吏制置同京兆"。按照惯例,京城所在之城要设置两县,而当时荆州州城只有一个江陵县。因此升州为府的同时,又新设长宁县:"析枝江县,置长宁县于郡郭,以视两京赤县。至二年,又废枝江入长宁,寄户口实于长宁。"④就是说为了凑足两县的规模,干脆废除枝江县,利用其户口,在"郡郭",也就是原荆州城内再设长宁县。

上元二年(761年),唐肃宗"停京兆、河南、太原、凤翔四京及江陵南都之号"⑤。之所以有这番举动,有学者认为:"当时天下战乱,民生凋残,肃宗此举暗含去除浮华与收复失地之志。"⑥

上元三年(762年),唐王朝又"复以京兆为上都,河南为东都,凤翔为西都,江陵为南都,太原为北都"⑦。其实"都"也好,"京"也罢,当时的湖北荆州并不能实行真正的国都职能,只是政治象征地位有所不同。荆州地名从此变为江陵府。

唐肃宗一生尽力与叛军周旋,并获得一定战果。安史叛军内部也发生激烈争夺:至德二年(757年),安庆绪杀父安禄山自立。乾元二年(759年),安庆绪被部将史思明所杀。上元二年(761年),史思明又被其子史朝义所杀。但无奈唐肃宗才能有限,多次出现战略失误,直到上元三年(762年)玄宗、肃宗去世,也没有彻底平定安史之乱。安史之乱虽未平定,但随着动乱设置的节度使却全部予以保留。现根据《新唐书》《中国行政区划通史·唐代卷》相关记载,将德宗时期(截止到761年)湖北地区节度使辖州情况分述如下:

山南东道节度使

至德元年(756年),唐王朝在南阳郡、襄阳郡设置防御守捉使,后改为南阳节

---

① (后晋)刘昫等:《旧唐书》卷10,《本纪第十》,中华书局1975年版,第250页。
② (后晋)刘昫等:《旧唐书》卷10,《本纪第十》,中华书局1975年版,第259页。
③ 张达志:《唐肃宗改立"五都"与"三府"州县置废探微》,《学术月刊》2015年第1期。
④ (宋)乐史:《太平寰宇记》卷146,中华书局2007年版,第2840页。
⑤ (宋)司马光等:《资治通鉴》卷222,《唐纪三十八》,中华书局1956年版,第7116页。
⑥ 张达志:《唐肃宗改立"五都"与"三府"州县置废探微》,《学术月刊》2015年第1期。
⑦ (宋)司马光等:《资治通鉴》卷222,《唐纪三十八》,中华书局1956年版,第7119页。

度使。至德二年(757年),废除南阳节度使,升襄阳防御使为山南东道节度使,辖襄州、均州、房州、邓州、唐州、隋州、安州,治所在襄州。后均州、房州划出。至德三年(758年),迁移节度使衙署于邓州。乾元二年(759年),节度使衙署又回到襄州,安州划出。乾元三年(760年),将郢州、复州、商州、金州、均州、房州划入。上元二年(761年),商州、金州、均州、房州划出。山南东道节度使最终辖襄州、邓州、唐州、隋州、郢州、复州。

荆南节度使

至德二年(757年),设置荆南节度使(又称荆澧节度使),治所在江陵。至德三年(758年),荆南节度使辖荆州、郢州、复州、朗州、澧州、夔州、归州、峡州、万州、忠州。乾元二年(759年),朗州、澧州、夔州、归州、峡州、万州、忠州划出。乾元三年(760年),上述七州又划入。郢州、复州划出。上元二年(761年),衡、道、永、邵、潭、岳、连、郴、涪诸州划入。

淮南西道节度使

至德元年(756年)设置淮南节度使与淮南西道节度使。湖北沔州、蕲州、黄州、安州曾经属于淮南节度使。乾元二年(759年),唐王朝废除淮南西道节度使,同年再次设立淮南西道节度使,其领州又发生改变,辖申、光、寿、安、沔、蕲、黄七州。

黔中节度使

至德元年(756年),唐王朝设置黔中节度使,辖湖北施州。

以上三大节度使其实并不能完全涵盖湖北州县,商州、均州、房州、鄂州就不在他们管辖之内。其实除了节度使,唐肃宗时期湖北地区还有两大职官:

武关内外四州防御观察使

至德元年(756年)后,将京畿节度使辖安康、上洛二郡,山南东道节度使武当、房陵二郡组成兴平节度使。改郡为州后,兴平节度使辖商州、金州、均州、房州。乾元三年(760年)废除兴平节度使。上元二年(761年),设置武关内外四州防御观察使,辖商州、金州、均州、房州。

洪吉都防御团练观察处置使

至德元年(756年),设置江南西道节度使,辖湖北鄂州。至德二年(757年),江南西道节度使改为洪吉都防御团练观察处置使。乾元二年(759年),唐朝设置鄂岳沔都团练使,鄂州为团练使治所。上元二年(761年),废除鄂岳沔都团练使,鄂州划归洪吉都防御团练观察处置使。

无论是节度使,还是观察使,其实都与"道"有紧密联系,除了荆南,唐肃宗在湖北设置的节度使都是唐玄宗时期的"道"名。而"观察使"则干脆就是唐肃宗规定的"道"长官。这些节度使与观察使共同组成了湖北藩镇体系。正如学者论述:"唐代的藩镇称作道。道的长官为观察使,雄藩重镇的长官又兼节度使,一般的则兼都团练使或防御使以掌军事。道在名义上是监察区,但实际上已成为凌驾于州县之上的一级行政实体。"①

安史之乱前,唐朝有都督府与道,凌驾于州县之上,分管军事、巡察事务。安史之乱后,唐王朝将湖北境内的都督府全部取消,将军事职权与道长官合二为一,并在唐玄宗道基础上继续析分,如在山南东道基础上,析分荆南道,在淮南道的基础上,析分淮南西道。每一节度使与观察使辖区其实都是一道。

而节度使也并不是孤立存在,常与州刺史等官合二为一:"(唐玄宗)天宝中,缘边御戎之地,置八节度使。受命之日,赐之旌节,谓之节度使,得以专制军事。行则建节符,树六纛。外任之重,无比焉。(唐肃宗)至德已后,天下用兵,中原刺史亦循其例,受节度使之号。"②

有些地区并没有设置节度使,而是以其他名号来代替。如武关内外四州防御观察使、洪吉都防御团练观察处置使等,这些职官在名称上并不是节度使,但也是藩镇。武关内外四州防御观察使,其实是带有军事性质的防御使与道长官观察使的合二为一,洪吉都防御团练观察处置使,也是带有军事性质的防御使、团练使与道长官观察使互相结合。正如史书所说:"(唐肃宗)至德后,中原置节度使。又大郡要害之地,置防御使,以治军事,刺史兼之,不赐旌节。上元后,改防御使为团练守捉使,又与团练兼置防御使。"③

总之,藩镇就是将军事权力与行政权力,根据不同的情况,采取不同的名号合二为一,采取地方集权制,巩固维系受安史之乱威胁下的唐政权。从上文论述也可以看出,唐肃宗对湖北藩镇具有掌控能力,可以根据不同的情况设置、调整、废除藩镇,节度使与观察使等官员也由朝廷任命。唐肃宗开启了湖北藩镇体系,但并没有带来割据局面。

上元二年(761年),唐肃宗时期,湖北政治格局如下所示:

表 4-7　　　　　　　　　　　　唐肃宗上元二年(761年)湖北政区表

藩镇	州	县
山南东道节度使	襄州	襄阳县(襄阳市附近)、谷城县、临汉县(襄阳市附近)、义清县(南漳县东北)、南漳县、乐乡县(钟祥市西北)、宜城县(宜城市附近)
	隋州	隋县(随州市附近)、光化县(随州市东南)、枣阳县(枣阳市附近)、唐城县(随州市西北)
	郢州	京山县(京山市附近)、富水县(京山市东北)、长寿县(钟祥市附近)
	复州	沔阳县(仙桃市西南)、竟陵县(天门市附近)、监利县(监利县附近)

---

① 张国刚:《唐代藩镇研究》,中国人民大学出版社 2010 年版,第 1 页。
② (后晋)刘昫等:《旧唐书》卷 44,《志第二十四》,中华书局 1975 年版,第 1922 页。
③ (后晋)刘昫等:《旧唐书》卷 44,《志第二十四》,中华书局 1975 年版,第 1923 页。

续表

藩镇	州	县
荆南节度使	江陵府	江陵县(荆州市附近)、长宁县(荆州市附近)、长林县(荆门市西北)、公安县、松滋县(松滋市附近)、石首县(石首市附近)、当阳县(当阳市附近)
	归州	秭归县、巴东县、兴山县(兴山县南部)
	硖州	夷陵县(宜昌市附近)、远安县、宜都县(宜都市附近)、长阳县(长阳土家族自治县)
淮南西道节度使	安州	安陆县(安陆市附近)、云梦县、应城县(应城市附近)、孝昌县(孝感市北部)、吉阳县(安陆市东北)、应山县(广水市附近)
	沔州	汉阳县(武汉市汉阳区附近)、汉川县(汉川市西南)
	蕲州	蕲春县、黄梅县、蕲水县(浠水县附近)、广济县(武穴市附近)
	黄州	黄冈县(武汉市新洲区附近)、黄陂县(武汉市黄陂区附近)、麻城县(麻城市附近)
黔中节度使	施州	清江县(恩施市附近)、建始县
武关内外四州防御观察使	商州	上津县(郧西县西北)
	房州	房陵县(房县附近)、永清县(保康县西北)、竹山县、上庸县(竹山县西南)
	均州	武当县(丹江口市附近)、郧乡县(十堰市郧阳区附近)
洪吉都防御团练观察处置使	鄂州	江夏县(武汉市武昌区附近)、武昌县(鄂州市附近)、永兴县(阳新县附近)、蒲圻县(赤壁市附近)、唐年县(崇阳县西南)

二、唐代宗与湖北藩镇的常态化

上元三年(762年),唐玄宗与唐肃宗双双去世,肃宗子李豫即位,是为唐代宗。

在唐代宗继位不久,广德元年(763年)史朝义兵败身亡,安史之乱终于平定。按理说,大乱已经平息,唐朝应该汲取安禄山担任节度使兴兵叛乱的例子,取消天下节度使。但唐代宗不仅全面保持藩镇局面,并且还将在安史之乱中投降的叛军将领封为节度使,并给予权力。当时:

> 以史朝义降将薛嵩为相、卫、邢、洺、贝、磁六州节度使,田承嗣为魏、博、德、沧、瀛五州都防御使,李怀仙仍故地为幽州、卢龙节度使。时河北诸州皆已降,嵩等迎仆固怀恩,拜于马首,乞行间自效;(仆固)怀恩亦恐贼平宠衰,故奏留嵩等及李宝臣分帅河北,自为党援。朝廷亦厌苦兵革,敬冀无事,因而授之(河北藩镇,自此强傲不可制矣)。①

---

① (宋)司马光等:《资治通鉴》卷222,《唐纪三十八》,中华书局1956年版,第7141页。

也就是说，唐朝将领仆固怀恩害怕"贼平宠衰"，想联络安史叛将，给予实权，成为其政治助手，因而为他们向朝廷求官。唐中央政府也"厌苦兵革，敬冀无事"，将地方实权交予安史降将，造成政治隐患。

当时有大臣主张废除藩镇，如"郭子仪以安、史昔据洛阳，故诸道置节度使以制其要冲；今大盗已平，而所在聚兵，耗蠹百姓，表请罢之。"①唐代宗并没有采纳废除藩镇的建议。有人认为，这是唐代宗苟且偷安、昏庸无能所致。

其实，代宗在全国范围内保持藩镇有极其复杂的历史背景，其原因之一是维护政治平衡："安史之乱以后，河北、河东、剑南、岭南依然要驻兵戍守，而西北地区尤其是激烈的战场。这些地区的军队不仅不能削减，而且还时有所增……边疆之重兵既不可去，如果唯罢内地诸镇，尽销其兵的话，势必又会使内外的军事布局失去平衡，重演天宝末年的悲剧。相反，若中原诸镇继续保持足够的兵力，即可维持一种均势，使内外互相牵制。"②

安史之乱后，唐王朝仍有包括西部少数民族在内的其他军事威胁，不得不在边疆派驻重兵，形成较为强大的军事能力。而包括湖北在内的广大内地如果没有藩镇集中军事力量与之抗衡，那么安史之乱的局面就会重演。因此唐代宗选择广布藩镇，使其互相牵制，从而稳固唐王朝统治。于是权力集中的藩镇既是唐王朝中央政府的威胁者，也是维持者。这一点，古人有评论道：

> 唐之乱，非藩镇无以平之，而亦藩镇有以乱之。其初跋扈陆梁者，必得藩镇而后可以戡定其祸乱，而其后戡定祸乱者，亦足以称祸而致乱。故其所以去唐之乱者，藩镇也；而所以致唐之乱者，亦藩镇也。③

> 弱唐者，诸侯也。唐既弱矣，而久不亡者，诸侯维之也……如是二百年，奸臣逆子专国命者有之，夷将相者有之，而不敢窥神器，非力不足，畏诸侯之势也。④

从唐朝建国，到广德元年（763年）平定安史之乱，过了145年。从广德元年（763年）到唐王朝灭亡，也有144年。如果安史之乱后的藩镇局面百害而无一利，李唐王朝不会获得如此长的寿命。结合唐代宗即位前亲历戎事，即位后又除权阉的情况来看，他决非身处深宫、不谙世事的昏庸之主。唐代宗保留藩镇自有其考虑。以淮南西道节度使李忠臣的例子可以看出节度使存在的意义。

李忠臣曾经是安禄山的部下，后来拥护唐朝，屡立战功。宝应元年（762年），唐朝廷任命他为淮西节度使、安州刺史。他又听从朝廷命令东征西讨：

---

① (宋)司马光等：《资治通鉴》卷223，《唐纪三十九》，中华书局1956年版，第7165页。
② 张国刚：《唐代藩镇研究》，中国人民大学出版社2010年版，第26—27页。
③ (宋)王谠，周勋初校证：《唐语林校证》卷8，中华书局2023年版，第650页。
④ (元)脱脱等：《宋史》卷442，《列传第二百一》，中华书局1977年版，第13082页。

其年(762年),令忠臣会元帅诸军收复东都。二年(763年)六月,就加御史大夫。时回纥可汗既归其国,留判官安恪、石帝庭于河阳守御财物,因此招聚亡命为寇,道路壅隔,诏忠臣讨平之。永泰元年(765年),吐蕃犯西陲,京师戒严,代宗命中使追兵,诸道多不时赴难;使至淮西,忠臣方会鞫,即令整师饰驾。监军大将固请曰:"军行须择吉日。"忠臣奋臂于众曰:"焉有父母遇寇难,待拣好日方救患乎!"即日进发。自此方隅有警,忠臣必先期而至。由是代宗嘉其忠节,加本道观察使,宠赐颇厚。及同华节度周智光举兵反,诏忠臣与神策将李太清等讨平之……李灵曜之叛,田承嗣使俚悦援之,忠臣与诸军大破悦等,汴州平。①

李忠臣担任淮西节度使后,先后参与平定多次叛乱,并解除过少数民族对唐朝的威胁,为中央政府的巩固建立许多功劳。"方隅有警,忠臣必先期而至"固然由于李忠臣的报国性格,更由于朝廷赋予的"整师饰驾"统兵大权。淮西节度使李忠臣不仅镇守包括湖北部分地区的淮西,更多次带兵外出完成唐王朝交付的战争任务,这恐怕是安史之乱前州刺史、县令难以做到的。

在此背景下,湖北地区的藩镇非但不能取消,反而要继续完善,继续发展。现结合各种史料,梳理唐代宗时期,湖北政治格局演变历程:

宝应元年(762年),废除武关内外四州防御观察使。其所辖均州、房州划归山南东道节度使,商州划归京畿节度使。后又废除京畿节度使,商州也划归山南东道节度使。

同年,山南东道节度使辖隋州划归淮南西道节度使。与此同时,湖北境内县也在发生变化,安州孝昌县划归沔州,但其后又回归安州。黔中节度使降为黔中经略观察使。

唐代宗即位后,对湖北政区的调整和变更,概括如下:

第一,调整都城长安附近的藩镇,将其湖北领土划归附近节度使管辖。唐王朝对都城长安周围的藩镇非常谨慎,往往处于极度摇摆之中。至德元年(756年)至宝应元年(762年)曾设京畿节度使,宝应元年(762年)废除,广德二年(764年)设京畿观察使,建中四年(783年)改京畿渭北节度使、京畿渭南节度使、京畿商州节度使,兴元元年(784年)又予以废除。从此长期未设藩镇,湖北西北部分州县的归属就随着唐王朝政策而摇摆。

第二,略微调整淮南西道节度使辖区。淮南西道节度使曾经是为了防止安史叛军南下而设,自安史之乱过后,其辖区经历过多次复杂的演变,大概与唐王朝调整中原荆楚地区的战略布局有关,湖北部分地区经常处于被调整的范围。

第三,降黔中节度使为经略观察使。黔中藩镇官名之更改,节度使之取消,直接意味着在当时统治者看来黔中地区战略地位的降低。反之,如某藩镇长官从观察使升为节度使,有可能是该地区被统治者越来越看重的表现。

广德元年(763年),安史之乱平定。

---

① (后晋)刘昫等:《旧唐书》卷145,《列传第九十五》,中华书局1975年版,第3941—3942页。

广德二年(764年)至永泰元年(765年),唐王朝将鄂州从洪吉都防御团练观察处置使辖区分出,以此为中心设置鄂岳都团练观察使,割淮南西道节度使辖沔州、蕲州、黄州给鄂岳都团练观察使,荆南节度使辖岳州也划入。^① 大历十二年(777年),鄂岳都团练观察使改为鄂岳都团练观察防御使。唐王朝此举实质是以今武汉地区为中心设置新的藩镇。新藩镇的设置原因,从首任鄂岳都团练观察使穆宁的经历可以看出原因:

>宝应初,(穆宁)转侍御史,为河南转运租庸盐铁等副使。明年,迁户部员外郎。无几,加兼御史中丞,为河南、江南转运使。广德初,加库部郎中。是时河运不通,漕挽由汉、沔自商山达京师。选镇夏口者,诏以宁为鄂州刺史、鄂岳沔都团练使及淮西鄂岳租庸盐铁沿江转运使,赐金紫。时淮西节度使李忠臣贪暴不奉法,设防戍以税商贾,又纵兵士剽劫,行人殆绝。与宁夹淮为理,惮宁威名,寇盗辄止。^②

从以上史料我们可以清晰地看出,当时大运河不通,漕运由汉水、沔水自河南到京师,鄂州夏口是重要漕运枢纽,新设藩镇并委派具有理财背景的穆宁任职,明显具有加强中央政府管理漕运的因素。与此同时,淮南西道节度使李忠臣骄横不法,唐朝在其邻近地区新设藩镇也有一定的牵制作用。

永泰元年(765年),四川发生动乱。大历元年(766年),"以杜鸿渐为山南西道、剑南东西川副元帅、剑南西川节度使,以平蜀乱"^③。大历二年(767年),也许是为了加强四川地区军事力量,荆南节度使之归州划归夔忠等州都防御使管辖。^④

大历六年(771年),唐朝恢复枝江县,废除长宁县。唐肃宗统治时期,曾经提高荆州的地位,将其升格为南都,荆州也改名江陵府,并在府城内保持设置两县:江陵与长宁。为了充实长宁县户口,而废除了枝江县。唐代宗时期,南都基本已经失去了政治象征意义,江陵城的人口数量与经济发展程度相对长安较低,不必设置两县,因此又恢复了原来的辖县格局。

大历十四年(779年),设置澧朗硖都团练使。同年又废除澧朗硖都团练使,硖州等州复归荆南节度使。^⑤ 硖州位于今湖北西南地区,澧朗二州位于今湖南北部。澧朗硖都团练使兴废无常的原因,据《旧唐书·李泌传》记载:

>(李泌)又为宰相常衮所忌,出为楚州刺史。及谢恩,具陈恋阙,上素重之,留京数月。会澧州刺史阙,衮盛陈泌理行,以荆南凋瘵,遂辍泌理之。诏曰:"荆南都会,寄在澧阳,俾人归厚,惟贤是牧。以泌文可以化成风俗,政可以全活茕嫠。爰命颁

---

① 杨文春:《唐代宗朝鄂岳镇建置小考》,《历史地理研究》2022年第3期,一文认为鄂岳观察使的建置时间是大历八年(773年)。
② (后晋)刘昫等:《旧唐书》卷155,《列传第一百五》,中华书局1975年版,第4114页。
③ (宋)司马光等:《资治通鉴》卷224,《唐纪四十》,中华书局1956年版,第7190页。
④ 参见郭声波:《中国行政区划通史·唐代卷》,复旦大学出版社2017年版,第835页。
⑤ 参见郭声波:《中国行政区划通史·唐代卷》,复旦大学出版社2017年版,第849页。

条,期乎共理,无薄淮阳之守,勉思渤海之功。可检校御史中丞,充澧朗硖团练使。"重其礼而遣之。无几,改杭州刺史,以理称。①

按常衮于大历十二年(777年)到大历十四年(779年)担任宰相,此事必发生在此时间段。李泌不为当朝宰相所喜,被外放为楚州刺史。李泌乘谢恩之时,向皇帝表白心迹,因此得以留在京师。常衮又利用澧州刺史缺员的机会,向朝廷陈述今湖北、湖南交界处的凋敝情况,请朝廷派能干的李泌前去治理。唐代宗因而设澧朗硖团练使。但是李泌没有当多久,就改任杭州刺史,澧朗硖团练使也就废除了。抛开其他因素不谈,由此事件可以看出唐代宗随时可以根据实际情况割走荆南节度使辖州,设立新的藩镇。又可以因为某位官员的人事调动,废除藩镇。澧朗硖团练使的兴废无常恰好印证了唐代宗控制藩镇的权力。

除了澧朗硖团练使的兴废,唐代宗对其他湖北地区节度使更有生杀大权。来瑱在安史之乱中立下大功,曾经参与平定荆州永王之乱,还曾参与收复长安、洛阳。唐肃宗、代宗时期,来瑱曾任安州刺史、淮西节度使、河南地区十五州节度观察使、山南东道节度使,结果最终被唐代宗罢官赐死。"赐死(来瑱)于鄠县,籍没其家。瑱之被刑也,门客四散,掩于坎中。校书郎殷亮后至,独哭于尸侧,货所乘驴以备棺衾。"②

大历十四年(779年),唐代宗执政最后一年,湖北政治格局如下所示:

表4-8　　　　　　　　唐代宗大历十四年(779年)湖北政区表

藩镇	州	县
山南东道节度使	襄州	襄阳县(襄阳市附近)、谷城县、临汉县(襄阳市附近)、义清县(南漳县东北)、南漳县、乐乡县(钟祥市西北)、宜城县(宜城市附近)
	郢州	京山县(京山市附近)、富水县(京山市东北)、长寿县(钟祥市附近)
	复州	沔阳县(仙桃市西南)、竟陵县(天门市附近)、监利县(监利市附近)
	商州	上津县(郧西县西北)
	房州	房陵县(房县附近)、永清县(保康县西北)、竹山县、上庸县(竹山县西南)
	均州	武当县(丹江口市附近)、郧乡县(十堰市郧阳区附近)
荆南节度使	江陵府	江陵县(荆州市附近)、枝江县(枝江市附近)、长林县(荆门市西北)、公安县、松滋县(松滋市附近)、石首县(石首市附近)、当阳县(当阳市附近)
	硖州	夷陵县(宜昌市附近)、远安县、宜都县(宜都市附近)、长阳县(长阳土家族自治县附近)

---

① (后晋)刘昫等:《旧唐书》卷130,《列传第八十》,中华书局1975年版,第3621—3622页。
② (后晋)刘昫等:《旧唐书》卷114,《列传第六十四》,中华书局1975年版,第3368页。

续表

藩镇	州	县
夔忠等州都防御使	归州	秭归县、巴东县、兴山县（兴山县南部）
淮南西道节度使	安州	安陆县、云梦县、应城县（应城市附近）、孝昌县（孝感市北部）、吉阳县（安陆市东北）、应山县（广水市附近）
	隋州	隋县（随州市附近）、光化县（随州市东南）、枣阳县（枣阳市附近）、唐城县（随州市西北）
黔中经略观察使	施州	清江县（恩施市附近）、建始县
鄂岳都团练观察防御使	鄂州	江夏县（武汉市武昌区附近）、武昌县（鄂州市附近）、永兴县（阳新县附近）、蒲圻县（赤壁市附近）、唐年县（崇阳县西南）
	沔州	汉阳县（武汉市汉阳区附近）、汉川县（汉川市西南）
	蕲州	蕲春县、黄梅县、蕲水县（浠水县附近）、广济县（武穴市附近）
	黄州	黄冈县（武汉市新洲区附近）、黄陂县（武汉市黄陂区附近）、麻城县（麻城市附近）

三、唐德宗对湖北藩镇的规划

大历十四年（779年），唐代宗去世，太子李适即位，是为唐德宗。唐德宗刚刚即位就着手改变湖北藩镇格局。当时淮南西道节度使李忠臣虽然效忠于唐王朝，但有性格缺陷，导致部下心怀怨恨："忠臣性贪残好色，将吏妻女多被诱胁以通之。又军无纪纲，所至纵暴，人不堪命。而以妹婿张惠光为衙将，恃势凶虐，军中苦之。"①其部将李希烈于代宗晚年发动政变，将李忠臣赶走。

唐德宗即位后，似乎对李希烈特别有好感，极力笼络："德宗即位后月余，加御史大夫，充淮西节度支度营田观察使，又改淮西节度淮宁军以宠之。"②唐德宗不仅让李希烈继任淮南西道节度使，还把其名号改为淮宁军节度使，表示对他的信任与恩宠。

除此之外，唐德宗于大历十四年（779年）废除鄂岳都团练观察防御使，所辖鄂州划归江南西道都防御团练观察处置使（782年，江南西道都防御团练观察处置使升为江南西道节度使）。而将湖北沔州、蕲州、黄州划归李希烈的淮宁军节度使管辖。前文已经介绍，鄂岳都团练观察防御使的设置很有可能就是防备淮西军事力量，现在撤销，无疑加强了淮宁军的实力。

李希烈受恩深重，也对唐德宗有所报答，剿灭了湖北的梁崇义。唐代宗末年，山南西道节度使梁崇义野心越来越大，并且勾结河北藩镇，阴谋不轨，但也并没有实际谋反："（梁崇义）遂与田承嗣、李正己、薛嵩、李宝臣为辅车之势，奄有襄、汉七州之地，带甲二万，连结根

---

① （后晋）刘昫等：《旧唐书》卷145，《列传第九十五》，中华书局1975年版，第3942页。
② （后晋）刘昫等：《旧唐书》卷145，《列传第九十五》，中华书局1975年版，第3943页。

固,未尝朝觐,然于群凶,地最褊,兵最少,法令最理,礼貌最恭。"①建中元年(780年),李希烈请求发兵剿灭梁崇义,唐德宗没有答应。

建中二年(781年),"山南东道节度梁崇义拒捍朝命,迫胁使臣"②,唐德宗命李希烈讨伐梁崇义,经过一番征战,"崇义与其妻投井而死,传首阙下,其亲戚希烈皆戮之,选其从临汉之役者三千人,悉斩之"③。

消灭梁崇义后,李希烈野心越来越大,唐德宗任命李承为山南东道节度使。李希烈占领襄阳后,已经显露叛乱势头。建中三年(782年),淄青节度李正己有叛乱情况,唐德宗再次命令李希烈出击,引发大乱:

> 加希烈检校司空,兼淄青衮郓登莱齐等州节度支度营田、新罗渤海两蕃使,令讨袭正己。希烈遂率所部三万人移居许州,声言遣使往青州招谕李纳,其实潜与交通,又移牒汴州令备供拟,将与纳同为乱。李勉以其道路合自陈留,乃除道具馔以待之,希烈不从,乃大慢骂。自是志意纵肆,言多悖慢,日遣使交通河北诸贼帅等。是岁长至日,朱滔、田悦、王武俊、李纳各僭称王,滔使至希烈,希烈亦僭称建兴王、天下都元帅。④

李希烈不仅不听指挥,反而与河北藩镇勾结共同称王,公开叛乱。李希烈军威很盛,荆南节度张伯仪无力抵挡,全军覆没。李希烈进军襄阳,建中四年(783年),"(唐德宗)命舒王为荆襄、江西、沔鄂等道节度诸军行营兵马都元帅,大开幕府,文武僚属之盛,前后出师,未有其比。又令泾原诸道出兵,皆赴襄城。军未发,会泾州兵乱,车驾幸奉天"⑤。唐德宗讨伐李希烈大军还没有出发,国都长安泾原镇士兵发动兵变,唐德宗逃到奉天(今陕西省乾县)。李希烈势力更加膨胀。

在这段时间内,湖北政区也有改变。建中二年(781年),废除沔州,将汉阳县、汉川县划归鄂州。建中四年(783年),又恢复沔州。⑥关于沔州的废除与恢复,各种史料争议很大,具体原因以及准确时间,目前难有定论。建中四年(783年),即泾原兵变发生的当年,唐王朝频繁更改首都长安附近的藩镇格局,湖北商州先属于京畿渭北节度使,后属京畿渭南节度使,又属京畿商州节度使。兴元元年(784年),归金商都防御使管辖。如此频繁的更改,似乎向后人诉说着当时政局的混乱。

兴元元年(784年),李希烈正式称帝,国号楚,年号武成。李希烈称帝时,占有湖北安

---

① (后晋)刘昫等:《旧唐书》卷121,《列传第七十一》,中华书局1975年版,第3490页。
② (后晋)刘昫等:《旧唐书》卷145,《列传第九十五》,中华书局1975年版,第3943页。
③ (后晋)刘昫等:《旧唐书》卷121,《列传第七十一》,中华书局1975年版,第3491页。
④ (后晋)刘昫等:《旧唐书》卷145,《列传第九十五》,中华书局1975年版,第3943—3944页。
⑤ (后晋)刘昫等:《旧唐书》卷145,《列传第九十五》,中华书局1975年版,第3944页。
⑥ 参见郭声波:《中国行政区划通史·唐代卷》,复旦大学出版社2017年版,第579页。

州、隋州、襄州等地。① 同年，唐王朝重新恢复鄂岳都团练观察使：

> 希烈乃以其将杜少诚为淮南节度使，使将步骑万余人先取寿州，后之江都，建封遣其将贺兰元均、邵怡守霍丘秋栅。少诚竟不能过，遂南寇蕲、黄，欲断江路。时上命包佶自督江、淮财赋，溯江诣行在。至蕲口，遇少诚入寇。曹王皋遣蕲州刺史伊慎将兵七千拒之，战于永安戍，大破之，少诚脱身走，斩首万级，包佶乃得前。后佶入朝，具奏陈少游夺财赋事。少游惧，厚敛所部以偿之。李希烈以夏口上流要地，使其骁将董侍募死士七千人袭鄂州，刺史李兼偃旗卧鼓闭门以待之。侍撤屋材以焚门，兼帅士卒出战，大破之。上以兼为鄂、岳、沔都团练使。于是希烈东畏曹王皋，西畏李兼，不敢复有窥江、淮之志矣。②

李希烈希望进军江南，获取东南财赋之地，但进军湖北东部时，遭到曹王李皋、蕲州刺史伊慎、鄂州刺史李兼的顽强抵抗，李希烈的战略企图落空。同时，唐王朝恢复鄂岳都团练观察使，让鄂州刺史李兼兼任。鄂岳都团练观察使以鄂州为中心，辖岳州、沔州、蕲州、黄州。前文已经分析过，鄂岳都团练观察使对唐王朝的意义，一是保障江南财赋输送到中央，二是监视防控淮西藩镇。

兴元元年（784年），这两个条件又出现了。淮西李希烈的威胁自不待言，此时唐王朝中央财政经济也与湖北紧密相关："时南方藩镇各闭境自守，惟曹王皋数遣使间道贡献。李希烈攻逼汴、郑，江、淮路绝，朝贡皆自宣、饶、荆、襄趣武关。皋治邮驿，平道路，由是往来之使，通行无阻。"③由于李希烈的进攻，江南财赋只能通过今江西、安徽，进入湖北运送到首都。而岳州、沔州、蕲州、黄州地区正是沟通这条财赋运输线的关键点。兴元元年（784年），恢复鄂岳都团练观察使符合当时客观环境。

贞元元年（785年）后，曹王李皋任荆南节度使。他一边抵抗李希烈叛军，一边造福于民：

> 拜江陵尹、荆南节度等使，江汉倚皋为固。未几，李思登以随州降。凡下州四、县十七，大小十余阵，未尝败衄……先，江陵东北有废田傍汉古堤二处，每夏则溢，皋始命塞之，广田五千顷，亩得一钟。规江南废洲为庐舍，架江为二桥，流人自占二千余户。自荆至乐乡凡二百里，旅舍乡聚凡十数，大者皆数百家。楚俗佻薄，不穿井，饮陂泽，皋始命合钱开井以便人。④

在忠于唐王朝军队打击下，李希烈势力开始走下坡路。贞元元年（785年），唐王朝收复湖北安州、隋州、襄州。李希烈已经不能控制湖北地区。贞元二年（786年），李希烈的末日

---

① 参见郭声波：《中国行政区划通史·唐代卷》，复旦大学出版社2017年版，第428页。
② （宋）司马光等：《资治通鉴》卷229，《唐纪四十五》，中华书局1956年版，第7393—7394页。
③ （宋）司马光等：《资治通鉴》卷229，《唐纪四十五》，中华书局1956年版，第7379页。
④ （后晋）刘昫等：《旧唐书》卷131，《列传第八十一》，中华书局1975年版，第3640页。

来临:"希烈兵势日蹙,会有疾。夏,四月,丙寅,大将陈仙奇使医陈山甫毒杀之。因以兵悉诛其兄弟妻子,举众来降。甲申,以仙奇为淮西节度使……秋,七月,淮西兵马使吴少诚杀陈仙奇,自为留后。少诚素狡险,为李希烈所宠任,故为之报仇。己酉,以虔王谅为申、光、随、蔡节度大使,以少诚为留后。"①

叛军内部迭生变乱,唐德宗任命作乱的吴少诚为淮南节度使留后(候补节度使),实属下策。与此同时,唐德宗调整湖北政区格局以应对:设申、光、随、蔡节度大使,分割淮西节度使的辖区。

贞元三年(787年),"上以襄、邓扼淮西冲要,癸亥,以荆南节度使曹王皋为山南东道节度使,以襄、邓、复、郢、安、随、唐七州隶之"②。唐德宗进一步削弱淮南节度使的实力,将其控制的湖北地区全部划归山南东道节度使李皋。

随着时间的流逝,淮南节度使(彰义节度使)吴少诚的政治野心越来越大,贞元十四年(798年),"彰义节度使吴少诚遣兵掠寿州霍山,杀镇遏使谢详,侵地二十余里,置兵镇守"③。霍山即今安徽霍山县附近,紧邻湖北东部地区。贞元十五年(799年),唐德宗为了防备吴少诚,特将山南东道节度使所辖安州、鄂岳都团练观察使所辖之黄州,新建安黄节度使。以安州为中心,形成单独的军事力量。四月"以安州刺史伊慎为安、黄等州节度使"④。八月,"吴少诚遣兵掠临颍"。唐德宗"诏削夺吴少诚官爵,令诸道进兵讨之"⑤。当时山南东道节度使于頔、安黄节度使伊慎、知寿州事王宗等地方官员一起攻打吴少诚,但并没有取得实质性战果。

大敌未除,山南东道节度使于頔却日益骄横:

> 山南东道节度使于頔因讨吴少诚,大募战士,缮甲厉兵,聚敛货财,恣行诛杀,有据汉南之志,专以慢上陵下为事。上方姑息藩镇,知其所为,无如之何。頔诬邓州刺史元洪赃罪,朝廷不得已流洪端州,遣中使护送至枣阳。頔遣兵劫取归襄州,中使奔归。頔表洪责太重,上复以洪为吉州长史,乃遣之。又怒判官薛正伦,奏贬峡州长史。比敕下,頔怒已解,复奏留为判官。上一一从之。⑥

自安史之乱以来,唐朝多采取藩镇互相牵制的方法,维持政治稳定。面对吴少诚的武力扩张,唐德宗还是依靠藩镇打藩镇,只要山南东道节度使于頔不武力造反,就顺从其心意。

贞元十九年(803年),吴少诚之乱依旧,唐德宗将安黄节度使赐号奉义军节度使,给予一定的政治期望。同年,也许是今重庆一带长期安定,唐王朝废除夔忠等州都防御使,归州

---

① (宋)司马光等:《资治通鉴》卷232,《唐纪四十八》,中华书局1956年版,第7470页。
② (宋)司马光等:《资治通鉴》卷232,《唐纪四十八》,中华书局1956年版,第7485页。
③ (宋)司马光等:《资治通鉴》卷235,《唐纪五十一》,中华书局1956年版,第7581页。
④ (宋)司马光等:《资治通鉴》卷235,《唐纪五十一》,中华书局1956年版,第7583页。
⑤ (宋)司马光等:《资治通鉴》卷235,《唐纪五十一》,中华书局1956年版,第7583—7584页。
⑥ (宋)司马光等:《资治通鉴》卷235,《唐纪五十一》,中华书局1956年版,第7588页。

划归荆南节度使。①

贞元二十一年(805年),唐王朝在江陵府长林县基础上,新设荆门县,其位于今荆门市附近。② 荆门县因当时境内的荆门山而得名。

同年,唐德宗因病去世,享年六十四岁。唐德宗时期,虽然历经战乱,存在节度使骄横不法的局面,但今湖北地区还是较为牢固地保持在中央政府管辖之下。

唐德宗统治末年湖北政治格局如下所示:

表4-9　　　　　　　　唐德宗贞元二十一年(805年)湖北政区表

藩镇	州	县
金商都防御使	商州	上津县(郧西县西北)
山南东道节度使	襄州	襄阳县(襄阳市附近)、谷城县、临汉县(襄阳市附近)、义清县(南漳县东北)、南漳县、乐乡县(钟祥市西北)、宜城县(宜城市附近)
	郢州	京山县(京山市附近)、富水县(京山市东北)、长寿县(钟祥市附近)
	复州	沔阳县(仙桃市西南)、竟陵县(天门市附近)、监利县(监利市附近)
	隋州	隋县(随州市附近)、光化县(随州市东南)、枣阳县(枣阳市附近)、唐城县(随州市西北)
	房州	房陵县(房县附近)、永清县(保康县西北)、竹山县、上庸县(竹山县西南)
	均州	武当县(丹江口市附近)、郧乡县(十堰市郧阳区附近)
荆南节度使	江陵府	江陵县(荆州市附近)、枝江县(枝江市附近)、长林县(荆门西北)、荆门县(荆门市附近)、公安县、松滋县(松滋市附近)、石首县(石首市附近)、当阳县(当阳市附近)
	硖州	夷陵县(宜昌市附近)、远安县、宜都县(宜都市附近)、长阳县(长阳土家族自治县附近)
	归州	秭归县、巴东县、兴山县(兴山县南部)
奉义军节度使	安州	安陆县(安陆市附近)、云梦县、应城县(应城市附近)、孝昌县(孝感市北部)、吉阳县(安陆市东北)、应山县(广水市附近)
	黄州	黄冈县(武汉市新洲区附近)、黄陂县(武汉市黄陂区附近)、麻城县(麻城市附近)
黔中经略观察使	施州	清江县(恩施市附近)、建始县

---

① 参见郭声波:《中国行政区划通史·唐代卷》,复旦大学出版社2017年版,第835页。
② 参见郭声波:《中国行政区划通史·唐代卷》,复旦大学出版社2017年版,第842页。

续表

藩镇	州	县
鄂岳都团练观察使	鄂州	江夏县（武汉市武昌区附近）、武昌县（鄂州市附近）、永兴县（阳新县附近）、蒲圻县（赤壁市附近）、唐年县（崇阳县西南）
	沔州	汉阳县（武汉市汉阳区附近）、汉川县（汉川市西南）
	蕲州	蕲春县、黄梅县、蕲水县（浠水县附近）、广济县（武穴市附近）

四、湖北藩镇长期安定局面

永贞元年（805年），唐德宗子唐顺宗即位，其即位伊始，就开始大刀阔斧改革。某些改革措施，严重影响了宦官利益。同年八月，宫廷宦官发动政变，迫使唐顺宗退位，迎立顺宗子李纯即位，是为唐宪宗。唐顺宗在位虽然短暂，但涉及湖北政区变化。永贞元年（805年），襄州临汉县政治中心迁移到古邓城（今襄阳西北），县名也改为邓城县。

唐宪宗刚刚即位，就注重调整控制藩镇，涉及湖北者是：永贞元年（805年）至元和元年（806年），升鄂岳都团练观察使为武昌军节度使，废除奉义军节度使，将其所辖安、黄二州划归武昌军节度使。① 唐宪宗此举具体原因不明，很有可能是加强以今武汉为中心的藩镇实力，保障经济要道，防备淮南吴少诚。

元和二年（807年），曾经骄横不法的山南东道节度使于𬱖请求公主下嫁其子：

> 山南东道节度使于𬱖悍上英威，为子季友求尚主；上以皇女普宁公主妻之。翰林学士李绛谏曰："𬱖，房族，季友，庶孽，不足以辱帝女，宜更择高门美才。"上曰："此非卿所知。"己卯，公主适季友，恩礼甚盛。𬱖出望外，大喜。顷之，上使人讽之入朝谢恩，𬱖遂奉诏。②

唐宪宗利用赐婚之机，收买于𬱖之人心，并将其征调入朝，解除其节度使之职，化解了地方隐患。

元和二年（807年）：

> 乃擢（李）吉甫中书侍郎、同中书门下平章事。吉甫连塞外迁十余年，究知闾里疾苦，常病方镇强恣，至是为帝从容言："使属郡刺史得自为政，则风化可成。"帝然之，出郎吏十余人为刺史……德宗以来，姑息藩镇，有终身不易地者。吉甫为相岁余，凡易三十六镇，殿最分明。③

---

① （宋）欧阳修、宋祁：《新唐书》卷68，《表第八》，中华书局1975年版，第1913页。
② （宋）司马光等：《资治通鉴》卷237，《唐纪五十三》，中华书局1956年版，第7647页。
③ （宋）欧阳修、宋祁：《新唐书》卷146，《列传第七十一》，中华书局1975年版，第4739—4740页。

结合其他史料,李吉甫给唐宪宗贡献两个防控藩镇的主意:一是加大州刺史的权力,不必完全听从道长官(节度使、观察使)指挥。二是缩短藩镇的任期,频繁更改藩镇长官。其中第一条,可能囿于主客观环境没有真正贯彻执行,但第二条措施,唐王朝在湖北地区得以基本执行。据相关研究成果统计,从元和三年(808年)到中和四年(884年),七十多年间,山南东道节度使、荆南节度使、武昌军节度使(鄂岳都团练观察使)最长任期不过五年,绝大多数都在一到三年。①这种政策虽然没有根本解决藩镇问题,但有利于宪宗后湖北藩镇保持长期安定局面。

关于精简行政机构,李吉甫也有论述:

> 汉初置郡不过六十,而文、景化几三王,则郡少不必政紊,郡多不必事治。今列州三百,县千四百,以邑设州,以乡分县,费广制轻,非致化之本。愿诏有司博议,州县有可并并之,岁时入仕有可停停之,则吏寡易求,官少易治。②

元和三年(808年),也许是精简地方行政机构,唐宪宗废除安州孝昌县、吉阳县、应城县与黄州麻城县。但没有几年,吉阳县又予以恢复。

元和四年(809年),淮西节度使吴少诚病死,其大将吴少阳继承其权力。

元和五年(810年),"上以河朔方用兵,不能讨吴少阳。三月,己未,以少阳为淮西留后"③。同年,或许是想让吴少阳放松警惕,在辖区不变的情况下,降武昌军节度使为鄂岳都团练观察使。

元和六年(811年),唐朝廷"以彰义留后吴少阳为节度使"。④

元和九年(814年),彰义节度使吴少阳去世,其子吴元济继承其父权力,公开造反:"发兵四出,屠舞阳,焚叶,掠鲁山、襄城,关东震骇。"⑤吴元济叛军进入河南地区,直接威胁湖北安全。此时鄂岳都团练观察使的作用得以显现:

> 诏鄂岳观察使柳公绰以兵五千授安州刺史李听,使讨吴元济。公绰曰:"朝廷以吾书生不知兵邪!"即奏请自行,许之。公绰至安州,李听属橐鞬迎之。公绰以鄂岳都知兵马使、先锋行营兵马都虞候二牒授之,选卒六千以属听,戒其部校曰:"行营之事,一决都将。"听感恩畏威,如出麾下。公绰号令整肃,区处军事,诸将无不服。士卒在行营者,其家疾病死丧,厚给之,妻淫泆者,沈(沉)之于江,士卒皆喜曰:"中丞为我治家,我何得不前死!"故每战皆捷。⑥

---

① 参见李文澜:《湖北通史·隋唐五代卷》,华中师范大学出版社2018年版,第135—139页。
② (宋)欧阳修、宋祁:《新唐书》卷146,《列传第七十一》,中华书局1975年版,第4741页。
③ (宋)司马光等:《资治通鉴》卷238,《唐纪五十四》,中华书局1956年版,第7672页。
④ (宋)司马光等:《资治通鉴》卷238,《唐纪五十四》,中华书局1956年版,第7682页。
⑤ (宋)司马光等:《资治通鉴》卷239,《唐纪五十五》,中华书局1956年版,第7707页。
⑥ (宋)司马光等:《资治通鉴》卷239,《唐纪五十五》,中华书局1956年版,第7708页。

柳公绰以其卓越的个人能力，为湖北东部建立了一道坚固屏障，但鄂岳观察使的设置也不容抹杀。正是由于鄂岳观察使的存在，才促使今武汉地区附近形成了军事据点与相对独立的指挥中心。

元和十年（815年）十月，为了加强湖北北部与河南部分地区的军事指挥力量，唐王朝将山南东道节度使一分为二："始分山南东道为两节度，以户部侍郎李逊为襄、复、郢、均、房节度使，以右羽林大将军高霞寓为唐、随、邓节度使。朝议以唐与蔡接，故使霞寓专事攻战，而逊调五州之赋以饷之。"①湖北地区的随州与河南地区唐州、邓州组合成了新的藩镇，而山南东道节度使辖区则变小。

唐、随、邓节度使设立后，历经高霞寓、袁滋两任。元和十一年（816年）年底，以太子詹事李愬为新任唐、随、邓节度使。李愬很有军事才能，经过近一年的准备，元和十二年（817年）冬天，唐军雪夜突袭蔡州，生擒吴元济，平定淮西叛乱。

叛乱平定后，唐宪宗调整藩镇格局。元和十二年（817年）十一月：

> 御兴安门受淮西之俘。以吴元济徇两市，斩于独柳树；妻沈氏，没入掖庭；弟二人、子三人，配流，寻诛之；判官刘协等七人处斩。录平淮西功：随唐节度使、检校左散骑常侍李愬检校尚书左仆射、襄州刺史，充山南东道节度、襄邓随唐复郢均房等州观察等使。②

唐宪宗惩治吴元济后，给李愬加官进爵。原唐、随、邓节度使也取消，重新纳入山南东道节度使管辖。

元和十三年（818年）至元和十四年（819年），唐宪宗继续扫平叛乱不法藩镇，取得很大成就，湖北藩镇也迎来安定局面。

元和十五年（820年）正月，唐宪宗逝世，年仅四十三岁。

唐宪宗平定吴元济叛乱后，湖北政治格局如下所示：

表4-10　　　　　唐宪宗元和十二年（817年）湖北政区表

藩镇	州	县
金商都防御使	商州	上津县（郧西县西北）
山南东道节度使	襄州	襄阳县（襄阳市附近）、谷城县、邓城县（襄阳市附近）、义清县（南漳县东北）、南漳县、乐乡县（钟祥市西北）、宜城县（宜城市附近）
	郢州	京山县（京山市附近）、富水县（京山市东北）、长寿县（钟祥市附近）
	复州	沔阳县（仙桃市西南）、竟陵县（天门市附近）、监利县（监利市附近）

---

① （宋）司马光等：《资治通鉴》卷239，《唐纪五十五》，中华书局1956年版，第7718页。
② （后晋）刘昫等：《旧唐书》卷15，《本纪第十五》，中华书局1975年版，第461—462页。

续表

藩镇	州	县
山南东道节度使	隋州	隋县(随州市附近)、光化县(随州市东南)、枣阳县(枣阳市附近)、唐城县(随州市西北)
	房州	房陵县(房县附近)、永清县(保康县西北)、竹山县、上庸县(竹山县西南)
	均州	武当县(丹江口市附近)、郧乡县(十堰市郧阳区附近)
荆南节度使	江陵府	江陵县(荆州市附近)、枝江县(枝江市附近)、长林县(荆门市西北)、荆门县(荆门市附近)、公安县、松滋县(松滋市附近)、石首县(石首市附近)、当阳县(当阳市附近)
	硖州	夷陵县(宜昌市附近)、远安县、宜都县(宜都市附近)、长阳县(长阳土家族自治县附近)
	归州	秭归县、巴东县、兴山县(兴山县南部)
黔中经略观察使	施州	清江县(恩施市附近)、建始县
鄂岳都团练观察使	鄂州	江夏县(武汉市武昌区附近)、武昌县(鄂州市附近)、永兴县(阳新县附近)、蒲圻县(赤壁市附近)、唐年县(崇阳县西南)
	沔州	汉阳县(武汉市汉阳区附近)、汉川县(汉川市西南)
	蕲州	蕲春县、黄梅县、蕲水县(浠水县附近)、广济县(武穴市附近)
	安州	安陆县(安陆市附近)、云梦县、吉阳县(安陆市东北)、应山县(广水市附近)
	黄州	黄冈县(武汉市新洲区附近)、黄陂县(武汉市黄陂区附近)

唐宪宗后,湖北藩镇长期处于安定局面。元和十五年(820年)唐宪宗子李恒即位,是为唐穆宗。穆宗在位仅仅几年就早逝。长庆四年(824年),唐穆宗子李湛即位,是为唐敬宗。

宝历元年(825年),当时朝中大员牛僧孺来到湖北做官:"中书侍郎、同平章事牛僧孺以上荒淫,嬖幸用事,又畏罪不敢言,但累表求出。乙卯,升鄂岳为武昌军,以僧孺同平章事、充武昌节度使。"①由于牛僧孺身份高贵,朝廷将鄂岳都团练观察使升为武昌军节度使:"于鄂州特置武昌军额,宠僧孺也。"②

牛僧孺到任后,多行善政,还废除了沔州:

宝历中,朝廷政事出于邪幸,大臣朋比,僧孺不奈群小,拜章求罢者数四,帝曰:"俟予郊礼毕放卿。"及穆宗祔庙郊报后,又拜章陈退,乃于鄂州置武昌军额,以僧孺检校礼部尚书、同中书门下平章事、鄂州刺史、武昌军节度、鄂岳蕲黄观察等使。江夏城风土散恶,难立垣墉,每年加板筑,赋菁茆以覆之。吏缘为奸,蠹弊绵岁。僧孺至,计茆苫板筑之费,岁十余万,即赋之以砖,以当苫筑之价。凡五年,墉皆甓甃,蠹

---

① (宋)司马光等:《资治通鉴》卷243,《唐纪五十九》,中华书局1956年版,第7841页。
② (后晋)刘昫等:《旧唐书》卷17上,《本纪第十七上》,中华书局1975年版,第513页。

弊永除。属郡沔州与鄂隔江相对,虚张吏员,乃奏废之,以其所管汉阳、汉川两县隶鄂州。文宗即位,就加检校吏部尚书,凡镇江夏五年。①

牛僧孺革除弊端,加筑城墙,有功湖北。尤为值得注意的是,他认为沔州与鄂州隔江相对,距离较近,不如合并,减少行政开支。于是废除沔州,所辖二县归入鄂州。此事发生于宝历二年(826年)。② 从此唐代鄂州同时辖江夏县(今武汉市武昌区附近)与汉阳县(今武汉市汉阳区附近),将今武汉地区长江两岸融为一州,这在武汉城市史上有重要历史意义。

宝历二年(826年)年底,宦官将唐敬宗杀死,改立唐穆宗子李昂为帝,是为唐文宗。

大和二年(828年),恢复安州应城县,原因不明。③

大和五年(831年),将武昌军节度使降为鄂岳都团练观察使。④ 当时牛僧孺被唐文宗召回京城,武昌军节度使或许因此恢复原来名号。

开成五年(840年),年仅三十二岁的唐文宗驾崩。宦官拥立文帝之弟李炎即位,是为唐武宗。武宗长期服食丹药,会昌六年(846年)驾崩,年仅三十三岁。宦官又拥立唐宪宗子李忱为帝,是为唐宣宗。

大中元年(847年),唐宣宗升鄂岳都团练观察使为武昌军节度使。大中二年(848年),又降为观察使。大中四年(850年)又升为节度使。大中六年(852年)再降为观察使。如此反复,其原因实难考察。

大中三年(849年),唐宣宗恢复黄州麻城县,原因暂不明确。⑤

大中十三年(859年),长期服食丹药的唐宣宗驾崩。明末清初著名学者王夫之曾经花大量篇幅评价唐宣宗,并注意到这样一个历史现象:

> 安史作逆以后,河北乱、淄青乱、朔方乱、汴宋乱、山南乱、泾原乱、淮西乱、河东乱、泽潞乱,而唐终不倾者,东南为之根本也。唐立国于西北,而植根本于东南……(宣宗)大中九年,浙东军乱,逐李讷,越三年而岭南乱矣,湖南逐韩悰矣,江西逐郑宪矣,宣州逐郑薰矣,不谋而合,并起于一时。其称乱者,皆游惰之兵,非两河健战之雄。所逐者皆观察使,奉朝命以牧军民,非割据擅命之雄,倚牙兵以自立,倡偏裨以犯上,非所据而人思夺之者也。盖于是而唐之所以致此者可知矣。在昔之日,军兴旁午,供亿繁难而不叛。大中之世,四海粗安,赋役有经而速反。岂宣宗之刑民而无醉饱者使然哉?观察使慢上残下,迫民于死地,民乃视之如仇雠。⑥

---

① (后晋)刘昫等:《旧唐书》卷172,《列传第一百二十二》,中华书局1975年版,第4470页。
② (宋)欧阳修、宋祁:《新唐书》卷69,《表第九》,中华书局1975年版,第1916页。
③ 参见郭声波:《中国行政区划通史·唐代卷》,复旦大学出版社2017年版,第464页。
④ 参见郭声波:《中国行政区划通史·唐代卷》,复旦大学出版社2017年版,第583页。
⑤ 参见郭声波:《中国行政区划通史·唐代卷》,复旦大学出版社2017年版,第454页。
⑥ (清)王夫之:《读通鉴论》卷26,中华书局1975年版,第818页。

王夫之认为,唐朝安史之乱后,中国北方地区发生多次藩镇动乱,但唐王朝依然岿然不动,其原因在于经济重地长江流域及东南地区保持稳定,中央政府拥有源源不断的接济。但是唐宣宗统治时期,东南地区开始动乱,动乱的原因并不是藩镇想要武装割据,而是经济压迫沉重,地方吏治败坏,让人民苦不堪命,起而造反。东南动乱,导致唐王朝"立国于西北,而植根本于东南"的平衡开始被破坏。王夫之认为唐王朝的真正灭亡,肇始于唐宣宗。

　　唐宣宗时期,今湖北地区并没有发生激烈动乱,但人民群众同样深受吏治败坏之苦。时任黄州刺史的杜牧曾经说道:

> 伏腊节序,牲醪杂须,吏仅百辈,公取于民,里胥因缘,侵窃十倍,简料民费,半于公租……乡正村长,强为之名,豪者尸之,得纵强取,三万户多五百人……茧丝之租,两耗其二铢;税谷之赋,斗耗其一升。①

　　在湖北黄州,公家费用摊派于民,地方官吏因缘为奸,乘机巧取豪夺。甚至乡正村长这样的基层管理者也参与其中,分肥渔利。居民向中央缴纳一两蚕丝,地方加征二铢。居民向中央缴纳一斗粮食,地方也要额外索取一升。

　　有观点认为:"宣宗朝是一个国家赋税收入走向崩溃的时期,是一个中央集权急剧衰落的时期,是一个官僚腐化、朋党猖獗的时期,是一个上下欺瞒、充满阴谋权诈的时期。"②当时的唐王朝,可能只是依靠统治者的政治手腕在维持,宣宗没有真正解决矛盾,反而激化了某些矛盾。正如宋代历史学家评论道:"唐亡,诸盗皆生于(宣宗)大中之朝,太宗之遗德余泽去民也久矣,而贤臣斥死,庸懦在位,厚赋深刑,天下愁苦。"③

　　大中十三年(859年),唐宣宗子李漼即位,是为唐懿宗。唐懿宗昏庸腐败,治国无方,让宣宗时期的矛盾越益激化,在位时期今浙江、江苏、四川多地发生动乱,民不聊生,唐王朝处于大动乱的前夜。咸通十四年(873年),唐懿宗去世。在唐懿宗统治时期,恢复了安州孝昌县,治所改到了今孝感市孝南区新华街道附近。④

　　从唐宪宗到唐懿宗,唐王朝国势日衰,江河日下,但湖北地区的藩镇一直较为安静,没有发生威胁唐王朝统治的动乱。从安史之乱后,唐王朝统治者一直根据实际情况调整湖北政治格局。事实证明,湖北藩镇与其说是中央政权的威胁者,不如说是唐朝多次淬炼,维护统治稳定的政治工具。

　　唐懿宗统治时期,湖北政治格局如下所示:

---

①(唐)杜牧:《樊川文集》,上海古籍出版社1978年版,第203页。
②黄楼:《唐宣宗大中政局研究》,天津古籍出版社2012年版,第197—198页。
③(宋)欧阳修、宋祁:《新唐书》卷225下,《列传第一百五十下》,中华书局1975年版,第6469页。
④参见郭声波:《中国行政区划通史·唐代卷》,复旦大学出版社2017年版,第464页。

表 4-11　　　　　　　　唐懿宗咸通十四年(873 年)湖北政区表

藩镇	州	县
金商都防御使	商州	上津县(郧西县西北)
山南东道节度使	襄州	襄阳县(襄阳市附近)、谷城县、邓城县(襄阳市附近)、义清县(南漳县东北)、南漳县、乐乡县(钟祥市西北)、宜城县(宜城市附近)
	郢州	京山县(京山市附近)、富水县(京山市东北)、长寿县(钟祥市附近)
	复州	沔阳县(仙桃市西南)、竟陵县(天门市附近)、监利县(监利市附近)
	隋州	隋县(随州市附近)、光化县(随州市东南)、枣阳县(枣阳市附近)、唐城县(随州市西北)
	房州	房陵县(房县附近)、永清县(保康县西北)、竹山县、上庸县(竹山县西南)
	均州	武当县(丹江口市附近)、郧乡县(十堰市郧阳区附近)
荆南节度使	江陵府	江陵县(荆州市附近)、枝江县(枝江市附近)、长林县(荆门市西北)、荆门县(荆门市附近)、公安县、松滋县(松滋市附近)、石首县(石首市附近)、当阳县(当阳市附近)
	硖州	夷陵县(宜昌市附近)、远安县、宜都县(宜都市附近)、长阳县(长阳土家族自治县附近)
	归州	秭归县、巴东县、兴山县(兴山县南部)
黔中经略观察使	施州	清江县(恩施市附近)、建始县
鄂岳都团练观察使	鄂州	江夏县(武汉市武昌区附近)、武昌县(鄂州市附近)、永兴县(阳新县附近)、蒲圻县(赤壁市附近)、唐年县(崇阳县西南)、汉阳县(武汉市汉阳区附近)、汉川县(汉川市北部)①
	蕲州	蕲春县、黄梅县、蕲水县(浠水县附近)、广济县(武穴市附近)
	安州	安陆县(安陆市附近)、云梦县、吉阳县(安陆市东北)、应山县(广水市附近)、应城县(应城市附近)、孝昌县(孝感市附近)
	黄州	黄冈县(武汉市新洲区附近)、黄陂县(武汉市黄陂区附近)、麻城县(麻城市附近)

五、唐末战乱与湖北藩镇割据之势

咸通十四年(873 年),年仅十二岁的唐懿宗子李儇即位,是为唐僖宗。此时唐王朝积重难返,积累已久的民众怨恨终于大爆发。

乾符元年(874 年),王仙芝聚集数千人在今河南长垣发动反唐起义。

乾符二年(875 年),黄巢也聚众数千人响应王仙芝起义。为了镇压起义,唐王朝令淮南、忠武、宣武、义成、天平五节度使兴兵讨伐。

---

① 唐宣宗大中年间,汉川县政治中心有所转移。

乾符三年(876年)十月,王仙芝攻占湖北郢州、复州。十二月,起义军到达蕲州,此时王仙芝发生动摇,想接受朝廷招安,黄巢激烈反对,并打伤王仙芝。于是:"仙芝畏众怒,遂不受命。大掠蕲州,城中之人,半驱半杀,焚其庐舍。"①从此,王、黄二人分道扬镳,各自为战。

乾符四年(877年)正月,王仙芝攻占鄂州。六月,占领安州、随州:"王仙芝陷随州,执刺史崔休征。山南东道节度使李福遣其子将兵救随州,战死。福奏求援兵,遣左武卫大将军李昌言将凤翔五百骑赴之,仙芝遂转掠复、郢。"②与此同时黄巢也转战到湖北蕲州、黄州一带。

乾符四年(877年)年底到乾符五年(878年)年初,王仙芝兵临江陵府。当时荆南节度使杨知温毫不知兵,起义军打到门口,还在赋诗:"(杨)知温见士卒拒战,犹赋诗示幕僚"。③山南东道节度使李福来救,这才幸免于难,但江陵附近遭受损失。这次战役,也可看出当时湖北藩镇互为犄角,在关键时刻的确能够起到一定协调作用。

乾符五年(878年)二月,王仙芝在湖北黄梅遭遇唐诸道行营招讨使曾元裕军队,兵败身亡。

乾符六年(879年)十一月,黄巢打到襄阳,山南东道节度使刘巨容与江西招讨使淄州刺史曹全晸联合抵御,取得胜利。正当唐军可以继续追击之时,刘巨容却说出了"不若留贼以为富贵之资"④的话语。黄巢躲过一劫,势力又振作起来。

广明元年(880年)十一月,黄巢攻克东都洛阳。十二月,攻克首都长安。唐僖宗逃往四川。黄巢在长安称帝,改国号为齐。

中和元年(881年),为防备湖北军事力量北上救援,黄巢派部将朱温守住河南南部:"黄巢以朱温为东南面行营都虞候,将兵攻邓州。三月,辛亥,陷之,执刺史赵戒,因戍邓州以扼荆、襄。"⑤

中和二年(882年),黄巢起义军将领朱温投降唐朝,帮助镇压黄巢,并被唐僖宗赐名朱全忠。后来,朱全忠不断被唐朝加官进爵,成为唐朝掘墓人。

由于种种失误,黄巢退出长安,转战河南,大齐政权没有坚持下来。中和四年(884年)黄巢兵败身亡。光启元年(885年),唐僖宗返回长安。黄巢虽亡,但天下大乱的局面正在愈演愈烈,农民起义仍此起彼伏,唐朝中央政权威信扫地,各节度使混战才刚刚开始,当时"北至卫、滑,西及关辅,东尽青、齐,南出江、淮,州镇存者仅保一城,极目千里,无复烟火"⑥。湖北长期战乱,导致"荆南旧将夷灭殆尽"⑦。归州又被成汭占领,成割据之势。有观点认为,光

---

① (宋)司马光等:《资治通鉴》卷252,《唐纪六十八》,中华书局1956年版,第8188页。
② (宋)司马光等:《资治通鉴》卷253,《唐纪六十九》,中华书局1956年版,第8192页。
③ (宋)司马光等:《资治通鉴》卷253,《唐纪六十九》,中华书局1956年版,第8194—8195页。
④ (宋)司马光等:《资治通鉴》卷253,《唐纪六十九》,中华书局1956年版,第8219页。
⑤ (宋)司马光等:《资治通鉴》卷254,《唐纪七十》,中华书局1956年版,第8247页。
⑥ (宋)司马光等:《资治通鉴》卷256,《唐纪七十二》,中华书局1956年版,第8318页。
⑦ (宋)司马光等:《资治通鉴》卷256,《唐纪七十二》,中华书局1956年版,第8319页。

启元年(885年)黔中经略观察使改为黔中节度使。①

光启二年(886年)年六月,可能为了笼络人心,唐僖宗将金商都防御使升为金商节度使,以"以扈跸都将杨守亮为金州刺史、金商节度、京畿制置使"②。同年,岳州刺史杜洪攻入鄂州,朝廷顺水推舟承认其为武昌军节度使。从此杜洪长期霸占此职。

光启元年(885年),秦宗权在河南蔡州称帝,一直觊觎荆南节度使辖区,多次围攻。光启三年(887年)年底,终于攻陷:"秦宗权所署山南东道留后赵德谭陷荆南,杀节度使张瑰,留其将王建肇守城而去,遗民才数百家……上蔡贼帅冯敬章陷蕲州。"③唐末战乱尚未结束,曾经的湖北重镇,荆南西道节度使驻地江陵府只剩下居民数百家。

文德元年(888年),唐僖宗驾崩,年仅二十七岁。鄂岳都团练观察使升为武昌军节度使,原因暂时不明。④

同年,唐僖宗之弟李晔即位,是为唐昭宗。昭宗刚刚即位,湖北即发生动乱。割据归州的成汭赶走荆南节度使王建肇,此时唐朝无力管控动乱,只能认可成汭为新任荆南节度使。成汭虽然割据一方,但也在努力恢复湖北经济:

> 荆南兵荒之余,止有一十七家,禹(成汭曾名郭禹)励精为治,抚集凋残,通商务农,晚年殆及万户。时藩镇各务兵力相残,莫以养民为事,独华州刺史韩建招抚流散,劝课农桑,数年之间,民富军赡。时人谓之北韩南郭。⑤

大顺元年(890年),唐朝将黔中节度使改名武泰军节度使。⑥

大顺二年(891年),唐朝将金商节度使降为昭信军防御使。⑦

景福元年(892年),湖北忠义军节度使赵德谭去世,其子赵匡凝父死子继,世袭为新任节度使。自此荆南节度使长期由成汭担任,武昌军节度使长期由杜洪担任,山南东道忠义军节度使有赵氏父子相袭,湖北三大节度使全部成割据之势,唐朝中央政府再难以管控。

光化元年(898年),唐朝升昭信军防御使为昭信军节度使。⑧

天复三年(903年),朱全忠获得战争胜利,大杀宫廷宦官,挟持唐昭宗回到长安。此时唐昭宗完全成为傀儡,被迫封朱全忠为"回天再造竭忠守正功臣"。此时朱全忠同时兼任四个藩镇以上节度使,十五州以上观察使。

四月,武昌军节度使杜洪因遭到淮南杨行密攻击,向朱全忠求救。朱全忠命荆南节度使

---

① 参见郭声波:《中国行政区划通史·唐代卷》,复旦大学出版社2017年版,第798页。
② (后晋)刘昫等:《旧唐书》卷19下,《本纪第十九下》,中华书局1975年版,第724页。
③ (宋)司马光等:《资治通鉴》卷257,《唐纪七十三》,中华书局1956年版,第8372页。
④ (宋)欧阳修、宋祁:《新唐书》卷68,《表第八》,中华书局1975年版,第1924页。
⑤ (宋)司马光等:《资治通鉴》卷257,《唐纪七十三》,中华书局1956年版,第8378页。
⑥ 参见郭声波:《中国行政区划通史·唐代卷》,复旦大学出版社2017年版,第766页。
⑦ 参见郭声波:《中国行政区划通史·唐代卷》,复旦大学出版社2017年版,第72页。
⑧ (宋)欧阳修、宋祁:《新唐书》卷67,《表第七》,中华书局1975年版,第1893页。

成汭、武安节度使马殷、武贞节度使雷彦威救援。成汭"畏全忠之强,且欲侵江、淮之地以自广,发舟师十万,沿江东下"①。五月,荆南节度使成汭还没有到鄂州,江陵就遭他人攻击,淮南军队乘虚反攻,成汭败亡。

成汭苦心经营的荆南地区土崩瓦解,江陵府被雷彦威占领,"雷彦威狡猾残忍,有父风,常泛舟焚掠邻境,荆、鄂之间,殆至无人"②。江陵县好不容易积累的人口,又在战乱中涤荡殆尽。

在成汭败亡过程中,原本属于成汭的施州,被王建夺走。

天复三年(903年)年底,山南东道忠义军节度使夺走雷氏占领的江陵府:"山南东道节度使赵匡凝遣兵袭荆南,朗人(雷氏为朗州人)弃城走,匡凝表其弟匡明为荆南留后。时天子微弱,诸道财赋多不上供,惟匡凝兄弟委输不绝。"③湖北两大节度使落入赵氏家族手中,而赵氏又对唐王朝表示恭顺,湖北地区成为李唐王朝最后的安慰。

天祐元年(904年)八月,朱全忠派人杀害唐昭宗,立其子李柷为帝。

天祐二年(905年)二月,淮南杨行密彻底攻破鄂州,擒获武昌军节度使杜洪,遣送广陵斩杀,从此武昌军节度使不复存在。杨行密以其部将刘存任鄂岳观察使。原武昌军节度使所辖大部分州县也被淮南军队夺走。

七月,朱全忠进攻盘踞湖北山南东道与荆南道的赵匡凝势力,赵匡凝等战败。朱全忠则掌握湖北江陵府、襄州、复州、郢州、随州、均州、房州等地。并以自己的部将为山南东道忠义军节度使与荆南节度使。

十月,改昭信军节度使为戎昭军节度使,将均州划入。十一月,朱全忠进封为相国,改安州应城县为应阳县。④湖北应城县的"城"与朱全忠的父亲朱诚同音,要避讳。此时,朱全忠的骄横可见一斑。同年,杨行密去世,子杨渥继任为淮南节度使。

天祐三年(906年)五月,朱全忠废除戎昭军节度使,湖北均州还归山南东道忠义军节度使。商州则先后划归镇国军节度使、佑国军节度使。六月,废除忠义军名号,回归山南东道节度使名称。

天祐四年(907年)三月,唐朝末代皇帝李柷被迫禅位于朱全忠,唐朝彻底灭亡。

唐朝灭亡前夕,湖北地区领土被三大势力瓜分:

朱全忠控制佑国军节度使(辖湖北商州)、山南东道节度使(辖湖北襄州、郢州、复州、隋州、均州、房州)、荆南节度使(辖湖北江陵府),以及安州。

淮南杨渥控制鄂岳都团练观察使(辖湖北鄂州、黄州、蕲州)。

四川王建控制武泰军节度使(辖湖北施州)。

---

① (宋)司马光等:《资治通鉴》卷264,《唐纪八十》,中华书局1956年版,第8607页。
② (宋)司马光等:《资治通鉴》卷264,《唐纪八十》,中华书局1956年版,第8609页。
③ (宋)司马光等:《资治通鉴》卷264,《唐纪八十》,中华书局1956年版,第8621页。
④ (后晋)刘昫等:《旧唐书》卷20下,《本纪第二十下》,中华书局1975年版,第802页。

至于归州与硖州,古代史料《新五代史》《资治通鉴》《十国春秋》认为归四川王建占领。现代有学者认为此二州属于朱全忠荆南节度使管辖。①

从黄巢起义到唐朝灭亡,节度使依然存在,湖北州县也没有很多更改,但必须要认识到湖北政治经济格局发生了重要改变:

第一,节度使,甚至很多地方官员,并不再由中央政府任命,而是由地方实力派指派,甚至干脆以军事实力,武力争夺。

第二,唐末战乱严重损害湖北大多数地区的人口与经济,江陵府甚至一度只有十余户人家,"荆、鄂之间,殆至无人"。

第三,唐末战乱前后,湖北虽然都是藩镇林立,但江陵、襄阳、江夏三大政治中心依旧是荆南节度使、山南东道节度使、武昌军节度使(鄂岳都团练观察使)的驻所。在唐末战乱中,湖北本土藩镇虽然都形成了割据势力,但无一例外都在战争中失败,沦落为外地节度使的势力范围。

第五节　唐代湖北地区州县等级

唐代继承魏晋南北朝时期将州县分等的方法,并加以完善,给中国历史带来深远影响。唐代州县分等的标准来源于政治、经济两大因素,分析湖北地区州县的种类,可以窥见湖北政治经济情况的一个侧面,为后世留下重要参考。

一、唐代州县等级与分类

唐代在建国伊始就充分汲取前朝政区经验,并加以完善,形成了一套非常复杂的州县分类分等方式,以方便自己统治。就州而言,唐代将其分为府、辅州、雄州、望州、紧州、上州、中州、下州。

府是政治地位极度特殊的州,唐初将首都长安所在的州改名为京兆府,东都洛阳所在州改为洛阳府,唐王朝龙兴之地所在州改为太原府。上文也介绍过,安史之乱后,唐王朝曾经在荆州设置南都,荆州因此改名江陵府。

辅州,顾名思义为"辅助京城"之州,唐王朝将首都长安附近某些州称为辅州。

雄州是东都洛阳附近之州,或地理位置重要、经济发达之州。

望州是政治、经济地位稍逊于雄州的州。

紧州可能是治安不稳,需要加强管控的州。

上中下州的分等主要来源于户口多寡,如唐玄宗曾经规定辖区人口四万户以上为上州,两万户以上为中州,两万户以下为下州。

---

① 参见杨光华:《前蜀与荆南疆界辩误》,《西南师范大学学报(哲学社会科学版)》1993年第4期。

从上面的介绍可以看出，州的分类与等级有政治与经济两大因素。府、辅州、雄州、望州、紧州明显侧重于政治因素，上州、中州、下州则主要以户口为准。而在传统农业社会，户口数量直接与经济发展水平挂钩。

不同的州，经济待遇、选官标准、职官制度均有所不同。据《新唐书》记载，仅"公廨本钱"一项，不同州差别较大。京兆、河南府380万钱，太原府275万钱，上州242万钱，中州154万钱，下州88万钱。一般而言，对于府、辅州、雄州、望州、紧州，唐王朝在任命州长官时会相对慎重一些。而据《旧唐书》所载，唐代上州、中州、下州职官品级、设官情况、学生学额也均不一样。

同样是刺史，上州为从三品，中州为正四品上，下州为正四品下。而京城府的牧首则高达从二品。

同样是辅佐刺史的别驾，上州为从四品下，中州为正五品下，下州为从五品上。其他官职也是如此，同样的官名因为所属州的等级不同，待遇官品也有差异。

除此之外，有些官职，根据州的等级而有差异。如上州、中州有长史，下州则无。上州有从七品司功、司仓、司户、司兵、司法、司士六曹参军事各一人。中州同样官职则为正八品。而下州只有司仓、司户、司法三曹参军事，较之上中州少了"三曹"。同样官职，各种等级的数量也不尽相同，如上州有参军事4人，典狱14人，问事8人，白直24人，市令1人，仓督2人。下州有参军事3人，典狱12人，问事6人，白直16人，市令1人，仓督2人。下州有参军事1人，典狱8人，问事4人，白直16人，市令1人，仓督1人。

在教育方面，上州有经学学生60人，医学学生15人；中州有经学学生50人，医学学生12人，下州经学学生只有40人，医学学生只有10人。

尽管不同州的职官不一样，但行政基本模式却大致相同：

> 京兆河南、太原牧及都督、刺史掌清肃邦畿，考核官吏，宣布德化，抚和齐人，劝课农桑，敦敷五教。每岁一巡属县，观风俗，问百年，录囚徒，恤鳏寡，阅丁口，务知百姓之疾苦。部内有笃学异能闻于乡间者，举而进之。有不孝悌，悖礼乱常，不率法令者，纠而绳之。其吏在官公廉正己，清直守节者，必谨而察之。其贪秽谄谀，求名徇私者，亦谨而察之。皆附于考课，以为褒贬。若善恶殊尤者，随即奏闻。若狱讼疑议，兵甲兴造便宜，符瑞尤异，亦以上闻。其常则申于尚书省而已。若孝子顺孙，义夫节妇，精诚感通，志行闻于乡间者，亦具以申奏，表其门闾。其孝悌力田，颇有词学者，率与计偕。其所部有须改更，得以便宜从事。若亲王典州，及边州都督刺史不可离州局者，应巡属县，皆委上佐行焉。
>
> 尹、少尹、别驾、长史、司马掌贰府州之事，以纲纪众务，通判列曹。岁终则更入奏计。
>
> 司录、录事参军掌勾稽，省署钞目，监符印。
>
> 功曹、司功掌官吏考课、祭祀、祯祥、道佛、学校、表疏、医药、陈设之事。

仓曹、司仓掌公廨、度量、庖厨、仓库、租赋、征收、田园、市肆之事。

户曹、司户掌户籍、计帐、道路、逆旅、婚田之事。

兵曹、司兵掌武官选举、兵甲器仗、门户管钥、烽候传驿之事。

法曹、司法掌刑法。

士曹、司士掌津梁、舟车、舍宅、百工众艺之事。

市令掌市厘交易、禁斥非违之事。

经学博士掌《五经》,教授诸生。

医药博士以百药救民疾病。

下至执刀、白直、典狱、佐史,各有其职。州府之任备焉。①

在州官的领导下,各种官员各司其职,全面管理一州之各项事务,将唐王朝的政治伦理自上而下予以贯彻。唐朝州官有"每岁一巡属县"的规定,刺史等官亲临属县,加强对县的监督管理。这种行政模式却并不以州的等级与种类有根本区别。分类分等但行政模式又基本相同的政区政策,优化了政区结构,节约了行政成本,做到了重点管控与全面统治的有机统一。

与州类似,唐代的县也分为赤县(又名京县)、次赤县、畿县、望县、紧县、上县、中县、中下县、下县。赤县、次赤县、畿县,是与京城(包括长安、洛阳、江陵等)有关的县。望县、紧县与望州、紧州的含义基本相同。上县、中县、中下县、下县主要按照户口多寡进行划分,如唐玄宗时期曾规定拥有六千户以上为上县,两千户以上为中县,一千户以上为中下县,一千户以下为下县。但唐玄宗又规定,赤县、次赤县、畿县、望县、紧县不限户数,都为上县,距离京城五百里内以及缘边县的户数等级相对放宽,如这些地区五千户以上即为上县,其他地区则要六千户以上。这样一来,将政治与经济两大因素同时融入。

与州类似,不同种类的县,职官等级与数量,以及官学学生人数都有差别。但无论何种县,县令的职责几乎是一样的:"京畿及天下诸县令之职,皆掌导扬风化,抚字黎氓,敦四人之业,崇五土之利,养鳏寡,恤孤穷。审察冤屈,躬亲狱讼,务知百姓之疾苦。"②

唐王朝将州县分类、分等,有利于其统治的展开,也方便后人了解各州县政治经济地位。

二、《新唐书》所见湖北州县等级

关于湖北地区州县的种类与等级,许多传世文献都给予了一定记载。现以保存较为全面丰富的《新唐书》资料为准,看看湖北地区情况:

---

① (后晋)刘昫等:《旧唐书》卷44,《志第二十四》,中华书局1975年版,第1919—1920页。
② (后晋)刘昫等:《旧唐书》卷44,《志第二十四》,中华书局1975年版,第1921页。

表 4-12　　　　　　　　《新唐书》所见湖北地区州县等级

府	江陵府
望州	商州、襄州
紧州	鄂州
上州	郢州、隋州、房州、复州、蕲州
中州	硖州、安州
下州	均州、归州、施州、黄州
次赤县	江陵县（荆州市附近）
次畿县	枝江县、当阳县、长林县（荆门市西北）、荆门县（荆门市附近）、公安县、松滋县（松滋市附近）、石首县（石首市附近）
望县	襄阳县、江夏县（武汉市武昌区附近）
紧县	邓城县（襄阳市附近）、永兴县（阳新县附近）、武昌县（鄂州市附近）
上县	上津县（郧西县西北）、谷城县、宜城县（宜城市附近）、京山县（京山市附近）、富水县（京山市东北）、长寿县（钟祥市附近）、隋县（随州市附近）、光化县（随州市东南）、枣阳县（枣阳市附近）、唐城县（随州市西北）、武当县（丹江口市附近）、郧乡县（十堰市郧阳区附近）、房陵县（房县附近）、上庸县（竹山县西南）、沔阳县（仙桃市西南）、竟陵县（天门市附近）、夷陵县（宜昌市附近）、蒲圻县（赤壁市附近）、唐年县（崇阳县西南）、蕲春县、黄梅县、蕲水县（浠水县附近）、安陆县（安陆市附近）、黄冈县（武汉市新洲区附近）
中县	义清县（南漳县东北）、秭归县、汉阳县（武汉市汉阳区附近）、汉川县（汉川市北部）、广济县（武穴市附近）、云梦县、孝昌县（孝感市附近）、吉阳县（安陆市东北）、应山县（广水市附近）、应城县（应城市附近）、黄陂县（武汉市黄陂区附近）、麻城县（麻城市附近）
中下县	南漳县、乐乡县（钟祥市西北）、永清县（保康县西北）、竹山县、监利县（监利市附近）、宜都县（宜都市附近）、长阳县（长阳土家族自治县附近）、远安县、巴东县、兴山县（兴山县南部）、清江县（恩施市附近）、建始县

值得特别注意的是，《新唐书》反映的应该是安史之乱后，唐朝后期的州县情况。

从上表明显可以看出这样一些规律：

第一，湖北地区已经形成三大政治经济中心：江陵、襄阳和江夏。受到南都的政治影响，整个江陵府的政治地位得到提升。而襄阳与江夏是湖北仅有的两个望县。受到这三座城市的辐射影响，其周围某些县也较为兴盛。而商州上津县是湖北地区最靠近首都长安的地区，其经济实力也不容小觑。

第二，湖北地区上州数量比中下州多，望县、上县数量比中县、中下县多，且湖北没有下县。按《新唐书》地理志记载，当时全国有 410 上县，276 中县，231 中下县，308 下县。① 总共 1225 县

---

① 参见翁俊雄：《唐代的州县等级制度》，《北京师范学院学报（社会科学版）》1991 年第 1 期，第 16 页。

中,上县比率约为33％,中县比率约为23％,中下县比率约为19％,下县比率约为25％。中县、中下县、下县比率为67％。而湖北61县中,中县以下24县,只占39％。就算不计湖北赤县、畿县、望县,湖北也有24上县,占39％。因此《新唐书》的数据似乎表明,唐后期,湖北经济或许处于全国平均水平以上。

第三,湖北相对落后的地区是归州、施州。属于下州的有:均州、归州、施州、黄州,均州与黄州很大程度上只是因为辖县较少,户口总数没有达到一定数量而造成。如均州辖县均为上县,但由于其只辖三县,反而成为下州。黄州也只辖三县,其中一县为上,二县为中。但是归州、施州情况则不一样,无一上县,全为中县及其以下。以归、施二州为代表的鄂西南地区长期没有得到充分开发,其政区密度同样较低。

第四,汉水流域的襄阳附近与湖北长江东段的鄂州地区,是唐王朝比较看重的地区。鄂州为紧州,而襄州邓城县(今襄阳市附近)与鄂州永兴县(今阳新县附近)、武昌县(今鄂州市附近)为紧县的事实,似乎表明李唐王朝特别关注此地。其原因大概并不仅仅在于当地多盗匪,地理位置也是其成为"紧"的重要原因。襄阳附近为顺汉水进入荆楚大地极为重要的咽喉锁匙,历来为兵家必争之地,经济要道。而唐邓城县位于今襄阳市西北,又为襄阳之门户,如果恰逢此地治安不好,自然成为唐王朝重点关注的地方。同理,鄂州所在地区为唐王朝关系经济命脉的交通要道,永兴县(今阳新县附近)、武昌县(今鄂州市附近)如果治安不稳,也会受到唐王朝关注。襄阳附近与鄂州地区为"紧"似乎不能表明两地盗贼一定多于别地,而在于唐王朝可能很看重从汉水到长江这条交通要道。

三、《唐会要》所见湖北州县等级

唐王朝州县分类与等级并非一旦确定,就永恒不变。有的由于某种特殊政治目的而改变,最典型者莫若江陵府。有的是地方经济改善后,地方官员申请改变,如隋州。据李惠登传记载:

> 李希烈反,授惠登兵二千,镇隋州。贞元初,举州归顺,授隋州刺史、兼御史中丞。遭李忠臣、希烈残孽之后,野旷无人,惠登朴素不知学,居官无枝叶,率心为政,皆与理顺。利人者因行之,病人者因去之,二十年间,田畴辟,户口加。诸州奏吏入其境,无不歌谣其能。及于頔为山南东道节度,以其绩上闻,加御史大夫,升其州为上。①

由于隋州刺史李惠登的努力,二十年间,隋州得到很好的治理,户口增加。山南东道节度使于頔向中央汇报政绩,于是升隋州为上州。

---

① (后晋)刘昫等:《旧唐书》卷185下,《列传第一百三十五下》,中华书局1975年版,第4828—4829页。

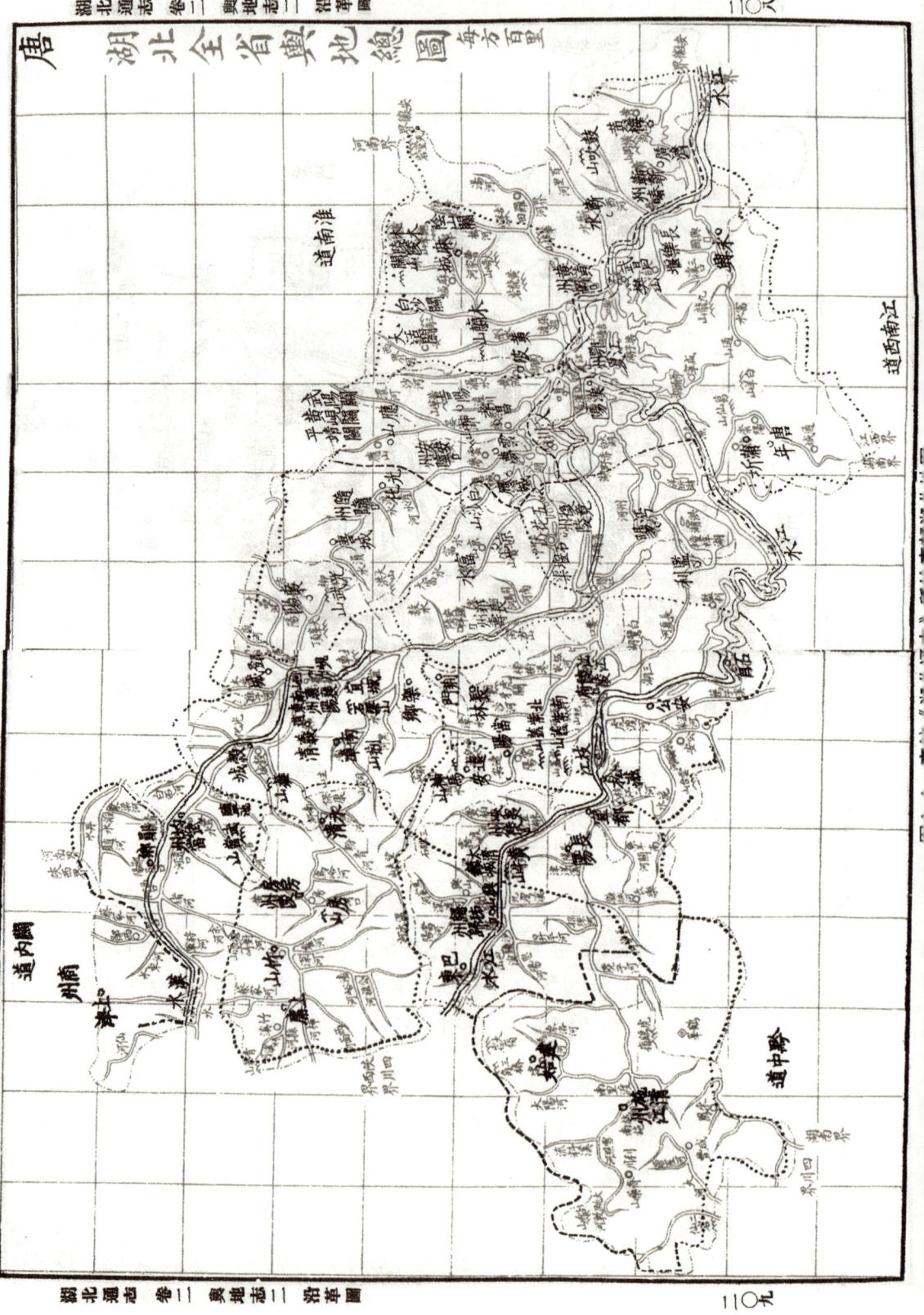

湖北地区州县经历了何种改变,参见《唐会要》的相关记载:
唐玄宗时期:开元四年(716年),江陵县、襄阳县升为望县。
唐肃宗时期:上元二年(761年),夷陵县升为上县。
唐德宗时期:建中二年(781年),硖州升为中州。
　　　　　贞元元年(785年),江陵县升为畿县。
　　　　　贞元二年(786年),武昌县、永兴县升为紧县。
　　　　　贞元十一年(795年),江夏县升为望县。
　　　　　贞元十五年(799年),隋州升为上州。
唐宪宗时期:元和六年(811年),复州、郢州、蕲州升为上州。竟陵县、沔阳县、光化县、富水县、京山县、蕲水县、唐年县、蒲圻县升为上县。
唐武宗时期:会昌四年(844年),襄州、商州升为望州。鄂州升为紧州。

当然以上记录仅仅是湖北州县种类、等级变更的一个侧面,遗漏之处在所难免,如江陵府辖县何时升为次畿县就没有记录下来。但从仅有的片段,似乎也能发现一个问题。

湖北州县升级集中于安史之乱后,唐德宗、宪宗两朝。安史之乱前,唐太宗有贞观之治,唐玄宗有开元盛世,在漫长的历史时间段,只有江陵与襄阳在玄宗时期升级。安史之乱后,唐王朝开始走下坡路,但湖北许多州县却大量升级。

唐代州县之升级无非政治与人口两大要素,安史之乱后,唐肃宗将荆州升为南都,自然给湖北州县分类带来变化,但这并不是湖北州县升级的全部原因。结合前文所述,安史之乱带给黄河流域创伤,但给湖北大多数地区的破坏程度并不太大。这就造成这样一种局面:"自至德(唐肃宗年号)后,中原多故,襄、邓百姓,两京衣冠,尽投江、湘,故荆南井邑,十倍其初。"①北方居民由于躲避战乱,大量南下移居湖北地区。安史之乱平定后,北方战乱仍然很频繁,湖北地区则相对安定,人口迁居局面恐怕仍在继续。估计是人口大量迁入,湖北某些州县人口持续增加,导致州县升级。

唐武宗之后,情况有了转变,唐宣宗、唐懿宗时期长江中下游地区日益动荡,特别是唐僖宗时期黄巢起义后引发的节度使混战,让湖北人口受到损失,某些地区甚至"殆至无人",再加上中央政权名存实亡,湖北州县升级因而全部停止。

所以湖北州县的升级历程,也是李唐王朝由盛而衰的历史过程。安史之乱前,唐朝国力持续发展,湖北江陵、襄阳二地升为望县,见证了时代繁华。这似乎也说明,在黄河流域为政治经济中心的时代,凭借自身发展程度,今湖北荆州、襄阳最有发展前景。安史之乱摧毁了大唐盛世的流光溢彩,但似乎给长江流域的湖北地区带来了一定的经济发展机遇。然而随着唐末全国普遍战乱,湖北经济也遭遇重创。

---

① (后晋)刘昫等:《旧唐书》卷39,《志第十九》,中华书局1975年版,第1552页。

第六节　五代十国时期湖北政区

唐朝灭亡后，天下大乱，战争连绵。中原大地先后出现梁、唐、晋、汉、周五个带有中央政权性质的朝代，但无论是哪一个朝代，都不能统一中国。在他们周围，特别是长江流域，分布着大大小小的割据势力。其中势力较大者，被称为"十国"。五代十国时期，湖北政局动荡不安，政区变更频繁。但在纷乱的土壤中，某些政权开始取消节度使，直接管理州县，孕育了新的历史转机。

一、后梁时期的湖北政区

唐朝灭亡后，朱全忠建立梁朝，史称后梁。后梁无力统一中国，湖北地区继续沿袭唐末混战局面。其中后梁控制佑国军节度使（辖商州上津）、山南东道节度使（辖湖北襄州、郢州、复州、隋州、均州、房州）、荆南节度使（辖湖北江陵府、归州、硖州），以及安州。安州，唐末属于鄂岳都团练观察使。鄂岳都团练观察使后被淮南政权控制，但安州却被朱全忠占据。后梁以安州为中心设立宣威军节度使。①

而四川王建控制武泰军节度使（辖湖北施州）。开平元年（907年），四川王建称帝，建立前蜀政权。

淮南杨渥控制鄂岳都团练观察使（辖湖北鄂州、黄州、蕲州）。

湖北地区形成割据局面，彼此混战内斗不已。

开平二年（908年），淮南将领徐温、张颢不满杨渥统治，将其谋杀，立其弟杨隆演为淮南节度使。后徐温杀死张颢，独揽淮南大权。

开平三年（909年），朱全忠改佑国军节度使改为永平军节度使。后，商州又划归感化军节度使。②

同年，山南东道节度使发生变乱。襄州、房州等地区投降于前蜀，并有进攻荆南节度使的举动。后梁政权迅速派兵镇压，收复失地。

---

① 参见李晓杰：《中国行政区划通史·五代十国卷》，复旦大学出版社2017年版，第430页。
② 参见李晓杰：《中国行政区划通史·五代十国卷》，复旦大学出版社2017年版，第430页。

第四章 持续推进：隋唐五代湖北政区

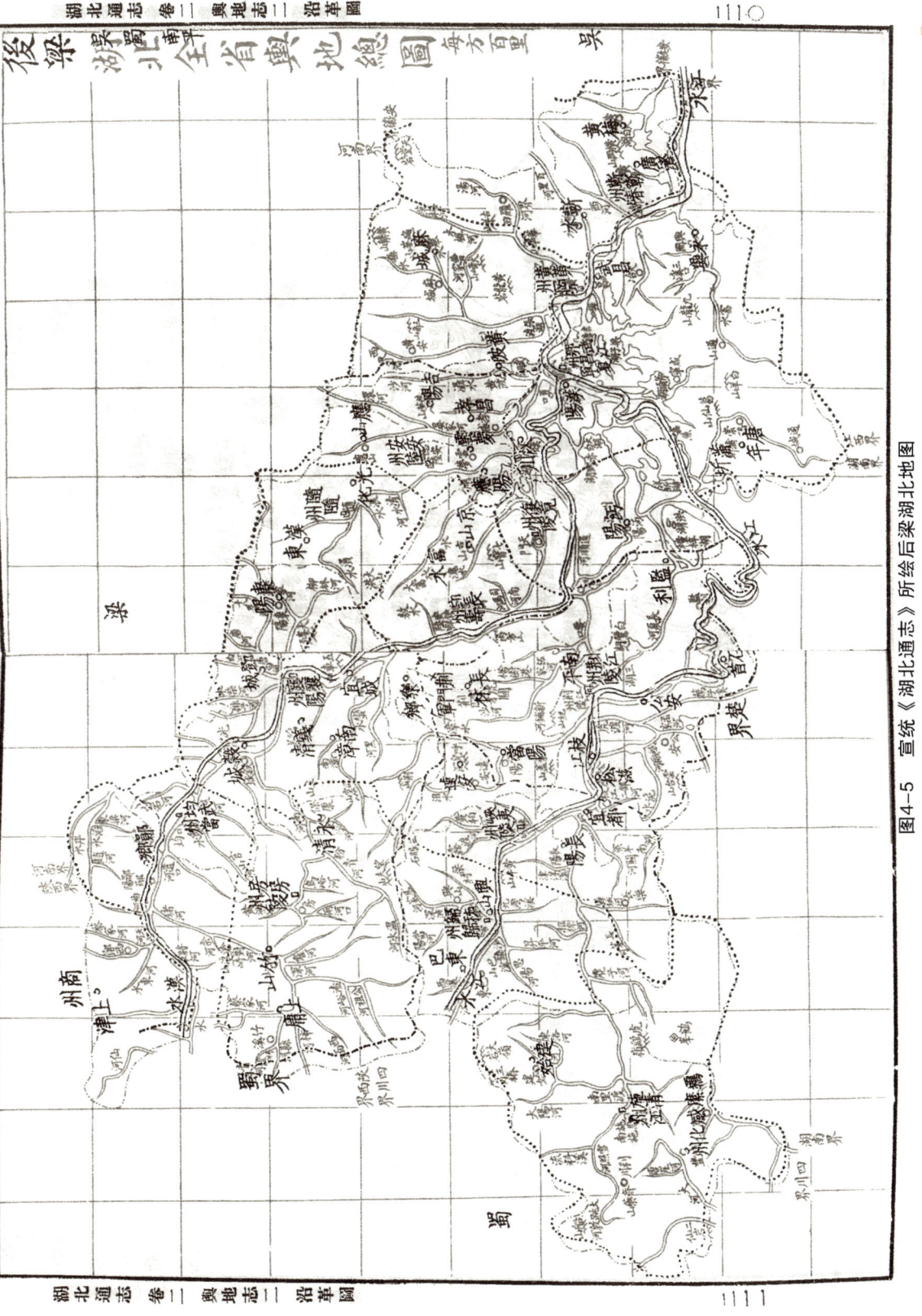

图4-5 宣统《湖北通志》所绘后梁湖北地图

也许是为了分割山南东道节度使权力,后梁在其辖区内,以河南邓州为中心设立宣化军节度使,将郢州、复州、随州①划入宣化军。② 山南东道节度使只辖有湖北襄州、均州、房州。山南东道节度使辖区靠近前蜀政权,后梁极有可能是对地方实力有所防备。将复州之监利县也划归荆南节度使江陵府。③

开平五年(911年),后梁修改带有"唐"字的地名,将湖北唐城县改名汉东县。④

朱全忠虽然能够颠覆唐朝,但却无力统一中国。后梁建立后,梁太祖朱全忠虽然四处征战,可就连黄河流域也没有统一。

乾化二年(912年)六月,朱全忠被儿子朱友珪所杀。朱友珪自立为帝,十月,后梁将复州划归荆南节度使。得到复州的荆南节度使高季兴却并不满足,也有乘机割据的意图。同年鄂岳都团练观察使被淮南杨氏政权升为武昌军节度使。⑤

乾化三年(913年)二月,后梁大臣发动政变,朱友珪身亡,朱全忠另一子朱友贞即位。朱友贞也缺乏政治、军事才能,在其统治下,各将领拥兵自重,本就没有统一的后梁日益呈现分崩离析之势。

眼看后梁日益衰弱,荆南节度使高季兴渐成割据之势。早在乾化二年(912年)五月,"高季昌(兴)潜有据荆南之志,乃奏筑江陵外郭,增广之"⑥。乾化三年(913年)九月,"高季昌(兴)造战舰五百艘,治城堑,缮器械,为攻守之具,招聚亡命,交通吴、蜀,朝廷浸不能制"⑦。"吴"指的是占据湖北鄂州、黄州、蕲州在内的淮南杨氏政权。"蜀"指的是占据湖北施州的前蜀政权,都是后梁的敌国。荆南节度使联络吴蜀,大力发展军事力量,实际上已经独立。高氏荆南政权是五代十国中,唯一以湖北地区为中心的割据政权。荆南高氏政权统治时期,曾在硖州境内恢复唐朝巴山县,巴山县地理位置在今湖北省长阳土家族自治县附近。

关于巴山县的恢复,有学者认为:"南平(荆南)是小国,地狭兵弱。高季兴一方面招聚亡命,一方面伺机扩张,最终所领不过荆、峡、归三州和荆门一军。在此背景下,有可能出于安置归附'人士'之目的而恢复了巴山县。"⑧

大约在贞明五年(919年),荆南高氏政权还做出一个政区改革,将江陵府荆门县变为荆门军,当阳县隶属于荆门军。但没有多久,就废除了荆门军,当阳县还归江陵府。⑨ 隋唐以

---

① 唐朝时期有隋州,有许多书籍记为"随州",两者通用,或并不清楚"隋州"何时改为"随州"。但鉴于"随州"使用得越来越频繁,为行文方便,后文一律改为随州。
② 参见李晓杰:《中国行政区划通史·五代十国卷》,复旦大学出版社2017年版,第425页。
③ 参见李晓杰:《中国行政区划通史·五代十国卷》,复旦大学出版社2017年版,第617页。
④ 参见李晓杰:《中国行政区划通史·五代十国卷》,复旦大学出版社2017年版,第429页。
⑤ 参见李晓杰:《中国行政区划通史·五代十国卷》,复旦大学出版社2017年版,第678页。
⑥ (宋)司马光等:《资治通鉴》卷268,《后梁纪三》,中华书局1956年版,第8758页。
⑦ (宋)司马光等:《资治通鉴》卷268,《后梁纪三》,中华书局1956年版,第8776—8777页。
⑧ 杨光华:《五代峡州复置巴山县考》,《中国历史地理论丛》2010年第3期,第112页。
⑨ 参见李晓杰:《中国行政区划通史·五代十国卷》,复旦大学出版社2017年版,第618—619页。

来,道、都督府或节度使辖州郡,州郡辖县成为湖北政区一般规律,"军"作为行政区划名称还是首次出现。

有学者认为"军源于唐初,为防御蕃部扰边,政府在屯驻戍边处设置军、守捉、镇等军事管辖区。"①唐朝,湖北地区并不是边疆,没有"军",只有各种节度使、观察使辖区。唐朝灭亡后,今湖北省荆门市、当阳市位于荆南节度使北部,与山南东道节度使接壤之地,二者同属后梁政区。但荆南独立后,荆门、当阳突然变成了与后梁政权的"边界",高季兴借用原唐朝边地"军"的设置,将此二地独立组合,加强"边界"统治力量,似乎也在情理之中。

荆门军不久又废除,尽管原因不详,但高季兴的做法又将一种新型政区形式带入湖北地区。值得特别注意的是,无论是后梁,还是其他割据政权,都还是以节度使等官管辖州县,而荆南统治者不再设置节度使,直接统治州县。

除了荆南节度使,后梁其他节度使也日益不服统治,走向割据独立一面。与此同时,后梁政权的长期敌人,割据山西的李氏家族越战越强。

贞明四年(918年),前蜀开国皇帝王建去世,其子王衍即位。

贞明五年(919年),淮南杨隆演称吴王,建立吴政权。丞相徐温实际执掌国政。

贞明六年(920年),杨隆演去世,其弟杨溥即位为吴王。当时蜀帝、吴王早就不服后梁统治,屡屡劝说后梁劲敌晋王李存勖称帝。

龙德三年(923年)四月,李存勖正式称帝,改国号为唐。十月,唐军彻底击败梁军,后梁末代皇帝朱友贞身死国灭。

龙德三年(923年)十月,后梁灭亡前,湖北政区格局如下:

表 4-13   后梁末帝龙德三年(923年)湖北政区表

政权	藩镇	州	县
后梁	感化军节度使	商州	上津县(郧西县西北)
	山南东道节度使	襄州	襄阳县(襄阳市附近)、谷城县、邓城县(襄阳市附近)、义清县(南漳县东北)、南漳县、乐乡县(钟祥市西北)、宜城县(宜城市附近)
		均州	武当县(丹江口市附近)、郧乡县(十堰市郧阳区附近)
		房州	房陵县(房县附近)、永清县(保康县西北)、竹山县、上庸县(竹山县西南)
	宣化军节度使	郢州	京山县(京山市附近)、富水县(京山市东北)、长寿县(钟祥市附近)
		随州	随县(随州市附近)、光化县(随州市东南)、枣阳县(枣阳市附近)、汉东县(随州市西北)

① 龚延明:《宋代"军"行政区划二重制研究》,《浙江大学学报(人文社会科学版)》2018年第5期,第5页。

续表

政权	藩镇	州	县
后梁	宣威军节度使	安州	安陆县(安陆市附近)、云梦县、吉阳县(安陆市东北)、应山县(广水市附近)、应阳县(应城市附近)、孝昌县(孝感市附近)
荆南	无	江陵府	江陵县(荆州市附近)、枝江县(枝江市附近)、长林县(荆门市西北)、公安县、松滋县(松滋市附近)、石首县(石首市附近)、当阳县(当阳市附近)、监利县(监利市附近)
荆南	无	复州	沔阳县(仙桃市西南)、竟陵县(天门市附近)
荆南	无	归州	秭归县、巴东县、兴山县(兴山县南部)
荆南	无	硖州	夷陵县(宜昌市附近)、远安县、宜都县(宜都市附近)、长阳县(长阳土家族自治县附近)、巴山县(长阳土家族自治县附近)
前蜀	武泰军节度使	施州	清江县(恩施市附近)、建始县
吴	武昌军节度使	鄂州	江夏县(武汉市武昌区附近)、武昌县(鄂州市附近)、永兴县(阳新县附近)、蒲圻县(赤壁市附近)、唐年县(崇阳县西南)、汉阳县(武汉市汉阳区附近)、汉川县(汉川市北部)
吴	武昌军节度使	黄州	黄冈县(黄冈市附近)①、黄陂县(武汉市黄陂区附近)、麻城县(麻城市附近)
吴	武昌军节度使	蕲州	蕲春县、黄梅县、蕲水县(浠水县附近)、广济县(武穴市附近)

二、后唐时期的湖北政区

后唐建国后,更改湖北三县县名。后梁也许是磨灭唐朝印记,将唐城县改为汉东县。后唐为表示自己继承唐朝,将其恢复为唐城县。唐末,湖北应城县的"城"与朱全忠的父亲朱诚音同避讳,改为应阳县。后唐建立后,不再需要为朱全忠父亲避讳,应阳改还为应城。而后唐皇帝李存勖的祖父名李国昌,湖北地区孝昌县需要避讳,因而改名孝感县。

同光元年(923年)十二月,后唐将后梁感化军节度使改为镇国军节度使,宣化军节度使改为威胜军节度使,宣威军节度使改安远军节度使。

后唐建立后,各割据政权态度不一:荆南高季昌避唐主李存勖祖父名讳,改名高季兴,并入朝唐主。而吴国政权认为,后唐并非十分强大,也有政治危机,因而并不朝拜李存勖。

后唐建立之时,曾派兵夺取了复州等地。同光二年(924年),后唐将复州还给荆南:"诏割复州为荆南属郡。"②又封高季兴为南平王,因此荆南政权又称"南平"。

同光三年(925年)九月,后唐正式出兵讨伐政治腐败的前蜀政权。面对攻势,前蜀文官武将大量投降,仅仅七十五天,前蜀灭亡。后唐占领湖北施州之地。高季兴听说前蜀灭亡,

---

①唐末,黄冈县的行政中心从今武汉市新洲区转移到黄冈市附近。
②(宋)薛居正等:《旧五代史》卷32,《唐书八》,中华书局2015年版,第498页。

十分忧虑。"高季兴闻蜀亡,方食,失匕箸,曰:'是老夫之过也。'"①高季兴明白唇亡齿寒的道理,为前蜀灭亡,自己未能救援而懊悔。

同光四年(926年),北方叛乱。李存勖派将领李嗣源前往平息。不料李嗣源被部下拥立为帝,李存勖兵败被杀。李存勖与李嗣源并没有直系血缘关系,本应改朝换代。但李嗣源认李存勖父亲李克用为义父,又表示继承唐朝衣钵,因而新政权国号仍为唐。同年"高季兴表求夔、忠、万三州为属郡,诏许之"②。但是高季兴贪得无厌,甚至抢劫巴蜀进贡给后唐的财物。

天成二年(927年),后唐兴兵大肆讨伐荆南,荆南军无力抵挡。六月,夔、忠、万三州被后唐夺走。七月,后唐以夔州为中心,设立宁江军节度使,辖此三州。十二月,将湖北施州划归宁江军节度使。③ 与此同时,荆南复州也被后唐夺走,并划归山南东道节度使。④

同年,吴王杨溥正式称帝,并将鄂州唐年县改为崇阳县(一说为宗阳县),其治所从今崇阳县西南迁移到今崇阳县附近。⑤ 吴王杨溥没有称帝前,名义上归顺于后唐皇帝。如今称帝,可能为表示与唐决裂,将带有"唐"字样的地名更改。

天成三年(928年)二月,后唐宁江节度使西方邺攻占荆南归州,但不久为高季兴收复。十一月,后唐忠州刺史王雅再次夺得归州。

天成四年(929年),高季兴去世,长子高从诲即位。高从诲即位后,向后唐称臣。至迟到天成五年(930年),荆南重新获得归州之地。

长兴四年(933年),后唐皇帝李嗣源病逝,其子李从厚即位。应顺元年(934年),李嗣源养子李从珂起兵造反,李从厚战败被杀。

后唐中央发生冲突,湖北地区也不安定。应顺元年(934年),湖北安州发生叛乱,马上被平定,四川孟知祥的叛乱却获得成功。

孟知祥原为后唐将领,作战有功,被任命为剑南西川节度使。长兴四年(933年),又任剑南东西两川节度使。孟知祥到四川后,野心膨胀,在后唐中央政府不稳的情况下,于应顺元年(934年)正式称帝,史称后蜀政权。湖北施州属于后蜀政权。孟知祥于称帝当年就去世,其子孟昶即位。

---

① (宋)司马光等:《资治通鉴》卷274,《后唐纪三》,中华书局1956年版,第8946页。
② (宋)司马光等:《资治通鉴》卷275,《后唐纪四》,中华书局1956年版,第8987页。
③ 参见李晓杰:《中国行政区划通史·五代十国卷》,复旦大学出版社2017年版,第100页。
④ 参见李晓杰:《中国行政区划通史·五代十国卷》,复旦大学出版社2017年版,第616页。
⑤ 崇阳县,一种说法认为因境内诸山崇聚而得名。

李从珂虽然夺得帝位,但境内矛盾重重,已经顾不上后蜀独立。由于种种原因,李从珂对河东节度使石敬瑭的猜忌越来越重,两人矛盾越来越大。清泰三年(936年),石敬瑭起兵造反,为了取胜,还以割地称臣为代价联合了北方契丹军队。在两方打击下,李从珂无力抵抗。十一月,李从珂携带传国玉玺与太后、皇后、太子等亲属登楼自焚,后唐灭亡,传国玉玺也不知所终。清泰三年(936年),湖北政区格局如下所示:

表 4-14　　　　　　　　后唐末帝清泰三年(936年)湖北政区表

政权	藩镇	州	县
后唐	镇国军节度使	商州	上津县(郧西县西北)
	山南东道节度使	襄州	襄阳县(襄阳市附近)、谷城县、邓城县(襄阳市附近)、义清县(南漳县东北)、南漳县、乐乡县(钟祥市西北)、宜城县(宜城市附近)
		复州	沔阳县(仙桃市西南)、竟陵县(天门市附近)
		均州	武当县(丹江口市附近)、郧乡县(十堰市郧阳区附近)
		房州	房陵县(房县附近)、永清县(保康县西北)、竹山县、上庸县(竹山县西南)
	威胜军节度使	郢州	京山县(京山市附近)、富水县(京山市东北)、长寿县(钟祥市附近)
		随州	随县(随州市附近)、光化县(随州市东南)、枣阳县(枣阳市附近)、唐城县(随州市西北)
	安远军节度使	安州	安陆县(安陆市附近)、云梦县、吉阳县(安陆市东北)、应山县(广水市附近)、应城县(应城市附近)、孝感县(孝感市附近)
荆南	无	江陵府	江陵县(荆州市附近)、枝江县(枝江市附近)、长林县(荆门市西北)、公安县、松滋县(松滋市附近)、石首县(石首市附近)、当阳县(当阳市附近)、监利县(监利市附近)
		归州	秭归县、巴东县、兴山县(兴山县南部)
		硖州	夷陵县(宜昌市附近)、远安县、宜都县(宜都市附近)、长阳县(长阳土家族自治县附近)、巴山县(长阳土家族自治县附近)
后蜀	宁江军节度使	施州	清江县(恩施市附近)、建始县
吴	武昌军节度使	鄂州	江夏县(武汉市武昌区附近)、武昌县(鄂州市附近)、永兴县(阳新县附近)、蒲圻县(赤壁市附近)、崇(宗)阳县、汉阳县、汉川县(汉川市北部)

续表

政权	藩镇	州	县
吴	武昌军节度使	黄州	黄冈县（黄冈市附近）、黄陂县（武汉市黄陂区附近）、麻城县（麻城市附近）
		蕲州	蕲春县、黄梅县、蕲水县（浠水县附近）、广济县（武穴市附近）

三、后晋时期的湖北政区

天福元年（936年），石敬瑭建立后晋政权，为了同音避讳，湖北复州竟陵县改为景陵县。或许是为了消除唐朝影响，湖北随州唐城县改为汉东县。后晋政权依靠契丹起家，埋下深重隐患。

天福二年（937年）十月，吴国权臣徐知诰逼迫吴国皇帝禅位，并改国号为齐。天福四年（939年），徐知诰自认为李唐宗室之后，复姓李，改名李昪，并改国号为唐，史称南唐。吴政权曾将湖北唐年县改为崇（宗）阳县，南唐建立后恢复唐年县旧名。

天福五年（940年）五月，安远节度使李金全叛乱，投降南唐。后晋平定叛乱后，废除安远军节度使，将安州设为防御州，直属中央政府。① 所谓"防御州"指的是设置防御使的州。而防御使是唐朝设置，带有军事指挥职权的官员。唐朝安史之乱后，至于宋代，因州的长官官职或兼职不同，分为节度州、防御州、团练州、刺史州。后晋这一变革，其实还是赋予州长官以军事权力，并试图以管控一州的防御使代替管控数州的节度使，重新形成州县二级政区模式。

七月，将山南东道节度使所辖复州变为防御州，直属中央政府。②

天福六年（941年），后晋山南东道节度使安从进发动新的叛乱。

天福七年（942年）八月，后晋军队攻破襄阳，安从进举族自焚而死。后晋废除山南东道节度使，襄州为防御州，直属中央。而均州、房州划归威胜军节度使。③ 后晋湖北境内的节度使越来越少。九月，石敬瑭去世，其侄石重贵即位。

石重贵在位期间，由于后晋朝廷的错误外交政策，引得契丹多次南下，引发灭顶之灾。

天福八年（943年），南唐开国君主李昪去世，其子李璟即位。

自天福九年（944年）后，契丹与后晋连续发生战争。开运三年（946年）年底，后晋重要将领投降契丹，后晋大败。开运四年（947年）正月，契丹皇帝进入开封，将石重贵押到北方，后晋彻底灭亡。

---

① 李晓杰：《中国行政区划通史·五代十国卷》，复旦大学出版社2017年版，第431页。
② 李晓杰：《中国行政区划通史·五代十国卷》，复旦大学出版社2017年版，第618页。
③ 李晓杰：《中国行政区划通史·五代十国卷》，复旦大学出版社2017年版，第423页。

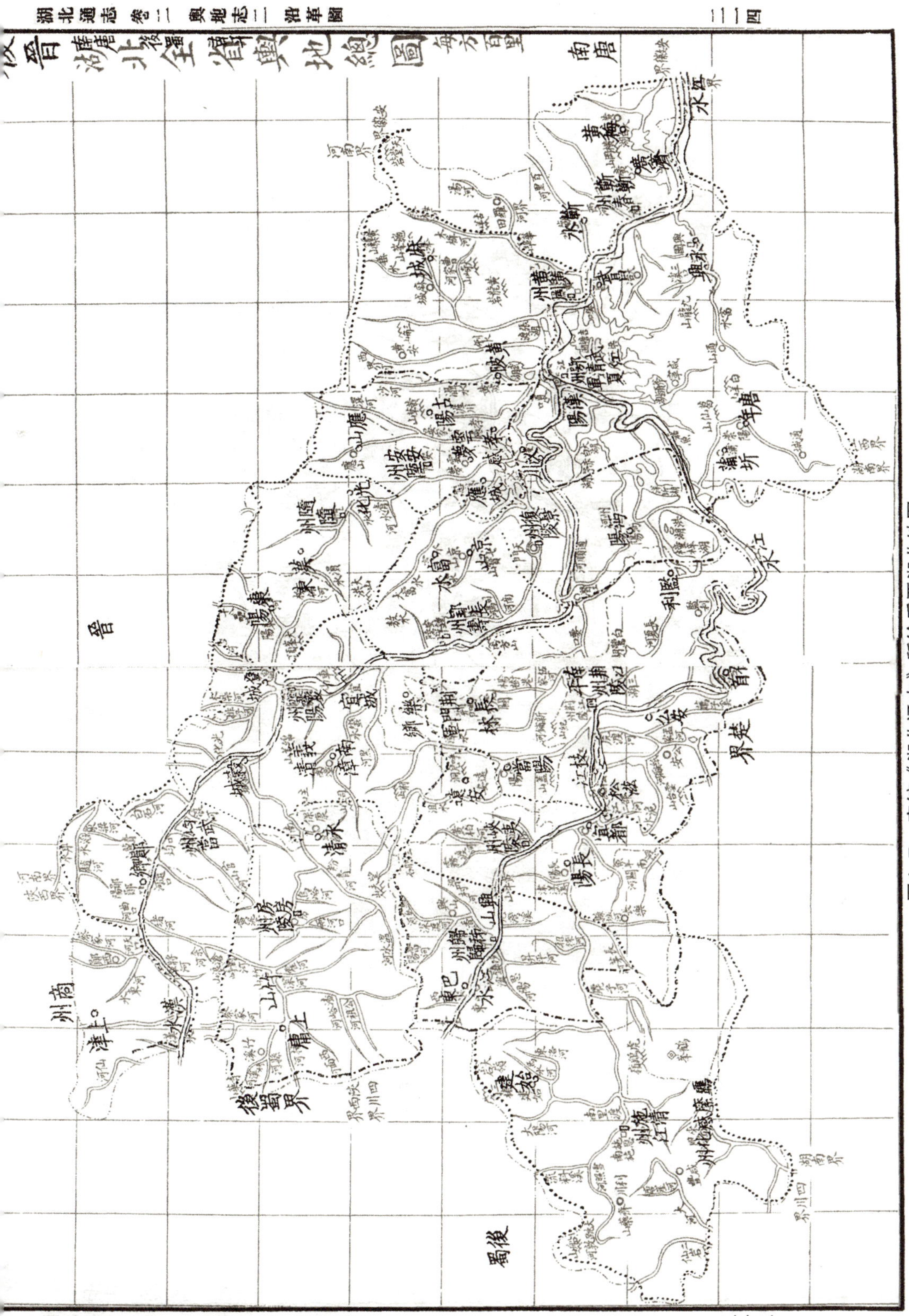

图4-7 宣统《湖北通志》所绘后晋湖北地图

天福七年(942年)后,湖北政区格局如下所示:

表4-15　　　　　　　　后晋高祖天福七年(942年)湖北政区表

政权	藩镇	州	县
后晋	镇国军节度使	商州	上津县(郧西县西北)
	无	襄州	襄阳县(襄阳市附近)、谷城县、邓城县(襄阳市附近)、义清县(南漳县东北)、南漳县、乐乡县(钟祥市西北)、宜城县(宜城市附近)
	无	复州	沔阳县(仙桃市西南)、景陵县(天门市附近)
	威胜军节度使	均州	武当县(丹江口市附近)、郧乡县(十堰市郧阳区附近)
		房州	房陵县(房县附近)、永清县(保康县西北)、竹山县、上庸县(竹山县西南)
		郢州	京山县(京山市附近)、富水县(京山市东北)、长寿县(钟祥市附近)
		随州	随县(随州市附近)、光化县(随州市东南)、枣阳县(枣阳市附近)、汉东县(随州市西北)
	无	安州	安陆县(安陆市附近)、云梦县、吉阳县(安陆市东北)、应山县(广水市附近)、应城县(应城市附近)、孝感县(孝感市附近)
荆南	无	江陵府	江陵县(荆州市附近)、枝江县、长林县(荆门市西北)、公安县、松滋县(松滋市附近)、石首县(石首市附近)、当阳县(当阳市附近)、监利县(监利市附近)
		归州	秭归县、巴东县、兴山县(兴山县南部)
		硖州	夷陵县(宜昌市附近)、远安县(远安县附近)、宜都县(宜都市附近)、长阳县(长阳土家族自治县附近)、巴山县(长阳土家族自治县附近)
后蜀	宁江军节度使	施州	清江县(恩施市附近)、建始县
南唐	武昌军节度使	鄂州	江夏县(武汉市武昌区附近)、武昌县(鄂州市附近)、永兴县(阳新县附近)、蒲圻县(赤壁市附近)、唐年县(崇阳县附近)、汉阳县(武汉市汉阳区附近)、汉川县(汉川市北部)
		黄州	黄冈县(黄冈市附近)、黄陂县(武汉市黄陂区附近)、麻城县(麻城市附近)
		蕲州	蕲春县、黄梅县、蕲水县(浠水县附近)、广济县(武穴市附近)

四、后汉时期的湖北政区

契丹灭亡后晋后,试图长期占据中原地区,无奈其统治方式落后,不得人心,很快退回北方。而后晋河东节度使刘知远乘机在太原称帝(后迁都开封),建立后汉政权。

刘知远即位伊始的开运四年(947年),恢复山南东道节度使与安远军节度使:"诏青州、襄州、安州复为节镇。"①襄州即原山南东道节度使治所,安州即原安远军节度使治所。新成立的山南东道节度使除了襄州、复州之外,将威胜军节度使所辖之均州、房州也划入其中。威胜军节度使只剩下湖北随州与郢州。②

乾祐元年(948年)正月,刘知远去世,其子刘承祐即位,是为汉隐帝。同年后汉改北方晋昌军节度使为永兴军节度使,商州划入。③ 改汉东县为唐城县。④ 十月,荆南高从诲去世,其子高保融即位。

乾祐三年(950年),后汉企图杀死天雄军节度使郭威。郭威为了自保起兵反抗,后汉军战败,刘承祐死于乱军之中,后汉灭亡。

后汉政权一改后晋削减节度使的趋势,固然有其政治意图,但在短短的三年中,节度使多次动乱,最后也亡于节度使,成为五代最短命的政权。后汉统治时期,湖北政区格局如下所示:

表 4-16　　　　　　　后汉隐帝乾祐三年(950年)湖北政区表

政权	藩镇	州	县
后汉	永兴军节度使	商州	上津县(郧西县西北)
	山南东道节度使	襄州	襄阳县(襄阳市附近)、谷城县、邓城县(襄阳市附近)、义清县(南漳县东北)、南漳县、乐乡县(钟祥市西北)、宜城县(宜城市附近)
		复州	沔阳县(仙桃市西南)、景陵县(天门市附近)
		均州	武当县(丹江口市附近)、郧乡县(十堰市郧阳区附近)
		房州	房陵县(房县附近)、永清县(保康县西北)、竹山县、上庸县(竹山县西南)
	威胜军节度使	郢州	京山县(京山市附近)、富水县(京山市东北)、长寿县(钟祥市附近)
		随州	随县(随州市附近)、光化县(随州市东南)、枣阳县(枣阳市附近)、唐城县(随州市西北)

---

① (宋)薛居正等:《旧五代史》卷100,《汉书二》,中华书局2015年版,第1559页。
② 李晓杰:《中国行政区划通史·五代十国卷》,复旦大学出版社2017年版,第423—427页。
③ 李晓杰:《中国行政区划通史·五代十国卷》,复旦大学出版社2017年版,第386页。
④ 李晓杰:《中国行政区划通史·五代十国卷》,复旦大学出版社2017年版,第429页。

续表

政权	藩镇	州	县
后汉	安远军节度使	安州	安陆县(安陆市附近)、云梦县、吉阳县(安陆市东北)、应山县(广水市附近)、应城县(应城市附近)、孝感县(孝感市附近)
荆南	无	江陵府	江陵县(荆州市附近)、枝江县(枝江市附近)、长林县(荆门市西北)、公安县、松滋县(松滋市附近)、石首县(石首市附近)、当阳县(当阳市附近)、监利县(监利县附近)
荆南	无	归州	秭归县、巴东县、兴山县(兴山县南部)
荆南	无	硖州	夷陵县(宜昌市附近)、远安县、宜都县(宜都市附近)、长阳县(长阳土家族自治县附近)、巴山县(长阳土家族自治县附近)
后蜀	宁江军节度使	施州	清江县(恩施市附近)、建始县
南唐	武昌军节度使	鄂州	江夏县(武汉市武昌区附近)、武昌县(鄂州市附近)、永兴县(阳新县附近)、蒲圻县(赤壁市附近)、唐年县(崇阳县附近)、汉阳县(武汉市汉阳区附近)、汉川县(汉川市北部)
南唐	武昌军节度使	黄州	黄冈县(黄冈市附近)、黄陂县(武汉市黄陂区附近)、麻城县(麻城市附近)
南唐	武昌军节度使	蕲州	蕲春县、黄梅县、蕲水县(浠水县附近)、广济县(武穴市附近)

第四章 持续推进：隋唐五代湖北政区

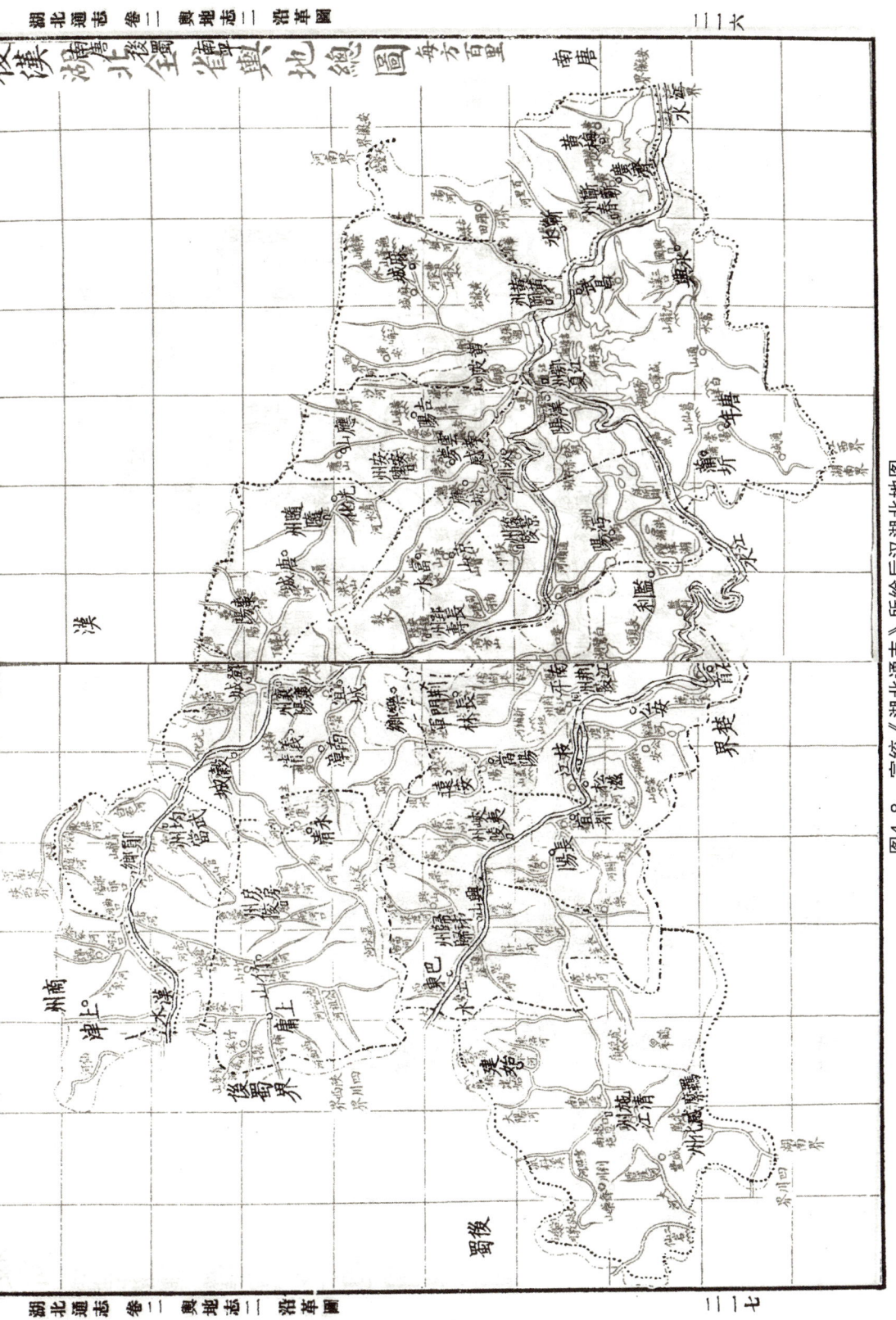

图4-8 宣统《湖北通志》所绘后汉湖北地图

五、后周时期的湖北政区

广顺元年(951年),郭威正式称帝,建立后周王朝,定都开封。郭威政治能力较强,在位时期励精图治,整顿军事,为统一中国奠定基础。

广顺二年(952年),因避郭威名讳,湖北威胜军节度使改名武胜军节度使。

后周政权建立的同时,南唐军事力量越益强大。广顺元年(951年),南唐攻占湖南。广顺三年(953年),南唐在鄂州蒲圻县的基础上新设嘉鱼县,关于嘉鱼设县,史书有所记载:"隋以其地多生鲇鱼,置鲇渎镇,伪唐改镇为场,保大十一年升场为县,其地有鱼岳山,兼取南有嘉鱼之意,更今名。"①从镇到场,再到县,嘉鱼地区经济实力不断上升应该是事实。南唐之嘉鱼县,即今天湖北嘉鱼县。

显德元年(954年)年初,郭威去世,其养子柴荣即位。十月,后周废除安远军节度使,安州直属中央管辖。与此同时,南唐在江夏县的基础上设置永安县:"(永安县)本江夏县之南界,去旧县三百里,征发调赋,动经浃旬。唐大历二年割金城、丰乐、宣化等乡置镇。伪吴乾贞三年改为永安场。伪唐保大十二年(954年)升为县。"②由于江夏县面积广大,永安地区居民距离政治中心过于遥远,完粮纳税疲于奔命,再加上当地经济持续好转,由镇到场,最终另设一县。永安县在今咸宁市附近。

柴荣励精图治,有统一中国的计划。显德三年(956年)正月,后周正式讨伐南唐。面对后周进攻,南唐抵抗失败。三月,南唐皇帝上表求和,请求去掉皇帝称号,割让寿、濠、泗、楚、光、海六州之地。但后周对南唐领土的索求并没有停止。

显德五年(958年)三月,南唐实在抵抗不住后周大军侵扰:"唐主复遣刘承遇奉表称唐国主,请献江北四州,岁输贡物数十万。于是江北悉平,得州十四,县六十。"③后周夺取的十六州包括蕲州与黄州,此二州归属后周后不再设节度使,直属中央。六十县中包括鄂州汉阳、汉川二县。其中,汉川县划归安州。④而汉阳县,后周改为汉阳军,辖汉阳县,不再属于任何一州或节度使。所谓"军",实质上是特殊的州或县,用军官兼任或控制行政长官。

在后周统治时期,将襄州乐乡县并入宜城县,并入时间有显德二年(955年)与显德六年(959年)两种说法。⑤

只剩下湖北鄂州一隅的南唐,于显德六年(959年)在永兴县的基础上设置通山县。通山原本只是永兴县境内一乡,随着当地经济势力的发展,吴国曾在羊山镇设置铁官。到了南唐统治时期,或许是当地经济持续发展,亦或是当地成为边界之地,十分重要,将永兴县青

---

① (宋)王象之:《舆地纪胜》,浙江古籍出版社2012年版,第1703页。
② (宋)乐史:《太平寰宇记》卷112,中华书局2007年版,第2287页。
③ (宋)司马光等:《资治通鉴》卷294,《后周纪五》,中华书局1956年版,第9581页。
④ 参见李晓杰:《中国行政区划通史·五代十国卷》,复旦大学出版社2017年版,第680页。
⑤ 参见李晓杰:《中国行政区划通史·五代十国卷》,复旦大学出版社2017年版,第424页。

山、通羊二镇新设一县,每镇取一字为名,合称通山,其地理范围为今通山县附近。

除了南唐,柴荣还讨伐后蜀与契丹,均取得战果。显德六年(959年)夏,柴荣病逝,年仅三十九岁,其幼子柴宗训即位,是为周恭帝。显德七年(960年),后周归德军节度使赵匡胤发动政变,灭亡后周,建立宋王朝。

宋朝建立前夕,湖北政区格局如下所示:

表 4-17　　　　　　　　后周恭帝显德七年(960年)湖北政区表

政权	藩镇	州	县
后周	永兴军节度使	商州	上津县(郧西县西北)
	山南东道节度使	襄州	襄阳县(襄阳市附近)、谷城县、邓城县(襄阳市附近)、义清县(南漳县东北)、南漳县、宜城县(宜城市附近)
		复州	沔阳县(仙桃市西南)、景陵县(天门市附近)
		均州	武当县(丹江口市附近)、郧乡县(十堰市郧阳区附近)
		房州	房陵县(房县附近)、永清县(保康县西北)、竹山县、上庸县(竹山县西南)
	武胜军节度使	郢州	京山县(京山市附近)、富水县(京山市东北)、长寿县(钟祥市附近)
		随州	随县(随州市附近)、光化县(随州市东南)、枣阳县(枣阳市附近)、唐城县(随州市西北)
	无	安州	安陆县(安陆市附近)、云梦县、吉阳县(安陆市东北)、应山县(广水市附近)、应城县(应城市附近)、孝感县(孝感市附近)、汉川县(汉川市北部)
	无	蕲州	蕲春县、黄梅县、蕲水县(浠水县附近)、广济县(武穴市附近)
	无	黄州	黄冈县(黄冈市附近)、黄陂县(武汉市黄陂区附近)、麻城县(麻城市附近)
	无	汉阳军	汉阳县(武汉市汉阳区附近)
荆南	无	江陵府	江陵县(荆州市附近)、枝江县(枝江市附近)、长林县(荆门市西北)、公安县、松滋县(松滋市附近)、石首县(石首市附近)、当阳县(当阳市附近)、监利县(监利市附近)
		归州	秭归县、巴东县、兴山县(兴山县南部)
		硖州	夷陵县(宜昌市附近)、远安县、宜都县(宜都市附近)、长阳县(长阳土家族自治县附近)、巴山县(长阳土家族自治县附近)
后蜀	宁江军节度使	施州	清江县(恩施市附近)、建始县
南唐	武昌军节度使	鄂州	江夏县(武汉市武昌区附近)、永安县(咸宁市附近)、武昌县(鄂州市附近)、永兴县(阳新县附近)、通山县、蒲圻县(赤壁市附近)、嘉鱼县、唐年县(崇阳县附近)

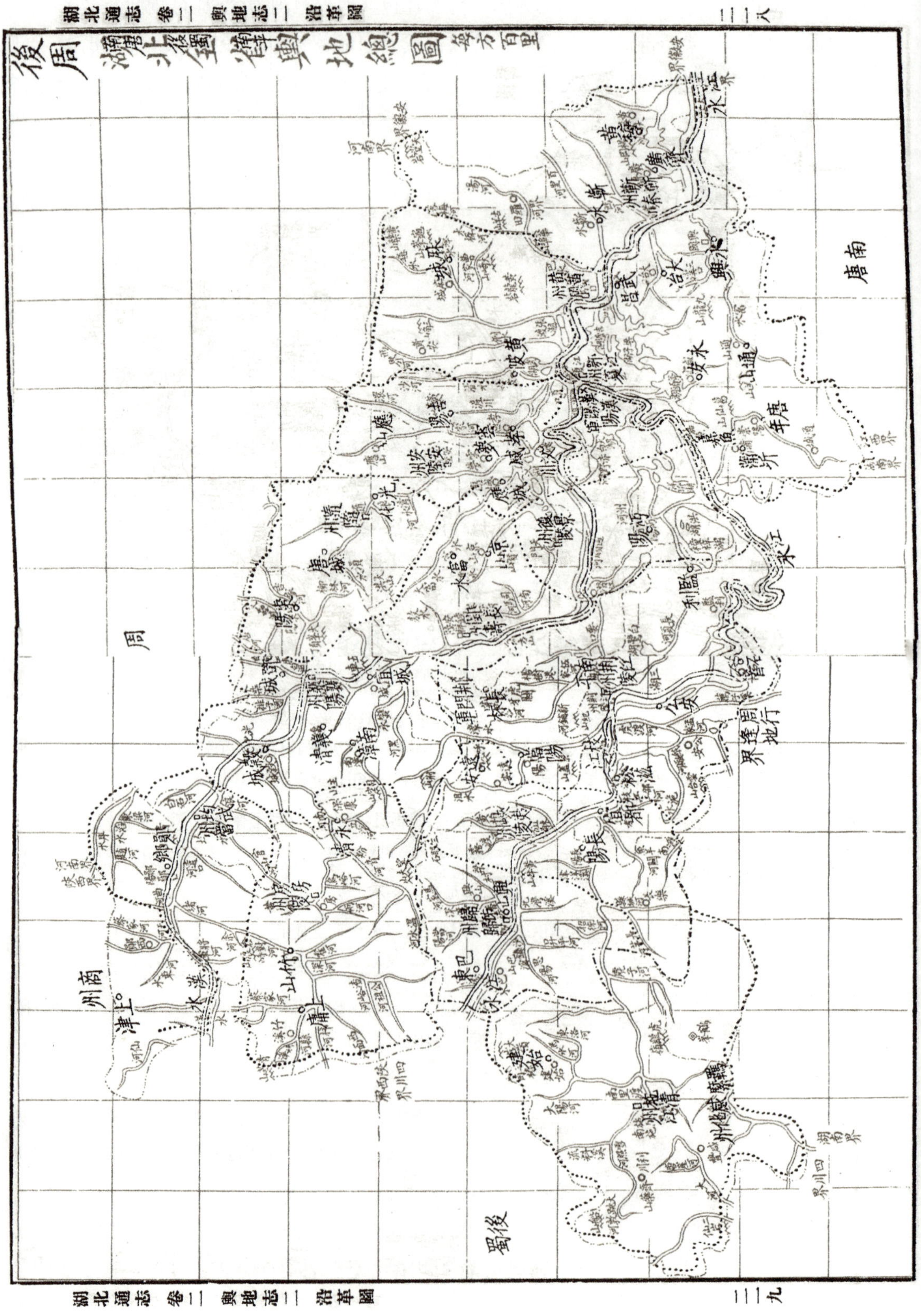
湖北通志 卷二 輿地志二 沿革圖
每方百里
湖北通志 卷二 輿地志二 沿革圖

本章小结

　　隋朝将极度混乱的南北朝政区大力整合,对促进湖北历史发展有积极意义。但是过于简化的政区层级,导致隋朝中央政府突然之间要直接面对数以百计的州(郡)。将地方分割得过细,亦导致中央管控地方能力一定程度上的减弱,地方统治中心也难以联合周围力量形成合力。李唐王朝建立后,唐高祖、唐太宗在继续整合州县的同时,又推广军事都督区与监察"道"区,在州县之上出现了新的政治力量。李唐王朝再无需直面数百州,而是通过都督区管理军事,通过"道"监察民政,且都督区与"道"长官并没有直接隶属关系,合理的政治格局是大唐盛世到来的重要前提。唐玄宗将"道"政区化,在边疆设置节度使,让唐王朝政区整合出现了转折。安史之乱后,节度使、观察使以"道"为基础正式在湖北形成藩镇格局,并一直延续到唐末乃至五代十国时期。湖北节度使虽然并不是唐王朝的掘墓人,但过于集权的三级政区却并不利于王朝的健康发展。隋朝州(郡)县二级政区与隋朝二世而亡;唐初军事监察区域管控与大唐盛世;安史之乱后藩镇林立与唐朝衰亡五代十国动乱,这或许是隋唐两朝政区整合带来的历史教训。整合过于简化,或整合权力过于集中,都不利于王朝的安定。对政区整合的探索,宋王朝还将继续。

第五章 渐趋缜密:宋代湖北政区

宋王朝结束了唐末五代十国藩镇割据的政治格局,架空了曾经拥有较大权力的节度使。在政区制度上,宋朝以州县制为基础,增加军与监,并创造出具有多元管理权力的路,使中央集权更加强化。伴随金朝崛起,宋朝疆土大减,湖北地区成为边界地带。为保持统治,加强区域军事实力,宋王朝在路的基础上再加调整、创制,将襄阳、江陵、鄂州囊括进一个政治区域中。两宋时期,湖北政区渐趋缜密,"湖北""湖广"等地理名词相继出现,为近现代湖北政区命名奠定了历史基础。

第一节 北宋初期湖北政区制度的确立

宋太祖黄袍加身后,继续推进北周世宗的统一大业,终于确立对今天湖北地区的统治。在宋太祖、宋太宗兄弟的谋划下,湖北地区节度使势力急剧衰颓,造成地方割据的行政因素不复存在。为弥补节度使虚化后缺乏高级政区层级的局面,宋代统治者发展并完善了与前代政区制度迥异的"路"制。至此,"路、府、州、县、军"的政区格局得以基本奠定。两宋湖北政区遵循着宋太祖、宋太宗制定的法度发展,迎来"重文轻武"的地方政治格局。

一、宋太祖时期湖北政区

建隆元年(960年),赵匡胤发动军事政变,取代后周王朝,建立宋朝。宋太祖赵匡胤自然继承后周统治的湖北地区,分别掌控永兴军节度使(辖商州)、山南东道节度使(辖襄、复、均、房四州)、武胜军节度使(辖随、郢二州)以及中央政府直辖的安州、蕲州、黄州、汉阳军。宋朝又改安州汉川县名为义川县。

可能由于稳定政局需要,赵宋建国之初,依然笼络节度使。宋太祖即位之初,就赏赐天下节度使,并"复置安远军于安州,镇国军于华州,泰宁军于兖州"①。宋太祖非但没有削减节度使,反而有所增加,如将五代时期的安州安远军节度使恢复。同年,割据荆南的高保融去世,其弟高保勖即位。

---

① (宋)李焘:《续资治通鉴长编》卷1,《太祖·建隆元年》,中华书局1979年版,第6页。

新即位的高保勖昏庸无道:"保勖性淫恣,日召市倡集府署,择士卒之壮健者使相蹀狎,保勖与姬妾帷帘共观笑之。又好营造台榭,极土木之巧,军民咸怨。"①建隆三年(962年)十一月,高保勖病重去世,不足二十岁的侄儿高继冲即位。荆南政局的变动给宋太祖的统一大业提供可乘之机。

建隆三年(962年)底,张文表发动叛乱,湖南地方统治者求助于宋。乾德元年(963年)正月,宋太祖诏令:"以山南东道节度使、兼侍中慕容延钊为湖南道行营都部署,枢密副使李处耘为都监,遣使十一人,发安、复、郢、陈、澶、孟、宋、亳、颍、光等州兵会襄阳,以讨张文表。"②

原本这次军事行动与荆南无关,结果:

> 先是卢怀忠使荆南,上谓曰:"江陵人情去就,山川向背,我尽欲知之。"怀忠使还,报曰:"高继冲甲兵虽整,而控弦不过三万,年谷虽登,而民困于暴敛。南通长沙,东距建康,西迫巴蜀,北奉朝廷,观其形势,盖日不眼给,取之易耳。"于是上召宰相范质等谓曰:"江陵四分五裂之国,今假道出师,因而下之,蔑不济矣。"③

荆南政权本与张文表无关,结果在赵宋王朝统一趋势下,成为被顺便消灭的对象。赵宋军队借荆南湖北之道路,攻击湖南,再将荆南收复,这种"假虞灭虢"的做法在中国古代并不鲜见。乾德元年(963年)二月,赵宋大兵压境,荆南谋臣意见纷纭,有的主张在湖北荆门埋伏大军,偷袭宋军,维护荆南独立。然而,孙光宪却说:"中国自周世宗时,已有混一天下之志。圣宋受命,凡所措置,规模益宏远。今伐文表,如以山压卵尔。湖湘既平,岂有复假道而去耶!不若早以疆土归朝廷,去斥堠,封府库以待,则荆楚可免祸,而公亦不失富贵。"④年幼的高继冲听信孙光宪意见,不攻击宋军,而是率领湖北"三州,十七县,十四万二千三百户"⑤投降宋朝。这里的三州分别是江陵府、归州、峡州,"十七县",有学者考证为十五县,分别指的是三州所辖诸县。⑥

荆南兵不血刃,归附于宋,避免了战乱,使部分湖北地区安然进入新的历史时期。高继冲投降后,宋太祖将其改任江南地区的武宁节度使,同时保留荆南节度使职务,让王仁赡暂时代理荆南军务。宋太祖对高氏遗留的军队,亦妥为安置:"诏荆南兵愿归农者听,官为葺舍,给赐耕牛、种食;愿留者分隶复、郢州为剩员。"⑦对于当地民众来说,宋朝也多有德政:"赐

---

① (宋)李焘:《续资治通鉴长编》卷2,《太祖·建隆二年》,中华书局1979年版,第53页。
② (宋)李焘:《续资治通鉴长编》卷4,《太祖·乾德元年》,中华书局1979年版,第81页。
③ (宋)李焘:《续资治通鉴长编》卷4,《太祖·乾德元年》,中华书局1979年版,第81—82页。
④ (宋)李焘:《续资治通鉴长编》卷4,《太祖·乾德元年》,中华书局1979年版,第84—85页。
⑤ (宋)李焘:《续资治通鉴长编》卷4,《太祖·乾德元年》,中华书局1979年版,第85页。
⑥ 李昌宪:《中国行政区划通史·宋西夏卷》,复旦大学出版社2017年版,第122页。
⑦ (宋)李焘:《续资治通鉴长编》卷4,《太祖·乾德元年》,中华书局1979年版,第95页。

荆南管内民今年夏租之半"①,"减江陵府民旧租之半"②。荆南高氏投降后,宋王朝实行的种种举措,十分有利于今天以荆州为中心的部分湖北地区的人口增殖和经济发展。

乾德元年(963年),宋朝将郢州境内的富水县并入京山县。

乾德二年(964年)春,宋朝将襄州谷城县阴城镇升为光化军,将谷城县三个乡建为乾德县,隶属于光化军。光化军与乾德县位于今湖北老河口西北。③"军"是源于唐代,发展于五代的一种特殊行政区划,宋初多于地方冲要之地设置,长官为知军。宋代军"存在州级军与县级军二重制"④。光化军明显属于州级军,明确表示出宋朝有加强管控襄阳军事重地的意图。

乾德二年(964年)十一月,宋太祖兴兵讨伐后蜀政权。宋军一路势如破竹,很快占领包括湖北施州在内的广阔领土。乾德三年(965年)正月,孟昶投降,后蜀政权灭亡。

宋朝在江陵府内新设三县:建宁、潜江、玉沙。唐政府早在元和十一年(816年)时,因民户缴纳赋税不方便,就曾设立征科巡院。乾德三年(965年),宋朝将征科巡院的附近人户新设一县,即建宁县。同样,大中十一年(857年),唐朝政府为方便附近居民缴纳赋税,设白洑征科巡院,宋朝在乾德三年(965年)将其改设为潜江县。开平四年(910年),后梁设白沙征科巡院,乾德三年(965年)升为玉沙县。⑤ 乾德三年(965年),江陵府三县均是由赋税征收机构发展而来。建宁县位于今石首东部,玉沙县位于今监利东北。潜江县位于今潜江西北,其得名源于境内的潜水:"水自汉出为潜,故名潜江。"⑥同年在江陵府境内,升万庾巡为万庾县,但马上又撤销。⑦

除了加快王朝统一步伐,宋太祖还进行若干政治改革,用以解决节度使割据问题,史籍记载:

> 自唐天宝以来,方镇屯重兵,多以赋入自赡,名曰留使、留州,其上供殊鲜。五代方镇益强,率令部曲主场院,厚敛以自利。其属三司者,补大吏临之,输额之外辄入己,或私纳货赂,名曰贡奉,用冀恩赏。上始即位,犹循常制,牧守来朝,皆有贡奉。及赵普为相,劝上革去其弊。是月(965年3月),申命诸州,度支经费外,凡金帛以助军实,悉送都下,无得占留。时方镇阙守帅,稍命文臣权知,所在场院,间遣京朝官廷臣监临,又置转运使通判,为之条禁,文簿渐为精密,由是利归公上而外权削矣。⑧

---

①(宋)李焘:《续资治通鉴长编》卷4,《太祖·乾德元年》,中华书局1979年版,第99页。
②(宋)李焘:《续资治通鉴长编》卷4,《太祖·乾德元年》,中华书局1979年版,第107页。
③李昌宪:《中国行政区划通史·宋西夏卷》,复旦大学出版社2017年版,第309页。
④龚延明:《宋代"军"行政区划二重制研究》,《浙江大学学报(人文社会科学版)》2018年第5期。
⑤李昌宪:《中国行政区划通史·宋西夏卷》,复旦大学出版社2017年版,第404页。
⑥万历《湖广总志》卷3,《承天府》,万历十九年刻本,第7页。
⑦李昌宪:《中国行政区划通史·宋西夏卷》,复旦大学出版社2017年版,第405页。
⑧(宋)李焘:《续资治通鉴长编》卷6,《太祖·乾德三年》,中华书局1979年版,第152页。

唐玄宗以来，节度使逐步掌握辖区内的财政权力，进而成为割据一方的军政势力。宋太祖仍旧保留节度使，但"度支经费外，凡金帛以助军实，悉送都下，无得占留"，即剥夺节度使财政大权。同时，让文官当节度使，派中央官员监视地方政务，还设置多种官职，不断削弱节度使的权力，形成"利归公上而外权削"的局面。宋太祖还采取强干弱枝之法，不断削弱地方官员掌握的武装势力，扩充中央直管禁军实力。如宋太祖曾"选诸州募兵之壮勇者部送京师，以备禁卫，余留本城，虽无戍更，然罕教阅，类多给役而已"①。节度使的权力与唐末五代相比，已经衰弱，但是此时的节度使仍旧是凌驾于州、军、县之上的重要行政官员。

　　原本五代有武胜军节度使，辖湖北随、郢二州。乾德五年（967年），宋朝于随州设崇义军节度使，分割武胜军节度使权力。而原本永兴军节度使辖商州，同年春天："诏商州直隶京师。"②

　　乾德五年（967年），南唐在其控制的鄂州境内新设大冶县。原来大冶地区盛产铁矿，为更好管理矿产资源，早在天祐二年（905年）就已设置大冶青山场院。乾德五年（967年），南唐在其基础上设县。大冶县的地理位置约等于今湖北大冶。大冶之得名与矿产有密切联系。

　　开宝二年（969年），宋朝将安州吉阳县并入孝感县。

　　开宝三年（970年），将荆南节度使所辖归、峡二州直隶京师。

　　北宋在灭亡荆南、后蜀之后，湖北地区只剩下南唐控制的鄂州不在其版图。面对宋朝的强大攻势，南唐末代君主李煜日夜不安。开宝四年（971年）年底，李煜废除皇帝称号，自改为江南国主。

　　开宝四年（971年）左右，宋太祖缩减房州辖县，将永清县并入房陵县，上庸县并入竹山县。此举可能是因当地人口数量降低、经济发展水平不高所致。或是后蜀灭亡，当地政治格局调整所致。

　　开宝五年（972年）初，宋太祖将荆南节度使辖区内的荆门镇，升为荆门军。同年，将江陵府长林县与襄州北周时被废除的乐乡县合为新县，仍名长林县，划入荆门军。将江陵府当阳县划入荆门军。③

　　开宝七年（974年）九月，宋太祖正式兴兵攻击南唐政权。宋军从湖北北部出发，顺长江而下，很快占领鄂州。至此湖北全境归宋。开宝八年（975年）底，宋军攻破金陵，南唐灭亡。原鄂州有唐年县，南唐灭亡后，带有"唐"字样的地名不应在宋朝保留，因此唐年县改名崇阳县。

　　峡州有巴山县，宋太祖于开宝八年（975年）将其降为巴山寨，归入夷陵县管辖。④

　　开宝九年（976年）底，宋太祖去世，给其弟宋太宗留下了政治统一且未遭重大战乱破坏

---

① （元）脱脱等：《宋史》卷189，《志第一百四十二》，中华书局1977年版，第4639页。
② （宋）李焘：《续资治通鉴长编》卷8，《太祖·乾德五年》，中华书局1979年版，第192页。
③ 李昌宪：《中国行政区划通史·宋西夏卷》，复旦大学出版社2017年版，第306—404页。
④ （宋）王存等：《元丰九域志》，中华书局1984年版，第272页。

的湖北地区。宋太祖统治末年湖北州军县格局如下所示：

表 5-1　　　　　　　　宋太祖开宝九年(976年)湖北政区表

州、军	县
商州	上津县(郧西县西北)
襄州	襄阳县(襄阳市附近)、谷城县、邓城县(襄阳市附近)、义清县(南漳县东北)、南漳县、宜城县(宜城市附近)
光化军	乾德县(老河口市西北)
复州	沔阳县(仙桃市西南)、景陵县(天门市附近)
均州	武当县(丹江口市附近)、郧乡县(十堰市郧阳区附近)
房州	房陵县(房县附近)、竹山县
郢州	京山县(京山市附近)、长寿县(钟祥市附近)
随州	随县(随州市附近)、光化县(随州市东南)、枣阳县(枣阳市附近)、唐城县(随州市西北)
安州	安陆县(安陆市附近)、云梦县、应山县(广水市附近)、应城县(应城市附近)、孝感县(孝感市附近)、义川县(汉川市北部)
蕲州	蕲春县、黄梅县、蕲水县(浠水市附近)、广济县(武穴市附近)
黄州	黄冈县(黄冈市附近)、黄陂县(武汉市黄陂区附近)、麻城县(麻城市附近)
汉阳军	汉阳县(武汉市汉阳区附近)
江陵府	江陵县(荆州市附近)、枝江县(枝江市附近)、公安县、松滋县(松滋市附近)、石首县(石首市附近)、监利县(监利市附近)、建宁县(石首市东部)、潜江县(潜江市西北)、玉沙县(监利市东北)
荆门军	长林县(荆门市附近)、当阳县(当阳市附近)
归州	秭归县、巴东县、兴山县(兴山县南部)
峡州	夷陵县(宜昌市附近)、远安县、宜都县(宜都市附近)、长阳县(长阳土家族自治县附近)
施州	清江县(恩施市附近)、建始县
鄂州	江夏县(武汉市武昌区附近)、永安县(咸宁市附近)、武昌县(鄂州市附近)、永兴县(阳新县附近)、通山县、蒲圻县(赤壁市附近)、嘉鱼县、崇阳县、大冶县(大冶市附近)

必须说明的是，唐末遗留的节度使仍旧存在，如山南东道节度使、荆南军、武胜军、武昌军、安远军、崇义军的长官对湖北军民政务仍然有一定影响力。

宋太祖时期湖北政区建设取得了诸多成就。第一，宋太祖以其指挥才能，彻底结束唐末五代以来湖北政治分裂局面。宋太祖取代后周，灭亡荆南时，也没有引发大规模战乱，使湖北大部分地区免遭类似唐末的战争破坏。其二，宋太祖时期，根据实际情况，适当增减县的数量。其三，让"军"这一类型的政区在湖北推广。宋朝设置的光化军、汉阳军、荆门军相当于一州，但所辖县并不多，明显不是专为治理民众而设。湖北三"军"的战略地位相对重要，光化军与荆门军直接位于襄阳与江陵正北，可以扼其喉。而汉阳军与鄂州政治中心江夏县隔江对峙,可以分其势。"三军"明显可以起到牵制江陵府、襄州、鄂州的作用。

当然宋王朝对于湖北政区最大的贡献在于釜底抽薪,采用多种措施,解除藩镇割据的基础。宋王朝剥夺节度使的财权,自不待言,其慢慢剥离节度使辖州的办法也有立竿见影的效果。宋王朝继承五代的办法,将原本属于节度使管辖的州直属中央,如商州、归州、峡州等,使得许多节度使只保留一州之地,让部分节度使管辖职权相当于知州。再者,用文官出任节度使,或是节度使缺任不补等办法,让节度使影响力越来越小。与此同时,宋王朝还设置通判,分节度使与知州之权。关于通判,据史书记载:

> 宋初惩五代藩镇之弊,乾德初,下湖南,始置诸州通判,命刑部郎中贾玭等充。建隆四年,诏知府公事并须长吏、通判签议连书,方许行下。时大郡置二员。余置一员。州不及万户不置,武臣知州,小郡亦特置焉……职掌倅贰郡政,凡兵民、钱谷、户口、赋役、狱讼听断之事,可否裁决,与守臣通签书施行。所部官有善否及职事修废,得剌举以闻。①

> 诸州置通判,统治军、州之政,事得专达,与长吏均礼。②

这里说的"郡"就是州的别称,当时大州设两位通判,其余设一员,不满一万户的州不设通判。但如果知州是武官,不满万户的州也设通判。重要公文,需要通判与州官一起署名。州内大小事务的处理,需要通判一起参与。更为关键的是"所部官有善否及职事修废,得剌举以闻",通判还有监察之权。通判名义上是地方长官的助手,实际上却成为共治者。宋王朝种种措施,不仅让节度使无法再擅权,地方大州长官权力亦受到种种限制。湖北地区再难以与中央分庭抗礼。

还需补充的是,今湖北西南部一直聚居大量少数民族。宋王朝采取册封其酋长为知州的办法笼络,正所谓:

> 西南诸蛮夷,重山复岭,杂厕荆、楚、巴、黔、巫中,四面皆王土。乃欲揭上腴之征以取不毛之地,疲易使之众而得梗化之氓,诚何益哉!树其酋长,使自镇抚,始终蛮夷遇之,斯计之得也。③

在今恩施来凤县附近,早在五代时就设有感化州,宋代改为富州、柔远州。宋王朝在今恩施宣恩县高罗乡附近设置珍州,封其酋长为珍州刺史。开宝元年(968年)改珍州为高州。与此类似,在今宣恩县东南还有顺州与保顺州。④

这些所谓的"州"虽然与其他湖北地区的州同名,但却存在相当大的不同。这些州往往

---

① (元)脱脱等:《宋史》卷167,《志第一百二十》,中华书局1977年版,第3974页。
② (元)脱脱等:《宋史》卷166,《志第一百一十九》,中华书局1977年版,第3946页。
③ (元)脱脱等:《宋史》卷493,《列传第二百五十二》,中华书局1977年版,第14171页。
④ 参见李昌宪:《中国行政区划通史·宋西夏卷》,复旦大学出版社2017年版,第621—625页。

并没有属县,长官全部为世袭,其他官制、经济、教育制度也与普通州迥然不同,几乎处于少数民族首领自治状态之中。他们对宋廷叛服无常。再加上这些"州"历史记载相对模糊,存废变化难知,因此下文介绍湖北政区格局时,暂时从略。

二、宋太宗时期湖北政区

宋太宗赵光义是宋太祖之弟,为建立大宋王朝立下功劳。但在宋太祖有成年子嗣,又突然去世的情况下,宋太宗登上皇位,不由得让后人对其产生诸多疑窦。不过烛声斧影的历史疑虑改变不了宋太宗继承宋太祖事业、继续优化湖北政区的事实。

太平兴国元年(976年),宋太宗刚刚即位,"有司言官阶、州县名与御名下字同者,皆改之"①。于是襄州义清县改为中卢县。中卢县又名中庐县,是宋义清县地区附近的汉代旧名。而义川县改名汉川县。随州崇义军节度使改为崇信军节度使。

在政区更名后,宋王朝开始调整湖北境内的军。原本汉阳军仅辖汉阳县,太平兴国二年(977年):"以安州汉川县隶(汉阳)军。"②汉阳军辖县增为二。同年在鄂州永兴县的基础上,设永兴军,将鄂州通山与大冶二县划入其中。③ 在这种情况下,鄂州辖县大幅减少,并且周围有汉阳、永兴二军所包围。这有可能是赵宋统治者对湖北地区最晚归附的南唐鄂州有所戒备所致。永兴军包括今大冶、阳新、通山之地,三地连成一片,刚好阻断鄂州通往东部安徽、江西等地的部分通道。永兴军的设立,实质上部分断绝今武汉地区与原南唐其他州县的地理联系。太平兴国三年(978年),永兴军改名兴国军。

在宋太祖对节度使采取种种措施加以限制后,宋太宗彻底熄灭了节度使的势力。太平兴国二年(977年)八月:

> 虢州刺史许昌裔诉保平节度使杜审进阙失事,诏右拾遗李瀚往察之。瀚因言:"节镇领支郡,多俾亲吏掌其关市,颇不便于商贾,滞天下之货。望不令有所统摄,以分方面之权,尊奖王室,亦强干弱枝之术也。"始,唐及五代节镇皆有支郡。太祖平湖南,始令潭、朗等州直属京,长吏得自奏事,其后大县屯兵,亦有直属京者,兴元之三泉是也。戊辰,上纳瀚言,诏邠、宁、泾、原、鄜、坊、延、丹、陕、虢、襄、均、房、复、邓、唐、澶、濮、宋、亳、郓、济、沧、德、曹、单、青、淄、兖、沂、贝、冀、滑、卫、镇、深、赵、定、祁等州并直属京,天下节镇无复领支郡者矣。④

唐代节度使是以道为基础而存在的,一道有若干州,节度使常驻一州,其余州就是"支郡",五代以至宋太祖,将许多州直属中央,已经开启削除节度使"支郡"的行为。宋太宗时

---

① (宋)李焘:《续资治通鉴长编》卷17,《太祖·开宝九年》,中华书局1979年版,第383页。
② (宋)王存等:《元丰九域志》,中华书局1984年版,第475页。
③ 李昌宪:《中国行政区划通史·宋西夏卷》,复旦大学出版社2017年版,第402页。
④ (宋)李焘:《续资治通鉴长编》卷18,《太宗·太平兴国二年》,中华书局1979年版,第411页。

期,明令削除天下节度使"支郡",这就使得节度使只能管理一州之事。就湖北而言,山南东道节度使管襄州,崇信军节度管随州,荆南节度使管江陵府,武昌军节度使管鄂州,安远军节度使管安州。湖北其他州不再归属任何节度使,这就造成节度使辖区与州、军无异。宋太宗还进一步虚化节度使,将其成为一种荣誉头衔,使它几乎没有政治权力,正所谓:"节度使……无所掌,其事务悉归本州知州、通判兼总之,亦无定员。恩数与执政同。初除,锁院降麻,其礼尤异,以待宗室近属、外戚、国壻年劳久次者。"①多数宗室外戚或是宠臣贵族被封为节度使后,往往并不来当地就职。即使来到外地就职,也经常需要兼任其他官职才能真正处理军民政务,但经济权力已被剥夺,知州与通判也会牵制节度使。宋代节度使官职仍存,但安史之乱后富有政治、军事、经济权力的藩镇再也不复存在。

藩镇不复存在,但是宋代湖北政区并未回到州县二级制。因为就在节度使辖区日益衰落之时,宋太祖、宋太宗开始扶植另一政区——路。宋太祖是宋代"路"的开创者,宋太宗则是确定完善者。

宋太祖沿用唐代以来的转运使来分割节度使财权,将转运使管辖的区域命名为"路"。如宋太祖平定荆南、湖南地方政权后,设荆湖路转运使,负责地方财税事务。宋太祖在位时期,全国已经有京西、京东、淮南、荆湖、西川、江南等路。宋太宗即位后继续完善路的规置。经过极其繁复的演变,到宋太宗在位最后一年,即至道三年(997年),全国转运使路制如下:

> 国初罢节镇统支郡,以转运使领诸路事,其分合未有定制。京西分为两路;河北既分南路,又分东、西路;陕西分为陕西河北、河南两路,又为陕府西北路;淮南分为西路;江南分为东、西路;荆湖两路,或通置一使;两浙或为东北路,其西南路实兼福建;剑南初曰西川,后分峡路,西川又分东、西路,寻并之。是岁,始定为十五路:一曰京东路,二曰京西路,三曰河北路,四曰河东路,五曰陕西路,六曰淮南路,七曰江南路,八曰荆湖南路,九曰荆湖北路,十曰两浙路,十一曰福建路,十二曰西川路,十三曰峡路,十四曰广南东路,十五曰广南西路。(咸平二年三月戊辰,荆湖南、北路始置两使。)②

涉及湖北的路有:

京西路:乾德元年(963年)京西路就出现在史籍中,北宋的首都在今河南开封,京西路相当于开封西部地区,包括湖北的襄州、均州、房州、复州、郢州、随州、安州、光化军。其中安州、复州在宋太宗末年划归荆湖北路。太平兴国三年(978年),宋王朝将京西路又析分为京西南路与京西北路,湖北州军属于南路。但没多久两路又合并。京西路转运使驻今河南境内。

陕西路:乾德元年(963年)陕西路就出现在史籍中,太平兴国二年(977年)宋王朝曾将

---

① (元)脱脱等:《宋史》,中华书局1977年版,第3946页。
② (宋)李焘:《续资治通鉴长编》卷42,《太宗·至道三年》,中华书局1979年版,第901页。

陕西路析分为陕西河北路、陕西河南路，但不久又合并。湖北商州上津县属于陕西路。陕西路转运使驻今河南境内。

淮南路：乾德元年（963年）淮南转运使就出现在史籍中，但淮南路的形成却经历了很长时间，或许到宋太宗末年才最终形成。宋太宗时期曾将淮南路析分为淮南东路与淮南西路，但不久又合并。湖北蕲州、黄州属于淮南路。淮南路转运使不驻湖北境内。

荆湖北路：宋军掌握荆南、湖南两地方政权后，将其合并为荆湖路。宋太宗时期，大致以洞庭湖为界，将其分为荆湖北路与荆湖南路，但是两路在宋太宗时期只设一个转运使。荆湖北路在名字上开当代湖北省之先声，在许多宋元文献中，荆湖北路简称湖北。但荆湖北路与当代湖北省地理范围相差甚远。宋太宗末年，荆湖北路辖湖北江陵府、归州、峡州、复州、安州、鄂州、荆门军、汉阳军。荆湖北路转运使驻江陵府。

峡路：乾德三年（965年），宋灭后蜀，设西川路。可能由于西川路过于庞大，开宝六年（973年）分西川路，设置峡路，湖北施州划入。峡路转运使不驻湖北境内。

江南路：开宝八年（975年）宋军攻灭南唐，开宝九年（976年）设江南转运使。宋太宗时期曾分江南路为江南东路与江南西路，但不久又合并。湖北兴国军划归江南路。江南路转运使不驻湖北境内。

转运使名义上是管理财赋的官员，但实际上权力并不局限于此，正如《宋史》所言："都转运使、转运使、副使、判官，掌经度一路财赋，而察其登耗有无，以足上供及郡县之费。岁行所部，检察储积，稽考账籍，凡吏蠹民瘼，悉条以上达，及专举刺官吏之事。"[1]"吏蠹民瘼，悉条以上达，及专举刺官吏之事"已经明显超越财政经济职能。宋太宗赋予转运使很多其他权力，如太平兴国元年（976年）："诏诸道转运使，各察举部内知州、通判、监临物务京朝官等，以三科第其能否，政绩尤异者为上，恪居官次、职务粗治者为中，临事弛慢、所莅无状者为下，岁终以闻，将大行诛赏焉。"[2]此为转运使辖区官员考核之权。太平兴国六年（981年）"令诸道转运使察访部内官吏，有履行著闻，政术尤最及文学茂异者，各举二人"[3]。此为转运使推举辖区内人才之权。淳化三年（992年）"诏诸道转运使自今厘革庶务、平反狱讼……令诸州所上案牍，勿得通封；转运使案部，所至州县，先录问刑禁"[4]。此为转运使干涉司法刑狱之权。转运使俨然成为凌驾于州县之上的新政区层级，达到"转运使于一路之事无所不总"[5]的地步。

为维护中央集权，避免让转运使成为新的"节度使"，宋王朝又多有更化。为分转运使权力，淳化四年（993年）："分天下为十道：曰河南，河东，关西，剑南，淮南，江南东、西，两浙，广南。在京东曰左计，京西曰右计，置使二员分掌。俄又置总计使判左、右计事，左、右计使判

---

[1]（元）脱脱等：《宋史》卷166，《志第一百一十九》，中华书局1977年版，第3964页。
[2]（宋）李焘：《续资治通鉴长编》卷17，《太祖·开宝九年》，中华书局1979年版，第385—386页。
[3]（宋）李焘：《续资治通鉴长编》卷22，《太宗·太平兴国六年》，中华书局1979年版，第489页。
[4]（宋）李焘：《续资治通鉴长编》卷33，《太宗·淳化三年》，中华书局1979年版，第733—736页。
[5]（元）马端临：《文献通考》，中华书局2011年版，第1848页。

十道事。"① 宋王朝模仿唐代道的划分,又在路之外,另划区域。但这一制度构想仅维持一年,淳化五年(994年)即取消。然而,分转运使权力的意图,在宋太宗之后得以实现,亦让宋代路制越来越复杂。

至道三年(997年),宋政府将江陵府玉沙县划归复州。② 同年,宋太宗驾崩,留给后代一个统一而安定的湖北。宋太宗建立转运使路制,虽然让湖北藩镇时代一去不复返,但使今荆州、襄阳、武汉三大区域政治中心的地位亦不复存在,只剩下荆州江陵府,撑起湖北地区政治中心的重任。至道三年(997年),湖北政区格局如下所示:

表 5-2 宋太宗至道三年(997年)湖北政区表

路	府、州、军	县
京西路	襄州	襄阳县(襄阳市附近)、谷城县、邓城县(襄阳市附近)、中卢县(南漳县东北)、南漳县、宜城县(宜城市附近)
	均州	武当县(丹江口市附近)、郧乡县(十堰市郧阳区附近)
	房州	房陵县(房县附近)、竹山县
	郢州	京山县(京山市附近)、长寿县(钟祥市附近)
	随州	随县(随州市附近)、光化县(随州市东南)、枣阳县(枣阳市附近)、唐城县(随州市西北)
	光化军	乾德县(老河口市西北)
陕西路	商州	上津县(郧西县西北)
峡路	施州	清江县(恩施市附近)、建始县
荆湖北路	江陵府	江陵县(荆州市附近)、枝江县(枝江市附近)、公安县、松滋县(松滋市附近)、石首县(石首市附近)、监利县(监利市附近)、建宁县(石首市东部)、潜江县(潜江市西北)
	荆门军	长林县(荆门市附近)、当阳县(当阳市附近)
	归州	秭归县、巴东县、兴山县(兴山县南部)
	峡州	夷陵县(宜昌市附近)、远安县、宜都县(宜都市附近)、长阳县(长阳土家族自治县附近)
	复州	沔阳县(仙桃市西南)、景陵县(天门市附近)、玉沙县(监利县东北)
	安州	安陆县(安陆市附近)、云梦县、应山县(广水市附近)、应城县(应城市附近)、孝感县(孝感市附近)
	鄂州	江夏县(武汉市武昌区附近)、永安县(咸宁市附近)、武昌县(鄂州市附近)、蒲圻县(赤壁市附近)、嘉鱼县、崇阳县
	汉阳军	汉阳县(武汉市汉阳区附近)、汉川县(汉川市北部)

① (元)脱脱等:《宋史》卷162,《志第一百一十五》,中华书局1977年版,第3807页。
② 李昌宪:《中国行政区划通史·宋西夏卷》,复旦大学出版社2017年版,第407页。

续表

路	府、州、军	县
淮南路	蕲州	蕲春县、黄梅县、蕲水县(浠水县附近)、广济县(武穴市附近)
	黄州	黄冈县(黄冈市附近)、黄陂县(武汉市黄陂区附近)、麻城县(麻城市附近)
江南路	兴国军	永兴县(阳新县附近)、通山县、大冶县(大冶市附近)

第二节 北宋中期湖北所属路制的完善

继宋太祖、太宗创立宋代政区制度后,真宗、仁宗、英宗相继恪守祖训,在湖北地区力行地方分权制度。在转运司路之后,又相继形成了提点刑狱司路与帅司路。三路长官一般互不统属,辖区也不尽相同,长官驻所亦多有区分。三路长官与知州、知军共同控制湖北地区的行政权、财政权、司法权、军权,使宋王朝分权政区模式达到新的阶段。

一、宋真宗时期湖北政区

宋太宗去世后,宋真宗即位。宋真宗牢记藩镇割据的历史教训,力行分权之遗规,在位时期对宋代路制多有更改。至道三年(997年),即:"令诸路转运使更互赴阙,询以民间利病。"①转运使不得长期驻守地方,必须每隔一段时间进京述职。

咸平二年(999年),宋朝廷分设荆湖北路转运使、荆湖南路转运使。荆湖北路转运使仍驻江陵府。

自宋太宗末年以来,四川人民起义不断,其中以王小波、李顺起义声势最为浩大。宋真宗即位后,四川地区仍不平静。咸平四年(1001年)三月,为加强对四川地区管理,宋真宗重新规划四川路制:

辛巳诏分川峡转运使为益、梓、利、夔四路,益州路总益、绵、汉、彭、邛、蜀、嘉、眉、陵、简、黎、雅、维、茂、永康凡十五州、军,梓州路总梓、遂、果、资、普、荣、昌、渠、合、戎、泸、怀安、广安、富顺凡十四州、军、监,利州路总利、洋、兴、剑、文、集、壁、巴、蓬、龙、阆、兴元、剑门、三泉、西县凡十五州、府、军、县,夔州路总夔、施、忠、万、开、达、渝、黔、涪、云安、梁山、大宁凡十二州、军、监。②

从此峡路不复存在,湖北施州划归夔州路。夔州路转运使驻所在今重庆境内。

宋太祖、太宗之父为赵弘殷,宋朝将其陵墓称为永安陵。然而,湖北鄂州永安县,直到宋

---

① (宋)李焘:《续资治通鉴长编》卷41,《太宗·至道三年》,中华书局1979年版,第869页。
② (宋)李焘:《续资治通鉴长编》卷48,《真宗·咸平四年》,中华书局1979年版,第1052—1053页。

真宗景德四年(1007年),才避其讳,改名为咸宁县。① 永安与咸宁均是长久普遍安宁的含义,这种更名纯属因避讳而改成同义词。

或许是江南路过于庞大,天禧四年(1020年)四月:"分江南转运使为东、西两路,从户部判官滕涉之请,以便按巡也。"②湖北兴国军划归江南西路。江南西路转运使驻今江西境内。

除转运司路之外,宋真宗统治时期,又发展两路,一为提点刑狱司路,一为帅司路。先说提点刑狱司路。提点刑狱官本是转运使的下属,后被宋太宗废除。但宋真宗景德四年(1007年)七月,重新设立诸路提点刑狱官。

提点刑狱官偏重于司法审判,直接分转运使之权。且宋真宗明确规定:"诸色词诉,逐州断遣不当,已经转运使批断未允者,并收接施行。"③提点刑狱官不再是转运使的下属,两者几乎是平行官职。更为重要的是,转运使与提点刑狱官的驻所经常不在一起,如荆湖北路,转运使驻江陵府,提点刑狱官驻今湖南境内。提点刑狱官所辖地区即是提点刑狱司路。涉及湖北地区,转运司路多与提点刑狱司路重合,因此一路之中,其实有两个政治中心。宋代统治者这一创举慢慢让中国古代高层政区精细化。

除却提点刑狱官,宋代地方军事区域在真宗朝进一步发展。早在宋太祖时期,就设置各种官员管理地方军务,后来这些官员往往发展出固定的辖区。如开宝九年(976年),设江南西路兵马钤辖。④

宋真宗时期,对地方军事官员有所调整。

咸平元年(998年)至咸平六年(1003年),宋真宗"以守臣为湖北路兵马都钤辖,提举施、夔等州兵甲事"⑤。这里的"湖北路"即荆湖北路的简称。从转运司路来看,施、夔并不归荆湖北路管理,而归夔州路。宋真宗故意打破转运司路,将荆湖北路与施、夔统一军事管理。

景德元年(1004年)十月,宋真宗又令:"川峡四路兵甲贼盗事:内益、利两路,令西川钤辖司提举;夔、梓两路,令峡路钤辖司提举;其逐州都监,但主本州兵甲盗贼事。"⑥从转运司路来看,夔州路已经形成,峡路已经取消。但从军事指挥而言,转运司夔、梓两路却归令峡路钤辖司管理,故意打破转运司路的范围。

天禧元年(1017年)至天禧五年(1021年),宋朝又设提举庐、寿、蕲、光、舒、濠、无为兵甲。⑦ 这里庐州、寿州、蕲州、光州、舒州、濠州、无为军属于转运司淮南路,但淮南路部分州军却不在其中。

宋真宗故意让军事管理区域与转运使等官员辖区不一致,造成犬牙交错局面,让地方分

---

① 参见李昌宪:《中国行政区划通史·宋西夏卷》,复旦大学出版社2017年版,第406页。
② (宋)李焘:《续资治通鉴长编》卷95,《真宗·天禧四年》,中华书局1979年版,第2188页。
③ (宋)李焘:《续资治通鉴长编》卷66,《真宗·景德四年》,中华书局1979年版,第1477页。
④ (宋)王象之:《舆地纪胜》,浙江古籍出版社2012年版,第821页。
⑤ (宋)王象之:《舆地纪胜》,浙江古籍出版社2012年版,第1647页。
⑥ (宋)李焘:《续资治通鉴长编》卷58,《真宗·景德元年》,中华书局1979年版,第1277—1278页。
⑦ (宋)王象之:《舆地纪胜》,浙江古籍出版社2012年版,第1350页。

权模式进一步细化。从此宋代路制一分为三,其中以转运使为主的路,简称漕司路;以提点刑狱官为主的路,简称宪司路;以各种军事管理官员为主的路,简称帅司路。三路长官互不统属,且辖区呈现极为复杂的半重合状态之中,常驻地点更不尽相同。当然,宋真宗统治时期,帅司路还不成熟,要待后世君主进一步完善。

乾兴元年(1022年)二月,宋真宗去世。宋真宗统治末年,湖北政区情况应如下表(以转运司路为准):

表5-3 宋真宗乾兴元年(1022年)湖北政区表

路	府、州、军	县
京西路	襄州	襄阳县(襄阳市附近)、谷城县、邓城县(襄阳市附近)、中卢县(南漳县东北)、南漳县、宜城县(宜城市附近)
	均州	武当县(丹江口市附近)、郧乡县(十堰市郧阳区附近)
	房州	房陵县(房县附近)、竹山县
	郢州	京山县(京山市附近)、长寿县(钟祥市附近)
	随州	随县(随州市附近)、光化县(随州市东南)、枣阳县(枣阳市附近)、唐城县(随州市西北)
	光化军	乾德县(老河口市西北)
陕西路	商州	上津县(郧西县西北)
夔州路	施州	清江县(恩施市附近)、建始县
荆湖北路	江陵府	江陵县(荆州市附近)、枝江县(枝江市附近)、公安县、松滋县(松滋市附近)、石首县(石首市附近)、监利县(监利市附近)、建宁县(石首市东部)、潜江县(潜江市西北)
	荆门军	长林县(荆门市附近)、当阳县(当阳市附近)
	归州	秭归县、巴东县、兴山县(兴山县南部)
	峡州	夷陵县(宜昌市附近)、远安县、宜都县(宜都市附近)、长阳县(长阳土家族自治县附近)
	复州	沔阳县(仙桃市西南)、景陵县(天门市附近)、玉沙县(监利市东北)
	安州	安陆县(安陆市附近)、云梦县、应山县(广水市附近)、应城县(应城市附近)、孝感县(孝感市附近)
	鄂州	江夏县(武汉市武昌区附近)、咸宁县(咸宁市附近)、武昌县(鄂州市附近)、蒲圻县(赤壁市附近)、嘉鱼县、崇阳县
	汉阳军	汉阳县(武汉市汉阳区附近)、汉川县(汉川市北部)
淮南路	蕲州	蕲春县、黄梅县、蕲水县(浠水市附近)、广济县(武穴市附近)
	黄州	黄冈县(黄冈市附近)、黄陂县(武汉市黄陂区附近)、麻城县(麻城市附近)
江南西路	兴国军	永兴县(阳新县附近)、通山县、大冶县(大冶市附近)

二、宋仁宗、宋英宗时期湖北政区

乾兴元年(1022年),年仅十余岁的宋仁宗即位,由皇太后刘氏处理政务。直到明道二年(1033年),宋仁宗才开始亲政。

天圣六年(1028年)正月,宋王朝废除提点刑狱官:"诏诸路提点刑狱朝臣、使臣,交割本职公事与转运使、副使,仍令转运司条所省事件以闻。或言提点刑狱官过为烦扰,无益于事故也。"①提点刑狱官废除,相应的宪司路亦不复存在。司法大权再次归属转运使所有。

天圣六年(1028年)十月,"析荆湖北路安州隶京西路。先是,京西转运使言,本路供亿费多而赋入少,故有是请,从之"②。京西路耗费庞大,但收入却较少。于是转运使奏请将荆湖北路较为富裕的安州划归京西路,得到批准。

天圣八年(1030年),宋王朝又恢复提点刑狱官,但不久又废除。

明道二年(1033年)三月,执政的皇太后去世,仁宗亲揽政务。宋仁宗亲政当年,就全面恢复提点刑狱官:

> 天圣六年(1028年),罢诸路提点刑狱官。八年(1030年)复置,又权停。于是,上谓辅臣曰:"诸路刑狱既罢提点官,转运司不能一一躬往谳问,恐寖至冤滥。宜选贤明廉干不生事者委任之,则民受其赐矣。"乃复置诸路提点刑狱官,仍参用武臣。③

经过宋仁宗的恢复,宪司路从此成为宋朝定制。

宝元二年(1039年)七月,宋朝"废沔阳县入玉沙县"④。

庆历元年(1041年)四月,宋朝"以安州复隶荆湖北路"⑤。

为了应对日益强大的西夏,宋朝调整陕西路的军事布置。庆历元年(1041年)十月:

> 甲午,徙判永兴军、宣徽南院使、忠武节度使、陕西马步军都部署、兼经略安抚缘边招讨使夏竦判河中府,知永兴军、资政殿学士、工部侍郎、同陕西马步军都部署、兼经略安抚缘边招讨使陈执中知陕州。竦雅意在朝廷,及任西事,颇依违顾避,久之无功,又与执中议论多不合,皆上表乞解兵柄,而谏官张方平亦请罢竦统帅。执中又言兵尚神密,千里禀命,非所以制胜,宜属四路各保疆圉,与方平议论略同。朝廷是之,于是两人俱罢,始分陕西为四路焉。⑥

---

① (宋)李焘:《续资治通鉴长编》卷106,《真宗·景德元年》,中华书局1979年版,第2462页。
② (宋)李焘:《续资治通鉴长编》卷106,《仁宗·天圣六年》,中华书局1979年版,第2483页。
③ (宋)李焘:《续资治通鉴长编》卷113,《仁宗·明道二年》,中华书局1979年版,第2646页。
④ (宋)李焘:《续资治通鉴长编》卷124,《仁宗·宝元二年》,中华书局1979年版,第2918页。
⑤ (宋)李焘:《续资治通鉴长编》卷131,《仁宗·庆历元年》,中华书局1979年版,第3117页。
⑥ (宋)李焘:《续资治通鉴长编》卷134,《仁宗·庆历元年》,中华书局1979年版,第3190页。

这里的"始分陕西为四路"指的是陕西的四大帅司路,分别为秦凤、泾原、环庆、鄜延。庆历二年(1042年):"诏永兴军如四路置部署兼本路安抚使,提举乾、耀等州军马。"①湖北商州从此归永兴军路安抚使管辖。值得注意的是,这里的秦凤路、泾原路、环庆路、鄜延路以及永兴军路仅仅是帅司路,而漕司与宪司还是陕西路。

皇祐三年(1051年)正月:"诏:江宁府、扬州、庐州、洪州、福州并带提辖本路兵甲、贼盗公事,益屯禁兵。仍分淮南为两路:扬州为东路,庐州为西路。"②又《宋史》记载:"钤辖司,掌总治军旅屯戍、营防守御之政令。凡将兵隶属官训练、教阅、赏罚之事,皆掌之。守臣带提举兵马巡检、都监及提辖兵甲者,掌统治军旅,训练教阅,以督捕盗贼而肃清治境。凡诸营名籍、赏罚之事,皆掌之。"③

以上表明江宁府、扬州、庐州、洪州、福州的知府与知州同时兼任所在路的军事长官。当时洪州为江南西路所在地,因此洪州知州兼任江南西路军事长官。宋朝将淮南路一分为二,以扬州知州兼淮南东路军事长官,以庐州知州兼淮南西路军事长官。值得注意的是,此时的淮南分路指的是帅司路,而非漕司与宪司路。

嘉祐五年(1060年)七月:"诏知许州兼京西北路安抚使、知邓州兼京西南路安抚使,以许、陈、郑、滑、孟、蔡、汝、颍、信阳九州军隶北路,邓、襄、随、房、金、唐、均、郢、光化九州军隶南路,其河南府即不隶所部。"④据《宋史》记载:"安抚总一路兵政,以知州兼充。"⑤这里的京西北路与京西南路仍旧是帅司路,而非漕司与宪司路,原有京西转运使路此时并没有分南北。尤为值得注意的是,在长期的探索中,宋王朝逐渐出现一种局面,转运使与提点刑狱官大多专任,而安抚使等军事官员却经常兼任所驻州之知州,如此一来军民管辖权逐渐有所集中,造成安抚使等官"掌一路兵民之事"⑥的局面。北宋王朝让漕司、宪司、帅司三方互相牵制,一路权力多元发展,极力避免地方专权现象的发生。

到嘉祐五年(1060年),湖北地区所属帅司路基本定型,如下表所示:

表 5-4　　　　　　　　宋仁宗嘉祐五年(1060年)湖北政区表

帅司机构	府、州、军	县
京西南路安抚司	襄州	襄阳县(襄阳市附近)、谷城县、邓城县(襄阳市附近)、中卢县(南漳县东北)、南漳县、宜城县(宜城市附近)
	均州	武当县(丹江口市附近)、郧乡县(十堰市郧阳区附近)
	房州	房陵县(房县附近)、竹山县

---

① (宋)李焘:《续资治通鉴长编》卷138,《仁宗·庆历二年》,中华书局1979年版,第3314页。
② (宋)李焘:《续资治通鉴长编》卷170,《仁宗·皇祐三年》,中华书局1979年版,第4077页。
③ (元)脱脱等:《宋史》,中华书局1977年版,第3979页。
④ (宋)李焘:《续资治通鉴长编》卷192,《仁宗·嘉祐五年》,中华书局1979年版,第4634页。
⑤ (元)脱脱等:《宋史》卷167,《志第一百二十》,中华书局1977年版,第3961页。
⑥ (元)脱脱等:《宋史》卷167,《志第一百二十》,中华书局1977年版,第3960页。

续表

帅司机构	府、州、军	县
京西南路安抚司	郢州	京山县(京山市附近)、长寿县(钟祥市附近)
	随州	随县(随州市附近)、光化县(随州市东南)、枣阳县(枣阳市附近)、唐城县(随州市西北)
	光化军	乾德县(老河口市西北)
永兴军路安抚司	商州	上津县(郧西县西北)
峡路钤辖司	施州	清江县(恩施市附近)、建始县
荆湖北路钤辖司	江陵府	江陵县(荆州市附近)、枝江县(枝江市附近)、公安县、松滋县(松滋市附近)、石首县(石首市附近)、监利县(监利市附近)、建宁县(石首市东部)、潜江县(潜江市西北)
	荆门军	长林县(荆门市附近)、当阳县(当阳市附近)
	归州	秭归县、巴东县、兴山县(兴山县南部)
	峡州	夷陵县(宜昌市附近)、远安县、宜都县(宜都市附近)、长阳县(长阳土家族自治县附近)
	复州	景陵县(天门市附近)、玉沙县(监利市东北)
	安州	安陆县(安陆市附近)、云梦县、应山县(广水市附近)、应城县(应城市附近)、孝感县(孝感市附近)
	鄂州	江夏县(武汉市武昌区附近)、咸宁县(咸宁市附近)、武昌县(鄂州市附近)、蒲圻县(赤壁市附近)、嘉鱼县、崇阳县
	汉阳军	汉阳县(武汉市汉阳区附近)、汉川县(汉川市北部)
淮南西路钤辖司	蕲州	蕲春县、黄梅县、蕲水县(浠水县附近)、广济县(武穴市附近)
	黄州	黄冈县(黄冈市附近)、黄陂县(武汉市黄陂区附近)、麻城县(麻城市附近)
江南西路钤辖司	兴国军	永兴县(阳新县附近)、通山县、大冶县(大冶市附近)

以上是湖北帅司路情况,而转运使路几乎仍为宋真宗末年之旧。嘉祐八年(1063年),宋仁宗去世,享年五十四岁。仁宗在位四十二年,为宋朝在位时间最长的皇帝。仁宗去世后,其养子宋英宗即位。英宗在位时期,湖北政区结构没有明显改变。但是英宗的不变却孕育其继承者的变革。北宋王朝虽然在政区规划上有其过人之处,但"用度大奢,赏赐不节,宗室繁多,官职冗滥,军旅不精"①的问题却越来越严重。史书记载:

> 治平中,兵数少损,隶籍者犹百十六万二千,宗室、吏员视皇祐无虑增十之三。英宗以勤俭自饬,然享国日浅,于经纪法度所未暇焉。治平二年,内外入一亿一千

---

① (元)脱脱等:《宋史》,中华书局1977年版,第4354页。

六百十三万八千四百五,出一亿二千三十四万三千一百七十四,非常出者又一千一百五十二万一千二百七十八。①

"治平"为宋英宗年号,其统治时期,宋军人数多达116万人,而战绩却不佳。为加强中央集权,防止地方专权,宋政府多设官员,官吏人数持续膨胀,再加上皇室奢靡,官员腐败,宋朝入不敷出。治平二年(1065年)财政赤字达一千多万,治平四年(1067年),宋英宗去世,严重的国家问题留给其继承人解决。而伴随社会问题解决的,则是湖北政区的再次变革。

第三节　王安石变法到北宋末年的湖北政区

宋神宗即位后,任用王安石进行变法,对湖北政区多有更化。一方面大力裁汰湖北军、县;另一方面更改路制,并在原有三路之外又创设提举常平司路,将宋代路制推向新的高峰。在这一历史过程中,襄阳成为继江陵府后湖北第二个区域政治中心。神宗去世后,宋哲宗囿于复杂的政局,对湖北政区进一步更改。但宋徽宗的极度腐败,使北宋走向灭亡。

一、宋神宗时期湖北政区

治平四年(1067年),宋神宗即位。宋神宗目睹当时宋朝积贫积弱的现状,锐意变法图强。熙宁元年(1068年)四月,宋神宗"诏翰林学士王安石越次入对"②。熙宁二年(1069年)正月"以王安石参知政事……陈升之、王安石创置三司条例,议行新法"③。王安石变法正式拉开序幕。或许是变法精简官吏思想的影响,湖北政区得到大规模裁并。

熙宁元年(1068年),废除随州光化县,将其并入随县。④

熙宁二年(1069年),宋王朝撤销云梦县,将其并入安陆县。⑤

熙宁四年(1071年),将光化军降为光化县,县隶属襄州,废除乾德县。⑥ 废除汉阳军与汉川县,将其土地划入嘉鱼县,汉阳县划归鄂州。⑦

熙宁五年(1072年),将归州兴山县并入秭归县。⑧

---

① (元)脱脱等:《宋史》,中华书局1977年版,第4353页。
② (元)脱脱等:《宋史》,中华书局1977年版,第268页。
③ (元)脱脱等:《宋史》,中华书局1977年版,第270页。
④ (宋)王存等:《元丰九域志》,中华书局1984年版,第25页。
⑤ (宋)王存等:《元丰九域志》,中华书局1984年版,第269页。
⑥ (宋)王存等:《元丰九域志》,中华书局1984年版,第473页。
⑦ (宋)王存等:《元丰九域志》,中华书局1984年版,第475页。
⑧ (宋)王存等:《元丰九域志》,中华书局1984年版,第273页。

熙宁六年(1073年),废除江陵府枝江县与建宁县,其地并入松滋县与石首县。废除复州与玉沙县,将其并入监利县。原复州之景陵县划入安州。① 同年,再废荆门军,将长林、当阳二县并入江陵府。

短短几年内,湖北三军一州七县被废。这一方面缩减了湖北政区单位,裁撤了大量官员,节约了财政经费。另一方面,让宋太祖"三军"牵制江陵府、襄州、鄂州的政治版图不复存在。湖北"三军"的裁撤,可能也有其道理。宋太祖刚刚平定湖北地区,且节度使仍存,设计犬牙交错互相牵制的政治版图可以理解。但到宋神宗统治时期,割据势力早已不复存在,漕司、宪司、帅司的路制也已确立,那么维持只辖一两县的军确实与缩减行政开支的"新法"精神相违背。这或许就是湖北"三军"取消的原因。但值得注意的是,位于荆湖北路、江南西路、淮南路三路交界之处的兴国军仍旧保留。

当然王安石变法时期,宋王朝并不只会裁撤政区,同样也会增加新政区。熙宁五年(1072年),将鄂州崇阳县境内的通城镇升为通城县。② 尤为值得注意的是,宋神宗时期在鄂州境内设置了宝泉监。

宋代"监"的情况比较复杂,常因管理重要经济资源而设。某些"监"具有相对独立的民事管辖权,也有实在的地理范围,常被看做一种较为特殊的行政区划。湖北东部矿藏资源丰富,早在宋神宗之前,就有"监"的设立,如兴国军大冶县境内就设有钱监、铜场、铁务。③ 但这些机构因其地属某县,一般不被当作行政区划。熙宁七年(1074年)至熙宁八年(1075年),宋朝在鄂州设专门管理铜钱铸造的宝泉监。宝泉监位于鄂州治所江夏县二里许,④应该在今武汉市武昌区境内。按《宋史》《元丰九域志》的记载,新设立的宝泉监不隶属于任何一县,应该是鄂州属下相对独立的管理单位。

除了州军县监的变动,宋神宗时期对湖北所属路制也进行了大范围改革。

为推行王安石变法,熙宁二年(1069年)设立提举常平司:

> 制置三司条例司言:"近诏置京东等路常平广惠仓,欲量逐路钱物多少,选官分诣提举。"诏差官充逐路提举常平广惠仓,兼管勾农田水利差役事……驾部员外郎苏涓、太子中舍刘管陕西路……太常博士李南公、殿中丞陈知俭京西路,都官员外郎熊本、殿中丞徐仿淮南路……太子中舍张次山江南西路……都官员外郎田君平荆湖北路……虞部员外郎韩彦、殿中丞张授夔州路。⑤

这里的"常平广惠仓"是王安石变法措施之一,旨在调节粮食价格,救济灾荒。提举常平

---

① (宋)王存等:《元丰九域志》,中华书局1984年版,第266、269页。
② (宋)王存等:《元丰九域志》,中华书局1984年版,第267页。
③ (宋)王存等:《元丰九域志》,中华书局1984年版,第256页。
④ (宋)王存等:《元丰九域志》,中华书局1984年版,第258页。
⑤ 《宋会要辑稿》,《职官四十三》,上海古籍出版社2014年版,第4111页。

司并非只管理"常平广惠仓",其职责非常广泛:

> 提举常平司掌常平、义仓、免役、市易、坊场、河渡、水利之法,视岁之丰歉而为之敛散,以惠农民。凡役钱,产有厚薄则输有多寡;及给吏禄,亦视其执役之重轻难易以为之等。商有滞货,则官为敛之,复售于民,以平物价。皆总其政令,仍专举刺官吏之事。①

"常平、义仓、免役、市易、坊场、河渡、水利"是王安石变法重要内容,提举常平司在某种程度上就是为推行新法而设的。据学者研究,提举常平官的权力十分庞杂,除了推行新法和常平仓管理,还涉及救灾慈善、田产管理、矿业生产、盐业管理、监察官吏、审理案件、推荐人才等方面,②职能已经超出纯经济领域。

转运使原本就是掌管一路财政经济的官员,且常平等法与经济有关,宋神宗却并不依托原有转运使,而新设官员,一方面可能是不想依靠旧官员推行新法,另一方面恐怕还是遵循地方分权的传统。宋王朝刻意让一路官员互相牵制,宋神宗曾下令:"转运、提点刑狱、提举司点检举劾,听逐司互察。"③

提举常平官的设置对宋代财政经济有重要影响,对行政区划而言,又出现提举常平司路,简称仓司路。荆湖北路提举常平官应当在江陵府办公。从此湖北所属每一州军县均由所属之漕司、宪司、帅司、仓司共同管理。宋代地方分权政区模式达到高峰。

熙宁五年(1072年)八月:"诏以京西路分南北两路,襄、邓、随、房、金、均、郢、唐八州为南路,西京、滑孟陈许蔡汝颍七州、信阳军为北路。"④这里的路指的是转运使路,从此湖北襄、随、房、均、郢五州划归京西南路。京西提点刑狱司路与提举常平司路也应该随之而分。京西南路设立后,漕司转运使衙署设于襄阳。于是,湖北自江陵府后,又多出襄阳作为区域政治中心。

九月:"诏以淮南路分东、西两路,扬、亳、宿、楚、海、泰、泗、滁、真、通十州为东路,寿庐蕲和舒濠光黄八州、无为军为西路。"⑤这里的路指的是转运使路,从此湖北蕲、黄二州划归淮南西路。淮南提点刑狱司路与提举常平司也应该随之而分。

十一月:"今分永兴保安军、河中陕府、商解同华耀虢鄜延丹坊环庆邠宁州为永兴军等路,转运使于永兴军,提点刑狱于河中府置司;凤翔府、秦阶陇凤成泾原渭熙河洮岷州、镇戎德顺通远军为秦凤等路,转运使于秦州,提点刑狱于凤翔府置司。仍以永兴、鄜延、环庆、秦

---

① (元)脱脱等:《宋史》,中华书局1977年版,第3968页。
② 参见贾玉英:《宋代提举常平司制度初探》,《中国史研究》1997年第3期。
③ (宋)李焘:《续资治通鉴长编》卷348,《神宗元丰七年》,中华书局1979年版,第8355页。
④ (宋)李焘:《续资治通鉴长编》卷237,《神宗熙宁五年》,中华书局1979年版,第5775页。
⑤ (宋)李焘:《续资治通鉴长编》卷238,《神宗熙宁五年》,中华书局1979年版,第5800页。

凤、泾原、熙河分六路,各置经略、安抚司。"① 也就是说,宋神宗将原陕西漕司路与宪司路分为永兴军路与秦凤路,湖北商州属于永兴军路。而同一范围内的帅司路,则分为六路。湖北商州仍旧属于永兴军路。

宋朝集中于熙宁五年(1072年)分路的原因,史籍未得其详,或许是随着新法的展开,事务越来越繁琐。原有京西、淮南、陕西三路面积过大,因此析分。其实三地帅司路早已析分,而上文提到的熙宁二年(1069年)委派提举常平官时,江南西路与荆湖北路委派一人,京西、淮南、陕西委派的却是两人,亦可看出分路的端倪。

熙宁九年(1076年),即湖北宝泉监设置后不久,王安石辞职。此时湖北政区格局(以转运司路为准)如下所示:

表 5-5　　　　　　　　宋神宗熙宁九年(1076年)湖北政区表

路	府、州、军	县、监
京西南路	襄州	襄阳县(襄阳市附近)、谷城县、邓城县(襄阳市附近)、中卢县(南漳县东北)、南漳县、宜城县(宜城市附近)、光化县(老河口市西北)
	均州	武当县(丹江口市附近)、郧乡县(十堰市郧阳区附近)
	房州	房陵县(房县附近)、竹山县
	郢州	京山县(京山市附近)、长寿县(钟祥市附近)
	随州	随县(随州市附近)、枣阳县(枣阳市附近)、唐城县(随州市西北)
永兴军路	商州	上津县(郧西县西北)
夔州路	施州	清江县(恩施市附近)、建始县
荆湖北路	江陵府	江陵县(荆州市附近)、公安县、松滋县(松滋市附近)、石首县(石首市附近)、监利县(监利市附近)、潜江县(潜江市西北)、长林县(荆门市附近)、当阳县(当阳市附近)
	归州	秭归县、巴东县
	峡州	夷陵县(宜昌市附近)、远安县、宜都县(宜都市附近)、长阳县
	安州	安陆县(安陆市附近)、应山县(广水市附近)、应城县(应城市附近)、孝感县(孝感市附近)、景陵县(天门市附近)
	鄂州	江夏县(武汉市武昌区附近)、咸宁县(咸宁市附近)、武昌县(鄂州市附近)、蒲圻县(赤壁市附近)、嘉鱼县、崇阳县、汉阳县(武汉市汉阳区附近)、通城县、宝泉监(武汉市武昌区附近)
淮南西路	蕲州	蕲春县、黄梅县、蕲水县(浠水县附近)、广济县(武穴市附近)
	黄州	黄冈县、黄陂县(武汉市黄陂区附近)、麻城县(麻城市附近)
江南西路	兴国军	永兴县(阳新县附近)、通山县、大冶县(大冶市附近)

---

① (宋)李焘:《续资治通鉴长编》卷240,《神宗熙宁五年》,中华书局1979年版,第5867—5868页。

图 5-1 明代《今古舆地图》所绘《宋元丰九域图》局部

元丰元年(1078年):令"河北东西、永兴、秦凤、京东东西、京西南北,淮南东西路转运司,并依未分路以前通管两路,其钱谷并听移用。除河北、陕西外,余减判官一员"①。对这道命令的含义,有的学者解读为京西、淮南、陕西三路分开,但由一个转运司管理。还有的学者认为,这实际上是废除分路状态,恢复京西、淮南、陕西三路原貌。孰是孰非,还需进一步讨论。元丰八年(1085年)年初,因北宋对西夏的战争失败,宋神宗郁郁而终,年仅38岁。

二、宋哲宗时期湖北政区

宋神宗去世后,年纪不足十岁的宋哲宗即位,太皇太后高氏临朝听政,掌握实际政权。太皇太后高氏极度讨厌王安石新法,执政期间,凡是神宗时期变更的湖北政区,她几乎都要更改过来。

大约在元祐元年(1086年)左右,宋王朝恢复光化军与乾德县,乾德县改名光化县。

---

① (宋)李焘:《续资治通鉴长编》卷287,《神宗元丰元年》,中华书局1979年版,第7025页。

元祐元年(1086年),恢复复州以及玉沙县,汉阳军以及汉川县、云梦县、兴山县、建宁县、枝江县。元祐三年(1088年),恢复荆门军。①

元祐元年(1086年)闰二月,司马光上书,抨击王安石变法扰乱路制。② 宋王朝全面废除提举常平官。三月又发布命令:"诸路提点刑狱不分路。京东西路、京东东路并为京东路,京西南路、京西北路并为京西路,秦凤等路、永兴军等路并为陕府西路,河北西路、河北东路并为河北路,淮南西路、淮南东路并为淮南路。"③于是宪司路恢复未分路之前的状况。

不过元祐二年(1087年)五月:

> 中书省言:"河北、陕西、京东、京西、淮南,旧分东西、南北两路,每路置提点刑狱官一员,近已并路,以二员共领。州县阔远,遇有盗贼刑狱公事,公移稽滞,督捕巡察不得专一。"诏分路差官及逐司差官检法仍旧制。④

新法的合理成分还是经得起实际考验的,仅仅一年多时间,宋王朝宪司路又回归到王安石变法时期的状况。淮南西路、淮南东路很有可能在宋哲宗以及宋徽宗初期又复合,具体时间难以查考。元祐八年(1093年)九月,太皇太后高氏去世,宋哲宗开始亲政。同年,以蕲州蕲水县石桥为中心恢复南北朝时期出现、唐初废除的罗田县。⑤ 罗田县位于今罗田东部。

宋哲宗同情王安石变法,于绍圣元年(1094年)闰四月,全面恢复提举常平官,从此仓司又重新出现。绍圣三年(1096年),宋王朝在湖北施州境内设广积监,专门负责管理铸造铁钱。⑥ 据史料记载,广积监并不隶属于任何一县,地理位置应该在今恩施附近。宋代施州土地面积相对较大,但只有两县,此举或许有利于北宋王朝对当地的经济进行开发。绍圣三年(1096年),湖北政区格局(以提点刑狱司路为准)如下所示:

表5-6   宋哲宗绍圣三年(1096年)湖北政区表

路	府、州、军	县、监
京西南路	襄州	襄阳县(襄阳市附近)、谷城县、邓城县(襄阳市附近)、中卢县(南漳县东北)、南漳县、宜城县(宜城市附近)
	光化军	光化县(老河口市西北)
	均州	武当县(丹江口市附近)、郧乡县(十堰市郧阳区附近)

①以上政区之恢复参见《宋史·地理志》相关记载。
②(宋)李焘:《续资治通鉴长编》卷371,《哲宗元祐元年》,中华书局1979年版,第8875—8876页。
③(宋)李焘:《续资治通鉴长编》卷371,《哲宗元祐元年》,中华书局1979年版,第8974页。
④(宋)李焘:《续资治通鉴长编》卷400,《哲宗元祐二年》,中华书局1979年版,第9747页。
⑤参见李昌宪:《中国行政区划通史·宋西夏卷》,复旦大学出版社2017年版,第390页。
⑥参见李昌宪:《中国行政区划通史·宋西夏卷》,复旦大学出版社2017年版,第448页。

续表

路	府、州、军	县、监
京西南路	房州	房陵县(房县附近)、竹山县
	郢州	京山县(京山市附近)、长寿县(钟祥市附近)
	随州	随县(随州市附近)、枣阳县(枣阳市附近)、唐城县(随州市西北)
永兴军路	商州	上津县(郧西县西北)
夔州路	施州	清江县(恩施市附近)、建始县、广积监(恩施市附近)
荆湖北路	江陵府	江陵县(荆州市附近)、公安县、松滋县(松滋市附近)、石首县(石首市附近)、监利县(监利市附近)、潜江县(潜江市西北)、建宁县(石首市东部)、枝江县(枝江市附近)
	荆门军	长林县(荆门市附近)、当阳县(当阳市附近)
	归州	秭归县、巴东县、兴山县(兴山县南部)
	峡州	夷陵县(宜昌市附近)、远安县、宜都县(宜都市附近)、长阳县(长阳土家族自治县附近)
	安州	安陆县(安陆市附近)、应山县(广水市附近)、应城县(应城市附近)、孝感县(孝感市附近)、云梦县
	复州	玉沙县(监利市东北)、景陵县(天门市附近)
	汉阳军	汉阳县(武汉市汉阳区附近)、汉川县(汉川市北部)
	鄂州	江夏县(武汉市武昌区附近)、咸宁县(咸宁市附近)、武昌县(鄂州市附近)、蒲圻县(赤壁市附近)、嘉鱼县、崇阳县、通城县、宝泉监(武汉市武昌区附近)
淮南(西)路	蕲州	蕲春县、黄梅县、蕲水县(浠水县附近)、广济县(武穴市附近)、罗田县(罗田县东部)
	黄州	黄冈县(黄冈市附近)、黄陂县(武汉市黄陂区附近)、麻城县(麻城市附近)
江南西路	兴国军	永兴县(阳新县附近)、通山县、大冶县(大冶市附近)

元符三年(1100年),宋哲宗去世,年仅二十五岁,其弟赵佶即位,是为宋徽宗。

三、宋徽宗时期湖北政区

宋徽宗在位时期,湖北政区仍有改变。崇宁五年(1106年),宋王朝将江陵府建宁县并入周围石首、监利、华容三县。但在北宋末年,建宁县似乎又得以恢复。①

政和六年(1116年)荆湖北帅司路分路:

---

①李昌宪:《中国行政区划通史·宋西夏卷》,复旦大学出版社2017年版,第405页。

  五溪郡县辟自先朝,中更元祐废罢,比虽兴复,然徭贼屡肆跳梁,盖缘荆南钤辖司去边远,难以弹压。政和六年九月,诏以荆湖北路荆南、归、峡、安、复州、荆门、汉阳为荆南路,带都钤辖,治荆南;以鼎、澧、岳、鄂、辰、沅、靖为鼎澧路,带都钤辖,治鼎州。其未分路已前,徭贼雷平周等连年出没,致烦朝廷兴师,自分路后,至今并无边事。①

  "五溪郡县"指的是主要以今湖南怀化为中心的少数民族聚居地区,这些少数民族对宋王朝叛服无常。当时荆湖北路钤辖司管辖包括湖北、湖南部分地区,长官驻江陵县,因江陵县是荆南节度使所在地,故荆湖北路钤辖司又称荆南钤辖司。远在湖北的长官,很难管控远在湖南的少数民族事务。因此政和六年(1116年)九月,北宋将荆湖北帅司路一分为二,以江陵府为中心,包括湖北归、峡、安、复州、荆门、汉阳为荆南路。以鼎州(今湖南常德地区)为中心,包括湖北鄂州,为鼎澧路。但荆湖北漕司、宪司、仓司仍旧不变。据宋人记载,如此析分后,少数民族聚居区的治安获得良好效果。

  宣和元年(1119年)年底,因湖北襄州为宋真宗"潜邸",将其升为襄阳府。安州为神宗皇帝"潜邸",将之升为德安府。自汉代分封诸侯王后,皇子要到外地当藩王或出任地方高官,而如果该藩王后来当了皇帝,就藩或为官地点就成为"潜邸"。唐朝以来,藩王外地就藩或当官成为形式,除特殊情况外,几乎没有实际意义。而宋代更是如此,皇帝儿子被封以王爵高官,实际上根本不去外地就任。如宋真宗:

  初名德昌,太平兴国八年,授检校太保、同中书门下平章事,封韩王,改名元休。端拱元年,封襄王,改元侃。淳化五年九月,进封寿王,加检校太傅、开封尹。②

  尽管宋真宗当皇子时被封为襄王,但没有直接证据表明其来到过湖北襄阳就藩。再如宋神宗更是如此:

  英宗即位,授(宋神宗)安州观察使,封光国公。是年五月壬戌,受经于东宫。帝隆准龙颜,动止皆有常度。而天性好学,请问至日晏忘食,英宗常遣内侍止之。③

  宋神宗即位前曾任安州观察使。观察使为唐代"道"的长官,在宋代早已成为虚职。作为皇子的宋神宗虽然当了安州观察使,却一直在京城接受皇室教育,其刻苦程度,让父亲英宗为之感动。

  宋真宗与宋神宗可能终其一生都没有在湖北居住过,其"潜邸"地位名不副实。从唐代以来,政治地位特殊的州称为府。唐朝安史之乱后,为构建"五京"体系,将荆州改为江陵府,此名称为宋代沿用。而宋真宗被封为襄王,宋神宗被任为安州观察使,并不足以让两地获得

---

① 《宋会要辑稿》,上海古籍出版社2014年版,第9895页。
② (元)脱脱等:《宋史》卷6,《本纪第六》,中华书局1977年版,第103页。
③ (元)脱脱等:《宋史》卷14,《本纪第十四》,中华书局1977年版,第263页。

真正的特殊地位,因此宋真宗、仁宗、英宗、神宗、哲宗在位时期并没有升州为府。宋徽宗升州为府,有如下解释:

宋徽宗迷信道教,特别喜欢更改政区名称(宋徽宗在位时期的确更改大量地名),以粉饰太平,趋炎附势之徒亦争相附和。宣和元年(1119年)三月:"蔡京等进安州所得商六鼎……诏天下知宫观道士与监司、郡县官以客礼相见。"①宋真宗同样迷信道教,曾经封禅泰山,而宋神宗是徽宗之父,因此徽宗可能为了纪念两位皇帝,粉饰太平,将襄州、安州改名。

宋徽宗酷爱艺术,不善治国,任用奸佞,民不聊生。宣和二年(1120年)十月,方腊在安徽歙县发动武装起义。十二月,宋徽宗"以童贯为江、淮、荆、浙宣抚使,讨方腊"②。由于宋军腐败,民众怨恨,方腊势力越来越大。至宣和三年(1121年),方腊先后攻下今浙江、安徽、江苏、江西若干地区。但由于起义军战略失误,方腊被俘。余军继续战斗,直到宣和五年(1123年)才完全平息。方腊起义平息后,宋徽宗可能分淮南宪司、仓司路为淮南东路与淮南西路。③

至此北宋湖北政区变革结束,如果以帅司路划分,湖北政区格局如下所示:

表5-7　　　　　　　　　　　北宋末年湖北政区表

帅司	府、州、军	县、监
京西南路安抚司	襄阳府	襄阳县(襄阳市附近)、谷城县、邓城县(襄阳市附近)、中卢县(南漳县东北)、南漳县、宜城县(宜城市附近)
	光化军	光化县(老河口市西北)
	均州	武当县(丹江口市附近)、郧乡县(十堰市郧阳区附近)
	房州	房陵县(房县附近)、竹山县
	郢州	京山县(京山市附近)、长寿县(钟祥市附近)
	随州	随县(随州市附近)、枣阳县(枣阳市附近)、唐城县(随州市西北)
永兴军路安抚司	商州	上津县(郧西县西北)
峡路(梓夔路)钤辖司	施州	清江县(恩施市附近)、建始县、广积监(恩施市附近)
荆南路钤辖司	江陵府	江陵县(荆州市附近)、公安县、松滋县(松滋市附近)、石首县(石首市附近)、监利县(监利市附近)、潜江县(潜江市西北)、建宁县(石首市东部)(存废不明)、枝江县(枝江市附近)
	荆门军	长林县(荆门市附近)、当阳县(当阳市附近)
	归州	秭归县、巴东县、兴山县(兴山县南部)
	峡州	夷陵县(宜昌市附近)、远安县、宜都县(宜都市附近)、长阳县(长阳土家族自治县附近)

---

① (元)脱脱等:《宋史》卷22,《本纪第二十二》,中华书局1977年版,第403页。
② (宋)脱脱等:《宋史》卷22,《本纪第二十二》,中华书局1977年版,第407页。
③ 参见李昌宪:《中国行政区划通史·宋西夏卷》,复旦大学出版社2017年版,第24页。

续表

帅司	府、州、军	县、监
荆南路钤辖司	德安府	安陆县(安陆市附近)、应山县(广水市附近)、应城县(应城市附近)、孝感县、云梦县
	复州	玉沙县(监利市东北)、景陵县(天门市附近)
	汉阳军	汉阳县(武汉市汉阳区附近)、汉川县(汉川市北部)
鼎澧路钤辖司	鄂州	江夏县(武汉市武昌区附近)、咸宁县(咸宁市附近)、武昌县(鄂州市附近)、蒲圻县(赤壁市附近)、嘉鱼县、崇阳县、通城县、宝泉监(武汉市武昌区附近)
淮西路钤辖司	蕲州	蕲春县、黄梅县、蕲水县(浠水县附近)、广济县(武穴市附近)、罗田县(罗田县东部)
	黄州	黄冈县(黄冈市附近)、黄陂县(武汉市黄陂区附近)、麻城县(麻城市附近)
江南西路钤辖司	兴国军	永兴县(阳新县附近)、通山县、大冶县(大冶市附近)

因徽宗君臣腐败无能,宣和七年(1125年)年底,金军南下攻宋:"金人斡离不、粘罕分两道入攻。郭药师以燕山叛,北边诸郡皆陷。又陷忻、代等州,围太原府。"①靖康元年(1126年)正月,宋徽宗面对大军压境,却临阵脱逃,禅位于宋钦宗,自己逃到江苏镇江,直到四月才回京。

靖康元年(1126年)正月,金人继续南下,宋室君臣乱作一团:"道君(宋徽宗)皇帝如亳州,百官多潜遁。宰相欲奉帝出襄、邓。"②虽然宋钦宗逃到襄阳的计划被主战派大臣劝阻,但金人威胁丝毫没有解除。金军一路南下,靖康元年(1126年)年底,到达北宋都城开封。靖康二年(1127年)年初,金军将开封洗劫一空后,虏徽、钦二帝北撤。北宋灭亡。

关于北宋灭亡的原因,学界已经有诸多说法,除了政治腐败、军队战斗力不强、首都地理位置等诸多因素之外,路级官员重文轻武、权力分散、互相牵制,遇到突发事件,难以形成政治、经济、军事合力或许也是因素之一。

---

① (元)脱脱等:《宋史》卷22,《本纪第二十二》,中华书局1977年版,第417页。
② (元)脱脱等:《宋史》卷23,《本纪第二十三》,中华书局1977年版,第423页。

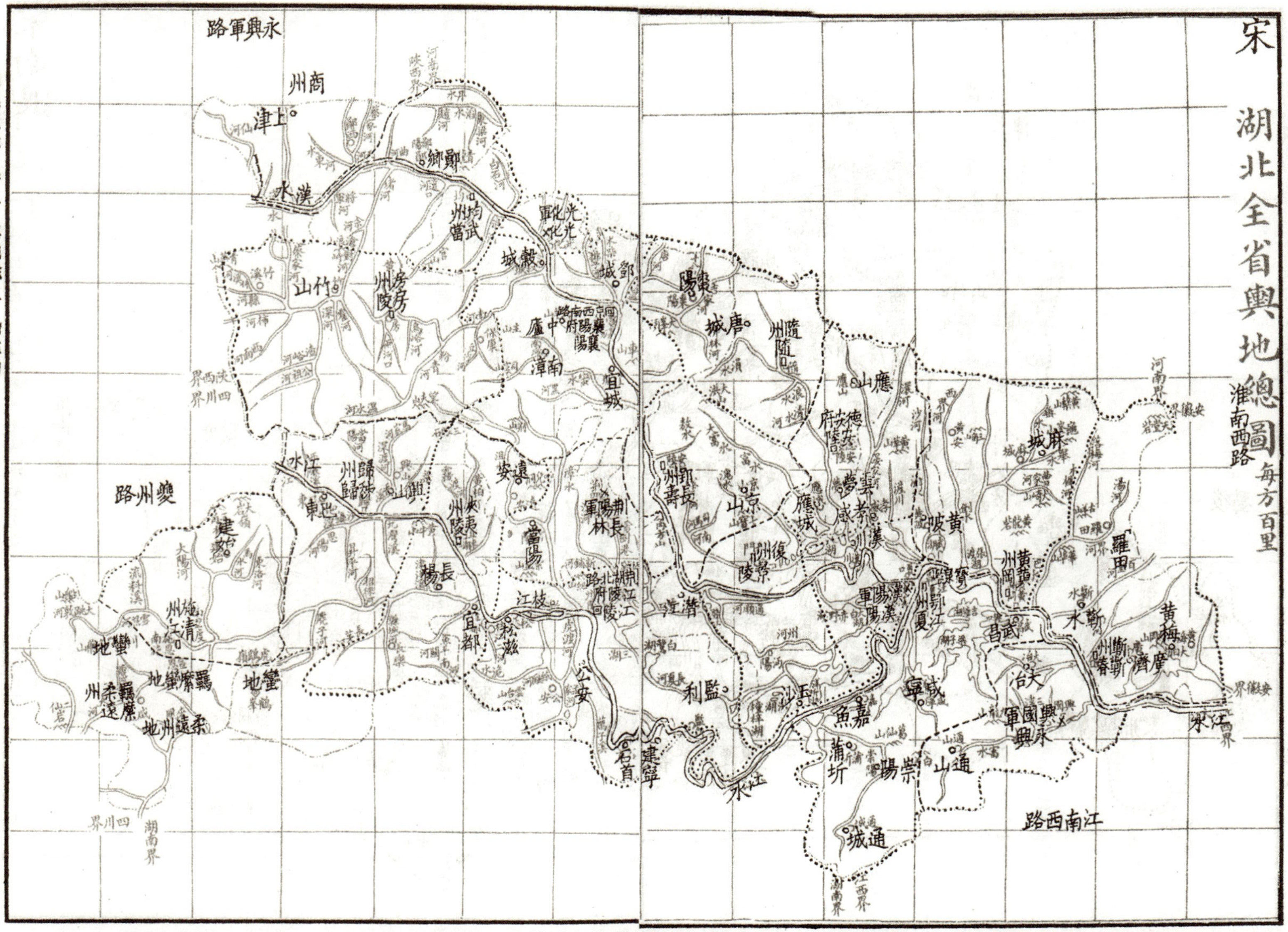

湖北行政区划史

图5 中华书局版《宋史》所附"宋湖北全省舆地总图"

第四节　南宋初期湖北政区格局的确立

北宋灭亡后，在外地的宋徽宗之子赵构即位称帝，是为南宋开国皇帝宋高宗。宋高宗在位时期，一方面尽全力保住剩下的半壁江山，维持政权的存续；另一方面又不敢信用岳飞等主战派大臣收复失地。经过多年战争，南宋政权终于稳固，而湖北地区在这一历史过程中扮演了重要角色，最终成为南宋王朝的"边疆"。相较于北宋，由于特殊的地理位置，南宋湖北政区迎来了新的嬗变。

一、宋高宗时期湖北战争概况

宋高宗赵构本是徽宗皇子，首都汴京被围困之时，曾经被当作人质，送往金人军营。结果金人见其武艺高强，射箭连发连中，怀疑其不是皇子，将其放回。汴京沦陷之时，赵构身在外地。靖康二年（1127年）夏，在宋遗臣支持下，赵构在今南京即位，改元建炎。

当时湖北大乱，许多州县被"群盗"占据。五月："诏成都、京兆、襄阳、荆南、江宁府、邓、扬二州储资粮，修城垒，以备巡幸。"①宋高宗曾经有迁都襄阳、江陵的打算。但是同月："李孝忠破襄阳府，守臣直徽猷阁黄叔敖弃城去。孝忠遂入城肆焚，劫掠子女，尽驱强壮为军。"②这应该是宋代襄阳第一次遭到大规模劫掠。

建炎二年（1128年）正月，湖北叛军攻打黄州，金军攻入湖北境内："东平府兵马钤辖孔彦舟叛，渡淮犯黄州……金人陷均州，守臣杨彦明遁去。丁酉，金人陷房州。"③湖北地区直接成为宋金战场。金人占据的均、房二州很快被宋军收复。

当时湖北各地军阀盗贼到处劫掠，幸亏有荆南府通判程千秋鼎力维持，湖北才没有出现大乱：

> 群盗薛广、祝靖、李孝忠相继犯荆南，帅臣监司望风悉遁，贼既据城，与公安止隔一水。维舟绞筏，欲乘势南来。千秋奋不顾身，率县民御之。使人夜渡焚舟毁筏，杀贼甚众，遂不敢犯，岳鄂鼎澧皆赖以安，民间往往绘其像而祠之。④

但这种安定局面没有长久，金人从湖北西部进展不顺利，便从东部进攻。建炎三年（1129年）十月，"金人陷寿春府。庚子，陷黄州……金人自黄州济江，刘光世引军遁，知江州韩梠弃城去。金人自大冶县趋洪州"⑤。十一月，乱军桑仲攻击湖北西部："桑仲自唐州犯襄

---

① （元）脱脱等：《宋史》卷24，《本纪第二十四》，中华书局1977年版，第445页。
② （宋）李心传：《建炎以来系年要录》卷5，《建炎元年》，中华书局2013年版，第156页。
③ （元）脱脱等：《宋史》卷25，《本纪第二十五》，中华书局1977年版，第453页。
④ （宋）李心传：《建炎以来系年要录》卷6，《建炎二年》，中华书局2013年版，第398页。
⑤ （元）脱脱等：《宋史》卷25，《本纪第二十五》，中华书局1977年版，第469页。

阳,京西制置使程千秋败走,仲遂据襄阳。"①

南宋在湖北东西两路的统治均遭到威胁。此时的宋高宗却跑到东南沿海地区,准备"航海避兵"。②

建炎四年(1130年),金军扫荡东南地区,并于夏天来临之前撤军北还。四月:"金人犯江西者自荆门军北归"。③ 五月:"河东、北经制使王俊举兵及金人战于襄城县,败之。"④金人威胁暂时消退,但湖北乱军势力越来越大,五月:"刘超据荆南,分兵犯峡州,又合叛将彭筠犯复州"⑤"超所过井邑邱墟,人无噍类。"⑥湖北地区惨遭浩劫。七月:"军将王辟叛,陷归州,钤辖田祐恭击败之。己酉,王辟犯房州,守臣韦知几弃城走。"⑦金人扶植刘豫为皇帝,建立齐政权,帮助金人管理中原部分地区。九月乱军"桑仲陷均、房州,进犯白土关"。"荆、襄贼赵延寿犯德安府。"⑧十一月"金、房州贼郭希犯归州"⑨。整个湖北被乱军盗贼搅得不得安宁。特别是桑仲为祸湖北实深:"(桑仲)据襄邓随郢数州,有众十余万。久之,其军食绝,乃以人为粮。"⑩

绍兴元年(1131年),湖北地区仍然持续混战局面。盘踞在襄阳地区的桑仲虽然接受宋朝的招安,但仍然不听指挥,于年底"遣兵寇复州,守臣俎遹弃城去"⑪。桑仲"在京西,连跨数州,无粮食,人相啖"⑫。

绍兴二年(1132年)二月,商州知州投降刘豫齐政权。三月,湖北乱军桑仲被守将霍明所杀。六月,蕲黄镇抚使孔彦舟投降刘豫齐政权。

绍兴三年(1133年)十月,刘豫军队大举进攻湖北。"伪齐兵逼襄阳,李横以粮尽,弃城奔荆南,知随州李道亦弃城去……伪齐陷郢州,守臣李简弃城去。"⑬襄阳重镇不复为南宋所有。

绍兴四年(1134年)二月,"湖北军贼檀成犯长阳县……群盗田政自襄阳犯峡州"⑭。五月,岳飞的到来彻底改变了当时的战争局面。为挽救南宋在湖北颓势,宋高宗任命岳飞为黄复二州、汉阳军、德安府制置使。岳飞到任后,马上收复失地:"岳飞复郢州,斩伪齐守荆超

---

① (宋)脱脱等:《宋史》卷25,《本纪第二十五》,中华书局1977年版,第470页。
② (宋)脱脱等:《宋史》卷25,《本纪第二十五》,中华书局1977年版,第471页。
③ (元)脱脱等:《宋史》卷26,《本纪第二十六》,中华书局1977年版,第478页。
④ (元)脱脱等:《宋史》卷26,《本纪第二十六》,中华书局1977年版,第479页。
⑤ (元)脱脱等:《宋史》卷26,《本纪第二十六》,中华书局1977年版,第478页。
⑥ (宋)李心传:《建炎以来系年要录》卷31,《建炎四年》,中华书局2013年版,第712页。
⑦ (元)脱脱等:《宋史》卷26,《本纪第二十六》,中华书局1977年版,第480页。
⑧ (元)脱脱等:《宋史》卷26,《本纪第二十六》,中华书局1977年版,第482页。
⑨ (元)脱脱等:《宋史》卷26,《本纪第二十六》,中华书局1977年版,第484页。
⑩ (宋)李心传:《建炎以来系年要录》卷36,《建炎四年》,中华书局2013年版,第822页。
⑪ (元)脱脱等:《宋史》卷26,《本纪第二十六》,中华书局1977年版,第493页。
⑫ (宋)李心传:《建炎以来系年要录》卷42,《绍兴元年》,中华书局2013年版,第901页。
⑬ (元)脱脱等:《宋史》卷27,《本纪第二十七》,中华书局1977年版,第493页。
⑭ (元)脱脱等:《宋史》卷27,《本纪第二十七》,中华书局1977年版,第509页。

……(齐国)李成弃襄阳去,岳飞复取之。"①六月,"岳飞将牛皋复随州,执伪齐守王嵩,磔之"②。七月,在岳飞的努力下,湖北大部平定。八月,宋高宗任命岳飞为清远军节度使、湖北荆襄潭州制置使。

绍兴五年(1135年)二月,岳飞为荆湖南北、襄阳府路制置使。十二月,岳飞改任荆湖南北、襄阳府路、蕲黄州招讨使,同时管理今湖北大部分地区军务。从此南宋军队以湖北为基地,转守为攻。岳飞以湖北襄阳、鄂州为基地,进军北伐。在岳飞等将领努力下,刘豫齐政权步步后退。绍兴七年(1137年)年底,金朝废除刘豫帝位,取消齐政权。绍兴八年(1138年)二月,宋高宗经历多次漂泊,最终迁到临安常驻。岳飞在湖北练兵修武,积极准备北伐。

绍兴十年(1140年)五月,金军再次南下攻宋,迅速占领今陕西、河南等地,直指湖北北部,岳飞从湖北出发,迅速反击,收复失地,在七月大败金人。此时,宋高宗不愿意看到北伐成功,强令岳飞退军"一日诏书十三道,令班师赴阙奏事"。湖北京西宣抚使岳飞只能退军湖北武昌,"于是颍昌淮宁蔡郑诸州皆复为金人所取,议者惜之"③。

绍兴十一年(1141年)年初,金人同时从东西两个方向向湖北扑来:"金人渡淮……金人陷商州,守臣邵隆弃城去。"④南宋一方面安排军队收复商州,另一方面派岳飞从鄂州赶到蕲州、黄州支援。三月,金军撤退。金军威胁刚刚散去,宋高宗就开始谋害岳飞。四月,高宗调岳飞入临安任枢密副使,剥夺其湖北军权。八月,免岳飞职务。十月以涉嫌谋反为由,囚禁岳飞。十一月与金朝议和:"约以淮水中流画疆,割唐、邓二州界之,岁奉银二十五万两、绢二十五万匹,休兵息民,各守境土。"⑤十二月"赐岳飞死于大理寺,斩其子云及张宪于市,家属徙广南"⑥。湖北北部地区直接成为宋金边界。

绍兴十二年(1142年)八月,金人又来求地:"兀术使来求商州及和尚、方山二原……是月,郑刚中分画陕西地界,割商、秦之半畀金国,存上津、丰阳、天水三县及陇西成纪余地,弃和尚、方山二原,以大散关为界。"⑦从此唐代、北宋以来的商州一分为二,湖北西北的上津归南宋。湖北北部,特别是西北部完全成为边境地带,随时有遭到金军袭击的危险。

绍兴十二年(1142年)后,南宋获得二十年的喘息时机。绍兴三十一年(1161年)五月,金朝要求南宋割淮南地,否则就要进攻进攻南宋。九月,金朝大举攻宋:"金主亮以尚书右丞李通为大都督,造浮梁于淮水之上,遂自将来攻,兵号百万,远近大震。"⑧金军占领湖北上津。但在南宋军民顽强抵抗下,将金军挡在襄阳以北。十一月金军失败:"任天锡复上津、商洛二

---

① (元)脱脱等:《宋史》卷27,《本纪第二十七》,中华书局1977年版,第510页。
② (元)脱脱等:《宋史》卷27,《本纪第二十七》,中华书局1977年版,第511页。
③ (宋)李心传:《建炎以来系年要录》卷137,《绍兴十年》,中华书局2013年版,第2577页。
④ (元)脱脱等:《宋史》卷29,《本纪第二十九》,中华书局1977年版,第548页。
⑤ (元)脱脱等:《宋史》卷29,《本纪第二十九》,中华书局1977年版,第551页。
⑥ (元)脱脱等:《宋史》卷29,《本纪第二十九》,中华书局1977年版,第551页。
⑦ (元)脱脱等:《宋史》卷30,《本纪第三十》,中华书局1977年版,第556页。
⑧ (元)脱脱等:《宋史》卷32,《本纪第三十二》,中华书局1977年版,第603页。

县。丁丑,虞允文遣水军统制盛新以舟师击金人于杨林河口,又败之。金主亮焚其舟而去。"①

绍兴三十二年(1162年)六月,宋高宗正式退位,传位于养子,自己则作为太上皇,颐养天年。

在这里花费大量篇幅介绍宋高宗朝湖北战争情况,是因为战局与南宋湖北政区密切相关。不了解高宗朝战争局势,就无法真正研究南宋湖北政区。从以上介绍可以看出,高宗时期湖北战局明显可以分为四个阶段:

建炎元年(1127年)至绍兴四年(1134年):这一时期湖北地区面临金朝、齐国、乱军的军事侵扰,南宋政权一度难以维持,甚至有失去湖北地区的可能。

绍兴四年(1134年)至绍兴十一年(1141年):岳飞驻湖北,以其杰出的军事才能,让南宋湖北统治得以稳定,并成为北伐中原的重要基地。

绍兴十一年(1141年)至绍兴三十一年(1161年):宋金和议,湖北地区成为宋金边界。

绍兴三十一年(1161年)至绍兴三十二年(1162年):金军再次南下,南宋抵抗成功,将金军挡在襄阳以北。宋高宗时代结束。

以上史实对南宋湖北政区的发展有所影响。

第一阶段的战乱,让湖北地区继唐末以来,遭到较大打击,人口流失十分严重。当时:"自鄂渚至襄阳七百里,经乱离之后,长途莽莽,杳无居民。唯屯驻诸军,每二十里,置流星铺,转达文书。七八十里间,则治驿舍,以为兵师往来宿顿处。"②从湖北东部的鄂渚到西部的襄阳七百里,竟然"杳无居民",只有军队。而北宋湖北地区极为重要的江陵府,也是人烟寥落,"旧荆南户口数十万,寇乱以来,几无人迹。诏蠲口赋以安集之,然十未还一二"③。如此严重的人口损失,直接为南宋湖北州县埋下不安定因素。某些基层政区因而被短暂废除。某些州县治所发生转移。

依靠岳飞以及湖北军民的努力,几乎整个湖北地区还是归宋朝控制,没有出现南北朝分而治之的局面。但相较于北宋,湖北已经从腹地变成了十足的边地,且长期处于边界地位。这就使得湖北政区形成了某些边界政区的特点,最典型的莫若政区长官权力较为集中。在南宋刚刚建立时,为集中军事力量,抵御金人,平定叛乱,宋高宗已经放权,让权力有所集中。虽然战时平定后,高宗有重新分权的做法,但为保卫疆土,与湖北地区有关的路制还是存在与北宋迥然不同的集权特点,并取得实际效果。

由于实际地理条件,原本在北宋沉寂许久的湖北襄阳、鄂州两地的战略价值陡然升高。襄阳自不必说,成为南宋边界最为重要的战略据点,一旦失守,敌人就可直接顺汉水,入长江。而鄂州地处长江沿岸,顺流可直达南宋经济政治中心,对南宋的西南、东南交通有独特

①(元)脱脱等:《宋史》卷32,《本纪第三十二》,中华书局1977年版,第606页。
②(宋)洪迈:《夷坚志》,中华书局1981年版,第880页。
③(宋)李心传:《建炎以来系年要录》卷167,《绍兴二十四年》,中华书局2013年版,第3173页。

的地理价值。且鄂州地跨荆湖北路,与宋金边界淮南西路紧密相连,成为极为重要的边界战略中心。鄂州曾经为岳飞、岳家军的坚固基地,为保卫湖北,支援北伐做出了重要贡献。除了江陵府,襄阳与鄂州成为南宋重点建设的行政中心。

二、宋高宗时期湖北路制的变化

前文已经介绍,在北宋历代皇帝的建设下,湖北地区出现了漕司、宪司、帅司、仓司四种路,每路长官驻所并不一致,每路(特别是帅司路)辖区也不尽相同。

宋高宗刚刚即位,湖北地区战乱频仍,不得不依靠武将维持,因此帅司路的划分显得格外重要。

建炎元年(1127年)年六月:"省诸路提举常平司。"①建炎二年(1128年),宋高宗想恢复提举常平官,遭到赵鼎极力反对,反对原因很多,其中说道:"渡江之后,未即施行。而远方官司,奉承不暇,修饰廨舍,召置吏人,供帐什物之资,增给禄廪之费,不知其几何也"。② 在政权难保之际,官员还是越精简越好。后来在战争环境下,提举常平司仍旧恢复。

建炎三年(1129年)五月令:"以张浚为宣抚处置使,以川、陕、京西、湖南北路隶之,听便宜黜陟。"③让一位将领同时监管四川、陕西、京西、湖北、湖南地区,这在北宋是不可想象的。

建炎四年(1130年)五月,曾经有这样的记载:

> 京畿、淮南、湖北、京东西地方并分为镇。除茶盐之利,国计所系,合归朝廷置官提举外,它监司并罢。上供财赋权免三年,余令帅臣移用。管内州县官,许辟置知、通,令帅臣具名奏差,朝廷审量除授。遇军兴,听从便宜。其帅臣,不因朝廷召擢,更不除代。如能捍御外寇,显立大功,当议特许世袭。④

除了军事,帅臣的权力直接涉及到财税管理,以及知州、通判的人事任免。由于军事需要,"它监司并罢"。并且武将有功,还可以世袭。这在北宋是不可想象之事。这也可看出当时南宋统治者面对军事压力时的无奈。与此同时:

> 置京畿、淮南、湖北、京东西路镇抚使……以翟兴、孟汝、赵立、刘位、赵霖、李成、吴翊、李彦先、薛庆并为镇抚使:兴河南府,唐州,立楚、泗州,涟水军,位滁、濠州,霖和州,无为军,成舒、蕲、翊光、黄州,彦先海州、淮阳军,庆承州、天长军……分江东、西为鄂州、江州、池州三路,置安抚使……张浚承制以金、房州隶利路。⑤

---

① (元)脱脱等:《宋史》卷24,《本纪第二十四》,中华书局1977年版,第446页。
② (宋)李心传:《建炎以来系年要录》卷27,《建炎三年》,中华书局2013年版,第615页。
③ (元)脱脱等:《宋史》卷25,《本纪第二十五》,中华书局1977年版,第465页。
④ (宋)李心传:《建炎以来系年要录》卷33,《建炎四年》,中华书局2013年版,第3173页。
⑤ (元)脱脱等:《宋史》卷26,《本纪第二十六》,中华书局1977年版,第478—479页。

这样的分法,将北宋帅司路彻底打乱,李成管理舒、蕲二州为一路,吴翊管理光、黄二州为一路。北宋淮南西路被分。又分江南东西二路为鄂州、江州、池州三路。再将荆湖北路之房州划出。

六月,又令:

> 置镇抚使六人:陈规,德安府、复州、汉阳军;解潜,荆南府、归、峡州、荆门、公安军;程昌寓,鼎、澧州;陈求道,襄阳府、邓、随、郢州;范之才,金、均、房州;冯长宁,淮宁、顺昌府、蔡州。①

原北宋荆湖北路与京西南路被分为四路,至此北宋帅司路被彻底打乱。绍兴元年(1131年)正月,又令:

> 复江、池路为江东、西路,分荆湖江南诸州为荆湖东、西路,置安抚司,治池、江、鄂、鼎州。江南东、西路各置转运司,荆湖东、西路转运司通掌两路财赋。②

宋高宗又恢复江南东路与江南西路,但将原荆湖分为荆湖东、西二路,东路治所在鄂州。并且转运司开始发挥作用,而荆湖东、西路转运司统管两路,不再分开。

绍兴二年(1132年)二月令:"复荆湖东、西为荆湖南、北路,南路治潭,北路仍治鄂。"③荆湖地区从东西二路又变为南北二路,荆湖北路治所还是鄂州。此时的荆湖北路已经不包括江陵府周围地区。建炎四年(1130年)时,将襄阳府、邓、随、郢州划为一路。绍兴二年(1132年)六月又一分为二:"以李横为襄、郢镇抚使,李道邓、随镇抚使。"④十月:"置江、浙、荆湖、广南、福建路都转运使。"⑤在戎马倥偬的间隙,南宋还是努力让转运使恢复。十二月:"张浚承制以归州隶夔州路。"⑥

绍兴三年(1133年)正月令:"李横为襄阳府、邓随郢州镇抚使。"⑦襄阳府、邓、随、郢州又合并起来。九月令:

> 以刘光世为江东、淮西宣抚使,置司池州;韩世忠为镇江建康府、淮南东路宣抚使,置司镇江府;王璪为荆南府、岳鄂潭鼎澧黄州、汉阳军制置使,置司鄂州;岳飞为江南西路、舒蕲州制置使,置司江州。⑧

---

① (元)脱脱等:《宋史》卷26,《本纪第二十六》,中华书局1977年版,第479页。
② (元)脱脱等:《宋史》卷26,《本纪第二十六》,中华书局1977年版,第485页。
③ (元)脱脱等:《宋史》卷27,《本纪第二十七》,中华书局1977年版,第496页。
④ (元)脱脱等:《宋史》卷27,《本纪第二十七》,中华书局1977年版,第499页。
⑤ (元)脱脱等:《宋史》卷27,《本纪第二十七》,中华书局1977年版,第501页。
⑥ (元)脱脱等:《宋史》卷27,《本纪第二十七》,中华书局1977年版,第502页。
⑦ (元)脱脱等:《宋史》卷27,《本纪第二十七》,中华书局1977年版,第503页。
⑧ (元)脱脱等:《宋史》卷27,《本纪第二十七》,中华书局1977年版,第507页。

湖北荆南(江陵)府、鄂州、黄州、汉阳军被划为一路,帅司治所从江陵正式改到了鄂州。而蕲州被划归了江南西路,由岳飞任长官。绍兴四年(1134年)五月"以岳飞兼黄复二州、汉阳军、德安府制置使。"①八月:"以岳飞为清远军节度使、湖北荆襄潭州制置使,代王瓂讨湖贼。癸卯,以襄阳府、随、郢、唐、邓州、信阳军六郡为襄阳府路。"②帅司路根据实际军事状况多次改变。

　　绍兴五年(1135年)二月:"岳飞为荆湖南北、襄阳府路制置使。"③七月:"以金、均、房州隶襄阳府路。"④十二月:"以岳飞为荆湖南北、襄阳府路、蕲黄州招讨使。"⑤岳飞几乎成为整个湖北地区的长官。

　　闰二月,宋高宗下令:"诸路提举常平并入茶盐司,仍以提举茶盐常平等公事为名。内无茶盐去处,依旧令提刑兼领。"⑥提举常平官今后多被其他官员兼任。

　　八月:

> 都督行府言:"归州旧属湖北路,昨缘荆南失守,权拨隶夔路。后来朝廷又差解潜充荆南府归峡州荆门公安军镇抚使,即系湖北分镇地分,止是不曾正行交割。今来王彦复为荆南安抚使,迁于旧治,屯泊大军,其归州合依旧拨还湖北。兼归州薄有税入,可助本府经费。"诏依。所有归州一带捍御,专委本司措置,不管疏虞。⑦

　　由于荆湖北路的安定,归州从夔州路还复荆湖北路。之所有如此刻意在乎某一州的归属,恐怕还是因为"归州薄有税入,可助本府经费"。

　　绍兴六年(1136年)七月:"以金州隶川陕路,均、房二州隶京西南路。郭浩为永兴军路经略安抚使兼知金州,阁门宣赞舍人邵隆知商州,听浩节制,经理商、虢。"⑧均、房二州还是归京西南路(又名襄阳府路),金州则被划出。让金州知州兼任永兴军路经略安抚使,商州归其管辖。

　　绍兴七年(1137年),南宋复设淮南东西二转运使,转运使经常兼任宪司、仓司职务。⑨

　　正如上一部分所述,绍兴十一年(1141年)宋金和议成。绍兴十二年(1142年),南宋将商州之半划归金朝。绍兴十四年(1144年)九月,分利州路为东西二路,湖北上津县属于东

---

① (元)脱脱等:《宋史》卷27,《本纪第二十七》,中华书局1977年版,第510页。
② (元)脱脱等:《宋史》卷27,《本纪第二十七》,中华书局1977年版,第511—512页。
③ (元)脱脱等:《宋史》卷28,《本纪第二十八》,中华书局1977年版,第518页。
④ (元)脱脱等:《宋史》卷28,《本纪第二十八》,中华书局1977年版,第521页。
⑤ (元)脱脱等:《宋史》卷28,《本纪第二十八》,中华书局1977年版,第523页。
⑥ 《宋会要辑稿》,上海古籍出版社2014年版,第4123页。
⑦ 《宋会要辑稿》,上海古籍出版社2014年版,第9400—9401页。
⑧ (元)脱脱等:《宋史》卷28,《本纪第二十八》,中华书局1977年版,第526页。
⑨ 李昌宪:《中国行政区划通史·宋西夏卷》,复旦大学出版社2017年版,第68页。

路。同年,淮南东西二路合并为淮南路。①

绍兴三十一年(1161年)四月三日:

> 知夔州李师颜上言:"归州去夔路最近,去荆南最远。建炎四年内,本路钤辖司亦尝申宣抚处置使司,割归州隶夔路,至绍兴五年依旧拨还湖北路。今乞割归州复隶夔路,所有归州岁起湖北路钱物依旧。"从之。②

夔州知州也就是夔州路帅司,他以地理距离为由,向朝廷从荆湖北路要走归州。距离远近其实并非根本原因,绍兴五年(1135年)"归州薄有税入,可助本府经费"恐怕还是根本。

到绍兴三十一年(1161年),湖北所属路制已经基本划定。具体分述如下:

京西南路,辖湖北襄阳府、随州、郢州、均州、房州、光化军。由于襄阳以北大片领土被金人占据,京西南路安抚司驻襄阳府,常兼任襄阳府知府。绍兴十年(1140年),南宋复设京西南路转运使,兼任提举常平官,治所也在襄阳。除开特殊情况,京西路提点刑狱司也常驻襄阳。尤为值得注意的是,京西南路漕司、宪司、仓司常有兼任情况。③ 如绍兴十二年(1142年),"蔡安疆为京西路转运判官兼提刑提举茶盐等公事"。④ 其一人居然兼漕司、宪司、仓司三司之官。

荆湖北路,辖湖北江陵府、荆门军、归州、峡州、德安府、复州、鄂州、汉阳军。荆湖北路安抚司先驻鄂州,后于绍兴六年(1136年)改到江陵府。转运使常驻鄂州。提点刑狱官与提举常平官常驻今湖南境内。⑤ 荆湖北路帅司情况,在高宗之后,仍有多次改变,让鄂州的地位持续上升。

淮南路,经过南宋初年极为复杂的变化,蕲黄二州仍旧属于淮南路。

江南西路,经过南宋初年极为复杂的变化,兴国军仍旧属于江南西路。

夔州路,辖湖北施州与归州。尤为值得注意的是,北宋时期,施州所属漕、宪、仓司路与帅司路并不一致。建炎四年(1130年),设夔州安抚使,漕、宪、仓、帅辖区归一。⑥

利州东路,辖湖北商州上津县。原本商州属于永兴军路,但绍兴十二年(1142年)商州北部割让金朝,剩下的上津县归四川地区的利州东路管辖。

---

① 李昌宪:《中国行政区划通史·宋西夏卷》,复旦大学出版社2017年版,第68页。
② 《宋会要辑稿》,上海古籍出版社2014年版,第9401页。
③ 李昌宪:《中国行政区划通史·宋西夏卷》,复旦大学出版社2017年版,第56页。
④ (宋)李心传:《建炎以来系年要录》卷145,《绍兴十二年》,中华书局2013年版,第2729页。
⑤ 李昌宪:《中国行政区划通史·宋西夏卷》,复旦大学出版社2017年版,第75—76页。
⑥ 李昌宪:《中国行政区划通史·宋西夏卷》,复旦大学出版社2017年版,第85页。

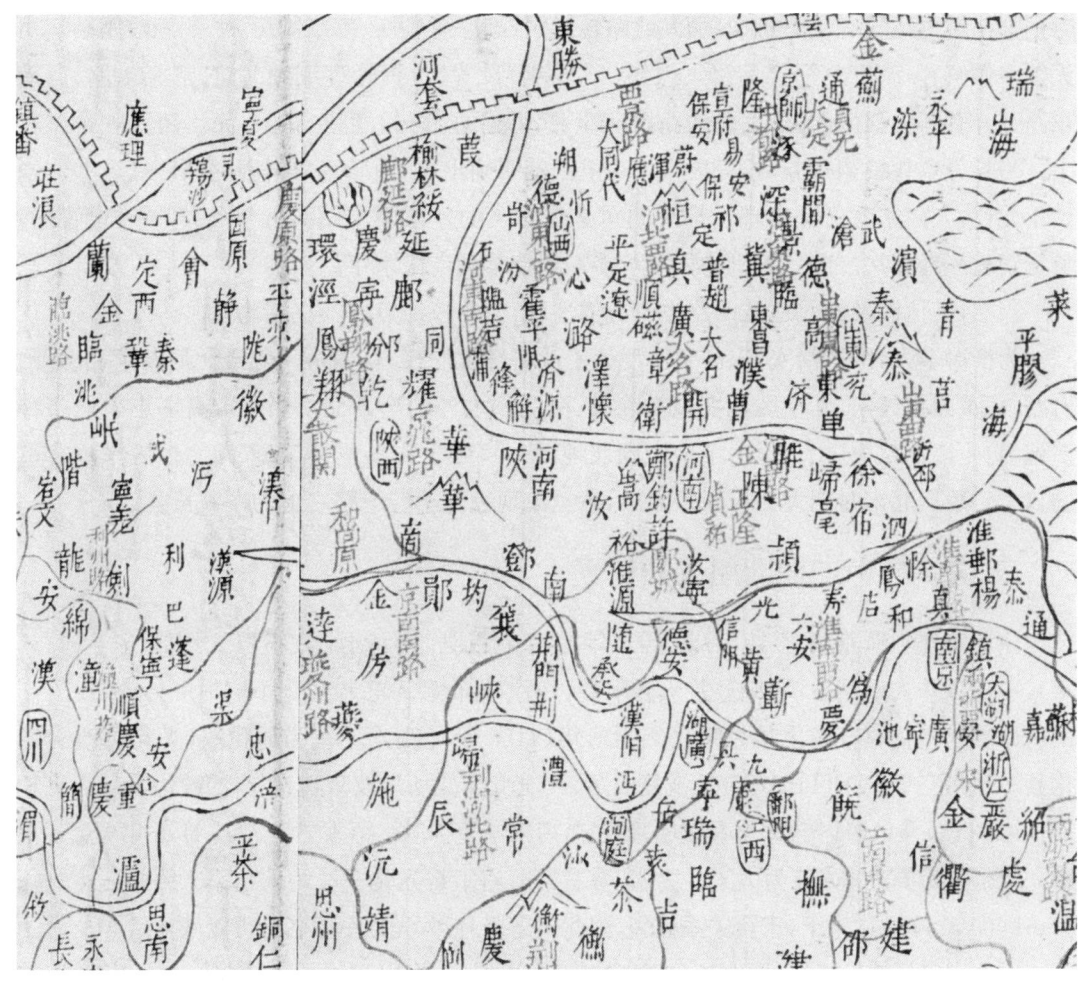

图 5-3　明代《今古舆地图》所绘《南宋中兴图》局部

从建炎元年(1127年)至绍兴三十一年(1161年),宋高宗湖北所属路制经历了极为复杂的改变,与北宋相比有根本的变化,但宋金和议之后,除了割让一半的商州,绝大部分州县又回到了北宋末年的情况,并且南宋湖北路仍旧是漕、宪、帅、仓分立局面。宋代路制好似没有很大的改变,其实不然。

建炎元年(1127年)至绍兴十二年(1142年)湖北战事频繁,为迎合战局需要,帅司路纷繁变更。漕、宪、仓三路要么没有设置,要么根据帅司路的改变而改变,最终演变成漕、宪、帅、仓四路地理范围几乎全部重合的状况,这与北宋湖北路制有所不同。如北宋荆湖北路是漕、宪、仓三路,但同样地区的帅司却分属荆南路与鼎澧路。湖北施州在漕司属于夔州路,在帅司则属于峡路。

北宋时期,漕、宪、帅、仓的长官驻地多有不同,但京西南路却出现四司长官同属一城的状况,再加上帅司经常兼任知府,且漕、宪、仓也多有兼任情况,这就造成行政、军事、经济、司法权力得以集中。也许是襄阳府位于南宋最前线,不得不将权力集中,以便于军事活动的展开。

鄂州集权于一地的情况,也初显端倪。据南宋史籍记载,除江夏县衙、鄂州知州,宋高宗时期鄂州城内还驻有三大机构:荆湖北路转运司、湖广总领所、都统制司。① 荆湖北路转运司无须多做解释,湖广总领所是绍兴六年(1136年)设置,负责管理荆湖北路、荆湖南路、广南东路、广南西路、江南西路、京西南路财赋事务,并管理鄂州、江陵、襄阳、江州四大驻军以及十九州县分屯兵粮饷事务,权力极大。这里已经明确出现"湖广"字样,因此湖广之名并非肇始于元代,在南宋就已经出现。都统制司是在岳飞的建议下于绍兴五年(1135年)设置的,负责管理当地驻兵。此三大机构很有可能一直持续到南宋末年。

当然,其他涉及湖北地区的路也有类似情况,但集权地点并不在湖北境内。

为抵御金人,维持治安,宋高宗一度给予武将较大的权力,如岳飞曾经任荆湖南北、襄阳府路、蕲黄州招讨使,其辖区几乎包括除施、商二州之外的全湖北。当然宋高宗也采取多种措施,防止武将权力过大,但由于南宋湖北地区一直处于边界地带,南宋湖北地区军事官员的权力一般比北宋时期大。宋高宗之后,甚至出现凌驾于若干路之上的军事长官。

三、宋高宗时期湖北州县的变更

原北宋襄阳府辖襄阳县、谷城县、邓城县、中卢县、南漳县、宜城县。绍兴五年(1135年),中卢县并入南漳县,邓城县并入襄阳县。南漳县行政中心却迁到了原中卢县境内。②

原北宋光化军辖光化县。绍兴二十八年(1158年),改光化军为通化军,光化县改为通化县。绍兴三十一年(1161年)又恢复旧名。③ 光化军之所以改名,与当时的政治背景息息相关。绍兴十一年(1141年)宋金和议明确规定,南宋向金称臣。绍兴二十八年(1158年),金朝皇帝完颜亮立其子完颜光英为太子。为避"尊者"讳,南宋将光化军改为通化军。绍兴三十一年(1161年),金军再次南下,宋金关系破裂,因此不需要避讳,光化军原名又得以恢复。

原北宋房州辖房陵县、竹山县。高宗初年,金人侵入,将房州治所房陵洗劫一空,州治转移到竹山。绍兴三年(1133年),治所复迁回房陵。④

原北宋随州辖随县、枣阳县、唐城县。绍兴五年(1135年)将唐城县并入随县。⑤

绍兴十二年(1142年)九月:

> 工部尚书莫将言:"随州与唐州接界,欲升枣阳县为军,将襄阳府东邻唐州,北抵光化军地界,东西割五里属枣阳军。其淮水之南有唐州桐柏镇,欲拨隶本军,及乞于桐柏镇务子头置巡检寨,监镇兼充巡检。"诏从之。⑥

---

① (宋)王象之:《舆地纪胜》,浙江古籍出版社2012年版,第1703—1704页。
② 李昌宪:《中国行政区划通史·宋西夏卷》,复旦大学出版社2017年版,第545页。
③ 李昌宪:《中国行政区划通史·宋西夏卷》,复旦大学出版社2017年版,第547页。
④ 李昌宪:《中国行政区划通史·宋西夏卷》,复旦大学出版社2017年版,第546页。
⑤ 李昌宪:《中国行政区划通史·宋西夏卷》,复旦大学出版社2017年版,第545页。
⑥《宋会要辑稿》,上海古籍出版社2014年版,第9363页。

宋金和议成,南宋将唐州部分土地割让金朝,剩下唐州桐柏县降为镇。九月,也许是为了加强边界地区的管控能力,将随州枣阳县升为独立的军,桐柏镇划入其中。

但是仅仅一个月时间,情况又发生了变化。十月:

> 吏部言:"京西路安抚使司申,乞将枣阳知县兼充军使,更不添置官属。取到进奏院状,随州枣阳县依先降指挥升为军,若为军名,即不隶随州。今来止令知县兼充军使,合隶随州管下。"从之。①

面对南宋王朝的规划,京西路安抚使认为枣阳建军不妥,还是让其保留县的身份,隶属随州。枣阳军虽然被废,但桐柏镇并入了随州,随州辖区扩展到今河南境内。从此我们也可以看出,高宗湖北政区的变更,不全是高宗一人规划,各种官员的意见也是重要变更原因。

原北宋江陵府辖江陵县、公安县、松滋县、石首县、监利县、潜江县、建宁县、枝江县。南宋时期,江陵府一度称为荆南府,建宁县也被废除。受战乱影响,建炎四年(1130 年)江陵府治所移到了枝江县,绍兴五年(1135 年)府治恢复到江陵县。南宋高宗时期,松滋县行政中心转移到瀼口(今松滋市老城镇)。而监利县一度荒废,战乱平息后,才又恢复。②

建炎三年(1129 年)六月:

> 御营使司参议官高卫言:"公安县在荆江南岸,治吕蒙城,三国六朝常为控扼之地。今欲升公安为军,知县带军使,兼松滋、石首、华容县都巡检使。"从之。③

由于战事需要,升江陵府公安县为军,辖松滋、石首、华容三县。绍兴六年(1136 年)八月:

> 知荆南府、充荆南府峡州荆门公安军安抚使王彦言:"靖康中,因祝靖等贼马占据荆南,公安知县程千秋召募人兵防捍,准御营使司将本县升为军,止是知县兼军使。后来复经残破,军城一空,止有百余家。今乞废公安军,依旧为县,庶得减省支用。"从之。④

由于战乱,公安军人口只剩下百余家,于是将其降为县。

原北宋荆门军辖长林县、当阳县。绍兴十四年(1144 年),将当阳县并入长林县。绍兴十六年(1146 年),又恢复当阳县:"绍兴十四年八月十三日,诏荆门军当阳县废入长林县,官员依省罢法,从本路监司之请也。绍兴十六年十一月十四日,诏复置荆门军当阳县,从本路诸司之请也。"⑤两年之内,当阳县旋废旋设,原因不详。

---

① 《宋会要辑稿》,上海古籍出版社 2014 年版,第 9363 页。
② 李昌宪:《中国行政区划通史·宋西夏卷》,复旦大学出版社 2017 年版,第 535 页。
③ 《宋会要辑稿》,上海古籍出版社 2014 年版,第 9399 页。
④ 《宋会要辑稿》,上海古籍出版社 2014 年版,第 9398 页。
⑤ 《宋会要辑稿》,上海古籍出版社 2014 年版,第 9402 页。

原北宋峡州辖夷陵县、远安县、宜都县、长阳县。宋高宗初年，峡州行政中心曾到处迁移，绍兴元年（1131年）迁到宜都县，直到绍兴五年（1135年）才回到原处。

原北宋德安府辖安陆县、应山县、应城县、孝感县、云梦县。宋高宗时期，孝感县行政中心迁移到境内紫资寨，而云梦县于绍兴七年（1137年）迁移到仵落市（今云梦北部陈李村）。绍兴十八年（1148年）又还回原处，即今云梦县附近。①

原北宋汉阳军辖汉阳县、汉川县。在高宗初年的战乱中，建炎四年（1130年）汉阳军曾划归德安府所属帅司路。绍兴二年（1132年）十一月：

> 诏汉阳军依旧拨隶荆湖北路。以枢密院勘会，汉阳军旧隶湖北帅司，与鄂州对岸，实为唇齿控扼之地。昨来拨隶德安府，相去三百余里，缓急措置后时。兼近降指挥，湖北帅臣于鄂州置司。故有是命。②

由于荆湖北路帅司移到鄂州，汉阳军"与鄂州对岸，实为唇齿控扼之地"，为统一指挥长江两岸的军事，汉阳军回复到荆湖北路。

绍兴五年（1135年）十一月，废除汉川县。绍兴六年（1136年）八月：

> 权发遣汉阳军高舜举言："本军于熙宁四年曾废为县，却于元祐元年复。元符元年，知军茹东济陈论利害事件，遂不曾废。今来本军累经残破，户口减少，官吏之费，深扰于民。兼鄂州见屯大军，无盗贼之患，与承平日事体不同，若废为县，委是利便。"都督行府勘会，已扎下汉阳军，隶鄂州，知县带军使，乞令遵守。从之。③

由于人口减少，加之鄂州屯有大军，汉阳军军事意义不大，因而汉阳军长官自己请求降为县，归鄂州管理。绍兴七年（1137年）闰十月：

> 湖北京西路宣抚使岳飞言："汉阳军元管汉阳、汉川两县，最是控扼去处。后来湖北安抚司一时申请，废军为县，隶鄂州。乞复为军。汉阳、汉川复为县，依旧将汉阳、汉川两县拨隶本军。"从之。④

汉阳军长官从人口损耗出发而废军，岳飞却以军事角度而复军。由此来看，有些政区虽然人口稀少，但为了控制战略要地还是应该保留建制。于是汉阳军与汉川县又恢复了。

原北宋鄂州辖江夏县、咸宁县、武昌县、蒲圻县、嘉鱼县、崇阳县、通城县、宝泉监。在战乱中通城县多有变化：

---

① 李昌宪：《中国行政区划通史·宋西夏卷》，复旦大学出版社2017年版，第536—537页。
② 《宋会要辑稿》，上海古籍出版社2014年版，第9401页。
③ 《宋会要辑稿》，上海古籍出版社2014年版，第9401—9402页。
④ 《宋会要辑稿》，上海古籍出版社2014年版，第9402页。

绍兴五年九月二十一日,荆湖北路安抚使司言:"鄂州通城县旧系镇,熙宁四年升为县,今人民凋残,欲依旧为镇,隶崇阳县。"从之。绍兴十七年五月十八日,诏鄂州通城镇复为县,从本路监司之请也。①

绍兴五年(1135年),通城县因人口损失过大并入崇阳县。绍兴十七年(1147年),通城县得以恢复。

原北宋蕲州有蕲春县、黄梅县、蕲水县、广济县、罗田县。南宋初年,蕲州为盗贼所占,直到绍兴五年(1135年)才恢复其统治。广济县、罗田县曾经也被废除,但绍兴六年(1136年)又予以恢复,因此南宋高宗时期,蕲州仍辖五县。②

原北宋兴国军辖永兴县、通山县、大冶县。绍兴四年(1134年)正月:

江西安抚大使司言:"兴国军通山县旧系羊山镇,隶鄂州永兴县。太平兴国中,改永兴县为兴国军,遂改羊山镇为通山县。近缘贼马劫虏人民,见在只有二百余家,乞改通山县依旧为镇,户税并隶永兴县。仍乞存留文尉,通永兴县旧尉共两员,每半年轮那一员前去主管镇事,捕捉盗贼。应合存留弓手并减省公吏人等,令江西常平司申明施行。"诏依,仍以通山镇为名。③

原来经过战乱,通山县居民只剩下两百户,被降为镇,让永兴县管理。两年后,绍兴六年(1136年)八月:

江南西路安抚、制置、转运、提点刑狱使司言:"兴国军通山镇税户石英等状,本镇元系通山县,昨被李成贼马杀戮,权废为镇,隶永兴县。今已及八百余户,至永兴县送纳租税,往回六百余里,人户艰辛,乞依旧为县。"从之。④

经过两年时间,通山县两百户居民增至八百户,再加上居民距离永兴县遥远,交税艰难,因此通山镇税户石英等向长官申请,江南西路帅司、漕司、宪司一起向中央政府申请,通山县最终得以恢复。两年时间,六百余户的增长估计不是人口自然增殖带来的结果,很有可能是战局稍微安定,外来移民涌入,或躲避战乱居民返乡所造成。

原北宋商州辖上津县。绍兴十二年(1142年)商州北部割让金朝,绍兴十四年(1144年)正月,上津县划归金州:

金房开达等州经略安抚使、知金州郭浩言:"商州于去年九月内规画了毕,见存

---

① 《宋会要辑稿》,上海古籍出版社2014年版,第9399页。
② 参见李昌宪:《中国行政区划通史·宋西夏卷》,复旦大学出版社2017年版,第523页。
③ 《宋会要辑稿》,上海古籍出版社2014年版,第9395页。
④ 《宋会要辑稿》,上海古籍出版社2014年版,第9395页。

上津、丰阳两县未有所隶。边面阔远,已差官兵戍守,并逐县官吏合用钱粮,系是金州应办,乞将两县权隶金州检察。"从之。①

商州大部领土已被割让,但上津、丰阳两县还留在南宋境内。由于两县是"边面"(边界地区),需要官兵驻守,所需费用均由附近的金州筹措。于是,干脆将两县划归金州。

纵观宋高宗时期湖北州县的变化,可以看出三个特点:第一,由于战乱带来的人口损耗,许多县曾经废除,然而一旦人口恢复,宋王朝还是尽量保持北宋政区格局。第二,虽然人口大量减少,但碍于某些战略价值,有些政区还是保留其建制。第三,由于战乱,许多州县的行政中心发生了改变。

宋高宗退位前夕,湖北政区格局如下所示:

表5-8　　　　　　　　宋高宗绍兴三十二年(1162年)湖北政区表

路	府、州、军	县、监
京西南路	襄阳府	襄阳县(襄阳市附近)、谷城县、南漳县(南漳县东北)、宜城县(宜城市附近)
	光化军	光化县(老河口市西北)
	均州	武当县(丹江口市附近)、郧乡县(十堰市郧阳区附近)
	房州	房陵县(房县附近)、竹山县
	郢州	京山县(京山市附近)、长寿县(钟祥市附近)
	随州	随县(随州市附近)、枣阳县(枣阳市附近)
利州东路	金州	上津县(郧西县西北)
夔州路	施州	清江县(恩施市附近)、建始县、广积监(恩施市附近)
	归州	秭归县、巴东县、兴山县(兴山县南部)
荆湖北路	江陵府	江陵县(荆州市附近)、公安县、松滋县(松滋市附近)、石首县(石首市附近)、监利县(监利市附近)、潜江县(潜江市西北)、枝江县(枝江市附近)
	荆门军	长林县(荆门市附近)、当阳县(当阳市附近)
	峡州	夷陵县(宜昌市附近)、远安县、宜都县(宜都市附近)、长阳县(长阳土家族自治县附近)
	德安府	安陆县(安陆市附近)、应山县(广水市附近)、应城县(应城市附近)、孝感县(孝感市附近)、云梦县
	复州	玉沙县(监利市东北)、景陵县(天门市附近)
	汉阳军	汉阳县(武汉市汉阳区附近)、汉川县(汉川市北部)
	鄂州	江夏县(武汉市武昌区附近)、咸宁县(咸宁市附近)、武昌县(鄂州市附近)、蒲圻县(赤壁市附近)、嘉鱼县、崇阳县、通城县、宝泉监(武汉市武昌区附近)

①《宋会要辑稿》,上海古籍出版社2014年版,第9363页。

续表

路	府、州、军	县、监
淮南路	蕲州	蕲春县、黄梅县、蕲水县（浠水县附近）、广济县（武穴市附近）、罗田县（罗田县东部）
	黄州	黄冈县（黄冈市附近）、黄陂县（武汉市黄陂区附近）、麻城县（麻城市附近）
江南西路	兴国军	永兴县（阳新县附近）、通山县、大冶县（大冶市附近）

第五节　南宋中后期湖北政区

宋高宗退位后，南宋统治者一直改变不了湖北地区边界的地位。在宋金、宋蒙战争中，湖北北部地区多次被北方政权威胁，甚至占领。面对严峻的军事形势，湖北帅司路越来越大，湖北州县行政中心不断迁移。湖北襄阳的最终失守，敲响了南宋灭亡的丧钟。

一、宋孝宗、宋光宗时期的湖北政区

绍兴三十二年（1162年），宋孝宗即位，即位伊始，为岳飞平反，起用主战派官员，积极备战，企图一雪前耻。

隆兴元年（1163年）四至五月，宋军出师北伐，张浚都督荆、襄军马，取得初步战果。但是金军主力反攻，加之宋军主将不和，宋军失败。宋朝廷准备议和。七月，任著名抗金将领虞允文为湖北京西制置使，掌管荆湖北路与京西南路军事，防止金军南下。虞允文随即上书，认为南宋军事力量应该首重荆楚：

> 臣切惟艺祖皇帝创业之初，削平诸国，首会襄阳之兵，以取荆南。盖天下胜势所在，先得之，则雄视吴蜀。一统之初，实始于此。自古以来，蜀以重山为险，吴以长江为险，而荆襄之地，平原广袤，以兵为险。道路错出，不以数计，而其大者有六。自陕虢出卢氏，可以直抵归州。自光化出茨湖，可以直抵夷陵。自汝州出新野，可以直抵襄阳。自唐州出枣阳，可以直抵郢州。自蔡州出信阳之三关，可以直抵德安府。自陈州出宛丘新息，可以直抵光黄。皆当以兵为险之地也。而今之备兵，反薄于守吴守蜀之数。一失枝梧，房势横溃。吴蜀之形，厘而为二，屯兵虽多，首尾莫应。伏愿陛下下臣之章于腹心大臣，议所以益兵之策，庶几不失艺祖所以先重荆襄之意，为陛下恢复之基，天下幸甚。①

虞允文的言论可谓切中当时军事形势，艺祖皇帝（赵匡胤）能够统一天下，获得湖北地区是关键。南宋岳飞也正是以湖北为基地出师北伐，而南宋最终灭亡，也与丢失湖北有莫大之

---

① 《宋史全文》卷24上，《宋孝宗一》，中华书局2016年版，第1977—1978页。

关系。此段文字其实也昭示南宋时期,湖北地区的战略地位。

隆兴二年(1164年),宋孝宗准备再战,但战事仍然不顺利。六月"命虞允文弃唐、邓,允文不奉诏。"七月,"召虞允文。以户部尚书韩仲通为湖北、京西制置使。"①由于战争不利,宋孝宗想放弃河南唐邓二州,但虞允文却拒不执行,犯了宋朝武将抗命之大忌,因而罢职。宋朝却让户部尚书文官韩仲通继任。隆兴二年(1164年)年末,宋金再次达成和议,宋朝放弃北伐所得领土,疆界恢复到宋高宗时期,宋金为叔侄之国,南宋每年给金朝银绢各二十万两匹。同时"召韩仲通。以沈介为兵部尚书、湖北京西制置使。"②

乾道元年(1165年)六月:"罢湖北、京西制置司。"③从隆兴元年(1163年)至乾道元年(1165年),湖北京西制置司存在两年时间,可能是专为集中兵力,准备北伐或防备金军南下而设。和议签订,局势太平后,即撤销。它的设立表明,遇到较大战事,南宋王朝有将襄阳、荆州、鄂州合并在一起管理的企图。

宋金和议后,南宋迎来长期安定局面,宋孝宗努力发展经济,南宋逐渐呈现繁荣之态。

乾道三年(1167年)四月"合利州东、西路为一"④。湖北上津县属于利州路。

乾道四年(1168年)四月"置汉阳军收发马监。诏公吏非犯公罪,毋得引用并计案问法。已亥,置鄂州转般仓。"⑤"收发马监"与"转般仓"并非独立于州县之外的政区,但可以看出南宋对湖北地区政区职能的完善。

乾道五年(1169年)四月,南宋开始大规模修襄阳府城。

乾道六年(1170年)六月:"置蕲州蕲春监、黄州齐安监,铸铁钱。"七月"置兴国军兴国监。"⑥蕲春监与齐安监的设置是为了监管铸造铁钱,而兴国监或许也是同样原因,这是南宋政府加强湖北境内自然资源开发的例证。三监很大可能还是隶属于州,与县平齐的行政管理单位。囿于资料限制,孝宗后,齐安监与兴国监兴废不明,且兴国军又名富民监。

乾道七年(1171年)五月:"刘珙起复同知枢密院事,为荆、襄宣抚使,珙辞不拜……遣知阁门事王抃点阅荆、襄军马。"⑦宋王朝又有将荆湖北路与京西南路军事统一管理的想法。八月,再修襄阳城池。

乾道九年(1173年)三月"复分淮南安抚司为东、西路"⑧。湖北地区仍属淮南西路。

同年春,为了更好管理铸造钱币,宋王朝:

---

① (元)脱脱等:《宋史》卷33,《本纪第三十三》,中华书局1977年版,第627页。
② (元)脱脱等:《宋史》卷33,《本纪第三十三》,中华书局1977年版,第629页。
③ (元)脱脱等:《宋史》卷33,《本纪第三十三》,中华书局1977年版,第632页。
④ (元)脱脱等:《宋史》卷34,《本纪第三十四》,中华书局1977年版,第640页。
⑤ (元)脱脱等:《宋史》卷34,《本纪第三十四》,中华书局1977年版,第643页。
⑥ (元)脱脱等:《宋史》卷34,《本纪第三十四》,中华书局1977年版,第649页。
⑦ (元)脱脱等:《宋史》卷34,《本纪第三十四》,中华书局1977年版,第651页。
⑧ (元)脱脱等:《宋史》卷34,《本纪第三十四》,中华书局1977年版,第655页。

以王榩、李大正并为提点坑冶铸钱,饶赣州置司,江东、淮南、两浙、潼川、利州路分隶饶州司,江西、湖、广、福建分隶赣司。除潼川府、利路坑冶铜宝系逐路转运司拘催发纳铸钱司外,依旧以江、淮、荆、浙、福建、广南路提点坑冶铸钱司为名,两司行移连衔按察。①

为了管理铸造钱币,南宋设提点坑冶铸钱司,分设饶州与赣州两个机构,湖北淮南西路、利州东路归饶州司管理,而江南西路、荆湖北路归赣州司管理。但仅就湖北而言,京西南路与夔州路却不在其中。因此提点坑冶铸钱司仅仅是在有矿冶的地区设置,不是全面普及,因而不能像漕司、宪司、仓司、帅司那样形成新的路制。

十月:

> 权发遣蕲州提领铸钱韩晚言:"奉旨令分舒州同安监岁铸铁一十万贯文,申乞差知监官一员,准指挥就差蕲春知县兼管。晚契勘所置监系在蕲口镇,自州城往来即须三日,蕲春知县难以兼监。今来催督人匠工程,收支铁炭万计浩瀚,岂可阙官?伏望详酌,许令选差一员奏辟监视,庶几专一。"从之。②

乾道六年(1170 年)设置的蕲春监,可能一直由蕲春知县兼管,但由于其所在的蕲口镇与州城太远,直到三年后才派专官管理。

淳熙元年(1174 年)六月,改江陵府名称为荆南府。但改名没有多久,又恢复原名。

淳熙二年(1175 年)正月,因停止铸造铁钱,废除蕲春监:

> 诏:"舒、蕲州住罢鼓铸铁钱,逐监已差监官并依省罢法,见役工匠尽数发赴饶州铸钱司收管。内招到百姓人匠愿从便者听。其铁炭物料并起赴军器所。未尽事件,令饶州铸钱司条具申尚书省。"先是,诏令蕲州分舒州同安监岁铸铁钱一十万贯,就差蕲春知县兼管。既而以所置监在蕲口镇,去州城差远,蕲春知县难以兼监,许令选差一员奏辟监视,至是罢之。③

九月:宋孝宗令"扬、庐、荆南、襄、兴元、金、兴州依旧分为七路,每路文臣一人充安抚使,以治民。武臣一人,充都总管,以治兵"④。扬、庐二州即淮南东西路,荆南、襄州即湖北荆湖北路与京西南路,兴元与兴州即利州东路。乾道三年(1167 年),利州东西路原本合并,此时又分开。

---

①《宋史全文》卷 25 下,《宋孝宗四》,中华书局 2016 年版,第 2137 页。
②《宋会要辑稿》,上海古籍出版社 2014 年版,第 4198 页。
③《宋会要辑稿》,上海古籍出版社 2014 年版,第 4198 页。
④《宋史全文》卷 26 上,《宋孝宗五》,中华书局 2016 年版,第 2166 页。

金州是利州东路的辖州,本不是一路。乾道四年(1168年)金州知州"兼管内安抚"①。安抚使本来是一路的军事长官,但金州靠近边界,知州兼安抚使头衔。九月,南宋开始调整部分路的官制,将原本安抚使所属的帅司路,设两个官员,一位是文官出任的安抚使,从属于民政管理。另一位是武将出任的都总管,负责军事。这实际上还是宋朝分地方之权,加强中央集权的手段。

淳熙三年(1176年)五月:"合利州东、西路为一。"②

淳熙五年(1178年)闰六月:"复分利州东、西路为二。"③十一月,恢复铸造铁钱的蕲春监。

淳熙十四年(1187年),太上皇宋高宗去世。同年归州划归荆湖北路。淳熙十五年(1188年):

> 夔帅杨辅上言:"夔与归为唇齿之邦,四川之门户,乞比类赣州例,兵甲盗贼之事许本路帅司臣节制。有旨令夔州帅臣兼提举归、峡二州兵甲司公事。"④

本来归州已经划给荆湖北路,但碍于军事地理关系,归峡二州的行政、经济、司法等事务归荆湖北路管理,而军事管理权仍归夔州路。

淳熙十六年(1189年),宋孝宗禅位于宋光宗,自己为太上皇。宋光宗体弱多病,经常受制于皇后李凤娘。皇后还经常挑拨孝宗父子的关系,干涉朝政。

绍熙二年(1191年)七月:

> 提点江淮湖北铁冶铸钱刘炜言:"乞置检踏官二员,内一员舒州置司,往来兼管舒州、光州钱监事;一员蕲州置司,往来兼管蕲州、汉阳、兴国军钱监事。"⑤

这段文字明确说湖北有蕲州、汉阳、兴国军钱监,此时与蕲州监同属淮南西路的黄州齐安监,与汉阳监同属荆湖北路的鄂州宝泉监,极有可能已经废除了。而汉阳监,则是新出现的名字。有观点认为,汉阳监创建于绍熙元年(1190年)左右。⑥

十二月,南宋修荆门军城池。

绍熙三年(1192年)三月,南宋修峡州城池。九月,修德安府城池。

绍熙五年(1194年)三月,"合利州东、西为一路"⑦。六月,太上皇宋孝宗去世。七月,鉴于宋光宗精神疾病越来越严重,赵汝愚、韩侂胄拥立其子宋宁宗即位。

---

① (元)脱脱等:《宋史》卷89,《志第四十二》,中华书局1977年版,第2224页。
② (元)脱脱等:《宋史》卷34,《本纪第三十四》,中华书局1977年版,第661页。
③ (元)脱脱等:《宋史》卷35,《本纪第三十五》,中华书局1977年版,第668页。
④ (宋)王象之:《舆地纪胜》,浙江古籍出版社2012年版,第1865页。
⑤ 《宋会要辑稿》,上海古籍出版社2014年版,第4200页。
⑥ 参见尚平、张泰山:《两宋时期鄂东地区的钱监》,《湖北师范学院学报(哲学社会科学版)》2010年第1期。
⑦ (元)脱脱等:《宋史》卷36,《本纪第三十六》,中华书局1977年版,第708页。

此时湖北政区格局如下所示：

表 5-9　　　　　　　宋光宗绍熙五年(1194 年)湖北政区表

路	府、州、军	县、监
京西南路	襄阳府	襄阳县(襄阳市附近)、谷城县、南漳县(南漳县东北)、宜城县(宜城市附近)
	光化军	光化县(老河口市西北)
	均州	武当县(丹江口市附近)、郧乡县(十堰市郧阳区附近)
	房州	房陵县(房县附近)、竹山县
	郢州	京山县(京山市附近)、长寿县(钟祥市附近)
	随州	随县(随州市附近)、枣阳县(枣阳市附近)
利州路	金州	上津县(郧西县西北)
夔州路	施州	清江县(恩施市附近)、建始县、广积监(恩施市附近)
夔州路荆湖北路共同管理	归州	秭归县、巴东县、兴山县(兴山县南部)
	峡州	夷陵县(宜昌市附近)、远安县、宜都县(宜都市附近)、长阳县(长阳土家族自治县)
荆湖北路	江陵府	江陵县(荆州市附近)、公安县、松滋县(松滋市附近)、石首县(石首市附近)、监利县(监利市附近)、潜江县(潜江市西北)、枝江县(枝江市附近)
	荆门军	长林县(荆门市附近)、当阳县(当阳市附近)
	德安府	安陆县(安陆市附近)、应山县(广水市附近)、应城县(应城市附近)、孝感县(孝感市附近)、云梦县
	复州	玉沙县(监利市东北)、景陵县(天门市附近)
	汉阳军	汉阳县(武汉市汉阳区附近)、汉川县(汉川市北部)、汉阳监(武汉市汉阳区龟山附近)
荆湖北路	鄂州	江夏县(武汉市武昌区附近)、咸宁县(咸宁市附近)、武昌县(鄂州市附近)、蒲圻县(赤壁市附近)、嘉鱼县、崇阳县、通城县、宝泉监(武汉市武昌区附近)(可能存在)
淮南西路	蕲州	蕲春县、黄梅县、蕲水县(浠水县附近)、广济县(武穴市附近)、罗田县(罗田县东部)、蕲春监(蕲春县蕲州镇附近)
	黄州	黄冈县(黄冈市附近)、黄陂县(武汉市黄陂区附近)、麻城县(麻城市附近)、齐安监(黄冈市附近)(可能存在)
江南西路	兴国军	永兴县(阳新县附近)、通山县、大冶县(大冶市附近)、兴国监、富民监(阳新县附近)

二、宋宁宗时期的湖北政区

宋宁宗庆元元年(1195 年)，韩侂胄独揽南宋大权。庆元二年(1196 年)九月"复分利州为东、西路"①。庆元六年(1200年),太上皇宋光宗去世。在韩侂胄掌权下,南宋又想北伐中原。嘉泰四年(1204年),追封岳飞为鄂王。开禧元年(1205年)六月:"复同安、汉阳、蕲春三监。"②前文说到绍熙二年(1191年),还有汉阳、蕲春二监,但不知何时废除,导致开禧元年(1205年)又恢复。

开禧二年(1206年)在韩侂胄主持下,南宋出师北伐,但五月在河南遭遇失败,引金军南下湖北:

> 江陵副都统兼京西北路招抚副使皇甫斌,引兵攻唐州,官军大败。兴元都统秦世辅出师至城固县,军大乱……简荆襄两淮田卒以备战兵。③

宋军河南大败,为防备金军,宋金边界地区的荆湖北路、京西南路、淮南东西二路又开始动员起来。年底,金军进攻湖北:

> 十一月辛巳,敌犯枣阳军④……甲申,命丘崈督视江淮军马除签书枢密院事,敌犯神马坡,江陵副都统魏友谅突围趋襄阳,忠勇军统制吕渭孙欲图友谅,友谅格杀之。乙酉,赵淳焚樊城……乙未,避殿减膳,湖广总领陈谦为湖北京西宣抚副使。丙申,太师、平章军国事韩侂胄献家财二十万以助军费,金人围庐州……辛丑,金人围襄阳。壬寅,金人陷随州……十二月戊申,金人围德安府,守将李师尹拒之……癸亥,江陵副都统魏友谅军溃于花泉。友谅走江陵。⑤

南宋错误的战略,让本已和平多年的湖北再燃战火,两个月内,湖北北部狼烟遍地,随州陷落,襄阳、江陵、德安三府均遭围困,形势十分危急。好在当时大批勇猛之士固守襄阳附近,局势才没有继续恶化。孟宗政是他们的代表之一:

> 孟宗政字德夫,绛州人。父林,从岳飞至随州,因家焉。宗政自幼豪伟,有胆略,常出没疆场间。开禧二年(1206年),金将完颜董犯襄、郢,宗政率义士据险游击,夺其辎重。宣抚使吴猎奇之,补承节郎、枣阳令。京西路分赵方、吴柔胜皆荐其才,转秉义郎、京西钤辖,驻扎襄阳。⑥

开禧三年(1207年)二月,金军从襄阳撤退,湖北地区转危为安。六月,南宋特意奖赏坚守襄阳军民的功劳。十一月,出兵北伐的韩侂胄被刺杀,史弥远逐渐掌握朝中大权。

---

① (元)脱脱等:《宋史》卷37,《本纪第三十七》,中华书局1977年版,第721页。
② (元)脱脱等:《宋史》卷38,《本纪第三十八》,中华书局1977年版,第738页。
③ 《宋史全文》卷29下,《宋宁宗二》,中华书局2016年版,第2509—2510页。
④ 当时随州枣阳知县兼军职,因而称为枣阳军。此枣阳军并非独立于随州之外,单独辖县成军。
⑤ 《宋史全文》卷29下,《宋宁宗二》,中华书局2016年版,第2512—2513页。
⑥ (元)脱脱等:《宋史》卷403,《列传第一百六十二》,中华书局1977年版,第12211页。

嘉定元年(1208年),宋金达成和议,两国为伯侄之国,宋每年向金朝进贡银绢各三十万两匹。南宋另赔偿三百万两军费。

嘉定十年(1217年)金军再次南下,进攻湖北,四月:

> (金人)分兵犯樊城。戊申,鄂州江陵府副都统王守中引兵拒之,金人遂分兵围枣阳、光化军。丙辰,诏江淮制置使李珏、京湖制置使赵方措置调遣,仍听便宜行事。辛酉,庐州钤辖王辛败金人于光山县之安昌寨,杀其统军元颜掩。壬戌,金人遁去,随州、光化军皆以捷闻。时金人既为鞑靼所扰,山东畔之,惟东阻河,西阻潼关,地势益蹙,遂有南窥淮汉之谋,兵端复启矣。①

> 嘉定十年(1217年),金人犯襄阳、枣阳,方檄(孟)宗政节制神劲、报捷、忠义三军。宗政与统制扈再兴、陈祥分为三军,设覆三所,蹀血以战,金兵败走。寻报枣阳围急,宗政午发岘首,迟明抵枣阳,驰突如神。金人大骇,宵遁。方时移帅京西,闻捷大喜,差权枣阳军。初视事,一爱仆犯新令,立斩之,军民股栗。于是筑堤积水,修治城堞,简阅军士。②

在以孟宗政为代表的湖北军民抵抗下,金军退走。从上面的史料可知:第一,此时蒙古(鞑靼)已经兴起,金朝势力急剧萎缩。第二,为了应付战事,需要调动大范围的资源,南宋已经有江淮制置使、京湖制置使的官职。江淮制置使大约管辖江南东西路与淮南东西路。而京湖制置使直接动员荆湖北路与京西南路军事力量。

我们从京湖制置使赵方的传记中可以明显看出,此时的帅司路有明显扩大,而漕司、宪司、仓司有逐渐合并的迹象:

> 赵方字彦直,衡山人……提举京西常平兼转运判官、提点刑狱……进秘阁修撰、知江陵府、主管湖北安抚司事兼权荆湖置司。时金逼于兵,计其必南徙,日夜为备……权工部侍郎、宝谟阁待制、京湖制置使兼知襄阳府……俄得疾,进徽猷阁学士、京湖制置大使……方起自儒生,帅边十年,以战为守,合官民兵为一体,通制总司为一家。③

赵方为南宋著名将领,为保卫湖北免遭战火做出了卓越贡献,他曾经同时担任京西常平官、转运判官、提点刑狱官,几乎将漕、宪、仓三司权力合于一身。后来长期担任京湖制置使,坐镇襄阳,掌管着江南西路与荆湖北路军事,将襄阳、江陵、鄂州三大重镇统一军事管理。与

---

① 《宋史全文》卷30,《宋宁宗三》,中华书局2016年版,第2574—2575页。
② (元)脱脱等:《宋史》卷403,《列传第一百六十二》,中华书局1977年版,第12211—12212页。
③ (元)脱脱等:《宋史》卷403,《列传第一百六十二》,中华书局1977年版,第12203—12206页。

此同时,他还担任知府、安抚使等官职,"合官民兵为一体,通制总司为一家"。迫于战争压力,区域集权模式正在形成和巩固。与此同时,川蜀地区也有辖区跨越多路的四川制置使存在。

嘉定十一年(1218年)二月,金军再次进攻湖北:"金人围随州枣阳军,游骑至汉上,均州守臣应谦之弃城走。"①但还是因以孟宗政为代表的湖北军民抵抗,金人未能深入:

> 十一年(1218年),金帅完颜赛不拥步骑围(枣阳)城,(孟)宗政与再兴合兵角敌,历三月,大小七十余战,宗政身先士卒。金人战辄败,忿甚,周城开濠,四面控兵列濠外,飞锋镝,以绚铃自警,铃响则犬吠。宗政厚募壮士,乘间突击,金人不能支,盛兵薄城,宗政随方力拒。随守许国援师至白水,鼓声相闻。宗政率诸将出战,金人奔溃。②

嘉定十二年(1219年),多次失败的金军调集重兵再攻湖北:

> 春正月庚寅,金人犯随州、枣阳军,又破信阳军之二寨。京西诸将引兵拒之……癸巳,金人围安丰军,分兵围光州,攻光化军,破郧山县,进逼均州……
> 二月壬寅,虏围枣阳军。京湖制置使赵方,遣统制扈再兴救之,不能进而还……戊申,攻枣阳军。甲子,兵始去。③

宋金枣阳攻防战十分激烈:

> (孟)宗政激将士血战,凡十五阵,矢石交,金兵死者千余,弩子手十七八,射其都统殪。天反风,金人愈忿,炮愈急。会王大任领锐卒一千冒重围转斗入城,内外合势,士气大振,贾勇入金营,自晡至三更,金人横尸遍地,夺其铜印十有六,讹可弃帐走,获辎重牛马万计。④

以孟宗政为代表的湖北军民抵抗,再次打退了金人。六月:

> 以守御功,有旨特升为枣阳军,置官属。
> 荆湖制置使赵方状:照应得随州枣阳县密迩敌境,弹压为先,官府稍卑,体面不振。知县虽兼军使,境土实隶随州。揆请事宜,合与加重,俾自为郡,庶壮边城!欲望朝廷升枣阳县为军,其于固御,不为无补矣。⑤

---

① 《宋史全文》卷30,《宋宁宗三》,中华书局2016年版,第2577页。
② (元)脱脱等:《宋史》卷403,《列传第一百六十二》,中华书局1977年版,第12212页。
③ 《宋史全文》卷30,《宋宁宗三》,中华书局2016年版,第2579—2580页。
④ (元)脱脱等:《宋史》卷403,《列传第一百六十二》,中华书局1977年版,第12213页。
⑤ (宋)王象之:《舆地纪胜》,浙江古籍出版社2012年版,第2158页。

鉴于孟宗政以枣阳军为中心多次取得辉煌战果，南宋将枣阳县从随州独立出来，单独成军。如此一来，随州只有一县，已经构不成一州规模。于是，南宋在微调枣阳、随县的边界后，将德安府应山县划归随州。

八月："复合利州东西路为一。"①

嘉定十二年（1219年）底至嘉定十三年（1220年）初，南宋以湖北北部为基地出兵主动攻击金人：

> 京湖制置司遣统制扈再兴等引兵六万人分三道出境……统制官扈再兴引兵攻邓州，鄂州都统许国攻唐州，不克而还。金人追之，遂寇樊城。赵方督诸将拒退之。②

虽然作战失利，没有继续深入，但金人从此再也不敢南下湖北西部："制置司以湖阳县迫境金兵，檄（孟）宗政图之。宗政一鼓而拔，燔烧积聚，夷荡营寨，俘掠以归。金人自是不敢窥襄、汉、枣阳。"③

湖北西部固若金汤，嘉定十四年（1221年），金人改从鄂东进攻：

> 二月壬申，（金人）治舟于团风，弗克济，遂围黄州，分兵破诸县，又遣别将犯汉阳军……三月丙戌朔，鄂州副都统扈再兴引兵攻唐州。丁亥，金人陷黄州，淮西提刑知州事何大节弃城遁而死。癸巳，扈再兴引所部趋蕲州。乙未，诏京湖制置司趋蕲黄。己亥，金人陷蕲州，知州事李诚之及其家人官属皆死之。癸丑，金人退师，扈再兴邀击，败之于久长镇。甲寅晦，又败之。夏四月戊辰，金人渡淮而北，李全遣兵追击败之，扈再兴亦以捷。④

金军连连攻克黄州、蕲州，南宋将京湖制置司迁移到鄂东统一指挥，再加鄂州副都统扈再兴的努力，黄州、蕲州才得以收复。此战，京西、荆湖、淮西连成一线，取得战争胜利的同时，现代湖北省地理范围的端倪已经显现。

六月，"初置沿江制置副使于鄂州"⑤。早在宋高宗时期，为了统一长江流域的军事指挥权，就设立沿江制置使，后时废时设，此时重设："诏中奉大夫、宝文阁待制、兼知建康府、江东安抚使、行宫留守司公事李大东充沿江制置使，建康府置司。"⑥正使驻今南京兼建康府知府，副使驻鄂州兼鄂州知州，就此长江中下游江防有了统一指挥。但鄂州所属的荆湖北路，原归

---

① 《宋史全文》卷30，《宋宁宗三》，中华书局2016年版，第2582页。
② 《宋史全文》卷30，《宋宁宗三》，中华书局2016年版，第2583页。
③ （元）脱脱等：《宋史》卷403，《列传第一百六十二》，中华书局1977年版，第12213页。
④ 《宋史全文》卷30，《宋宁宗三》，中华书局2016年版，第2585—2586页。
⑤ 《宋史全文》卷30，《宋宁宗三》，中华书局2016年版，第2586页。
⑥ 《宋会要辑稿》，上海古籍出版社2014年版，第3996页。

京湖制置司管理,这样一来沿江制置副使与京湖制置使职权又有所重合,这大概又是宋代统治者分权牵制之法使然。

嘉定十五年(1222年)正月,升鄂州武昌县为武昌军,但武昌军名称与鄂州"武昌军节度使"(宋代一直没有彻底废除节度使)名称重复,因而改为寿昌军。武昌县升军原因是:

> 枢密院关鄂州,武昌县系是江西上流去处,见今本县创立两军,专备防守江西冲要隘口。窃虑知县权轻,难以弹压,十四年(1221年)十二月,三省枢密院同奉圣旨,武昌县升作武昌军使。十五年(1222年)正月,武昌县升作寿昌军,节制本军屯戍。①

由此看来,寿昌军的设立还是为了加强长江防务。此时,湖北政区格局如下所示:

表5-10　　　　　宋宁宗嘉定十五年(1222年)湖北政区表

路	府、州、军	县、监
京西南路	襄阳府	襄阳县(襄阳市附近)、谷城县、南漳县(南漳县东北)、宜城县(宜城市附近)
	光化军	光化县(老河口市西北)
	均州	武当县(丹江口市附近)、郧乡县(十堰市郧阳区附近)
	房州	房陵县(房县附近)、竹山县
	郢州	京山县(京山县附近)、长寿县(钟祥市附近)
京西南路	随州	随县(随州市附近)、应山县(广水市附近)
	枣阳军	枣阳县(枣阳市附近)
利州路	金州	上津县(郧西县西北)
夔州路	施州	清江县(恩施市附近)、建始县、广积监(恩施市附近)
荆湖北路	归州	秭归县、巴东县、兴山县(兴山县南部)
	峡州	夷陵县(宜昌市附近)、远安县、宜都县(宜都市附近)、长阳县(长阳土家族自治县附近)
	江陵府	江陵县(荆州市附近)、公安县、松滋县(松滋市附近)、石首县(石首市附近)、监利县(监利市附近)、潜江县(潜江市西北)、枝江县(枝江市附近)
	荆门军	长林县(荆门市附近)、当阳县(当阳市附近)
	德安府	安陆县(安陆市附近)、应城县(应城市附近)、孝感县(孝感市附近)、云梦县
	复州	玉沙县(监利市东北)、景陵县(天门市附近)
	汉阳军	汉阳县(武汉市汉阳区附近)、汉川县(汉川市北部)、汉阳监(武汉市汉阳区龟山附近)

---

① (宋)王象之:《舆地纪胜》,浙江古籍出版社2012年版,第2001页。

续表

路	府、州、军	县、监
荆湖北路	鄂州	江夏县(武汉市武昌区附近)、咸宁县(咸宁市附近)、蒲圻县(赤壁市附近)、嘉鱼县、崇阳县、通城县、宝泉监(武汉市武昌区附近)(可能存在)
荆湖北路	寿昌军	武昌县(鄂州市附近)
淮南西路	蕲州	蕲春县、黄梅县、蕲水县(浠水县附近)、广济县(武穴市附近)、罗田县(罗田县东部)、蕲春监(蕲春县蕲州镇附近)
淮南西路	黄州	黄冈县(黄冈市附近)、黄陂县(武汉市黄陂区附近)、麻城县(麻城市附近)、齐安监(黄冈市附近)(可能存在)
江南西路	兴国军	永兴县(阳新县附近)、通山县、大冶县(大冶市附近)、兴国监(富民监)(阳新县附近)

以上湖北地区的军事分别由四川制置使、京湖制置使、沿江制置使管理。

嘉定十七年(1224年)闰八月,宋宁宗去世。历史上对宋宁宗朝评价并不高,认为前有韩侂胄,后有史弥远专权,政治昏暗。但不可否认的是,面对金军的军事威胁,宋王朝可以及时调整行政和战争区划适应局势的发展,再加上将士用命,使湖北成为捍卫南宋统治的坚固堡垒。

而宋高宗留下的湖北帅司路发生了重要改变,原有路级军事长官不再是区域最高军事长官。京湖制置使将襄阳、江陵、武昌三地联为一体,沿江制置使让西到今武汉,东到今南京地区的长江有了统一军事指挥。在集权的同时,湖北归峡二州出现了四川与荆湖共同监管的局面,以鄂州为中心的鄂东地区也出现了京湖、沿江交叉管控格局。也许,既要大范围内集中权力作战,也要保持互相牵制的分权模式,是宋王朝历经风雨,充分吸收历史教训的最佳选择。

三、南宋末年湖北政治状况

嘉定十七年(1224年)宋理宗即位,史弥远继续执政,独揽朝局。理宗即位之初,南宋几乎太平无事,经济实力大为发展,如绍定二年(1229年)荆襄地区"积谷已逾百万斛"[①]。

而兴起的蒙古对金朝的威胁与日俱增。此时南宋与蒙古准备里应外合,夹击金朝。

绍定六年(1233年)五月,金朝邓州投降南宋。六月,南宋任命史嵩之为京湖安抚制置使兼襄阳府知府,当即出兵北伐。八月攻克河南唐州。九月,湖北襄阳的宋军与蒙古合围金朝皇帝于蔡州。十月,权臣史弥远去世,宋理宗开始亲政。

端平元年(1234年)正月,金朝灭亡。同时南宋调整人事部署:

---

① 《宋史全文》卷31,《宋理宗一》,中华书局2016年版,第2647页。

> 赵范依前沿江制置副使,权移司知黄州,史嵩之权京湖安抚制置使兼知襄阳府……诏赵范兼淮西制置副使,任责防御……命王旻守随州,王安国守枣阳,蒋成守光化,杨恢守均,并益兵饬备,经理唐、邓屯田。①

南宋将沿江制置副使从鄂州移到黄州,并让其兼任淮西制置副使,将鄂东统一管理。与此同时,以湖北襄阳为中心,加紧守备,并开始经营新占领的河南南部地区。同时,也许是金朝军事威胁消失,南宋废除寿昌军,武昌县复归鄂州。② 但是在随后的宋蒙战争中,寿昌军又得以恢复,具体时间不详。

五月,以赵范为两淮制置使兼沿江制置副使,配合宋军北上收复河南地区。同年七月,南宋重新占领北宋首都开封。八月,以赵范为京河关陕宣抚使、开封府知府、东京留守。正当宋军占领洛阳之时,遭到蒙古军队袭击,宋军大败。赵范又任"京西湖北安抚制置大使,兼知襄阳府,节制两淮巡边军马"③。今湖北北部地区几乎囊括于一位官员之手。

在解决金朝之后,端平二年(1235年),蒙古军队大举攻宋。十月攻占枣阳军。端平三年(1236年)三月,因南宋用人不当,襄阳失守:

> 范(京湖安抚制置使兼知襄阳府赵范)至,则倚王旻、樊文彬、李伯渊、黄国弼数人为腹心,朝夕酣狎,了无上下之序。民讼边防,一切废弛。属南北军将交争,范失于抚御。于是北军王旻内叛,李伯渊继之,焚襄阳北去,南军大将李虎不救焚,不定变,乃因之劫掠。城中官民尚四万七千有奇,钱粮在仓库者无虑三十万,弓矢器械二十有四库,皆为敌有。盖自岳飞收复百三十年,生聚繁庶,城高池深,甲于西陲,一旦灰烬,祸至惨也。④

同年四川遭元军攻击:九月"骁卫大将军、利州驻扎御前诸军统制曹友闻与大元兵大战于大安军阳平关,兵败,死之"⑤。十月安徽又乱:"大元兵破固始县,淮西将吕文信、杜林率溃兵数万叛,六安、霍丘皆为群盗所据。"⑥襄阳突然失守,四川、安徽两个方向都不太平,居民纷纷南逃,湖北众多州县的行政中心发生改变。

端平三年(1236年),归州治所秭归县的行政中心到处转移,躲避到长江以南:"宋端平三年(1236年),元兵至江北,遂迁郡治于江南曲沱,次新滩,又次白沙南浦。"⑦而荆门军的治所也从长林县,转移到了山区当阳县。峡州治所夷陵县的行政中心更是飘忽不定,几乎没有

---

① (元)脱脱等:《宋史》卷41,《本纪第四十一》,中华书局1977年版,第800页。
② 《宋史全文》卷32,《宋理宗二》,中华书局2016年版,第2683页。
③ 《宋史全文》卷32,《宋理宗二》,中华书局2016年版,第2692页。
④ (元)脱脱等:《宋史》卷417,《列传第一百七十六》,中华书局1977年版,第12509页。
⑤ (元)脱脱等:《宋史》卷42,《本纪第四十二》,中华书局1977年版,第811页。
⑥ (元)脱脱等:《宋史》卷42,《本纪第四十二》,中华书局1977年版,第811页。
⑦ (明)宋濂等:《元史》卷63,《志第十五》,中华书局1976年版,第1527页。

固定治所。复州行政中心从景陵县转移到境内沔阳镇。黄州麻城行政中心迁移至什子山，黄陂县迁移至青山矶。嘉熙元年(1237年)，蕲春县、黄梅县、枝江县、广济县治所转移。

蒙古军占领襄阳后，又相继占领荆门军、随州、郢州等地，湖北眼看不保，孟宗政的儿子孟珙，挽救危局。孟珙早年作战勇猛，成为湖北地区将领。

端平三年(1236年)：

> 大元兵攻蕲州，珙遣兵解其围；又攻襄阳，随守张龟寿、荆门守朱杨祖、郢守乔士安皆委郡去，复州施子仁死之，江陵危急。诏沿江、淮西遣援，众谓无逾珙者，乃先遣张顺渡江，珙以全师继之。大元兵分两路：一攻复州，一在枝江监利县编筏窥江。珙变易旌旗服色，循环往来，夜则列炬照江，数十里相接。又遣外弟赵武等共战，躬往节度，破寨二十有四，还民二万。①

嘉熙元年(1237年)，南宋任命孟珙为江陵知府兼京西湖北安抚副使，再任鄂州诸军都统制。蒙古军进攻蕲州、黄州，又是孟珙力挽狂澜，挡住元军。嘉熙二年(1238年)，南宋任命其为鄂州江陵府诸军都统制，鼓励其收复失地。在孟珙领导下，南宋以江陵为中心收复郢州、荆门军。嘉熙三年(1239年)正月，收复襄阳重镇、光化军。

后来蒙古军又多次来攻，均被孟珙出奇制胜。因此南宋封其为汉东郡侯，出任京湖安抚制置使。嘉熙四年(1240年)，又任孟珙为"四川宣抚使兼知夔州，节制归、峡、鼎、澧州军马"。②孟珙长期奔走于今四川、湖北、安徽，为南宋统治的稳固建立卓著功勋。

淳祐二年(1242年)年底，南宋"以孟珙为检校少保，依旧宁武军节度使、京湖安抚制置大使、夔路策应大使"。③孟珙一人全面掌管京西南路、荆湖北路，外加今重庆东部的军事。此时的沿江制置副使从鄂州转移到了江州。当时余玠为四川安抚制置使、重庆知府兼四川总领财赋官，李曾伯为淮东安抚制置使、扬州知府，兼淮西制置使。为了对付蒙古军队南下，湖北所属地区全部形成了集权管理。

淳祐三年(1242年)五月，为了防止蒙古军绕道四川从今恩施方向进攻湖北，南宋"诏施州创筑郡城及关隘六十余所"。④

淳祐六年(1246年)九月，孟珙去世。南宋任命贾似道为京湖制置使、江陵知府、夔路策应使兼沿江制置副使、湖广总领、京湖屯田使，掌管湖北地区大权。还需注意的是，前文已经介绍"湖广总领"原本出现于宋高宗时期，旨在管理某一大范围内的军马钱粮。有说法认为，贾似道曾主张襄阳"孤垒绵远，无关屏障"⑤，可以放弃。

---

① (元)脱脱等：《宋史》卷412，《列传第一百七十一》，中华书局1977年版，第12375页。
② (元)脱脱等：《宋史》卷42，《本纪第四十二》，中华书局1977年版，第819页。
③ (元)脱脱等：《宋史》卷42，《本纪第四十二》，中华书局1977年版，第825页。
④ (元)脱脱等：《宋史》卷42，《本纪第四十二》，中华书局1977年版，第826页。
⑤ (宋)周密：《癸辛杂识》，中华书局1988年版，第305页。

淳祐十年(1250年),贾似道调任两淮制置使,以李曾伯为京湖安抚制置使、江陵知府、湖广总领、京湖屯田使、夔路策应大使。李曾伯来到湖北后,一方面训练军队、恩待民众,一方面大力修复襄阳城,取得很大成绩。

淳祐十二年(1252年)春,蒙古军队进攻湖北:"大元兵数万攻随、郢、安、复。"①严阵以待的湖北军民马上将其击溃。宝祐元年(1253年)初,蒙古军再来,依旧被击退。但在宋蒙交战中,湖北北部部分州县被蒙古占领。

蒙古开始步步为营之法,宝祐二年(1254年)十一月修复完善被占领的光化军城池,并开始屯驻。宝祐三年(1255年)正月,在湖北龙山筑城,屯驻均州。宝祐四年(1256年)正月"以吴渊为京湖制置使兼夔路策应使,军马急切,便宜行事"②。同年十二月,蒙古军修复枣阳军城,开始屯驻。蒙古军队企图长期围困襄阳。

宝祐五年(1257年)年正月,南宋以"赵葵为少保、宁远军节度使、京湖宣抚使、判江陵府兼夔路策应大使"③。二月"命赵葵兼湖广总领财赋"④。军权财权集于一身。宝祐六年(1258年)二月"以马光祖为端明殿学士、京湖制置使、知江陵府,兼夔路策应、湖广总领财赋屯田事"⑤。年底,蒙古军进入四川,马光祖暂时到辖州料理军务,南宋军民在湖北归州、房州取得战争胜利。

开庆元年(1259年)正月,蒙古军进军今重庆境内,攻破利州。此时,南宋命贾似道"为京西湖南北四川宣抚大使、都大提举两淮兵甲、湖广总领、知江陵府。"⑥九月,蒙古军从湖北黄州渡过长江,南宋震动。宋元在鄂州大战,持续三个月之久,在南宋军民顽强抵抗下,再加上蒙古国内部出现汗位斗争,蒙军撤退。

景定元年(1260年)正月,吕文德出任京湖安抚大使兼制置大使,鄂州知州。高达为湖北安抚副使、知江陵府兼夔路策应使。十一月"印应雷直徽猷阁、知江州、主管江西安抚司公事,节制蕲、黄、兴国三郡"⑦。原江南西路管兴国军,淮南西路管蕲、黄二州的政治格局出现了变化,鄂东三地被专门统一监管。景定二年(1261年)四月"吕文德超授太尉、京湖安抚制置屯田使、夔路策应使兼知鄂州……兼湖广总领财赋"⑧。吕文德就此统揽湖北绝大部分地区的军事经济大权。湖北宋军企图收复枣阳军,但以失败告终。

景定三年(1262年)三月,"汪立信升直华文阁、知江州、主管江西安抚司公事,节制蕲、

---

① (元)脱脱等:《宋史》卷43,《本纪第四十三》,中华书局1977年版,第845页。
② (元)脱脱等:《宋史》卷44,《本纪第四十四》,中华书局1977年版,第856页。
③ (元)脱脱等:《宋史》卷44,《本纪第四十四》,中华书局1977年版,第859页。
④ (元)脱脱等:《宋史》卷44,《本纪第四十四》,中华书局1977年版,第859页。
⑤ (元)脱脱等:《宋史》卷44,《本纪第四十四》,中华书局1977年版,第861页。
⑥ (元)脱脱等:《宋史》卷44,《本纪第四十四》,中华书局1977年版,第864页。
⑦ (元)脱脱等:《宋史》卷45,《本纪第四十五》,中华书局1977年版,第876页。
⑧ (元)脱脱等:《宋史》卷45,《本纪第四十五》,中华书局1977年版,第877页。

黄、兴国三郡军马"①。几乎同时,宋军在蕲州附近获得胜利。八月,集中修建蕲州城防御工事。从景定元年(1260年)至景定四年(1263年),面对蒙古军队压力,蕲州、蕲春县行政中心多有转移。景定四年(1263年)二月,吕文德修筑鄂州城。景定五年(1264年)十月,宋理宗驾崩,宋度宗即位,贾似道专政。年底,南宋军民收复均州。咸淳二年(1266年),蒙古军又夺回均州。

咸淳三年(1267年)八月,蒙古军南下进攻襄阳,但失败而还,宋军在房州、均州还获得胜利,十二月,南宋命吕文焕为京西安抚副使、襄阳知府。

就在湖北攻防战紧要关头,南宋居然又增设一县。南宋政府曾在蕲州罗田县境内设鹰山寨,咸淳三年(1267年)"土人段朝立以罗田县东直河乡,地僻民劳,请另置县"②。段朝立的建议得到南宋政府许可,也许认为"鹰"不吉利,改鹰山寨为英山县,其位于今英山附近。咸淳六年(1270年)至德祐元年(1275年),段朝立任英山知县。

咸淳四年(1268年)九月,"大元兵筑白河城,始围襄、樊"③。正式开始长期围困襄阳的战争。咸淳五年(1269年),蒙古军继续围困襄阳,并向复州、德安府进攻。年底,京湖制置使吕文德去世。咸淳六年(1270年)正月"以李庭芝为京湖安抚制置使兼夔路策应使……以高达为湖北安抚使、知鄂州"④。蒙古大军压境,贾似道却对宋度宗隐瞒消息。许多有识之士纷纷为解襄阳之围出谋划策,但均被贾似道束之高阁。同年,枝江县行政中心转移到长江以南。

咸淳七年(1271年),蒙古改国号为元。咸淳八年(1272年)"大元兵久围襄、樊,援兵厄关险,不克进。诏荆、襄将帅移驻新郢"⑤。郢州成为湖北地区新的战争指挥中心,而襄阳几乎成为孤城,断绝了与湖北大部分地区的联系。咸淳九年(1273年)正月,元军攻破襄阳外围樊城。二月,运来回回巨炮轰城,襄阳知府吕文焕投降。当时宋王朝下诏:"襄阳六年之守,一旦而失,军民离散,痛切朕心。"⑥

襄阳虽然失守,但湖北地区还有江陵府与鄂州两大重镇。咸淳九年(1273年),南宋任命汪立信为京湖安抚制置使、江陵府知府、夔路策应使、湖广总领,并不许其辞职。高达为宁江军节度使、湖北安抚使、峡州知州。殿前指挥使陈奕,统揽水军,负责鄂州、黄州江防。后又任命陈奕为沿江制置使兼黄州知州。南宋企图依靠湖北剩余地区继续防守。

咸淳十年(1274年)正月加强鄂州防务:"城鄂州汉口堡、城鄂州沌口西岸堡。"⑦七月,宋

---

① (元)脱脱等:《宋史》卷45,《本纪第四十五》,中华书局1977年版,第880页。
② (民国)《英山县志》卷1,1920年刊本,第5页。
③ (元)脱脱等:《宋史》卷46,《本纪第四十六》,中华书局1977年版,第901页。
④ (元)脱脱等:《宋史》卷46,《本纪第四十六》,中华书局1977年版,第902页。
⑤ (元)脱脱等:《宋史》卷46,《本纪第四十六》,中华书局1977年版,第909页。
⑥ (元)脱脱等:《宋史》卷46,《本纪第四十六》,中华书局1977年版,第912页。
⑦ (元)脱脱等:《宋史》卷46,《本纪第四十六》,中华书局1977年版,第917页。

度宗驾崩,年仅四岁的宋恭宗即位,贾似道仍旧专权。

咸淳十年(1274年)七月,南宋"以朱禩孙为京湖、四川宣抚使兼知江陵府"①。九月,元军全面进攻湖北:

> 大元兵大会于襄阳。丙戌,丞相伯颜将一军趣郢州,元帅唆都将一军入淮,瞿招讨将一军徇荆南。丁亥,大元军薄郢州……复州副将翟国荣遇大元兵,战烂泥湖死之。②

随后,湖北许多地区相继被元军攻占。咸淳十年(1274年)年底,汉阳军、鄂州、寿昌军、德安府守将投降。德祐元年(1275年)正月,元军占领黄州、蕲州。本来寿昌军知军胡梦麟逃到江西境内,想仿效魏晋南北朝侨置政区之法继续保留寿昌军建制,但当月绝望自杀。四月,元军攻破沙市镇,"京湖宣抚朱禩孙、湖北制置副使高达以江陵降,京湖北路相继皆下"③。五月,湖北安抚司属官吴继明收复部分失地:"复蒲圻、通城、崇阳三县,加带行带御器械、权知鄂州,令择险为寓治。"④然大厦之将倾,非一木之所能支。十二月,元军攻入湖北大洪山境内,随州知州朱端履投降。景炎元年(1276年)正月,元军攻入今杭州,南宋君臣投降。

在这里我们花大量篇幅,描写宋理宗到宋恭宗五十余年间的湖北战争状况,是想说明南宋湖北政区的一个问题:由于战争压力迫在眉睫,南宋统治者开始打破湖北地区夔州、京西、荆湖、淮南、江南的分散格局,开始以"京湖"为中心集中统治力量。宋理宗前后,湖北地区长期保持京湖制置使的官位,常兼任湖广总领财赋和夔路策应使的职务,并同时任江陵知府或鄂州知州,将大范围的军、政、财权统一起来。鄂东地区也打破淮南、江南分治格局,以沿江制置使或"节制蕲、黄、兴国三郡军马"来统管。这种集权模式为南宋在湖北的统治奠定了坚实基础。

---

① (元)脱脱等:《宋史》卷46,《本纪第四十六》,中华书局1977年版,第921页。
② (元)脱脱等:《宋史》卷46,《本纪第四十六》,中华书局1977年版,第922页。
③ (元)脱脱等:《宋史》卷47,《本纪第四十七》,中华书局1977年版,第929页。
④ (元)脱脱等:《宋史》卷47,《本纪第四十七》,中华书局1977年版,第931页。

第五章 渐趋缜密：宋代湖北政区

图5-4 宣统《湖北通志》所绘南宋湖北地图

在抵抗蒙古的战争中,南宋失败了,但除开蒙古军队军事实力强大以及南宋政治腐败、战略战术的错误等因素之外,我们必须要承认的是:南宋依托湖北地区,维持统治近半个世纪。而湖北地区一旦失去,南宋首都临安也坚持不了多久。其个中原因也与湖北地理与政区格局有一定联系。明末清初的学者曾经论述历史时期湖北地理:

> 以天下言之,则重在襄阳;以东南言之,则重在武昌;以湖广言之,则重在荆州。
> 夫荆州者,全楚之中也。北有襄阳之蔽,西有夷陵之防,东有武昌之援。
> 夫武昌者,东南得之而存,失之而亡者也。
> 夫襄阳者,天下之腰膂也。中原有之,可以并东南。东南得之,亦可以图西北者也。
> 武昌,水要也;荆州,路要也;襄阳,险要也。
> 有襄阳而不守,敌人逾险而南,汉江上下,罅隙滋多,出没纵横,无后顾之患矣。观宋之末造,孟珙复襄阳于破亡之余,犹足以抗衡强敌。及其一失,而宋祚随之。即谓东南以襄阳存,以襄阳亡。①

关于以上地理状况,南宋决策者应该是清楚的。当时打破原有路制,将三大战略要地归于一区,以水要之武昌,路要之江陵,险要之襄阳互相支持。以三地为主干,湖北其余地区为辅助,从战争地理上来说应该是正确的。蒙古为了攻破襄阳,采取多年围困之法,隔断襄阳与周边的联系,最终又运来当时最先进的攻城武器,才得以成功。而元朝控制湖北后,又故意将襄阳、江陵划出"湖广行省"的范围,亦未必没有割裂这种地理联系,加强中央集权的意图。

总而言之,京湖制置使的设立,顺应了时局的发展,有利于南宋统治。南宋之灭亡,恐不能归咎于湖北政区规划。

第六节 两宋时期湖北政区分类

延续前代制度,宋王朝仍旧以人口、经济、距离首都的距离、战略地理价值等因素来划分府州军县。与此同时,宋代又根据唐代遗留的官员称号创立另一套府州军分类系统。通过对两种分类的研究,可以窥见两宋时期湖北政区政治、经济、军事地位的变化。

一、两宋政区分类规则

北宋建立伊始,就模仿唐代以来的制度,将政区分为赤、次赤、畿、次畿、望、紧、上、中、中

---

① (清)顾祖禹:《读史方舆纪要》,中华书局 2005 年版,第 3484—3486 页。

下。建隆元年（960年）或乾德二年（964年），北宋政府规定望、紧、上、中、中下州县的标准：

> 吏部格式司言："准周广顺三年十月敕，应天下县除赤、次赤、畿、次畿外，其余三千户以上为望，二千户以上为紧，一千户以上为上，五百户以上为中，不满五百户为中下。据今年诸道州府申送到文账点检，元降敕命户口不等，及淮南、秦、凤、阶、文、瀛、莫、雄、霸等州未曾升降地望。今欲据诸州见管主户重升降地望，取四千户已上为望，三千户以上为紧，二千户已上为上，一千户已上为中，不满千户为中下。自今仍欲三年一度，别取诸道见管户口升降。"诏从之。①

由此看来，除了赤、次赤、畿、次畿是按照地理位置划分外，其余州县还是按照户口多寡来划定，并规定每三年根据实际情况有所更换。就湖北地区而言，府与军是特殊的州，也按照州的规定执行。

但三年更换之制也许并没有彻底贯彻落实，政和元年（1111年）七月，何志同上奏道："建隆初，从有司所请，递增千户，不满千户为下，仍三年视诸道户口为之升降。逮今百五十余年，其数倍于前矣，而县之第名仍旧……乞命有司参酌旧制，量户口多寡之数，以为诸县升降之法，使县之第名常与户版相应。"②

政和五年（1115年）四月，宋朝又重新划定县的分类方法：

> 户部员外郎沈麟奏："承详定九域图志所申，取到天下户口，付户部参酌升降，送图志所看详。契勘本所申请，称自唐始至后周，县以三千户以上为望，二千户以上为紧，一千户以上为上，五百户以上为中，不满五百为中下。国初增四千户以上为望，三千户以上为紧，二千户以上为上，一千户以上为中，不满一千户为中下。今来取索到提刑司审括到户数比旧已增数倍，难以依旧志编类。欲乞元系赤、畿、次赤、畿依旧外，今以下项户数为则编类，所贵遵执成书。一万以上为望，七千户以上为紧，五千户以上为上，三千户以上为中，不满三千户为中下，一千五百户以下为下。"从之。③

至于州的户数变化则未见其详。根据实际情况，宋代州县分等也会发生变化。除了赤、次赤、畿、次畿、望、紧、上、中、中下的划分外，宋代府州军又按官职有所划分："凡州之别有六：曰都督，曰节度，曰观察，曰防御，曰团练，曰军事。"④其含义是，州或者相当于州的府、军，其长官分别有都督、节度使、观察使、防御使、团练使、刺史等名号。这些官职在唐代、五代十国时期拥有较大权力，宋太宗以后这些官职实际权力一落千丈，在很大程度上成为荣誉头

---

① 《宋会要辑稿》，上海古籍出版社2014年版，第9419—9420页。
② 《宋会要辑稿》，上海古籍出版社2014年版，第9421页。
③ 《宋会要辑稿》，上海古籍出版社2014年版，第9421—9422页。
④ 《宋会要辑稿》，上海古籍出版社2014年版，第4265页。

衔。但不同州拥有不同等级官职,也能看出一定程度的政治区别。

于是宋代"赤、次赤、畿、次畿"表示地理关系,"望、紧、上、中、中下(下)"凸显人口指标,"都督,节度,观察,防御,团练,军事"反映一定程度的政治等级。各种不同政区的职官略有不同。

二、宋神宗、宁宗时期湖北府州军县分类状况

成书于元丰三年(1080 年)左右的《元丰九域志》全面反映了湖北府州军县分类状况,现根据此书分类整理如下①:

表 5-11　　　　　　《元丰九域志》所见湖北地区府州县分类表

节度使州

江陵府,次府,荆南节度使
江陵县(次赤县)、公安县(次畿县)、松滋县(次畿县)、石首县(次畿县)、监利县(次畿县)、潜江县(次畿县)、长林县(次畿县)、当阳县(次畿县)
襄州,望州,山南东道节度使
襄阳县(紧县)、谷城县(紧县)、邓城县(望县)、光化县(望县)、中卢县(中下县)、南漳县(中下县)、宜城县(中下县)
鄂州,紧州,武昌军节度使
江夏县(紧县)、崇阳县(望县)、汉阳县(紧县)、武昌县(上县)、蒲圻县(中县)、咸宁县(中县)、通城县(中县)、嘉鱼县(下县)
随州,上州,崇信军节度使
随县(上县)、枣阳县(中下县)、唐城县(中下县)
安州,中州,安远军节度使
安陆县(中县)、景陵县(紧县)、应城县(中县)、孝感县(中县)、应山县(中下县)
房州,下州,保康军节度使
房陵县(上县)、竹山县(下县)

防御州

蕲州,望州
蕲春县(望县)、蕲水县(望县)、广济县(望县)、黄梅县(上县)

① 资料来源于(宋)王存等:《元丰九域志》,中华书局 1984 年版。

均州,上州
武当县(上县)、郧乡县(上县)

郢州,上州
长寿县(上县)、京山县(下县)

军事州

商州,望州
上津县(中下县)

峡州,中州
夷陵县(中县)、宜都县(中县)、远安县(中下县)、长阳县(中下县)

施州,中下州
清江县(中下县)、建始县(中下县)

兴国军,下州
永兴县(望县)、大冶县(紧县)、通山县(中县)

黄州,下州
黄冈县(望县)、黄陂县(上县)、麻城县(中县)

归州,下州
秭归县(下县)、巴东县(下县)

从以上资料,可以看出宋神宗时期湖北地区的某些特点:

我们结合上一章唐代州县分类的介绍可以得知,所谓"赤县""次赤县""畿县"是与京城有关的县。江陵府之所以带"次""畿"字样,是因为唐肃宗曾经封其为南都。北宋皇帝暂时未见江陵建都的记载,那么宋代关于江陵府县带"次""畿"字样有两种解释,一是宋代直接抄袭唐代划分标准;二是在宋统治者看来江陵有某些暂时不为人所知的独特政治意义。

从节度使州、防御州、军事州的划分来看,也许湖北境内的江陵府、襄州、鄂州、随州、安州、房州是宋神宗比较看重的战略要地,蕲州、均州、郢州稍次,而商州、峡州、施州、兴国军、黄州、归州则最次。

虽然制度规定"望、紧、上、中、中下(下)"与人口指标直接挂钩,但实际情况却并非完全如此。最典型者莫若兴国军,兴国军有一望县,一紧县,一中县,被评为下州。随州有一上县,两中下县,却是上州。这样的情况并不只在神宗时期发生,再如宋徽宗时期,房州辖两县,"户三万三千一百五十一,口四万七千九百四十一"①,被评为下州。均州同样辖两县,"户三万一百七,口四万四千七百九十六"②,却是上州。这有两种解释,一是评定标准还有某些暂不为人所知的因素参与,不全靠人口数据。二是官方人口统计已经失去真实性或者评定标准已经紊乱,严重滞后。

除了江陵府,湖北地区有3望州、1紧州、3上州、2中州、5中下或下州、7望县、6紧县、8上县、10中县、16中下或下县,如果将望、紧、上算人口繁盛,中、中下、下算人口较少,那么湖北地区几乎"好坏"各占一半。相较于其他地区,鄂西南地区政府控制的人口明显稀少,襄州、鄂州、蕲州附近则形成了相对密集的人口聚落。

宋神宗后,官方或私人相继修纂了多部地理书籍,其反映的湖北府州军县也大致与神宗时期差不多。如成书于宋宁宗、宋理宗统治时期的《舆地纪胜》也保存了湖北地区府州军县分类情况,但一一与宋神宗时期对照,竟然发现相应政区分类几乎完全相同。这似乎说明南宋政区分类很大程度上已经成为一种形式,不断地沿袭旧制,不再根据实际人口数据经常发生改变。

宋宁宗时期编纂的《吏部条法》,保存了一份嘉定八年(1215年)湖北属县分类资料,虽然不完整,但极具史料价值。从中可以看出,江陵府属县仍然是畿县,荆门军虽然独立于江陵府,但其属县也还是畿县。就算宋代江陵府有某种特殊政治含义,脱离江陵府的荆门军为何仍旧保留这种特殊含义呢?这实在难以理解。这一事实在某种程度上可能预示着南宋的政区分类仍沿袭故套。

然而湖北属县也并非没有变化,在嘉定八年(1215年)的分类中,宋朝政府新创"繁难大县"类,虽然湖北地区是否拥有"繁难大县"不得而知,但湖北附近的湖南长沙却划入其中。除此之外,湖北属县发生变化的有:③

表 5-12　　　　　　《吏部条法》所见湖北地区属县等级升降表

县名	变化情况
景陵县	紧县降中县
随县	上县降中县
黄梅县	上县降中县
玉沙县	下县升中县
云梦县	当作中县
罗田县	当作中县

① (元)脱脱等:《宋史》卷85,《志第三十八》,中华书局1977年版,第2113—2114页。
② (元)脱脱等:《宋史》,中华书局1977年版,第2114页。
③ 资料来源为《吏部条法》,《中国珍稀法律典籍续编》第2册,黑龙江人民出版社2002年版,第66—69页。

嘉定八年(1215年)前,云梦、罗田二县分类资料模糊,无从查考,不知其升降。从整体资料来看,湖北地区是降多升少,这或许与南宋时期湖北长期处于边界有重要关系。湖北政区"降多升少"的趋势其实是与当时人口状况互相对应的。宋宁宗嘉定十六年(1223年)时,南宋各路人口分布表如下所示:①

表 5-13　　　　　　《吏部条法》所见湖北地区属县等级升降表

路	户口数
两浙路	222万余户,402万余口
江南东路	104万余户,240万余口
江南西路	226万余户,495万余口
淮南东路	12万余户,40万余口
淮南西路	21万余户,77万余口
广南东路	44万余户,77万余口
广南西路	52万余户,132万余口
荆湖南路	125万余户,288万余口
荆湖北路	36万余户,90万余口
福建路	159万余户,323万余口
京西路	0.6万余户,1万余口
成都府路	113万余户,317万余口
利州路	40万余户,101万余口
潼川府路	84万余户,214万余口
夔州路	20万余户,27万余口

　　从上表可知,处于边界地区的户口数都不高。最典型者莫如处于荆湖南北路的户口差距,两淮与两浙的户口差距。而以襄阳为中心的京西路,居然只有如此少的户口,与其他地区形成十分鲜明的对比。占据今湖北地区多数的荆湖北路与京西南路户口总和为37万余户,91万余口,仅占整个南宋1267万户,2832万余口的百分之三左右。

　　须知1223年湖北地区并无十分重大的战争,而"南渡后(户口)莫盛于宁宗嘉定(1208—1224)之时"②,上表很有可能是南宋最繁盛时期的人口数据。长期处于南宋边界的湖北地区,在全国的人口经济地位,由此也可窥知一二。

---

①资料来源为(元)马端临:《文献通考》,中华书局2011年版,第306—307页。
②(元)马端临:《文献通考》,中华书局2011年版,第307页。

本章小结

两宋湖北政区明显可以分为两大阶段,一是北宋诸路分治阶段,在州县的基础上,漕司、宪司、帅司、仓司分工而又牵制,组成州县之上的分权管理模式。二是南宋为了维持统治,加强区域统治力度,开展相对集权建设时期。从荆湖北路、京西南路、淮南西路、江南西路等的分立再到湖广总领、京湖制置使、沿江制置使的出现,湖北地区权力有根据实际情况日益集中的趋势,但漕司、宪司、帅司、仓司各路官员的牵制作用仍存,南宋湖北远未达到藩镇割据的程度。也许这就是宋朝湖北政区的缜密之处,既能长久维持中央集权,又能根据实际情况,在不重新更换政区制度的情况下,适当加强区域集权。南宋王朝虽然被蒙古吞并,但关于地方分权与集权的政区经验,为元明清三朝所继承,并进一步发展。宋代出现的"湖北""湖广""京湖"等地理概念也会持续使用,直接影响后世地名的演变。

第六章　行省创立：元代湖北政区

湖北地区历史文化源远流长，但湖北省的"省"却直到元朝才出现。元世祖借鉴各种政区经验，考虑各种实际状况，经过不断探索，终于创建行省制度。行省制度的出现与完善在中国行政区划发展史上具有重要意义，直接影响了明清政区。元朝湖北政区的变化，主要是在世祖统治时期完成的。世祖之后，元代湖北政区并未出现根本性改变。

第一节　元朝前期行省制度的确立

蒙古族本是游牧民族，行政区划制度相对薄弱，但在攻灭金朝的过程中，充分吸收了金朝政区制度，并根据自身习惯，形成了全新的行省制度，用以统治辽阔的疆域。在灭亡南宋的过程中，又借鉴部分宋代政区经验，完善行省制度。终于在元世祖忽必烈统治末期，辅以行院、行台等机构，行省制度逐渐定型。固然由于元朝统治者的防备心理，湖北地区所属行省有许多犬牙交错之处，但行省制度之开创，为明清湖北省的形成奠定了重要基础。

一、元朝路府州县之上的地方权力机构

蒙古族原本生活于蒙古草原，受金朝统治者管控。南宋嘉泰四年（1204 年），铁木真统一蒙古部落。1206 年，铁木真被推举为成吉思汗，蒙古政权成立。蒙古国成立后，立即开始武装征服活动。在成吉思汗的领导下，蒙古军队一直攻打至伏尔加河流域，并对金朝施以强大攻势。1227 年，成吉思汗去世，其子窝阔台即位并继续攻打金朝。1234 年，蒙古与南宋联合，灭亡金朝。

在占领大片金朝领土后，蒙古直接继承金朝行台尚书省的机构。所谓行台尚书省，是金朝中央机构尚书省在地方的分设机构，用于一段时间内对某一片区域进行监管。在占领金朝的过程中，蒙古统治者还设置了断事官来管理某些区域。金朝的行台尚书省与断事官是元朝行省的直接来源。①

在金朝灭亡后，蒙古将战争矛头转向南宋。早在窝阔台统治时期，蒙古军队就掳掠过湖

---

① 李治安：《元代行省制度》，中华书局 2011 年版，第 11—12 页。

北北部地区。1241年,窝阔台去世,贵由、蒙哥相继继承蒙古汗位。蒙哥汗在位时期,行台尚书省、断事官辖区皆为蒙古国高级行政区划。1251年,蒙哥汗下令:"以牙剌瓦赤、不只儿、斡鲁不、睹答儿等充燕京等处行尚书省事,赛典赤、匿咎马丁佐之。"①

从这一句史料还可以看出,主导"行尚书省"的并非只有一个官员,同时设有多人辅佐。1259年,蒙哥死于南宋合川(今重庆境内)钓鱼城下。经过激烈的政治斗争,忽必烈继承汗位。中统元年(1260年)四月"立中书省,以王文统为平章政事,张文谦为左丞"②。从此中书省成为蒙古国中央重要机构。当然纵观整个元朝,某一段时间内,尚书省也存在着代替中书省处理政务的情况。

中统三年(1262年),因为李璮叛乱,忽必烈下令:"诸王合必赤总督诸军,以不只爱不干及赵璧行中书省事于山东,宋子贞参议行中书省事,以董源、高逸民为左右司郎中,许便宜从事。真定、顺天、河间、平滦、大名、邢州、河南诸路兵皆会济南。"③由于山东地区发生叛乱,忽必烈命令不只爱不干与赵璧等人以"行中书省"(中央中书省派出机构)的名义到山东去处理,他们管辖的区域即最早的山东行中书省,简称山东行省或山东省。在某些尚书省代替中书省的时间段内,行省全称为某某行尚书省。

至元八年(1271年)底,忽必烈改国号为元。随着元朝势力步步深入南宋领土,越来越多的行省开始建立。至元十年(1273年),元军攻破襄阳,顺汉水长江,企图吞并整个湖北。为了便于军事指挥,四月:"以平章军国重事史天泽、平章政事阿术、参知政事阿里海牙行荆湖等路枢密院事,镇襄阳;左丞相合丹,参知行中书省事刘整,山东都元帅塔出、董文炳行淮西等路枢密院事,守正阳。"④

至元十一年(1274年)三月:"改荆湖、淮西二行枢密院为二行中书省,伯颜、史天泽并为左丞相,阿术为平章政事,阿里海牙为右丞,吕文焕为参知政事,行中书省于荆湖;合答为左丞相,刘整为左丞,塔出、董文炳为参知政事,行中书省于淮西。"⑤此即为荆湖、淮西二省的由来。

随着南宋的灭亡,整个元朝占据的地区均有行省之设置,经过极为复杂的演变,到元世祖忽必烈统治末年,一共形成十余个行省,全盘打乱了宋代以路作为高级政区的局面。

行省的最高长官为行省左丞相(在元世祖之后的某一历史时间段,也曾有右丞相的设置),但左丞相经常处于时设时不设的状态,"丞相或置或不置,尤慎于择人,故往往缺焉"⑥,湖北地区所属行省,丞相一职,经常有空缺情况发生。

---

① (明)宋濂等:《元史》卷3,《本纪第三》,中华书局1976年版,第45页。
② (明)宋濂等:《元史》卷4,《本纪第四》,中华书局1976年版,第63页。
③ (明)宋濂等:《元史》卷5,《本纪第五》,中华书局1976年版,第82页。
④ (明)宋濂等:《元史》卷8,《本纪第八》,中华书局1976年版,第149页。
⑤ (明)宋濂等:《元史》卷8,《本纪第八》,中华书局1976年版,第154页。
⑥ (明)宋濂等:《元史》卷91,《志第四十一上》,中华书局1976年版,第2306页。

左丞相之下设有两个或以上的平章政事,行省有丞相之时,平章政事为其属官。行省没有丞相之时,平章政事就是行省最高官员。平章政事之下设左右丞,由于蒙古族以右为尊,右丞一般大于左丞。左右丞之下设两参知政事、省佥、同佥、左右司郎中、左右司员外郎、左右司都事等官,左右司之下还有负责具体事务的吏。很多情况下,行省高官由蒙古或色目人充当,左右司官以下由汉族充当。① 除此之外,行省之下还有处理专门事务的机构,如检校所、照磨所、理问所、架阁库、都镇抚司、儒学提举司、蒙古提举学校官、官医提举司等等。②

关于元的行省制度,有学者曾经给予非常精辟的论述:

> 元行省是由中书省临时派遣演化来的地方高层督政区,与汉唐以来的高层督政区相比,元行省的领导体制既不像汉唐刺史、都督、节度使那样一官独当,也不像宋路监司那样数司并立,而是采取了一署多员与长官节制相结合的方式。一署,是指行省督政区的官署只有一个,而不像两宋路监司那样的三四个。多员,又指一个行省官署由丞相、平章、右丞、左丞、参知政事等六七员长贰正官组成。长官节制,又谓行省虽是一署多员,但统辖节制大权通常为左丞相或平章等两名长官所握。一署多员与长官节制相结合的领导体制,实际上是从朝廷中书省沿袭来的。由于这一颇有特色的领导体制,既防止了汉唐刺史、都督、节度使一官专擅,又杜绝了两宋诸路监司猥多,司分既异,各自为政,彼此牵制的不正常状况。这对于行省履行其大军区兼中央与地方间财赋中转站及行政节制枢纽的使命,对于行省分寄式中央集权,均有重要意义。③

元代的行省制,固然来源于金朝行尚书省,但与南宋末年的政区格局也有类似之处。上文概括的"行省履行其大军区兼中央与地方间财赋中转站及行政节制枢纽"的功能,其实在南宋湖北地区也有所体现。南宋末年湖北有"京湖制置使、江陵知府、襄路策应使兼沿江制置副使、湖广总领财赋、京湖屯田使"等集大范围内的军、政、财权于一身的官员,初步打破了"诸路监司猥多,司分既异,各自为政,彼此牵制"的局面。

此外,宣慰司也是元代行省制度中的重要环节。早在行省草创的元世祖忽必烈即位初期,宣慰使就已经出现,中统元年(1260年):

> 立十路宣抚司:以赛典赤、李德辉为燕京路宣抚使,徐世隆副之;宋子贞为益都济南等路宣抚使,王磐副之;河南路经略使史天泽为河南宣抚使;杨果为北京等路宣抚使,赵炳副之;张德辉为平阳太原路宣抚使,谢瑄副之;孛鲁海牙、刘肃并为真

---

① 一般认为元朝有四等人制:蒙古人、色目人、汉人(大致为原金朝统治的民众)、南人(大致为原南宋统治的民众)。汉族一般被划入汉人与南人之中。
② 关于元代行省官制可参看李治安:《元代行省制度》,中华书局2011年版,第25—60页。
③ 李治安:《元代行省制度》,中华书局2011年版,第60页。

定路宣抚使；姚枢为东平路宣抚使，张肃副之；中书左丞张文谦为大名彰德等路宣抚使，游显副之；粘合南合为西京路宣抚使，崔巨济副之；廉希宪为京兆等路宣抚使。①

这十道几乎囊括了当时忽必烈所占据的大部分地区。中统三年(1262年)年底，立十路宣慰司。一般认为，十路宣慰司直接由十路宣抚司演化而来。宣慰司在一定程度上有权处理某些军民政务，与行省形成了错综复杂的关系。至元十二年(1275年)正月，也就是湖北大部地区被元军占领之时，忽必烈曾下令"以蛮夷未附者尚多，命宣慰司兼行元帅府事，并听行省节度。"②在元世祖忽必烈统治时期，经过复杂的变化，许多宣慰司变成了行省的下属机构，少数仍旧独立于行省。一个宣慰司可以辖若干路府州县，宣慰使如果带都元帅府职衔，则军民兼管。如果不带，则大多只有民事权力。关于元世祖忽必烈灭亡南宋后，宣慰司情况如下所示：

> 宣慰司，掌军民之务，分道以总郡县，行省有政令则布于下，郡县有请则为达于省。有边陲军旅之事，则兼都元帅府，其次则止为元帅府。其在远服，又有招讨、安抚、宣抚等使，品秩员数，各有差等。③

值得注意的是，每一宣慰使司，正使一般有三人，正使下设有同知、副使、经历、都事等官职。宣慰使司的出现，让元代行省出现了这样的政治格局：一省之中，若干路府州县由行省直辖，若干路府州县由行省监管的宣慰司管理。对于西南少数民族聚居之地，虽其属于元王朝行省的一部分，但实际上仍是首领世袭。元朝设置类似于宣慰使的招讨使、安抚使、宣抚使等，以便笼络其首领。

元朝行省"凡钱粮、兵甲、屯种、漕运、军国重事，无不领之"④。但决非没有制衡力量，除了行省、宣慰司，元世祖还设置了三种力量参与地方政务。史载：

> 元太祖起龙朔，破大金。世祖得襄阳，平南宋，天下一统。取大易大哉乾元之义，国号曰大元。取至哉坤元之义，年号曰至元。设经陈纪，以垂后世。立中书省以总庶务，立枢密院以掌兵要，立御史台以纠弹百司。世祖尝言，中书朕左手，枢密朕右手，御史台是朕医两手的。此其立台之旨，历世遵其道不变，持国正论，谓之台纲。⑤

---

① (明)宋濂等：《元史》卷4，《本纪第四》，中华书局1976年版，第65—66页。
② (明)宋濂等：《元史》卷8，《本纪第八》，中华书局1976年版，第160页。
③ (明)宋濂等：《元史》卷91，《志第四十一上》，中华书局1976年版，第2308页。
④ (明)宋濂等：《元史》卷91，《志第四十一上》，中华书局1976年版，第2305页。
⑤ (明)叶子奇：《草木子》，中华书局1959年版，第61—62页。

中书省、枢密院、御史台是元世祖统治天下的三大重要机构，中书省偏向于政务，枢密院偏重于军事，御史台负责监察。中书省有行省，枢密院与御史台同样有行院、行台。

枢密院"掌天下兵甲机密之务。凡宫禁宿卫，边庭军翼，征讨戍守，简阅差遣，举功转官，节制调度，无不由之"①。行枢密院则是枢密院的派出机构。元世祖时期，与湖北地区有关的行院情况简述如下：

中统四年(1263年)，在成都设西川行枢密院，统管两川。

至元十年(1273年)，在重庆另外设置东川行枢密院。废除河南省统军司、汉军都元帅、山东行院，设荆湖等路行院与淮西行院。

至元十一年(1274年)，废除荆湖、淮西行院。

至元十三年(1276年)，东西二川行院合并为一。

至元十六年(1279年)，废除两川行院。

至元十九年(1282年)，设杨州、岳州行院，即江淮行院与荆湖行院。

至元二十一年(1284年)，设沿江行院。

至元二十八年(1291年)，又在成都设四川行院。荆湖行院政治中心从岳州迁到鄂州，江淮行院政治中心从扬州迁到建康。②

最终荆湖、淮西行院仍被废除。从以上情况来看，行枢密院的设置明显与行省辖区不完全一致，且并非每一地区同时设有行院与行省。如淮西地区属于河南行省管理，但元世祖时期似乎并未设置河南行院，只有淮西行院。正如《元史》所说："国初有征伐之事，则置行枢密院。大征伐，则止曰行院。为一方一事而设，则称某处行枢密院，或与行省代设，事已则罢。"③元世祖之后，行枢密院也处于时设时废之中，遇到较大的军事事件，就设置各种地方行院来制约行省之权。

而御史台是元朝中央"掌纠察百官善恶、政治得失"④的重要机构。由于元朝疆域过于广大，在御史台之外又设行御史台，各御史台之下又设道，以监察地方。

元世祖初年，设山东东西道、河东陕西道、山北东西道、河北河南道四大提刑按察司。

至元八年(1271年)，增河东山西道、陕西四川道。

至元十二年(1275年)，增置燕南河北道。

至元十三年(1276年)，废除按察司。

至元十四年(1277年)，恢复按察司，增加江北淮东道、淮西江北道、山南江北道、浙东海右道、江南浙西道、江东建康道、江西湖东道、岭北湖南道。同年，由于面积广大，御史台难以全面管理，增设江南诸道行御史台。行御史台初设于扬州，后迁杭州，再徙江州，最终定于建

---

① (明)宋濂等：《元史》卷86，《志第三十六》，中华书局1976年版，第2155页。
② 以上行院兴废时间以《元史》记载为准。
③ (明)宋濂等：《元史》卷86，《志第三十六》，中华书局1976年版，第2156页。
④ (明)宋濂等：《元史》卷86，《志第三十六》，中华书局1976年版，第2177页。

康。行台之下分管淮东、淮西、湖北、浙东、浙西、江东、江西、湖南八道提刑按察司。

至元十五年（1278年），增加江南湖北道、岭南广西道、福建广东道。

至元十九年（1282年），增西蜀四川道。

至元二十年（1283年），增海北广东道、云南道、海西辽东道，改福建广东道为福建闽海道。

至元二十三年（1286年），将淮东、淮西、山南三道划归御史台监察。

至元二十四年（1287年），增河西陇右道，废除云南道。

至元二十五年（1288年），废除海西辽东道。

至元二十七年（1290年），在昆明设立云南行御史台。

至元二十八年（1291年），改按察司为肃政廉访司。

至元三十年（1293年），设海北海南道。

到元世祖后期，今湖北地区监察机构设置情况应如下表所示：

表6-1　　　　　　　　　元世祖后期湖北监察机构表

	肃政廉访司	监察的大致范围
御史台	河北河南道（驻汴梁）①	襄阳市附近地区
	山南江北道（驻江陵）	荆州市附近地区
	淮西江北道（驻庐州）	黄冈市附近地区
江南行御史台	江南湖北道（驻鄂州）	武汉市附近地区
云南行御史台	西蜀四川道（驻成都）	恩施州地区

值得注意的是，元朝行省之下一般有宣慰使，常以某某道冠名。而肃政廉访使的辖区也是某某道。如以江陵为中心的湖北地区，是山南江北肃政廉访司管辖的范围，同时也是荆湖北道宣慰司管辖范围。两者虽然都以"道"为名，但具有根本的差异，需要特别辨明。而肃政廉访司的辖区也未必与行省完全重合，如江北河南道、山南江北道、江南湖北道监察之地区，在行政上不归中书省直辖，而归河南行省管理。在监察上，却归御史台直辖。行御史台辖区往往比行省大得多。

行御史台与肃政廉访司官员常驻地方，对行省官员构成一定牵制作用，如程钜夫曾为江南湖北道肃政廉访使："至官，首治行省平章家奴之为民害者，上下肃然。"②再如"山南道廉访副使秃坚董阿劾：'荆湖北道宣慰使别列怯都尝贷内府钞，威逼部民代偿，不足则以宣慰司公帑钞偿之；又副使驴驹以修治沿江堤岸，纵家奴掊敛民财，二人罪虽遇赦，宜从黜退。'御史台

---

①元代有河北河南道，而此道之名称《元史·百官志》《元史·地理志》记载的却是"江北河南道""河南江北道"。《元史》记载有误。参见马晓林：《元代"河南河北道""河南江北道"考辨》，《中国史研究》2013年第3期。

②（明）宋濂等：《元史》卷172，《列传第五十九》，中华书局1976年版，第4017页。

臣以闻,从之。"①肃政廉访使甚至可以干预行政事务,如赵世延:"出佥江南湖北道肃政廉访司事。敦儒学,立义仓,撤淫祠,修澧阳县坏堤,严常、澧掠卖良民之禁,部内晏然。"②按理说,肃政廉访使是监察官员,职责在于惩治不法,赵世延却在境内教育、慈善、民间信仰、堤坝修筑、禁止人口买卖等方面多有建树,俨然地方行政的参与者。黄河发生水灾时,河北河南道廉访司同样有权对当地治水事务建言献策,并且明确反对由行省独揽治水事务:"当事者疑惑不决,必须上请朝省,比至议定,其害滋大,所谓不预已然之弊……为今之计,莫若于汴梁置都水分监,妙选廉干、深知水利之人,专职其任。"③

与行枢密院时废时设不同,御史台、行御史台,及其下属各道肃政廉访司长期存在,对行省之权起到了牵制作用。故而有评论认为:

> 世祖即位,登用老成,大新制作,立朝仪,造都邑,遂命刘秉忠、许衡酌古今之宜,定内外之官。其总政务者曰中书省,秉兵柄者曰枢密院,司黜陟者曰御史台。体统既立,其次在内者,则有寺,有监,有卫,有府;在外者,则有行省,有行台,有宣慰司,有廉访司。其牧民者,则曰路,曰府,曰州,曰县。官有常职,位有常员,其长则蒙古人为之,而汉人、南人贰焉。于是一代之制始备,百年之间,子孙有所凭藉矣。④

在蒙古官员的主导下,行省、行台、宣慰司、廉访司共同构成了地方权力机构。

自汉之后,诸侯王的行政权力几乎被剥夺殆尽,除非兼任实权官职,仅凭爵位很难在地方行政中发挥作用。蒙古政权在一定程度上恢复了"分封"之制。元世祖忽必烈开始,分封其子为王。这些宗王不再满足于"衣食租税""冠带荣身",而是亲自来到地方,建立王府,参与元王朝军民政务。元世祖时期,涉及湖北地区最主要的是镇南王。

脱欢是元世祖第九子,至元二十一年(1284年)封镇南王,其王府原本拟定于今湖北武汉武昌区。但他并没有久居湖北,而是投身于征讨越南的战争之中。1286年元朝"立征交趾行尚书省,以阿里海涯为左丞相,来阿八赤右丞,奥都赤平章政事,乌马儿、樊楫等参知政事,并受脱欢节制。发江淮、江西、湖广三行省蒙古、汉军七万人,战舰五百艘,云南兵六千人,海外四州黎兵一万五千人,海道万户张文虎等运粮十七万石,凡水陆军十万。"⑤镇南王成为征越主帅。

但由于战争失败,镇南王让父亲忽必烈深感失望:"世祖以脱欢再伐安南无功,丧师辱国,终身不许入觐。"⑥至元二十八年(1291年),元世祖将镇南王脱欢的封地从鄂州迁到扬

---

① (明)宋濂等:《元史》卷36,《本纪第三十六》,中华书局1976年版,第800页。
② (明)宋濂等:《元史》卷180,《列传第六十七》,中华书局1976年版,第4163页。
③ (明)宋濂等:《元史》卷65,《志第十七上》,中华书局1976年版,第1620页。
④ (明)宋濂等:《元史》卷85,《志第三十五》,中华书局1976年版,第2119—2120页。
⑤ 柯劭忞:《新元史》卷114,《列传第十一》,上海古籍出版社1989年版,第519—520页。
⑥ 柯劭忞:《新元史》卷114,《列传第十一》,上海古籍出版社1989年版,第520页。

州。镇南王虽然迁移，但脱欢的儿子宽彻不花后来被封为威顺王，继续镇守武昌。

除了镇南王，元世祖忽必烈第三子忙哥被敕封为安西王，对今陕西、四川，以及湖北恩施地区的军民政务，产生过重要影响。元朝的分封制度，在很大程度上直接为明太祖朱元璋所承袭。

二、河南江北等处行中书省的建立

至元五年（1268年），蒙古军队开始打算长期围困湖北襄阳。九月"大元兵筑白河城，始围襄、樊"①，开启襄阳围困战的序幕。十月："立河南等路行中书省，以参知政事阿里行中书省事。"②河南行省很有可能是为了配合就近管理襄阳围困战而设立。

至元六年（1269年），蒙古军加强围困，九月："以忽剌出、史天泽并平章政事，阿里中书右丞，行河南等路中书省事。"③忽剌出、史天泽既是河南省的平章政事，同时也是进攻湖北的重要谋臣："帝以宋未附，议攻襄阳，诏天泽与驸马忽剌出往经画之。赐白金百锭、楮币万缗。至则相要害，立城堡，以绝其声援，为必取之计。"④

至元七年（1270年）八月，蒙古军"筑环城以逼襄阳"。⑤ 至元八年（1271年）正月中书省大臣上奏道：

> 前有旨令臣与枢密院、御史台议河南行省阿里伯等所置南阳等处屯田，臣等以为凡屯田人户，皆内地中产之民，远徙失业，宜还之本籍。其南京、南阳、归德等民赋，自今悉折输米粮，贮于便近地，以给襄阳军食。前所屯田，阿里伯自以无效引伏，宜令州郡募民耕佃。⑥

从这段史料明显可以看出，河南行省有负责经营管理河南地区屯田的任务，因此其在很大程度上是为了支持襄阳围困战而存在的。四月："给河南行中书省岁用银五十万两，仍敕襄樊军士自今人月给米四斗。"⑦九月："给河南行省岁用钞二万八千六百锭。"⑧

至元九年（1272年）正月"河南省请益兵，敕诸路签军三万"⑨。七月：

> 河南省臣言："往岁徙民实边屯耕，以贫苦悉散还家。今唐、邓、蔡、息、徐、邳之

---

① （宋）脱脱等：《宋史》卷42，《本纪第四十二》，中华书局1977年版，第901页。
② （明）宋濂等：《元史》卷6，《本纪第六》，中华书局1976年版，第119—120页。
③ （明）宋濂等：《元史》卷6，《本纪第六》，中华书局1976年版，第123页。
④ （明）宋濂等：《元史》卷155，《列传第四十二》，中华书局1976年版，第3662页。
⑤ （明）宋濂等：《元史》卷7，《本纪第七》，中华书局1976年版，第130页。
⑥ （明）宋濂等：《元史》卷7，《本纪第七》，中华书局1976年版，第132—133页。
⑦ （明）宋濂等：《元史》卷7，《本纪第七》，中华书局1976年版，第135页。
⑧ （明）宋濂等：《元史》卷7，《本纪第七》，中华书局1976年版，第137页。
⑨ （明）宋濂等：《元史》卷7，《本纪第七》，中华书局1976年版，第139页。

民,爱其田庐,仍守故屯,愿以丝银准折输粮,而内地州县转粟饷军者,反厌苦之。臣议今岁沿边州郡,宜仍其旧输粮,内地州郡,验其户数,俾折钞就沿边和籴,庶几彼此交便。"制曰:"可。"①

以上史实可以证明,河南行省已经拥有对于农业生产与军事活动的管理权,其范围可能在唐、邓、蔡、息、徐、邳六州。唐、邓、蔡、息四州在今河南省境内,徐、邳二州在今江苏省境内。

至元十年(1273年)二月,南宋京西安抚使、襄阳知府吕文焕投降,元军占领襄阳重镇。河南行省治所从今河南境内移往襄阳。但是四月:"诏罢河南等路行中书省。"②河南行省设于围困襄阳时,废于攻克襄阳后,由此看来,其设立只是攻打湖北襄阳的权宜之设。

河南行省废除后,由河南宣慰司代行其部分管辖权。至元十年(1273年):"诏丞相伯颜总兵南征,改行省为河南宣慰司,加中奉大夫,赐金虎符,充宣慰使。"③

直到忽必烈统治末年,河南行省才复设。至元二十八年(1291年)年底"立河南江北行中书省,治汴梁……江北州郡割隶河南江北行中书省,改江淮行省为江浙等处行中书省,治杭州"④。

至元二十九年(1292年)正月:"罢河南宣慰司,以汴梁、襄阳、河南、南阳、归德皆隶河南行省。复割湖广省之德安、汉阳、信阳隶荆湖北道,蕲黄隶淮西道,并淮东道三宣慰司咸隶河南省。"⑤这里的"道"指的是宣慰司,荆湖北道全称为荆湖北道宣慰司。闰六月:"诏汉阳隶湖广省。"⑥

至元三十年(1293年)六月:"改淮西蕲、黄等路隶河南江北行省。"⑦至此河南江北等处行中书省的版图才最终奠定。河南省以今河南开封为政治中心,地跨长江、黄河两大流域,面积十分广大,北达今河南延津,南临今湖南、江西,东濒黄海,西靠今四川、陕西,包括原宋代的襄阳府、光化军、均州、房州、随州、德安府、枣阳军、江陵府、峡州、荆门军、郢州、复州、黄州、蕲州等地,相当于原京西南路、江淮西路,以及荆湖北路的一部分。元河南省囊括了今湖北绝大多数地区,但其政治中心却位于行省最北部。

在河南行省之下,到元世祖忽必烈晚年,形成三个宣慰司:荆湖北道宣慰司、淮东道宣慰司、淮西道宣慰司。其中荆湖北道与淮西道皆涉及湖北地区。

至少在至元十一年(1274年),也就是元朝攻破襄阳后,元朝就设置了湖北道宣慰司。

---

① (明)宋濂等:《元史》卷7,《本纪第七》,中华书局1976年版,第142页。
② (明)宋濂等:《元史》卷8,《本纪第八》,中华书局1976年版,第149页。
③ (明)宋濂等:《元史》卷173,《列传第六十》,中华书局1976年版,第4037页。
④ (明)宋濂等:《元史》卷16,《本纪第十六》,中华书局1976年版,第353页。
⑤ (明)宋濂等:《元史》卷17,《本纪第十七》,中华书局1976年版,第358页。
⑥ (明)宋濂等:《元史》卷17,《本纪第十七》,中华书局1976年版,第364页。
⑦ (明)宋濂等:《元史》卷17,《本纪第十七》,中华书局1976年版,第373页。

至元十三年(1276年),废除湖北道。至少在至元十四年(1277年),即元军攻占江陵府后,元朝就以江陵府为中心设置了荆湖北道宣慰司,属河南行省管辖。到至元三十年(1293年),荆湖北道宣慰司应管辖原南宋江陵府、峡州、鄂州、沔州、荆门军、德安府之地。

至元十二年(1275年),元军占领蕲州后,设淮西宣抚司。至少在至元十四年(1277年),元朝以黄州为中心设黄州宣慰司。至元十八年(1281年)至至元二十一年(1284年),蕲州、黄州同属淮西道宣慰司。至元二十三年(1286年),废除宣慰司,两地直隶湖广行省。至元二十九年(1292年),恢复淮西道宣慰司,划归河南行省。① 也有说法认为蕲州、黄州直属行省。②

三、湖广等处行中书省的建立

元军攻克襄阳后,至元十年(1273年)四月:"诏罢河南等路行中书省,以平章军国重事史天泽、平章政事阿术、参知政事阿里海牙行荆湖等路枢密院事,镇襄阳。"③占领襄阳后,暂时废除河南省,在襄阳设立行荆湖等路枢密院,接管攻宋事宜。

至元十一年(1274年)三月:"改荆湖、淮西二行枢密院为二行中书省,伯颜、史天泽并为左丞相,阿术为平章政事,阿里海牙为右丞,吕文焕为参知政事,行中书省于荆湖。"④荆湖行中书省正式成立,政治中心很有可能在襄阳。十二月,元军占领鄂州:"留右丞阿里海牙等,以兵四万,分省于鄂,规取荆湖。"⑤荆湖行省政治中心转移到鄂州。至元十二年(1275年)四月,元军攻占江陵府,行省政治中心转移江陵。但随着元军主攻方向的改变,政治中心又迁回鄂州。随着元军进入湖南、广西境内,荆湖行省的政治中心于至元十三年(1276年)迁至潭州。

至元十三年(1276年)正月,元军攻克南宋首都临安,但南宋军民仍在长江以南坚持抗元。至元十四年(1277年)元军占领广西:"湖广行中书省言:'广西二十四郡并已内附,议复行中书省于潭州,置广南西路宣抚司于静江。'诏郑鼎所将侍卫军万人还京师,崔斌、阿里海牙同驻静江,忽都铁木儿、郑鼎同驻鄂汉,贾居贞、脱博忽鲁秃花同驻潭州。"⑥至元十四年(1277年)前,元军占领今湖北、湖南地区,两地相当于宋荆湖南北路,荆湖省的名称是十分恰当的。至元十四年(1277年)后,元军占领今湖北、湖南、广西,行省的名称也随之更改为"荆湖广西",简称湖广。为了更好指挥作战,湖广省政治中心迁至今湖南潭州,并分派官员于鄂汉(鄂州、汉阳)与广西静江驻守,互为声援。湖广行省当时又名潭州行省。

---

① 参见柯劭忞:《新元史》,上海古籍出版社1989年版,第242页。
② 参见李治安等:《中国行政区划通史·元代卷》,复旦大学出版社2017年版,第129—130页。
③ (明)宋濂等:《元史》卷8,《本纪第八》,中华书局1976年版,第149页。
④ (明)宋濂等:《元史》卷8,《本纪第八》,中华书局1976年版,第154页。
⑤ (明)宋濂等:《元史》卷127,《列传第十四》,中华书局1976年版,第3103页。
⑥ (明)宋濂等:《元史》卷9,《本纪第九》,中华书局1976年版,第189页。

至元十八年(1281年)二月:"移潭州省治鄂州,徙湖南宣慰司于潭州。"①或许由于国内战事基本平定,湖广省的政治中心迁回鄂州。而在行省之下设湖南宣慰司,驻潭州,管理部分区域。此后湖广行省又称鄂州行省。行省政治中心迁回鄂州,与行省主官阿里海牙有密切关系:"十八年(1281年),(阿里海牙)奏请徙省鄂州,所定荆南、淮西、江西、海南、广西之地,凡得州五十八,峒夷山獠不可胜计。大率以口舌降之,未尝专事杀戮。又其取民悉定从轻赋,民所在立祠祀之。"②阿里海牙是西域维吾尔族人,长期担任湖广行省高官,为元朝立下汗马功劳,且抚育有方,深受百姓爱戴。在其努力下,元朝版图扩张至今湖北、湖南、安徽、江西、海南、广西,这些地区的很大一部分属于湖广行省管辖。

元世祖统一全中国后,开始在海外开疆拓土,并与越南发生多次冲突。至元十八年(1281年)后,元世祖忽必烈企图以湖广行省为依托,攻打越南。十月,在湖广行省内设安南宣慰司。至元二十年(1283年)七月:"阿里海牙为荆湖占城行省平章政事,帝欲交趾助兵粮以讨占城,令以己意谕之。行省遣鄂州达鲁花赤赵鬵以书谕(陈)日烜。"③由于元世祖忽必烈的政策,经略越南成为湖广行省主要任务,因此湖广行省又名荆湖占城行省。湖北鄂州官员赵鬵亲自携带国书到越南,呈送国王陈日烜。从此两国来往文件,多由湖广处理。

至元二十一年(1284年)年底,元世祖依托湖广行省,对越南展开进攻,此次战争断断续续一直持续到至元二十五年(1288年),湖广居民深受其害。至元二十三年(1286年)六月:湖广行省臣线哥说道:"本省镇戍凡七十余所,连岁征战,士卒精锐者罢于外,所存者皆老弱,每一城邑,多不过二百人。窃恐奸人得以窥伺虚实。往年平章阿里海牙出征,输粮三万石,民且告病,今复倍其数。官无储畜,和籴于民间,百姓将不胜其困。"④

至元二十四年(1287年):"置征交趾行尚书省,奥鲁赤平章政事,乌马儿、樊楫参知政事总之,并受镇南王节制。"⑤由于湖广蒙受严重的战争创伤,元朝又新设征交趾行尚书省,虽然元越之战尚未结束,但"荆湖占城行省"的名称消失在了历史中。在湖广等处行中书省形成的过程中,省之称谓多有变更:"曰荆湖占城,曰荆湖,曰湖广,凡三改。"⑥

除此之外,元世祖湖广行省的疆域也处于频繁变动之中,现摘其与湖北有关者罗列如下:

至元二十二年(1285年)九月:"中书省以江北诸城课程钱粮听杭、鄂二行省节制,道途迂远,请改隶中书,从之。"⑦江北诸城大致是指长江以北之地,其中包括湖北若干地区。

---

① (明)宋濂等:《元史》卷11,《本纪第十一》,中华书局1976年版,第230页。
② (明)宋濂等:《元史》卷128,《列传第十五》,中华书局1976年版,第3128页。
③ (明)宋濂等:《元史》卷209,《列传第九十六》,中华书局1976年版,第4640页。
④ (明)宋濂等:《元史》卷209,《列传第九十六》,中华书局1976年版,第4646页。
⑤ (明)宋濂等:《元史》卷209,《列传第九十六》,中华书局1976年版,第4647页。
⑥ (明)宋濂等:《元史》卷122,《列传第九》,中华书局1976年版,第3003页。
⑦ (明)宋濂等:《元史》卷14,《列传第十四》,中华书局1976年版,第279页。

至元二十三年(1286年)八月:"罢淮东、蕲黄宣慰司,以黄、蕲、寿昌隶湖广行省。"①

至元二十九年(1292年)正月:"割湖广省之德安、汉阳、信阳隶荆湖北道,蕲黄隶淮西道,并淮东道三宣慰司咸隶河南省。其荆湖北道宣慰司旧领辰、沅、澧、靖、归、常德,直隶湖广省。"②荆湖北道是荆湖北道宣慰司的简称,划归河南省。

闰六月:"诏汉阳隶湖广省。"③

直至元世祖忽必烈去世前一年,湖广行省的辖区仍在变动。至元三十年(1293年),江西行省兴国路(原宋兴国军)划归湖广行省。

到至元三十一年(1294年),即元世祖去世当年,湖广行省疆域才最终确定。其面积极为辽阔,北达今湖北兴山县,南括海南岛、南海,东邻今江西省,西靠今四川、云南。原宋代鄂州、汉阳军、寿昌军、兴国军、归州等地属于元湖广行省。

对于今湖北省而言,湖广行省尤为值得注意的有四处:

湖广行省是元军为攻克襄阳而设,本身包括襄阳、江陵、鄂州。但在湖广行省疆域最终确定之时,襄阳与江陵却划归河南。鄂州虽然还在湖广,但元朝曾经规划把汉阳地区划归河南,企图以长江作为湖广之分界线。这种将湖北三大政治中心分而治之的办法,可能是汲取南宋末年三地联络互为声援的教训,故意割裂战略要地,维持中央集权。

经过对政区的精心规划,元朝有意将归州划归湖广,而将归州附近之原宋代区域,如施州、峡州、江陵府都划出湖广。这样一来,造成归州"飞地"局面,其不与湖北大部分地区接壤,在地理位置上被河南、四川两省包围,但在行政管理上却划归湖广。归州地处长江三峡范围,是沟通今川鄂之要道,极具战略价值。元朝刻意打造这种复杂格局,或许有加强中央集权、防止地方叛乱之目的。

鄂州是湖广行省行政中心,就整个两湖、贵州、广西、海南来说,行政中心却位于最东部,未免过于遥远。很难想象,远在今武汉地区的行省官员如何管理指挥海南岛的军民政务。这种情况并非特例,河南行省的政治中心开封也位于行省最北部。但由于湖广南北以长江大海为界,地理面积过于庞大,政治中心偏远的问题尤其突出。元末,湖广成为红巾军首批抢占的行省之一,或与这一行政缺陷相关。

宋代最高政区为路,湖北襄阳是京西南路的政治中心,江陵府是荆湖北路的政治中心,鄂州常有高于知州的官员驻扎。然而元代独尊鄂州,将其变为行省首府,而襄阳与江陵两地则降为极其次要的行政中心。元灭亡后,明朝继承这种政治格局,清又承明制。湖广政区版图多有变迁,鄂州地区的独尊地位一直传承,以至于今。因此今武汉地区的省会地位,元朝助益良多。

当然面对庞大的湖广行省,元朝也并非是随意管理,而是采取由行省直辖今湖北、湖南

---

① (明)宋濂等:《元史》卷14,《列传第十四》,中华书局1976年版,第291—292页。
② (明)宋濂等:《元史》卷17,《列传第十七》,中华书局1976年版,第358页。
③ (明)宋濂等:《元史》卷17,《列传第十七》,中华书局1976年版,第364页。

部分地区。其余地区则在行省监管之下，分别由驻长沙的湖南道宣慰司、驻桂林的广西两江道宣慰司、驻广东雷州的海北海南道宣慰司、驻贵州贵阳的八番顺元宣慰司分管。

四、四川等处行中书省的建立

早在中统元年（1260年）八月，"立秦蜀行中书省，以京兆等路宣抚使廉希宪为中书省右丞，行省事。"①秦蜀行省，又称陕西四川行省，是元世祖最早设立的行省之一。然而此时原宋代辖湖北施州的夔州路却并不归其管辖。

中统二年（1261年）六月："宋泸州安抚使刘整举城降，以整行夔府路中书省兼安抚使，佩虎符。"②湖北施州属于夔府路行省管辖。夔府路行省似乎并未存续很久，便并入陕西四川行省。

至元八年（1271年）九月："罢陕西五路西蜀四川行尚书省，以也速答儿行四川尚书省事于兴元，京兆等路直隶尚书省。"③当时元朝在短期内曾让尚书省代替中书省，因而此处行中书省改为行尚书省。上述史料意为，陕西四川行省分立，四川地区独立成省，陕西部分划归尚书省直接管辖。谭其骧先生认为这是四川建省的开始。④

至元十一年（1274年）四月："罢四川行省，以巩昌二十四处便宜总帅汪良臣行西川枢密院，东川阆、蓬、广安、顺庆、夔府、利州等路统军使合剌行东川枢密院。"⑤元朝废除四川省，设东西川行枢密院，湖北西部部分地区归东川行枢密院管辖（关于行枢密院详见后文论述）。几乎与此同时，元世祖封皇子忙哥剌为安西王。安西王对川陕军民政务也有一定的管控权力："皇子忙哥剌封安西王，统河西、土番、四川诸处，置王相府，后封秦王，绾二金印。"⑥

至元十五年（1278年），恢复四川行省，废除东西川行枢密院，但约于至元十六年（1279年）六七月前再次恢复。⑦

至元十六年（1279年）七月："罢西（四）川行省……以中书左丞、行四川行中书省事汪良臣为安西王相。"⑧

至元十七年（1280年）十月："诏立陕西四川等处行中书省，以不花为右丞，李德辉、汪惟正并左丞。"⑨

---

① （明）宋濂等：《元史》卷4，《本纪第四》，中华书局1976年版，第67页。
② （明）宋濂等：《元史》卷4，《本纪第四》，中华书局1976年版，第71页。
③ （明）宋濂等：《元史》卷7，《本纪第七》，中华书局1976年版，第137页。
④ 谭其骧：《元陕西四川行省沿革考》，《禹贡》第3卷第6期，第1—4页。
⑤ （明）宋濂等：《元史》卷8，《本纪第八》，中华书局1976年版，第149页。
⑥ （明）宋濂等：《元史》卷14，《本纪第十四》，中华书局1976年版，第302页。
⑦ 李治安：《元代行省制度》卷14，《本纪第十四》，中华书局2011年版，第398页。
⑧ （明）宋濂等：《元史》卷10，《本纪第十》，中华书局1976年版，第214页。
⑨ （明）宋濂等：《元史》卷11，《本纪第十一》，中华书局1976年版，第226—227页。

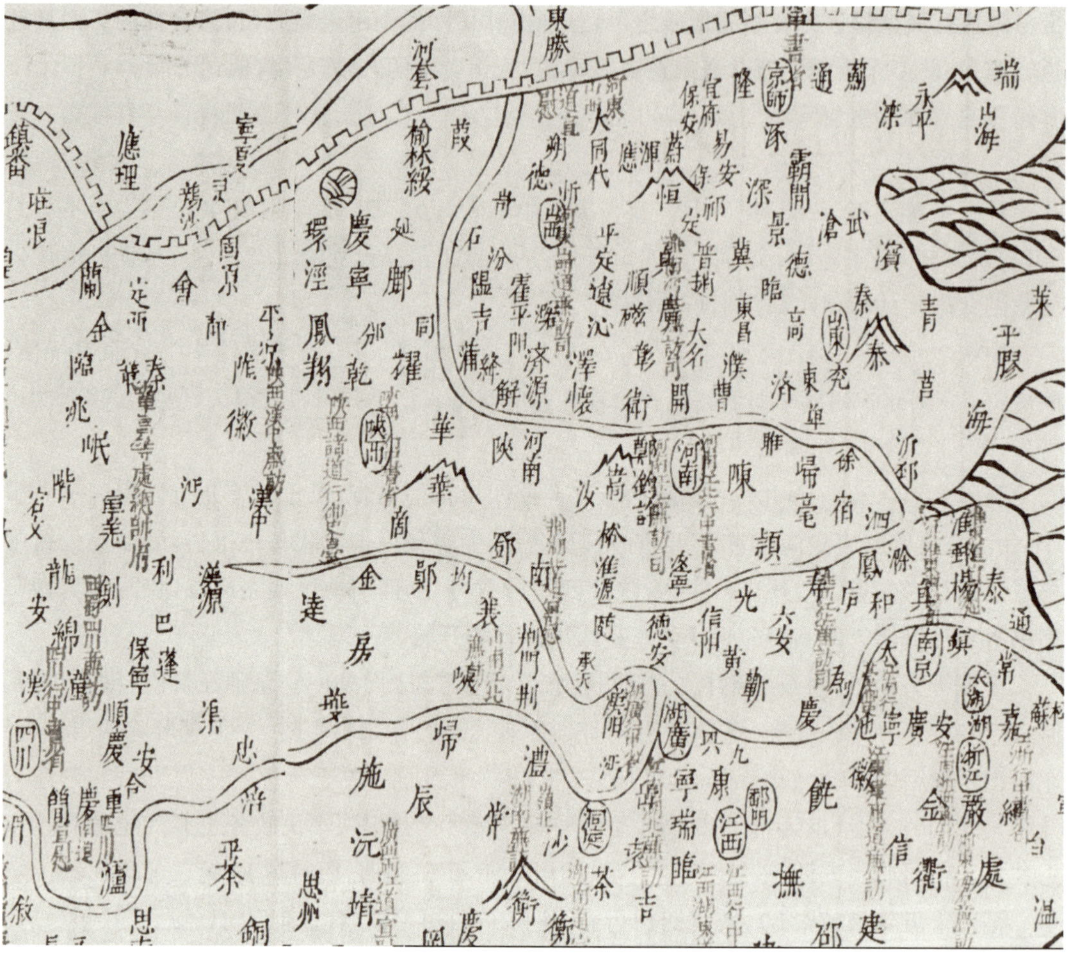

图 6-1 明代《今古舆地图》所绘《元行省行台廉访宣慰司图》局部

从至元十八年(1281年)至至元二十三年(1286年),陕西四川行省处于极度复杂的变化之中,或是分立,或是合并,或是废除。①

直到至元二十三年(1286年),四川行省才稳定下来。四川省政治中心也多有变迁,最终以成都为治所,其北至今陕西汉中,南达今四川泸州,东与今湖北相接壤,西与今四川阿坝藏族羌族自治州为邻。原宋代湖北施州,以及许多少数民族聚居区划归四川省。

至元十六年(1279年),元世祖还设置了四川南道宣慰司。于是四川行省出现了这样的格局:行省直辖今成都附近地区,宣慰司在行省监管下管理今重庆附近地区、湖北施州,以及少数民族聚居地。

纵观元世祖时期河南、湖广、四川三大行省的创建,可以发现这样一个事实:涉及湖北地区的元朝行省全部出现于金朝灭亡,攻打南宋之时。而行省设立后,一般经过极为漫长的演

---

① 李治安:《元代行省制度》卷11,《本纪第十一》,中华书局2011年版,第398—399页。

变,其间甚至多有兴废,直到元世祖忽必烈统治末年才得以最终确立。这大概是由于行省并非是蒙古族之政治传统,更非金朝或南宋,乃至中国历史上任何一时期的现成制度,是随着蒙古军队的节节胜利,为了适应空前辽阔的版图,吸收各种经验,在摸索中创设的全新政区制度。故而其演变几乎贯穿整个元世祖时期。在演变的过程中,今武汉地区正式成为湖广等处行中书省的政治中心,为今湖北省会的确立奠定了基础。

第二节　元朝前期湖北路府州县的变化

除了行省与宣慰司以外,元世祖忽必烈也对南宋政区制度作出调整。就湖北地区而言,彻底消除军与监,对路府州县的职官制度、地理布局也有大幅度的修改。尤为关键的是,路府州的政区特点与层级关系发生了根本的变化。元世祖虽然保留许多湖北旧地名,但在实际上却创造了一种全新的政区制度。

一、元代路府州县职官的改变

上文介绍了湖北地区的行省与宣慰司。元朝政区经过世祖时期的演化后,明显地呈现出一种"中心—边缘"模式。就全国而言,中书省直接控制北京周围部分地区,其余地区分由各行省管理。就行省而言,以"省会"为中心的地区归行省直辖,其余部分归各宣慰司管理。这种制度设计结合上元朝的民族特点,使得原南宋的路府州县制度也发生了很大变化。

在宋代,路是高级政区,漕司、宪司、仓司、帅司分掌各项权力。在很多情况下,特别是北宋时期,各路的地理范围未必一致。而元朝汲取金朝部分经验,对这种模式进行了大幅调整:首先,缩小宋代路的地理范围,并普及推广,使得湖北地区的路持续增加。而后规定,路仅设一个行政机构——总管府:

> 诸路总管府,至元初置。二十年(1283年),定十万户之上者为上路,十万户之下者为下路,当冲要者,虽不及十万户亦为上路。上路秩正三品,达鲁花赤一员,总管一员,并正三品,兼管劝农事,江北则兼诸军奥鲁,同知、治中、判官各一员。下路秩从三品,不置治中员,而同知如治中之秩,余悉同上。①

元朝根据户口以及地理位置,为路展开等级划分。不同等级的路,职官不一样,但每一路都有达鲁花赤、总管、同知。并且元世祖曾经规定:达鲁花赤由蒙古人充当,总管由汉人②充当,同知由回回人③充当。④ 实际情况未必严格执行,但不让汉人掌管一路所有权力则是

---

①(明)宋濂等:《元史》卷91,《志第四十一上》,中华书局1976年版,第2316页。
②这里的汉人不一定是汉族人的意思,可能还包括原金朝统治下的其他民族。
③回回人大概包括今维吾尔族、回族在内的中国西北诸少数民族,以及中亚诸民族。
④周良霄、顾菊英:《元史》,上海人民出版社2003年版,第382页。

常态。达鲁花赤,是蒙古语,汉译为镇压者、掌印者,拥有较大权力。总管常兼任路所在府的府尹,对路的政务同样具有管辖权。达鲁花赤与总管官品相同,但当达鲁花赤是蒙古人,总管是汉人时,达鲁花赤权力一般要大一些。同知的职位比以上两官低,但当总管缺任时,常由同知代理政务。

同知以下,元朝路还设有治中、判官、推官、经历、知事、照磨、译史、通事,以及儒学教授、蒙古教授、医学教授、阴阳教授等官员。此外,还设置有司狱司、平准行用库、织染局、杂造局、府仓、惠民药局、税务、录事司等办事机构,这些官员与机构共同对一路之内各种行政事务进行全面管理。

对于府的职官,元朝更改为:

> 散府,秩正四品,达鲁花赤一员,知府或府尹一员,领劝农奥鲁与路同;同知一员,判官一员,推官一员,知事一员,提控案牍一员。所在有隶诸路及宣慰司、行省者,有直隶省部者,有统州县者,有不统县者,其制各有差等。①

元朝路的长官衙署为路总管府,未设总官的府则称为"散府"。散府除了知府或府尹之外,同样设有达鲁花赤与之制衡。尤为关键的是,元朝的府,可以由行省、宣慰司、路这一层级管理,也可以归行省直接管理。府可以统辖州县,也可以不辖县。这种多元管理模式是宋代所没有的。

对于州的职官,元朝更改为:

> 至元三年(1266年),定一万五千户之上者为上州,六千户之上者为中州,六千户之下者为下州。江南既平,二十年(1283年),又定其地五万户之上者为上州,三万户之上者为中州,不及三万户者为下州。于是升县为州者四十有四。县户虽多,附路府者不改。上州:达鲁花赤、州尹秩从四品,同知秩正六品,判官秩正七品。中州:达鲁花赤、知州并正五品,同知从六品,判官从七品。下州:达鲁花赤、知州并从五品,同知正七品,判官正八品,兼捕盗之事。参佐官:上州,知事、提控案牍各一员;中州,吏目、提控案牍各一员;下州,吏目一员或二员。②

元朝依然使用按户口数量来划分州等级的方法,每一等级官员略有不同,但达鲁花赤与知州(州尹)的并列却是固定的。至元二十年(1283年)后,随着经济的恢复,流散人口的聚集,很多县被升为州。但路与府官署所在的县,即使户口再多,也不予升州。

对于县的职官,元朝更改为:

> 诸县。至元三年(1266年),合并江北州县。六千户之上者为上县,二千户之

---

① (明)宋濂等:《元史》卷41,《志第四十一上》,中华书局1976年版,第2317页。
② (明)宋濂等:《元史》卷41,《志第四十一上》,中华书局1976年版,第2317—2318页。

上者为中县,不及二千户者为下县。二十年(1283年),又定江淮以南,三万户之上者为上县,一万户之上者为中县,一万户之下者为下县。上县,秩从六品,达鲁花赤一员,尹一员,丞一员,簿一员,尉一员,典史二员。中县,秩正七品,不置丞,余悉如上县之制。下县,秩从七品,置官如中县,民少事简之地,则以簿兼尉。后又别置尉,尉主捕盗之事,别有印。典史一员。巡检司,秩九品,巡检一员。①

元代县同样按户口分为三等,每个等级的官职亦有所不同,但达鲁花赤与县尹还是同时设置。也就是说元朝路府州县均设两个主官,都有达鲁花赤。

元末叶子奇曾说:"元路州县各立长官曰达鲁花赤,掌印信,以总一府一县之治。判署则用正官,在府则总管,在县则县尹。达鲁花犹华言荷包上压口捺子也。亦由古言总辖之比。"②"荷包上压口捺子"体现的不仅仅是元朝的民族制衡,更是将行政分权制衡模式贯彻到底的政略。

相较于宋代的分权,元代不再保持漕司、宪司、仓司、帅司分立局面,只设总管府当作行省、宣慰司之下的最高行政机关。但元代比宋代更注意分权,从行省到县,所有政区均设有两个及以上的主官。

当然元世祖时期,民族隔阂从行省到路府州县皆有体现:"天下治平之时,台省要官皆北人为之,汉人南人万中无一二,其得为者不过州县卑秩,盖亦仅有而绝无者也。"③元朝政区职官的民族偏见长期得不到纠正,成为元朝最终覆灭的重要原因之一。

二、河南江北等处行中书省境内湖北地区路府州县的变化

元世祖统治时期,原南宋湖北地区的路府州县同样发生了改变,现以《元一统志》《元史》《新元史》为主要依据,其他文献为参考,勾勒出世祖时期的变迁脉络。

原南宋以襄阳为中心有京西南路,元朝将其废除,以襄阳为中心设襄阳路。

原南宋襄阳府辖湖北襄阳县、谷城县、南漳县、宜城县。至元十一年(1274年),升襄阳府为襄阳路。襄阳县在宋末元初的战乱中,因遭受损失而曾被废弃。至元十四年(1277年)恢复襄阳县,将其作为襄阳路的治所。谷城、南漳、宜城三县仍旧属襄阳路,唯南漳县可能于至元十四年(1277年)前后划归均州。元代南漳县治所从今南漳东北转移到今南漳县附近。

原南宋光化军辖光化县(老河口西北)。至元十三年(1276年)—至元十四年(1277年),元军占领光化军,将其降为光化县,并入河南南阳府。至元十九年(1282年)划归襄阳路。

原南宋枣阳军辖枣阳县。元军占领枣阳军后,将其降为枣阳县。至元十四年(1277年)划归河南南阳府,至元十九年(1282年)划归襄阳路。

---

① (明)宋濂等:《元史》卷41,《志第四十一上》,中华书局1976年版,第2318页。
② (明)叶子奇:《草木子》,中华书局1959年版,第64页。
③ (明)叶子奇:《草木子》,中华书局1959年版,第49页。

原南宋均州有武当县(今丹江口市附近)、郧乡县(今十堰市郧阳区附近)。至元十二年(1275年),宋均州知州徐鼎投降,元朝将其划归湖北宣慰司管辖,至元十九年(1282年)划归襄阳路。其所辖两县由于战争动乱曾经迁移无常,甚或一度荒废,直到至元十四年(1277年)才被元朝恢复固定下来,其郧乡县改为郧县,武当县仍旧。

原南宋房州有房陵县(今房县附近)、竹山县。至元十二年(1275年),宋房州知州投降,至元十九年(1282年)房州及其两县划归襄阳路。

经此变动,至元十九年(1282年)后,襄阳路直辖若干县,然后再通过均、房二州管辖若干县。至此,整个襄阳路已无"府"存在。

原南宋有淮南西路,元朝将其废除,分别以蕲、黄二州设路。

原南宋蕲州辖湖北蕲春县、黄梅县、蕲水县(今浠水县附近)、广济县(今武穴市附近)、罗田县(今罗田县东部)。至元十二年(1275年),元朝在蕲州设立淮西宣抚司。至元十四年(1277年)设蕲州路,蕲春县为其治所。广济县在宋末动乱中一度徙治江中洲,归入元朝安定后,搬回今湖北省武穴市梅川镇。黄梅县同样经历了徙治江中洲的过程,后又回到今黄梅县附近。罗田县在宋末战乱中曾被废除,至元十二年(1275年)才恢复。唯蕲水县在宋末元初几乎没有变化。

原南宋黄州辖黄冈县、黄陂县、麻城县。黄州于至元十二年(1275年)被元朝占领,至元十四年(1277年)升为黄州路,至元十八年(1281年)在黄州路设宣慰司。至元二十三年(1286年)废除宣慰司,直隶湖广行省管辖。至元二十九年(1292年),恢复淮西道宣慰司,辖蕲州、黄州二路,归河南行省管辖。至元三十年(1293年)德安府划归黄州路管辖。黄冈县为黄州路的治所。而黄陂县由于宋末兵乱,侨治于蕲州青山矶,元朝后还复今黄陂附近。同样原因,麻城县宋末徙治什子山,元朝还复今麻城附近。

南宋末年设置的英山县,被元朝划归庐州路六安州。

原南宋有荆湖北路,元朝将其废除。

原南宋江陵府辖江陵县(今荆州市附近)、公安县、松滋县(今松滋市附近)、石首县(今石首市附近)、监利县(今监利市附近)、潜江县(今潜江市西北)、枝江县(今宜都市枝城镇附近)①。至元十二年(1275年),元朝占领江陵府后,新置怀远、灵武二县,以安置居民。据推测,此二县不久便被废除。至元十三年(1276年),升江陵府为江陵路。江陵县不仅是江陵路的治所,还是荆湖北道宣慰司与山南江北道肃政廉访司的官署所在。监利县在宋末战乱中造成了人口的严重流失,直到元世祖时期才恢复。潜江县政治中心原本在境内白洑。至元二十七年(1290年),潜江大水,将县城冲毁,由此将县城迁移到今潜江附近。公安县、松滋县、石首县、枝江县一仍其旧。

原南宋江陵府辖夷陵县(今宜昌市附近)、远安县、宜都县(今宜都市附近)、长阳县(今长

---

① 南宋末年,枝江县行政中心迁移到今湖北宜都市枝城镇附近。

阳土家族自治县附近)。至元十三年(1276年),元军占领峡州,至元十七年(1280年)升为峡州路。夷陵县为峡州路治所,宋末战乱夷陵县治所迁徙无常,元朝占领后回复长江北岸旧治。远安县、宜都县、长阳县依然如故。

原南宋郢州辖京山县(今京山市附近)、长寿县(今钟祥市附近)。至元十三年(1276年),元军占领郢州,至元十五年(1278年)升为安陆府。宋末战乱,京山县治所迁移到汉水之滨,元世祖忽必烈时期回复旧治。长寿县为元朝安陆府治所。

原南宋复州辖玉沙县(今监利市东北)、景陵县(今天门市附近)。至元十三年(1276年)复州被元军占领,并升为复州路,至元十五年(1278年)改为沔阳府。玉沙县为府治所在,至元十五年(1278年)左右,其政治中心从今监利市东北迁移到今仙桃市沔城镇。景陵县在宋末迁治无常,元世祖时期回复旧治。

原南宋荆门军辖长林县(今荆门市附近)、当阳县(今当阳市附近)。至元十二年(1275年)元军占领荆门军,至元十四年(1277年)将其升为荆门府,至元十五年(1278年)降为荆门州。长林县、当阳县一仍其旧。

原南宋德安府辖安陆县(今安陆市附近)、应城县(今应城市附近)、孝感县(今孝感市附近)、云梦县。宋末德安府治所迁移到汉阳军境内,至元十三年(1276年)后回复旧治。元世祖初年,德安府隶属湖北道宣慰司。至元十八年(1281年)废除湖北道宣慰司,直属湖广行省,至元二十九年(1292年)划归河南行省,至元三十年(1293年)划归黄州路。后德安府又直属荆湖北道宣慰司。安陆县为德安府治所。孝感县,南宋曾迁县治于紫资寨,至元十六年(1279年)回复旧治。应城县、云梦县一仍其旧。元朝或曾将应山县划归德安府,至元十五年(1278年)应山又归随州。

原南宋随州辖随县(今随州市附近)、应山县(今广水市附近)。随州治所于宋末战乱迁徙不定,至元十三年(1276年)元朝将其治所固定于随县境内的黄仙洞。至元十五年(1278年)后,随州仍辖随县与应山县,但归德安府管辖。

三、湖广等处行中书省境内湖北地区路府州县的变化

原南宋鄂州辖江夏县(今武汉市武昌区附近)、咸宁县(今咸宁市附近)、蒲圻县(今赤壁市附近)、嘉鱼县、崇阳县、通城县。至元十一年(1274年)元军占领鄂州,将其打造成极为重要的区域政治中心,至元十四年(1277年)升鄂州为鄂州路。到元世祖统治末年,鄂州路成为湖广行省与江南湖北道肃政廉访司两大官署的驻所。南宋鄂州所辖六县仍旧是元鄂州路辖县。

原南宋寿昌军辖武昌县(今鄂州市附近)。至元十四年(1277年),升寿昌军为寿昌府,仍辖武昌县。

原南宋汉阳军辖汉阳县(今武汉市汉阳区附近)、汉川县(今汉川市北部)、汉阳监(今武汉市汉阳区龟山附近)。至元十一年(1274年)元军占领汉阳军,至元十四年(1277年)升为汉阳府。至元二十九年(1292年),汉阳府一度划归河南省。汉阳县于至元十六年(1279年)

曾短暂划归鄂州路。相关文献记载,元朝汉川县行政中心从今汉川北部迁移到今汉川附近。但具体时间有两种说法,一为元世祖在位的至元二十二年(1285年)左右,一为元末至正二十二年(1362年)左右,本书认为元世祖说更符合史实。

原南宋兴国军辖永兴县(今阳新县附近)、通山县、大冶县(今大冶市附近)。至元十四年(1277年),元朝升兴国军为兴国路,隶属于江西行省。至元三十年(1293年),兴国路改隶湖广行省。元兴国路所辖三县与宋朝相同。

原南宋归州辖秭归县、巴东县、兴山县(今兴山县南部)。至元十四年(1277年)元朝升归州为归州路,至元十六年(1279年)复降为归州。归州所辖三县与宋朝相同。

四、四川等处行中书省境内湖北地区路府州县的变化

原南宋有夔州路,元朝仍保持其名,仍辖今湖北恩施地区。

原南宋施州辖清江县(今恩施市附近)、建始县。元朝于至元二十二年(1285年)废除清江县,施州只辖建始一县。

原宋代今恩施地区还有专为少数民族聚居区设置的政区,如今恩施来凤县附近的富州、柔远州,今恩施宣恩县高罗乡附近的高州,在今宣恩县东南的顺州与保顺州。元朝今恩施大部分地区仍旧为少数民族聚居之地,朝廷采取虚置政区的办法予以笼络。如在今宣恩县附近设立沿边溪洞招讨司,在今鹤峰设立容美峒宣抚司,在今来凤附近设立散毛洞安抚司、师壁洞安抚司等等。这些"司"的实际统治者均由少数民族首领世袭,非元朝委派,故称为"土司"。土司时而恭顺,时而反叛,处于极不安定的状态之中,再加上史料极度缺乏,目前学界实难对元朝恩施地区所有土司的来龙去脉形成完整清晰的认识。

此外,南宋金州有上津县(今郧西县西北)。元朝初年将其废除。

至元三十一年(1294年)正月,元世祖忽必烈去世,其去世前一年湖北政区(不包括少数民族土司地区)格局可能如下所示:

表6-2　　　　　　　元世祖至元三十年(1293年)湖北政区表

行省、宣慰司	路府州	路府直属县	路府属州	州属县	府属州	州属县
河南江北等处行中书省	襄阳路	襄阳县(襄阳市附近)、谷城县、南漳县、宜城县(宜城市附近)、枣阳县(枣阳市附近)、光化县(老河口市西北)	均州	武当县(丹江口市附近)、郧县(十堰市郧阳区附近)	无	无
			房州	房陵县(房县附近)、竹山县	无	无
	庐州路	无湖北地区	六安州	英山县	无	无

续表

行省、宣慰司	路府州	路府直属县	路府属州	州属县	府属州	州属县
河南江北等处行中书省淮西道宣慰司	蕲州路	蕲春县、黄梅县、蕲水县（浠水县附近）、广济县（武穴市附近）、罗田县（罗田县东部）	无	无	无	无
	黄州路	黄冈县（黄冈市黄州区附近）、黄陂县（武汉市黄陂区附近）、麻城县（麻城市附近）	德安府	安陆县（安陆市附近）、应城县（应城市附近）、孝感县（孝感市附近）、云梦县	随州	随县（随州市附近）、应山县（广水市附近）
河南江北等处行中书省荆湖北道宣慰司	江陵路	江陵县（荆州市附近）、公安县、松滋县（松滋市附近）、石首县（石首市附近）、监利县（监利市附近）、潜江县（潜江市附近）、枝江县（宜都市枝城镇附近）	无	无	无	无
	峡州路	夷陵县（宜昌市附近）、远安县、宜都县（宜都市附近）、长阳县（长阳土家族自治县附近）	无	无	无	无
	安陆府	长寿县（钟祥市附近）、京山县（京山市附近）	无	无	无	无
	沔阳府	玉沙县（仙桃市沔城回族镇附近）、景陵县（天门市附近）	无	无	无	无
	荆门州	长林县（荆门市附近）、当阳县（当阳市附近）	无	无	无	无

续表

行省、宣慰司	路府州	路府直属县	路府属州	州属县	府属州	州属县
湖广等处行中书省	鄂州路	江夏县（武汉市武昌区附近）、咸宁县（咸宁市附近）、蒲圻县（赤壁市附近）、嘉鱼县、崇阳县、通城县	无	无	无	无
	兴国路	永兴县（阳新县附近）、通山县、大冶县（大冶市附近）	无	无	无	无
	寿昌府	武昌县（鄂州市附近）	无	无	无	无
	汉阳府	汉阳县（武汉市汉阳区附近）、汉川县（汉川市附近）	无	无	无	无
	归州	秭归县、巴东县、兴山县（兴山县南部）	无	无	无	无
四川等处行中书省四川南道宣慰司	夔路	无湖北地区	施州	建始县	无	无

从上表可以看出，就县而言，除了恩施境内的清江县，元世祖将宋县几乎全部保留。但是元朝行省、宣慰司之下的湖北政区格局却有较大改变。

首先，元朝在宣慰司之下的政区层级做了较大调整。宋朝时期路之下为州或军，所有的州或军辖若干县。元朝宣慰司之下可以是路，可以是州，也可以是府，路、府、州之下辖县。尤为重要的是，若干路、府除了辖县，还可以辖府、州，府、州再辖县。再加上行省与宣慰司的设置，湖北政区呈现出多元化的层级：

三级政区：行省—路、府、州—县。

四级政区：行省—宣慰司—路、府、州—县。

四级政区：行省—路、府—府、州—县。

五级政区：行省—宣慰司—路、府—府、州—县。

元朝这种政区格局看起来非常混乱，其实不然。元代的政区明显存在"中心与边缘"模式:中书省直辖地区为中心,行中书省管辖地区为边缘。行中书省直辖地区为中心,宣慰司管理地区为边缘。路府州直辖地区为中心,路府附属州管辖地区为边缘。以湖北来看,随州、均州、房州、六安州、施州所辖之地,也许就是元朝统治者看来战略与经济价值最低的区域。

图 6-2 明代《今古舆地图》所绘《元十二省图》局部

其次,元朝在湖北还开启了一种全新的管理模式——州直辖模式。原本无论路州府,其官署必然要建立在某县之上。如襄阳县与江陵县,不仅是县衙所在地,还是府衙所在地,更是更高级官员常驻地。即使是再小的府州,衙署必须依托于某县而存在。如宋代寿昌军、元代寿昌府,只辖一县,军或府的官署就建于仅有的一县之内。原本宋代施州辖清江、建始二县,州衙建于清江县之内。元朝废除清江县,但施州州衙却并没有转移到建始县,其辖区也并无明显变化。也就是说宋代施州同时监管清江、建始二县事务。但元代清江县虽废,其土地与居民犹存,并没有并入其他州县,施州只能首先处理原清江县境内事务,再来管理建始县。于是这样的州也形成了"中心与边缘"模式,出现了直辖管理与间接管理的差异。这种模式后来被明朝普及开来。

元世祖即位伊始就开始调整政区,直至其临终仍未停止。但总的来说,元代的基本政区制度还是得以确立。元世祖统治时期,湖北省基本太平无事,正所谓:

> 元朝自世祖混一之后,天下治平者六七十年。轻刑薄赋,兵革罕用。生者有养,死者有葬。行旅万里,宿泊如家,诚所谓盛世矣。①

第三节 元朝中后期湖北政区的变化

元世祖去世后,元朝最高统治者频繁更换,中央政权经常发生政治剧变。在这种情况下,湖北地区从县到行省都有变动,但仍旧未打破元世祖定下的基本规则。由于元朝长期坚持民族歧视政策,朝政也愈发腐败,再加上自然灾害,到元顺帝执政时期,农民起义蜂起,颠覆了元朝统治。在元朝濒临灭亡的岁月里,行省制度再次经历淬炼,开启了新的时代。

一、元成宗到元宁宗时期的湖北政区

由于元世祖精心培养的皇太子真金早逝,至元三十一年(1294年)真金皇太子的儿子铁穆耳即位,是为元成宗。五月:"云南部长适习、四川散毛洞主覃顺等来贡方物,升其洞为府。"②散毛洞位于今湖北来凤附近,当时是少数民族聚居区域,属于四川行省四川南道宣慰司管辖。其首领覃顺向中央进贡,使得散毛洞成为散毛府。但这依然未改变散毛府土司的地位。

十一月,"诏以军民不相统一,罢湖广、江西行枢密院,并入行省"③。自此湖广行枢密院暂时废除,军权归行省所有。

大德三年(1299年)二月,"罢四川、福建等处行中书省,陕西行御史台,江东、荆南、淮西三道宣慰司。置四川、福建宣慰司都元帅府及陕西汉中道肃政廉访司"④。鉴于当时四川地区的军事状况,元成宗废除整个四川行省,四川地区军民政务由四川宣慰司都元帅府管理。而河南省境内的淮西道宣慰司也被废除,蕲州路与黄州路直隶行省。而黄州路下的德安府划归荆湖北道宣慰司,并领随州。⑤ 也有观点认为淮西道之废除,德安府划归荆湖北道宣慰司在元世祖末年。

---

① (明)叶子奇:《草木子》,中华书局1959年版,第47页。
② (明)宋濂等:《元史》卷18,《本纪第十八》,中华书局1976年版,第383页。
③ (明)宋濂等:《元史》卷18,《本纪第十八》,中华书局1976年版,第388页。
④ (明)宋濂等:《元史》卷20,《本纪第二十》,中华书局1976年版,第426页。
⑤ 柯劭忞:《新元史》,上海古籍出版社1989年版,第243页。

大德五年(1301年)十月,鄂州路改名武昌路:"以鄂州首来归附,又世祖亲征之地,改武昌路。"①同年裁撤寿昌府,以所辖武昌县划归武昌路。② 由于鄂州在南方诸多地区中归附元朝较早,元世祖忽必烈也曾经亲临作战,元成宗为了纪念祖先,更其名为武昌路。明清武昌路又改名武昌府,武昌这一地名除了表示今鄂州地区之外,又被赋予了新的含义。

大德七年(1303年)六月:"罢四川宣慰司,立四川行中书省。"③四川省得以恢复。

大德八年(1304年)左右,罗田县的政治中心从今罗田县东部的魁山迁移到今义水河附近地区。

大德九年(1305年)五月:"改各道肃政廉访司为详刑观察司,听省、台辟人用之。"④十月"复以详刑观察司为廉访司"⑤。

大德十一年(1307年)正月,元成宗去世,年仅42岁,皇太子德寿早逝。经过一番争斗,元世祖曾孙元武宗即位。

至大四年(1311年)正月,元武宗去世,年仅31岁,其弟元仁宗即位。

延祐七年(1320年)正月,元仁宗去世,年仅35岁,其子元英宗即位。

元英宗力行变法,改革弊制,得罪了许多守旧贵族。至治三年(1323年)八月,元英宗遇刺身亡,年仅21岁。经过政治斗争,元世祖忽必烈曾孙也孙铁木儿即位,是为泰定帝。

泰定二年(1325年)九月:"分天下为十八道,遣使宣抚。"⑥原本元朝已经有肃政廉访司常驻的"道",负责监察之事。然而"承宣者失于抚绥,司宪者怠于纠察",原有职官已经不能很好地处理社会矛盾、抚育民众。元泰定帝此时又分天下为十八道,让宣抚使巡行天下,负责"按问官吏不法,询民疾苦,审理冤滞"。元泰定帝赋予宣抚使较大的权力,只要有利于兴利除害,就可以便宜处置。宣抚使有权对四品以上官员处以参劾停职,五品以下甚至可以自行处决。今湖北地区分别由江南湖广道宣抚使、河南江北道宣抚使、四川省宣抚使分管。宣抚使的出现或可说明,元朝旧有的行省与行御史台官员已经开始腐败,迫使中央另立新制,加强监察监管力度。但泰定宣抚使制度在以后的史料中再难以得见,很可能只是一时权宜之计。

十二月,"中书省臣言山东、陕西、湖广地接戎夷,请议选宗室往镇,从之"⑦。为何少数民族聚居之处需要元朝宗室亲王前来镇守,其原因很难窥知,或许是当时的中书省大臣出于讨好皇帝或宗室的目的。

元泰定帝马上委派亲王来湖广地区。泰定三年(1326年)正月:"封诸王宽彻不花为威

---

① (明)宋濂等:《元史》卷63,《志第十五》,中华书局1976年版,第1524页。
② 柯劭忞:《新元史》,上海古籍出版社1989年版,第259页。
③ (明)宋濂等:《元史》卷21,《本纪第二十一》,中华书局1976年版,第452页。
④ (明)宋濂等:《元史》卷21,《本纪第二十一》,中华书局1976年版,第463页。
⑤ (明)宋濂等:《元史》卷21,《本纪第二十一》,中华书局1976年版,第466页。
⑥ (明)宋濂等:《元史》卷29,《本纪第二十九》,中华书局1976年版,第659—660页。
⑦ (明)宋濂等:《元史》卷29,《本纪第二十九》,中华书局1976年版,第662页。

顺王,镇湖广;买奴为宣靖王,镇益都;各赐钞三千锭。"①宽彻不花为镇南王脱欢第三子,王府建于武昌路。宽彻不花并未像先代藩王那般只挂名、不治事,而是亲临武昌,并参与处理湖广行省军事。

泰定五年(1328 年)七月,泰定帝去世,年仅 36 岁。此后,留驻上都的大臣拥立泰定帝之子阿速吉八为帝,是为天顺帝。与此同时,元武宗旧臣联合河南行省大臣速召武宗子和世㻋、图帖睦尔至大都。图帖睦尔先到大都,宣布即位,是为元文宗。在途中的和世㻋也即位称帝,是为元明宗。泰定五年(1328 年)十月,元文宗消灭天顺帝势力,然后让位于元明宗。天历二年(1329 年)八月明宗暴崩,年仅 30 岁,最终元文宗即位。

天历二年(1329 年)三月,"改潜邸所幸诸路名:建康曰集庆,江陵曰中兴,琼州曰乾宁,潭州曰天临"②。由于元文宗即位前,曾经于泰定五年(1328 年)三月至七月暂居于河南行省江陵路,因此他即位后将江陵路改名为中兴路,以示纪念,并寄托自己中兴元朝的情怀。九月,元文宗将就藩于湖广的威顺王宽彻不花召回京城。

至顺二年(1331 年)二月:

> 立广教总管府,以掌僧尼之政,凡十六所:曰京畿山后道,曰河东山右道,曰辽东山北道,曰河南荆北道,曰两淮江北道,曰湖北湖南道,曰浙西江东道,曰浙东福建道,曰江西广东道,曰广西两海道,曰燕南诸路,曰山东诸路,曰陕西诸路,曰甘肃诸路,曰四川诸路,曰云南诸路。秩正三品,府设达鲁花赤、总管、同知府事、判官各一员,宣政院选流内官拟注以闻,总管则僧为之。③

元朝皇室大力扶持宗教。宗教寺庙不仅仅是修行场所,还被政府赐予大量田产钱财。囊中丰盈的僧侣们不仅可通过经商发财致富,甚至还享有免税特权。至顺二年(1331 年)三月,"中书省臣言:宣课提举司岁榷商税,为钞十万余锭,比岁数不登,乞凡僧道为商者,仍征其税。有旨:诚为僧者,其仍免之。"④为了经营田产,宗教寺庙必须控制大量的庄丁佃户。如此一来,这些农户或许不再归由地方政府直接管理,而寺庙则成为其实际上的户口管理者。如元世祖时期的僧人杨琏真珈"私庇平民不输公赋者二万三千户,他所藏匿未露者不论也"⑤。杨琏真珈并非出于保护平民的目的而使其免于赋税,而是想霸占这些民众的劳动成果。元文宗设立的广教总管府竟与行省等行政区划一样,采用分权原则。湖北地区所属宗教户口分别归河南荆北道广教总管府、两淮江北道广教总管府、湖北湖南道广教总管府、四川诸路广教总管府管理。

---

① (明)宋濂等:《元史》卷 30,《本纪第三十》,中华书局 1976 年版,第 667 页。
② (明)宋濂等:《元史》卷 33,《本纪第三十三》,中华书局 1976 年版,第 731 页。
③ (明)宋濂等:《元史》卷 35,《本纪第三十五》,中华书局 1976 年版,第 776 页。
④ (明)宋濂等:《元史》卷 35,《本纪第三十五》,中华书局 1976 年版,第 779 页。
⑤ (明)宋濂等:《元史》卷 202,《列传第八十九》,中华书局 1976 年版,第 4521 页。

三月,威顺王宽彻不花重新镇守湖广,当地百姓倍受其害:"威顺王宽彻不花素不法,夺山泽之利,民尤苦之。"①"威顺王宽彻不花好田猎,民病之,又起广乐园,聚娼妇,贾人以网利,有司莫敢问。"②

至顺三年(1332年)正月:"夔路忠信寨洞主阿具什用,合洞蛮八百余人寇施州。"③四月"四川师壁、散毛、盘速出三洞(在今湖北来凤县附近)蛮野王等二十三人来贡方物。"④由此可见,鄂西南少数民族对元朝仍是叛服无常。八月,元文宗去世,享年29岁,元明宗年仅7岁的儿子懿璘质班即位为元宁宗。十一月,宁宗又崩。宁宗之时,湖北政区格局如下表所示:

表6-3　　　　　　　　元宁宗至顺三年(1332年)湖北政区表

行省、宣慰司	路府州	路府直属县	路府属州	州属县
河南江北等处行中书省	襄阳路	襄阳县(襄阳市附近)、谷城县、南漳县、宜城县(宜城市附近)、枣阳县(枣阳市附近)、光化县(老河口市西北)	均州	武当县(丹江口市附近)、郧县(十堰市郧阳区附近)
			房州	房陵县(房县附近)、竹山县
	庐州路	无湖北地区	六安州	英山县
	蕲州路	蕲春县、黄梅县、蕲水县(浠水县附近)、广济县(武穴市附近)、罗田县	无	无
	黄州路	黄冈县(黄冈市黄州区附近)、黄陂县(武汉市黄陂区附近)、麻城县(麻城市附近)	无	无
河南江北等处行中书省荆湖北道宣慰司	中兴路	江陵县(荆州市附近)、公安县、松滋县(松滋市附近)、石首县(石首市附近)、监利县(监利市附近)、潜江县(潜江市附近)、枝江县(宜都市枝城镇附近)	无	无
	峡州路	夷陵县(宜昌市附近)、远安县、宜都县(宜都市附近)、长阳县(长阳土家族自治县附近)	无	无

① 柯劭忞:《新元史》卷39,《本纪第三十九》,上海古籍出版社1989年版,第843页。
② 柯劭忞:《新元史》卷40,《本纪第四十》,上海古籍出版社1989年版,第855—856页。
③ (明)宋濂等:《元史》卷36,《本纪第三十六》,中华书局1976年版,第800页。
④ (明)宋濂等:《元史》卷36,《本纪第三十六》,中华书局1976年版,第802页。

续表

行省、宣慰司	路府州	路府直属县	路府属州	州属县
河南江北等处行中书省荆湖北道宣慰司	安陆府	长寿县（钟祥市附近）、京山县（京山市附近）	无	无
	沔阳府	玉沙县（仙桃市沔城回族镇附近）、景陵县（天门市附近）	无	无
	荆门州	长林县（荆门市附近）、当阳县（当阳市附近）	无	无
	德安府	安陆县（安陆市附近）、应城县（应城市附近）、孝感县（孝感市附近）、云梦县	随州	随县（随州市附近）、应山县（广水市附近）
湖广等处行中书省	武昌路	江夏县（武汉市武昌区附近）、咸宁县（咸宁市附近）、蒲圻县（赤壁市附近）、嘉鱼县、崇阳县、通城县、武昌县（鄂州市附近）	无	无
	兴国路	永兴县（阳新县附近）、通山县、大冶县（大冶市附近）	无	无
	汉阳府	汉阳县（武汉市汉阳区附近）、汉川县（汉川市附近）	无	无
	归州	秭归县、巴东县、兴山县（兴山县南部）	无	无
四川等处行中书省四川南道宣慰司	夔路	无湖北地区	施州	建始县

二、元顺帝时期的湖北政区

元统元年（1333年），元明宗长子元顺帝即位，在其统治之时，湖北所属政区经历了元朝最后一次变动。

元统二年（1334年）正月："四川大盘洞蛮谋谷什用遣男谋者什用来贡方物，即其地立盘顺府，命谋谷什用为知府。"①元朝四川行省大盘洞位于今湖北鹤峰附近，其酋长向元朝进贡，被元朝册封为盘顺府知府。然而盘顺府与德安府、汉阳府有本质的区别，仍保持着首领世袭制。同月，元朝废除掌管宗教事务的广教总管府。

至元三年（1337年）四月，元朝再次重申："禁汉人、南人、高丽人，不得执持军器，凡有马者拘入官……省、院、台、部、宣慰司、廉访司及部府幕官之长，并用蒙古、色目人。禁汉人、南

---

① （明）宋濂等：《元史》卷38，《本纪第三十八》，中华书局1976年版，第819页。

人不得习学蒙古、色目文字。"①至此元朝建国已有六十余年,仍坚持着民族歧视政策。由于各地武装抗元活动频发,九月:"立四川、湖广、江西、江浙行枢密院。"②

至元四年(1338年)二月"罢河南、江浙、湖广、江西、四川等处行枢密院"③。元朝行枢密院频繁废立,原因不详,而此时零星的反元活动也在全国范围内频频发生。

至正元年(1341年)后,峡州路远安县达鲁花赤沙班将县行政中心迁移到亭子山下。

至正五年(1345年)十月,为了应对吏治腐败、民众反抗以及天灾等引发的严重社会问题,元顺帝命宣抚使巡行天下,"询民疾苦,疏涤冤滞,蠲除烦苛。体察官吏贤否,明加黜陟,有罪者,四品以上停职申请,五品以下就便处决。民间一切兴利除害之事,悉听举行"。其中"大都路达鲁花赤拔实、江浙行省参知政事秦从德巡江南湖广道,吏部尚书定僧、宣政金院魏景道巡河南江北道……大都留守答尔麻失里、河南行省参知政事王守诚巡四川省"④。元顺帝此举或许意味着当时行省体制已出现较严重的问题,社会矛盾已无法得到妥善处理。然而"诸道奉使,皆与台宪互相掩蔽,惟(京畿宣抚使)定定与湖广道拔实纠举无避。"⑤元顺帝此举,收效甚微,民众反抗仍此起彼伏。

元末明初的叶子奇认为,官员腐败是元朝灭亡的重要原因:

> 元初法度犹明,尚有所惮,未至于泛滥。自秦王伯颜(元顺帝大臣)专政,台宪官皆谐价而得,往往至数千缗。及其分巡,竟以事势相渔猎,而偿其直,如唐债帅之比。于是有司承风,上下贿赂,公行如市,荡然无复纪纲矣。肃政廉访司官,所至州县,各带库子检钞秤银,殆同市道矣。《春秋传》曰:国家之败,由官邪也。官之失德,宠赂彰也。岂不信夫。⑥

> 元朝末年,官贪吏污,始因蒙古色目人罔然不知廉耻之为何物。其问人讨钱,各有名目。所属始参日拜见钱,无事白要日撒花钱,逢节日追节钱,生辰日生日钱,管事而索日常例钱,送迎日人情钱,句追日赍发钱,论诉日公事钱,觅得钱多日得手,除得州美日好地分,补得职近日好窠窟,漫不知忠君爱民之为何事也。⑦

卖官鬻爵、贪污受贿,已然成社会风气,元顺帝设置的"分巡官"靠买而得,上任后广索贿赂以补偿其失。而专门负责监察的肃政廉访司官巡视境内州县,竟然公然携带大秤,称量贿银的重量。吏治腐败加之当时天灾频繁、经济崩溃,百姓已经到了忍无可忍的境地。

至正六年(1346年)七月:"散毛洞蛮覃全在叛,招降之,以为散毛誓崖等处军民宣抚使,

---

① (明)宋濂等:《元史》卷39,《本纪第三十九》,中华书局1976年版,第839页。
② (明)宋濂等:《元史》卷39,《本纪第三十九》,中华书局1976年版,第842页。
③ (明)宋濂等:《元史》卷39,《本纪第三十九》,中华书局1976年版,第843页。
④ (明)宋濂等:《元史》卷41,《本纪第四十一》,中华书局1976年版,第873页。
⑤ (明)宋濂等:《元史》卷41,《本纪第四十一》,中华书局1976年版,第875页。
⑥ (明)叶子奇:《草木子》,中华书局1959年版,第82页。
⑦ (明)叶子奇:《草木子》,中华书局1959年版,第81—82页。

置官属,给宣敕、虎符,设立驿铺。"①元朝以今来凤县为中心设散毛誓厓等处军民宣抚司。至正十年(1350年)正月,以今湖北鹤峰为中心设立四川容美洞军民总管府。

由于社会矛盾长期积压,至正十一年(1351年)五月,韩山童、刘福通在安徽以白莲教为号召,爆发反元大起义。八月至十月:

> (八月)萧县李二及老彭、赵君用攻陷徐州。李二号芝麻李,与其党亦以烧香聚众而反……蕲州罗田县人徐贞一,名寿辉,与黄州麻城人邹普胜等,以妖术阴谋聚众,遂举兵为乱,以红巾为号。
>
> (九月)刘福通陷汝宁府及息州、光州,众至十万。徐寿辉陷蕲水县及黄州路。
>
> (十月)徐寿辉据蕲水为都,国号天完,僭称皇帝,改元治平,以邹普胜为太师。②

徐寿辉以蕲水为首都,建立天完政权,正式与元朝分庭抗礼,湖北蕲黄二州成为元朝最先丧失的地区之一。至正十二年(1352年)正月:

> 竹山县贼陷襄阳路,总管柴肃死之。是日,荆门州亦陷……徐寿辉遣伪将丁普郎、徐明远陷汉阳。丁巳,陷兴国府。己未,徐寿辉遣邹普胜陷武昌,威顺王宽彻普化、湖广行省平章政事和尚弃城走……徐寿辉伪将鲁法兴陷安陆府,知府丑驴战不胜,死之……徐寿辉兵陷沔阳府。壬申,中兴路陷……宣政院同知桑哥率领亦都护畏吾儿军与荆湖北道宣慰使朵儿只班同守襄阳。③

反元起义军势如破竹,东西两路夹击湖北地区。湖广行省的政治中心被徐寿辉占领,襄阳路、中兴路两大战略要地受到严重威胁,元朝在湖北地区的统治岌岌可危。二月,房州农民军占领归州。三月,为了缓和民族矛盾,元顺帝下诏:"南人有才学者,依世祖旧制,中书省、枢密院、御史台皆用之。"④

闰三月,为了挽救元朝对今安徽、湖北地区的控制,元朝设立淮南行省:

> 立淮南江北等处行中书省,治扬州,辖扬州、高邮、淮安、滁州、和州、庐州、安丰、安庆、蕲州、黄州……诏淮南行省设官二十五员,以翰林学士承旨晃火儿不花、湖广平章政事失列门并为平章政事,淮东元帅蛮子为右丞,燕南廉访使秦从德为左丞,陕西行台侍御史答失秃、山北廉访使赵琏并为参知政事。⑤

新设立的淮南江北等处行中书省,包括庐州、蕲州、黄州三州之地,可是这些地区处于天

---

① (明)宋濂等:《元史》卷41,《本纪第四十一》,中华书局1976年版,第875页。
② (明)宋濂等:《元史》卷42,《本纪第四十二》,中华书局1976年版,第892—893页。
③ (明)宋濂等:《元史》卷42,《本纪第四十二》,中华书局1976年版,第894—895页。
④ (明)宋濂等:《元史》卷42,《本纪第四十二》,中华书局1976年版,第896页。
⑤ (明)宋濂等:《元史》卷42,《本纪第四十二》,中华书局1976年版,第897—898页。

完政权控制之下,元朝根本无法统治。但淮南地区脱离以河南开封为中心的河南行省,表明元朝正试图以扬州为中心,转移区域统治力量,加强对江淮地区的监管力度。

与此同时,元朝调集重兵收复失地。四月,元军收复荆门州、归州、峡州。五月,元军收复中兴路。八月,农民军又占领荆门州。九月,元军与农民军围绕中兴路展开争夺,农民军战败。十二月,元军收复襄阳。

至正十三年(1353年)五月,元军收复安陆府。七月,元军收复武昌路、汉阳府。十二月,元军攻克天完政权首都蕲水县,并收复均州、房州,重新恢复对湖北大部分地区的统治,威顺王又回到武昌镇守。天完政权徐寿辉等人突围至湖北黄梅山区与沔阳湖区潜伏。

至正十五年(1355年),湖北农民军复兴,正月:"徐寿辉伪将倪文俊复陷沔阳府,威顺王宽彻普化令王子报恩奴等同湖南元帅阿思蓝水陆并进讨之。至汉川,水浅,文俊用火筏烧船,报恩奴遇害。"①倪文俊是湖北黄陂人,在他的努力下,农民军再起攻占沔阳府。此时沔阳渔家子陈友谅投奔倪文俊麾下。三月,徐寿辉农民军攻占襄阳。四月,元朝改盘顺府(鹤峰附近)为盘顺军民安抚司。五月,元军收复襄阳,倪文俊攻占中兴路。七月,倪文俊占领武昌、汉阳。十一月,"以太不花为湖广行省左丞相,总兵招捕湖广、沔阳等处,湖广、荆襄诸军悉听节制……以湖广归州改隶四川行省"②。元朝或出于战略考虑,将归州划归四川行省。

至正十六年(1356年)正月,倪文俊建都于汉阳,奉徐寿辉为皇帝。从此倪文俊攻城略地,占领湖北许多地区。与此同时,元朝大江南北遍地烽火,湖北之外的反抗武装越来越强大,加之政治腐败,将不用命,元朝不能集中兵力对付天完政权。失去湖北地区,或许是致命一击:

> 元京军国之资,久倚海运。及失苏州,江浙运不通。失湖广,江西运不通。元京饥穷,人相食,遂不能师矣。兼之中原连年旱蝗,野无遗育,人无食,捕蝗为粮。③

湖北地区对于元朝江南税粮的运送至关重要,湖北、苏州的失去,让元朝控制的北方地区陷于饥饿之中。

至正十七年(1357年)八九月间,倪文俊准备杀害徐寿辉,自立为帝,结果反被陈友谅杀死。同年,天完政权部将明玉珍(今湖北随州人)攻占重庆。至正十九年(1359年)三月,陈友谅占领襄阳。八月,农民军占领归州。元朝在湖北的统治几近终结。至正二十年(1360年)五月,陈友谅杀死徐寿辉,改国号汉。明玉珍不服陈友谅,于至正二十三年(1363年)正月在重庆称帝,国号夏。元朝湖北领土几乎被汉、夏两政权瓜分。后来,湖北之外的朱元璋武装又将两政权吞并,统一湖北地区。

至正二十八年(1368年)闰七月,面对朱元璋军队的步步紧逼,元顺帝逃出北京,元朝灭亡。在元朝失去荆楚大地之前,仍对湖北政区进行了调整,如设立淮南行省,将归州划入四

---

① (明)宋濂等:《元史》卷44,《本纪第四十四》,中华书局1976年版,第921页。
② (明)宋濂等:《元史》卷44,《本纪第四十四》,中华书局1976年版,第928页。
③ (明)叶子奇:《草木子》,中华书局1959年版,第47页。

川。这两大举措,恰好发生于今湖北地区的东西两边。元朝覆灭的原因,学界已经有很多论述,抛开政治腐败、自然灾害、农民起义等因素,行省的不合理规划恐怕也是原因之一。

元朝的河南行省政治中心设在今河南开封地区,湖北襄阳附近以及长江流域蕲黄地区均被囊括其中,归行省直辖。而荆州附近却归荆湖北道宣慰司管理。一旦襄阳、荆州、蕲黄有事,河南开封不免会有鞭长莫及之感。元末徐寿辉正是利用元朝管理的薄弱地点——蕲州为根据地,发展壮大。

而湖北处于长江中游地区,今武汉武昌区为湖广行省政治中心,是沟通长江中下游的重要枢纽。但元朝地处长江三峡区域的归州却是飞地,与湖广行省不接壤,今宜昌、荆州、仙桃、黄冈等长江沿岸地区,也不归湖广行省管理。在这种东西两翼被折断的政治地理格局之下,武昌很难发挥长江流域的行政军事指挥职能。

至正十一年(1351年)八月到至正十二年(1352年)二月,农民军从东西两个方向进攻,不足一年时间便占领湖北地区,再难见到南宋末年持久的攻城战。其原因除了政治腐败之外,政区地理因素也未必不发挥作用。南宋末年,今湖北襄阳、荆州、武汉三大战略要地归于一区,统一管理,三地互动,带动整个湖北地区以襄阳为中心呈坚守之局。而在元朝末年,今湖北襄阳、荆州、武汉分属河南行省、荆湖北道宣慰司、湖广行省,难以协调互动。在元末,元军仍持有一定的战斗力。至正十二年(1352年)到至正十三年(1353年)元军反攻,很快就收复湖北地区。但元朝防守能力甚弱,至正十五年(1355年)农民军又从沔阳开始活跃起来,元朝再次失去湖北地区。当然元军仍可反攻,但此时北方也不安定,元朝再难兼顾,最终失去整个湖北。元军防守能力的薄弱,应该与今襄阳、荆州、武汉地区无法及时联络配合有关。其实,农民军天完政权两次大爆发,分别位于蕲春与沔阳,此二地恰好在今武汉市的东西两面,却都归河南行省管理。

诚然元朝也曾对这种不合理的政区地理格局予以调整,使蕲黄独立于河南,让归州划归四川不再成为飞地,但始终未像南宋那样合今襄阳、荆州、武汉为一区。或许,元世祖设计行省之初衷,是为了防止地方利用自然天险割据自雄。元顺帝前,也确实没有政治势力有力量割据湖北地区。但元末农民军前来进攻,元朝自己成为防守者时,同样无法实现依托荆襄江汉,坚强固守的格局。正所谓"仁义不施,而攻守之势异也"。

三、元世祖后湖北路州县等级

与唐宋不同,元朝不再按照地理、政治等因素区分湖北政区的"赤、次赤、畿、次畿、望、紧",多以户口的多寡区分路州县的等级[①]。区分的数量标准,前文已经介绍,在此不予赘述。然而有一点需要格外注意,元朝规定:"当冲要者,虽不及十万户亦为上路。"[②]因此元朝对于路州县等级划定主要是根据户口多寡进行,同时也会考虑政治因素。

[①]《元史》《新元史》没有将府分等。
[②](明)宋濂等:《元史》卷91,《志第四十一上》,中华书局1976年版,第2316页。

现根据《元史》《新元史》所载,一窥元世祖后湖北地区等级情况:

表 6-4　　　　　　　《元史》《新元史》所见湖北地区路州县等级表

武昌路(上)
江夏县(中)、咸宁县(下)、蒲圻县(中)、嘉鱼县(下)、崇阳县(中)、通城县(中)、武昌县(下)
中兴路(上)
江陵县(上)、公安县(中)、松滋县(中)、石首县(中)、监利县(中)、潜江县(中)、枝江县(下)
襄阳路(下)
襄阳县(下)、谷城县(下)、南漳县(下)、宜城县(下)、枣阳县(下)、光化县(下)
均州(下)
武当县(下)、郧县(下)
房州(下)
房陵县(下)、竹山县(下)
蕲州路(下)
蕲春县(中)、黄梅县(中)、蕲水县(中)、广济县(中)、罗田县(下)
黄州路(下)
黄冈县(中)、黄陂县(下)、麻城县(下)
兴国路(下)
永兴县(下)、通山县(下)、大冶县(下)
峡州路(下)
夷陵县(中)、远安县(下)、宜都县(下)、长阳县(下)
德安府
安陆县(下)、应城县(中)、孝感县(下)、云梦县(下)
随州(下)
随县(下)、应山县(下)
汉阳府
汉阳县(中)、汉川县(下)
安陆府
长寿县(中)、京山县(中)

沔阳府
玉沙县(中)、景陵县(中)

荆门州(下)
长林县(上)、当阳县(中)

归州(下)
秭归县(下)、巴东县(下)、兴山县(下)

六安州(下)
英山县(中)

施州(下)
建始县(下)

  由上表可以明显看出,元朝湖北地区政区等级以"中""下"为多,且"下"多于"中",罕有"上"等,与唐宋有较大区别。就路级政区而言,只有武昌与中兴二路是上等,襄阳地区的等级则大为降低。元朝有"当冲要者,虽不及十万户亦为上路"的规定,襄阳路即使人口不够,如若元朝统治者认为其地理位置较为重要,也可升为上路。但事实是襄阳仍旧是下路,因此无论是人口还是地理位置,襄阳都未能得到当朝统治者的重视,致使其政区地位也相应较低。就县级政区而言,只有江陵县与长林县是上等。由政区等级的划分情况来看,抛开不同历史时期划分标准等因素,元代湖北地区人口、经济不昌应是事实。

  上一章已经说到,宋代末期湖北地区作为抗元前线,长期战争造成的人口损失不可避免,襄阳附近尤为严重。元朝统一后,本来可以休养生息,恢复经济。但元世祖多次发动对外战争,与越南、缅甸、日本的战争消耗掉包括湖北在内的大量人口,造成"连岁征战,士卒精锐者罢于外,所存者皆老弱,每一城邑,多不过二百人"①的状况。元世祖去世后,元朝虽然停止对外战争,但天灾不断,严重影响人口增殖。② 再加上元末吏治腐败,元顺帝时期的混战,使得湖北地区的人口增长与经济发展形势并不乐观。

---

①(明)宋濂等:《元史》卷 200,《列传第九十七》,中华书局 1976 年版,第 4646 页。
②相关成果参见吴松弟:《中国人口史》第 3 卷,复旦大学出版社 2000 年版。

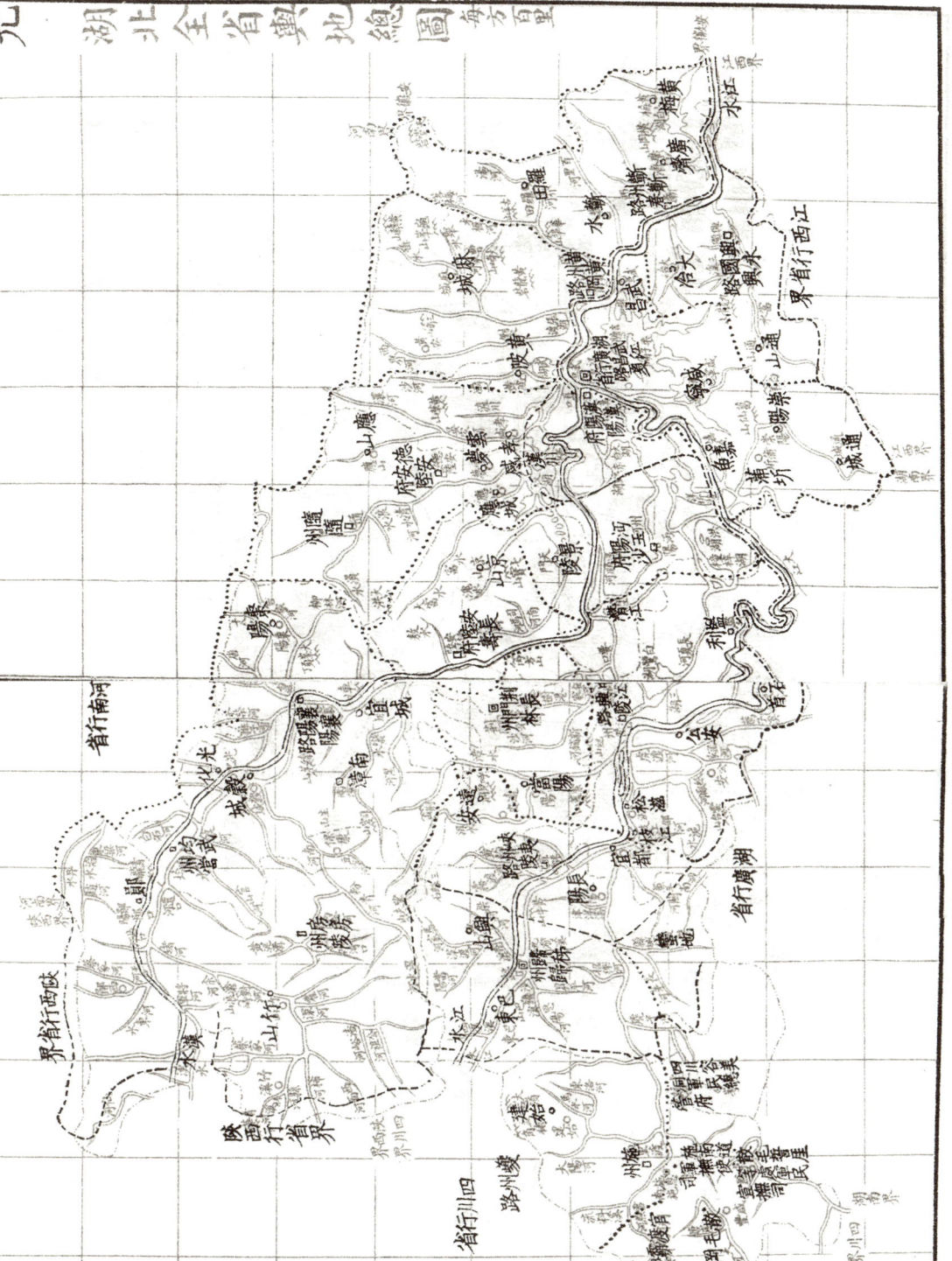

图6-3 宣统《湖北通志》所绘元朝湖北地图

一般认为,元朝将中国居民划分四等,南人为最低等级。据有关学者研究:"江浙、湖广、江西三行省为南人,河南省唯江北、淮南诸路为南人。"①这样算来,今湖北地区绝大多数地区均为"南人"聚居区,因此在一定程度上受到元朝轻视。据元末明初叶子奇所说:

> 呜呼,治天下之道,至公而已尔。公则胡越一家,私则肝胆楚越。此古圣人所以视天下为一家,中国为一人也。元朝自混一以来,大抵皆内北国而外中国,内北人而外南人,以至深闭固拒,曲为防护,自以为得亲疏之道。是以王泽之施,少及于南。渗漉之恩,悉归于北。故贫极江南,富称塞北。②

元朝对湖北地区的人口、经济没有加意扶持,可能也是湖北政区等级普遍下降的原因之一。

本章小结

元朝虽然国祚不长,但其创立的行省制度意义深远。元朝用行省直辖与宣慰司分管的办法,为治理辽阔疆域提供了制度创新。从行省到县,几乎所有政区长官都是两人以上,呈多人牵制状态。除了行省之外,还有行枢密院、行御史台影响地方军民政务。湖北地区几乎所有地理险要之区,均不由某一行省、某一宣慰司独占。元朝行省从制度上制约了地方割据势力的兴起,但遇见较大事件时,行省、宣慰司、路、府、州、县又可在行省丞相或平章政事的指挥下融为一体,形成合力(如湖广行省在元世祖征越中的地位)。当然囿于种种原因,元朝湖北政区中,诸如民族歧视、行省疆域过大、政区结构复杂、人为割裂自然地理布局等缺陷也长期存在。元朝政区制度的不足,还需要明清两代去弥补。

---

① 周良霄、顾菊英:《元史》,上海人民出版社2003年版,第397页。
②(明)叶子奇:《草木子》,中华书局1959年版,第55页。

第七章　继古开新：明代湖北政区

与元朝湖北政区由元世祖底定，后代帝王略微发展不同，明代湖北政区在持守历代政区经验的基础上，不断创新，一直到明末仍有本质的改变。在明王朝统治者的努力下，湖北出现了地域范围合理、高层政区多元、政区数量适当、统治力量均衡、中央集权与地方分权平衡的良好局面。随着明朝历史的演进，今湖北省政区轮廓大致初现。

第一节　明初对元朝湖北政区的继承与改造

元末天下大乱，群雄割据，湖北地区大部被陈友谅占据，西部恩施地区则在明玉珍政权影响之下。明太祖朱元璋兴起于安徽，攻入湖北境内，逐渐占领整个湖北地区，后又统一中国。在统一的过程中，明太祖朱元璋对元河南行省、湖广行省、四川行省等进行了重划，初步奠定了今湖北北部边界。与此同时，朱元璋全面改革元朝政区官制，确立明朝新制度。另一方面，朱元璋又继承元朝某些政治特点，在湖北地区推行军户制、藩王镇守制。终明太祖之世，湖广形成三司共管、藩王监护的政治格局。在明太祖基础上，明成祖至明英宗时期，湖北政区格局又迎来新的变化。

一、从湖广行省到湖广布政司

湖北沔阳（今仙桃市附近）渔家子陈友谅在元末徐寿辉的基础上，几乎控制整个湖北地区，称帝建国，试图引兵东向，攻打朱元璋势力，建立全国性的统一政权。至正二十年（1360年），陈友谅攻打南京失败，引得朱元璋反攻。至正二十一年（1361年）八月，朱元璋攻占湖北东部蕲州、黄州之地。至正二十三年（1363年），陈友谅与朱元璋军队爆发鄱阳湖大战，陈友谅兵败身亡。陈友谅之子陈理在武昌继位。

至正二十三年（1363年）十月："上（朱元璋）兵至武昌，马步舟师水陆并进，既抵其城，命（常）遇春等分兵于四门立寨围之，又于江中联舟为长寨，以绝其出入之路。分兵徇汉阳、德安州郡。于是湖北诸郡皆来降。"①至正二十四年(1364年)年初,陈理投降,朱元璋占领武昌城。今武汉周围地区很快落入朱元璋统治范围。

至正二十四年(1364年)九月,朱元璋军队深入湖北荆州附近:

> 左相国徐达及参政杨璟等帅师取江陵,次于沙市,故陈友谅平章知枢密院事姜珏以城降……(徐达)下令安辑居民,禁兵侵扰,列郡闻之,望风归附,寻改江陵为荆州府……左相国徐达遣裨将傅友德,将兵取夷陵,故陈友谅守将杨以德率耆民出降,寻改夷陵为峡州……故陈友谅归州守将杨兴以城降,就以兴为千户守之。②

湖北地区,武昌、荆州两大重地,朱元璋悉数占领。至正二十五年(1365年)四月:

> 命平章常遇春取湖广襄阳诸郡。上常与徐达、遇春论襄阳形势,谓曰:"安陆、襄阳跨连荆蜀,乃南北之喉襟,英雄所必争之地。今置不取,将贻后忧。况沔阳新附,城中人民多陈氏旧卒,壤地相邻,易于扇动,譬之树木,安陆、襄阳为枝,沔阳为干。干若有损,枝叶亦何有焉。今宜增兵守沔阳,而出师取安陆、襄阳,庶几不失其宜。"至是遂命遇春将兵往。③

五月,安陆、襄阳被朱元璋攻克,湖北大部分地区归于朱元璋管辖。观朱元璋占据湖北,实质上是首先摧毁陈友谅政权,然后各个击破。陈友谅败亡,陈理投降后,湖北大多数地区陈氏部将并没有作十分顽强的抵抗,因而朱元璋占领湖北的军事行动,可能并没有造成太多的人口损失。明太祖朱元璋在攻打湖北之时,格外强调收揽民心:"爱军恤民,则仁声义闻被于远迩,人心之归,犹水走下,正如穿穴其堤,使所聚之水泄漏,用力少,而成功多。"④

至正二十六年(1366年),占据四川的明玉珍去世,其子明升即位。

洪武元年(1368年),朱元璋于南京登基称帝,正式建立明王朝。

洪武四年(1371年),朱元璋展开对四川明氏政权的进攻,夺取剩余湖北西部地区。六月,明升投降,朱元璋占领四川地区。

早在明王朝正式建立前,朱元璋就已经控制大部分湖北地区。然而正如上一章所述,元代湖北地区分属四大行省——包括今襄阳、荆州附近地区的河南行省,以武昌为中心的湖广行省,包括今恩施地区的四川行省,以及元末设置包括蕲、黄地区的淮南行省。

---

① 《明太祖实录》卷13,癸卯年十月壬寅,台湾"中央研究院"历史语言研究所校印本,1962年版,第172—173页。

② 《明太祖实录》卷15,甲辰年九月,台湾"中央研究院"历史语言研究所校印本,1962年版,第203—205页。

③ 《明太祖实录》卷16,乙巳年四月庚寅,台湾"中央研究院"历史语言研究所校印本,1962年版,第224页。

④ 《明太祖实录》卷17,乙巳年五月乙亥,台湾"中央研究院"历史语言研究所校印本,1962年版,第228页。

明太祖占领湖北地区后,继承元朝行省,于至正二十四年(1364年)初:"立湖广行中书省,以枢密院判杨璟为参政。"①此时的湖广行省辖区不详,但一定不是元朝规模,因为当时湖南、广西等部分地区还没有并入朱元璋势力范围。

朱元璋初设的湖广行省,已经包括元代属于河南的荆州、襄阳地区。至正二十七年(1367年):"升湖广行省参政杨璟,为湖广行省平章政事,阶荣禄大夫,仍于荆州分省署事。"②由此看来,荆州与武昌同是湖广行省一部分,且均为行政中心(这种武昌、荆州双行政中心格局很快被废除)。

元代河南行省的荆州、襄阳地区被朱元璋划归湖北的原因值得考量。上文说到,至正二十五年(1365年),朱元璋已经控制武昌、荆州、襄阳三地。但在攻占襄阳后,朱元璋并没有北进中原,而是集中力量对付东南的张士诚势力。直到至正二十七年(1367年)十月后,才北伐中原,占领今河南地区。因此荆州、襄阳二地先划归湖广,与河南分离,是与朱元璋的进军路线符合的。元代先属河南,后属淮南的蕲、黄地区也划归湖广。

同样道理,朱元璋攻克今湖北、湖南之地后,也没有马上进入今广西、贵州、海南等地。直到洪武元年(1368年)后,明朝才开始全面整理广西等地,此时两湖的统治早已稳固,与湖南以南地区政治状况迥异。再加以元代湖广过于庞大,广西、贵州等地脱离湖广也不难理解。

除了西边的恩施、建始,东边的英山等极少数地区,明初湖广行省已经囊括今湖北省绝大多数地区。

洪武九年(1376年)六月,明太祖"诏改行中书省为承宣布政使司,设布政使一人,正二品。左右参政各一人,从二品"③。《明史》记载,布政使由元代行省参知政事发展而来:

> 初,太祖下集庆,自领江南行中书省。戊戌,置中书分省于婺州。后每略定地方,即置行省,其官自平章政事以下,大略与中书省同……洪武九年,改浙江、江西、福建、北平、广西、四川、山东、广东、河南、陕西、湖广、山西诸行省俱为承宣布政使司,罢行省平章政事,左、右丞等官,改参知政事为布政使,秩正二品,左、右参政,从二品,改左、右司为经历司。十三年改布政使,正三品;参政,从三品。十四年,增置左、右参议,正四品。④

元代行省以左丞相为最高长官,行省丞相之下还有平章政事、左右丞、参知政事。明太

---

① 《明太祖实录》卷14,甲辰年二月乙卯,台湾"中央研究院"历史语言研究所校印本,1962年版,第181页。
② 《明太祖实录》卷26,吴元年十月丙午,台湾"中央研究院"历史语言研究所校印本,1962年版,第384页。
③ 《明太祖实录》卷106,洪武九年六月甲午,台湾"中央研究院"历史语言研究所校印本,1962年版,第1772页。
④ (清)张廷玉:《明史》卷75,《志第五十一》,中华书局1974年版,第1839—1840页。

祖设立的布政使即元代参知政事变更而来。但洪武九年(1376年)的改制决非更名这么简单。元朝经常不设行省丞相,丞相之下两位平章政事就成为行省负责人。朱元璋改行省为布政司,布政使只有一人,布政使之下的参政、经历、参议为两人。布政使权力较大,成为辖区内最高行政官员。明太祖明显是要恢复类似前代州刺史一般的长官独任制。

洪武十三年(1380年)正月,明太祖废除中书省。洪武十四年(1381年)二月,朱元璋下令:"更设各处承宣布政使司左右布政使各一人。先是,止设布政使一人,至是更定其制。"① 布政司又恢复元朝行省两位主官(平章政事)并存的局面。尽管名称不同,职官有异,明朝也没有中书省,但明代的布政司与元代行省还是具有一定的比附性,在许多典籍中仍以"行省"或"省"来代称布政司。元代行省虽废,"省名"仍存。

原本根据明太祖的战争步骤,今湖北省绝大多数地区并入湖广。但全国统一后,朱元璋对元朝河南、湖广行省分治今湖北地区的政区模式有过犹豫性的恢复。

洪武九年(1376年),湖广之荆州、黄州、沔阳划归河南。湖北地区又成河南、湖广分治局面。

洪武十三年(1380年),汉阳府划归河南。②

洪武二十四年(1391年)六月:"诏以襄阳、德安、安陆三府及随州隶河南,沔阳、汉阳、黄州、荆州四府,蕲、归、峡三州仍隶湖广。时礼部参酌河南、湖广所属州郡道里远近,给事中荆德言襄阳等府至湖广为远,河南为近,故命分隶之。未几,复以襄阳等四府州顺流下武昌为便,复隶湖广。"③

按《明实录》的记载,荆州、襄阳等地划归河南还是湖北,地理远近是重要因素。但仔细想来,并非是唯一原因,最典型者莫如汉阳,其距离"省会"武昌,无论是陆路,还是水路,都十分接近,却曾划归河南。洪武九年(1376年)至洪武二十四年(1391年),湖北地区再次出现河南、湖广分治局面也许体现了明太祖想模仿元代犬牙交错、地理制衡的举措,以加强中央集权。但将汉水、长江人为分割,可能不利于行政统治和居民生活,因而洪武二十四年(1391年),围绕襄阳、德安、安陆、随州四地的归属,明王朝呈现摇摆之势。洪武二十四年(1391年)后,湖广布政司北部边界得以确定,今湖北省绝大多数地区正式归湖广布政司管辖。

---

① 《明太祖实录》卷135,洪武十四年二月己卯,台湾"中央研究院"历史语言研究所校印本,1962年版,第2147页。

② 相关记载参见(清)张廷玉:《明史·地理志五》。

③ 《明太祖实录》卷209,洪武二十四年六月丙子,台湾"中央研究院"历史语言研究所校印本,1962年版,第3122页。

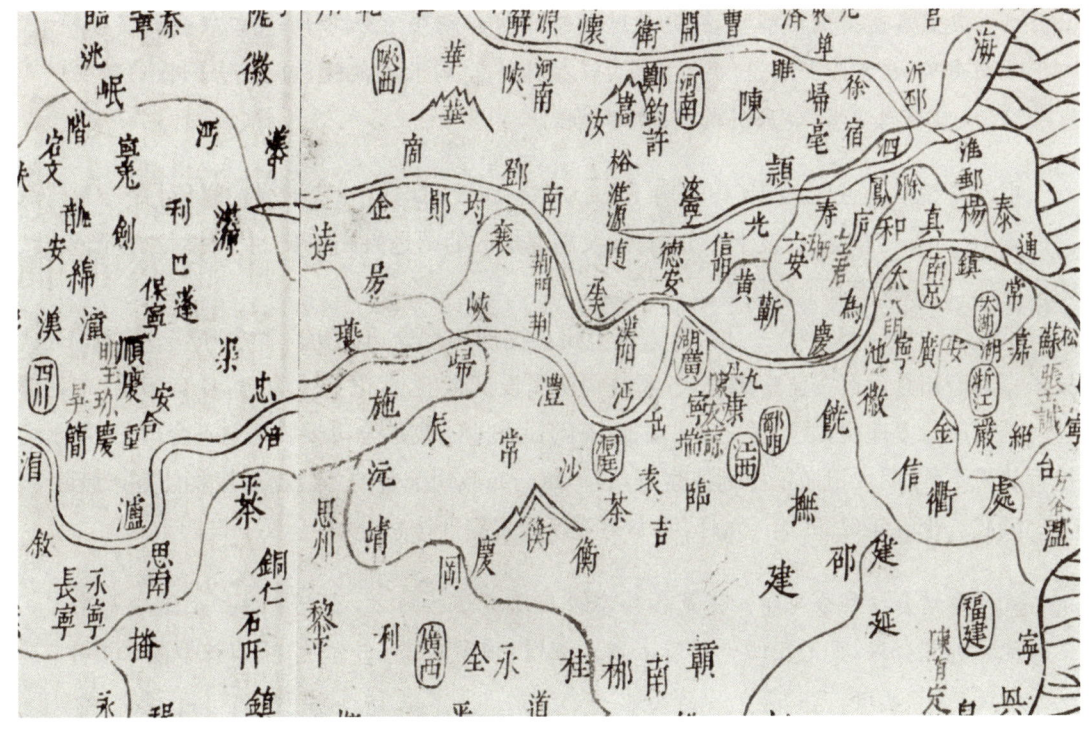

图 7-1 明代《今古舆地图》所绘《大明肇造图》局部

二、明太祖时期湖广政治权力的更迭

明太祖励精图治,除了布政司,还在湖北境内精心安排了提刑按察使、卫所军户、藩王等政治势力,企图达到中央集权、地方分权、军民分治、宗室监督的目的。

先说提刑按察使。元朝有专管监察的行御史台,下设若干提刑按察司,后改提刑按察司为肃政廉访司。明太祖对元朝制度加以继承修改。早在明朝尚未建立的至正十八年(1358年),朱元璋就下令:"命提刑按察司佥事分巡郡县录囚,凡笞罪者释之,杖者减半,重囚杖七十,其有赃者免征。有司有所稽迟重者从轻典,轻者原之。武将征讨有过者,皆宥之。"[1]朱元璋仅占据中国一隅之地,就派出提刑按察司官员处理地方刑狱事务。随后,朱元璋每设一行省,就要设置与之配套的提刑按察司。至正二十四年(1364年)二月,设湖广行省。十一月,"置湖广提刑按察司"。[2] 湖广按察使一人,下设副使、佥事等官。洪武十三年(1380年)左右,明太祖废除提刑按察司。

洪武十四年(1381年)三月:

---

[1]《明太祖实录》卷6,戊戌年三月己酉,台湾"中央研究院"历史语言研究所校印本,1962年版,第63页。
[2]《明太祖实录》卷15,甲辰年十一月辛酉,台湾"中央研究院"历史语言研究所校印本,1962年版,第206页。

  复置各道提刑按察司,并定各道按察分司。湖广为分司十一:曰兴武蕲黄、曰荆州夷陵、曰襄阳安陆、曰衡州宝庆、曰永州全道、曰长沙醴陵、曰辰沅靖州、曰德安汉沔、曰常德澧州、曰岳州咸宁、曰郴州桂阳。①

  也就是说从洪武十四年(1381年)开始,每一布政司均设一名提刑按察使,并且布政司内设若干分司。当时湖广设十一分司,涉及湖北地区的则是兴武蕲黄、荆州夷陵、襄阳安陆、德安汉沔、岳州咸宁五个分司。

  洪武十六年(1383年)三月:"罢天下府州县提刑按察分司。初言者多陈守令贪鄙不法,故于直隶府州县设巡按监察御史,各布政司所属设试佥事,皆以秀才为之,各有印章,布列郡县。既而所行多违戾,故悉罢之。"②可能由于任用非人,或是分司区域规划不合理,分司制度执行效果不佳,明太祖撤销提刑按察分司,但每一布政司配置的一位提刑按察使并未废除。

  洪武二十五年(1392年)九月,明太祖重新设置提刑按察分司,全天下设四十八道:

  命铸各按察分司印。先是各按察分司所分巡按地方,多有未当。至是命都察院六部官会议,更定凡四十八道。湖广五道:曰蕲黄道、曰江陵道、曰汉江道、曰湖南道、曰湖北道。③

  时隔近十年,明太祖再次恢复按察分司,将天下分为四十八道,湖广占其五。尤为值得注意的是,湖广五道中有湖南、湖北道,其地理范围虽然与今天有一定区别,但是"湖北"作为明代政治区域名称正式出现在历史舞台上。

  洪武二十九年(1396年)十月,明太祖又更改按察分司:

  改置天下按察分司为四十一道。初以天下为四十八道,至是上欲省之,且以各道名称有未安者,因欲易之,命廷臣集议之。于是太子少保兼兵部尚书茹瑺等议,改置为四十一道。……湖广四道。曰武昌道,治黄州、德安、武昌、汉阳四府。曰荆南道,治荆州、岳州、襄阳三府,沔阳、安陆二州。曰湖南道,治长沙、衡州、宝庆、永州四府,桂阳、郴二州。曰湖北道,治常德、辰州二府,靖、沅二州。④

  涉及湖北地区的有武昌、荆南道,两道所辖范围几乎是今天的鄂东、鄂西地区。随着历

---

①《明太祖实录》卷136,洪武十四年三月丁亥,台湾"中央研究院"历史语言研究所校印本,1962年版,第2150页。

②《明太祖实录》卷153,洪武十六年三月壬申,台湾"中央研究院"历史语言研究所校印本,1962年版,第2394—2395页。

③《明太祖实录》卷221,洪武二十五年九月乙酉,台湾"中央研究院"历史语言研究所校印本,1962年版,第3231—3232页。

④《明太祖实录》卷247,洪武二十九年十月甲寅,台湾"中央研究院"历史语言研究所校印本,1962年版,第3592—3595页。

史的演进,湖广按察使的下属副使、佥事,按照划定的道,巡察政务,称为分巡道。

理论上按察使及其下属,主要负责刑狱监察,所谓"掌一省刑名按劾之事。纠官邪,戢奸暴,平狱讼,雪冤抑,以振扬风纪,而澄清其吏治"①。但是实际情况下,按察使及其下属的权力涉及到许多方面,如推举人才,洪武十五年(1382年):"命各道提刑按察司,选府州县学生员年二十以上,资质厚重,容貌端秀,有志学问,愿入国学者,送京师。"②有时,按察使及其下属还要参与地方经济事务,请看郑士元的例子:

> 郑士利,字好义,宁海人。兄士元,刚直有才学,由进士历官湖广按察使佥事。荆、襄卒乘乱掠妇女,吏不敢问,士元立言于将领还所掠。安陆有冤狱,御史台已谳上,士元奏其冤,得白。会考校钱谷册书,空印事觉,凡主印者论死,佐贰以下榜一百,戍远方。士元亦坐是系狱。③

从这一例子可以看出,明太祖时期的湖广按察使佥事郑士元,除了平反冤狱、监察军纪之外,还参与地方钱粮征收统计事务。类似的例子尚有许多,明代按察使已经成为与布政使并驾齐驱,共同管理湖广的重要官员。

除了按察司与布政司,明太祖还设计卫所军户制度。元代有行枢密院与军户制度,明太祖又在其基础上加以改革。明太祖将若干户口编入军户,分驻全国各地,军户一般世袭,耕种朝廷拨给的屯田,负担朝廷各种军事任务。由于军户拥有屯田,朝廷一般不再大量给予粮食。明太祖以此发出豪言壮语:"吾欲养兵百万,不费百姓一粒米。"④

洪武三年(1370年),明太祖"置河南、西安、太原、武昌四都卫指挥使司。"⑤武昌都卫管理今湖北地区卫所军户。于此前后,今湖北地区设立了许多卫所。

洪武七年(1374年)八月:

> 申定兵卫之政。先是上以前代兵多虚数,乃监其失,设置内外卫所,凡一卫统十千户,一千户统十百户,百户领总旗二,总旗领小旗五,小旗领军十,皆有实数。至是,重定其制,大率以五千六百人为一卫,而千百户总小旗所领之数则同。遇有事征调,则分统于诸将,无事则散还各卫,管军官员不许擅自调用。⑥

---

① (清)张廷玉:《明史》卷75,《志第五十一》,中华书局1974年版,第1840页。
② 《明太祖实录》卷146,洪武十五年六月乙酉,台湾"中央研究院"历史语言研究所校印本,1962年版,第2285—2286页。
③ (清)张廷玉:《明史》卷139,《列传第二十七》,中华书局1974年版,第3996页。
④ (明)吴亮:《万历疏钞》卷39,明万历三十七年刻本,第20页。
⑤ 《明太祖实录》卷59,洪武三年十二月壬午,台湾"中央研究院"历史语言研究所校印本,1962年版,第1165页。
⑥ 《明太祖实录》卷92,洪武七年八月丁酉,台湾"中央研究院"历史语言研究所校印本,1962年版,第1607页。

明代一卫有五千多人。而所,一般分为千户所或百户所。有军事任务之时,卫所军户就在军官指挥下外出作战。无事则屯住地方,男耕女织。卫所军人死亡,就在其家族中挑选一人补缺。

洪武八年(1375年)十月,武昌都卫改为湖广都指挥使司,归中央大都督府管理。湖广都指挥使成为湖广最高军事长官。

洪武十三年(1380年)正月,明太祖改大都督府为前后左中右五军都督府,其中"前军都督府,统属在京天策、豹韬、龙骧、飞雄、龙江五卫,在外湖广、福建、广西三都司及福建行都司并所辖卫所"①。湖广都指挥使司以及所辖卫所归中央前军都督府管理。

从至正二十四年(1364年),朱元璋开始在其占领的湖北地区设立卫所,其间多有变更。到洪武三十一年(1398年),湖北地区卫所如下表所示(藩王护卫不计其中)②:

表7-1　　　　　　　明太祖洪武三十一年(1398年)湖北卫所表

所在府州	卫	所
武昌府	武昌卫、武昌左卫	无
黄州府	蕲州卫、黄州卫	无
襄阳府	襄阳卫	均州所、房县所
荆州府	荆州左卫、荆州右卫	枝江所、长宁所、夷陵所
德安府	无	德安所、随州所
安陆州	安陆卫	无
沔阳州	沔阳卫	无
无	施州卫	大田所

这些卫所衙署、屯田、军户都在湖北各府州境内,但知府、知州却并不能直接管理,湖广都指挥使才是其直接管理者。这些卫所并不单单只有士兵,还有他们的父母妻儿,甚至庞大的宗族。如沔阳州,明太祖时期,沔阳本州有7572户,其中军户为5922。景陵县有4702户,其中军户为4378。③沔阳地区卫所军户人数远高于知州管理的民户。从沔阳地区的例子来看,湖广军户不在少数。这些人口,并不全归布政使直接管理。

在上述卫所中,施州卫是一个极度特殊的地区。本来元代有施州,管辖建始县。明太祖废除施州,把建始县划归四川,在今湖北恩施地区设置施州卫,专门管理湖北少数民族。这些少数民族分为许多部落,部落首领为世袭。明王朝为加强管理,设立卫所,给予这些首领以宣抚使、安抚使等称号(关于施州卫内部的详细情况参见后文描述)。也就是说明代湖北

---

①《明太祖实录》卷129,洪武十三年正月癸卯,台湾"中央研究院"历史语言研究所校印本,1962年版,第2053页。

②资料来源参见郭红、靳润成:《中国行政区划通史·明代卷》,复旦大学出版社2017年版,第567页。

③嘉靖《沔阳志》卷9,嘉靖刻本,第1—2页。

地区有两种卫所,一是没有实际辖区的卫所;一是拥有实际辖区,相当于府州的少数民族管理机构。

综上所述,明太祖时期,湖北地区的卫所起到两方面的作用,一是管理军户,为国家蓄养军事力量;二是管理少数民族聚居地区,维护地方安定。都指挥使则是湖广这两种卫所的重要管理者。

当然除了卫所军户,明朝还在府州县之下设立多种机构管理专门户口,如管理渔户的河泊所,管理宗教户口的僧纲司、道纪司等等。但这些户口在湖北地区人数并不多,故而没有形成类似军户的系统管理机构。

明太祖还十分看重藩王的政治监督制约力量。自从东汉以后,中国历代王朝的封藩就国制度越来越淡薄。到唐宋时期,皇氏宗亲往往仅得一名号,长期居住京城,与封地无任何联系。元朝彻底改变了这一状况,不仅让藩王来到地方开府建牙,更让其真正参与地方军政事务。这一制度,被明太祖所继承。

第一个来到湖北就藩的是明太祖第六子朱桢。传说其出生之时,恰逢武昌捷报传来,因而长大后封于武昌。洪武三年(1370年)朱桢封楚王,洪武十四年(1381年)正式来到武昌就国。楚王朱桢到武昌后,并非只有象征意义,而是多次领兵作战,成为明初湖广秩序的维护者。据《明史》记载:

> 十八年(1385年)四月,铜鼓、思州诸蛮乱,命桢与信国公汤和、江夏侯周德兴帅师往讨。和等分屯诸洞,立栅与蛮人杂耕作。久之,擒其渠魁,余党悉溃。三十年(1397年),古州蛮叛,帝命桢帅师,湘王柏为副,往征。桢请饷三十万,又不亲莅军。帝诘责之,命城铜鼓卫而还。①

楚王多次率军参与湖广平乱等军事活动,如果不亲自到前线领军,反而要受到明太祖指责。由此看来,明太祖的确要让藩王掌握兵权,参与地方事务。明太祖还赐予武昌左、中、右三护卫给其指挥,如果一卫为五千人,楚王控制的兵力可达一万人以上。

第二位就藩湖北的是明太祖第十二子朱柏。朱柏于洪武十一年(1378年)封湘王,洪武十八年(1385年)就藩湖北荆州。与楚王一样,明太祖赐予荆州左、中、右三护卫,并参与湖广军事活动。

本来还有第三位就藩湖北的藩王——明太祖第二十四子朱栋,其于洪武二十四年(1391年)封郢王,就藩地点定于安陆州。明太祖在位时期,朱栋并未来湖北,但赐予的安陆护卫却先一步开荒种地。明太祖分封的湖北三王,就藩地点均在战略要地,并赐予护卫,多次参与地方军事活动。由此看出,明代藩王与唐宋虚封有所差别。明太祖对藩王寄予厚望,其曾经说道:

---

① (清)张廷玉:《明史》卷116,《列传第四》,中华书局1974年版,第3570页。

昔者元失其驭,群雄并起,四方鼎沸,民遭涂炭。朕躬率师徒,以靖大难。皇天眷佑,海宇宁谧。然天下之大,必建藩屏,上卫国家,下安生民。今诸子既长,宜各有爵封,分镇诸国。朕非私其亲,乃遵古先哲王之制,为久安长治之计。①

看来,藩王也是明太祖治理地方、维护天下安宁的重要工具。到明太祖统治末年,湖北地区已经形成了三司(布政司、按察司、都指挥司)分掌湖广,军民分治,藩王镇守监视的政治格局。

三、明太祖时期湖北府州县的变迁

明太祖执政时期,将元代路一级政区完全取消,保留府、州、县,并构建出明代自己的政区结构。这里我们结合《明实录》《明史》《中国行政区划通史·明代卷》(复旦大学出版社2017年版)勾勒出明太祖时,湖北地区府州县的全貌。

元代武昌路辖江夏县、咸宁县、蒲圻县、嘉鱼县、崇阳县、通城县、武昌县。至正二十四年(1364年),改武昌路为武昌府。作为明代湖广的政治中心,江夏县仍为武昌府衙署所在地。元代兴国路辖永兴县、通山县、大冶县。至正二十四年(1364年),兴国路改为兴国府。洪武九年(1376年),又改兴国府为兴国州,废除永兴县,保留通山县、大冶县。兴国州以及所属两县归武昌府管辖。

元代汉阳府辖汉阳县、汉川县。洪武九年(1376年),改汉阳府为汉阳州,划归武昌府。洪武十三年(1380年),又改汉阳州为汉阳府,仍辖汉阳县、汉川县。汉阳县为府衙所在地。

元代黄州路辖黄冈县、黄陂县、麻城县。蕲州路辖蕲春县、黄梅县、蕲水县、广济县、罗田县。至正二十四年(1364年),黄州路改黄州府,蕲州路改蕲州府。洪武九年(1376年),蕲州府改为蕲州,废除蕲春县,保留所属黄梅县、蕲水县、广济县、罗田县。蕲州与所属四县并入黄州府。洪武十一年(1378年),蕲水县与罗田县直隶于黄州府,不再归蕲州管辖。黄冈县为黄州府府衙所在地。

元代德安府辖安陆县、应城县、孝感县、云梦县。随州辖随县、应山县。洪武九年(1376年),德安府改为德安州,废除安陆县,保留应城县、孝感县、云梦县。德安州与所辖三县一并划入黄州府。废除随州,下辖随县与应山县划归黄州府。洪武十年(1377年),废除应城县、孝感县、随县。洪武十三年(1380年),改德安州为德安府,不再隶属于黄州府,恢复安陆县、应城县、孝感县,旧云梦县保持不变。复设随州,仍辖应山县。随州及其属县并入德安府。安陆县为德安府府衙所在地。

元代安陆府辖长寿县、京山县。洪武九年(1376年),改安陆府为安陆州,废除长寿县,保留京山县。

---

① 《明太祖实录》卷51,洪武三年四月辛酉,台湾"中央研究院"历史语言研究所校印本,1962年版,第999页。

元代沔阳府辖玉沙县、景陵县。洪武九年(1376年),改沔阳府为沔阳州,废除玉沙县,保留景陵县。

元代中兴路辖江陵县、公安县、松滋县、石首县、监利县、潜江县、枝江县。至正二十四年(1364年),中兴路改为荆州府。洪武十年(1377年),废除枝江县。洪武十三年(1380年)恢复枝江县。江陵县为荆州府府衙所在地。

元代峡州路辖夷陵县、远安县、宜都县、长阳县。至正二十四年(1364年),改峡州路为峡州府。同年,又改峡州府为峡州。洪武九年(1376年)改峡州为夷陵州,废除夷陵县,远安县、宜都县、长阳县仍旧保留。同时将秭归县、兴山县、巴东县划归夷陵州。洪武十年(1377年),秭归县改名长宁县。洪武十三年(1380年),废除长宁县,兴山县、巴东县划出。夷陵州及属县为荆州府管辖。

元代归州辖秭归县、巴东县、兴山县。洪武九年(1376年)废除归州,三个属县划归夷陵州管辖。洪武十三年(1380年),重设归州,辖兴山县、巴东县。归州及属县为荆州府管辖。明代许多湖北地方志明确记载,元代归州还有新化县,但从元代史书,包括明修《元史》均未记载新化县的存在,怀疑是元末陈友谅政权所设。明太祖时期,将新化县并入巴东县。

关于巴东县,有种说法认为太祖时期属于夷陵州,直到明穆宗时期才划属归州。其实这一观点值得商榷,因为《明实录》与明代方志明确记载洪武十三年(1380年)后,巴东一直属于归州。据明代地方志记载,长阳县一直属于夷陵州,但《明实录》却记载,洪武十七年(1384年):"湖广左布政使靳奎言:归州所辖长阳、巴东二县,居大江之南,地连容美诸洞,其蛮人常由石柱响洞等关至巴东劫掠。"①那么明太祖统治时期,长阳县或许有短暂划属归州的情况。

元代荆门州辖长林县、当阳县。洪武九年(1376年),改荆门州为荆门县,废除长林县。荆门县与当阳县一起划归荆州府。洪武十三年(1380年),荆门县改为荆门州,辖当阳县,仍旧隶属于荆州府。

元代襄阳路辖襄阳县、谷城县、南漳县、宜城县、枣阳县、光化县。均州辖武当县、郧县。房州辖房陵县、竹山县。至正二十五年(1365年),改襄阳路为襄阳府。均州、房州及其属县隶属襄阳府。洪武二年(1369年),废除武当县。洪武八年(1375年),在今湖北郧西上津镇设上津县。洪武十年(1377年),废除房州、竹山县,房陵县改房县②,直隶襄阳府。又废除枣阳县、光化县、上津县。枣阳县马上又恢复。洪武十三年(1380年),光化县、上津县、竹山县又恢复。洪武十三年(1380年)后,襄阳府直接管理襄阳县、谷城县、南漳县、宜城县、枣阳县、光化县、房县、竹山县、上津县。襄阳府均州辖郧县。襄阳县为襄阳府府衙所在地。

元代庐州路六安州有英山县,明朝英山县并未划入湖广布政司,而是划归南京庐州府六

---

① 《明太祖实录》卷159,洪武十七年正月己酉,台湾"中央研究院"历史语言研究所校印本,1962年版,第2455页。

② 房县得名,众说纷纭。一说因"防渚"而得名。一说来源于古房国(政治中心在今河南省),一说因"纵横千里,山林四塞,其固高陵,如有房屋"得名。一说得名于境内的房山。

安州。

元代夔路施州有建始县,洪武二十三年(1390年)废除施州,建始县改归四川布政司夔州府管理。

纵观明初对元代行省之下的更划,明显具有以下特点:

第一,精简政区结构。明初废除宣慰司、路这两种行政区划,简化湖广布政司行政结构。元代宣慰司是为面积广阔的行省而设,明代布政司普遍小于元代行省,宣慰司被废除。而元代的路与府均是辖若干县的行政区划,明显有趋同之势,明初删繁就简将路全部变为府。

第二,彻底取消元代府州县达鲁花赤与知府、知州、知县并置格局。明代:

> 府。知府一人,同知、通判无定员,推官一人。其属,经历司,经历一人,知事一人。照磨所,照磨一人,检校一人。司狱司,司狱一人。
>
> 州。知州一人,同知、判官无定员。其属,吏目一人。
>
> 县。知县一人,县丞一人,主簿一人。其属,典史一人。①

明代,绝大多数情况下,府州县只有一位主官,结束了元代分权牵制模式。当然和元代类似,明朝根据不同行政事务,也会在府州县之下设许多专门机构,如管理财税的各种仓库、管理迎来送往的驿站、管理治安的巡检司、管理教育的各种学校、管理冶炼的铁冶所、管理河湖利益的河泊所等等。这些因地制宜,各地不一的机构,与元代还是有一定继承性。

第三,人为设计府与州的区别。明太祖执政时期,废除路,留下府、州、县,府与州都统辖县,但具有明显区别。首先,州有两种,一种与府一样直隶于湖广布政司,是为直隶州。另一种归府管辖,是为散州。然后,府衙所在均有县治,州衙所在均无县治。明太祖时期,湖北裁撤了许多县,其中有恢复者,没有恢复的几乎均是州衙所在的县。举例而言,汉阳府辖汉阳与汉川二县,府衙即建于汉阳县城。汉阳府辖区为汉阳、汉川管理,知府再统管两县。而沔阳州辖景陵县,州衙并不建于景陵县城,而另城开衙。沔阳州辖区分为知州直接管理地区与景陵县辖区。沔阳知州首先要管理州直属地,再代管景陵县。这种明代州的特点是以往朝代并不普遍具有的。

关于明代州,学界有一定论述:"在制度安排上,直隶州似乎是介于府与属州之间的一种协调性设置。在一些地方,置为属州显得不足,设为府则又不够格,两相协调,就是直隶州的设置……明代初期主要是通过调整府级建置,即采取设置直隶州,由直隶州兼领若干县,从而减轻府的行政负担……明朝的州制是继承了由州统县的老传统,又发扬了元代将州分为'州'和'属州'的新传统,同时统一地建立了'本州'制度。这些因素的结合,便是既领有属县而有领属关系,又有本州而亲领编户,这是明朝州制的特点。②

---

① (清)张廷玉:《明史》卷75,《志第五十一》,中华书局1974年版,第1849—1850页。

② 郭润涛:《明朝"州"的建设与特点》,载于王天有、徐凯主编:《纪念许大龄教授诞辰八十五周年学术论文集》,北京大学出版社2007年版,第129—145页。

明初保留的散州,即府辖州,均位于湖广边界或战略要地。兴国州、蕲州位于湖广与江西、安徽交界之处。随州、均州位于湖广与河南交界之处。荆门州则位于秦岭大巴山与江汉平原交界之地。归州位于湖广与四川交界之地。且归州与夷陵州均位于长江三峡境内。

明初划分的直隶州与散州有其历史价值。州的存在,使得明代湖广政区格局虽然比元代简单许多,但也并非布政司—府—州—县这种单一管理模式。可以是布政司管府,府统管县;也可以是布政司管州,州直辖某地,再代管一二县;还可以是布政司管府,府统管县,但又辖若干州,州直辖某地,再代管一二县。由此看来,明代政区更多地类似元代,而非汉唐宋。

明太祖在政治宣传上,明确反对元朝,推崇唐宋,但在地方行政上处处模仿继承元朝。"(元世祖)立中书省以总庶务,立枢密院以掌兵要,立御史台以纠弹百司。世祖尝言,中书朕左手,枢密朕右手,御史台是朕医两手的。"①而明太祖曾经对文武百官说道:"朕自临御以来十有三年矣,中间图任大臣,期于辅弼,以臻至治。故立中书省以总天下之文治,都督府以统天下之兵政,御史台以振朝廷之纪纲。"②中书省、都督府、御史台,放在湖广,即是布政司、都指挥司、按察司。再加上明代直隶州、散州的特点,明代湖广政治结构更像元朝,而非唐宋。

洪武三十一年(1398年),明太祖朱元璋病逝于首都南京,这一年湖北政区格局(除施州卫外)如下所示:

表 7-2　　　　　　　　明太祖洪武三十一年(1398年)湖北政区表

布政司	府州	府州辖县	府辖州	州辖县
湖广	武昌府	江夏县(武汉市武昌区附近)、咸宁县(咸宁市附近)、蒲圻县(赤壁市附近)、嘉鱼县、崇阳县、通城县、武昌县(鄂州市附近)	兴国州(阳新县附近)	通山县、大冶县(大冶市附近)
	汉阳府	汉阳县(武汉市汉阳区附近)、汉川县(汉川市附近)	无	无
	黄州府	黄冈县(黄冈市附近)、黄陂县(武汉市黄陂区附近)、麻城县(麻城市附近)、蕲水县(浠水县附近)、罗田县	蕲州(蕲春县附近)	黄梅县、广济县(武穴市附近)
	德安府	安陆县(安陆市附近)、应城县(应城市附近)、孝感县(孝感市附近)、云梦县	随州(随州市附近)	应山县(广水市附近)

---

① (明)叶子奇:《草木子》,中华书局1959年版,第61—62页。
② 《明太祖实录》卷129,洪武十三年正月己亥,台湾"中央研究院"历史语言研究所校印本,1962年版,第2048—2049页。

续表

布政司	府州	府州辖县	府辖州	州辖县
湖广	安陆州	京山县（京山市附近）	无	无
	沔阳州	景陵县（天门市附近）	无	无
	荆州府	江陵县（荆州市附近）、公安、松滋县（松滋市附近）、石首县（石首市附近）、监利县（监利市附近）、潜江县（潜江市附近）、枝江县（宜都市枝城镇附近）	夷陵州（宜昌市附近）	远安县、宜都县（宜都市附近）、长阳县（长阳土家族自治县附近）
			归州（秭归县附近）	兴山县（兴山县南部）、巴东县
			荆门州	当阳县（当阳市附近）
	襄阳府	襄阳县（襄阳市附近）、谷城县、南漳县、宜城县（宜城市附近）、枣阳县（枣阳市附近）、光化县（老河口市西北）、房县、竹山县、上津县（郧西县上津镇附近）	均州（丹江口市西北）	郧县（十堰市郧阳区附近）
京师	庐州府	辖县无湖北地区	六安州	英山县
四川	夔州府	建始县	无湖北地区	无湖北地区

四、明成祖至明英宗湖广政治权力的嬗变

明太祖去世后，经过建文帝的短暂统治，大明江山落入燕王朱棣一系。在朱棣及其子孙明仁宗、宣宗、英宗、代宗的统治下，湖北府州县看起来没有发生明显的改变。但是在这一历史阶段，湖北政治格局却发生了剧变，"三司"不再成为湖北地区的最高行政长官，巡按、巡抚、总兵、镇守太监纷纷登场，构成湖北多元政治格局。

因太子朱标早逝，明太祖去世后，其孙朱允炆即位，是为建文帝。建文帝即位后，改变太祖许多政策，其中之一即是厉行削藩。就藩湖北荆州的湘王朱柏因被人诬告谋反，最终自焚而死。就藩于今北京的燕王朱棣，蓄积力量，发动靖难之役，推翻了建文帝的统治，登基称帝，是为明成祖。

明成祖于建文四年（1402年）至永乐二十二年（1424年）在位，成祖去世后，其子仁宗在位一年而亡。洪熙元年（1425年），明宣宗即位。宣宗在位十年去世。宣德十年（1435年），明英宗即位。正统十四年（1449年），在土木堡之变中，明英宗被蒙古军队俘虏，明代宗即位。后蒙古放回英宗，经过夺门之变，明英宗重掌帝位，并于天顺八年（1464年）去世。从建文四年（1402年）到天顺八年（1464年），一个甲子的历史变迁中，明代中央行政中心从南京逐渐迁移到北京，而湖北政治格局同样经历了循序渐进的改变，太祖三司共掌、藩王监视的格局不复存在。

明成祖自己就是藩王出身，即位后也施行削藩政策，但与建文帝雷厉风行的做法不同。

明成祖采用怀柔政策,一方面继续容许藩王到各地开府,另一方面几乎不再允许藩王过问地方政务。这一方针被后世帝王所遵循。当时湖北实力最大的莫过于楚王,明宣宗时期,楚王三护卫被减少两个:

> 平江伯陈瑄密奏:"湖广,东南大藩,襟带湖、湘,控引蛮越,人民蕃庶,商贾辐聚。楚设三护卫,自始封至今,生齿日繁,兵强国富,小人行险,或生邪心。请选其精锐,以转漕为名,俟至京师,因而留之,可无后患。"帝曰:"楚无过,不可。"(楚王)孟烷闻之惧。五年上书请纳两护卫,自留其一。帝劳而听之。①

连深受太祖器重的楚王都是如此,其他藩王可想而知。由于明成祖及其子孙敦睦宗亲,但又禁止藩王参政。随着时间的流逝,许多皇子被封于湖北,并赐予大量田产。亲王一子即位,余子封郡王。郡王一子即位,余子封为镇国将军。以此类推,辅国将军、奉国将军、镇国中尉、辅国中尉、奉国中尉各有爵位。降到奉国中尉后,便不再降。宗室之女以及女婿皆有封号。值得注意的是湖北郡王封号往往冠以湖北地名,如通山王、通城王、崇阳王、景陵王、江夏王等,但并不意味着该郡王居住于此,更不意味着该郡王与当地有行政关系。

明成祖之后,分封于湖北的皇明宗亲不再构成地方统治的重要力量。但亲王之下皆有禄米,均为湖广负担。皇室宗亲世代繁衍,人口迅速增长,又不允许从事士农工商等职业,成为湖北沉重的财政负担,这大约是明王室始料未及的。

而三司共掌的政治格局,在实际运行的过程中,也出现许多问题:

> 我朝惩前代藩镇之弊。以都司典兵,布政司理民,按察司执法,凡军戎调发之政,布按二司不得专,非有符验,都司亦不听调也。平日所以能前却之者,恃有三尺法耳,一旦有事,白刃临其身,厚利诱其心,三尺法焉能制之?②

按照明太祖设想,都指挥司负责军事,布政司负责民政,按察司负责刑法,但在具体的事务中,有时未必分得如此清晰,三个衙门互相推诿,互相掣肘,严重影响了具体事务的开展,统揽各地大局的官员呼之欲出。

首先在湖北出现的是湖广巡按。早在明太祖时期,即有巡按派出,但没有形成一套完整齐备的制度,且非常任。而明成祖即位伊始,永乐元年(1403年):"遣御史分巡天下,为定制……遣给事中、御史分行天下,抚安军民,有司好贪者逮治。"③关于巡按御史,《明史》曾说道:

> 而巡按则代天子巡狩,所按藩服大臣、府州县官诸考察,举劾尤专,大事奏裁,

---

① (清)张廷玉:《明史》卷116,《列传第四》,中华书局1974年版,第3571页。
② (明)黄训:《皇明名臣经济录》卷17,嘉靖二十八年刻本,第21页。
③ (清)张廷玉:《明史》卷6,《本纪第六》,中华书局1974年版,第79—80页。

小事立断。按临所至,必先审录罪囚,吊刷案卷,有故出入者理辨之。诸祭祀坛场,省其墙宇祭器。存恤孤老,巡视仓库,查算钱粮,勉励学校,表扬善类,翦除豪蠹,以正风俗,振纲纪。凡朝会纠仪,祭祀监礼。凡政事得失,军民利病,皆得直言无避。①

在实际情况中,湖广巡按御史的职权已经涉及许多方面。如惩治不法卫所军官。② 再如惩治布政司、按察司属员。③ 还如参与地方灾荒救济。④ 湖广巡按甚至可以亲自参加领导地方军事活动。⑤

类似这样的史料,尚有话多,可以这样说,湖广一切事务,巡按都能直接上报中央。在许多地方事务中,巡按已经可以亲自处理。湖广巡按俨然成为明王朝湖广政治统治的重要组成部分。至少在明宣宗时期,巡按已经在公共场合尊于三司:

> 旧制,御史皆乘驴。宣德间,御史胡智言:"御史任纪纲之职,受耳目之寄,纠劾百僚,肃清庶政。若巡按一方,则御史以朝廷所差,序于三司官之上,或同三司出理公务,三司皆乘马,御史独乘驿驴,颇失观瞻。自今请乘驿马为宜。"宣宗谓兵部臣曰:"御史所言亦合大体,其从之。"⑥

明宣宗完全同意"御史以朝廷所差,序于三司官之上"的说法。到了英宗之后,湖广巡按的实际权力还会越来越大,不仅有监察举劾之权,更有实际的军政大权,甚至取代了按察使的实际职能。⑦ 更有学者认为巡按御史是"中央权力在地方贯彻的保障,是中央在地方的执法者"⑧。

除了巡按,湖广巡抚也在这一时期出现。《明史》记载:

> 巡抚之名,起于懿文太子(朱标)巡抚陕西。永乐十九年,遣尚书蹇义等二十六人巡行天下,安抚军民。以后不拘尚书、侍郎、都御史、少卿等官。事毕复命,即或停遣。初名巡抚,或名镇守,后以镇守侍郎与巡按御史不相统属,文移窒碍,定为都御史。巡抚兼军务者加提督,有总兵地方加赞理或参赞,所辖多、事重者加总督。

---

① (清)张廷玉:《明史》卷73,《志第四十九》,中华书局1974年版,第1768—1769页。
② 参见《明太宗实录》卷169,永乐十三年十月辛未条,台湾"中央研究院"历史语言研究所校印本,1962年版,第1882页。
③ 参见《明宣宗实录》卷3,洪熙元年七月戊辰条,台湾"中央研究院"历史语言研究所校印本,1962年版,第89页。
④ 参见《明英宗实录》卷79,正统六年五月庚申条,台湾"中央研究院"历史语言研究所校印本,1962年版,第1576—1577页。
⑤ 参见《明英宗实录》卷225,景泰四年正月丙寅条,台湾"中央研究院"历史语言研究所校印本,1962年版,第4894页。
⑥ (明)余继登:《典故纪闻》,中华书局1981年版,第178页。
⑦ 相关学术成果参见王世华:《略论明代御史巡按制度》,《历史研究》1990年第6期。
⑧ 方志远:《明代国家权力结构及运行机制》,科学出版社2008年版,第301页。

他如整饬、抚治、巡治、总理等项,皆因事特设。其以尚书、侍郎任总督军务者,皆兼都御史,以便行事。①

其实明太祖、明成祖时期的巡抚没有形成定制,一般认为明宣宗执政时期的宣德五年(1430年)为巡抚定设之年,也是湖广巡抚的初设之年:

宣德五年(1430年)九月丙午,擢御史于谦等六人为侍郎,巡抚各省。谦抚河南,越府长史周忱抚江苏,吏部郎中赵新抚江西,兵部郎中赵伦抚浙江,礼部员外郎吴政抚湖广,刑部员外郎曹宏抚北畿、山东,此各省专设巡抚之始。②

然而湖广巡抚设立后几经兴废,正统三年(1438年)废,正统七年(1442年)设而复废,正统十一年(1446年)复,天顺元年(1457年)废,天顺三年(1459年)复,天顺四年(1460年)废,天顺七年(1463年)恢复,此后成为定制。③ 尤为值得注意的是,正统十四年(1449年)年底,明王朝下达了这样一道命令:

敕谕右副都御史王来曰:"今特命尔巡抚河南,并湖广襄阳、黄州等府接连河南地方。抚安军民,提督所在都司卫所,操练军马,整搠器械,修理城池。遇有寇贼生发,即调官军相机剿捕,毋令滋蔓。严督所在司府州县,存恤人民,遇有流移饥窘,设法招抚,安插赈济,毋令失所。凡一应军民利病,官吏贤否,事有当兴革者,悉听尔从宜区画而行。应具奏者,奏来处置,务在事妥民安,地方宁靖。仍将各卫所官军,选其精壮可调用者,督令就彼操练。如闻京师有警,即委能干骁勇官员管领,尔亲率前来策应,毋致稽违。尔为风宪重臣,受朕一方之寄,务须持廉秉公,宽猛得宜,举措不偏,使人有所惩劝,毋惑贪酷怠忽,有负委托。尔其勉之,慎之,重慎之!"④

正统十四年(1449年),明英宗御驾亲征蒙古,反被俘虏。蒙古军还曾一度打到北京城下,明王朝形势危急。九月,英宗之弟代宗即位。年底,明王朝给河南巡抚的敕谕中明确说道,除了河南布政司,湖广靠近河南地区的襄阳、黄州等地也归其管辖。对于这段文献,有两种说法,一是将湖北襄阳、黄州划归河南,增强河南巡抚的军事力量,以方便支援北方战事。二是河南、湖广布政司范围不变,只是河南巡抚范围扩大。

景泰元年(1450年)十月,这种局面仍在继续:"赐都察院右副都御史王暹曰:'今特命尔

---

① (清)张廷玉:《明史》卷73,《志第四十九》,中华书局1974年版,第1767—1768页。
② (明)龙文彬:《明会要》卷34,光绪十三年永怀堂刻本,第6页。
③ 参见郭红、靳润成:《中国行政区划通史·明代卷》,复旦大学出版社2017年版,第783—784页。
④ 《明英宗实录》卷186,正统十四年十二月癸酉条,台湾"中央研究院"历史语言研究所校印本,1962年版,第3763页。

巡抚河南并湖广襄阳府,提督都司卫所,操练军马,整搠器械,修理城池。遇有贼寇,相机剿捕。并督司府州县,存恤流移人民,遇有饥窘,设法赈济。凡军民利病官吏贤否,事有当兴革,悉听尔从宜区画。务在事妥民安,庶副朕之委任。'"①然而河南巡抚管理今湖北北部的局面,并没有坚持几年。估计随着蒙古军队的撤退,今湖北北部又回到湖广巡抚管辖之中。

其实从上引河南巡抚的例子中,我们可以看出巡抚拥有广泛的权力。其实湖广巡抚也是如此,相关史料非常多,此不赘述。

巡按、巡抚出现后,三司反而成为其下属,湖广遇见较大事件,经常由"两巡三司"共同处理。如景泰六年(1455年),处理湖广辽王案:"令湖广巡抚、巡按并三司官,从公体勘来闻。"②巡抚、巡按俨然成为湖广最高行政官员,史载:"抚按出巡,不分府州县正佐官,跪迎道旁。倘值风雨,即知府亦陷膝污泥中。"③

前文已经介绍,三司各有所掌,但巡按与巡抚好像都是统管,关于二人的分工,明王朝曾经这样规定:

凡徭役、里甲、钱粮、驿传、仓廪、城池、堡隘、兵马、军饷,及审编大户、粮长、民壮、快手等项,地方之事,俱听巡抚处置。都、布、按三司将处置缘由,备呈巡按知会。

巡按御史出巡,据其已行之事,查考得失,纠正奸弊,不必另出己见,多立法例。其文科、武举、处决重辟、审录冤刑、参拨吏农、纪验功赏,系御史独专者,巡抚亦不得干预。

凡抚按,遇有地方大事,皆会同而行。如常行事务,与委署印信,止以文书先到者为主。奉行官吏,不必观望两请。④

当然在湖广实际情况中,抚按具体分工会根据情况随时改变,但"遇有地方大事,皆会同而行"的规定则是常态。抚按之间的关系,也经历了一番微妙过程:"初犹以属礼待之,既而改称晚生,见犹侍坐。今则彼此俱称侍生,文移毫无轩轾,相与若寮采,抚臣反伺巡方嚬笑,逢迎其意旨矣。"⑤开始,巡抚高于巡按,后来彼此平等,再后来巡按高于巡抚。这一过程,未必完全符合湖广情况,但抚按统管湖广,互相牵制应是事实。

除了抚按,明成祖后,还在湖广设置镇守武官与镇守中官,与抚按文官相抗衡:

---

①《明英宗实录》卷197,景泰元年十月乙亥条,台湾"中央研究院"历史语言研究所校印本,1962年版,第4176—4177页。
②《明英宗实录》卷253,景泰六年五月丁卯条,台湾"中央研究院"历史语言研究所校印本,1962年版,第5471页。
③(明)张萱:《西园闻见录》卷93,民国哈佛燕京学社印本,第19页。
④(明)申时行等:《大明会典》卷211,明万历内府刻本,第17—18页。
⑤(明)沈德符:《万历野获编》,中华书局1959年版,第552—553页。

凡天下要害地方,皆设官统兵镇戍。其总镇一方者曰镇守,守一路者曰分守,独守一堡一城者曰守备,与主将同守一城者曰协守。又有提督、提调、巡视、备御、领班、备倭等名,各因事异职焉。其总镇或挂将军印,或不挂印,皆曰总兵,次曰副总兵,又次曰参将,又次曰游击将军,旧于公、侯、伯、都督、指挥等官内推举充任。其镇守内臣,自永乐初出镇辽东开原及山西等处,自后各边以次添设。而镇守之下,又有分守、守备、监枪诸内臣。①

无论是三司,还是抚按,其实都可以掌握军民政务,但明王朝为专制主义中央集权着眼,非要在都指挥使之外设湖广总兵,在布政司之外设镇守中官。先说镇守武官。

早在明太祖时期就有总兵的设置,针对某一特定军事任务,统揽某一大区域的军事力量。由于湖广南部,以及广西、贵州等地多有少数民族聚居,且叛服无常,明王朝为了统一指挥军事,大约在明成祖之后,特设镇守总兵,挂平蛮将军印,负责今湖北、湖南、广西、贵州军事。总兵官位高权重,常以公爵、侯爵、伯爵充任。

如永乐二十二年(1424年):"命镇守广西镇远侯顾舆祖充总兵官,仍领湖广、广西、贵州三都司官军,剿捕广西等处掳寇。"②镇远侯顾舆祖为三个布政司的军事统帅。此后根据具体军务,总兵官人选、辖区多有变更。到了明英宗、明代宗统治时期,常设置湖广、贵州总兵官,统两布政司军务。

天顺五年(1461年)年底,湖广总兵终于出现在历史舞台上:"命总兵官都督佥事李震,仍佩平蛮将军印,镇守湖广。右副总兵都指挥佥事李安,充副总兵,镇守贵州。先是,震镇守湖广贵州,安分守贵州,而听震调遣。至是以其往来会议不便,故分命之。"③

而湖广总兵衙署先在今湖南常德,后迁移湖北武昌:"国初设镇守湖广总兵官,挂平蛮将军印,节制各边卫及宣慰等土官衙门,弹压溪峒苗獠,驻扎常德府,以便调度。后常德分建藩封,总兵官乃移驻武昌。"④"常德分建藩封"指的是明宪宗子被封为荣王,就藩湖广常德府,时间约在正德三年(1508年)前后。也就是说,正德三年(1508年)后,湖广总兵衙署才迁移到湖广省城。总兵之下,还设有参将、守备、把总等军官。

从明成祖到明英宗,无论是三地总兵,还是湖广总兵,一直存在。且湖广总兵一直存在到明朝末年,而明中后期还短暂设置其他的镇守武官,管理湖北地区军务。同时期的湖广都指挥使、巡按、巡抚都能够管兵,湖广之军权也就不会落入一人之手,甚至也不会落入科举文

---

① (明)申时行等:《大明会典》卷126,明万历内府刻本,第1页。
② 《明仁宗实录》卷1下,永乐二十二年八月辛酉条,台湾"中央研究院"历史语言研究所校印本,1962年版,第27页。
③ 《明英宗实录》卷334,天顺五年十一月乙丑条,台湾"中央研究院"历史语言研究所校印本,1962年版,第6842—6843页。
④ 《明世宗实录》卷310,嘉靖二十五年四月甲午条,台湾"中央研究院"历史语言研究所校印本,1962年版,第5823页。

官或卫所武官任何一派势力之中。

除了湖广总兵,明王朝还将宫廷宦官派往地方,镇守湖广,参与影响地方军民司法政务。明太祖对宦官干政深恶痛绝,执政时期严禁宫廷宦官参与地方军民政务。明成祖则大不一样,在其起兵之时,就开始信任宦官,即位后委派心腹宦官郑和多次下西洋,更开启宦官镇守地方之先河。成祖之后,仁宗、宣宗、英宗等皇帝无不任用宦官,派其镇守地方。

明英宗时期,湖广开始出现镇守太监。镇守太监可以向皇帝奏报湖广之事,并建议处理方法①,还可以与湖广总兵一起商量军务②,更可以直接参与军事活动。③ 当然,湖广镇守太监也有向朝廷进贡荆楚土产的职责。④

镇守太监又名镇守中官、镇守内臣,随着时间的推移,权力越来越大,许多湖广决策,都是由太监、总兵、巡抚、巡按共同商量会议。我们不能以某些太监的不法行为,以及文人的歧视性描写,就妖魔化太监,认为其是湖广的政治毒瘤。

关于明代镇守太监,学界已经有较为公正的评论:

> 明代实行以内阁为首的文官集团和以司礼监为首的内官群体并行的"双轨制",而内官群体参与地方事务管理最重要的形式即是镇守内官。明政府从权力象征、公署建设、人员配备等方面确保了镇守内官的权力在地方正常运转,镇守内官的性质也发生了巨大变化,由皇帝私人的亲信、家仆转变为维护地方安危的公职人员。如果不称职或肆意作恶,内官本人将会由司礼监召回并受到相应处罚。镇守内官在明代政治体制中,尤其在地方管理体制中占有重要的地位,发挥了重要的政治功能,其建立的公署及附属人员的所作所为对地方社会产生了复杂而深远的影响。⑤

湖广太监不是"毒瘤",而是明王朝地方行政的有机组成部分。除了镇守太监,明王朝在均州武当山也设置了中官。武当山,又名太和山,是道教神仙真武大帝的圣境。明成祖以来的明代帝王非常尊奉真武大帝,不断在武当山修建宫观。为了管理武当山事务,至少在宣德十年(1435年)就派出宦官到湖北均州监管。⑥ 这些宦官的职责原本是管理道教庙宇修缮维

---

① 参见《明英宗实录》卷260,景泰六年十一月乙亥条,台湾"中央研究院"历史语言研究所校印本,1962年版,第5566页。
② 参见《明英宗实录》卷293,天顺二年七月辛卯条,台湾"中央研究院"历史语言研究所校印本,1962年版,第6252—6253页。
③ 参见《明英宗实录》卷334,天顺五年十一月辛丑条,台湾"中央研究院"历史语言研究所校印本,1962年版,第6837页。
④ 参见《明英宗实录》卷313,天顺四年三月己亥条,台湾"中央研究院"历史语言研究所校印本,1962年版,第6567页。
⑤ 李建武:《论明代镇守内官的设置、地位与作用》,《安徽史学》2018年第4期,第42页。
⑥ 参见隆庆《大岳太和山志》卷3。

护,以及宗教祭祀等杂事。结果天长日久,对地方行政的影响越来越大。

巡按、巡抚、总兵、镇守太监出现后,湖广最高行政官员已经由三司变成:"以文臣巡抚,以武臣总兵,而内臣纲维之。"①明代著名大臣杨廷和曾经说道:"各镇守总兵官、巡抚都御史及镇守太监,各有一定职掌敕书,彼此不同,皆有深意,此累朝成法也。"②

明太祖时期,湖广三司是多个官员。明成祖后,文臣、武臣、内臣还是多个官员。从三司到巡按、巡抚、总兵、镇守太监,不断变化。从历朝历代的教训来看,高级政区的职官最好不要集各种大权于一身。独任大范围内的军民政务极有可能造成割据与反叛。同样是分权,明太祖三司是将行政管理、监察司法、卫所军户分为三个权力机构,各机构彼此权责较为明晰,但实际生活中很多事同时涉及行政、监察、军事,三司模式并不能很好处理。

于是,随着历史的发展,行政经验的积累,明王朝逐渐设置凌驾于三司之上,由文臣担任的巡按、巡抚,这两位官员对行政、监察、军事等事务均能管辖,协同合作又彼此牵制。为了防止由科举出身的文官统揽地方政务,明王朝派出由勋贵或军户出身的人担任总兵,将对中央威胁最大的军权分割,又派出皇帝的家奴——宦官长期镇守湖广,参与地方事务的管理,监视文武大臣。从此,文官、武官、中官三方既协同,又互相监视制约,无一人、无一派系能够独揽湖广。但具体的复杂事务,却有单独的官员可以执行。如偏向于司法监察的事务,巡按可以独当一面。涉及军民日常管理,巡抚可以直接处理。地方小规模动乱,总兵可以指挥平定。涉及皇室事务与皇帝差遣,镇守太监则当仁不让。抛却简单的分权,寓分权于集权,或许才是"各有一定职掌敕书,彼此不同,皆有深意,此累朝成法"的含义。

五、湖广道制创新

前文已经介绍,明太祖时期设湖广布政司、按察司。随着历史的发展,又在按察司、布政司之下,府州之上设分巡道,常由按察使下属充任,以巡行地方。据《明史》记载:

> 按明初制,恐守令贪鄙不法,故于直隶府州县设巡按御史,各布政司所属设试佥事。已罢试佥事,改按察分司四十一道,此分巡之始也。分守起于永乐间,每令方面官巡视民瘼。后遂定右参政、右参议分守各属府州县。③

按《明史》记载,在明成祖永乐年间,又设置了分守道,常以布政使下属充任。可是有学者认为,《明史》说法并不准确,分守道之设应该在明宣宗、明英宗统治时期。④

---

① 《明宪宗实录》卷90,成化七年四月甲辰条,台湾"中央研究院"历史语言研究所校印本,1962年版,第1745页。
② 《明武宗实录》卷175,正德十四年六月戊辰条,台湾"中央研究院"历史语言研究所校印本,1962年版,第3380页。
③ (清)张廷玉:《明史》卷75,《志第五十一》,中华书局1974年版,第1844页。
④ 杨武泉:《明清守、巡道制考辨》,《中国史研究》1992年第1期。亦参见何朝晖:《明代道制考论》,《燕京学报》第6期,北京大学出版社1999年版。

前文已经介绍,湖北地区分巡道辖区情况是:武昌道,辖黄州、德安、武昌、汉阳。荆南道,辖荆州、襄阳、沔阳、安陆。其实分守道也还是同样辖区。关于明代道设置的原因,学界已经有较为充分的论述,概括起来原因如下:

随着经济的恢复、人口的增长,行政事务越来越繁复,而三司与府州的距离实在太大,因此在二者之间增加"道",一来增加行政官员,帮助处理事务。二来缩短府州与布政司、按察司的距离。除此之外,藩王监管的取消,卫所军制的腐坏,导致府州县地方行政力量相对薄弱,亦是"道"出现的重要背景。① 至于为何一道,要设分守、分巡两个衙门,大概也是分权牵制使然,是湖广布政使与按察使在地方上的投影。

明成祖后,湖北地区的"道"已经具备专门的衙署,如景泰六年(1455年):"湖广武昌府奏,府学逼窄,而与武昌道相连,乞并道为学。其北察院以居刷卷御史,然御史不常来,可改为武昌道。间遇刷卷,亦可就在其中。事下工部覆奏,令勘实迁徙之。从之。"②当时武昌道衙署与武昌府学校相连,而府学狭小,因而将武昌道办公场所划入府学。而武昌城内还有一办公用地,专门供朝廷下派核查账册的刷卷御史使用。由于刷卷御史不常来湖北,于是将这一办公用地给予武昌道。由此可见,湖北地区"道"级官员也有自己的衙署。在明王朝绝大多数时间内,武昌分巡、分守道均驻武昌省城。

而荆南分巡、分守道驻襄阳府,明英宗时期编撰的襄阳地方志明确记载:

按察分司,即荆南道,在(襄阳)府前大街之东,洪武十年(1377年)知府寻适创建。天顺四年(1460年)知县李人仪拆旧重建。布政分司(荆南分守道),在大十字街东,与玄都观并正统年间创建。天顺四年(1460年)知县李人仪拆旧重建。③

这段难得史料,印证了荆南分巡道创设于明太祖时期,而分守道创建于土木堡之变前的明英宗正统年间,且两道均在襄阳城内有固定衙署。因此明英宗在位时期,湖北地区所属"道"应如下所示:

武昌分守、分巡道,驻武昌,辖武昌府、汉阳府、黄州府、德安府。

荆南分守、分巡道,驻襄阳,辖襄阳府、荆州府、安陆州、沔阳州。

随着时间的流逝,明王朝为了应对日益繁重的军民政务,在布政司、按察司之下又设置了许多专门"道",如督粮道、督册道、提督学道、清军道、驿传道、整饬兵备道、协堂道、水利道、屯田道、管河道、盐法道、抚治道、抚民道、抚苗道、监军道、招练道等等。这些道往往负责专门的事务,其设立状况十分复杂,有全国普遍设置的,有某几个布政司设立的;有经常设立的,也有一时设立的,总之应时应地不断改变。

---

① 李国祁:《明清两代地方行政制度中道的功能及其演变》,《近史所集刊》1972年,第3期上。

② 《明英宗实录》卷259,景泰六年十月己巳条,台湾"中央研究院"历史语言研究所校印本,1962年版,第5562页。

③ 《天顺重刊襄阳郡志》卷2,明天顺年间刻本,第5页。

就湖北地区而言,分守、分巡、兵备、清军、粮储、提学、屯田诸道为常设。分守、分巡道介绍如前,兵备道:

> 兵道之设,仿自洪熙间,以武臣疏于文墨,遣参政副使沈固、刘绍等往各总兵处整理文书,商榷机密,未尝身领军务也。至弘治中,本兵马文升虑武职不修,议增副佥一员敕之。自是兵备之员盈天下。①

根据《明史》记载,兵备道出现于明仁宗洪熙年间,普及于明孝宗弘治年间。有学者认为:"其(兵备道)萌芽于(明仁宗)洪熙年间,草创于(明宪宗)成化年间……兵备道初期为整饬地方军事而设,职责也多与军事相关,但随着巡抚制度的推行,兵备道也开始兼任地方监察、司法等其他职责,最后与守、巡道合流,成为明代地方道制中最为重要的三类道之一。"②

从湖北实际情况来看,经过相对短暂的磨合后,湖北地区一般没有单独的兵备道,而是由分守道、分巡道兼任(或是兵备道兼任某一分守道、分巡道),这种政治格局与湖广三司并列局面不同。而清军、粮储、屯田道,分别偏向于清理军户、管理粮仓物资、掌控屯田,一般辖区即整个湖广。提学道,原本为管理湖广教育而设,辖区初即湖广全省,后在明神宗统治时期发生非常重要变化,下文再表。

总之,明成祖之后,与高层级职官改革配套,湖广府州与三司之间出现了"道"。"道"也大致分为两种,一种因某一特殊公务而设,辖区即整个湖广,或某一大片区域,类似一种办事机构。另一种以分守、分巡道兼兵备为主,分区管辖,有固定的衙署,有明确的管理范围,类似一种行政区划。

六、施州卫的设立

早在先秦、秦汉时期,今湖北西南部一直是土家族、苗族等少数民族的家园。历代统治者均在鄂西南设置政区,予以管辖。为了当地长治久安,至少在宋元时期,统治者注重拉拢当地少数民族首领,委以爵位官职,让其世代履行某一区域的行政权力。但囿于史料缺乏,我们对其具体情况了解甚少。到了明代,鄂西南的行政单位才有了较为清晰完整的脉络。

随着明王朝势力不断进入今湖北恩施地区,各种各样的机构相继设立或确认。现将太祖执政时期设置机构粗略介绍:

施州卫:明初,废除施州。洪武十四年(1381年)五月,恢复施州,归四川夔州府管辖。六月,设施州卫军民指挥使司,归四川都指挥使管辖。十二月,改湖广都指挥使管辖。洪武十四年(1381年)后,废州存卫。施州卫在今湖北恩施市附近。

大田军民千户所:洪武二十三年(1390年),明军攻占散毛洞,设大田所。大田所位于今

---

① (清)张廷玉:《明史》卷75,《志第五十一》,中华书局1974年版,第1844—1845页。
② 李翼恒:《明清地方道制研究述评》,《中国史研究动态》2020年第2期,第36页。

湖北咸丰县附近。

施南宣抚司：洪武四年(1371年)归明朝，洪武十四年(1381年)因叛乱被废除，洪武十六年(1383年)复设，洪武二十七年(1394年)后废除。施南宣抚司在今湖北宣恩县附近。

东乡五路安抚司：洪武四年(1371年)归明朝，改为东乡五路安抚司长官司，洪武六年(1373年)升为安抚司，洪武二十三年(1390年)裁撤。东乡五路安抚司在今湖北宣恩县东乡镇附近。

怀德军民宣抚司：至正二十四年(1364年)设，后又废除，位于今湖北来凤县东北。

隆奉长官司：洪武四年(1371年)设，后又废除，位于今湖北宣恩县境内。

忠路安抚司：洪武四年(1371年)设，洪武二十三年(1390年)废，位于今湖北利川市西南忠路镇。

忠孝安抚司：洪武四年(1371年)设忠孝长官司，洪武六年(1373年)改安抚司，洪武二十三年(1390年)废，位于今湖北利川市元堡乡忠孝村。

金峒长官司：洪武四年(1371年)设，后废除，位于今湖北咸丰县黄金洞。

散毛宣慰司：洪武七年(1374年)设，洪武二十三年(1390年)废，位于今湖北来凤县西北老司城。

龙潭安抚司：洪武八年(1375年)设，洪武二十三年(1390年)废，位于今湖北咸丰县北龙潭司。

大旺宣抚司：洪武八年(1375年)设，洪武二十三年(1390年)废，位于今湖北来凤县附近。

东流安抚司：洪武二十三年(1390年)设，后废除，位于今湖北来凤县西南。

忠建宣抚司：洪武五年(1372年)设长官司，洪武六年(1373年)改宣抚司，洪武二十七年(1394年)改安抚司，后废除，位于今湖北宣恩县南部。

沿边溪洞长官司：洪武五年(1372年)设，后废除，位于今湖北宣恩县东南。

容美宣抚司：至正二十六年(1366年)占领，至正二十七年(1367年)改黄沙靖安麻寮等处军民宣抚司，洪武五年(1372年)改长官司，洪武七年(1374年)改宣慰司，后废除，位于今湖北鹤峰县附近。

椒山玛瑙长官司：洪武七年(1374年)设，洪武十四年(1381年)废，位于今湖北鹤峰县东北。

五峰石宝长官司：洪武七年(1374年)设，洪武十四年(1381年)废，位于今湖北五峰土家族自治县五峰镇。

石梁下峒长官司：洪武七年(1374年)设，洪武十四年(1381年)废，位于今湖北五峰土家族自治县西南。

水尽源通塔平长官司：洪武七年(1374年)设，洪武十四年(1381年)废，位于今湖北五峰土家族自治县西北。

唐崖长官司：洪武七年(1374年)设，后废除，位于今湖北咸丰县唐岩镇。

镇南长官司:洪武八年(1375年)设,洪武二十三年(1390年)废,位于今湖北来凤县北。①

随着明王朝全面控制今湖北恩施地区,明太祖先是设置了若干宣抚司、安抚司、长官司等机构,但在洪武二十三年(1390年)几乎全部废除,只留下施州卫与大田所。原来,明太祖设置这些机构,封赐少数民族首领为机构长官后,并没有收到理想的效果,以散毛洞为代表的地方势力多次发动武装袭击活动,让湖广不得安宁,施州卫无力管控。为了维护明王朝统治秩序,明太祖派开国名将蓝玉平定湖北恩施地区,洪武二十三年(1390年):

> 凉国公蓝玉克散毛洞,擒刺惹长官覃大旺等万余人。置大田军民千户所,隶施州卫。以蓝玉奏散毛、镇南、大旺、施南等洞蛮叛服不常,黔江、施州卫兵相去远,难应援。今散毛地与大水田连,宜置千户所守御,乃改散毛为大田,命千户石山等领土兵一千五百人,置所镇之。时忠建、施南叛蛮结寨于龙孔,玉遣指挥徐玉将兵攻之,擒宣抚覃大胜,余蛮退走。玉复分兵搜之,杀获男女一千八百余人,械大胜及其党八百二十人送京师。磔大胜于市,余戍开元,给衣粮遣之。②

蓝玉给今恩施地区的少数民族以致命打击,杀死逮捕许多地方首领。既然封官不能起到长治久安的目的,明太祖便顺势将宣抚司、安抚司、长官司全部裁撤,单纯用施州卫与大田所管理当地。不过,明太祖去世后,明成祖又恢复宣抚司等称号。

永乐二年(1404年)五月:

> 设散毛、施南二长官司,置流官吏目各一员。其地故元时俱置宣慰司,洪武六年,改散毛沿边并施南二宣抚司,又设龙潭安抚司,隶散毛沿边。二十三年,以蛮人梗化,遂废。后于散毛沿边设大田军民千户所。至是,故土官之子覃友谅等奏:比年招复蛮民,岁输租税,请仍设治所。以其户少,乃降为长官司,俱隶大田军民千户所。命覃友谅为散毛长官,田应虎副之,覃添福为施南长官,覃敬副之。各给印。③

湖北恩施地区的少数民族首领在经过明太祖雷厉风行的打击后,已经恭顺,并向明朝缴纳租税。明成祖执政初年,恩施地区的首领请求重新设置机构。于是明朝设散毛、施南二长官司,隶属于大田所,由当地首领任世袭长官。随着明王朝与少数民族关系的融洽,越来越多的地方首领朝贡京师,获得封号。

永乐四年(1406年)三月:

---

① 资料来源为《明实录》《明史》以及郭红、靳润成:《中国行政区划通史·明代卷》,复旦大学出版社2017年版,第599—603页。
② (清)张廷玉:《明史》卷310,《列传第一百九十八》,中华书局1974年版,第7985—7986页。
③ 《明太宗实录》卷31,永乐二年五月乙巳条,台湾"中央研究院"历史语言研究所校印本,1962年版,第556—557页。

> 升施南、散毛二长官司为宣抚司,以覃添富为施南宣抚,向万、谭攀鞍为副使。覃有谅为散毛宣抚,谭本良为同知,黄琢为副使,于文义为金事,以其来朝故也。
>
> 复设龙潭安抚司,以田应虎为安抚,黄潮端为同知,向谷贤为金事。时应虎等来朝,言其祖父自宋元来,俱为龙潭宣抚。洪武初,官治如旧,后因峒蛮作乱遂废。永乐二年,并其地入散毛长官司,应虎为散毛副长官,龙潭距散毛甚远,乞复置龙潭安抚司,以治夷民为便。故有是命。
>
> 设湖广木册、唐崖二长官司,以田谷佐为木册长官,崖仲良、谭汝朱副之。覃忠孝为唐崖长官,黄晟逞、秦俊副之。初谷佐等父祖世为安抚等职,洪武四年大军平蜀,蛮民惊溃,治所遂废。至是谷佐等复招集蛮民三百余户来朝,请建官府。故有是命。①

同年,明朝还设容美宣抚司与忠建宣抚司,其中后者下辖忠峒安抚司与高罗安抚司。②永乐五年(1407年)正月:

> 设镇南长官司,隶施州卫。时施州卫指挥孙演,招谕蛮首覃兴等来朝。兴言:洪武初,父祖俱为镇南宣抚,后因土酋向添福梗化,遂废。今镇南之地,有蛮民三百余户,愿率为编氓。从其言,遂设长官司,以兴为长官,其子为把事。③

二月:

> 复设五峰石宝长官司,隶湖广都司。初,大军征蛮,蛮民皆窜匿,长官司遂废。至是长官张仲山子再武,陈谦珉子斌等,乞复旧,以抚辑其众。从之。命再武为长官,斌为副长官,赐印章冠带。④

三月:

> 复设东乡五路安抚司,命谭忠为安抚,隶施南宣抚司。石梁下峒、椒山玛瑙、水尽源通塔坪三长官司,俱隶容美宣抚司。命向湖文、刘再贵、唐思文为长官。洪武初,各于其地设置治所,后蛮民梗化,遂废。时谭忠等以故官子侄来朝,奉请复设,

---

① 《明太宗实录》卷52,永乐四年三月辛亥、戊午条,台湾"中央研究院"历史语言研究所校印本,1962年版,第784—785、第787—788页。
② 郭红、靳润成:《中国行政区划通史·明代卷》,复旦大学出版社2017年版,第602页。
③ 《明太宗实录》卷63,永乐五年正月丙子条,台湾"中央研究院"历史语言研究所校印本,1962年版,第907页。
④ 《明太宗实录》卷64,永乐五年二月丙午条,台湾"中央研究院"历史语言研究所校印本,1962年版,第912页。

遂从之。①

四月：

> 复设忠路、忠孝、全（金）峒三安抚司，隶湖广施州卫。初，土酋向天福构兵，蛮民溃散，安抚司遂废。至是，故王官子覃英等来朝，乞复旧治，以抚夷民。从之。命覃英、田大兴、覃添贵为各司安抚，俱赐印章。②

同年，还设置大旺安抚司。③ 明成祖时期，施州卫机构恢复与设置集中于永乐四年（1406年）至永乐五年（1407年）。永乐五年（1407年）后，施州卫机构建设暂时告一段落。

随着时间的推移，明朝以及原先设置的土官，还在不断招抚当地居民，更多的少数民族归附明朝。明宣宗在位初年，湖北恩施地区又进行了机构设置。

宣德二年（1427年）七月：

> 设湖广石关峒长官司，隶金峒安抚司，以覃万勇为长官，向显铭、牟福亮、谭仲贵为副长官。前元时，尝于其地开围布等处镇边万户府，以万勇父黑送，显铭父胜，福亮父月海，仲贡父孝为万户知府、同知、通判。洪武初，大军克蜀，黑送等皆死，蛮民溃散，因而罢革。至是，万勇等招集蛮民一百五十余户居峒中，未有所属。金峒安抚司遣人招之，乃备马来贡，上故万户府印，请设官开治所。事下湖广三司覆勘，皆实，遂命设长官司，以万勇等为长官、副长官，仍置吏目一员。④

宣德三年（1428年）五月：

> 设湖广剑南长官司，以牟酋蛮为长官，谭镇蛮、牟蛮政为副长官，隶忠路安抚司。摇把峒长官司，以向墨古送为长官，冉豪虎、向星祖为副长官。在上爱茶峒长官司，以向思送为长官，汪得良为副长官。在下爱茶峒长官司，以谭成咸送为长官，向貊送为副长官。镇边蛮夷官司，以谭慈添旺为长官，向仁送为副长官。隆奉蛮夷官司，以田友晟为长官，向平均、冉桂真为副长官。皆隶东乡五路安抚司。东流蛮夷官司，以田铭为长官，黄常、谭震为副长官。腊璧峒蛮夷官司，以田兴为长官，刘斌为副长官，皆隶散毛宣抚司。西坪蛮夷官司，以秦万山为长官，黄成珊、向政旭、

---

① 《明太宗实录》卷65，永乐五年三月乙卯条，台湾"中央研究院"历史语言研究所校印本，1962年版，第915页。
② 《明太宗实录》卷66，永乐五年四月戊申条，台湾"中央研究院"历史语言研究所校印本，1962年版，第932页。
③ 参见郭红、靳润成：《中国行政区划通史·明代卷》，复旦大学出版社2017年版，第602页。
④ 《明宣宗实录》卷29，宣德二年七月癸丑条，台湾"中央研究院"历史语言研究所校印本，1962年版，第772页。

谭忠信为副长官,隶金峒安抚司。先是施州卫忠路安抚司等衙门各奏:前元故土官子孙年茴蛮等,各拥蛮民,久据溪峒,今就招抚,请开设衙门,授以职事。行在兵部以闻,上曰:驭蛮夷固当顺其情,所设衙门,亦宜有等杀。其议以闻。于是,兵部请以四百户以上者设长官司,四百户以下者设蛮夷官司。元故土官子孙,量授以职,从所招衙门管属。上从之,故有是命。①

明王朝在今恩施地区设置大量少数民族统治机构,这些机构稳定后,又不断招抚发现新的少数民族聚居地,促使其上贡归附明朝。这种连带效应,让今恩施地区机构越来越多,类似府州县的层级结构也越来越明晰。

宣德九年(1434年)六月:"以木栅(册)长官司隶施州卫,木栅(册)本隶施州卫高罗安抚司,其长官田谷佐奏:高罗常倚势凌轹之,侵夺其土地人民,已蒙朝廷分理。然彼宿怨未平,恐复加害,乞径隶施州卫。上从之。"②由于少数民族内部矛盾,明王朝让木册长官司直隶于施州卫。

明成祖、明宣宗两位皇帝在位时期,今湖北恩施地区少数民族管理架构最终确立,以后明朝历代皇帝只进行适当调整。宣德九年(1434年)六月,施州卫土司结构如下所示③:

表 7-3　　　　　　　　明宣宗宣德九年(1434年)施州卫土司表

宣抚司	安抚司	长官司、蛮夷官司
施南宣抚司(宣恩县附近)	东乡五路安抚司(宣恩县附近)	摇把峒长官司(咸丰县南部)
		上爱茶峒长官司(来凤县东北)
		下爱茶峒长官司(来凤县东北)
		镇边(远)蛮夷官司(宣恩县附近)
		隆奉蛮夷官司(宣恩县附近)
	忠路安抚司(利川市西南)	剑南长官司(利川市西北)
	忠孝安抚司(利川市东南)	无
	金峒安抚司(咸丰县西北)	西坪蛮夷官司(咸丰县西北)
		石关峒长官司(咸丰县附近)
散毛宣抚司(来凤西北)	龙潭安抚司(咸丰县北部)	无
	大旺安抚司(来凤县附近)	东流蛮夷官司(来凤县西南)
		腊壁峒蛮夷官司(来凤县附近)

①《明宣宗实录》卷43,宣德三年五月戊寅条,台湾"中央研究院"历史语言研究所校印本,1962年版,第1073—1074页。
②《明宣宗实录》卷111,宣德九年六月己酉条,台湾"中央研究院"历史语言研究所校印本,1962年版,第2488页。
③该表主要参考《明实录》《明史》《中国行政区划通史·明代卷》。

续表

宣抚司	安抚司	长官司、蛮夷官司
忠建宣抚司(宣恩县南部)	忠峒安抚司(宣恩县东南)	无
	高罗安抚司(宣恩县东南)	
容美宣抚司(鹤峰县附近)	无	石梁下峒长官司(五峰土家族自治县西南)
		椒山玛瑙长官司(鹤峰县东北)
		水尽源通塔坪长官司(五峰土家族自治县西北)
		五峰石宝长官司(五峰土家族自治县附近)
无	无	木册长官司(宣恩县南部)(卫直辖)
		唐崖长官司(咸丰县西部)(卫直辖)
		镇南长官司(来凤县北部)(卫直辖)

还需补充的是,明代施州卫境内还有盘顺司。关于盘顺司,史料相对模糊,一般认为明太祖废除盘顺司后,该司一直暗中存在,明王朝后又承认,给予封号,但是恢复的具体时间暂时没有确切的说法,明宪宗时期可能性较大。

这些机构的长官大多为少数民族首领世袭,但其下属官员也有不世袭情况。如永乐四年(1406年):"置湖广容美、忠建、施南、散毛四宣抚经历、知事各一员,龙潭、忠峒、高罗三安抚司,唐崖、木册并云南剌次和、瓦鲁之、革甸、香罗、孟琏七长官司流官吏目各一员。"①永乐七年(1409年):"置湖广施州卫大旺安抚司流官吏目一员。"②永乐八年(1410年):"置湖广施南宣抚司之金峒、忠路、忠孝、东乡五路四安抚司流官吏目各一员。"③"流官"即流动之官,任满即迁,与少数民族世袭有根本的不同。施州卫流官的出现,表明明王朝控制监督的力度在不断加强。

施州卫、大田所的长官士兵一般由汉族卫所军户充当,而下辖的各种"司"由少数民族首领世袭。"司"长官需定期向明朝进贡朝见,如果不按期朝贡,明王朝会给予处罚。明王朝除了赏赐少数民族首领外,也要监管其土司内部的若干事务。一旦明王朝需要,还要征调少数民族军队,称为"土兵",参与明王朝的军事活动。在这种管理模式下,施州卫境内的少数民族与明王朝的关系越来越紧密,在当时的历史条件下有利于民族交流融合。

---

① 《明太宗实录》卷55,永乐四年六月癸亥条,台湾"中央研究院"历史语言研究所校印本,1962年版,第814页。

② 《明太宗实录》卷88,永乐七年二月丙申条,台湾"中央研究院"历史语言研究所校印本,1962年版,第1174页。

③ 《明太宗实录》卷106,永乐八年七月辛未条,台湾"中央研究院"历史语言研究所校印本,1962年版,第1368页。

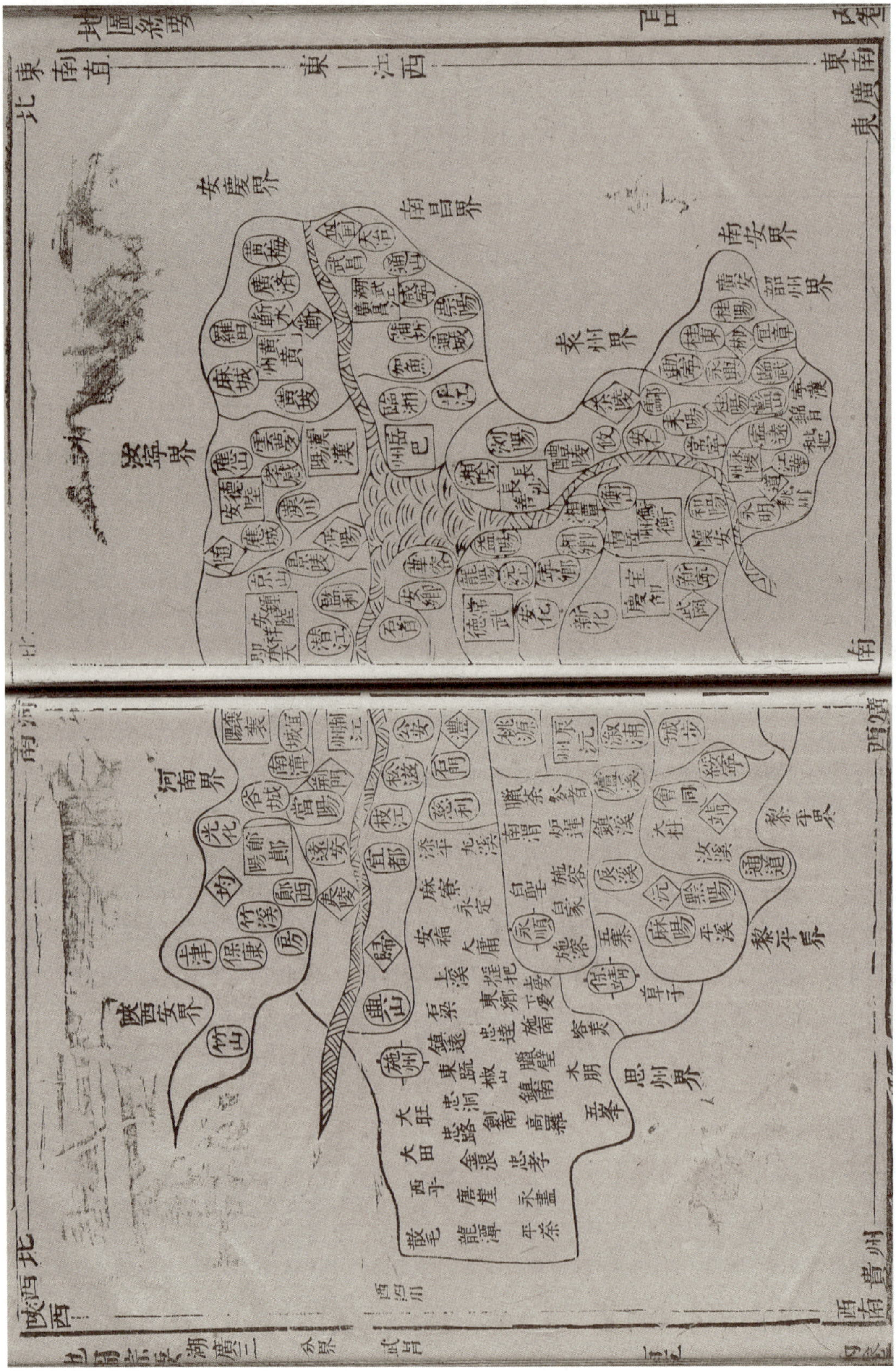

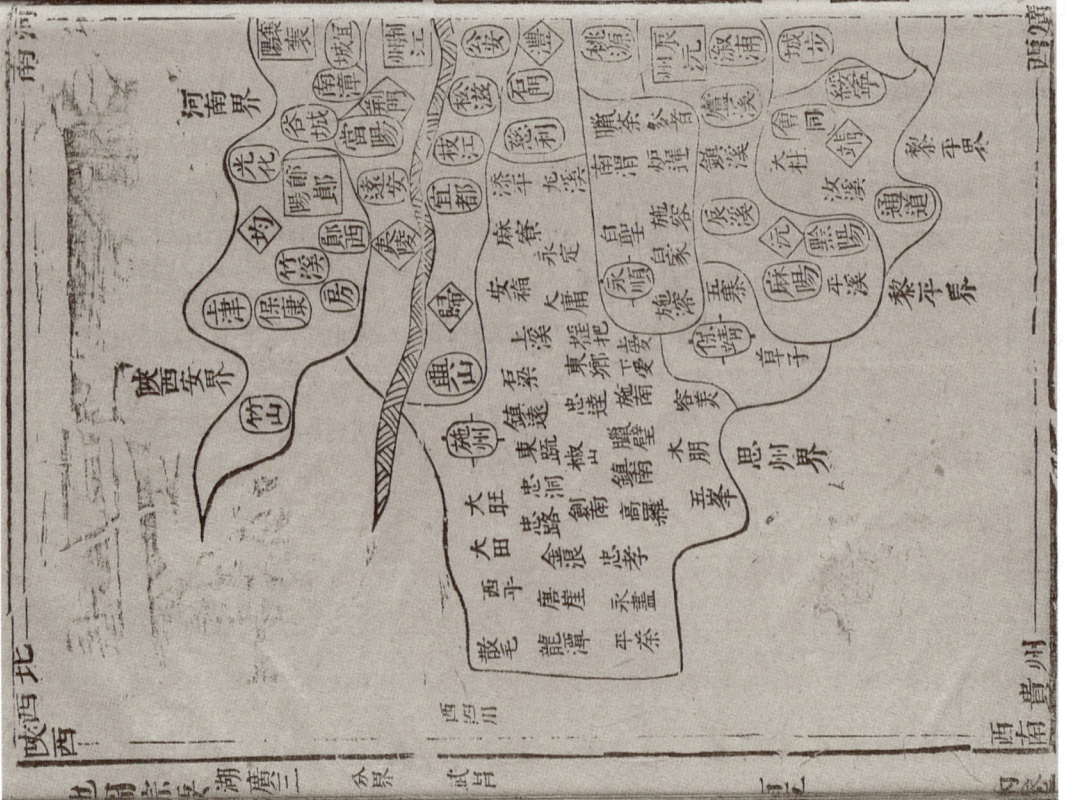

图7-2 明代《地图综要》所绘湖广地图

据学者研究,当时湖广境内还有许多并未被明王朝册封赐印的土司:"'无印土司'有土司名号,但没有受明朝廷敕封的记载,永(明成祖)宣(明宣宗)之后也没有朝贡记录,因此与'建制土司'有差异。根据来源的不同'无印土司'可分为四类:其一是元朝、明玉珍夏政权或明洪武朝所封,永宣后未获承认;其二是'建制土司'或卫招抚设置;其三是从'建制土司'中分化而来;其四是来源不详,自立发展。'无印土司'在湖广土司区有一定的社会影响力。明朝廷对'无印土司'比较宽容,默许'无印土司'存在,甚至还征调其参加军事行动、赏赐立功者,处理'无印土司'与'建制土司'的冲突。明朝对'无印土司'的态度及管理使土司制度的运行体现出刚性规定与弹性管理兼而有之的特点,也使王朝治理更符合当时当地的社会状况,有利于维护湖广土司区的稳定和发展。"①

从明成祖到明英宗,除了湖广高层、中层、少数民族聚居区的变更外,其基层政区——县也有微调。明代兴山县位于归州境内,归州是长江三峡所在地。明王朝建立后,兴山县的人口数量一直不多。永乐八年(1410年):

> 湖广兴山县知县秦凤言:境内居民鲜少,儒学生徒选补乏人,且天下郡邑民数不同,多者不下万户,寡者仅一二百户。岁贡生员,宜有差等。②

儒学生徒也好,岁贡生员也罢,是指地方选举的人才,一旦考中选中会有许多优待。人口稠密之地,有限的名额往往引起争抢。而兴山县人口过于稀少,甚至选不出儒学生徒。随着时间的流逝,兴山人口稀少的局面没有得到明显改善。正统九年(1444年),明王朝干脆将兴山县并入归州。据嘉靖《归州全志》记载,当时兴山人烟稀少,老虎为患,故而废除。③

第二节　明中期湖北政区的变化(上)

明王朝成立后,湖北西北地区吸引了越来越多的移民,而朝廷在当地的政治管理又相对薄弱,再加上官员举措不当,终于在明宪宗时期导致荆襄流民起义爆发。明王朝镇压起义后,为加强鄂西北山区监管,特设郧阳府,相关行政官员也发生一系列更改,让湖北政区格局再次剧变。在明孝宗、武宗统治时期,湖北政区也有微调。

一、荆襄流民起义与郧阳府的设置

天顺八年(1464年)明英宗去世,其子宪宗即位。宪宗即位伊始,鄂西北地区即发生大

---

① 孙炜、段超:《明代湖广土司区的"无印土司"》,《民族研究》2021年第2期。
② 《明太宗实录》卷106,永乐八年七月乙亥条,台湾"中央研究院"历史语言研究所校印本,1962年版,第1369—1370页。
③ 参见嘉靖《归州全志·沿革》,嘉靖二十八年刻本,第1页。

乱。明宪宗之前,鄂西北主要为荆州府、襄阳府辖区,史载:

> 荆、襄之上游为郧阳。郧,古麇国,春秋时为楚附庸,地多山。元至正间,流贼作乱,终元世,竟不能制。明初命邓愈以大兵剿除之,空其地,禁流民不得入。然地界湖广、河南、陕西三省间,又多旷土。山谷厄塞,林箐蒙密,中有草木可采掘食。正统二年(1437年),岁饥,民徙入不可禁。聚既多,无所禀约束,中巧黠者,自相雄长,稍能驱役之。汉中守臣以闻,且言:"不即诛,恐有后患。"上曰:"小民为饥寒所迫,奈何遽用兵诛之!"命御史金敬往抚辑。敬至,谪数人戍,余阳听抚,而大奸皆潜伏不出。寻复纵,势益滋蔓。有锦衣千户杨英者,奉使河南,策其必反,上疏言:"流逋之众,宜选良吏赈恤其饥,渐图所以散遣之。"辞甚谆切,不报。三省长吏又多诿非已境,因循不治。①

由于鄂西北山地众多,自然资源丰富,加之明王朝统治力量相对薄弱,吸引众多流民前往。这些流民或因逃避灾荒、赋税徭役而来,或为开发当地自然资源而来,大多没有编入当地户籍,地方府县管控松懈。明王朝面对此种局面,一直没有采取积极措施予以应对。再加上鄂西北山区处于三省交接之地,各省长官区分此疆彼界,遇事互相推诿,导致事态逐渐不可控制。

成化元年(1465年)三四月,刘千斤、石和尚、刘长子等人率领民众在房县正式起义,严重威胁湖广西北以及河南南部等地的治安:

> 兵科给事中袁恺奏:湖广荆襄等处流贼聚众,自房县至南漳数百里间,恣意抢掠,攻陷地方,深为民患。镇守总兵官李震、巡抚都御史王恕、王俭,并巡按御史王瀛、都布按三司、都指挥汪泽等官,平时既无抚驭之方,有警又无剿抚之策,蒙蔽贼情,坐视民患,宜各究治,以为人臣误事者戒。事下兵部,议拟以闻。上以王恕、王俭大臣,姑记其过,王瀛、汪泽等俱夺俸,仍令同心协力,平贼以弭民患。②

兵科给事中袁恺一纸奏疏,将湖广总兵、巡抚、巡按、都布按三司全部责备一番。眼看湖北地方一时难以扑灭,明王朝调外兵进剿:"命抚宁伯朱永佩靖虏将军印,充总兵官,都督同知喜信充左参将,都督佥事鲍政充右参将,统率京营及山东下班官军一万五千,以太监唐慎、右少监林贵奉监军,工部尚书白圭提督军务,讨荆襄反贼。"③

成化二年(1466年)年闰三月,起义军首领刘千斤被俘,后送往北京磔死。十月,刘长子

---

① (清)谷应泰:《明史纪事本末》,上海古籍出版社1994年版,第147页。
② 《明宪宗实录》卷22,成化元年十月壬寅条,台湾"中央研究院"历史语言研究所校印本,1962年版,第442—443页。
③ 《明宪宗实录》卷24,成化元年十二月癸卯条,台湾"中央研究院"历史语言研究所校印本,1962年版,第478—479页。

与石和尚在今湖北与重庆交界处战败被俘,后亦被杀害。荆襄流民起义第一阶段暂告一段落。明王朝只顾封赏平定起义的有功之臣,却忽视了安抚当地民众。

成化六年(1470年)十月,李胡子又发动起义,开启荆襄流民起义第二阶段:

> 荆、襄贼李胡子聚众反。先是,贼平,诸郡邑控制戍守皆未设。会岁大旱,流民入山者九十万人。李胡子,新郑人,刘千斤余党也。千斤败,与其党王彪走免。纠合余党小王洪、石歪脖往来南漳、内乡、渭南间,复倡流民为乱,伪称太平王,立"一条蛇""坐山虎"等号,官军屡捕不获,荆、襄、南阳为之骚然。①

为平定这次起义,十一月,明王朝"命都察院右都御史项忠,总督河南湖广荆襄军务"②。此为明朝湖广总督之始。成化七年(1471年),在项忠指挥下,明军在湖北竹山附近获得胜利,俘虏李胡子等首领,荆襄流民起义被明王朝再次镇压。镇压起义后,湖广河南总督职务即取消。

起义虽然得以平定,但鄂西北流民问题仍然没有妥善解决。项忠采用暴力手段,强行驱赶流民,造成人间悲剧:

> 时流民有自洪武以来,家业延子孙,未尝为恶者。兵入,尽草薙之,死者枕藉山谷。其戍湖、贵者,又多道死,弃尸江浒。议者谓忠此役,实多滥杀。既树平荆、襄碑,或亦呼为"堕泪",以嘲忠云。③

项忠的错误政策,让许多没有参与起义的土著也深受其害,鄂西北居民遭受灾难。成化八年(1472年),兵科都给事中梁璟等向皇帝指出:

> (项忠等人)贪利要功,所过州县既遣捕无籍及为盗者,而见在附籍者不论久近亦概逐之。如房县编户,初不过四里,自永乐以来,仕宦侨居,流移附籍者增至四十余里,各安生业,而忠等逐之,十不存一。其余州县率皆类此。又纵兵驱逼,略无纪律,以致冤声震天,肝脑涂地,比之夷狄侵扰,惨酷过之。④

原本人烟稠密之区,只是为了防止叛乱,就要大量驱赶居民,让鄂西北民不聊生。梁璟等请求惩治项忠,同年项忠被召返回北京。暴力驱赶,非但没有解决问题,反而加剧社会矛盾。明王朝开始另辟蹊径,解决流民问题。

---

① (清)谷应泰:《明史纪事本末》,上海古籍出版社1994年版,第147页。
② 《明宪宗实录》卷85,成化六年十一月癸未条,台湾"中央研究院"历史语言研究所校印本,1962年版,第1646页。
③ (清)谷应泰:《明史纪事本末》,上海古籍出版社1994年版,第148页。
④ 《明宪宗实录》卷103,成化八年四月丙戌条,台湾"中央研究院"历史语言研究所校印本,1962年版,第2019页。

成化十二年(1476年),明王朝开始着手让流民定居鄂西北,设立新的行政区划以加强管理:

> 敕都察院左副都御史原杰,往荆襄等处抚治流民。时左都御史李宾言:"荆襄流民,必立州县卫所,以统治控制之,可免后患。望简命练达廷臣堪副委任者,乘传以往。"上从之。乃命杰。①

在鄂西北设立政区,让流民定居的主意,以往学界认为出自周洪谟:"荆、襄流民数十万,朝廷以为忧。祭酒周洪谟尝著《流民图说》,谓当增置府县,听附籍为编氓,可实襄、邓户口,俾数百年无患。都御史李宾以闻,帝善之。"②

但最新学术成果有另外的观点,认为鄂西北新政区的设立,并非来源于周洪谟,"是明政府流民治理措施自我调整、优化选择的结果,是明政府有意识地调整流民政策的结果,其主动性占据很大比例,相比之下,周洪谟的《流民说》并不起主导作用。可能仅仅是因为《流民说》是朝臣提出的解决办法中可供参考、又恰恰符合明政府解决流民问题偏向中庸性的取向的一种方案,所以后世才将周洪谟、《流民说》同流民治理政策的转变联系起来。"③

无论设置政区的创意来源于谁,原杰上任后一反项忠粗暴方式,亲自跋山涉水,考察鄂西北实地情况,将愿意定居者编为湖北户籍,采取种种措施让百姓安居乐业。

经过一番实地调查,原杰发现聚居在鄂西北的各地流民居然有 113317 户,438644 口。如此多的人口,只有新设政区,加强管理。为此,原杰正式提出设立郧阳府的构想,成化十二年(1476年)年底,郧阳府成为现实:

> 襄阳府所辖郧县,地接河陕,路通水陆,居竹、房、上津、商洛诸县之中,为四通八达要地。且去府五百余里,山林深阻,官司罕到,盗贼猝发,缓急无制。合拓县城置府,拟名郧阳……分襄阳府所属竹山、房县、上津、郧四县来属。又于竹山之尹店,置竹溪县,编户七社,岁征税粮一千二百九十一石有奇。于郧之南门堡置郧西县,编户七里,岁征税粮一千一百一十九石有奇。又于陕西汉中之洵阳白石河置白河县,编户八里,岁征税粮三百九石有奇。以上七县俱隶新府。④

襄阳府治所距离鄂西北过于遥远,鄂西北有事的确有鞭长莫及之感,且相对于众多的流

---

① 《明宪宗实录》卷153,成化十二年五月丁卯条,台湾"中央研究院"历史语言研究所校印本,1962年版,第2795页。
② (清)张廷玉:《明史》卷159,《列传第四十七》,中华书局1974年版,第4344页。
③ 吴燃:《明代荆襄地区流民治理政策调整——以周洪谟与郧阳府的设置为切入点》,《长江文明》2021年第1期。
④ 《明宪宗实录》卷160,成化十二年十二月己丑条,台湾"中央研究院"历史语言研究所校印本,1962年版,第2927—2928页。

民,鄂西北县数过少。因而原杰以原襄阳府郧县为中心,设独立的新府(一种说法认为新府以郧县为中心,且处于汉水北部,故名郧阳),将襄阳府西部竹山、房县、上津划入新府。为了进一步管理众多户口,新设三县:分竹山县西部土地为竹溪县(境内有竹溪河),分郧县西部土地为郧西县,还将陕西白河县,划入郧阳府。

但是成化十三年(1477年),白河县又回归陕西:"复以湖广白河县隶陕西金州。先是,金州白石河创立县治,方成即改隶湖广郧阳府。至是县民以南北水土不同,人不安习请,复如旧。从之。"①由于"水土不服",白河脱离湖北。如果此为事实,那么可以说明:明宪宗时期,陕西、湖北可能已经出现强烈的省域认同感。其实白河与鄂西北处于同一地形、同一纬度,彼此接壤,与其说是"水土不服",不如说是"文化不服"。

还需特别指出的是,郧阳府的治所郧县,原本是襄阳府均州的属县。郧县划出后,均州却继续保留在襄阳,不再辖县。至此,均州在行政区划上等同于一县。

由于明王朝不再驱赶鄂西北流民,让其定居湖北,又设立行政中心与若干新县,政治管控能力得以强化,鄂西北地区从此保持长期稳定局面。而原杰却积劳成疾,于成化十三年(1477年)去世。湖北人民没有忘记这位造福于民的大臣:"杰劳苦成疾,南还,竟卒于驿舍。荆襄之民闻之,无不流泣者。"②湖北民众为原杰建立祠堂,予以永久的纪念。

项忠暴力驱赶,造成无数惨剧,湖北却仍不平静。原杰亲自查访,顺从民意,设立政区,换得长久太平。清初史家对此评论道:"一介之吏,贤于十万之师;耰锄之民,胜于组练之甲。"③

二、郧阳府相关的职官变动

郧阳府设立前后,湖广职官发生大量变动,彻底改变了明成祖以来的湖广政治格局。早在荆襄流民起义之时,明王朝就抛开湖广巡抚、巡按,派御史来到鄂西北地区,安抚处置湖北、河南、陕西、四川交界地区的流民。如成化元年(1465年)"以河南布政使王恕,为都察院右副都御史,抚治南阳、荆、襄三府流民"④。成化四年(1468年)"改户部右侍郎杨璇,为都察院右副都御史,抚治荆、襄、南阳等处流民"⑤。而原杰到鄂西北安抚流民,设置郧阳府时期的官职也是"议抚治荆襄右都御史"。

成化十五年(1479年),原杰去世后,郧阳抚治继续保留:

---

①《明宪宗实录》卷170,成化十三年九月戊辰条,台湾"中央研究院"历史语言研究所校印本,1962年版,第3074页。

②(清)谷应泰:《明史纪事本末》,上海古籍出版社1994年版,第147页。

③(清)谷应泰:《明史纪事本末》,上海古籍出版社1994年版,第147页。

④《明宪宗实录》卷15,成化元年三月癸丑条,台湾"中央研究院"历史语言研究所校印本,1962年版,第334页。

⑤《明宪宗实录》卷52,成化四年三月戊辰条,台湾"中央研究院"历史语言研究所校印本,1962年版,第1053页。

> 吏部覆奏以为，荆襄流民为患日久，近命都御史原杰于此抚治，始郡县其地，设行都司以控制之。杰卒，乃命巡抚湖广、河南都御史刘敷、李衍同管。然地方隔远，有事猝难会同，御史吴道宏巡按其地，军民累次保留。但其历任未及两考，请为裁处。上曰：河南湖广巡抚官，既难兼管郧阳等处流民。吴道宏升大理寺右少卿，令尽心提督抚治。①

关于郧阳抚治的辖区，明王朝曾作如下规定：

> 提督军务、兼抚治郧阳等处地方一员。成化十二年（1476年），以郧襄流民、遣都御史安抚……割陕西之汉中、商州，河南之南阳、唐、邓，四川之夔瞿，湖广之荆、襄、安、沔。设都御史、提督抚治之。②

郧阳抚治治所在郧阳府，管辖湖北、河南、陕西、四川交界地区，其中湖广之郧阳府、荆州府、襄阳府、安陆州、沔阳州归其管辖。

郧阳抚治的权力较大，如成化十三年（1477年），明王朝：

> 命监察御史吴道宏往郧阳府，抚安人民。敕曰：湖广之荆、襄、郧阳，河南之南阳，陕西之汉中、西安六府所属州县四十余处，土地广阔，山川深险，各处流移之民，已经都御史等官公同审勘，附籍发遣。切虑典牧之官，失于抚禁，顽梗之民，聚散不常。虽有三处巡按御史，缓急难于遍历。今特命尔驻于新设郧阳府，往来六府地方，巡察奸贪，抚安人民，修理城池，禁防盗贼，作兴学校，清理狱讼，使新旧居民，各安生业。仍时常省谕之，不许收藏应禁之书，及捏造妖言，冒干刑宪，罪及身家。尔为宪臣，受兹委任，尤须持廉秉公，正己率下，务使军民得所，地方宁静，不许偏执己见，乖方误事。如违，罪有所归。尔其勉之！慎之！③

从以上皇帝命令可以看出，郧阳抚治拥有统管辖区内军民政务的权力，几乎无所不管。在《大明会典》等明代史料中，与湖广巡抚、巡按并称。湖广抚按对郧阳抚治并没有上下级关系，于是明代湖北绝大部分地区，其实被分为两大"监察区"：

湖广巡抚、巡按，武昌府建衙，辖武昌府、汉阳府、黄州府、德安府。

郧阳抚治，郧阳府建衙，辖郧阳府、襄阳府、荆州府、安陆州、沔阳州。

与郧阳抚治相配套的是湖广行都司的设立。成化十二年（1476年）年底："设湖广行都

---

① 《明宪宗实录》卷190，成化十五年五月甲子条，台湾"中央研究院"历史语言研究所校印本，1962年版，第3378页。
② （明）申时行等：《大明会典》卷209，明万历内府刻本，第10页。
③ 《明宪宗实录》卷163，成化十三年闰二月丁巳条，台湾"中央研究院"历史语言研究所校印本，1962年版，第2968页。

司,附城立郧阳卫,卫为前左右三所。"①成化十三年(1477年)年初,"分隶湖广之荆州、荆州左右、瞿塘、襄阳、安陆、郧阳七卫,及德安、房县、均州、长宁、夷宁、枝江、远安、竹山八所于湖广行都司"②。

成化十三年(1477年)后,湖广不但调集军户,新设一卫三所,加强鄂西北军事力量,并且造成两个统辖卫所军户机构并立情况:一个是武昌的湖广都司,一个则是郧阳的湖广行都司。尤为值得注意的是,郧阳抚治并不辖德安府,但湖广行都司却辖德安所。郧阳抚治辖沔阳州,但湖广行都司却不辖沔阳卫。因此抚治与行都司都驻郧阳,但其权力涉及地理范围并不完全一样。这是因为,明代军户卫所自成管理体系,原本就不是政区的一部分,不归州县官直辖,只是附着于州县之内,因而并不完全随着所在政区的变动而变动,而是根据实际需要来划分。比如德安所其实是安陆卫的下属机构,但在地理上却位于两个互不统属的行政区划——德安府与安陆州。湖广行都司是军户卫所管理机构,因而其变动之时,要遵循军户卫所的实际需要,而非政区州县的此疆彼界。

郧阳湖广行都司分割了湖广都司与湖广总兵的权力,湖广总兵曾经也表示反对。成化十四年(1478年):"湖广总兵官都督佥事王信,请罢郧阳行都司及卫,止立一所守御其地。兵部议,行信等会议处分。有旨:其事经画已定,不可纷更。"③明王朝仍然坚持湖广卫所分治局面。

前文已经介绍,明成祖以来在湖广设镇守太监,参与影响地方军政大事。随着荆襄流民起义的爆发,以及郧阳府的组建,明王朝又在鄂西北培植宦官镇守势力。原本在襄阳府武当山(太和山),明王朝设提督太监管理道教宫观,影响地方政务。但是明宪宗即位初年,韦贵出任太和山提督太监,其影响湖北政务的力度加深。韦贵还直接参与了平定荆襄流民起义。

成化八年(1472年)八月:"以擒获荆襄逆贼功,升右监丞韦贵为左监丞,右都御史项忠为左都御史,右都督李震为左都督。"④在论功行赏时,太监韦贵排在首位,足见明王朝的重视。

成化十二年(1476年),明王朝给予韦贵更大的权力:"令提督太岳太和山监丞韦贵,兼抚流民,防奸戢盗……令贵分守湖广荆襄二府所属州县,兼管附近南阳所属淅川内乡二县之境。"⑤

---

①《明宪宗实录》卷160,成化十二年十二月己丑条,台湾"中央研究院"历史语言研究所校印本,1962年版,第2927页。

②《明宪宗实录》卷161,成化十三年正月戊午条,台湾"中央研究院"历史语言研究所校印本,1962年版,第2949页。

③《明宪宗实录》卷181,成化十四年八月丙午条,台湾"中央研究院"历史语言研究所校印本,1962年版,第3268页。

④《明宪宗实录》卷104,成化八年五月戊午条,台湾"中央研究院"历史语言研究所校印本,1962年版,第2046页。

⑤《明宪宗实录》卷151,成化十二年三月丁卯条,台湾"中央研究院"历史语言研究所校印本,1962年版,第2767页。

年底,郧阳府组建,韦贵也参与谋划:"英(原杰,字子英)乃大会镇守太监韦公贵,同湖陕河南中外诸大臣合谋佥议,籍流民一十二万三千余户,因割竹山之地置竹溪,割郧津之地置郧西,使流寓土著参错以居。于是即郧县城置郧阳府,以统房南。"①

郧阳府组建后,设湖广行都司。成化十五年(1479年)正月,明王朝颁布诏书,任命韦贵为湖广行都司长官。随后又不断颁发诏书,加强其权力,让其参与处理湖广荆州、襄阳、郧阳三府,以及河南、陕西靠近湖北部分地区政务。②

韦贵死后安葬于湖北,其墓志铭题为"大明故敕镇武当,兼分守湖广行都司,提督三省八郡军民事,内官监太监韦公墓志铭"③。武当山太监兼任湖广行都司,提督三省八郡军民事,其影响之大,可见一斑。

于是常驻武昌的巡抚、巡按与守备太监,常驻郧襄的郧阳抚治、太和山提督太监,再加上湖广总兵,均成为今湖北地区重要统治官员,彼此并无明确的上下统属关系。成化十六年(1480年)发生的一个例子可以证实:

> 命湖广荆襄等卫所备御清浪等处官军,各留其半,以备差操。其备御有缺,即于清浪等屯军内以次选补。初,镇守太监王定、总兵官王信、巡抚都御史吴诚、荆襄分守太监韦贵、抚治大理寺少卿吴道宏等,各执存留备御之见,久不能决。至是兵部议上,遂有是命。④

对于荆州、襄阳境内的卫所到今湖南地区执行军事任务这件事,太监、总兵、巡抚、抚治各执己见,久不能决。这固然由于事情牵涉太多,比较复杂所致,但此事似乎可以表明:湖广境内没有一位官员具有压服众人的绝对权威。最终这件事只能上报朝廷,由中央决定。

明宪宗以后,湖广有抚按、镇守太监、湖广都司,鄂西北有抚治、提督太监、湖广行都司。且后三者均有清晰的管辖范围与常驻衙署。湖北新的政区已经形成,正如学者所言:"在平定(荆襄)变乱后,明中央决定在这里新置郧阳府、湖广行都司等机构以加强管理,并设置郧阳抚治(巡抚)来统辖,'边区'因此演化为'政区'。"⑤

然而鄂西北政区的形成,决非表明湖广分裂为两个"省",因为布政司与按察司并没有分开。也就是说今湖北绝大多数地区,分属鄂东、鄂西两大区域,分别由不同的监察官员、不同的宫廷宦官、不同的都司监管,但共用一个布政司与按察司。湖广并没有"分省",而是分区监管。按理说监察官员与宦官一般高于布政司与按察司,但湖广地区的"高层政区"地理范

---

① 康熙《湖广郧阳府志》卷37,康熙二十四年刻本,第4页。
② 相关诏书过于繁多,此不赘引,参见隆庆《大岳太和山志》卷3。
③ 碑文拓片现藏于丹江口市档案馆。
④《明宪宗实录》卷202,成化十六年四月乙亥条,台湾"中央研究院"历史语言研究所校印本,1962年版,第3549页。
⑤ 彭勇:《从"边区"到"政区":明代湖广行都司的制度运行与社会秩序》,《求是学刊》2018年第3期。

围却小于"中层政区",这种地理上以"小"统"大"的政区格局十分罕见。

上文说过,湖广有武昌道与荆南道,荆南分巡、分守二道均常驻襄阳。大约在郧阳府组建之时,荆南道分为上下二道,分巡、分守道的驻地也有更改。结合万历《郧台志》等典籍记载,下荆南分巡道,可以追溯到永乐年间,为太和山而设,分巡道常驻襄阳,但多设部署分驻均州。下荆南分守道肇始于郧阳建府之时,驻扎郧阳府。而上荆南分巡道驻荆州,分守道驻湖南澧州。与此同时,上下荆南分守、分巡道常兼任兵备道,或当地兵备道兼任上下荆南分守、分巡道。这实质上是形成郧阳、襄阳、荆州以及湖南澧州四地重点管理格局。明宪宗开始,湖北地区道制又发生变化:

武昌分守、分巡道,驻武昌,辖武昌府、汉阳府、黄州府、德安府。

上荆南分守、分巡道,驻荆州、湖南澧州,辖荆州府、施州卫。

下荆南分守、分巡道,驻郧阳、襄阳,辖郧阳府、襄阳府、安陆州、沔阳州。

经过一番围绕郧阳府的政治改变,鄂西北地区保持相对安定的局面:"荆襄平,(明宪宗)深念流民日众,恐后复构乱,乃设郧阳等府县卫所,编定口业,俾供赋税。自是休养生息,反侧潜消,人不复以其地为虑。"①

还需补充的是,明宪宗统治中期,归州兴山县曾经短暂恢复,后又废除。② 明宪宗成化年间后,明王朝在施州卫新设思南长官司。思南长官司在今宣恩县附近,属高罗安抚司管辖。而石关峒长官司则不复存在,废除的具体时间不详。明宪宗后,施州卫,除了大田千户所,辖有正式承认的土司如下所示:

四宣抚司:施南(今宣恩县附近)、散毛(今来凤县西北)、忠建(今宣恩县南部)、容美(今鹤峰县附近)。

九安抚司:东乡五路(今宣恩县附近)、忠路(今利川市西南)、忠孝(今利川市东南)、金峒(今咸丰县西北)、龙潭(今咸丰县北部)、大旺(今来凤县附近)、忠峒(今宣恩县东南)、高罗(今宣恩县东南)、盘顺(今鹤峰县附近)。

十七长官司、蛮夷官司:摇把峒(今咸丰县南部)、上爱茶峒(今来凤县东北)、下爱茶峒(今来凤县东北)、镇远(今宣恩县附近)、隆奉(今宣恩县附近)、剑南(今利川市西北)、西坪(今咸丰县西北)、东流(今来凤县西南)、腊壁峒(今宣恩县附近)、思南(今宣恩县附近)、石梁下峒(今五峰土家族自治县西南)、椒山玛瑙(今鹤峰县东北)、水尽源通塔坪(今五峰土家族自治县西北)、五峰石宝(今五峰土家族自治县附近)、木册(今宣恩县南)、唐崖(今咸丰县西部)、镇南(今来凤县北部)。

---

① 《明宪宗实录》卷293,成化二十三年八月,台湾"中央研究院"历史语言研究所校印本,1962年版,第4980页。

② 嘉靖《归州全志·沿革》,嘉靖二十八年刻本,第1页。

三、明孝宗、武宗时期湖广政区变化

成化二十三年(1487年),明宪宗去世,其子明孝宗即位。孝宗在位十八年,弘治十八年(1505年)去世,其子明武宗即位。正德十六年(1521年),年仅三十一岁,长期荒唐嬉戏的明武宗去世。从成化二十三年(1487年)到正德十六年(1521年),三十余年中,湖广政区多有变化,但最终并没有超出宪宗格局。

明孝宗时期,恢复兴山县。弘治三年(1490年):"复设湖广荆州府兴山县。县本洪武初开设,后并入归州。民言远役不便故也。"①前文已经介绍,兴山县人口不旺,导致并入归州。但随着时间的流逝,原兴山县地区人口略有增加,然而居民纳粮服役,从今湖北兴山跑到今秭归,路途遥远,多有不便。因而明孝宗初年恢复兴山县,方便居民就近纳粮服役。

弘治十一年(1498年),湖北新设保康县。保康县原属房县,因山寇盗贼时出骚扰,县令鞭长莫及,难以周管,因此以房县修文、宜阳二里设一新县。宋代房县曾有保康军,因此新县名保康。

除了县的变更,宦官执掌湖广行都司也有反复。明孝宗初年,太和山提督太监韦贵去世,明王朝开始取消太监任湖广行都司长官以及监管荆襄地区的成例。弘治十一年(1498年)年底,"五府六部等衙门,英国公张懋等应诏言三十四事",其中之一就是"提督湖广太和山内臣,不许分守湖广行都司地方。"②然而明武宗执政时期,又恢复太监职权。弘治十八年(1505年)"命太监韦兴,往太岳太和山司香,兼分守湖广行都司地方"③。正德十四年(1519年)"淮安仓收粮太监许满,于太岳太和山烧香管事,兼分守湖广行都司等处"④。

明武宗即位初年,大太监刘瑾凭借皇帝宠信,独揽朝政,大事更张,与朝廷文官爆发激烈冲突。正德五年(1510年),刘瑾被另一宦官揭发,被武宗凌迟处死。在刘瑾专权期间,传说罢免了天下巡抚官,直到其被杀才恢复:"正德二年(1507年)十一月,刘瑾乱政,取回天下巡抚官。瑾诛,复设如故。"⑤但是按《明实录》记载,正德二年(1507年)至正德五年(1510年),湖广巡抚仍存。如正德三年(1508年)二月:"升河南左布政使张子麟,为都察院右副都御史,巡抚湖广兼赞理军务。"⑥有观点认为,刘瑾的确废除了许多地区的巡抚,但并不包括湖广

---

① 《明孝宗实录》卷38,弘治三年五月戊午,台湾"中央研究院"历史语言研究所校印本,1962年版,第802页。
② 《明孝宗实录》卷143,弘治十一年十一月壬子,台湾"中央研究院"历史语言研究所校印本,1962年版,第2497页。
③ 《明武宗实录》卷7,弘治十八年十一月辛丑,台湾"中央研究院"历史语言研究所校印本,1962年版,第227页。
④ 《明武宗实录》卷174,正德十四年五月庚戌,台湾"中央研究院"历史语言研究所校印本,1962年版,第3369页。
⑤ (明)沈德符:《万历野获编》,中华书局1959年版,第553页。
⑥ 《明武宗实录》卷35,正德三年二月癸酉,台湾"中央研究院"历史语言研究所校印本,1962年版,第841页。

巡抚。正德五年(1510年)八月："复设云南、贵州、山东、河南、山西、江西、郧阳、蓟州、保定、苏松、凤阳巡抚都御史各一员。先是，巡抚为刘瑾所革，吏部以请得旨，此累朝定制，其复之。"①由此看来，正德二年(1507年)至正德五年(1510年)刘瑾掌权时期，保留湖广巡抚，裁撤了郧阳抚治。

明武宗初年，四川爆发蓝廷瑞、鄢本恕、廖惠起义，起义军转战川、楚、陕地区，再次给鄂西北带来威胁。正德五年(1510年)，明王朝"命太子少保刑部尚书兼左都御史洪钟，总制湖广郧阳及陕西、河南、四川等处军务，并总理武昌等府赈济事宜。时湖广连年荒旱盗贼窃发，有请遣大臣抚治者，故有是命。"②根据实际情况，明王朝又设总制大臣，掌管包括湖北在内的大范围军政。洪钟常以郧阳为驻地。川、楚、陕地区起义基本平定后，总制大臣被取消。由于鄂西北有重臣驻守，湖北大部分地区没有被起义军波及。

明孝宗、明武宗执政时期，湖广施州卫境内土司也发生变化：

(1515年)复给湖广忠峒安抚司、忠建宣抚司、高罗安抚司印，以夷舍田隆、田本忠、田万金掌之。永乐间，施州等处民谭文昌、谭暹、廖汝凤、秦忠亡入高罗、忠建、镇南、忠峒，各从其土官入贡，诈称为前土官裔，袭授倅职，归，乃诱夺其印，子孙遂冒袭。弘治间，守臣擒之，印贮于官。至是，巡抚都御史秦金奏，隆在忠峒，本忠在忠建，万金在高罗，皆真夷种，故给之。而镇南长官司，为汝凤所冒者，至是夷种尽亡，其司遂废。③

原来施州卫内，忠峒安抚司、忠建宣抚司、高罗安抚司等被明成祖册封的土司家族早就被外姓篡夺，直到明孝宗时期才被湖广官员发现，于是将三司官印没收，停止承袭。明武宗时期，湖广官员让"真土司"后裔即位，官印归还，但镇南长官司原土司已经绝嗣，故而暂时废除。④

弘治三年(1490年)后，明孝宗、武宗统治时期，除施州卫、建始县、英山县外，湖北政区格局如下所示：

---

①《明武宗实录》卷66，正德五年八月壬子，台湾"中央研究院"历史语言研究所校印本，1962年版，第1463页。

②《明武宗实录》卷61，正德五年三月乙酉，台湾"中央研究院"历史语言研究所校印本，1962年版，第1350页。

③《明武宗实录》卷126，正德十年六月甲申，台湾"中央研究院"历史语言研究所校印本，1962年版，第2532—2533页。

④许多嘉靖后编纂的史书仍有镇南长官司，估计武宗正德年间后，明王朝又将其恢复。

表 7-4　　　　　　　　　明孝宗弘治三年(1490年)湖北政区表

府州	府州辖县	府辖州	州辖县
武昌府	江夏县(武汉市武昌区附近)、咸宁县(咸宁市附近)、蒲圻县(赤壁市附近)、嘉鱼县、崇阳县、通城县、武昌县(鄂州市附近)	兴国州(阳新县附近)	通山县、大冶县(大冶市附近)
汉阳府	汉阳县(武汉市汉阳区附近)、汉川县(汉川市附近)	无	无
黄州府	黄冈县(黄冈市附近)、黄陂县(武汉市黄陂区附近)、麻城县(麻城市附近)、蕲水县(浠水县附近)、罗田县	蕲州(蕲春县附近)	黄梅县、广济县(武穴市附近)
德安府	安陆县(安陆市附近)、应城县(应城市附近)、孝感县(孝感市附近)、云梦县	随州(随州市附近)	应山县(广水市附近)
安陆州	京山县(京山市附近)	无	无
沔阳州	景陵县(天门市附近)	无	无
荆州府	江陵县(荆州市附近)、公安县、松滋县(松滋市附近)、石首县(石首市附近)、监利县(监利市附近)、潜江县(潜江市附近)、枝江县(宜都市枝城镇附近)	夷陵州(宜昌市附近)	远安县、宜都县(宜都市附近)、长阳县(长阳土家族自治县附近)
		归州(秭归县附近)	兴山县(兴山县南部)、巴东县
		荆门州	当阳县(当阳市附近)
襄阳府	襄阳县(襄阳市附近)、谷城县、南漳县、宜城县(宜城市附近)、枣阳县(枣阳市附近)、光化县(老河口市西北)	均州(丹江口市西北)	无
郧阳府	郧县(十堰市郧阳区附近)、郧西县(郧西县附近)、房县、竹山县、竹溪县、上津县(郧西县上津镇附近)、保康县	无	无

第三节　明中期湖北政区的变化(下)

明武宗无子而亡,其堂弟兴王朱厚熜即位,是为明世宗。由于兴王的封地在湖北安陆州,明世宗即位后将帝乡改建为承天府。承天府组建前后,郧阳抚治辖区发生变化,荆西道、兴都留守司、守备太监得以出现,湖北政治格局再生变化,形成了郧阳、承天、武昌三大政治中心。嘉靖二十一年(1542年)壬寅宫变爆发,明世宗迁居西苑。同年,严嵩正式进入内阁。明世宗统治后期(1542—1566年)以及其子穆宗统治时期,湖广政区又有三变——湖广川贵总督产生、黄安建县与施州卫的建设。

一、藩王入继大统与承天府的组建

前文已经介绍,明太祖时期确立藩王镇守地方制度,明成祖之后延续,但剥夺藩王的政治经济权力,使藩王镇守成为恩养朱明宗室的手段。继武昌的楚王后,许多湖北地区迎来新的藩王。如明成祖时期,将北方的辽藩迁移至荆州。明宣宗时期,将江西的荆王迁到蕲州。明英宗时期,将湖南的襄王迁到襄阳。这些藩王对所在地方的军民政务没有直接管辖权,无法成为一种地方权力机构,但其宗亲衣食来源均由湖广居民负担。

湖北安陆州也先后迎来三位藩王。第一位就藩安陆州的是明太祖子郢王朱栋。郢王真正来到湖北是明成祖永乐年间,但这位藩王福短寿猝,"在国六年卒,谥靖,无子,国除。"①由于郢王早死且无子,郢藩废除。

后来,明仁宗封儿子朱瞻垍梁王,再次就藩安陆州。梁王于明宣宗时期来到湖北,有一天襄王朱瞻墡从长沙迁移襄阳,路过安陆州,兄弟相聚:

> 襄王瞻墡自长沙徙襄阳,道安陆,与瞻垍留连不忍去。濒别,瞻垍恸曰:"兄弟不复更相见,奈何!"左右皆泣下。②

明制,藩王就国后,除非皇帝召见等特殊原因,不许随意离开封地,更不许与其他藩王见面。就藩对于许多藩王而言,可以算作是高级囚笼,梁王与襄王在安陆短暂相聚,从此"兄弟不复更相见",一声"奈何"透露出明代宗藩的特点。正统六年(1441年),梁王在安陆州去世,再次无子,封国再次废除。

时间到了明宪宗时期,宪宗有一子名朱祐杬,由于并非嫡长子,无权继承皇位,照例封王。成化二十三年(1487年)秋七月:"册封第二皇子祐杬为兴王。"③弘治四年(1491年)九月:"命建兴王府于湖广之德安。"④后来又改封河南卫辉,十月:"兴王以卫辉瘠洼,河水泛滥,不可立府,请改封于湖广之安陆州,从之。"⑤弘治七年(1494年)九月:"兴王之国。"⑥从兴王的就藩历程来看,其初封地本不在安陆州,是其主动要求的。对于再三绝后的藩王"不祥之

---

① (明)郑晓:《吾学编》卷15,上海古籍出版社2002年版,第257页。
② (清)张廷玉:《明史》卷119,《列传第七》,中华书局1974年版,第3634页。
③ 《明宪宗实录》卷292,成化二十三年七月戊申,台湾"中央研究院"历史语言研究所校印本,1962年版,第4942页。
④ 《明孝宗实录》卷55,弘治四年九月壬寅,台湾"中央研究院"历史语言研究所校印本,1962年版,第1078页。
⑤ 《明孝宗实录》卷56,弘治四年十月丁未,台湾"中央研究院"历史语言研究所校印本,1962年版,第1080页。
⑥ 《明孝宗实录》卷92,弘治七年九月癸卯,台湾"中央研究院"历史语言研究所校印本,1962年版,第1697页。

地",兴王却求之,有可能是看中了当地的有利条件。①

兴王居住湖北安陆州期间,只养育成人一个儿子,即正德二年(1507年)出生的朱厚熜。兴王父子二人一直生活在湖广安陆州。正德十四年(1519年)夏,兴王朱祐杬去世,谥号曰献,史称兴献王。兴献王独子朱厚熜继承王位。朱厚熜原本会以普通藩王的身份在湖北度过一生。

但正德十六年(1521年)春,明武宗去世,且无子无弟。明朝廷依据《皇明祖训》"兄终弟及"原则,迎立明孝宗之弟朱祐杬后人朱厚熜为帝,是为明世宗嘉靖皇帝。正德十六年(1521年)三月,朝廷委派司礼监太监谷大用、韦霦、张锦,内阁大学士梁储,定国公徐光祚,驸马都尉崔元,礼部尚书毛澄前往湖北迎接新帝即位。史书记载,朱厚熜离开湖北之时,"辞兴献王墓,伏地恸哭,左右扶而起,从官莫不感泣"。②

明世宗对待其父亲的感情应该是真挚的,但是他到了北京后,内阁首辅杨廷和等人以为既然是"兄终弟及",朱厚熜等于过继给明孝宗,是武宗之弟,兴献王则成为"叔父",明世宗对此极为不满。围绕亲生父亲的称号、礼仪等问题,明世宗与杨廷和等官员展开激烈争执,史称"大礼议"。

嘉靖三年(1524年),明世宗以暴力打击反对尊称兴献王的大臣。七月,上兴献王尊号为"皇考恭穆献皇帝",并"诏定安陆州松林山陵为显陵"。③ 安陆州松林山陵即兴献王的坟墓,在安陆州城郊外。从此明显陵成为兴献王陵墓的专称。嘉靖四年(1525年),明世宗将父亲灵位放入太庙。嘉靖五年(1526年),明世宗又专门修建世庙,纪念其父。嘉靖六年(1527年)"命修显陵如天寿山七陵之制"。④ "天寿山"即今北京十三陵地区,当时只有七位皇帝的陵墓。此举将兴献王坟墓升级到皇帝规格。嘉靖八年(1529年),显陵工程告一段落,明王朝开始对其进行祭祀活动。嘉靖十年(1531年)二月,明世宗封显陵所在的松林山为纯德山,让湖广巡抚前往祭祀。在尊称父亲的"大礼议"过程中,明世宗逐步深入对明朝政治的了解,政治手腕越来越成熟。

正当明世宗为其父亲争得名分,统治日益强固之时,湖广政区又发生变动。嘉靖十年(1531年)八月:

> 湖广归州南逻口巡检徐震请于安陆州建立京师。下礼部议:京师之建于典礼无据,太祖发迹濠州,改州为府,较之安陆,事体相同,宜升为府治,以隆根本。于是

---

① 参见张骏杰:《明兴献王就藩地点考论》,《史学月刊》2018年第12期。
② 《明世宗实录》卷1,正德十六年三月癸卯,台湾"中央研究院"历史语言研究所校印本,1962年版,第3页。
③ 《明世宗实录》卷37,嘉靖三年三月丁丑,台湾"中央研究院"历史语言研究所校印本,1962年版,第924页。
④ 《明世宗实录》卷83,嘉靖六年十二月丁未,台湾"中央研究院"历史语言研究所校印本,1962年版,第1857页。

户部请钦定府县名,行吏、礼二部铨官铸印,令其赴任管事,割旁州县以为治属。诸应行并未尽事宜,悉听湖广抚按等官酌议以闻。诏俱从之,乃定府名曰承天,附郭县曰钟祥,割荆州之荆门州,当阳、潜江二县及沔阳州、景陵县隶之。①

当时明世宗的家乡官员归州南逻口巡检徐震为了讨好皇帝,建议将帝乡安陆州升级为京师,与北京、南京并立。他的建议被皇帝下发礼部讨论,礼部官员认为在安陆州建立京师没有任何依据,但是明太祖朱元璋家乡是濠州,太祖即位后将濠州升为凤阳府,这段祖先往事与明世宗情况非常类似,因此建议升安陆州为府。礼部官员的建议得到明世宗认同,因此将安陆州改为承天府,将荆州府荆门州、当阳县、潜江县,以及沔阳州、景陵县划归新府。

前文已经介绍,明代州是代管模式,府是统管模式,安陆州境内分为州直辖地与京山县管辖地两部分。升州为府后,代管模式变为统管模式,府不再有直辖地,因此府城新设一县——钟祥(据说县名来自于嘉靖帝,取"钟聚祥瑞"之意),负责接管原安陆州直辖地。值得注意的是,承天府的组建,将原安陆州升府,沔阳州并入,此时湖北实质上已经没有直隶州了,全是散州。

承天府的组建当然是为了尊崇帝乡,但其名称很值得考量。当时南京所在的府名应天府,北京所在的府名顺天府,从名称上看,承天府的确具有尊贵的"都城"性质,再加上明朝人常将承天府尊称兴都,这似乎说明湖北承天府真的是明王朝的都城,其实不然。

众所周知,明太祖朱元璋定都于南京,后明成祖逐渐将政治中心迁到北京,但南京仍旧保留大批中央衙署,如六部、国子监等。南京仍旧发挥一定的全国性政治、经济、文化功能。还如朱元璋家乡凤阳府,设有许多特殊机构,对明代漕运与宗藩管理发挥了不可替代的作用。但是承天府并没有发挥某种特殊的政治经济功能,正如承天府知府茹鸣金《新建承天府题名记》所言:

> 当嘉靖龙飞之十年,礼臣上言,安陆为献皇寝园重地,宜改州为府,如凤阳故事,以重根本。上从之,钦定府曰承天,县曰钟祥。而改建其规制,创所未有。凡黉序之端设,师儒之增置,拟于二京,而府之命名亦与顺天、应天等。乃官僚则犹曰刺史也,倅也,判也,曾不殊于列郡。②

明世宗可能对承天府的学校有一番建设,对其名称有过美化,但是设置的职官与其他府没有多大区别。承天府的确是帝乡,拥有显贵的名字,但并不能过于高估承天府的政治经济地位。

---

① 《明世宗实录》卷129,嘉靖十年八月辛丑,台湾"中央研究院"历史语言研究所校印本,1962年版,第3074页。

② 万历《承天府志》卷13,万历三十年刻本,第20页。

还需补充的是,有些清代典籍①乃至现代著述认为,明代承天府境内还设置了显陵县。但从目前发现的明代各种史料来看,没有此县的相关记载。本书偏向的观点是,显陵县可能并不存在。

二、与承天府相关的政区变迁

嘉靖十年(1531年)承天府组建后,明王朝围绕承天府多有政治变动。前文已经介绍郧阳抚治与湖广巡抚、巡按对湖北地区有一个区域分工,承天府境内多数地区属于郧阳抚治管理。但嘉靖十四年(1535年):"抚治郧阳等处都御史王学夔,以安陆州旧属所辖,具载敕中。今升为承天府,应否如旧管。于咨兵部请之,得旨:承天直隶巡抚管辖。"②郧阳抚治本是专门监管鄂西北地区的重要职官,现在帝乡承天府得以组建,关于承天府的归属问题,王学夔专门上奏请示。结果皇帝的圣旨为"承天直隶巡抚管辖。"关于这句话的理解,有学者认为是承天府归南直隶应天巡抚管辖。应天巡抚驻所在南京,与承天府十分遥远,这在情理上本就存在疑惑。有学者考证:"湖广承天府在嘉靖十四年后一直属湖广巡抚辖区,从未隶应天巡抚管辖。学界所习称的嘉靖十四年至隆庆初应天巡抚一度辖有承天府这一'飞地'的说法,并不足以凭信。这一观点的产生,源于研究者受到了现行《明世宗实录》中相关记载的误导。"③

这里的"直隶巡抚管辖",更多的是直隶于湖广巡抚管辖的意思。承天府不归应天巡抚管辖应该是事实。从此郧阳抚治与湖广巡抚分区有了新的改变。前者管理湖广郧阳、襄阳、荆州三府。后者管理湖广其余地区。

嘉靖十七年(1538年)年底,明世宗之母蒋太后去世。为了考察生母安葬之地,嘉靖十八年(1539年)世宗亲自从北京出发,南巡承天府。经过一番实地考察,世宗决定父母均安葬明显陵,不必迁移北京天寿山安葬:"朕南巡因谒陵寝及视大峪已毕,然峪地空凄,岂如纯德山完美,决用前议,奉慈驾南祔。"④再加上明朝官员开启兴献王地宫,发现地宫漏水,从此明显陵又开始大规模修理,并成为明王朝十分重要的陵寝重地。

为了更好地管理承天府,嘉靖十九年(1540年)三月:"改置湖广承天、德安二府为荆西道,设守巡官各一员,从巡抚都御史陆杰奏也。"⑤荆西道设置的原因是:

> 先是承天府为州治,本属下荆南道,辖于抚治郧阳都御史。陆杰上言,纯德山鼎卜玄宫,祭告行礼,命使相仍,似宜专设守巡,时亲整理。兼之潜沔为江汉下流,

---

① 如清官修《明史》《续通典》与(清)陈鹤《明纪》等典籍认为明代曾设显陵县。
② 《明世宗实录》卷180,嘉靖十四年十月丙午,台湾"中央研究院"历史语言研究所校印本,1962年版,第3856页。
③ 宋可达:《明代应天巡抚辖区考辨——兼论"飞地"承天府的归属》,《中国历史地理论丛》2021年第2期。
④ 《明世宗实录》卷223,嘉靖十八年四月乙丑,台湾"中央研究院"历史语言研究所校印本,1962年版,第4639页。
⑤ 《明世宗实录》卷235,嘉靖十九年三月乙卯,台湾"中央研究院"历史语言研究所校印本,1962年版,第4810页。

堤防多所冲决,此守巡督视不及故也。盖下荆南一道所属,郧、襄、承三府,延袤千有余里,而德、黄、武、汉四府俱属武昌一道,地方广远,守巡官病于周巡遍履之难。若以武昌道之德安,与承天二府别为一道,就近供事,甚便。奏上,故有是命。①

原来下荆南道是为专门管控鄂西北而设,分守、分巡道分别驻郧阳、襄阳,现在显陵越来越重要,且沔阳州的水患越来越严重。于是乎下荆南道又要管鄂西北山区,还要管理显陵与平原水利,实在难以顾及。再加上武昌道也有同样情况,因此将下荆南道的承天府与武昌道的德安府合并为荆西道。荆西道分守道驻承天府,偏向于显陵的管理。而分巡道驻沔阳州,偏向于河湖水利的管理。从此湖北地区分守、分巡道政治格局如下:

武昌分守、分巡道,驻武昌,辖武昌府、汉阳府、黄州府。

上荆南分守、分巡道,驻荆州、湖南澧州,辖荆州府、施州卫。

下荆南分守、分巡道,驻郧阳、襄阳,辖郧阳府、襄阳府。

荆西分守、分巡道,驻承天、沔阳,辖承天府、德安府。

嘉靖二十七年(1548年),在湖广巡抚的要求下,明朝廷又对荆西道予以调整:"改湖广荆西道佥事,为整饬荆西等处兵备兼管分巡,以原辖承天、德安二府,及邻近嘉鱼等八县属之。"②这一调整关键不在"荆西道佥事,为整饬荆西等处兵备兼管分巡",因为明代分守、分巡道与兵备道兼任是很常见的事。这一句关键在于荆西道除了承天府与德安府,还要管嘉鱼等八县。非常遗憾的是,相关史料并没有点出八县的具体名称,但嘉鱼属于武昌府,位于长江沿岸则可以肯定。为何明王朝有这样的更改,不得而知。但从明世宗时期湖广道制的变更似乎可以看出端倪。

前文已经介绍,除了分守、分巡道,明王朝还有许多种类的"道",负责管理具体事务。早在嘉靖十五年(1536年):

改湖广上湖南道分巡佥事为兵备佥事,驻扎蕲州,专管汉阳而下,至蕲、黄、德安等处,名曰下江防道。原驻扎岳州佥事,专管武昌而上,至沔阳、岳州、常德、长沙等处,名曰上江防道。各给敕书关防行事,从兵部覆,湖广巡抚都御史翟瓒请也。③

明王朝为了加强长江流域治安,专门设上下江防道,江防道与其他分守分巡道辖区有重合,但不是一种性质的"道"。上江防道驻湖南岳州,下江防道驻湖北蕲州,恰好位于洞庭湖到长江湖北边界。而荆西分巡道驻扎的沔阳州恰好位于两者中间,明王朝让荆西分巡道兼

---

① 万历《承天府志》卷2,万历三十年刻本,第21—22页。

② 《明世宗实录》卷342,嘉靖二十七年十一月丙申,台湾"中央研究院"历史语言研究所校印本,1962年版,第6218—6219页。

③ 《明世宗实录》卷183,嘉靖十五年正月壬戌,台湾"中央研究院"历史语言研究所校印本,1962年版,第3887—3888页。

管嘉鱼等八县,很有可能是在洞庭湖与长江湖北边界中部,再设立政治中心,带动周围地区治安力量的强化,让上下江防道与境内分守、分巡道互为声援。

明神宗万历年间:"省城(武昌)为全楚咽喉,东连江省,北接河南,江盗山寇警报时闻。原有上下二江防,而辖属稍远,不便调度。议将分巡武昌佥事加兵备职衔,自武昌以南至嘉鱼,武昌以北至白湖镇,及汉阳、汉川二县,并相连黄陂一县地方,以武昌道为主,上下江防二道为援。其余仍以上下江防道为主,武昌道为援。"①明世宗嘉靖年间,让荆西分巡道代管武昌府嘉鱼等地方,或许也是方便与上下江防道互为声援所致。

荆西道组建后,湖北分守、分巡、兵备道,外加江防道格局如下所示:

分守武昌道一员,驻扎省会,辖武、黄、汉三府。

分巡武昌道一员,驻扎省会,整饬武昌兵备,专一团练军兵,所辖武昌,南至嘉鱼,北至北湖镇、二哨及汉阳府黄陂县地方。

分守上荆南道一员,驻扎澧州,兼整饬岳州九永兵备,督理军卫有司。

抚治荆州兼施归兵备一员,照旧分巡上荆南道,抚治荆州等处流民,驻扎荆州府,整饬施归等处兵备,统辖荆州府所属州县,及荆州卫、右卫、瞿塘卫、枝江、惠州各千户所,施州永顺等土司,巡历夷陵、归州、巴东一带州县。

分守下荆南道一员,驻扎襄阳府,辖郧、襄二府。

郧襄兵备一员,驻扎襄阳府,整饬郧襄兵备,及分巡下荆南道事务,练兵捕盗。

分守荆西道一员,驻扎承天府,与守备太监协同护守陵寝,辖承天、德安二府。

沔阳兵备一员,驻扎沔阳州,整饬荆西等处兵备,兼管分巡提督承天所属堤垸,原管承天、德安二府属及邻近等八县地方。

岳州兵备一员,驻扎岳州府,管上江防道,由武昌而上至沔阳、岳州、常德、长沙等处,提督一带江防湖禁巡司,兼制宁州并宁州守备。

蕲州兵备一员,驻扎蕲州,管下江防道,由汉阳而下至黄州、蕲州、德安等处,提督一带江防湖禁巡司。②

明王朝在分守、分巡道兼任兵备道的同时,又增加江防道兼任兵备道。从辖区上看,彼此互相分工,但又形成错综复杂的局面。此种政治格局一直保持到明朝末年。

除了道的设置以及辖区的变化,兴都留守司也得以设置。前文已经介绍,湖北地区的卫所军户,包括施州卫,分别归属湖广都司与行都司管理。承天府境内实际只有两卫——安陆卫与沔阳卫。两卫分属不同的军户管理机构。嘉靖四年(1525年),明朝改安陆卫为显陵卫,用于显陵的保卫。

---

①《明神宗实录》卷37,万历三年四月壬戌条,台湾"中央研究院"历史语言研究所校印本,1962年版,第869—870页。

②(明)茅元仪:《武备志》卷294,明天启刻本,第8—10页。

嘉靖十八年(1539年)四、五月间,又改显陵卫为承天卫,负责防御承天府城。又"改荆州左卫为显陵卫,移置其官军之护守陵寝,仍照凤阳例,建留守司,命之曰兴都留守司,序次中都,设正副留守各一员,金书指挥一员,经历、都事、断事、司狱各一员,统辖显陵、承天二卫"①。明王朝为巩固承天府的军事力量,从荆州调来一卫,改称显陵卫,并仿照凤阳例子设兴都留守司,统管显陵、承天二卫。湖广都司归湖广抚按管理,行都司归郧阳抚治管理,还经常被太和山守备太监影响。而兴都留守司的归属,嘉靖二十年(1541年)明王朝有所安排:"巡抚湖广都御史陆杰言:承天、显陵二卫旧例湖广行都司,属抚治郧阳都御史。今改隶兴都留守司,未定所辖,不便考选。兵部言改属湖广巡抚便,上允之。"②从此,原属郧阳抚治管辖的承天府地区军民管理权全部划归湖广巡抚。嘉靖二十一年(1542年)三月,又"改沔阳卫、德安所,属兴都留守司"③此时湖北地区卫所分属情况应如下所示:

湖广都司(驻武昌),辖武昌卫、武昌左卫、武昌护卫、黄州卫、蕲州卫、施州卫、大田所。

湖广行都司(驻郧阳),辖郧阳卫、襄阳卫、襄阳护卫、荆州卫、荆州右卫、均州所、竹山所、房县所、长宁所、远安所、夷陵所、枝江所。

兴都留守司(驻承天),辖承天卫、显陵卫、沔阳卫、德安所、随州所④。

最后还需补充的是,承天府、明世宗与湖广宦官势力的变化。明世宗即位初期,曾经按照当时的实际情况调整湖广职官。如嘉靖十年(1531年)撤销湖广总兵官职,但时隔两年嘉靖十二年(1533年)又将其恢复。在嘉靖九年(1530年)左右,明世宗将湖广镇守太监革除。但嘉靖十七年(1538年)又想恢复,只是被文官极力反对,作罢:

镇守内臣之革,在嘉靖九年十年间,天下称快。此正张永嘉入相时也。至十七年,而太师武定侯郭勋,奏请复之,上许云贵、两广、四川、福建、湖广、江西、浙江、大同等边,各仍设一人。中外大骇。时任邱李文康当国,不能救正,人共惜之。十八年四月,以彗星示变,将新复镇守内臣,尽皆取回,遂不再设。⑤

其实嘉靖十七年(1538年),镇守太监的取消并非全部来自于"彗星":

先是武定侯郭勋,欲复各处镇守分内臣,并委其取矿课以资国用。兵部覆言:"此辈害民,在先朝已极顷,幸圣断裁革,民姑安堵。不当议从。"上曰:"各处镇守内

---

① 《明世宗实录》卷224,嘉靖十八年五月丙子条,台湾"中央研究院"历史语言研究所校印本,1962年版,第4667页。

② 《明世宗实录》卷245,嘉靖二十年正月戊戌条,台湾"中央研究院"历史语言研究所校印本,1962年版,第4923—4924页。

③ 《明世宗实录》卷259,嘉靖二十一年三月甲申条,台湾"中央研究院"历史语言研究所校印本,1962年版,第5180页。

④ 明代随州所的地位相对较低,很有可能附着于原安陆卫,故而没有在上引文献中单独出现。

⑤ 沈德符:《万历野获编》,中华书局1959年版,第167页。

臣,原不系太祖定制。今且著云南、两广、四川、福建、湖广、江西、浙江、大同每用一人,内监慎选以充,不得作威生事。"已都给事中朱隆禧等言:"皇上登极诏革内臣,中外臣民一时称快。勋徒因取矿一事,而欲并复镇守。诚恐黩货殃民,天下汹汹。臣等不能计其所终也。"上足其言,竟已之。①

从以上记载可以看出,明世宗在宦官问题上有过明确摇摆。对于开矿收税这一事务,还是想委托宦官办理。嘉靖十七年(1538年),在文官的劝说与"彗星示变"的影响下,迷信道教的明世宗取消湖北镇守太监职务。但这决非表明,宦官势力从此在湖广消失,因为太和山提督太监仍然保留,承天府守备太监的权力也越来越大。

前文介绍明世宗原本是湖北地区的藩王,其父兴献王在世时,就有大量宦官服役王府。明世宗即位后,又委派宦官看守管理父亲的显陵。守备太监的权力原本局限于显陵事务和原有王府产业管理。② 但随着明世宗以后历代皇帝的信任,守备太监的权力越来越大。

世宗时期,守备太监就有权力参倒湖广巡按御史。如嘉靖二十二年(1543年):"降巡按湖广御史史褒善为滁州判官。先是,承天守备太监傅霖与留守李翱等不和,褒善并参奏之。霖乃讦褒善擅用响器铁炼,惊扰陵寝。有旨令陈状。至是褒善疏辨,遂得罪。"③守备太监一句"响器铁炼惊扰陵寝",就能让湖广巡按御史降为从七品的州判官。从许多明代史料可以看出,守备太监可以干预湖广地方政务,许多湖广官员都有所畏惧。明人王宗载曾说道:"(守备太监)肆行无忌,皆由事大权重,而院司府县俱拱手受成故也。"④这里的"院"即巡抚、巡按。因此明世宗撤走一宦官,又增加一宦官,再加以太和山提督太监的存在,明代湖广政治格局仍然有宦官参与。

由于荆西道、兴都留守司、守备太监的存在。嘉靖二十一年(1542年)后,对整个湖广而言,武昌是省会重地,郧阳是山区重地,承天是陵寝重地。湖广政治格局又发生变化。

三、湖广川贵总督

其实早在明世宗之前,明王朝就设置过总督、总制等官,掌管某一区域的军事活动,但事平即停止。但明世宗统治后期,出现了湖广川贵总督,持续设置长达十五年,对湖广政区格局带来重要影响。

嘉靖二十七年(1548年),明朝任命曾经担任郧阳抚治的张岳出任湖广川贵总督:

---

① 《明世宗实录》卷211,嘉靖十七年四月戊午条,台湾"中央研究院"历史语言研究所校印本,1962年版,第4352—4353页。
② 万历《承天府志》卷2,万历三十年刻本,第40页。
③ 《明世宗实录》卷274,嘉靖二十二年五月癸亥条,台湾"中央研究院"历史语言研究所校印本,1962年版,第5378—5379页。
④ (明)王宗载:《兴都事宜疏》,康熙《京山县志》卷10,《中国地方志集成·湖北府县志辑》第43册,江苏古籍出版社2001年影印本,第142页。

湖贵间有山曰蜡尔,诸苗居之。东属镇溪千户所算子坪长官司,隶湖广;西属铜仁、平头二长官司,隶贵州;北接四川酉阳,广袤数百里。诸苗数反,官兵不能制。侍郎万镗征之,四年不克。乃授其魁龙许保冠带。湖苗暂息,而贵苗反如故。镗班师,龙许保及其党吴黑苗复乱。贵州巡抚李义壮告警,乃命岳总督湖广、贵州、四川军务,讨之。①

在湖广、贵州、四川三省交界之地,有大量苗族居住,并有反抗明朝之举,三省官兵久不能平。鉴于三省交界之处事权纠葛,明朝特设湖广川贵总督专门负责平定。此举与郧阳抚治的设置很相似。

张岳拥有三省兵权,于嘉靖三十年(1551年)指挥明军获得阶段性胜利:

总督湖广川贵右都御史张岳,督集三省汉、土兵,分哨剿苗。湖广分栗凹、狗脑等七寨,四川分吕蜗、普构等八寨,贵州分鬼提、麦地等十五寨。约以去年九月三日三哨并进。至十一月终,贵苗三十寨俱破,共斩获六百余级,余苗多溃窜林箐及有凭险聚保者。兵乃进驻铜仁府,督兵搜剿。至今年正月间,入擒斩九百七十余级,乃以捷闻。②

取得初步胜利后,张岳继续进取,虽屡有失败,但为明朝湖广、贵州、四川三省交界地区的稳定,做出了杰出贡献。嘉靖三十二年(1553年),张岳积劳成疾,死于任上。明王朝让湖广巡抚屠大山继任。此后明王朝长期保持总督的设置,嘉靖四十二年(1563年)明王朝撤销此职:

湖广自辰沅一带,通贵州川东。自嘉靖二十七年(1548年),湖之麻阳、镇算,贵之铜仁诸苗,伺隙叛乱,廷议始设总督军务大臣,节制三省。至四十二年(1563年),因言官建白裁革总督,将川东湖北军务,俱听贵州巡抚兼督焉。③

虽然军事上取得一定胜利,但湖广、贵州、四川三省边界的少数民族问题并没有彻底解决,因此长期设置湖广川贵总督,直到嘉靖四十二年(1563年)明朝廷才在言官建议下废除,改由贵州巡抚管理此事,节制三省边界军务。四川巡抚常驻成都,湖广巡抚常驻武昌,两者(特别是武昌)距离苗族聚居区十分遥远,只有常驻贵阳的贵州巡抚距离较近,所以在废除总督的情况下,也只能就近任用贵州巡抚监管三省边界。对此,明人朱国桢表达了强烈反对:

---

① (清)张廷玉:《明史》卷200,《列传第八十八》,中华书局1974年版,第5297页。
② 《明世宗实录》卷371,嘉靖三十年三月丙申条,台湾"中央研究院"历史语言研究所校印本,1962年版,第6625—6626页。
③ (明)雷礼:《国朝列卿纪》卷110,明万历刻本,第1页。

> 川广湖接境,无之非苗,川则酉阳为蔽,势不相及,虽属湖广,道里甚遥,难于节制,去贵甚近,兼摄颇便。然贵土瘠民贫,方仰给外省,其势甚弱,自保不暇,安能制苗。乃废十五年已设之总督,而归并于贵。皮林之役,又以四卫属之穷山独坐之人,责之伸手百里外,扑久聚之盗窟,可不可乎?自武昌而上抵贵州,名山大川,限隔数千里,苗犹自恋其穴,岂无追者,游奕上下,辄起悲中间无一重臣作镇,气势何由联络,号令安得流通。若开总府于沅,以贵之铜越,川之归夔,楚之衡永辰常隶之。兵自足用,与以楚税十三,川税十二,就中即以三之一济贵,裁川贵云之下际,□楚江吴之上游,前犄汉中,后引两广,百货流通,节宣有法,不但诸苗俯首听命,而湖山大盗亦资弹压。奈何听其日虚日散,视若瓯脱,置之度外。贵日取给于楚,楚亦益愈无救于贵。至今相仗,则谋国者之误,一失而万有余丧也。①

朱国桢认为从地理上看,贵州的确较近,但贵州是穷省,自己都还要外省援助,怎么能够有余力治理苗疆。而较为富裕的湖广,省会武昌的确鞭长莫及,因此建议在湖广南部的沅州,也就是今湖南西部芷江一带设政治中心,由朝廷大员驻守,分割贵州西部、四川东南部以及湖广西南为新政区,这样方能长治久安。朱国桢的建议,明王朝没有听从,到了明神宗统治时期,三省边界爆发动乱,明王朝这才设置偏沅巡抚。

其实从湖广川贵总督的兴废,明显可以看出当时湖广的一个政治特点。无论是巡抚、巡按、抚治,还是总兵、太监,湖广几乎所有的大员均在洞庭湖以北。而洞庭湖以南地区,特别是湖广西南地区的治理需求其实也很急迫,处于今湖北地区大员的确有兼顾不到的困境。随着时间的流逝,湖广西南部的治安越来越恶化,洞庭湖以南地区的政治大员呼之欲出,此为明代两湖分治的重要因素。

四、黄安县的创建

在湖北行政区划史上,出现了数量繁多的县。这些县出现的原因,史书要么未留下任何记载,要么只留下简短的只言片语,让我们对绝大多数古代湖北建县故事不知其详,但明代黄安县则是例外。

湖广黄州府地处湖北、河南、安徽交界之地,直辖黄冈县、黄陂县、麻城县、蕲水县、罗田县与蕲州。蕲州再辖黄梅、广济二县。嘉靖二十一年(1542 年),黄州府秦钺等人建议在麻城姜家畈设置新县,理由大约为当地距离麻城等黄州府县城较为遥远,官员多有兼顾不到之处,导致当地拖欠税粮、民事诉讼不能得到很好处理,且当地多有盗贼,严重影响居民生活。因而需要增官设县,加强管理。秦钺的建议得到朝中同乡以及湖广巡抚的认同。但在执行之时,遭到部分人的反对:

---

① (明)谈迁:《国榷》,中华书局 1958 年版,第 3684 页。

一则嫌于更变,恐钱粮之飞诡、户口之隐射,奸人缘此为弊,惟欲循途守辙而不敢为;一则惮于糜费,恐工役之浩繁、廪禄之供给,小民有所不堪,惟欲省事裕民而不肯为。①

一方面,部分官员害怕新县创建涉及赋税、人口的重新划定,影响既得利益。另一方面,部分民众惧怕新县设置后,需要百姓负担修筑县城、官衙的徭役。由于他们的反对,此次创县宣告失败。

嘉靖二十六年(1547年),黄州知府郭凤仪再次主张设县,他联合黄冈、黄陂、麻城三县知县实地考察后认为:

姜家畈等处,去县甚远,政教不及。若粮差,则决于逋递。若勾摄,则敢于抗拒。豪强噬吞小户,则过于狼虎。贼盗劫杀乡民,则惨于天行。虽是腹里,实同要荒。盖由官远于民,上情壅而不究。民远于官,下情阻而不通所致也。诚于姜家畈最切要处立一县治,则官亲于民,民附于官,御盗保民,莫此未便。②

针对反对者的理由,郭凤仪进一步解释,选择贤明官吏治理当地,自然可以消除钱粮舞弊之行为,而集中全省的财力建一小县经济负担也不会太重。况且黄州府冗官颇多,可以裁撤冗官经费,用于新县之建设。郭凤仪的论述可谓言之凿凿,但还是没有得到切实执行。

嘉靖三十三年(1554年),当地举人耿定向第三次向湖广官员请求建县,官员又以姜家畈人口稀少,建县不便为由予以拒绝。与此同时,当地读书人也纷纷上书官员,以盗贼出没为由要求建县加强官吏,并愿意捐出家产作为新县建设之费,但还是没有成功。

嘉靖三十五年(1556年),耿定向中进士,从此平步青云,担任高官。嘉靖三十九年(1560年),耿定向利用身份之便向湖广巡抚刘仑提及建县,但刘仑在任不到一年即被弹劾罢官,此事未果而终。

嘉靖四十年(1561年),耿定向又委托新任湖广巡抚张雨建县。

嘉靖四十一年(1562年),与耿定向有矛盾的严嵩父子倒台,新任内阁首辅是与之交好的徐阶。年底,湖广巡抚张雨通过征询各方面意见,才正式向明王朝建议建县。新县得以建立,或许有张雨慑于内阁首辅徐阶的因素在内。耿定向后来评论新县时曾说道:"邑兹肇建,万世□安,岂偶然哉? 亦乘所遇矣。"③这里的"遇"很有可能指的是明朝中央政府的变更。

嘉靖四十二年(1563年)三月,明朝廷"诏设湖广黄安县,割麻城、黄冈、黄陂三县地益

---

① (明)耿定向等:《黄安初乘》卷1,康熙四年刻本,第6页。
② (明)耿定向等:《黄安初乘》卷1,康熙四年刻本,第5—6页。
③ (明)耿定向等:《黄安初乘》卷1,康熙四年刻本,第4页。

之,隶黄州府。从巡抚都御史张雨奏也"①。黄安县得名或许有黄州长治久安之意。从上文的介绍可以看出,张雨并不是黄安县的真正创始人,其幕后的耿定向才是"黄安之父"。

有学者认为:"设立黄安县,是从其位于三省交汇的特殊地理环境出发,基于该地盗乱难靖的现实情况而增设。且新县设置恰处在一个特殊时期,即朝廷内部新旧内阁首辅权力更替,时任内阁首辅严嵩与次辅徐阶之间矛盾激化,与建县倡议者耿定向相友善的徐阶担任内阁首辅之后,黄安建县的呈请很快得以通过……随着新县建立,以耿定向为中心的士绅在地方赢得巨大声望,其所在宗族也获得长足发展,这无疑也成为整个黄州府士绅争相模仿的典范。嘉靖以后,伴随着地方宗族整合,黄州府士绅力量不断壮大,积极参与事务,在地方社会拥有很大的话语权。"②

其实嘉靖四十二年(1563年),黄安并没有完全完成建县工作。其许多建县事务一直拖到明穆宗统治时期方才告一段落,最典型者莫若黄安县的疆界直到隆庆三年(1569年)才最终划定:黄陂县滠源乡八里、黄冈县中和乡十二里、麻城县太平、仙居两乡二十里(太平、仙居二乡后又合并为太仙乡)划归新县。③ 新划定的疆界,东抵麻城,南邻黄冈,西靠黄陂,北达河南省。这里的"里"指的是明代基层户口管理单位,按明太祖规定大约110户为一里,实际上每里人数不一。黄安县20里,按照万历《湖广总志》记载有5841户。④

还需补充的是,明穆宗统治末年,襄阳府光化县的政治中心可能发生了改变,从今老河口市西北转移到今老河口市东北。

五、施州卫建设

明世宗即位初年,施州卫新设中峒安抚司。⑤ 中峒司设置的原因不甚明了,其位于宣恩东南。明世宗初年,湖北施州卫境内各土司出现许多不法事情,如嘉靖七年(1528年):

> 容美宣抚司、龙潭安抚司每朝贡率领千人,所过扰害,凤阳巡抚唐龙以闻。礼部按旧制,进贡不过百人,赴京不过二十人,命所司申饬。忠孝安抚司把事田春者数十人称入贡,伪造关文,骚扰驿传,应天巡抚以闻。兵部议,土司违例入贡,且所过横索,恐有他虞,宜严禁谕。⑥

土司给皇帝进贡是常有之事,但湖广某些土司利用进贡机会,多带随从,骚扰地方,不得

---

① 《明世宗实录》卷519,嘉靖四十二年三月辛卯条,台湾"中央研究院"历史语言研究所校印本,1962年版,第8507页。
② 李成:《地方势力与地方行政区划的设置——以明代湖广黄安建县为例》,《中国历史地理论丛》2020年第3期,第79页。
③ 参见(明)耿定向等:《黄安初乘》卷3,康熙四年刻本,第1页。
④ 万历《湖广总志》卷11,万历十九年刻本,第4页。
⑤ (清)张廷玉:《明史》卷44,《志第二十》,中华书局1974年版,第1097页。
⑥ (清)张廷玉:《明史》卷310,《列传第一百九十八》,中华书局1974年版,第7989页。

不迫使明王朝有所惩治。然而这仅仅是明世宗、明穆宗加强施州卫管理的开始。

明世宗在位时期，容美土官田世爵与土官向元楫两家世代为仇，此时田世爵假装和好，将女儿许嫁向元楫。结果反诬陷向元楫奸污其女，谋夺其财产。湖广官员没有详细调查，再加上容美土司强大，不想惹出事端，让田世爵自行处理。田世爵发兵攻打向氏，将其宗族全部俘虏，剥夺其土地。后来湖广巡抚、巡按得知此事，要提审田世爵。田世爵隐藏，"阴与罗峒土舍黄中等谋叛"①。

这里的黄中，又称黄忠，是龙潭安抚司的首领之一。嘉靖三十二年（1553年）十一月："湖广龙潭安抚司土夷黄俊、黄忠等作乱，占据奉节、云、万三县土田，聚党千余，杀土夷居民以百数。"②嘉靖三十三年（1554年）十一月，明王朝为加强施州卫管理，防止容美土司参与动乱，"诏更赐总督湖广川贵侍郎冯岳敕，令其节制容美十四司。""疏下督抚冯岳等议：施州地势孤悬，不可久居，戍军亦非一时可尽撤。但当移荆瞿守备于施州，九永守备于九溪，仍申明旧例，以上荆南道守巡官更替巡历。至于世爵骄横，有司力不能摄治，而独久系元楫何为？今宜出元楫于狱，假督臣节制容美之权，问世爵抗违之罪。若再不悛，即绳以国法。兵部覆奏，从之。"③

此时湖广川贵总督仍在，明王朝命其监管施州卫。经过总督与抚按等官的商议，决定将荆瞿守备移到施州，命上荆南分守、分巡道轮流巡视施州卫。将饱受冤枉的向元楫释放，严密监视田世爵。

十二月："湖广、四川守臣诱擒龙潭安抚司叛夷黄俊及其党李仲实等，俊子中诣军门降，施州平。"④但黄中仍旧潜伏，伺机而动。

嘉靖四十二年（1563年），明王朝撤销湖广川贵总督。黄中又在湖广、四川、贵州三省交界之地，缺乏大员镇守的情况下，趁势再次作乱。

嘉靖四十四年（1565年）："四川贼黄中，据罗山寨，劫掠奉、云、万三县，官军讨之不克。巡按御史郑洛言：川贵二省自分彼此，而湖广诸道勘处耽延，以致贼久不服。乞令抚臣协心督率所属，克期会剿，毋得仍前推调。诏从之。"⑤十月，四川、湖广发兵围剿。

嘉靖四十五年（1556年）二月，黄中投降。明王朝在黄中作乱的地方设置支罗百户所，任用汉族世袭军户管理当地。支罗所位于今利川市附近。从此除了施州卫城、大田千户所

---

①（清）张廷玉：《明史》卷310，《列传第一百九十八》，中华书局1974年版，第7989页。

②《明世宗实录》卷404，嘉靖三十二年十一月甲辰条，台湾"中央研究院"历史语言研究所校印本，1962年版，第7063页。

③《明世宗实录》卷416，嘉靖三十三年十一月壬子条，台湾"中央研究院"历史语言研究所校印本，1962年版，第7226—7227页。

④《明世宗实录》卷417，嘉靖三十三年十二月乙亥条，台湾"中央研究院"历史语言研究所校印本，1962年版，第7238页。

⑤《明世宗实录》卷545，嘉靖四十四年四月己未条，台湾"中央研究院"历史语言研究所校印本，1962年版，第8808页。

外,明王朝在鄂西南少数民族聚居区又增添一个据点。

九月,明王朝又调整政治格局:

> 改设整饬荆夔兵备湖广按察司副使一员,专驻施州,以湖广荆州等处,四川重庆夔州等处属之,兼听川湖贵州抚按官节制。仍分重庆夔州二府为上下川东二道,以整饬下川东道副使,即兼守巡,仍驻达州,专辖夔州府卫州县并橘州石柱土司。分巡上川东道佥事,即兼兵备,专辖重庆府卫州县并酉阳等土司。其分守涪州参议,令兼理忠州、长寿、垫江、南川、丰都、彭水、武隆、黔江九州县。初土寇黄中既平,吏部已覆湖广抚按官谷中虚等奏,添设兵备佥事于施州矣。既而给事中邢守庭,主事罗青霄,贵州巡抚陈洪濛,俱请复设川湖贵州总督。洪濛又请改添设佥事为副使,重其事权。独给事中何起鸣以为设总督不如专设兵备副使便宜。下兵部行四川巡抚谭论会议,竟从起鸣言。①

为了加强鄂西南以及川贵交界处的统治,明王朝特设"荆夔兵备湖广按察司副使",常驻施州。这里的"荆"指的是湖广荆州府,"夔"指的是四川夔州府,两地分属不同的省份,却要一个官员来管理,并同时"兼听川湖贵州抚按官节制",这种管理模式打破原有政区壁垒,但在管理上却并没有形成单线的行政模式。荆夔兵备道还兼任湖广按察司副使,即分巡道,这种管理模式形成了错综复杂的地理格局。随着川楚局势的变化,荆夔兵备并没有固定下来,约在明穆宗统治初年裁撤。当时贵州巡抚陈洪濛等官员认为应该重新恢复川湖贵州总督,但并未通过。明王朝固然可以让一个跨越两省的道官来保障湖广、四川边界的安宁,但对川楚贵三省边界则没有做出特殊的处置,这为明神宗时期播州动乱埋下一定伏笔。

隆庆元年(1567年),金峒安抚司内覃壁为争夺权力,开始互相仇杀。隆庆四年(1570年),覃壁公开作乱。隆庆五年(1571年),湖广明军平定叛乱。湖广巡抚刘悫等提出五条建议,加强对施州卫的监管。② 其第一条建议,将上荆南分巡道(兼兵备道)的权力,扩展至四川东部巫山、建始、黔江、万县地区,打破湖广边界,将长江三峡地区军民管理在一定程度上囊括为一。第二条建议,在鄂西战略要地布置政治军事镇守力量。第三条建议,调整施州卫职官,强化当地赋役管理。第四条建议,让支罗所严密监视作乱的金峒土司。第五条建议,湖广抚按严格监管各土司的继承,并让少数民族首领定期到学校感受明王朝伦理纲常。这五条措施加强了明王朝对土司地区的监管力量。湖广巡抚的建议,全部得到明王朝认同。

明穆宗后,施州卫境内再未出现对抗明王朝的大规模动乱,但土司内部的分化矛盾不可

---

① 《明世宗实录》卷 562,嘉靖四十五年九月癸丑条,台湾"中央研究院"历史语言研究所校印本,1962 年版,第 9014—9015 页。

② 《明穆宗实录》卷 53,隆庆五年正月乙酉条,台湾"中央研究院"历史语言研究所校印本,1962 年版,第 1320 页。

避免。盘顺土司极有可能演化为卯峒、百户、漫水三个土司。① 在今利川市沙溪乡或出现了沙溪土司。

明穆宗末年,除了施州卫(大田所、支罗所)、四川建始县、南直隶英山县外,湖北政区格局如下所示:

表 7-5　　　　　　　　　　　明穆宗隆庆六年(1572 年)湖北政区表

府州	府辖县	府辖州	州辖县
武昌府	江夏县(武汉市武昌区附近)、咸宁县(咸宁市附近)、蒲圻县(赤壁市附近)、嘉鱼县、崇阳县、通城县、武昌县(鄂州市附近)	兴国州(阳新县附近)	通山县、大冶县(大冶市附近)
汉阳府	汉阳县(武汉市汉阳区附近)、汉川县(汉川市附近)	无	无
黄州府	黄冈县(黄冈市附近)、黄陂县(武汉市黄陂区附近)、麻城县(麻城市附近)、蕲水县(浠水县附近)、罗田县、黄安县(红安县附近)	蕲州(蕲春县附近)	黄梅县、广济县(武穴市附近)
德安府	安陆县(安陆市附近)、应城县(应城市附近)、孝感县(孝感市附近)、云梦县	随州(随州市附近)	应山县(广水市附近)
承天府	钟祥县(钟祥市附近)、京山县(京山市附近)、潜江县(潜江市附近)	沔阳州(仙桃市西南)	景陵县(天门市附近)
		荆门州	当阳县(当阳市附近)
荆州府	江陵县(荆州市附近)、公安县、松滋县(松滋市附近)、石首县(石首市附近)、监利县(监利市附近)、枝江县(宜都市枝城镇附近)	夷陵州(宜昌市附近)	远安县、宜都县(宜都市附近)、长阳县(长阳土家族自治县附近)
		归州(秭归县附近)	兴山县(兴山县南部)、巴东县
襄阳府	襄阳县(襄阳市附近)、谷城县、南漳县、宜城县(宜城市附近)、枣阳县(枣阳市附近)、光化县(老河口市东北)	均州(丹江口市西北)	无
郧阳府	郧县(十堰市郧阳区附近)、郧西县(郧西县附近)、房县、竹山县、竹溪县、上津县(郧西县上津镇附近)、保康县	无	无

---

① 朱世学:《卯洞与卯峒土司历史探微》,《三峡大学学报(人文社会科学版)》2021 年第 3 期。

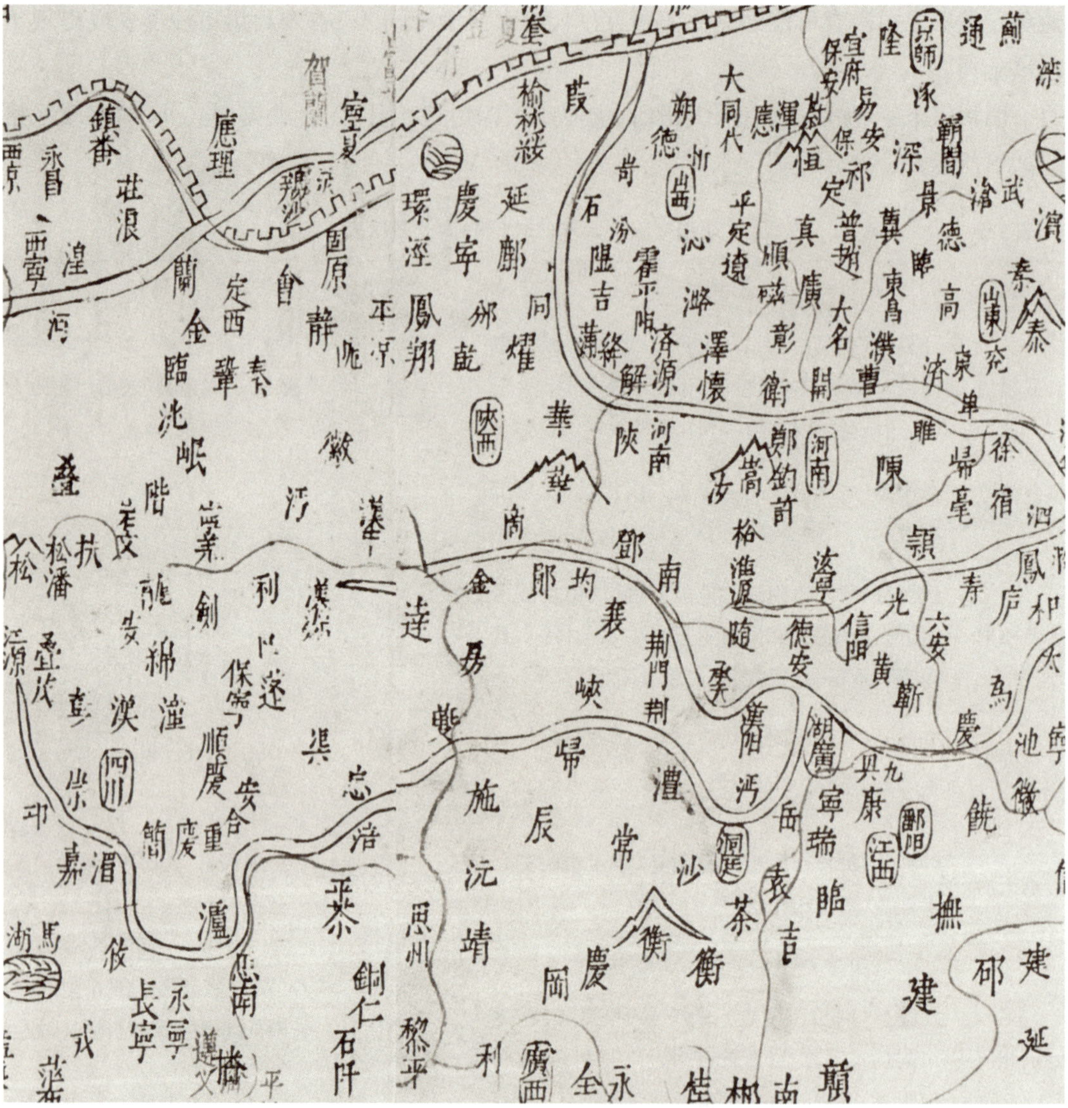

图 7-3　明代《今古舆地图》所绘《大明万世一统图》局部

第四节　晚明湖广政治演变与两湖分省萌芽

  隆庆六年(1572年)明穆宗去世,明神宗即位。神宗在位四十八年,在其治理下,偏沅巡抚得以设置,湖广提学道分区发生改变。万历四十八年(1620年),明神宗去世,明王朝迎来多事之秋,光宗即位不足一年而亡,熹宗在位七年后,崇祯帝即位。在后金与农民起义的双重打击下,明朝最终覆灭。在明王朝覆灭的过程中,总督湖广军务又出现在历史舞台上。从明神宗到崇祯帝,湖北道府州县没有发生明显改变,但政治职官的变化,直接奠定了清王朝两湖分省的萌芽。

一、湖广提学道的分置

前文已经论述,除了分守、分巡、兵备道,明王朝针对湖广不同事务,还设置了若干特殊道,如清军道、屯田道、粮储道、提学道、上下江防道等等。这些道,有的以若干府州县为固定辖区,如分守、分巡、兵备道;有的以具体地理范围为辖区,如上下江防道;还有的以整个湖广为辖区,如清军道、粮储道等。

早在明英宗统治时期,明朝就设置提督学政:

> 正统元年(1436年)始特置提督学官,专使提督学政,南、北直隶俱御史,各省参用副使、佥事。景泰元年(1450年)罢提学官。天顺六年(1462年)复设,各赐敕谕十八条,俾奉行之……提学之职,专督学校,不理刑名。所受词讼,重者送按察司,轻者发有司,直隶则转送巡按御史。督、抚、巡按及布、按二司,亦不许侵提学职事也。①

明王朝为了专门管理学校教育等事务,特设提督学政官。由于各省提督学政常以副使、佥事(按察使下属官员)充任,故常称湖广提都学政为提学道。一般而言,湖广提学道监管绝大部分湖广地区的学校教育事务。

万历四十一年(1613年)十一月:

> 增设南直隶、湖广学臣各一员。礼部言:"士子者,国家储之以为后日用也。学臣者,所繇濯磨士子以为国家后日用也。往时岁考令严,一时士子罔不服习经传,简约身心,彬彬称得人矣。迩来学政堕窳,功令不信,有数年不经岁考,甚至有十八九年者,岂尽怠弛哉?疆围甚广,而势不暇给也。夫南都者,是高皇帝之所奠鼎也,江淮襟带之区,何止数千里?而济济南士,星散于江渚。楚地者,是世宗皇帝之所龙兴也,荆岐衡阳之域,亦何止数千里?而翘翘楚材,遍伏于云湘,毋论较雠,实难措手。即凭轼而空行,亦不下半年矣。臣等广谘通国之舆论,博询两省之士绅,其在南直隶也,议西自庐、凤、连、应、安、六府,滁、和、广三州属一学臣,东自徐州、淮、扬、连、镇、常、苏、松属一学臣。其在湖广也,亦议二员并设,即以洞庭为界,属武、汉、黄、承、德、荆、岳、郧、襄九府在洞庭以北者,专设一员。属常、长、宝、衡、辰、永六府,在洞庭以南者,另设一员。地有所分,则力无不给,俾两畿三楚与天下共守岁考之制,自后各省直学臣定简有文名端方者,令之丕正士习,尤世运、文运之吃紧处也。"②

---

①(清)张廷玉:《明史》卷69,《志第四十五》,中华书局1974年版,第1687—1688页。
②《明神宗实录》卷514,万历四十一年十一月己卯,台湾"中央研究院"历史语言研究所校印本,1962年版,第9709—9710页。

年底,面对南直隶与湖广人才众多、地域广大的事实,礼部官员建议在两地各设两位提学道。尤为值得注意的是,湖广两位提学道的设置,完全以洞庭湖为界。由于施州卫多为少数民族聚居,学校寡少,且与科举考试关系薄弱,故不在划定范围之内。明王朝将洞庭湖以北的武昌府、汉阳府、黄州府、承天府、德安府、荆州府、岳州府、郧阳府、襄阳府划为同一"学区"。除了岳州府,这种划分几乎就是后来两户分省的雏形。

湖广学政分区的原因其实很清楚:随着人口的增殖,学务日益繁重,再加以湖广地区土地面积相对广大,提督学政仅仅将所有府州巡视一遍,也要半年时间,因此添加一员管理,管辖范围以地理河湖为界。

提督学政辖区或许并不是一种行政区划,但湖广"学区"以洞庭湖分设的事实却提示着我们:随着湖广的发展,事务越来越繁剧,在原有政区之外,某些具体的通省事务确实有分区治理之需求,而洞庭湖恰好处于湖广中部,自然成为某些分区的天然边界。教育是这样,军事事务其实也是如此。

二、湖广南北权力结构的变化

前文已经介绍,明代湖广在很大程度上相当于今湖北、湖南两省,几乎所有常设文武大员都在今湖北地区。明神宗及其以后,洞庭湖南北政治格局悄然发生变化。

明神宗统治时期,曾经对湖广政区职官有过一定摇摆,如万历八年(1580年)裁撤湖广总兵:"裁湖广总兵官,命怀宁侯孙世忠回京听用。"①但仅仅四年,又恢复湖广总兵。

除了湖广总兵,明神宗在位时期曾对郧阳抚治的存废也有摇摆。万历九年(1581年)四月:

> 吏部题称:"抚治郧阳都御史,添设百余年来,更置州县,安集大定,且三省各有巡抚,而郧阳所属有参政副使四员,使能协谋夹持,必不误事。抚治都御史似当裁革。"②

鄂西北长期安定,现有道员已经足够,郧阳抚治似乎已经没有存在价值。在吏部的请求下,明神宗同意撤销郧阳抚治。

八月,吏科给事中秦燿等人发表意见,反对撤销郧阳抚治:

> 吏科给事中秦燿等奏:"郧阳督抚,原辖荆南、汝南、关南、商洛四道,而郧阳、襄阳、荆州、南阳、汉中五府及西安、商州皆隶焉。丝牵绳联,以故百余年来,民安盗

---

① 《明神宗实录》卷101,万历八年六月己未,台湾"中央研究院"历史语言研究所校印本,1962年版,第2002页。

② 《明神宗实录》卷111,万历九年四月己未,台湾"中央研究院"历史语言研究所校印本,1962年版,第2133页。

息,晏然无警。近郧阳督抚裁革,该湖广抚按议以均州守道改驻郧阳,比照辰沅兵备隶贵州巡抚事例,并隶河南、陕西二处抚臣及与南阳、汉中兵备协谋夹持,其为地方善后之策,庶几周详矣。然使汝南、汉中各道不受制于湖广抚臣,则亦未为完计。何也?郧阳地错三省,复岭重山,实滋莸孽,堤防慎固之计,所赖汝南、汉中守巡各道者甚重,往时统辖在督抚,是以各道一禀于法度。若于分既不相临,则其事权亦无所遥制,乃欲同心协力,为地方弭莸销萌,未必然也。臣窃谓汝南及汉中各道,宜如往时隶郧阳督府事例,并听湖广巡抚节制,一遇有警,协同郧阳分守相机控制,如境宇保安,一体疏荐。若彼此推诿,即行参处不贷,务使千里有犄角之固,三陲成辅车之规,其于地方似为长便。"①

由于家庭的缘故,秦燿对湖广情况比较熟悉,后也担任湖广巡抚。在他看来,郧阳抚治不能裁撤。一旦裁撤,湖广、河南、陕西交界之地复归当地巡抚管理,虽有分守、分巡道镇守,但毕竟分属不同官员管辖,势必不能同心协力,三省边界之地很有可能再次出现动乱。根据后来史实,特别是明末农民战争史实,秦燿的观点是正确的。但当时明王朝不但没有听从,反而将郧阳城内湖广行都司也废除。九月:

> 吏部上郧阳善后事宜,谓郧阳抚治既革,行都司经历断事等官,及郧、均二驿地僻差简,俱宜省革。止添设参将一员,及下荆南道参政兼宪职,改驻郧阳,以便弹压。疏上,允行。②

从此鄂西北独特的政治军事格局不复存在,但仅仅过了几年,万历十一年(1583年)正月,又恢复郧阳抚治:"复顺天、郧阳二巡抚。先裁革,御史王国言:顺天迩邻北虏,郧阳叛乱之区,两镇巡抚必不可缺。从之。"③我们暂未找到御史王国的奏疏全文,也不清楚为何秦燿同样建议,明王朝就不听从。总之,郧阳抚治又得以恢复,但湖广行都司则没有恢复。于是出现了这样的局面:

> 万历九年(1581年)罢镇,并裁行都司,置参将镇其地。参将客官仅以事权弹压,而官军裘替钱谷收支,仍归湖广,往复二千余里,卫所多苦之,且独任专城,指顾惟意。十一年(1583年),都御史张公国彦条上议,复不果。已,参将米万春稍短长

---

① 《明神宗实录》卷115,万历九年八月丁酉,台湾"中央研究院"历史语言研究所校印本,1962年版,第2175—2176页。
② 《明神宗实录》卷116,万历九年九月壬午,台湾"中央研究院"历史语言研究所校印本,1962年版,第2195页。
③ 《明神宗实录》卷132,万历十一年正月壬午,台湾"中央研究院"历史语言研究所校印本,1962年版,第2465页。

其间,遂成丁亥之变。丁亥之明岁,都御史裴公应章抚定诸军,疏革参将,复行都司如故。①

当时郧阳设一参将管理军事,参将只有军事镇守之权,而无处理管理军户之责,被看作"客官"。当地卫所军户的日常事务,只能到武昌湖广都司办理,多有不便。由于参将权力相对较小,又多任非其才,不受当地军户拥戴,导致郧阳地区政治权力制衡发生改变,终于导致万历十五年(1587年)兵变:

> 先是,郧抚李材不操练军士,日惟讲学,自喜优青衿而严武弁,积不能平。及议撤参署为学宫,而军士梅林等攘臂一呼,遂成大乱,甚至文庙牌位亦被毁。②

郧阳抚治李材喜欢文化,看重文人士子,轻视军户,甚至将军事参将衙署改为学校,再加上参将米万春挑唆,当地军户发动兵变,李材逃到襄阳。据万历《郧台志》等史料记载,李材多次调动军户为文人士子无偿劳动。冰冻三尺非一日之寒,由于郧阳地区没有行都司,一官独大,容易造成权力失衡,引发不良后果。鉴于此,明王朝平定叛乱后,万历十六年(1588年)九月重新恢复湖广行都司,并注意培育与郧阳抚治的权力制衡,有时让太和山提督太监管理湖广行都司:"着太和山提督兼分守湖广行都司等处地方。"③从万历八年(1580年)到万历十六年(1588年),湖广总兵、郧阳抚治、湖广行都司多有变更,但仅仅几年时间,又纷纷恢复原来模样。这一史实似乎说明湖广洞庭湖以北政治格局已经较为固定,并经受住了时间考验,但洞庭湖以南地区则呈现截然相反的局面。

前文已经介绍,湖广与云贵交界之区是少数民族聚居之地,曾经发生动乱,明王朝曾设置湖广川贵总督以控制,但又废除。明世宗至穆宗统治时期,也曾对鄂西土司有过整治,但并没有根本解决土司叛乱问题。

明神宗即位后,播州土司杨应龙谋反,让湖广南部的政治情形发生变化。杨氏家族世代居住今贵州北部,川、湖、贵交界一带,为少数民族首领:

> 国(明)初,杨鉴内附,改播州宣慰司使,隶四川。其域广袤千里,介川、湖、贵竹间,西北堑山为关,东南附江为池。蒙茸镬削,居然奥区。领黄平、草塘二安抚,真、播、白泥、余庆、重安、容山六长官司,统田、张、袁、卢、谭、罗、吴七姓,世为目把。④

隆庆六年(1572年),杨应龙继承播州土司之位。明神宗即位后,杨应龙对明朝非常恭

---

① 万历《郧台志》,长江出版社2006年版,第6页。
② 《明神宗实录》卷203,万历十六年九月己未,台湾"中央研究院"历史语言研究所校印本,1962年版,第3796页。
③ 《明神宗实录》卷532,万历四十三年五月己未,台湾"中央研究院"历史语言研究所校印本,1962年版,第10025页。
④ (清)谷应泰:《明史纪事本末》,上海古籍出版社1994年版,第254页。

顺，不断进贡，并且听从明王朝调遣，参与军事活动。在与明王朝政府交流的过程中，杨应龙目睹了明王朝的腐败，特别是川、湖、贵交界地带军事的虚弱，渐渐妄自尊大，任意生杀，多有不法行为，俨然有割据之势。四川、贵州明军曾经试图武力镇压，但均以失败告终。万历二十二年（1594年），明朝任命邢玠为川贵总督，专门处理杨应龙。结果杨应龙非但没有被剿灭，反而势力越来越大，严重威胁川、湖、贵地区。万历二十七年（1599年）三月，眼看杨应龙不可控制，明王朝即任命富有经验的边军将领李化龙为川湖贵总督。万历二十八年（1600年）二月："以川黔用兵，偏沅添设巡抚。上用江铎为都察院右佥都御史，巡抚偏沅等处地方，提督军务兼理粮饷。"①偏沅巡抚的"偏"指的是贵州偏桥，"沅"指的是湖广南部沅州。偏沅巡抚的辖区大约在川、湖、贵交界地区，其衙署驻地或在偏桥，或在沅州。有史料说："万历中设偏沅巡抚衙门，以抚苗。半年驻沅州，半年驻偏桥，为黔楚重镇。"②

明王朝设置偏沅巡抚时曾特别强调："偏沅用兵，原是湖广巡抚之责，朝廷念其地广难遍，特设经理，以分其劳。除征播军机系专责外，其一切用兵马钱粮取给通省，着该巡抚与经理同心上紧催攒接济，不许推诿误事。"③由此可见一旦洞庭湖南部有紧急公事，湖广巡抚"地广难遍"的窘境越来越明显。

川湖贵总督与偏沅巡抚设置后，万历二十八年（1600年）明军调集大军从川、湖、贵分八路围剿杨应龙。经过艰苦战斗，六月，杨应龙战败被俘，播州平定。万历三十一年（1603年）播州杨应龙余党再起波澜，再次被明军平定。九月：

> 巡抚偏沅右佥都御史江铎卒。铎，浙江仁和人，万历甲戌进士，历刑部主事、兵部员外、福州知府、苏松常镇兵备、淮安监军、扬州参政，升右佥都御史巡抚偏沅。杨应龙造逆，黔蜀骚动，三楚震惊。庙议楚地辽阔，非重臣驻偏沅，无能节制。添设巡抚，特简铎往。铎主一切，料理器具，指授方略，分布要害，移镇险阻，不遗余力。终始三月间，馘斩俘获，招降无算。事竣守制。及再起，又破潘老、皮林等寨。抵家未几而卒。④

偏沅巡抚江铎为平定杨应龙叛乱做出了卓越贡献，并且让明王朝得出了"楚地辽阔，非重臣驻偏沅，无能节制"的结论。但是万历三十一年（1603年），杨应龙余党平定，江铎去世后，偏沅巡抚也予以废除。

偏沅巡抚虽然被废除，但"楚地辽阔，非重臣驻偏沅，无能节制"的根本原因并没有解除，

---

① 《明神宗实录》卷344，万历二十八年二月乙亥，台湾"中央研究院"历史语言研究所校印本，1962年版，第6381—6382页。
② 乾隆《芷江县志》卷7，乾隆二十五年刻本，第2页。
③ 《明神宗实录》卷344，万历二十八年二月丙子，台湾"中央研究院"历史语言研究所校印本，1962年版，第6387页。
④ 《明神宗实录》卷388，万历三十一年九月辛巳，台湾"中央研究院"历史语言研究所校印本，1962年版，第7312—7313页。

一旦洞庭湖以南有事，又予以恢复。

天启元年（1621年），后金在东北崛起，明朝调四川永宁宣抚司军队前往镇压。土司军队来到重庆时，发动叛乱。其首领奢崇明杀死四川巡抚，占据重庆，攻占遵义，威胁湖广，建梁政权。天启二年（1622年）九月，明朝大臣傅宗龙建议：

> 奢崇明父子尚在，蜀事深可忧，切以容易狙之，黔抚王三善以临敌易将取败。若死守平越，尚可冀桑榆之收。若诿于力之不及，轻下平越，则黔中疆土，一掷无遗，不可救也。楚抚薛贞，弹压会省，未敢轻动，偏沅宜更设一巡抚。总兵薛来胤，豪华子弟，不复有腾跃之志。领兵援蜀，观望徘徊，宜即行贬削，敕该部妙选以代之。仍乞发帑措饷以厚，为三省计。得旨：王三善著策励讨贼，湖广总兵官已新推，添设偏沅巡抚。仍确议具奏。①

当时奢崇明的军队直接威胁湖广，但"楚抚薛贞，弹压会省，未敢轻动"，于是再次设立偏沅巡抚，指挥湖广西南战事。面对奢崇明咄咄逼人的攻势，贵州吃紧，十一月：

> 以偏沅巡抚杨述中为兵部右侍郎兼都察院右佥都御史，总督贵州，兼制湖广辰、常、衡、永十一州并云南军务，兼理粮饷。四川巡抚朱燮（另有作"燮"）元为兵部左侍郎兼都察院右佥都御史，总督四川，兼制湖广荆岳郧襄四府、陕西汉中一府，督理粮饷，兼巡抚四川地方。仍令该部上紧救黔，不得以设官了事。②

明王朝面对紧张局面，暂时扩大地方官员权力。其中杨述中管理贵州、云南，以及湖广南部辰常衡永四府。朱燮元将郧阳抚治管辖的湖北荆郧襄三府也予以兼管。从此偏沅巡抚又称偏沅总督，天启三年（1623年）明朝吏部直接说："偏沅总督，合楚黔滇三镇之兵饷，而兼理之。"③此与上文偏沅巡抚"总督贵州，兼制湖广辰常衡永十一州并云南军务"完全符合。直到天启六年（1626年），川贵滇与偏沅也连在一起："命南京工部尚书张鹤鸣，仍以太子太傅改兵部尚书兼都察院右都御史，总督川贵滇广军务，兼督粮饷，巡抚贵州偏沅地方。"④

在明王朝日薄西山的情况下，奢崇明叛乱比杨应龙叛乱持续时间更长，一直到崇祯二年（1629年）才以其战败身死告一段落。平定奢崇明叛乱后，明王朝取消偏沅巡抚。此时明王朝已经是崇祯年间。

---

① 《明熹宗实录》卷26，天启二年九月丙辰，台湾"中央研究院"历史语言研究所校印本，1962年版，第1327—1328页。

② 《明熹宗实录》卷28，天启二年十一月辛酉，台湾"中央研究院"历史语言研究所校印本，1962年版，第1431—1432页。

③ 《明熹宗实录》卷42，天启三年十二月己酉，台湾"中央研究院"历史语言研究所校印本，1962年版，第2206页。

④ 《明熹宗实录》卷79，天启六年十二月壬戌，台湾"中央研究院"历史语言研究所校印本，1962年版，第3847页。

自明熹宗以来,由于政治腐败、气候异常等多种因素,明王朝境内农民起义蜂起,最终将明王朝埋葬。崇祯十年(1637年),受农民战争影响,明王朝在湖广的统治岌岌可危。七月,明王朝恢复偏沅巡抚:"七月,廷议:楚境辽远,上控黔蜀,宜开府偏沅。乃以河南布政使陈睿谟,为右副都御史,巡抚偏沅。"①特别值得注意的是,此时的偏沅巡抚辖区有所改变:"(1637年七月)陈睿谟为右副都御史,提督偏沅军务,巡抚湖南、湖北。"②这里的湖北、湖南并不是现代湖北省与湖南省,而是明代湖广南部两个分守分巡道的名称。湖南道辖长沙府、宝庆府、衡州府、永州府、郴州,湖北道辖常德府、辰州府、靖州。偏沅巡抚的"沅"就在辰州府境内。崇祯十年(1637年)恢复的偏沅巡抚辖区与以往有很大不同,基本上与湖广巡抚划江分治。复设的偏沅巡抚常住地也不再固定于湖川贵边界,有许多史料记载:"陈睿谟,字鹿萍,武进人,崇祯十一年复设偏沅巡抚,以谟来任,驻镇长沙。"③"陈睿谟,武进士,巡抚偏沅都御史,怀宗(崇祯)末年,开府长沙。"④偏沅巡抚极有可能在某一段时间内以长沙为驻地。偏沅巡抚复设后,取得明显效果:

> 楚郡之在湖北者,尽罹贼祸,势且及湖南,临、蓝、湖、湘间土寇蜂起。长沙止老弱卫卒五百,又遣二百戍攸县,城库雉堞尽圮……(偏沅)巡抚陈睿谟大征临、蓝寇,(高)斗枢当南面,大小十余战,贼尽平。⑤

当然这里"贼尽平"并不是指整个明王朝的农民起义得到平定,而是偏沅巡抚辖区内获得暂时的安宁。直到明朝灭亡,再未废除偏沅巡抚。清王朝建立后,继续保留偏沅巡抚,随着时间的流逝,又改为湖南巡抚,驻守长沙。明末偏沅巡抚的复设直接开启了清初两湖分省。

正如明朝官员多次提到的,湖广面积广大,巡抚、巡按"地广难周",偏沅巡抚的出现即是为解决这一问题。当湖川贵有动乱时,偏沅巡抚就偏重于三省边界的管理。当明末农民起义大爆发之时,偏沅巡抚则侧重洞庭湖以南的治安。本是分担湖广巡抚的军政事务,时间一长反而成为新政区的创始基因。

在明王朝濒临灭亡之时,湖广北部的政治格局仍有小插曲。据《明史》记载明王朝曾设置承天巡抚:"巡抚承天赞理军务一员。崇祯十六年(1643年)设。"⑥明人谈迁《国榷》也记载:"(崇祯十六年三月乙巳)王扬基为右佥都御史,巡抚承天、德安。"⑦但是据《崇祯实录》记载:"崇祯十六年春正月丙申朔,李自成陷承天,总兵钱中选战没,巡抚湖广右佥都御史宋一

---

① (清)彭孙贻:《流寇志》卷3,清吴兴嘉业堂抄本,第18页。
② (明)谈迁:《国榷》,中华书局1958年版,第5787页。
③ 康熙《邵阳县志》卷9,康熙二十三年刻本,第16页。
④ 雍正《湖广通志》卷28,文渊阁四库全书本,第43页。
⑤ (清)张廷玉:《明史》卷260,《列传第一百四十八》,中华书局1974年版,第6752页。
⑥ (清)张廷玉:《明史》卷73,《志第四十九》,中华书局1974年版,第1780页。
⑦ (明)谈迁:《国榷》,中华书局1958年版,第5967页。

鹤、钟祥知县萧汉死之。"①也就是说承天府被农民军占领后,明王朝方才设承天巡抚。1644年正月:"吕大器言湖广官无一人,旧巡抚承天王扬基戴罪于江,请改抚湖广,任兼承天。"②不能到任的承天巡抚,又兼任湖广巡抚。同时,李自成已经开始进军北京城,三月进入北京,崇祯帝自杀。

三、与湖广有关的总督变迁

前文已经介绍,明世宗执政时期,为了应付湖川贵三省交界地区的动乱,曾设总督,后又废除。到了明神宗时期,为了征讨杨应龙等,万历二十七年(1599年)三月又设总督:"起李化龙以原官总督川湖贵州军务兼理粮饷,巡抚四川地方。"③即以四川巡抚,总督川湖贵三省军务。杨应龙及其余党被平定后,川湖贵总督取消。

后来四川土司奢崇明作乱,明王朝于天启元年(1621年)年底又设总督:"升巡抚河南右副都御史张我续,兵部右侍郎,兼都察院右佥都御史,提督四川、贵州军务,兼制云南、湖广等处地方,驻扎顺庆,调度铸给关防,仍赐尚方剑,便宜行事。"④川贵云湖总督,还赐予尚方宝剑,权力之大可见一斑。

天启二年(1622年)年底,又"吏部遵旨会议请分设黔蜀总督,上从之"⑤。此时湖广未必属于同一个总督:

> 当是时,(奢)崇明未平,而贵州安邦彦又起。安氏世有水西,宣慰使安位方幼,邦彦以故得倡乱。朝议录(朱)燮元守城功,加兵部侍郎,总督四川及湖广荆、岳、郧、襄、陕西汉中五府军务,兼巡抚四川,而以杨述中总督贵州军务,兼制云南及湖广辰、常、衡、永十一府,代我续共办奢、安二贼。然两督府分阃治军,川、贵不相应,贼益得自恣。⑥

四川总督明显监管湖广荆、岳、郧、襄四府,而湖广其余地区则归贵州总督监管。但是这种分而治之的办法,效果并不理想。天启五年(1625年):"总理鲁钦败于织金,贵州总督蔡复一军又败。廷臣以三善等失事由川师不协助,议合两督府。乃命(朱)燮元以兵部尚书兼

---

①《崇祯实录》卷16,崇祯十六年春正月丙申,台湾"中央研究院"历史语言研究所校印本,1962年版,第461页。

②(明)谈迁:《国榷》,中华书局1958年版,第6015页。

③《明神宗实录》卷332,万历二十七年三月己亥,台湾"中央研究院"历史语言研究所校印本,1962年版,第6150页。

④《明熹宗实录》卷17,天启元年十二月丁丑,台湾"中央研究院"历史语言研究所校印本,1962年版,第845页。

⑤《明熹宗实录》卷28,天启二年十二月丙辰,台湾"中央研究院"历史语言研究所校印本,1962年版,第1419页。

⑥(清)张廷玉:《明史》卷249,《列传第一百三十七》,中华书局1974年版,第6441—6442页。

督贵州、云南、广西诸军,移镇遵义。"①为统一指挥,协调兵力,朱燮元成为四川、贵州、湖广、云南、广西五省总督。崇祯年间,奢崇明之乱平定后,五省总督估计予以撤销。

后来农民起义风起云涌,崇祯七年(1634年):

> 廷议诸镇抚事权不一,宜设大臣统之,多推荐洪承畴。以承畴方督三边,不可易,乃擢(陈)奇瑜兵部右侍郎兼右佥都御史,总督陕西、山西、河南、湖广、四川军务,专办流贼。②

之后陈奇瑜战败,被崇祯帝逮捕,明朝任命洪承畴为"兵部侍郎兼右佥都御史,总督陕西三边军务,兼摄总督河南、山西、陕西、湖广、保定、真定等处军务,兼理粮饷"③。崇祯八年(1635年):

> 五月擢(卢)象升右副都御史,代唐晖巡抚湖广。八月命总理江北、河南、山东、湖广、四川军务,兼湖广巡抚。总督洪承畴办西北,象升办东南。寻解巡抚任,进兵部侍郎,加督山西、陕西军务,赐尚方剑,便宜行事。④

崇祯九年(1636年),由于清军南下,卢象升调任北方,由王家祯代任:

> 九年(1636年)七月,京师被兵,起兵部左侍郎,寻以本官兼右佥都御史,总理河南、湖广、山西、陕西、四川、江北军务,代卢象升讨贼。会河南巡抚陈必谦罢,即命兼之。⑤

此时的总督名称看似被"总理"取代,但实际权力基本相同。崇祯十年(1637年),崇祯帝不满王家祯的军事效果,让熊文灿代任:"拜文灿兵部尚书兼右副都御史,代王家祯总理南畿、河南、山西、陕西、湖广、四川军务。"⑥熊文灿继任后,招抚农民起义领袖张献忠,并将其安排于湖北谷城居住。结果张献忠假意受抚,于崇祯十二年(1639年)重新树起反抗旗帜。崇祯帝将熊文灿革职,让杨嗣昌接任。崇祯十四年(1641年),为明王朝统治拼尽全力的杨嗣昌逝于湖北,崇祯帝让丁启睿接任:

> 嗣昌死,加(丁)启睿兵部尚书,改称督师,代嗣昌尽督陕西、湖广、河南、四川、山西及江南、北诸军,仍兼总督陕西三边军务,赐剑、敕、印如嗣昌。⑦

---

① (清)张廷玉:《明史》卷249,《列传第一百三十七》,中华书局1974年版,第6443页。
② (清)张廷玉:《明史》卷260,《列传第一百四十八》,中华书局1974年版,第6730页。
③ (明)谈迁:《国榷》,中华书局1958年版,第5679页。
④ (清)张廷玉:《明史》卷261,《列传第一百四十九》,中华书局1974年版,第6760页。
⑤ (清)张廷玉:《明史》卷264,《列传第一百五十二》,中华书局1974年版,第6822页。
⑥ (清)张廷玉:《明史》卷260,《列传第一百四十八》,中华书局1974年版,第6735页。
⑦ (清)张廷玉:《明史》卷260,《列传第一百四十八》,中华书局1974年版,第6740页。

崇祯十五年(1642年),李自成在河南大败明军,丁启睿将崇祯帝赐予的敕书、总督大印、尚方宝剑全部丢失,崇祯帝将其罢官。崇祯十五年(1642年)十二月,李自成攻占襄阳府、德安府、荆州府、宜昌府大部分地区,并进兵明显陵,将其地面建筑付之一炬。崇祯十六年(1643年)正月,李自成攻占承天府,同月张献忠从湖北东部进军攻占蕲州。三月,张献忠占领黄州府大部分地区。五月,张献忠占领汉阳府、武昌府,并将末代楚王朱华奎溺死于长江中。由于郧阳抚治的坚守,以郧阳府为核心的鄂西地区成为明朝统治的最后孤岛。

正当明王朝在湖北统治濒于崩溃之时,崇祯十六年(1643年)崇祯帝:"命(孙传庭)兼督河南、四川军务,寻进兵部尚书,改称督师,加督山西、湖广、贵州及江南、北军务,赐剑。"①崇祯十六年(1643年)十月,孙传庭阵亡。崇祯帝又任命任浚为"兵部右侍郎兼右佥都御史,总督河南、湖广军务兼巡抚河南"②。崇祯十七年(1644年)年初,任浚被农民军抓获,后逃脱,并投降清朝为官。

纵观明神宗以来,湖广所属总督(或督师、总理)的变迁,明显可以发现总督辖区并不是一个固定政区,而是根据实际战事划定的军事指挥区域。湖北地区或湖广也从未单独成为某一总督辖区。但总督一职被后来的清王朝所继承,逐渐发展为新朝湖广地区最高官职。

第五节　明代湖北府州县分等

明代继承唐宋以来以户口财产多寡为标准的府州县分类方法。但是单纯以经济指标分类,似乎并不能完全符合行政管理要求。于是相较于以往更加实用的政区分类方法横空出世。根据这些分类方法,我们能够窥见当时湖北地区的政治经济样貌。

一、明代府州县基本分等方法

早在明代以前,各朝政府就实行过以经济数据、政治地位等因素划分政区种类的办法。在经济方面,相较于以往的户口数,明太祖更偏向于以税粮多寡衡定政区种类。至正二十七年(1367年),明王朝建立前,明太祖曾下令:

> 是岁,定各县为上中三等,税粮十万石之下者为上县,知县从六品,主簿从八品;六万石之下者为中县,知县正七品,县丞正八品,主簿从八品;三万石之下者为

---

①(清)张廷玉:《明史》卷262,《列传第一百五十》,中华书局1974年版,第6791页。
②(明)谈迁:《国榷》,中华书局1958年版,第5995页。

下县,知县从七品,丞簿如中县之秩,典史俱省注。①

也就是说每县根据税粮多寡分为上中下三等,每等官员品级待遇以及职官设置均有不同。这种方法与以往朝代并无二致。同样的原理,洪武六年(1373年),明太祖又下令:

> 分天下府为三等,粮及二十万石以上者为上府,秩从三品;二十万石以下者为中府,秩正四品;十万石以下者为下府,秩从四品。②

也许是在实际行政中发现,单纯以税粮划分政区并不完全符合实际需求,明太祖又兼顾政治因素在政区划分中的作用。在政治标准方面,明太祖不重虚名,更偏向以实际行政事务的繁简划分政区种类。洪武十四年(1381年),明太祖下令:

> 在外府以田粮十五万石以上,州以七万石以上,县以三万石以上,或亲临王府、都司、布政使司、按察司,并有军马守御,路当、驿道、边方、冲要、供给之处,俱为事繁。府粮不及十五万石,州不及七万石,县不及三万石,及僻静之处,俱为事简。在京诸司俱从繁例。③

明太祖规定京城之外的地区,税粮15万石以上的府,7万石以上的州,3万石以上的县,或是税粮不达标但境内有藩王、三司等衙门驻守,以及军事交通要道、边防地区均为"繁"。税粮15万石以下的府,7万石以下的州,3万石以下的县,以及其他偏僻地区均为"简"。京城所在的政区,无论税粮多寡均为"繁"。明太祖"繁""简"分类法,将政区经济指标与政治地位相结合,为明代行政提供重要参考。

明太祖去世后,随着时间的流逝,明王朝吏治逐渐腐败,在实际行政管理中,太祖制定的分类方法或许没有得到很好贯彻。明世宗去世后,在明穆宗登基诏书中,明朝表示要重新规范政区分类制度:

> 各处府州县,大小繁简冲僻难易不同,或逸而得誉,或劳而速谤,既乖升黜之宜,遂起避趋之巧,士风日坏,吏治不修。吏部通将天下府州县逐一品第,定为上中下三等,遇该推升选补,量才授任。各官考语奖荐同在优列者,先尽上等府州县升擢,行取次及中等,次及下等。不惟视等以为岁月之迟速,仍视等以为官资之高下。内有才优才短更调者,各就中酌处。其各将官所任地方,兵部亦以边腹冲缓,分为

---

① 《明太祖实录》卷28下,吴元年十二月,台湾"中央研究院"历史语言研究所校印本,1962年版,第474页。
② 《明太祖实录》卷84,洪武六年八月壬辰,台湾"中央研究院"历史语言研究所校印本,1962年版,第1503页。
③ 《明太祖实录》卷139,洪武十四年十月壬申,台湾"中央研究院"历史语言研究所校印本,1962年版,第2199页。

三等,遇该升调,照此施行。①

按照诏书规定,政区的面积、政治事务繁简、地理位置、治理难易程度多有不同,必须综合考量,分为上中下三等,从而量才授官。不同等级的政区,配置不同才能的官员,获得不同待遇。不以资格论短长,唯以才能配州县,在一定程度上做到人力资源优化配置。军官的配置也比照此法。

这道诏书下发后,当时吏部尚书杨博马上撰写《总论天下郡县疏》以响应。其中几段说道:

> 大率以边方残破,远方困惫,盗贼猖獗,灾疹频仍,冲繁难支,刁疲难治为上,稍易者为中,易者为下。每省总括数语,以陈其概,细列等差,以尽其详。使一方利病,宛然在目,治道缓急,可指诸掌。为守令者,果能睹边方残破,则思保障之略;睹远方困惫,则思拯救之术。睹盗贼,则思抚循而扫荡;睹灾伤,则思赈恤而安辑;睹冲繁,则思爱人而节用;睹刁疲,则思力本而善俗。外以是修其实政,内以是课其成功。至于推升行取,必准于此,以为迟速高下。又念一纪之间,一方之事体,更变不常;五方之民俗,美恶难定。本部每十年厘正一次。
>
> 臣等谨按:湖广襟带江湖,泽多田少,民俗剽轻,鲜思积聚。且道通九省,冠盖辐辏,邮驿苦之。即今宗室日繁,徭赋日重,采办之役,财力愈难。故其民率龉龃而难治,此其大较也。武汉德安,民穷地瘠;承天陵寝所在,费冗事繁;荆岳潜沔之间,频遭水患,盗且乘之。近日郧襄大水,尽损田庐,则又向来未有之变……黄州浇顽。②

按照当时明代吏部尚书的观点,政区的等级与官员人事管理紧密结合,让才德最优之人治理上等政区,得到最优惠的政策支持。衡量政区等级的标准,明显从经济指标转到了政治因素。上等府州县不再是人口税粮多的经济繁盛之区,而是"边方残破,远方困惫,盗贼猖獗,灾疹频仍,冲繁难支,刁疲难治"的地区。这种以"难治"为上的划分标准,相较于以往朝代更加务实。由于实际情况经常改变,当时定下十年一评的规则。

从吏部尚书的奏疏来看,当时湖北地区几乎全是难治之区。整个湖广经济并不发达,地处九省通衢,迎来送往,徭役繁重。武昌府、汉阳府、德安府土地贫瘠、居民穷困。承天府是显陵所在,徭役繁重。荆州、潜江、沔阳一带,洪灾严重,治安不稳。郧阳府、襄阳府最近水灾严重。黄州府民风民俗不好。正因如此,针对不同政区情况,明王朝评定不同等级,分派不同官员,实行不同的人事政策,提高地方行政效率。

---

① 《明穆宗实录》卷1,嘉靖四十五年十二月壬子,台湾"中央研究院"历史语言研究所校印本,1962年版,第18页。

② (明)孙旬:《皇明疏钞》卷44,万历十二年刻本,第1—4页。

二、明神宗时期湖北府州县分等

税粮数量曾是明王朝评定政区等级的重要标准。洪武十四年(1381年),明太祖曾经以税粮15万石、7万石、3万石作为府州县等级评定的重要标准。我们不妨以《万历会计录》记载数据为本,一窥明代湖北地区经济状况。据该书记载,万历六年(1578年)湖北地区各府州县税粮(主要是夏税秋粮)数据如下所示①:

表 7-6　　　　　　《万历会计录》所见湖北地区府州县税粮表

政区名称	夏税秋粮数(单位:石)	单纯以经济指标评定
武昌府	17万余	繁
江夏县	3万余	繁
武昌县	2万余	简
嘉鱼县	0.6万余	简
蒲圻县	1万余	简
咸宁县	1万余	简
崇阳县	0.9万余	简
通城县	1万余	简
兴国州	2万余	简
大冶县	1万余	简
通山县	0.4万余	简
汉阳府	3万余	简
汉阳县	2万余	简
汉川县	0.8万余	简
承天府	10万余	简
钟祥县	0.8万余	简
京山县	1万余	简
潜江县	1万余	简
沔阳州	1万余	简
景陵县	2万余	简
荆门州	2万余	简
当阳县	0.2万余	简
襄阳府	6万余	简

① 主要数据来源(明)张学颜:《万历会计录》卷4。

续表

政区名称	夏税秋粮数（单位：石）	单纯以经济指标评定
襄阳县	2万余	简
宜城县	0.4万余	简
南漳县	0.6万余	简
枣阳县	0.5万余	简
谷城县	1万余	简
光化县	0.6万余	简
均州	0.5万余	简
郧阳府	1万余	简
郧县	0.5万余	简
房县	0.3万余	简
竹山县	0.1万余	简
上津县	0.1万余	简
竹溪县	0.2万余	简
保康县	0.07万余	简
郧西县	0.1万余	简
德安府	4万余	简
安陆县	0.3万余	简
云梦县	0.2万余	简
孝感县	1万余	简
应城县	0.5万余	简
随州	0.8万余	简
应山县	0.6万余	简
黄州府	25万余	繁
黄冈县	4万余	繁
黄安县	1万余	简
蕲水县	4万余	繁
罗田县	1万余	简
麻城县	2万余	简
黄陂县	1万余	简
蕲州	2万余	简
广济县	3万余	繁
黄梅县	3万余	繁

续表

政区名称	夏税秋粮数(单位:石)	单纯以经济指标评定
荆州府	16万余	繁
江陵县	6万余	繁
公安县	2万余	简
石首县	1万余	简
监利县	2万余	简
松滋县	1万余	简
枝江县	0.4万余	简
夷陵州	0.3万余	简
长阳县	1万余	简
宜都县	0.2万余	简
远安县	0.06万余	简
归州	0.2万余	简
兴山县	0.06万余	简
巴东县	0.2万余	简
施州卫	0.1万余	简
建始县	0.2万余	简
英山县	0.6万余	简

而同时期,全国各地夏税秋粮数如下表所示:

表7-7　　　　　《万历会计录》所见全国各地税粮表

地区	夏税秋粮数(单位:石)
南直隶	600万余
江西	261万余
浙江	252万余
河南	237万余
山西	231万余
湖广	216万余
陕西	192万余
四川	102万余
广东	99万余
福建	85万余
北直隶	59万余

续表

地区	夏税秋粮数(单位:石)
广西	43万余
云南	14万余
贵州	5万余

从上表可以清晰地看出,如果按洪武十四年(1381年)明太祖的标准,湖北绝大多数地区税粮都达不到"繁"的标准,但这并不能说明当时湖北经济水平低下。从全国来看,湖广税粮实际处于中等水平。从明神宗初年情况来看,湖北地区农业经济体量最高的当属武昌府、黄州府与荆州府。特别是黄州府,无论是总量,还是辖区内单个县的经济实力,均优于湖北其他地区。

从前面几章的介绍来看,明代以前,荆州与襄阳一直是湖北地区极为重要的经济中心。湖北西部的政治地位经常高于东部。但是到了明神宗时期,湖北东部的经济实力已经完全超过西部。先秦楚国政治中心——荆州江陵成为湖北西部硕果仅存的农业经济亮点,襄阳地区在湖北地区的经济地位降低。经济基础决定上层建筑,由此可以看出湖北政治中心东移已成定局。

三、《图书编》所见湖北政区评价

明神宗时期湖北政区"繁""简"情况仅仅是根据税粮数据做得初步推测,没有涉及政治民风等因素,并不能完全反映当时实际情况。在现存明代史料中,《图书编》保存湖北地区评价资料较为丰富系统。该书是明代学者章潢编辑的类书,内容庞杂,保存许多珍贵史料。现主要根据该书第三十九卷,制成下表(有少许地区资料缺失):

表 7-8 《图书编》所见湖北地区各政区评价表

政区名称	分类或评语
武昌府	淳烦冲
江夏县	烦冲淳
武昌县	烦僻刁
嘉鱼县	淳简
蒲圻县	烦冲
咸宁县	烦简
崇阳县	僻简
通城县	僻刁
兴国州	刁冗

续表

政区名称	分类或评语
大冶县	僻简
通山县	僻简
汉阳府	山川平易,多讼
汉阳县	田少湖多,冲
汉川县	田少湖多,刁
承天府	民淳地简,饶瘠相半
钟祥县	冲烦
京山县	水陆冲
潜江县	烦
沔阳州	冗冲
景陵县	冲烦
当阳县	僻淳
襄阳府	淳悍相半
襄阳县	烦
宜城县	淳冲
南漳县	刁简
枣阳县	冲,淳顽相半
谷城县	冗,淳顽相半
光化县	淳顽相半
均州	冗,淳顽相半
郧阳府	土薄民淳,好讼
郧县	烦冲
房县	僻刁
竹山县	僻简
上津县	僻刁
竹溪县	峻险,淳
保康县	山险,淳
郧西县	山险,淳
安陆县	淳

续表

政区名称	分类或评语
云梦县	民顽厚,简冲
孝感县	刁冲烦
应城县	简冲
随州	险隘,淳简
应山县	淳简冲
黄州府	民刁悍,健讼难治
黄冈县	民刁悍
蕲水县	好讼,刁烦冲
罗田县	山多田少,民野好讼
麻城县	务耕读,刁烦冲
黄陂县	刁冲
蕲州	民多贫朴
广济县	淳冲
黄梅县	简僻
荆州府	四通八达,最冲
江陵县	冲淳朴
石首县	民淳,讼颇烦
监利县	狡顽
松滋县	烦冲刁
枝江县	刁简
夷陵州	顽冲
长阳县	僻刁简
宜都县	刁简
归州	民顽滑简
兴山县	僻简
巴东县	顽滑
建始县	僻居万山
英山县	山险,民刁

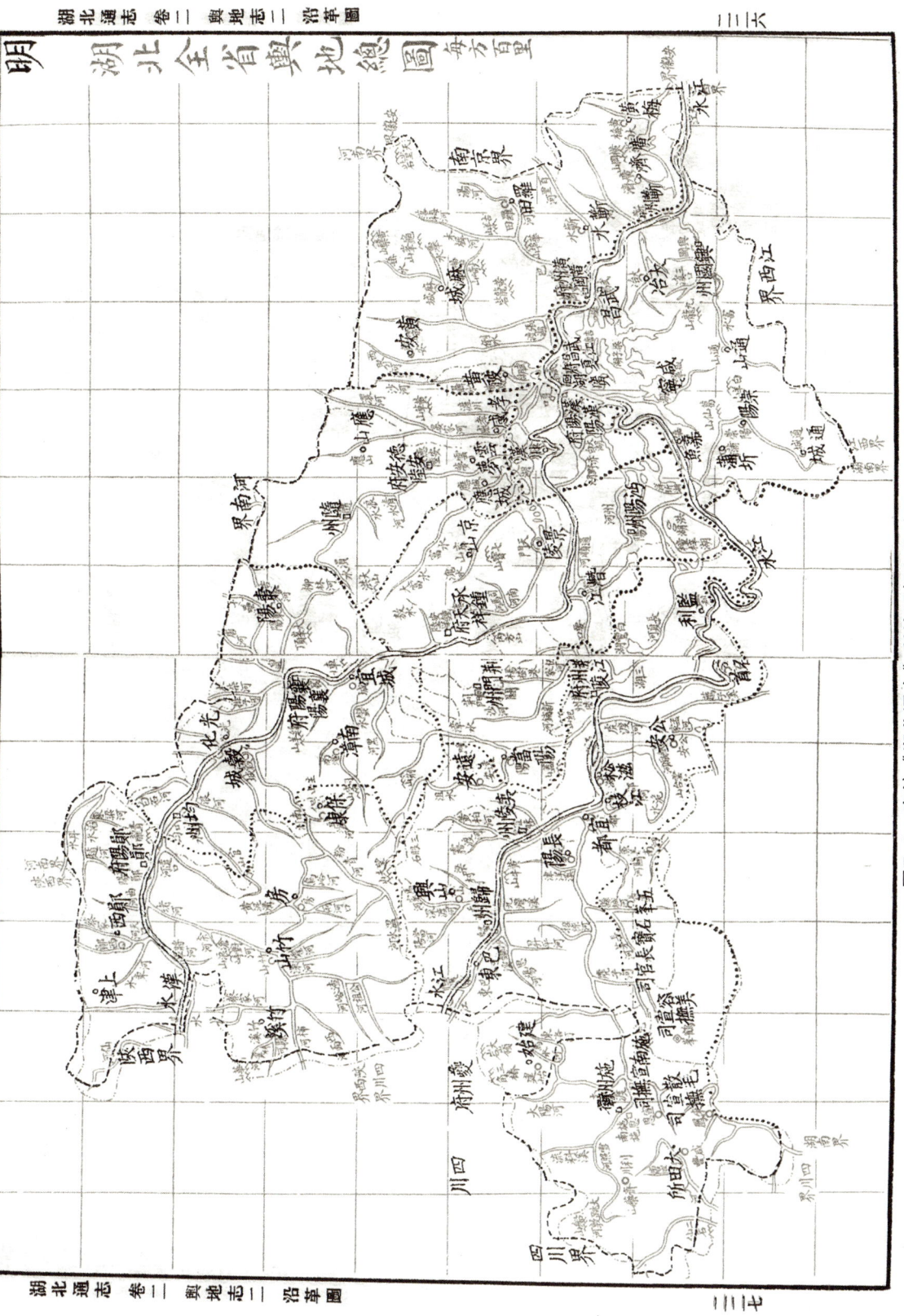

图7-4 宣统《湖北通志》所绘明朝湖北地图

《图书编》卷39明确记载有承天府，而无黄安县，因此以上资料很有可能反映的是明世宗统治时期嘉靖十年(1531年)至嘉靖四十二年(1563年)间湖北情况。这些评语来源不明，不知属于明代官方评价还是章潢个人观点。但这种评语似的分类，却也透露出许多历史信息，为我们了解当时湖北行政状况提供很好借鉴。

《图书编》所刊载的资料，除了具体评价之外，可以明显分为三部分，一种是地理条件，有"僻"与"冲"两种。另一种是政务繁简程度(包括税粮)，有"冗""烦""简"之分。还有一种则是民风民情，有"淳""刁""顽""滑"等。这种分类方法，兼顾政治、经济、地理、民风因素，相较以往方法，更与行政实际相配合，获得实际效果。如"僻简"之地，可以让行政经验不足的新人前去治理。"烦冲"之区，最好委派强干得力官员前往。

值得特别注意的是，这里的"刁"等贬义词语，并非是说当时某地居民都是坏人，而是站在统治者行政管理角度的评价。如当地居民喜欢打官司，或对地方官府政策有疑义，甚至是喜欢往来各地做生意，往往就被冠以"刁"等不好名称，其实质即是当地居民不好管理。

本章小结

与很多朝代不同的是，明王朝湖广政区建设几乎贯穿于始终，呈现不断发展的态势，政区性质在不断演变。明太祖时期，大力整合元朝政区，确立三司为主的行政管理制度，奠定明代湖广政区的根基。明成祖至明英宗时期，府州县之上的湖广行政系统发生根本变化，道制逐渐发展，最终形成以巡抚、巡按为主，宦官武臣为重要参与者的政治态势。明宪宗至明武宗时期，创造性地加强鄂西北政区建设，形成武昌、郧阳两大政治军事中心。明世宗至明穆宗时期，一府(承天府)一县(黄安县)得以创立，根据湖广实际情况，对政区配置进行了较大调试。明神宗后，湖广南北政治格局发生根本性变化，洞庭湖以南偏沅巡抚得以长期维持，常设性总督开始登场，直接影响后来历史进程。从明初到明中后期，鄂西南少数民族地区的管理也在加强与完善。通过不断发展，尽管存在吏治腐败等顽疾，但终明一代，湖广政区制度继古开新，无地方割据之忧，无权力分散之苦，府县数量适中，基层政区稳定，高层职官灵活多变，达到了湖北政区发展史的新高度，直接奠定了现代湖北的基础。

第八章　省域成型：清代湖北省的形成与发展

清王朝定鼎中原后，一方面继承明末湖广政区、职官，一方面逐渐摸索形成自己的行政特点，最终实现了两湖分省，湖北省正式出现在历史舞台上。雍正、乾隆时期，对鄂西南地区进行大规模改土归流，湖北境内不再拥有管辖民众的世袭首领。与此同时，清王朝对湖北政区进行适当调整，使其更加接近于现代湖北。鸦片战争后，湖北地区经受太平天国运动的冲击，遭遇外国势力的侵略，租界等迥异于以往朝代的制度开始出现。湖北自身面对时代变局，也做出了回应，出现了夏口厅等新政区，武汉三镇在行政管理上基本确立。今湖北省地域格局基本在清代成型。

第一节　清初湖广地区的政区改造

后金崛起于中国东北，本是与明朝相抗衡的地方政权，后改国号为清，趁明末农民大起义之机进入北京，入主中原，逐步建立全国性统一政权。顺治帝在位时期，经过激烈战斗，清王朝占领今湖北大部分地区。与此同时，清王朝开始对湖广政区实施初步改造。

一、清王朝对湖北地区的控制

明末李自成、张献忠占领湖北地区后，也曾建立政治军事中心，想要长期控制湖北。崇祯十六年（1643年），李自成改襄阳为襄京。张献忠在武昌建大西政权。后来，李自成主力往北发展，张献忠往四川发展。顺治元年（1644年），李自成攻占北京，明崇祯帝自杀，明朝残余势力试图在南京恢复统治。清王朝乘势南下，打败李自成，占领北京，建立政权，并开始统一全国的战争。在这种背景下，湖北地区政治局面十分混乱，既有农民军的占领，也有明王朝残余势力的争夺，还有清军南下的威胁。

顺治二年（1645年），清廷委派英亲王阿济格、豫亲王多铎南下，至当年夏，今湖北省大部分地区被清朝占领。在北方战败的李自成还想利用湖北兵力，攻占南京，但还是敌不过清王朝军队，传说李自成战败死于湖北咸宁九宫山。清王朝军事虽然获得全胜，但此时湖北各种势力仍旧没有完全屈服。特别是清王朝统治者错误的压迫政策，让湖北各种势力相对团结起来，展开对清王朝的斗争。顺治朝，对清王朝在湖北统治威胁最大的是鄂西夔东十三家与鄂东蕲黄四十八寨。一东一西两个反清基地，让整个顺治朝的湖北不得安宁。

蕲黄四十八寨是指活跃于黄州府附近的反清军队，"四十八"是概数。"寨"是当地居民为抵御盗匪修筑的防御工事。早在明末农民起义之时，鄂东居民就有结寨自保的行为，清王朝占领湖北后又成为抗清堡垒。顺治二年（1645年）十一月，黄州府黄冈县白云寨居民因抗拒剃发令，联合周围各寨共同拉开了抗清序幕。随后黄州府附近居民不断发动抗清斗争，势力最盛时曾占领县城，杀死清朝官吏，并与南明军队联络。虽然蕲黄地区的反抗屡遭清军镇压，但始终不屈服，直到顺治十年（1653年）还在发生攻击黄州府城的事。① 顺治十年（1653年）后，鄂东地区抗清活动暂告停歇。

夔东十三家是指当时四川夔州东部、湖广西部的反清武装，又称川东军、西山军，"十三家"也只是概数，夔东十三家大致由农民军以及明军余部组成。清军打败农民军与明朝残余武装后，部分反清武装选择到川楚陕交界地区活动，利用长江三峡以及鄂西山高林密的自然条件长期潜伏。顺治四年（1647年），抗清军队曾攻打荆州府城，造成较大影响。夔东反清武装多次袭扰清王朝鄂西地区，严重威胁清王朝湖北统治。清王朝多次派兵围剿，均以失败告终。夔东反清武装曾长期占据湖北远安、兴山、归州、巴东、施州卫、房县、竹山、竹溪、建始一带，修筑碉堡城隘，至今仍有遗迹。② 终顺治一朝，夔东十三家问题没有解决。直到康熙初年，清王朝调集十数万大军多路围剿，从康熙元年（1662年）至康熙三年（1664年），经历苦战恶斗，终于攻克抗清武装最后据点——湖北兴山县茅麓山区，结束了长达二十余年的夔东十三家抗清历史。③

夔东十三家虽然盘踞鄂西，但直接影响整个湖北地区。清王朝为镇压起义，多次征调湖北人力："李来亨等盘踞竹、房、兴、巴一带，凭险不下，奉旨三省会剿，秦军上庸，蜀军巫山，楚军当阳，转输络绎往返，兵夫不下数百万。"④频繁的征伐，让湖北居民不堪其扰。如荆州府松滋县："锋镝余生，闻征鼓则返走，见旌旗则魂消。一听派取粮石，人夫运米随征，男儿嚎于道，妇子泣于室，视入山一路不啻刀山剑树矣。"⑤鄂西民众为征发而痛苦，鄂东也因此而动乱。如武昌府大冶县："西山用师，县派民夫运粮，轮至第三批三百余人，中路逃归，拥聚北关外，左公铉等倡首，要索公县，抢掳后衙与猾胥之家。"⑥

综上所述，清朝虽然很快控制今湖北大多数地区，但与明初不同的是，取得整个湖北地区的统治权却拖延很久，一直到顺治帝去世，康熙初年才最终实现。

---

① 蕲黄四十八寨的详细斗争参见王葆心：《蕲黄四十八寨纪事》，涂文学：《蕲黄四十八砦抗清斗争述略》，《武汉师范学院学报（哲学社会科学版）》1983年第4期。
② 参见谢源远：《李自成余部在兴山抗清遗址初探——兼论夔东十三家》，《江汉考古》1986年第1期。
③ 关于夔东十三家历史，参见顾诚：《关于夔东十三家的抗清斗争》，《北京师范大学学报》1985年第3期。
④ 康熙《当阳县志》卷1，康熙九年刻本，第10页。
⑤ 康熙《松滋县志》，崇文书局2020年影印清初抄本，第219页。
⑥ 康熙《大冶县志》卷4，康熙二十二年刻本，第10页。

二、清王朝对明代湖广职官的继承与改造

整个顺治朝,湖北军务没有停歇,湖南地区也不得太平。为了就近调动指挥区域军事力量,顺治二年(1645年)十月清政府延续明末办法,设总督:"升河南巡抚罗绣锦,为兵部右侍郎兼都察院右副都御史,总督湖广四川军务,兼理粮饷。"①此时的总督仍像明末一样监管若干省份。到了顺治十年(1653年)六月,清朝廷命令"湖南、湖北疆境辽阔,军务甚繁,著祖泽远专督湖广"②。总督专辖湖广自此始。

顺治朝,湖广总督一般在荆州与武昌两地轮驻。顺治十八年(1661年):"吏部议覆,原任左都御史魏裔介疏言,湖广总督宜驻荆州。查前此湖督,春驻荆州,秋驻武昌,今应专驻荆州,以资保障。从之。"③湖广总督以荆州为驻地,但时隔几个月,又更改:"湖广总督移驻武昌府,提督移驻荆州府。"④顺治以后,清王朝长期维持湖广总督。湖广总督除了军事,还可管理民政,成为实际上湖北、湖南两省最高行政官员:"总督从一品。掌厘治军民,综制文武,察举官吏,修饬封疆。"⑤

明末,湖广同时拥有湖广巡抚、郧阳抚治、偏沅巡抚。这三个官员,顺治朝全部沿用。顺治二年(1645年)七月:"以故明兴国州知州何鸣銮,为都察院右佥都御史,巡抚湖广等处,提督军务……以故明凤阳巡抚高斗光,为兵部右侍郎兼都察院右副都御史,巡抚偏沅等处,提督军务,兼理粮饷。刑部右侍郎潘士良,为兵部右侍郎,兼都察院右佥都御史,抚治郧阳等处,提督军务。"⑥由于湖南、贵州交界地区,清王朝相对较晚才控制,因而偏沅巡抚辖区处于较不稳定状态。郧阳抚治还是管理鄂西北之地,由于夔东十三家的长期存在,郧阳抚治实际辖区相对受限。终顺治一朝,湖广巡抚、郧阳抚治、偏沅巡抚长期保持。

而湖广巡按的命运则十分曲折,清朝定都北京后曾继续沿用明代巡按御史。顺治七年(1650年)四月,突然废除巡按制度:"巡按御史,已到地方者,奉行事件,无论已完未完,悉将文卷册籍,移送该巡抚料理。即便出境,已差未行,已行未到者,俱不必前去。以后巡行察举、不拘年分,候旨特遣。"⑦

时隔不久,顺治八年(1651年)工科左给事中姚文然又建议恢复巡按制度,他认为:"巡按察吏安民,其任綦重。向议暂停,为不得其人故也。臣谓巡按之失人,总因都察院堂官之溺职耳。"⑧在他看来,巡按十分重要,之所以行之不善,是因为用人不当所致。在其建议下,

---

① 《清世祖实录》卷21,顺治二年十一月壬子,《清实录》第3册,中华书局1985年版,第186页。
② 《清世祖实录》卷76,顺治十年六月乙巳,《清实录》第3册,中华书局1985年版,第598页。
③ 《清圣祖实录》卷2,顺治十八年四月甲申,《清实录》第4册,中华书局1985年版,第58页。
④ 《清圣祖实录》卷5,顺治十八年十一月癸巳,《清实录》第4册,中华书局1985年版,1962年版,第96页。
⑤ 赵尔巽等:《清史稿》卷116,《志第九十一》,中华书局1976年版,第3336页。
⑥ 《清世祖实录》卷19,顺治二年七月己未,《清实录》第3册,中华书局1985年版,第168—169页。
⑦ 《清世祖实录》卷48,顺治七年四月壬子,《清实录》第3册,中华书局1985年版,第389页。
⑧ 《清世祖实录》卷53,顺治八年二月丙申,《清实录》第3册,中华书局1985年版,1962年版,第422页。

恢复巡按制度,并设定相关制度。

顺治十年(1653年),郑亲王济尔哈朗反对设立巡按御史:"吏部都察院议覆,郑亲王济尔哈朗等疏言。各省巡按为察吏安民之官,近者多受属员献媚,参劾无闻,应将巡按概行停止。其十四道、京畿道御史,止留二十员,其余俱应裁汰。从之。"①由于派出的官员"贪污腐化",清王朝再次废除巡按。

顺治十一年(1654年),汉族官员林起龙再次提议,整肃吏治,派巡按御史。郑亲王济尔哈朗认为既然要恢复,"应每省遣满汉官各一员。"顺治帝则认为:"吏治敝坏、民生困苦,故欲特遣满汉大臣巡察文武贪廉、军民利病。复念奉差官员,随带员役马骡、廪粮草料,势难缺少。直省地方,频年水旱,供亿艰难,未免扰累,姑暂行停止。"②郑亲王主张每省设满族、汉族两位巡按。顺治帝则以地方财政困难予以婉拒。

顺治十二年(1655年),巡按御史又得到初步恢复:"宗人府府丞原毓宗条奏,请复御史巡方。命和硕郑亲王济尔哈朗等会议。寻议:应令吏部、都察院会同考选各部院理事官郎中以下才品兼优者,巡历直省。回京之日,听都察院考核。称职者升用,溺职者重惩。报可。"③

顺治十七年(1660年),清王朝又停止巡按御史:"各省料理钱粮自有布政使,刑名自有按察使,总理兵马各项事务自有督抚。且督抚纠劾审拟之事,必经部院覆核,方行结案,在督抚亦可互纠。在部院又有甄别督抚功过,以示劝惩之法。巡按各差均应停止,以其事务归并巡抚。"④

由于巡按制度推行效果不佳,且地方行政各有所属,巡按御史徒显累赘,因而彻底废除。但部分官员认为十分不妥,纷纷建议保留,顺治十七年(1660年)年底,清王朝又予以恢复。

然而顺治十八年(1661年)年初,清官方宣布顺治帝驾崩,朝中满族亲贵再次反对巡按御史的设置。在他们的影响下,清王朝命令"各省巡按差宜停止,俟二三年之后,选重臣巡察。应札行各省巡按,将事务交与抚臣,速行来京"⑤。虽然此后清王朝也有恢复巡按的意图,但均没有达到明代巡抚、巡按长期共存的局面。

湖广巡按就在清王朝左右摇摆之间,时设时废,最终消失在历史舞台上。关于清代巡按的取消原因,一般学者并不认为是选人不当、贪污腐化使然,而是统治集团内部满汉矛盾造成。⑥ 巡按监察御史的确有存在的价值,但在清朝入主中原的基础上,其特殊的职责,极容易牵涉地方官员的满汉矛盾,为满族亲贵所不容。满族亲贵片面夸大巡按御史的坏处,实质是为了反对汉族官员对他们的制约限制。况且当时湖广地区已经有一位总督、三位巡抚,再加一名巡按,的确给满目疮痍的社会经济带来一定财政负担,故而将其裁撤,节约行政开支,也

---

①《清世祖实录》卷75,顺治十年五月甲戌,《清实录》第3册,中华书局1985年版,第590页。
②《清世祖实录》卷83,顺治十一年四月乙卯,《清实录》第3册,中华书局1985年版,第656页。
③《清世祖实录》卷89,顺治十二年二月庚申,《清实录》第3册,中华书局1985年版,第701页。
④《清世祖实录》卷138,顺治十七年七月庚辰,《清实录》第3册,中华书局1985年版,第1068页。
⑤《清圣祖实录》卷2,顺治十八年三月壬子,《清实录》第4册,中华书局1985年版,第64页。
⑥详细分析参见吴建华:《清初巡按制度》,《故宫博物院院刊》1987年第2期。

未必完全没有道理。

满族最高统治者其实也明白巡按的价值,但又在亲贵大臣的劝说下,投鼠忌器,呈现极度不稳定的摇摆政策,最终因顺治帝突然去世,让巡按御史无果而终。巡按御史取消后,湖广最高行政大权归总督与巡抚所有,两者虽然也有一定的牵制,但一般而言总督高于巡抚,巡抚未必能够监察总督。因而难以再出现明代互相牵制、互相督察的政治局面。甚至有学者认为:"顺治末年,清代废除沿自明朝的巡按御史制度,将中央监察地方的权力交给总督、巡抚。这不但打破了历代行之有效的监察与行政并重的权力平衡体制,在封疆大吏权力高度集中的同时,进而使得中央对地方最高官员的监察处于制度性缺失的状态。这是清代中叶社会危机的重要诱因。"①

其实除了巡按御史之外,顺治朝还进一步改变了明代湖广高层互相牵制模式。明代湖广一直有宦官参与地方军民政务,清初将其彻底革除。明代有湖广总兵一职,挂平蛮将军衔,全湖广只有一名,常以世袭勋贵充当。清王朝保留总兵,但不再由勋贵出任。总兵成为地方普通军官,全湖广设置多名。没有宦官勋贵常驻,总督、巡抚成为名副其实的湖广最高统治者。

明代湖广有布政司、按察司、都指挥司、行都司、兴都留守司。清代将布、按二司继续保留。在清代,布、按二司职官与职责如下:

> 承宣布政使司布政使,省各一人。从二品。其属:经历司经历,正六品。都事,从七品。照磨所照磨,从八品。理问所理问,从六品。库大使,正八品。仓大使,从九品。各一人。布政使掌宣化承流,帅府、州、县官,廉其录职能否,上下其考,报督、抚上达吏部。三年宾兴,提调考试事,升贤能,上达礼部。十年会户版,均税役,登民数、田数,上达户部。凡诸政务,会督、抚议行。经历、都事掌出纳文移。照磨掌照刷案卷。理问掌推勘刑名。库大使掌库藏籍账。仓大使掌稽仓庾。

> 提刑按察使司按察使,省各一人。正三品。其属:经历司经历,正七品。知事,正八品。照磨所照磨,正九品。司狱司司狱,从九品。各一人。按察使掌振扬风纪,澄清吏治。所至录囚徒,勘辞状,大者会藩司议,以听于部、院。兼领阖省驿传。三年大比充监试官,大计充考察官,秋审充主稿官。知事掌勘察刑名。司狱掌检察系囚。经历、照磨所司视藩署。②

清代布政使被称为"藩台",按察使被称为"臬台",成为督抚最重要的下属官员。

但是在军事指挥上,清代与明代有所不同。明代军民分治,有专门的军户,及其管理机构都司卫所。即使后来军户腐败,难以利用,明王朝采取募兵制,也并没有废除卫所军户。

---

① 林乾:《巡按制度罢废与清代地方监察的缺失》,《国家行政学院学报》2015年第4期。
② 赵尔巽等:《清史稿》卷116,《志第九十一》,中华书局1976年版,第3346—3348页。

清朝则很不同,一方面保留部分明代卫所军户;另一方面不再单纯以卫所军户充当军事力量,管辖卫所的专门机构取消或改变性质,明代"三司"互相制衡结构不复存在。清初,湖广都司,甚至行都司仍存,但由于清王朝不再依靠卫所作为军队主要来源,因而其重要性大幅降低,成为卫所户口的管理机构。康熙、雍正时期,湖广都司、行都司纷纷取消,由巡抚、布政使直接管理卫所。

除了施州卫境内之外,明代湖北地区大致有武昌卫、武昌左卫、武昌护卫、黄州卫、蕲州卫、郧阳卫、襄阳卫、襄阳护卫、荆州卫、荆州右卫、均州所、竹山所、房县所、长宁所、远安所、夷陵所、枝江所、承天卫、显陵卫、沔阳卫、德安、随州所。

武昌护卫、襄阳护卫为明代王府护卫,被清政府取消归并。

顺治三年(1646年),改承天卫为安陆卫。

顺治九年(1652年),将均州所、竹山所、房县所并入襄阳卫。裁撤郧阳卫。

顺治十一年(1654年),将长宁所、远安所、夷陵所、枝江所并入荆州卫。撤销随州所。

顺治十八年(1661年),裁撤安陆卫。

康熙五年(1666年),显陵卫改荆州左卫。

清王朝湖北地区除了施州卫之外,只保留武昌卫、武昌左卫、黄州卫、蕲州卫、沔阳卫、襄阳卫、荆州卫、荆州右卫、荆州左卫、德安所。这些卫所一直到清末才被废除。①

清王朝保留这些卫所并不是让其当兵打仗,而是形成特殊户口管理方式,承担诸如运送漕粮等特殊徭役,与明朝作用有根本不同。

清王朝真正依靠的军事力量,一是八旗兵,一是绿营兵。八旗是清王朝入关前将满族、蒙古族、汉族或其他兄弟民族编制而成的军事管理单位。八旗兵在清王朝统一中国时期发挥重要作用,大规模战事平定后,八旗军一般可分为禁旅八旗与驻防八旗。顺治朝,湖广有八旗军作战,但并没有形成驻防制度。绿营兵是清王朝将明军以及其他汉人军队整编而来。顺治朝,常驻湖北的大多为绿营兵。早在顺治三年(1646年)七月,清王朝就重新规划了湖广官员统兵情况:

表 8-1　　　　　　　　　　清初湖广职官统兵表

官员	统兵数量	官员	统兵数量
湖广总督	3000	辰州副将	3000
提督武昌总兵	5000	黄州副将	1200
湖广巡抚	1500	承天副将	1200
郧阳抚治	1500	常德副将	1200
偏沅巡抚	1500	汉阳参将	600

① 关于清初卫所情况,参见张建民:《湖北通史·明清卷》,华中师范大学 2018 年版,第 144—149 页。

续表

官员	统兵数量	官员	统兵数量
荆州总兵	3000	德安参将	600
郧襄总兵	3000	岳州参将	600
长沙总兵	3000	宝庆参将	600
分巡武昌道	100	永州参将	600
郴桂道	100	房县参将	600
分守武昌道	100	兴国州参将	600
分守上湖南道	100	蕲州参将	600
分守下湖南道	100	镇筸参将	600
分巡下湖南道	100	临蓝参将	600
分巡荆西道	100	靖州参将	600
分守荆西道	100	衡州游击	400
上江防道	100	彝陵州游击	400
下江防道	100	洞庭湖游击	400
分巡下荆南道	100	镇偏游击	400
分巡上荆南道	100	三江口守备	200
分守下荆南道	100	道士洑守备	200
分巡湖北道	100	澧州守备	200
辰常道	100	永道守备	200
荆南武彝兵备道	100	郴桂守备	200
分守湖北道	100	九永守备	200
分守上荆南道	100	武冈守备	200

　　从上表可以看出，清代仍有"总兵"，但其性质与明代有根本不同，不再是湖广总兵平蛮将军的简称，已经成为绿营体系中的有机组成部分。清顺治朝，采取部分政区职官与职业军官统兵模式。以湖广总督为首，湖广巡抚、郧阳抚治、偏沅巡抚，以及许多分守、分巡道、兵备道都能统兵，与此同时这些官员还具备管民权力。除此之外，清王朝在湖广某些重要地区有驻兵，分别由总兵、副将、参将、游击、守备等职业军官带领，根据实际情况以及职务高低，管辖军队数量不一。武昌总兵统兵最多，挂提督衔。湖广提督是湖广境内仅次于总督的高级军事指挥官，有时单独任职，有时被其他重要官员（如巡抚）兼任，有权指挥总兵以下的军官。以上各官统领若干军队，但都听从湖广总督指挥。

　　因此虽然清代湖广高级职官，在名称上与明代类似，但实质上发生了根本变化。明代大多数时间内，湖广最高权力是多元的，前期是三司分立，中后期是巡抚、巡按、郧阳抚治、偏沅巡抚，以及勋贵总兵、宫廷宦官共掌。明末出现的总督，又往往管辖若干省份。所以明代几乎难以出现一位官员专门统揽两湖军民政务的情况。而清代的湖广总督，专管两湖，明显高于巡抚,且裁撤宦官、巡按,改变总兵性质,权力制衡局面发生变化。

顺治朝,无论是朝廷,还是地方官,已经出现将湖广区分为湖北、湖南,区别对待的情况。如巡按御史虽然最终裁撤,但毕竟推行过。推行之时,往往区分湖广南北。如顺治二年(1645年):"云南道御史宋一贞巡按湖南,陕西道试御史马兆煃巡按湖北。"①顺治五年(1648年):"山西道监察御史陈棐巡按湖北,山东道监察御史上官铉巡按湖南。"②顺治十二年(1655年):"江南道监察御史张朝瑞巡按湖北,山西道监察御史胡来相巡按湖南。"③顺治十七年(1660年):"遣江西道监察御史顾豹文巡按湖北,浙江道监察御史仵劭昕巡按湖南。"④湖广分为湖北巡按与湖南巡按成为一种常态。

顺治朝,派往湖广的学政,也分南北。如顺治二年(1645年):"调陕西清军道佥事徐养元为湖广按察使司佥事,提调湖北学政。督粮道佥事赵渔为湖广按察使司佥事,提调湖南学政。"⑤顺治十五年(1658年)"刑部员外郎王发祥为湖广按察使司佥事,提调湖北学政。"⑥顺治十七年(1660年)"升户部郎中周起岐为湖广按察使司佥事,提调湖南学政。"⑦

除了中央委派的官员,湖广地方大员也常将两湖分开陈述,有所区别。如顺治八年(1651年):

> 偏沅巡抚金廷献疏言:湖南幅员辽阔,贼党繁多。虽经和硕郑亲王、定南王大创之后,仍复啸聚披猖。如伪平辽王孙可望、李定国、刘文秀、伪秦王、平东王、沐国公,及张先璧、万年策等,逼近沅州肘腋。而曹、马、杨、何、毛、郝、赵、王等各逆,又复纠合跳梁,蚁聚靖州门户。又有红头、白头、梅獠诸贼,图逞于郴、桂、蓝山、宜章、兴宁间,所在蠢动。虽有续顺公驻镇,然地广兵单,未免有顾此失彼之虞。伏乞敕部酌覆,以湖北无事之兵,量移湖南有事之地,并足经制之额,堵防边界。则重地有兵,战守有具,封疆攸赖矣。⑧

顺治朝继续保留明末偏沅巡抚。该巡抚在向朝廷的奏疏中,明确区分湖北、湖南,且文中所言湖南地区与现代湖南省大致相当,要以"湖北无事之兵,量移湖南有事之地",类似这样的例子还有许多,再如顺治十年(1653年):

> 经略五省大学士洪承畴疏言:楚省寇乱多年,人知逆贼孙可望等抗拒于湖南,

---

① 《清世祖实录》卷18,顺治二年闰六月甲辰,《清实录》第3册,中华书局1985年版,第164页。
② 《清世祖实录》卷41,顺治五年十一月乙卯,《清实录》第3册,中华书局1985年版,第334页。
③ 《清世祖实录》卷92,顺治十二年六月甲寅,《清实录》第3册,中华书局1985年版,第721页。
④ 《清世祖实录》卷134,顺治十七年四月丙戌,《清实录》第3册,中华书局1985年版,第1034页。
⑤ 《清世祖实录》卷21,顺治二年十月辛巳,《清实录》第3册,中华书局1985年版,第183页。
⑥ 《清世祖实录》卷122,顺治十五年十二月戊寅,《清实录》第3册,中华书局1985年版,第945页。
⑦ 《清世祖实录》卷136,顺治十七年六月丁亥,《清实录》第3册,中华书局1985年版,第1049页。
⑧ 《清世祖实录》卷54,顺治八年闰二月甲子,《清实录》第3册,中华书局1985年版,第428—429页。

而不知郝摇旗、一只虎等肆害于湖北。今湖南分驻重兵,足备防剿,而各郡窎远,不免首尾难顾之忧。其荆州贼薮,倘或由澧州而犯常德,或截岳州以犯湘潭,则我军腹背受敌。臣与督臣议,臣宜往来长沙四应调度,督臣移驻荆州,提督标下官兵宜赴荆州郧襄间听调,仍俟另拨各营官兵增武昌城守,以壮声援。①

在洪承畴看来,楚省分为两部分,一是孙可望反清武装盘踞的湖南,一是郝摇旗、一只虎抗清势力影响的湖北。为了避免清军首尾难顾之困,洪承畴驻长沙,湖广总督驻荆州。同时"湖南分驻重兵,足备防剿",因此要加强湖北防守力量,所以"提督标下官兵宜赴荆州郧襄间听调,仍俟另拨各营官兵增武昌城守,以壮声援"。从洪承畴的战略部署来看,湖北、湖南的区别已经相当清晰,文中提到的湖北地名也与现代湖北无二。

从以上诸例来看,顺治朝的湖广政治格局明显出现了湖北、湖南的区分。这种区分继续变动即是两湖分省。

三、清王朝对明朝政区的初步调整

除了湖广高级职官的调整,清王朝在对明代道、府、州、县全盘继承的前提下,又有一定改变。明中后期,就分守、分巡兼兵备道而言,湖北拥有武昌道、上荆南道、下荆南道、荆西道外,还有两个较为特殊的上江防道、下江防道,清顺治朝几乎全盘沿用。

而府州县,清朝也几乎全部延续,只是在名称上有所改变。顺治三年(1646年)十月,清朝改承天府为安陆府。承天府为明世宗嘉靖帝家乡安陆州改置而来,与顺天府、应天府齐名。清代,将其政治发祥地改为奉天府,承天府对于清朝毫无政治特殊性,其名称的"天"自然要改变。明代承天府与顺治安陆府在辖区上没有变化。顺治初年,清王朝将夷陵州改为彝陵州。其个中原因不难窥知,清统治者是少数民族,"夷"是中原汉族对少数民族的蔑称,为清统治者所不容,因此改为同音字。

整个顺治朝,清统治者还是撤销湖北一县,即将郧阳府上津县并入郧西县。上津县被废原因不详,也许是户口过于稀少使然,被废具体时间有顺治六年(1649年)、顺治十六年(1659年)两种记载,一般认为顺治十六年(1659年)更为准确。

同是少数民族建立的统一王朝,元朝将分权制和少数民族任官制贯彻于基层,而清代湖北府州县官制基本上沿袭明代,没有过多凸显满族特色。知府仍旧是府的主官,其下有同知、通判、经历、知事、照磨、司狱等官。顺治时期,还曾命令知府多用汉人担任。知州是州的主官,其下有州同、州判、吏目等官。知县是县的主官,其下有县丞、主簿、典史等官。和明代一样,府州县辖区内根据不同的事务,仍会有许多专门机构。如管理教育的儒学、医学、阴阳学,管理治安的巡检司,管理迎来送往的驿站,管理财税的仓库、税课司,管理河湖的河泊所,管理宗教的僧纲司、僧正司、僧会司、道纪司、道正司、道会司等。

---

① 《清世祖实录》卷79,顺治十年十一月庚申,《清实录》第3册,中华书局1985年版,第625页。

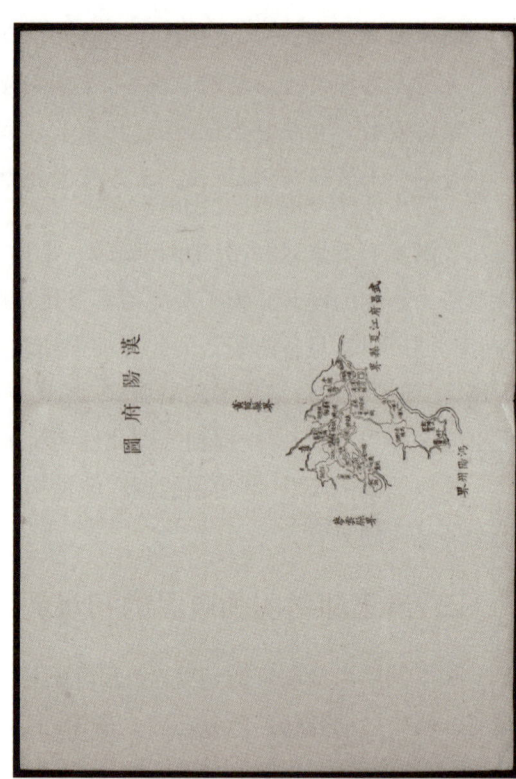
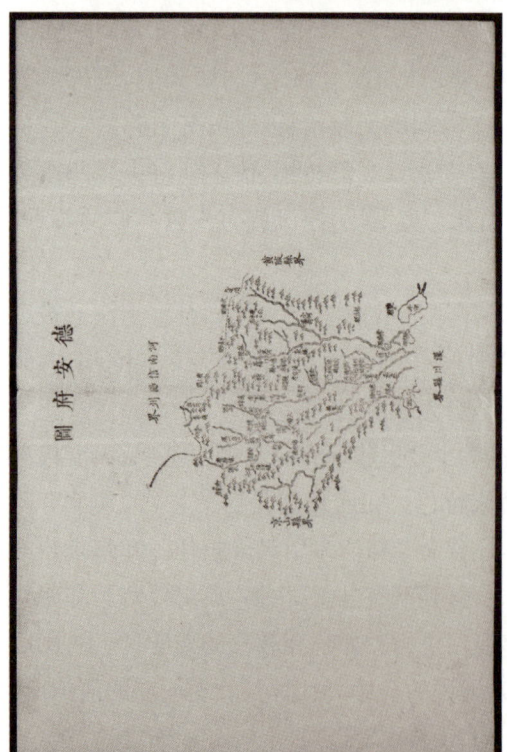

图 8-1a 康熙《内府舆图》所绘清初湖北八府组图

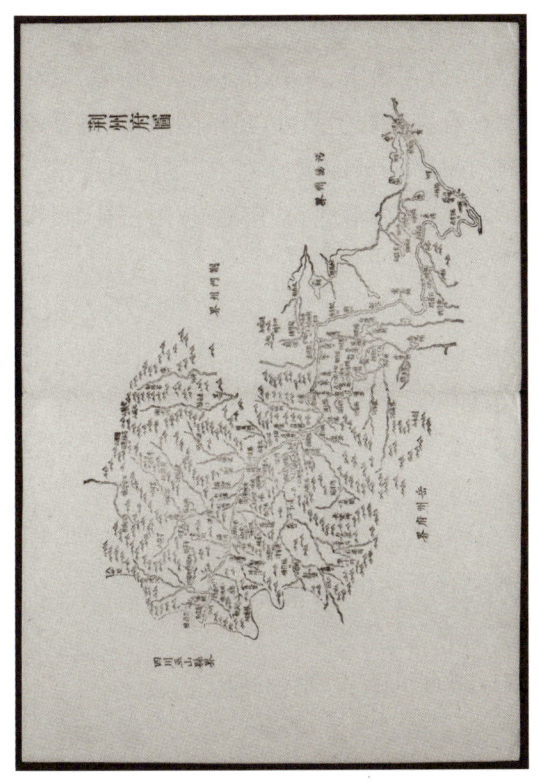 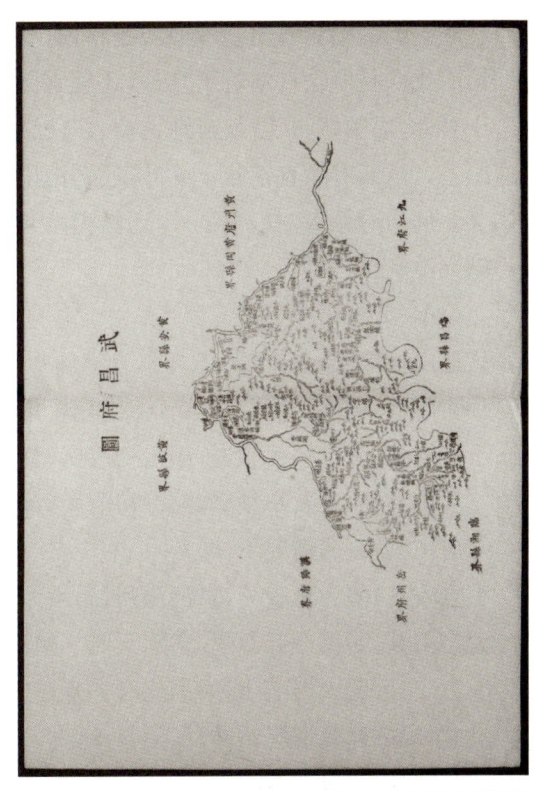
 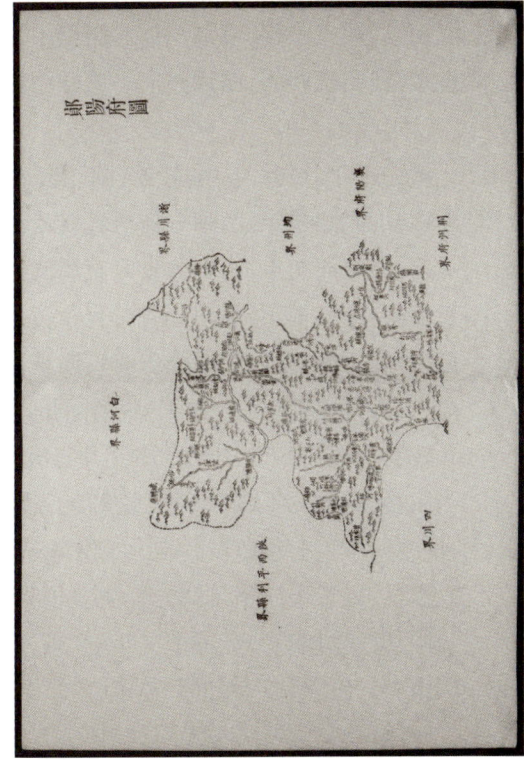

图 8-1b　康熙《内府舆图》所绘清初湖北八府组图

顺治朝的湖北府州县看似波澜不惊，变化不大，其实未必不是暗流涌动，孕育着较大改变。明代武昌府除直辖若干县外，还辖兴国州，兴国州再辖通山、大冶二县。黄州府除直辖若干县外，还辖蕲州，蕲州再辖黄梅、广济二县。德安府直辖若干县外，还辖随州，随州再辖应山县。承天府除直辖若干县外，还辖沔阳州与荆门州，沔阳州再辖景陵县，荆门州再辖当阳县。荆州府除直辖若干县外，还辖夷陵州与归州，夷陵州再辖远安、宜都、长阳三县，归州再辖兴山、巴东二县。

但据《清史稿》记载：

通山县：顺治二年（1645年），自兴国州改隶（武昌府）。

大冶县：顺治二年（1645年），自兴国州改隶（武昌府）。

黄梅县：明隶蕲州领属，顺治初改属（黄州府）。

广济县：明隶蕲州领属，顺治初改属（黄州府）。

应山县：改属情况不详。

景陵县：明为景陵县，隶沔阳州，属承天府。顺治三年（1646）直属今府。

当阳县：明属（荆门）州，隶承天府。顺治初属安陆府。

远安县：明属夷陵州，隶荆州府。雍正十三年（1735年），直属（荆州）府。

宜都县：改属情况不详。

长阳县：改属情况不详。

兴山县：明隶归州，属荆州府。康熙中，直属荆州府。

巴东县：明隶归州，属荆州府。康熙中，直属荆州府。①

光绪二十年（1894年）编修的《湖北舆地记》却有另一种记载：

通山县：康熙初年，两湖分省时直属武昌府。

大冶县：康熙初年，两湖分省时直属武昌府。

黄梅县：康熙初年，两湖分省时直属黄州府。

广济县：康熙初年，两湖分省时直属黄州府。

应山县：雍正七年（1729年）脱离随州，直属德安府。

景陵县：乾隆二十八年（1763年）脱离沔阳州，直属安陆府。

当阳县：顺治二年（1645年）脱离荆门州，直属安陆府。

远安县：雍正七年（1729年）脱离彝陵州，直属荆州府。

宜都县：雍正十三年（1735年）脱离彝陵州，直属荆州府。

长阳县：经过演变，雍正十三年（1735年）直属宜昌府。

兴山县：经过演变，雍正十三年（1735年）直属宜昌府。

---

① 赵尔巽等：《清史稿》卷67，《志第四十二》，中华书局1976年版，第2169—2184页。

巴东县：经过演变，雍正十三年（1735年）直属宜昌府。①

除此以上两种文献之外，还可以找出另外的记载，呈现极度混乱态势。如景陵县归府直辖的时间，一说是顺治年间，一说是乾隆年间，还有说法认为是明代："万历末年，渐不相属，至天启时，知县程维模呈请上，景陵直隶本府。"②按理说明末到清初，时间并不久远，为何混乱如此，让人费解。除了记载混乱之外，还有大量漏载情况出现。其实一个县的归属对于府州县志编纂而言是大事，但现存清代相关省府州县志绝大多数对此毫无记载。

由景陵县观之，随着历史的演进以及地方行政管理的某些变化，府辖州的属县已经与州有分离趋势。明后期，湖北许多州属县可能已经直接与府打交道。某些县正式请示上级确认既成事实，而某些县则没有申请，维持现状。清统治者入关后，或许府辖州，州再辖县格局已经与现实行政需求相违背，湖北大多数州属县已经绕开州，直接与府对接行政事务。但是中央政府又没有专门颁布命令规定州县分离。于是在编修地方志时，几乎都没有提及州县关系到底何时发生改变，因为根本就没有具体时间。晚清回顾这段历史时，只能以某些大事件发生的时间（如清王朝进入当地的顺治初年，两湖分省的康熙初年，当地政区归属发生改变的雍正、乾隆年间）为州县分离的时间，于是出现了清代地方志缺载、其他典籍记载混乱的局面。

湖北地区州属县的分离，经历了漫长的演变，未必有一个明确的时间点，而顺治年间应该是其中的关键时间段。改朝换代，对明朝旧有的传统行政制度是一个冲击。因为在明朝时，有些制度已经破坏，但碍于"祖宗之法"，不好全面正式更改，顺治朝是清王朝全中国范围政治统治的开始，摆脱了明朝祖制的羁绊。事实证明，在顺治朝，清统治者做出了一系列调整与改造，但目前所见并没有对州县关系有过规划。因此，旧制度已经破坏，新制度又没有涉及，湖北州县关系悄然发生本质改变。经过长时间演变，湖北州要么等同于县，要么等同于府，不再出现隶府同时又辖县的情况。

顺治朝今天归属湖北省的英山、建始两地，还不在湖广管辖范围。当时英山县属于江南庐州府六安州（据《清史稿》记载英山县极有可能也脱离六安州，直属庐州府）。建始县属于四川夔州府。

顺治帝统治末年，除了英山县、建始县以及施州卫，湖北地区府州县情况如下所示：

---

①湖北舆图局：《湖北舆地记》，光绪二十年刊本。
②康熙《景陵县志》卷1，康熙三十一年刻本，第6页。

表8-2　　　　　清世祖顺治十八年（1661年）湖北政区表

府	州、县
武昌府	江夏县（武汉市武昌区附近）、咸宁县（咸宁市附近）、蒲圻县（赤壁市附近）、嘉鱼县、崇阳县、通城县、武昌县（鄂州市附近）、兴国州（阳新县附近）、通山县、大冶县（大冶市附近）
汉阳府	汉阳县（武汉市汉阳区附近）、汉川县（汉川市附近）
黄州府	黄冈县（黄冈市附近）、黄陂县（武汉市黄陂区附近）、麻城县（麻城市附近）、蕲水县（浠水县附近）、罗田县、黄安县（红安县附近）、蕲州（蕲春县附近）、黄梅县、广济县（武穴市附近）
德安府	安陆县（安陆市附近）、应城县（应城市附近）、孝感县（孝感市附近）、云梦县、随州（随州市附近）、应山县（广水市附近）
安陆府	钟祥县（钟祥市附近）、京山县（京山市附近）、潜江县（潜江市附近）、沔阳州（仙桃市西南）、景陵县（天门市附近）、荆门州（荆门市附近）、当阳县（当阳市附近）
荆州府	江陵县（荆州市附近）、公安县、松滋县（松滋市附近）、石首县（石首市附近）、监利县（监利市附近）、枝江县（宜都市枝城镇附近）、彝陵州（宜昌市附近）、远安县、宜都县（宜都市附近）、长阳县（长阳土家族自治县附近）、归州（秭归县附近）、兴山县（兴山县南部）、巴东县
襄阳府	襄阳县（襄阳市附近）、谷城县、南漳县、宜城县（宜城市附近）、枣阳县（枣阳市附近）、光化县（老河口市东北）、均州（丹江口市西北）
郧阳府	郧县（十堰市郧阳区附近）、郧西县、房县、竹山县、竹溪县、保康县

第二节　清前中期两湖分省以及湖北相关制度变迁

康熙帝执政时间长达六十一年，其在位初期，许多明代"大省"纷纷析分，新的行政区划得以组建。在这一趋势下，湖广正式分为湖北、湖南两部分，现代湖北省直接肇始于此。然而这一政区剧变决非一日之功，更非哪一位政治家独享的杰作，而是两湖历史长期发展的结果。康熙帝执政时期，湖北政治格局产生曲折性变化，带有行政区划性质的道也发生改变。

一、两湖分省

众所周知，顺治帝突然驾崩后，不满十岁的康熙帝即位，即位初期是满族四大辅臣执政。且当时全国尚未完全统一，就连湖广抗清武装也未能完全扑灭。康熙初年，君臣矛盾、民族矛盾缠绕在波诡云谲的政治大事中。

康熙元年（1662年），即康熙帝即位改元的第一年，两湖分省就被提上议事日程：

湖广旧设巡抚二员，又因川、陕、河南三省疆隅相接，设抚治一员。科臣姚启圣请援江南、陕西之例，分湖北、湖南两巡抚。敕（张）长庚详确定议。长庚议以湖北之武昌、汉阳、黄州、安陆、德安、荆州、襄阳、郧阳八府属湖北巡抚辖。以湖南之长沙、衡州、永州、宝庆、辰州、常德、岳州七府，郴、靖二州属偏沅巡抚辖。刑名钱谷，各归管理。部议如所请,并裁郧阳抚治缺。上允之。①

其实以上记载有一定错误,按姚启圣是八旗汉军(被清王朝编入八旗的汉族),后来为清王朝统一台湾立下功劳,名声显赫。但康熙元年(1662年)时,姚启圣还没有考取举人,不会在朝中任职。这里的姚启圣其实是姚文然。姚文然是安徽桐城人,明崇祯进士,后归附清朝,顺治朝就在京城任职。康熙元年(1662年)任刑科给事中,其身份与上述材料中的"科臣"完全符合。当年他上《责成职掌疏》:

> 臣思楚省提封最广,府州所属共有三十余处之多,湖南北相距五千余里,诚为辽阔。其钱粮、钦件及刑名、官评不知凡几。今虽设有三抚,而执掌不分,向来未经详议,实有未尽当者。今寇盗险阻,以成负嵎之势。朝廷用兵征剿,务期指日荡平。楚省久经凋残之后,接济大兵运粮负草,艰苦万状。此时巡抚之责,外则调度粮饷,供给军需;内则抚绥穷黎,察访贪蠹。譬如家长,料理殷繁,日不暇给。若不专责成,何以俾其尽心厥职也。如郧阳抚治,原为秦、豫、川蜀三省疆隅相接,故特设治臣弹压,与楚省抚务似不相关。省下巡抚,总理全省之事。偏沅巡抚,虽云管理衡、永、长沙等属,然虚名无实,十羊九牧。当此多事之时,地方辽阔,文移往来,耽延时日,万一彼此推委,必至贻误封疆。臣愚以为莫如援江南、陕西之例,将两抚分属,以湖北责之省下巡抚,湖南责之偏沅巡抚,一切钱粮、钦件、官评、刑名,皆派定地方。使所属之有司,亦便咨详呼应。所治之人民,亦易于抚循照察,疾苦得以上闻,痛痒不致隔绝。当此用兵之际,奸宄间谋,散布民间者,地近亦易搜访。贪官蠹役,借名科派者,事少以便惩究。其左右布政使,已经奉旨照江南例,分湖南北驻扎掌管,则糗粮刍茭价值多寡,皆可周知,随时随地预先就近备办,以解倒悬而奏肤功。较之鞭长不及,互相掣肘者,其利害不啻天渊矣。②

为了应对日益庞杂的军民政务,姚文然提议,将现有湖广两巡抚,划定区域,以专责成。他的建议,朝廷命令湖广总督张长庚考虑。张长庚建议以武昌、汉阳、黄州、安陆、德安、荆州、襄阳、郧阳八府归湖北巡抚,湖广其余府州归湖南巡抚。此建议得到朝廷认可,并顺势裁撤郧阳抚治。由此看来,今天湖北省版图之确立,湖广总督张长庚起到了很大作用。

以上变革,与其说是新政区的产生,不如说是旧政区的调整。明末至清顺治朝,湖广一直有两个巡抚,只不过辖区处于动态变化之中。但布政使、按察使只驻武昌,没有出现分而治之的局面。康熙元年(1662年)调整,实质是将两巡抚辖区固定化、均衡化。至于裁撤郧阳抚治,也属于适当调整,让湖北地区郧阳、武昌分而治之的局面得以结束。让三省交接之地,重新归四川、陕西、湖广分治。当然,郧阳抚治被裁,也造成了不良后果,后清王朝又短暂将其恢复。

---

① 乾隆《钦定八旗通志》卷190,文渊阁四库全书本,第17—18页。
② 康熙《长沙府志》卷14,康熙二十四年刻本,第92—93页。

康熙三年(1664年)春,清王朝正式下令:

  以湖广武昌、汉阳、黄州、安陆、德安、荆州、襄阳、郧阳八府归湖广巡抚管辖。
  以长沙、衡州、永州、宝庆、辰州、常德、岳州七府。郴、靖二州归偏沅巡抚管辖。
  添设湖广按察使司按察使员缺,驻扎长沙府。
  命湖广右布政使移驻长沙,辖长、宝、衡、永、辰、常、岳、等七府,郴、靖二州。①

  清王朝在长沙设巡抚、布政使、按察使,两湖分省已成定局。但将此正式命令与张长庚建议比较,可以看出,虽然划分府州县完全一样,但名称却有很大玄机。张长庚建议设湖北、湖南巡抚,清王朝正式命令却是明朝旧例,分湖广巡抚与偏沅巡抚,无论巡抚名称,还是布按二司名称,均没有出现湖北、湖南字样。清王朝更像是在调整明末以来的湖广政治格局,而非主动创新。

  清乾隆时期纂修的《皇朝通典》明确记载:"康熙六年(1667年),定湖北、湖南为两省。"②但是查《清圣祖实录》,整个康熙朝,湖广巡抚、湖北巡抚、偏沅巡抚、湖南巡抚均出现过,在名称上呈现极度复杂态势。如康熙四十六年(1707年):"湖广总督石文晟、湖北巡抚刘殿衡、偏沅巡抚赵申乔来朝。"③康熙四十七年(1708年):"调贵州巡抚陈诜为湖广巡抚。"④康熙四十八年(1709年):"湖南巡抚赵申乔参湖广提督俞益谟冒支兵饷。"⑤而查中国历史第一档案馆、中国台湾内阁大库档案已经公布的康熙朝文书来看,情况类似,湖北、湖广、偏沅巡抚的名称同时出现在康熙朝早中晚期。但暂未发现题目中有湖南巡抚,或作者挂湖南巡抚的档案。有史料表明偏沅巡抚正式改名湖南巡抚是在雍正初年。⑥因此在名称上,湖北、湖南巡抚完全代替湖广、偏沅巡抚,并不是康熙一朝所完成的。

  那么湖北省究竟诞生于哪一年?清代以来有三种说法。

  一是康熙三年(1664年):因为这一年清王朝正式从地理上按照现代行政区划,将湖广一分为二,并配置相应官员。

  二是康熙六年(1667年):有反对者认为康熙三年(1664年)虽然很重要,但毕竟没有正式出现湖北省之名。而上引乾隆朝《钦定皇朝通典》明确说过,湖北省"定于"康熙六年(1667年)。因此湖北省正式诞生应为康熙六年(1667年)。

  三是雍正时期:乾隆朝《钦定皇朝通典》是孤例,从目前公布的清代留存档案来看(主要为中国历史第一档案馆和中国台湾内阁大库档案),康熙朝几乎没有以"湖北省"为名的档案

---

①《清圣祖实录》卷11,康熙三年三月甲戌、四月癸巳,《清实录》第4册,中华书局1985年版,第175、177页。
②乾隆《钦定皇朝通典》卷93,文渊阁四库全书本,第1页。
③《清圣祖实录》卷228,康熙四十六年二月戊申,《清实录》第6册,中华书局1985年版,第290页。
④《清圣祖实录》卷235,康熙四十七年十二月丁巳,《清实录》第6册,中华书局1985年版,第355页。
⑤《清圣祖实录》卷240,康熙四十八年十二月乙巳,《清实录》第6册,中华书局1985年版,第394页。
⑥《吏部尚书隆科多题请准偏沅巡抚改为湖南巡抚并铸给关防》,雍正二年二月二十一日。

文件,但雍正朝带有"湖北省"字样的文件大量出现。

其实要弄清湖北省产生的历史背景,必须从"省"着眼。正如现代学者傅林祥所言:"明、清两代,地方最高行政管理机构、长官及其辖区的正式名称,并不称'省'。也就是说,没有一个直接以'省'命名的地方行政机构和政区。"①行中书省是元朝创设的政区,明初短暂沿用后,即废止。但是中国一直有沿用古代政区单位的传统,且喜欢简称,摒弃繁复,如"郡"早已废除,但官私文书一直将"郡"作为府州的代称。"行中书省"的简称"省"也是一样,明清二代用"省"代称某巡抚辖区或布政司辖区。②久而久之,代称、俗称被普遍接受,并大量用于官方文书中,甚至原有正式名称越来越被人淡忘。因此从实际来说,湖北省创始于康熙三年(1664年),因为当年形成了现代湖北省疆域,具备了相对独立的行政官员。从名称上着眼,康熙六年(1667年)或许是"湖北""湖南"名称的拟定之年。而"湖北省"这一称呼,应该普及于雍正年间。

康熙两湖分省,实质是在明代湖广政治格局的基础上做出权力分配与调整。对此学者有精辟论述:

> 清初江南、湖广、陕西三省分省不是体国经野、画野分州式的重划政区,而是清朝因地因时制宜政策的一次实践。没有整体的制度讨论或规划,不存在某个具体称为"分省"或省制改革的事件,只有数个官缺的调整;而具体官缺的调整则是经过朝廷批准,有明确的时间点。总体的省制与行政区划变化是由一系列单个官缺的变革事件累积渐变而成,有一个从开始到完成的过程。因此,就"分省"而言,很难在顺治末、康熙初找到一个确定的"分省"时间点,但可以勾勒出一个较为清晰的变化过程……三省分省,加强了对地方的控制,同时理顺了巡抚与布按两司的行政关系,提高了行政效率,是清朝一次成功的制度变革。③

湖北省的出现,是明代中后期以来各种政治变动长期叠加造成的,并非某一位政治家精心谋划而成,更不能把功劳归功于当时尚未亲政的康熙皇帝。正如学者所言:"在地域广大的前提下,随着人口的不断增加而发生的经济、文化发展,社会变迁,由此引起的社会物质、精神生活内容丰富、繁杂程度大大提高,以及相应的强化社会控制需求,才是湖广分省的主要原因。"④因此,湖广先民的繁衍发展才是湖北省诞生的主要原因。明清王朝只是根据统治需要,顺应历史潮流,不断做出调整。

---

① 傅林祥:《江南、湖广、陕西分省过程与清初省制的变化》,《中国历史地理论丛》2008年第2期,第119页。
② 无论明清,总督、巡抚的全称一般十分复杂,且会根据具体情况随时变更,如"巡抚湖广等处地方兼赞理军务都察院右副都御史""总督湖广等处地方军务兼粮饷兵部尚书兼都察院右副都御史"。而布政使的全称一般为承宣布政使司。在明清正式公文中,固然会使用全称,但如此繁复的文字在具体行文中往往省略,变成"总督""巡抚""藩司"等,而他们辖区,也往往用"省"来代替。
③ 傅林祥:《从分藩到分省——清初省制的形成和规范》,《历史研究》2019年第5期,第60页。
④ 张建民:《湖广分省问题论述》,《江汉论坛》2003年第12期,第80页。

虽然两湖分省,武昌与长沙各有巡抚、布政使、按察使,但湖广总督仍旧在一定程度上统管两湖军民政务,湖北、湖南仍旧具有较为紧密的行政关系。

二、湖北政治格局的曲折变化

康熙朝,湖北政治格局还发生了若干与行政区划紧密联系的曲折变化,其中最主要的是湖广总督、郧阳抚治的变迁,以及荆州驻防八旗的设置。

康熙七年(1668年),清王朝突然裁撤湖广总督。① 但两年后的康熙九年(1670年):"复设四川湖广总督一员、福建总督一员。"②这一变更与当时清王朝的总督调整有关。总督是清王朝地方军政要员,随着具体事务的发展,特别是军事重心的演变,清王朝经常改变总督辖区,以适应形势变化。康熙七年(1668年)时,湖广大规模抗清武装基本上平定,清王朝极有可能因为"事简",扩大总督辖区,设四川湖广总督,辖今天三个省的面积。而当时台湾、福建一带的郑氏是清王朝主要威胁,靖南王耿氏又镇守当地,与清王朝保持较为敏感的联系。福建"事繁",一省只设一个总督。

康熙九年(1670年),蔡毓荣出任新设的四川湖广总督,其办公衙署在湖北荆州:"命吏部左侍郎管右侍郎事蔡毓荣为四川湖广总督,驻扎荆州府。"③荆州处于四川、湖北、湖南相对中心的位置,方便管控三省军民政务。总督驻守荆州,或许也可说明当时清王朝对湖北战略地位的看重。

清王朝统治者逐步整合政区时,康熙十二年(1673年)底镇守云南的平西王吴三桂正式起兵,争夺全国统治权。吴三桂从云贵出发,于康熙十三年(1674年)年初正式攻入湖南地区:"(吴)三桂僭称周王元年,部署诸将:杨宝荫陷常德,夏国相陷澧州,张国柱陷衡州,吴应麒陷岳州。偏沅巡抚(湖南巡抚)卢震弃长沙走,副将黄正卿、参将陈武衡以城降。"④

吴三桂军队占据湖南,清王朝派出的大军屯驻于湖北武昌、荆州、宜昌一带,双方以两湖为界展开相持。四川巡抚罗森等人反叛清朝,响应吴三桂。四川湖广总督辖区内已经发生根本变化。为了及时处理战争局势,康熙十三年(1674年)"命四川省另设总督"。⑤ 四川湖广总督又改为四川总督与湖广总督。在湖广总督蔡毓荣的参与下,清王朝于康熙十七年(1678年)后逐步收复湖南,康熙二十年(1681年)终于攻入昆明,平定吴三桂势力。由于湖广战乱的解除,湖广总督衙署从荆州搬到武昌。

康熙二十七年(1688年)春,清王朝再次:"裁湖广总督缺。"⑥其原因据地方志记载是:

---

① 参见《清圣祖实录》卷27,康熙七年十月庚寅,《清实录》第4册,中华书局1985年版,第376页。
② 《清圣祖实录》卷32,康熙九年三月庚午,《清实录》第4册,中华书局1985年版,第437页。
③ 《清圣祖实录》卷33,康熙九年四月己丑,《清实录》第4册,中华书局1985年版,第441页。
④ 赵尔巽等:《清史稿》卷474,《列传第二百六十一》,中华书局1976年版,第12844页。
⑤ 《清圣祖实录》卷46,康熙十三年二月癸卯,《清实录》第4册,中华书局1985年版,第601页。
⑥ 《清圣祖实录》卷134,康熙二十七年三月辛卯,《清实录》第5册,中华书局1985年版,第455页。

二十六年(1687年)巡抚张汧纠参荆南道祖泽深,祖亦揭张阴事。总督徐国相以同城失觉察罪当黜,命下并裁总督、汰标兵。①

同样一件事《清实录》记载康熙二十七年(1688年)三月,湖广发生贪污案。② 此次事件,湖北几乎所有大员全部参与其中,湖北巡抚与湖广总督同驻武昌,彼此近在咫尺,巡抚大肆贪污,湖广总督却起不到任何监察制约作用。再加上当时吴三桂等反清势力已经消亡,湖广地方暂不存在大型战事,这或许就是清王朝下决心取消湖广总督的原因。当时康熙帝面对此种局面,曾略带愤恨地说道:"此总督(湖广总督)之缺无用,应裁去。"③

但是康熙二十七年(1688年)湖广总督刚刚取消,湖北省城即爆发兵变。此次兵变规模颇大,影响极广④,原来,自吴三桂等反清势力平定后,清王朝就在湖北不断地裁兵,但又没有给予很好的安置。农历五月十二日,湖广总督徐国相离开武昌。二十二日,以夏逢龙为首的被裁士兵发动兵变,湖北巡抚投井而死。夏逢龙占据武昌府城,建立政权,并马上攻克汉阳、咸宁、嘉鱼、蒲圻等地。等到六月,夏逢龙兵分两路,一路向东攻黄州,一路向西打德安。当时湖北清军不堪一击,黄陂、孝感、云梦、黄冈纷纷被占领。夏逢龙进一步企图进取襄阳、荆州,眼看湖北不保,清王朝十分惊恐,命清军将领瓦岱为振武将军,率兵平乱:

> 敕谕都统瓦岱曰:兹以湖广督标裁兵鼓噪,特命尔瓦岱为振武将军,驰驿前往江宁。尔到江宁,带领江宁满兵、京口汉军兵丁、京口镇标水师营兵、江南江西督标火器兵丁,战船酌量带领,水陆并进,星速前往湖广。⑤

经过激战,七月夏逢龙兵变平息,清王朝重新恢复对湖北的统治。兵变平息后,康熙帝总结经验教训,让众臣讨论湖广总督的存废问题。九月:"吏部尚书阿兰泰、兵部尚书纪尔他布、工部尚书苏赫奏:湖广地方辽阔,统制兵马,应复设总督,于地方有益。报可。"⑥于是恢复湖广总督,此官职一直延续至清末。

与湖广总督废而复设相对应的是郧阳抚治的永久裁撤。上一章已经介绍,明代成化年间因安抚荆襄流民设郧阳府以及郧阳抚治。郧阳抚治长期管辖湖北郧、襄等地,这一明代官职被清朝继承。本来康熙三年(1664年),两湖分省时,清王朝顺势裁撤郧阳抚治,让湖北巡抚(又称湖广巡抚)统揽湖北地区。

康熙十五年(1676年)受吴三桂反清影响,鄂西北地区又不安定,为了震慑当地:"议政

---

① 乾隆《江夏县志》卷3,乾隆五十九年刻本,第21页。
② 《清圣祖实录》卷134,康熙二十七年三月乙酉,《清实录》第5册,中华书局1985年版,第453—454页。
③ 《康熙起居注》,中华书局1984年版,第1751页。
④ 松浦章、王秀华:《康熙年间武昌兵变在日本的传闻》,《日本研究》1985年第3期;吴伯娅:《武昌兵变与康熙》,《清史研究》1991年第4期。
⑤ 《清圣祖实录》卷135,康熙二十七年六月辛亥,《清实录》第5册,中华书局1985年版,第470页。
⑥ 《清圣祖实录》卷137,康熙二十七年九月癸巳,《清实录》第5册,中华书局1985年版,第489页。

王大臣等议:逆贼杨来嘉等盘踞郧阳,不时窃发,请复设郧阳抚治,以资控制。命以原任河道总督杨茂勋为郧阳抚治,设标营如巡抚例。"①鄂西北动乱,郧阳抚治又出现在历史舞台上。

由于杨茂勋作战有功,康熙十八年(1679年):"命郧阳抚治杨茂勋升补四川总督,仍驻郧阳。俟恢复四川之日赴任。"②康熙十八年(1680年):"以四川平定,裁郧阳抚治缺。"③从此郧阳抚治彻底消失在清王朝政治舞台上。但一个鄂西特殊行政机构消失,另一个鄂西特殊军事机构兴起。

荆州曾是楚国政治中心,在很长历史时间内亦是湖北地区的政治中心,或重要政治机构所在地。随着明代湖北地区政治中心东移,荆州政治地位一落千丈。除了绿营兵外,八旗兵是清初统治者极为依靠的军事组织形式。八旗一般可分为禁旅与驻防。驻防八旗是指将八旗兵丁及其家属迁居于某战略要地,以达到长期驻守的目的。顺治朝,湖北并无八旗驻防。康熙时期,情况发生改变。

康熙十二年(1673年)至康熙十三年(1674年),吴三桂反清武装从云贵北上,占领湖南,威胁四川,湖北长江流域成为清军前线。湖北西部沿江地区的荆州尤为重要,一旦其腹背受敌,吴三桂可顺长江直下武昌。康熙十二年(1673年),康熙帝下令:"今吴三桂已反。荆州乃咽喉要地,关系最重。著前锋统领硕岱,带每佐领前锋一名兼程前往,保守荆州,以固军民之心。"④从此清王朝几乎以荆州为重要基地,与吴三桂军队相持,最后将其平定。

在战争的实际过程中,清统治者越来越看重荆州的战略地位,认为有必要长期屯驻八旗军队。康熙十八年(1679年):"宁南靖寇大将军多罗、顺承郡王勒尔锦等疏言:湖南各大将军麾下所有蒙古兵已尽遣还。其在彝陵、襄阳等处蒙古兵一千七百余人,亦应撤回京师。得旨彝陵、襄阳诸处蒙古兵准令撤还。于荆州诸处满洲绿旗官兵内,酌量抽拨,镇守地方。"⑤康熙十九年(1680年):"宁南靖寇大将军多罗、顺承郡王勒尔锦疏言:将军噶尔汉之兵,若留之荆州,防御地方,诚有裨益。上允所请,即命噶尔汉以兵驻守荆州等处。"⑥

等到吴三桂等反清势力平定后,清王朝正式在荆州设驻防八旗:

> 议政王大臣等议奏:云南已经恢复,其湖广荆州、陕西汉中应设兵驻防。荆州应设满洲将军一员、副都统二员。八旗每旗各设协领一员、佐领七员、防御七员、骁骑校七员。兵丁,每佐领拨出六名发往。⑦

康熙二十二年(1683年)"以正红旗都统噶尔汉为镇守荆州等处将军,升参领郝佛为荆

---

① 《清圣祖实录》卷61,康熙十五年五月乙酉,《清实录》第4册,中华书局1985年版,第789页。
② 《清圣祖实录》卷80,康熙十八年四月丙寅,《清实录》第4册,中华书局1985年版,第1023—1024页。
③ 《清圣祖实录》卷88,康熙十九年二月辛巳,《清实录》第4册,中华书局1985年版,第1118页。
④ 《清圣祖实录》卷44,康熙十二年十二月丙辰,《清实录》第4册,中华书局1985年版,第585页。
⑤ 《清圣祖实录》卷82,康熙十八年七月癸丑,《清实录》第4册,中华书局1985年版,第1048页。
⑥ 《清圣祖实录》卷89,康熙十九年三月辛丑,《清实录》第4册,中华书局1985年版,第1123页。
⑦ 《清圣祖实录》卷99,康熙二十年十二月戊子,《清实录》第4册,中华书局1985年版,第1245—1246页。

州左翼副都统,阿际礼为荆州右翼副都统"①。"康熙二十二年(1683年),三孽既平,车书混一,荆州势据上游,滇、黔、巴、蜀往来所必经,始定驻防之制,设协、佐、防、校等官,而以将军、都统为之帅。"②清王朝不仅将大量军队派往荆州,还将其家属也随迁湖北,并在荆州府城另建满城。康熙时,荆州八旗户口应在万人以上。

将军是荆州驻防八旗最高长官,其地位远比荆州知府高(康熙时荆州将军为正一品大员,乾隆时改为从一品),连湖广总督(正二品或从一品)也不能直接指挥。荆州将军不仅仅只是军事指挥官,还掌管当地八旗户口的民政事务,湖广总督、湖北巡抚不能直接插手。这样一来,湖北西部再次出现了较为特殊的政治机构。

三、湖北道制的更改

明朝湖广地区有许多纷繁复杂的道,大致可以分为两种,一种是专门负责特殊事务的道,另一种是以分守、分巡兼兵备(或后者兼任前者)道为主的带有政区性质的道。

对于专门的道,明朝一般辖区为全湖广。清王朝在继承的基础上,又根据实际情况有所改变,如提学道在明万历时期就分南北,各设一员。清朝:"分设湖北督学道、湖南提学道。顺治十八年(1661年)改为通省提学道。康熙四十二年(1703年)始以翰林院视学为学院。雍正三年(1725年)北南各设一员。"③也就是说康熙朝,虽然两湖分省已成定局,但湖北、湖南还是一个学道,直到雍正年间才改变。

而关于驿站、盐法、粮储事务的道,演变极度复杂,限于篇幅,不作展开。但可以肯定的是,除了学道,许多专门道在康熙朝还是呈现两湖分治趋势。如康熙六年(1667年):"命湖北驿传道移驻湖南,管理湖南驿粮事务。湖北粮道仍留湖北,管理湖北驿粮事务。"④康熙二十七年(1688年):"吏部议覆,偏沅巡抚兴永朝疏言:楚省旧设驿道一员,驻扎武昌,管理全省驿务。但湖南、湖北道里辽远,以湖北之道遥制湖南,事多贻误。请改湖南驿站事务,归并湖南粮道兼理。应如所请。从之。"⑤

至于分守、分巡、兵备道涉及政区关系十分紧密。顺治朝武昌道、上荆南道、下荆南道、荆西道,以及上江防道、下江防道继续存在。但在康熙朝诸道发生较大改变。

康熙元年(1662年):"裁湖广上江、下江、武昌、荆西四道缺。"⑥根据相关历史文献记载,上下荆南道也同时被废。然而这次废除之后,除江防道外,各道很有可能陆续恢复。康熙三年(1664年),升"湖广荆西道王廷谏为山东按察使司按察使"⑦。此时荆西道仍存。康熙六

---

①《清圣祖实录》卷108,康熙二十年三月戊午,《清实录》第5册,中华书局1985年版,第99页。
②(清)希元等:《荆州驻防志》,湖北教育出版社2002年版,第1页。
③雍正《湖广通志》卷29,文渊阁四库全书本,第1页。
④《清圣祖实录》卷24,康熙六年十月戊寅,《清实录》第4册,中华书局1985年版,第332页。
⑤《清圣祖实录》卷137,康熙二十七年九月丁亥,《清实录》第5册,中华书局1985年版,第488—489页。
⑥《清圣祖实录》卷7,康熙元年八月戊申,《清实录》第4册,中华书局1985年版,第119页。
⑦《清圣祖实录》卷11,康熙三年正月庚辰,《清实录》第4册,中华书局1985年版,第168页。

年(1667年),清王朝又大量调整地方官制:"吏部题,议政王贝勒大臣九卿科道等会议裁官一疏。应将河南等十一省俱留布政使各一员,停其左右布政使之名。至江南、陕西、湖广三省俱有布政使各二员,驻扎各处分理,亦应停其左右布政使之名,照驻扎地方称布政使。其各省守巡道一百八员,推官一百四十二员,俱照议一并裁去。得上旨允行。"①清王朝此举,几乎将守巡道制度完全废除。

康熙九年(1670年),清王朝:"复设湖广分守武昌道、分巡上荆南道、分守郧阳道三缺。"②而分巡武昌道、分守上荆南道、分巡郧阳道则并未出现,荆西道也消失在历史长河中。

分守武昌道,驻武昌府,辖武昌、黄州、汉阳三府。

分巡上荆南道,驻荆州府,辖荆州、安陆、德安三府。

分守郧阳道,驻郧阳府,又称分守下荆南道,辖郧阳、襄阳二府。③

这里的分守与分巡仍旧是布按二司的下属:"布、按二司置正、副官。寻改置布政使左、右参议,是为守道;按察使副使、佥事,是为巡道。"④但此举将明代带有政区性质的道进行了改造。首先,明代诸如武昌道、荆南道境内有两个官员,一般分驻两地。康熙九年(1670年)后,每道只保留一个官员,互相制约监督的作用不复存在。然后,明代分守、分巡二道与兵备道互相兼任。康熙九年(1670年)后,分守或分巡道有不兼任兵备道的情况。在康熙朝,甚至一度大规模取消湖北地区兵备道。当然康熙朝分守与分巡道不兼兵备道,不一定代表道员丧失了辖区内军事管辖权。如康熙十三年(1674年):"湖广总督蔡毓荣疏报:逆贼盘踞南漳县天门寨等处。襄阳总兵官刘成龙、分守下荆南道参政石琳率领官兵攻剿,斩杀贼众,获马骡器械,安抚各寨洞。"⑤

大约在康熙中期之后,湖北有关的行政区划、相关职官调整趋于沉寂,清王朝将主要精力投身于台湾统一与蒙古噶尔丹问题的解决。康熙晚年也保持清静无为心态,倦于政事。康熙五十年(1711年)康熙帝曾经给偏沅巡抚潘宗洛说道:"今天下太平无事,以不生事为贵。兴一利,即生一弊。古人云:多事不如少事。职此意也。"⑥其实当时湖北行政区划仍然潜伏着很多问题,但清政府抱着"多事不如少事"的心态不闻不问,将积累的矛盾丢给康熙帝的子孙。

---

①《清圣祖实录》卷23,康熙六年七月甲寅,《清实录》第4册,中华书局1985年版,第315页。
②《清圣祖实录》卷32,康熙九年正月戊申,《清实录》第4册,中华书局1985年版,第429页。
③参见傅林祥等:《中国行政区划通史·清代卷》,复旦大学出版社2017年版,第334—335页。
④赵尔巽等:《清史稿》卷116,《志第九十一》,中华书局1976年版,第3355页。
⑤《清圣祖实录》卷49,康熙十三年八月甲辰,《清实录》第4册,中华书局1985年版,第641—642页。
⑥《清圣祖实录》卷245,康熙五十年三月乙卯,《清实录》第6册,中华书局1985年版,第436页。

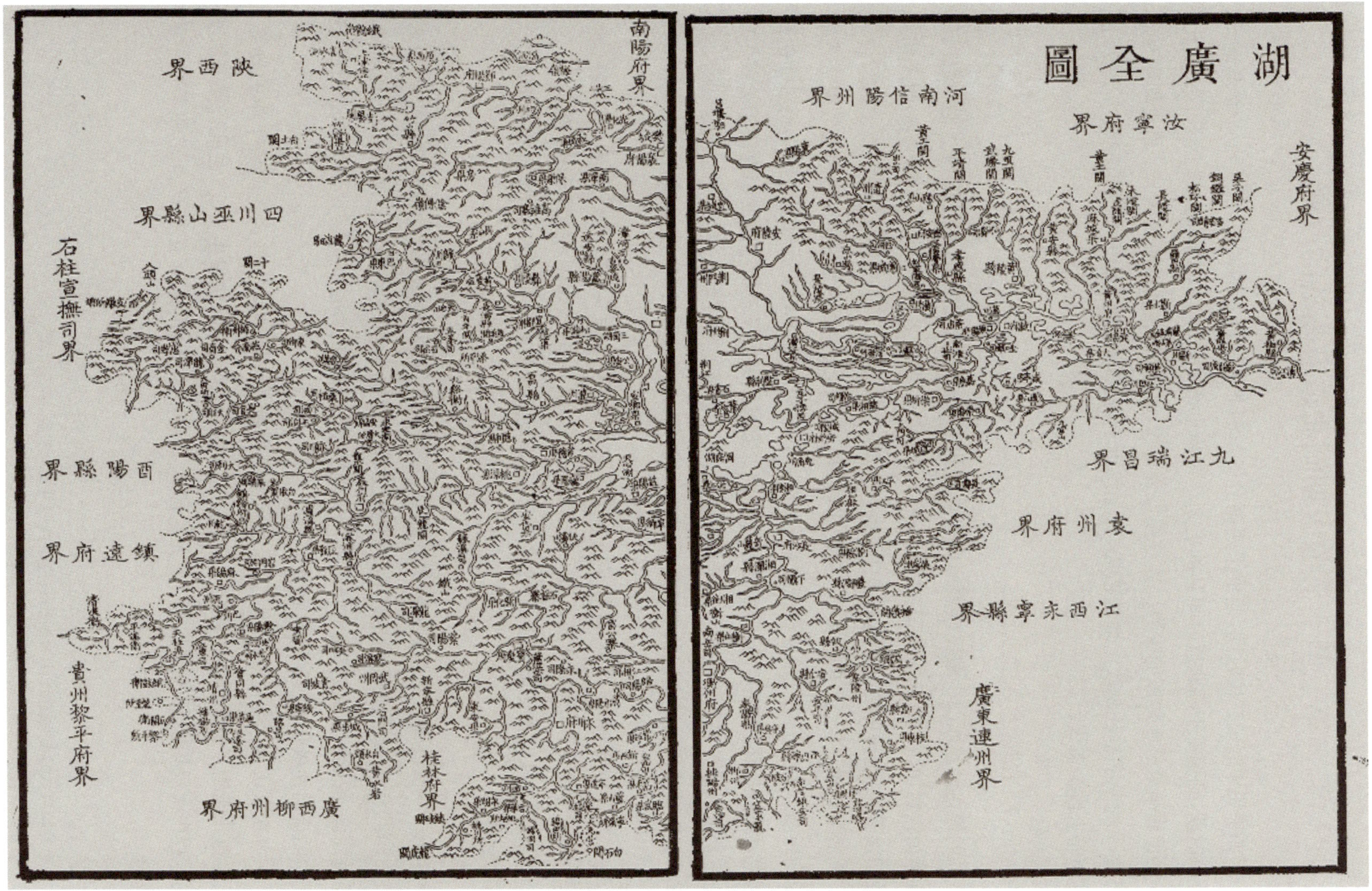

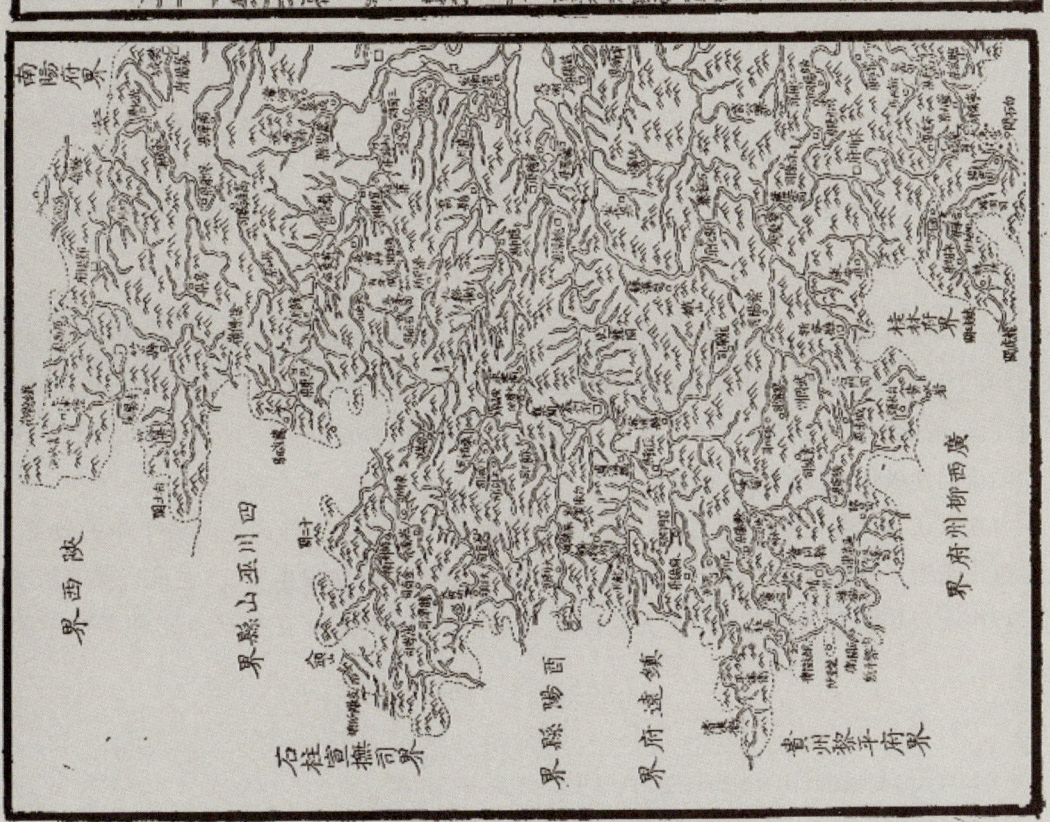

图8-2 康熙《内府舆图》所绘《湖广全图》

第三节　清前中期湖北道府州县的改变

如果说康熙帝在位时期,偏重于两湖分省与湖北上层职官的调整,那么雍正帝、乾隆帝在位时期,则偏重于湖北道府州县的更划。在雍正帝父子在位时期,湖北政区有三大变化:一是彻底结束恩施地区的少数民族首领世袭特权,改土归流,创设新政区。二是更划原有府州县,无论从名称还是政治地理格局,更加接近于现代湖北政区。三是对道制再次更改,使其更符合统治需求。

一、湖北地区改土归流

明代在湖北西部少数民族聚居区设立施州卫、大田所、支罗所,然后册封当地少数民族首领为宣慰司、宣抚司、安抚司、长官司长官,俗称"土司"。各土司内部,首领世袭,明王朝只做间接管控,土司首领拥有行政自主权。

清王朝建立后,由于夔东十三家的影响,相较于湖北绝大多数地区,施州卫较晚进入清王朝版图。由于清初统治处于恢复调整时期,吴三桂反清活动又短暂削弱清王朝对鄂西控制权,再加以康熙帝晚年的政治状况,鄂西南少数民族聚居没有根本改变旧有统治方式。当地土司可以说是湖北地区最后的世袭领主,其具体数量如上一章所述。

关于清代土司残虐记载不胜枚举,如康熙时期,顾彩亲眼目睹湖北容美土司:

> 其刑法,重者径斩,当斩者列五旗于公座后,君先告天,反背以手掣之,掣得他色者皆可保救,唯黑旗则无救。次,宫刑。次,断一指。次,割耳。盖奸者宫,盗者斩,慢客及失期会者割耳,窃物者断指,皆亲决。余罪则发管事人棍责,亦有死于杖下者。①

土司不仅对属民生杀予夺较为残忍,还经常互相征战,造成无谓牺牲。康熙六十一年(1722年)年底,康熙帝驾崩,雍正帝即位。其即位伊始,众多大臣纷纷上书,抨击土司之害,经过商议,清廷一致认为"改土归流",设立府州县是最好的办法。"土"即土司,"流"即朝廷任命的流动性极强的政区行政官员。

有观点认为:"雍正帝即位之初,承袭了康熙帝在土司地区安静为主避免生事的政策。后来雍正帝为了追求良好的社会治安与社会秩序,对于土司看法发生转变,在推行保甲制度的过程中大规模实行改土归流。"②无论原因如何,土司制度的存在都严重影响了清王朝统治。

---

① 吴柏森:《容美纪游校注》,湖北人民出版社1999年版,第314页。
② 常建华:《清雍正朝改土归流起因新说》,《中国史研究》2015年第1期。

雍正五年(1727年)年底,雍正帝说道:

> 向来云贵川广,以及楚省各土司,僻在边隅,肆为不法,扰害地方,剽掠行旅。且彼此互相仇杀,争夺不休。而于所辖苗蛮,尤复任意残害,草菅民命,罪恶多端,不可悉数。是以朕命各省督抚等,悉心筹画,可否令其改土归流,各遵王化。此朕念边地穷民,皆吾赤子,欲令永除困苦,咸乐安全,并非以烟瘴荒陋之区,尚有土地人民之可利,因之开拓疆宇,增益版图,而为此举也。①

在这种思想影响下,清王朝于雍正五年(1727年)前后,对滇、黔、桂、川、湘、鄂展开全面改土归流。面对清王朝的改土政策,世袭土司首领怎肯轻易交出政权,清王朝秉持"改流之法:计擒为上,兵剿次之;令其自首为上,勒献次之"②的方针,剿抚并用,恩威并施。对反抗清政府政策的土司,武力镇压永远革除;对主动献土归顺的土司,给予官职恩养终身。

就湖北地区而言,清王朝分两大步解决土司问题。第一步,撤销施州卫与大田所,更改土司所属政区。雍正三年(1725年),清王朝将施州卫以及境内土司划归荆州府。雍正六年(1728年):

> 户部议覆,湖广总督迈柱疏言:荆州一府,绵延千有余里。其所属之归州、巴东、兴山、长阳四州县,施州卫、大田所,俱地处山僻,离府窎远,请将归州升为直隶州,裁施州、大田二卫所,归并为县。施州卫所管之施南十五土司,应归县辖,同巴东、兴山、长阳三县,俱隶归州。卫所原设之游击、把总仍留弹压。其卫守备、千总、守御所千总俱裁去。设归州州判一员,新县知县一员,典史一员,巡检一员。卫教授改为教谕,其训导应仍旧制。均应如所请。从之。寻定新设县曰恩施。③

湖广总督迈柱建议设归州直隶州,脱离荆州府,直属湖北。同时废除施州卫、大田所,原施州卫境内土司全部划属归州。此建议得到清廷认可,在施州卫、大田所基础上设立的新县,赐名恩施,取皇恩赐予施州之意。值得注意的是,清王朝此时并没有废除土司,只是改变了土司所属的上级机构,由原来的施州卫变成了归州直隶州。

清王朝设置归州直隶州后,并没有马上开始湖北改土归流的第二步,而是长期维持现状。其原因可能是,今云南、贵州等西南地区才是土司重点盘踞的地方,在清王朝改土归流的过程中,与土司世袭势力发生了多次武装冲突。清王朝不得不耗费钱粮,出兵平定。此时如果贸然废除湖北土司,恐怕又生变乱,造成不利局面。也有观点认为,湖广少数民族聚居区与汉族早就密切来往,一般对中央政府比较顺从,且实力相对弱小,故而被清王朝长期维持。

---

① 《清世宗实录》卷64,雍正五年十二月己亥,《清实录》第7册,中华书局1985年版,第986—987页。
② 赵尔巽等:《清史稿》卷288,《列传第七十五》,中华书局1976年版,第10231页。
③ 《清世宗实录》卷72,雍正六年八月己丑,《清实录》第7册,中华书局1985年版,第1077—1078页。

等到雍正十年(1732年)后,清王朝才开始湖北改土归流的第二步:全面废除土司。有学者认为湖广土司被废的原因是:

> 随着西南改土归流的推进,出现了大量苗民逃往湖广及兵源粮饷紧张的局面。而湖广土司区的存在,不但影响西南军需的供应和保障,而且也影响整个西南改土归流的战局,因此,清朝政府为了稳定西南边防,策应西南云贵广西改土归流的需要,趁势顺带地将湖广土司实施了改土归流。①

不管具体原因如何,直到雍正帝统治末年,清王朝才开始裁撤湖北土司。雍正十年(1732年),清王朝以东乡土司覃寿椿长子犯罪为由,将其废除,辖区归入恩施县。雍正十一年(1733年),清王朝以忠建土司田兴爵不法为由,将其废除,辖区归入恩施县。

雍正十二年(1734年),湖广总督对实力最强的土司之一——容美土司实施改土归流。②

从现存相关史料来看,容美土司田旻如是传统土司的代表,有作恶一面,也有造福乡里一面,当时湖广总督也未必没有压迫之举。如田旻如曾多次给雍正帝上奏,辨明是非,曾经一折说道:"湖省各员,立意架词以相倾覆,臣即遍身皆口,冤亦难鸣。"③但不管是否冤枉,朝廷大势所趋,田旻如无力回天。

同年夏,湖广总督再向施南土司施行改土归流。④清王朝将土司覃禹鼎家族强行迁移到武昌县(今鄂州市附近)安置。眼看容美、施南两大土司被清王朝解决,湖北其他土司纷纷纳土归顺,表示服从改土归流政策。处理完施南土司后一个月:"忠峒宣抚司田光祖等十五土司,齐集省城,呈恳归流。"⑤

清王朝对待湖北土司,一方面给予恩养政策,委以官职,甚至是世袭官职。另一方面迁移部分土司贵族到外地居住,防止其继续影响当地社会。世袭土司全部取消,土司所辖之地全部改建为州县。雍正帝并未看到湖北改土归流的最终成果,即于雍正十三年(1735年)农历八月驾崩。年底,清王朝在湖北土司之地新建州县,并核定政区疆界:

鹤峰州:原为容美土司之地,"雍正十三年(1735年),改司为州,钦定佳名曰鹤峰"⑥。传说鹤峰州因境内山脉如鹤而得名,位于今鹤峰县附近。

长乐县:原为容美土司、五峰土司、石梁土司、水尽土司之地,"雍正十三年(1735年)设流改土,乃即土司昔所管之地,复割长阳、(湖南)石门、松滋、枝江、宜都等处地以益之"⑦。长乐县,可能以吉祥寓意得名,表示长久安乐之意,位于今五峰土家族自治县附近。

---

① 瞿州莲、瞿宏州:《湖广土司改土归流原因新探》,《中南民族大学学报(人文社会科学版)》2014年第2期。
② 《清世宗实录》卷142,雍正十二年四月丁未,《清实录》第8册,中华书局1985年版,第785页。
③ 《容美土司史料汇编》,中共湖北省鹤峰土家族自治县县委统战部等1984年刊印本,第41页。
④ 《清世宗实录》卷143,雍正十二年五月己卯,《清实录》第8册,中华书局1985年版,第793页。
⑤ 《清世宗实录》卷144,雍正十二年六月丁未,《清实录》第8册,中华书局1985年版,第800页。
⑥ 乾隆《鹤峰州志》卷上,清内府藏本,第17页。
⑦ 光绪《长乐县志》卷2,光绪元年刻本,第1页。

宣恩县：原为施南司、忠建司、忠峒司、高罗司、木册司等土司地，"雍正十三年(1735年)，十五土司率土抒诚，自请归流，议置施南郡，设所属六县，宣恩居其一。乃就施南司故宅立今县治"①。宣恩县之得名有宣皇帝之恩的含义，位于今宣恩县附近。

来凤县：原为土司辖区，雍正十三年(1735年)年底设县，"(境内土司)先后归流，始废散毛、大旺、百户、卯峒、漫水、东流、蜡壁七土司为来凤县"②。来凤县因境内翔凤山而得名，位于今来凤县附近。

咸丰县：雍正十三年(1735年)年底，以"大田所及唐崖、龙潭、金峒三司地，共设一县，周围八百余里，县治即大田所"③。明代大田所以及三土司之地归咸丰县所有，该县县名取"咸庆丰年"之意，位于今咸丰县附近。

利川县：雍正十三年(1735年)年底，"以施南、忠路、沙溪、建南四土司，并前已并入恩施县之都亭里、上下支罗、忠孝土司地为利川县"④。利川县之得名颇为复杂，一说境内有河流贯穿全境，为有利之川，故名。一说利川县在地理上为四川之屏障，有利于四川，故名。一说得名于《周易》"利涉大川"。还有说法认为利川得名与境内地名"暗利砦"有关。到底哪一种说法为利川县之得名，尚需进一步考证。

总之，乾隆帝即位伊始，湖北改土归流工作全部完成，世袭土司全部根绝，新的行政区划纷纷设立。但独鹤峰为州，其他皆为县。鹤峰原为容美土司辖区，雍正帝曾经说道："楚蜀各土司中，惟容美最为富强。"⑤容美土司辖区广大，又最为富强，对当地社会影响也较深。与其他改土归流后设立的政区不一样，鹤峰几乎全是继承容美土司而来，需要格外加强管理，这或许是当地设州的缘故。鄂西改土归流，虽然对于世袭土司而言是一场家族悲剧，但总体来说有利于少数民族利益，有利于中华民族融合发展。

二、雍正朝至乾隆初年湖北府州县的变迁

除了改土归流，新设州县。雍正帝、乾隆帝执政时期，湖北府州县也历经变迁。

雍正三年(1725年)，施州卫以及各土司划归荆州府，已如上文所述。

雍正四年(1726年)，安陆府景陵县改为天门县。康熙帝驾崩后，其陵墓为景陵，这就与湖北地名重复。当年："(雍正帝)览湖广安陆府属有一县名，即系景陵二字，见之心甚不安。该省督抚不具奏请改，于心独安乎？此县名，著内阁拟改请旨。寻内阁撰拟具奏，得旨，著改为天门县。"⑥面对与康熙陵墓重名，雍正帝直接责备湖北官员不首先发现，奏请更改。于是

---

① 同治《宣恩县志》卷1，同治二年刻本，第1页。
② 同治《来凤县志》卷2，同治五年刻本，第3页。
③ 同治《咸丰县志》卷1，同治四年刻本，第7页。
④ 光绪《利川县志》卷1，光绪二十年刻本，第5页。
⑤ 《鄂西少数民族史料辑录》，鄂西土家族苗族自治州民族事务委员会1986年刊印本，第206页。
⑥ 《清世宗实录》卷46，雍正四年七月戊午，《清实录》第7册，中华书局1985年版，第703页。

县名经过中央政府商议,更改为天门。天门得名于"县西有天门山也"①。

雍正六年(1728年),清王朝将荆州府境内的归州升为直隶州,辖兴山、巴东、长阳三县,以及由施州卫改设之恩施县,以及众多土司。具体介绍见上文。

雍正七年(1729年),清王朝将德安府孝感县、黄州府黄陂县划归汉阳府。据史料记载,向雍正帝请示更改的是湖广总督迈柱。迈柱上《请改黄陂孝感二县隶汉阳府管辖疏》。② 黄陂县距离黄州府城黄冈路途遥远,距离汉阳府城却较近,为了税粮运送、案件审理、科举考试等事务方便,不如将黄陂划归汉阳府。而孝感虽然处于德安府城与汉阳府城之间,但孝感人来省城办理公务,必须通过府城办理相关手续或请示报告。可是德安府城在孝感之北,省城在孝感之南,孝感人只能先往北,再迂回往南,劳神费力。但将孝感划归汉阳府,就省事许多,因为汉阳府与省城均位于孝感南部,且两者一江之隔,公务办理可顺路就近办理。此番更改,是出于方便民众的考虑。湖广总督的申请,得到雍正帝的同意。

雍正十三年(1735年)年初,为了配合改土归流,湖广总督迈柱又提出多条建议③,得到清中央政府的认可。迈柱的建议概括起来有这样两个方面。第一,将容美土司与五峰土司改土归流,设立新政区,配置职官,调整疆域。第二,适当调整鄂西南地区的军队部署,在关口险要设置军队。

除开这两点建议,尤为重要的是改彝陵州为府。结合上文介绍,清王朝升归州为直隶州,以今秭归为中心管辖土司之地。雍正十三年(1735年),清王朝可能认为直隶州控制并不恰当,于是又从荆州府分出彝陵州,以今宜昌为中心设立新府,管辖三峡以及土司之地。迈柱申请后,清王朝定新府名称为宜昌,其附郭县名为东湖。

明清时期,直隶州无附郭县,即州城只有州衙,知州先管本州事务,然后兼顾其他代管县。如归州为直隶州时,知州首先管理今秭归地区,然后兼顾土司地区。而府有附郭县,即府城同时也是县城,知府无需直接管理所在地方的政务,而通过所辖州县,统管全府。原彝陵州辖区归东湖县继承,然后集合东湖、鹤峰、长乐、归州、长阳、兴山、巴东等地,组建新的宜昌府。宜昌府知府虽然常驻东湖县,但行政侧重可以根据实际情况随时改变,不必首先顾及府衙所在地,因为当地已经有东湖县管理。这样一来,相较于州代管模式,加强了区域行政管理力度。宜昌得名估计来自于吉祥寓意,表示宜于昌盛的含义。东湖得名估计源于境内现在已经消失的东湖④。宜昌府的设立,实质上为鄂西南增添了新的政治中心,有利于区域整体发展。

上文介绍归州直隶州还包括恩施县以及土司地区,但新成立的宜昌府却并没有包含这部分土地,那是因为清王朝湖北政府还有新的规划。年底(此时雍正帝已经驾崩,乾隆帝已

---

① 道光《天门县志》卷4,道光元年刻本,第5页。
② 乾隆《汉阳府志》卷47,乾隆十二年刻本,第92页。
③ 《清世宗实录》卷153,雍正十三年三月己卯,《清实录》第8册,中华书局1985年版,第879页。
④ 据乾隆《东湖县志》记载,至少到乾隆时期,东湖县之东湖已经开始大规模围湖造田。

经即位),还是湖广总督迈柱又提出新的建议。① 其建议概括起来有三条:其一,在土司归流之地设一府五县,并配置相应职官。其二,谋划当地驻军布防。其三,顺势将四川建始县划给湖北。迈柱的建议,再次得到中央政府的认可。于是清王朝以原先设立的恩施县为中心,设立新府,府名定为施南。然后以原施南土司辖区为中心设宣恩县,以桐子园为中心设来凤县,以大田镇为中心设咸丰县,以官渡坝为中心设利川县。由于建始县距离湖北较近,也被划入新府。施南府的创建,让今恩施地区成为新的区域政治中心。

雍正十三年(1735年)年初、年末两次政区变动,明显可以看清王朝湖北政府故意将土司之地一分为二,划入两个府中,且两府同时具备汉族聚居县,所辖之地也都设置常驻军队(宜昌府约700人,施南府约1500人)。这种分而治之、士兵驻守的策略,或许寓有加速民族交往,防止土司势力复起的意图。

在施南府组建后没有多久,迈柱结束湖广总督任期,调到中央任职。从雍正五年(1727年)到雍正十三年(1735年)年底,迈柱担任湖广总督大约八年,为湖北行政区划建设做出了贡献。雍正十三年(1735年)年底,湖北政区如下所示:

表 8-3　　　　　　　清世宗雍正十三年(1735年)湖北政区表

府	州、县
武昌府	江夏县(武汉市武昌区附近)、咸宁县(咸宁市附近)、蒲圻县(赤壁市附近)、嘉鱼县、崇阳县、通城县、武昌县(鄂州市附近)、兴国州(阳新县附近)、通山县、大冶县(大冶市附近)
汉阳府	汉阳县、汉川县(汉川市附近)、孝感县(孝感市附近)、黄陂县(武汉市黄陂区附近)
黄州府	黄冈县(黄冈市附近)、麻城县(麻城市附近)、蕲水县(浠水县附近)、罗田县、黄安县(红安县附近)、蕲州(蕲春县附近)、黄梅县、广济县(武穴市附近)
德安府	安陆县(安陆市附近)、应城县(应城市附近)、云梦县、随州(随州市附近)、应山县(广水市附近)
安陆府	钟祥县(钟祥市附近)、京山县(京山市附近)、潜江县(潜江市附近)、沔阳州(仙桃市西南)、天门县(天门市附近)、荆门州(荆门市附近)、当阳县(当阳市附近)
荆州府	江陵县(荆州市附近)、公安县、松滋县(松滋市附近)、石首县(石首市附近)、监利县(监利市附近)、枝江县(宜都市枝城镇附近)、远安县、宜都县(宜都市附近)
襄阳府	襄阳县(襄阳市附近)、谷城县、南漳县、宜城县(宜城市附近)、枣阳县(枣阳市附近)、光化县(老河口市东北)、均州(丹江口市西北)
郧阳府	郧县(十堰市郧阳区附近)、郧西县、房县、竹山县、竹溪县、保康县
宜昌府	东湖县(宜昌市附近)、归州(秭归县附近)、长阳县(长阳土家族自治县附近)、兴山县(兴山县南部)、巴东县、鹤峰州(鹤峰县附近)、长乐县(五峰土家族自治县附近)
施南府	恩施县(恩施市附近)、宣恩县、来凤县、咸丰县、利川县(利川市附近)、建始县

① 《清高宗实录》卷6,雍正十三年十一月壬寅,《清实录》第9册,中华书局1985年版,第264页。

三、乾隆中后期湖北府州县变迁

在改土归流、设立新府后,湖北政区保持了二十多年的稳定。乾隆帝在父祖的基础上,进一步发展社会经济,湖北人口、农业、商业有了稳步增长。乾隆二十七年(1762年)年底,湖广总督爱必达上奏,请求更改湖北行政区划。①

爱必达的建议可以归纳为三点:第一,将安陆府沔阳州划归汉阳府。第二,以沔阳州新堤镇为中心设立新县,也划归汉阳府。第三,调整相关职官配置。此建议得到中央政府允准,新县得名文泉。传说文泉之得名来源于境内的文泉井。

从雍正到乾隆,明显可以发现汉阳府在扩大,先是并入孝感与黄陂,现又并入沔阳州。沔阳州划属原因估计与孝感相似,沔阳从地理上来说十分靠近汉阳府,距安陆府府治钟祥县十分遥远,如果涉及上级公务,沔阳人还是要往西往东两边跑,十分不便。划入汉阳后,沔阳人则能就近办理,节省精力时间。

其实到乾隆年间,汉阳府汉阳县的汉口镇日益繁华,成为重要商业都会。这一时期,湖广总督鄂弥达就曾说过:"汉口镇为九省通衢,商贾云集。"②甚至全省食盐销售,都要仰仗汉口:"楚省行盐一切并由汉口商人经理。"③

汉口镇,并非行政区划,仅是汉阳府中某一繁华的商业据点。当时汉口镇仍旧属于汉阳县管理,但日益繁盛的商业活动,四面八方涌来的客商,势必增加汉阳府的行政负担。将汉阳府辖区扩大,在一定程度上可以增加汉阳知府管控的人力物力,有利于应对日益繁杂的行政事务。

在汉口镇日益繁华的同时,沔阳州经济也在持续上升,尤以今洪湖地区的新堤镇商业繁茂,人口聚集,"濒临大江,帆樯云拥,百货转运,达通湘蜀,为沔南重镇"。④为了与社会经济发展程度相适应,清王朝在今洪湖地区特设文泉县,予以专门管理。

但天有不测风云,乾隆二十七年(1762年)年底新县设立后,沔阳州不断迎来洪灾,乾隆二十八年(1763年)至乾隆二十九年(1764年)大水,乾隆三十年(1765年)春季一直雨水不停。⑤文泉县由于地势低平,本身靠近大江大湖,因而受灾尤其严重。乾隆二十九年(1764年)年底,乾隆帝眼看湖北大雨成灾,下宽恤之诏:"谕:湖北被水各州县内,黄梅、文泉、监利三县最重,广济稍轻。其武、汉、黄、荆四府属,间有被水之处,均经降旨赈恤一月,并酌借口粮籽种,以资接济。"⑥乾隆三十年(1765年),乾隆帝又说:"入春东作方兴,正在青黄不接,若

---

① 《清高宗实录》卷677,乾隆二十七年十二月丁未,《清实录》第17册,中华书局1986年版,第571页。
② 《清高宗实录》卷247,乾隆十年八月,《清实录》第12册,中华书局1985年版,第192页。
③ 《清高宗实录》卷696,乾隆二十八年十月甲申,《清实录》第17册,中华书局1986年版,第800页。
④ 光绪《沔阳州志》卷3,光绪二十年刻本,第5页。
⑤ 参见光绪《沔阳州志》卷1,光绪二十年刻本,第7页。
⑥ 《清高宗实录》卷724,乾隆二十九年十二月戊子,《清实录》第17册,中华书局1986年版,第1072页。

骤行按例停止，未免糊口维艰，深为轸念。著再加恩，将被灾较重之文泉、监利、黄梅三县，及毗连之广济一县，无论极次贫民，俱展赈一个月，并酌借籽种，以资耕作。"①

文泉县受灾严重，居民救灾自顾不暇，新县所需之各项工程根本无力措手。当时全湖北也大量受灾，无力援助，在这种情况下，乾隆三十年（1765年）年初，湖北巡抚奏请撤销文泉县，回归沔阳州管辖，停止新县城垣、仓库、监狱的修筑。新堤镇事务繁多，就将沔阳州州同常驻当地，协同管理。至于其他辅佐官员，今后再议。当年夏，清王朝抹除文泉县的印记："湖北巡抚李因培疏称，文泉县治，裁归沔阳州管辖，汉阳府通判关防铸有文字，自应删去另拟。从之。"②文泉县存在时间不足三年。③

乾隆三十三年（1768年），湖北蕲州疆域发生部分改变：

> 吏部等部议覆江西巡抚吴绍诗、湖北巡抚程焘会奏：湖北蕲州所辖小江口，距该州远隔一百八十里，与江西德化县毗连，应改归德化。其该地岁征屯粮，田土虽在小江口，而屯丁散处隔属，德化县不能熟悉，应仍归蕲州卫。岁科考试，军籍子弟有应试者，另编军籍，取入府学，应如所请。从之。④

由于蕲州境内小江口地区距离江西德化县较近，为了行政方便，将其划出湖北。前文已经说明，清朝继承明代部分卫所，对其专门管理，另立户籍，负责承担某些特殊徭役。小江口境内就有部分居民属于蕲州卫管理的情况，江西德化县不能完全掌握，因而这部分居民仍归湖北蕲州卫管理。因此就出现了地属江西，但部分政务仍归湖北管理的局面。

在沔阳州并入汉阳府，蕲州辖区稍有变化之后，湖北政区再次迎来长时间的稳定。到乾隆帝统治末年时，湖北政区又迎来改变。乾隆五十六年（1791年）年初，湖广总督毕沅上奏请求更改湖北行政区划。

当时湖广总督毕沅认为，安陆府面积广大，诉讼繁多，为湖北省第一个难以治理的地方，

---

① 《清高宗实录》卷726，乾隆三十年正月己酉，《清实录》第18册，中华书局1986年版，第2页。
② 《清高宗实录》卷737，乾隆三十年五月戊戌，《清实录》第18册，中华书局1986年版，第116页。
③ 文泉县虽然不复存在，但洪湖民间一直流传文泉县的故事。传说沔阳州南部新堤镇境内有一文泉井，水清味甜，是当地居民重要生活来源，也是当地风水所在。后来文泉建县后，知县将其霸占，居民需交钱取水。有一穷书生无钱买水，家中老母因此而死。书生跑到县衙门口，大骂县官。知县恰好昨晚梦见衙门口石狮流血，心中晦气，听见叫骂，将所有怨气发到书生身上。为了泄愤，知县将书生丢入枯井，并将其封死，并在铁柱上刻"铁树开花，逆龙归家"几个字，其意是只有等到铁树开花，才能让叛逆的书生回家。几天后，朝廷官员路过文泉，休息之时，将蟒袍红顶顺便挂上铁柱，宛如花朵一般。恰好百姓又来诉苦，有居民将猪血丢向知县，不料砸向衙门口石狮子，石狮好像流血一样。此刻正应"铁树开花，逆龙归家"谶语与石狮流血征兆。突然，一条龙从枯井中冲涌而出，天怒人怨，大雨倾盆，将害人的县官淹死，整个文泉县也被淹没，不复存在。这则故事可能不是历史事实，但在一定程度上折射某种社会现象和大众历史记忆。文泉建县前后，官府可能加重了民众负担。民间故事以水开头，以水结束，不正和文泉县以长江商贸而兴，以长江洪水而亡相照应吗？这则民间故事可算作湖北行政区划史的见证。
④ 《清高宗实录》卷817，乾隆三十三年八月己巳，《清实录》第18册，中华书局1986年版，第1066页。

且境内沿江堤防也需要加倍看护,安陆府知府很难周全。因此建议将境内的荆门州、当阳县划出,与荆州府之远安县组成一直隶州,分担安陆府的行政压力。此建议得到中央政府认可。

安陆府明显存在多种复杂地形,一是荆门、当阳所在的鄂西北山地,一是钟祥、京山所在的大洪山西侧,一是潜江、天门所在的江汉平原,地形的复杂必然带来境内事务的繁杂与差异。再加上乾隆末年,吏治腐败,民众矛盾正在积蓄,当时流传的《湖北谣》曾经说道:"毕不管,福死要,陈倒包";"毕如蝙蝠,身不动摇,惟吸所过虫蚁;福如狼虎,虽人不免;陈如鼠蠹,钻穴蚀物,人不知之。"①这里的"毕"即提议设立荆门直隶州的湖广总督毕沅,"福"是湖北巡抚福宁,"陈"是湖北布政使陈淮。当时湖北三大官员均为贪官,湖北安能不"讼狱繁多"。吏治腐败、民众积怨加上地形复杂,安陆府成为"楚省第一难治之区"②。

荆门州、当阳县以及远安县,均处于鄂中西部丘陵区,将它们从安陆府划出后,安陆府只剩下江汉平原以及部分大洪山区,行政压力相对较小。极有可能荆门、远安、当阳三县地理位置比较特殊,既不好划入附近任何一府,也不好单独组成新府,因此成为当时湖北唯一的直隶州。

安陆府虽然变小,荆门州也已直隶,但造成"楚省第一难治之区"的根本原因却并没有消除。晚年的乾隆帝志得意满,号称"十全老人",殊不知社会矛盾已经积累许久,对清王朝的打击马上就要来临。

湖北政治腐败,引发严重社会问题。乾隆五十一年(1786年),连乾隆帝自己都曾说过:"(湖北)省吏治阘冗,废弛已极。"③嘉庆元年(1796年)乾隆帝退位,传位于其子嘉庆帝。同年春,湖北荆襄地区爆发白莲教起义,拉开川楚陕白莲教大起义的序幕。

活动于湖北、四川、陕西三省边界的白莲教大起义,还波及河南、甘肃地区。清王朝消耗巨额经费,调动数十万军队,直到嘉庆九年(1804年)左右才平定起义。但湖北白莲教徒直到道光时期仍在活动。在镇压白莲教起义的过程中,清王朝的政治军事腐败得到充分暴露,巨额的军费开支更是严重影响了国库,起义遗留的社会问题也持续发酵。白莲教起义被许多史学家看做清王朝由盛转衰的转折点。

就湖北而言,白莲教徒长期在鄂西北地区活动潜伏,地方官员却全无预备措施。同是活动于三省交界地区农民起义,明代荆襄流民起义平定后,明王朝马上大刀阔斧以郧阳为中心调整政区,并设置特殊的郧阳抚治,长期维持。而白莲教起义后,清王朝却对鄂西北政区建设毫无建树。

乾隆帝执政末年,湖北政区格局如下所示:

---

① (清)昭梿:《啸亭杂录》,中华书局1980年版,第342页。
② 《清高宗实录》卷1375,乾隆五十六年三月辛丑,《清实录》第26册,中华书局1986年版,第467—468页。
③ 《清高宗实录》卷1266,乾隆五十一年十月辛丑,《清实录》第24册,中华书局1986年版,第1064页。

表 8-4　　　　　　　　　清高宗乾隆五十六年(1791年)湖北政区表

府州	州、县
武昌府	江夏县(武汉市武昌区附近)、咸宁县(咸宁市附近)、蒲圻县(赤壁市附近)、嘉鱼县、崇阳县、通城县、武昌县(鄂州市附近)、兴国州(阳新县附近)、通山县、大冶县(大冶市附近)
汉阳府	汉阳县(武汉市汉阳区附近)、汉川县(汉川市附近)、孝感县(孝感市附近)、黄陂县(武汉市黄陂区附近)、沔阳州(仙桃市西南)
黄州府	黄冈县(黄冈市附近)、麻城县(麻城市附近)、蕲水县(浠水县附近)、罗田县、黄安县(红安县附近)、蕲州(蕲春县附近)、黄梅县、广济县(武穴市附近)
德安府	安陆县(安陆市附近)、应城县(应城市附近)、云梦县、随州(随州市附近)、应山县(广水市附近)
安陆府	钟祥县(钟祥市附近)、京山县(京山市附近)、潜江县(潜江市附近)、天门县(天门市附近)
荆州府	江陵县(荆州市附近)、公安县、松滋县(松滋市附近)、石首县(石首市附近)、监利县(监利市附近)、枝江县(宜都市枝城镇附近)、宜都县(宜都市附近)
襄阳府	襄阳县(襄阳市附近)、谷城县、南漳县、宜城县(宜城市附近)、枣阳县(枣阳市附近)、光化县(老河口市东北)、均州(丹江口市西北)
郧阳府	郧县(十堰市郧阳区附近)、郧西县、房县、竹山县、竹溪县、保康县
宜昌府	东湖县(宜昌市附近)、归州(秭归县附近)、长阳县(长阳土家族自治县附近)、兴山县(兴山县南部)、巴东县、鹤峰州(鹤峰县附近)、长乐县(五峰土家族自治县附近)
施南府	恩施县(恩施市附近)、宣恩县、来凤县、咸丰县、利川县(利川市)、建始县
荆门州	当阳县(当阳市附近)、远安县

四、雍正、乾隆时期湖北道制的改变

前文已经介绍,康熙初年,湖北带有政区性质的道如下所示:

分守武昌道,驻武昌府,辖武昌、黄州、汉阳三府。

分巡上荆南道,驻荆州府,辖荆州、安陆、德安三府。

分守郧阳道,驻郧阳府,又称分守下荆南道,辖郧阳、襄阳二府。

随着雍正、乾隆时期,伴随着湖北府州县的变化,相关道同样逐渐发生改变。

雍正六年(1728年),分守郧阳道(分守下荆南道)官员常驻地改到襄阳府,该道因此改名分守襄阳道。[1] 当然也有观点认为,迁移襄阳府的时间为康熙年间。[2] 同年,分巡上荆南道改为分巡荆州道,仍辖荆州、安陆、德安三府。

雍正七年(1729年)年底:湖广总督迈柱"移湖北武昌守道驻黄州府城"[3]。其原因大概因为驻武昌府的官员太多(湖广总督、湖北巡抚、武昌知府、江夏知县),行政管理趋向饱和。

---

[1] 参见傅林祥等:《中国行政区划通史·清代卷》,复旦大学出版社2017年版,第335页。
[2] 参见乾隆《襄阳府志》卷10,乾隆二十五年刻本,第1页。
[3] 《清世宗实录》卷88,雍正七年十一月丁亥,《清实录》第8册,中华书局1986年版,第184页。

常驻黄州，可以加强对鄂东地区的监管。此时分守武昌道又名武汉黄道。

雍正十三年（1735年）年底，将新设的宜昌、施南二府划归荆州道，但"安陆府，改隶襄阳道（下荆南道）。德安府，改隶武汉黄道统辖"①。荆州道因此改名荆宜施道，襄阳道改名安襄郧道，武汉黄道改名武汉黄德道。

但是清乾隆年间修撰的《湖北下荆南道志》记载，安陆府划归襄阳道（下荆南道）的时间是乾隆二年（1737年）。②

乾隆四十四年（1779年）："改湖北驿传盐法道为分守武昌盐法道，改武汉黄德道为分巡汉黄德道。"③湖北驿传盐法道由来已久，早在清初就有湖广驿传盐法道，专管湖广地区的驿站、食盐等事务。康熙两湖分省后，逐渐改为湖北驿传盐法道。此道本为专门道，其辖区本为整个湖北省。乾隆四十四年（1779年）后，在此基础之上，再加分守武昌府职务，成为武昌盐法道。"武昌盐法道"这一称呼很有迷惑性，他并非是专门管理武昌府的盐务官员，而是武昌府的行政官员，再兼任湖北省的盐务等专门事务官员。由于武昌府专门设道，武汉黄德道改为汉黄德道，其性质从分守道改为分巡道，仍驻黄州府。将省城所在的武昌府专门组成一分守道，这种情况在明清时期并不多见，这说明乾隆末年省城事务越来越繁杂。

乾隆五十六年（1791年），荆门州升为直隶州后，划归安襄郧道，此道因此改名安襄郧荆道，仍为分守道。值得注意的是从乾隆朝开始，湖北许多分守、分巡道都挂了"兵备""水利"等头衔。如安襄郧荆道的全称是"湖北分守安襄郧荆兵备道兼理水利"。

这些道员充分广泛参与境内各种事务，成为湖北行政系统重要组成部分。仅以荆宜施道为例，可以管理地方税务："荆宜施道姜邵湘，管理荆关税务，肆志贪饕，横征重耗，侵蚀昌销，饱填欲壑。荆关税课，每年虽正余银三万余两，而实在约可征五六万两，除去应用公费，每年侵蚀，亦几及一半。"④荆州关税，几乎被荆宜施道姜邵湘贪污一半，由此可见其管税权力之大。道员同样有司法大权："荆宜施道，各于冬季按巡之便，亲诣各州县提讯，不令原审知府会勘。"⑤军事指挥权，道员同样具备："荆州水师营，设有守备、千（总）、把（总）专管水操，并护送铜铅等差。请令嗣后兼管堤工，其战守兵二百十三名，移驻堤上，每二里设一卡房，官兵二名防守。守备以下，听荆宜施道节制。"⑥地方水利之监管，更是道员之责："岁修万城堤，责成大员经理。每年秋汛后，令荆州水利同知会同江陵县，将应修处所，勘估造册，送荆州府，并荆宜施道覆勘后，移咨藩司。"⑦凡此种种，不一而足，可见清代湖北省的分守、分巡道有具

---

① 《清高宗实录》卷6，雍正十三年十一月壬寅，《清实录》第9册，中华书局1986年版，第264页。
② 参见乾隆《湖北下荆南道志》卷3。
③ 《钦定大清会典事例》卷25，光绪刻本，第20页。
④ 《清高宗实录》卷151，乾隆六年九月辛卯，《清实录》第10册，中华书局1986年版，第1169页。
⑤ 《清高宗实录》卷1076，乾隆四十四年二月己巳，《清实录》第22册，中华书局1986年版，第454页。
⑥ 《清高宗实录》卷1324，乾隆五十四年三月己巳，《清实录》第25册，中华书局1986年版，第936页。
⑦ 《清高宗实录》卷1315，乾隆五十三年十月甲辰，《清实录》第25册，中华书局1986年版，第765—766页。

体辖区,固定衙署,管理境内事务的权力。

乾隆五十六年(1791年)后,湖北地区的分守、分巡道如下所示:

分守武昌盐法道,驻武昌府,辖武昌府,监管全省盐法等事务。

分巡汉黄德道,驻黄州府,辖汉阳府、黄州府、德安府。

分守安襄郧荆道,驻襄阳府,辖安陆府、襄阳府、郧阳府、荆门州。

分巡荆宜施道,驻荆州府,辖荆州府、宜昌府、施南府。

第四节　晚清湖北政区

清朝道光以来,湖北政区建设处于长期停滞状态。直到鸦片战争后,一系列的国际国内挑战,引发政治、经济变化,才促使清王朝做出调整政区的举措。在这一过程中,旧有政区试图在传统经验中找出办法,应对新局。另一方面,租界这种完全新式的政区强加给湖北。近代思想的萌发,促使以戊戌变法、清末新政为代表的政治改革的推行,为湖北政区发展孕育了质的改变。

一、太平天国与湖北地名的短暂变更

道光帝即位后,清王朝旧疾未愈,又添新疴——西方殖民主义窥视东方,鸦片泛滥,白银外流。道光二十年(1840年)第一次鸦片战争爆发,清朝战败,中国开始沦为半殖民地半封建社会。

遭受清王朝腐败统治与西方殖民者入侵的中国人民,不堪压迫,举行了大大小小,数不清的农民起义,如道光二十二年(1842年)的崇阳钟人杰起义。当然当时规模最大,对清王朝伤害最深,影响最广泛的还数太平天国运动。

道光三十年(1850年)道光帝去世,其子咸丰帝即位。咸丰元年(1851年),洪秀全等人领导的太平天国运动在广西爆发,太平军迅速壮大,马上经过广西、湖南,攻入湖北境内。咸丰二年(1852年)年底,太平军分水陆两路攻占蒲圻、汉阳,以及汉口镇,直逼省城武昌。咸丰三年(1853年)年初,太平军攻克武昌,湖北巡抚、湖北按察使等官员自杀,湖北布政使被杀。正当清王朝在湖北的统治不保时,太平军主动放弃湖北,顺江而下,于咸丰三年(1853年)春占领南京,改南京为天京,正式建都立国。

太平天国建都南京后,开始西征,咸丰三年(1853年)占领广济、黄冈、汉阳、汉口镇、黄陂、云梦、安陆等地。但由于安徽、江苏战场吃紧,太平军放弃湖北,主动撤退。

咸丰三年(1853年)年底,太平军取得江南战场胜利后,再次进攻湖北。1854年初,连克黄冈、汉阳、汉口镇、黄梅、广济、崇阳、通山、大冶、兴国、罗田、麻城、云梦、孝感、应城、荆门、沔阳、汉川、安陆。当年夏,再次攻破武昌城。咸丰四年(1854年),曾国藩湘军反攻,太平军战败,清军夺回湖北地区。

咸丰五年(1855年),太平军再次西征,占领湖北部分地区。当年春,太平军连克汉阳、

汉口镇、武昌。咸丰六年（1856年）秋，太平天国内部爆发内讧，天京事变爆发，占领湖北的太平军无心恋战，纷纷退走，清王朝重新恢复对湖北统治。

从此太平军又分多次，从多个方向攻击湖北。在其影响下，捻军等人民起义军此起彼伏，严重动摇了清王朝在湖北的统治，但再也没有哪一支军队可以攻克省城武昌，控制湖北大部分地区。咸丰十一年（1861年），咸丰帝去世，其子同治帝即位。同治三年（1864年），太平天国首都被清军攻陷。同治六年（1867年），清军彻底击败在湖北活动的捻军。

从咸丰到同治，太平军三次攻占湖北省城武昌。囿于残酷的战争环境，太平天国没有在湖北组建强固持久的政府，但仍对湖北政区名称进行了更改。

太平天国将湖北所有的府改名为郡。为了避北王韦昌辉名讳，将武昌改为武苜或武玱，将宜昌改为宜玱。为了避南王冯云山讳，将通山改为通珊，京山改为京珊，应山改为应珊，竹山改为竹珊。与此同时，太平天国也将兴国改为兴郭，将天门改为添门，将汉口镇改为福镇。这些地名背后在某种程度上也体现出太平天国独特的政治理念。不过，由于太平军控制湖北的时间较短，控制的势力范围也有限，鄂东地区也长期处于拉锯状态，当太平军势力退出湖北之后，这些地名又恢复到清代样貌。因此太平天国运动时期对于湖北部分政区的改名，是这一特殊时期的历史见证。

二、湖北租界的形成

晚清时期，打击清王朝统治的除了中国人民的反抗，还有西方殖民者的入侵。道光二十年（1840年），第一次鸦片战争，中国战败，被迫与英法美签订一系列不平等条约。

道光二十二年（1842年）中英《南京条约》明确规定："自今以后，大皇帝恩准英国人民带同所属家眷，寄居大清沿海之广州、福州、厦门、宁波、上海等五处港口，贸易通商无碍；且大英国君主派设领事、管事等官住该五处城邑，专理商贾事宜，与各该地方官公文往来。"[①]按此规定，外国人有权在通商口岸居住，并且外国领事等官员有权管理这些居民。

道光二十三年（1843年）中英《虎门条约》规定："广州等五港口英商或常川居住，或不时来往，均不可妄到乡间任意游行，更不可远入内地贸易，中华地方官应与英国管事官各就地方民情地势，议定界址，不许逾越，以期永久彼此相安。"[②]外国人聚居区还要"议定界址，不许逾越"。

《虎门条约》还规定："其英人如何科罪，由英国议定章程、法律发给管事官照办。华民如何科罪，应治以中国之法。"[③]英国人在中国犯罪，要按照英国法律归英国官员审判，即领事裁判权。

除了英国外，法国、美国等其他列强也获得了上述特权。这样一来，有了固定居民，有了

---

① 王铁崖：《中外旧约章汇编》第1册，生活·读书·新知三联书店1957年版，第31页。
② 王铁崖：《中外旧约章汇编》第1册，生活·读书·新知三联书店1957年版，第35页。
③ 王铁崖：《中外旧约章汇编》第1册，生活·读书·新知三联书店1957年版，第42页。

初步行政司法权,还有固定的疆界,于是带有强烈行政区划特点的租界应运而生。

咸丰六年(1856年)至咸丰十年(1860年),清朝与西方列强爆发第二次鸦片战争,中国战败,签订一系列不平等条约。其中中英《天津条约》规定:增开汉口为通商口岸,并确立领事裁判权。依照不平等条约规定,咸丰十一年(1861年)年初,英国在汉阳府汉口镇设领事馆,并与湖北布政使签订《汉口租界条款》。《条款》规定,英国租用"自汉口江边花楼巷往东八丈起,至甘露寺江边卡东角止,量得共长二百五十丈,进深一带一百一十丈"①。英国领事为租界的管理者,并向汉阳府每年缴纳白银92两6钱7分2厘1毫作为"租金"。此为湖北第一块租界。

三十多年后,光绪二十年(1894年)中日甲午战争爆发,清朝战败。中日两国于光绪二十一年(1895年)签订《马关条约》,其中规定要将辽东半岛割让日本,俄、德、法三国不满日本染指他们看中的势力范围,联合向日本施压,要求将辽东半岛退还中国。迫于武力,日本只能照办。俄、德、法以此居功,要求获得额外的利益,其中包括汉口租界。

光绪二十一年(1895年)10月,湖北汉黄德道与德国驻上海领事签订《汉口租界合同》,其中规定清政府将汉口"自沿江官地起至李家冢,计长三百丈,深一百二十丈"②租给德国,每年向汉阳县缴纳白银121两3钱2分。

光绪二十二年(1896年)6月,清政府与俄法两国签订《汉口俄租界地条约》与《汉口租界租约》,其中规定:"汉口镇英租界以下,沿江至通济门为止,计长二百八十八丈;以三分之一由俄界下至通济门城内官地为止,设为法界;以三分之二由英租界下至法界为止,设为俄租界。"③俄国每年向汉阳县交银83两8钱4分2厘,法国则交37两8钱。

光绪二十二年(1896年)10月,为了敦促日本从威海卫撤军,清政府答应日本在汉口设立租界。光绪二十四年(1898年)7月,湖北汉黄德道与日本领事签订《汉口日本专管租界条款》,规定"汉口镇德国租界北首起,量得东界沿长江一百丈;南界紧靠德界,东起江口,西至铁道地界为止;西界沿铁道地界;北界自东界之北端江口起至西界之北端铁路地界为止画成直线。此为日本专管租界"④。日本每年向汉阳县交白银50两。

此时汉口地区已经有德国租界600亩,英国、俄国租界400余亩,日本租界200余亩,法国租界100余亩。但各列强仍不满足,利用清王朝日益衰弱之机,又与清王朝湖北政府签约,纷纷扩大租界。

光绪二十四年(1898年)8月,英租界增加300多亩。最终英租界地理范围涵盖今武汉市中山大道、沿江大道、江汉路、北京路、天津路、上海路、南京路、青岛路、合作路、胜利街、鄱阳街、洞庭街、扬子街。

---

① 民国《夏口县志》卷11,1920年印,第13页。
② 王铁崖:《中外旧约章汇编》第1册,生活·读书·新知三联书店1957年版,第631页。
③ 王铁崖:《中外旧约章汇编》第1册,生活·读书·新知三联书店1957年版,第648页。
④ 王铁崖:《中外旧约章汇编》第1册,生活·读书·新知三联书店1957年版,第788页。

同年,德租界也增加 30 多亩。最终德租界地理范围涵盖今武汉市中山大道、沿江大道、一元路、二曜路、二曜小路、三阳路、四唯路、四唯小路、五福路、五福小路、六合路、洞庭街。

光绪二十八年(1902年)11月,法租界增加 100 多亩。最终法租界地理范围涵盖今武汉市中山大道、沿江大道、车站路、黄兴路、蔡锷路、胜利街、洞庭街、友益街、天声街、海寿街、岳飞街。

光绪三十三年(1907年)2月,日租界增加 300 多亩。最终日租界地理范围涵盖今武汉市中山大道、沿江大道、陈怀民路、山海关路、张自忠路、张自忠小路、郝梦龄路、沈阳路、卢沟桥路、刘家祺路、旅顺路、大连路、胜利街、长春街。

沙皇俄国没有进一步扩展汉口租界。最终俄租界地理范围涵盖今武汉市中山大道、沿江大道、合作路、兰陵路、黎黄陂路、洞庭小路、车站路、胜利街、鄱阳街、洞庭街、珞珈山街。

最终英国租界达 795.33 亩,德租界 636.83 亩,日租界 622.75 亩,俄租界 414.65 亩,法租界 357 亩。实际上,各国列强往往无视契约合同,私自非法越界,将额定租界又予扩大,实际上五国租界总面积应达到 3000 亩以上。①

晚清,比利时与美国也试图在汉口谋取租界,但最终没有真正成功。当然湖北并不仅仅只有汉口划定了租界,荆州沙市也有。沙市本是荆州府江陵县境内一繁荣市镇,有"小汉口"之称。清王朝建立后,对沙市的管理越来越重视,先后派驻了巡检司、通判、同知常驻当地,为江陵县内较为特殊的地区。

甲午战争后,中日《马关条约》曾经将荆州沙市作为通商口岸。光绪二十四年(1898年),湖北荆宜施道与日本领事签订《沙市口日本租界章程》,其中规定:"在沙市口日本国租界,自洋码头荆州官地西界起,至东南临江,直长三百八十丈,横宽由西界直长八十丈间深八十丈以下,三百丈间深百二十丈为界,永租日本商民。"②与此同时,日本每年要向湖北政府缴纳租金。由于沙市的经济地位逊于汉口,其租界的繁荣程度也远低于汉口租界,有学者认为沙市日租界没有实质建成,有名无实。

这些租界(主要是汉口租界),是列强以极小的经济代价"租用"湖北土地,并对辖区内各种事务拥有管理权。在外国领事的统治下,租界具备相对独立的立法权、行政权、司法权、财税管理权、治安管辖权,甚至还驻扎外国军队。湖北地方政府并不能直接管理租界,完全形成了"国中之国"的局面。一方面,租界藏污纳垢,成为湖北地区的法外之地,是压迫掠夺中国人民的重要基地,是中国的耻辱。另一方面,租界将资本主义物质、精神文明成果,以及近现代生活方式,大量引入湖北,客观上推动了当时社会经济发展。独立于清政府之外的行政司法权力,又使得租界能够成为反清革命者的避难所、聚居地。

---

①相关统计参见袁继成等:《汉口租界志》,武汉出版社 2020 年版,第 91 页。此书也是目前系统介绍汉口租界的难得佳作。

②王铁崖:《中外旧约章汇编》第 1 册,生活·读书·新知三联书店 1957 年版,第 791 页。

三、八国联军侵华前近代湖北政治变动

面对日益严重的内忧外患,清王朝也在旧有政区体制内寻找调试解决方法,以期跟上时代脚步,让湖北政区再次发生变化。

鸦片战争前,湖北有汉黄德道,常驻黄州府。第二次鸦片战争后,清王朝增开汉口为通商口岸。为了管理通商口岸商业税收,汉口江汉关应运而生。为了应对日益繁杂的通商事务,咸丰十一年(1861年)汉黄德道衙署由黄冈县迁到汉口镇。① 移到汉口后,汉黄德道常兼任江汉关监督,成为近代湖北极为重要的官员之一。

鸦片战争前,湖北有荆宜施道,常驻荆州府。光绪二年(1876年),在英国殖民者的压迫下,中英《烟台条约》签订,规定宜昌开放为通商口岸。为了管理通商口岸商业税收,清政府设宜昌关。光绪三年(1877年),和汉黄德道移往汉口监督江汉关相仿,荆宜施道移往宜昌。甲午战争后,《马关条约》规定开放沙市为通商口岸,光绪二十四年(1898年)荆宜施道又移往沙市:"湖广总督张之洞奏:湖北荆州沙市镇,开关通商以后,交涉愈繁,地方尤为紧要,应请将沙市关监督荆宜施道并江陵县知县衙门,移驻沙市地方,以资镇摄。"② 由于沙市地位日益重要,不仅荆宜施道常驻当地,监督税关,就连江陵知县也暂时到此办公。

甲午战争后,清王朝政治统治危机大大加深,为了自救,光绪帝开展戊戌变法。裁撤冗员是变法内容之一,光绪二十四年(1898年),光绪帝下诏:

> 外省如直隶、甘肃、四川等省,皆系以总督兼管巡抚事。惟湖北、广东、云南三省,督抚同城,原未画一。现在东河在山东境内者,已隶山东巡抚管理。只河南河工,由河督专办。今昔情形,确有不同。所有督抚同城之湖北、广东、云南三省巡抚,并东河总督,著一并裁撤。其湖北、广东、云南三省,均著以总督兼管巡抚事……当此国计艰难,朕宵旰焦劳,孜孜求治,诏书敦勉,动以至诚。尔在廷诸臣,暨封疆大吏,若具有天良,其尚仰体朕怀,力矫疲玩积习,一心一德,共济时艰,庶几无负委任。若竟各挟私意,非自便身图,即见好僚属,推诿因循,空言搪塞,定当予以重惩,决不宽贷。③

在光绪帝看来,裁撤多余官职,节省行政经费是新政重要举措。清王朝自两湖分省后,湖北、湖南各设巡抚,但同时保持湖广总督的设置。总督虽驻武昌,但仍可监管湖南事务。在光绪帝看来,湖广有三个大员,很是靡费,因而强令裁撤湖北巡抚,让湖广总督兼湖北巡抚。光绪帝这种改革,固然节省了经费,但其实也改变了明清以来湖广政治体制。一是湖北地区完全做到了湖广总督一人独大(荆州将军本可制约总督,但其管辖范围极其有限,且清

---

① 参见光绪《黄州府志》卷4,光绪十年刻本,第15页。
② 《清德宗实录》卷423,光绪二十四年七月己未,《清实录》第57册,中华书局1987年版,第546页。
③ 《清德宗实录》卷424,光绪二十四年七月乙丑,《清实录》第57册,中华书局1987年版,第557—558页。

中叶后荆州八旗战斗力日益衰弱)。二是湖广由统管模式真正变为代管模式。按理,湖广总督通过两巡抚统管境内事务,现在取消湖北巡抚,总督着重管理湖北,再监管湖南。因此裁撤湖北巡抚,并不仅仅只是一个官员的消失,而是清王朝祖制的真正改变。

这道圣旨颁布后一个月,慈禧太后发动戊戌政变,囚禁光绪皇帝,实施太后训政。政变后,清廷马上恢复湖北巡抚:

> 钦奉懿旨:国初以来,屡经裁移改设,本已斟酌尽善,现在应行整顿诸大端,不在裁减职官,而在综核名实。总督专重典兵,巡抚专重吏治,诚能各举其职,自可相得益彰。倘使坐拥封圻,辜恩溺职,同城则各执意见,专任则益形丛胜,徒事更张,无裨实际,甚无谓也。所有湖北、广东、云南三省巡抚,均著悉仍旧制,毋庸裁并。①

这道圣旨以慈禧太后名义发出,湖北巡抚得以恢复。"各省总督巡抚,国初以来,屡经裁移改设,本已斟酌尽善"的确符合事实,而想要国家富强,也确实不在是否裁撤一两个官员,"而在综核名实"。本来总督与巡抚如果分工合理,协同行政,"自可相得益彰"。如果行政制度混乱,互相推诿,无论是一个官,还是两个官,地方都不能得到很好治理。慈禧太后将光绪帝裁撤湖北巡抚的改革措施评价为"徒事更张,无裨实际,甚无谓也",未必没有一定道理。但湖北巡抚这一番调整,可以表明光绪帝、维新派通过改革行政制度,实现国家富强的期许。

光绪二十四年底(1899年年初),湖广总督张之洞上《汉口请设专官折》,清王朝因此设置夏口厅,湖北政区迎来转折点。②清王朝根据张之洞建议,正式设立夏口厅。夏口厅得名,张之洞奏折中说得非常清楚,来自汉口的古称。但"厅"是一种极为特殊的行政区划,以往湖北地区没有厅的设置。清代厅的历史特点较为复杂,学界多有研究,③一般认为"厅制一向被视作清代所独有,它原本是由府的同知、通判分驻到府城以外,后逐渐具有独立辖区,并转化为地方正式行政机构"④。

就湖北省而言,由于商业繁盛、租界的开辟等因素,汉阳府汉阳县汉口镇的行政压力越来越大。如果将汉阳县县城移往汉口,原本政务繁杂的汉阳县地区又捉襟见肘,这种顾此失彼的办法不切实际。正所谓"汉口之不能兼顾汉阳,亦犹汉阳之不能兼顾汉口"。原本想在汉口镇设新县,设置知县加强管理,又因为晚清财政紧张、行政压力大而作罢。于是采取折中方案,将"汉阳县辖襄河以北之地,北至滠口,西至涢口,横约一百二十余里,纵约三四十里地方"单独划出,将汉阳府知府下属的汉阳同知改名为夏口同知,迁往汉口镇办公,并就地更改相关下属官员。遇有紧急公务,特别是涉外事件,夏口同知可就近与汉黄德道(江汉关监督)共同办理。这样一来,汉口镇有了独自的专管官员与管辖范围,又避免了设立新县带来

---

① 《清德宗实录》卷430,光绪二十四年九月戊辰,《清实录》第57册,中华书局1987年版,第641页。
② 赵德馨等主编:《张之洞全集》第3册,武汉出版社2008年,第511—512页。
③ 最新研究成果参见胡恒:《边缘地带的行政治理——清代厅制再研究》,社会科学文献出版社2022年版。
④ 胡恒:《厅制起源及其在清代的演变》,《文史》2013年第2期,第253页。

的大兴土木、官员调配等纷繁政务。夏口厅之设置，源于当地行政压力变大，但当时湖北政府又不愿意或没有能力大肆更张，设立新县。新设之夏口厅，不仅凸显时代特点，展现清王朝仍旧努力将中国传统政区制度与时代潮流结合，更标志着近现代武昌（江夏县）、汉阳（汉阳县）、汉口（夏口厅）武汉三镇行政体系的建立。

夏口厅设置后，湖北政区格局如下所示：

表 8-5　　　　　　　　清德宗光绪二十五年（1899 年）湖北政区表

道	驻地	辖府（或兼巡地方事务）
分守武昌盐法道	武昌府江夏县	武昌府，监管全省盐法等事务
分巡汉黄德道	汉阳府夏口厅	汉阳府、黄州府、德安府
分守安襄郧荆道	襄阳府襄阳县	安陆府、襄阳府、郧阳府、荆门州
分巡荆宜施道	荆州府沙市	荆州府、宜昌府、施南府

府州	州、县
武昌府	江夏县（武汉市武昌区附近）、咸宁县（咸宁市附近）、蒲圻县（赤壁市附近）、嘉鱼县、崇阳县、通城县、武昌县（鄂州市附近）、兴国州（阳新县附近）、通山县、大冶县（大冶市附近）
汉阳府	汉阳县（武汉市汉阳区附近）、夏口厅（含英、德、日、俄、法租界）（武汉市江岸区、江汉区、硚口区附近）、汉川县（汉川市附近）、孝感县（孝感市附近）、黄陂县（武汉市黄陂区附近）、沔阳州（仙桃市西南）
黄州府	黄冈县（黄冈市附近）、麻城县（麻城市附近）、蕲水县（浠水县附近）、罗田县、黄安县（红安县附近）、蕲州（蕲春县附近）、黄梅县、广济县（武穴市附近）
德安府	安陆县（安陆市附近）、应城县（应城市附近）、云梦县、随州（随州市附近）、应山县（广水市附近）
安陆府	钟祥县（钟祥市附近）、京山县（京山市附近）、潜江县（潜江市附近）、天门县（天门市附近）
襄阳府	襄阳县（襄阳市附近）、谷城县、南漳县、宜城县（宜城市附近）、枣阳县（枣阳市附近）、光化县（老河口市东北）、均州（丹江口市西北）
郧阳府	郧县（十堰市郧阳区附近）、郧西县、房县、竹山县、竹溪县、保康县
荆门州	当阳县（当阳市附近）、远安县
荆州府	江陵县（含沙市日租界）（荆州市附近）、公安县、松滋县（松滋市附近）、石首县（石首市附近）、监利县（监利市附近）、枝江县（宜都市枝城镇附近）、宜都县（宜都市附近）
宜昌府	东湖县（宜昌市附近）、归州（秭归县附近）、长阳县、兴山县（兴山县南部）、巴东县、鹤峰州（鹤峰县附近）、长乐县（五峰土家族自治县附近）
施南府	恩施县（恩施市附近）、宣恩县、来凤县、咸丰县、利川县（利川市附近）、建始县

四、清末新政时期湖北行政体系的变更

正当张之洞奏请设立夏口厅之时，中国北方发生了义和团运动，严重影响资本主义列强

在中国的利益。内忧外患,纷至沓来,清王朝最高统治者慈禧太后无力应对或应对政策发生严重错误,导致光绪二十六年(1900年)八国联军侵华。慈禧太后携光绪皇帝逃往西安,中国北方部分地区处于战火之中。同年湖广总督张之洞、两江总督刘坤一、两广总督李鸿章、山东巡抚袁世凯等地方督抚却与列强签订《东南保护约款》,保持包括湖北在内的南部中国的和平。同一时期,面对同样的外国侵略者,却出现战争与和平两种截然相反的状态。这一事实,也凸显出清王朝中央政府与地方督抚的微妙关系。

光绪二十七年(1901年)《辛丑条约》签订,中华民族危机越益深重。面对形势复杂的国内外局面,慈禧太后也表示要变法图强:"世有万古不易之常经,无一成不变之治法。"①光绪三十四年(1908年),慈禧太后与光绪皇帝去世后,清王朝继续推行新政。光绪二十七年(1901年)至辛亥革命,清王朝展开了涉及政治体制、军事、工商、司法等一系列改革,并颁布宪法,史称清末新政。清末新政涉及的湖北行政制度甚多,首先最引人瞩目的是对督抚的处理。

光绪三十年(1904年),清王朝正式下诏,废除湖北巡抚,湖广总督兼湖北巡抚职权,戊戌变法时期的流产改革措施又予以恢复,湖广总督成为湖北唯一的最高行政官员。两湖行政模式从统管变为代管,湖广总督着重管理湖北,然后兼顾湖南,湖南巡抚对湖南管辖权不断强化,湖北、湖南在行政管理上的分离趋势又进了一步。但光绪三十年(1904年)后的政治背景与戊戌变法时期还是有很大的不同,"光绪季年,裁同城巡抚,其分省者,权几与总督埒,所谓兼辖,奉行文书已耳。宣统间,军政、盐政厚集中央,督、抚权削矣"②。

自太平天国运动以来,各地总督,以及未设总督之地的巡抚,在政治、经济、军事方面的权力越来越大,八国联军侵华期间的"东南互保"即是最好的说明。清末新政时期,清王朝采取种种措施,特别是从军事、财政上分割削弱督抚的权力。因此光绪三十年(1904年)后,湖北虽然只有一位大员,但其权力却日益受到控制。尤为关键的是,清王朝削弱地方大员权力的同时,本身却并没有建立强固的中央集权,于是给清王朝带来灭顶之灾。

正如学者指出:

> 在清末庚子至辛亥期间,随着新政尤其是预备立宪的开展,清政府不断加强中央集权措施,地方督抚的权力被收束而日益变小,其干政的影响力也有一个逐渐减弱的趋势。但与此同时,清政府中央集权的实际效力却并不显著,反而随着统治集团内部矛盾的激化而有削弱之势。这样,便形成"内外皆轻"的权力格局。一方面,清廷并没有建立强有力的中央政府,也未能真正控制全国的军权与财权,中央集权有名无实;另一方面,各省督抚也不能有效地控制地方军权与财权,在地方已没有强势督抚,更没有形成强大的地方势力。武昌起义前夕,正是地方督抚权力明显削

---

① 《清德宗实录》卷476,光绪二十六年十二月丁未,《清实录》第58册,中华书局1987年版,第273页。
② 赵尔巽等:《清史稿》卷116,《志第九十一》,中华书局1976年版,第3337页。

弱,而清廷中央集权尚未强固之时,在此权力转换临界的关键时刻,革命爆发,无疑是对清王朝的致命一击。①

在削减督抚权力的同时,清王朝明确表示要"大权统于朝廷,庶政公诸舆论"。这里的"舆论"表现在湖北行政中即为咨议局与地方自治机构。光绪三十四年(1908年)左右,湖北咨议局与地方自治机构开始筹办组建:"湖广总督赵尔巽奏:湖北遵章设立咨议局,先行筹画选举区域,以为豫备……又奏湖北省城,设立全省地方自治局,分设编制、调查、文牍、总务、四科,并附设调查员养成会,复于法政学堂附设自治研究所。"②

宣统元年(1909年),湖北咨议局正式在今武汉市武昌区阅马场成立。咨议局即湖北地方咨询建议机关,是近代湖北省议会的雏形。虽然并没有决定权,但这种民意机构客观上推动历史进步。据相关学者统计,湖北咨议局在其存在的时间里共提交69件议案,40件获湖广总督完全支持或部分支持,29件被否决。③ 湖北居民参政的热情与意识得以提升。

清末新政时期,清王朝命令从各厅州县,以及县之下的城镇乡推行"自治",设立自治研究所与地方自治局。虽然清这种地方自治带有一定欺骗性,根本上还是"人治",但仍对中国近代化有重要意义。囿于时代局限,咨议局与地方自治机构没有成为独立的行政机构,无法直接制约地方行政长官的权力。

督抚之下,清末新政时期也有改革。明代湖广布政司、按察司、都指挥司三司分权,清初都指挥司权力下降,甚至消亡。湖北布按二司并列。清末新政时期,改学政为提学使,按察使为提法使,布政使名称保持不变,新的"三司"又出现了。提学使主管全省教育,特别是废除科举之后的新式教育。提法使仍旧管理司法审判,与此同时湖北在省城府州县设高等审判厅、地方审判厅、初级审判厅。

在"道"制方面,湖北也多有更改,一方面根据新的要求,将原有专门道予以调整,废旧立新,新设湖北巡警道、劝业道,分管新式警察以及农工商业交通事务。另一方面对带有政区性质的分守、分巡道进行调整。光绪三十年(1904年),湖北调整鄂西南行政区划,设立施鹤道与鹤峰厅。

光绪三十年(1904年)秋,法国传教士到湖北恩施境内游历传教,由于在信仰方面存在差异,再加上为非作歹,欺压百姓。中国人稍不顺从,就被罚上等酒席八桌,鞭炮六万响,并当众磕头赔罪。包括少数民族在内的当地中国居民忍无可忍,杀死外国传教士,酿成著名的施南教案。教案发生后,湖广总督张之洞上奏更改行政区划,维护清王朝湖北统治。④

张之洞分析,光绪三十年(1904年)恩施发生教案,不是孤立现象。外国资本主义宗教

---

① 李细珠:《晚清地方督抚权力问题再研究——兼论清末"内外皆轻"权力格局的形成》,《清史研究》2012年第3期,第1页。
② 《清德宗实录》卷587,光绪三十四年二月戊寅,《清实录》第59册,中华书局1987年版,第768页。
③ 严新龙:《湖北咨议局的地方事务权》,《经济社会史评论》2020年第1期。
④ 赵德馨等编:《张之洞全集》第4册,武汉出版社2008年,第212—213页。

文化的入侵，让鄂西南的治安问题遭受从来未有之挑战。分巡荆宜施道驻荆州沙市，分守安襄郧荆道驻襄阳，均有专门的行政侧重，且距离遥远，根本无暇顾及鄂西南的恩施与鹤峰附近地区。

为了稳定清王朝对鄂西南统治，年迈的张之洞煞费苦心，在经济困难的清末设计出"最廉价"的方案。将鹤峰州从宜昌府分离出来，单独设置鹤峰厅，厅下不再辖县，直隶湖北。按照张之洞的意见，鹤峰厅几乎所有官员全来自于原鹤峰州，没有增加别的官员，更没有大兴土木，建设新的办公衙署。设立鹤峰厅后，再设分巡施鹤兵备道管辖施南府与鹤峰厅，让鄂西南地区有了高于知府，且能统兵驭民的政治统治中心。为了不增添新的行政开支，新设分巡施鹤兵备道，裁掉湖北督粮道，将粮道之待遇转给施鹤道。除此之外，张之洞还对施鹤道的办公经费，进行了详细规划。官员人选等问题也强调再三，为地择人，不拘资格。

施鹤道与鹤峰厅的设置，固然体现了传统政区制度面对时代大变局的韧性与张力，但对大清王朝的日益没落于事无补。

光绪三十三年（1907年），张之洞调离湖广总督，赴北京任职。光绪三十四年（1908年），慈禧太后与光绪皇帝去世，年仅三岁的溥仪即位，是为宣统帝。宣统三年（1911年）农历六月，清王朝又酝酿新的政区改革，即全面废除府的首县。首县即附郭县，即府城所在的县，如汉阳城既是汉阳知府的衙署所在，也是汉阳知县办公地点。知府虽驻汉阳城，但并不需要直接管理汉阳县政务，而是通过汉阳知县等官员管理。所谓的废除府首县，传统时期早就具备——即直隶州代管模式。如荆门直隶州，知州所在的地区并没有设县，知州必须亲自管理本州，再兼顾当阳、远安二县。传统时期，首县的存在，有其特殊意义。直隶州其实早就存在，但一直没有广泛推广。清末废除府首县，实际就是推广直隶州模式。按清王朝解释，废除首县有四个好处：

其一，各省知府，由于不亲自管理民政，只是通过知县间接管理，对当地利弊不能深入体会。废除首县，知府亲理民政，方便洞悉民情。

其二，督抚大员统揽全省，州县官亲理民政，处于二者之间的知府容易偷懒。废除首县，让知府担负具体的行政事务，有利于行政。

其三，以往首县收入往往供应府级衙门各种杂费，现在新政已经推行，行政杂费要规范化管理。废除首县有利于新政地方财政改革。

其四，清末新政各种机构设立，均需用钱，但财政困难。废除首县，将其经费充作地方审判厅的经费，有助于新政的展开。[①]

按照清王朝这种规划，以武昌府为例，原武昌府辖江夏县、咸宁县、蒲圻县、嘉鱼县、崇阳县、通城县、武昌县、兴国州、通山县、大冶县，江夏县即武昌府首县。现在废除江夏县，武昌知府首先亲自管理今武汉市武昌区等地区，再监管其余九县。

---

① 参见《宣统政纪》卷57，宣统三年六月辛酉，《清实录》第60册，中华书局1987年版，第1031—1032页。

但是清王朝这道改革措施,极有可能并没有在湖北真正实施过,江夏县、汉阳县、黄冈县、安陆县、襄阳县等首县也暂未见到被废除记录。以后的中华民国时期,也没有再废除首县,全面推行代管模式。由此看来,府统管、州代管各有其存在价值,不能够一刀切,简单推行一种模式。

当年农历八月,清王朝改革盐政,"湖北武昌、湖南长宝、广西桂平梧、甘肃宁夏、平庆泾固化各盐法道,均撤去盐法字样"①。分守武昌盐法道改为分守武昌道。几天后,辛亥革命爆发,清王朝灭亡。

清王朝灭亡前夕,湖北政区格局如下所示:

表 8-6　　　　　　　　　清宣统三年(1911 年)湖北政区表

道	驻地	辖府
分守武昌道	武昌府江夏县	武昌府
分巡汉黄德道	汉阳府夏口厅	汉阳府、黄州府、德安府
分守安襄郧荆道	襄阳府襄阳县	安陆府、襄阳府、郧阳府、荆门州
分巡荆宜道	荆州府沙市	荆州府、宜昌府
分巡施鹤道	施南府恩施县	施南府、鹤峰厅

府州厅	州、县
武昌府	江夏县(武汉市武昌区附近)、咸宁县(咸宁市附近)、蒲圻县(赤壁市附近)、嘉鱼县、崇阳县、通城县、武昌县(鄂州市附近)、兴国州(阳新县附近)、通山县、大冶县(大冶市附近)
汉阳府	汉阳县(武汉市汉阳区附近)、夏口厅(含英、德、日、俄、法租界)(武汉市江岸区、江汉区、硚口区附近)、汉川县(汉川市附近)、孝感县(孝感市附近)、黄陂县(武汉市黄陂区附近)、沔阳州(仙桃市西南)
黄州府	黄冈县(黄冈市附近)、麻城县(麻城市附近)、蕲水县(浠水县附近)、罗田县、黄安县、蕲州(蕲春县附近)、黄梅县、广济县(武穴市附近)
德安府	安陆县(安陆市附近)、应城县(应城市附近)、云梦县、随州(随州市附近)、应山县(广水市附近)
安陆府	钟祥县(钟祥市附近)、京山县(京山市附近)、潜江县(潜江市附近)、天门县(天门市附近)
襄阳府	襄阳县(襄阳市附近)、谷城县、南漳县、宜城县(宜城市附近)、枣阳县(枣阳市附近)、光化县(老河口市东北)、均州(丹江口市西北)
郧阳府	郧县(十堰市郧阳区附近)、郧西县、房县、竹山县、竹溪县、保康县
荆门州	当阳县(当阳市附近)、远安县
荆州府	江陵县(含沙市日租界)(荆州市附近)、公安县、松滋县(松滋市附近)、石首县(石首市附近)、监利县(监利市附近)、枝江县(宜都市枝城镇附近)、宜都县(宜都市附近)

①《宣统政纪》卷 61,宣统三年八月庚戌,《清实录》第 60 册,中华书局 1987 年版,第 1085 页。

续表

府州厅	州、县
宜昌府	东湖县(宜昌市附近)、归州(秭归县附近)、长阳县、兴山县(兴山县南部)、巴东县、长乐县(五峰土家族自治县附近)
施南府	恩施县(恩施市附近)、宣恩县、来凤县、咸丰县、利川县(利川市附近)、建始县
鹤峰厅	无

上述表格,不仅是清王朝最终之湖北政区,也是传统中国政区制度在湖北地区最后之余晖。

第五节　清代湖北政区分类

清王朝在前代政区分等、分类的基础上,将传统政区分类制度推向顶峰,形成了涵盖全面、简便易行,且与行政官员配置紧密结合的分类制度。通过清王朝湖北政区分类,可以看出当时湖北各地区的特点。

一、"冲繁疲难"政区分类制度

在历代行政实践的基础上,明代已经不再单纯拘泥于人口、经济、政治地理,而采用综合评价的办法为政区分类。但在某些方面,诸如分类标准、概念界定、实际操作等方面仍然很不完善。到了清朝雍正帝在位时期,正式确立"冲繁疲难"分类法,将政区分类制度推向高潮。雍正六年(1728年),广西布政使金𫓧建议将天下政区分为"冲繁疲难"四类:"地当孔道者为冲,政务纷纭者为繁,赋多逋欠者为疲,民刁俗悍、命盗案多者为难。"①并以政区种类的划分来任命行政官员。此建议得到雍正皇帝认可。这里的"冲"即地理位置重要,四通八达。"繁"即政务纷繁复杂。"疲"即赋税拖欠严重。"难"即民风刁悍,治安不好。"冲繁疲难"的评定一般由督抚申报,朝廷认可。四字皆全、有三字、二字、一字、无一字大致对应不同的政区等级,表明当地的行政难易。

雍正九年(1731年),清王朝规定同知、通判、知州、知县等官员任命与"冲繁疲难"挂钩。② 关于"冲繁疲难"的认定,雍正十二年(1734年),雍正帝曾经下令:"各省所定府州县冲繁疲难等缺,多未确当,著各该督抚再行详细查明,据实具题。如具题之后,将来接任督抚,仍有题请更改者,将原题草率之督抚,交部议处。其苗疆烟瘴边远等缺,亦著一体分晰确当具奏,如有疏忽,亦照此议处。"③雍正帝认为"冲繁疲难"之认定,多有不恰当之处,再令总督、

---

① 《雍正朝汉文朱批奏折汇编》第11册,江苏古籍出版社1989年版,第951页。
② 《清世宗实录》卷113,雍正九年十二月戊申,《清实录》第8册,中华书局1985年版,第510页。
③ 《清世宗实录》卷147,雍正十二年九月丁丑,《清实录》第8册,中华书局1985年版,第824页。

巡抚重新拟定。一旦再次确定就为定本，如果要修改，就要责罚当时认定的督抚。雍正帝这道上谕，极度忽视了行政管理的变化性，是不切实际的。乾隆帝即位后，政策有所变化。乾隆帝在位时期，多次更改全国范围内政区的"冲繁疲难"。此后根据实际情况，湖北地区"冲繁疲难"也处于变动之中。

据学者研究，雍正至乾隆前期，"冲繁疲难"与行政官员任命并没有完全对应的关系。如1742年，湖北省103个官缺中，最要缺22个，其中四字全占只有6个，占三字者11个，占二字者3个，占一字者2个。要缺51个，其中四字全占只有1个，占三字者4个，占二字者20个，占一字者24个，无一字者2个。中缺20个，其中占二字者1个，占一字者4个，无一字者15个。简缺10个，其中占一字者1个，无一字者9个。① 经过讨论，大约在1742年后，乾隆帝基本做出了统一规定：一般而言，四字全占者为最要缺，占三字为要缺，占二字为中缺，占一字或无字者为简缺。最要、要、中、简四缺官员，任官、考评、升迁等制度均不一样。

"冲繁疲难"几乎涵盖当时统治者最看重的政务，能够较全面反映地区的政治状况，简单明了，直接与官员选派紧密挂钩。从现存档案史料来看，自其提出开始，清代的"冲繁疲难"分类方法得到了真正落实，实际指导了地方行政，一直沿用到清末，具有较为强大的生命力。

二、湖北政区"冲繁疲难"情况

刊载全国官员名录的《缙绅录》（或称《爵秩全览》《缙绅全书》等）是集中刊载政区"冲繁疲难"，政区官员"最要、要、中、简"四缺情况的难得的历史资料。据《清代缙绅录集成》收录，留存最早的可能是雍正四年（1726年）《爵秩新本》，但此时"冲繁疲难"分类方法还没有提出。其次是乾隆十三年（1748）版《缙绅全书》，此年份恰好在"冲繁疲难"与"最要、要、中、简"四缺关系调整统一之后，因而以此为起始，探求湖北"冲繁疲难"情况。《清史稿·地理志》反映的是晚清宣统年间的情况，本书也罗列于后，以资比较。

按乾隆十三年（1748）《缙绅全书》与《清史稿》所载，湖北基层政区相关情况如下②：

---

① 参见张振国：《清代"冲繁疲难"制度再审视——以乾隆七年制度调整为中心》，《清史研究》2019年第3期。

② 资料来源于中国国家图书馆藏《满汉缙绅全本》，北京琉璃厂同升阁乾隆十三年刊本；赵尔巽等：《清史稿》，中华书局1976年版。

表 8-7　　　　　　　　　　　　湖北地区"冲繁疲难"简况表

政区	乾隆朝冲繁疲难情况	乾隆朝官缺情况	晚清冲繁疲难情况
武昌府	冲繁难	要缺	冲难
江夏县	冲繁难	要缺	冲繁难
武昌县	繁难	中缺	难
嘉鱼县	无	简缺	难
蒲圻县	冲难	中缺	冲难
咸宁县	冲	简缺	冲
崇阳县	无	简缺	繁疲难
通城县	难	简缺	难
兴国州	繁	简缺	繁
大冶县	难	简缺	难
通山县	难	简缺	难
汉阳府	冲繁疲难	最要缺	冲繁疲难
汉阳县	冲繁疲难	最要缺	繁疲难
夏口厅	无	无	冲繁疲难
汉川县	冲疲难	要缺	冲繁
孝感县	冲繁疲难	最要缺	冲繁疲难
黄陂县	冲繁难	要缺	冲繁难
安陆府	繁疲难	要缺	冲繁
钟祥县	繁疲难	要缺	繁疲难
京山县	繁难	中缺	繁难
潜江县	繁疲难	要缺	难
沔阳州	繁疲难	要缺	繁疲难
天门县	冲繁难	要缺	冲繁难
荆门州	冲繁疲难	最要缺	冲繁疲难
当阳县	无	简缺	无
襄阳府	冲难	中缺	冲繁难
襄阳县	冲繁难	要缺	冲繁难
宜城县	冲	简缺	冲

续表

政区	乾隆朝冲繁疲难情况	乾隆朝官缺情况	晚清冲繁疲难情况
南漳县	无	简缺	无
枣阳县	无	简缺	冲繁难
谷城县	难	简缺	无
光化县	无	简缺	无
均州	无	简缺	无
郧阳府	难	简缺	繁疲难
郧县	难	简缺	难
房县	无	简缺	无
竹山县	无	简缺	难
竹溪县	无	简缺	无
保康县	无	简缺	无
郧西县	无	简缺	无
德安府	冲	简缺	冲
安陆县	冲	简缺	冲
云梦县	冲难	中缺	冲难
应城县	难	简缺	难
随州	难	简缺	疲难
应山县	冲	简缺	冲繁
黄州府	冲繁难	要缺	冲繁难
黄冈县	冲繁难	要缺	冲繁难
黄安县	无	简缺	无
蕲水县	冲繁	中缺	冲繁难
罗田县	无	简缺	无
麻城县	繁难	中缺	繁难
蕲州	冲繁	中缺	冲繁难
广济县	冲繁	中缺	冲繁
黄梅县	冲繁	中缺	冲繁
荆州府	冲繁疲难	要缺	冲繁疲难

续表

政区	乾隆朝冲繁疲难情况	乾隆朝官缺情况	晚清冲繁疲难情况
江陵县	冲繁疲难	最要缺	冲繁疲难
公安县	冲繁	中缺	冲繁
石首县	无	简缺	无
监利县	繁疲难	要缺	繁疲难
松滋县	无	简缺	无
枝江县	无	简缺	无
宜都县	无	简缺	无
远安县	无	简缺	无
宜昌府	冲难	要缺	冲
东湖县	冲	简缺	冲繁难
归州	冲	简缺	无
长阳县	无	简缺	无
兴山县	无	简缺	无
巴东县	冲难	中缺	冲难
长乐县	无	简缺	无
鹤峰	无	简缺	冲繁疲难
施南府	无	简缺	难
恩施县	无	简缺	繁难
宣恩县	无	简缺	无
来凤县	无	简缺	无
咸丰县	无	简缺	无
利川县	无	简缺	无
建始县	无	简缺	无

记载关于湖北地区"冲繁疲难"的《缙绅录》以及档案资料尚有许多，但囿于篇幅有限，我们不可能罗列清王朝所有现存资料所反映的"冲繁疲难"情况。但仅从以上资料，就能看出湖北各地的"冲繁疲难"一定随着实际情况而发生变化。我们从清王朝留下的相关资料，亦可清晰地看出某一时段的政区特征。如鹤峰从乾隆时期的"冲繁疲难"一字全无到晚清的四字皆全，其原因前文已经说明。再如宜昌府东湖县本来并不"繁难"，但随着近代西方列强的入侵，被开辟为通商口岸，行政事务、民风民情发生了变化。

虽然具体个案总在发生变化,但无论是乾隆还是清末,汉阳府、孝感县、荆门州、荆州府、江陵县等地均是地方冲要,政务繁琐,税粮拖延严重,民众难以治理的地方。以今武汉、黄冈为中心的湖北东部,以及江汉平原地区的治理难度也较高。而鄂西北、鄂西南某些山区州县则恰恰相反,一直是政治地理不重要、政务清简、税粮不拖欠、民风淳朴之区。清代"冲繁疲难"政区分类法,是传统政区文化的宝贵遗产,值得后人仔细探寻。

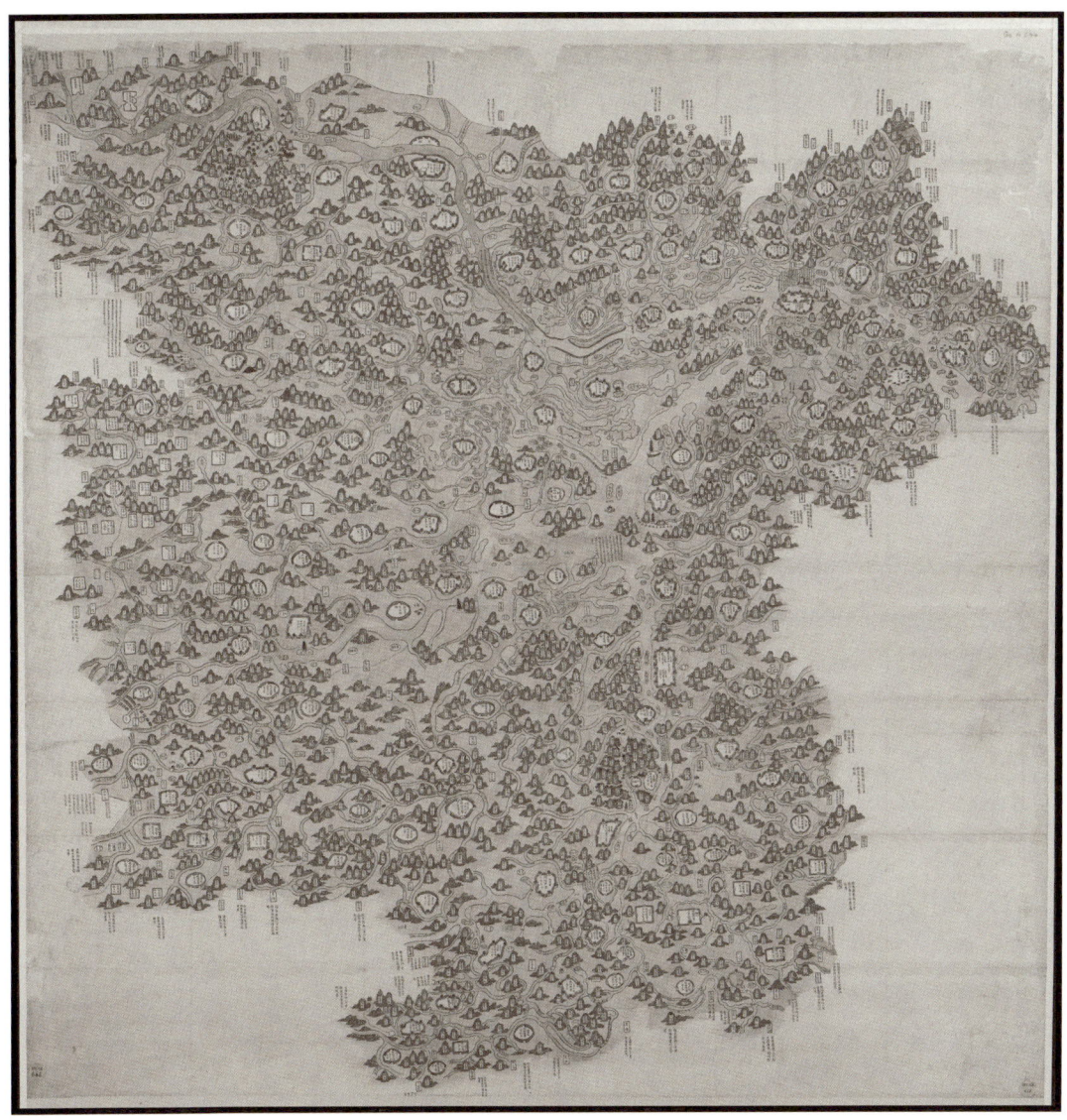

图 8-3　清代彩绘湖广舆图

本章小结

　　东北少数民族入主中原建立的清王朝,继续沿用、推进明朝所采取的湖北政区制度,并开启了新纪元——湖北省正式诞生在历史舞台上。清王朝统治者改变了湖北最高行政官员,改变了湖北州与府县的关系,废除了湖北地区世袭土司制度,更奠定了现代湖北省的地理范围。然而,随着清王朝的中衰,湖北行政区划演变也趋于停滞,甚至在白莲教起义后,清王朝也没有推动鄂西政区建设。直到近代西方殖民者的入侵,才推动湖北政区又一轮演变,武汉三镇在政区上得以确立。为应对新局,施鹤道与鹤峰厅正式设立,这展现了传统政区制度独特韧性。直到清末,统治者仍在调整湖北行政制度,期望延续王朝的寿命。然而时代已经转变,君主专制以及附属政区制度必将被新时代、新制度所代替。

第九章 沧桑巨变：民国湖北政区

从1911年到1949年只有三十多年的时间，但湖北历史却经历了沧桑巨变。鄂军都督府、南京临时政府、北洋军阀政府、南京国民政府、汪伪政府均将自己的统治理念加于湖北之上。旧有政区制度几乎被摧毁，新制度却没有及时建立。湖北政区建设尚在摸索中，便遭遇政权的频繁更迭，呈现极其复杂的态势。不过民国湖北也并非全面黑暗，虽然存在时间极度短暂，但武汉市终于出现。中国共产党领导的红色政区建设，更散发出耀眼光芒。经过近代革命战争的洗礼，湖北政区终于走向现代。

第一节 1911—1912年湖北行政制度变迁

辛亥革命爆发后，湖北军政府、南京临时政府相继设立，湖北境内府州县纷纷脱离清王朝控制。在此期间，清朝在湖北的最高权力机构几乎完全被摧毁，湖北高级行政机关迎来根本改变。共和政府进行的一系列行政管理建设，奠定了民国湖北行政区划的基石。

一、鄂军都督府的建立与民国湖北行政制度萌芽

1911年10月10日，辛亥革命在清王朝武昌府府城爆发。清朝末代湖广总督瑞澂出逃，起义军迅速控制省城，并推举清军将领黎元洪为首领。11日，中华民国军政府鄂军都督府成立。鄂军都督府又称湖北军政府，是"中国历史上第一个资产阶级共和制政权的雏形，继武昌之后成立的各省军政府，大抵以湖北军政府为模式"①。12日左右，革命军控制汉阳、汉口。随后在革命势力的努力下，湖北各地纷纷响应。其中武昌府、汉阳府、安陆府、襄阳府、郧阳府、宜昌府、施南府等地由革命党人策动清朝军队，夺取政权。黄州府、荆门州等地由革命党人前往招抚、招降。德安府等地清朝官员主动向革命军靠拢。荆州府有八旗驻防，抵抗稍显激烈，最终被革命军武力攻克。② 到1911年年底，湖北绝大多数地区脱离清王朝统治。

面对革命浪潮，清王朝不甘心失败，于1911年10月赋予袁世凯实权，希望他率北洋军

---

① 王来棣：《辛亥革命时期湖北军政府剖析》，《近代史研究》1980年第1期。
② 1911年湖北各地脱离清王朝的具体过程详见冯天瑜等《辛亥首义史》，湖北人民出版社2011年版，第461—483页。

平息革命。11月,经过激战,北洋军重新夺回汉阳、汉口,与革命军在武昌形成相持状态。此时的袁世凯已经不满足于充当清王朝的臣仆,而是利用革命浪潮,攫取更大的利益。1911年年底,袁世凯的北洋军与鄂军都督府达成停战协议。

除了抗击清军,拓展管辖范围外,鄂军都督府在存续期间还做了许多影响深远的大事。首先是全面废除总督、巡抚等高级行政官员,重新规划湖北省高级行政制度。1911年10月12日,革命党谋略处议定,都督为湖北最高长官,都督下设参谋、军务、政务、外交四部。14日,居正等拟订的《军政府暂行条例》,规定鄂军都督下设司令、军务、参谋、政事四部。政事部下设外交、财政、内务、交通、司法、实业、教育七局。15日,汤化龙等编撰的《军政府暂行条例》又规定都督下设军令部、军务部、参谋部、政事部。政事部下,设内务、外务、财政、交通、司法、文书、编制七局。25日,孙武等人又颁布《中华民国鄂军政府改订暂行条例》,规定设军令、参谋、军务、内务、外交、理财、司法、交通、编辑、总监、教育、实业十二部。鄂军都督府在短短几天内有如此频繁的更改,透露出当政者改变旧有行政制度,建立全新制度的急迫心情。这些有益探索为民国湖北行政制度奠定基础。

1911年11月,在宋教仁等人的起草下,鄂军都督府颁布《中华民国鄂州临时约法》。《鄂州约法》明确规定,鄂州政府由都督、政务委员、议会、法司组成,人民一律平等,享有广泛的民主权利,被誉为"共和宪政史上的里程碑"①。从中可以明显看出,法律规定的湖北省最高行政机关已经与传统王朝有本质的区别,基本上体现了行政、立法、司法三权分立原则。

尤为值得关注的是,《鄂州约法》全文中并无"湖北"字样,且第一章总纲第一条明确规定:"中华鄂州人民,以已取得之鄂州土地为境域,组织鄂州政府统治之。将来取得之土地,在鄂州域内者,同受鄂州政府之统治;若在他州域内者,亦暂受鄂州政府之统治,俟中华民国成立时,另定区划。"②明清以来"鄂州"早就不是正式行政区划名称,军政府放着现成的"湖北"名词不用,而另辟蹊径,自然有其原因。

自清末新政以来,许多人认为中国行省面积太大,不适合中国发展,主张废省改州,将湖北分为鄂州、襄州、荆州三大块。当时除了武昌都督府之外,确实曾设立安襄郧荆招讨使(这里的"荆"指的是荆门)与荆宜施鹤总司令部,这一设置其实暗含鄂、襄、荆三州的地理规划。③另外宋教仁曾经主张设两湖都督,将湖北、湖南合并起来,由黄兴出任都督。无论怎样,时人可能对清朝湖北省行政区划并不满意,但在政治军事还未稳固的情况下,又不好马上更改,只能以"鄂州"为名号,在约法中模糊处理湖北疆域,等到全国性政府成立后,再来决定。民国尚未开始,湖北省就有被更改的可能。

1911年11月底,脱离清王朝统治的14省代表齐集武汉,决定以鄂军政府为中央军政

---

① 冯天瑜:《鄂州约法:共和宪政史上的里程碑》,《历史教学问题》2011年第3期。
② 《中华民国鄂州约法及官制草案》,《民立报》1911年12月2日。
③ 参见罗运环等:《荆楚建制沿革》,武汉出版社2013年版,第190—191页。

府,代行中央政府职权。① 但是11月底,阳夏保卫战失败,北洋军夺回汉阳、汉口,湖北局势不稳。12月初,革命军攻克南京,政治中心从湖北武汉地区转移到江苏。

二、南京临时政府时期湖北政治制度的发展

孙中山先生一直为民主共和而殚精竭虑,是海内外众望所归的革命领袖。1911年12月底,孙中山由欧洲回到上海,并被推举为中国民国临时政府大总统。1912年1月1日,孙中山在南京就职。1912年3月《中华民国临时约法》公布,其第一章第三条明确规定,湖北行省为中华民国领土。湖北被分而治之或湖北、湖南合并的想法并未进一步发展。但中央政府与省的关系,却没有确定下来。

与传统历史时期不同的是,各省归并南京临时政府并不是由一个领袖全盘操控攻占导致,而是由各省实力派联合部分革命派独立奋斗,最后尊重承认中央政府而成。虽然新中央政府已经成立,但各省在行政组织上大多各行一套,一省的军民政务大都集中于都督一人手中,甚至比封建王朝还要集权。

1912年2月,临时政府曾公布这样一种方案,试图统一中国行政制度:第一,暂由都督以军事长官兼顾民事,省议会有权弹劾都督。第二,将省作为最高行政区划,但将来局势稳定后,省域面积要缩小。第三,废除清朝的道府厅,实行省县二级行政制。② 但由于南京临时政府存在时间极为短暂,势力较弱,全国行政统一并未完成。

就湖北地区而言,南京临时政府组建后,鄂军都督府(又称湖北军政府)改为湖北都督府,黎元洪继续担任都督,并兼任临时政府副总统。副总统黎元洪并不到南京任职,而在武昌办公。湖北省政治地位上的这一独特之处,彰显了首义之区的崇高。

黎元洪为湖北最高行政首脑,都督府内设有副官、参谋、书记等官,下辖军务、军需、军法、军医四课。在都督府之下,原有十余部行政机关。1912年2月,改部为司,设内务、财政、司法、教育、实业、外交等司。

1912年年初,设立湖北省临时议会,选举议员,推举议长、副议长,设议会秘书厅。议会下设法律、财政、军政、教育、实业、民政、陈请、惩罚、资格审查九股。按照相关规则,临时议会拥有制约都督的权力,但囿于实际情况,没有发挥重要作用。

1911—1912年,湖北省以下的道府州县厅情况,则处于一定程度的混乱状态,具体情况暂不明确。

南京临时政府期间,湖北省级行政机构进一步发展,产生了迥异于传统王朝的政治格局。一方面政府各部门越来越细化,行政职能与近代社会越来越适应。另一方面,也造成了权力高度集中的政治局面。

由于南京临时政府极度软弱,并不能对全国进行强有力的统治,更不能打到北京,推翻

---

① 吴景濂:《组织临时政府各省代表会纪事》,1913年印本,第4页。
② 参见《法制院拟定地方官制先决问题》,《民立报》1912年2月6日。

清王朝。1912年1月,临时大总统孙中山就表示,只要袁世凯赞成共和,让清帝退位,即可推举他为新任总统。袁世凯权衡再三后,于2月逼迫清帝退位,结束清王朝。同月,孙中山宣布辞职,推举袁世凯为临时大总统。3月,袁世凯故意在北方制造混乱局面,造成北方缺袁世凯镇守,即将大乱的假象,以此胁迫南京临时政府迁往北京。4月,临时政府迁往北京,南京临时政府结束历史使命。

第二节 北洋政府时期湖北政区

由于革命派的软弱幼稚,深于权谋的袁世凯夺得革命果实,在北京建立民国政府。袁世凯为北洋军首领,北伐战争前的民国政府实际领导者也绝大多数与北洋军有关,因此历史上将这一政府称为北洋政府。由于袁世凯在任时间相对较长,军事上又有优势,因此有能力对湖北行政区划制度进行全面整改。袁世凯去世后,北洋政府执政时期,湖北政区亦有新的变更,新的行政区划——市逐步萌芽。

一、袁世凯对湖北省级行政制度的变更

1912年2月,袁世凯正式在北京就任临时大总统,1913年10月又任正式大总统,开启了其专制独裁的北洋军阀统治。为了维护专制,袁世凯一方面镇压以孙中山为首的革命党人,一方面大力调整行政区划制度,以图形成中央集权。

经过与议会的争斗后,1913年1月,袁世凯颁布《划一现行各省地方行政官厅组织令》,规定设立省行政公署,由大总统任命的民政长处理全省政务。其实早在1912年4月,湖北都督黎元洪就为了迎合袁世凯的心意,请求在湖北设立民政长。设立民政长的意图不言而喻,使其与都督互相牵制,从而就是削弱都督的权力。

由于黎元洪在湖北的势力盘根错节,仅设置民政长,恐不能让袁世凯放心。1913年10月,袁世凯当选正式大总统,黎元洪当选副总统。袁世凯要求黎元洪北上任职,黎元洪则坚持保留湖北都督的职务。袁世凯软硬兼施,逼迫黎元洪来北京。湖北都督一职由袁世凯亲信段祺瑞担任。① 由于北洋军阀的直接进入,民政长职权极度受限,根本起不到制约作用。湖北仍旧是都督掌握实权。

都督府一般设参谋长、参谋、副官长、书记官等职务,分为军务、军需、军医、军法四课。1912年民政长行政公署下设内务、财政、教育、实业、司法、外交诸司。1913年司法司、外交司撤销。只剩下内务、财政、教育、实业四司。同年,还设有警察厅,后改为警务处。司法司撤销后,设司法筹备处,后改为湖北省高等审判厅、湖北省高等检察厅。还需说明的是,北洋军阀统治时期,湖北省仍有各级议会,其建言献策对中国政治现代化有所贡献,但仅凭议会

---

① 参见《黎副总统进京详记》,《申报》1913年12月14日。

无法制约都督的独裁权力。

1914年2月,袁世凯任命北洋军阀将领段芝贵任湖北都督,段在湖北"祸鄂殃民",给湖北地区带来灾难。① 5月,袁世凯政府颁布《省官制》,改民政长为巡按使,"巡按使管辖全省民政各官及巡防警备等队。并受政府之特别委任。监督财政及司法行政,暨其他特别官署之行政事务。"② 实际上来看,巡按使与民政长实质区别不大,依然受都督的控制,协助其处理各项政务。只不过,巡按使的名称很容易让人想起明朝的巡按御史,这与民国官制全面消除王朝痕迹的潮流十分不符。此举和袁世凯改总理为国务卿如出一辙,可以窥见其王朝复辟思想。巡按使公署设政务厅,原财政司改财政厅,内务、教育、实业改为政务厅下三科。后教育、实业单独设厅。

1914年7月,袁世凯公布《将军府编制令》和《将军行署编制令》,改都督为将军。按照规定:在大总统之下设将军府,将军府派驻各省的将军,在省会组织将军行署,督理地方军务。按照规定,将军仅是地方军官,并非行政官员,但实际上湖北省将军仍是湖北最高长官。1914年,袁世凯任命原湖北都督段芝贵为彰武上将军,继续统治湖北。除了军务,段芝贵还直接管理湖北财政,并受到袁世凯表扬:"鄂省财政经济,该将军等竭力整顿,日有起色,并能担任接济中央,为各省倡。"③

1915年8月,袁世凯调段芝贵为奉天将军,任命北洋军将领张镇芳为新任湖北将军。但同是北洋派系的湖北军官王占元拒不欢迎新将军,操弄政治手腕取而代之,独霸荆楚。由此亦可看出,军阀割据态势已经在湖北出现。

二、袁世凯统治时期湖北道制的改变

清承明制,在湖北继续保留两种道的设置,一种用于专门管理某件特殊政务,其辖区即整个湖北,如学道、粮道以及晚清新设的巡警道、劝业道。另一种即以分守道、分巡道为主,作为省与府之间的重要行政单元而存在。随着历史的推进,清代带有行政区划性质的道逐渐由两个主官演变为一个主官。民国肇始,对清王朝绝大多数官职以及行政区划单位摒弃不用,却对"道"情有独钟。

自鄂军都督府成立以来,专门管理某件特殊政务、辖区涵盖整个湖北的道被废除。同时取消布政使、按察使、分守道、分巡道、兵备道名号,但保留道这一级行政区划。

1913年,袁世凯政府颁布《划一现行各道地方行政官厅组织令》,正式设观察使为道的长官。观察使下又设内务、财政、教育、实业等科。④ 北洋政府道的观察使与唐代诸道观察使名号相同,此复古名称不由得又让人想到袁世凯复辟帝制的思想。后观察使又改

---

① 参见田子渝等《湖北通史·民国卷》,华中师范大学出版社2018年版,第15—18页。
② 北洋政府《政府公报》,1914年5月24日。
③ 《关于嘉奖段芝贵等竭力接济中央批令》,1915年1月26日。
④ 北洋政府《政府公报》,1913年1月9日。

名道尹。

1914年,袁世凯政府又颁布《道官制》,其中规定:"道署道尹,隶属巡按使,为一道行政长官。依法律命令,执行道内行政事务,并受巡按使之委任,监督财政及司法行政。及其他特别官署之行政事务。""道尹于所辖各县知事之命令或处分,认为违背法令,妨害公益,或侵越权限时,得停止撤销其令或处分,仍详报巡按使。"① 由于民国政府全面废除府州厅,道成为省之下,县之上的重要行政单元。道尹下设内务、财政、教育、实业四科。

清王朝灭亡前夕,湖北有分守武昌道,辖武昌府地区。分巡汉黄德道,辖汉阳、黄州、德安三府之地。分守安襄郧荆道,辖安陆、襄阳、郧阳、荆门三府一州之地。分巡荆宜道,辖荆州、宜昌二府。分巡施鹤道,辖施南府与鹤峰厅。

1913年,清代分守武昌道与分巡汉黄德道合并,成立武汉黄德道,后改名鄂东道,道长官驻今武汉市汉口。1914年,改鄂东道为江汉道,道长官改驻今武汉市区武昌区。

安襄郧荆道,辖区不变,名称改为鄂北道,道长官驻襄阳。1914年改名襄阳道。

1913年,将清代分巡荆宜道与分巡施鹤道合并,成立荆宜施鹤道,后改名鄂西道,道长官驻江陵。1914年,鄂西道改为荆南道,道长官改驻宜昌。

其实无论名称如何改变,袁世凯时期的湖北诸道完全是在清王朝的基础上合并而来。由于民国废除府,合并道,1913年后,湖北每道直接管辖超过二十多个县,远远超过明清时期湖北任何一个府,或现代任何一个市,造成道的实际行政功能大大降低。有观点认为,民国初期的道,由于辖县过多,已经基本丧失了行政区划意义。②

而晚清道治所在地,实际上是历经几百年演变而来,封建王朝固然不符合历史潮流,但封建王朝的政治中心未必与现实相违背。晚清时期,道官的所在地分别是今武汉市武昌、汉口两地,以及襄阳、沙市、恩施。民国则改为今武汉武昌、襄阳、宜昌三地,再加上府衙的废除,实际上削弱了湖北关键地区的政治统治力量,为民国湖北基层治理埋下隐患。

三、袁世凯统治时期湖北县制的改变

辛亥革命后,革命志士等各种政治势力也许急于摆脱封建王朝痕迹,信奉另一套政治思想,认为清王朝的府、州、厅纯属多余,将其全部废除。湖北军政府、南京临时政府统治时期,湖北所有府、州、厅情况暂时不明,大概处于较为混乱变动状态中。袁世凯统治时期,1913年颁布《划一现行各县地方行政官厅组织令》,1914年颁布《县官制》。不仅重申全面废除府、州、厅的政令,还改变县官制。北洋政府改清代县令为县知事,为县最高长官。有的县还设有县佐,辅佐知事处理政务。每县根据政务繁简,再设若干科,科有科长、科员、技正等官。在这种政策下:

---

① 北洋政府《政府公报》,1914年5月24日。
② 相关论述参见傅林祥、郑宝恒:《中国行政区划通史·中华民国卷》,复旦大学出版社2017年版。

原武昌府被废除,原首县江夏县于1913年改为武昌县。同年,原武昌县更名为寿昌县。后寿昌县与浙江地名重复,1914年改为鄂城县。兴国州改名为兴国县,后与江西地名重复,1914年改为阳新县。其余县仍旧。

原汉阳府被废除,夏口厅改为夏口县,沔阳州改沔阳县。其余县仍旧。

原黄州府被废除,蕲州改为蕲春县,其余县仍旧。

原德安府被废除,随州改为随县,其余县仍旧。

原安陆府被废除,属县仍旧。

原襄阳府被废除,均州改为均县,其余县仍旧。

原郧阳府被废除,属县仍旧。

原荆州府被废除,属县仍旧。

原宜昌府被废除,东湖县改宜昌县,归州改秭归县,长乐县因与广东、福建地名重合,改名五峰县。其余县仍旧。

原施南府被废除,属县仍旧。

原荆门直隶州改为荆门县,其余县仍旧。

原鹤峰厅改为鹤峰县。

从春秋楚国到北洋政府,政区制度千变万化,但县一直存在,可称为最稳定的政区,有学者称之为"基层行政区划稳定规律"①。

北洋政府时期,县设有县知事、县议事会、县审检所,企图实现行政、立法、司法三权分立,但囿于各种原因,许多地区的县议事会、县审检所功能没有得到充分发挥。根据事务繁简,县知事下设若干科。有的县还设有公款局、警察所、劝学所、劝业所等机构。

袁世凯大权在握,对辛亥革命后较为混乱的全国行政区划进行了强制统一。不过,他虽然是清王朝官僚出身,但几乎完全抛却了清王朝地方行政区划。其虽然有复辟封建王朝之心,但却没有汲取封建王朝的行政区划优势。在袁世凯治下,湖北形成了省、道、县三级政区,表面上看干净清爽,但过于简单的政区将传统时期互相制衡、因地制宜、重点管控等特点抛却,造成省级政区将军独裁、道级政区虚化、重点县级政区管控缺失的恶果。

1915年初,贵州巡按使龙建章建议部分恢复清王朝行政区划旧制,在省之下再增加一级政区,但遭到中央政府拒绝。② 此时的袁世凯已经醉心于复辟帝制,无暇顾及地方行政区划改革了。

自从欺骗孙中山等革命党人,取得政权后,袁世凯一步步破坏共和,厉行专制,打击革命势力。1915年,袁世凯正式推行帝制,改中华民国为中华帝国。袁世凯倒行逆施,引起全国(包括部分北洋将领)反对,群起讨之。1916年1—2月,湖北将军王占元却以湖北宜昌发现

---

① 参见张全明:《中国历史地理学导论》,华中师范大学出版社2006年版,第228—229页。
② 参见北洋政府《政府公报》,1915年1月13日。

龙骨化石,向袁世凯奏报祥瑞,并血腥镇压湖北军民的反袁活动。但大厦之将倾,非一木所能支。面对全国反对,1916年3月,袁世凯被迫取消帝制,继续当大总统。但全国反对之军事活动并未平息,6月,袁世凯在忧惧中去世。

袁世凯去世前夕,湖北政区如下所示:

表9-1　　　　　　　　　　1916年湖北政区表

江汉道	武昌县(武汉市武昌区附近)、咸宁县(咸宁市附近)、蒲圻县(赤壁市附近)、嘉鱼县、崇阳县、通城县、鄂城县(鄂州市附近)、阳新县、通山县、大冶县(大冶市附近)、汉阳县(武汉市汉阳区附近)、夏口县(含英、德、日、俄、法租界)(武汉市江岸区、江汉区、硚口区附近)、汉川县(汉川市附近)、孝感县(孝感市附近)、黄陂县(武汉市黄陂区附近)、沔阳县(仙桃市西南)、黄冈县(黄冈市附近)、麻城县(麻城市附近)、蕲水县(浠水县附近)、罗田县、黄安县(红安县附近)、蕲春县、黄梅县、广济县(武穴市附近)、安陆县(安陆市附近)、应城县(应城市附近)、云梦县、随县(随州市附近)、应山县(广水市附近)
襄阳道	襄阳县(襄阳市附近)、谷城县、南漳县、宜城县(宜城市附近)、枣阳县(枣阳市附近)、光化县(老河口市东北)、均县(丹江口市西北)、荆门县(荆门市附近)、钟祥县(钟祥市附近)、京山县(京山市附近)、潜江县(潜江市附近)、天门县(天门市附近)、郧县(十堰市郧阳区附近)、郧西县、房县、竹山县、竹溪县、保康县、当阳县(当阳市附近)、远安县
荆南道	宜昌县(宜城市附近)、秭归县、长阳县(长阳土家族自治县附近)、兴山县(兴山南部)、巴东县、五峰县(五峰土家族自治县附近)、江陵县(含沙市日租界)(荆州市附近)、公安县、松滋县(松滋市附近)、石首县(石首市附近)、监利县(监利市附近)、枝江县(宜都市枝城镇附近)、宜都县(宜都市附近)、恩施县(恩施市附近)、宣恩县、来凤县、咸丰县、利川县(利川市附近)、建始县、鹤峰县

四、1916—1925年湖北政区演变

1916年袁世凯去世后,副总统黎元洪继任总统,北洋军阀皖系首领段祺瑞任总理。由于黎元洪缺乏强固的军事基础,掌握军队的段祺瑞又与之不和,中央政府十分混乱。再加上袁世凯去世后,形成权力真空,北洋军阀分裂成多个派别,各种地方势力迅速崛起。1916年后,将军改称督军,改巡按使为省长。但这丝毫改变不了政治格局,王占元依然把持湖北,实行其独裁统治,省长对其几乎没有制约作用(一段时间内,王占元连省长也自己兼任)。

1914年第一次世界大战爆发,1917年,总理段祺瑞在日本的影响下准备参加战争,对抗德国。对此总统黎元洪坚决反对,段祺瑞以武力压迫总统签字宣战。3月,北洋中央政府宣布对德国断交,并收复中国所有德租界。

湖北督军王占元积极响应,马上驱除汉口的德国势力。由于德国正忙于世界大战,根本无暇顾及汉口。3月底,北洋政府公布《管理津汉德国租界暂行章程》,中国收回德租界。5

月,黎元洪因不满段祺瑞跋扈专行,罢免其总理职务,并召军阀张勋入京帮助。结果张勋进京后,7月拥戴清宣统帝复辟。随后,段祺瑞平定复辟,以"再造共和"功臣自居。段祺瑞赶走黎元洪,迎接直系军阀首领冯国璋为总统,自己仍任总理。与黎元洪不同,冯国璋手握重兵,与段祺瑞又屡屡不和,引发中央政府进一步分裂。

在中央政局如此混乱的局面下,政府对德国仍然十分强硬。8月,北洋政府正式对德国宣战,公布《天津汉口特别区市政管理局简章》,永远收复汉口德租界。《管理局简章》明确规定:"管理局置局长一人,承省长之指挥。"①汉口德租界改名为汉口第一特别区。

中国传统政区,特别是明清政区,一般而言由政治城池、商业市镇以及各种农村聚落组成。如晚清之前的汉阳县,有一个筑有城墙的城池,汉阳知府与汉阳知县等行政官员驻守于此,城墙之外是广阔的农村聚落。某些聚落因各种原因会形成商业市镇,汉口镇即其中之一。正如前文论述,晚清汉口镇政治经济事务越来越繁重,原本应该独立设县,但张之洞考虑种种因素设厅,因而其没有修筑城墙,也并未包含广大农村地区。

1917年,收复德租界后,北洋政府以及湖北当地政府,并没有将租界并入其母体——夏口县,而是单独划出,绕开江汉道,直接归属湖北省领导,由汉口特别区市政管理局局长直接管理城市区域。导致这种变革的原因是多方面的,其中原因之一可能为:从清末德国开辟租界以来,德租界形成了迥异于其他湖北地区的政治、经济管理模式,再加上有外国人长期集中居住,突然收回并入夏口县直接管理,未必恰当。由省直管,作为过渡,或许也是一种更好的措施。

尽管德租界因偶然因素回归中国政府管理,但依然没有改变湖北督军王占元的独裁专制局面。1917年年底,荆襄镇守使兼湖北第一师师长石星川、湖北第九师师长黎天才分别在荆州与襄阳宣布脱离北洋政府与王占元统治。虽然反抗活动很快被镇压,但这一事实不仅说明王占元不得湖北人心,而且似乎预示着由于行政区划设置不当,以荆州与襄阳为中心的湖北西部地区是军阀独裁的薄弱环节。1917年年底,因各势力混战不休,北洋军阀曹锟任两湖宣抚使。1918年年初,曹锟又任两湖巡阅使。因无心经营两湖,曹锟旋即回到北京。同年,在段祺瑞影响下,总统冯国璋卸任,推举北洋系出身但没有实际兵权的徐世昌出任总统。

王占元力行专制,但挡不住爱国运动的风起云涌。1919年五四运动爆发后,湖北人民群起响应。1920年开始,共产主义运动在湖北,特别是武汉地区蓬勃展开。王占元一面血腥镇压湖北人民的爱国运动,一面积极参与各地军阀的争斗。1920年6月,王占元任两湖巡阅使兼湖北督军,名义上可以控制湖北、湖南两地。在王占元统治下,湖北多次卷入军阀混战。

就在军阀混战之时,国际局势发生变化。1917年俄国爆发了十月革命,建立苏维埃政

---

① 北洋政府《政府公报》,1917年8月14日。

权。为了获得世界各国支持,苏俄从1919年开始,宣布放弃沙皇俄国攫取的在华权益,其中包括在华租界。虽然北洋政府并未承认苏维埃政权,苏俄也未必真的想要将所有权益归还中国。但北洋政府决定以此为契机收回俄租界,然而1920年湖北真正接收俄租界时,遭到其他帝国主义国家的极力反对,沙皇俄国在汉口的残余势力也采取各种措施予以反对。慑于帝国主义的压力,北洋政府未能完全收复俄租界。

1921年是中国共产党成立的年份,武汉地区的董必武、陈潭秋参加了建党会议。中国共产党成立以后,中国革命面貌焕然一新。其实1921年也是湖北政局迎来转变的一年。这一年湖北督军王占元终于被赶下台。王占元搜刮民脂民膏,甚至将魔爪伸向支撑其统治的军队。1921年上半年,因克扣军饷,湖北爆发各种兵变多次,甚至连政治中心武昌也不能幸免。7月,湖北潜江人李书城等联络湖南军阀,武力驱赶王占元,四川军队也乘势进入湖北。王占元战败辞职,逃离湖北。8月,军阀吴佩孚任两湖巡阅使,萧耀南任湖北督军。清王朝湖广总督、湖北巡抚的政治格局,似乎又出现在历史舞台上。

1921年8月,正当四川军队在鄂西攻城略地之时,湖北新设施鹤道,道官驻恩施,辖恩施县、宣恩县、来凤县、咸丰县、利川县、建始县、鹤峰县。① 由于恩施等县的划出,荆南道改名荆宜道。1921年施鹤道与1904年张之洞奏请设立的施鹤道辖区完全相同。民国时期,中央政府或湖北政府急于摧毁清朝政区构架,但其实并未能建构比清王朝更加严密合理的政区,因此在实际行政中又逐步部分恢复或变相恢复了清王朝某些政区格局。

我们并不能武断地认为,是萧耀南主导了政区改变。萧耀南在湖北出生,汲取了王占元失败的教训,对湖北也多有善政。不过,虽然萧耀南领导击退了外省军队,但仍旧未能改变湖北军阀独裁局面。

1922年,总统徐世昌辞职,在军阀支持下,黎元洪再任总统。1923年,军阀曹锟依靠贿选当上总统。1924年5月,北洋政府与苏联建交,并签订《解决悬案大纲协定》,其中明确规定:"苏联政府允予抛弃前俄政府在中国境内任何地方根据各种公约、条约、协定等所得的一切租界等特权及特许。"② 由于苏联主动放弃租界,其大使甚至亲自到汉口处理租界问题,其他帝国主义国家干涉失败。1924年10月,曹锟在军阀混战中战败,段祺瑞出任临时执政。1925年年初,湖北正式收回汉口俄租界,仿德租界例,设第二特别区,直属湖北省。

从1916—1925年,在北洋政府政治紊乱,全国军阀混战的情况下,湖北居然收回两国租界。

北洋军阀统治时期,在湖北境内设有若干镇守使,负责一定区域的军事指挥。与此同时,镇守使也能干涉地方行政事务。学界曾介绍:"(镇守使)执掌辖区内军政事务,部分兼管民政与外交。虽然镇守使为维护社会治安和稳定社会秩序等起了一定的积极作用,但其消

---

① 北洋政府《政府公报》,1921年8月14日。
② 王铁崖:《中外旧约章汇编》第3册,生活·读书·新知三联书店1962年版,第425页。

极作用却更为突出,加剧了军阀纷争和社会动荡。1920年代,废镇守使呼声不断,尤其是国民革命军北伐后,各地镇守使相继废除。"①

表 9-2　　　　　　　　　1925 年湖北政区表

省直辖	第一特别区(原汉口德租界)、第二特别区(原汉口俄租界)
江汉道	武昌县(武汉市武昌区附近)、咸宁县(咸宁市附近)、蒲圻县(赤壁市附近)、嘉鱼县、崇阳县、通城县、鄂城县(鄂州市附近)、阳新县、通山县、大冶县(大冶市附近)、汉阳县(武汉市汉阳区附近)、夏口县(含英、日、法租界)(武汉市江岸区、江汉区、硚口区附近)、汉川县(汉川市附近)、孝感县(孝感市附近)、黄陂县(武汉市黄陂区附近)、沔阳县(仙桃市西南)、黄冈县(黄冈市附近)、麻城县(麻城市附近)、蕲水县(浠水县附近)、罗田县、黄安县(红安县附近)、蕲春县、黄梅县、广济县(武穴市附近)、安陆县(安陆市附近)、应城县(应城市附近)、云梦县、随县(随州市附近)、应山县(广水市附近)
襄阳道	襄阳县(襄阳市附近)、谷城县、南漳县、宜城县(宜城市附近)、枣阳县(枣阳市附近)、光化县(老河口市东北)、均县(丹江口市西北)、钟祥县(钟祥市附近)、京山县(京山市附近)、潜江县(潜江市附近)、天门县(天门市附近)、郧县(十堰市郧阳区附近)、郧西县、房县、竹山县、竹溪县、保康县、当阳县(当阳市附近)、远安县
荆宜道	宜昌县(宜昌市附近)、秭归县、长阳县(长阳土家族自治县附近)、兴山县(兴山县南部)、巴东县、五峰县(五峰土家族自治县附近)、荆门县(荆门市附近)、江陵县(含沙市日租界)(荆州市附近)、公安县、松滋县(松滋市附近)、石首县(石首市附近)、监利县(监利市附近)、枝江县(宜都市枝城镇附近)、宜都县(宜都市附近)
施鹤道	恩施县(恩施市附近)、宣恩县、来凤县、咸丰县、利川县(利川市附近)、建始县、鹤峰县

　　早在辛亥革命时期,湖北就有安襄郧荆招讨使和荆宜施总司令部。1913年设汉口镇守使与荆州镇守使。1915年,荆州镇守使改襄郧镇守使。1920年,汉口镇守使改为汉黄镇守使,新设蒲通镇守使与施宜镇守使。1922年,蒲通镇守使改为荆州镇守使。1923年,荆州镇守使与施宜镇守使合并为荆宜镇守使。1924年,复设蒲通镇守使。各镇守使常驻某一县城,具有一定军事辖区,但毕竟没有代替行政官员处理军民政务,并不算一级行政区划,只能算作地方行政的影响因素。

---

① 冯巧霞:《民国北京政府时期镇守使制研究》,《安徽史学》2020年第5期。

湖北行政区划史

图9-1 1917年湖北地图

第三节　武汉国民政府时期湖北政区

在孙中山先生的不懈努力下,革命火种并没有在北洋军阀统治下熄灭。1926 年,在中国共产党大力协助下,广东革命政府出师北伐,攻克湖北地区,正式设置武汉市,并以此为首都。1927 年,蒋介石、汪精卫背叛革命,武汉国民政府并入南京国民政府。武汉国民政府存在时间虽然短暂,但对湖北政区制度影响深远,在这一时期汉口英租界也得以收回。

一、北洋军阀统治在湖北的结束

自北洋军阀政府力行专制后,孙中山先生多次联络各方势力,相继发动二次革命、护法战争。在长期的革命实践中,孙中山先生认识到掌握革命军队与军队政治教育的重要性,创建黄埔军校,以两广为革命根据地,并与中国共产党展开密切合作。无奈天不假年,1925 年 3 月,孙中山与世长辞。1926 年,蒋介石任国民革命军总司令,出师北伐,准备消灭所有军阀,建立全新政府。同年年初,湖北督军萧耀南去世。吴佩孚任命亲信军官陈嘉谟为湖北督办(相当于督军),杜锡钧为湖北省长。

由于北洋军阀统治不得人心,中国共产党又广泛发动基层民众参与革命,北伐军势如破竹,很快攻入湖北境内。北伐军采取先攻湖南,由湖南直攻省会武昌的战略。1926 年 7 月,北伐军占领长沙。8 月,在以叶挺将军为代表的中国共产党人参与下,北伐军在鄂东汀泗桥、贺胜桥沉重打击了吴佩孚主力。10 月,北伐军占领湖北省会武昌,北洋军阀末代督军陈嘉谟被俘,吴佩孚主力基本被消灭。吴佩孚败退后,湖北其余地区很快归入北伐军控制。北洋军阀在湖北统治彻底结束。

就在这一历史阶段内,湖北政区发生改变。袁世凯执政时,曾经设置道,管辖许多县。这种道制,在实际行政过程中,效果不佳。从 1920 年开始,部分省份已经开始取消道。鉴于此,1923 年总统曹锟颁布的《中华民国宪法》明确规定:取消道这一级行政区划,"地方划分为省县两级"①。或许是因为曹锟很快下台,中央政府不稳定,湖北并没有全面裁撤境内道。

北伐军尊奉孙中山先生学说,而其在 1924 年公布的《建国大纲》中有这样的论述:"县为自治之单位,省立于中央与县之间,以收联络之效。"②孙中山认为全国之政区只需要两级——省与县。孙中山的认识是否符合行政区划规律尚且不论,北伐军攻入湖北后,湖北所有道都于 1926—1927 年间消失,最终出现省政府直辖几十县的情况却是事实。

二、武汉市的设置

由于武汉地区地处交通要道,九省通衢,对于指挥全国北伐战争有极其重要的战略地

---

① 《宪法全稿》,天津大公报社 1935 年版,第 57 页。
② 孙中山:《国民政府建国大纲》,新时代教育社 1927 年版,第 11 页。

位。北伐军在湖北取得胜利后,马上准备将武汉地区作为新的革命根据地,新政府之首都。为了配合新政府定都武汉地区,湖北进行了政区改革。1926年9月,相继设立湖北省临时政治会议、湖北政务委员会、湖北财政委员会,作为湖北省暂时的过渡政府,并永远取消北洋政府时期的督军。为了整合未来新政府之首都,武汉地区加快了建市进程。

1926年10月,汉口市政府成立,并颁布《汉口市暂行条例》,其中规定:"汉口市直隶于湖北省政府,不入于夏口县行政范围。""汉口市置市长一人,总理全市行政事项。汉口市设下列各局,分掌各项行政事务:(一)第一特区管理局、(二)第二特区管理局、(三)财政局、(四)工务局、(五)公安局、(六)教育局、(七)卫生局、(八)统计局。"①原德俄租界改设的第一二特区也并入汉口市,并于1929年彻底取消。

新设汉口市的地理范围,出现了十分复杂的局面,它不仅囊括了夏口县城区,还包含汉阳县城区,与此同时汉阳县仍旧存在,但县政府仍驻原县城中。也就是说,汉阳县许多土地不归汉口市管,但县政府却在汉口市内。② 由于汉口市的设立,夏口县经济发达的地区被划走,导致其实力锐减,不仅辖区萎缩,县财政也捉襟见肘,为未来废县埋下伏笔。

1926年12月,在武昌县的基础上新设武昌市。原武昌县仍旧保留,但将主城区划归武昌市。和汉口市与汉阳县关系类似,武昌县的县政府仍在武昌城内,但却管不了武昌城的政务。

1926年设立的汉口市、武昌市,在有些方面不免稚嫩、不成熟,但毕竟促成了武汉市的诞生。1926年年底,国民党中央决定以武昌、汉口、汉阳三城为基础组建一个大行政区,定名武汉,作为新国民政府的首都。③ 1927年伊始,各行政机关纷纷来汉办公,中共中央也来到武汉。1927年3月,定武汉市为中央直辖特别市,4月武汉市政府在今武汉市中山大道一医院附近正式成立,同月湖北省政府也正式成立。第一届湖北省政府由包括国共两党人士组成,采取集体领导制,不设省长或省主席。省政府下设秘书处、民政、财政、教育、建设、司法、农工、军事诸厅。汪精卫出任武汉国民政府主席。

7月,武汉市改名武汉特别市。对于武汉市的设立,当时文献是这样记载的:

> 今年(1927年)春,经中央政治委员会议决,由中央党部、国民政府、省市党部、省政府、汉口市商会、汉口市商民协会各推委员共组武汉市政府,计中央党部推陈公博、苏兆征,国民政府推陈友仁,省党部推吴士崇、何羽道,市党部推詹大悲、享国理,省工会推向忠发,省政府推张国恩,汉口市总商会推周星棠,汉口市商民协会推郑慧吾共十一人为委员,并经国民政府任命于四月十八日正式成立武汉市政府。票选陈公博、李国暄、吴士崇为常务委员,将前有之汉口市政委员会、武昌市政厅及武昌市工务、公安各局一律裁撤,就原有之汉口市公安、财政、教育、工务四局改为

---

① 《湖北政府公报》,1926年11月29日。
② 参见涂文学等:《武汉通史·民国卷下》,武汉出版社2008年版,第4—5页。
③ 参见涂文学等:《武汉通史·民国卷上》,武汉出版社2008年版,第135页。

武汉市政府公安、财政、教育、工务四局。武昌公安局改为第一公安分局,汉阳公安局改为第二公安分局。①

由此可以看出,武汉市的组建,除了国民政府、湖北省等机构外,汉口势力参与甚多,而武昌与汉阳势力暂未得见。与此类似,武汉市组建后成立的委员会,也暂未看见武昌与汉阳人物。武汉市的组建很像是汉口将武昌、汉阳主城区吞并而成,而非三方联合。

明清以来,在各种文献中多可见"武汉"字样,但仅仅是武昌、汉阳、汉口的简称、合称,并不是行政区划。至此,武汉终于作为正式的行政区划展现在世人眼前。

当时全国作为行政区划的市十分稀少,武汉得以建市,主要来自于首都地位的确立。既然定武汉为首都,将武昌、汉阳、汉口三镇主要商业城区合并在一起,强强联合成为一新政区似乎是呼之欲出的选择。

或许是由于武汉国民政府存在时间短暂,当时湖北行政区划也存在三大明显缺陷:

武汉市由武昌县、夏口县、汉阳县三县城区合并而成,但建市后又与原来三县保持十分纠结的行政关系。

湖北省的省会原本为武昌县,1926年为武昌市,1927年为武汉市。但武汉市又明确规定为国民政府中央直辖市,那么理论上来说,湖北省政府设在了武汉,但却不能够直接管理武汉。武汉市将中央直辖市与省会合二为一,造成一定程度的混乱。这种局面为北洋政府和后来的南京国民政府所无。北洋政府首都北京,不是任何一省的省会,而南京国民政府以南京为首都,江苏省会从南京迁到镇江。

武汉国民政府全面取消道,却没有组建新的行政区划,这就导致湖北省政府直接面对全省七十余县,中间无任何行政机构上传下达,这未必有利于实际行政工作的展开。

三、汉口英租界的收回

在中国共产党的参与发动下,武汉国民政府在存续期间,展开了轰轰烈烈的人民运动,取得许多实质性成果,汉口英租界的收回即是其中之一。

作为老牌资本主义强国,英国在汉口的势力最强,对湖北居民犯下了滔天罪行。如1925年汉口惨案中,英国租界军警打死打伤中国工人数十人。北伐战争时期,英国还曾帮助军阀吴佩孚,企图阻扰北伐军进入湖北。

北伐军占领武汉地区后,1927年1月3日,武汉人民在汉口举行反英示威大游行,遭到英租界军警血腥镇压,又打死打伤数十人。1月4日,中国共产党人发表《为反对英水兵惨杀同胞通电》,强烈建议武汉国民政府收回英租界。5日,在中国共产党人影响下,爆发了30万人规模的反英抗议。愤怒的人民群众冲入英租界,英国人纷纷躲入在长江边停靠的军舰。中国实际上已经恢复了对英租界的控制权。

---

①《武汉市政府行政概况——武汉市政委员会报告》,《长江流域商民代表大会日刊》1927年7月11—14日。

英国不甘心汉口租界的丧失,调集大军,准备武力夺回。但由于复杂的时局,英国最终选择妥协。① 经过激烈谈判,1927年2月,中英双方签订《收回汉口英租界之协定》②,英国彻底放弃汉口租界。3月,汉口英租界改为第三特别区,归武汉国民政府外交部直接管辖。

与德、俄租界不同的是,英租界的获得主要靠的是中国人民自己的力量。武汉国民政府还想顺势收复法、日租界,无奈帝国主义势力当时还很强大,武汉国民政府又遭遇变故,收复计划只能作罢,成为历史遗憾。

1927年4月12日,蒋介石在上海发动反革命政变,大肆屠杀共产党人以及革命群众。4月18日,蒋介石又在南京建立国民政府。随后,两湖又发生多次反革命政变。7月15日,汪精卫召开"分共"会议,背弃革命,也开始屠杀共产党人以及革命群众,第一次国共合作彻底结束。经过复杂的政治斗争,9月20日,武汉国民政府正式宣布取消,并入南京国民政府。

四一二反革命政变前夕,湖北行政区划如下所示:

表 9-3   **1927年湖北政区表**

国民政府直辖	武汉市(武汉市主城区附近)(包含第一二特别区以及日、法租界)、第三特别区(原英租界)
湖北省直管	武昌县(武汉市江夏区附近)、汉阳县(武汉市蔡甸区附近)、夏口县(武汉市江岸区、江汉区、硚口区边缘附近)、咸宁县(咸宁市附近)、蒲圻县(赤壁市附近)、嘉鱼县、崇阳县、通城县、鄂城县(鄂州市附近)、阳新县、通山县、大冶县(大冶市附近)、汉川县(汉川市附近)、孝感县(孝感市附近)、黄陂县(武汉市黄陂区附近)、沔阳县(仙桃市西南)、黄冈县(黄冈市附近)、麻城县(麻城市附近)、蕲水县(浠水县附近)、罗田县、黄安县(红安县附近)、蕲春县、黄梅县、广济县(武穴市附近)、安陆县、应城县、云梦县、随县(随州市附近)、应山县(广水市附近)、襄阳县(襄阳市附近)、谷城县、南漳县、宜城县(宜城市附近)、枣阳县(枣阳市附近)、光化县(老河口市东北)、均县(丹江口市西北)、荆门县(荆门市附近)、钟祥县(钟祥市附近)、京山县(京山市附近)、潜江县(潜江市附近)、天门县(天门市附近)、郧县(十堰市郧阳区附近)、郧西县、房县、竹山县、竹溪县、保康县、当阳县(当阳市附近)、远安县、宜昌县(宜昌市附近)、秭归县、长阳县(长阳土家族自治县附近)、兴山县(兴山县南部)、巴东县、五峰县(五峰土家族自治县附近)、江陵县(含沙市日租界)(荆州市附近)、公安县、松滋县(松滋市附近)、石首县(石首市附近)、监利县(监利市附近)、枝江县(宜都市枝城镇附近)、宜都县(宜都市附近)、恩施县(恩施市附近)、宣恩县、来凤县、咸丰县、利川县(利川市附近)、建始县、鹤峰县

---

① 参见丁宁:《英国放弃汉浔租界的历史背景》,《中国社会科学院研究生院学报》1986年第5期。
② 参见王铁崖:《中外旧约章汇编》第3册,生活·读书·新知三联书店1962年版,第607页。

第四节　土地革命战争时期湖北政区

武汉国民政府解散后，南京国民政府取得绝对优势。惨遭迫害的中国共产党人并没有消沉，而是开辟了农村革命根据地，保留了革命火种。在这种背景下，湖北政区之变更，受到国共两党双重影响。一方面，国民党在湖北继续修正政区制度，创造了行政督察区，武汉市政区也终归取消。另一方面，中国共产党人在湖北许多地区开辟了根据地，给湖北带来光明与希望。

一、1927—1937 湖北市县的变更

从南京国民政府吞并武汉政府，到全面抗日战争，湖北市县发生许多变更，其中最复杂的莫过于武汉市的变化。

武汉国民政府尚未完全瓦解之时，1927 年 8 月，汪精卫、唐生智等人成立武汉政治分会，试图继续与南京政府对峙。为争夺权力，南京与武汉两国民政府之间又爆发战争，11 月唐生智战败，武汉政治分会随即取消。宁汉合流后，南京国民政府对湖北省官员进行有利于自己的调整。12 月，重组湖北省政府，设省政府主席一员。省政府下设民政、财政、教育、建设四厅。1929 年又设农矿厅，1930 年废除。后又历经变化，1937 年前，湖北省政府辖民政、财政、教育、建设四厅，地政局、秘书处、保安处、保安经费处。南京国民政府时期，湖北还有参议会、高等法院（以及下属的分院、基层法院），以及各层级监察机关。

1929 年 1 月，撤销武汉市内的第一二特别区。此时，武汉市仍旧为中央直辖市，同时也是湖北省省政府所在地。也许国民政府意识到了省会武汉不归湖北省管理的窘境，国民政府决定分武汉市为汉口市（含汉阳）与武昌市，其中汉口为特别市，仍归中央直辖。武昌为普通市，作为湖北省省会，归湖北省管理。但是 6 月，南京国民政府同意成立汉口特别市，却反对武昌市的设立。原本武昌市所辖地区被称为省会区。7 月，由于夏口县富裕地区几乎全部被划出，已经不能自立，干脆废除，辖区分别被划入汉口市与汉阳县。

1930 年 4 月，由于汉阳县政府与县域脱节，行政多有不便。经湖北省政府、汉口特别市共同商议，将汉阳城区还给汉阳县，5 月正式划出。武汉三镇至此在行政区划上复告分裂。同年又规定汉阳主城区划归省会区，汉阳城区治安事务归省会区公安局管理，其他行政事务归汉阳县负责。8 月，湖北省政府主席何成濬以武昌为首义之区，理应建市，公开宣布成立武昌市。但国民政府以武昌地区人口、经济不达标（人口三十万以上，或人口二十万以上且营业税收入占地区收入二分之一以上方能建普通市）为由，强制撤销。

1931 年 1 月，湖北省报请中央，将汉口变为普通市，归湖北省管理。湖北省财政紧张，汉口省属后，可以利用当地丰厚商税补贴湖北省政府。同月，将武昌市区归并武昌县。7 月，中央同意湖北省汉口省属提议。同年又设武昌市筹备处。

1932 年 4 月，国民政府又将汉口变为特别市，税款充中央政府。但 7 月，汉口又变为湖

北省属。

1935年改武昌市筹备处为武昌市政处。

1937年初,武昌市(含汉阳城区)成立。①

以上内容是当前学术界已有成果反映的武汉建制变迁情况,其中有些细节还未明晰,仍有待学界进一步探索。纵观中国城市发展史,像武汉这样的复杂变动,恐怕相对少见。武汉市之所以呈现如此复杂的变化,其原因可能有:

第一,武汉市的组建固然是里程碑事件,值得赞扬。但在建立新政区的过程中,却并没有彻底改造旧政区,造成许多行政窘境,如省会不归湖北管,夏口难以立县等,致使武汉市很容易处于分崩离析的状态。

第二,汉口、武昌、汉阳三地,自古以来就不属于同一初级政区,再加上近代以来汉口经济突飞猛进,与其他两地的发展模式存在很大不同。突然间将三地合并,地区间的差异估计难以一时弥合。

第三,由于汉口的经济税收非常高,直接管辖它的机构必然可以获得丰厚财源。于是,汉口游走于湖北省政府和中央政府之间,其行政地位不断起伏。如1928年后,武汉主导权曾长期被国民党桂系所把持,因此中央牢牢控制汉口,使其特别市地位保持不变。1930年后,桂系军队退出武汉,中央政府对汉口特别市的控制才有所松动。

当然这一历史时期,除了武汉市,湖北其他县也发生了改变。现分述如下:

1929年,黄冈县政府认为县政府所在地(今黄冈市区)并不是全县地理中心,将县政府搬到了团风镇。不料刚刚搬家,1931年就遭遇水灾。1932年年底,县政府又迁回原处。

为加强湖北与河南交界之处的政治控制,国民政府将湖北黄陂、黄安、孝感与河南罗山四县各割出一部分,新设礼山县(因境内礼山而得名)。礼山县于1933年1月正式设置,位于今湖北大悟县附近。②

1932年,时任湖北民政厅厅长的孔庚(浠水人)认为蕲水县境内浠水纵贯全境,而蕲水干流却并不在其中,蕲水县地名名不副实,因而建议改名浠水。1933年,国民政府同意改名方案。

松滋县的行政中心在此期间也多有变更,1932年从今松滋北部迁到东南磨盘洲,1934年又迁回原处。

中国共产党建立的革命政权曾将阳新县梅田、大畈、黄沙、慈口划归通山县。国民党军队武力占领这些地区后,又将这些地区重新划归阳新。1934年5月,或许是为了严密监管当地的革命群众,国民政府将阳新县黄沙、九折、慈口、大畈、燕厦与通山县富有、横石潭大桥背等地,划为"大畈特别区",相当于一县。但没过多久,1935年6月特别区撤销,各地复归原县

---

① 综合自涂文学等《武汉通史·民国卷下》,武汉出版社2008年版。
② 参见《大悟县志》,湖北科学技术出版社1996年版,第42页。

管辖。①

大革命失败后,中国共产党在安徽英山县建立革命政权,改英山县为红山县。1932年,国民党军队占领红山县,又将其改回英山。英山暂时划归湖北。1936年,经国民政府民政部许可,英山正式归属湖北。②

还需补充的是,在这一历史时间段,国民政府有过一次全国范围内的划定县等运动。早在传统王朝时期,中国就存在将行政区划分类分等,以方便统治的详细方案。中华民国成立后,也曾对政区进行分等。但由于中国当时长期分裂,全国各地分类标准很不一样。1929年,南京国民政府颁布《县组织法》,其中规定:"各县县政府按区域大小、事务繁简、户口及财赋多寡,分为三等,由省政府编定。"③后又逐步完善,按照面积、人口、经济、文化、交通等情况划分县的等级。如面积每30平方公里,计1分;收入每500元,计1分;每一国民学校计1分,境内铁路、公路、电话普及情况也折算分数,每省累计相加,划分等级。当然,不同等级的县,县政府机构数量、职员编制,以及其他政治待遇有所不同。

1932年,湖北省一等县九个:武昌、沔阳、黄冈、随县、襄阳、钟祥、荆门、宜昌、江陵。二等县二十五个:鄂城、蒲圻、大冶、阳新、汉阳、汉川、黄陂、孝感、黄安、蕲春、蕲水、麻城、广济、京山、天门、南漳、枣阳、谷城、均县、郧县、房县、监利、松滋、巴东、恩施。剩下湖北三十余县为三等县。

1935年,又更换制度,设一二三等县,外加三等小县。其中:

一等县:武昌、沔阳、黄冈、随县、襄阳、钟祥、荆门、宜昌、江陵、礼山、蒲圻、阳新、蕲春、黄安、天门、恩施、郧县。

二等县:鄂城、大冶、汉阳、汉川、黄陂、孝感、蕲水、麻城、广济、京山、南漳、枣阳、谷城、均县、房县、监利、松滋。

三等县:嘉鱼、咸宁、崇阳、通山、通城、黄梅、罗田、安陆、云梦、应山、应城、潜江、当阳、宜城、光化、公安、石首、枝江、宜都、长阳。

三等小县:保康、远安、兴山、五峰、秭归、宣恩、建始、利川、来凤、咸丰、鹤峰、竹溪、竹山、郧西、巴东、英山。④

二、湖北境内革命根据地

1927年4月、7月,蒋介石、汪精卫相继叛变革命,残酷屠杀共产党人。中国共产党人并没有被白色恐怖吓倒,而是越挫越勇,谱写了中国革命的新篇章。在中国共产党人的领导下,革命根据地如雨后春笋一般在全国纷纷出现。其中涉及湖北省的有:

---

① 参见《通山县志》,中国文史出版社1991年版,第42页。
② 参见徐建平:《民国时期英山改隶湖北研究》,《历史地理》2008年。
③ 甘豫源等:《乡村民众教育》,商务印书馆1934年版,第382页。
④ 参见《湖北省志·政权》,湖北人民出版社1996年版,第239页。

鄂豫皖革命根据地:1927年11月,共产党人领导了黄安、麻城农民起义,建立鄂东根据地。后又攻占河南光山,建鄂豫边革命根据地。1929年5月,中国共产党人在河南商城开辟豫东南根据地。11月,又在安徽六安、霍山开辟皖西根据地。同月,鄂豫边革命根据地与豫东南根据地合并为鄂豫边特区。1930年4月,鄂豫边特区与皖西根据地合并为鄂豫皖边特区。6月在河南光山县成立鄂豫皖边特区苏维埃政府。1931年11月,鄂豫皖边特区改成鄂豫皖省。

有资料认为湖北西部襄阳等地区也属于鄂豫皖革命根据地,为襄枣宜苏区。也有观点认为湖北西部襄阳、枣阳、宜城等地应该单独划为鄂豫边革命根据地。1932年鄂豫边特委改为鄂豫边临时省委,鄂豫边区革命委员会改为鄂豫边临时省苏维埃政府。鄂豫边曾辖有宜东区、襄南区、钟北区、枣南区。

鄂豫皖革命根据地依靠大别山为依托,直接威胁国民政府湖北省会武汉地区的安全。鄂豫皖革命根据地包括许多湖北地区,并对湖北行政区划进行了调整。如改黄安县为红安县,后升为红安市。改英山县为红山县。在红安七里坪设列宁市。打乱原黄陂、孝感、黄安三县布局,新设陂安南县、陂孝北县、河口县。合湖北罗田、英山,河南商城,安徽六安、霍山设五星县。还在鄂东一带设立大同特区、蕲罗黄边区、英罗边区、蕲宿边区、英霍边区、鄂皖边区。

湘鄂西革命根据地:1928年3月,中国共产党人领导起义,在湖北鹤峰、湖南桑植建立湘鄂边根据地。随后许多地区建立革命政权,4月成立鄂西特区联县苏维埃政府。7月,湘鄂边根据地与洪湖根据地合并。9月成立湘鄂西特区联县苏维埃政府。1931年6月,成立湘鄂西省苏维埃政府。

其实中国共产党人还于1927年开辟襄枣宜根据地,1928年开辟巴兴归根据地,1931年开辟房均谷根据地。后这三块根据地统一归属湘鄂西领导。因此湘鄂西革命根据地的范围十分广大,涉及湖北沔阳、监利、江陵、石首、潜江、公安、天门、京山、汉川、汉阳、应城、云梦、孝感、鹤峰、五峰、长阳、松滋、恩施、建始、宣恩、巴东、兴山、秭归、襄阳、枣阳、宜城、房县、均县、谷城等。

湘鄂西革命根据地同样调整湖北政区,设立过湘鄂边苏区、巴兴归苏区、鄂西北苏区、鄂西苏区(洪湖苏区)、监西特别区、孙家场特别区、天京潜特别区、荆钟北山特别区等。在长阳与巴东之间设长巴县,在巴东、兴山、秭归交界处设巴兴归县,在南漳与远安之间设南安县,在沔阳与监利之间设沔监县,在潜江与荆门之间设荆南县,在荆门与当阳之间设荆当县,在天门与汉川之间设天汉县,在天门与潜江之间设天潜县,在石首、监利与湖南华容之间设江南县,在云梦、孝感、汉川、应城之间设云孝县,在汉川与汉阳之间设川阳县,在枝江与宜都之间设枝宜县。

湘鄂川黔革命根据地:1934年10月,中国共产党人又创立了湘鄂川黔革命根据地,湘鄂川黔省也得以组建,包括湖北宣恩、来凤、咸丰等地。

湘鄂赣革命根据地:1928年7月,中国共产党人领导平江起义,进入湖北、湖南、江西交界处发展。1929年湘鄂赣边区成立。1930年,湘鄂赣省苏维埃政府成立,涉及湖北阳新、大冶、通城、通山、崇阳、蒲圻、咸宁、鄂城等地。根据地还曾在阳新与大冶之间设大阳县,阳新与江西武宁之间设龙燕县,通城与修水之间设修通县,在通山、崇阳与江西武宁、修水之间设修武崇通县,在咸宁、蒲圻、崇阳、通山之间设咸蒲崇通县,在通城与湖南临湘、岳阳之间设湘北县,在阳新与江西武宁、瑞昌之间设龙湖瑞县,在蒲圻、崇阳、通城、湖南临湘之间设湘鄂边县,在崇阳与通城之间设寿昌县。

星星之火,可以燎原。中国共产党人创建的革命根据地,曾经囊括了大半个湖北省,极大推动了中国革命的发展。与此同时,各根据地在建制上也是中华苏维埃共和国的行政区划。共产党人在不断建设根据地的过程中,其实也在积累相关行政经验,为未来的革命事业奠定了重要基础。

三、行政督察区的设置

国民政府长期坚持的省县二级制,在实际行政过程中遇见的问题越来越多。特别是中国共产党人创建的革命根据地严重威胁国民政府统治时,国民政府越发感受到省县二级制存在缺陷。1932年,国民政府行政院公布《行政督察专员暂行条例》,鄂豫皖三省"剿匪"总司令部公布《剿匪区内各省行政督察专员公署组织条例》。两个条例各自规定了省之下、县之上行政督察专员的权力。1933—1935年,两条例并行,但《剿匪区内各省行政督察专员公署组织条例》影响越来越大。1936年,国民政府行政院正式废除两条例,公布《行政督察专员公署组织暂行条例》,在省与县之间设行政督察区。专员为行政督察区最高长官,集军政大权于一身,一般兼任所驻县县长与该区保安司令。①

尽管国民政府强调行政督察区并非行政区划,自己没有违背孙中山省县二级制,但这一人为制造的政治区划与明清时期辖若干县的府,简直如出一辙。

1934年湖北省分区情况如下所示:

第一区,驻蒲圻县,辖蒲圻、武昌、汉阳、嘉鱼、咸宁、通城、崇阳七县。

第二区,驻阳新县,辖阳新、大冶、鄂城、通山四县。

第三区,驻蕲春县,辖蕲春、浠水、黄梅、广济、罗田、英山六县。

第四区,驻黄安县,辖黄安、黄冈、麻城、黄陂、礼山五县。

第五区,驻随县,辖随、安陆、孝感、应山、云梦、应城六县。

第六区,驻天门县,辖天门、汉川、沔阳、京山、钟祥、潜江六县。

第七区,驻江陵县,辖江陵、荆门、监利、石首、公安、枝江、松滋七县。

第八区,驻襄阳县,辖襄阳、枣阳、宜城、光化、谷城、南漳、保康七县。

第九区,驻宜昌县,辖宜昌、远安、当阳、宜都、兴山、秭归、五峰、长阳八县。

第十区,驻恩施县,辖恩施、宣恩、建始、巴东、鹤峰、利川、咸丰、来凤八县。

第十一区,驻郧县,辖郧、均、房、郧西、竹山、竹溪六县。②

---

① 关于行政督察区详细制度参见翁有为:《行政督察专员区公署制研究》,社会科学文献出版社2012年版;侯桂红:《从分到合:国民政府的行政督察专员制度(1932—1936)》,《近代史研究》2023年第3期。

② 参见湖北省政府民政厅:《湖北县政概况》,1934年版。

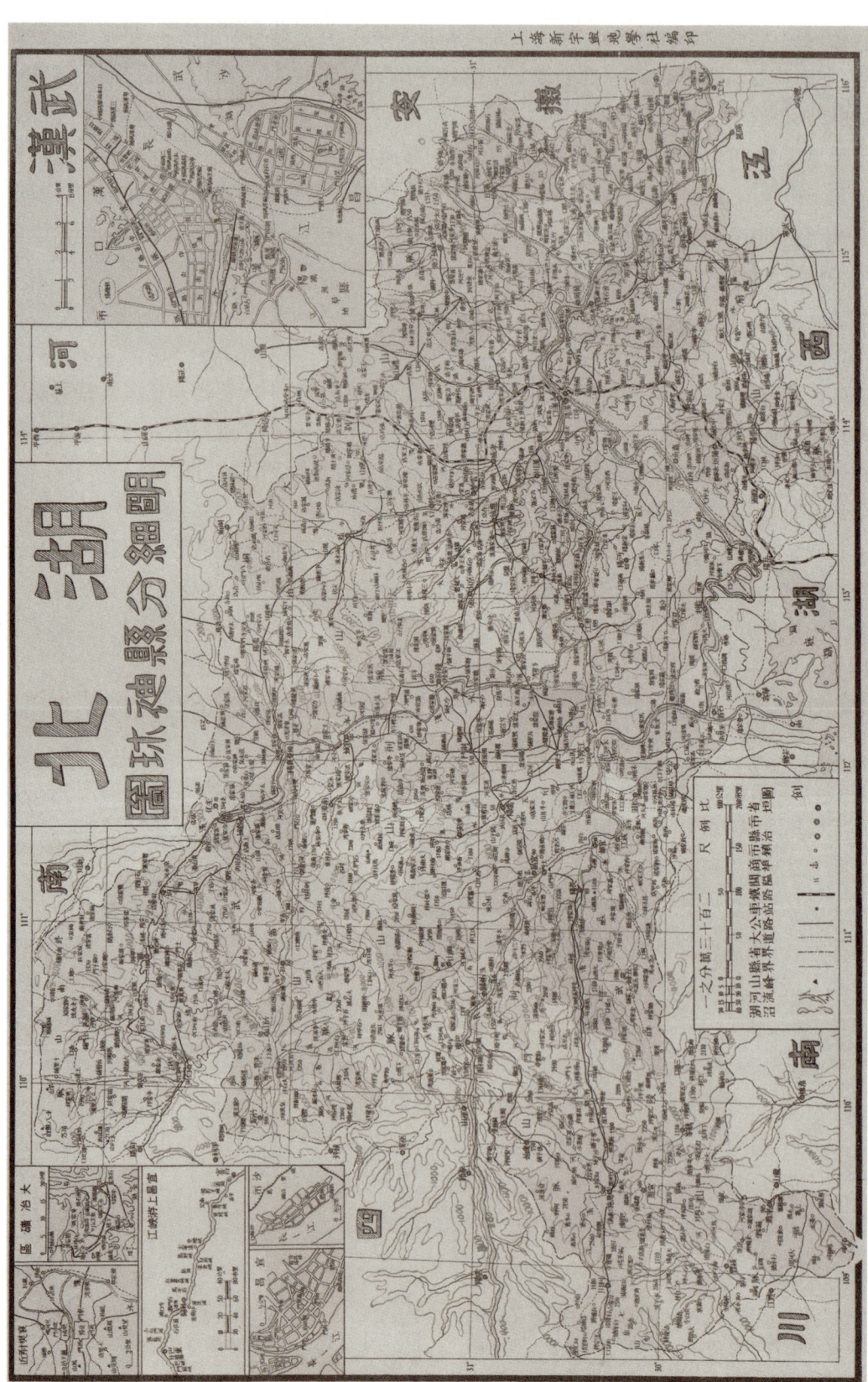

图9-2 1936—1937年湖北地图

值得玩味的是,清王朝灭亡前夕,湖北省之下县之上有 11 府州,如今又出现 11 行政督察区。1936 年,国民政府对湖北省行政督察区又有集中调整。第一二区合并为新第一区,专员驻蒲圻。第三四区合并为新第二区,专员驻地改为黄冈。第五六区,除了沔阳、潜江外合并为新第三区,专员驻随县。第七区改为新第四区,再加上沔阳、潜江二县,专员仍驻江陵县。第八区改为新第五区,专员仍驻襄阳县。第九区改为新第六区,专员仍驻宜昌县。第十区改为新第七区,专员仍驻恩施县。第十一区改为新第八区,专员仍驻郧县。

这样一来,新的第一区大致相当于晚清的武昌府,第二区大致相当于黄州府,第三区大致相当于德安府、安陆府,第四区大致相当于荆州府,第五区大致相当于襄阳府,第六区大致相当于宜昌府,第七区大致相当于施南府,第八区大致相当于郧阳府。

湖北行政督察专员的权限十分广泛,我们以 1935 年第八区为例,当年第八区专员程泽润要负责当地的军事治安、保安队管理、建仓积谷、兴办保甲、禁止鸦片、卫生防疫、财政金融、学校教育、植树造林、修桥补路,以及各种生产建设杂事。① 窥一斑而知全豹,行政督察专员已经是湖北地方行政事务的重要领导者。

1937 年 7 月,全面抗战爆发前夕,湖北省政区格局如下所示:

表 9-4　　　　　　　　　　　　1937 年湖北政区表

国民政府监管	汉口第三特别区(原英租界)
湖北省直辖	汉口市(今武汉市江岸区、江汉区、硚口区附近)(包含日、法租界)、武昌市(今武汉市武昌区、汉阳区附近)
第一区	蒲圻县(赤壁市附近)、武昌县(武汉市江夏区附近)、汉阳县(武汉市蔡甸区附近)、咸宁县(咸宁市附近)、嘉鱼县、崇阳县、通城县、鄂城县(鄂州市附近)、阳新县、通山、大冶县(大冶市附近)
第二区	黄冈县(黄冈市附近)、黄陂县(武汉市黄陂区附近)、黄安县(红安县附近)、黄梅县、麻城县(麻城市附近)、浠水县、罗田县、蕲春县、广济县(武穴市附近)、礼山县(大悟县附近)、英山县
第三区	随县(随州市附近)、云梦县、应山县(广水市附近)、安陆县(安陆市附近)、应城县(应城市附近)、钟祥县(钟祥市附近)、京山县(京山市附近)、汉川县(汉川市附近)、孝感县(孝感市附近)、天门县(天门市附近)
第四区	江陵县(含沙市日租界)(荆州市附近)、公安县、松滋县(松滋市附近)、石首县(石首市附近)、监利县(监利市附近)、枝江县(宜都市枝城镇附近)、沔阳县(仙桃市西南)、潜江县(潜江市附近)、荆门县(荆门市附近)
第五区	襄阳县(襄阳市附近)、谷城县、南漳县、宜城县(宜城市附近)、枣阳县(枣阳市附近)、光化县(老河口市东北)、保康县

① 参见《湖北第八区行政督察专员程泽润工作概要报告书》,1935 年版。

第六区	宜昌县(宜昌市附近)、秭归县、长阳县(长阳土家族自治县附近)、兴山县(兴山县南部)、当阳县(当阳市附近)、宜都县(宜都市附近)、远安县、五峰县(五峰土家族自治县附近)	
第七区	恩施县(恩施市附近)、宣恩县、来凤县、咸丰县、利川县(利川市附近)、建始县、鹤峰县、巴东县	
第八区	郧县(十堰市郧阳区附近)、均县(丹江口市西北)、郧西县、房县、竹山县、竹溪县	

第五节 全面抗日战争时期湖北政区

1937年七七事变后,日本帝国主义展开了更加疯狂的侵华攻势。为了团结抗战,国共两党再次合作,武汉地区再次成为历史的见证。日军将战火迅速烧到湖北省境内。历时四月的武汉会战,虽然仍旧以中国军队失败告终,但参战军民的英勇奋战极大打击了日本侵略者,让抗日战争进入相持阶段。整个抗日战争时期,湖北政区受国民政府、共产党敌后抗日根据地、日伪政权三方面的影响。

一、国民政府主导的政区改变

日本帝国主义对近代中国带来了深重灾难,自甲午战争以来,日本一刻也没有放松过对中国的各种侵略。1931年,日本制造"九一八"事变,逐步吞并东北三省。1937年,日本又蓄意制造"七七"事变,妄图在三个月内灭亡中国。全中国人民的全面抗日战争终于来临了。当时国民政府曾将国民党中央党部、军事委员会以及外交部、内政部、财政部等中央机构短暂迁移到武汉地区。

眼看中日战争已成定局,日本政府赶忙将大部分在鄂侨民迁走。中国政府本着人道主义原则没有予以攻击,但沙市、汉口等地的日本商民一走而光,中日关系极度恶化的事实,让湖北政府顺势收走湖北所有日租界。1938年,汉口市政府正式接管日租界,并将其改为第四特别区。

日军占领上海、南京后,直扑武汉地区。国民政府组织武汉会战,予以应对。1938年7月,日军从黄梅小池口登陆,正式深入湖北地区。同时,湖北省部分机构迁往宜昌。中日双方在武汉外围进行多次残酷战斗后,国民政府于10月放弃武汉,退往鄂西,以恩施作为新的湖北省政治中心。

日军占领武汉及其周围县城后,一路西进。1939年5月,日军大举进攻随州、枣阳,被中国军队抵挡。此时湖北省政府已经迁到恩施。恩施虽然相对安全,但毕竟地处鄂西,难以很好地起到沟通政务的作用。为此湖北省政府根据《战区各省政府设置行署通则》,于年底计划设置行署,代理湖北省政府执行某些政务,行署主任一般高于行政督察区专员。同年,国民政府撤销第二区。

1940年1月,湖北省正式设立宜昌行署、鄂东行署以及鄂北办事处。宜昌行署在宜昌自不必说,此时鄂东诸城早已沦陷,鄂东行署只能在黄冈县北部黄土岭成立,大致管辖原二区,外加一三区的抗战事宜。

4月,日军再次大举西进,占领宜昌、荆州以及江汉平原大部土地。宜昌行署从宜昌转移到巴东,9月干脆取消宜昌行署。此时国民政府大约只能控制鄂西、鄂北三十余县。鄂东行署仍存,官署迁到罗田县三里畈附近。

1941年年初,国土进一步沦陷,国民政府只能控制湖北二十余县。在行政督察区方面,国民政府恢复第二区。第三区孝感县暂时划归第二区。荆门暂时划归第五区,后又划回。年底,太平洋战争爆发,国民政府迎来转机。

1942年年初,国民政府收复部分湖北领土,控制区域重新回到三十余县。11月,鄂北行署在今老河口成立,管理三五八区抗战事宜。

1941—1942年,湖北省调整机构设置,设民政、财政、教育、建设四厅,秘书、卫生、合作事业、驿运管理、会计、人事六处,粮政局。

1943年,日军大举进攻宜昌石牌,被中国军队阻挡。石牌保卫战基本阻止了日军在湖北的西进步伐。省政府设民政、财政、教育、建设四厅,秘书、社会、会计、警务四处。国民政府基本收复通城、罗田、英山,将国统区扩展至鄂东。

1944年,荆门划归第五区。八月,为了纪念在湖北宜城牺牲的张自忠将军,宜城县改名自忠县。省政府设民政、财政、教育、建设四厅,秘书、社会、会计、人事、卫生五处。

为了更好地指挥全国抗战,国民政府于全面抗战开始后,即着手划定战区。1938年6月,为指挥武汉会战,增设第九战区。武汉地区沦陷后,1939年初,又改划全国战区。其中湖北北部划归第五战区,湖北南部划归第九战区。1945年,国民政府再划全国战区。其中湖北西部属第六战区,鄂豫皖边界地区划归第十战区。

抗日战争日军势力最大之时,占领湖北绝大多数城市,大概只有均县、郧县、房县、竹溪县、竹山县、保康县、郧西县、谷城县、巴东县、兴山县、秭归县、恩施县、宜恩县、建始县、利川县、来凤县、咸丰县、鹤峰县等地没有沦陷。在中国人民的共同抗战下,日本终其战败没有占领整个湖北。

1938年左右,湖北省政府主席陈诚提出《新湖北建设计划大纲》,国民政府也开展了新县制运动,大力改革基层政权。新县制主要包括:调整县政府机构及人员,强化保甲制度,创立县参议会、乡镇代表会、保民大会和甲居会议等民意机关,整理湖北省财政,建立国民教育体系等。湖北省新县制有一定积极意义,但换汤不换药,并没有彻底改变湖北政治权力机构。学者对湖北新县制改革评论道:

> 新县制在实施过程中产生了新的利益群体,他们为维护自身利益而阻挠新县制更为有效的实施。同时政府也缺乏一种有效的奖惩实施机制,以使他们不受约

束。新县制的实施也无法摆脱中国的专制传统,从而使地方自治成为集权专制的补充。新县制自身在实施过程中也由于战争环境和蒋介石的个人理念,无法走出历史的路径依赖,最终运行到一种低效率的'锁定'状态。近代以来,中央一直努力把行政权力的触角下沉到基层,并实行地方自治,直到新县制的实施,结果都无法摆脱中国传统的历史积重和包袱,尤其是中国的专制传统以及在此浸染之下的各种文化,因此所谓地方自治也多偏离了民众。①

在湖北新县制改革背景下,1941年湖北省又将全省诸县划分为四等:

一等县:武昌、黄冈、随县、襄阳、宜昌、江陵、恩施。

二等县:汉阳、鄂城、大冶、阳新、黄陂、孝感、沔阳、蕲春、浠水、麻城、钟祥、京山、天门、荆门、南漳、枣阳、郧县、房县、公安、监利、松滋。

三等县:蒲圻、咸宁、崇阳、汉川、礼山、黄安、黄梅、罗田、广济、安陆、云梦、应山、应城、潜江、当阳、自忠、谷城、光化、均县、竹溪、竹山、郧西、石首、枝江、宜都、长阳、秭归、建始、利川、来凤、咸丰。

四等县:嘉鱼、通山、通城、英山、远安、保康、兴山、巴东、五峰、宣恩、鹤峰。②

此时大部分县还在日军手中,全国还在战乱之中,国民政府不知以何数据来划分等级。但上表也可算作抗日战争时期,国民政府对湖北政区的设计与规划,具有一定参考价值。

二、中国共产党湖北境内抗日根据地

中国共产党是中华民族抗日战争的中流砥柱,武汉会战前,中国共产党人在武汉开展各种抗战活动,彪炳史册。武汉会战失败后,中国共产党人广布湖北,利用日本侵略者的薄弱之处,建立革命根据地,坚持抗战,直到胜利。

鄂豫边区:武汉会战失败后,中共中央决定将豫南、鄂中、鄂东三个区委联合成鄂豫边区。1944年10月,鄂豫边区行政公署又改为鄂豫皖湘赣边区行政公署。鄂豫边区面积十分广大,为了管理如此庞大的地区,从1942年开始,中国共产党人设置专员公署来加强管理。对于有些县,中国共产党人并不能全部控制,或囿于当时的军事部署,将原来多个县各取一部分,合并起来管理,因而创立了许多"新县"。

1942年4月,设鄂东专员公署(第一专员公署),辖陂安南、黄陂、孝东、礼山、安礼、罗礼应、黄冈(后划出)等。

1942年4月,设鄂中专员公署(第二专员公署),辖安应、云梦、应城、汉孝、荆钟、应北等。

1942年10月,设襄河专员公署(第三专员公署),1944年改襄南专员公署(第三专员公署),辖江陵、汉沔、襄西、江南等。

---

① 参见汪巧红:《民国时期湖北的新县制研究(1939—1949年)》,华中师范大学2007年博士学位论文。
② 参见《湖北省志·政权》,湖北人民出版社1996年版,第239—240。

1943年1月,设长江专员公署(第四专员公署),辖鄂皖边行政委员会以及黄冈等。

1944年11月,设襄北专员公署(第五专员公署),辖天汉、天京潜、京钟、京应、京北等。

1945年4月,设淮源专员公署(第六专员公署),辖信罗、信南、信随、信应随(前二者不在湖北境内)等。

1945年4月,设鄂南专员公署(第七专员公署),辖鄂大、大冶、咸崇蒲、阳新、蕲新、黄梅等。

湘鄂赣边区:1942年8月开始,鄂豫边区抽调大量人员,准备在敌人中心城市武汉地区周围发展抗日根据地。1945年4月鄂南专员公署成立后,5月又成立湘鄂赣边区行政公署。但7月,中共中央又取消此一边区。湘鄂赣边区分为三个区:

东分区:辖武鄂、鄂大、阳大、阳新、阳瑞、阳通、湘富。

西北分区:辖咸武、咸通、咸崇蒲、嘉蒲临、武嘉鱼。

湘北分区:岳临通、平刘长。①

中国共产党在湖北境内建立的抗日根据地,持续存在,一直未被敌军攻占,为抗日战争的胜利贡献了巨大力量。从组织程度以及行政区划设计来看,根据地政区建设系统严密,已经展现出较为纯熟的政治区域管控能力。

三、日伪统治时期的"湖北省"

日本侵略者占领湖北多地后,纷纷扶持汉奸傀儡政权。各县伪政权,自不必说,日军还想将武汉三镇再次合并起来,组建武汉市。日军决定先成立武汉市政府,再来组建湖北省政府。狡猾的日本汉口特务部选定张之洞的儿子张仁蠡出任新市长。1939年4月,伪武汉特别市政府正式宣布成立。此时的武汉市当然为傀儡政权,但这毕竟是近代武汉三镇第二次建市。11月,伪湖北省政府也粉墨登场,何佩瑢出任伪省长。伪武汉市与伪湖北省政府勾心斗角,互相拆台,演出了一幕幕历史滑稽戏。

1940年3月,日本侵略者扶持汪精卫在南京建立汪伪国民政府,汪精卫任政府主席兼行政院院长。同年,日军将湖北省交给汪伪国民政府。汪伪接管湖北省后,改武汉市为汉口市,汉口市直属伪行政院管辖。1943年10月,汪伪又改汉口市为湖北省直管。②

日军进入汉口后,拒不承认国民政府取消日租界、改建第四特别区的行为。太平洋战争爆发后,日军为了诱骗汪伪政府参战,掩盖其侵略行径,于1943年年初宣布将汉口、沙市日租界全部退还汪伪政府。其实,无论是汉口,还是沙市,都在日本控制之下,退还租界仅具有象征意义。此时的法国已经战败,建立了亲德日的维希政权。跟随日本人步伐,维希政府也将汉口法租界交还给汪伪。

---

① 以上内容参见《湖北省志·政权》,湖北人民出版社1996年版,第275—281页。
② 关于日伪时期武汉行政区划参见涂文学等:《武汉沦陷史》,湖北教育出版社2018年版。

图9-3 1946年湖北地图

当然，汪伪政府在湖北省的管辖范围，大致即是日军军事扩张的占领范围。当时除了湖北日占地区外，伪湖北省还曾辖有江西南昌、湖口、九江，以及河南信阳，湖南岳阳、临湘等外省之地。1943年3月，伪湖北省把沔阳县分为沔南、沔北两县。沔南以洪湖市新堤镇为政治中心，沔北以仙桃镇为政治中心。

第六节　抗战胜利至中华人民共和国成立前湖北政区

日本侵略者投降后，国民政府试图全面恢复对湖北地区的统治，但红色基因已经与这片土地紧密结合。尽管国民政府尽力整合湖北政区，但依旧挽救不了湖北民心。在中国共产党领导的人民解放军席卷之下，旧的政区格局全部崩塌，湖北政区制度开辟新的纪元。

一、国民政府对湖北政区的最后统治

在世界反法西斯势力的共同打击下，1945年8月15日，日本宣布无条件投降。9月18日，国民政府第六战区在汉口中山公园举行受降仪式。9月，湖北省各办公机构迁回武汉地区。同月国民政府筹备设武昌市。抗战胜利后，国民政府将湖北所有遗留的租界特别区全部取消，所有日、法租界也全部收回。

1945年10月，抗战时期设立的行署也彻底取消。

1945年底至1946年6月，汉阳城区再次属于武昌市政筹备处。1946年7月，汉阳主城区又划回汉阳县。10月，武昌正式建市。与此同时，武昌县仍旧存在，其行政中心先在今江夏区纸坊，后迁回武昌市内。

1946年，湖北省政府调整下属机构，设民政、财政、教育、建设四厅，秘书、社会、会计、人事、卫生、新闻、田赋粮食管理七处，以及地政局。

1947年8月，汉口市成为中央直辖市。同年省政府再增警保处、统计处。

1948年，撤销警保处。国民政府改四等县制为六等县制。由于国民党政权行将就木，六等县制没有真正普及推广开来。

至于个别县，湖北政府也有调整。抗战胜利后，礼山县行政中心迁到三里城何家湾附近，1946年又迁移到毛家集。被日伪分开的沔阳县，抗战胜利后又恢复统一。光化县因县城破坏严重，1945年将县城迁到老河口镇。1947年，松滋县行政中心迁移到新江口镇。至于行政督察区，湖北政府也有略微调整。至1948年，湖北政区如下所示[①]（每区第一县为行政督察专员常驻地）：

[①] 参见国民政府内政部方舆司：《中国之行政督察区》，大中国图书局1948年版。

表 9-5　　　　　　　　1948 年湖北政区表

国民政府直辖	汉口市（今武汉市江岸区、江汉区、硚口区附近）
湖北省直辖	武昌市（今武汉市武昌区附近）
第一区	咸宁县（咸宁市附近）、武昌县（武汉市江夏区附近）、汉阳县（武汉市汉阳区附近）、大冶县（大冶市附近）、鄂城县（鄂州市附近）、阳新县、蒲圻县（赤壁市附近）、崇阳县、嘉鱼县、通城县、通山县
第二区	黄冈县（黄冈市附近）、浠水县、蕲春县、黄陂县（武汉市黄陂区附近）、麻城县（麻城市附近）、广济县（武穴市附近）、黄梅县、黄安县（红安县附近）、礼山县（大悟县附近）、英山县、罗田县
第三区	随县（随州市附近）、钟祥县（钟祥市附近）、天门县（天门市附近）、京山县（京山市附近）、孝感县（孝感市附近）、汉川县（汉川市附近）、应城县（应城市附近）、安陆县（安陆市附近）、应山县（广水市附近）、云梦县
第四区	江陵县（荆州市附近）、沔阳县（仙桃市西南）、监利县（监利市附近）、公安县、松滋县（松滋市附近）、荆门县（荆门市附近）、潜江县（潜江市附近）、石首县（石首市附近）、枝江县（宜都市枝城镇附近）
第五区	襄阳县（襄阳市附近）、枣阳县（枣阳市附近）、南漳县、自忠县（宜城市附近）、谷城县、光化县（老河口市附近）、保康县
第六区	宜昌县（宜昌市附近）、当阳县（当阳市附近）、宜都县（宜都市附近）、秭归县、长阳县（长阳土家族自治县附近）、远安县、五峰县（五峰土家族自治县附近）、兴山县（兴山县南部）
第七区	恩施县（恩施市附近）、巴东县、来凤县、利川县（利川市附近）、建始县、鹤峰县、宣恩县、咸丰县
第八区	郧县（十堰市郧阳区附近）、房县、均县（丹江口市西北）、竹山县、竹溪县、郧西县

1949 年，国民政府在湖北地区进行了最后的挣扎。2 月，设警务处。3 月对省政府进行改组，只保留民政、财政、教育、建设四厅，秘书、会计、田赋粮食三处以及地政局。同月，国民政府眼看湖北统治不保，分别设立鄂西与鄂北行署，以及鄂南办事处。4 月，湖北省各机构职员大量逃亡，特设厅处局联合办公厅。改鄂南办事处为鄂南行署。其中，鄂南行署以武昌为中心，涉及第一二三区。鄂北行署以襄阳为中心，涉及第五六两区。鄂西行署以恩施为中心，涉及第七八两区。

1949 年 4 月 28 日，人民解放军已经逼近武汉。国民党湖北省政府，先逃往恩施，11 月恩施解放后，又逃往万县，随后自动撤销。

二、人民解放军全面接管湖北省

抗日战争时期，中国共产党人依靠自己的实力，在湖北站稳了脚跟，建立了鄂豫边区，并初步规划了边区成系统的行政区划。抗日战争末期,鄂豫边区越来越大,最终成为鄂豫皖湘赣边区。抗日战争胜利后,1945年10月,鄂豫皖湘赣边区改组为中原解放区行政公署。同时设立鄂豫皖中央分局(后改为中共中央中原局),中央分局之下设江汉区、鄂东区以及河南(桐柏)区。鄂东区下设黄冈、陂安南、陂孝礼等县。江汉区则设置了襄南、襄北、鄂中、洪山四个专署,专署之下再分若干县。河南(桐柏)区下辖鄂北、淮头、豫南、豫中四个专署。前两个专署涉及湖北境内。后国共合作破裂,内战爆发。国民党军队于1946年6月大举进攻中原解放区。在蓄谋已久的优势敌军攻击下,中国共产党人暂时放弃中原区。

1946年8月,部分突围解放军在房县会师,并开辟鄂西北解放区。10月,成立鄂西北行政总署。鄂西北解放区曾下设5个专署。1947年2月,国民党军队袭击鄂西北区,解放军不得不再次转移。

1947年8月,刘邓大军千里跃进大别山,开创新解放区。10月,成立鄂豫边行政公署。公署下设若干专署,第三四五专署属湖北地区。① 年底,解放军从鄂西北进军,拉开了解放整个湖北的序幕。11月16日,郧西解放,成为湖北最早解放的县城。12月31日,郧县解放。②

1948年6月,钟祥、京山解放。7月,人民解放军发动襄阳战役,取得辉煌战果,谷城解放。9月天门、均县解放,10月枣阳、潜江解放,12月随县解放。

1949年1月,解放军继续扫荡鄂西北之地,南漳、襄阳、光化、自忠、竹山、房县六县相继解放。

1949年2月开始,解放军开始解放鄂东地区。2月,荆门县城解放(7月全境解放)。3月,应城、麻城、罗田、英山、应山五县解放。4月,孝感、云梦、礼山、黄安、黄梅五县以及浠水县城解放。

1949年5月,中共湖北省委、省人民政府和中国人民解放军湖北军区在孝感花园镇孙家畈成立。当月,解放军正式发动汉浔间渡江战役,解放汉口市、武昌市、武昌县、汉阳县、黄陂县、咸宁县、大冶县、鄂城县、阳新县、蒲圻县、崇阳县、嘉鱼县、通城县、通山县、黄冈县、蕲春县、广济县、汉川县、安陆县、沔阳县、监利县。同月,鄂西的竹溪县也获得解放。

1949年7月,人民解放军发动宜沙战役,解放江陵县、公安县、石首县、枝江县、宜昌县、当阳县、宜都县、长阳县。8月,松滋县、远安县、秭归县、兴山县解放。

1949年10月1日,中华人民共和国中央人民政府在北京成立。11月,解放军发起鄂西南战役,向国民党湖北最后据点发动攻击,解放了巴东、建始、恩施、宣恩、来凤、咸丰、利川、五峰、鹤峰九县。

此时整个湖北只剩下保康一县未入红色版图。其实早在1948年,解放军就曾解放了保

---

① 关于解放战争时期的中国共产党人政区建设还参见《湖北省志·政权》,湖北人民出版社1996年版,第281—286页。

② 由于解放战争时,有些城市的争夺,往往呈现反复拉锯态势,解放军本解放某地,但国民党军队也会伺机反扑,重新夺回。有的湖北县城甚至出现了三次以上反复。本书以最后解放时间为准。

康。但国民党军队利用解放军主力外出作战之时,又抢夺过去。国民党残兵败将长期占据保康,企图以此作为反攻基地。1950年1月15日,解放军终于攻破敌人最后据点,解放保康县全境。

本章小结

从1911年辛亥革命到1950年湖北全省解放,不足四十年的时间里,湖北人民遭受了无尽苦难。幸有中国共产党明灯指航,湖北居民才有奋斗的方向,最终迎来胜利的曙光。民国政区建设呈现一条明显的主线:当权政府尽力否定、推翻传统政区系统,但难以建构出更合理、更完善的体系,只得变相恢复传统政区合理成分。北洋军阀统治时期湖北道的演变,南京国民政府时期湖北行政督察区的变化都是有力的证明。当然,民国时期市的组建,顺应近现代商业经济发展的历史潮流,是一大亮点,也是政府革故鼎新的创举,直接启迪了现代城市政区建设。但由于种种复杂原因,武汉市、武昌市、汉口市历经分合,在短短二十多年中,演绎出波澜壮阔的历史剧。汉口地区还长期脱离湖北省管辖,拥有独特的发展历程。在北洋政府、国民政府之外,还有一条政区建设的线索——中国共产党人能够因时因地制宜,在革命根据地中,不断灵活规划政区,推动革命发展。这条线索起初只是星星之火,随着革命力量的壮大,渐成燎原之势。中国共产党领导的革命根据地政区建设,不仅为湖北行政力量积蓄了元气和活力,还为新中国成立后的湖北政区建设奠定基础。总之,民国时期湖北政区建设虽历经坎坷,但还是走向了现代。

附录：湖北省现行行政区划历史沿革简表[①]

武汉市演变简表

时间	历史沿革情况
先秦	早在商代，今武汉市境内已经出现了以盘龙城为代表的规模较大的城邑。春秋战国时期，今武汉地区隶属于楚国
秦朝	今武汉地区绝大部分属于南郡
汉朝	汉武帝时期，设江夏郡，将武汉地区划归其中。东汉末年，在今武汉市境内相继出现却月城、鲁山城、夏口城等城邑
三国	魏、吴沿江对峙，今武汉地区分属魏国弋阳郡与吴国江夏郡
晋武帝时期	改东吴江夏郡为武昌郡，同时保留弋阳郡
西晋末年至南北朝	今武汉地区行政区划演变较为复杂，统治者频繁设置州郡县
隋文帝时期	大规模整合政区，今武汉市地区分属鄂州、黄州、复州
隋炀帝时期	改州为郡，今武汉市地区分属江夏郡、永安郡、沔阳郡
唐高祖时期	改郡为州，今武汉市地区分属鄂州、黄州、沔州
唐玄宗时期	改州为郡，今武汉市地区分属江夏郡、齐安郡、汉阳郡
中晚唐时期	改郡为州，今武汉市地区分属鄂州、黄州、沔州（后并入鄂州）。出现了鄂岳都团练观察防御使（武昌军节度使）统辖今武汉市地区的局面
五代十国时期	今武汉市地区隶属于吴、南唐政权
宋朝	今武汉地区分属荆湖北路鄂州、汉阳军（有时并入鄂州）以及淮南（西）路黄州。
元朝	今武汉地区分属湖广行省鄂州路（武昌路）、汉阳府，河南行省黄州路。武昌地区开始作为湖广政治中心
明朝	今武汉地区分属武昌府、汉阳府、黄州府。武昌长期作为湖广政治中心
清雍正七年（1729 年）	将黄陂地区划归汉阳府，今绝大部分武汉地区分属武昌府、汉阳府
清光绪二十四年（1898 年）至光绪二十五年（1899 年）	在汉阳府境内设夏口厅

[①] 由于篇幅有限，本表只是粗线条的勾勒，只对现代政区主体部分有所展现，具体细节参见全书正文。

续表

时间	历史沿革情况
民国初年	调整清王朝政区,江夏县改名武昌县,夏口厅改为夏口县,汉阳县延续
1926年10月	划夏口县、汉阳县核心城区设汉口市,同时保留夏口县、汉阳县
1926年12月	划武昌县核心城区设武昌市,保留武昌县
1927年	将汉口、武昌二市合并为武汉市
1929年	武汉市撤销,设汉口市与省会区,废除夏口县
1937年初	武昌市成立,保留武昌县、汉阳县
1939年	在日军占领下,设伪武汉特别市政府
1940年	撤销伪武汉特别市政府,设伪汉口特别市政府
1945年	抗日战争胜利后,仍保持汉口市
1946年	设武昌市
1949年	合汉口市、武昌市,以及汉阳县城区为武汉市,确立直辖市地位
1950年底	统一武汉市辖区,设六城区,六郊区
1951年	汉阳县划给孝感专区
1952—1953年	统一武汉市下辖行政区划,设武昌区、硚口区、江汉区、江岸区、汉阳区、东湖区、南湖区、惠济区、福城区、水上区。武昌县划给孝感专区
1954—1955年	武汉市由直辖市变为湖北省辖,将武昌、汉阳、黄陂三县部分区域扩充武汉市。经过一系列调整,1955年武汉市辖武昌区、硚口区、江汉区、江岸区、汉阳区、南湖区、水上区、青山区、洪山区、汉桥区
1956年	南湖区并入洪山区、青山区
1957年	水上区改为水上办事处
1958—1959年	将汉阳、黄陂、孝感、汉川、鄂城五县部分区域扩充武汉市,汉桥区并入洪山区,设东西湖办事处,后改为东西湖区
1959—1960年	撤销孝感专署,孝感、大悟、黄陂、应山、安陆、云梦、应城、汉川、汉阳、武昌、通城、通山、嘉鱼、蒲圻、咸宁、崇阳十六县划归武汉市
1961年	恢复孝感专署,十六县划出武汉市
1961—1962年	洪山区部分区域划给武昌县,葛店划回鄂城县,东西湖区改为东西湖办事处、东西湖农场管理局
1964年	洪山区以长江为界,江南为洪山区,江北为汉桥区
1973年	重设东西湖区
1975年	武昌、汉阳二县划归武汉市
1976年	汉桥区并入洪山区
1983年	黄陂、新洲二县划归武汉市
1984年	设汉南区

续表

时间	历史沿革情况
1985年	将洪山区长江以北划归江岸、江汉、硚口、汉阳四区
1992年	汉阳县改为蔡甸区
1995年	武昌县改为江夏区
1998年	黄陂县改为黄陂区,新洲县改为新洲区。武汉市辖武昌区、江夏区、洪山区、青山区、汉阳区、蔡甸区、江岸区、江汉区、硚口区、黄陂区、新洲区、东西湖区、汉南区

武汉市各区演变简表

武昌区	
时间	历史沿革情况
秦汉	今武昌区属沙羡县
三国	东吴政权在蛇山修夏口城
西晋武帝时期	调整政区,今武昌区属沙羡县、沙阳县
东晋	因中原战乱,北方汝南郡居民大量迁移今江夏区东部,后又迁移今武昌区附近。为专门管理这些流民,设置侨置汝南郡
南朝	在今武昌区夏口城设郢州。东晋南朝以来,沙羡县消失,今武昌区、江夏区、洪山区、青山区政区更改频繁,混乱无常
隋开皇九年(589年)	改侨置汝南郡为江夏县。今武昌区、江夏区、洪山区、青山区都属于江夏县范围
隋至清朝	江夏县长期延续,并持续成为区域政治中心
1913年左右	江夏县改名武昌县
1926年	将武昌县城区部分改为武昌市,其余部分仍为武昌县
1927年	武昌市并入武汉市
1929年	武汉撤市,设省会区
1930年	武昌市政府成立,不久遭裁撤
1931年	成立武昌市政筹备处
1935年	武昌市政筹备处改为武昌市政处
1937年	设置武昌市
1939年	武昌市并入伪武汉特别市政府
1940年	撤销伪武汉特别市政府,设伪省会区(伪武昌市政处)
1946年	设置武昌市
1949年	武昌市并入武汉市,设武昌办事处
1950年	设武汉市第一区
1952年	武汉市第一区改名武昌区,延续至今

续表

江夏区	
时间	历史沿革情况
秦汉	地属南郡、江夏郡、沙羡县
三国魏晋南北朝	频繁更改行政区划,政区紊乱
隋开皇九年(589年)	设置江夏县
隋朝至清朝	江夏县长期延续,今江夏区地属江夏县
民国初年	江夏县改名武昌县
1926年	将武昌县城区部分改为武昌市,其余部分仍为武昌县
1949年	武昌县划归大冶专署
1952年	武昌县划归孝感专署
1960年	武昌县行政中心迁纸坊镇,嘉鱼并入武昌县。武昌县划归武汉市
1961年	嘉鱼脱离武昌县。武昌县划孝感专署
1965年	武昌县改属咸宁专署
1975年	武昌县划归武汉市
1995年	武昌县改为江夏区,延续至今

洪山区	
时间	历史沿革情况
秦汉魏晋南北朝	地属南郡、江夏郡、沙羡县等政区
隋朝至民国	地属江夏县、武昌市等政区
1949年	在原民国武昌市部分区域设洪山、武泰、挹江三区
1951年	洪山、武泰、挹江三区合并为武昌郊区,定名为第八区
1952年	撤销第八区,今洪山区分属南湖、东湖区
1955年	撤销东湖区,与原武昌县第七区辖区,设洪山区、青山区、汉桥区、南湖区
1956年	并南湖区入洪山区,洪山区部分地区划归青山区
1957年	只保留汉桥区和洪山区
1958年	汉桥区和洪山区并称为武汉市郊区
1960年	撤销武汉市郊区,成立洪山、关山人民公社
1961年	洪山、关山人民公社合并成为洪山区
1964年	分设洪山区、汉桥区
1976年	汉桥区并入洪山区,洪山区延续至今

青山区	
时间	历史沿革情况
秦汉魏晋南北朝	地属南郡、江夏郡、沙羡县等政区
隋朝至民国	地属江夏县、武昌县等政区

续表

附录：湖北省现行行政区划历史沿革简表

时间	历史沿革情况
1949 年	今青山区属武昌县第二区
1950 年	今青山区属武昌县第九区
1951 年	武昌县第九区划归武汉市，称青山区
1952 年	撤销青山区，辖区划归武昌县，仍为第九区
1955 年	武昌县第九区并入武汉市，和南湖区、东湖区部分地区合并，组建青山区，青山区延续至今

汉阳区	
时间	历史沿革情况
秦汉时期	地属南郡、江夏郡、沙羡县、安陆县等政区
晋朝	在今汉阳区东部设沌阳县
南朝	今汉阳地区州郡县设置无常，沌阳县被废
隋文帝时期	在今蔡甸区附近设汉津县
隋炀帝时期	汉津县改名汉阳县
唐高祖时期	汉阳县政治中心从今蔡甸区迁移到汉阳区
五代后周	新设汉阳军
北宋熙宁四年(1071 年)	废除汉阳军，保留汉阳县
北宋元祐元年(1086 年)	恢复汉阳军
南宋绍兴六年(1136 年)左右	废除汉阳军，保留汉阳县。时隔不久，又恢复汉阳军
元朝	汉阳军改为汉阳府。汉阳府长期辖汉阳县
1913 年左右	废除汉阳府，保留汉阳县
1926 年	划夏口县、汉阳县核心城区设汉口市，保留汉阳县
1927 年	包括汉阳部分地区在内的汉口市与武昌组建武汉市
1930 年	汉阳城区划回汉阳县
1937 年	汉阳城区并入武昌市
1939 年	汉阳城区并入伪武汉特别市政府
1940 年	汉阳城区并入伪武昌市政处
1946 年	汉阳城区划回汉阳县
1949 年	汉阳城区与汉阳县分治，设武汉市汉阳中心区
1950 年	汉阳中心区改为汉阳城区，又改为武汉市第六区
1952 年	第六区改名汉阳区，延续至今

蔡甸区	
时间	历史沿革情况
秦汉魏晋南北朝	地属南郡、江夏郡、沙羡县、安陆县、沌阳县等政区
隋朝至清朝	地属汉阳县
民国时期	汉阳县中心地区与汉阳县其余地区处于时分时合状态
1949年	汉阳主城区与汉阳县分治,汉阳县划归沔阳专署
1950年	汉阳县行政中心转到今蔡甸地区
1951年	汉阳县划归孝感专署
1959年	随孝感专署划归武汉市
1961年	随孝感专署划出武汉市
1975年	汉阳县划归武汉市
1992年	汉阳县改为蔡甸区,延续至今

江岸区	
时间	历史沿革情况
秦汉魏晋南北朝	地属南郡、江夏郡、沙羡县、安陆县、沌阳县等政区
隋朝至清光绪年间	地属汉阳县。明中期以来汉阳县境内出现汉口镇,并日益繁荣,成为中国四大名镇之一
清光绪二十四年(1898年)至光绪二十五年(1899年)	汉阳府汉阳县汉口镇改为夏口厅
1913年左右	夏口厅改为夏口县
1926年	划夏口县核心城区设汉口市
1927年	汉口市并入武汉市
1929年	恢复汉口市,废除夏口县
1939年	汉口市并入伪武汉特别市政府
1940年	撤销伪武汉特别市政府,设伪汉口特别市政府
1945年	抗日战争胜利后,仍保留汉口市
1949年	汉口市并入武汉市。今江岸区地区有中山、大智、汉景、和平四个城区公所,张公、复兴两个郊区办事处
1950年1月	中山、大智改为第五区,汉景、和平改为第六区
1950年7月	第五、六区合并为第四区,张公、复兴改为惠济、岱山
1951年	惠济、岱山与长丰区合并为第七区
1952年	将第五区部分地区划入第四区,第四区改称江岸区,第七区改称惠济区
1955年	撤销惠济区,将其辖区划归江岸、江汉、硚口三区
1968年	江岸区改名二七区
1969年	恢复江岸区旧名,延续至今

附录：湖北省现行行政区划历史沿革简表

江汉区	
时间	历史沿革情况
秦汉魏晋南北朝	地属南郡、江夏郡、沙羡县、安陆县、沌阳县等政区
隋朝至清光绪年间	地属汉阳县
清光绪年间至1949年	地属汉口市、武汉市等政区
1949年	汉口市并入武汉市，今江汉区地区有新安、三民、云樵、永清四个区公所
1950年	新安、三民合并为第三区，云樵、永清合并为第四区，后第四区大部分并入第三区
1952年	第三区改名江汉区，延续至今

硚口区	
时间	历史沿革情况
秦汉魏晋南北朝	地属南郡、江夏郡、沙羡县、安陆县、沌阳县等政区
隋朝至清光绪年间	地属汉阳县
清光绪年间至1949年	地属汉口市、武汉市等政区
1949年	汉口市并入武汉市，今硚口区地区有武圣、保善、汉正、中正四个区公所
1950年	武圣、中正及宝善部分地区设第一区，将宝善大部分与汉正设第二区，后第一区并入第二区
1952年	第二区改名硚口区，延续至今

黄陂区	
时间	历史沿革情况
秦汉	今黄陂区、新洲区等地设有西陵县
西晋	在今黄陂区西南设滠阳县
东晋南北朝	在今黄陂区频繁设置州郡县，其中有木兰县、黄陂县（南北朝后期设置）
隋文帝时期	大力调整政区，在今黄陂地区保留黄陂县、木兰县，两县属黄州
唐高祖时期	废除木兰县
唐至民国	黄陂县长期延续
1949年	黄陂县划入孝感专署
1959年	黄陂县划归武汉市
1961年	黄陂县划归孝感专署
1983年	黄陂县划归武汉市
1998年	黄陂县改为黄陂区，延续至今

新洲区	
时间	历史沿革情况
秦汉	今黄陂区、新洲区等地设有西陵县
魏晋南北朝	今新洲区地区频繁设置州郡县
隋朝	大规模整合旧有政区，今新洲地区保留黄冈县（新洲区附近）

续表

时间	历史沿革情况
唐末	黄冈县政治中心从今武汉新洲区转移到今黄冈市
唐至民国	新洲地属黄冈县
1951 年	正式设新洲县
1983 年	新洲县从黄冈地区划归武汉市
1998 年	新洲县改新洲区，延续至今

东西湖区

时间	历史沿革情况
秦汉	地属南郡、江夏郡等政区
魏晋南北朝	地属江夏郡、武昌郡等政区
隋朝至民国	地属汉阳县、黄陂县、孝感县、汉川县等政区
1957 年	经中共中央、国务院批准，调集湖北、河南十余万人力开发今东西湖地区，设立武汉市国营农场管理局
1958—1959 年	设东西湖区，辖汉阳县、孝感县、汉川县、黄陂县部分地区
1961—1962 年	东西湖区改东西湖农场管理局
1973 年	设东西湖区，延续至今

汉南区

时间	历史沿革情况
秦汉魏晋南北朝	地属南郡、江夏郡、沙羡县、安陆县、沌阳县等政区
隋朝至 1949 年	地属汉阳县等政区
1949 年后	今汉南区地区经历较为复杂的管理权变更，汉阳县、武汉军区湖北生产建设兵团、湖北省农垦局、东西湖农场管理处等机构均对其实施或部分实施管理权
1978 年	成立武汉市直属的汉南农场管理局
1984 年	汉南农场管理局改汉南区，延续至今

黄石市演变简表

时间	历史沿革情况
先秦	今黄石地区拥有悠久的矿冶文化历史。楚国统治时期，在今大冶附近可能设有鄂县
汉朝	在今阳新东设有下雉县。下雉县先后属淮南国、衡山国、江夏郡
东吴	在今阳新附近又设阳新县，仍属江夏郡
晋武帝时期	废除下雉县，保留阳新县，属武昌郡
南朝陈	从阳新县中析置永兴县
隋文帝时期	阳新县改名富川县，后富川县并入永兴县
隋炀帝时期	改州为郡，永兴县属江夏郡

续表

时间	历史沿革情况
唐朝	永兴县属鄂州（江夏郡）
宋乾德五年(967 年)	南唐在鄂州境内，今大冶市附近新设大冶县
宋太祖时期	永兴、大冶二县仍属鄂州
宋太宗时期	永兴县升为永兴军，又改永兴军为兴国军。兴国军辖永兴县、大冶县
元至元十四年(1277 年)	兴国军改为兴国路，辖永兴县、大冶县，属湖广行省管辖
元至正二十四年(1364 年)	兴国路改为兴国府
明洪武九年(1376 年)	废除永兴县，兴国府改为兴国州，辖大冶县。兴国州、大冶县属武昌府管辖
清朝	兴国州、大冶县仍属武昌府管辖
1914 年左右	兴国州改为兴国县，又改名阳新县，大冶县仍旧
1949 年	将大冶县黄石港、石灰窑等地独立设置大冶工矿特区
1950 年	大冶工矿特区改为黄石市
2001 年	黄石市辖黄石港区、下陆区、铁山区、西塞山区、大冶市、阳新县

黄石市各区市县演变简表

黄石港区	
时间	历史沿革情况
秦汉至宋初	地属南郡、江夏郡、鄂州等政区
宋乾德五年(967 年)	南唐在鄂州境内，今大冶市附近新设大冶县
明末	大冶县境内有黄石港市场
清朝	大冶县境内有黄石港市场、黄石港堡
民国	大冶县境内有石黄镇、黄石港堡
1949 年	大冶工矿特区有黄石港镇
1950 年	黄石市有黄石港镇
1951 年左右	设黄石港区、胜阳港区
1979 年	胜阳港区并入黄石港区，黄石港区延续至今

下陆区	
时间	历史沿革情况
秦汉至宋初	地属南郡、江夏郡、鄂州等政区
宋朝至民国	地属大冶县，民国时期大冶县境内有申五乡、长乐乡等地
1950 年后	划归黄石市，相继为第二区、郊区
1979 年	设下陆区，延续至今

附录：湖北省现行行政区划历史沿革简表

续表

铁山区	
时间	历史沿革情况
秦汉至宋初	地属南郡、江夏郡、鄂州等政区
宋朝至民国	地属大冶县,民国时期大冶县境内有铁山乡
1950 年后	划归黄石市,为其郊区
1979 年	设铁山区,延续至今
西塞山区	
时间	历史沿革情况
秦汉至宋初	地属南郡、江夏郡、鄂州等政区
宋朝至民国	地属大冶县
1949 年	短暂设石灰窑工业特区
1950 年	石灰窑镇划入黄石市
1951 年	废除石灰窑镇,设上窑、下窑、胜阳港三个街人民代表办事处
1952 年	恢复石灰窑镇
1955 年	废除石灰窑镇,设石灰窑、陈家湾、黄思湾三个街道办事处
1960 年	成立冶钢人民公社
1962 年	撤销冶钢人民公社,成立黄思湾、石灰窑、陈家湾三人民公社
1966 年	黄思湾、石灰窑、陈家湾三人民公社改名红光、红星、红卫人民公社
1972 年	红光、红星、红卫人民公社改名黄思湾区、石灰窑区、陈家湾区
1979 年	黄思湾区、石灰窑区、陈家湾区合并为石灰窑区
2001 年	石灰窑区改名西塞山区,延续至今
大冶市	
时间	历史沿革情况
秦汉至唐朝	今大冶市属于南郡、江夏郡、鄂州、永兴县等政区
唐天祐二年(905 年)	在永兴县境内设青山场院,负责管理冶炼事务
宋乾德五年(967 年)	南唐在青山场院的基础上设大冶县
宋至民国	大冶县长期延续
1949 年	设大冶专区,辖大冶县。又分割大冶县若干地区设大冶工矿特区
1952 年	撤销大冶专区,大冶县划归黄冈专署
1959 年	大冶县并入黄石市,后撤销大冶县
1962 年	恢复大冶县,仍属黄石市
1994—1995 年	大冶县改大冶市,延续至今

续表

附录：湖北省现行行政区划历史沿革简表

阳新县	
时间	历史沿革情况
秦汉	地属下雉县
东吴	地属阳新县、下雉县
晋武帝时期	废除下雉县
南朝陈	从阳新县中析置永兴县
隋文帝开皇九年(589年)	阳新县改名富川县
隋文帝开皇十八年(598年)	富川县并入永兴县
北宋太平兴国二年(977年)	永兴县升为永兴军
北宋太平兴国三年(978年)	永兴军更名兴国军
元至元十四年(1277年)	兴国军改为兴国路
元至正二十四年(1364年)	兴国路改为兴国府
明洪武九年(1376年)	兴国府改为兴国州
1914年左右	兴国州改名兴国县，又改名阳新县
1949年	阳新县划归大冶专区
1952年	阳新县划归黄冈专区
1965年	阳新县划归咸宁专区
1997年	阳新县划归黄石市，延续至今

襄阳市演变简表

时间	历史沿革情况
先秦	商周时期，今襄阳地区方国、封国林立。后被楚国统一，亦设置若干县
秦朝	地属南阳郡、南郡等政区
西汉	襄阳县出现，除此之外今襄阳市境内还有蔡阳县、邓县、阴县、鄾县、筑阳县、山都县、临沮县、宜城县、邔县、中庐县、郆县
东汉末年	从南郡析分出襄阳郡
晋武帝时期	延续襄阳郡
南北朝时期	各种政权在今襄阳市内设置上百个州郡县，政区紊乱
隋文帝时期	大力整合政区，以襄阳县为中心设立襄州。今襄阳市地区大致处于襄州、昌州、蔡州等州境内
隋炀帝时期	改州为郡，今襄阳市地区大致处于襄阳郡、春陵郡等郡境内
唐朝前期	继续维持襄州(襄阳郡)，除襄州(襄阳郡)外，今襄阳市地区亦散见各州
唐朝中后期至五代十国	以襄州为中心的山南东道节度使长期延续
北宋徽宗前	今襄阳市大部分地区归属京西南路襄州、光化军等政区

567

续表

时间	历史沿革情况
宋徽宗宣和元年(1119年)年底	升襄州为襄阳府
南宋	今襄阳市地区成为南宋边境重镇
元朝	改襄阳府为襄阳路,划归河南行省
明朝	改襄阳路为襄阳府,划归湖广
清朝	维持襄阳府的设置
1913年左右	废除襄阳府
1914年	以襄阳县为中心设襄阳道
1926年左右	撤销襄阳道
1934年左右	以襄阳县为中心,设第八行政督察区,辖襄阳、枣阳、宜城、光化、谷城、南漳、保康七县
1936年	第八区改为第五区
1949年	设襄阳行政区专员公署,辖襄阳县、枣阳县、宜城县、南漳县、谷城县、光化县、保康县、洪山县
1950年	襄阳行政区专员公署改名襄阳区专员公署,将襄阳县襄阳、樊城二镇组建襄樊市。襄樊市仍归襄阳专署管辖。光化县老河口镇设老河口市
1952年	襄樊市降为镇。撤销老河口市。随县划入。郧县、郧西县、均县、房县、竹山、竹溪划入
1953年	恢复襄樊市,襄樊市改湖北省辖
1955年	废洪山县,其地并入随县、宜城县、枣阳县、钟祥县
1958年	襄樊市改为襄阳专署管辖
1965年	郧县、郧西县、均县、房县、竹山县、竹溪县划出襄阳专区
1968年	襄阳专员公署被襄阳地区革命委员会代替
1978年	襄阳地区革命委员会代替被襄阳地区行政公署代替
1979年	襄樊市升为省辖市。析随县设随州市,析光化县设老河口市
1983年	撤销襄阳地区,其辖区并入襄樊市。光化县并入老河口市。襄樊市辖随州市、老河口市、襄阳县、枣阳县、宜城县、南漳县、谷城县、保康县
1984年	襄樊市城区分设襄城、樊东、樊西、郊区四区
1988年	枣阳县改为枣阳市
1994年	宜城县改为宜城市,随州市划出襄樊市
1995年	襄樊市襄城、樊东、樊西、郊区四区整合为襄城区、樊城区
2001年	襄阳县改为襄阳区
2010年	襄樊市改名襄阳市,襄阳区改名襄州区。襄阳市辖襄城区、樊城区、襄州区、老河口市、枣阳市、宜城市、南漳县、谷城县、保康县

襄阳市各区市县演变简表

襄城区	
时间	历史沿革情况
西汉	设襄阳县
东汉至民国	襄阳县长期延续,今襄城区为襄阳县核心地区
1949 年	成立襄阳县襄城区爱国民主政府(乡级)
1950 年	划归襄樊市,设襄城办事处
1954 年	襄城办事处改为襄樊市第一办事处
1956 年	襄樊市第一办事处改为襄城街道办事处
1960 年	襄城街道办事处改为襄城人民公社管理委员会
1968 年	襄城人民公社管理委员会改为襄城人民公社革命委员会
1980 年	襄城人民公社革命委员会改为襄城街道办事处
1981 年	襄城街道办事处改为襄阳城街道办事处
1984 年	襄阳城街道办事处改为襄城区,延续至今

樊城区	
时间	历史沿革情况
先秦至汉朝	樊、樊城作为地名长期存在
南北朝后期	可能短暂设置樊城县,樊城县并入安养县。樊城作为地名继续存在
唐天宝元年(742 年)	安养县改名临汉县
唐贞元二十一年(805 年)	临汉县政治中心迁移到古邓城(襄阳市西北),县名也改为邓城县
南宋绍兴五年(1135 年)	邓城县并入襄阳县
1942 年	襄阳县境内有樊城镇
1949—1950 年	今樊城区地区参与组建襄樊市
1984 年	襄樊市有樊东区、樊西区、郊区
1995—1996 年	撤销樊东区、樊西区、郊区,设立樊城区,延续至今

襄州区	
时间	历史沿革情况
秦汉至民国	襄阳县长期延续
1949—1950 年	在襄阳基础上组建襄樊市,其余地区仍为襄阳县
2001 年	襄阳县改为襄阳区
2010 年	襄阳区改名襄州区,延续至今

老河口市	
时间	历史沿革情况
春秋	楚国在今老河口附近设阴县
战国	楚国在今老河口附近可能新增酂县

附录:湖北省现行行政区划历史沿革简表

续表

时间	历史沿革情况
秦汉	设有鄼县、阴县等县
魏晋南北朝	废除鄼县,阴县可能变为阴城县
唐太宗时期	废除阴城县,将其辖区并入谷城县
北宋乾德二年(964年)	谷城县阴城镇升为光化军,将谷城县三个乡建为乾德县,隶属于光化军。光化军与乾德县的地理位置位于今湖北老河口西北
北宋熙宁四年(1071年)	光化军降为光化县,县隶属襄州,废除乾德县
北宋元祐元年(1086年)	恢复光化军与乾德县,乾德县改名光化县
南宋绍兴二十八年(1158年)	光化军改名通化军,光化县改名通化县
南宋绍兴三十一年(1161年)	通化军改名光化军,通化县改名光化县
至元十三年(1276年) 至元十四年(1277年)	废除光化军,保留光化县
1945年	光化县行政中心迁移到境内老河口镇
1950—1951年	以光化县老河口镇设老河口市
1952年	撤销老河口市,保留光化县
1960年	均县并入光化县
1962年	均县重新设置
1979年	以光化县老河口镇为中心设老河口市,其余部分仍为光化县
1983年	撤销光化县,将其辖区并入老河口市。老河口市延续至今
枣阳市	
时间	历史沿革情况
秦朝	设有蔡阳县
西汉	延续蔡阳县,又分蔡阳县设春陵侯国
东汉	在今枣阳地区设有蔡阳、章陵、襄乡等县
曹魏	章陵县改名安昌县
南北朝	今枣阳地区频繁设置州郡县,政区紊乱
隋文帝时期	调整政区,今枣阳地区仍有广昌县、清潭县、春陵县、丰良县、蔡阳县、双泉县、溠源县。广昌县改名枣阳县
隋炀帝时期	今枣阳地区有枣阳县、清潭县、春陵县、蔡阳县
唐高祖时期	进一步精简,今枣阳地区有枣阳县、春陵县
唐太宗时期	废除春陵县,保留枣阳县
南宋绍兴十二年(1142年)	枣阳县短暂改为枣阳军
南宋嘉定十二年(1219年)	枣阳县改为枣阳军
元朝	枣阳军改为枣阳县

续表

时间	历史沿革情况
明洪武十年(1377年)	曾短暂废除枣阳县
1949年	划枣阳、宜城、随县、钟祥四县若干地区设洪山县
1955年	撤销洪山县,辖区回归四县
1988年	枣阳县改为枣阳市,延续至今

宜城市	
时间	历史沿革情况
春秋时期	楚国在今宜城市附近设鄀县
战国时期	楚国在今宜城市附近可能新增鄢县
秦朝	地属鄢县、鄀县等县
西汉惠帝三年(前192年)	鄢县改名宜城县
南北朝时期	今宜城地区频繁设置州郡县,政区紊乱
隋文帝时期	调整政区,今宜城地区设有上洪县、率道县、汉南县、鄀县
唐高祖时期	废除鄀县
唐太宗时期	率道县的政治中心从今宜城北部迁移到宜城附近。废除上洪县与汉南县
唐天宝七年(748年)左右	率道县更名宜城县
唐玄宗至民国	宜城县长期延续
1944年	宜城县改名自忠县
1949年	自忠县改名宜城县
1994年	宜城县改为宜城市,延续至今

南漳县	
时间	历史沿革情况
先秦	今南漳境内有众多封国,后被楚国所灭
秦朝	地属伊庐县
西汉	设中庐县、临沮县
三国	设浺乡县
南北朝时期	在今南漳境内频繁更改政区,设重阳县,又改名思安县
隋开皇十八年(598年)	思安县改为南漳县。与此同时,今南漳县境内还有义清县
北宋太平兴国元年(976年)	义清县改名中庐县
南宋绍兴五年(1135年)	中庐(卢)县并入南漳县
南宋至今	南漳县延续至今

谷城县	
时间	历史沿革情况
先秦	今谷城地区拥有众多封国,后被楚国吞并
秦汉	地属山都县、筑阳县

续表

时间	历史沿革情况
西晋	增设汛阳县
南北朝	今谷城境内,政区更改频繁。其中设有义城县
隋文帝开皇十八年(598年)	义城县改为谷城县
隋朝至今	谷城县延续至今

保康县

时间	历史沿革情况
秦汉	地属南郡
魏晋南北朝时期	政区紊乱,多设州郡县,其中在今保康县西北设大洪县,后改名永清县
隋朝至五代	永清县长期延续
北宋开宝四年(971年)左右	将永清县并入房陵县
明弘治十一年(1498年)	分房县(明朝房陵县改名房县)新设保康县
明朝至今	保康县延续至今

荆州市演变简表

时间	历史沿革情况
先秦	传说大禹划九州,荆州为其一。今荆州地区是楚国极为重要的政治文化中心。楚国在今荆州市境内可能有江陵、州陵、纪陵等县
秦朝	江陵县为南郡政治中心,今荆州地区大部位于南郡境内
汉武帝时期	设荆州,囊括今湖北大部分地区。又分南郡部分地区,为江夏郡。今荆州地区大部位于南郡、江夏郡境内
魏晋南北朝	虽然政区变迁无常,荆州辖区不断缩小,但荆州、南郡、江陵县依旧存在。荆州江陵县曾短暂作为多个政权的政治中心
隋文帝时期	继续保留以江陵县为政治中心的荆州
隋炀帝时期	改州为郡,荆州改为南郡
唐初	改郡为州,南郡改为荆州
唐朝中后期	荆州改为江陵府,江陵府江陵县长期作为荆南节度使政治中心
五代十国	荆南(南平)政权以江陵为首都
宋朝	继续保留以江陵县为中心的江陵府,江陵府长期作为荆湖北路的政治中心
元至元十三年(1276年)左右	江陵府改为江陵路,江陵县仍旧为首县。元代江陵路划归河南行省
元天历二年(1329年)	江陵路改为中兴路

续表

附录：湖北省现行行政区划历史沿革简表

时间	历史沿革情况
明太祖时期	中兴路改为荆州府，荆州府划归湖广
清朝	继续荆州府
1913年左右	废除荆州府，保留荆州府辖县
1934年左右	设第七行政督察区，辖江陵县、荆门县、监利县、石首县、公安县、枝江县、松滋县
1936年	第七区改为第四区，辖江陵县、荆门县、监利县、石首县、公安县、枝江县、松滋县、沔阳县、潜江县
1949年	成立荆州行政区督察专员公署，辖江陵县、公安县、松滋县、京山县、钟祥县、天门县、荆门县、潜江县。将江陵县境内之沙市划出，设沙市市，为湖北省直管
1951年	以沔阳、嘉鱼、监利、汉阳四县部分辖区设洪湖县。沔阳、监利、洪湖、石首四县划归荆州专区
1953年	以公安、石首、江陵三县部分辖区设荆江县
1955年	荆江县并入公安县，沙市划归荆州专区
1960年	荆门县沙洋镇设沙洋市
1961年	沙洋市并入荆门县
1970年左右	荆州专区改荆州地区
1979年	沙市市再次划出荆州，成地级市。在荆门县核心城区新设荆门市，荆门县仍旧保留
1983年	荆门县并入荆门市，荆门市脱离荆州地区
1986年	石首县改为石首市，沔阳县改为仙桃市
1987年	洪湖县改为洪湖市，天门县改为天门市
1988年	潜江县改为潜江市
1992年	钟祥县改为钟祥市
1994年	撤销荆州地区、沙市市、江陵县，设荆沙市。荆沙市辖沙市区、荆州区、江陵区、石首市、洪湖市、钟祥市、松滋县、公安县、监利县、京山县。仙桃市、天门市、潜江市划出荆沙市
1995年	松滋县改为松滋市
1996年	荆沙市改名荆州市，钟祥市、京山县划出荆州市
1998年	江陵区改为江陵县
2020年	监利县改监利市。荆州市辖沙市区、荆州区、石首市、洪湖市、松滋市、监利市、公安县、江陵县

荆州市各区市县演变简表

沙市区	
时间	历史沿革情况
先秦	楚国可能设置江陵县
秦朝至民国	江陵县长期存在,并一直为区域政治中心。魏晋南北朝时期,在江陵县基础上析分若干政区。隋唐统一后,这些政区又逐步并入江陵县。在历史长河中,沙市地区经济发展异军突起,逐渐形成沙市镇。近代被辟为通商口岸以来,沙市有"小汉口"之称
1949 年	以江陵县沙市镇为中心设沙市市,脱离荆州,为省直管
1955 年	沙市市划归荆州专区
1979 年	沙市市再次划出荆州,成省直管
1994 年	撤销沙市市,在此基础上设沙市区,延续至今

荆州区	
时间	历史沿革情况
秦汉至民国	今荆州区地区长期属于江陵县
1994 年	撤销江陵县,原江陵县的荆州、川店、马山、李埠、弥市五镇和纪南、八岭山二乡组成荆州区,延续至今

江陵县	
时间	历史沿革情况
秦汉至 1949 年	江陵县长期延续
1949 年	沙市镇划出江陵县
1953 年	江陵县埠河区划给荆江县
1954 年	江陵县张金、徐李两区划给潜江县
1994 年	撤销江陵县,原江陵县资市、滩桥、熊河、白马寺、沙岗、普济、郝穴七镇和马家寨、秦市二乡以及江北监狱、三湖农场、六合垸农场等地组建江陵区
1998 年	江陵区改江陵县,延续至今

石首市	
时间	历史沿革情况
秦汉	地属华容县
晋武帝时期	设石首县
东晋南朝	废除石首县
唐高祖时期	重设石首县
宋太祖时期	在今石首东部又设建宁县
北宋熙宁六年(1073 年)	建宁县并入石首县
北宋元祐元年(1086 年)	恢复建宁县

续表

时间	历史沿革情况
北宋崇宁五年(1106年)	建宁县并入石首县
宋朝至民国	石首县长期延续
1949年	石首县划归沔阳专区
1951年	石首县划归荆州专区
1986年	石首县改为石首市,延续至今

洪湖市

时间	历史沿革情况
先秦	楚国有州陵地名,涉及今洪湖地区
秦汉	地属州陵县
东吴	废除州陵县
晋武帝时期	恢复州陵县
南北朝末期	废除州陵县,今洪湖地区长期并入周围政区中
清乾隆中期	在今洪湖地区短暂设置文泉县
1951年	析沔阳县、监利县、嘉鱼县、汉阳县部分地区设洪湖县,归荆州专区管辖
1987年	洪湖县改洪湖市,延续至今

松滋市

时间	历史沿革情况
秦朝	地属南郡
西汉宣帝元康元年(前65年)	封长沙王王子刘梁为高成(城)侯,其封地在今天松滋南部
西汉末王莽新朝	高成(城)侯国变为高成县
东汉光武帝建武五年(29年)前后	废除高成县,辖区并入周围政区
东晋	由于战乱,庐江郡松滋县(今安徽宿松县)民众在今湖北松滋市西北部侨居
南北朝至隋朝初期	原庐江郡松滋县流民长期居住之地正式设置松滋县
南宋高宗时期	松滋县行政中心转移到今松滋老城镇
宋朝至民国	松滋县长期延续
1995—1996年	松滋县改松滋市,延续至今

监利市

时间	历史沿革情况
秦汉	地属南郡
三国时期	东吴政权在今监利东北设监利县,后废除
晋武帝时期	恢复监利县

附录:湖北省现行行政区划历史沿革简表

续表

时间	历史沿革情况
西晋到唐朝	监利县长期延续
五代十国	监利县政治中心转移到今监利市区
宋末元初	监利县可能经历一次废除与恢复
元朝至民国	监利县长期延续
1949 年	监利县划归沔阳专区
1951 年	监利县划归荆州专区
2020 年	监利县改监利市,延续至今

公安县

时间	历史沿革情况
秦汉	地属孱陵县
东汉末三国	刘备改孱陵为公安,孙权又改公安为孱陵。也有说法认为东吴同时设孱陵县、公安县
晋武帝时期	废除公安县,设江安县,保留孱陵县
南北朝	在今公安县境内多设州郡县,并改江安为公安
隋文帝	整合今公安县政区,统一并入公安县
南宋高宗时期	公安县短暂改为公安军,旋又恢复为公安县
宋朝至民国	公安县长期延续
1949 年	公安县划归荆州专区
1952 年	析公安、石首等县部分地区设荆江县
1955 年	荆江县并入公安县,公安县延续至今

宜昌市演变简表

时间	历史沿革情况
先秦	可能设有枝江县、秭归县
秦汉	在今宜昌市境内设有夷陵、夷道、枝江、当阳、临沮、秭归等县,散布于南郡等郡中
东汉末年	以今宜昌为中心设临江郡,后改宜都郡。又析宜都郡设建平郡
西晋	今宜昌地区大致分属于宜都郡、建平郡、南郡等政区中
南北朝	南朝以今宜昌为中心设宜州。西魏改宜州名拓州,后周又改名硖州
隋文帝	保留硖州。今宜昌地区散属于硖州、信州、亭州、津州等政区中
隋炀帝	改州为郡,今宜昌地区散属于夷陵郡、清江郡、巴东郡等政区中
唐朝至五代十国	今宜昌地区散属于硖州(夷陵郡)、归州(巴东郡)、荆州(江陵郡)等政区中。硖州之名逐渐被峡州代替
宋朝	今宜昌地区散属于峡州、归州、荆门军等政区中

续表

附录：湖北省现行行政区划历史沿革简表

时间	历史沿革情况
元朝	今宜昌地区散属于峡州路、归州、荆门州等政区中
明朝	改峡州路为峡州府，又改夷陵州。包括夷陵州在内的今宜昌地区大部分划归荆州府
清初	改夷陵州为彝陵州，今宜昌地区大部分仍属荆州府
清雍正十三年(1735年)	划彝陵州、鹤峰州、长乐县、归州、长阳县、兴山县、巴东县设宜昌府，设附郭县，名东湖县
1913年左右	废宜昌府，东湖县改名宜昌县
1914年	以宜昌县为中心设荆南道
1921年	荆南道改名荆宜道
1926—1927年	废除荆宜道
1934年左右	以宜昌县为中心设第九行政督察区
1936年	第九区改为第六区
1949年	设宜昌行政区专员公署，辖宜昌县、宜都县、枝江县、当阳县、远安县、兴山县、秭归县、长阳县、五峰县。宜昌县划出主城区与部分郊区，设宜昌市。宜昌市归湖北省政府直辖
1954年	宜昌市改属宜昌专署
1955年	宜昌专员公署辖宜昌市、宜昌县、宜都县、当阳县、远安县、兴山县、秭归县、长阳县、五峰县
1958年	宜昌专员公署改为宜都工业区行政公署。
1961年	撤销宜都工业区行政公署，重设宜昌专员公署
1962年	宜昌专员公署辖宜昌市、宜昌县、宜都县、枝江县、当阳县、远安县、兴山县、秭归县、长阳县、五峰县
1968年	宜昌专员公署改宜昌地区革命委员会。
1971年	神农架林区划归宜昌地区
1972年	神农架林区划出宜昌地区
1978年	宜昌地区革命委员会改宜昌地区行政公署
1979年	宜昌市改湖北省直辖
1984年	长阳县、五峰县改为长阳土家族自治县、五峰土家族自治县
1986年	宜昌市设置西陵、伍家岗、点军三区
1987年	宜都县改为枝城市
1988年	当阳县改为当阳市
1992年	撤销宜昌地区，由宜昌市辖西陵区、伍家岗区、点军区、枝城市、当阳市、宜昌县、枝江县、远安县、兴山县、秭归县、长阳土家族自治县、五峰土家族自治县

续表

时间	历史沿革情况
1995 年	新设猇亭区
1996 年	枝江县改为枝江市
1998 年	枝城市改名宜都市
2001 年	宜昌县改名夷陵区。宜昌市辖西陵区、伍家岗区、点军区、猇亭区、夷陵区、宜都市、当阳市、枝江市、远安县、兴山县、秭归县、长阳土家族自治县、五峰土家族自治县。

宜昌市各区市县演变简表

西陵区、伍家岗区、点军区	
时间	历史沿革情况
先秦	设有夷陵县
秦汉	夷陵县长期延续
东吴黄武元年(222 年)	夷陵县改名西陵县
西晋太康元年(280 年)左右	西陵县改夷陵县
东晋	新设宜昌县,夷陵县延续
魏晋南北朝至隋朝	一种说法认为宜昌县创始之初就同时包含今宜昌市、宜都市部分地区,后政治中心迁移至宜都市附近。另一种说法认为南北朝末期废除宜昌县,隋文帝在今宜都附近又设宜昌县。夷陵县延续
隋唐至宋元	夷陵县长期延续
明洪武九年(1376 年)	废除夷陵县,其辖区由夷陵州继承
清初	改夷陵州为彝陵州
清雍正十三年(1735 年)	改彝陵州为宜昌府,设东湖县管辖原彝陵州地区
1913 年左右	废宜昌府,东湖县改名宜昌县
1949 年	由宜昌县部分地区组建宜昌市
1986 年	宜昌市设西陵区、伍家岗区、点军区,延续至今

猇亭区	
时间	历史沿革情况
秦汉至元朝	地属夷陵县、宜昌县等政区
明朝至清朝	地属夷陵州、彝陵州、宜昌府、东湖县、宜都县等政区
1913 年左右	废宜昌府,东湖县改名宜昌县,宜都县延续
1982 年	宜都县古老背镇人民公社等地,与宜昌县土门人民公社虎牙管理区等地划归枝江县。这部分新划地区统称为猇亭镇人民公社
1984 年	猇亭镇人民公社改为猇亭镇,仍属枝江县

续表

时间	历史沿革情况
1992年1月	成立宜昌地区猇亭经济技术开发区
1992年4月	宜昌地区猇亭经济技术开发区改为宜昌市猇亭经济技术开发区
1994年	猇亭镇划归宜昌市直管
1995年	设宜昌市猇亭区,延续至今

夷陵区

时间	历史沿革情况
秦汉至元朝	地属夷陵县、宜昌县等政区
元朝至清朝	地属夷陵州、彝陵州、宜昌府、东湖县等政区
1913年左右	废宜昌府,东湖县改名宜昌县
1949年	在宜昌县的基础上设宜昌市,其余部分仍为宜昌县
2001年	改宜昌县为宜昌市夷陵区,延续至今

宜都市

时间	历史沿革情况
秦朝	地属夷道县
汉朝	夷道县长期延续,东汉末年设有宜都郡
南北朝	今宜都附近政区变化紊乱,暂无定论
隋文帝时期	废除宜都郡,在今宜都附近设夷道、宜昌二县
唐高祖时期	宜昌县改为宜都县
唐太宗时期	废除夷道县,其辖区并入宜都县
唐朝至民国	宜都县长期延续
1987年	宜都县改枝城市
1998年	枝城市改名宜都市,延续至今

当阳市

时间	历史沿革情况
先秦	可能设有当阳县
秦汉	当阳县长期延续
南北朝	在当阳地区多设州郡县
隋文帝时期	整合政区,在今当阳地区维持当阳县、昭丘县
隋炀帝时期	废除昭丘县,保留当阳县
唐朝至元朝	当阳县长期延续
明太祖洪武十年(1377年)	废除当阳县
明太祖洪武十三年(1380年)	恢复当阳县

附录:湖北省现行行政区划历史沿革简表

续表

时间	历史沿革情况
清朝至民国	当阳县长期延续
1988 年	当阳县改当阳市,延续至今

枝江市	
时间	历史沿革情况
先秦	可能设有枝江县
秦汉至唐肃宗时期	枝江县长期延续
唐肃宗上元二年(761 年)	废除枝江县
唐代宗大历六年(771 年)	恢复枝江县
宋神宗熙宁六年(1073 年)	废除枝江县
宋哲宗元祐元年(1086 年)	恢复枝江县
明太祖洪武十年(1377 年)	废除枝江县
明洪武十三年(1380 年)	恢复枝江县
清朝至民国	枝江县长期延续
1955 年	枝江县并入宜都县
1962 年	恢复枝江县
1996 年	枝江县改枝江市,延续至今

远安县	
时间	历史沿革情况
秦汉	地属临沮县
魏晋南朝	除临沮县外,又设高安县,后改名远安县
唐高祖时期	废除临沮县,保留远安县
隋朝至今	远安县延续至今

兴山县	
时间	历史沿革情况
秦汉	地属南郡
东吴永安三年(260 年)	设兴山县
东晋南朝	兴山县被废除
唐高祖武德三年(620 年)	分秭归县设置兴山县
宋神宗熙宁五年(1072 年)	废除兴山县,辖区并入秭归县
宋哲宗元祐元年(1086 年)	恢复兴山县
明正统九年(1444 年)	废除兴山县
明弘治三年(1490 年)	恢复兴山县
明朝至今	兴山县延续至今

续表

附录：湖北省现行行政区划历史沿革简表

秭归县	
时间	历史沿革情况
先秦	设秭归县
秦汉	秭归县长期延续
东吴永安三年(260年)	设信陵县,保留秭归县
刘宋	废除信陵县
北周	设秭归郡,改秭归县为长宁县
隋文帝时期	废除秭归郡,改长宁县为秭归县
唐朝至元朝	秭归县长期延续
明太祖洪武十年(1377年)	秭归县改长宁县
明太祖洪武十三年(1380年)	废除长宁县,今秭归地区划入归州
明朝至清朝	归州长期延续
1913年左右	归州改秭归县,延续至今

长阳土家族自治县	
时间	历史沿革情况
西汉	在今长阳附近设佷山县
南北朝	今长阳地区多设州郡县
隋文帝时期	整合政区,在今长阳地区设长杨县、亭州盐水县、津州巴山县
唐高祖时期	长杨县改名长阳县,废除盐水县,保留巴山县
唐玄宗时期	废除巴山县,保留长阳县
五代十国	荆南政权恢复巴山县
宋太祖开宝八年(975年)	废除巴山县,保留长阳县
宋朝至民国	长阳县长期延续
1984年	改长阳县为长阳土家族自治县,延续至今

五峰土家族自治县	
时间	历史沿革情况
秦汉	地属黔中郡、武陵郡等政区
魏晋南北朝	地属宜都郡等政区中
隋朝至唐朝	地属清江郡、峡州等政区中
宋朝	基本处于施州、峡州、江陵府等政区交界之处
元朝	基本处于施州、峡州路、中兴路等政区交界之处
明朝	基本处于施州卫、夷陵州、荆州府等政区交界之处,境内土司林立
清雍正十三年(1735年)	对鄂西土司改土归流后,以原容美土司、五峰土司、石梁土司、水尽土司部分辖区,再划入长阳、(湖南)石门、松滋、枝江、宜都等县部分地区,组建长乐县
1913年左右	改长乐县为五峰县
1984年	改五峰县为五峰土家族自治县,延续至今

十堰市演变简表

时间	历史沿革情况
先秦	十堰地区拥有极为悠久的文明史,是"郧县人"发现地,是众多方国、封国所在地。今十堰市境内可能有商县、上庸等县
秦朝	今十堰市境内有上庸、房陵、长利、武陵等县
汉朝	今十堰地区主要属于南阳郡、汉中郡
东汉末至晋朝	今十堰地区主要属于南阳郡、南乡郡、新城郡、上庸郡、魏兴郡等政区
南北朝	今十堰地区频繁设置州郡县
隋文帝时期	今十堰地区主要属于迁州、房州、上州、均州等政区
隋炀帝时期	今十堰地区主要属于房陵郡、上洛郡、淅阳郡等政区
唐高祖时期	今十堰地区主要属于迁州、房州、上州、均州等政区
唐太宗时期	今十堰地区主要属于房州、均州、商州等政区
唐玄宗时期	今十堰地区主要属于房陵郡、武当郡、上洛郡等政区
中晚唐至五代十国	今十堰地区主要属于房州、均州、商州等政区,多数地区长期受山南东道节度使管辖
北宋	今十堰地区主要属于房州、均州、商州等政区
南宋	今十堰地区主要属于房州、均州、金州等政区
元朝	今十堰地区主要属于房州、均州等政区,且划归河南行省襄阳路
明太祖	将今十堰地区绝大部分划入襄阳府
明成化年间	设郧阳府,辖郧县、郧西县、房县、竹山县、竹溪县、上津县、保康县
明朝至清朝	郧阳府长期延续
1913年左右	废除郧阳府,保留其辖县
1934年左右	以郧县为中心,设第十一行政督察区
1936年	改第十一区为第八区
1949年	设两郧专署,辖郧县、郧西县、均县、竹山县、竹溪县、房县
1950年	两郧专署改为郧阳专署,两郧划归陕西省,又划回湖北省
1952年	撤销郧阳专署,郧县、郧西县、均县、竹山县、竹溪县、房县划入襄阳专区
1965年	恢复郧阳专署,属县从襄阳专区划回
1967年	划出郧县的十堰区、黄龙区等地,设十堰办事处
1969年	十堰办事处改十堰市,归郧阳专署管辖
1970年	郧阳专署改为郧阳地区
1973年	十堰市改为省直辖
1983年	均县改为丹江口市,郧阳地区辖丹江口市、郧县、郧西县、竹山县、竹溪县、房县
1984年	十堰市设茅箭区、张湾区
1994年	撤销郧阳地区,十堰市辖茅箭区、张湾区、丹江口市、郧县、郧西县、竹山县、竹溪县、房县
2014年	郧县改为郧阳区,十堰市辖茅箭区、张湾区、郧阳区、丹江口市、郧西县、竹山县、竹溪县、房县

十堰市各区市县演变简表

茅箭区 张湾区

时间	历史沿革情况
秦、西汉	地属长利县等政区
东汉	废除长利县
晋武帝时期	恢复长利县,并设置郧乡县
南北朝	在今茅箭区、张湾区附近多设州郡县
隋文帝时期	地属郧乡县、安福县
唐高祖时期	延续郧乡县、安福县,又设堵阳县
唐太宗时期	废除安福县、堵阳县
唐朝至宋朝	郧乡县长期延续
元世祖至元十四年（1277年）后	郧乡县改为郧县
明朝至民国	郧县长期延续
1967 年	划出郧县部分地区设十堰办事处
1969 年	设十堰市
1980 年	十堰市设茅箭街道、张湾街道、花果街道、五堰街道
1984 年	设茅箭区、张湾区、花果区、白浪区
1986 年	撤销花果区、白浪区,其辖区并入茅箭区、张湾区。茅箭区、张湾区延续至今

郧阳区

时间	历史沿革情况
秦汉	地属长利县等政区
魏晋南北朝至宋朝	地属郧乡县、安福县、堵阳县等政区中
元世祖至元十四年（1277年）后	郧乡县改为郧县
明朝至民国	郧县长期延续
1967—1969 年	郧县部分地区单独划出设十堰市,其余地区仍为郧县
2014 年	郧县改为郧阳区,延续至今

丹江口市

时间	历史沿革情况
先秦	楚国曾设商县
秦汉	地属武当县
南北朝	在今丹江口境内多设州郡县
隋文帝时期	调整政区,保留均州、武当县、均阳县
唐高祖时期	将均阳县并入武当县

附录：湖北省现行行政区划历史沿革简表

续表

时间	历史沿革情况
唐朝至宋朝	武当县长期延续
宋末元初	武当县长期受战乱影响，有荒废的可能
元世祖至元十四年（1277年）后	延续武当县
明太祖洪武二年(1369年)	废除武当县，其辖区直接归均州
1913年左右	均州改为均县
1960年	撤销均县，辖区并入光化县（老河口市）
1962年	恢复均县
1983年	均县改为丹江口市，延续至今

郧西县

时间	历史沿革情况
秦至西汉	地属长利县
东汉	废除长利县，辖区分属周围政区
三国	设平阳等县
西晋	恢复长利县，平阳县改名兴晋县
南北朝	在今郧西县境内政区变化紊乱，多设政区，其中有上津县
隋文帝时期	调整政区，延续上津县
隋末唐初	恢复长利县，延续上津县
唐太宗时期	废除长利县，延续上津县
宋朝	延续上津县
元朝初年	废除上津县，其辖区并入以郧县为主的周边政区
明太祖洪武八年(1375年)	恢复上津县
明太祖洪武十年左右（1377年）	废除上津县
明太祖明洪武十三年（1380年）	恢复上津县
明宪宗成化十二年（1476年）	分郧县西部土地新设郧西县，保留上津县
清顺治年间	上津县并入郧西县，郧西县延续至今

竹山县

时间	历史沿革情
先秦	设上庸县
秦汉	延续上庸县

续表

附录：湖北省现行行政区划历史沿革简表

时间	历史沿革情况
魏晋南北朝	今竹山地区多设州郡县，西魏正式设竹山县
隋文帝时期	调整政区，维持竹山县、上庸县
隋朝至五代	竹山县、上庸县长期延续
宋太祖开宝四年（971年）左右	上庸县并入竹山县
元朝	继续保留竹山县
明太祖洪武十年左右（1377年）	废除竹山县
明太祖明洪武十三年（1380年）	恢复竹山县，延续至今

竹溪县	
时间	历史沿革情况
秦朝	地属武陵县
东汉	废除武陵县，辖区分属周围政区
三国	恢复武陵县
魏晋南北朝	今竹溪县境内多设州郡县
隋文帝时期	今竹溪县部分地区属于上庸县，武陵县未能存续
唐高祖时期	恢复武陵县
唐太宗时期	废除武陵县
唐朝至元朝	今竹溪县部分地区属于上庸县、竹山县
明宪宗成化十二年（1476年）	分竹山县西部部分地区新设竹溪县，延续至今

房县	
时间	历史沿革情况
秦汉	地属房陵县
东汉末三国	新设昌魏县，房陵县存续
北朝	废除昌魏县，房陵县改名光迁县
唐太宗时期	光迁县改名房陵县
唐朝至元朝	房陵县长期延续
明太祖洪武十年（1377年）	房陵县改名房县，延续至今

孝感市演变简表

时间	历史沿革情况
先秦	今孝感市境内可能有安陆县、云梦县
秦朝	今孝感市境内有安陆县
汉朝	今孝感市地区主要属于南郡、江夏郡
魏晋南北朝	政区紊乱,在今孝感市境内不断增设政区,如安州、应城县、孝昌县、云梦县等
隋文帝时期	整合政区,今孝感市地区主要属于安州
隋炀帝时期	改州为郡,今孝感市地区主要属于安陆郡
唐朝	今孝感市地区主要属于安州(安陆郡)
宋徽宗宣和元年(1119年)年底	安州改为德安府
元朝	德安府延续
明太祖洪武九年(1376年)	德安府改为德安州
明太祖洪武十三年(1380年)	德安州改为德安府
清朝	今孝感市地区主要属于德安府、汉阳府
1913年左右	废除德安府、汉阳府,辖县继续保留
1949年	孝感行政区专员公署成立,辖孝感县、礼山县、应山县、安陆县、云梦县、应城县、黄陂县、黄安县、随县
1951年	汉川县、汉阳县划归孝感专区
1952年	礼山县改名大悟县,咸宁、武昌、蒲圻、嘉鱼、崇阳、通山、通城七县划归孝感专区,随县、黄安县划出
1959年	撤销孝感专区,辖县划归武汉市
1961年	恢复孝感专区,辖县从武汉划回
1965年	咸宁、武昌、蒲圻、嘉鱼、崇阳、通山、通城七县划出孝感专区,孝感行政区专员公署辖孝感县、大悟县、应山县、安陆县、云梦县、应城县、黄陂县、汉川县、汉阳县
1966年	孝感公署改为东风公署
1968年	东风公署改为东风地区革命委员会
1969年	东风地区革命委员会改为孝感地区革命委员会
1975年	汉阳县划出孝感地区,孝感地区辖孝感县、大悟县、应山县、安陆县、云梦县、应城县、黄陂县、汉川县
1978年	孝感地区革命委员会改为孝感地区行政公署
1983年	孝感县改为孝感市,黄陂县划出孝感地区
1986年	应城县改为应城市

续表

时间	历史沿革情况
1987 年	安陆县改为安陆市
1988 年	应山县改为广水市
1993 年	撤销孝感地区,新设孝感市孝南区、孝昌县,孝感市辖孝南区、应城市、安陆市、广水市、孝昌县、大悟县、云梦县、汉川县
1997 年	汉川县改为汉川市
2000 年	广水市划出,孝感市辖孝南区、应城市、安陆市、汉川市、孝昌县、大悟县、云梦县

孝感市各区市县演变简表

孝南区 孝昌县	
时间	历史沿革情况
秦汉至刘宋	今孝南区、孝昌县主要位于安陆县境内
刘宋孝建元年(454 年)	析安陆县东部置孝昌县
唐宪宗元和三年(808 年)	废除孝昌县
唐懿宗时期	恢复孝昌县
五代后唐	孝昌县改名孝感县
宋朝至民国	孝感县长期延续
1966 年	孝感县改名东风县
1969 年	东风县改名孝感县
1983 年	孝感县改为孝感市
1993 年	撤销孝感地区,孝感市为地级市。原孝感市南部设孝南区,北部设孝昌县。孝南区、孝昌县延续至今

应城市	
时间	历史沿革情况
秦汉至刘宋	今应城市主要位于安陆县境内
刘宋孝建元年(454 年)	分安陆县南部设应城县
魏晋南北朝	在今应城地区多设州郡县
隋文帝时期	整合政区,保留应城县
隋炀帝时期	应城县改名应阳县
唐高祖武德四年(621 年)	应阳县改名应城县
唐元和三年(808 年)	废除应城县
唐大和二年(828 年)	恢复应城县
唐天祐二年(905 年)	应城县改名应阳县
五代后唐	应阳县改名应城县

续表

时间	历史沿革情况
宋朝至民国	应城县长期延续
1986 年	应城县改为应城市，延续至今

安陆市	
时间	历史沿革情况
秦汉至晋朝	长期延续安陆县，安陆县政治中心在今云梦附近
南北朝	在今安陆市境内多设州郡县，安陆县政治中心转移到今安陆地区
隋文帝时期	整合政区，保留安陆县、京池县
隋炀帝时期	京池县改名吉阳县
唐宪宗时期	曾短暂废除吉阳县
宋太祖开宝二年（969 年）	废除吉阳县，继续保持安陆县
明太祖洪武九年（1376 年）	废除安陆县
明太祖洪武十三年（1380 年）	恢复安陆县
明朝至民国	安陆县长期延续
1987 年	安陆县改为安陆市，延续至今

汉川市	
时间	历史沿革情况
秦汉	今汉川地区属于南郡、江夏郡
三国	在今汉川西北设石阳县
晋武帝时期	石阳县改名曲陵县
南北朝	在今汉川市境内多设州郡县，如汉川郡、甑山县等
隋文帝时期	整合政区，保留甑山县
隋末唐初	废除甑山县，新设汉川县
宋太祖时期	汉川县改名义川县
宋太宗时期	义川县改名汉川县
宋神宗熙宁四年（1071 年）	废除汉川县
宋哲宗元祐元年（1086 年）	恢复汉川县
宋高宗绍兴五年（1135 年）	废除汉川县
宋高宗绍兴七年（1137 年）	恢复汉川县
元朝至民国	汉川县长期延续
1997 年	汉川县改为汉川市，延续至今

续表

大悟县

时间	历史沿革情况
秦汉	地属南郡、江夏郡等政区
魏晋南北朝	曾设东随县,后改名礼山县
唐高祖时期	废除礼山县,其辖区划归周边政区
1933 年	湖北黄陂、黄安、孝感,河南罗山四县各割出一部分新设礼山县
1952 年	礼山县改名大悟县,延续至今

云梦县

时间	历史沿革情况
先秦	有云梦地名,可能设有云梦县
秦朝至晋朝	云梦地区大部分属于安陆等县管辖
北朝	设云梦县
隋朝至唐朝	云梦县长期延续
宋神宗熙宁二年(1069 年)	废除云梦县
宋哲宗元祐元年(1086 年)	恢复云梦县
元朝至民国	云梦县长期延续
1960 年	撤销云梦县
1961 年底	恢复云梦县,延续至今

荆门市演变简表

时间	历史沿革情况
先秦	可能设有权县、郧县、蓝县等政区
汉朝至晋朝	今荆门地区大部分属于南郡、江夏郡
南北朝	政区紊乱,今荆门地区多设州郡县
隋文帝时期	今荆门地区大部分属于荆州、鄀州、郢州、基州、复州等政区中
隋炀帝时期	今荆门地区大部分属于南郡、竟陵郡、安陆郡等政区中
唐朝	今荆门地区大部分属于荆州(江陵郡)、郢州(富水郡)等政区中
五代十国	荆南政权曾短暂设置荆门军
宋太祖开宝五年(972 年)	设荆门军。今荆门地区大部分属于荆门军与郢州
宋神宗熙宁六年(1073 年)	并荆门军入江陵府
宋哲宗元祐三年(1088 年)	恢复荆门军
元朝	荆门军改为荆门府、荆门州。郢州改为安陆府
明太祖时期	保持荆门州,安陆改为安陆州
明世宗嘉靖十年(1531 年)	合荆门州、安陆州等地为承天府
清初	承天府改名安陆府,今荆门地区大部分属安陆府

附录:湖北省现行行政区划历史沿革简表

续表

时间	历史沿革情况
清乾隆五十六年(1791年)	荆门州脱离安陆府,直隶湖北省
1913年左右	荆门州改为荆门县,废除安陆府
1949年	今荆门地区绝大部分属于荆州专区
1979年	分荆门县部分辖区设荆门市,荆门县仍存,两地仍属荆州地区
1983年	并荆门县入荆门市。荆门市脱离荆州地区,成地级市
1985年	设荆门市东宝区、沙洋区
1996年	荆门市辖东宝区、沙洋区、钟祥市、京山县
1998年	沙洋区改为沙洋县
2001年	新设掇刀区
2018年	京山县改京山市,荆门市辖东宝区、掇刀区、钟祥市、京山市、沙洋县

荆门市各区市县演变简表

东宝区 掇刀区 沙洋县	
时间	历史沿革情况
先秦	楚国设权县,囊括今东宝区地区
西汉惠帝时期	便侯国从湖南迁移到湖北荆门市北部
汉武帝西汉元鼎五年(前112年)	便侯国改为编县
东晋	又设乐乡县、长林县
南北朝	政区紊乱,在荆门境内多设州郡县
隋文帝时期	整合政区,保留长林县、武山县、丰乡县、禄麻县
隋炀帝时期	继续整合,维持长林县、章山县、丰乡县
唐初	只保留长林县
唐德宗贞元二十一年(805年)	分长林县,设荆门县
五代至元朝	荆门县相继改为荆门军、荆门府、荆门州,长林县长期延续
明太祖时期	维持荆门州,废除长林县
1913年左右	荆门州改为荆门县
1960年	将荆门县沙洋镇、沙洋农场管理局等地单独组建沙洋市
1961年	撤销沙洋市,辖区并入荆门县
1979年	荆门县中心地区组建荆门市,荆门县延续。今东宝区、掇刀区分属荆门市、荆门县
1983年	荆门县并入荆门市
1985年	设东宝区、沙洋区

续表

时间	历史沿革情况
1992 年	设荆门掇刀经济技术开发区
1998 女	沙洋区改为沙洋县,延续至今
2001 年	设掇刀区,与东宝区共为荆门市辖区,延续至今

钟祥市

时间	历史沿革情况
先秦	曾设郧县、蓝县
秦汉	地属南郡、江夏郡
刘宋泰始六年(470 年)	设长寿县
南北朝	在今钟祥市境内多设州郡县,政区紊乱
隋文帝时期	调整政区,保留长寿县、蓝水县、潦水县、汉东县、汾川县、潦陂县、清腾县、乐乡县等
隋炀帝时期	保留长寿县、蓝水县、汉东县、汾川县、乐乡县等
唐初	进一步精简,只保留长寿县、乐乡县
五代后周	废除乐乡县,延续长寿县
宋朝至元朝	长寿县长期延续
明太祖洪武九年(1376 年)	废除长寿县,其辖区并入安陆州
明世宗嘉靖十年(1531 年)	安陆州改为承天府,设附郭县名钟祥
清至民国	钟祥县长期延续
1992 年	钟祥县改为钟祥市,延续至今

京山市

时间	历史沿革情况
西汉	设云杜县
东汉	保留云杜县的基础上,又设南新市县
晋朝	南新市改名新市,云杜县保留,又设新阳县
南北朝	在今京山市境内多设州郡县,政区紊乱。众多政区中,有京山县
隋文帝时期	整合政区,保留京山县、角陵县、盘陂县、富水县
隋炀帝时期	只保留京山县、富水县
唐朝	京山县、富水县长期延续
宋太祖建隆四年(963 年)	富水县并入京山县
元朝到民国	京山县长期延续
2018 年	京山县改为京山市,延续至今

鄂州市演变简表

时间	历史沿革情况
先秦	在今鄂州市境内可能设鄂县
秦汉	长期延续鄂县
三国	东吴改鄂县为武昌县,短暂迁都于此
晋武帝时期	分武昌县部分地区又设鄂县
隋朝	废除鄂县。又设城塘县,旋废。只保留武昌县
唐朝	武昌县长期维持
南宋嘉定十五年（1222年）左右	升武昌县为武昌军,旋又改名寿昌军,辖武昌县
元至元十四年(1277年)	寿昌军改为寿昌府,辖武昌县
元大德五年(1301年)	废除寿昌府,武昌县划归武昌路
明清	武昌县属武昌府
1913年左右	武昌县改名寿昌县
1914年	寿昌县改名鄂城县
1949年	鄂城县划归大冶专区
1952年	鄂城县划归黄冈专区
1960年	鄂城县改为鄂城市
1961年	鄂城市改为鄂城县
1965年	鄂城县划归咸宁专区
1979年	分鄂城县部分地区设鄂城市。鄂城市与鄂城县划归黄冈地区
1983年	将黄冈县黄州镇、长江乡等地与鄂城市、鄂城县共组鄂州市。鄂州市设鄂城、黄州两个直辖区,华容、长港、程潮、梁子湖四个派出区
1987年	黄州区划属黄冈地区,撤销四个派出区。鄂州市辖鄂城区、华容区、梁子湖区

黄冈市演变简表

时间	历史沿革情况
先秦	今黄冈市附近可能有邾县
秦朝	今黄冈市地区分属南郡、九江郡、衡山郡等政区
汉朝	今黄冈市地区分属南郡、衡山郡、江夏郡、庐江郡、蕲春郡等政区
魏晋南北朝	在今黄冈市地区多设州郡县
隋文帝时期	大力整合政区,在今黄冈市境内设有黄州、蕲州以及黄冈、蕲春、蕲水、浠水、黄梅、罗田、麻城等县
隋炀帝时期	黄州改为永安郡,蕲州改为蕲春郡
唐朝至宋朝	今黄冈地区大部分属于黄州（齐安郡）与蕲州（蕲春郡）

续表

附录：湖北省现行行政区划历史沿革简表

时间	历史沿革情况
元朝	今黄冈地区大部分属于黄州路与蕲州路
明朝	黄州路改为黄州府，蕲州路改为蕲州，蕲州归黄州府管辖
清朝	今黄冈地区大部分属于黄州府
1913年左右	废除黄州府，保留其辖县
1934年左右	以蕲春县为中心设第三行政督察区，以黄安县为中心设第四行政督察区
1936年	第三第四区合并为第二区，黄冈县为专员驻地
1949年	设黄冈区行政公署，辖黄冈县、麻城县、罗田县、英山县、浠水县、蕲春县、广济县、黄梅县
1951年	黄冈区行政公署改为黄冈区专员公署，分黄冈县设新洲县
1952年	大冶、阳新、鄂城、黄安四县划归黄冈专区，新设兵堡县（后改名胜利县），黄安县改名红安县
1955年	废除胜利县
1959年	大冶县划出
1965年	鄂城县、阳新县划出
1968年	黄冈专员公署改为黄冈地区革命委员会
1978年	黄冈地区革命委员会改为黄冈地区行政公署
1979年	黄冈地区行政公署辖黄冈县、麻城县、罗田县、英山县、浠水县、蕲春县、广济县、黄梅县、新洲县、红安县、鄂城市、鄂城县
1983年	将黄冈县黄州镇、长江乡与鄂城市、鄂城县共组鄂州市，新洲县划出
1986年	麻城县改为麻城市
1987年	鄂州市黄州区，恢复为黄州镇，复归黄冈县。广济县改为武穴市
1990年	黄冈县改为黄州市
1995—1996年	撤销黄冈地区和黄州市，设黄冈市。黄冈市辖黄州区、麻城市、武穴市、团风县、罗田县、英山县、浠水县、蕲春县、黄梅县、红安县

黄冈市各区市县演变简表

黄州区 团风县	
时间	历史沿革情况
秦汉	今黄州区、团风县地区长期归邾县管辖
东汉三国	又设安丰县
西晋	安丰县改为高陵县
南北朝	政区紊乱，多设州郡县。北周曾设置衡州，衡州辖齐安郡，齐安郡辖南安县
隋文帝开皇十八年（598年）	南安县改为黄冈县。此时黄冈县政治中心在今武汉市新洲区

593

续表

时间	历史沿革情况
唐末	黄冈县政治中心从武汉新洲区附近转移到黄冈附近
宋朝至元朝	黄冈县长期延续
明世宗嘉靖年间	划黄冈县部分辖区，参与组建黄安县
清朝至民国	黄冈县长期延续
1949年	划黄冈县长江南岸樊口等地予鄂城县
1951年	划黄冈县西部部分辖区设新洲县
1952年	划黄冈县东北部分辖区予罗田县，团风区部分辖区予新洲县
1954年	划黄冈县南湖乡部分辖区予浠水
1983年	划黄冈县黄州镇、长江乡组建鄂州市，为鄂州黄州区
1987年	鄂州黄州区辖区复归黄冈县
1990年	黄冈县改为黄州市
1995—1996年	设黄冈市，原黄州市南部设黄州区，北部设团风县。黄州区、团风县延续至今

麻城市	
时间	历史沿革情况
秦汉至三国	今麻城市属南郡、江夏郡、弋阳郡、蕲春郡等政区
南北朝	在今麻城地区多设州郡县，其中一县名信安县
隋文帝开皇十八年(598年)	信安县改名麻城县
唐初	保留麻城县的基础上，又设阳城县，旋废
唐宪宗元和三年(808年)	废除麻城县
唐宣宗大中三年(849年)	恢复麻城县
宋至民国	麻城县长期延续
1986年	麻城县改为麻城市，延续至今

武穴市	
时间	历史沿革情况
秦汉	今武穴市地区长期分属于寻阳县、蕲春县等政区中
魏晋南北朝	今武穴市地区多设州郡县
隋朝	今武穴地区属蕲春县
唐高祖时期	分蕲春县，设永宁县
唐玄宗天宝元年(742年)	永宁县改名广济县
宋朝至民国	广济县长期延续，只在北宋末南宋初战乱中暂时废置
1987年	广济县改为武穴市，延续至今

罗田县

时间	历史沿革情况
西汉	设金兰县
东汉	废除金兰县
南北朝	在今罗田境内多设州郡县,其中设有罗田县
隋朝	保留罗田县
唐高祖时期	废除罗田县,其辖区大部分并入浠水县
宋哲宗元祐八年(1093年)	恢复罗田县,延续至今

英山县

时间	历史沿革情况
秦汉	地属庐江郡
魏晋南北朝至南宋	地属罗田县等政区
南宋咸淳六年(1270年)	分罗田县东部辖区设英山县
元朝至清朝	英山县长期延续
1932—1936年	英山县划归湖北省,延续至今

浠水县

时间	历史沿革情况
西汉	浠水境内有轪侯国
南北朝时期	在今浠水附近多设州郡县,其中有希水县(后改名浠水县)、蕲水县
隋文帝时期	整合政区,保留浠水县与蕲水县
唐高祖时期	废除蕲水县,浠水县改为兰溪县
唐玄宗时期	兰溪县改为蕲水县
宋哲宗元祐八年(1093年)	从蕲水县中析出罗田县
元朝至民国	蕲水县长期延续
1933年	蕲水县改名浠水县,延续至今

蕲春县

时间	历史沿革情况
汉朝	设蕲春县
东晋	蕲春县改名蕲阳县
南北朝	在今蕲春附近多设州郡县,蕲阳县也改名,且不断析分出浠水、蕲水、罗田等县,疆域面积持续缩小
隋文帝时期	恢复蕲春县
唐朝至元朝	蕲春县长期延续
明太祖洪武九年(1376年)	废除蕲春县,其辖区由蕲州管辖
1913年左右	蕲州改为蕲春县,延续至今

附录:湖北省现行行政区划历史沿革简表

黄梅县	
时间	历史沿革情况
汉朝	长期设有寻阳县
东晋	废除寻阳县,今黄梅县大部分属于蕲春县
南北朝	在今黄梅附近多设州郡县,其中有永兴县,后改名新蔡县
隋文帝开皇十八年(598年)	新蔡县改名黄梅县
唐高祖时期	将黄梅县析出四县,组建南晋州。旋又撤销,四县并入黄梅
宋朝至清朝	黄梅县长期延续
1936年左右	将江西九江北部封郭洲等地划归黄梅县,延续至今

红安县	
时间	历史沿革情况
秦汉	地属南郡、江夏郡
魏晋南北朝	地属蕲春郡、弋阳郡等政区中
隋朝至元朝	地属永安郡、黄州、黄州路等政区中
明朝	地属黄州府
明嘉靖四十二年(1563年)	划麻城、黄冈、黄陂三县部分区域设黄安县
清朝至民国	黄安县长期存续
1952年	黄安县改名红安县,延续至今

咸宁市演变简表

时间	历史沿革情况
秦朝	在境内设有下隽县
汉朝	属南郡、长沙郡(国)
三国至晋朝	属长沙郡等政区
南北朝	在今咸宁市境内多设政区,政区紊乱
隋朝至五代	今咸宁地区主要属鄂州(江夏郡)
宋朝	今咸宁地区主要属鄂州与兴国军
元朝	今咸宁地区主要属鄂州路(武昌路)与兴国路
明清	今咸宁地区主要属武昌府
民国	废除武昌府,保留其辖县
1965年	设立咸宁专员公署,辖咸宁县、嘉鱼县、蒲圻县、通山县、崇阳县、通城县、阳新县、鄂城县、武昌县
1970年左右	咸宁专区改为咸宁地区
1975年	武昌县划出咸宁地区

续表

时间	历史沿革情况
1979 年	鄂城县划出咸宁地区
1983 年	咸宁县改为咸宁市
1986 年	蒲圻县改为蒲圻市
1996 年	阳新县划出咸宁地区
1998—1999 年	撤销咸宁地区,设立地级咸宁市。咸宁市辖咸安区、赤壁市、嘉鱼县、通城县、崇阳县、通山县

咸宁市各区市县演变简表

咸安区

时间	历史沿革情况
秦汉魏晋南北朝	地属南郡、江夏郡等政区
隋朝至唐代宗时期	地属江夏县等政区
唐代宗大历二年（767 年）左右	江夏县金城、丰乐、宣化等乡置永安镇,永安镇仍属江夏县
五代吴国乾贞三年（929 年）左右	永安镇改为永安场
五代南唐保大十二年（954 年）左右	永安场改为永安县,脱离江夏县
宋真宗景德四年（1007 年）	永安县改名咸宁县
元朝至民国	咸宁县长期延续
1949 年	划归大冶专区
1952 年	划归孝感专区
1958 年	咸宁县并入蒲圻县
1959 年	恢复咸宁县,划归武汉市
1960 年	蒲圻县并入咸宁县
1961 年	咸宁县划归孝感专区,恢复蒲圻县
1965 年	划归咸宁专区
1983 年	咸宁县改为咸宁市（县级）
1998—1999 年	设咸宁地级市,县级咸宁市改为咸安区,延续至今

赤壁市

时间	历史沿革情况
秦汉	地属南郡、江夏郡等政区
魏晋南北朝至三国	今赤壁市历史沿革与武昌区大致相同

续表

时间	历史沿革情况
三国黄初四年(223年)	东吴分沙羡县新创蒲圻县
三国至民国	蒲圻县长期延续
1960年	蒲圻县并入咸宁县
1961年	恢复蒲圻县
1986年	蒲圻县改为蒲圻市
1998年	蒲圻市改名赤壁市,延续至今

嘉鱼县	
时间	历史沿革情况
秦汉	地属南郡、江夏郡等政区
三国黄初四年(223年)	地属蒲圻县
南唐保大十一年(953年)	划蒲圻县部分区域设嘉鱼县
宋朝至民国	嘉鱼县长期延续
1960年	嘉鱼县并入武昌县
1961年	恢复嘉鱼县,延续至今

通城县	
时间	历史沿革情况
秦朝至晋朝	地属下隽县
南朝	设置乐化县
隋朝	废除下隽县、乐化县,辖区并入周边政区
唐朝	逐渐形成通城镇
宋神宗熙宁五年(1072年)	将鄂州崇阳县境内的通城镇升为通城县
宋高宗绍兴五年(1135年)	通城县并入崇阳县
宋高宗绍兴十七年(1147年)	恢复通城县
元朝至民国	通城县长期延续
1958年	通城县并入崇阳县
1960—1961年	恢复通城县,延续至今

崇阳县	
时间	历史沿革情况
秦汉	地属南郡、长沙郡(国)等政区
三国黄初四年(223年)	地属蒲圻县
唐玄宗天宝二年(743年)左右	分蒲圻县部分区域设唐年县

续表

时间	历史沿革情况
五代吴国	唐年县改名崇阳县（一说为宗阳县）
五代南唐	崇阳县（一说为宗阳县）改名唐年县
宋太祖开宝八年（975年）左右	唐年县改名崇阳县，延续至今

<table>
<tr><td colspan="2" align="center">通山县</td></tr>
<tr><td>时间</td><td>历史沿革情况</td></tr>
<tr><td>秦汉</td><td>地属南郡、江夏郡、下雉县等政区</td></tr>
<tr><td>东吴</td><td>地属阳新县、下雉县</td></tr>
<tr><td>晋武帝时期</td><td>废除下雉县</td></tr>
<tr><td>南朝陈</td><td>从阳新县中析置永兴县</td></tr>
<tr><td>隋文帝开皇九年（589年）</td><td>阳新县改名富川县</td></tr>
<tr><td>隋文帝开皇十八年（598年）</td><td>富川县并入永兴县</td></tr>
<tr><td>南唐</td><td>将永兴县青山、通羊二镇新设通山县</td></tr>
<tr><td>宋朝至民国</td><td>除宋代曾短暂废除，通山县长期延续</td></tr>
<tr><td>1958—1959年</td><td>通山县并入崇阳县，后又恢复，延续至今</td></tr>
</table>

随州市演变简表

时间	历史沿革情况
先秦	随州有炎帝故里之称，是众多方国、诸侯国所在地。曾国（随国）、楚国文化影响深入。战国时期，有随县
秦汉	随县属南阳郡
魏晋南北朝	在今随州市境内频繁设置州郡县，政区紊乱
隋文帝时期	整合政区，今随州市属于隋州、土州、唐州、顺州、郢州、安州、申州、应州
隋炀帝时期	继续整合政区，今随州市属于汉东郡、竟陵郡、安陆郡、义阳郡
唐朝至南宋宁宗时期	今随州市主要属于随州（汉东郡）、安州（安陆郡、德安府）
宋宁宗时期	今随州市主要属于随州
元朝至清朝	今随州市主要属于德安府、随州
1913年左右	废除德安府，随州改为随县，保留应山县
1934年左右	以随县为中心设第五行政督察区
1936年	第五区改为第三区
1949年	随县、枣阳、宜城、钟祥四县部分地区组成洪山县，政治中心在今随州市洪山镇。随县、应山县属孝感专区，洪山县属襄阳专区
1952年	随县划归襄阳专区
1955年	废除洪山县

续表

时间	历史沿革情况
1979 年	随县部分区域设随州市,属襄樊市
1983 年	随县并入随州市
1994 年	随州市脱离襄樊市,成省直管市
2000 年	设地级随州市,随州市辖曾都区、广水市
2009 年	随州市辖曾都区、随县、广水市

随州市各区市县演变简表

曾都区 随县	
时间	历史沿革情况
先秦至东汉	随县长期延续
魏晋南北朝	政区紊乱,在今随州市境内,频繁设置州郡县
隋文帝时期	大力整合政区,在今随州市境内保持有清腾县、随县、溅西县、平林县、上明县、真阳县、宜人县、漳川县、唐城县、清嘉县、安贵县、横山县、厉城县、顺义县、宁化县等政区
隋炀帝时期	进一步整合政区,在今随州市境内保持有清腾县、随县、平林县、上明县、土山县、唐城县、安贵县、顺义县等政区
唐初	废除清腾县、平林县、上明县、土山县、唐城县、安贵县、顺义县,保留随县
唐太宗开元二十五年（737 年）左右	在随州附近恢复唐城县
五代后梁	唐城县改名汉东县
五代后唐	汉东县改名唐城县
五代后晋	唐城县改名汉东县
五代后汉	汉东县改名唐城县
南宋高宗绍兴五年（1135 年）	唐城县并入随县
元朝	随县延续
明太祖时期	废除随县,其辖区并入随州
1913 年左右	随州改为随县
1979 年	随县部分区域设随州市
1983 年	随县并入随州市
2000 年	设地级随州市,原县级随州市为曾都区
2009 年	划曾都区部分乡镇设随县。曾都区、随县延续至今

续表

广水市

时间	历史沿革情况
秦汉	地属南阳郡等政区
南北朝	政区紊乱,在今广水市境内,多设置州郡县。其中析随县部分区域设永阳县
隋文帝时期	整合政区,永阳县改为应山县。与此同时,还维持平靖县、礼山县等政区
隋炀帝时期	保留应山县、礼山县
唐高祖时期	废除礼山县
唐朝至民国	应山县长期延续
1949年	划归孝感专区
1959年	划归武汉市
1961年	划归孝感专区
1988年	应山县改为广水市,延续至今

恩施土家族苗族自治州演变简表

时间	历史沿革情况
战国	今恩施地区属于楚国疆域
秦朝	今恩施地区可能属于黔中郡等政区
汉朝	今恩施地区属于南郡、武陵郡等政区
三国至晋朝	今恩施地区属于建平郡等政区
南北朝	在今恩施地区多设州郡县,其中北周设施州
隋文帝时期	今恩施地区属于施州、业州、信州等政区
隋炀帝时期	今恩施地区属于清江郡、巴东郡等政区
唐朝至元朝	今恩施地区属于施州(清江郡)、归州(巴东郡)等政区,境内土司林立
明朝	将建始县划出湖广,废除施州,设施州卫,境内土司林立
清雍正十三年(1735年)左右	改土归流,设施南府、鹤峰州、宣恩县、来凤县、利川县、咸丰县。建始县划归湖北施南府
1913年左右	废除施南府,保留辖县
1934年左右	以恩施为中心设第十行政督察区
1936年	第十区改为第七区
1949年	设恩施行政区专员公署,辖恩施县、建始县、宣恩县、来凤县、咸丰县、利川县、鹤峰县、巴东县
1955年	恩施行政区专员公署改为恩施专员公署
1968年	恩施专员公署改为恩施地区革命委员会
1978年	恩施地区革命委员会改为恩施地区行政公署
1981年	划恩施县部分区域设恩施市

附录:湖北省现行行政区划历史沿革简表

续表

时间	历史沿革情况
1983 年	恩施地区行政公署改为鄂西土家族苗族自治州,恩施县并入恩施市
1993 年	鄂西土家族苗族自治州改为恩施土家族苗族自治州,辖恩施市、利川市、建始县、宣恩县、来凤县、咸丰县、鹤峰县、巴东县

恩施州各市县演变简表

恩施市	
时间	历史沿革情况
秦汉	地属黔中郡、南郡等地政区
东吴永安三年(260 年)	设沙渠县
北周	设乌飞县
隋文帝时期	沙渠县改名清江县,乌飞县改名开夷县
唐高宗麟德元年(664 年)	废除开夷县,保留清江县
宋朝	清江县延续
元至元二十二年(1285 年)	废除清江县,其辖区并入施州
明朝	施州改为施州卫
清雍正六年(1728 年)	改土归流,设恩施县
民国	恩施县延续
1981 年	划恩施县部分区域设恩施市
1983 年	恩施县并入恩施市,恩施市延续至今

利川市	
时间	历史沿革情况
秦汉	地属南郡等政区
魏晋南北朝	地属建平郡等政区
隋朝至明朝	地属清江郡、施州、施州卫等政区,境内土司林立
清雍正十三年(1735 年)左右	改土归流,以施南、忠路、沙溪、建南四土司,和并入恩施县之都亭里、上下支罗、忠孝土司地为利川县
民国	利川县延续
1986 年	利川县改为利川市,延续至今

建始县	
时间	历史沿革情况
秦汉	地属南郡
曹魏	曹魏与东吴各设建始县
西晋	西晋统一后,保留一个建始县
刘宋	废除建始县

续表

时间	历史沿革情况
北周	恢复建始县
隋朝至宋朝	建始县长期延续
元朝至明朝	建始县划归四川
清雍正十三年（1735年）左右	建始县划入湖北，从此延续至今

宣恩县

时间	历史沿革情况
秦汉	地属南郡等政区
魏晋南北朝	地属建平郡等政区
隋朝至明朝	地属清江郡、施州、施州卫等政区，境内土司林立
清雍正十三年（1735年）左右	改土归流，以施南、忠建、忠峒、高罗、木册等土司地为宣恩县，延续至今

来凤县

时间	历史沿革情况
秦汉魏晋南北朝	地属武陵郡等政区
隋朝至明朝	地属清江郡、施州、施州卫等政区，境内土司林立
清雍正十三年（1735年）左右	改土归流，以散毛、大旺、百户、卯峒、漫水、东流、蜡壁等土司地为来凤县
民国	来凤县延续
1979—1980年	来凤县改为来凤土家族苗族自治县
1983年	来凤土家族苗族自治县改为来凤县，延续至今

咸丰县

时间	历史沿革情况
秦汉	地属武陵郡、南郡等政区
魏晋南北朝	地属建平郡等政区
隋朝至明朝	地属清江郡、施州、施州卫等政区，境内土司林立
清雍正十三年（1735年）左右	以大田所及唐崖、龙潭、金峒等土司地为咸丰县，延续至今

鹤峰县

时间	历史沿革情况
秦汉魏晋南北朝	地属武陵郡等政区
隋朝至明朝	地属清江郡、施州、施州卫等政区，境内土司林立
清雍正十三年（1735年）左右	容美土司地改为鹤峰县

附录：湖北省现行行政区划历史沿革简表

续表

时间	历史沿革情况
清光绪三十年(1904年)	鹤峰州改为鹤峰厅
1913年左右	鹤峰厅改为鹤峰县
1979—1980年	鹤峰县改为鹤峰土家族苗族自治县
1983年	鹤峰土家族苗族自治县改为鹤峰县,延续至今

巴东县	
时间	历史沿革情况
秦汉	地属南郡
东晋南朝	设归乡县
北周	归乡县改为乐乡县
隋文帝时期	乐乡县改为巴东县
隋朝至今	巴东县延续至今

仙桃市演变简表

时间	历史沿革情况
秦汉三国	地属南郡、江夏郡等政区
南朝	设沔阳郡、沔阳县
北朝	废除沔阳县,设复州、建兴县
隋文帝时期	延续复州、建兴县
隋炀帝时期	建兴县改为沔阳县
宋仁宗宝元二年(1039年)	废沔阳县入玉沙县
元至元十五年(1278年)左右	复州升复州路,又改为沔阳府,玉沙县政治中心从监利东北迁移到今仙桃沔城镇附近
明太祖明洪武九年(1376年)	沔阳府改为沔阳州,废除玉沙县
明朝至清朝	沔阳州长期延续
1913年左右	沔阳州改为沔阳县
1949年	设沔阳专署,辖沔阳县、汉川县、汉阳县、嘉鱼县、蒲圻县、监利县、石首县、新堤办事处
1950年	废除新堤办事处,划入沔阳县
1951年	撤销沔阳专署,沔阳县划归荆州专区
1986年	沔阳县改为仙桃市
1994年	仙桃市成省直管市,延续至今

附录：湖北省现行行政区划历史沿革简表

潜江市演变简表

时间	历史沿革情况
秦朝	地属竟陵县
西汉	又设华容县
南北朝	废除竟陵县、华容县。今潜江地区并入周围政区
北宋乾德三年(965年)	设潜江县
宋朝至民国	潜江县长期延续
1949年	潜江县划归荆州专区
1988年	潜江县改为潜江市
1994年	潜江市成省直管市，延续至今

天门市演变简表

时间	历史沿革情况
秦汉三国	地属南郡、江夏郡、竟陵县等政区
东晋	分竟陵县设霄城县
隋文帝时期	废除霄城县，在今天门市附近重设竟陵县
唐朝	延续竟陵县
五代后晋	竟陵县改名景陵县
清雍正四年(1726年)	景陵县改名天门县
清雍正年间至民国	天门县长期延续
1949年	天门县划归荆州专区
1987年	天门县改为天门市
1994年	天门市成省直管市，延续至今

神农架林区演变简表

时间	历史沿革情况
秦汉	地属南郡、武陵郡等政区
魏晋南北朝	地属新城郡、建平郡
隋朝至元朝	地属房陵郡、巴东郡、房州、归州等政区
明朝	地属郧阳府、荆州府等政区
清朝	地属郧阳府、宜昌府等政区
民国	地属房县、兴山县、巴东县
1970年	析房县、兴山县、巴东县部分区域为神农架林区
1971年	神农架林区划归宜昌地区
1972年	神农架林区归省直辖
1976年	神农架林区划归郧阳地区
1983年	神农架林区归省直辖
1985年	巴东县部分地区划归神农架林区，延续至今

主要参考文献

一、历史文献

1. 正史、官书、政书类

（汉）司马迁：《史记》，中华书局 2013 年版。

（汉）班固：《汉书》，中华书局 1962 年版。

（南朝宋）范晔：《后汉书》，中华书局 1965 年版。

（西晋）陈寿：《三国志》，中华书局 1959 年版。

（唐）房玄龄等：《晋书》，中华书局 1974 年版。

（南朝梁）沈约：《宋书》，中华书局 2018 年版。

（南朝梁）萧子显：《南齐书》，中华书局 2017 年版。

（唐）姚思廉：《梁书》，中华书局 2020 年版。

（唐）姚思廉：《陈书》，中华书局 2021 年版。

（北齐）魏收：《魏书》，中华书局 2017 年版。

（唐）令狐德棻等：《周书》，中华书局 1971 年版。

（唐）李百药：《北齐书》，中华书局 1972 年版。

（唐）魏徵等：《隋书》，中华书局 2019 年版。

（后晋）刘昫等：《旧唐书》，中华书局 1975 年版。

（宋）欧阳修等：《新唐书》，中华书局 1975 年版。

（宋）王溥：《唐会要》，清武英殿聚珍版丛书本。

（宋）李昉等：《太平御览》，中华书局 1960 年版。

（宋）司马光等：《资治通鉴》，中华书局 1956 年版。

《吏部条法》，《中国珍稀法律典籍续编》第 2 册，黑龙江人民出版社 2002 年版。

（宋）王钦若等：《册府元龟》，凤凰出版社 2006 年版。

《宋会要辑稿》，上海古籍出版社 2014 年版。

（元）脱脱等：《宋史》，中华书局 1977 年版。

柯劭忞：《新元史》，上海古籍出版社 1989 年版。

（元）马端临：《文献通考》，中华书局2011年版。

（明）宋濂等：《元史》，中华书局1976年版。

《明实录》，台湾"中央研究院"历史语言研究所1962年校印本。

（明）李贤等：《大明一统志》，国家图书馆出版社2009年版。

（明）申时行等：《大明会典》，万历内府刻本。

（清）张廷玉等：《明史》，中华书局1974年版。

（清）龙文彬：《明会要》，光绪十三年永怀堂刻本。

《清实录》，中华书局2008年版。

（清）穆彰阿等：《大清一统志》，上海古籍出版社2008年版。

《康熙起居注》，中华书局1984年版。

《雍正朝汉文朱批奏折汇编》，江苏古籍出版社1989年版。

乾隆《钦定八旗通志》，文渊阁四库全书本。

乾隆《钦定皇朝通典》，文渊阁四库全书本。

中国国家图书馆藏《满汉缙绅全本》，北京琉璃厂同升阁乾隆十三年刊本。

赵尔巽等：《清史稿》，中华书局1976年版。

2. 文集、杂著、资料汇编类

《商君书》，上海人民出版社1974年版。

《左传》，岳麓书社1988年版。

《国语》，上海古籍出版社2008年版。

程夔初：《战国策集注》，上海古籍出版社2013年版。

（汉）刘向：《说苑》，上海古籍出版社1990年版。

（汉）刘安：《淮南子》，上海古籍出版社2016年版。

（清）严可均辑：《全上古三代秦汉三国六朝文》，清光绪二十年黄冈王氏刻本。

（清）汤球：《汉晋春秋辑本》，商务印书馆1936年版。

（宋）王谠：《唐语林》，商务印书馆1935年版。

（唐）杜牧：《樊川文集》，上海古籍出版社1978年版。

（宋）洪迈：《夷坚志》，中华书局1981年版。

（宋）周密：《癸辛杂识》，中华书局1988年版。

（宋）李焘：《续资治通鉴长编》，中华书局1979年版。

（宋）李心传：《建炎以来系年要录》，中华书局2013年版。

《宋史全文》，中华书局2016年版。

（明）叶子奇：《草木子》，中华书局1959年版。

（明）黄训：《皇明名臣经济录》，嘉靖二十八年刻本。

（明）吴亮：《万历疏钞》，万历三十七年刻本。

(明)雷礼:《国朝列卿纪》,万历刻本。

(明)茅元仪:《武备志》,天启刻本。

(清)谈迁:《国榷》,中华书局1958年版。

(明)沈德符:《万历野获编》,中华书局1959年版。

(明)余继登:《典故纪闻》,中华书局1981年版。

(清)谷应泰:《明史纪事本末》,上海古籍出版社1994年版。

(明)刘若愚:《酌中志》,北京古籍出版社1994年版。

(明)郑晓:《吾学编》,上海古籍出版社2002年版。

(清)彭孙贻:《流寇志》,清吴兴嘉业堂抄本。

(清)顾炎武:《亭林文集》,康熙刊本。

(清)王夫之:《读通鉴论》,中华书局2013年版。

(清)昭梿:《啸亭杂录》,中华书局1980年版。

(清)希元等:《荆州驻防志》,湖北教育出版社2002年版。

吴柏森:《容美纪游校注》,湖北人民出版社1999年版。

赵德馨等编:《张之洞全集》,武汉出版社2008年。

吴景濂:《组织临时政府各省代表会纪事》,1913年印本。

孙中山:《国民政府建国大纲》,新时代教育社1927年版。

甘豫源等:《乡村民众教育》,商务图书馆1934年版。

《湖北第八区行政督察专员程泽润工作概要报告书》,1935年版。

《宪法全稿》,天津大公报社1935年版。

王铁崖:《中外旧约章汇编》第1册,生活·读书·新知三联书店1957年版。

王铁崖:《中外旧约章汇编》第3册,生活·读书·新知三联书店1962年版。

3. 地理、方志类

(北魏)郦道元著、陈桥驿校证:《水经注校证》,中华书局2007年版。

(唐)李吉甫:《元和郡县志》,清武英殿聚珍版丛书本。

(宋)王存等:《元丰九域志》,中华书局1984年版。

(宋)乐史:《太平寰宇记》,中华书局2007年版。

(宋)王象之:《舆地纪胜》,浙江古籍出版社2012年版。

天顺《重刊襄阳郡志》,天顺三年刻本。

嘉靖《沔阳志》,嘉靖刻本。

嘉靖《归州全志》,嘉靖二十八年刻本。

隆庆《岳州府志》,隆庆刻本。

万历《湖广总志》,万历十九年刻本。

万历《承天府志》,万历三十年刻本。

万历《黄安初乘》,康熙四年刻本。
万历《郧台志》,长江出版社 2006 年版。
(清)顾祖禹:《读史方舆纪要》,中华书局 2005 年版。
康熙《松滋县志》,崇文书局 2020 年影印清初抄本。
康熙《当阳县志》,康熙九年刻本。
康熙《大冶县志》,康熙二十二年刻本。
康熙《湖广通志》,康熙二十三年刻本。
康熙《邵阳县志》,康熙二十三年刻本。
康熙《长沙府志》,康熙二十四年刻本。
康熙《湖广郧阳府志》,康熙二十四年刻本。
康熙《景陵县志》,康熙三十一年刻本。
康熙《京山县志》,江苏古籍出版社 2001 年影印本。
雍正《湖广通志》,清文渊阁四库全书本。
乾隆《湖北下荆南道志》,长江出版社 2015 年版。
乾隆《汉阳府志》,乾隆十二年刻本。
乾隆《鹤峰州志》,清内府藏本。
乾隆《襄阳府志》,乾隆二十五年刻本。
乾隆《芷江县志》,乾隆二十五年刻本。
乾隆《江夏县志》,乾隆五十九年刻本。
道光《天门县志》,道光元年刻本。
同治《宣恩县志》,同治二年刻本。
同治《咸丰县志》,同治四年刻本。
同治《来凤县志》,同治五年刻本。
同治《宜城县志》,同治五年刻本。
光绪《长乐县志》,光绪元年刻本。
光绪《黄州府志》,光绪十年刻本。
光绪《利川县志》,光绪二十年刻本。
光绪《沔阳州志》,光绪二十年刻本。
光绪《光化县志》,1933 年重印本。
《夏口县志》,1920 年刊本。
《英山县志》,1920 年刊本。
《通山县志》,中国文史出版社 1991 年版。
《大悟县志》,湖北科学技术出版社 1996 年版。
《湖北省志·政权》,湖北人民出版社 1996 年版。
湖北舆图局:《湖北舆地记》,光绪二十年刊本。

湖北省民政厅:《湖北县政概况》,1934年版。

国民政府内政部方舆司:《中国之行政督察区》,大中国图书局1948年版。

二、现代论著

1. 著作类(以出版时间为序)

郭沫若:《殷契粹编》,科学出版社1965年版。

潘新藻:《湖北省建制沿革》,湖北人民出版社1987年版。

周振鹤:《西汉政区地理》,人民出版社1987年版。

何浩:《楚灭国研究》,武汉出版社1989年版。

何光岳:《楚灭国考》,上海人民出版社1990年版。

陈伟:《楚"东国"地理研究》,武汉大学出版社1992年版。

徐少华:《周代南土历史地理与文化》,武汉大学出版社1994年版。

高介华、刘玉堂:《楚国的城市与建筑》,湖北教育出版社1995年版。

张正明:《楚史》,湖北教育出版社1995年版。

石泉:《楚国历史文化辞典》,武汉大学出版社1996年版。

吴松弟:《中国人口史》第3卷,复旦大学出版社2000年版。

周良霄、顾菊英:《元史》,上海人民出版社2003年版。

张全明:《中国历史地理学导论》,华中师范大学出版社2006年版。

严耕望:《中国地方行政制度史·秦汉地方行政制度》,上海古籍出版社2007年版。

方志远:《明代国家权力结构及运行机制》,科学出版社2008年版。

涂文学等:《武汉通史·民国卷》,武汉出版社2008年版。

后晓荣:《秦代政区地理》,社会科学文献出版社2009年版。

辛德勇:《秦汉政区与边界地理研究》,中华书局2009年版。

孙亚冰、林欢:《商代地理与方国》,中国社会科学出版社2010年版。

张国刚:《唐代藩镇研究》,中国人民大学出版社2010年版。

唐长孺:《魏晋南北朝史论拾遗》,中华书局2011年版。

冯天瑜等:《辛亥首义史》,湖北人民出版社2011年版。

李治安:《元代行省制度》,中华书局2011年版。

黄楼:《唐宣宗大中政局研究》,天津古籍出版社2012年版。

翁有为:《行政督察专员区公署制研究》,社会科学文献出版社2012年版。

石泉:《古代荆楚地理新探》,武汉大学出版社2013年版。

徐少华:《周代南土历史地理与文化》,武汉大学出版社2013年版。

马孟龙:《西汉侯国地理》,上海古籍出版社2013年版。

罗运环等:《荆楚建制沿革》,武汉出版社2013年版。

《朱绍侯文集(续集)》,河南大学出版社2015年版。

纸屋正和:《汉代郡县制的展开》,复旦大学出版社2016年版。

郑威:《楚国封君研究》,湖北教育出版社2017年版。

周振鹤、李晓杰:《中国行政区划通史·总论·先秦卷》,复旦大学出版社2017年版。

周振鹤、李晓杰、张莉:《中国行政区划通史·秦汉卷》,复旦大学出版社2017年版。

胡阿祥、孔祥军、徐成:《中国行政区划通史·三国两晋南朝卷》,复旦大学出版社2017年版。

牟发松、毋有江、魏俊杰:《中国行政区划通史·十六国北朝卷》,复旦大学出版社2017年版。

施和金:《中国行政区划通史·隋代卷》,复旦大学出版社2017年版。

郭声波:《中国行政区划通史·唐代卷》,复旦大学出版社2017年版。

李晓杰:《中国行政区划通史·五代十国卷》,复旦大学出版社2017年版。

李昌宪:《中国行政区划通史·宋西夏卷》,复旦大学出版社2017年版。

余蔚:《中国行政区划通史·辽金卷》,复旦大学出版社2017年版。

李治安、薛磊:《中国行政区划通史·元代卷》,复旦大学出版社2017年版。

郭红、靳润成:《中国行政区划通史·明代卷》,复旦大学出版社2017年版。

傅林祥、林涓、任玉雪、王卫东:《中国行政区划通史·清代卷》,复旦大学出版社2017年版。

傅林祥、郑宝恒:《中国行政区划通史·中华民国卷》,复旦大学出版社2017年版。

方勤:《曾国历史与文化研究》,上海古籍出版社2018年版。

涂文学等:《武汉沦陷史》,湖北教育出版社2018年版。

刘玉堂、张正明:《湖北通史·先秦卷》,华中师范大学出版社2018年版。

杨华、丁毅华:《湖北通史·秦汉卷》,华中师范大学出版社2018年版。

牟发松:《湖北通史·魏晋南北朝卷》,华中师范大学出版社2018年版。

李文澜:《湖北通史·隋唐五代卷》,华中师范大学出版社2018年版。

雷家宏、王瑞明:《湖北通史·宋元卷》,华中师范大学出版社2018年版。

张建民:《湖北通史·明清卷》,华中师范大学出版社2018年版。

罗福惠:《湖北通史·晚清卷》,华中师范大学出版社2018年版。

田子渝、黄华文:《湖北通史·民国卷》,华中师范大学出版社2018年版。

杨宽:《战国史》,上海人民出版社2019年版。

袁继成等:《汉口租界志》,武汉出版社2020年版。

胡恒:《边缘地带的行政治理——清代厅制再研究》,社会科学文献出版社2022年版。

2. 论文类(以发表时间为序)

李国祁:《明清两代地方行政制度中道的功能及其演变》,《近史所集刊》1972年,第3

期上。

江鸿(李学勤):《盘龙城与商朝的南土》,《文物》1976年第2期。

黄盛璋:《云梦秦简编年记初步研究》,《考古学报》1977年第1期。

谭其骧:《云梦与云梦泽》,《复旦学报(社会科学版)》,1980年历史地理增刊。

王来棣:《辛亥革命时期湖北军政府剖析》,《近代史研究》1980年第1期。

石泉:《古邓国、邓县考》,《江汉论坛》1980年第3期。

黄惠贤:《魏晋兵制札记四则》,《中国古代史论丛》1982年第3辑。

李学勤:《楚国夫人玺与战国时的江陵》,《江汉考古》1982年第7期。

何浩:《西黄续考》,《江汉考古》1983年第1期。

何光岳:《庸国的兴亡及其与楚的关系》,《求索》1983年第3期。

涂文学:《蕲黄四十八砦抗清斗争述略》,《武汉师范学院学报(哲学社会科学版)》1983年第4期。

顾诚:《关于夔东十三家的抗清斗争》,《北京师范大学学报》1985年第3期。

松浦章、王秀华:《康熙年间武昌兵变在日本的传闻》,《日本研究》1985年第3期。

黄盛璋:《战国"江陵"玺与江陵之兴起因沿考》,《江汉考古》1986年第1期。

谢源远:《李自成余部在兴山抗清遗址初探——兼论夔东十三家》,《江汉考古》1986年第1期。

伍新福:《楚黔中郡与"巴黔中"》,《江汉论坛》1986年第2期。

何光岳:《扬子鳄的分布与鄂国的迁移》,《江汉考古》1986年第3期。

丁宁:《英国放弃汉浔租界的历史背景》,《中国社会科学院研究生院学报》1986年第5期。

叶哲明:《重评蜀汉姜维北伐》,《兰州大学学报》1987年第1期。

吴建华:《清初巡按制度》,《故宫博物院院刊》1987年第2期。

徐少华:《古厉国历史地理及其相关问题》,《江汉论坛》1987年第3期。

何浩:《麋国地望与灭年》,《求索》1988年第2期。

唐赞功:《吴楚七国之乱与西汉诸侯王国》,《北京师范大学学报》1989年第1期。

周士龙:《两晋军屯述略》,《历史教学》1989年第3期。

杜勇:《汉武帝何曾解决王国问题》,《历史教学问题》1989年第4期。

王晓勇:《有关古黄国的两个问题》,《河南大学学报(哲学社会科学版)》1989年第4期。

陈前进:《对西汉前期地方王国的重新认识》,《西南师范大学学报(人文社会科学版)》1990年第1期。

陈玉屏:《"晋武帝罢州郡兵说"是如何形成的》,《许昌学院学报》1990年第2期。

王世华:《略论明代御史巡按制度》,《历史研究》1990年第6期。

翁俊雄:《唐代的州县等级制度》,《北京师范学院学报(社会科学版)》1991年第1期。

吴伯娅:《武昌兵变与康熙》,《清史研究》1991年第4期。

黄有汉：《古代邓国、邓县地望考》，《史学月刊》1991年第6期。

董乐义：《吴楚"麇"之战战地考——兼探麇国及其地望》，《中国历史地理论丛》1992年第1期。

杨武泉：《明清守、巡道制考辨》，《中国史研究》1992年第1期。

黄锡全：《黄陂鲁台山遗址为"长子"国都蠡测》，《江汉论坛》1992年第4期。

张华鹏：《武当县考》，《武当学刊》1993年第3期。

杨光华：《前蜀与荆南疆界辩误》，《西南师范大学学报（哲学社会科学版）》1993年第4期。

徐少华：《鄂国铜器及其历史地理综考》，《考古与文物》1994年第2期。

彭明瀚：《商代虎方文化初探》，《中国史研究》1995年第3期。

徐少华：《樊国铜器及其历史地理新探》，《考古》1995年第4期。

陈琳国：《曹魏都督制的渊源和定型——兼论中央和地方的关系》，《北京师范大学学报（社会科学版）》1996年第5期。

贾玉英：《宋代提举常平司制度初探》，《中国史研究》1997年第3期。

周振鹤：《县制起源三阶段说》，《中国历史地理论丛》1997年第3期。

李海勇：《古绞国地望蠡则》，《江汉考古》1997年第4期。

史念海：《论唐代贞观十道和开元十五道》，《唐代历史地理研究》，中国社会科学出版社第1998年版。

陈伟：《包山楚简中的宛郡》，《武汉大学学报（哲学社会科学版）》1998年第6期。

何朝晖：《明代道制考论》，《燕京学报》第6期，北京大学出版社1999年版。

郭锋：《唐代道制改革与三级制地方行政体制的形成》，《历史研究》2002年第6期。

陈伟：《竹书〈容成氏〉所见的九州》，《中国史研究》2003年第3期。

陈伟：《秦苍梧、洞庭二郡刍论》，《历史研究》2003年第5期。

陈朝云：《盘龙城与早商政权在长江流域的势力扩张》，《史学月刊》2003年第11期。

张建民：《湖广分省问题论述》，《江汉论坛》2003年第12期。

侯旭东：《地方豪右与魏齐政治——从魏末启立州郡到北齐天保七年并省州郡县》，《中国史研究》2004年第4期。

晏昌贵：《〈上海博物馆藏战国楚竹书（二）〉中〈容成氏〉九州柬释》，《武汉大学学报（哲学社会科学版）》2004年第4期。

陈苏镇：《汉初侯国隶属关系考》，《文史》2005年第1辑。

王永平：《孙皓时期皇权的强化及其与儒学朝臣冲突的加剧——孙吴后期政治史研究之二》，《河南科技大学学报（社会科学版）》2005年第4期。

赵炳清：《秦代无长沙、黔中二郡略论——兼与陈伟、王焕林先生商榷》，《中国历史地理论丛》2005年第4期。

周振鹤：《秦代洞庭、苍梧两郡悬想》，《复旦学报（社会科学版）》2005年第5期。

徐少华、李海勇：《从出土文献析楚秦洞庭、黔中、苍梧诸郡县的建置与地望》，《考古》2005年第11期。

赵炳清：《楚、秦黔中郡略论——兼论屈原之卒年》，《中国历史地理论丛》2006年第3期。

郭声波：《唐代前期都督府为州一级行政机构吗？——对〈唐代前期都督府探讨〉的商榷》，《中国历史地理论丛》2006年第4期。

郭润涛：《明朝"州"的建设与特点》，载于王天有、徐凯主编：《纪念许大龄教授诞辰八十五周年学术论文集》，北京大学出版社2007年版。

汪巧红：《民国时期湖北的新县制研究（1939—1949年）》，华中师范大学2007年博士学位论文。

梁中效：《楚国汉中郡杂考》，《陕西理工学院学报（社会科学版）》2007年第1期。

杨光华：《楚国设置巴郡考》，《中国历史地理论丛》2007年第4期。

王震中：《商代都鄙邑落结构与商王的统治方式》，《中国社会科学》2007年第4期。

傅林祥：《江南、湖广、陕西分省过程与清初省制的变化》，《中国历史地理论丛》2008年第2期。

夏炎：《试论唐代都督府与州的关系》，《史学集刊》2008年第2期。

李学勤：《论周初的鄂国》，《中华文史论丛》2008年第4期。

韦琦辉：《再议晋武帝罢州郡兵问题》，《理论界》2008年第6期。

段渝：《巴国的历史和文化》，《文史知识》2008年第12期。

陈松长：《岳麓书院藏秦简中的郡名考略》，《湖南大学学报（社会科学版）》2009年第2期。

鲁西奇：《"山南道"之成立》，《中国历史地理论丛》2009年第2期。

陈伟：《"江胡"与"州陵"——岳麓书院藏秦简中的两个地名初考》，《中国历史地理论丛》2010年第1期。

杨光华：《五代峡州复置巴山县考》，《中国历史地理论丛》2010年第3期。

蔡靖泉：《庸人·庸国·庸史》，《江汉论坛》2010年第10期。

尚平、张泰山：《两宋时期鄂东地区的钱监》，《湖北师范学院学报（哲学社会科学版）》2010年第1期。

刘玉堂、吴成国：《楚帛书女娲形象钩沉——兼谈女娲与庸国》，《武汉大学学报（人文科学版）》2010年第6期。

邓玮光：《简牍所见西汉前期南郡属县（侯国）考》，《中国历史地理论丛》2011年第4期。

段渝：《先秦蜀国的都城和疆域》，《中国史研究》2012年第1期。

郑威：《吴起变法前后楚国封君领地构成的变化》，《历史研究》2012年第1期。

徐少华：《夔国历史地理与文化遗存析论》，《中国史研究》2012年第2期。

李细珠：《晚清地方督抚权力问题再研究——兼论清末"内外皆轻"权力格局的形成》，《清史研究》2012年第3期。

崔元元、王战阔：《萧何封地"酂"考》，《许昌学院学报》2013年第3期。

郭静云：《江南对虎神的崇拜来源——兼探虎方之地望》，《湖南大学学报（社会科学版）》2014年第2期。

瞿州莲、瞿宏州：《湖广土司改土归流原因新探》，《中南民族大学学报（人文社会科学版）》2014年第2期。

王琢玺：《秦汉销县小考》，《中国历史地理论丛》2014年第3期。

徐少华：《论盘龙城商文化的特征及其影响》，《江汉考古》2014年第3期。

高成林：《松柏汉简中的"便侯国"与西汉的侯国迁徙》，《湖南考古辑刊》2015年。

常建华：《清雍正朝改土归流起因新说》，《中国史研究》2015年第1期。

张达志：《唐肃宗改立"五都"与"三府"州县置废探微》，《学术月刊》2015年第1期。

梁敢雄：《弦子国不在光山而在黄州巴河流域考》，《黄冈职业技术学院学报》2015年第2期。

马孟龙：《荆州松柏汉墓简牍所见"显陵"考》，《复旦学报（社会科学版）》2015年第3期。

陈侃理：《睡虎地秦简编年记中"喜"的宦历》，《国学学刊》2015年第4期。

林乾：《巡按制度罢废与清代地方监察的缺失》，《国家行政学院学报》2015年第4期。

李庆福：《〈桃花源记并诗〉里的"桃花源"新考》，《世界文学评论（高教版）》2017年第2期。

周凯：《三巴校尉考论》，《河南科技大学学报（社会科学版）》2017年第2期。

黄锦前：《从近刊鄀器申论鄀国地望及楚灭鄀的年代》，《中国历史地理论丛》2017年第3期。

杨武站：《论西汉陵邑的功能》，《考古与文物》2017年第3期。

李炳泉：《"廷尉王恬开"其人小考》，《南都学刊》2017年第5期。

朱圣钟：《庸国历史地理问题三论》，《地域文化研究》2018年第1期。

彭勇：《从"边区"到"政区"：明代湖广行都司的制度运行与社会秩序》，《求是学刊》2018年第3期。

李建武：《论明代镇守内官的设置、地位与作用》，《安徽史学》2018年第4期。

龚延明：《宋代"军"行政区划二重制研究》，《浙江大学学报（人文社会科学版）》2018年第5期。

张骏杰：《明兴献王就藩地点考论》，《史学月刊》2018年第12期。

张振国：《清代"冲繁疲难"制度再审视——以乾隆七年制度调整为中心》，《清史研究》2019年第3期。

傅林祥：《从分藩到分省——清初省制的形成和规范》，《历史研究》2019年第5期。

牛军：《权国考》，《三峡论坛》2019年第5期。

严新龙：《湖北咨议局的地方事务权》，《经济社会史评论》2020年第1期。

李翼恒：《明清地方道制研究述评》，《中国史研究动态》2020年第2期。

李成：《地方势力与地方行政区划的设置——以明代湖广黄安建县为例》，《中国历史地理论丛》2020年第3期。

张昌平：《关于盘龙城的性质》，《江汉考古》2020年第6期。

陈昆、李禹阶：《西汉诸侯国相的"郡守化"趋势及其历史意义》，《中国史研究》2021年第1期。

吴燃：《明代荆襄地区流民治理政策调整——以周洪谟与郧阳府的设置为切入点》，《长江文明》2021年第1期。

王先福：《考古学视域下的邓国地望新探》，《江汉考古》2021年第2期。

宋可达：《明代应天巡抚辖区考辨——兼论"飞地"承天府的归属》，《中国历史地理论丛》2021年第2期。

孙炜、段超：《明代湖广土司区的"无印土司"》，《民族研究》2021年第2期。

朱世学：《卯洞与卯峒土司历史探微》，《三峡大学学报（人文社会科学版）》2021年第3期。

王红星、卢川、朱江松：《鄂、西鄂、东鄂辨证——兼论湖北称鄂之由来》，《历史地理》2021年第3期。

郑伊凡：《春秋战国时期楚县公的多重身份属性》，《历史地理研究》2021年第4期。

鲁西奇：《秦代的县廷》，《史学月刊》2021年第9期。

马孟龙：《汉初侯国制度创立新论》，《历史研究》2023年第2期。

侯桂红：《从分到合：国民政府的行政督察专员制度（1932—1936）》，《近代史研究》2023年第3期。